中国行业思想政治工作年鉴

（2003）

《中国行业思想政治工作年鉴》编辑委员会 编

中国档案出版社

二〇〇四年十一月

切实加强行业的思想政治工作为全面建设小康社会而奋斗

癸未年夏月 赵荫华

《中国行业思想政治工作年鉴》
编辑委员会

特邀理事　（以姓氏笔划为序）

目 录

第一部分 大事记

第二部分 行业思想政治工作综述

第三部分 辉煌十四年 传统谱新篇

第四部分　农村思想政治工作

第五部分　金融系统思想政治工作

第六部分　学校思想政治工作

第七部分 交通行业思想政治工作

第八部分 国有企业思想政治工作

第九部分 军队思想政治工作

第十部分 煤矿行业思想政治工作

第十一部分 医疗卫生行业思想政治工作

第十二部分 通讯电信行业思想政治工作

第十三部分 非公企业思想政治工作

第十四部分　党的建设理论与实践探索

第十五部分　队伍建设

第十六部分 企业文化建设

第十七部分 思想政治工作热点难点

第十八部分 电力行业思想政治工作

第十九部分　烟草行业及社区思想政治工作

第一部分

大　事　记

一 月

全国各界贺新春活动广泛展开

1日，中华人民共和国主席江泽民致二〇〇三年新年贺词，主题是共同创造和平繁荣的美好未来。江主席指出，二〇〇二年，是对中国的发展具有重大而深远意义的一年。中国共产党胜利召开了第十六次全国代表大会。这次大会，把“三个代表”重要思想同马克思列宁主义、毛泽东思想、邓小平理论一道确立为中国共产党必须长期坚持的指导思想，提出全面建设小康社会的奋斗目标，顺利实现中国共产党中央领导集体的新老交替。二〇〇二年，是中国的改革开放和社会主义现代化建设继续开拓前进的一年。二〇〇三年，是中国各族人民为十六大提出的宏伟目标和各项任务进行奋斗的开局之年。但也要看到，世界的发展很不平衡，人类仍面临着许多严峻的挑战。各国人民应该携起手来，共同应对这些问题。江主席说：我相信，只要各国人民和政治家携起手来，从人类前途命运和世界各国人民共同利益出发，以积极的态度克服在前进中面临的困难，人类社会的发展前景就始终是光明的。

解放军四总部表彰基层建设先进旅团

2日，解放军总参谋部、总政治部、总后勤部、总装备部发出通报，对全面加强基层建设取得突出成绩的14个旅团单位进行表彰。通报指出，2002年，全军和武警部队坚持以“三个代表”重要思想和党的十六大精神为指导，深入贯彻江主席“五句话”总要求和《军队基层建设纲要》，全面搞建设，扎实打基础，反复抓落实，有力地推动了基层建设整体水平的发展提高。旅团单位按照“一手抓基层、一手抓表率”的要求，热心服务基层，扎实解决问题，涌现出一批党委机关自身建设和部队基础建设全面过硬的先进旅团典型。这次受到表彰的旅团，就是他们中的突出代表。他们共同的特点是始终坚持用党的最新理论成果和高科技知识武装官兵，全面建设协调发展，整体水平不断提高。

高校设立十六大精神研究会

华中科大材料学院的学生党员、入党积极分子在该校设立首个“十六大精神研究会”。听教授宣讲十六大精神，通读十六大文件，进行专题研究成了这个研究会会员的“必修课”。这个研究会由44名成员组成，主要来自本科生、硕士研究生和博士研究生中的优秀党员与优秀入党积极分子。十六大代表武昌区副区长吴天祥同志、华中科大陈海春教授、钟书华教授和刘家俊教授是研究会的“客座教授”。会员们将集中学习与个人自学、通读文件与专题研究相结合，与“客座教授”们一道，采取专题报告、辅导讲座、分组学习等形式，深化对十六大精神的学习和理解。

全国宣传部长会议

全国宣传部长会议7日至9日在京举行。会议以邓小平理论和“三个代表”重要思想为指导，深入学习贯彻党的十六大精神，总结去年工作，分析当前形势，部署今年任务。会议指出，今年的宣传思想工作，要高举邓小平理论伟大旗帜，全面贯彻“三个代表”重要思想，坚持党的基本理论、基本路线、基本纲领、基本经验，积极、全面、准确、深入地宣传党的十六大精神。会议提出了今年宣传思想战线要着重抓好的八个方面工作：一要立足统一思想，着眼凝聚力量，推动学习宣传贯彻十六大精神热潮的深入发展；二要把握根本要求，结合新的实践，兴起学习贯彻“三个代表”重要思想的新高潮；三要坚持正确导向，提高引导水平，兴起全面建设小康社会、加快推进社会主义现代化的宣传热潮；四要弘扬培育民族精神，加强思想道德建设，使广大干部群众始终保持昂扬向上的精神状态；五要注重思想内涵，多办好事实事，增强精神文明创建活动的实际效果；六要多出优秀作品，促进繁荣发展，满足人民群众日益增长的精神文化需求；七要加大改革力度，加快发展步伐，壮大宣传文化事业的整体实力；八要加强思想建设，全面提高素质，造就一支政治强、业务精、纪律严、作风正的宣传思想工作队伍。

全国广大青年为全面建设小康社会贡献青春智慧和力量

共青团中央、全国青联在京召开第十三届中国十大杰出青年座谈会。中共中央政治局委员王兆国为十杰青年颁发奖牌，并与他们亲切座谈。王兆国在听取了新当选的第十三届中国十大杰出青年的汇报后，作了重要讲话。他说，十杰青年有的在科技战线大胆创新，实现产业化，努力推动先进生产力的发展；有的在文化体育领域，辛勤耕耘，顽强拼搏，传播着体现时代精神的先进文化；有的保家卫国，救死扶伤，捐资助学，为国家和人民的利益作出了积极贡献。他们都以自己的实际行动，在不同的岗位上实践着“三个代表”重要思想，集中体现了当代中国青年的精神风貌，是广大青年学习的榜样。他要求，各级党委、政府要高度重视共青团、青联组织的工作，切实抓好培养、吸引和使用青年人才工作，要努力为青年人才的成长发展营造良好的环境，努力形成青年人才辈出的局面。

团中央书记处第一书记周强主持了座谈会。团中央书记处常务书记孙金龙和书记处书记黄丹华、崔波、赵勇、胡伟、杨岳出席了座谈会。

学习“三个代表”重要思想学生读本出版

为了把“三个代表”重要思想普及到广大中小学生中去，真正做到让“三个代表”重要思想“进课堂、进校园、进学生头脑”，把丰富深刻的理论变得通俗易懂，有利于中小学生接受，切实改进中小学德育工作，红旗出版社近日出版了一套《伟大的宣言——学习“三个代表”五字歌》丛书。

这套丛书分为小学低年级版、高年级版和中学生版，是适合中小学生学习“三个代表”重要思想的通俗读物。

解放军总政治部在全军开展学习实践“三个代表”重要思想教育活动

12 日，解放军总政治部发出《关于在全军部队开展学习实践“三个代表”重要思想，为全面建设小康社会做贡献教育活动的意见》。意见强调，这次教育活动要紧紧围绕十六大的主题，在新世纪我们党坚持举什么旗、走什么路、实现什么目标等重大问题上，进一步统一思想和行动。《意见》要求，教育活动要以“三个代表”重要思想为指导，以江主席《论国防和军队建设》为基本教材，以《江泽民国防和军队建设思想学习纲要》为重要辅助材料，深入学习掌握江泽民国防和军队建设思想，特别是江主席关于推进中国特色军事变革的一系列重要论述。振奋精神，开拓进取，扎实工作，为加速推进中国特色军事变革贡献力量。

全国党的建设研究会在京举行学习贯彻党的十六大精神研讨

全国党的建设研究会 14 日在京举行学习贯彻党的十六大精神研讨会暨第三届理事会第三次全体会议。中共中央政治局委员、书记处书记、中组部部长贺国强出席会议并讲话。他指出，必须坚持用“三个代表”重要思想统领党建研究工作，深入研究十六大提出的一系列新思想、新观点、新论断，深入研究新时期党的建设的成功经验，深入研究事关党的建设全局的重大理论问题和实际问题。贺国强指出，重视思想理论建设是我们党的优良传统和政治优势。过去的一年，全国党建研究会和各地各部门党建研究会，坚持以“三个代表”重要思想为指导，紧密联系改革开放和现代化建设的实际，围绕全党工作的大局，深入研究党的建设面临的一些重大理论和现实问题，为宣传贯彻党中央关于党的建设的重大决策，推动马克思主义党建理论的研究、传播和创新，促进新时期党的建设新的伟大工程，做了大量积极而卓有成效的工作。

贺国强强调，在新的一年里，要进一步认清形势，把握时代要求，加倍努力工作，把党建研究提高到一个新水平。通过研究，进一步深化对推进党的建设新的伟大工程的规律性认识，深化对共产党执政规律、社会主义建设规律和人类社会发展规律的认识，为从整体上提高党建工作的水平，保证实现党的十六大提出的加强和改进党的建设的目标和任务服务。

出席会议的有全国政协副主席毛致用，以及全国党建研究会的其他顾问、理事、特邀研究员，各地各部门党建研究会的负责同志等 140 多人。会议由全国党建研究会会长张全景主持，副会长郑科扬在会上作了工作报告。

李长春同志在中央宣传文化单位调研时强调深入学习宣传贯彻十六大精神努力开创宣传思想工作新局面

中共中央政治局常委李长春分别到中央宣传文化系统各部门和单位调查研究。他强调，宣传思想战线要高举邓小平理论伟大旗帜，全面贯彻“三个代表”重要思想，把认真学习宣传贯彻党的十六大精神作为第一位的政治任务，紧紧围绕十六大的主题，牢牢把握十六大的灵魂，推动十六大精神的贯彻落实；宣传思想工作要体现时代性，把握规律性，富于创造性，贴近实际，贴近群众，贴近生活，努力在新的实践中开创工作的新局面。

李长春强调，当前，学习贯彻十六大精神的热潮已经在全国兴起，现在的关键是要把这一热潮引向深入，进一步把全党的思想和行动统一到十六大精神上来，把全国人民的智慧和力量凝聚到实现十六大提出的任务上来。李长春指出，宣传思想工作要始终坚持正确导向，把体现党的意志同反映人民心声统一起来，切实增强工作的针对性、实效性和吸引力、感染力。发展文化事业和文化产业是发展先进文化的重要途径。要积极推进文化领域资产重组，优化文化资源配置，把文化事业和文化产业做强做大。

李长春强调，宣传思想工作是党的全部工作中的一个十分重要的组成部分，宣传思想战线是党领导的各条战线中一条十分重要的战线，宣传思想工作队伍是党的干部队伍中一支十分重要的力量。越是形势好的时候，越要重视和加强宣传思想工作。做好宣传思想工作，中央宣传文化部门和单位担负着重大责任。要增强光荣感、责任感、使命感，增强政治意识、大局意识、责任意识，坚定自觉地与党中央保持一致，各个方面工作都要让党中央放心，让人民满意。要坚持解放思想、实事求是、与时俱进，从新世纪新阶段的实际出发，深入调查研究，认真总结十三届四中全会以来宣传思想工作的主要经验，科学分析宣传思想工作面临的新情况新问题，正确把握新形势下宣传思想工作的基本规律，准确找到工作中亟待加强的薄弱环节和群众反映强烈的突出问题，不断改革创新，使我们的工作体现时代性，把握规律性，富于创造性，努力在新的实践中开创宣传思想工作的新局面。

中央文明委表彰全国创建文明行业和精神文明建设工作先进单位

中央精神文明建设指导委员会作出决定，表彰全国创建文明行业工作先进单位和精神文明建设工作先进单位。哈尔滨铁路局鸡西站等547个创建文明行业先进单位、钓鱼台国宾馆等501个精神文明建设先进单位荣获嘉奖。党的十三届四中全会以来，在以江泽民同志为核心的党中央领导下，我国社会主义精神文明建设取得了巨大进展和明显成效，对提高城乡文明程度和公民文明素质，促进物质文明和精神文明建设协调发展发挥了重要作用。中央文明委在表彰决定中指出，为贯彻落实党的十六大提出的加强精神文明建设的要求，充分展示精神文明创建工作的成果，充分展示广大干部群众奋发进取、昂扬向上的精神风貌，进一步推动精神文明建设深入发展，中央文明委决定，对在创建文明行业和文明单位中取得突出成绩的单位，予以表彰。中央文明委在决定中要求，各地各部门各单位要坚定自觉地同以胡锦涛同志为总书记的党中央保持一致，以邓小平理论和“三个代表”重要思想为指导，深入学习贯彻党的十六大精神，认真学习受表彰单位的先进经验，解放思想，实事求是，与时俱进，开拓创新，更加广泛、深入、扎实地开展群众性精神文明创建活动，为实现全面建设小康社会的奋斗目标作出新贡献。

二　　月

《中华传统美德格言》出版　江泽民题词

由近百名专家学者参与编写、旨在推动公民道德建设的《中华传统美德格言》一书，由人民教育出版社出版发行。国家主席江泽民为该书题词：“传承中华美德，培养民族精神”。教育部和新闻出版总署18日上午在人民大会堂举行《中华传统美德格言》出版座谈会。教育部部长陈至立在讲话中要求各级各类学校把传承中华美德，培养民族精神的教育放在更加突出的位置，进一步加强广大青少年学生的思想道德建设。

纪念周恩来诞辰105周年座谈会在人民大会堂举行

20日，由中国老年学学会、周恩来邓颖超研究中心主办的“人民公仆人民怀念——纪念周恩来诞辰105周年”座谈会上午在人民大会堂举行。全国人大常委会副委员长吴阶平出席了会议。2003年3月5日是周恩来同志诞辰105周年。这次座谈会的主题是：“缅怀·敬业·勤俭·奉献·为民”。一些革命老前辈和周恩来同志生前身边工作人员深情缅怀了他的丰功伟绩和高贵品质，并号召大家学习周恩来同志的崇高精神，更好地完成各项工作。

《中国青年》杂志纪念毛泽东同志题词“向雷锋同志学习”40周年

21日，《中国青年》杂志社召开座谈会，纪念毛泽东同志题词“向雷锋同志学习”40周年，探讨新时期如何弘扬雷锋精神。1963年2月22日，毛主席为《中国青年》写下“向雷锋同志学习”这一题词。3月5日新华社发通稿，题词在首都各报同时发表。共青团中央宣传部副部长徐绍川认为，学习雷锋精神是贯彻“三个代表”重要思想与十六大精神的重要体现。中国青年志愿者协会秘书长卢雍政说，正在蓬勃发展的中国志愿者队伍就是雷锋精神在新时期的延续。无论什么时代，雷锋精神永不过时。

保持共产党员先进性教育活动试点工作座谈会召开

22日,保持共产党员先进性教育活动试点工作座谈会在北京召开。这次会议的主要任务是,按照党的十六大精神和中央的要求,研究部署以学习实践“三个代表”重要思想为主要内容的保持共产党员先进性教育活动试点工作。

内蒙古“12·14”营救落水儿童英雄群体事迹报告会在清华大学举行

24日,由团中央、教育部和内蒙古自治区党委联合主办的内蒙古“12·14”营救落水儿童英雄群体事迹报告会在清华大学举行。2002年12月14日,内蒙古农业大学郝龙彪、内蒙古工商行政管理学校刘业和呼和浩特市铁路第一小学王超三位同学,为营救落水儿童献出了宝贵的生命。他们的英雄事迹在社会上引起了积极的反响。团中央、全国少工委分别追授他们为“全国优秀共青团员”和“全国优秀少先队员”。

全国百名好军嫂先进事迹报告会在北京举行

28日,全国百名好军嫂先进事迹报告会在北京举行。全国人大常委会委员长李鹏对这次会议作了批示:“我希望全国的军嫂进一步弘扬无私奉献精神,热爱祖国,热爱军队,热爱家庭,为巩固强大的国防贡献力量。”这次评选的百名好军嫂是从全国60万军人妻子中推荐产生的。施娟等三名好军嫂代表在报告会上发了言。

三　月

中国人民政治协商会议第十届全国委员会第一次会议开幕

3日,中国人民政治协商会议第十届全国委员会第一次会议下午在人民大会堂开幕。政协九届全国委员会常务委员会向大会作的工作报告提出:中共十六大开启了我国社会主义现代化建设新的伟大进军的征程。人民政协要以与时俱进、开拓创新、奋发有为、昂扬向上的精神状态,努力开创各项工作新局面。江泽民、胡锦涛、李鹏、朱镕基、李瑞环、李岚清、吴邦国、温家宝、曾庆红、黄菊、吴官正、李长春、罗干到会祝贺。贾庆林主持,李贵鲜作政协九届常委会工作报告,周铁农作提案工作情况报告。

纪念毛泽东七届二中全会讲话54周年座谈会举行

中组部党建研究所、《党建研究》编辑部今天在京召开纪念毛泽东同志在七届二中全会上的讲话发表54周年座谈会。会上,大家重温了毛泽东同志的重要讲话,认真学习了胡锦涛同志在西柏坡学习考察时的讲话精神,就新形势下党员领导干部如何继续保持谦虚谨慎、不骄不躁的作风,大力发扬艰苦奋斗的作风进行了座谈。中组部副部长李景田出席座谈会并讲话。与会同志一致认为,毛泽东同志“两个务必”的著名论断,深刻总结了历史上政权盛衰兴亡的经验教训,体现了党的根本宗旨,是共产党人的政治本色,奠定了党执政的重要思想基础。,“两个务必”是我们党的宝贵精神财富,具有长期的重要指导意义。与会同志认为,坚持“两个务必”,各级党组织和党员领导干部要带头。要以对党和人民的事业高度负责的精神,增强自觉性,身体力行。

弘扬雷锋精神,实践‘三个代表’报告会举行

7日,为纪念毛泽东同志“向雷锋同志学习”题词发表40周年,中央国家机关工委宣传部、中央国家机关精神文明建设办公室、中央国家机关团工委、中央国家机关青年联合会共同在京举办了“弘扬雷锋精神,实践‘三个代表’报告会”。雷锋同志生前战友乔安山和学习雷锋先进典型李素丽作了生动感人的主题报告。来自中央国家机关各部门的宣传干部和团员青年共400多人参加了报告会。与会同志纷纷表示,中央国家机关青年干部要带头弘扬雷锋精神,认真实践“三个代表”重要思想,牢记全心全意为人民服务宗旨,切实把中央国家机关建设成为行为规范、运转协调、公正透明、廉洁高效的政府机关,更好地为改革开放和社会主义现代化建设服务。

胡锦涛就深入学习郑培民先进事迹作出重要批示

中共中央总书记胡锦涛就深入学习郑培民先进事迹作出重要批示。胡锦涛指出，郑培民同志是新时期领导干部的优秀代表，全党同志特别是广大领导干部都要向郑培民同志学习。

马克思与现时代——纪念马克思逝世120周年学术研讨会召开

13日，为了纪念3月14日马克思逝世120周年，首都理论界在北京大学举行"马克思与现时代——纪念马克思逝世120周年学术研讨会"，深切缅怀马克思这位时代伟人的非凡生平和丰功伟绩。与会专家学者从不同角度、不同侧面探讨了马克思及其学说对人类历史作出的巨大贡献，深入分析了马克思主义在中国不断丰富和发展的历史及现状。

中共中央政治局召开会议研究进一步改进会议和领导同志活动新闻报道等工作

28日，中共中央政治局召开会议，研究进一步改进会议和领导同志活动新闻报道等工作。中共中央总书记胡锦涛主持会议。会议讨论了《关于进一步改进会议和领导同志活动新闻报道的意见》。会议指出，进一步改进会议和领导同志活动的新闻报道，对全面贯彻"三个代表"重要思想和十六大精神，促进和带动全党同志特别是各级领导干部进一步改进思想作风、工作作风和领导作风，密切党同人民群众的联系，具有十分重要的意义。会议还讨论了《关于中央政治局同志出国访问的规定》。会议认为，中央政治局同志出国访问应根据对外工作需要，本着务实、精干、节约的原则安排，并对减少代表团出访人员、节约使用交通工具和简化出访送迎仪式等作了具体规定。

四　月

总政治部要求在全军开展向郑培民同志学习的活动

1日，解放军总政治部发出通知，要求在全军开展向郑培民同志学习的活动。

通知要求学习郑培民坚定理想信念，时刻不忘以共产党员的党性要求规范自己行为的崇高品格，不断强化军魂意识，自觉做党的路线方针政策的坚定拥护者和模范实践者；学习他心系群众，把全心全意为人民服务作为人生最高追求的公仆情怀，树立正确的权力观、地位观和利益观，进一步确立基层至上、士兵第一的思想；学习他奋发有为、扎实工作、艰苦奋斗的革命精神，保持与时俱进、开拓进取的精神状态，增强推进中国特色军事变革的紧迫感和责任感；学习他始终保持共产党人一身正气、两袖清风、谦虚谨慎、克己奉公的高尚情操，严以律己、率先垂范，用自身的模范行动影响和带动部队；学习他顾全大局、公道正派，以坚强的党性、优良的作风为党和人民把好选人用人关的模范行为，大力选拔和培养高素质的军事人才，为实现我军现代化的跨越式发展提供有力的保证。

全军和武警部队积极组织团以上干部学习十六大精神轮训

《解放军报》1日报道：十六大以来，全军和武警部队认真落实江主席关于学习贯彻十六大精神军队要走在前列的指示，把团以上干部集中轮训作为学习十六大精神的关键环节来抓。总政治部委托国防大学举办了军以上领导干部和大单位理论研究室主任学习贯彻十六大精神轮训班，为全军团以上干部轮训探索路子。各级党委和政治机关精心部署，统筹安排，采取有力措施确保团以上干部集中精力参加学习。各大单位主要领导带头参加轮训，党委常委集体跟班学习。截至4月1日，全军共举办轮训班602期，轮训团以上领导干部47000多人。

高校将开《邓小平理论和"三个代表"重要思想概论》课

1日，教育部在国家教育行政学院举办了全国普通高校《邓小平理论和"三个代表"重要思想概论》课骨干教师培训。来自全国440余所普通高校的500余名"两课”教师参加了培训。党的十六大把“三个代表”重要思想同马克思列宁主义、毛泽东思想、邓小平理论确立为我们党必须长期坚持的指导思想，这对高校特别是“两课”教育教学用科学理论武装大学生提出了新的更高要求。为此，教育部专门发出通知，决定将《邓小平理论概论》课调整为《邓小平理论和“三个代表”重要思想概论》课，进一步深化“三个代表”重要思想“进课堂、进教材、进学生头脑”的工作。今年秋季开学后，各高校将普遍开设《邓小平理论和“三个代表”重要思想概论》课。

“讲道德、讲文明”全国农民读书征文活动颁奖

2日，“讲道德、讲文明”全国农民读书征文活动在京颁奖，来自河北乐亭县中堡王庄乡后沙铺村的农民李爱东等采写的812篇征文分别获得了这次读书征文活动的一、二、三等奖，84个单位获组织奖。

这次活动旨在贯彻江泽民同志“以德治国”的重要思想，落实公民道德建设实施纲要，大力宣传“爱国守法、明礼诚信、团结友善、勤俭自强、敬业奉献”二十字基本道德规范。

李长春：宣传思想工作要在“三贴近”上取得新进展

3日，中共中央政治局常委李长春在中央宣传思想文化部门负责人会议上强调，要从贴近实际、贴近生活、贴近群众入手，加强和改进宣传思想工作，切实把“三贴近”要求贯穿到宣传思想工作的各个方面，大力倡导“三贴近”，积极鼓励“三贴近”，努力实践“三贴近”，使“三贴近”在宣传思想战线蔚然成风。

贴近实际，就是立足于社会主义初级阶段这个最大的实际，真实反映改革开放和现代化建设的实践，从实际出发部署工作，按实际需要开展工作，以实际效果检验工作，使宣传思想工作更加具体实在、扎实深入。贴近生活，就是深入到火热的现实生活和人民群众的日常生活中，反映客观现实，把握社会主流，从生活中挖掘生动事例、汲取新鲜营养、展示美好前景，激励人民群众同心协力，奋发图强，为创造更加美好的新生活而共同奋斗，使宣传思想工作更加入情入理，充满生活色彩、富有生活气息。贴近群众，就是深深扎根于群众之中，想群众之所想，急群众之所急，办群众之所盼，以群众满意不满意、高兴不高兴、赞成不赞成、答应不答应作为根本出发点和落脚点，更好地代表最广大人民群众的根本利益，使宣传思想工作更加可亲可信、深入人心。

团中央号召青少年网上祭英烈

3日至8日，共青团中央、全国学联、全国少工委联合发出通知，要求全国各大专院校和中小学校的共青团、学联、少先队组织举办“网上祭英烈，共铸中华魂”主题团日、队日活动。

活动号召广大青少年通过访问“民族魂”（www.chinaspirit.net.cn）网站，缅怀为实现民族解放、人民幸福和祖国统一富强而英勇献身和毕生奋斗的先烈先辈们，在网上向先烈先辈们敬献一束鲜花，表达为实现中华民族伟大复兴而奋斗的志向和心声。同时，“民族魂”、“血铸中华”网站还联合中青网、人民网、搜狐网、新浪网、中国教育报网等国内千家网站，共同开展网上公祭活动，号召广大网友在清明节期间，以网上献花这一新的形式，缅怀先烈先辈的丰功伟绩。

中国教育学会家教委员会研讨家庭教育

3日，有关专家在中国教育学会家庭教育专业委员会召开的第一次理事会上明确指出，教育行政部门要加强主角意识，责无旁贷地担当起指导家庭教育的责任。

根据中办、国办《关于适应新形势，进一步加强和改进中小学德育工作的意见》中“各级教育行政部门要承担组织和指导家庭教育的责任”的指示精神，新成立的中国教育学会家庭教育专业委员会就教育部门领导、指导家庭教育工作的政策、理论和经验进行了专题研讨。

挂靠在国家基础教育实验中心的家庭教育专业委员会，将致力于中国家庭教育学科的理论建设，指导家庭教育实践。

《军事法规军事规章条例》发布施行

4日，中央军委主席江泽民近日签署命令，发布施行《军事法规军事规章条例》。《条例》共11章，69条，明确了军事法规、军事规章在军队建设中的地位和作用，确立了制定、修改和废止军事法规、军事规章的原则，划分了中央军委制定军事法规和总部、军兵种、军区制定军事规章的权限，并遵循军事立法科学性、民主性的要求，进一步完善了军事法规、军事规章的制定程序，对起草、审查、决定与发布等作出了一系列新的规定。《条例》还对军事法规、军事规章的修改、废止提出了新的要求，增加了军事法规、军事规章适用与解释的内容，统一了军事法规、军事规章的体例规范和发布命令的格式。

李长春:围绕"三贴近"加强和改进宣传思想工作

8日至15日,中共中央政治局常委李长春在重庆市、云南省考察工作时指出,深入学习贯彻十六大精神,是全党当前和今后一个时期的首要政治任务。当前,要继续把学习贯彻十六大精神引向深入,兴起学习"三个代表"重要思想的新高潮。他强调,宣传思想工作要体现时代性,把握规律性,富于创造性,贴近实际,贴近生活,贴近群众,努力开创宣传思想工作新局面。

中宣部公安部等举行陈卫国先进事迹报告会

9日,中宣部、公安部、上海市委在人民大会堂联合举行陈卫国先进事迹报告会。陈卫国生前系上海市公安局浦东分局金杨新村警署民警。2003年2月8日,陈卫国与战友在执行查处群众举报案件过程中,临危不惧,勇斗持刀歹徒,壮烈牺牲。日前,公安部和上海市委分别作出向陈卫国同志学习的决定,公安部追授陈卫国"全国公安系统一级英雄模范"荣誉称号。

中共中央政治局委员、书记处书记、国务委员、公安部部长周永康在报告会上发表讲话,高度评价了陈卫国的英雄事迹和崇高精神。

中宣部副部长高俊良主持报告会。

教育部召开高校文化素质教育工作暨基地建设研讨会提出进一步普及深化大学生文化素质教育

13日,教育部在武汉华中科技大学召开全国高校文化素质教育工作暨基地建设研讨会,袁贵仁在讲话中提出今后深化文化素质教育工作要重点研究五个方面问题:一是加强对党的十六大精神的学习,深刻领会"三个代表"重要思想,使高校的文化素质教育充分体现先进文化前进的方向;二是要着重研究在文化素质教育中,如何做好弘扬和培育民族精神的工作;三是要采取新的举措,深化文化素质教育;四是要根据学校的特色和定位,与学校的人才培养目标、学科特点、学科结构、师资力量等教育资源相结合,开展各具特色的文化素质教育工作;五是要坚持普及与提高相结合,从广度和深度两个方面深化,把在全国高校推广普及文化素质教育成功的经验和强化精品意识,提高质量,作为今后一个时期内的两件大事抓紧抓好。

中组部中宣部湖南省委召开座谈会提出学习郑培民领导干部作榜样

18日,中组部、中宣部、湖南省委在京联合召开深入学习郑培民先进事迹座谈会,提出各地各部门要把学习郑培民活动作为领导班子和干部队伍建设的一项重要内容,深入持久地开展下去,各级领导干部要带头作出榜样。中共中央政治局委员、书记处书记、中宣部部长刘云山主持会议。中共中央政治局委员、书记处书记、中组部部长贺国强出席并讲话。

五一劳动奖章奖状评选揭晓

18日,2003年全国五一劳动奖章、奖状评选揭晓。29日,全国总工会将表彰评选出995名先进个人和404个先进集体,并向他们分别颁发全国"五一劳动奖章"和全国"五一劳动奖状"。

山西高校思政工作 进网络、进公寓、进社团

19日,山西召开高校思想政治工作会议,要求建成校园局域网的高校,要尽快创建思想政治教育网站,开展网上思想政治教育。学生党团组织建到公寓,辅导员要进住学生公寓,发挥其引导人、团结人、凝聚人的作用。加强对社团活动的正确引导,有计划、有重点地建设一批精品社团,鼓励"两课"教师担任学生社团指导教师,进行正确的引导规范,使学生社团找准定位、办出特色。

河北启动小公民道德建设

21日,河北省决定,在全省开展小公民道德建设"四进"活动,即道德建设进学校、进家庭、进社区、进公共场所。河北省将在全省进行广泛深入的儿童道德素养状况的调查研究基础上,针对存在的问题采取行动,学校、幼儿园帮助少年儿童从家庭生活、学校生活、社会生活等各方面,寻找一个"岗位",扮演一个角色,获得一种感受,明白一个道理,养成一种品质,学会一种本领,引导少年儿童在亲身实践中把做人做事的道理内化为健康的心理品质,转化为良好的行为习惯。

中央组织部、中央保持共产党员先进性教育活动试点工作领导小组发出通知

23日,中央组织部、中央保持共产党员先进性教育活动试点工作领导小组印发卫生部党组《关于中日友好

医院在防治非典型肺炎斗争中充分发挥共产党员先锋模范作用情况的报告》,并发出通知要求在防治非典型肺炎斗争中充分发挥共产党员的先锋模范作用。

中共教育部党组就非典型肺炎预防和控制工作向教育系统全体共产党员致公开信

23日,中共教育部党组发出关于非典型肺炎预防和控制工作致教育系统全体共产党员的一封信。中共教育部党组号召,教育系统所有共产党员特别是各级党员领导干部,要充分认识做好非典型肺炎防治工作的极端重要性,坚决服从中央一系列决策和工作部署,迅速行动起来,打好这场硬仗,在关键时刻发挥先锋模范作用。

全总表彰抗击非典斗争中有突出贡献的医务工作者

24日,全国总工会决定,授予3个医疗单位和6名医务人员全国五一劳动奖状、奖章,表彰在抗击非典斗争中涌现出来的先进集体和个人。

表彰决定中说,广大医务工作者发扬工人阶级团结协作、依靠科学、无私无畏、顽强拼搏的时代精神,为控制疫情传播,消除疫病,保障人民群众的健康和生命安全做出了重大贡献。

李长春在中央新闻宣传部门负责人会议上强调 众志成城　团结奉献　科学求实　战胜困难　夺取胜利

25日上午,中央新闻宣传部门召开会议,通报和部署防治非典型肺炎宣传报道工作。中共中央政治局常委李长春主持会议。李长春指出,几个月来,全国各条战线特别是医疗卫生战线,涌现出大批感人肺腑、可歌可泣的先进人物和先进事迹,凝聚和弘扬了新时期伟大的民族精神。"众志成城,团结奉献,科学求实,战胜困难,夺取胜利"体现了时代的最强音。

李长春要求,要按照"三贴近"的要求,增强宣传思想工作的针对性、实效性。要及时报道防治工作的进展,引导群众增强战胜疫情的信心。

政治局开会研究兴起学习"三个代表"新高潮等工作

28日,中共中央政治局召开会议,研究在全党兴起学习贯彻"三个代表"重要思想新高潮等工作。

会议强调,十六大提出在全党兴起学习贯彻"三个代表"重要思想的新高潮,是推动党的事业继往开来、与时俱进的重大战略举措,关系党和国家工作的全局,关系中国特色社会主义事业的长远发展,关系中华民族的伟大复兴。兴起学习贯彻"三个代表"重要思想的新高潮,就是要使全党在对"三个代表"重要思想的时代背景、实践基础、科学内涵、精神实质和历史地位的认识上达到新的高度,在认真贯彻"三个代表"重要思想的根本要求、始终做到"三个代表"上取得新的成效,不断增强贯彻"三个代表"重要思想的自觉性和坚定性。会议还听取和研究了当前我国经济发展和抗击非典工作。

胡锦涛在中共中央政治局第四次集体学习时强调弘扬中华民族精神　运用科学技术力量　万众一心　众志成城　科学防治战胜"非典"

28日,中共中央政治局进行第四次集体学习,中共中央总书记胡锦涛强调,要大力弘扬中华民族精神,充分运用科学技术力量,为防治非典型肺炎斗争提供强大精神动力和强大科技支持,坚决打赢防治非典型肺炎的攻坚战。

胡锦涛指出,中华民族是具有伟大民族精神的民族。千百年来,中华民族之所以能够历经磨难而不衰,饱尝艰辛而不屈,千锤百炼而愈加坚强,靠的就是这种威力无比的民族精神,靠的就是各族人民的团结奋斗。越是困难的时候,越是要大力弘扬民族精神,越是要大力增强中华民族的民族凝聚力。在当前这场防治非典型肺炎的斗争中,我们要大力弘扬万众一心、众志成城,团结互助、和衷共济,迎难而上、敢于胜利的精神。

胡锦涛强调,夺取防治非典型肺炎斗争的胜利,关键要发挥科学技术的重要作用。

五　月

中共中央组织部决定　追授邓练贤等四位同志“全国优秀共产党员”称号

1日,新华社北京电,日前,中央组织部作出决定,追授在防治非典型肺炎斗争中光荣殉职的邓练贤、叶欣、梁世奎、李晓红同志“全国优秀共产党员”称号,号召全国的共产党员向他们学习,充分发挥先锋模范作用,夺取防治非典型肺炎斗争的全面胜利。

中央组织部还决定,为了充分发挥基层党组织和广大共产党员在防治非典型肺炎斗争中的战斗堡垒作用和先锋模范作用,在今年“七一”前夕表彰一批在防治非典型肺炎斗争中作出突出成绩和贡献的先进基层党组织和优秀共产党员。

《人民日报》发表五一社论《发扬光荣传统站在时代前列》

社论指出中华民族具有伟大的民族精神,面对任何艰难险阻,都表现出无比豪迈的英雄气概。越是艰难困苦,越是危难关头,越要弘扬和培育伟大的民族精神。中国工人阶级一向具有光荣的传统和优良的品德,越是在困难的时候,越要发挥工人阶级主力军作用,始终站在时代的前列。

卫生部追授梁世奎“人民健康好卫士”称号

1日,卫生部近日决定,追授山西省人民医院急诊科副主任、主任医师梁世奎“人民健康好卫士”荣誉称号,并在全国卫生系统开展向他学习的活动。

梁世奎面对3月在山西省发生的传染性极强的非典型肺炎,没有退缩,率先垂范,不顾个人安危,奋不顾身地投入到抢救病人的第一线,在不幸感染非典型肺炎的情况下,梁世奎心中想着的仍然是病人和其他同志,2003年4月24日,因抢救无效,以身殉职。

山东省委追授张普善“山东省优秀共产党员”称号

12日,中共山东省委追授牺牲在农村抗击“非典”工作岗位上的张普善为“山东省优秀共产党员”。

张普善生前任枣庄市山亭区卫生局副局长、山亭区非典型肺炎疾病控制组组长。2003年5月5日下午,张普善因劳累过度突发心脏病,牺牲在防治“非典”的工作岗位上。

山东省委要求全省广大共产党员认真学习张普善始终忠于党、忠于人民的坚强党性,爱岗敬业、工作第一的拼搏精神,无私无畏、奋斗不息的高尚情操,任劳任怨、深入扎实的良好作风,立足本职岗位,忠实履行职责,以做好各项工作的实际行动,努力实践“三个代表”重要思想,保持新时期共产党员的先进性。

10名新闻工作者被授予首届“中直青年五四奖章”

12日,中直团工委、中直青联授予勇敢深入抗击“非典”最前沿采访,在报道中作出突出成绩的10名中直新闻单位优秀青年新闻工作者首届“中直青年五四奖章”。

中直团工委、中直青联要求中直机关广大团员青年向获得奖章的青年新闻工作者学习,大力弘扬万众一心、众志成城,团结互助、和衷共济,迎难而上、敢于胜利的精神,进一步激发社会责任感和历史使命感,坚定理想信念,积极行动,为党和政府分忧,为人民群众解难,努力做好为党中央服务、为地方和基层服务、为人民群众服务的各项工作,为夺取抗击“非典”斗争的胜利,为全面建设小康社会、加快推进社会主义现代化建设作出新的贡献。

人事部卫生部总政治部追授李晓红等“白求恩奖章”

15日,国家人事部、卫生部、总政治部追授在抗击非典斗争中以身殉职的武警北京总队医院内二科主治医师李晓红“白求恩奖章”。

同时被追授这一奖章的还有广州中山大学附属第三医院传染病科副主任邓练贤、广东省中医院二沙岛分院急诊科护士长叶欣、山西省人民医院内科医生梁世奎、广州市胸科医院重症监护室主任陈洪光。

决定号召全国广大干部群众、解放军和武警部队官兵向李晓红等5位同志学习。学习他们认真实践“三个代表”、全心全意为人民服务的崇高思想;学习他们视病人为亲人,对人民极端负责,满腔热忱、无私奉献的服务精神;学习他们把安全让给他人、把危险留给自己的高贵品格;学习他们坦然面对危难、乐观坚强的革命精神。

山西追授梁世奎为"革命烈士"

17日,山西省人民政府追授梁世奎为"革命烈士"。梁世奎系革命烈士的儿子、山西省人民医院原急诊科副主任、主任医师和共产党员。2003年4月24日8时10分,梁世奎在与非典的战斗中不幸感染,救治无效,倒在了他一生救死扶伤的岗位上。60年前,他的父亲在解放战争中英勇战斗,直至牺牲。中组部追授梁世奎"优秀共产党员"称号。人事部、卫生部和解放军总政治部追授他"白求恩奖章"荣誉。卫生部追授他"人民健康好卫士"称号。山西省劳动竞赛委员会追授他省"五一"劳动奖章和"山西省特级劳动模范"称号。山西省委作出决定,号召全省人民向梁世奎学习。

教育部颁发义务教育《思想品德课程标准(实验稿)》

22日,教育部正式颁发全日制义务教育《思想品德课程标准(实验稿)》。

新颁布的《思想品德课程标准(实验稿)》认真贯彻党的十六大精神和《公民道德建设实施纲要》的要求,坚持正确的教育方向,积极反映社会进步、时代发展的新特点;坚持以育人为本的教育思想,突出思想品德教育的实践性、科学性,根据学生实际提出思想品德教育目标和要求;坚持素质教育的基本理念,强调思想品德教育的生活化、科学化;坚持综合化的课程形态,从初中学生的认知水平和生活实际出发,围绕成长中的我,我与他人,我与集体、国家和社会等关系,整合道德、心理健康、法律和国情教育等方面的内容,以主题模块的方式组织教育材料,力求增强思想品德课程的针对性、实效性、主动性。

新课程标准将于今年秋季开学后,在部分国家级实验区进行实验,并根据实际情况,在不断修订完善的基础上逐步在全国推开。

中共中央政治局召开会议研究部署进一步加强人才工作等问题

23日,中共中央政治局召开会议,研究和部署进一步加强人才工作等问题。中共中央总书记胡锦涛主持会议。

会议强调,党在新世纪新阶段人才工作的紧迫任务是:适应全面建设小康社会的需要,抓住培养、吸引、使用人才三个环节,着力建设党政人才、企业经营管理人才和专业技术人才三支队伍,重点培养一批适应社会主义现代化建设和改革开放要求的高层次人才,创新人才工作机制,努力创造人才辈出、人尽其才的良好局面,把各类优秀人才聚集到党和国家的各项事业中来。

第四届北京大学生心理健康节开幕

25日,第四届北京大学生心理健康节在北京师范大学开幕,主题为"危机、理性、成长——大学生非典时期的心理健康",包括现场交流、心理咨询、心理危机干预讲座等多项内容。

吴邦国在上海考察工作时强调做好人大工作推进社会主义政治文明建设

25日至30日,中共中央政治局常委、全国人大常委会委员长吴邦国在上海考察工作时强调,各级人大要以"三个代表"重要思想为指导,深入贯彻十六大精神,紧紧围绕全面建设小康社会目标,认真行使宪法和法律赋予的职权,与时俱进,积极探索,努力做好人大工作,为推进中国特色社会主义政治文明建设做贡献。

中央文明办部署开展"改陋习、树新风"活动

26日,中央文明办发出《关于开展"改陋习、树新风"活动的通知》,要求组织动员广大群众自觉革除危害健康、污染环境的不文明行为和不良陋习,形成讲文明、讲卫生、讲科学的良好风尚。

《人民日报》推出《弘扬奉献精神大家谈》专栏

26日,《人民日报》在五版开设《弘扬奉献精神大家谈》专栏,就奉献的含义,奉献精神与实践"三个代表"重要思想的关系,新时期对奉献精神的新理解,奉献与发展个性、实现自我价值的关系,奉献与时代精神,以及如何弘扬奉献精神等问题展开讨论。

钟南山等5人获中国医学基金会华源医德风范奖

29日,中国医学基金会和中国华源集团29日向钟南山等5名优秀医务工作者颁发中国医学基金会华源医德

风范奖。

获得这个奖项的除广州呼吸病研究所所长钟南山外，还有解放军302医院传染病学专家姜素椿、首都医科大学附属北京朝阳医院院长、呼吸疾病首席专家王辰、北京大学第一医院护士长柴洁及广州市第一人民医院护士长张积慧。

检察机关开展专项教育活动

30日，高检院召开电视电话会议，部署从六月份开始，在全国检察机关开展为期半年的“强化法律监督、维护公平正义”专项教育活动。

最高人民检察院检察长贾春旺要求通过这次教育活动，对检察队伍在执法思想、执法观念上存在的突出问题，提高思想认识，统一执法思想，更新执法观念；对执法行为方面的突出问题，要改进管理机制，完善管理制度，强化监督制约，严格执法程序，提高执法行为的规范化水平；同时对违法违纪问题坚决依法依纪予以查处，决不姑息。

胡锦涛祝全国少年儿童身体健康学习进步生活幸福

31日，“六一”前夕，北京7名中小学生给中共中央总书记、国家主席胡锦涛写信，希望同胡爷爷“像朋友一样谈谈心”。胡锦涛给他们回了信，向他们并向全国各族少年儿童致以节日的祝福和亲切的问候，祝小朋友们身体健康、学习进步、生活幸福。

胡锦涛在信中对小朋友们表示，少年儿童是祖国的花朵，是民族的未来和希望。希望广大少年儿童，从小树立远大理想、坚定爱国信念，学习科技知识、掌握报国本领，培养优良品德、锻炼强健体魄，从各方面提高自身素质，努力成长为社会主义事业的合格建设者和接班人，时刻准备着，为祖国的现代化建设，为中华民族的伟大复兴贡献力量。

六　月

全总启动“时代领跑者”形象工程活动

5日，全国总工会办公厅向各地工会和摄影家协会发出通知，开展以拍摄劳模英姿、展示劳模风采为主要内容的“中国劳模——时代领跑者”形象工程活动。新中国成立以来，我国各条战线涌现出众多劳动模范和先进工作者。他们创新求实，无私奉献，为促进我国经济发展和社会进步做出了杰出的贡献，被称为“国家的脊梁，民族的精英，时代的领跑者”，成为人们心中最耀眼的明星。但近年来，社会对劳模的宣传缺乏应有的力度，弱化了劳模的榜样作用。为此，经全总书记处和中国摄影家协会党组同意，全总宣教部、全总经济部、中国摄影家协会、中国工人出版社联合举办“中国劳模——时代领跑者”形象工程活动。

该项活动将历时半年，从两万余名全国劳模中选出100位共和国各个时期最具代表性的人物，由国内著名摄影家和广大工会界摄影爱好者对他们的工作和生活情况进行实地采访和拍摄。他们中既有人们耳熟能详的新中国成立初期的老劳模李瑞环、倪志福、郝建秀，也有改革开放以来涌现的王选、袁隆平、柳传志、钟南山、徐虎、李素丽等优秀科技工作者、企业家、一线工人和服务员。

十四届“中国十大杰出青年”评选开始

9日，由中华全国青年联合会、中国青少年发展基金会与10家新闻单位（人民日报、中央电视台、中央人民广播电台、光明日报、解放军报、中国青年报、经济日报、科技日报、工人日报、农民日报）联合主办的第十四届“中国十大杰出青年”评选活动拉开了帷幕。“中国十大杰出青年”评选活动开评13年来，推出了一批积极投身改革开放和社会主义现代化建设，作出突出业绩的优秀青年，对激励广大青年立足岗位、艰苦创业、自觉奉献、奋发成才，在全社会进一步优化青年成长成才环境起到了积极的推动作用

中央发出关于印发《“三个代表”重要思想学习纲要》的通知

10日，为落实十六大提出的兴起学习贯彻“三个代表”重要思想新高潮的战略任务，根据中央要求，中央宣传部组织编写了《“三个代表”重要思想学习纲要》（以下简称《纲要》）。中共中央发出通知，认为《纲要》比较全面、准确地反映了“三个代表”重要思想，有助于更好地

理解“三个代表”重要思想这一系统的科学理论。中央同意印发这个《纲要》(由中央宣传部统一印发),作为全党县处级以上领导干部学习“三个代表”重要思想的重要辅助材料,也可供广大党员和干部、群众阅读。

认真贯彻中央政治局会议精神 努力开创我国人才工作新局面

12日,为贯彻落实中央政治局会议关于进一步加强人才工作的指示精神,中央人才工作协调小组在北京召开第一次会议。中共中央政治局委员、中央书记处书记、中央组织部部长、中央人才工作协调小组组长贺国强强调,要以“三个代表”重要思想为指导,抓住机遇,应对挑战,扎实工作,乘势而上,努力使我国人才工作迈上一个新台阶。会议讨论通过了中央人才工作协调小组(中央西部地区人才开发协调小组)的工作职责、工作规则等事项。中央人才工作协调小组的全体成员出席了今天的会议。

教育部、团中央全面部署 “大学生志愿服务西部计划”

12日,教育部、共青团中央联合召开网络视频会议,全面部署“大学生志愿服务西部计划”。团中央书记处第一书记周强、教育部副部长张保庆、人事部副部长侯建良出席会议并讲话。团中央书记处书记赵勇介绍了计划的相关情况,教育部副部长袁贵仁主持了会议。

全国首家远程干部培训机构成立

12日,全国首家依托现代远程教育开展基层干部培训的学习机构——浙江大学象山干部远程教育中心,在杭州正式开通并举行了开学典礼。据悉,该中心将充分发挥现代远程教育以自主式学习和协同式学习为主体的现代化教学模式的优势,满足象山干部在任何时间、任何地点、不受限制自主学习的需要,并结合象山干部整体情况,分期分批采取集中教育与个性化自学相结合的形式进行学习培训。同时,中心还将充分利用浙江大学学科优势,开展社会化教育、学历教育、培训、辅导报告等,为象山地方经济建设培养、输送优秀干部。目前,浙大首批提供给象山干部学习的有40余门经济、管理、法律、人文社科、科普、英语等多类型的培训课程,另外还提供20余个专题讲座供免费学习。

中共中央发出关于在全党兴起学习贯彻 “三个代表”重要思想新高潮的通知

22日,中共中央发出关于在全党兴起学习贯彻“三个代表”重要思想新高潮的通知。通知指出,党的十六大把“三个代表”重要思想同马克思列宁主义、毛泽东思想、邓小平理论一道,确立为党必须长期坚持的指导思想,实现了我们党指导思想上的又一次与时俱进,这是一个历史性决策,也是一个历史性贡献。十六大提出要在全党兴起一个学习贯彻“三个代表”重要思想新高潮,是具有战略意义的重要举措。通知共分为五个部分。一、充分认识在全党兴起学习贯彻“三个代表”重要思想新高潮的重大意义。二、深刻领会“三个代表”重要思想的基本精神。三、学习贯彻“三个代表”重要思想要着力解决实际问题。四、要注意突出重点区分层次。五、切实加强组织领导。

部署暑期大中专学生“三下乡”社会实践活动

23日,中宣部、中央文明办、教育部、团中央和全国学联联合发出通知,安排部署今年暑期大中专学生“三下乡”社会实践活动。以“实践‘三个代表’,弘扬民族精神”为主题的2003年大中专学生暑期“三下乡”社会实践活动拉开帷幕。

七　月

“三个代表”重要思想理论研讨会在京开幕

1日,“三个代表”重要思想理论研讨会在北京开幕。中共中央总书记、国家主席胡锦涛在会上发表重要讲话。他强调:“三个代表”重要思想反映了我国最广大人民的共同意愿,体现了当今世界和中国发展的时代精神,显示了马克思主义科学理论的强大力量,是全党全国人民在新世纪新阶段继续团结奋斗的共同思想基础。我们要通过兴起学习贯彻“三个代表”重要思想新高潮,在认真贯彻“三个代表”重要思想的根本要求、始终做到“三个代表”上取得新的成效,解放思想、实事求是、与时俱进,同心同德地为全面建设小康社会、开创中国特色社会主义事业新局面而奋斗。中共中央政治局常委吴邦国、贾庆林、曾庆红、黄菊、吴官正、罗干出席会议。中共中央政治局常委李长春主持会议。

总政治部发出通知要求全军和武警部队认真传达学习胡锦涛总书记在学习贯彻“三个代表”重要思想理论研讨会上的重要讲话

1日,解放军总政治部发出通知,要求全军和武警部队认真传达学习胡锦涛总书记在学习贯彻“三个代表”重要思想理论研讨会上的重要讲话,推动学习贯彻“三个代表”重要思想的新高潮不断向深度和广度发展。

大中专学生暑期“三下乡”出征

4日,中宣部、中央文明办、教育部、团中央和全国学联在中国人民大学举行2003年大中专学生志愿者暑期文化科技卫生“三下乡”社会实践活动出征仪式。以此为标志,2003年暑期大中专学生“三下乡”社会实践活动全面展开。

《马克思恩格斯列宁斯大林毛泽东邓小平江泽民论工人阶级政党的先进性》出版

4日,为深入学习贯彻“三个代表”重要思想,全面推进党的建设新的伟大工程,人民出版社组织出版了由中国社会科学院马克思列宁主义毛泽东思想研究所选编的《马克思恩格斯列宁斯大林毛泽东邓小平江泽民论工人阶级政党的先进性》一书。

高校思政教育示范性网站建设视频会召开

8日,为进一步推进思想政治教育进网络工作,加快全国高校思想政治教育示范性网站建设,教育部社会科学研究与思想政治工作司组织召开了全国高校思想政治教育示范性网站建设工作网络视频会议。会议总结了全国高校思想政治教育示范性网站前期筹备工作情况,进一步明确了示范性网站建设的总体思路、运转模式等相关问题。

《“三个代表”重要思想通俗读本》出版发行

10日,为了紧密配合全党兴起的学习贯彻“三个代表”重要思想新高潮,推动广大干部和群众深入学习贯彻“三个代表”重要思想,根据《中共中央关于在全党兴起学习贯彻“三个代表”重要思想新高潮的通知》精神,中央组织部编写了《“三个代表”重要思想通俗读本》一书,由党建读物出版社出版发行。这本书以《“三个代表”重要思想学习纲要》为依据,比较准确、通俗地阐释了“三个代表”重要思想的时代背景、实践基础、科学内涵、精神实质和历史地位;紧密联系实际,阐释了“三个代表”重要思想的基本理论观点。

《毛泽东邓小平江泽民论青少年和青少年工作》(增订本)出版

11日,为迎接中国共产主义青年团第十五次全国代表大会的召开,推动全团兴起学习贯彻“三个代表”重要思想新高潮,共青团中央与中共中央文献研究室共同编辑的《毛泽东邓小平江泽民论青少年和青少年工作》(增订本)出版发行。《毛泽东邓小平江泽民论青少年和青少年工作》一书是2000年7月出版的。这次是第二版,增补了21篇文稿。其中,邓小平文稿增补6篇,江泽民文稿增补15篇,主要是第一版出版以后新发表的。毛泽东、邓小平和江泽民同志历来关怀青少年的健康成长,高度重视青少年教育工作,站在党和国家事业发展的战略高度,对青少年和青少年工作作出了一系列重要论述,为培养教育青少年成为社会主义事业合格建设者和接班人提供了强大的思想武器。学习党的三代中央领导核心的这些重要论述,对于坚持用马克思列宁主义、毛泽东思想、邓小平理论和“三个代表”重要思想武装教育青少年,指导青少年的学习与成长,进一步做好新形势下的青少年工作,具有重要的意义。

中共中央办公厅关于印发《党政领导干部选拔任用工作监督检查办法(试行)》的通知

13日,中共中央办公厅发出关于印发《党政领导干部选拔任用工作监督检查办法(试行)》的通知。

中央军委发出通知要求全军认真学习江泽民国防和军队建设思想推动学习贯彻“三个代表”重要思想新高潮深入发展

30日,在中国人民解放军建军76周年前夕,经中央军委批准,由总政治部组织编写的《江泽民国防和军队建设思想学习纲要》正式出版并印发全军。中央军委发出通知,要求全军官兵以江泽民《论国防和军队建设》和一系列重要讲话为基本教材,以《纲要》为重要辅助材料,认真学习贯彻江泽民国防和军队建设思想，推动全军学习贯彻“三个代表”重要思想新高潮不断深入发展。

中央军委召开《江泽民国防和军队建设思想学习纲要》出版座谈会

31 日，中央军委在京召开《江泽民国防和军队建设思想学习纲要》出版座谈会。中共中央政治局委员、中央军委副主席郭伯雄，中共中央政治局委员、中央军委副主席、国务委员兼国防部长曹刚川出席会议并讲话。

经中央军委批准，由总政治部组织编写的《江泽民国防和军队建设思想学习纲要》“八一”前夕正式印发全军。《纲要》全面准确地阐述了江泽民国防和军队建设思想的主要内容和基本观点，对于推动全军兴起学习贯彻“三个代表”重要思想新高潮，深入学习领会江泽民国防和军队建设思想这一科学理论，具有重要的意义。

八　月

用“三个代表”重要思想统领哲学社会科学工作 繁荣发展哲学社会科学

1 日，2003 年度国家社科基金项目评审工作会议在京召开。中共中央政治局常委李长春出席会议并发表重要讲话。李长春指出，哲学社会科学工作是我们党全部工作极其重要的组成部分。新世纪新阶段，我们党要站在时代的最前列，领导和推动社会进步、国家繁荣、民族复兴，必须有科学的理论作指导，必须以发达的哲学社会科学作支撑。广大哲学社会科学工作者要认清自己的历史责任，推动兴起学习贯彻“三个代表”重要思想新高潮，为繁荣发展哲学社会科学事业做出应有的贡献。

抓住机遇　乘势而上 把思想道德建设提高到一个新水平

8 日，中央精神文明建设指导委员会召开全体会议。中共中央政治局常委、中央文明委主任李长春主持会议并讲话。他强调，要坚持以邓小平理论和“三个代表”重要思想为指导，认真贯彻落实胡锦涛总书记在全国防治非典工作会议上的重要讲话精神，紧密结合形势的发展和实际需要，有针对性地开展工作，搞好公民道德建设。

全国高校思想政治教育研究会六代会召开

20 日，全国高等学校思想政治教育研究会在北京召开第六次会员代表大会暨年会。会议的主要任务是：学习胡锦涛同志“七一”重要讲话，推动兴起学习贯彻“三个代表”重要思想新高潮，总结交流高校思想政治教育工作的成功经验，与时俱进，开拓进取，开创高校思想政治教育工作的新局面。会议表彰了第四次全国高校思想政治教育优秀专著和论文，并将进行研究会的换届选举。

“百县千乡宣传文化工程”志愿服务行动启动 百名应届大学毕业生将赴中西部

24 日，由中宣部、中央文明办、文化部和共青团中央共同组织实施的“百县千乡宣传文化工程”志愿服务行动正式启动，百名应届大学毕业生将赴中西部地区，首批志愿者服务的宣传文化站分布全国 20 个省和新疆生产建设兵团的 83 个县、100 个乡镇。

延安精神进企业振兴中药事业座谈会召开

31 日上午，中国延安精神研究会、中新药业集团、天津达仁堂制药二厂在人民大会堂召开了“弘扬延安精神，振兴中药事业”座谈会。全国政协原副主席万国权到会。与会专家、企业家围绕如何进一步弘扬延安精神，推进“延安精神进企业”，发展中药产业，振兴中药事业发表了意见，并提出了许多建议。

九　月

中央国家机关充分发挥思想教育基地作用

1日至2日，中央国家机关工委在京召开思想教育基地负责人座谈会，各基地负责同志在会上总结交流了经验，提出了改进服务的措施。工委对下一步基地如何为兴起学习“三个代表”重要思想新高潮和即将展开的党员先进性教育搞好配合活动进行了部署，提出了具体要求，并命名李大钊纪念馆和宋庆龄纪念馆为中央国家机关第三批思想教育基地。

国家重点工程建设先进事迹报告团演讲反响热烈

4日至5日，由全国总工会组织的三峡工程、青藏铁路和西气东输等三个国家重点工程建设先进事迹报告团先后在清华大学、北方交通大学、北京理工大学作了3场精彩的报告，在高校学生青年中引起热烈反响。

在清华大学，三峡工程报告团向学生们介绍了三峡工程建设者如何在本职岗位上，怀着“爱我中华、志建三峡”的爱国理想，艰苦奋斗、团结协作、不断创新、争创一流，以一流的管理、一流的质量，建设一流工程的事迹。在北方交通大学，青藏铁路报告团介绍了工程建设者在世界上海拔最高、线路最长的高原铁路建设中，以坚忍不拔的顽强毅力和执着追求，克服种种困难，铺轨穿越昆仑山、过可可西里无人区的事迹。在北京理工大学，西气东输工程报告团讲述了建设者们以高度的历史责任感和与时俱进、奋发有为的精神状态，将天然气管道从新疆的轮南向东挺进的事迹。

以“三个代表”重要思想为指导围绕执政兴国第一要务大力加强思想政治建设

14日，经中央批准，中央组织部在上海召开省区市领导班子思想政治建设座谈会。中共中央政治局委员、中央书记处书记、中央组织部部长贺国强在会上指出，加强省区市领导班子思想政治建设，要坚持以邓小平理论和“三个代表”重要思想为指导，全面贯彻十六大和全国组织工作会议精神，紧紧围绕发展这个党执政兴国的第一要务，着力解决领导班子思想政治建设方面存在的突出问题，进一步提高领导班子的思想政治素质和领导能力，把省区市领导班子建设成为坚持贯彻“三个代表”重要思想的坚强领导集体，为实现全面建设小康社会的宏伟目标提供坚强保证。

全国青少年爱国主义读书教育活动表彰大会召开

15日，全国青少年爱国主义读书教育活动十周年表彰大会在人民大会堂隆重举行。来自山西、山东、福建、广西、安徽等18个省、自治区的400多名先进集体、先进工作者和示范学校的代表受到表彰。

全国人大常委会副委员长、全国妇联主席顾秀莲到会讲话。她说，开展读书教育活动，要始终以“三个代表”重要思想为指导，发挥读书教育活动参与面广、影响面大的优势，把弘扬和培育以爱国主义为核心的民族精神贯穿始终，坚持与时俱进，开拓创新，使读书教育活动更有生命力、吸引力和感染力。要通过广泛开展读书教育活动，动员社会各个方面的力量，共同关心青少年的健康成长。据介绍，经中宣部批准，以“奋发有为建小康”为主题的第十一届全国青少年爱国主义读书教育活动已经启动。

深入贯彻党的十六大精神进一步加强公民道德建设的意见

18日，中央精神文明建设指导委员会关于深入贯彻党的十六大精神进一步加强公民道德建设的意见。

党中央印发《公民道德建设实施纲要》以来，各地各部门认贯彻中央《通知》精神，大力宣传“爱国守法、明礼诚信、团结友善、勤俭自强、敬业奉献”20字基本道德规范，广泛开展形式多样的群众性道德建设实践活动，激发了人民群众关心道德建设、支持道德建设、参与道德建设的巨大热情，有力地推动了新形势下的公民道德建设。特别是面对非典型肺炎这场突如其来的严重疫情，在以胡锦涛同志为总书记的党中央坚强领导下，全国人民团结一致、齐心协力，一方有难、八方支援，形成了共克时艰的强大合力，展现了良好的思想道德风貌。同时必须看到，公民道德建设方面仍然存在不少问题。一些地方放松道德建设，是非、善恶、美丑界限混淆，封建迷信活动、黄赌毒等丑恶现象沉渣泛起；一些领域道德失范，诚信缺失，见利忘义、损公肥私、欺骗欺诈等现象屡禁不止；一部分人爱国主义、集体主义、社会主义观念淡薄，有损国格人格的现象时有发生；少数党员干部理想信念动摇、贪污受贿、违法乱纪，严重损害党的形象。这种状况与迅速发展的经济社会形势，与我国日益提高的国际地位，与全面建设小康社会的客观要求不相适应，必须采取有力措施认加以解决。

迎接第一个“公民道德宣传日” 把公民道德建设提高到新水平

20日，在《公民道德建设实施纲要》颁布两周年之际，经党中央同意，中央精神文明建设指导委员会提出了关于深入贯彻党的十六大精神，进一步加强公民道德建设的意见，决定从今年开始将《纲要》印发的9月20日定为“公民道德宣传日”。这是学习贯彻“三个代表”重要思想和党的十六大精神，切实加强公民思想道德建设的一个重要举措，对于逐步建立与社会主义市场经济相适应、与社会主义法律规范相协调、与中华民族传统美德相连接的社会主义思想道德体系，不断提高整个民族的文明素质，形成“扶正祛邪、扬善惩恶”的良好社会风气，推进全面建设小康社会，加快社会主义现代化建设，具有十分重要的意义。

中宣部中央文明办举行 纪念《公民道德实施纲要》印发两周年 暨“公民道德宣传日”座谈会

20日，中宣部、中央文明办在京联合召开纪念中共中央印发《公民道德建设实施纲要》两周年暨“公民道德宣传日”座谈会，总结交流两年来各地、各部门贯彻落实《纲要》的好经验、好做法，研究部署进一步推动公民道德建设向纵深发展的新思路、新举措。会议提出，要抓住当前公民道德建设面临的大好时机，乘势而上，不断开拓公民道德建设的新局面。

用“三个代表”重要思想统领新闻宣传工作 为全面建设小康社会提供有力舆论支持

23日，中共中央政治局常委李长春同中央党校新闻媒体总编辑、台长学习“三个代表”重要思想、进行马克思主义新闻观教育培训班第一期学员座谈并发表讲话。他强调，要坚持用“三个代表”重要思想统领新世纪新阶段的新闻宣传工作，大力宣传党的理论路线方针政策，大力营造聚精会神搞建设、一心一意谋发展的良好氛围，大力弘扬先进思想文化，为全面建设小康社会提供强有力的思想保证和舆论支持。

中国互联网新闻宣传高峰论坛在郑州举行

24日，“中国联通杯‘嵩山论剑’——中国互联网新闻宣传高峰论坛”在河南郑州开幕。来自全国的50多家网络媒体同行及高校专家学者汇聚中原，论剑嵩山，共商“网”事。

《江泽民论党风廉政建设和反腐败斗争》 出版座谈会举行

27日，《江泽民论党风廉政建设和反腐败斗争》一书出版座谈会在北京举行。中共中央政治局常委、中央纪委书记吴官正在会上强调，此书的出版是我们党的建设特别是反腐倡廉工作的一件大事，对于指导新世纪新阶段党风廉政建设和反腐败斗争深入开展，具有十分重要的意义。

十 月

《2003－2010年全国农民工培训规划》发布

1日，新华社受权全文播发《2003－2010年全国农民工培训规划》。

“培训规划”分为规划制定背景、指导思想和基本原则、培训的目标和任务、推进农民工培训的政策措施四部分，对农民工培训规划做出了具体规定。

规划指出，要以党的十六大精神和“三个代表”重要思想为指导，围绕全面建设小康社会的目标任务，坚持公平对待、合理引导、完善管理、搞好服务的原则，坚持多予、少取、放活的方针，坚持面向工业化、面向现代化、面向城镇化的方向，以转移就业前的引导性培训和职业技能培训为重点，综合运用财政扶持政策和竞争、激励手段，进一步调动农民工个人、用人单位、教育培训机构、行业的积极性，多渠道、多层次、多形式地开展农民工培训工作，逐步形成政府统筹、行业组织、重点依托各类教育培训机构和用人单位开展培训的工作格局。

首届全国博士生学术论坛开幕

17日，以“启迪智慧、推进创新”为主题的首届全国博士生学术论坛在清华大学开幕。教育部副部长吴启迪出席开幕式并讲话。

吴启迪说，研究生教育处于高等教育的最高层次，在实施“科教兴国”战略中具有特殊的地位和作用。为促进拔尖创新人才的脱颖而出，教育部正在分步实施研究生教育创新工程。百篇优秀博士学位论文的评选、研究生创新中心的建设、研究生暑期学校的举办等项目的实施，已经并正在发挥着重要的影响。举办全国博士生学术论坛，是实施研究生教育创新工程的重 要内容。研究生培养单位要积极参与到研究生教育创新工程的有关活动中去，积极开展教育思想、教育观念的讨论，解放思想，更新观念，积极探索研究生培养制度的改革和创新，加强学科建设，特别要加强导师队伍建设，为全面提高我国研究生教育质量，为实现党的“十六大”提出的培养大批拔尖创新人才的目标共同努力。

全国高校国际政治研究会成立

18日，全国高校国际政治研究会在北京大学成立。教育部、外交部有关负责人和北京大学等高校的领导以及来自全国40多所高校的50余名代表出席了成立大会。

全国高校国际政治研究会的宗旨是在中国共产党领导下，以马列主义、毛泽东思想、邓小平理论和“三个代表”重要思想为指导，团结全国高校国际政治的教学、科研工作者和学术单位，为我国国际政治学科发展服务，为国家现代化建设和改革开放服务。

十　一　月

第二届全国“四进社区”文艺展演活动在南昌举行

2日，为期两天的第二届全国“四进社区”文艺展演活动在南昌落下帷幕。此次活动以“歌唱美好生活，共树社区新风”为主题，集中展示了一年来全国各地“四进社区”文化活动的成果。此次展演活动由中央文明办、文化部、中央电视台主办，参加展演的是从成千上万个社区群众文艺节目中筛选出来的36个精品节目，400余名社区演员参与了演出。这些节目贴近生活、贴近群众、贴近实际，具有较强的思想性、艺术性、观赏性。

新闻宣传单位开展“三项学习教育活动”

9日，各地新闻宣传单位认真按照中宣部等部门部署，密切联系新闻工作实际和新闻队伍的思想实际，广泛开展“三个代表”重要思想、马克思主义新闻观、职业精神、职业道德学习教育活动。开展“三项学习教育活动”，是新闻战线具体落实中央在全党兴起学习贯彻“三个代表”重要思想新高潮要求的重要举措，是新闻战线加强自身建设、解决突出问题的有力抓手，是新闻战线内强队伍素质、外树队伍形象的重要途径，是新闻战线改进新闻宣传、提高引导水平的良好契机。中宣部等部门联合开展“三项学习教育活动”，很有必要性、紧迫性、针对性，非常切合新闻队伍的工作实际和思想实际。

全国双拥工作领导小组全体会议在京召开

14日，全国双拥工作领导小组全体会议在京召开。中共中央政治局委员、国务院副总理、全国双拥工作领导小组组长回良玉主持会议并讲话。他强调，进入新世纪新阶段，做好双拥工作、增进军政军民团结，是践行“三个代表”重要思想的必然要求，是维护国家安全和社会稳定的重要举措，是全面建设小康社会的客观需要，是加强精神文明建设的重要内容。

“井冈山精神”大型展览在中国国家博物馆举行

15日，“井冈山精神”大型展览在中国国家博物馆拉开帷幕，真实再现了老一辈无产阶级革命家的风采，集中展示了“坚定信念、艰苦奋斗，实事求是、敢闯新路，依靠群众、勇于胜利”的井冈山精神培育、诞生、形成、发展的过程。展览期间还将举行井冈山精神报告会、红军后代座谈会、井冈山斗争史知识有奖问答、井冈山美术作品展等系列活动。伟大的井冈山精神集中反映了我们党的优良传统和作风，是我们宝贵的精神财富。在新的历史条件下弘扬井冈山精神，就是要深入学习、忠实实践“三个代表”重要思想，牢牢把握这一重要思想的本质，真正做到立党为公、执政为民。

中共中央在中南海召开党外人士座谈会

18日，中共中央在中南海召开党外人士座谈会，征求各民主党派中央、全国工商联的领导人和无党派人士对贯彻中共十六大和中共十六届三中全会精神，做好当前我国经济社会发展工作的意见和建议。中共中央总书记胡锦涛主持座谈会并发表重要讲话。他指出，全面建设小康社会、实现中华民族伟大复兴的任务宏伟而艰巨，我们肩负的责任光荣而重大。我们要坚持以邓小平理论和“三个代表”重要思想为指导，把包括中国共产党和各民主党派、工商联、无党派人士在内的全民族的意志和力量广泛凝聚起来，把社会各方面的积极性、主动性和创造性充分调动起来，把中国特色社会主义事业不断推向前进。

中宣部、新闻出版总署联合召开出版界座谈会

18日，中宣部、新闻出版总署今天联合召开出版界座谈会，部署学习宣传贯彻十六大精神。会议强调，出版战线要认真学习、深刻领会、全面贯彻十六大精神，自觉以“三个代表”重要思想统领出版工作全局，努力建设先进文化，不负时代使命，推动出版事业进一步繁荣健康发展，更好地为全面建设小康社会服务。

吴邦国强调人大工作要以“三个代表”为指导

19日，中共中央政治局常委、全国人大常委会委员长吴邦国近日在安徽考察工作时强调，坚持以“三个代表”重要思想为指导，全面贯彻落实党的十六大和十六届三中全会精神，把坚持党的领导、人民当家作主和依法治国有机统一起来，努力做好新时期人大各项工作。

《正气满乾坤》反腐倡廉文艺晚会在京举行

19日，中央纪委监察部与中央电视台联合举办的《正气满乾坤》反腐倡廉文艺晚会在京举行。中共中央政治局常委、中央纪委书记吴官正，中央书记处书记、中央纪委副书记何勇等出席了晚会。晚会由《清风颂》、《利剑颂》和《光明颂》三个篇章构成，以反腐倡廉为主题，弘扬正气，鞭挞腐恶，充分展现了党风廉政建设和反腐败斗争取得的成果，歌颂了勤政廉政的先进典型，塑造了战斗在党风廉政建设和反腐败斗争第一线的广大纪检监察干部的群体形象，教育广大党员干部更加自觉地实践“三个代表”重要思想，立党为公、执政为民，增强“两个务必”意识，增强人民群众反对腐败的信心和决心。

全国政协信访工作座谈会在京举行

20日，全国政协信访工作座谈会在京举行。会议研究探讨了如何在新形势下深入贯彻“三个代表”重要思想，进一步做好人民政协信访工作。这是人民政协专题研究信访工作的第一次会议。全国政协副主席王忠禹出席会议并讲话。王忠禹指出，人民政协的信访工作是政协组织和政协机关为委员和统战人士服务的重要方式，是了解和反映社情民意的重要渠道。他要求各级政协要高度重视信访工作，加强对信访工作的领导；结合政协特点开展信访工作，增强工作的针对性和有效性；进一步提高信访工作队伍素质，不断提高信访工作水平。

学习出版社出版发行《学习理论文库》

21日，为展示新时期理论工作者创作成果，促进新形势下理论研究的繁荣，推动学习贯彻“三个代表”重要思想新高潮深入发展，学习出版社出版发行了《学习理论文库》。这套《文库》首批推出十部著作，作者包括邵华泽、王梦奎、龚育之、邢贲思、苏星、刘国光、金冲及、侯树栋、吴树青、罗国杰等专家学者。《文库》内容丰富，论述深刻，资料翔实，从一个侧面反映了20多年来理论工作者坚持以马克思列宁主义、毛泽东思想、邓小平理论和“三个代表”重要思想为指导，解放思想、实事求是、与时俱进，紧密结合改革开放和现代化建设实际，深入研究回答干部群众关心的重大理论问题所取得的可喜成果。

学习出版社10周年社庆

22日，在《“三个代表”重要思想学习纲要》发行量突破1000万册的日子里，学习出版社迎来了10周年社庆。10年来，学习出版社紧紧围绕党和国家工作大局，始终坚持正确的出版方向，努力服务于宣传思想工作和精神文明建设，大力宣传邓小平理论和“三个代表”重要思想，大力宣传党的路线方针政策，大力宣传改革开放和现代化建设的伟大成就，出版了一批影响较大的图书和音像电子出版物，在理论宣传、思想道德建设、精神文明建设、形势教育、传播科学文化知识等方面发挥了积极作用，创造了较好的社会效益和经济效益。

12 人被授予“全国见义勇为先进分子”荣誉称号

23 日，为了弘扬社会正气，倡导见义勇为精神，讴歌见义勇为英雄，中宣部、中央综治委、公安部、中华见义勇为基金会开展了第八次“全国见义勇为先进分子”评选活动。在揭晓颁奖仪式上，北京臧广义等 12 人被授予“全国见义勇为先进分子”称号。见义勇为先进分子勇于斗争的英雄事迹，充分体现了中华民族的优良传统，也是当前建设社会主义精神文明、调动广大人民群众参与社会治安综合治理的充分体现。

2003 年度优秀新闻技术工作者和首届全国十佳新闻技术工作者揭晓

24 日，为进一步推动中国新闻事业的发展、表彰多年来在新闻单位做出突出贡献的科技工作者，由中国新闻技术工作者联合会组织评选的 2003 年度优秀新闻技术工作者和首届全国十佳新闻技术工作者日前揭晓。人民日报辛乘胜、新华社曹学会、解放军报吴建德、北京日报李彦魁、浙江日报报业集团楼险峰、深圳报业集团吉书龙、扬子晚报社张东风、广州日报报业集团粱泉、泉州晚报社颜卿哲、自贡日报社吴山冠等 10 名新闻技术工作者从“幕后”走到了前台，获得了首届全国十佳新闻技术工作者称号。

全国大学生学习贯彻“三个代表”重要思想经验交流会在京举行

25 日，中宣部、教育部、团中央、解放军总政治部联合召开的全国大学生学习贯彻“三个代表”重要思想经验交流会在京举行。中共中央政治局委员、书记处书记、中宣部部长刘云山出席会议并讲话。他强调，要紧紧围绕培育有理想、有道德、有文化、有纪律一代新人这个根本目标，紧密结合当代青年的特点，扎实做好高校学生理论武装工作，让“三个代表”重要思想进教材、进课堂、进学生头脑，成为青年学生健康成长的行动指南，成为青年学生积极进取、奋发有为的精神动力。

纪念毛泽东同志批示“枫桥经验”40 周年暨创新“枫桥经验”大会在浙江诸暨举行

25 日，由中央综治委和浙江省委联合召开的纪念毛泽东同志批示“枫桥经验”40 周年暨创新“枫桥经验”大会在浙江诸暨举行。中共中央政治局常委、中央综治委主任罗干出席会议并讲话。他指出，各级党委、政府要从实践“三个代表”重要思想的高度，认真学习、创新“枫桥经验”，正确处理新时期人民内部矛盾，将矛盾化解在基层，为全面建设小康社会创造良好的社会治安环境。

《崇尚科学关爱生命维护人权反对邪教》大型展览开幕

26 日，一个名为《崇尚科学关爱生命维护人权反对邪教》的大型展览，上午在北京中国科学技术馆开幕。展览由中国关爱协会和中国反邪教协会主办。展览由关爱生命、维护健康、把握自己的命运、维护公共利益、让关爱洒满人间等 6 部分组成。这个展览对于提高公众识别和抵制邪教的能力、培养健康文明的生活方式、维护自身的合法权益，具有积极的教育作用。

网上开展“纪念毛泽东诞辰 110 周年”主题活动正式启动

26 日，为纪念毛泽东同志诞辰 110 周年，以共青团中央、中央文明办、中央外宣办、中央文献研究室、文化部、中国社科院、中国文联为指导单位的“我们的文明”主题系列活动组委会，联合人民网、中国网、中青网、新浪网、搜狐网、网易、中华网等 110 家中文网站，共同在网上开展的“纪念毛泽东诞辰 110 周年”主题活动，正式启动。

第十四届“中国十大杰出青年”评选活动揭晓

27 日，由中华全国青年联合会、中国青少年发展基金会与人民日报、中央人民广播电台、中央电视台、光明日报、解放军报、经济日报、中国青年报、科技日报、工人日报、农民日报等十家新闻单位联合主办的第十四届“中国十大杰出青年”评选活动在京揭晓。荣获本届“中国十大杰出青年”称号的是：杨利伟、姚明、水均益、陈薇（女）、张积慧（女）、王伟斌、朱准平、和志刚（纳西族）、荣毅超、高翔。他们胸怀祖国，服务人民，积极实践“三个代表”重要思想，取得了突出的业绩，展示了当代青年的风采。

十　二　月

全国宣传思想工作会议在北京闭幕

7日,全国宣传思想工作会议在北京闭幕。这次会议是在全党全国人民深入贯彻十六大和十六届三中全会精神,学习贯彻"三个代表"重要思想新高潮蓬勃发展的形势下,党中央召开的一次具有全局意义的重要会议,是继往开来、与时俱进,凝结着对新世纪新阶段宣传思想工作战略思考的成果和体现着改革创新精神的会议,是认清形势、统一思想、明确任务、坚定信心,开创宣传思想工作新局面的会议。认真学习、全面贯彻这次会议的精神,对进一步做好当前和今后一个时期的宣传思想工作,为全面建设小康社会、加快推进社会主义现代化创造良好的思想舆论环境,具有十分重大的意义和深远的影响。

国家重点文化项目"送书下乡工程"在西柏坡正式启动

8日,国家重点文化项目"送书下乡工程"在革命圣地西柏坡正式启动。"送书下乡工程"由文化部、财政部共同实施,国家图书馆具体承办。目标是从2003年到2005年,文化部、财政部向300个国家级扶贫开发工作重点县图书馆和3000个乡镇图书馆(室),赠送农村适用图书500万册。财政部为送书下乡工程安排专项经费6000万元。

首都高校学生举办"继承光荣传统,弘扬民族精神　在'三个代表'重要思想指引下健康成长"主题系列活动

9日,为纪念一二·九运动68周年,首都62所高校的学生代表今天在京举办"继承光荣传统,弘扬民族精神,在'三个代表'重要思想指引下健康成长"主题系列活动。各地青年学生还开展了丰富多彩的纪念活动。

全国党的建设研究会在韶山举行学习毛泽东建党思想暨纪念毛泽东同志诞辰110周年座谈会

8日至9日,全国党的建设研究会在毛泽东同志诞生地湖南韶山举行学习毛泽东建党思想暨纪念毛泽东同志诞辰110周年座谈会。与会同志深切缅怀了毛泽东同志在领导中国新民主主义革命、社会主义革命和建设中建立的丰功伟绩,回顾了以毛泽东为代表的中国共产党人结合中国的具体实际,创造性地运用和发展马克思列宁主义的光辉历程。

"全国高校纪念毛泽东同志诞辰110周年学术研讨会"在湘潭大学召开

9日至11日,由教育部邓小平理论研究中心、教育部高等学校社会科学发展研究中心和湘潭大学联合举办的"全国高校纪念毛泽东同志诞辰110周年学术研讨会"在湖南省湘潭大学召开。来自全国20多所高校的80余名专家学者参加了会议。与会专家学者缅怀了以毛泽东同志为代表的中国共产党人的丰功伟绩,分别以毛泽东与20世纪的中国、毛泽东和毛泽东思想的历史地位、毛泽东对中国社会主义建设道路的探索及其现实意义、毛泽东对继承和弘扬中华民族精神的历史贡献等为题,对毛泽东同志的经济思想、政治思想、文艺思想、党建思想和教育思想等进行了深入研讨。

"立党为公、执政为民"先进事迹报告团举行首场报告会

11日,为配合学习贯彻"三个代表"重要思想新高潮活动的深入开展,中纪委、中组部、中宣部组织了"立党为公、执政为民"先进事迹报告团,在人民大会堂举行首场报告会。中共中央政治局委员、书记处书记、中宣部部长刘云山,中共中央政治局委员、书记处书记、中组部部长贺国强在报告会前亲切会见报告团全体同志,对报告团宣讲的6位党员干部实践"三个代表"重要思想,坚持立党为公、执政为民的先进事迹给予高度评价。

解放军总政治部召开全军学习贯彻《政工条例》电视电话会议

15日,为贯彻落实好党中央、中央军委批准颁布的《中国人民解放军政治工作条例》,解放军总政治部召开全军学习贯彻《政工条例》电视电话会议,进行动员部

署。会议强调,要用“三个代表”重要思想统领和规范军队政治工作。

全国人才工作会议在京召开

19日至20日,中共中央、国务院在北京召开全国人才工作会议。中共中央总书记、国家主席胡锦涛在会上发表重要讲话。他强调指出,人才问题是关系党和国家事业发展的关键问题。全党同志必须从全局和战略的高度,以高度的政治责任感和历史使命感,把实施人才强国战略作为党和国家一项重大而紧迫的任务抓紧抓好,努力造就数以亿计的高素质劳动者、数以千万计的专门人才和一大批拔尖创新人才,建设规模宏大、结构合理、素质较高的人才队伍,充分发挥各类人才的积极性、主动性和创造性,开创人才辈出、人尽其才的新局面,大力提升国家核心竞争力和综合国力,为全面建设小康社会和实现中华民族的伟大复兴提供重要保证。

中共中央在北京人民大会堂举行纪念毛泽东同志诞辰110周年座谈会

26日,中共中央在北京人民大会堂举行纪念毛泽东同志诞辰110周年座谈会。中共中央总书记、国家主席胡锦涛发表重要讲话强调,我们对毛泽东同志的最好纪念,就是把老一辈革命家历经千辛万苦开创的伟大事业继续推向前进,把实现中华民族伟大复兴的史诗继续谱写下去。

第二部分

行业思想
政治工作综述

农村思想政治工作综述

从党的十六大提出全面建设小康社会的战略目标来看,“三农”问题再次成为全国关注的焦点之一,为了解决“三农”问题,农村思想政治工作再次被提上了议事日程,并发挥其生命线的特殊作用。

2003年1月9日召开的中央农村工作会议是在贯彻十六大精神的背景下召开的第一个全国性农村工作会议,会议提出在全面建议小康社会的新阶段,重点加强农村小康建设;强调统筹城乡经济社会发展,并将它作为新世纪新阶段解决农村问题的重大新思路。会议还提出了把解决好“三农”问题作为全党工作的“重中之重”,显示了新领导层对“三农”问题的高度重视。

2003年3月5日,十届全国人大一次会议上,总理在《政府工作报告》中指出,农业、农村、农民问题,关系我国改革开放和现代化建设全局,任何时候都不能忽视和放松。“三农”问题更是成为众代表关注的热点话题。

2003年10月14日,党的十六届三中全会胜利闭幕。会议通过了《中共中央关于完善社会主义市场经济体制若干问题的决定》,为我国经济体制的进一步改革指明了方向。针对“三农”问题,提出了以城乡统筹为基础,深化农村改革,完善农村经济体制的政策指南。

2003年12月25日闭幕的中央农村工作会议讨论了《中共中央、国务院关于促进农民增加收入若干政策的意见(讨论稿)》,把提高农民收入作为下一步农村工作的中心任务和基本目标。

上面各项工作的落实,样样离不开党的思想政治工作。在这种政策背景下,2003年我国农村思想政治工作又掀起了一股高潮。农村思想政治工作紧紧围绕一条主线:认真实践“三个代表”重要思想;服务一个中心:即农村致富奔小康,深入细致,生动活跃,其研究对象之广泛、研究内容之深入都值得关注。

一、农村思想政治工作在创新中不断赋予了新的内容,真正焕发了新的生命与活力

1.立足机制创新,建立联合鼓劲,责任落实的思想政治工作新机制,形成了齐抓共管、网点联动的农村思想政治工作新格局。

2.立足网络创新,构架了功能完善纵横辐射的思想政治工作新体系,初步建成了信息传播网络、教育培训网络、宣传队伍网络,将新时期的农村思想政治工作的触角延伸到农村的各个层面。

3.立足载体创新,赋予顺应时代、适应农村实际的思想政治工作新内涵,紧紧围绕经济建设奔小康的主题,抓住热点难点,解决突出问题,积极满足农民群众的利益要求。努力做到思想政治工作真正贴近生活、贴近实际、贴近群众。

4.立足素质创新,塑造作风优良,业务精湛的思想政治工作队伍新形象。首先解决农村政工队伍的思想认识问题,培养其以民为本的思想情怀;其次解决其水平问题,不断加强基层干部的素质培训;再次解决其工作作风问题,强化内外监督机制,党风好才能带出好民风。

二、农村思想政治工作开展迎来了可喜的局面

1.农民群众积极拥护党的路线、方针和政策。广大农民直接得益于党的富民政策,亲眼目睹利亲身体验到了中国发生的翻天覆地的变化。不断发展的经济,不断提高的生活水平,不断增强的综合同力。这些事实雄辩地说明在党的领导下,走中国特色的社会主义道路是正确的。所以,农民群众对党是非常信任的,对党中央作山的决策是非常拥护的。

2.农民致富愿望强烈,思想观念有大转变。改革开放的日益深入,发达地区的延伸辐则,城乡人口的频繁流动,科学技术的日新月异,使农村进一步走向开放。农民群众要求学习、要求致富的强烈。开放意识、市场意识、竞争意识、科技意识、法律意识显著增强,涌现出许多敢于在市场风浪中搏击,依靠党的理论、党的政策,科学技术脱贫致富的能手。

3.农村思想道德教育取得了积极成效。一方面,在农村开展的一系列宣传教育活动、创建活动,如创建文明镇、创十星评十户、创双文明户、五好家庭户,开展“六提倡六反对”,移风易俗,文化、科技、卫生三下乡等活动,收到良好的效果。同时,总结了一些有益的经验,如成立道德评议会、红白理事会、妇女禁赌协会等,充分发挥了群众自我教育、自我管理、自我服务的作用,促进了农村的精神文明建设。

(执笔:曾子)

水利电力系统思想政治工作综述

2003年,水利电力系统思想战线在党的领导下,克服困难多、条件艰苦的不利影响,立足行情,无私奉献,扎实工作,形成了有效的方法,积累了成功的经验,取得了可喜的成绩。一年来本系统思想政治工作的主要做法:始终坚持以经济建设为中心,以理想信念教育为突破口,全面贯彻落实党的基本理论和基本路线,坚持用马列主义、毛泽东思想、邓小平理论和“三个代表”重要思想武装党员、教育干部和群众;开展了形式多样的爱国主义、集体主义、社会主义和艰苦创业精神的教育;开展了主题鲜明的群众性精神文明创建活动;认真贯彻落实《公民道德实施纲要》,加强社会主义道德建设;开展群众文化活动,不断丰富人们的精神生活;在思想教育的同时注重解决人民群众关心的实际问题,为群众办实事好事。2003年本行业思想政治工作的主要经验如下:

一、坚持以经济建设为中心,为富民兴企大局服务

这既是改革开放以来本行业思想政治工作的基本原则,也是主要经验。我们不断加大经济建设和改革开放的宣传力度,为本行业经济发展营造了良好的舆论氛围;开展了“解放思想大讨论”、“以西部大开发为契机,大力振兴与发展水利电力”等大讨论活动;开展了学习“三峡精神”为内容的艰苦奋斗教育活动;注重做好西部大开发重点建设项目区干部群众的思想政治工作,保证了重点建设项目的顺利实施。

二、坚持建章立制,形成思想政治工作的有效机制

建立健全思想政治工作的各项制度是工作顺利开展的保障。一年来本行业各级党委认真贯彻落实中央关于思想政治工作一系列指示精神,建立了思想政治工作领导责任制度、思想政治工作联系会议制度、思想政治工作考核制度;有关部门和单位还建立了思想政治工作情况分析制度,形成了思想政治工作齐抓共管的局面。各级党支部及政工干部深入基层,开展调查研究,形成了一批具有一定参考价值的调研成果。我们水利电力系统在企业开展政工职称评定的基础上.在全系统各单位也开展了政工职称评定工作,稳定了政工队伍,调动了政工人员工作的积极性和主动性。

三、坚持着眼基层,夯实基础,建设阵地

就水利电力系统思想政治工作而言,其基层基础设施薄弱,今年来我们认真抓基层基础设施建设。在全国率先抓基层单位“企业精神文明活动中心”建设;在全行业内率先营造学习型企业,实现了各个企业拥有“万书库”图书中心的管理目标;重点抓了“基层党员活动室建设,基层广播电视通”工程;在部分基层单位抓了“两学一奔”(学政策法规,学科技,奔小康)示范点工作;精心组织“三下基层” “四进社区”等活动;抓好基层政研室活动的开展。

四、坚持抓典型树典型,发挥典型的激励示范作用

树立先进典型,发挥先进典型的激励示范作用,是思想政治工作的有效方法。一年来,全行业先后树立了三峡村等8个红旗村,推出了“三峡方向,行业希望”的“三峡精神”;树立了三峡电力公司、大亚湾核电站、云南省漫湾发电厂等一批优秀企业;树立了优秀教师田沛发、刘恩和,见义勇为好青年赵华,雷锋式的好战士李学章等一大批先进典型。这些典型成为全行业思想政治工作战线上的一面面旗帜,激励着全行业各单位职工为实现富民兴企的宏伟目标而努力。

(执笔:曾子)

铁路行业思想政治工作综述

2003年,铁路行业思想政治工作在党委的领导和关怀下,在中国政研会的指导下,以“三个代表”重要思想为指导,坚持党的基本路线,紧紧围绕党的中心工作,把促进企事业单位的改革和发展,促进西部大开发和行业跨越式发展作为自己工作的重点,在加强和改进思想政治工作,推动三个文明建设协调方面,做了许多理论研究和实践工作,取得了一些成绩。

2003年3月,铁路行业政研会发出通知,要求企业结

合自身实际，把“三个代表”重要思想落实到加强企业党的建设和思想政治工作的实际中去。

7 月，铁路行业政研会召开理事会，研究和讨论了以“三个代表”重要思想为指导，充分发挥企业思想工作优势。积极探索新形势下加强和改进企业党建和思想政治工作的新途径，并结合学习“三个代表”重要思想。开展调研工作和理论研讨，促进了学习“三个代表”教育活动的深入开展。

铁路行业政研会举办了全国铁路企业宣传部长和各政工分会秘书长学习班，开展了企业思想工作现状、问题及对策课题的调研。深入 12 个省市州的 100 多家企业，发出 1000 多份问卷，认真撰写了调查报告并起到良好的效果，为加强铁路企业思想文化建设作出了积极贡献。全国铁路行业召开了思想政治工作经验交流会，编写了《铁路行业基层思想政治工作新方法汇编》。铁路行业企业广泛开展了“企业爱职工、员工爱企业”、评“爱员工好局、段长”与评“爱企业的模范员工”——“双爱双评”活动，此外，还组织了铁路行业企业参加“全国企业思想政治工作研讨会”，部分企业党委书记在会上作了经验交流，丰富了企业思想工作经验。特别是由北京铁路局石家庄站党委书记王跃胜主持的“思想政治工作之窗”网站虽只是互联网上数以百万计的网站之一，却是在为数不多的毫无商业运作色彩的个人网站中最具创意的。这是一个受欢迎的网站，既是新时期党的思想政治工作特别是铁路系统思想政治工作的资料库，也是各部门政工干部进行互帮互学、自我教育的大课堂。它推广和交流了铁路行业的思想政治工作、企业文化建设等方面的经验，为铁路行业思想政治工作作出了卓有成效的贡献。

铁路行业思想政治工作最近和今后一段时间的主要任务是按照“三个代表”重要思想的要求，加强和改进铁路职工思想政治工作，大胆探索铁路职工思想政治工作的路子，开展各种活动，搞好调研服务，努力开创铁路行业职工思想政治工作的新局面。

（执笔：赵洁祎）

金融行业思想政治工作综述

2003 年，金融系统思想政治工作主动应对形势发展变化，认真面对金融系统思想政治工作中存在的问题和挑战，积极探索新形势下金融系统思想政治工作的新思路、新方法，从各个方面、不同角度作了论述和研究。

一、充分肯定新形势下加强金融系统思想政治工作的重要性和必要性

理论工作者和金融系统第一线的政工干部撰文从政治与业务的关系、从提高金融从业人员能力素质的角度、从增强团队精神、建设金融先进文化角度以及提高金融整体服务水平的高度强调了加强金融系统思想政治工作的重要性和必要性，充分阐明在新形势下仍然必须坚持和加强思想政治工作，思想政治工作可以转化为生产力，提出要以“三个代表”作为根本指导思想，将其贯彻到业务与思想政治工作中，正确认识和处理新形势下政治与业务的辩证关系，思想政治工作不但不能削弱，只能加强。

二、充分论证了金融系统思想政治工作所面临的新变化新挑战

金融系统思想政治工作面临的新变化，主要是加入世贸组织后金融系统的业务发生了变化，由此引发的思想问题，给思想政治工作带来了新的挑战；市场经济发展所带来的新思想新观念与冲击；科技发展对金融思想政治工作的积极影响；金融体制自身发展变革对从业人员提出的新的更高要求等。很多文章分析了这些变化与挑战给金融系统思想政治工作带来的变化与影响，提出必须认真研究和正确认识新形势下的思想政治工作新内容，提高思想政治工作的时效性和针对性。

三、提出了新形势下金融思想政治工作的具体原则和指导思想

新形势下金融思想政治工作的指导思想坚持以“三个代表”重要思想统领全局，强调金融系统思想政治工作必须与时俱进，开拓创新，必须与金融业务相结合，克服思想政治工作与业务“两张皮”的现象。新形势下金融思想政治工作的具体原则强调，坚持以人为本，增强思想政治工作的感召力与吸引力，注意贴近现实，把解决好现实问题作为思想政治工作的重要任务的思想，适应社会发展，不断增大科学、文化含量的思想，激励约束机制相结合，相互促进、相得益彰的思想等等。

四、论述了新形势下金融系统思想政治工作的具体内容

新形势下金融系统思想政治工作的具体内容，主要是紧紧围绕社会主义、爱国主义和集体主义，进行理想信念教育，职业道德教育，形势教育，遵纪守法的教育，注意培养团队精神，养成诚实守信、增加职工和党员干部现代科学文化知识，加强形势分析挑战教育的力度，经常进行新思想新观念的讨论、教育与交流等等。

五、提出了新形势下改进和加强思想政治工作的许多具体方法

主要有：一是领导要重视和率先垂范。二是要建立高素质的政工干部队伍。三是加强组织领导，健全思想政治工作机制。四是不断改进思想政治工作的方式方法。五是要将思想政治工作与具体业务相结合，把思想政治工作贯穿到以业务经营为中心的各个环节。六是坚持以人为本，突出思想政治工作的核心点。七是突出重点群体，抓好青年思想教育工作。八是关心爱护，以理服人、以情感人。九是要运用和占领网络思想政治工作阵地等等。

六、论述了金融系统思想政治工作中面临和必须克服的误区

《金融业思想政治工作十个误区》一文详细列举和论述了金融系统思想政治工作中面临和必须克服的十个误区：一是规划上重短期教育，但缺乏和自身业务经营发展相适应的思想政治工作的中、长期规划的误区。二是机制上重业务轻思想政治工作的误区。三是在工作思路上，重封闭性教育轻开放性教育的误区。四是在工作原则上，重情轻理的误区。五是在具体抓法上，重点轻面的误区。六是在教育手段上，重现代化教育手段轻传统教育方式的误区。七是在教育内容上，重日常性教育轻系统性教育的误区。八是在主体对象上，有重积极分子轻一般员工的误区。九是在工作方法上，重活动轻灌输的误区。十是在评价标准上，重表面轻实质的误区。

（执笔：李晓平）

高校思想政治工作综述

进入新世纪，特别是我国加入 WTO 之后，我国高校的思想政治工作面临着许多新情况和新问题，可以说是机遇与挑战同在，动力与压力并存。针对新时期高校思想政治工作面临的新形势，专家、学者们从经济全球化、信息网络化、深化高教改革、依法治校和发挥学生主体作用等方面，提出了加强与改进高校德育的目标、任务和基本思路。现就该方面的相关理论与实践情况作一简要综述。

一、经济全球化与大学生思想政治教育

经济全球化是一个不以人的意志为转移的客观历史过程，是当代人类经济社会生活跨越国家和地区界限，在全世界范围内展现全方位的相互沟通、相互联系、相互影响和相互作用的一种整体化过程和趋势。然而我们应该清醒地看到，经济的全球化必然会给政治、文化和意识形态带来广泛而深刻的影响。经济全球化趋势还给世界各国，特别是发展中国家提出了一系列经济、政治和社会发展的新课题，给国家主权、经济安全、民族文化等提出了新的挑战。这一切，都是我们在对外开放过程中始终面临的问题，也是今天高校思想政治教育必须面对的现实背景。

学者们提出，全球化背景下的高校思想政治教育目标和任务是：(1)要高屋建瓴，牢牢把握和平与发展的主题，始终坚持服务于现代化建设，服务于改革发展稳定的大局，服务于高素质人才培养；(2)既要有宽阔的视野和开放的胸怀，善于吸取人类文明创造的一切优秀成果和进步观念，又要始终保持清醒的头脑，抵御西方腐朽意识形态的侵蚀；(3)要特别重视爱国主义教育，增强中华民族的自信心和凝聚力，保障国家政治、经济、文化的安全，同时又要反对狭隘的民族主义；(4)要进一步拓宽教育内容，注意研究人类面临的普遍问题，增强全球意识和人文关怀。高校培养出来的大学生不仅要“学会生存”，还要“学会关心”，学会共同生活，学会不同民族、不同文化之间相互尊重，培养在人类活动中的参与和合作精神，关注人的社会生存环境、生活质量以及人类的尊严、道德完善和全面发展问题，保护生态环境，维护世界和平，促进人类发展。

二、关于网络与大学生思想政治教育

学者们认为，互联网给高校思想政治工作提供了良好机遇，不仅带来了教育手段的现代化，而且带来教育观念和内容的现代化；同时又对大学生思想政治教育带来严峻的挑战。特别是网络文化的冲击使青年学生在世界观、人生观、价值观和道德观方面出现了一系列新特征：一、在世界观方面，技术主义倾向愈加浓厚；二、在人生观方面，“个性”主义膨胀，追求个人绝对自由，习惯于在无目的的生活状态中游戏人生；三、在价值观和道德观方面表现为价值主体自我化、价值导向多元化、价值目标模糊化、实现价值手段虚拟化和道德行为方式的漠视权威、无视中心、忽视规划，等等。

学者们一致认为，抓住机遇，趋利避害，充分发挥互联网在培养人、塑造人中的新型载体和重要手段作用，应成为高校思想政治工作领域高度重视和潜心研究的重大课题。有的学者提出，网络时代，高校思想政治教育要迎接网络文化的冲击，树立起“向年轻人学习”的观念，要认识和把握当今德育工作的四个转型：一、德育任务由单一的道德法律传递向道德法律建设和道德法律传递并举

转型；二、德育对象由单一的青年学生向兼顾德育工作者和青年学生转型；三、德育手段由传统手段向技术手段和传统手段共存转型；四、德育环境由单一的现实世界向现实世界与虚拟世界并重转型。有些学者在论文中就高校思想政治教育进网络提了明确的步骤和措施：(1)关注和监控。(2)进入和引导。(3)培训与提高。

三、关于后勤社会化进程中的学生住宿管理和思想政治教育

高校学生宿舍是大学生生活、学习、休息的主要场所，历来都是学校对大学生进行教育管理的基本阵地，更是高校校园文明建设的重要窗口。在高校后勤改革社会化运作的背景下，学生宿舍的教育管理面临着许多新情况、新问题，急需高校教育工作者特别是思想政治教育工作者加以研究。

学者们指出，学生住宿服务社会化发展，对高等教育发展无疑具有巨大的促进作用。同时，学生住宿服务社会化，也给学校学生事务管理带来了一系列新的问题。有些学者将学生住宿服务看作学生完成在校学业、实现德智体全面发展目标的重要组成部分，认为学生住宿管理、服务与教育有着不可分割的关系，提出了管理育人、服务育人的要求。然而遗憾的是，我们还缺乏对这种管理育人、服务育人的机制、影响及其哲学基础的深入研究。学者们在认真分析借鉴国外学生工作特别是学生住宿服务理论和实践成果的基础上，提出了我国高校后勤社会化背景下学生住宿管理的一些对策：(1)探索和建立有中国特色的包括住宿服务在内的学生事务工作的基本理论。(2)在学生住宿服务中坚持以校方为主导的原则，予以统筹规划。(3)高校必须重视学生住宿的各项服务，以发挥住校生活对学生智力和非智力方面的积极影响作用。宿舍及社区要成为学生课外活动的重要场所。(4)促进学生事务工作者队伍的专业化建设，进一步提高德育工作的效果。

四、关于管理法治化和大学生自律教育

学者们指出，依法治国的基本国策，体现在学生培养中，就是要培养当代大学生的现代公民人格。围绕这个目标，高校思想政治教育在内容和实践上要处理好履行义务与行使权利之间关系，处理好主体独立意识和集体意识关系，处理好人民观和公民观教育关系。

关于大学生自我教育，代表们指出，自我教育是教育的最高境界，是高校思想政治教育的必然选择，是实现培养人才目标的有效手段。实现大学生自我教育的必要条件是：(1)确立正确的目标；(2)坚持自律与他律相结合的原则；(3)建立完善合理的学生组织，培养得力的学生骨干队伍；(4)建立一套适当的评价体系；大学生进行自我教育的途径和方法是：(1)培养学生树立自我教育、自我发展、自我完善的意识；(2)采取“教”、“管”、“导”、“育”相结合、以导为主的管理方式；(3)为大学生提供适当的自我教育空间；(4)营造民主、宽松、积极向上的氛围。

五、面向21世纪的高校德育改革与转型

第一，关于德育发展趋势的认识。学者们普遍认为，世纪之交的经济、政治、文化全球化趋势，高科技革命方兴未艾和知识经济迅猛发展的趋势，以及高等教育出现的强化素质教育、大众化、国际化和走向社会生活中心的趋势，是高校学生思想政治教育面临的时代背景和现实环境。必须认识高校德育的十大新趋势和特点，才能增强时代感，增强针对性和实效性。这十大趋势是：(1)理论教育和实践体验相结合，更加注重实践体验；(2)统一的教育目标和分层次教育相结合，更加注重分层次要求；(3)学生的主体作用与教育的主导作用相结合，更加注重学生的主体作用；(4)教育、管理、服务相结合，更加注重服务学生；(5)“成才”教育和“成人”教育相结合，注重两者并重；(6)德育、智育、体育和美育相结合，注重“四育”相辅相成；(7)学校教育和家庭教育、社会教育相结合，注重依靠社会教育无所不在的作用；(8)大学生思想政治教育与中、小学乃至学前教育相结合，注重教育的一致性、连贯性；(9)思想政治教育学科化建设和专职学生思想政治教育工作者专家化相结合，注重规律的探索；(10)继承和创新相结合，注重创新。

有些学者在深入分析几百年来我国传统道德教育历史状况基础上，指出传统德育中的“反科学存在”：(1)“处变不惊”，德育对社会变革冷漠；(2)定位失当，德育对政治和法律功能的贬抑；(3)抑制个性，德育对人性的扭曲；(4)思路偏窄，德育对域外文明的拒斥；(5)述而不作，德育对道德提升的迟滞。要加强德育必须实现德育的转型，努力建立一个鼓励个性发展的开放性的德育体系，寻求更高层次的张力：(1)追求动态性，德育的热情应从维护已有转换到呼唤应有上来；(2)追求现实性，德育应从疏离现实的自转系统转换到围绕中心的公转系统上来；(3)追求容他性，德育应从自封闭系统转换为外开放系统；(4)追求超越性，德育应从以我为主转换到尊重客体上来；(5)追求科学性，德育应从权力主导转换到非权力主导上来；(6)体现多样性，德育应从统一目标转换到丰富追求上来。

第二，关于德育机制、体制和队伍建设的认识。许多学者认为，提高高校思想政治教育的针对性和实效性，必须在机制创新上下功夫。当前尤其要在领导机制、目标机制、动力机制、工作运作机制、环境机制、信息反馈机制、制约机制、考核激励机制、队伍建设机制和投入保障机制建设上有所创新和突破，形成高校思想政治教育的新机制，保证思想政治教育工作高效有序和长期稳定的良性运行。

（执笔：李晓平）

交通运输业思想政治工作综述

在建设物质文明的同时,努力建设社会主义精神文明,这是社会全面发展、全面进步的客观要求,也是衡量现代化建设是否具有中国特色社会主义属性的标准。运输行业是社会主义精神文明建设的重要窗口,加强运输企业社会主义精神文明建设势在必行。改革开放以来,交通运输进入了一个新的全面转型时期,开始从集中走向分散,从一元化走向多元化。交通运输业的思想政治工作把建设行业精神文明作为自己的重点内容,从分析问题入手,提出了许多有创建的工作思路。

首先,提出问题。他们看到,目前的情况,企业精神文明建设主流是好的,但发展不平衡,还存在不少问题。一是精神文明建设组织机构不健全。二是职工队伍中的两种素质亟待提高。近几年职工人数不断增加,但企业职工政治思想教育工作却跟不上,职工队伍思想政治素质和文化技术素质普遍显低。三是精神文明建设硬件投入少。其次,他们提出了有针对性的工作思路:

一、造理论学习的气氛

要以"三个代表"重要思想为指导,着眼于跨越式发展的新实践,树立全新的工作理念,运作有效的工作机制,创新发展交通运输业的思想政治工作。掀起学习"三个代表"重要思想的新高潮,一是加强思想教育,提高对理论工作的重要性和必要性的认识,确定方向,明确责任,提高工作的针对性。二是确立鲜明的主题。围绕主题确定活动载体,组织培训,活化教育方法。三是制定具体措施,定时间、定内容、定任务、定考核,集中强化教育,使教育收到实效。

二、重点抓领导干部和职工素质的培养

抓企业的思想政治工作,关键在于领导班子建设。有了好的领导班子,才能贯彻好党的路线、方针和政策,实现全心全意为人民服务的宗旨,依靠工人阶级办企业,带出一支过硬的好队伍,使企业改革不断深入。对国有企业领导班子要进行考核,同时加强企业职工代表大会对领导班子的民主评议和监督,积极完善企业领导班子建设制度,使之成为两手抓、两手都要硬的合格的交通运输企业领导班子。

同时,建设行业文明,必须大力加强行业队伍建设,努力提高全行业人员的思想道德素质和科学文化素质,按照交通运输行业的特点,注意培养有理想、有道德、有文化、有纪律的交通运输队伍,不断提高运输队伍整体素质。

三、推进思想政治工作手段创新

手段创新表现在很多方面,比较有代表性的是:一、网上政工的开启。交通运输系统的职工多,工种多,年龄结构跨度大,制作特点鲜明的、适合不同人群的网页可以极大增强思想政治工作的针对性。同时网络延伸了职工受教育的空间。运输企业职工流动性大,工作时间不固定,通过互联网,职工可以在任何时间和地点了解信息,接受教育。网上政工建设网站是基础,发挥作用是核心,提高素质是根本,机制建设是保证。只有做好这几个方面的协调和配合,才能最大限度发挥思想政治工作的作用。二是CIS系统的导入。CIS系统即企业形象设计识别系统,它包括三个环节:理念识别、行为识别和视觉识别,这是企业形象设计的三大支柱。面对入世的挑战,交通运输行业需要引进新的经营管理理念,通过导入和运用CIS系统,塑造企业的独特形象,进而提高企业知名度和美誉度,促进其经营管理能力的提高和市场竞争力的增强。

四、精神文明创建活动

交通运输企业建设精神文明如何能落实到实处,关键是要选准切入点,从企业实际出发,把"爱岗敬业"作为厂文明建设的重要内容,倡导"岗位作奉献,真情为他人",提高服务质量,改善服务态度,实现社会效益和经济效益的统一。同时围绕经济建设的中心,开展好文明单位和先进个人的评选活动,要以人为本抓管理,营造和谐共振、催人奋进的氛围。在方法上做文章,积极寻找行业思想政治工作的新载体。"寄寓式"教育载体在思想教育领域的尝试效果显著。"寄寓式"就是在企业经营管理过程中,运用灵活机动的手段,将思想教育与企业精神文明建设有机地结合起来,使思想教育渗透到企业管理的各个环节,含蓄地、间接地开展思想教育工作。这种方式克服了单纯的、枯燥的填鸭式教育模式,使思想教育工作充满了生机与活力。

(执笔:谭国雄)

军队思想政治工作综述

2003年，军队思想政治工作第一线的政工干部和理论研究者以“三个代表”重要思想为指导，紧紧围绕“打得赢、不变质”这一历史使命，把军队思想政治工作改革创新作为一项重要内容，对军队思想政治工作的诸多方面进行了深入地探讨，在以下几个方面作了研究。

一、关于军队思想政治工作的改革创新

学者们对加强军队思想政治工作的极端重要性达成了普遍的共识，普遍认为军队要始终成为党领导下的人民军队，必须以“三个代表”重要思想为指导，以与时俱进的精神状态，主动摒弃那些与时代发展不相吻合的传统观念和思维方式，积极推进军队思想政治工作的改革创新，努力增强思想政治工作的时代感和针对性、实效性，实现军队思想政治工作的现代化。陈俨撰文认为，军队思想政治工作的创新必须在以下几个方面有所突破。一是要努力改变“以事为本”的传统政工理念，突出人本精神，在塑造合格的“人”同时，保证各项任务的完成；二是要努力摆脱重情轻法或以情代法的窠臼，将以法带兵与以情带兵有机结合，尽快走上思想政治工作法制化轨道；要走出简单依靠传统和个人经验的作法，实现思想政治工作在内容、方法上的改革创新。

江子华等着重从军事斗争准备的角度论述了政治工作创新的问题，他们认为，新形势下如何履行好政治工作“两个提供”的历史使命，以推动军事斗争准备不断深入发展，是值得研究的问题，为此，要从以下几个方面来加强，一是要紧贴世界军事新动向，切实把心思和精力向“谋打赢”上聚焦；二是紧贴官兵思想变化实际，着力把思想准备作为重点来抓；三是紧贴确保打赢新要求，注重在培养新型军事人才上开新路；四是紧贴军事斗争准备新情况，必须强化隐蔽战线斗争的主动权意识。

王昌滚、曹新高两位同志另辟蹊径，把在化解突出矛盾中增强思想政治教育的实效性，作为改革创新的一个突破口。他们认为，一是要在教育功能定位上，要实现社会价值目标与个人价值目标的和谐统一；二是要在教育内容设计，要将客体的需求延伸至主体的要求上来；三是在教育环境创设上，要缩小理论说教与客观现实的落差；四是在教育过程控制上，要以科学精神克服形式主义和“任务观点”。

杨婷认为新军事变革的发展给我军政治工作带来的挑战，要求我军政治工作转变观念，与进俱进，改革创新，使我军政治工作不断适应新形势的需要，为赢得未来战争的胜利提供服务保证。为此，她提出我军政治工作适应新军事变革的要求进行改革创新的几点思考。一是政治工作的思想观念要转变，树立政治工作就是战斗力的观念，树立超常、超前的思想观念；二是政治机关的运作方式需要改进。要适当扩大旅团政治机关的规模，要加强政治工作部门与军事、后勤、技术部门的合作，政治工作要创造小群体模式；三是政工干部的培养选拔模式需要完善；四是政治工作在运用高科技方面要会取舍；五是政治工作关键是要做到知行统一。

对我军政治工作优良传统的发展与创新作了论述，一是应对我军政治工作优良传统进行新的概括；二是应赋予我军政治工作优良传统新的内涵；三是应寻求我军政治工作优良传统实现的新形式，即完善基本形式，创新具体形式，借鉴有效形式，废除过时形式。刘振忠教授对军队政治工作创新发展提出了四个突破。认为，一要认真反思军队政治工作的价值定位，在政治工作个体价值的开发上寻求突破；二是全面把握“两个历史性课题”的辩证关系，在为“打得赢”提供强大的精神动力上寻求突破；三是深刻认识物质利益的本原性，在贯彻和运用物质利益原则上寻求突破；四是密切关注科学技术的发展，在推进政治工作设施手段的高科技上寻求突破。

二、关于加强部队的基层思想政治教育

基层的思想政治工作是我军思想政治工作的主体部分，是必须加强而不能削弱的。广大学者普遍认为，军队的思想政治教育一定要适应改革开放和军队革命化、现代化、正规化建设的新形势，紧密联系干部战士的思想实际，加强针对性、系统性和创造性。集中学者的研究成果，他们普遍从基层思想政治教育的实践看，加强针对性和有效性，有几个不应忽略的着力点。一是基层兵员认知能力的差异性增大，在思想政治教育中应重视提高教育对象的文化素质。二是基层官兵思想活动的开放性、选择性增强，思想政治教育中应重视把启发自觉与强化约束有机结合起来。三是基层官兵中一个突出的思想动向是自主意识、竞争意识明显增强，崇尚科学、追求知识、渴望成才的愿望强烈，许多官兵纷纷加入函授或高教自考等学历教育的行列。要引导官兵把个人的理想与社会的共同理想紧密联系起来，把个人的奋斗目标与部队建设的需要紧密联系起来，把个人的前途命运与国家和民族的繁荣昌盛紧密联系起来，才能找准思想政治教育与官兵现实生活中所思所想所盼所求的切入点，加强教育

的针对性和有效性。

原华认为，在新的历史条件下，军队政治工作要把“发展”作为第一要务，离开创新发展，军队政治工作的服务保证作用就不能得到有效发挥。因此，军队政治工作必须解放思想、更新观念，靠创新谋发展，以发展促实效、保服务。一是必须充分认识坚持发展是第一要务的重要性；二是必须坚持解放思想、与时俱进，不断强化发展意识；三是必须着力解决影响和制约政治工作发展的突出问和矛盾。

刘兴河认为，当前部队思想政治教育的针对性和有效性有了进一步的增强，但从时代的发展和官兵的要求来看，也还存在着一些值得思考和加以改进的问题。一是要进一步充实教育内容，使之与教育对象的需求相适应；二是进一步改进教育方法和手段，使之与时代的发展相适应；三是进一步拓宽教育思路，使之与官兵的思想变化规律相适应；四是进一步提高政治干部的自身素质，使之与担负的教育任务相适应；五是进一步加强和改进教育的指导，使之与部队建设的实际相适应。

蒋一斌、王永旭认为基层思想政治教育要注重提高官兵的三种能力。（见《西安政治学院学报》）一是提高官兵的学习能力；二是提高官兵的创造能力；三是提高官兵的适应能力。张杰传的调查报告，对军事斗争准备中的政治工作提出了自己的看法。他通过调查认为，部队以十六大精神和“三个代表”重要思想为指导，认真贯彻落实上级关于做好军事斗争准备中政治工作的指示要求，政治工作质量不断提高，一是提高了党委议训的质量；二是加强了装备、轮战、驻训、演习等任务工作中的政治工作；三是改进了党委、机关的思想和工作作风。但是从调查的情况看，还存在一些问题，一是围绕军事斗争准备开展政治工作的使命感和紧迫感不够强；二是标准低，战斗性不够强的现象还不同程度地存在；三是部分政工干部的素质不高。为此，他提出要强化“四个意识”。一是强化职能意识，增强做好军事斗争准备的使命感；二是强化机遇意识，营造练兵打仗的浓厚氛围；三是强化科技意识，加大科技练兵的政治工作力度；四是强化责任意识，提高政工干部的工作质量和效益。

董繁、刘辽军认为，当前影响基层思想政治工作实效的一个重要原因是思想政治工作亲和力不够。增强基层思想政治工作亲和力至关重要，有亲和力的思想政治工作就会拉近政工干部与官兵之间的距离，产生强大的凝聚力，使思想政治工作发挥最佳效能。一是要解决根本态度问题，给予官兵更多的信任和理解；二是解决工作方法问题，切实倾听官兵的呼声和建议；三是解决工作作风问题，始终坚持公道正派、务求实效；四是解决衡量标准和落脚点问题，始终坚持最大限度地调动广大官兵的积极性。

伍祥撰文认为，不断加强基层思想政治教育，努力增强教育的时代感、针对性和有效性，必须在三个方面下功夫，一是要牢固树立“三个代表”思想在思想政治教育中的指导地位，用马克思主义中国化的最新理论成果武装官兵头脑；二是把社会主义先进文化的教育作为思想政治教育的重要任务，努力促进官兵的全面发展；三是始终保持与进俱进的精神状态，推进教育创新，开创思想政治教育工作的新局面。

高文阁、李杰，针对青年官兵思想道德的困惑进行了分析，并对其解决途径予以阐明，他们认为，一是面对道德理论和道德评价标准多元化的困惑，着眼于以信念立德；二是面对价值取向和价值观念发生深刻变化的困惑，着眼于树立现代道德理念；三是面对道德知行脱节和道德失范的困惑，致力于培养道德生活主体。

苏俊高认为进一步推动“三个代表”重要思想的贯彻落实，是当前部队政治工作的一项根本任务。为此，要强化政治工作的职能，坚持用“三个代表”重要思想教育部队，武装官兵；扩大政治工作的容量，把学习贯彻“三个代表”重要思想向实践拓展；拓宽政治工作的空间，把“三个代表”重要思想转化为不竭的精神动力。

三、关于提高政工干部的素质

重视思想政治工作是军队的一大特色和优势，拥有一大批思想好、作风正、业务精的政工干部队伍也是作好部队思想政治工作的根本保障，因此，广大学者和政工干部从影响部队思想政治工作长远发展的高度，对加强政工干部培训，提高政工干部素质进行了深入探讨，出现了一批研究成果。主要方面有以下几点。

杜仁义、孙启波就提高领导干部的思想政治素质，提出了他们的见解。他们认为，政治路线确定之后，干部就是决定的因素，党的十六大不仅确定了新世纪新阶段全面建设小康社会的宏伟目标和一系列新政策、新举措，还明确提出了“建设高素质的领导干部队伍，形成朝气蓬勃、奋发有为的领导层”的新要求。思想政治素质是领导干部素质结构的重要组成部分，实践“三个代表”，实现军队建设跨越式发展，必须着力抓好领导干部队伍的思想政治素质建设。为此，他们提出要从四个方面提高他们的思想政治素质，一是要加强学习；二是要加强教育和管理；三是要以制度规范领导干部用权；四是培养艰苦奋斗的作风。

薛红飞认为政工干部作为实现我军现代化的跨越式发展的重要力量，要适应我国社会主义现代化和中国特色的新军事变革，实现“打得赢”、“不变质”的历史使命，必须以“三个代表”重要思想为指导，认真贯彻新时期军事战略思想，不断加强自身的现代化建设。他认为，一、政工干部自身的现代化建设必须放在首位；二、实现军队政工干部自身的现代化必须要把继承和创新结合起来；

三、实现军队政工干部自身的现代化要紧紧围绕以实施军事斗争准备为“龙头”；四、要在实践中锤炼政工干部自身的现代化素质。

许家祥、周述辉认为，目前要十分重视提高政工干部的科技素质，为政治工作插上高科技翅膀提供现代化。他们认为，信息时代迫切需要现代化政工人才，只有既懂政工、懂军事、又懂高科技的复合型人才，才能推进政治工作现代化的发展，因此，要推动院校、部队、地方三方面的积极性，使之形成合力。

（执笔：李英田）

煤炭行业思想政治工作综述

煤炭行业思想政治工作研究会成立于1986年7月，在1994年煤炭行业政研会第四次年会上正式成立了煤炭行业企业文化建设协会。“两会”现有团体会员单位120家——他们是各地企业集团政研会和企业文化建设协会，“两会”聘请了38名特约研究员。既有高校、研究单位的理论工作者，又有各团体会员单位的实际工作者。“两会”及各团体会员单位的研究成果有专著，学习辅导材料，论文汇编、会刊《煤炭行业思想政治工作研究》等。“两会”的宗旨是坚持马克思主义、毛泽东思想、邓小平理论和“三个代表”重要思想。为加强改进思想政治工作、深化改革提供精神动力和智力支持。

“两会”主要任务是组织、协调和推动团体会员单位开展思想政治工作和企业文化研究活动。

“两会”工作坚持百花齐放、百家争鸣的方针，研究活动以基层为主，研究课题以当前为主，研究成果以应用为主。协助各级党组织坚持以创新、改进为重点，积极探索思想政治工作的新内容、新形式、新方法、新手段和新机制。特别是在增强时代感、加强针对性、提高主动性、讲求实效性上下功夫。着重抓好三个创新：

一、内容创新，在结合实际上下功夫，增强思想政治工作的针对性

一是紧密结合党员干部的思想实际，加强学习邓小平理论和“三个代表”重要思想；二是紧密结合国际形势发展、变化的新实际和干部职工思想认识中产生的新问题，加强理想信念教育；三是紧密结合建立社会主义市场经济的新要求，努力加强法制教育和道德建设，不断提高广大职工群众的道德素质和法律意识；四是紧密结合煤炭行业的实际，加强马克思主义思想教育与党的政策教育；五是结合发展科技教育、提高劳动者素质和同“法轮功”斗争的实际，加强科学知识、科学思想、科学方法、科学精神的教育。

二、抓方法手段创新，在服务中心和解决实际问题上下功夫，增强思想政治工作的主动性和实效性

一是紧紧围绕经济建设这个中心，为大局服务，不断增强思想政治工作的主动性；二是把解决思想问题同解决实际问题、化解人民内部矛盾结合起来，不断增强思想政治工作的实效性；三是充分运用现代科技发展的新成果、新手段，扩大思想政治工作的影响面，强化感召力。

三、抓制度创新，在形成合力上下功夫，形成齐抓共管的思想政治工作新格局

一是从领导体制和工作机制上解决“两手抓”问题，使思想政治工作走上科学化、规范化的轨道；二是充分重视和全面加强基层企业的基础工作。努力扩大思想政治工作的覆盖面。

加强和改进党的思想政治工作是全煤炭行业的一件大事，是黑色世界中的红色事业，要完成好这一任务。关键在于按照中央的要求做到贴近实际、贴近生活、贴近群众，在各级企业党组织的领导下，全面加强基层基础工作，切实解决群众生产生活中遇到的实际困难，这样思想政治工作就能增强针对性，真正取得实效。

（执笔：曾子）

冶勘行业思想政治工作综述

2003年是中国冶勘行业推进经济跨越式发展取得良好成绩的开局之年。一年来，冶勘行业以“三个代表”重要思想为指导，围绕中心，服务大局，注重党建思想政治工作新的实践，围绕着思想政治工作改革创新这一重要内容，展开了符合行业实际的调查、研究和探讨，主要体现在以下几个方面。

一、2003 年冶勘行业思想政治工作主要的工作

2003 年，冶勘行业把学习贯彻党的十六大和十六届三中全会精神作为首要政治任务，坚持以“三个代表”重要思想统领党建和思想政治工作，主要做了三件事：一是在普遍布置和号召的基础上，组织召开了各局院、重点企业党委书记和宣传部长会议，进行专门学习和专题部署；举办了全系统学习“三个代表”重要思想骨干培训班，邀请专家和教授授课，培训了党政主要领导和关键部门的负责人。这对武装头脑，指导实践，推动工作，把广大党员特别是各级领导干部的思想认识和实际行动统一到“三个代表”的重要思想上来，统一到中国冶勘经济跨越式发展的目标任务上来，起了极大的推进作用。二是为了提高党员干部特别是领导干部“立党为公、执政为民”的自觉性，组织开展了向郑培民同志学习的活动，全系统有 490 余名副处级以上党员干部联系自己思想工作实际，写出了心得体会。通过这次活动，使广大党员干部特别是领导干部进一步树立了正确的世界观、权力观、地位观和政绩观。三是从实践“三个代表”重要思想的高度，督促检查各级党委和纪委贯彻落实总局上海工作会议和青岛会议精神的情况，调查研究，总结经验，发现问题，及时纠正，提高了身体力行“三个代表”重要思想的自觉性和坚定性，保证了全年生产经营目标和任务的完成。

冶勘行业全系统的思想政治工作集中体现在紧密围绕中国冶勘经济跨越式发展的战略部署、发展思路、改革举措和目标任务所开展的宣传教育和转变观念上。各单位普遍开展了“转观念、促发展”的教育讨论活动，重点解决干部职工特别是各级领导干部中存在的因循守旧、墨守陈规、靠事业费、吃事业费、“小富则安、小进则满”等思想观念和思想情绪，大力宣传深化各项改革，跳出地勘单位圈子，加快企业化进程，打造市场竞争主体，推进经济跨越式发展的必要性和紧迫性，增强广大职工特别是各级领导干部的责任感和使命感。

二、冶勘行业思想政治工作的改革和创新

广大学者及该行业的政工干部，普遍认为，加强思想政治工作，增强针对性、实效性和吸引力、感染力，必须走创新之路。贴近实际、贴近生活、贴近群众，是思想政治工作改进创新的指导原则。要从职工的思想实际出发，扎扎实实地做好教育引导、鼓舞士气、解疑释惑、凝聚人心的工作。要把思想政治工作融入生产管理、纳入干部目标考核，从管理体制和机制上保证思想政治工作与生产经营活动紧密结合，使思想政治工作更好地服务于经济跨越式发展这个中心。要坚持“以人为本”，提倡尊重人、理解人、关心人。要加大推进方法手段的改进和体制机制创新的力度，建立科学的绩效评估机制，提高思想政治工作的实效性。要运用“说服教育、思想疏导、示范引导、提供服务”等方法，认真做好转企改制、结构调整、事企分离和深化三项制度改革中的思想政治工作。

陈春山、陈秀忠、李博撰文提出，认真分析油田企业思想政治工作面临的困难与挑战，创新思想政治工作的方式方法，为企业的生存发展提供思想武装和智力支持，不仅是实践“三个代表”重要思想的首要任务，也是贯彻落实“发展是党执政兴国第一要务”的当务之急。他们首先分析了思想政治工作面临的困难、问题，一是不断深化改革在为国企业注入活力的同时，使职工在工作方式、生活方式、思维方式等方面发生变化，逐渐呈现复杂的趋势，对思想政治工作形成挑战；二是以迅速发展的科学技术为底蕴的未来文化正在与传统的思想政治工作发生碰撞；三是思想政治阵地的争夺表现得越来越激烈；四是思想政治工作滞后于经济体制改革的步伐，使思想政治工作的宣传优势、教育优势、激励引导优势减弱。为此，提出以创新的态度进行探索，改进思想政治工作的方式方法，指出要抓住关键，占领两个阵地，即占领信仰这一最高领地，占领网络阵地；要讲究方法，做到三个结合，即思想政治工作与生产经营管理工作相结合，思想政治工作与经济、行政手段结合，思想政治工作与法制手段相结合。

鲁邦杰在《关于地勘单位思想政治工作创新之管见》一文中，认为，在建设具有中国特色社会主义的国度，特别是在艰苦的地勘单位，无论是过去、现在，还是将来，都少不了思想政治工作。但传统思想政治工作在理念、机制、载体以及方式方法等方面已渐渐不适应地勘单位改革发展的新形势。因此，在转企改制和实现跨越式经济发展的情况下，思想政治工作如何改进与创新，是摆在我们面前的首要课题。他提出以下几点：一是地勘单位思想政治工作理念的创新。一方面，既要继承发扬思想政治工作的优良传统，最大程度地吸收思想政治工作的历史经验；另一方面，又要根据已经变化或正在变化的形势，不失时机地改进和完善思想政治工作。二是地勘单位思想政治工作机制的创新。其一，把地勘单位思想政治工作制度化；其二，试行党、政、工、团多位一体的“联席制”；其三，强化思想政治工作者的“身份”意义；其四，营造良好的思想政治工作氛围。三是地勘单位思想政治工作技术的创新。几种常见的思想政治工作技术，归纳起来主要有以下几种：其一，沟通技术；其二，接受技术；其三，示范技术；其四，渗透技术；其五，分层技术。四是地勘单位思想政治工作方法的创新。就是指要彻底摒弃已经过时的或失败了的思想政治工作经验和方式方法，按照与时俱进的要求，根据日新月异的改革发展形势，提炼、归纳、总结出新鲜的思想政治工作方式方法。目前，

比较认同的思想政治工作的新方法可以概括为“三个结合”。首先是把思想政治工作和地勘单位管理结合起来。其次是把思想政治工作同地勘单位企业文化建设结合起来。第三是把思想政治工作与解决职工的实际问题结合起来。五是地勘单位思想政治工作载体的创新。就是指思想政治工作的有效或有用形式的“改造”与“再造”。

彭高军撰文认为，在新形势下，大庆油田面临难得的发展机遇，企业呈现出加速发展的良好态势，参与国内外市场竞争的范围将不断扩大，所有这些都迫切需要建设一支高素质的职工队伍与之相适应。而目前从企业职工队伍来看，工人中技术骨干占有率偏低，一些外向型人才如熟悉国际工程管理、国际金融等人员短缺，要培养一支适应新发展的职工队伍，职工素质教育应在“缺什么，补什么”的基础上，树立新理念。一是要树立重视传统思想政治素质与重视心理素质教育并重的新理念；二是树立生产智能化培训的新理念；三是树立一专多能培养的新理念；四是树立终身目标化培训的新理念；五是树立规范化制约和标准化考核的新观念。

还有一些学者专门对青年工作做了论述，指出要加强对共青团工作的指导，深入开展创建“青年文明号”等活动，充分发挥广大青年的生力军作用。

中南局的杨浩在《转企改制全面推进的新形势下如何做好共青团工作》一文中，着眼于进一步探索中南局在转企改制整体推进过程中团建工作的新思路，推进新时期团的建设新的伟大工程，切实增强基层团组织的生机与活力，认为应在当前乃至今后较长一段时期着重做好以下几方面的工作：一是深入学习“三个代表”重要思想和十六大精神，深刻领会其精神实质和丰富内涵，着力抓好形势教育和世界观、人生观、价值观教育，不断增强团员青年的改革意识、竞争意识和奉献精神。二是巩固、调整、发展团的基层组织，不断提高团的基层建设水平。三是全面提高团员和团干部队伍整体素质，充分发挥团组织的先锋模范作用。四是开展各种主题活动，扎实推进团的工作。五是丰富、完善团的工作运行机制和制度，保证基层团建持续健康发展。

万梅在《对如何做好新形势下地勘单位青年工作的思考》一文中指出，如何更好地发挥共青团的优势和作用来服务经济中心工作，服务青年；如何走出一条与企业“同频共振”，有吸引力、说服力、影响力的现代企业青年工作的新路子，是当前地勘单位青年工作亟待思考和解决的问题。为此，她对地勘单位青年思想现状作了透析，认为，当前地勘单位青年的思想现状主要呈现多元化发展的特点：好学上进、思想活跃、适应性强，有较强的社会正义感和关怀度，注重自我完善是青年思想的主流；关心企业开拓市场以及生产经营状况、关注企业的前途命运的程度普遍提高；有强烈的求知欲和岗位成长成才要求，注重个人学习和素质技能等竞争力的提高，但存在只重文凭、重考证，缺乏素质技能的提高等现象；对学习岗位知识和技能的愿望与行动存在差距，有目标不明，不能持之以恒的现象；价值取向逐步趋向务实，注重自身价值的体现，关心自我利益的满足，自我表现意识较强。针对这一情况，提出了加强地勘单位青年工作的对策。一是制定相应的企业青年工作规范。二是青年工作必须紧紧围绕企业中心工作来开展。三是企业青年工作要致力于服务青年成长成才。四是重视加强团干部兼职化管理与作用的发挥。五是加强互联网在青年工作中的应用与创新。

三、关于以思想政治工作推动冶勘行业的发展

许多学者及政工干部围绕以思想政治工作推动冶勘行业的发展这一主题，进行了深入探讨，他们有一个共识，就是全系统的思想政治工作集中体现在紧密围绕中国冶勘经济跨越式发展的战略部署、发展思路、改革举措和目标任务所开展的宣传教育和转变观念上。

鲁邦杰在《在市场经济体制下基层地勘单位党建工作要强调“四重视”原则》一文中，认为市场经济的竞争性、求利性、开放性及“正负效应”的双重影响，给基层地勘单位党建工作带来了许多新情况、新问题。结合地勘单位改革发展和转企改制的实际，他认为，基层地勘单位党建工作，要适应社会主义市场经济体制的新形势，加快转企改制步伐，实现跨越式经济发展的战略目标，必须强调和坚持“四重视”原则：一是在基层党组织参与重大决策工作中，要重视参与经济决策；二是在党员队伍建设中，要重视发挥知识分子党员的作用；三是在党员先锋模范作用的考核中，要重视经济效益标准；四是在党员教育内容上，要重视市场经济知识和现代管理知识。

陈财喜在《解放思想更新观念是实现经济超常规跨越式发展的强大动力》一文中，指出中国冶勘 2003 年工作会议在上海浦东召开，本身就体现了进一步解放思想，更新观念，与时俱进，开拓创新，加快发展的精神。解放思想，更新观念，是实现中国冶勘经济超常规、跨越式发展的强大动力。这是因为，一、只有解放思想，更新观念，才能更好地统一思想，与时俱进。二、只有不断地解放思想，更新观念，才能更好地开拓创新。三、只有不断地解放思想，更新观念，才能理出好的发展思路。

杨佑田、苏东好结合邢台矿业集团公司以加强改革宣传教育，推动企业改革深化为例，对其思想政治工作进行了总结。他们指出，邢矿集团每项改革前，公司都积极宣传改革的目的和意义，督促各基层单位做好工作，使改革宣传教育超前进行，一是抓领导领导抓，使改革宣传教育成为各项改革举措的第一道工序；二是抓宣传造势，形成有利于改革的舆论氛围。在广泛宣传教育的同时，公

司结合企业改革的实际，摸准职工思想脉搏深入做好思想工作，推动公司改革的深化，一是深入基层调查研究，找准职工思想的症结，有针对性地教育，调查研究。二是紧密联系企业改革实际，采取切实有效的措施，推进企业改革进程。

（执笔：李英田）

邮电通信业思想政治工作综述

经过二十多年的改革与发展，邮电通信企业已从计划经济走向市场经济，尤其是电信市场由原来的卖方市场转为买方市场，从独家经营到引入多家竞争的局面。电信公司化改制等，利益格局的进一步调整，企业体制的进一步转换，给职工带来一些实际问题和思想困惑。面临国际跨国公司的严峻挑战，参与国内市场的激烈竞争，必将给思想政治工作提出新要求。近年来，邮电通信行业始终坚持以邓小平理论和“三个代表”重要思想为指导，坚持“服务和业务领先”和两个文明建设一起抓的方针，以创建文明行业为龙头，着力加强领导班子联社和员工队伍建设，促进员工素质的提高、服务水准的提升以及各项业务的快速发展；始终把创建文明行业作为党委的一件大事，以提高企业整体实力，追求客户满意，逐步建成具有世界一流水平的邮电通信运营企业为目标，围绕业务发展的中心，开展了扎实有效的创建活动。

一、塑造共同价值观，促进企业可持续发展

在开放市场、促进有效竞争的形势下，如何尽快走出政企合一体制下的思想束缚，成功实现角色转换，继续巩固市场中的领先地位，成为邮电通信行业迫切要解答的问题。要继续巩固市场中的领先地位，培育持续的竞争能力是关键，而实施企业文化变革是必要前提，塑造适存求变的共同价值观正是培育新型企业文化的核心。

企业经营实质上是一种价值观的追求。企业经营工作其实就是在企业价值观指引下，坚定地促使企业为实现自己的价值目标而进行不断地改革，激发企业的各种潜能，不断进行技术创新和市场开拓。企业价值观是一个庞大的系统，识别并构建邮电通信行业价值观并不是一件容易的事。首先要借鉴成功企业的价值观，找出这些企业持续成功的共性特征；其次，要从本行业的特点中，总结领悟应有企业价值观，对于邮电通信行业来说，要树立以“用户至上、锐意创新、团队协作、学习驱动”等为代表的价值观体系。；第三，要从自身发展历程中总结，要在扬弃自身文化传统中不断提升。

二、积极实践“三个代表”，创建企业新文化

江泽民总书记在“三个代表”的论述中，明确指出我们党要始终代表中国先进文化的前进方向。我国的企业文化建设，是中国特色的社会主义文化建设的一部分。创造优秀企业文化，从根本上提高企业的经营管理水平，以适应现代市场经济发展的需要。

首先，企业文化建设要与职工思想政治工作相结合，树立学习创新的理念企业文化建设和职工思想政治工作有很多共同的地方，它把开展员工思想政治工作与塑造企业形象结合起来，既注重精神层面的工作，又强调外观形象的塑造，它能有效改变企业思想政治工作的“两张皮”现象。通过企业文化建设，不断加强思想政治工作，不断学习创新。

其次，企业服务理念要与服务管理工作相结合，以诚待人，真正体现“用户至上，用心服务”的理念。在市场客体化的今天，服务工作成为企业能否在竞争中占主导地位的一个最重要的因素。要坚持用户至上，用心服务的经营服务理念，就必须在所有的企业员工中真正形成一种合力，永远保持对客户有感染力的热情。这就要以“用户至上，用心服务”的服务理念寓于严格的科学管理之中，再次，企业的经营理念与市场竞争的局面相结合，倡导争创一流企业的精神。电信企业作为市场竞争的主体，其生存和发展有赖于具有竞争意识和竞争能力的经营管理者和全体员工。

要把竞争力引入企业文化，强化员工竞争意识，挖掘群体的智慧，提高企业整体素质，务实高效、团结协作的员工队伍，充分发挥他们的潜能，与企业同呼吸共命运。同时，企业整体价值观的确立要与人力资源管理紧密结合，以充分调动员工的积极性为其主要目标。要从制度上对员工个人利益予以充分保障，从管理上对员工的心理需求予以充分满足，创造适宜的工作环境调动员工的创造力。

三、不断探索实践，构建思想政治工作的新模式

应对挑战，提升思想政治工作的实效性，摆脱务虚状态，需要给思想政治工作定标准，用效益检验思想政治工作的成果。这就是“效益型”思政工作新模式产生的思路。这一新模式在邮电通信行业思政工作创新中具有代表性。它遵循唯物史观，体现物质和意识、实践和认识的双重辩证统一，以塑造企业共同价值观为目标，以效益为中心，以融合为载体，以教育、激励和沟通为手段，努力实

现企业经济效益的最大化和社会效益的最优化。它要求在实际工作中给思想政治工作定目标，下任务，使思想政治工作与企业生产经营管理同步进行、同步考核，使思想政治工作始终处于一种“竞争”的状态中，提升了企业的两个效益，为企业政工赋予了新的时代特征。

企业文化和思想政治工作的成果直接影响着企业的运作与成功，企业不论大小，都要注重企业文化的建设，加强思想政治工作，并通过员工在实践中体现出来。邮电通信行业的思想政治工作着眼于实践，结出了丰硕的成果。对内调动了职工的积极性，对外提高了用户满意度和企业竞争力。通过建立适应新经济时代下发展所需要的新的价值观念、新的服务理念和新的竞争理念，不断实现内增素质，外塑形象的目的。

（执笔：赵洁祎）

第三部分

辉煌十四年
传统谱新篇

全国思想政治工作基本经验概述

中国政研会研究部

党的十三届四中全会以来,在以江泽民同志为核心的党的第三代领导集体的正确领导下,广大干部群众特别是广大政工干部,开拓进取、奋发有为,使新时期的思想政治工作始终坚持正确的指导思想,始终围绕不变的中心环节,始终抓住当时的重要任务,努力在探索中改进,在改进中创新,在创新中提高,取得了可喜的成绩,为党的思想政治工作史谱写了壮丽的篇章。回顾14年来思想政治工作的发展历程,总结14年来思想政治工作的基本经验,可圈可点之处颇多,择其要者综述如下:

"根本"意识牢牢树立,理论武装工作取得明显成效

14年来,思想政治工作始终坚持以马克思列宁主义、毛泽东思想、邓小平理论和"三个代表"重要思想作为"根本"的指导思想不动摇,积极响应"以科学的理论武装人"的号召,不断用科学的理论武装全党、教育干部和群众,广泛开展党的基本理论、基本路线和基本纲领教育,爱国主义、深入进行艰苦创业精神、"致富思源、富而思进"教育,不断加强形势政策教育、马克思义唯物论和无神论教育、民主法制教育、社会公德、职业道德和家庭美德教育等,使科学的理论深得民心、深入民心、深暖人心,理论武装工作取得了明显成效。14年来,各地联系实际深入进行邓小平理论和"三个代表"重要思想教育,并建立了邓小平理论研究中心、"三个代表"重要思想研究中心、精神文明建设研究学会等各类理论研究机构,这些机构成为开展理论教育的重要载体和形式,并在牢固树立马克思主义阵地意识,在防止和遏制非马克思主义和反马克思主义的传播,识破和阻止西方敌对势力"西化"、"分化"以及渗透、演变和颠覆的图谋等方面发挥了重要而积极的作用,从而使人们坚定了对马克思主义的信仰,对社会主义的信念,对改革开放和现代化建设的信心,对党和政府的信任,有力地凝聚了人心,振奋了精神,推进了改革开放的顺利进行。

"中心"意识牢牢树立为经济建设提供全方位服务

14年来,思想政治工作紧紧围绕经济建设这个中心环节,不断为经济建设提供精神动力、思想保证和智力支持,持续为经济建设提供全方位、全过程、全天候的服务和保证。各地区、各部门牢牢树立了"中心"意识,紧密结合本地、本部门、本单位的实际,合理安排和配置资源,集中精力搞生产,扎扎实实抓建设,彻底改变、克服了以往思想政治工作搞"单打一"、"两张皮",搞空头政治甚至政治冲击一切的不正常现象,既不夸大思想政治工作的地位和作用,也不忽视和淡化思想政治工作的功能和效果,而是紧紧围绕抓经济、搞生产这个中心,充分发挥思想政治工作的服务、支持和保障的功能,为经济建设创造了良好的宏观环境和有利条件,极大地促进了经济建设的顺利进行和快速平稳发展。可以说,我国经济建设成绩卓著,思想政治工作的保证、服务作用功不可没。

"大局"意识牢牢树立,为改革、发展、稳定保驾护航

14年来,思想政治工作全心全意地服务从和服务于全党和全国工作的大局,一路为改革、发展、稳定保驾护航。面对经济体制改革造成的下岗人员逐步增多的严峻状况,面对一些群众对国家政策不理解的客观难题,思想政治工作充分发挥凝聚人心、解疑释惑、稳定思想、化解矛盾的作用,竭尽全力帮助干部群众尤其是下岗职工解放思想、转变观念,加深地们对改革的认识和理解,增强他们的全局意识和责任意识;准确及时掌握职工群众的思想动态,集中教育引导职工群众,想方设法为职工群众排忧解难,提供服务。通过深入、耐心、细致的思想政治工作,使组织领导到位、思想教育到位、政策引导到位、有情操作到位,让职工感受到社会主义大家庭的温暖,有效保护了职工群众的生产积极性,消融了职工群众的怨气,保证了改革顺利、稳定地进行,从而为改革开放和现代化建设创造了稳定的宏观环境,为经济的健康发展和国家的长治久安提供了强有力的思想保障。

"结合"意识牢牢树立,思想政治工作落到实处

14年来,思想政治工作始终保持与生产经营、业务工作等实际工作紧密结合,摆脱了空对空、从思想到思想的不良循环,使思想政治工作真正落到了实处。许多地方、行业和部门能够把思想政治工作的内容渗透到生产经营和业务工作中去,与生产经营和业务工作一起研究、一起部署、一起检查、一起考核、一起奖惩,形成了思想政治工作与生产经营和业务工作同步运行、相互交融、牢牢结合的动作方式。14年来,许多地方、部门和单位在政工岗位推行"一岗两责""双岗双责",实现了思想政治工作与生

产经营和业务工作的紧密结合；许多地方、部门和单位把思想政治工作和精神文明创建有机结合，与企业文化、校园文化、社区文化、村镇文化等有机结合，摒弃了过去那种空洞说教、一味灌输、简单生硬的做法，使思想政治工作"文化"化，有了实实在在的载体，体现了群众的主体意识和参与意识，焕发了群众的工作热情和创造激情，使群众在参与中受到教育，在实践中得到提高，使思想政治工作通过饱含内容的形式真正发挥了作用，落到了实处。

"系统"意识牢牢树立，"大政工"体系初步形成

14 年来，随着经济的发展和社会的进步，人们的生产、生活方式发生了巨大变化，过去许多行之有效的老办法已经不能适应变化了的形势需要，完全依靠党委和思想政治工作部门"单打一"做工作的方式，很难解决现实生活中复杂的思想问题。思想政治工作的大量实践证明，思想政治工作是一项社会工作，是一项系统工程，不是一个地区的事，不是一个部门的事，也不可能靠政工干部单枪匹马去解决所有思想问题，思想政治工作作为一项社会系统工程，需要各单位、各部门相互配合、协调动作、齐抓共管、共同负责的意识已经深入人心。14 年来，在思想政治工作体制机制上，与社会主义市场经济相适应，初步形成了党委统一领导、分管领导和专门机构具体抓、党政工团分工合作，少量政工专职干部与大量兼职人员相结合，人民群众广泛参与，全社会共同关心的齐抓共管的工作格局，初步形成了一岗双责、以管理人员为主体，以党员、先进模范人物和基层党组织为基础的"大政工"体系。而且，这 14 年来，特别重视了社会思想政治工作网络体系的作用，传媒的论引导、文化的教育熏陶、网络辐射等等。

"改进"意识牢牢树立，思想政治工作在适应中发展

14 年来，思想政治工作始终坚持与时俱进、开拓创新的思路不动摇，不断适应新形势、新情况，不断改进、不断创新、不断发展、不断完善。思想政治工作已经扭转了以往我说你听的单向灌输、重复说教的局面，逐步树立了以人为本，尊重人、关心人、理解人的理念，把提高人的思想素质与提高专业技能结合起来，把提高物质与提高专业技能结合起来，把提高物质生活水平与提高群众的思想问题与解决群众的实际问题结合起来，把先进性要求与广泛性要求结合起来，把讲道理与办实事、办好事结合起来，想群众之所想，急群众之所急，不断引导好、实现好、维护好群众的根本利益。14 年来，思想政治工作不断适应新形势的发展要求，紧密结合广大职工群众的生活需求和工作实际，在适应中发展，在创新中前进，创造了许多卓有成效的民心工程，像"送温暖工程"、"畅通工程"、"菜篮子工程"、"米袋子工程"等；建立了许多民主公开的工作机制和方法，像"结对扶贫"、"连心网"、"五长接待日"、"十上六十必访"等；开展了许多深入民心的创建活动，像"学雷锋、树新风"、"三下乡"、"宣传大篷车"、"大家动起来，争做文明人"、"崇尚科学文明，反对封建迷信"活动等，这些举措群众反映好，教育效果好，有力地增强了思想政治工作的亲和力和感召力，提高了针对性和实效性，成为这些年来思想政治工作值得总结的一条重要经验。

"学科"意识牢牢树立，思想政治工作研究成果显著

14 年来，思想政治工作的一条基本经验，就是坚持应用性研究的同时，重视理论研究，牢固树立和强化"学科"意识，科学化、规范化、程序化、系统化地开展思想政治工作理论研究，以超前的理论研究成果带动和推动思想政治工作实践的健康发展。14 年来，各级各类高等院校、科研院所和致力于思想政治工作研究的社会团体，纷纷开展思想政治工作理论研究，不断深化思想政治学科意识，走出了一条以学科建设推动理论研究，以理论研究指导工作实践，以工作实践促进学科发展的新路，初步形成了相互联结、相互渗透、相互交叉的研究网络，涌现出了一大批理论性、应用性、指导性较强的研究成果，为推动思想政治工作的科学化、学科化作出了重要贡献。

（执笔：周伯伟）

任重道远　大有作为

——山西宣传思想文化战线的十四年奋斗历程

王有顺

党的十三届四中全会以来的 14 年，是山西省委、省政府带领全省 3800 万人民，紧跟党中央战略部署，实施经济和社会发展赶超战略，取得显著业绩的 14 年，也是山西宣传思想文化战线，开拓进取，硕果累累的 14 年，回顾走过的奋斗历程，令人欣慰而备受鼓舞。

全省理论工作，坚持服务大局，面向实际，以邓小平理论和“三个代表”重要思想指导山西的改革实践，在推进山西改革开放和经济、社会发展中，体现了科学理论强大的指导作用。

新闻舆论工作，坚持坚定正确的政治方向和舆论导向，有效地发挥了国家主流媒体的作用。

文艺出版工作，坚持党的“双百”方针和《在延安文艺座谈会上的讲话》精神，在国内外产生了积极广泛的影响，赢得了晋军崛起的赞誉。

宣传思想工作，面对新时期出现的新情况、新问题，在继承优良传统的基础上，展开有组织的理论研究活动。职工思想政治工作研究会等社团组织、把基层思想政治工作者和专业理论工作者，团结在自己的旗帜下，对新时期思想政治教育的新途径、新载体、新办法进行了有益的探索和实践。宣传理论研究严重滞后，思想教育受到淡化、削弱的状况得到很大缓解和改观。思想政治工作在为经济、社会发展服务，提高针对性和实效性方面，得到明显的改善和加强。宣传思想工作，坚持两手抓两手都要硬的方针，巩固了思想政治工作在经济和其他一切工作中生命线的地位。在山西国有企业改革和产业结构调整过程中，党政工团齐抓共管思想政治工作，极大地调动干部群众参与改革和生产经营的积极和创造性。针对我国加入世贸组织的新形势，坚持用先进文化引领企业文化建设，不断培育企业的核心竞争力。全省范围内普遍开展的民主与法制教育，依法治国与以德治国相结合的教育，全民思想道德教育，反映山西改革开放成果的形势教育，都有效地提高了全省干群众的思想政治素质。宣传思想工作，抓住国家实施西部大开发战略的时机和山西承东启西的区位优势，加大宣传力度，大张旗鼓宣传山西改革开放和艰苦奋斗两面旗帜，树立山西改革开放的新形象。连续两年举办的山西平遥国际摄影大展，就是宣传山西，走向全国、走向世界的窗口和平台。在各条战线和各个历史发展时期，集中总结和宣传了一批重大先进典型和模范个人。一心为公的“李双良精神”，人民的好医生赵雪芬，人民的好公仆张小民，太原铁路分局“全方位思想政治工作法”，潞安矿业集团“石圪节艰苦奋斗的时代精神”等重大典型，就是在这样的思路指导下，树立、总结和宣传出去的。

山西各级党委、政府对社会主义精神文明建设的认识程度和指导水平得到明显提高；群众性精神文明创建活动日益深入人心；在促进改革，维护和稳定社会，提高城乡文明程度和公民素质中发挥的作用日益明显。以“创建优美环境、优良秩序、优质服务”为主要内容的中心城市文明创建活动，省会太原奋勇争先，集中整治了汾河流经城区的12公里区段，城市的投资环境、生态环境得到明显的优化。

山西宣传思想文化战线面临的改革任务，是十分艰巨的。但是我们相信山西的明天会更好。山西宣传思想文化战线任重道远，将大有作为。

为改革、发展、稳定发挥重要作用

——河南省思想政治工作情况综述

李宪林

党的十三届四中全会以来，特别是中央思想政治工作会议召开以来，河南省采取了一系列有力措施加强和改进思想政治工作，为促进改革、发展、稳定发挥了重要作用。

一是坚持“两手抓、两手都要硬”的方针，不断加强对思想政治工作的领导。省委六届二次、三次、四次全会相继作了了关于加强思想政治工作和精神文明建设的决定和意见，建立了省委思想政治工作联席会议制度及思想政治工作责任制，健全了有效的机制和网络，形成了加强和改进思想政治工作的新局面。二是坚持用邓小平理论和“三个代表”重要思想武装党员、干部和群众，提高了干部群众学习理论的自觉性和积极性，建立健全了省级领导干部中心组定期学习制度，举办不同层次、不同形式的理论培训班、学习报告会、座谈会等，促进了全省广大党员干部的理论学习。党的十六大召开后，采用各种形式进行宣传，使党的基本理论、基本路线、基本纲领日益深入人心，形成了“团结奋进，振兴河南”的大好局面。三是以理想信念教育为核心，积极进行爱国主义、集体主义、社会主义的宣传教育。加强马克思主义唯物论、无神论和国际国内形势教育，广泛深入地组织开展了“道德规范进万家”活动，加强社会公德、职业道德和家庭美德建设，在全国公民道德建设知识竞赛中荣获全国优秀组织奖。利用抗洪、抗击非典等重大事件，大力弘扬民族精神。干部群众爱党、爱国、爱社会主义的政治觉悟进一步增强，道德素质有了新的提高。先后涌现出了刘庄、竹林、南街、京华等一批先进集体和史来贺、吴金印、强自喜、张玮、勒月英、刘文功、刘佑全、李连成等一批先进个人。四是以创造发展好环境、树立河南新形象为主线，积极探索思想政治工作新形式、新方法。先后在农村开展了政策纪律教育，在企业开展了“比学习、比贡献，争当先进生产者，争当思想政治工作先进个人”活动，在党组织和党员中开展了“三级联创”活动，寓思想政治工作于丰富多彩、生动活泼的群众性文化活动之中。同时，坚持以“热爱河南，增辉中原”为总载体，深入开展“双创”（创建文明景区、文明城市）等群众性精神文明创建活动；坚持抓好文艺精品生产，较好地发挥了文化对人民群众的社会教育功能；大力开展党风廉政建设和反腐败斗争，带动了社会风气的逐步好转。

强有力的思想政治工作，带动了全省社会经济的快速发展。2002 年全省国内生产总值达到 6163 亿元，综合经济实力在全国 31 个省、市、自治区中居第 5 位。

探索新途径　开创新局面

——四川省职工思想政治工作概览

四川省政研会

四川省职工思想政治工作研究会成立于 1985 年，至今已经 18 年了。18 年来，省政研会先后进行了四次换届，召开了十一次年会，目前，政研会的团体会员遍布全省各地。

省政研会成立以来，特别是近两年来，省政研会在省委、省政府的领导和关怀下，在中国政研会的指导下，以“三个代表”重要思想为指导，坚持党的基本路线，紧紧围绕党的中心工作，把促进企事业单位的改革和发展，促进西部大开发和我省跨越式发展作为自己工作的重点，在加强和改进思想政治工作，推动三个文明建设协调方面，做了许多理论研究和实践工作，取得了一些成绩。

2000 年 6 月，省政研会发出通知，要求企业结合自身实际，把“三个代表”重要思想落实到加强企业党的建设和思想政治工作的实际中去。2001 年 7 月，省政研会召开理事会，研究和讨论了以“三个代表”重要思想为指导，充分发挥政研会优势，积极探索新形势下加强和改进企业党建和思想政治工作的新途径。去年以来，结合学习“三个代表”重要思想，开展调研工作和理论研讨，促进了学习“三个代表”教育活动的深入开展。

省政研会举办了全省国有企业宣传部长和政研会秘书长学习班，开展了企业思想工作现状、问题及对策课题的调研，深入 12 个市州的 100 多家企业，发出 1000 多份问卷，形成了调查报告上报，为省委、省政府加强企业建设作出了积极贡献。

省委召开了全省思想政治工作经验交流会，编写了《四川省基层思想政治工作新方法汇编》。全省组建了工会的非公有制企业广泛开展了“企业爱职工、员工爱企业；评爱员工好厂长，评爱企业的模范员工”的“双爱双评”活动等好经验得到广泛推广。组织了我省企业参加“全国企业思想工作研讨会”，部分企业党委书记在会上作了经验交流，丰富了企业思想工作经验。还创办了《政工论坛》杂志，推广和交流全省以企业为主的思想政治工作、企业文化建设等方面的经验。

省政研会工作移交省委宣传部管理，并召开了职工思想政治工作研究会第四次代表大全，根据省委决定调整了领导班子，由省委常务副书记刘鹏任会长。这期间，我省还承办了全国 23 个城市的思想政治工作经验交流会。

今后的工作，我们主要地按照“三个代表”重要思想的要求，加强和改进职工思想政治工作，大胆探索职工思想政治工作的路子，开展各种活动，搞好调研服务，努力开创全省职工思想政治工作的新局面。

结合实际　探索新路
——广东省思想政治工作概览

广东省政研会

改革开放以来,随着党的工作中心的转移,思想政治工作的地位和作用发生了重大变化,我省各级党组织在省委的正确领导下,坚持两手抓的方针、十分重视抓好党的思想政治工作,做到了在加强中改进、在改进中加强,围绕改革、发展和稳定大局,结合本地本单位实际,做了大量的工作,取得突出的成效。十三届四中全会以来,广东思想政治工作的主要做法和取得的成绩如下:

(一)坚持以科学的理论武装人,确保了马克思主义主流意识在干部职工思想中的主导地位。一是认真抓了党委中心组的学习,不断提高领导干部的理论水平。二是利用多种形式坚持对广大干部职工进行马列主义科学理论的引导和教育。三是利用领导干部宣讲、班前班后会、组织生活在会等形式,对广大干部职工进行理论灌输,使党的重要理论和思想不断深入人心。

(二)广泛开展各种解放思想和观念更新的教育活动,增强了广大干部职工参与改革,支持改革的积极性和承受力。这些年来,我省各地广泛开展的"排污不排外"、"实践是检验真理的唯一标准"、"双思"等教育,都在干部职工队伍中产生了深刻的影响。有力地破除了职工队伍中存在的"等、靠、要"等陈旧观念,较好树立了市场、效率、竞争、信用、法制、创新等新观念、新意识。

(三)深入进行党的路线、方针、政策和各项改革措施的宣传教育,保证了改革发展的顺利进行。一是组织干部职工及时传达学习中央和省委的重大方针政策,层层传达,并结合本单位改革发展及职工的思想实际,提出贯彻意见和要求,努力把党的路线、方针、政策落到实处。二是运用党内外监督机制,认真检查本单位贯彻执行党的路线、方针、政策的情况。三是充分发挥报刊、宣传栏、广播等各种宣传论工具的作用,坚持不懈地做好党的路线、方针、政策的宣传教育工作。

(四)耐心细致地做好释疑解惑、说服教育、化解矛盾的工作,维护了社会的稳定。一是抓好形势和任务的教育,向职工群众讲清本单位改革的必要性与前景,消除疑虑,统一认识,坚定改革的信心和决心。二是深入细致做好职工的思想政治工作。三是注重为职工群众办实事、好事,把思想政治工作与帮助解决职工的实际问题有机地结合起来。帮助下岗职工解决再就业问题、职工的生老病死等问题。

(五)采取多种形式开展职业道德、行为规范、民主法制和科学技术的培养教育,较好地提高了广大职工的综合素质。

(六)在推动党建、反腐倡廉和精神文明建设方面,发挥了重要的思想保证作用。

(七)在思想政治工作手段、方法、机制的创新上进行了大胆的尝试,取得了较大的进展。多年来,各单位党组织按照"三个有利"和"三个代表"重要思想的要求,在继承企业思想政治工作优良传统的基础上,坚持与时俱进,不断创新,取得了较好成效。一是从管理体制上创新。针对机构改革后政工人员减少的实际情况,实行了"双肩挑"、"双纳人"等制度。二是在科技手段上创新。主要是利用多媒体和网络技术,完善和加强思想政治工作的硬件建设。三是从载体上创新。开展企业文化建设,将企业精神、创新理念、团队意识等植入职工队伍。

(八)阵地建设、队伍建设和组织网络建设不断完善和提高,为思想政治工作的开展提供了有力的支撑。

(九)向非公有制经济领域延伸、辐射、渗透,扩大了思想政治工作的覆盖面。各地党组织十分重视抓好非公有制经济的思想政治工作,主要通过政策引导、舆论导向、典型带动、文明创建,使非公有制企业主思想进一步解放,观念进一步转变,爱国、敬业、守法的意识进一步加强,依法经营,照章纳税的自觉性进一步增强。一是搞好"固本强基工程",为开展非公有制经济思想政治工作打好组织基础。二是丰富企业文化等载体,搞活动思想政治工作。三是加强领导,分类指导,齐抓共管,不断探索搞好非公有制经济思想政治工作的新路子。

开创新局面　做出新贡献

——宁夏自治区政研会简介

宁夏自治区政研会

宁夏思想政治工作研究会自1989年9月成立以来，始终坚持以马列主义、毛泽东思想、邓小平理论和“三个代表”重要思想为指导，始终坚持面向基层、面向实际、面向当前，坚持把思想政治工作中的难点、热点、疑点作为研究的重点，积极组织思想政治工作者开展研究，为各级党政领导正确决策提供依据，为实际工作提供科学方法，为经济建设发挥了良好的作用。

伴随着改革开放和社会主义市场经济的发展，宁夏政研会适应新形势新任务的需要，认真探索新时期思想政治工作新机制、新方法，在加强和改进思想政治工作，加强全区政工队伍建设，当好各级领导的助手和参谋，提高思想政治工作水平，促进两个文明建设等方面做出了积极贡献。据不完全统计，15年来研究会按照中央不同时期的战略部署，积极配合自治区党委和政府的中心工作，先后组织各种类型的研讨会、培训班100多次，每次参加研讨或培训人员都过百人次，极大地提高了政工干部队伍的整体素质。为了加强学习，促进交流，开阔政工人员的眼界，政研会每年都组织大批政工人员赴外省区培训考察学习，累计人数达780多人次。为不断提高广大政工人员的政治理论水平和实际工作能力，先后组织编印教材五种，印发上万册，办一刊物《宁夏政工通讯》，此外还编印不少论文文集。召开七次政研会年会暨会员代表大会，共有680篇论文、调研报告和经验文章被评为自治区优秀政研会成果；6篇论文荣获全国政研会成果。由宁夏政研会推荐被评上全国思想政治工作者8人；获“半月谈思想政治工作创新奖”13人；全国政研会工作奖单位10个、个人10人。被自治区党委、政府或自治区党委宣传部、组织部、自治区经贸委、总工会联合表彰的省级思想政治工作优秀企业90家，企业优秀思想政治工作者180人次；有50个基层政研会被授予工作奖，50人次被授予政研会工作奖；240人被评为政研会积极分子。近年来，宁夏政研会根据政工队伍知识结构、人员结构变化情况，还把培训工作纳入政工评审中，第年培训人数达600人次，有力地促进了政工干部的知识更新。

思想政治工作是我们党的优良传统和政治优势。十六大为党和国家制定了全面建设小康社会的奋斗目标，在全面建设小康的征程上，思想政治工作在面临更大挑战的同时也大有作为。宁夏政研会一定在邓小平理论和“三个代表”重要思想指导下，继往开来，与时俱进，不断开创思想政治工作新局面，为社会主义现代化建设做出更大贡献。

借改革发展之强势　开拓与时俱进之新路

——浙江省政研会工作简介

浙江省政研会

浙江省职工思想政治工作研究会（浙江省企业文化建设协会）是一个群众性研究团体。其主要任务是开展职工思想政治工作和企业文化建设理论和实践的研究，组织学习培训及提供咨询服务等。我会成立于1985年，由省委宣传部、省委组织部、省经贸委、省总工会、妇联、团省委、万向集团等为会长单位。现拥覆盖全省的200多家团体会员和省厅局（总公司）省部直属企事业单位、地级市、县级市以及非公有制企业等五大研究网络。

十多年来，我会坚持以邓小平理论和“三个代表”重要思想为指导，坚持“以基层为主，以当前为主，以应用为主”的研究方针，积极开展新时期思想政治工作和企业文化建设的理论研究和实践探索，特别是近年来，随着社会转型、企业转制以及社会“四个多样化”新情况的出现，我会紧扣省委、省政府工作重点和社会热点问题，开展调查研究，探索思想政治工作规律，积极为领导决策服务，为基层企事业单位服务。先后开展了“股份合作制企业思想政治工作管理体制和运行机制研究”、“非公有制企业思想政治工作管理体制和运行机制研究”、“改制企业党建思想政治工作情况调查”、“十三届四中全会以来浙江企业思想政治工作基本经验调查”等一系列有影响、有深度，并受到省委领导重视甚至全国关注的调研活动。十多年来，我会重视思想政治工作理论研究骨干的培养和作用的发挥，借助这些力量，我们先后编写了35册、约500万字的理论研究丛书和优秀论文集萃，有9项研究成果在全国得奖或获得省有关领导的评价和推荐。

十多年来，我会重视做好树立典型、表彰先进的工作，积极为新时期思想政治工作的创新发展推波助澜。经我会推荐，全省有27家企业、15位个人被中宣部、中组部、国家经贸委（国家计经委）、全国总工会分别授予思想政治工作优秀企业和优秀企业思想政治工作者的荣誉称号；15家政研会和10位政研会干部分别获得全国政研会工作奖；同时，在我会的积极组织推荐下，全省还有153家企业、80位个人先后被授予省级思想政治工作优秀企业和优秀思想政治工作者。

十多年来，我们借浙江改革发展之强势，按照开拓创新、与时俱进的要求，致力于思想政治工作方法创新及扩大覆盖面、增强渗透力、说服力的研究，积极在非公企业中发展团体会员，吸收了正泰、传化等一批大型非公企业为会员单位，并聘请知名企业家担任本会领导，我们还以多媒体的形式，利用光盘，集中展示我省60家企业开展企业文化建设的经验及风采，在浙江可谓是创意之作。

思想政治工作是企业活力之源

安徽省政研会

改革开放以来，特别是十三届四中全会以来，安徽省工交商贸企业，在邓小平理论，“三个代表”重要思想和中央路线、方针、政策的指引下，经过改制，改造，有了长足的发展，有的已成为优势企业，产品畅销国外市场，为安徽树立了好的形象。综观这些企业，其共同特点是：企业的领导都是十分重视思想政治工作，从而能够团结带领群众，排除各种思想障碍和艰难险阻，使企业一步步走向辉煌。

一、只有坚持不懈地通过深入细致的思想政治工作来解放思想、提高认识、扩大视野、更新观念，才能使广大干部群众始终保持与时俱进、开拓创新的思想境界，使企业改革不断深化，实力不断增强。马鞍山钢铁公司是特大型企业，但于1997年，生产经营却一度跌入了低谷，许多人还认为马钢是不沉的“航空母舰”。面对严峻的形势，党委一班人带领群众，开展解放思想、转变观念的大讨论，使大家认清了不更新观念、不转换体制，再大的航空母舰也要沉没，从而树立起新的市场观、竞争观和生存观，使企业一步步走向现代制度，现在年销售收入已突破百亿元大关，成为有竞争实力的联合企业。事实说明：观念更新，工作才能创新；思想上与时俱进，才能推动企业紧跟时代前进。

二、只有坚持不懈地通过深入细致的思想政治工作来理顺情绪、化解矛盾、凝聚人心、鼓舞士气、才能使广大干部群众充分焕发积极向上，奋发图强的精神风貌，使企业能够抓住机遇、加快发展。只有把“发展是硬道理”，深深地注入到广大干部群众中去，才能把尽快缩小与发达地区经济差距的愿望变成奋发图强的行动，使企业尽快上规模，增实力。

三、只有坚持不懈地通过深入细致的思想政治工作，对职工加强全方位的教育，不断提高整体素质，才能使广大干部群众逐步成长为“四有”新人，使企业有稳定和谐的环境和持续发展的基础。现在许多企业针对新成员不断增加的新情况，把教育摆上重要的位置，并且有许多改进和创新，突出的就是把理想信念，廉洁自律、思想道德、文化技术等教育和文明创建、企业文化、青年文明号等活动扭合在一起，全方位加强职工的教育，提高教育效果。每个企业只有从整体上不断提高职工的素质，才能在激烈的市场竞争中立于不败之地。

“问渠那得清如许，为有源头活水来”。安徽企业改革发展的历程说明：强有力的思想政治工作确实是企业活力的源泉。

与时俱进的特区政工
——海南思想政治工作概述

海南省政研会

海南自1988年建省办经济特区以来,在邓小平理论和"三个代表"重要思想的指导下,在广大政工干部和广大群众的努力下,思想政治工作这面旗帜,在特区高高飘扬。

(一)

海南建省伊始,就有一种思想在悄悄萌芽:办经济特区还要思想政治工作吗?这和改革开放,搞外向经济不矛盾吗?这个思想刚一冒头,就遭到省委和广大政工干部的抵制和反对,通过一系列大讨论,明确了海南办的经济特区,不是政治特区,在政治上必须坚持四项基本原则,坚持思想政治工作。于是,先前撤消的政工部门又恢复了,企事业党的组织机构又逐步健全了,特别是18家从政府厅局转为企业界单位,不仅恢复了政工机构,而且按比例配足了政工人员,思想政治工作又正常运转起来,种种原因引发生产经营和分配上的矛盾,通过卓有成效的思想政治工作都一一化解。

(二)

新形势下的思想政治工作怎么做?这是海南建省办经济特区15年来,广大领导干部、政工干部不断思考和实践试验的问题。围绕这个问题,整个海南,开展了声势浩大的解放思想,实事求是,更新观念的教育,不但教育广大政工干部,也教育广大群众。通过这个教育,思想政治工作得到了改进,广大群众的思想有了转变,改革开放和承受能力大大增强,海南较早在全国放开粮食经营,最早实行医保改革,最早实行道路燃油附加费征管等一系列的改革,由于思想政治工作的及时到位,得到群众的理解和积极参与,都取得很大成功。

海南政工干部最大的思想转变,是用新的眼光看待新时期的思想政治工作,用新的手段新的方式方法开展思想政治工作。海南,正是由于刷新了旧的思想政治工作网络,使得越来越多的积极因素被发掘、发挥,继而推动这个年轻的省份不断向前发展。推动这个年轻的省份不断向前发展。

(三)

作为发展外向型经济特区,海南思想政治工作又一个显著特点,是开展了丰富多彩的企业文化建设,这些企业文化建设,推动了企业管理,推动了企业的发展,涌现出许多富有创造力的人才,为特区的发展注入蓬勃活力。

港口文化使老港口焕发青春,强大的凝聚力不但保持了企业的稳定,而且推动企业不断上新的台阶,在市场经济的竞争中一路坚挺走来。

海南航空文化塑造出了"大众认可、大众参与、大众成就、大众分享"的企业精神,坚持"至诚、至善、至新、至美"的企业宗旨,使得文化化为巨大的生产力,从1000万元起家,一跃成为全国四大航空集团,经营着各类型产业资产219亿元人民币。

纺织文化、汽车运输文化实行创品牌的战略,一切为了客户,一切为了信誉,赢得了企业的发展壮大,纺织资产比创业初增长1000多倍;海南省汽车运输公司这个小省公司成为全国七大汽车运输大户之一。

还有"椰树文化"、"移动文化"、"燃化文化"、"高速文化"、"银行文化"、"一百文化",如此等等,支撑起海南企业文化这个大厦,增强了企业的核心竞争力和创造力,也给思想政治工作带来了新的春天。

(执笔:甘本敏)

立足省情　扎实工作　促进富民兴黔事业发展

贵州政研会

13年来,贵州省思想战线在省委的领导下、克服困难多、条件艰苦的不利影响,立足省情、无私奉献、扎实工作,形成了有效的方法,积累了成功的经验,取得了可喜的成绩。

13年来贵州省思想政治工作的主要做法：始终坚持以经济建设为中心，以理想信念教育为核心，全面贯彻落实党的基本理论和基本路线，坚持用马列主义，毛泽东思想、邓小平理论和“三个代表”重要思想武装党员、教育干部和群众；开展了形式多样的爱国主义、集体主义、社会主义和艰苦创业精神的教育；开展了主题鲜明的群众性精神文明创建活动；认真贯彻落实《公民道德实施纲要》，加强社会主义道德建设；开展群众文化活动，不断丰富人们的精神生活；在思想教育的同时注意解决人民群众关心的实际问题，为群众办实事好事。

13年来贵州省思想政治工作的主要经验：

这既是改革开放以来全省思想工作的基本原则，也是主要经验。13年不断加大经济建设和改革开放的宣传力度，为贵州经济社会发展营造了良好的舆论氛围；开展了“解放思想大讨论”、“西部大开发，贵州怎么干”等大讨论活动；开展了学习“大关精神”为内容的艰苦奋头斗教育活动；注重做好全省西部大开发重点建设项目区干部群众的思想政治工作，保证了重点建设项目的顺利实施。

建立健全思想政治工作的工作的各项制度是工作顺利开展的保障。13年来全省各级党委认真贯彻落实中央关于思想政治工作一系列指示精神，全省各级党委建立了思想政治工作领导责任制度、思想政治工作联系会议制度、思想政治工作考核制度；有关部门和单位还建立了思想政治工作情况分析制度，形成了思想政治工作齐抓共管的局面。全省各级政研会深入基层，开展调查研究，形成一批具有一定参考价值的调研成果。我省在企业开展政工职称评定的基础上，在全省事业单位也开展了政工职称评定工作，稳定了政工队伍，调动了政工人员工作的积极性和主动性。

贵州省思想政治工作基层基础设施薄弱，13年来认真抓基础设施建设。在全国率先抓乡镇“农村精神文明活动中心”建设；在全国率先实现村村拥有“千乡万村书库”图书；重点抓了农村党员活动室建设，农村广播电视“村村通”工程；在部分乡镇抓了“两学一奔”（学政策法规，学科技，奔小康）示范点工作；精心组织“三下乡”、“四进社区”等活动；抓好基层政研会活动的开展。

树立先进典型，发挥先进典型的激励示范作用，是思想政治工作的有效方法。13年来，全省先后树立了大关村等88个红旗村，推出了“大关方向，贵州希望”的大关精神，树立了贵州铝厂、贵州电力公司、水城钢铁集团公司、贵阳市公交公司等一批优秀企业；树立了优秀教师田发、刘恩和，见义勇为好青年赵华，雷锋式的好战士李学章等一大批先进典型，这些典型成为全省思想政治工作战线上的一面面旗帜。激励着全省各族人民为实现富民兴黔的宏伟目标而努力。

坚持指针　围绕大局　完善制度　创新载体

——广西壮族自治区政研会思想政治工作概览

广西壮族自治区政研会

面对新的形势，广西职工思想政治工作立足工作大局，围绕经济建设这一中心，明确主线，完善制度，选好载体，增强了工作的针对性和实效性。

始终坚持一个根本指针。始终高举邓小平理论伟大旗帜，以“三个代表”重要思想为指导、用科学的理论统一干部群众的思想，凝聚力里，特别是开展多种形式学习宣传十六大精神，唱响主旋律，营造学理论、用理论的浓厚氛围，取得了良好的成效。在抓理论学习方面，职工思想政治工作做到订制度、订计划、定要求，主题鲜明，联系实际，力求学得透，用得上，这对推动干部群众学习十六大精神，运用理论武装自己，自觉实践邓小平理论和“三个代表”重要思想起到了积极的作用。

紧紧围绕一个大局。广西职工思想政治工作从社会热点、疑点、难点问题入手，做好正面引导，维护了社会稳定。在宣传教育上，大力加强形势教育，让群众从国际大环境，改革开放大格局，社会发展大趋势看待问题和分析问题，正视各种矛盾，增强群众适应社会发展，市场竞争和对改革的心理承受能力。提出职工思想政治工作要在思想上给人解惑、精神上给人解闷，心理上给人解压，工作上给人解难，生活上给人解困。做到这“五解”，思想政治工作阻力小，人心稳，改革和发展更顺利。

建立健全一套完善的制度。一是建立起统一协调，分工负责的领导机制。广西职工思想政治工作做到有专人主管，职责明确，工作统一布置，协调一致，基本上形成了党委统一领导，主要领导亲自抓，一级抓一级，层层抓落实的工作格局。二是建立起标准明确、操作性强的考核机制。广西电力有限公司投入了数十万元开发了思想政治工作“满意度”考核评价软件系统，从而使考核标准更明确,操作性更强。

创新一些有效的载体。广西各地各部门适应经济发展的需要,以求新、求变、多样化的方式开展思想政治工作,拓宽了职工思想政治工作的渠道。一是以文明创建活动和主题教育为载体。各地开展多种形式的文明创建活动,促进了职工思想政治工作的开展。二是以企业文化建设为载体。上汽通用五菱股份有限公司,中国铝业广西分司适应中外合资的新形势,发挥本土传统文化的优势,打造高品质的企业文化,思想市场、塑造学习型组织、提高竞争力方面的促进作用明显。

发挥两个协会的作用。广西充分发挥职工思想政治工作和文化建设协会的作用,对开展职工思想政治工作进行研究、咨询、服务和指导。多年来、职工政研会积极探索新形势下加强和改进思想政治工作的新路子、新方法、在调查研究、理论研讨、指导企业开展思想建设、职业道德建设、精神文明建设等方面做了大量工作。近两年来,新成立的广西企业文化建设协会结合职工思想政治工作的开展,引导、推动企业建设高品质的企业文化,促进了企业的改革和发展。

探索新问题　开创新局面

——黑龙江省思想政治工作简介

黑龙江省政研会

黑龙江省自党的十三届四中全会以来,认真贯彻党的路线方针政策,紧紧围绕经济建设这个中心,结合企业生产经营中遇到的新情况、新问题,开展卓有成效的思想政治工作。省政研会调查研究,精心组织研讨,提出对策建议,发挥了参谋助手作用,做了大量卓有效的工作,取得了可喜的成绩,成为思想政治工作的一支重要力量,在职工群众中产生了广泛影响,受到各级党政领导的重视和好评。

几年来,黑龙江省政研会深入学习、宣传邓小平理论、“三个代表”重要思想和党的十四、十五、十六大精神,指导思想政治工作实践。围绕社会主义初级阶段理论和深化经济体制改革的学习和研究,引导职工群众不断突破旧思想、旧框框的束缚,帮助他们进一步解放思想,转变观念,适应企业深化改革的要求;围绕形势任务和新时期思想政治工作的学习和研究,引导职工群众深刻认识改革开放以来的大好形势和企业在改革中暂时遇到的困难,帮助他们振奋精神,增强信心,推进企业改革顺利进行;围绕建设社会主义市场经济体制和科教兴国的学习和研究,引导职工群众认识加强思想道德和科学文化建设的紧迫性,帮助职工提高素质,奋发进取,以适应激烈的市场竞争和企业长远发展的要求。黑龙江省政研会认真贯彻国家政研会提出的“以研究为中心”的工作要求,坚持把围绕中心、选准课题,开展调查研究作为重要工作,并以此推动其他工作的开展,针对企业改革中职工思想状况,开展调查研究,有多篇论文和调查报告在全国获奖。以职业道德建设为重点,促进了企业职工素质的提高。配合省委宣传部先后在全省开展了“树行业新风、创一流业绩、做文明职工”和“百城万店无假货”活动,中央主要新闻媒体都进行了报道,在社会上产生了良好反响。几年来,不断总结企业改革中的新鲜经验,引导企业加强和改进思想政治工作,其中,哈尔滨铁路局“一岗双责”、七台河新兴选煤厂“两个文明一体化管理”、北钢集团“凝聚力工程”、黑化集团“以五靠促五变,促进企业大发展”、大庆石油管理局、华安集团、鹤北林业局等经验在全国产生重大影响。为努力适应新形势的要求,不断加强政研会的自身建设,在领导机构、组织建设取得更大进展,会员单位不断增加,会刊在全省评为重点期刊,配合全省政工专业职务评审工作,在全省发展政工人员 8 万多人,使全省政工人员素质有较大程度提高,为做好新形势下思想政治工作奠定了良好基础。

随着形势的发展,政研会在思想政治工作中的地位和作用显得越为越重要,黑龙江省政研会在国家政研会和黑龙江省委领导下,继续高举邓小平理论伟大旗帜,坚持“三个代表”重要思想,不断加强理论研究和实践探索,为加强和改进新形势下思想政治工作作出更大贡献。

围绕中心　立足基层　开拓创新

——江苏省思想政治工作情况概述

江苏省政研会

十三届四中全会以来，江苏各级党委、政府坚持“两手抓、两手都要硬”的方针，以开阔的视野、前瞻的眼光，积极为加强和改进思想政治工作谋篇布局，推动思想政治工作取得了长足进展，呈现出创新发展的良好态势。

紧扣发展主题，大力推动思想解放。全省各地紧紧围绕经济建设中心，紧紧扣住加快发展主题，坚持把解放思想摆在了思想政治工作的突出位置。省委带头抓解放思想，提出要跳出江苏看江苏、站在全国看江苏、面向世界看江苏，按照“先人一步、早人一拍、超人一着、高人一筹”的要求，敢于同强的比、向高的攀。几年来，全省重点宣传了张家港、昆山、江阴等一批解放思想、率先发展的先进典型，集中开展了“致富思源、富而思进”教育活动，精心组织了“新世纪江苏人新形象”大讨论和“两个率先”主题教育活动。通过深入宣传党十五大、十六大精神，宣传邓小平理论和“三个代表”重要思想，宣传全省改革开放的形势任务，推动全省上下形成了解放思想、加快发展的热潮，形成了你追我赶、争选进位的可喜局面。

立足社会和谐，努力凝聚民心民力。适应社会关系的新变化和新调整，全省上下把凝聚民心民力，作为思想政治工作的重要着力点。近年来，先后组织开展“看成就、话改革、争贡献”、“颂辉煌、展风采、创未来”等主题教育活动，鼓足了人们的信心斗志；抓住香港和澳门回归、改革开放20周年、建国50周年、建党80周年、申奥成功、加入WTO以及党的十六大召开等契机，唱响“三好三颂”，激发了人们的爱国热情；贯彻落实《公民道德建设实施纲要》，开展“扶困助弱、文明关爱”、“诚信经营、规范服务”、“树风立德、从我做起”以及文明交通、志愿者活动等多种道德教育和道德实践活动，提高了人们的道德素质；针对改革改制中产生的大量矛盾和问题，组织实施“凝聚力工程”、“送温暖工程”等一系列“民心工程”，开展大量解疑释惑、沟通疏导、凝聚人心的工作，稳定了人们的思想情绪，促进了社会和谐发展。

适应时代变化，着力推进改革创新。主要从三个方面推进：一是开民资源，充分发挥文明创建、典型示范、文化认同、信息聚焦的功能，推出了任国庆、吴登云、朱相桂等一批国家和省级重大典型，积极开展企业文化等建设活动，有效增强了思想政治工作的吸引力和针对性。二是拓展载体，新建市民学校、社区学校、员工学校等基层阵地，实施现代农民教育工程和现代市民教育工程，创建学习型社会，为思想政治工作注入了新的生机与活力。三是扩大覆盖面，通过发挥职能部门作用，整合各种管理资源，吸引社会力量参与，使思想政治工作有效覆盖到了非公经济领域、社区以及下岗职工、老年人、流动人口等社会弱势群体。

适应新形势　争上新台阶

辽宁省政研会

辽宁省政研会建会20多年来，在省委宣传部的直接领导下，高举邓小平理论伟大旗帜，全面贯彻“三全代表”重要思想和党的十六大精神，适应新形势发展要求，紧紧围绕经济建设中心，服从、服务改革发展稳定大局，紧密联系职工思想、工作、生活实际，不断加大思想政治工作的力度，突出重点、把握规律、开拓创新，增强思想政治工作针对性、实效性，思想政治工作得到不断加强和改进，为经济工作和其他各项工作提供了强大的精神动力和思想保证。

思想理论武装取得新成效

辽宁省政研会坚持用“三个代表”重要思想武装全省政工干部和教育全体职工，不断加强理论学习、理论宣传、理论教育、理论研究，在全省兴起学习“三个代表”重要思想、全面深入学习贯彻落实党的十六大精神热潮。

省政研会会同有关部门先后举办了“三个代表”重要思想研讨会；企业党委书记学习“三个代表”重要思想培训班。每年分别召开各市及省直厅（局）负责人会议，研讨如何在新世纪、新阶段落实“三个代表”重要思想和做好企业思想政治工作等重大课题。

政工研究取得新成果

20多年来，我们始终坚持政研会的生命力在于认真搞好调查研究这一理念，坚持解放思想、实事求是、与时俱进，坚持宏观理论研究与微观应用相结合，紧紧围绕我省改革发展稳定工作的实际，积极探索，勇于创新，深入研究新形势下加强和改进思想政治工作的方法、途径和对策，每年会同各市及省直厅（局）政研会协力做好思想政治工作优秀研究成果的推荐、评选工作，总结了锦西炼化总厂研究整理的《思想政治工作30个为什么，30个怎么办》等150多项具有推扩应用价值的思想政治工作研究成果。特别是针对辽宁改革和结构调整逐步深化，转制、并轨、破产等力度加大，深层次矛盾日益显现的情况，对困难企业、下岗职工、资源枯竭型企业如何发挥思想政治工人的保证作用及如何开展思想政治工作等方面，省政研会协助全国政研会调研组于2002年3月6日至12日在沈阳进行了调研，调查报告《在扭亏脱困和改革发展中发挥优势——沈阳黎明公司思想政治工作情况调查》、《做好扭亏脱困和改革发展过程中的思想政治工作——关于东北制药集团公司思想政治工作情况的调查报告》分别在《经济日报》、《光明日报》、《思想政治工作研究》杂志上发表，在全国产生了一定影响。省政研会与省委党建教研室共同撰写的《借风起航扬巨帆——渤船重工思想政治工作调查》、《永不褪色的铁军——中铁十九局思想政治工人调查》在《辽宁日报》上发表，对全省思想政治工作起到了一定的推动作用，为领导决策提供了重要依据。

企业文化建设取得新进展

坚持把企业文化建设作为新时期加强和改进企业思想政治工作的重要措施和新的载体。多次召开企业文化建设现场研讨会和企业文化建设考察等活动，加强企业文化建设的理论研究与实践推动。特别是把建设中国特色的企业文化，作为拓宽企业思想政治工作领域和大力加强非公有制企业思想政治工作的有效载体。我们重点对大连实德、辽宁盼盼等非公有制企业的企业文化建设经验进行调查总结，在去年召开的上海非公有制企业嘉定论坛上进行了交流，获得好评，同时积累了一些经验：一是要有明确的指导思想；二是要有充分的准备；三是要体现特色和个性；四是要有组织机构和骨干队伍。只有做到了以上几点，才能使全体员工实现价值共识、信念共守，充分发挥积极性、创造性，最大限度地焕发他们的工作热情和才能，为企业可持续发展提供精神支柱和深层动力。

总结推广先进典型取得新突破

高度重视建立激励机制，近年总结推广并表彰了沈阳黎明航发集团等一批典型经验，并在北京、上海等地召开的全国性会议上作了典型发言。省及各市、厅（局）政研会按照全国政研会要求，认真做好全国思想政治工作先进企业、优秀企业思想政治工作者、优秀政研会和政研会优秀工作者及思想政治工作优秀研究成果等的推荐、评议、考核和申报等各项工作，开展好省各地、各部门不同层次的评比表彰活动，调动了全省各级政研会和广大思想政治工作者的积极性，有力推动政研会工作的深入开展，增强了政研会的吸引力、凝聚力，扩大了政研会的社会影响。

政研会建设取得新提高

近年，省政研会按照新形势、新任务要求，瞄准建设一流队伍目标，不断提高自身素质，增强政研工作者的创造力、凝聚力和战斗力。各级政研会工作者讲学习、讲政治、讲正气，自觉地学习“三个代表”重要思想，把思想统一到“三个代表”重要思想上来，统一到省委对各项工作的总体部署上来。注意加强培训和轮训工作，使政研会队伍的思想政治素质有了很大提高。各级政研会重视培养和选拔政治坚定、业务过硬、作风扎实、有较高文化水平的青年干部充实到政研会队伍，使我们这支队伍的素质和岗位适应能力得到较大提高。各级政研会充分发挥了会刊等载体的服务职能，努力使各级会刊成为影响和指导基层思想政治工作的重要理论工具，为思想政治工作者和实际工作者提供了舞台和阵地，对推动全省加强和改进思想政治工作发近了重要作用。

思想保证、精神动力、智力支持

——甘肃省政研会工作概览

甘肃省政研会

甘肃省思想政治工作坚持贴近实际，贴近生活，贴近群众，为推动全省物质文明、精神文明政治文明建设和经济社会全面发展提供了强大的思想保证、精神动力和智力支持。

一、紧紧围绕思想政治工作的主要任务和基本内容开展教育，以科学的理论武装人。全省先后广泛深入地开展了“三个代表”重要思想的教育、“三讲”教育、“学教”活动、“三基本”（马克思列宁主义基本问题、毛泽东思想基本问题，邓小平理论基本问题）教育、党风廉政建设教育和以落实《公民道德建设实施纲要》为重点的社会公德、职业道德、家庭美德教育，以创建“河西精神文明建设模范走廊”等为载体的多种形式的精神文明创建活动，有效地提高了广大干部群众的理论水平，有力地激发了全省人民爱党、爱国、爱家乡的热情。

二、坚持以经济建设中心，努力把广大干部群众的智慧和力量凝聚到全省的工作大局上来。

近年来先后组织开展了实施西部大开发战略、工业强省战略、加快区域经济发展，再造秀美山川、营造“三个环境”（建设环境、投资环境、干事创业的环境）、以大开放促大发展等方面的大学习、大讨论、大宣传，有力地促进了经济建设和各项事业的发展。同时，把思想教育工作寓于实际工作之中，坚持服务经济中心，服务改革大局，服务人的发展，使思想政治工作植于经济建设，服务于经济建设。

三、坚持解决思想问题与解决实际问题相结合，增强思想政治工作的针对性和实效性。坚持以人为本，把思想政治工作做到群众的心坎上。坚持从人民群众关注的热点、难点问题入手，围绕下岗职工再就业、农民负担、行风、社会治安等问题，广泛听取群众意见、建议和呼声，及时了解群众观点愿望和要求，帮助群众排忧解难、化解矛盾，理顺情绪，力求使思想政治工作贴近群众、贴近实际、贴近生活，有力地增强了思想政治工作的感染力和渗透力。

四、坚持与时俱进，增强思想政治工作的生机与活力。一是从传统的简单说教中逐步摆脱出来，在解放思想的过程中统一人们的思想，在激发个体展示自身价值的过程中实现理念共识；二是从计划经济的体制中摆脱出来，正确处理好主旋律与价值取向多元化的关系，有重点、有层次、有特色地推进工作；三是从僵化的模式中摆脱出来，把一般号召与分类指导相结合，灌输教育与启发引导相结合，道德吸引与规范要求相结合，使思想政治工作由虚变实，虚实结合；四是不断创新载体，使思想教育的活动和载体多样化，不断增强思想政治工作的影响力和亲和力。

五、坚持典型引路，增强思想政治工作的说服力，把培育典型、宣传典型，充分发挥典型的示范带动作用作为思想政治工作的有效载体，推动全社会各项事业的全面进步。

六、坚持党对思想政治工作的领导，为思想政治工作提供强大的组织保证。

扎扎实实抓加强和改进

——福建省思想政治工作概况

福建省政研会

福建省委、省政府一贯重视思想政治工作，改革开放以来，省委多次召开思想政治工作会议、座谈会，多次以省委、省政府名义表彰思想政治工作优秀企业和优秀企业思想政治工作者，几任省委书记、省长、副书记、人大主任、副主任都曾兼任过省政研会顾问或名誉会长。中央政治局常委、全国政协主席贾庆林在福建省任省委书记期间兼任了省政研会顾问。近几年来，省委宣传部、组织部、省经贸委、省总工会每两年都有评选表彰一批思想政治工作优秀企业和优秀企业思想政治工作者，深受全省广大企业的支持和赞扬。一大批非公有制企业在加强和改进思想政治工作方面，也积极探索，取得了累累硕果，形成了福建三资企业思想政治工作的特色，出现了一批先进典型，获得了许多新鲜经验，思想政治工作展现出蓬勃的生机。

全省思想政治工作由省委宣传部主管，省职工思想政治工作研究会、省企业文化协会挂靠省委宣传部。省委宣传部分管部长兼任省政研会会长。省委宣传部企业宣传处与省职工政研会、企业文化协会秘书处合署办公，设专职政研会秘书长，共同负责制定和实施企业思想政治工作总体规划和年度计划；对全省企业思想政治工作和企业文化建设进行宏观指导；组织调研、采集信息、总结经验，组织培训企业政工干部和政研会骨干等，办有思想政治工作专业性刊物《企业通讯》（季刊）和月简报《福建企业信息》，受到广大群众企业政工干部的欢迎和好评。全省九个地级市上均有政研会组织。厦门、三明市委宣传部、市政研会办有政工刊物《探索》、《金钥匙》。省直一些厅、局、总公司办有政工刊物。多年来，全省各级政研会活动较好，取得不少优秀成果。省政研会于1997年以三钢集团公司为依托成立了政工理论研究基地，经过各有关方面努力，这个基地取得了丰硕成果，汇总编辑出版了《开拓、耕耘、收获》一书，有力地推动了政研活动广泛深入地开展。1997年起省政研会与福建炼油化工公司联合举办优秀政研成果"福炼杯"奖评选表彰活动，一年评奖一次，连续五年，在全省政工战线引起强烈的反响，促进了企业加强和改进思想政治工作。2003年在省委宣传部领导的关心和支持下，省政研会又与三钢集团公司联合开展为期五年的优秀政研会"三钢闽光杯"奖评选表彰活动。省委宣传部、省政研会根据中央和省委各阶段政治任务要求，召开了学习邓小平理论经验交流会、爱国主义教育现场会、学习贯彻党的十六大精神座谈会、企业文化创新研讨会等，下发一系列加强和改进思想政治工作的指导性文件，以及举办各种类型政工骨干培训班，还与省经贸委联合举办企业文化活动。全省有一支基本适应新形势要求的政工队伍，初步形成了加强、改进、创新思想政治工作的较好氛围，为全省企业文明建设发展做出了应有的贡献。

与时俱进　不断创新
开拓思想政治工作研究的新领域

上海市政研会

近年来，上海市思想政治工作研究会坚持以邓小平理论和"三个代表"重要思想为指导，与时俱进，不断创新，以调查研究为抓手，以成果应用为载体，立足现实，服务大局，在发挥思想政治工作优势作用方面起到了积极作用。

一、适应改革发展新形势，深化思想政治工作的理论与实践研究

1. 把握形势发展的趋向，强调课题研究的时代性、现实性。面对新形势，上海市思想政治工作研究会重视把握热点、难点问题开展有针对性的研究，以具有可操作性的成果，为工作实践提供服务。近两年来，先后开展了一系列课题研究。与解放日报联合举办了"新世纪市民道德建设"征文活动，与文汇报共同进行了"入世与新世纪思想政治工作"论文征集，与市联共同发起"社会转型期的价值观问题"的研讨，针对入世后的诚信问题的凸现，组织了"专家话诚信"活动，出了论文专集。这些紧贴实际，具有现实性的研究活动，受到上海理论工作者和广大实践工作者的广泛关注。

2. 服务思想工作新需求，增强课题研究的针对性的实效性。服务上海改革、发展、稳定工作的大局，上海市思想政治工作研究会积极开拓研究工作的新领域，寻求解决实际问题的理性答案。面对上海产业结构调整和下岗分流再就业工作，开展结构调整中的思想政治工作研究和再就业工程中的思想政治工作研究；围绕社区工作，开展了"社区居民思想道德建设"、"老年思想工作"、"外来人口思想工作"等课题的研究。所编专著开了有关领域研究之先河；面对多种经济成分共同发展的新局面，加大了"非公经济思想政治工作"的研究力度，组织"沿海地区非公有制企业思想政治工作'嘉定论坛'"，来自10个省市的160余位代表聚集上海，交流开展非公有制企业思想政治工作的做法和经验，探讨了新形势下进一步推进非公有制企业思想政治工作的新举措。

3. 围绕热点难点重点课题，建立了日常研究的制度和机制。思想政治工作研究既要关注重大课题，也要关

注现实中的热点难点问题，开展“短、平、快”的研究。为此，上海市思想政治工作研究会建立了“双月政府务实会”的制度，组织本市的研究骨干定期举行研讨活动，通过研讨综述，介绍研讨情况，发布研讨观点，指导面上研究的深入进行。研究工作的活跃，增强了政研会组织的吸引力，也使社团的价值得到了充分体现。

二、借鉴新兴学科和相关学科成果，拓展思想政治工作研究领域

近年来，上海市思想政治工作研究会博采众长，扬我所长，借鉴和运用社会学、心理学、教育学、公关学、管理学等知识成果，运用电子互联网等现代手段，进一步探索创新思想政治工作的新思路和新途径。

1. 探索运用心理学原理，开展市民心理健康服务工作，随着城市发展和市民生活水平的提高，人的心理调适问题得到凸现。上海市思想政治工作研究会及时开展了“关于开展市民心理健康服务工作”的可行性调查，并将此项工作写进了政研会章程。2002 年 10 在市社联组织的科普服务活动中，上海市思想政治工作研究会摆摊现场开展了市民心理健康服务，邀请心理专家到现场向市民宣传普及心理健康知识，宣传讲授心理调适的基本方法，前来咨询者络绎不绝，很受市民欢迎。

2. 借鉴当代新兴学科和基础理论研究。新世纪赋予思想政治工作新的内容。思想政治工作的对象、手段、载体都已发生变化，庞大的基层思想政治工作者迫切希望得到理论上的支持，科学回答“思想政治工作是什么”、“面临什么”、“做什么”、“怎么做”等问题，为此，市政研会编写了《思想政治工作新论》，力求从理论和实践相结合的角度，为广大思想政治工作者开拓工作思路、提升工作能力、解决方法论问题。

3. 发挥文化力的作用，深化新世纪企业文化建设的研究。进入新世纪以来，上海掀起了新一轮的企业文化建设热潮。为了探讨新世纪企业文化建设的新特点，把握企业文化建设的走向，科学提升上海企业文化建设的水平，我们对“新一轮企业文化建设热潮兴起的背景”、“新一轮企业文化建设的目标定位”、“有效提升企业文化力的途径和手段”等作了深入探索，其成果《上海企业文化案例》已经出版，另一成果《企业文化新论》已经定稿。

三、多途径推广研究成果，发挥研究成果在实际工作中的指导作用

思想政治工作研究的成效，不仅取决于成果的质量，还体现在成果的推广运用上，特别是在目前条件下，研究成果的推广成果显得尤为重要。

1. 经常性地举行总结交流活动，使基层各个事业单位在实践中形成的工作经验和有效做法得到推广。市政研会坚持每两年召开一次会员大会，总结表彰一批先进典型；每年召开若干次大型理论研讨会，发布年度重点课题的研究成果；每两个月召开一次理论务实会，通过对热点问题的研究和发布，为基层思想政治工作者提供服务。市政研会还积极组织会员单位开展交流研讨活动，运用分类指导，形成分组自主活动的工作机制和格局，通过走出去请进来等多种方法，不断增强组织的凝聚力。

2. 运用现代多媒休和网络手段，在拓展成果应用途径的同时，提高成果的市场形象。思想政治工作研究成果打破成文出书的旧思路，借助现代科技手段，提高成果的科学性，提升成果的文化性。近几年来，市政研会舍得投资，开发电子产品，提高研究成果的影响力和吸引力。与东方电视台合作拍摄了 10 集电视短片《岗位的故事》，用生动的人物形象的事例，帮助人们树立适应市场经济的择业观、岗位观；与交大宣传部合作开发了《思想政治工作网上之路》软件，在全国走出了领先一步，被中宣部和国家新闻出版总署列人“迎接党的的十六大重点音像电子出版选题目录（100 种）”之中。最近，由上海市思想政治工作研究会主办的“新视界”网站将在东方网开播，又添了一条提供政工研究成果，交流工作经验与做法的快捷渠道。

3. 办好《思想政治工作研究通讯》，使之成为基层思想政治工作者和文化建设工作者的专业工作读物。高度重视会刊的编辑工作，坚持自我研究为主的办刊原则，多刊登原创性成果，显现学术研究的分量，同时，适时更新《思想政治工作研究通讯》的栏目和版面，讲求实效，追求实用，反映实情，得到了基层工作者的欢迎，获得了全国政研会和兄弟省市政研会的较高评价。

围绕中心　服务大局

——十三届四中全会以来河北省思想政治工作

河北省政研会

党的十三届四中全会以来,在省委的领导下,在各级党组织的推进下,河北省的思想政治工作紧紧围绕改革开放、经济建设和社会稳定大局,积极探索,大胆实践,抓住机遇,不断创新,为全省两个文明建设提供了强大的精神动力和思想保证,同时也积累了丰富的实践经验,形成了一系列富有成效的载体和方法。

一、以科学的理论武装人,不断兴起学习邓小平理论和"三个代表"重要思想的新高潮

全省各级党组织始终坚持以马列主义、毛泽东思想、邓小平理论和"三个代表"重要思想武装干部群众,不断增强干部群众贯彻执行党的路线方针政策的自觉性和坚定性。在干部中普遍采用了党校系统学习、短期集中培训、党委中心组学习和业余自学等形式。与此相配套,建立、健全了领导干部理论学习考试制度,积极探索理论学习的激励机制和约束机制。各级党组织普遍开展了"党委书记讲党课"和一系列主题教育活动,引导党员在工作中更好的发挥先锋模范作用。在群众中,根据不同需要开展了多种形式的理论学习教育活动,如基层党校、市民学校工人学理论小组等,在用党的基本理论武装党员、教育群众方面进行了积极的探索。

二、开展解放思想、转变观念教育,为改革发展稳定提供强大的思想保证和精神动力

全省各级党组织以思想教育为先导,在引导人们学习理论的基础上,结合改革发展的实际,联系干部群众的思想动态,开展针对性的教育,形成群众理解改革、支持改革的良好氛围。围绕解决改革发展中的突出问题,克服思想上、体制上的障碍,通过新闻媒体、系列报告会、研讨会等多种形式进行形势任务教育,开展解放思想大讲座帮助干部群众树立与社会主义市场相适应的新观念。结合具体领域的改革措施的出台,开展改革主题宣传教育活动,宣传改革的意义,介绍成功经验。如围绕下岗分流和再就业工程广泛开展择业观的教育,以强有力的思想政治工作,为职工明理顺气、排忧解难。

三、开展社会主义道德建设和群众性精神文明创建活动,不断提高人们的思想道德素质和文明程度

各级党组织坚持以思想道德建设为重点,以群众性精神文明创建活动为抓手,大力推进社会公德、职业道德、家庭美德教育,在全省组织开展了一系列富有特色的活动,取得了显著成效。在全国成功推出了唐山市创建文明城市的典型经验、石家庄出租车行业争做"文明使者"活动的经验、三河市燕郊镇创建文明小城镇的经验深入推广"以德经商、诚信立业、文明生财"的经营理念,促进了文明行业创建活动的的深入开展。2002 年以来开展的建设"诚信河北"活动和"讲文明、树新风"活动,有力地推动了《公民道德建设实施纲要》在全省贯彻落实。

四、极推进基层文化建设活动,不断提高人们的科学文化素质

面对加入和全面建设社会的新形势,河北省广大思想政治工作者,积极开展了企业文化、社区文化、校园文化、家庭文化建设活动,极大地丰富了思想政治工作的内容,拓展思想政治工作载体。同时,以解决群众生活中的热点难点问题为突破口,在全省普遍开展了以文化、科技、卫生为主体的"三下乡"活动和科学、文体、法律、卫生"四进社区"活动。为了不断提升农民、职工队伍的素质,在全省开展了"读书兴农"、"读书兴企"的活动,每年集中建设一批"宣传文化示范村镇",从 2002 年开始又全面启动了"太行山革命老区宣传文化示范工程"。

五、思想政治工作改进创新的力度,探索新时期思想政治工作的新路子

各级党组织和广大思想工作者,在继承和发扬优良传统的基础上,积极探索,大胆实践不断加强和改进思想政治工作,取得了一定的突破。在工作体制和运行机制上,形成了党组织领导、行政管理人员积极参与、党政工团妇齐抓共管的工作局面,思想政治工作与社会管理、企业管理紧密结合。同时,思想政治工作方式越来越多样化,除培训教育、专题报告、主题宣传、谈心等教育形式外,还有许多干部群众喜闻乐见的形式,如知识竞赛、演讲比赛、热点讲座学习考察、兴趣小级、公益活动等,都进一步增强了思想政治工作的吸引力和感染力。

在充分肯定思想政治工作取得成绩的同时,也要清醒地看到,面对飞速发展的新形势思想政治工作存在诸多不适应状况。这就需要我们在"三个代表"重要思想的指导

下，按照“三贴近”的要求，围绕中心、服务大局，不断加强改进思想政治工作、努力开创思想政治工作的新局面。

弘扬井冈精神　创新思想政治工作

江西省政研会

“坚定信念、艰苦奋斗，实是求是、敢闯新路，依靠群众、勇于胜利”，这24个字是江泽民同志对井冈山精神的发源地，井冈山精神在江西这片红土地有着浓厚的文化积淀和生生不息的思想传承。随着改革开放深入发展和社会主义市场经济纵深推进，江西省委省政府审时度势，明确提出大力弘扬井冈山精神、实现在中部地区崛起的奋斗目标，制定了以工业化为核心的发展战略。

十三届四中全会以来，尤其是中央思想政治工作会议召开以来，面对思想政治工作遇到的新机遇、新挑战，江西省职工思想政治工作以邓小平理论和“三个代表”重要思想为继承和弘扬井冈山精神，坚持解放思想、实事求是、与时俱进，不断创新思想政治工作的内容、形式、方法、手段和机制，为推进以工业化为核心的发展战略，实现江西在中部地区崛起的奋斗目标，提供了强有力的思想保证。全省企业政工干部紧紧围绕深化体制改革，密切结合职工思想实际，做了大量艰苦扎实的工作。职工思想政治工作在实践中发展，在改进中加强，在继承中创新，探索和积累了许多成功的做法和经验。

凤凰光学、江铃汽车等一批大型骨干企业将企业改革、发展中的热点、难点作为思想政治工作的重点，围绕深化改革、转机建制、资产重组开展思想政治工作。坚持思想政治工作与经济工作同时下达任务，同时进行业绩考核，同时兑现奖惩措施；坚持党政干部实行“五同”，即目标同向，思想同心，措施同想，工作同步，奖罚同受，使思想政治始终在为生产经营服务的轨道上运行，促进了企业的改革发展。

南昌铁路局、昌河集团等大多数企业坚持开展多种形式的主题教育活动。这些教育活动，有的围绕特定的重大事件和重要议题来开展，如迎接香港回归，“庆祝建国50周年”等；有的以调动职工积极性，激发团队精神为内容，如“党员身边无事帮”、“我为企业出把力”等；有的服务于企业不同阶段的改革发展及生产经营任务，如“我与昌河共命运，命运就在我手中”、“同心同德促发展，强化管理创一流”等；其共同特点是：主题鲜明，内容实在，服务中心，效果明显。

江铜集团、洪都航空等一批企业不断堆进企业文化建设，逐步形成具有鲜明特色的企业文化。江铜集团在文化整合中确立“用未来思考今天”的理念，“至高、至精、至诚、至远”的主体价值观，“同心同创同进”精神，“规范、自省、协作、高效”的作风和“明长远之理、为创新之事，兴和谐之道，立诚信之业”的企业行为准则。省电力公司等企业立足实际，积极开展“塑形象工程提高知名度和美誉度，许多企业在精心培植企业理念，铸造企业精神的同时，经常举办形式多样、丰富多彩的职工文化活动，增强企业的凝聚力和向心力。

九江石化等大多数国有大中型企业积极运用自办传媒，传达企业信息，报道企业动态，宣传企业改革，营造企业文化。有的自办广播和有线电视，每天播出新闻、文艺等各类节目；有的出版企业报，发至全体员工家庭。不少企业积极开辟网上思想政治工作阵地，以丰富多彩、生动活泼的网上信息增强思想政治工作的针对性和吸引力。丰城电厂在网上寻址党委、纪委、工会、团委等网页，辟有时事焦点、公司新闻、理论教育、文明创建、厂务公开等数十个栏目，扩大了思想政治工作的影响力和覆盖面。

全省企业普遍开展了“送温暖、献爱心”活动，许多企业建立了领导与困难职工挂钩联系制度，领导接待日制度和“六必访、六必谈”等制度，坚持为职工办实事，办好事，把解决思想问题同解决实际问题结合起来，把党和政府的关怀送到职工的心坎，深受广大职工尤其是困难企业职工的赞扬，对于理顺职工情绪，保持企业稳定起到了积极作用。江西省职工思想政治工作研究会每年都召开常务理事会，秘书长工作会和各种专题研讨会，传达贯彻中宣部、中研会精神，研究部署工作，组织、引导全省各级研究会和政工干部开展调查研究、课题攻关、理论研讨和经验交流活动。省委书记孟建柱作序，省委宣传部、省职工研究会组织编写的《江西省企业思想政治工作创新与实践丛书》，对江西近年来企业思想政治工作的实践和经验作了比较系统的总结。总的看来，全省企业思想政治工作呈现出积极向上的发展趋势，一套与新形势相适应，符合企业现阶段发展情况，在实践中行之有效的思想政治工作方式方法逐步形成。

（执笔：张小谦）

以创新精神加强和改进思想政治工作
——云南省职工思想政治工作研究会工作记略

云南省政研会

云南省思想政治工作研究会成立于1986年7月，在1994年省政研会第四次年会上正式成立了云南省企业文化建设协会，“两会”现有团体会员单位120家。他们是各地市、厅局委办、企业集团和中央在滇大中型企业政研会和企业文化建设协会。“两会”及各团体会员单位的研究成果有专著学习辅导材料、论文汇编、会刊《云南思想政治工作研究》等。

“两会”的宗旨是坚持马克思主义、毛泽东思想、邓小平理论和“三个代表”重要思想，为加强改进思想政治工作，深化改革提供精神动力和智力支持。

“两会”主要任务是组织、直辖市和推动团体会员单位开展思想政治工作和企业文化研究活动。

“两会”工作坚持百花齐放、百家争鸣的方针，研究活动以基层为主，研究课题以当前为主，研究成果以应用为主。协助各级党组织坚持以创新改进为重点，积极探索思想政治工作的新内容、新形式、新方法、新手段和新机制，特别是在增强时代感，加强针对性，提高主动性，讲求实效性上下功夫，着重抓好三个创新：

第一，内容创新，在结合实际上下功夫，增强思想政治工作的针对性。一是紧密结合党员干部的思想实际，加强学习邓小平理论和“三个代表”重要思想；二是紧密结合国际形势发展，变化的新实际和干部群众思想认识中产生的新问题，加强理想信念教育；三是紧密结合建立社会主义市场经济的新要求，努力加强法制教育和道德建设，不断提高广大群众的道德素质和法律意识；四是紧密结合我省多民族、多宗教的实际，加强马克思列宁主义民族观、宗教观和党的民族、宗教政策教育；五是结合发展科技教育、提高劳动者素质和同法轮功斗争的实际，加强科学知识、科学思想、科学方法、科学精神的教育。

第二，抓方法手段创新，在服务中心和解决实际问题上下功夫，增强思想政治工作的主动性的实效性。一是紧紧围绕经济建设这个中心，为全省工作大局服务，不断增强思想政治工作的主动性；二是把解决思想问题，同解决实际问题，化解人民内部矛盾结合起来，不断增强思想政治工作的实效性；三是充分运用现代科技发展的新成果，新手段，扩大思想政治工作的影响面，强化感召力。

第三，抓制度创新，在形成合力上下功夫，形成齐抓共管的思想政治工作新格局。一是从领导体制和工作机制上解决“两手抓”问题使思想政治工作走上科学化、规范化的轨道；二是充分重视和全面加强基层基础工作，努力扩大思想政治工作的覆盖面。

加强和改进党的思想政治工作是全党的一件大事，要完成好这任务，关键在于按照中央的要求做到贴近实际、贴近生活、贴近群众，在各级党组织的领导下，全面加强基层基础工作，切实解决群众生产生活中遇到的实际困难，这样思想政治工作就能增强针对性，真正取得实效。

发挥政治工作促进改革发展维护社会稳定的保证作用
——新疆维吾尔自治区思想工作概览

新疆维吾尔自治区政研会

党的十五大以来，新疆根据中央的要求和自治区的实际，坚持政治工作为经济建设服务的工作方针，不断探索新形势下加强和改进思想政治工作的规律和办法，为推动新疆经济发展，维护社会稳定起到了积极作用。

一是学理论，强素质，建设一支能打硬仗的干部队伍。自治区党委坚决贯彻中央关于新疆工作的一系列批示在“三讲“教育和”三个代表“重要思想学习教育活动中采取有效手段，着重解决各族干部政治上的问题。强调把干部在反对民族分裂斗争中的表现作为检验干部政治素质的重要依据。二是抓基层，打基础，增强党组织的战斗力。针对南疆四地州、乡、村易受分裂主义分子渗透、破坏的现实问题，我们认真贯彻抓好农村政权建设和基层党组织建设。从1997年开始，连续6年从各级党政机关抽调1500多名干部组成工作队，深入到部分重点地区的县、乡、队，开展集中严历打击恐怖犯罪活动，维护了全区社会政治稳定。三是开展意识形态领域反分裂斗争再教育。针对"9·11"事件后，境内外民族分裂主义势力的分裂破坏活动出现的一些新动向，自治区党委决定，在巩固反对民族分裂和非法宗教活动成绩的基础上，从2002年2月开始，在全区开展意识形态领域反分裂斗争再教育活动，重点是文化单位和大中专院校。通过深入学习江泽民同志关于维护新疆稳定、加强反分裂斗争的一系列讲话精神，使各族干部群众充分认识反分裂斗争的长期性、尖锐性和复杂性，自觉抵制、坚决反对民族分裂主义的破坏活动。四是抓好城镇扶贫帮困工作。自治区党委、人民政府非常重视困难企业、特困职工的生产生活问题。通过开展全区城镇扶贫帮困工作，有效地化解了矛盾，维护了自治区改革发展和社会稳定的大局。五是深入开展思想政治工作和精神文明创建活动。我们坚持把思想政治工作作为重中之重，把解决思想问题同解决实际问题结合起来，把宣传教育群众与服务群众结合起来，坚持思想政治工作贴近基层，贴近实际、贴近群众，不断加强思想政治工作的针对性和实效性。在精神文明建设方面，坚持正确引导，重在群众参与，使精神文明创建活动在巩固提高中不断拓展"公民道德建设月"活动（已开展了21年），并从2002年开始，每年3月开展"公民道德建设月"活动。按照中央文明委的要求，制定下发了《关于进一步深化创建文明城市、县工作的通知》，对创建文明单位工作提出了要求，明确了任务。2002年，又有100个机关、部门和个事业单位被命名为自治区级文明单位。

吉林省思想政治工作概览

吉林省政研会

几年来，吉林省诉思想政治工作在省委的高度重视和精心指导下，有了长足进步。

一、坚持用邓小平理论和"三个代表"重要思想武装党员、教育干部和群众，突出抓了领导干部的理论学习，又坚持对广大基层干部和群众进行理论教育，提高了他们对理论学习重大意义的认识，增强了运用理论解决实际问题的能力，坚定了建设中国特色社会主义的信念。

二、党的十一届三中全会以来，吉林省从实际出发，采取了一系列重大措施，大力加强和改进思想政治工作，促进了改革、发展、稳定。省委及时制定下发了《中共吉林省委关于加强和改进基层思想政治工作的若干意见》。全省上下深入开展基层思想政治工作，积极创新政工领导体制，改进政工方式方法，努力提高政工的针对性和时效性，使思想政治工作与时俱进，更好地发挥政治优势。

三、坚持思想政治工作为经济建设服务，不断探索和创造新鲜经验。全省广大干部群众致力于思想政治工作服从服务于经济建设这个中心，具有广阔的发展前途。同时大力开展形势政策教育和各具特色的主题教育，引导干部群众认清形势、明确责任、增强使命感，为改革和发展提供思想保证和精神动力。

四、坚持群众性精神文明创建活动，广大群众自我教育活动蓬勃开展。全省坚持从具体事情抓起，从中心城市抓起、从基层基础工作抓起，通过广泛深入地开展创建精神文明活动，建设和发展社区文化，村镇文化、企业文化、校园文化、广场文化等，使城乡环境、群众精神面貌发生了明显变化。通过生动、具体的思想政治工作，陶冶了广大民群众的情操，丰富了他们的精神生活。

五、大力培养树立、宣传先进典型，振奋民族精神，弘扬社会正气。近年来，省、市、县（区）以及一些基层单位，都推出了一批特点鲜明、体现时代精神的先进典型。他们当中有全国思想政治工作的"双优"集体和个人，有全省思想政治工作标兵单位和思想政治工作创新奖个人。

六、积极开展困难企业思想政治工作，及时掌握弱势群体舆情，多做疏导沟通工作，理顺情绪，化解矛盾，变消极因素为积极因素。几年来，特别是为完成企业三年脱困目标以来，全省各级党组织和政工部门做了大量有针对性的解疑释惑、增强改革信心的思想政治工作，实践效果是好的。

七、随着形势发展和工作需要，加大了思想政治工作的研究力度，全省广大干部群众积极开展有关政工的调研和研讨活动，利用各种媒体进行生动的政工宣传。积极参与了全国政研课题的立项工作，并每年都在全省范围内开展优秀政研论文的征集和评审，及时总结推广了思想政治工作的理论和经验。

植根基层　立足服务

——北京市政研会、企业文化建设协会扫描

北京市政研会

在中共北京市委、市政府的领导下，北京市思想政治工作研究会、北京市企业文化建设协会以邓小平理论和“三个代表”重要思想为指导，坚持党的基本路线，组织和团结各会员单位及一切有专于思想政治工作研究和企业文化建设的人士，通过开展调查研究、培训考察、联谊交流多种活动，发挥参谋助手、服务指导、桥梁纽带、思想传播作用，为首都的改革发展稳定和现代化建设服务。

北京市“两会”坚持植根基层、立足服务、创新求索、与时俱进的宗旨和继承、借鉴、创新、实践的方针，从中国国情和北京市的实际出发，坚持深入基层、调查研究，不断总结推出有份量的调研成果和典型经验，为各级领导提供决策依据，为基层工作提供服务指导。

北京市“两会”完成的调研成果，曾三次获中宣部精神文明建设“五个一工程”奖；有多项研究成果在北京市及全国获奖；组织编写的《北京市思想道德建设创新实践丛书》和北京市经济改革发展创新实践丛书》共42册，总计600余万字，被列为市委重点工作；承担了国家和北京市“十五”哲学社会科学重点立项课题的研究任务；先后在《人民日报》、《北京日报》发表了《解决信心与信任问题的若干思考》等一批具有较强现实针对性和说服力的文章。在市委领导下，市“两会”已六次组织评选、表彰北京市思想政治工作优秀单位和优秀思想政治工作者，推出了一大批思想政治工作和企业文化建设的先进典型经验。总结、推出了全国公民道德建设先进典型——同仁堂集团“以德兴企”的典型经验、北汽福田“现代企业制度下党委工作的创新实践”等经验，对全市加强思想道德建设起到了积极的推动作用。近几年，市“两会”深入推进企业文化建设，帮助同仁堂、双鹤药业、北京医药、北京巴士、北京铜牛集团、北京自来水集团等企业整合提升企业文化，为企业增强市场竞争力提供实质性的服务。

市“两会”主办的《中外企业文化》杂志，“立足中外的广阔空间，植根企业肥沃土壤、追求先进文化的前进方向”，旨在“为企业发展服务、与企业发展同行”，创刊7年来着力总结宣传国内外企业文化建设的经验和成果，交流中外企业文化信息，形成了独特的品牌和资源优势，成为中外企业文化的窗口，企业经营管理者的助手，广大读者的忠实朋友。刊物面向国内外公开发行，全彩印刷，被评为北京市一级期刊。

市“两会”所属教育培训中心，依托北京雄厚的科技文化力量，积极组织各种形式的培训、考察、交流活动。配合市委各有关部门开展各种形式的基层政工干部继续教育培训、研修，与中央党校等有关方面合作，开办了经管、政法、涉外、金融等专业的学历班和各种形式的党政干部培训班，为基层干部适应形势，提高素质、开展工作提供服务。

市“两会”建有北京市思想政治工作研究会“丹柯”网站和“中外企业文化”网站。已有157家企事业单位在网站建立网页和链接，浏览量快速增长。

市“两会”有直接会员单位200余家，设北京市企业党委书记联谊会、首都科研院所思想政治工作研究会、北京市党校系统思想政治工作研究会、北京高等学校德育研究会等7个分支机构，有会员单位近400家。为适应企业文化深入发展的需要和企业需求。市“两会”成立了市企业文化建设协会管理咨询专业委员会和市企业文化建设协会平面设计专业委员会。组织配置高层次的专业力量，为企业提供专业化的企业文化事合提升、设计咨询等多方面的服务。

市“两会”及各会员单位正在共同为首都率先基本实现现代化，为企事业单位的兴旺发展做出贡献。

在加强中改进　继承中创新
——湖南省企业思想政治工作概览

湖南省政研会

党的十三届四中全会特别是党的十四大以来，湖南省企业思想政治工作在加强中改进、继承中创新、探索中前进，为推进我省工业化进程、促进企业改革与发展发挥了不可替代的重要作用。

一、服务大局，努力推进思想政治工作积极有为。思想政治工作始终坚持服从和服务于经济建设这个中心，服从和服务于改革发展稳定这个大局，把触角延伸到企业生产经营和改革发展的全过程。保证企业适应入世新形势，切实加强职业道德建设，以诚信应对入世；以庆祝建党80周年和党的十六大召开等为契机，广泛开展"三个代表"重要思想学习和"党的光辉历程"等主题教育，引导党员干部进一步坚定理想，进一步转变观念、解放思想，唱响共产党好，社会主义好，改革开放好的时代强音。

二、紧跟时代，着力推进思想政治工作不断创新。十四年来，企业思想政治工作的一个重要特征和显著变化就是，适应形势新任务的要求，不断改进和创新思想政治工作，不断增强思想政治工作的针对性、主动性和创造性。企业思想政治工作坚持理解人、尊重人、关心人，克服见物不见人的倾向，树立以人为本，以文化陶冶人的思想，激发人的创造潜能，最大限度地调动人的积极性。

三、虚实结合，认真推进思想政治工作学科建设。省政研会团体会员单位现有140个左右，形成了遍布全省、纵横交错、上下贯通的组织网络体系。全省各级政研会坚持以研究为中心的工作思路和"三个为主"的研究方针，大力加强思想政治工作理论研究，充分发挥政研会在思想政治工作中的重要作用，切实加强了对思想政治工作实践的指导，同时也极大地促进了思想政治工作这门专业的发展。近年来，省政研会编写了《国企改革启示录》、《党的光辉历程》、《"生命线"的实践与思考》等书，以省委宣传部名义撰写《思想政治工作要经常讲反复讲》，在《人民日报》、《中国青年报》上发表。与此同时，开展教授高级政工师的评聘工作，在事业单位中开展政工职评并做好待遇落实等工作。

四、健全制度，全面推进思想政治工作有序运行。一直以来，湖南省委高度重视企业思想政治工作。2000年7月，省委下发《关于加强和改进企业思想政治工作的意见》(湘发)[2000]18号文件。省委省政府坚持每两年召开一次规格高、规模大的全省企业思想政治工作会议。省委宣传部等有关部门也不断加大服务企业思想政治的力度，每半年召开一次全省大中型企业党委书记联席会，每年组织对国有企业集中宣传，开展"百城万店无假货"活动，开展十佳高级政工师、十佳企业宣传部长和思想政治工作的"五优"等评选活动。企业党组织在围绕中心、服务大局的同时，重在健全政工机构，重在稳定政工队伍，积极开展思想政治工作，推进思想政治工作建立起科学有效的运行机制。

第四部分

农村思想政治工作

WTO对农村文化的影响及应对策略

张银富

加入WTO将对我国的政治、经济、文化和各行各业产生深远的影响。而就农村和农业长期持续发展来看,WTO将给我们带来新的机遇。但在目前我国农业市场化改革尚未完成,农业国际化条件尚不具备的背景下,我国农业不可避免会受到较大的挑战。因为WTO的基本原则和宗旨是通过实施市场开放、非歧视和公平贸易等原则,达到推动实现世界贸易自由化的目标。因此,今后我国在农产品价格保护制度、生产资料价格补贴等方面的支持措施将受到限制。在这一背景之下,我国传统农业将受到较大的冲击,如果不采取应对措施,农村的经济状况就会恶化,农民的收入将会减少,全面建设小康社会的目标就不可能实现。

为了适应形势发展需要,我国农业必须运用生物技术、自动化等高科技,向技术集约、产品高级化的方向发展,以提高经营效率及市场竞争力,这必然带来农村生产方式的变化。目前,生态农业、观光农业等有关新兴农业的概念已经在全国各地出现雏形,已呈现出取代传统农业的发展势头。随着这类新兴农业的逐渐推广,在人们心目中传统的农村和农业的概念将面临着一次刷新,这也必然导致农村文化环境发生变化。这种变化和发展趋势主要体现在以下几个方面。

一、文化知识与农业生产的关系将越来越密切

在传统农业向现代农业转型过程中,以生物技术、信息技术等为标志的高新技术正发挥着越来越大的作用,以科技创新为特征的中国知识型农业正在孕育之中,目前我国各种形式的农业高新技术园区和现代农业示范区纷纷建立,在这些园区中,大量现代农业高新技术得到广泛开发、应用、示范和推广,展示了现代农业新的经营方式。在这一发展进程之下,农村和农民对知识的需求将会更加迫切,要做一个现代合格的农业劳动者也必须具备相应的专业知识。

二、文化服务对象将会有所改变

据有关部门统计,我国农村目前的失业人口高达1.6亿,几乎两成的农民处于无所事事的状态,为了寻找职业,许多青壮年农民纷纷外出务工,加剧了农业人口向外地流动的频率和速度。但由于目前农民的失业是一种结构性的失业,随着农业产业结构的调整,就业机会的增加,一大批外出的农村青壮年人口将会回归家园。同时,随着农村现代化进程的加快,一些知识阶层也会充实到农村和农业当中去。近些年来,各地掀起了农业开发热,田间、果林活跃着成千上万的“特殊农民”,他们是来自城里的干部、商人、企业家,还有教授、大学生和科技人员。总之,这些人员的加入,农村文化的服务对象将由留守农村的老、弱、病、残、幼人群逐步向多层次的文化人群转变,从而改变目前农村“老少文化”占据主导地位的现状。

三、随着农村城市化、现代化发展进程的加快,农村传统的生活方式会随之改变,从而直接影响农村文化的工作框架

随着农村生活水平的提高,农村文化生活方面与城市的差将会逐渐缩小,村民们将从“日求三餐,夜求一宿”的传统生活方式中彻底脱离出来;农村经营方式的个体化,加强了社会活动的个体化,血缘、邻里和生产协作关系的联系逐渐淡化,原先具有强大凝聚力的人伦亲情被经济关系和利益原则所代替;村民们尤其是青年对都市文化的接受和热衷,使传统农村具有浓郁人文色彩的生活场景将失去其生存的基础等等。农村在向城市化发展过程中将越来越表现出与城市同化的一面,农村文化建设必须考虑到这一发展趋势,但同时,农村文化建设也面临着如何在城市化发展过程中不迷失自己个性的问题。

四、农村的资源经过整合后,将呈现出特有的文化价值

在我国农村与WTO接轨和现代化进程中,一向不为重视的农村文化将成为旅游休闲的宝库。农业机械化的前身,那些旧有的农具就是文物,如牛、犁、耙等,像这些生活传承下来的文物经过一定的设计就成为一种文化类型,具有观赏、赢利的价值。而其他一些分散在村民日常生活中的地方民俗活动、祭典、手工艺制作等等也都是休闲的重要配角。因此,相对于城市来说,农村有更多独特的资源可以进行挖掘,只要对此加以保全,进行一定的包装,农村文化的影响力和辐射力将令人们为之惊叹。

农村文化环境的变化,对农村文化工作提出了新的要求。然而长期以来,现行的农村文化工作方式由于受到了农村计划经济模式和传统农业生产方式等诸多因素的影响,使农村文化工作的内容、方式、方法不能与未来

的发展相适应，主要表现在：一是农村文化工作中的知识含量不足，还停留于小文化的范畴，对农村现阶段仍然占据重要地位的求富愿望缺乏介入的热情和能力，导致农村文化工作与农村中心工作的脱节。二是农村文化工作队伍普遍素质低下，绝大部分都是高中以下的知识结构，无法向农村越来越多知识人群提供文化服务。三是由于长期受计划经济条件下文化发展模式的影响，农村文化中多种所有制形式的文化发育不全，农村文化建设主要依靠政府投入，统一领导、统一步调，计划经济模式还相当浓重。四是对农村文化的整体策划不足，缺乏宏观的把握和设计。

面对 WTO，农业生产面临着怎样增强国际竞争能力的问题，而对农村文化来说，主要面临的是怎样适应我国加入 WTO 后农村新的发展需要。对照农村文化未来发展趋势，尽快改变现有的工作格局，营造与现代化农村和农业相配套的文化工作新局面，这将是我们必须及早考虑的问题。

五、根据服务对象的变化，调整农村文化工作者队伍

由于现阶段农村青壮年纷纷离乡打工，留在农村的大多数都是老弱病残幼和文化知识不高的一些人，尽管目前农村文化管理人员和组织人员文化程度虽然不高，但对应于这批服务对象，问题还不是很突出。但随着农村环境条件的改善和就业机会的增多，外出打工的青壮年回归家园，再加上一批知识阶层的加入，靠这批知识水平不高的农村文化员来支撑整个农村文化事业发展，将是一件十分可悲的事情。因此，必须从现在起，开始有意识地调整农村文化工作者队伍的文化结构和年龄结构，把农村文化队伍建设早日纳入正规的管理渠道，以适应未来的发展趋势。

六、大力培育文化个体户，发展民营文化

增加民营文化和个体文化在农村文化建设中的份额，将是以后的一个工作重点。我党在十六大会议上提出要在公有制实现形式的多样化上取得重大突破，对应在文化上的要求，也就是要进一步扶植社会办文化，扶植文化个体户、民营剧团等，扩大民营组织、民间中介组织在文化建设中的份额，形成社会、集体、个人齐办文化的格局，使文化彻底摆脱完全依靠政府供给，依靠政府单一投入的文化供给模式和建设模式。因此，要充分利用各地农村民营经济和个体经济的力量，鼓励投入农村文化建设，鼓励参股或独立兴建农村公益性或准公益性文化设施，进行文化中介服务，承办群众性的文化活动，原本由政府文化部门职能范畴的工作内容向多种所有制形式的单位或个人开放，不设禁区，从而真正形成文化所有制的多样化。

七、国办文化单位要自觉把农村文化工作重点从一般性的文化娱乐向增加农业附加值的服务上转变

在农村发展休闲农业，提高农产品的文化含量，将是未来农业的一个战略性发展趋势。尽管我国农业，像蔬菜、水果等劳动密集型产品占优势，但为了提高这些农产品的附加值，不少地方已利用这些农产品资源，或是利用农村设备、生产的场地、生产过程、经营活动、自然生态、自然环境及农村人文资源等，经过设计，向观光休闲发展。在这一发展走势中，文化工作大有用武之地。因为休闲农业其实就是文化农业，它的实质就是把传统的农业生产赋予人文色彩，但要让这些农业生产活动转变为可供观赏的旅游休闲项目，还必须进行文化包装，如符合现代人审美习惯的场景设计，组织一些富有地域特色文化的节庆活动，配合农业休闲项目的气氛营造等等。总之，文化发展吸收的经济成分越多，科技含量越高，文化的覆盖面就越广，影响力就越大，渗透力也就越强。

八、要正确看待我国入世后给农村文化带来的机遇，增加农村文化的自信力和原创力

在 WTO 面前，思想文化的全球流布将越来越频繁，在全球化的背景下保存一个民族的文化基因已是当务之急，而这文化基因广泛存在于传统的民间艺术之中。农村是传统文化积淀比较浓厚的地域，许多源远流长的民间艺术都生存在这片土地上，农村将是未来文化建设关注的焦点，加上现代农业对传统农村的改造，农村将发展成为富有传统文化依托而又呈现现代魅力的特色景观区。因此，从资源优势来说，农村毫不逊色于城市。目前，要加强对农村文化资源的整合、设计和包装，使这些潜在的资源优势能够转变为现实优势。但由于农村本身文化人才的缺乏，要把这些资源转变为现实优势需要借助外部的力量。城市要对农村投注更多的热情，应对农村文化资源进行系统的研究，变过去城市向农村蜻蜓点水式的“送文化”为“种文化”：在当地培育先进的文化理念，创建先进的文化运作方式，传送先进的文化点金之术，帮助农村能动地发挥自身的优势，从而提高农村文化的原创能力。

城市化进程中的民工心理与思想政治工作

龚　昊

“民工潮”是我国城市化、现代化过程中不可避免的现象,民工已成为城市繁荣和发展不可缺少的力量。民工群体的稳定与否,不仅关系到农村剩余劳动力的顺利转移、农村的发展,而且关系到城市的稳定,关系到城市经济的发展与我国城市化、现代化的进程。所以,研究民工的思想、心理等状况,并通过各方面的思想政治工作使民工尽快融人城市生活具有深远的时代意义与现实意义。

一

民工多来自于农村,其中既年轻又有较高文化水平的“精英分子”。他们既具备中国农民勤劳、朴实、勇敢的传统美德,又充满活力,积极进取,对未来充满希望。可是,在我国长期以来形成的城乡二元结构体制的特殊背景下,民工在城市中遭受着不公正的待遇:在就业方面,一些城市政府实行用工歧视政策;在户籍方面,民工难以取得市民资格;在福利待遇与社会保障方面,民工几乎无法享受;在文化方面,民工在其家乡所承袭的文化传统、价值观念、风俗习惯被视为愚昧、无知;在人格尊严方面,民工经常被称为“泥腿子”、“二等公民”……虽然民工对城市经济的发展做出了巨大的贡献,但是城市对民工持经济吸纳和社会拒人的双重态度。因此,民工对城市产生着极为复杂的心理、情绪:一方面,他们羡慕着城市的繁荣,向往着文明的城市生活;另一方面,他们又认为这是他们难以得到的,自己只是城市的陌生过客而已。因而,他们在城市中缺乏归属感和主人翁意识,潜意识地对城市产生着疏离感甚至反城市化的心理倾向。其主要表现为:

(一)不满心理

中国的农村与城市之间的经济发展水平和生活水平存在着很大的差距。民工在人城之前,生活在农村,彼此的差距不大。一旦人城,城市的繁荣与乡村的萧条就形成了鲜明的对比。而城乡二元结构构筑的用工和户籍制度壁垒及由此产生的歧视性分配、福利制度,使民工的辛勤劳动所得仅是低下的社会地位和微薄的收人。收人的巨大差距催生了民工群体的相对被剥夺感。另一方面,长期以来生活在城市中的市民,占据着天然的社会资源和竞争优势,形成身份优势意识,并把这种意识内化为一种城市的市民性格。他们按照几十年来演化而成的“刻板印象”评判事物,将民工视作“外来人”,认为他们没有权利享受城市的优越条件,并在认识上表现出偏见,在心理上将他们视为异类,在行为上表现出歧视。比如,当成批的农民涌进城市时,部分下岗职工错误地认为是“农民工抢了城里人的饭碗”,从而在思想上、情感上对农民工产生强烈的排斥感,甚至下意识地把这种排斥感传给城市的“强势群体”,使整个城市人对农民工都产生情感、心理上的隔膜。据2002年12月23日的《中国青年报》登载,北京某村为了禁止民工人厕,在公厕门口写着“严禁民工上厕所,违者罚款50元”的标语,并派人守在门口;另有一青岛市民因嫌农民工脏而给《半岛都市报》提议,在公交车上设立农民工专座区。如果说收入上的差距使民工滋生被剥夺感,那么,人格、尊严的不平等更易让民工产生对城市的不满情绪,甚至外化为行为,对市民进行报复活动,如,刻意吐痰以破坏城市环境,故意在夜半高呼以影响市民休息,极端的甚至违法犯罪,破坏城市治安,增加城市的不稳定因素。

(二)过客心理

对于民工来说,一方面,由于户籍制度的壁垒,多数人无法在城市定居;另一方面,由于土地承包制的实行,他们又无法剪断与土地的脐带。他们生活在城市,身上贴的是农民的标签;他们远离了农村,又得不到城市的认同。民工成了摇摆于农村与城市之间的边缘群众。在土地牵制效应和边缘人心态的影响下,一部分民工始终认为自己的归宿是家乡,城市只是挣钱的地方。根据南京大学社会学系1998年暑假所做的农民工调查,对“如果有可能,你将来想留在本地吗?”的回答是:想留下的占44%,说不上的占25%,不想留在城里的占31%。可见,相当数量的农民工还是把自己的“根”定在农村。加上市民的偏见与歧视,促使民工产生一种“过客”心理。如果这种过客心理得不到消除,将会影响民工主观能动性的发挥,不利于民工在城市的创业,最终将阻碍我国的城市化进程。

(三)自卑与封闭心理

民工从农村走人城市,改变了他们的生活环境与认同制度。首先,他们要面对工作种类的变化和微薄的经济收人,这使他们的生活充满着紧张感。而文化心理、价值观念、行为方式等的变化,又增加了他们的不适应性。加上民工在与市民的交往过程中得到的多是部分市民的冷眼和歧视，自卑感就油然而生了。自卑心理使民工处处抱着谨慎的态度，自觉或不自觉地回避与城市人交往。由此，民工多把自己的社会交往局限在“老乡”这个圈子里。因为大部分“老乡”，与自己有着类似的工作环境、经历、生活条件和生活方式，和他们交往就不会产生因不适应而造成的焦虑心理，也就多了几分自在。这种以血缘、地缘为基础的初级关系网络为民工的日常生活提供了“有家感”，为他们在陌生的世界中带来一种安全感。但是，这种社会关系网络同时具有封闭的特点，把民工的生活世界与城市生活世界隔离开来，阻碍着民工接触、吸收新的文化、价值观念，使民工无法融入城市社会的主流文化。

二

在造成民工遭受不公正待遇的二元结构体制尚未得到彻底改变之时，当前，要化解民工的消极心理，增强民工对城市的归属感，主要在于要消除城市市民对民工的误解，提高民工自身的素质。这就要求我们必须充分发挥思想政治工作的社会教化功能。对此，笔者建议抓好以下几方面的工作：

（一）各级领导机关要落实“三个代表”重要思想，关怀民工

农民工流动就业是大势所趋，事关农村经济的发展和我国城市化、现代化的进程，理应得到各级领导机关的高度重视。可是，不少地方的干部还处于旁观状态，对民工问题关注不够。我们的领导干部应切实落实“三个代表”的重要思想，关怀民工生活，把民工问题提到与下岗职工再就业问题一样的高度来认识。首先，要组织各地和各有关方面深入进行调查，研究对策，引导“民工潮”向有利于改革开放、有利于社会主义现代化建设的方向发展。其次，要坚决贯彻中央关于“各地要清理、取消不合理的限制和乱收费，为农民进城务工经商提供方便，切实保障他们的合法权益”的政策，减轻民工的生活重负，解除民工的后顾之忧，充分调动其积极性，让他们为城市建设多做贡献。再次，要设立专门的民工权益保护组织，通过法律的途径保障民工的合法权益。近年来，打工者工资被拖欠、克扣及打工者被非法搜身等权益受损现象普遍存在，以致引起劳资纠纷，出现民工集体上访等事件。所以，国家必须加强立法，有关部门要严格执法，保障民工权益，让他们感受到法律的公正、人权的平等和受了欺有“娘家人”说话的“家”的温馨。此外，各城镇政府应考虑吸纳适量的民工作为当地的人大代表，以更快更好地解决城镇建设中出现的各种问题，做好人民的代言人。

（二）充分发挥媒体作用，正确引导舆论，消除市民对民工的误解与歧视

部分市民对民工的偏见与歧视，在一定程度上激起了民工对城市的不满与敌视情绪。而长期以来，城市传媒对民工的报道多是负面性的，对民工冲击城市就业、民工犯罪等方面的报道比较多，而对民工的贡献和先进事迹宣传得很少。这就在无形中助长了部分市民的傲慢与偏见。因此，在消除市民对民工的偏见与歧视、减少市民与民工的磨擦方面，大众传媒有着不可推卸的责任。传媒必须给予民工客观的评价，以营造一种公正的社会文化氛围，引导正确的舆论，这就需要：第一，培育传媒的公平观念。传媒在评价市民与民工时要使用同一评价标准；在报道民工时，要杜绝使用“二等公民”等带歧视性的词眼，要让市民懂得“一等公民”的意识是类似于种族歧视的心理；要扩大对民工先进事迹的宣传，增加对民工贡献的报道，以激发民工的上进心，引导市民客观地评价民工。第二，传媒要纠正流行中的错误观念，典型的是在就业方面的错误看法。多年以来，很多城市人尤其是下岗职工认为是“民工抢了城里人的饭碗”。事实上，民工在城市里从事的主要是建筑、清洁、搬家等城里人不愿干的脏、累、苦的行业。总的来说，民工在就业方面对城市的互补效应大于替代效应，民工给市民就业带来的冲击很小，非但不会造成城市的就业困难，而且有利于培育一个健康的就业市场，有利于维持市民的正常生活、促进城市经济的发展。第三，传媒也应关心民工的文化需求，开辟出一个民工专栏，关注他们的生活，道出他们的心声，为他们提供源源不断的知识养料。

（三）以社区为龙头，加强民工群体的思想政治工作组织建设

目前，民工在城市中仍基本上处于无人管理的状况。在民工居住的地方，民工与当地居民交往很少，形成一种互不相干的二元社区。这既不利于民工的“城市化”，也不利于社区的建设。笔者认为，要增强民工对城市的归属感，当前一个行之有效的办法就是发挥城镇社区管理委员会的作用，健全思想政治工作组织。具体来说：一方面，应实行社区民工思想政治工作责任制。把社区建设同对民工的管理结合起来，进行分区管理，由街道办主任兼民工思想政治工作的总负责人，直接领导民工的党组织建设，加强民工群体的组织性、纪律性。这样，既可避免出现民工党员脱离党组织的涣散现象，有利于巩固党的阶级基础，扩大党的群众基础，又可增加民工与当地人的情感沟通，使他们相互理解、尊重。社区在抓民工全员教育的同时，要善于盯住“重点人”，对那些言行过激的民工要耐心地进行疏导，通过个别谈心，理顺其思想情绪，使其慎言、笃行，以防民工群体潜在的不满情绪被煽动起来。另一方面，应充分发挥“第三部门”的社会支持作用。第三部门是由“社会成员志愿加入的从事志愿活动的非营利组织，它既不是国家机构，也不是私营组织，具有志愿性、非营利性和自治性等特征，”“第三部门可以填补政府机构与个人需求之间的空白，特别是对弱势群体的社会服务与社会保障，能够有效地促进社会整合和公民的政治参与，"可以"成为合作、关心、精神生活和智慧创造的蓄电池"。所以，要成立民工委员会等，利用民工中的各种民间组织及"精英"的模范作用，加强对民工的服务工作和思想政治工作。从而，以社区为龙头，通过加强民工的党组织建设与民间团体建设，确保思想政治工作组织严密地运转起来。

（四）提高民工的自身素质，增强其对城市生活的适应力

造成民工与城市之间油与水不相融的状况，有外部的原因，也有民工自身的原因。改变这种状况，既需要外部的支持，也需要民工自身的努力。首先，民工要提高自身的基本素质，增强自我保护能力，提高民工的素质，最基本的是提高其劳动技能和法律意识。劳动技能的提高有利于民工顺利地找到工作，解决生存问题；法律意识的增强可以规范民工在城市的行为，提高其维权意识。所以，只有加强学习、提高自身素质，民工才会克服自卑心理，不再认为自己是弱者，不再有被城市遗弃的感觉，也才能从源头上杜绝因生存所迫等原因而引起的民工犯罪事件的发生，并逐步消除市民对民工抱有的"脏"、"素质低"的不良印象，改善市民与民工的关系。第二，民工要积极参加社区举办的各种活动，增加与市民之间的互动。一般来说，交往的次数越多，人与人之间的信任程度就越高，对对方的情感也就会越深。民工通过参与城市社区活动，增加与市民的交流，彼此能更好地了解对方的文化心理、价值观念、行为习惯等，在互动中吸纳新的因素，以增强相互之间的认同感，从而加快民工融人城市生活主流的过程。

农村城市化与农民思想政治教育

张齐学

随着改革开放的深人和社会主义现代化建设的推进，我国农村的城市化进程已经向前迈进了一大步。推进城市化战略，是解决城乡结构不合理、促进城乡经济互动的良药，城市化水平的提高应该是实现中国第三步战略目标的重要内容。近几年随着城市化进程不断推进，有关城市化的研究得到加强并取得了累累硕果。但是美中不足的是，对于城市化的研究，多停留在物质文明层面，较多关注基础建设、经济的发展、产业结构调整等问题，但对于城市化进程中如何把农民变成现代化城市的市民的研究力度不够。在"城市化"的研究中，我们面临一个无法回避的时代主题：在占中国人口大多数的农民中，相当部分已身处城市化进程之中。如何结束他们的"传统角色"，怎样才能充分发挥思想政治工作的作用，将他们顺利地转化为现代城市的新市民？显然，农业人口在中国的特殊地位，决定了这是一个事关中国现代化能否真正实现的重大问题。

一、农村城市化的必然性及其重要意义

农村城市化或者城镇化，是人类社会进人工业社会的结果，是世界范围的普遍现象，也是不同社会制度、不同地域社会经济发展的共同规律，只是由于各个国家，各个地区的具体情况不同，到来的时间和具体形式有所不同而已。国际上已经习惯于把一个国家的城市化水平当作衡量该国经济社会现代化程度的标准之一，没有城市化就没有现代化，城市化是现代化的必要前提和手段，现代化是在城市化的过程中实现的。我国长期以来受传统观念的"恐城症"影响，没有看到人口城镇化的发展规律，而是把农村人口长期滞留在农村认为是社会稳定的标志，是社会主义制度优越性的体现，进而把城乡分割的体制凝固起来，这就阻碍了我国城市化的进程。现代工业、商业，服务业和农业的发展，要求相对集中，因为集中产生聚集效应，经济上带来规模效益，这自然地产生了人口向集镇或城市集中的趋势。顺应这种趋势，加强集镇建设、加快农村人口城镇化进程，这是既符合经济社会发展规律，又符合农民要求的具有历史意义的一件大事。

随着我国社会政治经济的发展，城市化已经逐渐成为中国经济发展的中心环节。由于乡镇企业的发展，我国工业化（非农产业化）的比率高出城市化比率约20个百分点。正是由于城市化水平低，给国家的发展带来一系列问题：公共基础设施的利用效率低，非农产业效率难以提高，发展速度受到限制，缺少城市发展过程中的人口聚集效应，使生活各个方面难以社会化，分散居住的农村和小城镇的教育设施和教师的利用无法形成规模效益，教育投入不少，但效率不高，不仅导致农村教育水平低，也严重阻碍国民整体教育水平的提高。中国广大农村地区的小城镇以及农村地区，都需要发展，都要实现现代化，这就更需要城市化的发展。可以说城市化"不仅是我们必须从现在开

始大力推进的一项事业，而且是今后相当长一段时期内中国经济增长的一个中心环节"，因而"城市化应成为我们下一个五年计划和长期发展规划的核心内容之一"，城市化的过程虽然从根本上对农民有利，它使农民能够享受到城市文明的种种好处，但同时也带来很多以前不曾出现的问题，在我们积极向第三步战略目标奋进的同时，"三农"问题已经日益成为了我们进一步发展的"瓶颈"问题，而在城市化的过程中做好农村的思想政治工作，对于解决这些问题有着重大的现实意义。

二、农村城市化与农民角色转换

城市化的进程使中国广大农村发生了翻天覆地的变化，它使广大农村逐步实现了从自然经济向商品经济、从封闭向开放、从传统向现代的转变。这股潮流推动着农民走出小农经济的狭窄范围，投身市场经济之中。城市化使不少农民逐步改变居住环境，开始办工厂、开商场、管理酒店，发展"三高"农业，与外商谈生意。于是，农民的就业方式向多元化发展，择业自主性与职业流动性增强，从而改写了几千年来农村农民"坐井观天"的历史，逐步步人现代化生产和市场经济广阔空间的农民，学到了知识，增长了才干，他们的精神风貌和地位发生了巨大的变化。农民是农村城市化的直接受益者。在城市化过程中，农民无论是在利益关系上，还是在生活方式、行为习惯、思想观念等方面都经历了巨大的变化。广大农民正由"日出而作日落而息"的传统角色向现代城市市民角色转换。

从角色转换的外在因素来看，城市化进程打破了农民传统的利益结构。土地是农民原先赖以生活的永久性的基本生产资料，传统农民的一切活动和利益关系可以说都是建立在以土地为核心的乡村文明基础之上。总的来看，农村城市化提高了农民的收入水平，改善了生活条件。但是由于要不断地建设相当规模的小城镇或扩大城市的规模，城市建设占地就必然使农民失去了土地，使农民的传统技艺出现闲置，同时还造成不少乡镇企业被迫搬迁关停，给农村集体经济和农民既得利益带来一定的损失，打破了农民传统的利益结构。在城市化过程中，许多农民就不愿意退出土地，即使退出了，也会以各种方式顽强地"卷土重来"，给城市化进程带来巨大的阻力，如何在城市发展中使依靠土地的传统农民的正当利益得到保护，进而帮助农民比较顺利地融人城市，完成乡村变城市、农民变居民、居民变市民的过程，就不仅仅是一个涉及农民利益的经济问题了。

农村城市化改变了农民的生活方式和行为习惯，农民要逐渐适应现代市民生活。传统的农民在乡下生活十分闲散，时间观念差，无拘无束，完全自由地支配自己的劳动力，逢年过节烧香拜佛，天热时光着膀子干活，随处吐痰，随便如厕，发生矛盾即大吵大闹，甚至以家族复仇的方式群殴等。城市化后住在集镇的居民（"前农民"）必须养成遵纪守法、讲究文明卫生的习惯，按照现代城镇文明的要求树立相应的效率意识、效益意识，逐渐适应现代城市的生活方式，适应城市的娱乐消遣和相互进行交流的新方式等。

城市化的发展给农民就业增加了巨大的压力。农村农民过惯了自由的生活，难以适应现代企业严格的管理制度。由于城市化进程的不断加快，农民进一步融人市场，无形中对广大农民的素质要求也越来越高。由于广大农民的传统就业观念滞后和就业期望值过高，与社会需求脱节，再加上农村教育和职业训练滞后于经济的发展，造成了人口素质结构与工业化、城市化对劳动力需求结构不一致的局面，致使农民就业难，影响了农民的家庭生活。没有一技之长的农民最容易失业，但土地已经被征用，影响到农民生计和农民的精神生活。农民一方面感到生存和发展的压力增大，另一方面又精神无所寄托，容易迷信、消沉，有的甚至痴迷赌博，引起婚姻家庭的破裂，甚至导致农民心理的扭曲。在这种情况下，人们往往容易将种种问题归咎于城市化。

从角色转换的内在因素来看，城市化给农民带来自身价值观念的转变，这是农村城市化重要的内在推动力。改革开放以来，尤其是社会主义市场经济的建立，在农民走向市场经济的过程中，农民自身价值观念发生了巨大的转变，需求层次也相应地提高。他们不再仅仅满足于物质性需求，同时渴望城市文明的熏陶，由满足现状观念向竞争进取观念转化，由平均主义观念向奖勤罚懒观念转化；由"学而优则士"向"学而优则富"的观念转化，由安贫乐道观念向追求富裕的观念转化，由多子多福观念向少生优育的观念转化；由靠体力发展生产的观念向依靠智力发展生产的观念转化；由单纯追求物质富裕观念向同时追求精神文明观念转化；由本份、沉滞、依附的观念向自立、现代、发展的观念转化，由封闭、克俭的观念向开放、多彩的观念转化等。在农村从传统走向现代化的转变中，价值观念、生活态度和社会行为的嬗变，有着不可忽视的作用。事实证明，在中国农村从传统迈向现代的大变迁中，观念的变革在沿海开放地区农村经济社会发展中起到了积极的作用，而落后的社会心态则成为贫困落后地区实现现代化的重要障碍之一。

三、城市化进程中加强农民思想政治工作的必要性

农村城市化的过程不仅是把农村人口转变为城市人口的过程，更重要的是传统人向现代人的转变过程。在广大农民发生角色转换的关键时刻，引导他们摒弃小生产观念，必须要加强对他们的思想政治工作。

由于受传统观念的影响，城市化过程中农民整体心理素质水平有待提高。正如前所述，农民在农村城市化

进程中由于失去了土地，城市竞争的日益激烈，使他们内心深处会感到失去了生活的安定感；而传统的生活习惯被改变，短时间内对城市生活感到不适应，加上由于文化水平的低下，这些农民觉得生存发展的压力大大增加，传统的小农意识并没有根除，保守落后的心态在某种程度上使他们对城市化有一种“恐惧感”，至少存在种种顾虑和担忧，再加上刚刚进入城市之中还没有熟悉城市运作的“游戏规则”，他们的创业冲动和风险承受能力相当弱，在局部或某些既得利益受到损害的时候往往更怀念农村生活，这对于整个城市化的推进是极为不利的，所以迫切需要加强对他们的思想政治工作。

在城市化进程中要将大量的农民“改造”成市民，不只是改变农民的物质生活环境就解决问题了，还需要对农民的生活方式、行为习惯等实现重大转变，尤其需要思想观念和思维方式的重大变革，这是一个缓慢的甚至痛苦的演变过程。在改革开放的政策环境下、市场经济大潮中，农民正在实现从温饱向小康的跨越，一些有作为、能顺应时代发展的农民在价值观念和追求上也发生了一些积极的变化，充分反映传统农民正在逐步觉醒、渴望脱贫致富、渴望适应现代社会，成为现代农民，这种要求促进了农村城市化不断推进。但同时在这种新的追求和观念转变过程中，需要思想政治工作的积极介入、合理引导，使农民顺利实现这种转变。

城市化进程中，在市场经济的冲击下，由于种种原因，一些农村的基层领导、干部片面强调“以经济建设为中心”，从原来只讲“政治”变为不问政治，农村思想政治教育工作薄弱，一些封建落后观念死灰复燃，许多人对通过非正常渠道暴富的人表现出羡慕，缺乏必要的、正确的批判精神，使农村出现拜金主义和崇尚权势之风，这些现象在一定程度上造成了农民认识上的混乱，农村城市化进程中迫切需要加强对农民的思想政治工作。

在城市化进程中，尽管农村法制教育取得了很大成就，但农民法制观念仍十分淡薄，相当一部分农村干部法律素质低，不能依法办事，基本上处于“人治”的状态。领导个人说了算，“以权代法”、“以言代法”现象相当普遍。由于农民文化素质低，不学法、不懂法、不守法的现象相当普遍，从而给农村的稳定和城市化发展带来一系列问题：赌博、封建迷信活动日益猖獗，犯罪率上升，部分乡镇有村霸、田霸、流氓犯罪团伙，生产无信用等。这些现象的产生很重要的原因就是农民法制观念淡薄，亟待加强法制教育予以解决。

四、切实加强城市化中的农村思想政治工作

城市化中加强农村思想政治工作，最重要的是必须将之与加快农村经济发展紧密结合起来。发展是硬道理，加快农村经济发展才是解决农村所有问题的关键。只有通过大力发展农村经济，千方百计增加农民收入，给农民带来看得见、摸得着的物质利益，思想政治工作才有说服力和感召力。同时，在农村城市化的思想政治工作中，我们必须始终要认识到：思想政治教育不仅仅只是应付城市化和市场经济负面效应的一种手段。城市化和市场经济不可避免地会对农村带来一些负面影响，加强思想政治工作并不只是要把它当成堵漏的塞子和“消防”的应急手段，为经济服务并非其全部功能和终极目的，否则将会限制思想政治教育功能的充分发挥。

农村城市化最重要的是农民的城市化。城市化的结果把农民由普通的村民聚居状态变为城市社区居民状态，通过创建文明社区、开展“市民素质教育工程”，将思想政治工作渗透、融汇到文明社区的建设中，寓于服务、娱乐、管理、参与之中，在通过为群众办更多实事、方便群众生活过程中，引导群众身体力行社会主义思想道德、社会公德，传播健康、文明的生活观念，使之在角色转变中切实提高综合素质。实践证明很多地方开展的“文明社区”、“文明市民素质教育工程”等，都取得良好的效果。

针对城市化过程中农村法制教育不足的现状，我们的思想政治工作还必须加强法制教育。最重要的是必须加强法制的宣传教育工作，提高广大农民及农村干部的素质，使他们学法、懂法、用法、守法，根除人治思想影响，提高遵纪守法的自觉性，真正实现法治，实现农村的稳定和发展。要使农民正确认识农村法制建设的重要性，有了法制，就可以运用它来有力地保障农民的民主权利和自由。同时，群众有了法制的尺度，特权和官僚主义将会因之而避免或者减少，对于清除封建主义思想影响具有积极意义。

最后，加强城市化中的农村思想政治工作必须要改进农民政治思想教育的形式。要改变过去单纯开会学习的状况，多在实践中及时对农民进行教育，同时要整合各种社会资源，形成思想政治工作合力，可以有效地完成农民城市化的任务。如通过中小学对农民子女进行市民观念、市民规范、市民准则等方面知识的超前性教育，通过开办居民素质教育课堂，积极开展农民变市民的施教工作，广电站可设置专栏、设立专题电视广播节目来开展相关教育，寓思想政治教育于文化娱乐之中。总之，在农村城市化进程中，必须实施多元化教育方法，努力提高农民的综合素质，才能促其全面完成角色转化。

（作者单位：华南师范大学政法学院）

我国农业政策性银行特殊性问题刍议

张彦春

农业政策性银行在西方国家的发展已有百余年历史，但在我国还是一件新生事物，仍处于起步和发展阶段。它在稳定农业、促进农村经济发展等方面发挥了商业银行不可替代的作用，为支持国民经济发展做了贡献。面对粮棉购销市场化的新形势，农发行业务职能即将进入调整和完善的关键时期，回过头来，研究我国农业政策银行特殊性问题，已显得尤为重要。

一、特殊性的具体表现

1. 特殊的金融企业。从国务院批准的《中国农业发展银行章程》分析来看，《章程》规定“中国农业发展银行是直属国务院领导的政策性金融机构”。又规定“中国农业发展银行为独立法人，实行独立核算，自主、保本经营，企业化管理”。从以上可以看出，农业政策性银行是经营政策信贷业务的经济组织，是一种政府信贷银行，它的性质应是一种特殊金融企业。作为金融企业，因为它与商业性金融机构一样具有信用中介职能，以信用中介人的资格来实现资金的融通。同时，它还是政府的政策工具。既由政府创立、扶持，又受政府政策限制，以银行形式存在的特殊金融企业。

2. 特殊的经营目标和经营原则。农发行不以盈利为目标。其宗旨是追求农业的社会效益，营运目的是增进农业的公共利益，为农业和农村经济服务。与商行追求利润最大化的经营目标完全不同。此外，商业银行法总则规定：“商业银行是独立的企业法人，以其全部法人财产独立承担民事责任”，以效益性、安全性、流动性为经营原则，“实行自主经营、自担风险、自负盈亏、自我约束”。这决定着它有一般企业性经济主体的基本属性、特征。作为一般企业法人，必须遵循市场规则与价值规律要求，在市场竞争机制中生存、发展。而农发行不是一般企业法人，在市场经济环境中与其它金融机构处于不平等地位，不参与商业竞争，它只能在国家规定业务范围内，利用金融业固有的有偿借贷，实现政策目标。因此，政策性、安全性、效益性、保本性是其经营的原则。

3. 开办的业务较为特殊。农发行经营的业务是确定性与可变性的统一体。一方面，农发行具有明显的业务领域和服务对象。其资金来源和资金运用在实施或运转前，对资金的来源渠道、数量、利率、到位时间以及资金投向、使用范围、利用标准、贷款方式及偿还等都必须是十分明确的。另一方面，随着经济的发展，农发行的业务也会有所变化，1998 年农业综合开发及附营业务划转就是最好的见证。因此，农发行业界定在不同的历史时期有所侧重、有所不同，是正常和必然的。与其他商业金融机构相比，业务可变性较大。

4. 在内部组织结构上有特殊的要求。其内部组织机构主要包括两方面，即产权结构和决策结构。农发行产权主体单一，政府是唯一合法的产权主体，决策权力相对集中，主要集中于政府及政府有关部门。

农业政策性银行在性质、任务、职能、经营目标、经营原则、业务范围、内部组织结构等方面的特殊性决定其经营机制目标模式的构建，并表现为区别于其他金融机构经营机制的本质特征。

二、体制缺陷

1. 内部经营机制不完善。农业政策性银行在实现国家农业政策性目标的同时，一直在对自身的经营机制进行改革，以期能够更好地适应市场的变化。在经营管理水平上与国际标准差距很大，主要表现为：(1)银行功能不健全，我国农发行支农领域非常狭窄，业务过于单一，只限于粮棉流通领域。而国外农业政策性银行都在不断进行自身经营机制改革，都在通过重组或改造，采取更加市场化手段，提高对农业经济发展的支持能力，随时间、环境变化，不断拓展新业务，向综合性方面发展。业务范围不仅只限于流通领域，还覆盖生产领域、加工领域、或办理农业贷款担保、农业保险、扶贫、农户收入支持性贷款等。(2)适应市场变化能力不强。由于政府是农业政策银行惟一合法产权主体。加之，它不是一般企业法人，在市场经济环境中与其他金融机构处于不平等地位。(3)管理粗放、效率不高。一是人员素质不高，二是现有规章制度不健全，三是信贷资产质量不高。

2. 运行无独立法律依据。国外农业政策性金融机构都是依法成立。使它们权利和地位得到了保障。法律明确规定了政策性银行在政府支持的产业方向和范围内独立决策和经营，是实行自主经营、自担风险、自主决策的企业法人。而我国则相反，1994 年政策性银行成立后，没有单独的立法，政策性银行与政府的关系迟迟未从法律上明确，对农业政策性银行经营规则、运行规则、违规处罚都没有明确规定。可以说，法律建设的滞后，已成为农业政策性银行自身发展的“瓶颈”。政策性银行在无制度约束的情况下，“无游戏规则”运行10年，带来明显的负效应。一是使农发行的业务经营“摸着石头过河”；二是使实行的监管无法可依、流于形式，使一些业务经营中的问题得不到暴露，潜在较大的信贷风险；三是阻止了农业政策性银行职能发挥和自身发展。

3. 效益欠佳加大了财政负担，信贷资金来源未切断与基础货币联系。国外政策性金融大多由财政创立并依托于财政，如日本通过邮政储蓄政策优惠，将其吸收低成本储蓄加上社保资金等辅助来源，以财政资金运用方式全额拨付给政策性金融机构使用，从体制上切断了政策性金融与央行基础货币之间联系。我国农业政策性银行资金筹措和运用。除得到财政补贴外，不定期得向央行利益补贴，央行再以再贷款形式供给农发行使用的邮政储蓄转存款利率为3.24%，低于央行支付给邮储利率0.891个百分点，利率倒挂形成了央行对农发行的直接补贴，造成央行、邮储、政策性银行资金定价和配置扭曲。同时，由于国有收储企业大量资产成为不良、收息率低，农发行多年来一直处于亏损状态，实际成了货币政策与财政政策的统一体，资金来源靠央行再贷款，而利差以及经营中亏损由财政弥补，加大对央行再贷款，而利差以及经营中亏损由财政弥补，加大对央行基础货币压力。同时，还存在着大量的资金形成季节闲置的情况，这种资金变相浪费加大了国家财政负担。

4. 潜在风险大，影响了资产质量。国外政策性银行主要通过国家构筑政策支持体系来完善风险管理体系，保障贷款回收和防范化解风险。而我国政策性银行由政府独立经营，享有国家信用担保等级。但其实质性内容缺乏。在资本金充实、财政补贴等主要方面支持有限，与国外政策性银行差额较大。同时，粮棉流通改革加大农发行资产风险。(1)一些企业借改制之机挪用收购资金和风险基金，采取多种方式悬空，逃废债务；(2)1998年以来我国通过农发行发放的用于粮棉油糖流通环节的补贴每年都有500－700亿元，也是农发行收息的主要来源，按照WTO《农业协议》的要求，我国要逐步将对农产品流通环节的补贴转为对农民的直接补贴，这将使农发行失去80%的收息来源，形成存量资产风险；(3)贷款抵押担保比例低。2002年末，农发行7300多亿贷款中、办理抵押登记的仅451亿元；(4)各种不合理占用多。1998年3月，审计署对全国粮食系统审计结果表明“农发行5431亿元粮食贷款中，对应的粮食库存值只有3291亿元，形成2140亿亏空和挤占挪用挂账”。2000年3月，农发行清仓查库发现“2.5万个粮食购销企业超期库和陈化粮占28.4%”，形成上述问题有历史原因、客观原因、信用基础薄弱等原因。

5. 政策性支农职能作用弱化，“业务吃不饱”。1998年国家将农发行农业开发、扶贫等专项贷款以及粮棉企业加工和附营业务贷款划转有关商业银行，明确规定农发行专营农副产品收购资金的供应和管理，主营业务由成立时支持的七大业务领域，变为粮棉油等农副产品收购、调销和储备贷款的封闭运行一项。1999－2002年随着粮棉购销市场化进程加快，粮棉收购贷款业务明显萎缩。贷款分别较上年增178亿元、增126亿元、增32亿元和减66亿元。2002年累计发放粮棉油贷款较上年减少152亿元。这种趋势在粮食主销区表现更为突出，粮食收购贷款萎缩、由于退耕还林，西部地区粮棉收购贷款业务也将面临消失，结果造成了国有商业银行仍在经营政策性业务，政策性银行业务吃不饱的矛盾，使亟待扶持的中小企业，农业基础设施等得不到应有的政策支持。

三、几点建议

1. 强化内部经营管理机制。健全“四个机制”，即经营保障机制、财会管理机制、资产管理机制、人员管理机制。立足于改革和发展，抓住有利时机，健全农发行功能，拓宽业务领域，大力启动利益驱动力。确保农发行相对独立的、自主的经营权，以适应市场变化。

2. 尽快出台独立的法律依据。尽快出台《中国农业发展银行条例》、《中国政策银行法》等，将农发行的职能定位、业务范围及经营活动置于法律规范和约束之下。从而彻底摒弃“摸索经营”的窘态，使其朝着健康的轨道发展。

3. 扩大资金来源渠道，切断资金与基础货币联系，减轻财政负担，可采取政策性银行由财政创立并依托财政的做法，吸收带有政策色彩的邮政储蓄、社保金作为主要资金来源，避免财政全额拨款的现状，从体制上切断了政策性金融与央行基础货币的联系，扭转利率倒挂的局面，同时加大国有粮食企业改革力度，按规定核销保、坏账数额、减少亏损、增收节支、减轻财政负担。

4. 建立风险管理体系，提高资产质量。应借鉴国外政策性银行风险预警管理的做法，彻底享有国家信用担保等级，充实资本金、财政补贴及资金来源渠道，建立比较完备的中国政策性银行风险管理体系。把信贷资金风险降低到最小额度。同时，对所辖企业的改革、改制，要做到提前介入。最大限度做好资产抵押全程跟踪，防止企业借改革之机，悬空逃废银行债务。

5. 不断强调农业政策性银行职能作用的发挥。“三农”问题是我国改革开放和现代化建设的重中之重。面对新的形势和任务，进一步完善农发行的职能，加大资金对农村经济的支持力度，包括社会性大中型水利等基础设施建设项目、重大农业科技项目、重要农业公共服务体系、网络建设、种子工程、扶贫等，以不断满足日益发展的农业要求。

（作者单位：中国农业发展银行黑龙江省克东县支行）

解决四大课题　加快神木发展
——关于神木县域经济发展的思考

万恒

党的十六大明确提出了壮大县域经济的重大课题，突显了县域在全国经济中的重要地位。神木因地处神府煤田腹地的独特优势，经济保持了近二十年的高速增长，跃入了西部百强县行列。2003年初，县十五次党代会上提出2010年跨入西部十强、2020年进入全国百强县的宏伟目标。我们认为，实现这个目标是有条件的，关键是要解决好以下四个课题。

一、创新经营体制，发展现代农业

农业是神木的基础产业，关系到27万农民收入的稳步增长，必须始终放在经济工作的首位，不断加大以工补农力度，努力在推进农业产业化经营、加快发展现代农业上有大的作为。

进一步明确主导产业发展方向，扩大基地规模。根据资源、技术和市场需求，进一步明确畜牧、红枣产业的内部结构和区域布局。有关的研究成果表明，由于牛羊的食草性，其肉类含有比其他肉类较低的胆固醇、脂肪和较高的蛋白质，越来越成为人们偏爱的"放心肉食"。而我国目前的肉食结构是，猪肉已高出世界人均水平15公斤，禽蛋人均占有量达到发达国家水平，牛羊肉人均占有量是国际平均水平的1/3，奶类人均占有量是世界平均水平的1/6。因此，大力发展奶业和牛羊肉产业应该成为畜牧业发展的主要方向。区域布局上，北部风沙草滩区重点发展奶牛养殖，中南部地区重点发展肉牛肉羊养殖，黄河沿岸地区重点发展红枣栽植。落实农业产业化优惠政策，通过无偿补助、授信贷款、调购良种、选配技术人员等措施，扶持规模种植和养殖。把正在建设的养殖小区建成当地奶牛、肉牛养殖示范基地、良种繁育基地、技术培训基地和畜产品交易市场。

扶持龙头企业，发展农民专业协会和合作组织。在产业化经营起步阶段，发展龙头企业要坚持两条腿走路，一方面要大力扶持县内的产业化龙头企业，不管是何种所有制性质，只要有利于带动基地发展，带动农民增收，都要加以扶持。另一方面要打破封闭观念，改变搞产业化非得自己办企业的做法，全方位招商引资，加强与临近省、区、市大型龙头企业的合作，主动把产业基地建设融入象蒙牛、伊利、草原兴发等大型龙头企业的产业化经营格局之中，解决产业化初期面临的资金、技术、市场等方面的问题，带动畜牧业基地建设高起步、快发展。重视发展农民专业协会，把分散经营的农户用产业链条连接起来，为农户提供全方位的服务，实现生产经营规模化、产业化。

实行科技兴牧，健全服务体系。发挥种羊场、配种站和民营畜牧企业作用，加快良种引进和畜种改良。发挥好县乡两级畜牧兽医站作用，高度重视全县各乡镇的疫情监测、预报和防治工作。改革县乡畜牧技术体系，使其成为面向千家万户，具有品种繁育、疫病防治、技术培训功能的技术服务实体。鼓励农民专业协会开展自我技术服务，支持畜牧兽医技术人员兴办民营科技服务组织，提倡龙头企业在养殖基地建立面向农民的社会化服务网络。

二、推进"三个转化"，壮大支柱产业

神木县地处神府东胜煤田的中心地带，是陕北能源重化工基地建设的重点地区。开发利用好煤炭这一优势资源，始终是全县经济社会发展的关键所在。今年初，省政府提出推进"三个转化"，加快陕北能源化工基地建设的决策，在神木规划了500万吨煤液化、4×60万千瓦电厂、120万吨甲醇三大项目。我们要抓住这一机遇，积极做好相关工作。

加强项目调研，加快前期工作。继续发挥好大项目前期办公室的作用，一方面着眼全局，积极配合省市搞好神木煤液化工业区内规划项目的前期工作，保证这些项目及早上马。另一方面发挥地方的主动性和积极性，依托大型工业园区建设，广开资源转化思路，开发一批适合外来客商和民营企业投资的煤转化项目，形成具有区域特色的能源化工产业集群。尽快编制完成神木县化工项目总体规划方案，为前期工作开展提供指南。

加强水资源开发，解决瓶颈制约。加大水资源开发和保护力度，以水资源的可持续利用保证经济的可持续发展。总的原则是，优先开发地表水，适度分散开发地下水，远期引用黄河水；积极发展低耗水项目，采用节水型工艺，做到合理、科学和高效用水。目前，应在建好秃尾河上瑶镇中型水库的基础上，加快秃尾河上第二座中型水库采兔沟水库的建设，实现对秃尾河的梯极开发，为尽早启动大保当煤液化项目提供水源保证。

坚持开放带动，优化发展环境。坚持以开放促开发，

引进大企业、大集团，吸引国内外资金、技术等生产要素参与开发建设，形成多主体、多层次、多元化的开发格局。把继续改善投资环境作为开发的重中之重，进一步解放思想，打破内外公私界限，放手引进各种类型的投资商进行资源开发和加工。切实加强各工业园区建设，配套建设好基础设施和社会事业项目，降低投资成本，解除后顾之忧。转变政府机关作风，提高依法行政水平，严厉查处吃拿卡要行为，让投资者专心致志搞生产、一心一意谋发展。

强化环境意识，做到开发与保护并重。正确处理资源开发和环境保护的关系，把经济效益、社会效益和生态效益统一起来，加强资源综合利用，使废物资源化、减量化、无害化，形成生产环境与开发建设良性循环的机制。按照“谁开发谁保护，谁污染谁治理，谁破坏谁恢复，谁利用谁补尝”的原则，加大环保监管力度，不断改善基地的生产和生活环境。

三、切实解放思想，发展民营经济

民营经济是在改革开放中成长起来的经济组织形式。实践已充分表明，建立社会主义市场经济体制，必须放手发展民营经济。发展县域经济，更要重视民营经济的作用。

不断解放思想，确立民营经济是县域经济增长主力的新观念。以十六大提出的“两个毫不动摇”为指针，彻底消除民营经济只是边缘经济的错误看法，毫不动摇、理直气壮地支持和保护民营经济发展，真正在市场准入、法制保障、税收政策等方面为民营经济提供公平竞争的环境，为经济发展注入更大活力。重视提高民营经济的政治地位，发挥好工商联、商会、行业协会的作用，维护他们的合法权益。积极在民营经济组织中建立党群组织，发展党团先进群体，开展评优树模活动，让他们像国有企业一样，感受组织的关怀温暖。不断扩大人大代表、政协委员中民营经济从业人员的比重，让他们有更多的机会参政议政。

实施项目带动，为民营经济发展创造新平台。把民营经济纳入全县产业发展的总体布局，加强规划、引导和服务。项目研究开发、重点项目建设和管理，都要突破只面对政府投资的做法，在服务好大中型引资项目的同时，开发和扶持一批适合当地和一般外来投资者建设的中小型项目。引导民营经济走有特色的发展路子，形成以煤炭资源为依托的高耗能工业和煤转化产业组织，以农牧业综合开发为方向的农业产业化经营组织，以市场为导向的服务于能源化工基地和当地主导产业建设的第三产业群，通过优化结构，拓展发展空间。

增强服务意识，创造更有利于民营经济发展的新环境。适应经济规模扩大、产业结构升级对基础设施建设的新要求，不断改善市政、交通、通信、电力等基础设施条件，降低项目建设的成本。简化各类项目的审批手续，积极发展电子政务，推行网上办公、网上审批和网上政务公开，提高办事效率和透明度。完善法制环境，贯彻非歧视原则、政企分开原则和公开解决争议原则，保障民营经济的合法权益。发挥投资环境110的作用，及时严肃查处发生在乡镇、部门、单位和执法人员以及群众中的破坏投资环境的行为，维护各方合法权益。

坚持制度创新，建立民营企业的管理新模式。根据世界企业发展的历史经验，企业新制度的采用与企业的规模大致成正比。对于具有一定规模且产权多元化的民营企业，必须突破家族式管理，引入现代企业制度。明晰产权，按照公司法组建企业，通过合约分清各参股人的权利、义务和职责。在大的民营企业中引入职业经理人，规范企业决策程序，避免生产经营的盲目性和随意性。加强治理制度、组织构架和企业文化建设，形成有效的激励和制约机制。

四、着眼长远发展，实施人才战略

我们必须着眼神木未来的发展，按照走新型工业化道路的要求，加快建设一支高素质的人才队伍。

加快教育现代化，夯实人才培养的基础。把教育现代化作为今后的发展方向，大力普及中小学多媒体教学，加快教育网络平台建设，依托中国电信宽带网，共享网上优质教育资源。大力发展高中阶段教育，满足学龄人口高峰期的需要，为培养造就高层次人才打好基础。围绕锦界工业园区的配套建设，启动建设集学前教育、九年义务教育、高中教育、职业教育和教育实验基地于一体的开发区教育基地。一如既往地重视和支持职业教育的发展，依托国家级重点职业中学的良好阵地，大力加强农村实用技术人才的培养，广泛吸纳社会劳动力参与职业技能培训，为能源重化工基地建设和生态农业发展，培养大批落地生根的实用型人才。

改革用人体制，充分发挥各类人才的聪明才智。深化事业单位人事制度改革，全面推行以聘用合同制和岗位聘任制为核心的用人制度，建立与聘用制相统一、相协调、相配套的人才社会化服务体系和社会保险机制。尽可能地为人才创造良好的工作和生活条件，给他们以更多的关心、爱护、理解和信赖，激励他们充分发挥聪明才智，报效祖国和人民。

创新引智方式，吸引更多人才参与神木的开发建设。积极实行“人才软流动”战略，通过利益驱动机制和市场运作规范，实现人地资源在时间和空间上的合理配置。采取“不求所有、但求所用、来去自由”政策，采用调入、聘用、借用、兼职、智力引进、技术入股、聘请讲学、担任顾问、短期招聘等方式，有计划地引进各类人才。注重通过重点项目和大型企业引进人才，为吸引人才提供有效载体。

（作者：中共神木县委书记）

解决农村“两委”关系问题的探索与思考

孙连珠

农村“两委”关系问题是推进村级民主政治建设中出现的一个带普遍性的问题。本文试图结合吕梁农村的实际，在分析“两委”关系现状及原因的基础上，就解决农村“两委”关系问题作初步的研究探讨。

一、现状分析

随着《村民委员会组织法》的贯彻实施，特别是村委换届选举的推进，农村民主政治建设迈出了历史性的步伐，对农村经济和社会发展起到了重大的促进作用。但同时也不可避免地引发了一些矛盾和问题，最突出的主要是党支部和村委会摩擦增多，甚至关系紧张。直接影响到了村级民主政治建设的推进，同时也影响到了农村的发展和稳定。

（一）从两委矛盾的形态看，主要表现为三种情况：一是支部独政。村党支部把党的领导绝对化，村里的大小事都由党支部说了算，甚至是党支部书记一人说了算。村委主任一切看村支书的眼色行事，对村里的事务缩手缩脚，不能独立行使职权。这种类型的矛盾占总数的50%左右。二是村委揽政。部分选出的村委主任，或因素质相对较高、能力相对较强，与党支部比大小、论高低、争权力，村委会事事越权“不让管”，而党支部无原则退缩“不愿管”；或因被选上的村委会主任素质不高，不善于同村支书协调，不善于在党支部的领导下开展工作。这种类型的矛盾占总数的20%左右。三是两委争政。村支部依据条例，强调自己的核心领导地位，村委会则依据村组法强调自己的自治权力。二者坐不到一条板凳上，互相争吵，互不妥协。村支书和村委主任都想把权力完全集中到自己手中，但是都没有完全成功，二者经常分庭抗礼，以争高下，处于“顶牛”的态势，引起两委的矛盾冲突，致使村里的工作难以正常开展。

（二）从两委不协调的实质看，主要是三个问题：一是选举谁的问题。支部强，选举顺；支部软，选举难；依法办，人心安；违法办，就要乱。一方面存在支部想选上意中人不规范操作的问题；另一方面存在想竞选村委主任的人为了达到目的千方百计拉选票，甚至利用家族矛盾、宗派势力，搞不规范竞争，直接导致了选举中各种力量的对立和冲突，一开始就埋下了支部、村委不协调的根子。二是谁说了算的问题。决定大事支部说了算，还是村委说了算，两方面都有民主决策意识不强的问题。有的村支部认为农村重大决策就应该党支部说了算，甚至是村支书说了算。有的村委主任认为，村支部只管好党务工作就行了，而村里的其他重大事情都就由村委会来决定。支部和村委都觉得应该自己说了算，而不是按规定让村民说了算，这样，矛盾和冲突就在所难免。三是村务如何管理和监督的问题。支部书记和村委主任都想掌握村级的管理权，都不愿意或不善于把村务管理权和监督权交给村民，实行真正的民主管理和民主监督。边样就不可避免地因为一些具体事务发生摩擦甚至争斗。

二、原因透视

（一）思想认识和自身素质不适应。相当数量的村支部书记，特别是在传统管理模式下成长起来的支部书记，想问题、办事情，总是沿用原有的思维方法，适应不了新形势的要求，存在着老办法不能用、新办法不会用、软办法不顶用、硬办法不好用的困惑。也有些村支书由于自身素质较差立不直来，在村委会选举群众性较强及村委会职能加强的情况下腰杆不硬，无所适从。有相当数量的村委主任，不善于在支部领导下开展工作，少数思想素质不高的人选上村委主任后，不懂规矩，我行我素，不能秉公办事，甚至以权谋私。特别是在目前相关法律和制度规定不具体，更赋予了对两委关系相当广阔的个人理解空间。而一些村级干部较低的文化素质和政治素质又决定了他们的理解很可能是不全面甚至是不正确的。当制度的规定存在着不具体、不固定甚至不明确性的时候，干部的认识和素质具有决定性的作用。在村级干部的思想认识和文化政治素质整体水平还不够高的情况下，要让他们都能正确地处理好体制转换过程中的问题是不现实的。从农民群众来讲，民主意识虽有所增强，但仍有相当一部分群众的思想政策水平、科技文化知识和参政议政的能力还不足以适应民主政治建设的要求，特别是对如何正确理解并行使好民主权利尚缺乏全面、深刻的认识，这就进一步加大了支部、村委在领导体制转换中解决自身问题的难度。

（二）缺乏明确、具体的制度规范。虽然党内有条例，国家有村组法，但对于两委关系仅仅做出了原则性的规定，而对于二者的权限职能等缺乏具体明确的划分，缺乏操作性较强的具体规定。如民主选举方面，选举委员会的产生、日期等有关规定不具体，候选人任职资格太笼统；户籍管理中出现的种种新情况，使以户籍来判断村民资格的做法遇到了新挑战；由于村组法对违法问题的处罚没有给予具体规定，村委会选举中违法现象越来越多，选举中的许多不正当行为，违法认定有难度，且违法纠正的主体多，容易造成推委扯皮。在民主决策方面，两委履行职责和程序随意性很大，对一些重大事项的决策，搞不清由党支部还是由村委会提出决策意见；决策提交和审议程序模糊不清，造成两委责、权的混乱。村委管理和监督也缺乏明确具体的规范，真正意义上的民主管理和监督制度没有建立起来，即使有些好制度，也落实的不够，如民主理财、村务公开要真正落到实处就很不容易。上述种种情况形成了困扰两委关系协调的制度性障碍，造成两委关系更多的取决于支书和主任的个人素质和个人关系，造成二者之间的关系可能好、可能坏，有时候好、有时候坏，缺乏建立在制度规范基础上的稳定性。

（三）农村诸多矛盾的影响。两委关系中出现的许多问题和矛盾不单单是因民主政治建设本身的原因造成的，而是农村多年积累下来的各种矛盾在换届过程中互相作用的结果。在农村改革的过程中，各种力量重新组合，形成多种类型的利益群体和势力群体，每个群体为了各自的利益，利用农村错综复杂的矛盾，积极推举其代表人物进入村级领导班子。因为各种矛盾在换届选举中激烈交锋，使农村两委处于扑朔迷离的环境中。有的地方家族、宗派势力企图把持村里的权力、参与村政；一些图谋不轨，必怀叵测的邪恶势力，有意唆使，挑动群众闹事，甚至故意同党和政府对抗；加之有些地方干群关系紧张，或因作风简单粗暴，或因自身不检点不廉洁，或因长期处于农村工作的矛盾之中得罪了一些人，造成了群众不满。诸多矛盾交织在一起，致使农村换届选举显得非常复杂。两委关系紧张表面反映在选举上，实质还是家族、宗派、干群等各种矛盾相互交织和作用的结果。

（四）上级领导和指导不及时、不到位。当前农村两委关系出现种种问题，除自身的原因外，上级组织领导和指导不及时、不到位也是一个重要的原因。从县委角度看，对推进民主政治建设认识程度和重视程度不一样，有的重视不够，缺乏起码调研和具体指导。解决问题不及时甚至简单化，以至酿酒成醋、矛盾升级。从乡镇看，新形势下乡镇如何变领导为指导，缺乏经验，乡镇政府如何指导村委会工作还在探索。有的乡镇二部对于指导村委会工作还在探索。有的乡镇二部对于指导而不是领导村委会工作明显不适应，或束手无策，听之任之，遇到矛盾绕着走，或一等二靠，有了矛盾往上推；更有甚者，受部分乡镇干部素质不高、既得利益影响和行政失去完成政务的依靠等原因，导致一些乡镇行政部门有意或无意地曲解法律条文、利用自己比村民强大得多的资源优势来诱导、操纵甚至控制村民的选举行为，结果引发出更大的问题。

三、对策思考

思考一：提高认识和素质。农村党支部作为“领导核心”，既是推进民主政治建设的关键，又是处理两委关系的主导方面。一是要下大力提高村支部班子的认识和素质。这是解决农村“两委”关系的治本之策。最根本的是要加强党支部的自身建设，不断提高支部的凝聚力、战斗力、吸引力和驾驭全局的能力。要适应村委会选举的新形势，改革党支部的选举办法。吕梁地区近年采取党支部“两票制”选举办法，选举支部领导成员先由全体村民投信任票，对于增强支部的群众基础和凝聚力起到了非常重要的作用。要重视发展党员工作，让素质高的村民向党组织靠拢，尤其要注重吸收村委会干部入党。在组织结构上，要通过合法的引导，提倡两委干部交叉任职，山区小村应提倡支书、主任“一肩挑”，这样既便于组织领导，减少摩擦，又有利于减轻群众负担。要引导党支部转变观念和领导方式。充分重视农村民主政治建设的重要性，解决好新形势下加强党的领导和转变领导方式的关系，实现党支部直接决策向在党支部领导下实行民主决策转变，实现支部包揽具体村务向领导和支持村委会实行民主管理转变。二是要加强村委会的自身建设，特别是强化对村委主任的教育、培训。教育村委会干部增强党的领导观念和大局观念，尊重党支部的核心领导地位，自觉在党支部的领导下开展工作。三是要下大力提高村民的认识和素质，首先要相信群众、依靠群众，要相信大多数群众不但能认清民主自治的好处，而且十分珍惜自己的民主权利。同时注重教育和引导群众，正确行使自己的民主权利。对于群众中存在的一些不利于加强民主政治建设的错误思想和行为要做耐心细致的工作。同时要坚决打击干扰破坏民主政治建设的违法行为。

思考二：规范制度和程序。解决两委关系问题，根本的问题还在于实现制度和程序的规范化。在村委会民主选举过程中，要将加强党的领导同严格依法办事统一起来，党支部要通过宣传村组法和选举办法，保证按期依法选举。党支部要积极参与选委会的推荐，但不得指定选委会成员；党支部成员参加选委会一定要经村民小组推荐。对村委会班子成员任职资格，应在符合有关法律和政策的前提下作一些具体的规定。如吕梁一些地方，在候选人的条件上，将村委主任的任职资格进一步细化，明确规定：拉帮结派、破坏稳定、道德败坏的；严重违反计划生育条例未受罚的；不履行村民义务的；触犯国家法律、法规的“四种人”不能成为候选人，实践证明，效果比较好。在村务决策方面应制定明确具体的议事规则。一般要按以下程序进行：第一步，提出决策意见，党支部可就村民自治中的重大问题提出建议，或由村委提出决策建议，提交支部、村委联席会议讨论，也可由支部、村委联席会议直接提出决策意见。第二步，在广泛征求党内外群众意见的基础上由村委会依据民主决策程序召开村民大会或村民代表大会讨论决定。村委有权召开会议讨论村委会职权范围的事，有权提议召开村民会议或村民代表会议，讨论决定重大事项，但应事先征求党支部的意见。在村务管理和监督方面，党支部可以向村委会提出意见，指导村委会建立民主管理制度，并通过发挥党员的先锋模范作用，影响和带动群众执行制度。但不得包揽村委会日常管理事务。村委会的公章由村委会安排专人管理。村级财务报销，由村委会主任行使审批权。党支部要监督村委会实行村务管理，保证党支部在政治上的领导地位。近年来，吕梁地区在总结经验教训的基础上逐步形成了一些制度规范，如《党支部村委会议事规则》、《村委委员向党支部请示报告工作制度》、《党支部支持和保障村民自治活动制度》、《村级干部规范化管理制度》，都收到了较好效果。

思考三：创造良好的环境和条件。一是解决好干群矛盾。干群关系紧张，大多是因干部自身的问题引发的。实行民主政治本身就是对干部不民主、不廉洁等不良行为的制约。因而在一些干群关系紧张的村，村干部容易成为推进民主政治建设的阻力，因此解决干部矛盾，规范干部的行为，克服和消除腐败现象就成了推进民主政治建设的一个重要条件。对那些因农村干部侵占群众利益而导致“两委”关系紧张的村，要解决好村干部以权谋私等问题。二是解决好家族、宗派矛盾。这是农村很难解决的一个矛盾，也是对基层民主政治建设最具破坏性力量的一个矛盾。为此，一方面应对选举中的宗派、宗派力量及其活动加以限制；另一方面也要从农村实际出发，正面引导。应当看到，在当前农民组织化程度不高，自我保护的意识和能力都比较低下的时候，宗族组织的存在和发展是有其合理性的，如果教育引导好，其对选举的影响并不尽然都是负面的。三是先进与落后势力的矛盾。在一些经济落后、工作基础差的地方，因为落后面大，不交粮、不交税、不执行计划生育政策的“钉子户”屡有出现；一些经济上先富起来的大款和少数邪恶势力，利用落后势力争夺村级领导权的现象时有发生。此外，有的地方，一些原任村干部落选以后，不甘心自己下台，有的不交接村务，有的上访闹事，形成了新旧班子矛盾、台上台下的矛盾，导致新的干部关系的对立。这些矛盾和问题都对推进民主政治建设形成很大干扰，要本着积极稳妥的原则，多管齐下，综合治理，既要加强思想教育和引导工作，化解矛盾，又要完善和规范有关制度，特别是要健全法制，对矛盾尖锐的“咬硬村”出现的违法行为，要坚决予以打击。

思考四：加强组织领导和具体指导。一要不断强化县、乡党委对加强农村民主政治建设重要性的认识，切实加强对民主政治建设的组织领导，加强对重要环节、重点部位和重点村的具体指导，对民主政治建设中出现的问题要及时调处，不姑息、不拖延、不推倭，避免矛盾升级。二要积极研究和探索解决推进民主政治建设中出现的普遍性的问题，健全和完善有关制度和规定。如村委会成员的罢免，在实践中还存在许多问题需要研究和解决。村组法要求：本村1/5以上有选举权的村民联名，可以要求罢免村民委员会成员。全体村民的过半数同意，方可罢免。但在实践中，特别是对外出人口比较多的村，半数通过难度较大。村组法规定：罢免村委会成员，由村委会组织。如果村委会在接到村民提出的罢免要求后，不组织罢免怎么办？村委会中的成员不称职，村民提出罢免，但村委会不开会，这就涉及到一个乡镇能不能主持召开会议的问题。这些都需要各级党委、政府在实践中认真加以解决。

以“三个代表”重要思想为指导
解决新时期“三农”问题的理性思考

樊纪亨

江泽民同志“三个代表”重要思想是新时期全面加强党的建设的伟大纲领，也是我党在新世纪解决“三农”问题的理论指南。去年年初以来，在全国农村开展的学习教育活动，以已经取得超出事前预料的显著成效，令人折服地展示了我们党理论创新最新成果的巨大威力。在这次集中学习活动即将告一段落的时候，有必要从理性层面总结学教活动的创新价值，解读“三个代表”与“三农”问题的内在关系，认识新时期解决“三农”问题的规律性要求，这对我们更好地运用“三个代表”重要思想指导和推进农村改革和现代化建设，具有至关重要的意义。

一、农村开展学教活动的必要性在于“三个代表”与“三农”问题的密切关连

任何创新都是在历史活动的实践和比较中形成的，具有其客以必然性。农村学习教育活动作为我们党在新世纪解决“三农”问题的一次成功探索，其创新价值取决于“两个客观定势”，即把全党贯彻落实“三个代表”的切入点置放于解决“三农”问题是个客观定势，解决新时期的“三农”问题必须以“三个代表”重要思想为指导也是个客观定势。

就第一个定势而言，我们党把全面贯彻落实“三个代表”重要思想的切入点置放在解决“三农”问题上是符合当代中国社会历史发展规律的正确选择，是“三个代表”作为党的立党之本、执政之基、力量之源的必然要求，这是学教活动探索创新的历史前提。

从“三个代表”是党的立党之本的角度看，我们党创立、存在和发展的历史总是与如何解决“三农”问题相伴相随、密不可分。毛泽东同志在新民主主义革命时期就十分重视“三农”问题。1940 年 1 月，他在《新民主主义论》中指出：“中国革命实质上是农民革命，现在的抗日，实质上是农民的抗日，新民主主义的政治，实质上就是授权给农民。新民主主义，真民主主义，实质上就是农民革命主义。大众文化，实质上就是提高农民文化（《毛泽东选集》第 4 卷，第 692 页）。他在建国之后，多次要求全党一定要高度重视农民和农村工作。毛泽东同志在新民主主义革命时期开辟的农村包围城市的正确道路和在社会主义建设时期提出的按农轻重秩序安排国民经济的方针，凸现了解决“三农”问题在当时党的工作全局中的首要位置和重要意义。邓小平同志在领导我国开创改革开放和社会主义现代化建设新局面的全过程中，始终高度关注和强调农业、农村和农民问题的优先地位和全局作用。他指出：“从中国的实际出发，我们首先解决农村问题，中国有 80% 的人口住在农村，中国稳定首先要看这百八十稳定不稳定，城市搞得再漂亮，没有农村这一稳定的基础是不行的。”他语重心长地告诫全党，没有农民的积极性，国家就发展不起来。“农业是根本，不要忘掉”。以江泽民同志为核心的党中央高举邓小平理论伟大旗帜，结合我国改革开放和现代化建设进入新阶段的实际，把处理农业、农村和农民问题推到了一个新高度。他指出：“改革开放以来，邓小平同志和其他老一辈革命家，根据他们丰富的实践经验，无论观察形势、研究问题，还是制定规划、作出决定，总是首先考虑农业、农村和农民问题，总是把农业、农村和农民问题放在党的工作和国家的发展战略的首位”。国家以民为本，民以食为天，农业是稳民心安天下的战略产业，任何时候都要抓得很紧很紧。我国新时期的改革开放和现代化建设的进程从农村开始并取得伟大成功的事实，再次证明了办好中国的事情必须优先解决“三农”问题。

从“三个代表”是党的执政之基的层面看，“三农”问题关系党和国家的安危。执政之基说到底是党执政的经济基础的问题。正因为如此，江泽民把代表中国先进生产力的发展要求放在“三个代表”之首。近照马克思主义的观点，经济是基础，政治是经济的集中表现。经济基础这个概念内在地包括两种含义，一是指以执政党为核心的社会主义上层建筑赖以存在的经济制度即生产关系；另一种是指社会基本制度凭借的物质技术基础及生产力。在这里，生产力是最终的决定因素，物质资料的生产是人类社会存在和发展的基础，而农业则是物质资料生产活动的历史起点。马克思说过，“超出劳动者个人需要的农业劳动生产率，是一切社会的基础。”“农业劳动是一切其他劳动得以独立存在的自然基础和前提”（《马克思恩格斯全集》第 25 卷第 885 页，第 26 卷第 28 页）。特别是在我国，农业的地位尤其突出。毛泽东同志在领导我国经济建设的过程中提出了“农业是国民经济的基础”等一系列著名论断，他多次提醒全党，要注意不抓粮食很危险，不抓粮食，总有一天要天下大乱。邓小平同志早在 60 年代初就指出：“农业搞不好，工业就没有希望，吃、穿、用的问题也解决不了。”他在我国进入新时期之后又反复强调，“农业主要是粮食问题”，“只要人民吃饱肚子，一切就好办了”，“农村不稳定，整个政治形势就不稳定”。事实正是这样，建国以来，国民经济的几次大上大下，都是由农业的大起大落引起的。每一个经济发展顺利的时期也都是农业形势较好的时期，国民经济发生困难都首先从农业开始，每次经济调整也总是首先加强农业。这是我国经济和社会发展的一个规律性现象。也正是基于对这个规律的认识，江泽民同志进一步阐明了农业的基础作用。他指出，从长远看实现我国经济和社会发展的战略目标，农业和农村始终处于举足轻重的地位。农业基础是否巩固，农村经济是否繁荣，农民生活是否富裕，不仅关系农产品的有效供应，而且关系工业品的销售市场，关系国民经济的全局。党的十五届三中全会把党和国家在农业农村农民问题上的理论和实践推向一个新阶段。全会指出，十二亿多人口，九亿在农村，是我国的基本国情。没有农村的稳定就没有全国的稳定；没有农民的小康就没有全国人民的小康；没有农业的现代化就没有整个国民经济的现代化。这说明，无论形势发生多大变化，农业的基础地位在任何时候都不能改变。在我国改革和发展的攻坚阶段和关键时期，我们党要更好地代表先进生产力的发展要求，更好地全面实践“三个代表”的要求，必须继续深化认识并妥善处理实行社会主义市场经济体制和大力推进现代化进程中产生的农业农村农民方面的新情况、新矛盾、新问题，这是对党的执政能力和执政地位的又一次严峻考验，经受住了这个考验，我

们就能够迎接所有挑战,克服所有困难,使党的执政之基坚如磐石。

从“三个代表”是党的力量之源的要求看,农民是党的人数最多的依靠力量。马克思主义认为:“历史活动是人民群众的事业,随着历史活动的深入,秘将是群众队伍的扩大”(《马克思恩格斯选集》第2卷368页)。毛泽东同志根据中国的国情进一步指出,“所谓人民大众,主要的就是农民”,“忘记了农民就没有中国的民主革命;没有中国的民主革命,也就没有中国的社会主义革命,也就没有一切革命。我们马克思主义的书读得很多,但是要注意,不要把‘农民’这两字忘记了,这两个字忘记了,就是读一万册马克思主义的书也是没有用处的,因为人没有力量”(《在中国共产党第七次全国代表大会上的口头政治报告》)。他在建国后一直强调,中国的革命靠了农民的援助取得了胜利,国家的工业化又要靠农民的援助才能成功。中国这个国家离开了农民休想干出什么事情来。在我国进入新时期,邓小平同志又深刻地指出,广大农民是建设有中国特色社会主义的基本依靠力量。坚决依靠广大农民群众是我们党加强农业和农村工作的一个基本立足点和着眼点。近两年,江泽民同志在论述“三个代表”重要思想时,多次提出要吸取世界上一些长期执政的大党老党相继跨台的教训。他特别列举了墨西哥革命制度党丢失政权的例子。这个党自1929年到2000年,连续执政71年,使墨西哥从一个封闭贫穷的农业国,发展成为一个对外开放,经济较发达的工业国家。取得如此骄人政绩的墨西哥革命制度党之所以在2000年7月大选中败北,主要原因是这个党在推行新自由主义经济政策时,忽视了经济与社会的均衡发展,使贫富差距加大,伤害了社会中下层群众特别是农民的利益,失去了多数人的支持。与墨西哥相比,我国农民在全国总人数中所占的比重更大,农民的力量是其他任何社会群体都无法比拟的。我们党只有解决好新时期的“三农”问题,才能真正推进先进生产力的持久发展,才能充分展示先进文化的科学价值,才能切实体现代表最广大人民的根本利益,也才能获得最强大的支持力量,从根本上巩固党的执政地位。

就第二个定势而言,正如马克思主义创始人指出的那样,理论的实现程度取决于它满足实践需要的程度。当前我国解决“三农”问题的现状和动态,迫切需要用“三个代表”重要思想破解难题,统揽全局,提供理论支持,这是学教活动探索创新的时代课题。

发展面向世界,面向未来,面向现代化的新型农业,迫切需要用“三个代表”重要思想去破解难题。应该看到,经过新中国成立50多年特别是近20多年的改革与发展,我国农业综合生产能力大大提高,农产品长期供给短缺的状况基本结束,初步实现了供求总量基本平衡,丰年有余。在我们这个有12亿多人口的大国,用占世界不到10%的耕地,养活了全球22.5%的人口,确实创造了人类文明史上的奇迹。但是,还必须看到,目前我国农业的基础地位仍然比较脆弱,农业结构性矛盾相当突出,农产品销售不畅,价格下跌,农业经济效益不高,甚至呈下降趋势,我国农业与世界发达国家的农业在现代化水平上还有相当大的差距。究其深层原因,主要是农业生产的发展水平不适应社会消费需求的变化,农村生产关系还不能完全适应生产力的发展要求。显然,解决这些问题,必须贯彻落实“三个代表”重要思想,按照先进生产力的发展要求,坚持以解放思想为先导,以发展为主题,以改革开放和科技进步为动力,以市场为导向,以中国入世为契机,大力推进农业结构的战略性调整。同时,通过深化农村改革,进一步排除制约农业和农村经济发展的体制性障碍,加快实现由自然农业向市场农业、吃饭农业向效益农业、传统农业向现代农业、封闭式农业向开放式农业的革命性转变。

建设有中国特色社会主义的新型农村,迫切需要用“三个代表”重要思想来统揽全局。建设新农村,是一项全方位的系统工程,其中,加强农村社会主义精神文明建设是“灵魂”工程。这是因为,建设新农村,需要精神文明建设提供智力支持和思想保证,需要物质文明建设和精神文明建设协调发展,需要农村社会经济、政治、文化全面进步。毋庸置疑,我国改革开放以来,农村社会主义精神文明建设取得了很大成绩,但是,与物质文明建设的成效相比,农村精神文明建设“一手软”的问题仍然相当严重。特别是随着全国农村达小康目标的基本实现,广大农民要求提高生活质量的呼声越来越高。这就迫切需要以“三个代表”重要思想为指导,按照代表中国先进文化前进方向的要求,在继续搞好农村物质文明建设的同时,把农村精神文明建设提到更加突出的位置,全面开展农村群众精神文明创建活动,进一步加强对农民的思想教育和道德教育,大力发展农村文化、科技、教育和卫生事业,加快推进农村小城镇建设,加紧改善农村环境,不断丰富农村精神文化生活,明显改善农民的生活质量。

要使广大农民群众能够真正成为当家作主、掌握自己命运的新型农民,迫切需要靠“三个代表”重要思想提供理论支持。党在农村的工作,从一定意义上讲就是领导和组织广大农民当家作主,这是维护、实现和发屏广大农民利益的根本的政治前提和保证。近几年,我国农民创造的村民自治制度,开创了农村基层民主政治建设的新局面。现在的突出问题是相当一部分地方农村党支部和村委会的关系没有理顺,权利之争时有发生,个别农村甚至出现邪恶势力把持村政和村务的严重问题。其实质性的症结,一是这些地方的党支部和村委会在代表全体村民共同利益上缺乏共识,双方或此或彼不同程度地存有维护各自少数人特殊利益的动机；二是多数农民当家作主的权利意识超前，而正确地充分行使民主权利的水平和能力严重滞后。这就需要我们以“三个代表”重要思想为指导，按照代表最广大人民根本利益的要求，在加强以党支部为核心的村级组织建设的框架内转变农村基层党组织的领导方式和活动方式，理顺农村“两委”班子的相互关系，教育和引导广大农村基层干部和群众认识自己的根本利益，提高他们的整体素质，规范他们行使民主权力的途径和办法。只要这样，我们就能使广大农民“走上正确的道路，来战胜那些一直使我们受苦的不文明、愚昧和粗野的现象”（《列宁选集》第3卷816页），真正成为社会主义新农村的主人。

由此可见，这两个客观定势为在农村开展学教活动奠定了历史前提，提供了现实依据，其成功探索也就顺理成章。

二、农村学教活动探索创新的结晶，体现于运用“三个代表”重要思想解决“三农”问题的思路创新和机制创新

这次农村开展学教活动为我们党运用“三个代表”重要思想解决“三农”问题提供了新的思路。

主题创新：集中解决当前农业农民和农村方面的突出问题。实事求是，一切从实际出发，理论联系实际，是马克思主义政党的思想路线和优良学风。毛泽东同志曾经指出：“马克思列宁主义理论和中国革命实际，怎样互相联系呢？拿一句通俗的话来讲，就是‘有的放矢’”。在这里，“矢”就是科学理论。“的”就是所要解决的主要问题。由于客观存在职问题是不断变化的，科学理论是不断发展的，因而运用发展的理论去解决变化了的问题就是主题创新。这次农村学教活动一开始，党中央就明确要求，必须“紧紧围绕农村改革、发展和稳定的大局，着力解决当前农村存在的突出问题”。随着学教活动的深入，中央领导同志更加明确地指出，要“围绕发展路子明不明，服务群众好不好，为民办事公不公，思想作风正不正等方面的问题”，认真进行对照检查，切实搞好整改提高。去年12月26日，全国学习教育活动联系会议第六次（扩大）会议总结了各地的经验并进一步强调，解决当前农村突出问题，要进一步理清发展思路，千方百计增加农民收入；要认真解决涉及农民群众切身利益的实际问题，积极为群众办实事、办好事；要切实加强农村精神文明建设和民主法制建设，维护农村社会稳定；要加强以党支部为核心的村级组织建设，为农民长远得实惠提供组织保证。党中央给农村学习教育活动确立这样的主题，是基于对当今国内外形势的缜密分析所做的正确选择，完全符合当前我国“三农”问题的实际。

目标创新：干部受教育，农民得实惠。去年5月，江泽民同志在安徽考察工作时强调，要把“干部受教育，农民得实惠”作为农村“三个代表”学习教育活动的基本要求。去年12月，曾庆红同志在全国农村学教活动联系会议第六次（扩大）会议上又洋细论述了学教活动所要达到的目标。他说，“让干部受到教育”方面，主要应让干部受到“三个代表”重要思想的教育。具体讲，就是让干部受到“发展才是硬道理”的教育，加快农村经济发展的步伐；受到先进文化的教育，促进农村两个文明建设协调发展；受到党的根本宗旨和群众观点的教育，进一步改进作风，密切党群干群关系。要通过学习教育，进一步确立基层党组织和党员干部的“代表”资格，增强“代表”能力，提升“代表”水平。“使农民得到实惠”方面，既要给农民带来物质方面的实惠，又要给农民带来精神生活方面的实惠，既要注重眼前的实惠，也要考虑长远的实惠。“使农民得到实惠”既要注意投入一定的物力，努力解决涉及农民切身利益的突出问题；又要注重通过转变作风，真心实意地为农民群众提供力所能及的服务，帮助农民创造增收的条件这个目标定位，把党实践“三个代表”的着力点与新时期广大农民的关注点有机地连接到了一起，具有很强的时代感和针对性。

政策创新：既坚持“两个为主”，又充分依靠群众。农村学教活动的主题选择和目标定位，决定了必须广泛地发动群众，充分依靠群众。但是，学教活动不同于过去的群众运动，其主旨是教育干部而不是斗争干部，是提高干部的素质而不是整倒干部。因此，必须坚持正面教育为主，自我教育为主的方针。党中央反复强调，这次学习教育活动要以正面教育、自我教育为主，把学习理论与总结经验，推动工作结合起来，解决思想问题与解决实际问题结合起来，既借鉴县以上“三讲”教育的成功经验，又有别于“三讲”教育的一些具体做法；既不搞群众运动，不搞人人过关，又要认真听取群众意见，接受群众监督；既要对干部严格教育、严格要求、严格管理，又要关心爱护干部，特别要注意对那些因工作中坚持原则，敢抓敢管而得罪了人的干部要注意保护他们的积极性。这些政策性规定，体现了学习理论和解决党内实际问题的有效结合，体现了依靠群众又不搞群众运动的辩证统一，体现了对干部的自律措施与“他律”机制的相互促进，这标志我们党解决自身问题的水平和能力达到了一个新的高度。

途径创新：把边学边查边整边改贯穿始终。这次农村学教活动分学习培训、对照检查和整改提高三个阶段进行。第一批与第二批学教活动在环节上虽然有所区别，但总的看，三个阶段在时间上是继起的，在空间上是并存的。在学习教育活动的第一阶段，重点是集中学习培训，帮助学教对象深刻理解“三个代表”的科学内涵，掌握思想武器，同盟时又强调，学习理论必须联系实际，查找问题，立整立改，让广大农民从一开始就能感受到学教活动的成效。在第二阶段，重点是对照检查，征求群众

意见，多渠道寻找突出问题，开展批评与自我批评。同时，又要求引深学习，在引导学教对象真正从思想深处解决问题的基础上，进一步加大整改力度。在第三阶段，重点是整改提高，制定整改方案，落实整改措施，同时又不放松学习和继续查找问题。这种过程的整合性和程序的严密性，使整个学教活动呈现出扎实推进、健康发展的良好态势。

农村学教活动探索创新的另一个方面是建立健全了抓落实的领导机制和工作机制。为了确保这次学教活动的指导思想、目标要求、基本原则和方法步骤得以兑现，中央提出一系列重要措施，各地结合实际，多方面地加大了抓落实的力度。

坚持领导抓、抓领导，构建抓落实的组织领导体制。各级党委把学教活动当作头等大事，列入重要议事日程，形成书记亲自抓，分管书记直接抓，组织部长具体抓，班子成员共同抓，上级抓下级，书记抓书记，一级抓一级的领导格局。同时，明确划定县市委书记是“第一责任人”，乡镇党委书记和县市部门“一把手”是“直接责任人”，村党支部书记和站所主管是“具体责任人”的职责范围，确定了谁的责任由谁负的责任追究制度。党员领导干部认真抓好联系点工作，以点带面，整体推进。我们临汾市在学教活动中采取了一个被实践证明是行之有效的办法，即是关键时刻，用关键人，解决关键问题，从而大大强化了抓落实的领导力度。

严督查、细指导，充分发挥学教督导队伍的作用，形成抓落实的保证机制。我们在农村学教活动中，构建了市委总揽、省委督查组牵头，市县乡三级学教办为主导，检查组、督导组、指导组为主体，有关部门负责人为辅助的“三线”并举，平面交叉，纵向贯通的督导网络；梯级督导队伍坚持督促检查与超前指导相结合，着重在主动性和具体化上下功夫；坚持全面督查与重点督查相结合，着重在加强薄弱环节上下功夫；坚持经常性督导与专题性督导相结合，着重在严格把关上下功夫；坚持固定包点督查与交叉检查相结合，着重在整体推进学教工作上下功夫。实践证明，只要督导到位，就能保证落实到位。

抓程序、重质量，以规范动作确保学教活动每个阶段和环节都不走过场。程序服从质量，程序就是质量。为使学教活动能按照既定程序规范运作，市县乡三级学教办在每个阶段都事先确定目标，分解任务，并制作出清晰的进展流程图。与此相配套，对各阶段各环节各方面的工作都分别提出具体要求，规定必须达到的标准；以此为据，各级党组织的领导班子定期对学教活动的形势进行分析，作出客观公正的评估；在此基础上，通过上级领导者、驻点督导人员和各级责任人“三方联评”、“三级认定”、严格把关；之后紧接着对前一阶段或环节进行一步一回查，发现工作有欠缺的单位必须补课，查出有个别单位走了过场的必须推翻重来。坚持时间服从质量，以每个学教单位、每个学教对象的高质量确保全局范围的高质量，以每个阶段每个环节的高质量确保整个过程的高质量。

上述显著特点，是这次农村学教活动创造性探索的结晶，作为较为成功的经验，它对于我们今后长期引深农村学教活动，更好地解决“三农”问题，对于我们彻底改变过去那种在层层表态，层层开会，层层造声势上做文章的陋习，转之以在层层抓落实，层层抓解决问题上下功夫，具有重要的借鉴意义。

三、农村学教活动探索创新带来的规律性启示是，把“三个代表”落实到农村基层必须着眼于领导到位、干部有为、群众受惠

所谓领导到位，是指各级党委认识到位，指挥到位，工作到位；所谓干部有为，是指农村基层干部在维护、实现、发展人民群众根本利益而奋斗的过程中表现出的精神风范和现实作为；所谓群众受惠，就是让广大农民得到实惠，从而调动他们的积极性和创造性。

启示之一、创造性地运用“三个代表”重要要想解决新时期的“三农”问题，领导到位是关键。我们党作为中国工人阶级的先锋队和中华民族的先锋队，在中国革命、建设和改革的伟大事业中始终处于领导核心的位置，这种领导核心作用在很大程度上是靠各级党组织和领导干部自觉贯彻执行党的符合“三个代表”要求的路线、方针、政策来实现的，其中主要是靠成功地实现对农民的领导发挥出来的。因此，我们要把“三个代表”落实到农村基层，更有成效地解决好新时期的“三农”问题，必须加强党的领导。这次农村学教活动之所以能搞好，并有创新，关键在于各级领导班子和领导干部能够通过先学习，先研讨，率先深刻地认识到“三个代表”是我们党的立党之本、执政之基、力量之源，自觉地把“三个代表”重要思想融入头脑，从而才能自觉地认识新形势，发现新情况，解决新问题，创造性地做到领导到位。如果领导者“与其昏昏，使人昭昭”，或者把学教活动仅仅看作是下边的事情，那就不可能真正强化“抓好学教是本职，不抓是失职，抓不好不称职”的责任意识，就不可能带着感情求真务实地抓学教，更谈不上创新。我们还要清醒地看到，解决“三农”问题是一项长期的战略任务，不可能经过一段时间的集中学习教育一蹴而就，一劳永逸，况且新情况、新问题还会大量涌现。因此，必须牢固树立常抓不懈、刻意求新的思想。当务之急是，一方面要继续加强各级党委领导班子自身的理论学习，加大改进作风的力度，进一步密切与广大人民群众的血肉联系，更加满腔热情地关注“三农”问题，更好地按照实践“三个代表”的要求，完善自己的“代表”资格，增强“代表”能力，提升“代表”水平。这是个感情问题，也是个方法问题，更是个立场问题。只

有解决好这个问题，才能在加强农业、繁荣农村、提高农民的全过程中使领导到位，与时俱进。另一方面，要把学教活动中加强领导的好做法、好经验，尽快凝结转化为长期、稳定，管用、有约束力的制度，以便用制度保证把领导到位贯穿于各项工作的始终，这样才能使学教活动的创新价值得以永久存蓄和充分发挥。

启示之二，创造性地运用“三个代表”重要思想解决好新时期的“三农”问题，干部有为是依托。农村基层干部在农村改革和发展的一线阵地，与广大农民的联系最为直接，时时处处都在接受着广大群众的监督和检验，从一定意义上讲，农民是通过对干部实际作为的切身感受来认识党是否实践“三个代表”的。因此，只有干部有作为，党才能在人民群众心目中有位置。在这次学教活动当中，广大农村基层干部转变作风，深入群众，服务群众，办实事，做好事，赢得农民群众的普遍赞誉。许多农民反映，过去干部来了就是催粮催款，乱宫流产，因此老百姓怨干部，怕干部，常常顶撞干部；现在干部下来查民情，解民忧，帮民富，老百姓是想干部，爱干部，理解干部的苦衷，支持干部的工作。还有的农民表示，“三个代表”真是为群众说话谋利益的理论。因此，今后让干部经常受教育，应当包括经常教育他们摆正“有为”和“有位”的关系，使他们能坚持有为在先，有位在后，以为定位，以位促为，解放思想，开拓创新，以实践“三个代表”的非凡作为，争取广大群众的信任与拥戴。只要大多数基层干部都能做到这一点，解决“三农”问题的难关就会攻无不克，学教活动的创新价值就会得到广泛珍重和不断丰富。

启示之三，运用“三个代表”重要思想解决新时期的“三农”问题，让农民长期得实惠是根本。按照历史唯物主义的观点，人民群众创造历史的地位，是由他们社会物质资料的生产活动中所起的不可替代的作用决定的。一般的农民群众不可能像工人阶段先进分子那样通过掌握科学理论认识社会发展的基本规律，自觉地创造历史。他们更多地是靠对日常生活的直接感受来判断一件事情的好坏，一个政党的优劣。尤其是在社会主义初级阶段，我们只能教育大多数农民把他们的行为限定在法律允许的范围，即所谓“法不禁止皆自由”，而不宜对他们提出过高的道德要求。同时，我们党把解决“三农”问题放在优先位置，并不意味着单凭党组织的力量就能心想事成，而必须依靠农民群众的力量，尊重广大农民的首创精神，通过给农民以实惠的政策，凝聚广大农民的智慧和力量，推动农村经济发展和社会进步。这次农村学教活动的实践证明，只有让农民得到实惠，才能使他们发挥出自己的智慧和力量；只有让农民长期得到更大的实惠，才能更充分地调动他们的积极性和创造性；也只有如此，我们党才能有效地教育、引导、提高广大农民，实现对农民的领导。因此，我们固然应当尽最大努力去教育他们提高社会主义觉悟，但是更起作用的还是要给他们带来更多的实惠。换言之，就是要靠让农民得实惠（包括精神方面）来增强他们对“三个代表”重要思想的信仰，对社会主义的信念，对改革开放和现代化建设事业的信心，对党和政府的信任，从而不断推动“三农”问题的解决。只有把握好这个问题，学教活动的创新价值才能转化成群众改造世界的物质力量和精神财富。

领导到位，干部有为，群众受惠是个具有内在逻辑关系的统一整体。领导者的一个重要责任是用好干部，用好的作风选拔作风好、有作为的干部，而能不能富有成效地帮助群众排优解难，又是衡量领导干部群众观点强不强，工作实不实，实践“三个代表”好不好看重要试金石。因此，要运用“三个代表”重要思想解决好新时期的“三农”问题，各级党委必须高度重视加强基层干部队伍建设，用好干部，管好干部，教育好干部，使他们具有爱民之德，为民之志，利民之才，富民之能。有了这样的领导群体，有了这样一支形象好、作风硬、工作实、特别能战斗的基层干部队伍，我们就能在解决“三农”问题的过程中，创造新的奇迹，让广大农民长期不断得到新的实惠。这就是农村学教活动创新价值蕴含的真谛所在。

总之，这次农村学教活动取得的新成效，创造的新经验，带来的新启示是多方面的，值得全党认真总结和吸取。我们要以此为契机，建立学习教育的长效机制，引深农村学教活动，提升学教活动的创新价值，用“三个代表”重要思想统揽农村各项工作，再接再励地解决好新时期的“三农”问题，不断巩固党在农村的执政基础，使我们党经得往任何风浪和挑战的考验，始终以“三个代表”的光辉形象，与时俱进地走在时代的前列。

（作者：中共临汾市委书记）

第五部分

金 融 系 统
思想政治工作

实践“三个代表”　努力做好基层央行党建工作

陈忠培

人行雷州市支行党支部现有党员32人，其中正式党员30人。去年以来，在中心支行党委的领导下，围绕“外树形象、内整行务、依法监管”的工作思路，以实现“六个一”（建设一流的领导班子、创建一流的干部队伍、实施一流的内部管理、提供一流的金融服务、树立一流的央行形象、争创一流的工作业绩）为目标，努力实践“三个代表”重要思想，切实加强支行党建工作，思想建设、组织建设和作风建设同步进行，有力地促进了各项工作的顺利开展。去年，支行安全保卫工作被人总行授予“人民银行系统安全保卫工作先进集体”荣誉称号，支行分别被人行广州分行和湛江中心支行评为先进单位，金融监管和党风廉政建设量化管理等多项工作均获中心支行年度考评第一名，被湛江市评为无毒社区先进单位，社会治安综合治理工作获得雷州市一等奖、并被推荐到中共广东省委、省人民政府进行表彰。金融监管成效显著，辖区金融稳建运行，无金融经济案件，辖区农村信用联社被评为全国支农先进单位。2002年支行党支部被湛江中支党委评为先进党支部。我们是这样开展党建工作的：

一、加强理论学习　促进思想建设

思想建设是党建工作的基础，理论学习是思想建设的核心。我们以增强广大党员践行“三个代表”重要思想自觉性和坚定性，促使每个党员成为勤奋学习善于思考的模范、解放思想与时俱进的模范、勇于实践锐意创新的模范为目的，持之以恒地抓好政治理论的学习。1.健全学习制度。为保证学习的正常开展，我们修订完善了《党组中心组理论学习制度》、《支部党员学习计划》和《党小组活动安排》，发到每个党员手中，同时编印张贴在党员活动室，从学习时间到学习内容都做出具体安排。2.改善学习环境。我们支行投资三万重新修缮了党员活动室，此外还购置了电视、影碟机和一大批党员读物，使党员集中学习学有其“所”。3.抓重点。在党组、支部和党小组三个层面的学习方面，我们突出抓好党组中心组的学习。中心组每月集中学习一次，重点学习邓小平理论和“三个代表”重要思想以及十五届六中全会和十六大会议精神。通过学习加深对“三个代表”重要思想科学内涵和精神实质的理解。班子一班人以求真务实的态度，把理论学习同金融实践有机结合起来，撰写了多篇调研文章。党组书记、党支部书记、行长陈忠培撰写的调研文章有6篇被《金融早报》采用，其中《广东雷州“零户统管”状况调查报告》和《加强国库管理工作的几点建议》分别入选《中国改革撷英》文集和《走向新世纪》丛书，并参加中国入世与东南亚经贸合作学术研讨会，获得一等奖。4.注重学习效果。为了检验学习效果，党支部组织了“三个代表”重要思想知识演讲和党建知识竞赛，全体党员踊跃参加。同时将一些具有一定理论水平的演讲稿件刊登在支部的学习园地和支行宣传栏上，收到了普遍教育的效果。

二、重视组织建设

增强党组织的创造力、凝聚力和战斗力，是党的组织建设的主要工作任务。我们把充分发挥党支部的战斗堡垒作用和党员的先锋模范作用作为切入点，采取了几项措施：

1.狠抓班子的团结。要想火车跑得快，全靠车头带。一个班子不团结内耗严重的单位只能是一盘散沙。正是由于我们清楚地意识到这一点，在支行新班子成立后，我们侧重抓班子建设。一是不定期召开班子通气会。虽然每年有一次的领导干部民主生活会，但我们深感不足，且有意见有问题也是放“马后炮”，收效不甚明显。故此，我们一般每星期召开一次党组通气会。让班子成员畅所欲言，工作上的问题，思想上的疙瘩，也都迎刃而解。同时也不是无原则的迁就，敢于开展批评与自我批评，有意见在会上当面提出，使班子成员形成了心情舒畅的生动局面。大家互相尊重，互相支持，互相理解，心往一处想，劲往一处使，党组织的凝聚力和战斗力不断增强，为支行各项工作顺利开展奠定了坚定的基础。

2.充分发挥党员的先锋模范作用。支行现有干部职工42人，其中党员32人，占全部人数的三分之二强。党员真正发挥作用了，也就不愁群众带不起来。一是在党员中开展“争当优秀行员、优秀共产党员”活动，要求党员同志从细微处做起，从小事做起，时时事事处处从严要求自己，真正发挥模范带头作用。二是实行评议党员制度。由党小组每半年组织评议一次。每个党员写出书面报告，由各党小组初评后，由支部大会审定，评议结果也作为年度干部考核和先进个人以及优秀党员评选的依据。三是做细致的思想工作。今年9月，支行中层干部竞争上岗时，有两位中层干部落选。党组分工两位党组成员分别找他们谈心,教育他们正确对待竞岗结果。通过谈心,这两位干部又干劲十足地走上新的工作岗位。四是抓党性党风纪教育。通过对党员的教育,提高他们的思想素质。以党员队伍的建设带动职工队伍建设,以党员的先锋作用带动全体职工群众爱岗敬业。在支行,工作学习等各方面,党员同志始终走在前列。义务献血,党员抢着报名,搬运残钞党员争着上。去年以来,党员被评为先进工作者和优秀行员的有12人次。

3. 精心培养入党的积极分子。有了党员模范带头作用的影响,非党群众迫切要求进步,积极向党组织靠拢。对向党组织递交入党申请书的同志,我们进行梯队培养。一是对各方面表现比校好,经支委会研究确定为入党积极分子的,送地方党校进行学习培训。指定两名支委或党小组长做为联系人,负责培养和考察。除了平时考察外,由联系人每一季度写出书面考察材料。二是对未列为入党积极分子的,指定一名正式党员结成帮教对子,有意识地给压力压担子。既符合要求进步同志的愿望,又有效地形成对入党对象培养机制。

4. 认真落实"三会一课"制度。要增强党员的组织观念,坚持严格的"三会一课"制度是切实可行的措施。我们在金融监管任务繁重的情况下,仍然做到每二个月召开一次支部大会,每月召开一次支委会和党小组会。白天工作繁忙时,就改为晚上进行。为了避免空洞的说教,我们请来本市先进人物做事迹报告,有时还请司法人员给全行党员上法制课。健全的组织活动,让全体党员对党组织有了"家"的感觉。

5. 加强组织建设。去年支行班子成立后,我们及时召开支部大会,补选了支部书记和支部委员,并做了分工,使支部的各项工作有机衔接起来。今年有2名预备党员按期转正,发展预备党员2人,确定3人为入党积极分子,有5人次向支部递交了入党申请书。

三、突出抓好作风建设

我们在推进党的思想建设和组织建设的同时,把加强和改进党的作风建设放在更加突出的位置,切实抓紧抓好。我们以同群众保持密切联系为主线,全面贯彻"八个坚持,八个反对"具体措施如下:

1. 密切联系群众。一是为群众多办实事好事。支行党组从职工利益出发,无微不至地关心干部职工,真正落实到行动上。职工提到的,想方设法去解决,群众没有提到,但凡涉及职工利益的,领导一样积极解决。从加盖抽水泵房降低噪声、整治邻近酒店污染、修复柴油发电机解决抽水用电问题、为已故干部子女上学捐款以及解决二幢宿舍楼墙壁渗水问题等例子,足以说明党组心系群众,处处为群众着想的工作作风。党组织的关心,大大增强了群众对班子的信任感,对支行的归属感,对工作的责任感。二是健全联系群众制度。支行党组建立了联系群众制度,主要方式是个别谈心,要求党组成员和支委每人每月谈心不少于5人次。

2. 发扬民主。民主集中制是党的根本组织制度和领导制度。充分发扬民主,维护集中统一,是加强和改进党的作风建设的重要环节。一是制订了《人行雷州市支行党组议事规则》,以程序、内容等相关事项做出详细规定。支行重大问题一律交党组集体研究决定,不搞一言堂。坚持民主基础上的集中与集中指导下的民主相结合。坚持集体领导下的个人分工负责制,各负其责,各司其职。二是发展党内民主。通过支部大会和党小组会等形式,保障党员行使其民主权利。拓宽党内民主渠道,使党员对支行党务工作有更多的了解和参与。

3. 强化党风廉政建设。一是加强理想信念和廉洁从政教育。要求党员特别是党员领导干部做到自重、自省、自警、自励,使思想作风、学风、工作作风、领导作风和生活作风有较大的转变。二是加强党内监督。为充分发挥党员的民主监督作用,保障党员行使批评权等权利,我们支行实行了《定期报告工作和廉洁从政制度》,每半年召开一次支部党员大会,由党组成员和支部委员向全体党员报告个人廉洁从政情况。三是实行行务公开。在支行大额费用开支和金融机构高级管理人员任职资格审查等重大事项上实行程序公开,结果公开,加大透明明度,不搞暗箱操作。在中心支行实行报帐制后,每月费用开支情况都向干部职工公布。四是防止以监管谋私。我们重点抓对监管员的监督。主要作法是:(1)书面汇报。监管员每季度向分管行长报告在金融监管中的廉洁情况,由考核小组定期考核。(2)外部监督。在辖区各金融机构聘请义务监督员负责收集反馈监管员的廉洁情况。(3)诫免谈话。对有轻微不当行为的监管员,由分管行长和纪检监察部门负责谈话。(4)组织处理。对违规违纪行为严肃处理,不护短,不姑息迁就。

4. 反对用人上的不正之风。加快干部人事制度改革。在选拔和任用干部中坚持"四化"方针和德才兼备原则。有效地扩大了干部工作中的民主,落实干部职工对干部选拔任用的知情权、参与权、选择权和监督权。在支行中层干部竞争上岗时,坚持公开、平等、竞争、择优原则。从制定竞岗方案、资格审查、演讲测评、答辩、任前公示到正式聘任,全程公开。以群众测评意见为主,真正把责任心强、素质好、有工作能力的干部选拔到领导岗位上来。有效杜绝了任人唯亲、跑官买官的腐败现象。

四、当前基层央行党建工作存在的主要问题和建议

1. 对支部书记和支委培训少。对做为基层党组织核心力量的支委一班人,尚未加以重视,抓紧培训教育。支部一班人的政治素养和理论水平有待提高。建议由大区行统一进行培训,以利于开展基层党建工作。

2.关系尚待理顺,中心支行既有党委,又设有机关党委,支行党支部是直接从属于中支党委还是机关党委,不甚明确,不利于开展工作。

3.入党积极分子的培养问题。支行一级的入党积极分子,一般都参加地方党校学习培训,但在培训人员和培训时间上都受局限。可否考虑支行的入党积极分子由中心支行统一组织开展培训。

4.发展党员比较少。由支行发展的党员为数不多;有的同志认为入党还是遥遥无期,可望不可及,容易挫伤同志的积极性。

5.随着人事制度改革力度的加大,党员队伍中普遍存在危机感,压力大,思想波动大,党员模范带头作用未能很好发挥。解决这个问题惟一方法是多做思想教育工作。

6.党员学习资料少。除了支部为每个党员订阅的《支部生活》外,党员的学习资料比较缺乏,党组织关系垂直管理后,上级下发的学习资料很少发到一般党员手中,造成支部大会和党小组会学习内容相对单调,影响了学习效果。在支行一级经费日益紧张的情况下,唯有由上级统一购买有关的学习资料发给每个党员。

7.理论信念不强。针对当前社会上存在的腐败现象,个别党员感到迷惘,对党依靠自身力量解决腐败问题信心不足。针对这个问题,要有针对性地反复学习"三个代表"重要思想,开展理想信念教育,教育党员一分为二地看问题,要清醒地看到党的主流是好的,腐败分子毕竟是少数。克服悲观失望情绪,首先从自身做起,廉洁勤政,努力保持党员的先进性。

8.进取心不强,学习气氛不浓。有一部分党员认为人已到中年,学习太辛苦,得过且过。不重视政治理论、文化知识和专业技能的学习。在基层央行极少进人的情况下,知识陈旧,人员老化,将严重影响央行职能的履行。故此,上级行应考虑采取鼓励干部职工学习的有关措施,激发大家的学习积极性,进而大幅度提高干部职工的文化水平和综合素质。

(作者:中国人民银行雷州市支行党组书记、行长)

选好基层处所主任 打牢发展管理根基

——浅议当前基层银行处所主任管理使用上存在问题和对策

张玉昌

青年人是人生的最佳年龄阶段,这个时期体力最佳,精力最旺,求知欲最强,最富开拓进取精神。党的十六大指出:要认真贯彻领导干部选拔任用条例,注重在改革和建设的实践中考察和识别干部,把那些德才兼备、实绩突出和群众公认的人及时选拔到领导岗位上来。加大培养选拔优秀领导干部的工作力度、着重帮助他们加强党性修养、理论和实践锻炼,全面提高自身素质。在当前工商银行全行上下以管理发展为主题,努力建设现代商业银行的进程中,按照"下管一级,监控两级"的精神,给青年锻炼提高,成长成才的机会,造就工行基层中坚人才,是加速现代商业银行建设步伐的当务之急。本文就如何加强银行最基层分理处、储蓄所领导建设谈点粗浅认识。

一、提高处所主任选拔重要性的认识

在金融工作中,基层的储蓄所、分理处、办事处是最基本的经营活动单位,是直接面对市场的主体和窗口,是创造财富、服务社会的最基本力量。其中,储蓄所、分理处主任、业务柜长是最小的"官",然而,金融的各项改革、管理发展措施的落实,一件也离不开他们。上面千颗针,下面一根线,件件事情落基层,他们"官"小作用不小,职低责任不轻,权小风险不小。是全行各项经营管理、决策措施落实和业务发展的关键环节。

一是业务发展的关键环节。由于他们长期工作在第一线,直接与社会各部门及各种客户打交道,他们掌握情况最全面,最知道客户要什么,想什么,如何提供客户最满意的服务,他们的一举一动,一言一行,都代表银行的良好形象,是业务发展的尖兵,是抢客户争市场的"小分队"和"战斗队"。用好一个高素质的处所主任,可以带来一方金融的发展,因为他们最了解上级领导的决策、意图、措施、谋略,他们工作的好坏,直接影响全行的发展。

二是政策落实的重要环节。抓管理促发展,靠的都是落实落实再落实,没有落实,一切计划和措施都是空的。而在抓落实过程中,他们最具权威和发言权,对如何抓落实,怎么抓贯彻,能达到什么效果,他们起着至关重要的作用。各项方针、政策都靠他们去贯彻落实。一个好的处所主任,能较好地将上级的决策和布置的任务,有创造性的完成。实践中,他们能结合自身工作实际,加强内外协调,正确处理好各方面的关系,组织好各项活动的实施,正确执行领导的决策,按上级的意图和要求,指导

和带领相关人员苦干实干，原原本本不折不扣地执行好各项纪律和制度。

三是监督管理的重要责任人。现在的各种制度、纪律检查非常多，监督管理要求也越来越严，对于银行的监督管理，对监督什么，管理什么，如何监督，如何管理，他们最具有及时性、针对性和有效性。每个员工的一举一动，都逃不过他们的眼睛；每一项组织活动，都要他们去组织去实施；每一次的检查整改和落实，都靠他们去一一组织落实；员工的一个眼神，对客户的一句话，思想上每一想法，工作中的每个困难，他们都历历在目。只有他们大胆管理，善于管理，敢抓敢管不怕得罪人，才有全行的稳健经营。然而，现实的情况却不尽如人意，尽管上级行年年组织“地毯式”、“排雷式”、“集中式”的各种检查，而各种经营事故经常出现，其中的一个重要原因就是很多制度没有在基层得到很好贯彻和落实。最关键的是处所主任督促、检查、落实不够。只有他们敢抓敢管会管，不怕得罪人，制度落实得好，各项工作就稳步进行，反之，则事故不断。这几年金融系统很多经济案件的发生，很多就出在处所主任身上，而且案件隐蔽时间长，不易发现，究其原因，查来查去，关键的关键还是出在处所主任身上。

四是银行“窗口”形象代言人。由于其所处的特殊地位，因而，他们的专业知识，业务技能、思想品德、服务好坏，业绩如何，直接影响到工商银行的社会形象和经济活动的开展以及效益的程度。

五是“一岗两责”的落实人。基层处所主任，常常担当“一岗两责”重任。他们处在兵头将尾的角色，既要负责落实上级的政策、措施、又要负责所在部门人员的思想政治教育，是各项管理措施落实的枢纽。常言说：一头狮子可以带领一群绵羊打胜仗，而一头绵羊带领一群狮子必打败仗。因此，一个好的处所主任，会用自己高尚品德，优良的技术和高超的管理，影响和带领一群员工为之奋斗和努力，各项工作必然有起色，反之，一个劣迹斑斑、沾有赌博、嫖娼等不良恶习的负责人，必然既管不好自己，害了自己，还会影响和带坏一群职工队伍。可见，在当前抓管理促发展保安全工作中，对加强一线干部的教育和管理，造就培养一批思想品德好，业务技能优良，管理经验丰富的基层一线处所主任显得十分紧迫而必要。

二、基层处所主任在使用管理中存在的问题

一是思想认识不到位。不同程度存在轻管理重使用问题。对基层处所主任的管理和使用中，存在“一手软、一手硬”的现象。抓业务经营硬、抓制度管理理轻，对抓存款，抓收息，成绩看得见，摸得着，而对基层处所主任的教育和管理是看不见，摸不着。只要不出问题，一般上级不会追究。

二是培训考核不到位。对基层行长、副行长，上级行每年都要对他们进行不同形式的考核、奖励表彰和评比，经常组织一定的培训和教育活动，基层班子每年要过民主生活会，要进行述职报告评议等，而对基层处所主任，除了布置工作任务，抓检查落实外，基本上缺乏系统的培训和教育，而只要任务完成好，工作表现好，就会一好百好。同时，在工作中，多数基层处所主任自参加工作后，就很少有培训、外出参观学习机会，提高培训跟不上，造成知识面窄，业务技能单一，凭经验资历办事的多。

三是思想工作不到位。面对每的上级行组织的各种检查，繁重的工作任务及大量的各种业务报表等，基层处所主任担当着较多繁重的工作任务。工作中某个人，某个环节，某个服务，某项制度，落实不到位，任务完不成，处所主任确要吃不了，揣着走，被连带惩罚少不了。而相应的他们确权利很小，难有处罚权，基本上没有选人用人权。对要哪个职工，不要哪个职工到本部门工作，基本上都是上级说了算。不出问题事故，处所主任是拿钱不多，管事不和，吃力不讨好。

四是监督发现不到位，个别处所主任长期作案，由于疏于管理和发现问题，缺乏周围职工对其监督和管理，也缺乏组织对其八小时以外的监督，致使个别储蓄所主任长期作案，或在外包养情妇等，而由于平时工作伪装热情，好帮忙，365 天天天上班，给人一种“好人”的假象，而使得无人知情，难以发现问题，而当问题一经暴露，牵扯几十人，造成不可挽回的影响和损失。

五是管理落实不到位。一些处所主任在经营过程中，没有敏锐性和鉴别力，不敢坚持原则、不敢说不敢管，不会管，长期当老好人。一方面不善于发现问题，另一方面发现问题不报告，不处理，或处理也是避重就轻；有的业务素质差，不适应现代银行工作，更不适应新的技术业务管理要求，起不到应有的管理和防患于未然的作用。对他们使用管理存在中的问题，由于业务忙任务重，不易发现，或发现了也未及时采取果断措施及时处置。

六是责权利不对称。应当说，处所主任担子最重，工作最辛苦，风险也最大，既有业务发展、客户营销、左右协调、文明服务、稳健经营等重任，又有操作业务风险，管理风险，内控风险，外抢外盗等风险存在。相反，由于机制和体制原因，他们的付出与所得不成比例，付出多贡献多，而收入却很少，基本上与一般员工一样，干工作基本上全凭一种责任感和事业感。

七是选拔方法待改进。没有建立真正意义上的公正公平公开选拔制度，未能坚持按考试、考核程序选拔使用处所主任。从上到下，仍基本上沿用几十年一惯的统一用人选人方法，未在全省建立统一的处所主任选拔原则和考试核用人机制。这样，易埋没人才，使有才华年轻人年龄拖大，丧失提拔机遇。

三、对策和建议

一是选拔上要严肃。要用好的作风选人，选作风好

的人。用好人、选好人、管好人,用能干事、会管理、善管理、不怕得罪人的人。要有重点地把那些思想素质好、业务素质高,工作能干,分析能力强,能吃苦耐劳,有进取心、责任心的人选拔到基层处所主任岗位上。

二是培养要及时。要有计划、有步骤、分批分期、抓好对他们的培训,要体现在管理中,把特别优秀的年轻处所主任干部集中或选拔到有关院校深造,丰富他们的理论水平,提高他们的经营管理能力,有计划性地解决薄弱环节,不断提高他们的政治业务素质和管理水平。

三是关心要到位。要了解他们的思想动态,关心他们的生活,尽可能解决他们工作和生活中的困难和问题。

四是管理要严格。要定期和不定期进行考核和试用,加强监督和管理,及时发现苗头和问题,对不称职、工作表现不好和有劣迹人员,要及时地果断进行调整和调离,不可继续留任。

五是政治上要帮助。要正确引导,热情帮助他们把握正确的人生观和价值观,并在入党、晋升、奖励、使用等方面优先照顾和考虑。

六是监督要过硬。不但要管好他们八小时内工作,还要管好八小时外的活动,特别是对那些任职时间长,长时间主动为他人顶班,各方面人缘好的"好"主任,要透过现象看本质,要通过轮岗等形式,加强稽核力度,注重发现问题。加强检查督促,勤打招呼,努力培养造就一批思想素质过硬、业务技术精湛的基层骨干队伍。

七是培养要加速。随着近几年机构撤并,人员减员等改革措施的实施,有的优秀基层处所主任自谋职业另找出路,有的提前退养等,现基层处所主任面临年龄偏大,知识老化,技能单一,知识面窄,思想保守,怕担风险等问题。因此,要充实一批思想素质好,有培养前途的大学生或研究生到基层一线,给他们压担子,加速成长的步伐。既要放心放手放胆,给其权力,又要加强指导帮助,放手让他们施展才能。

八是要打破论资排辈思想。按照看主流、看本质、看发展的观点,全面正确对待使用年轻处所主任。要大力选拔在金融实践工作中做出突出业绩的年轻人。要增强选拔年轻处所主任的责任感和紧迫感,做到早培养,早选拔、早使用。要注重对特别优秀年轻人的使用,要打破一般规律,早定任务,早压担子,压重担子,促其早日成才。

九是建立好机制。要跳出小圈子、面向大市场,扩大知人渠道,拓宽选贤门路,充分发扬民主,紧紧依靠群众,面向基层,面向业务发展的主战场,面向成绩显著的地方和单位,在更大范围内识人选人。具体操作上,要给全体青年同一起跑线。引入竞争机制,按公正公平公开的原则,采用考试、考核等方式,实施能者上、平者让、庸者下的干部政策,有针对性地解决薄弱部门和薄弱环节的负责人,这样选拔的渠道才会越走越宽,选拔出来的人才素质才会越来越高,使工作走上良性循环的轨道。

十是有计划地进行岗位轮换。要采取到相关部门交换锻炼、增加知识面、拓宽接触面、丰富管理经验,把管理层人员培养成多面手和复合型人才,充分发挥他们的最大潜力。

(作者单位:云南曲靖市)

坚持解放思想　实事求是

刘秉升

坚持解放思想,实事求是,关系到革命、改革和建设的成败,必须始终不渝地坚持和实践。

世界观、人生观、价值观,是一个人对世界、对人生的基本看法和根本观点,指导着人们的行为选择,关系着人们的价值判断。树立正确的世界观、人生观、价值观、对每个党员干部来说,都是首要的问题。只有树立了马克思主义的世界观、人生观、价值观,才能真正掌握和运用其立场、观点和方法,才能从中获得思想指导、精神动力和精神支柱。树立了正确的世界观,我们才能掌握实事求是的根本观点及其辩证的思想方法,透过现象及看清本质。有了正确的人生观,才能摆正个人利益与集体利益、个人利益与国家利益、个人利益与人民群众利益的关系。有了正确的价值观,才能使自己作出正确的价值判断和价值取向,一切从实际出发,全心全意为人民服务。

理论是行动的指南。马克思主义是我们认识和改造世界的强大思想武器和指导中国革命、建设和改革的行动指南。全体党员和各级领导干部都要加强学习,增强理论素养,提高理论水平,以科学的理论武装头脑,指导实践。只有这样,在建设有中国特色社会主义的崭新事业中,才能坚定理想信念,驾驭全局,掌握主动;才能更加坚持党的实事求是的思想路线;才能不断总结群众创造的新鲜经验,做出新的理论概括;才能正确认识理想和现实的辩证关系,实现党的最低纲领和最高纲领的统一。

党的"从群众中来,到群众中去"的群众路线是我们党的优良作风和传统优势，是实现党的思想路线、政治路线、组织路线的根本工作路线。各级领导干部都要坚持党的宗旨，一切从人民群众的根本利益出发，集中群众智慧，把“人民拥护不拥护”、“赞成不赞成”、“高兴不高兴”、“答应不答应”，作为制定方针政策和从事各项工作的出发点和归宿。

邓小平同志指出，解放思想，就是使思想和实际相结合，使主观和客观相符合，就是实事求是。这就是说，要解放思想必须实事求是，要实事求是则需要不断解放思想；解放思想是实事求是的前提，而实事求是是解放思想的目的。

坚持解放思想与实事求是的统一，必须坚持实践是检验真理的唯一标准，坚持一切从实际出发，大力发扬求真务实、勇于创新的精神；另一方面，要进一步解放思想，更新观念，在新的历史时期不断进行新的探索。应当始终不渝地着眼于马克思主义理论的运用，着眼于对实际问题的理论思考，着眼于新的实践和新的发展，充分发挥历史主动性的革命创造性，解决现实中不断出现的新问题。

（作者：中国建设银行海南省分行行长）

践行“三个代表”　建设高质量银行

黎　清

最近，胡锦涛同志在纪念“七一”、全国防治非典工作会议和省部级主要领导干部学习贯彻“三个代表”重要思想专题研讨班上先后三次发表重要讲话，深刻阐述了“三个代表”重要思想在马克思主义理论发展史上的重要地位和学习贯彻“三个代表”重要思想的重大意义。胡锦涛同志指出：“不善于用理论指导实践，难以干好工作；不善于在实践中总结经验并上升到理论，再反过来更好地指导实践，也难以干好工作。”“三个代表”重要思想不仅是科学理论，也是科学的世界观和方法论，深入学习、努力实践“三个代表”重要思想对股份制商业银行来说，更是至关重要的。

一、股份制商业银行在金融改革中诞生、发展和壮大，要实现高质量发展，必须继续坚持先进生产力的发展方向

金融是国民经济的命脉，也是最能体现先进生产力的行业之一。但是，自二十世纪九十年代以来，随着改革的深入和经济运行中各种深层次矛盾不断积聚，金融运行出现了严重障碍，银行业不良资产率居高不下，到2001年，这一数字已达到25%，成为影响金融稳定和经济发展的重要因素，究其原因，一是经济转轨无法回避地造成了许多“体制性障碍”，相当一部分国有企业进入市场经济后经营困难；二是“泡沫经济”及亚洲金融危机等国际金融风险又不断波及我国；三是银行自身改革步伐缓慢，制度建设、社会信用体系建设不能满足金融改革的进程。透过现象看本质，生产关系与生产力在某种程度上的不适应，才是造成这些问题的根本原因。

胡锦涛同志指出：“要大力发展社会生产力特别是先进生产力，集中力量发展经济，使我国形成发达的生产力，这是中国特色社会主义兴旺发达的物质基础。”近年来，为摆脱传统体制对金融发展的制约，金融改革的步伐不断加快，符合现代企业制度的股份制商业银行相继成立就是其中一项重要举措。华夏银行作为我国较早成立的股份制商业银行之一，就是在这种背景下应运而生的。从1992年10月成立至今，华夏银行经过十余年的发展，从最初仅200名员工、名不见经传的小银行，发展成为拥有200多家营业机构、6000多名员工、2022亿元资产、排名世界第440位的全国性股份制商业银行。

华夏银行在很短时间内得到了发展壮大，正是金融改革“坚持先进生产力发展方向”的具体体现。作为股份制商业银行，华夏银行比传统银行体制更新，机制更活，束缚生产力发展的条条框框更少。与传统金融企业相比，它不仅注重发展速度，更注重速度与效益的统一；不仅注重外延扩张，更注重外延扩张与内涵增长并重，尤其注重内涵增长；不仅注重当前利益，更注重可持续发展能力，注意积累后劲。华夏银行按照“不求最大，但求最好”的目标定位自己，积极与国际金融接轨，努力办成“一流精品银行”。华夏银行发展壮大的实践证明，只有代表先进生产力发展的方向，才能在市场经济中得到发展。

二、股份制商业银行必须维护最广大人民的根本利益，规范经营，服务地方经济，实现银企“共赢”

股份制是公有制的主要实现形式，这是十六届三中全会取得的重大理论突破之一。股份制商业银行是我国国有商业银行之外的“第二梯队”，它与国有商业银行承担着同样的使命和责任，同样也代表和维护着最广大人

民的根本利益。

胡锦涛同志指出："能不能落实立党为公、执政为民这个本质，是衡量有没有真正学懂、是不是真心实践'三个代表'重要思想最重要的标志。"金融是经济的基础，"基础不牢，地动山摇"，金融出了问题，受害的是广大人民群众。做好金融工作事关最广大人民群众的根本利益，无论是国有商业银行，还是股份制商业银行，所有金融工作者都要清楚地认识到做好自身工作的重要性，在各自的工作岗位上，不辱使命，不负重托。

做好金融工作首先要防范金融风险。现在银行业竞争很激烈，股份制商业银行的压力更大，更多的精力要放在抓发展上，没有发展就没有自己的位置，没有发展就没有前途。但是，比发展速度更重要的是运行的稳定性、安全性，这既是银行自身利益之所在，也是广大存款人利益之所在。海发行的倒闭，中农信、广国投的关闭，都给国家造成了巨大损失，也极大地损伤了数以万计存款人的利益。华夏银行视资产质量为生命，提出了"要像爱护自己的生命一样爱护资产"，建立了更为严格的信贷管理体系和"横到边、纵到底"的责任制网络，全行不良资产率始终保持在较低水平。西安分行虽然成立仅一年时间，不良资产问题还没有显露，但我们丝毫未敢大意，成立了专门的信贷审批委员会，实行了信贷专职审批人制度，信贷管理、信贷审查、企业金融、个人金融、国际业务、客户经理、计划财务、稽核监察等多个部门分工协作，共同管理信贷资产质量，各把一关，各守一处，让不良资产无处现身，最大限度地降低资产风险。因为我们深知，一旦出现不良资产就意味着银行的损失，而当不良资产超过一定限度，不仅意味着我们自己断了自己的生命线，而且会侵害广大存款人的利益，对社会造成严重危害。

股份制商业银行要维护好最广大人民群众的利益，还要积极融入到当地经济建设的主流中，在支持地方经济建设中发挥作用。西安分行成立时间不长，但在支持地方经济发展上，总是不遗余力。我们随时跟踪省、市政府确定的重点建设项目情况，主动上门与有关部门和企业商谈合作事宜，有些项目按规定超出了分行的贷款审批权限，我们就多次派人到总行汇报，争取支持。总行也把支持西安分行发展作为响应国家西部大开发号召的具体行动，给予了西安分行最大的"政策优惠"。截止 2003 年 11 月末，西安分行各项存款余额为 23.08 亿元，各项贷款余额为 18.68 亿元。一年来，我们先后支持了陕西公路局、陕西有色研究院、大唐电信、长庆油田、东盛医药、金花集团、东岭集团等重点企业，基本形成了以交通、能源、商贸、物流、邮电、医药、制造业为支撑，各项贷款和票据业务快速增长的信贷投放格局。在我们立足西安的同时，积极向周边的榆林、宝鸡、杨凌、渭南等经济活跃的区域辐射，按照市场规则，实现信贷资源优化配置，实现银企"共赢"。

三、股份制商业银行必须解放思想，与时俱进，不断创新，走"精品银行"发展之路

与时俱进是"三个代表"重要思想的内在品质。胡锦涛同志强调："要用宽广的眼睛观察世界。""要加强对国际经济、政治、法律、文化等方面知识的学习，加快熟悉有关国际惯例，不断提高同国际社会打交道的本领。"对于股份制商业银行来说，与时俱进就是要主动与国际金融接轨，就是要不断创新，谁占领了创新的制高点，谁就有了主动权，谁就赢得了市场。

华夏银行"十年创业一路歌"，每前进一步，都伴随着理念、制度上的创新。1995 年率先进行了股份制改造，1997 年提出了"二次创业"的思想，1998 年提出了"依法治行，从严治行"的方针，2000 年提出进行国际化改造，2001 年提出了走高质量发展之路，2003 年提出创建国内一流精品商业银行，股票在上交所成功上市挂牌交易。随着国内国际经济形势和金融形势的发展变化，华夏银行总是在不断调整自己，以更好地适应市场经济的需要。

中国加入 WTO 后，外资银行的挑战已迫在眉睫。外资银行进入中国发展新业务的手段，一个可能是大力推广前景广阔的银行卡，另外一个是通过网络延伸自己零售和其它种类的金融服务，以摆脱其网点不足的劣势。这同样也是股份制商业银行的致胜之道，规模小并不意味着功能弱，关键要办出特色，走"特色银行"、"精品银行"之路。目前，我行可以提供的金融产品达 170 多种，开通了数据大集中模式的新一代综合业务系统，电子化装备达到国际领先水平。登陆陕西以来，我们细分市场，瞄准空档，依靠与强势媒体的合作，在较短时间内就推出了以华夏丽人卡为代表的一批金融产品，在银行卡、国际结算、个人金融消费等领域里谋得了一席之地。

金融创新是一项系统工程。对股份制商业银行来说，要按照面向市场、服务客户的原则，重新划分和整合银行机构的职能，调整内部结构体系；要以培育优质客户为重点，实施品牌客户战略，重点选择最具发展潜力、有实力的产业和高科技优势企业，培育稳固客户群体，有效带动规模扩张；要改进客户服务和营销模式，为客户提供一体化、一条龙全方位综合服务；要依托电子网络的发展和技术创新，以银行卡为龙头，开拓个人金融市场；要拓宽客户服务范畴，努力开拓多元化市场空间。

四、股份制商业银行必须坚持"两手抓、两手都要硬"，努力建设人本化的企业文化

企业文化不仅是企业思想政治工作的载体，也是提升企业核心竞争力的有力保证。在建立现代企业制度过程中，企业文化的重要性越来越被大家所认识，丰田、松下、微软等国际一流大公司无不有其独到的企业文化体系，与此相对照的是我国近年来迅速成长起来的一些民

营企业，当其自身扩张到一定规模时，由于忽视了企业文化建设，粗放的管理模式和传统的治理方法无法支撑起自身庞大的身躯，有的在一夜之间就崩溃了。

银行与一般企业不同，银行是经营各种风险的企业，风险较一般企业更密集、更无处不在。对一般企业而言，一个普通员工难以把整个企业推向绝路，而对银行而言，一个普通业务员有意或无意的违规操作就会把整个银行葬送掉，巴林银行的倒闭就是一个最好的例证。

股份制商业银行抗风险能力有限，越是股份制商业银行越要加强企业文化建设。在防范风险上，加强内控建设是一道有力防线，建设企业文化是另一道更为重要的防线。伴随华夏银行的发展壮大，涌现出一批批锐意进取、无私奉献的优秀员工，从他们身上，凝聚和提炼出“团结、拼搏、敬业、创新”的“华夏精神”，成为全行员工的精神支柱，这既是华夏银行企业文化的生动体现，也是华夏银行企业文化的灵魂。2001 年，华夏银行明确提出了建设“人本化银行”的企业文化建设规划，明确了企业文化建设的方向。在这种良好的企业文化氛围中，人人都是华夏银行的主人，人人都能充分发表意见，人人都是运动员、参与者和献身者。

“以人为本”离不开人，只有增强员工的认同感、责任感和荣誉感，才能激发起员工的创业热情。在用人上，我们着力淡化“官本位”思想，实行人才竞争制度和奖勤罚懒机制，实行“有为才有位，有位才有丰厚收入”，让能干肯干、勤政廉政者上，让不能干不去干、不勤政不廉政者不能上，让那些为华夏银行做出贡献的人，在物质上都能得到回报，感情上都能有所收获。

做好股份制商业银行的经营管理还有许多问题需要探讨，需要在实践中不断总结经验和教训，不断解决随时出现的各种矛盾和问题。做好股份制商业银行这篇大文章，在目前纷繁复杂的环境条件下，最根本的就是要以“三个代表”重要思想的指导，要按照“三个代表”重要思想的要求，求实、务实、扎实、做实，在实现自身高质量发展的同时回报社会，成为金融界的有生力量、企业界的坚强后盾、老百姓的可靠朋友。

（作者：华夏银行西安分行行长）

加强青年营销队伍建设　提升金融综合竞争力

刘庆田　吕宪伦

金融营销，是金融竞争力的体现。青年队伍营销能力的强弱，直接关系到工行的竞争力。多年来，云南工行边疆广大青年员工期树立营销意识，抓好服务营销，增强营销氛围，改善营销手段等方面，做了大量工作，发挥了主流和骨干作用，为全行经营发展，做出了重要贡献。但面对新的金融竞争形势及建设现代商业银行的要求相比，仍存在许多薄弱环节和不足。须把着力点放在加强青年员工营销队伍的建设和培训上，努力培养一支善经营，懂管理，思想红，品德正，能为广大客户提供综合服务的青年员工队伍，显得十分的紧迫和必要。

一、青年员工参与业务营销中存在的问题

（一）营销理念不深入

一是观念不能与时俱进。思想跟不上时代发展变化，一些青年仍局限于计划经济时代的思想观念、思维模式和操作习惯，对目前我行面临的困难缺乏清醒认识，没有危机感、紧迫感，对业务营销没有积极性，怕麻烦、怕出问题，怕承担责任，不愿承担风险，安于现状的思想依然存在，表现在行动上比较消极，缺乏主动性和进取精神。

二是生存意识淡薄。实际工作中，“以市场和客户为中心”的观念意识淡薄，有的青年员工不是“以客户为中心”，而是“以我为中心”，不是把客户视为“衣食父母”，主动量体裁衣做好服务，而是“根据我的需要，安排你的服务”，能为客户办多少业务就办多少，能办到什么程度就到什么程度，至于业务营销与发展，与已无关，消极对待客户和营销工作。

三是营销意识滞后。现代金融服务无论在空间上还是在时间上都远远超过了柜台的范畴，延伸到了社会的各个领域和人们生活的方方面面，这在客观上要求每个银行青年，要不断强化服务意识，更新服务观念，使服务意识与不断变化的服务需求相适应甚至超前。而实际工作中，有很大一部分青年员工仅仅满足于能通过柜台为客户提供服务，没有从思想深处提高认识和转变观念，变“以我为主”的服务为“以客户为中心”的服务，变坐等上门为主动营销服务。

（二）营销机制不健全

一是没有真正建立“以利润为目标，以客户为中心”的营销机制。在内设机构上，从上到下基本沿用计划经济时代设置职能部门，办事程序多，手续繁杂，审批环节多，效率低上，层层怕负责任。没有构建真正意义上的符合市场经济特点，贴近客户需求和市场需要的职能部门，

使客户享受真正意义上的"一站式"服务。在外部营业机构设置上,虽然近两年实行撤并低效益和亏损网点,但未真正把调整下来的人、财、物倾斜于效益好的机构和发展新业务,使这些机构人员得到充实,设备得到增添更新,场地得到扩展,使其在费用绩效上得一相应倾斜,挫伤了部分机构和营销人员的积极性。

二是分配体制不合理。由于长期沿用旧的经营管理体制,在分配上仍是大锅饭,近年来虽然进行了适度改革,但也只是大平均小差距,适当拉开收入差距,未能真正实现绩效挂钩,多贡献多收入。基层行对那些业绩突出者,也只能在政治上鼓励和表扬,很难做到经济上重奖。其原因首先是上级没有政策依据支持,经不起检查;其次没有形成机制和氛围,对内难以平衡其他职工心理;再次是人力费用紧张,捉襟见肘,分配奖励成为无米之炊。故而形成干好干坏一个样,营销好与坏,分配差不多。

三是营销机构单一。营销应该是全方位的,涉及全行的每一部门、网点、环节和员工。而实践中由于宣传认识不到位,往往形成营销渠道单一。片面认为营销是某一个部门或几个人的事,其余则与已无关,形成领导与职工、上级与下级、二线与一线、银行与客户之间不能相互配合,充分发挥整体联动营销的效果。

(三)营销队伍跟不上

随着改革的不断深化,一些金融新品种、新技术、新工具在我行得到广泛应用,一些金融新理论、新知识、新技能得到宣传普及。在业务方面已由过去存、放、汇传统业务,逐步发展成为资产业务、负债业务、中间业务三大业务并存的格局,形成了人民币存贷款、外币存贷款、本外币结算、代理业务、个人理财、银证转帐等数十个品种的业务体系。全行电子化程度有了大幅度提高,实现全国大机联网通存通兑,资金汇划实时汇兑,开通了电话银行、网上银行、手机银行,初步形成了一个设备先进、功能齐全、网点众多、服务优良的电子银行体系。尽管有这么多优势,但实际工作中我行电子化的知名度、信誉度却不十分理想。分析主要原因有三:

一是重视不够。没有把市场营销作为我行生存和发展的高度来对待。对市场营销仅是口头上重视、思想上忽视、工作中轻视。对为什么要营销、营销什么、怎么营销,缺乏强有力的组织领导和保证措施,对营销工作的着力点应放在什么地方、客户需要什么、未来发展变化是什么,缺乏统一的分析、研究、预测、布置、检查、督促和落实,而把营销简单理解为业务咨询、上街宣传和营业网点的扩张上,而未能把营销定位在主动寻找客户,正确处理一般客户和重点客户,积极提供有特色的个性化服务和大力开拓市场调查上。

二是整体营销素质有差距。营销必须有好的心理素质,较强的协调合作能力,较高的专业知识水平,而基层一线青年存在着知识面窄、业务技能单一、综合能力差的情况,从而影响营销效果。调查中,普遍反映,除具体经办电子银行、网上银行的员工外,很多青年对工行目前开办的新业务了解甚少,没有受到专门培训,缺乏营销知识,对如何营销新兴业讲不清楚,单独营销只能选择储蓄等传统业务。

三是培训跟不上。近几年新业务发展较快,青年员工感到知识老化,知识面较窄,外语水平低,计算机和现代化管理知识贫乏,对新知识、新业务略知一二,很多人不会操作、不会办理,营销中感到力不从心。而上级行的培训很专业,能参加培训的仅是科(股)长、处所主任,而一线职工参培机会很少,平时再不注重自学,办起业务就很生疏,效率低下,客户等候时间长,影响工行形象。

(四)宣传不到位

一是对上级行开发的金融新品种新业务,宣传推介不够,客户认知度低。二是宣传形式简单。平进仅局限于挂条布标、设点宣传,效果不明显。青年员工普遍反映,业务营销宣传应长期坚持,精心策划,持之以恒,应做到电视上有图像,广播里有声音,报刊上有文章,橱窗里有宣传,街道上有条幅,柜台上有资料等。通过宣传,树立工行良好形象。三是信息沟通不够。在当前的激烈竞争中,应注意发挥信息在业务宣传、营销与推广中的主导作用。这几年,过去一些行之有效的常规做法,如客户座谈会、业务洽谈会、银企联谊会、报告会、金融产品宣传等活动。开展得不够,导致信息沟通不灵,营销不力。要使工行业务快速发展,就必须经常为客户提供各种咨询活动,面对面开展促销活动,广泛征求客户意见,听取客户要求,从而确保营销信息畅通,提高市场占有分额。

(五)营销队伍思想不稳定

一是员工思想动荡。近年来,全行改革力度加大,部分青年员工心理状态一时难以适应改革现状,加之思想工作不到位,宣传工作跟不上,对有些政策宣传解释不透,少数青年感到缺乏安全感、归属感,认为管理体制缺乏人性味,对前途产生悲观情绪,无心做好业务营销工作。

二是员工信心不足。一部分员工认为,近几年我行已大面积收缩营业机构,实行内部退养、自谋职业、实拨费用、竞争上岗等一系列改革措施,但经营业绩不见明显改观,社会负面影响却不断扩大,员工思想压力、经济压力、工作压力较大,对工作不主动,不热心,对营销无信心。

三是工作任务重。特别今年机构整合、人员分流力度较大,有一些营业网点仅有2至3人,柜面压力大,加之有的机构,并得了机构并不了帐,在业务经办过程中常出现一个处所主任同时担任几个网点负责人的情况,有的网点日均业务量成倍增长,临柜人员由于人员减少,长期加班得不到休整,难以应付日常工作,无精力、无时间搞好营销。

二、措施和对策

(一)加强对营销工作的领导,尽快建立营销体系和机制

随着银行业经营环境的深刻变化,特别是因为竞争的日趋激烈,银行业的经营理念、经营目标和经营行为发生明显改变,等客上门、坐等放贷的时代已经过去了,开发市场、主动营销成为不可逆转的大趋势。因此,各级行领导应重视加强营销工作,建立以客户为中心的营销体系和服务体系。即按市场客户和金融需求来设置业务营销部门,强化产品营销与客户维护功能。按“以客户为中心,以市场为导向,以服务为宗旨,以赢利为目的”的经营理念和营销体系,成立以各行一把手为首的市场营销工作指导委员会,从全局出发,统一指导和协调全行的市场营销工作;各业务部门整体联动,积极开展各种形式的营销宣传活动;信贷员和外勤人员合并为“营销员”,集“业务员、咨询员、服务员”为一体,为客户提供包括资产、负债、中间业务的全方位服务,当好客户的金融顾问;对我行的优质客户和重点客户,充分利用本行员工与这些客户的特殊关系,组成营销队伍,实行专人和集体营销。同时,建立激励机制,实行奖惩挂钩,奖罚分明,力求从机制上适应市场变化。

在统一全行营销品牌的前提下(如工行的“福万家”个人消费中心),各行应不断发展丰富自己独特的产品和优势,广泛吸引客户,开拓新的客户市场。另外在服务方式上要不断创新。一是努力学习发达国家的先进经验,进一步结合国情,创新客户服务模式,提高为客户服务的水平,稳定与客户的关系。二是根据自身的能力,选择一部分客户,为其“量体裁衣”,提供“金融套餐”服务,进一步加强与大企业、大集团的联系。三是重视银行内部营销,给员工营造一个和谐、宽松、信任的环境,激发员工的工作热情,使全行员工在营销观念,行为取向等方面形成共同信念和准则,从而使内部营销和外部营销整合一致,相互促进,相得益彰,形成全员营销的优势。

(二)树立青年员工的现代营销理念,积极推进新业务创新营销能力

我国加入 WTO 后,外国金融机构所具有的营销优势,已初露锋芒,在一些领域之中还出现了咄咄逼人的态势。因此,我行青年员工必须转变观念认识,不能再囿于传统的“适应需求”的营销思想,而要从生存与发展的高度,积极引入新的市场营销理念,主动根据客户和潜在市场的需要,确立“引导消费,创造需求”的新理念,争夺优秀客户和抢占市场份额,加快构筑金融营销体系的进程。只有这样,我行才能在竞争中立于不败之地。因此,主动登门,博取优质客户,搞好业务的营销,必须纳入各级管理者的重要议事日程。把市场营销理念注入我行经营管理,组织青年员工积极参与到市场营销中,形面主动找市场、找客户、找效益的经营理念和氛围。

同时,让全行员工认识到我行的市场营销不仅仅是哪一个部门的事,而是全行、全员的事,只有从上到下,各职能部门和全行员工都相互联动,对待不同的客户,采取不同的方法和营销方式,才能在业务动作的全过程、市场拓展的全方位中自觉构建立体多维营销导向,才能凝聚整体营销合力,更好地为市场拓展服务,赢得更加广阔的客户市场。

(三)强化青年员工素质培训,提升青年员工综合服务能力

随着科学技术的发展,客户的知识水平越来越高,金融知识也越来越丰富,对金融服务的要求越来越高,这就要求我行青年员工具备较高的素质条件。如宣传能力、公关协调能力、市场调研能力、掌握经济金融政策能力、工作协调能力等等。因此,应加大青年员工培训力度,建立上岗考核制度,推动岗位轮换,使青年员工掌握多项专业知识,提高服务水平,从而充分做好业务营销工作。一是提高现行柜员的综合业务能力。网点操作人员在懂得一般会计储蓄知识和银行业务知识的基础上,重点要学会做好服务导向、业务咨询、产品推介等营销工作,帮助客户选择所需业务品种需求,讲解业务品种的性能,解答客户问题,了解客户需求,使网点服务走出柜台,深入到客户中去。二是对管理人员进行综合业务知识和运用法律手段能力、市场调研能力、掌握经济金融能力等技能培训。一方面使他们真正起到把关堵口,防范金融风险的作用;另一方面还要让他们成为经营方面的复合型人才。三是对客户经理及对外营销人员进行新兴业务、公共关系学、市场营销学等知识培训,使他们熟悉、了解相关的知识,从而能有针对性地向客户宣传我行的金融产品,有重点地针对不同客户需要做出产品营销。

(四)充分发挥青年主力军作用,找准营销工作切入点

占全行员工 70% 的青年,是工行业务发展的主要骨干力量,他们大多工作在一线岗位,是面向客户、营销业务、引导客户金融消费的主力军。各级团组织要认真组织青年员工学习相关的业务营销知识,积极带领青年员工主动出击,把目光瞄准优质客户,不断拓展新的优质业务市场。在开拓业务中全面导入面向客户、面向市场的营销理念,以抢抓机遇、只争朝夕的紧迫感和务实创新的经营作风,带领青年员工奋力拼搏,吹响市场营销的号角,打好扭亏增效,争创佳绩的功坚战。

(五)加强对青年员工的关心帮助,积极为青年成长创造条件,充分调动他们的营销积极性

随着近几年工行的大幅度裁减人员、撤并机构等“瘦身运动”的进行,使边疆工行青年员工面临着很大的压力,最主要的是生存压力和发展压力。因此,各级行领导

及团组织应切实做好青年员工的思想工作，关心了解他们的困难，想办法、出主意、办实事，为他们解决工作、生活、家庭中存在的具体问题，帮助他们树立信心、度过困难。同时开展高层次的文化休闲娱乐活动，使他们在工作之余缓解压力，疏缓紧张情绪，使其身心得到健康发展。

"党的事业离不开青年，青年的成长更离不开党"。各级行党委应加强和改善对共青团工作的领导，把共青团工作纳入党委工作的议事日程，把定期研究和听取青年工作的专题汇报作为一项制度坚持下去，配齐配强团的各级领导班子，关心和重视团干部的锻炼成长，加大优秀团干部的培养，选拔和使用力度，促进包括团干部在内的一大批年轻干部尽快成长成熟起来。

共青团作为党领导的先进青年的群众组织，要坚持不懈地用邓小平理论和"三个代表"重要思想武装教育青年，帮助青年树立创新精神，增强创新意识，要大力开发青年人力资源，培养青年人才，充分发挥青年员工的内在潜能，引导青年员工为我行的改革创新贡献聪明才智，为青年学习、成长和精神文化需求服务，为青年岗位成才，施展才华搭建舞台。以增强青年员工的凝聚力和向心力，进一步激发团员青年的营销积极性，发挥好青年员工在营销工作中主力军和骨干作用。

（作者单位：工商银行云南省分行课题组）

第六部分

学校思想
政治工作

对提高大学生德育质量的思考

李　叶

我们已经迈人了充满希望和挑战的21世纪，以知识信息为基础的经济全球化浪潮悄然而至，对中国来讲这既是机遇又是挑战。面对新形势，我们只有大力培养适应新形势需要的社会主义建设者和接班人，才能在挑战中取得胜利，但要实现这一目标，必须培养符合社会主义"四有"要求的德才兼备的高素质人才，从高校角度上看，就是要提高大学生德育教育质量。

一、正确认识知识经济与德育的辩证关系，是提高大学生德育教育质量的理论前提

21世纪是以高新技术为先导的知识经济时代，科学技术和人力资源越来越成为国家繁荣和民族振兴的决定因素和最重要的资源。一个国家生产力水平的高低和国家的强弱以及可持续发展的后劲大小，越来越取决于劳动者的素质，取决于知识经济的数量和质量。21世纪综合国力的竞争，根本上就是人才的竞争。世界经济发展实践证明，谁重视教育的战略地位，谁就将赢得未来竞争的主动权。因为教育是知识型经济的核心，教育必须为经济和社会发展提供足够的人才资源和智力支持。我国的教育体制能否培养出与社会主义现代化建设要求相适应的高素质劳动者，不仅关系到能否把巨大的人口包袱转化为巨大的人力资源优势，更关系到国家和民族的前途和命运。传统的应试教育体制在计划经济时代，为国民经济的发展做出了巨大贡献，但它的缺点就是对个性特长、创新精神的严重束缚。"一考定终生"制的高考制度，成为千军万马争过独木桥的主要原因。学校把分数作为划分优等生和劣等生的唯一尺度，这些不能不说是传统应试教育的悲哀。考试和文凭在为社会提供了相对公平和客观评价一个人学识标准的同时，也带来了相当大的负面影响。"高分低能"和"高学历低素质"的现象所带来的影响已是不争的事实，已经阻碍了社会主义各项事业的健康发展。因此，在知识经济时代，深化教育体制改革，提高大学生德育质量，加快培养具有创新思维和创造能力的德才兼备的高素质人才，已成为当务之急。

二、正确认识德育教育与应试教育的辩证关系，是提高大学生德育质量的基本条件

中共中央、国务院在《关于深化教育改革，全面推进素质教育的决定》中指出："必须把德育、智育、体育、美育等有机地统一在教学活动的各个环节中，转变那种妨碍学生创新能力和创新精神发展的教育观念、教育模式，特别是教师单向灌输知识，以考试分数作为衡量教育成果的唯一标准，以及过于呆板的教育教学制度。"这是一个适应时代潮流、面向世界、面向未来、面向现代化的英明决策，为我国教育体制改革和高校德育指明了方向。目前有许多大学生认为推进德育教育就是对应试教育的全盘否定，不仅包括应试教育教学方法，还包括考试制度。有些学生认为加强德育教育就可以不要再实行考试了，可以自由地学习，想学什么就学什么，老师要根据学生的要求组织教学。有些高校管理者甚至把学生喜欢不喜欢当作衡量教师教学效果好坏的唯一标准。这种观点是"应试教育向德育教育转轨"过程中的必然产物，这也正是决策学上"沉锚效应"的一个实例。所谓"沉锚效应"就是指首先出现的事物给人一个固定观念，就像船锚下沉固定不动，使人不能对该事物再做出一个全面准确的判断。"德育教育"从一开始就是作为应试教育方面提出来的，人们习惯上把它同应试教育完全对立起来。其实如果用德育教育去全盘否定应试教育既不科学，也不现实。因为，德育教育只是作为改良应试教育的一种手段，它的对立面也并非就是人们所习惯认为的应试教育。德育教育中也包含了某些应试教育的成分，如应试教育培养了学生某些基本的素质，如记忆力、刻苦学习的精神、一定的分析问题和解决问题的能力，这些也是德育教育所必须做的事。同时德育教育也不一定不要考试。在现阶段，我国的高等教育不能只一味强调取消考试，而是要找到一种科学而且简单易行的能用于检验学生思想品德形成与发展状况的检测标准，从而将学生真正从题海里解放出来，将学校从考试的指挥棒下解放出来，把学习上的竞争引导到德智体美全面发展的正确轨道上来。

三、把德育教育贯穿在教学全过程，是提高大学生德育教育质量的核心

大学生德育教育是一项系统工程，不是一句口号，只有按照"四有"教育的要求，实施全过程教学，才能把德育教育落到实处，特别是课堂教学如何体现德育教育，这是一个值得探讨的问题。课堂教学是实施德育教育的主渠道，课堂是教学活动的主要阵地，是德育教育的重点。从传统意义上说教育就是传播知识，把学生获取知识的多少作为衡量教育成败的主要标准，教育领域盛行的"仓

库理论”就是这一认识的反映。课堂气氛沉闷,教师讲的带劲,学生听得没劲。这种以记忆为主的填鸭式、单向灌输式教学模式,即把考试成绩作为评价教育及教学效果的唯一标准,是典型的应试教育模式。这种应试教育模式在信息量相对较少的计划经济时代曾起过一定的积极作用,但在信息万变和知识急剧膨胀的知识经济时代,就显得十分不够了。因为在知识经济时代,知识大体上可分为记忆型和创新型两种。教育过程不是要把学生培养成知识容量越大越好的死的计算机,而是要把学生培养成为必须具备做人的能力和灵活掌握和运用知识的能力的人。

世界科学技术的迅猛发展对大学生的德育教育提出了严峻挑战。作为高等教育,怎样使学生的德育教育适应科技发展的需要,改革教学方法无疑是被关注的重点。在日本,那种指定以选修科目为主的教学计划,充分发挥了学生学习的主动性,让受教育者的个性得到了充分发挥,孕育出了真正的创造性。美国当前的教育改革,十分强调学生学习的主动性,认为教师主要是指导学习的“领路人”,而不是科学的“讲述者”。英国教育部认为,课程应该从活动和经验来考虑,而不是从获得知识和储存的事实来考虑,重视发展学生潜在才能和基本能力,培养探索精神和奉献社会的精神。在具体的教学方法上,也有许多好的方法,如导学教育、和谐教育、情景教育等。这些方法共同的特点是变教师唱独角戏为启发学生动脑、动眼、动手、动口,积极参与教学活动,强调教师和学生的双主体性。同时给学生创造一种“海阔凭鱼跃,天高任鸟飞”和“不拘一格”的宽松的育人环境,充分挖掘学生的想象力和创造力。在教学过程中要多给他们时间,让他们充分地独立思考。上海金融高等专科学校实施《对大学生德育考核四·六评价体系》,就是为了解决知识教育与德育相脱节的问题。因为,引导学生学习专业知识,增长能力本来是件好事、乐事。如果方法不当,就会变成坏事、苦事,教育出来的学生不一定对国家有用。所以教育改革应紧围绕如何激发学生德智两方面的兴趣,教师应多读一些教育心理学的书,多研究揣摩学生的心理,在引导他们对科学知识产生兴趣的同时,要加强思想品德教育。教师不能对学生投其所好,不能迁就学生,因为大学阶段学生的世界观、人生观、价值观正在形成,他们缺乏对社会、对人生、对自己的正确评价。在这种情况下,如果不对他们进行马克思主义理论、党和国家方针政策的灌输,就是对他们不负责,就会影响社会主义建设者和接班人的培养质量,就会影响大学生德育教育质量的提高。

四、加强思想品德教育和人文教育,是提高大学生德育教育质量的重要保证

从中国教育学的角度上看,评价教育成绩的标准不仅包括智力因素,还包括道德、情感等非智力因素。教育不仅要向学生传授专业知识、生产技能,更重要的是塑造人的灵魂,培养人的道德情操,树立人的世界观、人生观和价值观。从这种意义上讲,德育教育的目标是人的全面发展。在大多数人看来,优秀学生的优秀不过在于其智力上的高分,而在道德、情感等非智力因素上是否也能得高分呢?如果这些问题得到的是否定的回答,那么即使智力上得分再高,对社会来说也是无用的,有害的。甚至智力上的得分越高,对社会的危害越大。近几年出现的众多金融诈骗案、计算机犯罪不都说明了这一点吗?这样的高分不是教育的成功,而是教育的失败。为适应我国改革开放和社会主义市场经济体制的新要求,为实现科教兴国的伟大战略目标,要认真实施中共中央颁布的《公民道德建设实施纲要》,要按《纲要》的要求大力加强道德教育,引导学生树立国家、社会所期望的世界观、价格观和道德观。因为,未来的社会主义事业接班人必须坚持高举邓小平理论伟大旗帜,按照“三个代表”的要求,确立坚定正确的政治方向,具有献身社会、报效国家的理想和道德水准。人文教育不仅是传播知识的教育,而且是传播和引导一定的社会价值观念的教育。而在现行的教育教学体系中,重科学教育,轻人文道德教育,使学生在专业技术水平提高的同时,道德却出现滑坡,以至在大学校园里出现了一些本不该出现的现象。从德育教育的内涵看,人才质量的差别,不仅体现在专业知识技能上,更体现在人才的道德品质上。人文道德绝非只是一种知识素养,更是一种精神状态,它体现了一个人的思想修养,从更深层次上体现了人才的质量。人文道德教育要求把知识的传授与道德精神的熏陶结合起来,促使人追求自身完美,获得整体全面的发展,这就是大力提高学生德育教育的根本目标。这样,我们才能为社会主义现代化培养出合格的社会主义建设者和接班人,在经济全球化竞争中占有优势,从而更好地为振兴中华服务。

(作者单位:上海金融高等专科学校党委宣传部)

大学生健全人格教育

和彦芬

一、大学生健全人格教育意义

当今世界信息量激增,科学技术物质生产迅猛发展,这为人的身心发展提供了各种有利条件,同时也对人的素质规格提出更高要求。社会的高需求是否能被社会成员所接受,成为他们的个人需求,同样,社会成员是否能承受起经济改革和政治改革所带来的冲击,这些都与人格的健全密切相关。

21世纪,国际间的竞争已成为人才的竞争,而人才资源将是未来世界的主要能源。现代大学教育的改革和发展趋势必须打破"知识本位论"而树立新型的人才培养观,最终从能力本位发展到"人本位",彻底打破以往对人培养中忽视个性、情感态度、价值观、人生观的现象,培养人从更新处关心人的价值,指向于对人的存在的终极关怀。"以人为本"的现代教育思想与观念反映了当代进步的教育潮流。

2003年我国高校扩招后的第一批毕业生将要毕业,应届毕业生达到212万人,比2002年增加67万人,增长幅度达30%,而社会需求则呈缓慢或与往年持平的状态。当前我国就业形式十分严峻,对人才规格要求更高。目前人才市场对人的要求不仅看重人的知识、能力、实践经验,同时更看重人的责任心、爱心、良好道德修养,这种需求有逐年上升的趋势,这就对高校人才的培养理念提出了挑战和思考。为了适应知识经济时代社会对人才的要求,作为从事高等教育的工作者和教育者必须迅速转变观念,提高认识,在大学教育中真正从思想上、行动上实施素质教育,培养全才全人,把健全人格的教育真正纳入到高等教育中,注重提高大学生全面人格综合素质,使他们的政治思想素质、道德行为素质、文化素质和健康心理素质得以全面协调发展。

二、大学生健全人格教育要素

(一)心理和谐发展

心理和谐发展就是通过一定的教育方式,使学生在认知、情感、意志、行为上和谐统一。在高校教育中不能忽视引导学生的需要、动机、兴趣、智慧、人生观、价值观、理想和信念等向健康的方向发展,让学生内心协调一致,言行统一,能正确认识和评价自己的所作所为是否符合客观世界的要求,是否符合社会道德准则,能及时调整个体与外部世界的关系。一个人如果失去了他的人格内在统一性,就会出现情绪不正常、行为失去控制等诸多问题。因此加强对大学生现实政治教育和思想品德教育,使他们对人生、世界的正确看法上升成为对社会高度的责任感、使命感。大学生文化知识的具备使他们在理论上容易理解,但侧重于行为的教育却较为困难。他们大学前的教育是在一种单项重智育、以应试教育为主的环境中成长,尽管学校把全面发展作为培养学生的重要目标,但真正落实做到的却不多,更多的只是形式主义,对学生只讲分数标准,没有素质标准,素质教育纸上谈兵。这样的教育思想误导了学生,误导了家长,从而导致学生思想和行为的偏差发展。加强此时期认识、行为和谐统一的发展也就显得更为迫切。

(二)正确处理人际关系

人际关系就是人们在客观现实生活中,通过交往而形成的人与人之间的心理关系及其活动形式。其现实性,它是一切社会关系的总和。当今的大学生独生子多,不少学生个人主义、唯利思想严重,面对现代社会复杂的人际关系网,他们我行我素,自以为是,缺乏一定人际交往的意识和能力。让他们在学校里得到较为正确和谐的人际关系教育和锻炼,对于他们今后走向社会以及他们的一生都将产生深刻的影响。

1.思想意识教育

人际交往是人生存的需要。人不能独立存在,人类得以生存在地球上,靠的是人与人之间相互的沟通、信任、帮助、友爱、共同生产、共同进步。人与人之间如不能很好的相处是很难办好事的。

人际交往是人心理健康的需要。人与人之间的相互信任、友善可使人开朗、热情,缺乏友好相处态度的人内心深处会感到恐惧、焦虑、孤独而不安,从而会对旁人产生敌意、嫉妒、攻击的心态和行为。

人际交往和谐上升到一个很高的层次就是团结、大度、合作。当今社会发展需要极强的凝聚力和合作精神,这是社会前进和发展的动力所在。试想"1+1=?"答:当人合作时1+1可以等于3,当人不合作时,1+1=0。所以只有组织内单位与单位之间、成员与成员之间具有良好的人际关系、合作态度才能使人心情愉快,并在良好的精神状态下工作,同心协力,密切配合,从而有利于目标实现。

2. 实践锻炼

苏霍姆林斯基认为:"学校应注意从学生对人的态度和相互关系中,进行情感教育,培养真正的道德美。因此学校应努力创造团结、友爱、和谐、融洽、宽松、活泼的校内人际关系。"

对大学生进行人际关系的教育切忌讲大道理,而忽视应用的能力,应给他们提供良好人际交往的环境,并从中得到锻炼。让他们在团结向上的集体中学会自尊、理解、诚信、人道等优良品质,通过自已的努力赢得社会、他人对你的尊重,并在尊重中感受到生活的价值、意义和人际交往协调的重要性。

(三)智慧和动机的有效运用

人格健全者会把热情、创造动机用在他们的学习和所学专业孜孜不倦的研究中,从而使这类人勇于创造、善于创造,在不断追求与成功中使他们的心情带来满足与愉快,生活充实而不虚度。人格不健全者,却不思学习,不求上进,走邪门歪道,交不良朋友,从而使人格品质恶化。大学生尽管已到了法定年龄,但他们的心理却极脆弱,他们喜欢模仿他们自认为新、异、美的东西。追求官欲,追求大款明星的仪表、风度、言谈举止,并猎奇那些感到刺激和过瘾的事物。由于缺乏一定的辨别能力和成熟的人格,极易产生违纪或越轨行为,甚至滑入深渊。曾有一名大学生来自贫困山区,靠父亲卖血的钱读书,但该学生却被极强的虚荣心所左右,不学习,沉迷在网吧,歌舞厅,学期结束时竟有四门功课不及格,并对父亲的劝导产生敌意,最后离校出走。有些学生进人大学后不珍惜父母辛苦挣来的血汗钱,在校期间动不动伸手要钱,随意乱花钱,甚至摆阔买了手机。强烈的金钱欲望使一部分学生贪钱如命,不懂感情,不具爱心,并做出一些失去人性的违法行为,最终锒铛入狱。曾有媒体针对以上事情进行过反思,告诫大学教育中对学生良好动机的引导、教育,从而减少学生对物质利益的追求超过了对精神信仰的追求。

由此,健全人格的综合发展要素最终就是引导学生学会做人。这是教育的切入点和落脚点,也是教育是否成功的关键。联合国教科文组织提交的21世纪教育报告强调,21世纪的教育,不仅要使学生有知识、会做事,更要学会做人。当今大学教育应把培养学生会做人作为教育的主流,教会他们成为对社会有责任感和事业心的人,有科学文化知识和开拓能力的人,有良好的修养、有爱心的人。使学生从学会生存发展到学会关心他人,关心集体,关心社会,关心人类,先学会做人,再去做学问、做事。

三、大学生健全人格教育环境

环境是人赖以生存的空间,应对环境的教育作用倾注越来越多的感情关注。学校是缩小的社会,学校环境是一种"隐性课程",它暗示着良好的道德规范、高尚的精神境界,"蓬生麻中,不扶自立","人性如青丝,染于青则青,染于黄则黄",讲的就是环境对人的影响作用。

(一)良好人才环境的建设

校园文化环境的建设,是为了在潜移默化中陶冶学生的情操,净化心灵,塑造人格,激发学生的主体意识。校园人文环境是物质环境和精神环境的有机结合。提供良好的人文环境包括优秀班集体、优秀团支部、优秀宿舍等环境,是培养学生集体凝聚力的举措。通过班级在教室、宿舍、卫生区、餐厅、活动场所的综合表现以激励学生关心爱护集体的热情。建设园林式的文化校园及文明举止的要求,礼貌用语的普及,校训文化的渲染,环保意识的加强等等,从而使学生在这样良好的人文环境中切身受到教育,使学生在一所崇尚文明、提倡文明的校园里加深对自然的爱,对生活的向往,对理想的追求,让校园这种文化环境发挥出它的教育功能、育人功能,让它的自然美、社会美交织渗透并产生出一种意境和氛围,对学生生理和心理施加持续不断的导向作用。

(二)良好学风的建设

学风是在集体中起主导、支配作用的风气,它体现集体成员共同的精神风貌,并不断指导和调节集体成员的行动方向。学风的力量是不可低估的。"学以养德"指的就是做学问要有良好的学风,而养成了良好的学风,就会有效地督促人、激励人去努力学习和掌握科学理论,进而为他奋发向上铸就精神动力。这就说明一个人文化的修养与道德品质的修养是相联系的。一个不爱学习的人就会去做许多空虚无聊的事,逃课,不尊敬教师,养成作弊习气,从而出现人格畸形发展。这部分学生严重影响着高等教育质量的提高,也与当今时代发展极不协调,为此加强学风建设势在必行。

1. 严格管理,严格考评

办一所大学应持这样的理念,质量是一所大学生存与发展的生命线。中国的高校必需走西方某些名校宽进严出的路子。作为学校的高层次管理者一定要保持清醒的头脑。如果学校对学生考评制度严格,学生自然会把大量的精力投入到学习中,才会有强烈的事业心、进取心,才能有所创造,才能使他具有责任感、荣誉感和成就感,才会激励学生关心国家大事,产生良好的学习态度,在校园内自然形成竞争意识浓烈的良好学风环境,然而面对近年来大规模办学、扩招、文凭泛滥带来的冲击,短时效益的竞争影响,一些高校管理者唯恐严格考评,就会使生源受损。因此他们认为凡是进入该校的学生能迁就就迁就,考评制度不能过严过硬。办学思想随着他们的这种认识在逐渐畸形发展,这样的心理效应滋长了学风的逐年下降,同样也滋长了学生质量的逐年下降。河北燕山大学的管理者已意识到了严整学风的迫切性,于

2002年秋季，对累计欠学分达到或超过20分以上的在校120名被通报的学生，果断采取退学处理。我认为该校的做法对保证培养合格的毕业生是非常有效的。

2. 舆论导向

舆论是在集体中占优势的，为大多数人所赞同的言论和意见，通常以议论、褒贬的方式肯定或否定集体及成员的言行。高校学风建设要充分挖掘大学生对就业问题的敏感效应，利用德才兼备学生好就业的舆论激发学生学习的主动性和积极性，让学生深切体会自己的付出与努力是与自己的前途成正比的。努力学习意味着对自己负责，对父母负责，对社会负责。建设好学风，就会给健全人格的教育带来方便。

(三)教师人格榜样

榜样的魅力是无穷的。教师以他完整的人格魅力去影响、感染学生，其教育效果大大超过于口头说教，教师完整的人格体现在自身渊博的学问，过硬的教学能力，宽广的胸怀，大度的气魄，较强的实践生活能力，幽默的气质等。扬雄在《法官》一书中言“师者，人之楷模也”。徐特立也强调教师必须具备的两种人格“师，既是人师，又是经师”。经师是教学问的，人师是教行为的。结合当代教育上升理解为教师要以他正确的政治观念，高尚的道德修养，良好的人际关系和严谨的教学作风，对人对事高度的责任感，成为学生的引路人。党的“十六大”也对教师提出了这样的要求，“志存高远，爱岗敬业，育人者必先育己，身正为范，德高为师”，这进一步说明教师人格对学生深远的影响作用。

总之，人格教育是提高高校人才质量的一个重要组成部分。社会对人才的高标准要求会给重质量的大学带来美好前景。注重学生的人格培养就是树自己大学的品牌，为社会输送更多优秀的人才，就会给学校带来声誉，带来良好的生源，这叫良性循环。

(作者单位：云南丽江教育学院)

浅析大学生诚信教育机制的构建

徐柏才　李从浩

《论语·为政》中说：“人而无信，不知其可也。”周敦颐《通书·诚下》中说：“诚，五常之本，百行之原也。”教育家陶行知也说过：“千教万教，教人求真；千学万学，学做真人。”

时代发展至今天，诚信作为公民道德规范，不仅是市场经济领域中的基础性行为，也是个人与社会、个人与个人相互关系的基础性道德规范，同时也是现代文明的重要基础和标志。大学生是中华民族的希望和未来，是社会建设的主力军，也是人类文明的传承者。大学生诚信是整个社会诚信的晴雨表和风向标。学做真人，诚信为本，是大学生思想政治教育的重要内容，也是高校各项事业健康发展的重要保证。

然而，随着社会的发展和社会主义市场经济体制的建立，利益主体多样化、社会组织形式多样化、社会生活方式多样化、就业岗位与就业形式多样化日趋明显，极大地冲击着人们的思想观念、思维方式、行为方式、价值取向，特别是由于受市场经济的一些负面影响，使一些人面对各种利益的诱惑，背弃诚信，惟利是图，见利忘义，使传统的道德教化在市场经济大潮中受到严峻的挑战，导致社会诚信出现危机，并迅速影响到高校的大学生这一特殊的群体。诚信缺失已成为当前高校大学生思想道德教育的突出问题之一。因此，用积极、理性的心态去分析当前大学生的诚信问题，并从大学生诚信教育机制的构建这一层面出发，深入探讨解决大学生诚信问题的可行之道，必将对整个社会的道德建设起着积极的推动作用。

一、大学生诚信缺失的原因分析

1. 市场经济的影响。当前，社会主义市场经济的发展极大地调动了人民群众的积极性和创造性，同时也出现了一些不良的社会现象。从经济领域中的假冒伪劣产品充斥市场、服务质量低劣、坑蒙拐骗他人，到社会政治领域中的以权谋私、权钱交易、贪污受贿、欺上瞒下、搞形式主义、浮夸虚报等，使得人们在认知中产生这样一种错觉，那就是不诚信已在某种程度上成为一种生存手段，甚至是获得利益的一个途径。这必然极大地腐蚀着大学生的灵魂，使得正处于人生坐标十字路口的大学生产生困惑，无所适从。如果大学生缺乏对这些不良现象的判别和抵制，就会受其影响，向不守诚信的方向发展。同时，由于法制不健全、执法不力的问题在罪与非罪之间留下大片空白地带，导致社会失信成本过低。如果有人从背信中得到好处，而没有受到法律制裁，守信反而得不到应有的补偿，这必将诱使更多的人去以身试法，怀有冒险和赌博的心理去疯狂追求短期效应。

2. 学校和家庭教育的影响。一是学校德育的简单化。道德的目的是让人们了解并掌握基本的为人之道。

长期以来,我们的教育体制对德育非常重视,但往往简单化、形式化,结果容易忽视个人道德的完善。二是学校德育的实效性不足。目前教育上最大的问题就是教育者只管“教”,不管“育”。“教”只是传授知识,“育”则是要培养健全人格。由此在道德教育上导致两种恶果,一是教育只管“知”不管“行”;二是教育里只有知识教育,而无情感教育。没有情感,何来诚信?三是部分家庭把一些错误思想灌输给大学生。家庭是大学生接触最多的社会环境,有些家庭只关心学生的学习成绩和日常生活起居,忽视道德品质方面的引导,有些家庭虽然意识到诚信教育的重要性,有意培养,但方法不当等都对大学生诚信品质培养产生了消积的影响。

3. 自身主观原因的影响。绝大多数大学生在意识上能清楚地分辨是非,知道该做什么与不该做什么,他们在认识上是积极的和正确的,并且在努力追求内在品格的自我完善,但他们的自控能力又相对较弱,按道德要求来规范自己行为的自觉性往往又比较欠缺,面对纷繁复杂的社会现象,往往不能很好地把握自己,造成观念和行为上的差距。一些人虽然崇尚诚实守信,却又在追求名利中不知不觉地放弃了这一原则。

二、大学生诚信教育的必要性分析

1. 加强诚信教育是建设社会主义市场经济的必然要求　恩格斯说过:“现代政治经济学的规律之一,就是资本主义生产愈发展,它就愈不能采用作为它早期特征的那种琐碎的哄骗和欺诈手段。”现代商业文化的精髓与灵魂就是诚实信用。市场经济既是法制经济,更是信用经济,它尤其要求市场参与者要有良好的市场道德,无论对法人、对企业还是对自然人,诚信都是立身之本。个人以其信用进入消费领域,企业则以其信用赢得市场与公众。缺乏信用,个人与企业都无法在市场经济环境中立足。

随着社会主义市场经济的不断发展,我国的市场经济信誉评价能力将不断提高,相信在不久的将来,市场经济信誉评价制度也必将在我国建立起来,并且将会不断地完善和发展。市场经济的各主体若没有诚实守信行为,市场经济的大厦就失去了根基。人们只有遵循彼此需要、诚实守信和相互信任等市场道德规范,并升华为市场主体的内心信念,变成行为习惯,才能有效防止欺诈、投机等行为在交易活动中的发生。因此,社会主义市场经济健康发展的当务之急就是要求社会成员有诚实守信的品德。

大学生作为社会主义事业的建设者和接班人,作为社会发展的中坚力量,其道德品德对社会的影响远胜于一般的群体,其诚信品质如何,从某种程度上可以说是决定着一个国家的兴衰成败,决定着中国特色的社会主义市场经济的建立。由此可见,加强大学生诚信教育既是市场经济完善的必备条件之一,也是建设社会主义市场经济的必然要求。

2. 加强诚信教育是中国入世后的必然选择　中国于2002年1月正式加入世界贸易组织后,WTO就成了中国社会各界关注和议论的热点。经济界率先提出,为了迎接WTO的挑战,不仅应当创建“法制经济”,而且更应当创建“诚信经济”。众所周知,WTO的具体规则和规定以及它的基本原则,诸如“非歧视原则、公开透明原则、自由贸易原则和公平竞争”等原则,为国际经济活动和国际贸易提供了基本的行动规范。这些规定和基本原则,已成为国际经济活动和交往的基本大法,为其正常运行提供了法律保证。正是从这种意义上说,加入WTO后的中国市场,无论是面对国内,还是面对国际,也都必须依法行事,中国经济必须成为建立在法制基础上的经济,即“法制经济”。

然而,仅有法制,并不能保证市场经济始终如一地正常运作。美国是一个市场经济发育相当成熟、法制相当健全的国家,但是,接连发生的“安然”和“世通”等巨型跨国公司的欺诈事件,极大地动摇了美国经济的精神支柱和伦理基础。美国专家指出,这些事件所造成的信用或诚信危机对美国经济的打击是根本性的,其危害甚至超过了“9·11”事件。健康的经济发展,离不开法制,也离不开诚信。诚信是法制的伦理和精神基础,法律是诚信的外在强制性力量的体现,二者相辅相成,相互促进。既抓诚信,也抓法制,只有这样,才能从根本上维护和推进经济的健全发展。

加入WTO后,法制和诚信教育的问题更加尖锐地摆在了我们面前。WTO将教育作为服务贸易的一个重要组成部分,纳入整个国际经贸活动及其规则之中,而且我国还对该项服务贸易做了承诺。因此,毫无疑问,我们的教育服务应当而且也必须遵守WTO的有关规定及基本原则,从而使我们的教育成为真正意义上的“法制教育”。否则,我们将违反国际经济法规,不仅将受到惩罚,而且将损害我国教育及整个现代化事业的发展。但是,仅仅从法律的层面上认识WTO是远远不够的,还必须从这些法律的伦理层面上解读WTO的相关规定及其基本原则。只有这样,才能从本质上认识WTO,并在实践中真正实施它们。WTO的各种规定及其基本原则的伦理道德、价值观和精神支柱或基础是什么呢?笔者认为,其基础同样是诚信。诚信缺失,法制经济和法制教育均无从谈起。如果一个社会缺乏诚信,缺乏信誉,充斥着虚假和欺诈,这些非歧视、公开透明、公平竞争等原则又怎能在现实中得以实施呢?因此,迎接入世的挑战,必须加强诚信教育,WTO既呼唤法制教育,也呼唤诚信教育。

3. 加强诚信教育是大学生成长成才的基础和根本　大学生正处于各种观念、态度、品质、习惯形成并逐渐定型的关键期,正是培养诚信品德的良好契机。如果在这个关键时期缺乏针对性的诚信教育，就可能导致人格缺陷或偏离，甚至使其误入歧途，走上犯罪道路。近年来，经济犯罪的年轻化、智力化趋势引起人们的关注，这些青年走上犯罪之路除了社会上拜金主义思潮的影响之外，从其内心深处来探究，重要原因之一就是没有夯实诚信这一道德基石。

大学是人生最重要的学习成长阶段，正是人生观、价值观走向成熟的阶段，也是诚信教育的重要阶段。诚信与否在一定程度上决定了一个人的社会价值观，从学校获取的知识和技能只能说明学术水平和工作能力可以达到何种程度，但它不能保证你是用来为社会创造财富还是用来危害社会的，如果品德方面有问题，能力越强，其危害往往也就越大。因此，让大学生接受比较系统的传统美德教育，特别是在德育中鲜明而突出地充实诚信教育的内容，促使学生把道德基础打得更扎实些，增强抵御各种风浪和诱惑的能力，是大学生得以健康地成长成才的基础和根本。

三、大学生诚信教育机制的构建分析

诚信既是思想观念的认知过程，又是行为习惯的养成和积累过程；既要求个人的内在自我修养和觉悟，又需要有很强的外在约束、规范以及良好的社会环境的熏陶。因此，笔者认为，要构建大学生诚信教育的机制必须注意以下几个方面的内容：

1. 在理念上，注重人本化。要树立大教育观，打破以往以教育论教育，以道德谈道德的空洞说教的教育观念。应改变以往过分注重德育课程的知识化和分数化，淡化德育课程的人文精神，把德育变成一门普通的文化课的倾向，应把教育视点从原来的关注道德规范本身转移到“人的全面发展”上来，着眼于人才的成长，以“人而无信，不知其可也”为出发点和归宿点，注人人文精神，使之培养出的人才能与社会经济发展相适应，与时代发展同步。

2. 在舆论上，实行公开化。学校要营造一种诚信的氛围，完善舆论监督机制，要善于借助舆论的力量，弘扬真、善、美，鞭挞假、恶、丑，抨击和处罚各种弄虚作假，不守信用的行为，并敢于将不诚信的行为公开化，树立诚信的正确导向，营造“讲诚信光荣，不讲诚信可耻；讲诚信得益，不讲诚信不得益”的校园氛围，使恪守诚信者受到舆论的肯定，宣传，获得成功；让不守信用者受到舆论的谴责，批判，难以立足。在这样一种舆论力量的作用下，大学生的诚信自然有一股无形的力量在约束并规范着他们的行为，让他们体悟到诚信不仅是善的、美好的，而且也是符合自身利益的，促进大学生诚信品质从“他律”向“自律”转变。

3. 在实践上，强调一致化。这主要是指认识与实践的一致性。一方面，我们要重视对大学生进行引导，使他们对诚信由认识转化为信念，由信念内化为行动，努力践行知行合一。

另一方面，学校要规范自身活动，营造浓厚的校园诚信环境。一是诚信教育要与师德教育相结合。教师是学生的表率，对于学生来说，教师的一言一行都有很强的示范作用。广大教师在诚信教育中，要做表率和楷模，努力改造主观世界，加强道德修养，自重、自省、自警、自励。要求学生做到的教师自己首先做到，要求学生不做的自己坚决不做；自觉接受学生的监督，用良好的道德形象取信于学生，带动广大学生树立起“诚信”的形象；在工作、生活中，要注意不轻易许诺，“言必行、行必果”。只有言传身教，不搞双重道德标准，才能收到良好的教育效果。二是学校活动，特别是与学生密切相关的一切活动，必须真正做到公平、公开、公正，不弄虚作假，不欺上瞒下，学校必须为学生树立一面诚信的旗帜。只有这样，才能让学生体验到学校的自身行为和对学生的教育要求是统一的，言行尺度是一致的。

4. 在管理上，实现制度化。诚信和利益密不可分，诚信的缺失是因为大学生在利益上有所得，仅仅从道德伦理层面来谈论诚信，或靠大学生良心发现来树立良好的行为规范意义不大，必须加强诚信建设，建立行之有效的诚信管理制度。大学生诚信教育制度化的关键在于人与制度之间必须建立一套良性的互动机制，使得每一个人在自律基础上，通过制度渠道达到自己的目的。若诚信不能得到利益保证，欺诈不能得到应有制裁，诚信将会遭人践踏，尽管它是道德的、正义的、崇高的。因此，必须从制度上来培养诚信意识，遏制诚信的缺失。

(1)加强制度的规范化、法制化建设。针对违反信用以及欺骗、制假造假的行为，学校要制定和完善相关的条例和管理规定，要加大制度的执行力度，用法律手段促使学生培养一颗诚实善良之心，严格履行合同，促使学生维护就业协议，贷款协议的效力。要以《法律基础》课为主要阵地，把民法的“诚实信用原则”作为重点加以讲解，教育学生知法、守法，树立守信的意识，做一个诚信之人。

(2)建立诚信激励机制。积极推进“无人监考”等制度，激发大学生的诚信意识；通过企业赞助等形式，设立大学生诚信基金会，每年组织大学生诚信状况的评比，优秀者及时表彰。

(3)签订诚信承诺书。大学新生、家长、学校或院系三方签订《诚实守信承诺书》，承诺在大学四年中坚守“考试不作弊、不偷盗、不恶意贷款、不伪造证件、不篡改成绩单”等诚信准则，承诺书一式三份，学生、家长、学校或院系各执一份，学校或院系每学期签署意见并盖章，平时列入学生考核标准，学生毕业时进入本人档案。

(4)建立大学生诚信档案。内容包括：大学生本人承诺书、学生的个人基本情况、品行说明、学习成绩、健康状况、经济状况、信用记录等。学生在拿到档案的第一时间,就要在大学生承诺书上签字,树立起诚信的观念。通过档案中的经济状况、信用记录等项内容对学生实施动态管理和实时监控,当学生通过奖学金、勤工助学获得的资金达到一定数目时,学校将会建议学生提前还款;若学生的品行有不光彩记录的情况出现,该生将得不到学校的无息贷款和国家助学贷款。通过一系列有效的数据、事实和行为来证明大学生的诚信度,把个人诚信档案当做大学生个人的第二身份证和走向社会的通行证。

(作者单位:中南民族大学党办;中南民族大学团委)

与时俱进　创新高校的思想政治工作

宋美红

江泽民同志在纪念建党80周年的讲话中指出:"马克思主义具有与时俱进的理论品质。如果不顾历史条件和实现情况的变化,拘泥于马克思上义经典作家在特定的历史条件下针对具体情况作出的某些个别论断和具体行动纲领,我们就会因为思想脱离实际而不能前进,甚至发生失误。"接着,他在党的"十六大"报告中又进一步指出:"与时俱时,就是党的全部理论和工作要体现的时代性,把握规律性,富于创造性。"而与时俱进的实质就是创新,创新是一个民族进步的灵魂,是一个国家兴旺发达的不竭动力",是引导和鼓舞全党和全国人民把中国特色社会主义事业不断推向前进的保证"。联系高校当前思想政治工作的实际来学习江泽民同志的与时俱进理论,使我们深刻地认识到,高校思想政治工作只有按照与时俱进的理论要求实行创新,才能适应人世后的社会客观现实,才能开创人世后高校思想政治工作的新局面。

一、创新高校思想政治工作要以科学的理论为指导

高校思想政治工作要创新,这是人世后的我国的社会现实的具体要求。回顾党的思想政治工作走过的历程可以清楚地看出,我们党的思想政治工作,在每一个不同的历史时期和社会的发展阶段,其任务,内容、目标、方针和方式、方法都在发生变化。与时俱进。创新高校思想政治工作就是人世后我国新的社会现实对我们提出的具体要求。因为,改革开放以来,我国社会生活已经发生并还在发生着复杂而深刻的变化,经济成分和经济利益、社会生活方式、社会组织形式和就业方式多样化日趋明显;各种思潮及思想领域的矛盾和斗争错综复杂、相互激荡;改革过程中积累的各种利益关系的深层次矛盾和问题不断暴露。这些现象都影响着学生的观念形成,使高校的思想政治工作面临许多新情况、出现许多新问题。其次,我国加入WTO)以后,进一步扩大开放必然使西方的各种政治、文化思潮在校园的影响加大,从而冲击高校思想战线的主阵地;加入WTO后的文化方面的服务承诺将使西方媒体得以用不同方式进入我国,学生获取信息的渠道增多,这又对传统的言传身教的工作方法提出了新挑战。再次,目前我国高校的政治工作本身还存在的缺陷,还停留在纯理论说教、形式主义的初始阶段;还存在着"一手软、一手硬"的问题。所以,我国高校的思想政治工作所面临的严峻形势使我们不得不寻找一条新的、与社会实现相适应的出路,这条出路就是全力推动高校思想政治工作的创新。

高校思想政治工作要进行创新,必须以科学的理论为指导,也就是要在解放思想、实事求是,与时俱进的基础上来进行,而要做到这一点,高校思想政治工作者必须具备以下素质:

首先,要认真学习马克思主义、毛泽东思想。马克思主义、毛泽东思想作为人类先进的世界观和方法论,是指导我们一切工作的最科学的理论,它是我们党思想政治工作的理论基础、指导方针和灵魂。用马克思主义的立场、观点和方法对新时期的高校思想政治工作进行研究,进行理性思考,是创新高校思想政治工作的方法保证,也是高校思想政治工作服务于中国共产党的执政和社会主义事业的客观要求。也只有这样,才能发现前工作中所存在的弊端,才可能探索它的客观规律从而在复杂的工作现实和繁杂的理论派别中找出一条符合客观规律的前进之路。

其次,认真学习邓小平理论。只有认真系统地学习邓小平理论,全面准确地把握邓小平理论的科学体系,才能在创新工作中高举邓小平理论的伟大旗帜。邓小平理论是当前我国各行各业工作的理论旗帜,是我们进行思想政治工作创新的理论保证。只有在邓小平理论旗帜的指引下,创新行动才能立足高校思想政治工作的现实,实事求是地从本职工作中寻找突破口,使创新后的思想政治工作紧贴学生、依靠学生、服务学生;使创新后的思想政治工作紧紧围绕以经济建设为中心、以坚持四项基本原则和改革开放为指导。只有这样,高校思想政治工作的实效性才能在我国的社会主义现代化建设的过程中得

到充分体现。

再次,认真学习"十六大"报告精神,深刻领会"三个代表"重要思想的精髓。"十六大"报告内容丰富,思想深刻,具有很强的政治性、理论性、战略性、针对性,是指导创新新形势下高校思想政治工作的总纲。学习贯彻"十六大"报告精神是当前和今后很长时间里的重要任务。通过学习,不断提高思想认识,不断增强忧患意识和时代责任感,增强实践"三个代表"的自觉性和坚定性。只有这样,才能是创新后的思想政治工作更具针对性和实效性。

二、勇于理论探索,切实形成指导高校思想政治工作的新理论

理论创新是马克思主义固有的品格,创新是发展的灵魂。高校的思想政治工作只有理论创新,才会有生命力、吸引力。而进行思想政治工作的理论创新,就是要使我们党的思想政治工作在继承的基础上不断吸取新的实践经验,新的思想而向前发展。在当代中国,正是由于理论的不断创新,才使得马克思主义、毛泽东思想、邓小平理论成为中国社会不同发展阶段先进文化的集中代表,成为时代的精神,成为思想政治工作的理论基础;十六大报告面对世纪之交的机遇与挑战。国际竞争愈益激烈、国内改革进入攻坚阶段的复杂局势,敏锐地把握世界的政治经济的大格局、大趋势,在邓小平理论的指导下,在实践中不断探索、不断开拓,根据新的实践和新的经验进行理论思考和理论创新,形成了新的理论思维和理论认识。"三个代表"重要思想本身就是理论创新的成果,它所体现的时代气息、创新精神和与时俱进的品格为我们推进高校思想政治工作创新作出了示范。

高校的思想政治工作是一项创造性的工作,改革创新是永恒的主题。不能否认的是,现有的思想政治工作理论同具体的社会实践之间存在着某种程度的脱节,与建立和完善社会主义市场经济体制、与企业深化改革及建立现代企业制度、与促进人的全面发展的实践有着不相适应的方面。唯书唯上,把上级指示和"本本"教条化、凝固化,对新问题抓不住要害,不能很好地回答学生的各种困惑和问题,这样的思想政治工作必然缺乏说服力、战斗性,缺乏针对性、实效性。保持马克思主义与时俱进的理论品质,按照"三个代表"思想进行理论创新,必然"自觉地把思想认识从那些不合时宜的观念、做法和体制中解放出来,从对马克思主义的错误的和教条式的理解中解放出来,从主观主义和形而上学的桎梏中解放出来",必须使我们的思想和行动与时俱进,积极探索说明和解决新情况、新问题、新矛盾的理论观点和科学方法,不断推进高校思想政治工作理论思维的更新。

三、积极探索新规律,努力寻求具有实效性的高校思想政治工作新方法

江泽民同志在"十六大"报告讲话中强调,解放思想、理论创新是引导社会前进的强大力量。坚持与时俱进的创新精神、不断探索新时期思想政治工作的新方法新途径,是我们开创高校思想政治教育新局面的重要指导思想和力量源泉。高校的思想政治工作者要勇于面对改革开放给思想政治工作带来的新问题;要勇于面对WTO给思想政治工作带来的新挑战;要善于自我认识,自我批判,自我更新、自我继承,以马克思主义、毛泽东思想、邓小平理论和江泽民同志的"三个代表"为指导,坚持一切从实际出发,解放思想、实事求是的思想路线,在继承和发扬优良传统和经验的基础上,适应新形势,紧跟时代发展的潮流,体现时代精神,积极开辟新途径,探索新办法,研究新情况,解决新问题、总结新经验、形成新认识、开拓新境界,不断增强思想政治工作的主动性、针对性、实效性和时代感。

探索新形势下高校思想政治工作的新途径、新办法,就是要在继承和革新传统的课堂讲授法、党团活动法、第二课堂活动法、社会实践法的基础上,立足思想政治工作的新任务、新内容,结合时代要求和学生实际,探索新的教育方法。

1. 网络渗透法。高校思想政治工作要充分利用计算机网络速度快、容量大、覆盖广、影响力持久的特点开展工作,使思想政治工作做到随时渗透、随地影响、长远持久、终见成效。

2. 环境教育法。环境可以陶冶人,可以规范人,可以感化人。高校的思想政治工作要利用一切可以利用的手段,通过板报、画廊、广播、电视营造良好的思想政治教育环境,以增强思想政治工作的感染力和影响力,促进学生思想道德的健康发展。

3. 典型示范法。在平时的思想教育中,要给学生在精神上树立参照系、行动上树立标杆,通过先进典型的示范作用去教育、引导、激励学生,培养他们正确的道德观、人生观和价值观。

4. 自我教育法。要重视学生在思想政治工作中的主体地位研究,要和他们建立平等、民主、友爱的关系,积极引导学生通过体验、思考、自励、自省等自我教育的方式把自我的感受、体验上升为做人的道理、转化为对真善美追求的内在动力。

(作者:西安大学思想政治部副教授)

经济全球化与高校思想政治工作创新

崔东升

经济全球化正以迅猛之势席卷整个世界，它在改变着世界经济格局的同时，也改变着世界政治和文化的格局，使社会经济、政治、文化以及人们的思想意识、行为等方面都发生了一系列的变化。在这一背景下，高校思想政治教育面临着许多新情况、新问题，如果不与时俱进，积极创新，势必会失去其价值和生命活力。那么，经济全球化给高校思想政治教育带来了哪些新情况、新问题？高校思想政治教育又该怎样创新？笔者就这些问题阐述几点看法。

一、经济全球化给高校思想政治教育带来的新问题

经济全球化即国际经济一体化，是指商品、服务、生产要素与信息跨国界流动的规模与形式不断增加，通过国际分工，在世界市场范围内提高资源配置的效率，从而使各国之间的经济相互信赖程度日益加深。经济全球化是一把“双刃剑”，一方面它推动了全球生产力的发展，加速了世界经济的增长，为少数发展中国家提供了一个难得的经济发展的机遇；另一方面它也加大了国际竞争力度和风险程度，并对发展中国家的民族工业造成了严重冲击，甚至会对其国家主权造成侵害，不可避免地会对一个国家的政治、文化和意识形态产生一定的影响。我国在 2001 年 12 月 11 日加人 WTO 后，受西方的文化习惯、价值观念、生活方式的影响更加直接、迅猛，这使学生的人生观、价值观和世界观呈现出多样化和复杂化的局面，学生的爱国主义情感和社会主义信念日渐淡薄。一小撮西方敌对势力也乘机加紧对我国实行“西化”和“分化”，并采取各种方式和手段不断对我国进行思想和文化渗透，促使多种思想文化的相互激荡、相互冲突和相互影响。由于我国正处于社会主义的初级阶段，生产力水平比较低，还没有最终摆脱贫穷落后和不发达的状态，同西方发达国家相比差距还很大，社会主义的感召力，吸引力也受到一定程度的限制。特别是我国社会主义改革实践中出现的一系列新问题，如多种经济模式共同发展，多种利益的群体出现，就业形式多样化，择业就业难，以及市场经济社会发展中出现的一些贪污腐败现象等，使部分大学生向往追求资本主义的生活方式。虽然当今大学生从总体来说独立思考问题的意识和能力明显增强，但是由于他们的世界观尚未成熟，缺乏从深层次上挖掘政治理论的内涵，对一些社会问题的认识不够全面、客观、公正和深入，因而往往易受外界影响，出现理想与信念摇摆不定，个人价值取向徘徊在高尚与实惠之间，而当二者发生冲突不可兼得时，他们的价值天平会滑向自我，造成其人生观、价值观和世界观的严重扭曲，并向往、追求资本主义制度和生活方式，从而削弱其爱国主义情感和社会主义信念。

毫无疑问，经济全球化不仅给我国经济发展带来了新的发展机遇，同时也对我国高校思想政治教育提出了挑战，使其面临着更加复杂的局面。而我国传统的高校思想政治教育在许多方面还不能够完全适应形势的变化，存在着思想政治教育内容不能及时反映时代的发展，思想政治教育的观念陈旧，不能与时俱进，思想政治教育的方法、手段单一落后，思想政治教育的机制不够合理健全，思想政治教育工作者的整体素质还不太高，这就导致了思想政治教育工作存在着简单化、表面化、过时化的现象，在一定程度上削弱了思想政治教育的功效。目前，有相当一部分思想政治教育工作者存在着以下认识误区。一是教导式地理解“不争论”：邓小平同志讲的“不争论”主要是针对社会主义建设和改革开放中“未知的实践问题”，不能只停留在理论争论上，但对涉及马克思主义基本理论、四项基本原则、一国两制等意识形态领域里的大是大非问题从未讲过不允许争论，二是用办实事代替解决思想问题。他们认为，现在搞市场经济，就要重视利益。于是思想政治工作为了迎合这种心理，常常以解决实际问题来代替解决思想问题，而把政治理论教育理解成“空头政治”，热衷于办好事、办实事，不重视思想教育。三是用娱乐活动代替理想教育。一味追求形式的喜闻乐见和生动活泼，热衷于以乐代教而不是寓教于乐，使思想政治教育名存实亡。四是用制度管理代替思想引导。重制度管理，轻思想教育，没有从根本上解决问题，其结果只能引起学生更大的反感。对此我们不能掉以轻心，必须积极研究新情况，解决新问题，大胆创新，才能与时俱进，为我国参与经济全球化培养高层次的思想政治素质过硬的人才。

二、与时俱进，高校思想政治教育工作要大胆创新

高等学校的任务就是培养社会主义现代化建设需要

的高素质人才,高素质集中体现为科学文化素质和思想政治素质。经济全球化不仅对人才提出了科学文化素质的要求,也提出了思想政治素质的要求。2000年6月,江泽民同志在中央思想政治工作会议上指出:"我们的思想政治工作在继承和发扬优良传统的基础上,必须在内容、形式、方法、手段、机制等方面努力进行创新和改进,特别是要在增强时代感,加强针对性、实效性、主动性上下功夫。"江泽民同志的讲话为我们开展思想政治教育指明了方向,我们应在这一精神的指导下加强和改进高校思想政治教育工作。

1.思想政治教育观念的创新

高校思想政治教育的对象是新时代的大学生,他们是有着独特心理和情感需求的活生生的人,是有着认知不同和个性差异的人,是处在一定社会环境中不断变化的人。因此,思想政治教育工作要解放思想。实事求是,与时俱进。要把思想政治教育作为一项事关全局的战略性问题来抓,要积极、主动、超前、务实,要强化人生观、世界观,爱国爱社会主义教育和时事政策教育。还要把科学化、现代化作为最高境界,用科学理沦、科学技术、科学思维武装思想教育工作者,注重思想政治教育的情感性和艺术性,使思想政治教育活动集思想性、知识性、趣味性、娱乐性为一体,提高其吸引力、凝聚力和战斗力。

2.思想政治教育内容的创新

思想政治教育的传统内容主要包括政治理论教育、思想道德教育、党的基本路线教育和民主法制教育。这些内容只有在其反映和体现了时代与社会发展的要求时,才可能被公众所接受、因此,思想政治教育的内容必须跟上时代和社会发展的步伐。当前,除了上述传统的思想政治教育内容外。还应特别重视和加强理想信念教育、"三观"教育、心理健康教育、竞争意识教育、诚信意识教育、规则意识教育、危机意识教育、效率意识教育、合作意识教育、全球意识教育、公民意识教育,以及创新意识教育。总之,思想政治教育的内容必须与时俱进。着眼于我国社会经济、政治、文化、科技、教育的实际,及时了解和掌握社会发展的最新动态,增强时代感,赋予新内容,同时;还要着眼于马克思主义理论的发展,深入研究马克思主义的科学原理和科学精神,善于运用马克思主义的立场、观点和方法研究新情况解决新问题,放眼世界,关注世界各国开展思想政治教育的动态,大胆借鉴西方思想政治教育的精华。

3.思想政治教育方法的创新

思想政治教育方法的创新,就是在新形势下对思想政治教育的传统力方法进行改革和创新的实践。当前,高校思想政治教育首先要化虚为实,在"学"和"说"的基础上加强"做"的环节。也就是说,思想政治教育不能停留在"明理"、"说理"的层面上,只说不做,而应注重解决学生学习中、生活中、工作中遇到的实际问题,为学生办实事、办好事,排忧解难,以实际行动赢得学生的支持和信任。其次,要改进思想政治教育工作的方法,加强其巧妙性和隐蔽性,尽量避免空洞枯燥的说教和生硬的灌输。美国等西方国家,通过心理咨询和职业咨询等方式,有意识地对学生进行思想政治教育,颇有成效。再次,根据工作对象的个性化特点采取个性化的方法。当今社会,大学生的个人主体意识日益增强,思想政治教育必须根据工作对象的个性化特点采取个性化的方法,在肯定个性、尊重个性、发展个性的前提下有针对性地进行思想政治教育。最后,要重视思想政治教育各种手段的互相配合,如制度手段、法律手段、管理监督手段的综合运用。

4.思想政治教育途径的创新

当前,科学技术的发展突飞猛进,对社会生活的影响和作用越来越大,也为高校思想政治教育开辟了新的途径。特别是由于互联网以其时效快、范围广、容量大、成本低、双向交流等特点,对大学生具有巨大的吸引力,但是网上充斥着大量的精神文化垃圾,其负面影响不容低估。对此高校思想政治教育工作首先应该迅速适应网络信息技术的发展,高度重视发挥网上优势,建立高质量的思想政治教育网站,注重开发具有时代感的有较强感染力、影响力和吸引力的思想政治教育软件,牢牢占领网上阵地。其次,还要加快思想政治教育咨询机构的建设,精心组织、聘请一些有经验的思想政治教育专家开展思想政治教育咨询工作。同时,还应注意采取大学生喜闻乐见的文化娱乐形式,如文艺演出、外出参观等活动,寓教于乐,达到思想政治教育的目的。

5.高校思想政治教育要从机制上创新

要实现思想政治教育机制上的创新,首先必须把思想政治教育看做是一项系统工程,站在历史的高度,以战略的眼光来思考、设计这一工作,要求学校各部门、各学科齐抓共管,全员育人。其次,要建立他律和自律相结合的教育机制,二者相辅相成,缺一不可。通过理论学习、榜样引导、文化熏陶、社会实践等途径,使学生思想境界得到升华,逐步达到品德优良、遵规守纪、善于慎独的境界,即由他律到自律的过程。最后,要建立物质奖励与精神激励相结合的激励制度。尽量满足学生参与活动、参与管理的欲望,为学生提供各种机会,培养其自我实现感和成就感。动之以情、晓之以理的教育是"软工程",而依据规章制度所进行的管理则是"硬工程",将二者有机地结合起来,可以使教育和管理显示出更大的成效。

综上所述,经济全球化必然促使人们的思想观念和行为发生种种变化,其负面影响不容忽视。因此,高校思想政治教育必须与时俱进,从观念,内容、方法、途径等方面进行创新,才能真正地把思想政治教育落到实处。

(作者单位:河南郑州师范高等专科学校)

当代大学生思想道德状况的调查与分析

汪　慧

为提高高校思想政治工作的针对性、实效性和科学性，共青团浙江省委组织力量于2003年5月对浙江省14所不同类型高校的在校大学生进行了问卷调查。

一、调研概况

本次调查共发放问卷1,500份，回收有效卷1,314份，有效回收率为87.6%。其中大学生的性别抽样分布为：男性占54.3%，女性占45,7%；年级的抽样分布为：大一占28.9%，大二占31.5%，大三占22.8%，大四占13.2%，硕士生占3。3%，博士生占0.3%。年龄的抽样分布为；20岁以下占41.2%，21－25岁占57.8%，26－30岁占0.8%，31－35岁占0.2%，36－40岁占0.1%。政治面貌的抽样分布为：中共党员占21.2%，共青团员占77.5%，民主党派占0.3%，无党派人士占1.0%。此外，被调查大学生中，有51.8%的学生为学生干部，有48.8%的学生为独生子女。

二、大学生思想道德状况的全息摄影

（一）政治态度解析

1. 关心国家大事，政治思想稳定、健康。调查表明，众多的大学生已明确地认识到个人成长离不开现实的政治环境，所以他们普遍关注国际国内重大政治经济事件及社会政策，爱国热情高涨。调查显示，52.4%的学生认为自己很爱国，82.5%的学生为自己是一个中国人感到自豪。在问及“过去的一年多，哪些新闻事件给你留下印象最深”时，排在前五位的分别是“美英对伊发动战争”(91.5%)、“非典”流行(90.3%)、“党的十六大胜利召开”(87%)、“姚明成为NBA状元秀”(48%)、“上海成功申办世博会”(41.6%)。调查还显示，66.7%的大学生经常收听或收看新闻节目。

此外，大学生对政治生活中影响社会稳定的因素，如社会分配不公问题、社会腐败现象、农村经济发展问题、“非典”问题及道德失范等问题都比较关心，对保持政治局势的稳定和经济持续发展充满信心。在问及“您认为国内亟待解决的问题”时，排在前五位的分别是：社会腐败(81.4%)、抗击“非典”，建立有效的公共卫生体系(73.3%)、贫富差距(59.5%)、“三农”问题(54.5%)、道德失范(50.9%)。而两年前大学生普遍关注的“社会治安”及“国企改革”问题，由于政府这两年的努力，已初见成效，不再被列入国内目前亟待解决的问题的前五位。这表明，大学生对政治问题、重大政治事件的看法多能站在国家大局的制高点上，明确地意识到国家政治环境对自己成才的重要性，并且能与时俱进，用发展的眼光看问题，在现实的政治环境下寻求个人的全面发展。

2. 政治视野比较开阔，政治评价更为积极。调查显示，78.4%的学生同意“中国必须走建设中国特色社会主义道路”，76.2%的学生同意“中国社会主义现代化建设必须坚持中国共产党的领导”，72.9%的学生同意“‘三个代表’重要思想是我们党的立党之本、执政之基、力量之源”，79.5%的学生同意“全面建设小康社会的目标是实事求是，催人奋进，一定能实现”。而两年前我们在对浙江省大学生进行调查时，对前三个问题持同意态度的人的比例分别是68.7%、64.1%、72.3%。由此可见，大学生在实践中已进一步认识到党的路线、方针、政策的正确性，感受到了祖国的发展与进步，对中国改革和发展的前途充满信心。

3. 政治鉴别力不断增强，对政治、社会问题的分析更趋冷静和理性化。当代大学生已能比较冷静地思考一系列政治问题，不再容易被某种思潮或某种势力所左右而采取过激的行动，政治上日趋成熟。调查显示，大学生对近年来党和国家工作的总体评价是肯定的，37.5%的学生认为中央近年来反腐败工作有成效，80.8%的学生认为中央开展的深入揭批“法轮功”斗争有成效，91.1%的学生认为对“法轮功”的批判是必要的。同时，大学生们的评价又是理性的，既能够认识到社会的发展和进步，也能发现存在的不足和问题，很少有非此即彼的简单判断。

但同时我们也看到，大学生在政治思想和政治观念上也存在着一些不容忽视的问题。

1. 参与政治活动的热情有所降温，主动性不强。随着我国高等教育体制改革步伐的加快，开放办学、扩大招生、上大学交费、自主择业等一系列改革措施的出台，高等教育由往日的精英教育逐步过渡到平民教育，大学生以往的优势感逐渐淡化，对参与政治活动的热情从总体上已趋于平淡态势。调查结果显示，大学生参与政治活动处于积极和不积极两极态度的人都较少，分别占7.5%和1.9%，处于中间态度的人比例较高，占82.1%。具体而言，当代大学生的政治参与意识又有如下特点：一是文科学生比理工科学生、师范学生比其他学生的参与意识强烈；二是高年级学生的参与意识显得目的更明确，思想更深沉，愿望更强烈；三是党员、学生干部、团干部比一般学生的参与热情更高。但总体而言，与上个世纪中国大学生在参与各种政治活动上所表现出的主动激进相比较，在政治上做“平常人”，拥有“平常心”正在成为当代大学生思想倾向的主流。

2. 政治取向上存在着较明显的实用、功利性倾向。调查表明，仍有15.7%的学生党员承认加入共产党的动机是“为了个人的发展需要”，有28%的学生党员的入党动机是“既为自己，也为人民”。这说明，部分大学生一方面把政治看作是自己成长的客观条件和实现个人利益的一种手段，另一方面又不想更多地承担应尽的政治、社会责任，功利倾向较明显。

（二）价值取向扫描

本次调查结果表明，大学生的价值标准从单纯的以生存为目的正在向体现自身价值与自身个性的张扬发展，大学生价值取向的变化有如下特点：

1. 兼容性。越来越多的大学生开始追求进取务实和协调并重的价值选择，表现出明显的兼容性。大学生在个人与社会、义与利、奉献与索取问题的选择上不愿偏重哪一边，而是寻找结合点，希望“社会与个人利益并重”，“事业和利益兼得”。在问及“作为党员，在个人利益和集体利益发生冲突时，您作何选择”时，53.1%的人选择了“在不损害集体利益前提下兼顾个人利益”。

2. 主体性。市场经济的发展极大地张扬了当代大学生的个性，就整体而言，他们的价值取向正在由传统的社会本位转向个人本位。主要表现在崇尚自我，以个人为主体，注重自我设计、个人奋斗，强调自我价值的实现。调查显示，75.1%的学生同意“人生的满足在于最大限度地实现自我”。

3. 多样性。一是价值评价标准的双重性、多样性。当代大学生习惯于以集体主义的价值标准要求别人，对自己却采取利己主义的价值标准；对学雷锋、见义勇为等行为观念上认同，但却不积极转化为自己自觉的行动等。如在回答“您最厌恶的行为”时，排在前三位的分别是“自私自利，损人利己”（占73.9%）、“虚伪，不诚实”（占70,9%）、“不守信用”（占54.7%）；而在回答“您认为最应该受到谴责的不道德行为时，却只有11.3%的学生选择了“损人利己”，仅排在“酗酒”前，列倒数第二位。这种矛盾性和双重标准，充分反映了处在社会转型期大学生的复杂心态。二是价值取向的多样性。既要顾全大家，也要快乐自己；既要国家安全，又要个体幸福。思想观念的多元化，必然导致行为选择的多样化。调查表明，大学生在择学、择友、择业及自我设计方面都充分体现出了多元化的价值取向。在学习上，他们已不局限于专业知识的界限。高校“弹性学分制”的实行和“三分之一同学入学后可转专业”的试点，使大学生有条件自主地选择专业方向；“双向选择”的就业模式，股份制运作的企业体制，国有、民营、独资、合资等多种所有制形式并存的单位结构，更是将以往职业终身制的概念淡化，职业流动将被新世纪的大学生视为平常事，“人往高处走”、“摸着石子过河”、“逐步到位”成为大学生的一种普遍心态；当代大学生对未来的设计也是多视角、多方位的。在回答“你的择业标准”时，排在前三位的，分别是“单位有发展前途”（占70.4%）、“收入待遇高”（占57.7%）、“培训发展机会多”（占50%）。三是价值实现途径的多样性。调查显示，大学生在价值实现的途径上，倾向于既靠自己努力，又争取别人帮助，倾向于在不损害他人利益的前提下实现自我价值。在回答“您认为就业最有效的途径”时，46.1%的学生选择“自己到用人单位应聘”，17.1%的学生选择“依靠父母、亲戚和朋友的关系”，24.8%的学生选择“通过人才市场”，8.1%的学生选择“由学校推荐”。

4. 矛盾性。由于市场经济条件下社会群体利益分配的差别和价值观念的多元化，当代大学生在价值观念上的困惑和矛盾明显增多。“价值认知模糊”也体现在大学生个体的人格上。一方面感到天下兴亡、匹夫有责，另一方面看到拜金主义、极端个人主义倾向产生疑虑；一方面在学校接受多正面教育，另一方面看到社会上一些消极腐败现象又感到无所适从，这使许多大学生在个人本位与社会本位、成才与发财之间徘徊。大学生在价值选择上，既有对传统道德的怀念和依恋，也有对新的价值尝试的激情和冲动；既有对价值超越的向往和喜悦，也有对现实社会的迷惘和困惑。价值观困惑和矛盾体现在三个反差上：道德认知与道德实践的反差，大学生既崇尚真善美的精神境界和高尚人格，又注重现实，讲究实惠和实际，注重物质利益和生活目标；校园内外的反差，既实际存在着道德双轨的现象，在学校提倡高水准的道德规范，而社会上某些人低水准的道德行为和道德意识也在蔓延；理想教育与社会现实的反差。调查给我们的突出感受是，当代大学生是在求新与守旧、优越与自卑、求异与从众、贡献与索取、个人与集体等价值冲突中形成自己的观念与行为。在价值判断与选择上存有“关心与冷漠相容，希望与困惑并存，进取与彷徨相伴，认同与失落交错”的心态。如在问及“您学习的主要目的是什么”时，71.7%的学生选择“为了充分挖掘个人的潜力，实现个人的价值，排在第一位，也有2%的学生选择了“为了将来把国家建设得更好”。

5. 时代性。当代大学生的价值取向体现了公平、效率、竞争、自立、诚信的时代特征。调查表明，有54.9%的学生认为自己应强化诚信意识，列第一位，20.4%的学生认为应强化公平，效率意识，24.7%的学生认为应强化竞争意识。如今的“象牙之塔”已卷入日趋激烈的竞争之中，面对日益加重的学习压力、不绝于耳的就业难的呼声，大学生的“成人”意识在日益激烈的竞争中逐渐清晰起来，在与各种复杂问题的交战竞争中，他们开始走向自立。调查同时显示，当代大学生的爱心显得更务实。在问及“您愿意向以下哪一种情况捐款”时，36.6%的学生选择“一个贫困家庭的小孩患了重病，急需钱来医治”，35.1%的学生选择“成绩优秀、家境贫困、无力负担学费而无法继续学习的同学”。

6.不稳定性。在传统与现代、进步与落后双重价值的冲突和互动下，价值相对主义成为当代大学生价值取向的又一特征。“回归传统”、“全盘西化”、“实用理性”这些相互矛盾的价值取向可能在同一大学生的行为中得以体现。与传统道德灌输相反，青年更宽容“道德不确定性”的存在，对社会主导价值和信仰抱有更多的“游离”态度。如在问及“假定在街上遇到歹徒行凶，你是否会挺身而出”和“假如国家遇到危险或困难，你会怎样”时，分别有6.6%和2.6%的学生的答案是“不清楚”。可见，当代大学生的价值取向仍处于急速的动荡、演变和组合之中。此外，大学生正处在青春期，某些生理和心理因素处于极不稳定的变化中，具有强烈的好奇心，容易被外在的热点所吸引，其兴趣热点游离带来很大的随意性。入世使我国的政治、经济、文化各方面都发生了变化，而这种社会变动必然会影响到大学生的思想观念，具有很大的可塑性。

（三）道德状况述评

调查表明，中华民族的一些传统美德仍为许多大学生所认同。如在回答“到目前为止，对于你的成长和进步，你最感激的对象是谁”时，排在前两位的是父母（86.2%）、老师（47.3%），这一结论在对教师的调查中得到进一步印证，只有5.6%的老师认为大学生不孝敬父母。在问及“当别人对您伤害时，您的态度如何”时，32%的学生选择“忍让”（列第二位）。看来还是有不少学生乐意选择传统文化“忍让”来息事宁人。

调查显示，大学生对人生基本道德要求和道德价值取向日趋稳定和成熟。例如，他们对“人生的价值在于奉献”和“个人利益应该服从国家利益”持同意态度的比例高达74.7%、74.9%，85.1%的学生同意“弘扬民族精神十分必要”。对社会上存在的道德失范现象反映强烈，对唯利是图、坑蒙拐骗、假冒伪劣、钱权交易、环境污染等社会丑恶现象深恶痛绝。如在回答“你认为最应该受到谴责的不道德行为”时，25.8%的学生选择了“制造销售假冒伪劣产品”，36.8%的学生选择了“污染环境”。在问及“开发某处自然景观能创造可观的经济收入，但可能会影响生态环境，假如您是当地领导，如何决策”时，77.5%的学生表示不能开发。在问及“当别人对您伤害时，您的态度如何”时，选择人数最多的是“诉诸法律”，占34.5%，但还有9.1%的学生选择“以牙还牙，以血还血”。这也为我们提出了新的课题，即如何进一步引导大学生强化法制观念，杜绝此类非理性行为。此外，只有4.3%的学生选择告诉师长或校领导，这应引起我们的思考。

应该肯定，当代大学生群体的整体道德水准在全社会范围内处于较高层面，但就大学生群体本身来说，其道德状况，特别是道德判断和行为方面存在着矛盾和困惑。在回答“您在判断道德问题时主要依据什么标准”时，81.9%的大学生选择“是否损害他人”和“个人良心”，这表明当代大学生的道德判断、道德选择以良知型为主。此外，本次调查也显示，在新世纪，权威在大学生心目中已失去了耀眼的光环，因为以“权威人士的说法”作为道德判断标准的大学生仅占0.6%，排在所列标准的最后一位。他们的道德判断有很强的个性化色彩。如选择“大多数人的看法”的学生只有6.1%。

调查结果显示，大学生崇尚“自扫门前雪”或是渴望“双赢”。见义勇为、助人为乐这一传统美德正在打折。当代大学生似乎更注重保护自己和自己的家人，并在此前提下，给国家、集体和他人以尽可能多的帮助。如在回答“假定在街上遇到歹徒行凶，您在下列哪几种情况下会挺身而出”时，被调查者回答处于前两位的分别是“受害人是自己，为保护自己”（占30.6%），“有较大把握取胜”时（占24.6%），而把“受害人是自己不认识的人”作为前两项的只有2.3%。在回答“假如国家突然遇到危险或困难（如灾难、敌国入侵等）”这一问题时，59.9%的同学选择“尽自己最大力量给予帮助”，32.9%的同学选择“国家需要，可以献出自己的一切”。但在对教师的调查中我们却发现，64.3%的大学教师同意“现在大学生道德意识很弱”的评价。

（四）理想信念一瞥

调查表明，当代大学生是有理想的，他们还未完全抛弃传统的、对理想信念的理想化的追求。从近几年大学生入党动机的变化发展趋势来看，大学生选择“实现共产主义理想”的比例越来越高，列第二（达到46.6%），这说明十六大后，大学生中共产主义理想信念正在逐渐回升。当然，时代不同，社会实践不同，理想也会有差异。当代大学生既注重社会理想、道德理想，也强调生活理想、职业理想，特点是现实性和功利性。相对过去那种把理想与个人发展相对立、相脱离来说，这是一种进步。在回答“您学习的主要目的是什么”时，并列第二位的是“找个好工作”、“报答父母”（62.6%）。

（五）责任意识透视

由于市场经济的冲击，当代大学生更多地关注自我，社会责任意识有所淡化。在问及“您对学校组织的各项思想教育活动的态度”时，42.2%的学生回答“一般”，调查表明，学生党员的责任感很强，在问及“作为党员，你的责任感、自豪感如何”时，92%的学生党员回答“非常强”或“比较强”。

调查显示，如今的大学生欣赏鱼和熊掌兼得的责任意识。他们一方面表现出较强的集体观念，另一方面又不愿为集体利益牺牲个人利益，他们在理想与金钱、精神追求与物质享受方面，开始抛弃非此即彼的极端思想方式，力图二者兼顾。他们愿意为社会、为人民贡献力量，但同时也要求索取应该得到的报酬。本次调查发现，有74.9%的学生同意“人生的价值在于奉献社会”，74.9%的学生同意“个人利益应当服从国家利益”，32.1%的学生赞成“人生目标在于追求个人的名誉和利益”。这种看似很矛盾的评价，实质上表明当代大学生在集体责任意识上既有值得肯定的一面，又存在着问题，这恰恰是转型社会多元化思想在当代大学生责任意识上的表现。

三、问题与原因

（一）市场经济的消极影响

我国社会主义市场经济体制的确立和发展，极大地推动了我国经济发展和社会进步。在这一环境中成长起来的年轻大学生，求真、务实、勇于拼博、敢于创新。但市场经济自身的盲目性、自发性特点和利益原则、等价交换原则的消极方面，也直接或间接地影响到大学生。如市场经济的利益驱动原则和竞争规律使个人利益、小集团利益得到强化，此外，市场经济使大学校园讲实惠、讲实利的风气盛行，媒体对“大款”们豪华奢侈的高消费生活有意无意的渲染，街上流行的时装，多彩的商品，常常令一些大学生羡慕和倾心。在物质欲望的驱使下，有一些大学生理想淡化，漠视未来。他们对人生的理解，仅仅停留在物欲的满足上，做事、交友甚至学习都以是否带来直接的利益为标准进行选择，于是出现重专业轻基础，重智育轻德育、重有形证书的取得轻无形综合素质提高等现象。

（二）高等教育改革的影响

高等教育的改革，校园环境的变化，校园文化的发展，给高等教育带来了勃勃生机，但也对当代大学生的思想行为产生了新的冲击和影响。特别是“招生并轨，收费上学”和“双向选择，自主择业”等招生分配制度的改革，一方面促使学生更加勤奋学习，注重能力锻炼，完善知识结构；为一方面，家长高额的教育投资强化了他们的效益观念。收费制也使学生对报效祖国、回报社会的责任感有所淡化。同时，为创收而招收的各类成教学生在校内居住对学校校风的冲击很大，加上众多学校新校区的出现，校园环境进一步复杂，学生之间的摩擦和纠纷容易形成校园热点。

（三）不正之风和腐败现象的影响

当前社会上存在的不正之风和消极腐败现象也给大学生树立正确的人生价值观带来了不良影响，一些大学生在理想信念上出现了困惑、迷茫和无所适从，有的厌恶政治、玩世不恭，有的则强化了当官发财的思想意识。

（四）大学生思想政治教育机制的影响

高校目前对大学生思想政治教育的形式单调、内容僵化，针对性不强。此外，还存在着教育手段落后、教育力度不够的问题；对大学生中表现出来的不良思想倾向，缺乏从根本上解决其深层次问题的有效机制；对学生中存在的忽视政治理论学习，不遵守校纪校规等问题缺乏有力的约束机制；只强调抓学生分数而忽视思想品德的培养，只注重专业教育和科研而忽视思想政治教育，这些做法都不利于促进当代大学生正确人生观的树立。

（五）当代大学生自身的弱点

当代大学生一直生活在宁静的环境中又承担着繁重的学习任务，这使他们往往以一种远离现实的特殊方式感受时代的变革。对他们来说惟一重要的人生竞争就是高考，故他们以胜利者的姿态进入高等学府后，不少人就放松了对自己的要求。加之现在大学生中绝大多数是独生子女，其家庭环境优越，从未受过艰苦生活的磨炼，渐渐就形成了自私自大的心理，这使他们当中不少人不可避免地在人生观、价值观方面出现种种弱点。

（作者单位：浙江省团校青少年研究中心）

在高校思想政治工作中继承和发扬“疏导方法”

杨兰英

邓小平同志曾指出：思想政治工作“无论过去、现在和将来，这都是我们的真正优势。”（《邓小平文选》第三卷第144面）思想政治工作之所以成为我们党的真正优势，不仅表现在我们党有正确的政治纲领，有先进的思想理论，而且也表现在我们党在几十年的革命斗争和建设实践中，形成了一整套行之有效的思想政治工作的具体方针和方法，这是我们党能够发挥思想政治工作优势不可或缺的重要内容。其中，“疏导方法”就是我们党在长期的革命和建设实践中形成的一条重要思想工作方法。在建立社会主义市场经济体制、加入全球经济一体化激烈竞争的新形势下，高校思想政治工作的具体方法也应该要创新发展。但是，创新发展离不开继承优良传统，创新必然是在继承基础上的创新。因此，不断深化对“疏导方法”的认识，使这一方法不断得到完善，并针对新的实践加以科学灵活的运用，同样是思想工作创新发展的一个重要内容，而且对于做好当前的思想政治工作有着突出的作用。

一、适应形势发展要求，不断深化对“疏导方法”科学内涵的认识

对“疏导方法”，一般的解释是：所谓疏通，就是广开言路，集思广益；所谓引导，就是循循善诱，说服教育，把群众的思想引导到正确的方向，应该讲这种解释有一定的正确性，但作为我们党在长期思想工作中发展起来的一条重要方法。其内涵还要丰富得多。这就需要我们从实践中不断总结新经验，不断深化对这一方法的认识。

从“疏导”一词的本身涵义来看，疏导原是一个专业用语，其原意为开通被堵塞的水流而使之畅通。用于思想工作属于引申义，即把人们的思想活动比作水流，当思想上产生了顾虑或疙瘩，思想活动的交流也就出现了堵塞，这时就需要清除人们思想中的顾虑或疙瘩使思想活动的交流能够顺畅。因此，把疏导方法引入到思想工作，准确讲应该是“消除顾虑，解开疙瘩，畅所欲言，沟通思想”。另外，从实际的思想工作看，虽然“疏导”的落脚点是“广开言路，集思广益”，使人们的思想交流能够顺畅起来，但作为实际的思想工作，只有首先清除思想顾虑、解开思想疙瘩，才能真正沟通思想、畅所欲言，从而达到广开言路、集思广益的目的。因此，疏导方法的涵义应该着重在于“如何疏导”，即如何努力消除教育对象的思想顾虑，解开教育对象的思想疙瘩。我们掌握和运用“疏导方法”，最主要的也要在清除思想顾虑、解开思想疙瘩上着力。

同时，在实际运用“疏导方法”的具体工作中，这一方法的内涵得到了不断丰富。比如，许多思想工作者在实践中深刻体会到，运用“疏导方法”既要消除堵塞、畅通思想的交流，并循循善诱地把人们的思想引导到正确的方向上来，同时又要注意堵住不良思想的漏洞。从而把“堵塞”有效运用到“疏导方法”中来，实现了“疏导”和“堵塞”两方面有机统一，使这一方法得到了完善。还有许多思想工作者在实践中逐步摸索出，运用“疏导方法”不能只是就事论事，群众有什么思想疙瘩我们就去做这方面的说服教育工作，而是要把说服教育与关心群众疾苦、切实为群众办实事结合起来，从而才能取得思想工作事半功倍的效果。这些都需要我们认真概括，并在具体的工作中耐心细致地把握和运用。

二、“疏导方法”对于当前的高校思想政治工作有着突出的针对性作用

一是当前高校师生思想中存在的许多新问题迫切需要我们去“疏导”。当前的世界，各个方面的发展都越来越快，新的事物、新的关系层出不穷，尤其是我国正处在社会转型时期，随着向社会主义市场经济体制的转变，各项改革措施的不断推行，社会生活的各种利益关系正在发生着重大调整。特别是加入 WTO 以后，高等教育管理体制正发生着深刻的变革，高校各项改革措施正不断推行，比如：高校后勤社会化改革，干部人事制度改革等等。正是这种发展、变化、改革、调整，正是这种种新事物、新关系的出现，打乱了人们以往形成的一些固定思维习惯，打乱了过去长期形成的利益格局；因此，高校师生思想中的疙瘩、顾虑以及种种想不通的事情也就自然多起来了。这些思想上的新问题，都迫切需要我们思想政治工作者，运用“疏导方法”去消除、去化解、去沟通。二是强调在实际工作中运用“疏导方法”，对于当前转变干部的作风有着突出意义。因为运用“疏导方法”必须要深入到群众中去做耐心细致的说服教育工作，必须要以心换心、真诚相待，必须要为人民群众办实事、解决实际问题，只有这样，才能赢得人们的信任，才能消除人们思想中的顾虑和疙瘩，才能使思想交流的渠道得以畅通。但在当前的实际工作中，形式主义的东西仍然非常多，遇到什么问题习惯于开会、发文件。我们经常看到一些单位或者一些领导干部经常把“广开育路、集思广益、发扬民主”挂在嘴边上，但真正起到作用的却比较少。这是什么原因呢？根本的就在于我们没有做深人细致的疏导工作，人们思想上顾虑没有消除。思想上的疙瘩没有解开，怎会跟你交流？因此，强调运用“疏导方法”，也是当前转变干部作风的必然要求。真正能够较好运用“疏导方法”的领导干部，也必然是作风优良的干部。

三、科学运用“疏导方法”，努力做好当前的思想政治工作

“疏导方法”是依据人们思想活动的客观规律得出来的科学方法，运用“疏导方法”同样要遵循这些客观规律，也就是说要“科学”地运用。在具体的思想工作中科学地运用“疏导方法”主要要把握如下两方面：

首先，运用“疏导方法”要以尊重人、理解人、关心人、爱护人为基础。“疏导方法”的核心是消除人们思想中的顾虑、解开人们思想中的疙瘩，使我们做工作的对象真正与你心心相通，把“心窝子”掏给你。要做到这一点，没有工作对象对你的真正信任和理解是做不到的。而真正信任理解的基础是相互平等地真诚相待，是要让人觉得你是一个真正关心人、爱护人的好人。因此，运用“疏导方法”首先必须以尊重人、理解人、关心人、爱护人为基础。正因为如此，我们党一贯倡导做思想工作只能用平

等的民主的方法、讨论的方法、说服教育的方法，而绝不能用强制的、压服的方法。具体讲：一是要平等待人。要尊重人首先就要平等待人，教育者与教育对象只有处在平等的位置，平等地交流思想，共同探讨问题，平等地进行心灵与情感的撞击，才能赢得对方的信任；如果一方居高临下，教训别人，另一方只是你讲我听、你打我受，就谈不上尊重人，也无法赢得别人的信任；二是要真正理解关心爱护人。要深入细致地了解工作对象各方面的难处，了解他们心中的委屈，并对他们的难处和委屈给以充分的理解，尽可能地解决他们的困难，既使是一时不能帮他们解决的困难，也尽可能地给他们讲明原因，从而使我们工作的对象从内心深处感到我们是真心实意地在关心他们、爱护他们，这样才能取得以心换心、心心相印的效果。总之，我们要运用好"疏导方法"，要真正做好思想工作，就必须彻底摒弃管人、治人、整人的官僚作风，真正平等地待人，真心实意地关心人爱护人，努力给人以温暖、亲切的好形象。

其次，运用"疏导方法"必须要辩证地认识和处理好"两个关系"。

一是要正确认识和处理好"疏通"与"引导"的关系。疏与导是辩证统一的关系，疏与导紧密相连，相互依赖，相互补充，疏中有导，导中有疏。疏通是为了正确引导，是引导的前提，不疏通人们的思想就无法正确引导。引导是疏通的继续。不引导，只疏通，不把人们的思想引上正确的方向，人们依然感到茫然不知所措，各种错误的思想仍然会放任自流，人们的思想还会不断地被堵塞。离开疏通讲引导，是盲目的引导；离开引导讲疏通，疏通也就毫无意义。因此，我们在运用"疏导方法"中，必须把二者有机结合起来。但在当前的实际工作中，疏和导两方面都存在一定的问题。在"疏"方面，就是一些思想工作者对"疏导方法"的基本要求还没有真正掌握，也就是前面讲的，不能够做到尊重人、理解人、关心人、爱护人，在工作中不能放下架子，因而也就不可能得到工作对象的充分信任和理解，由于没能了解到工作对象的真实思想，情况不明，心中无数，疏也就无从下手，思想当然难以疏通。在"导"方面，就是一些思想工作者不能坚持原则，在大是大非问题上态度不明确，对错误的思想、认识，对背离党的路线、方针、政策的言行，不敢大胆批评，不能进行强有力的抵制，而是听之任之，明哲保身，在工作中只是以规劝代"疏通"，以迁就代"引导"。克服这两种不良倾向，就要求我们的思想政治工作者既要正确把握"疏导方法"中"疏"与"导"的辩证关系，又要加强党的理论学习，加强党性修养，努力提高自身的思想政治素质，从而使自己在思想工作中，既能切实遵照党的群众路线，以真诚为人民服务的态度做好思想工作；又能时刻以党的利益为重，无私无畏地开展工作，敢于坚持原则，敢于坚持正确的政治方向。

二是要正确认识和处理好"疏通"与"堵塞"的关系。"疏"与"堵"同样是一对辩证统一的关系。思想工作中的疏与堵与治水中的疏与堵其道理是一样的。治水中必须疏通河道、堵塞缺口两者并重，这样才能导水畅流。在思想工作中，我们同样必须做到疏与堵并重。一方面，我们必须坚持正确的疏通与引导，把人们的思想引导到正确的轨道上；另一方面，我们必须对错误的思想进行坚决的批判和抵制。如果我们在思想工作中只注意疏导而忽视堵塞，肯定各种错误思想会泛滥成灾；如果只注重堵塞而忽视疏导，那么正确的思想就难以被人们所接受，就不能在社会上形成正确的思想潮流，各种错误思想仍然有泛滥的空间。在我们现实的思想工作中，最主要的是存在"堵塞不力"的现象，我们的思想工作中往往只注意正面引导，对"要如何如何做"讲得得心应手、头头是道，而对一些错误的思想行为却不敢大胆批评抵制，甚至对一些严重的错误不敢给予应有的处罚，现在比较普遍存在的所谓"老好人"现象就是这方面的典型。这种状况曾给我们的工作带来了许多损失，"自由化"思潮的泛滥就是一个严重的教训。改变这种状况最主要的就是要提高对堵塞错误思想漏洞重要性的认识。要充分认识到，堵塞和抵制错误思想，尤其是抵制具有倾向性的错误思想，不仅可以防患于未然，使问题解决在萌芽状态；而且有利于正确思想理论的宣传贯彻，也就是"只有堵住歪门，才能保证走上正道"。疏导与堵塞是辩证统一的，疏导同样要依赖堵塞，如果对错误的思想不严肃批评，姑息迁就，敷衍塞责，那么，人们就难以分清是非，正气就无法树立起来。可以说，堵塞是疏导的必要条件和手段，只有使疏导与堵塞相互配合、相互协调，才能真正使疏导方法发挥作用。提高了思想认识，并能在实际工作中做到因地制宜地采用"疏导"和"堵塞"两方面的措施，使两方面相辅相成、相得益彰，我们就一定能够取得思想政治工作的最佳效果。

加强和改进党校学员的思想政治工作

朱赛兰

“三个代表”重要思想，是新世纪全面推进党的建设和我国社会主义现代化建设的行动纲领，也是加强和改进党的思想政治工作的根本指针。以江泽民同志为核心的党中央，基于对当前国际国内形势的全面分析，将抓紧抓好党的思想政治工作，作为我国社会主义改革和建设中一项带全局性、战略性的紧迫任务提到全党和全国人民面前。党校作为培养领导干部的阵地和党员干部党性锻炼的熔炉，按照“三个代表”要求，加强和改进学员的思想政治工作显得尤为重要。基此，本文拟从对学员思想政治工作的着力点上谈些肤浅的认识。

一、按照“三个代表”要求，加强和改进党校学员的思想政治工作，首先必须抓住理想信念这个核心问题

正确的理想信念，是我们党的立党之本和力量源泉，是团结、教育、鼓舞人民群众进行革命和建设的精神支柱，也是思想政治工作的灵魂。当前，在多种思想文化思潮激烈碰撞和各种实际利益的诱惑中，党员干部中理想信念模糊动摇，不能把党的最低纲领和最高纲领辩证地统一起来，是党员干部在思想上存在的主要问题之一。在革命、建设和改革的各个历史阶段中，我们党既有每个阶段的基本纲领即最低纲领，也有确定长远奋斗目标的最高纲领。我们是最低纲领和最高纲领的统一论者。江泽民同志在“七，一”讲话中指出：“忘记远大理想而只顾眼前，就会失去前进方向；离开现实工作而空谈远大理想，就会脱离实际。”目前，有两种值得注意的倾向：一种是一些党员干部，只从共产主义理想出发，而不是从我国的具体国情出发，把实现共产主义理想简单化，认为我们正在建设中的有中国特色的社会主义不是理想中的社会主义，而是“变相的资本主义”，因而导致理想信念动摇；另一种受资产阶级思想及其价值观的影响，鼓吹“全盘西化”，否定社会主义的基本原则和价值取向。主张照搬西方的价值观和经济、政治制度模式。这两种倾向虽然针锋相对，其实都是形而上学，都缺乏对最低纲领与最高纲领辩证关系的正确认识。无论是“变相论”，还是“否定论”，都是同建设有中国特色社会主义理论和实践不相容的。针对这些问题，必须加强对全体党员干部和全体社会成员的理想信念教育，要把先进性要求与广泛性要求结合起来，对于共产党人和其他先进分子要进行共产主义理想信念教育，马克思主义世界观、人生观、价值观教育，全心全意为人民服务和在各方面发挥先锋模范作用的教育。通过对党员干部和其他先进分子的这些教育，用他们的实际行动来带动和影响全体社会成员，从而对全体社会成员加大进行建设有中国特色社会主义共同理想教育，进行爱国主义、集体主义、社会主义的教育，使广大干部和群众不仅具有共同的理想和奋斗目标，而且保持强大的凝聚力和创造力。邓小平同志曾经指出：“我们一定要经常教育我们的人民…要有理想。为什么我们过去能在非常困难的情况下奋斗出来，战胜千难万险使革命胜利呢？就是因为我们有理想，有马克思主义信念。”他还说：“没有这样的信念就没有凝聚力，没有这样的信念，就没有一切。”可见，正确的理想信念，对于我们的民族和个人来说是何等的重要！我们党历来重视理想信念教育，无论是战争年代还是和平建设时期，理想信念始终是我们党的优良传统和政治优势。实践证明，一个国家，一个民族，没有理想信念和精神支柱不行，没有理想和精神支柱的民族就会缺乏凝聚力和向心力，就没有前途和希望；有了理想和精神支柱，才能产生凝聚和激励全国各族人民的强大力量。

坚定的理想信念，是推进社会主义现代化建设的强大动力。它不仅能为社会主义物质文明建设保证正确的方向，而且这一理想信念一旦在人们头脑中形成以后，就能唤发出巨大的精神力量，能为物质文明建设提供强大的精神动力和智力支持。

二、按照“三个代表”要求，加强和改进党校学员的思想政治工作，必须紧紧围绕服务于经济建设来进行，并使经济工作和业务工作相结合

来党校参加培训和学习的学员，都是战斗在不同岗位的党员干部，通过对这些人员服务意识的灌输和教育，在实际工作中，他们就能教育和引导人们把思想统一到党的路线、方针和政策上来，把人们的力量凝聚到实现改革发展稳定的各项任务上来，充分调动人民的积极性、主动性和创造精神。把党的路线、方针、政策转化为巨大的生产力。党校对学员的思想政治工作，只有紧围绕经济建设这个中心，才有活力，才有凝聚力。

首先，要引导学员面向实际，有的放矢，要围绕群众关心的热点、难点问题，解疑释惑。要做到这一点，党校

就必须组织学员深入到广大群众中去进行广泛的调查研究，了解群众的思想状况、思想问题，从而把准思想脉搏、问题症结，选好工作切入点，以便在实际工作中，用群众看得见的事实来说话，通过入耳入脑的思想工作，引导好人民的思想和情绪，解开思想疙瘩，提高思想觉悟；按照人的思想活动的特点和发展规律，进行耐心细致的思想疏导，关心人、理解人、尊重人，从而入情入理地分析问题并讲清道理，达到工作目的。

其次，要引导学员把讲道理办实事结合起采，把教育群众与服务群众结合起来。从而使每个学员回到工作岗位做群众思想政治工作的实际中理解群众的需求和意愿，关心群众的切身利益，帮助群众解决实际困难和问题。当前，群众中存在的思想问题有相当一部分是由于实际问题得不到妥善解决而引起的。因此，我们在对党校学员进行思想政治教育活动中，要使每个党员干部都明白，我们在广大群众中开展思想政治工作，就是要为群众解决实际问题，为他们排忧解难，把群众的利益实现好、维护好、发展好，让群众从中体会道理，从而增强群众对党和政府的信任，增强群众参与改革和建设的自觉性和积极性。

再次，思想政治工作与业务工作要紧密结合。思想政治工作与业务工作相结合是我党思想政治工作的优良传统，是党的工作必须服从和服务于党的政治路线这一原则所要求的。因此，我们除了把握好思想政治工作与业务工作紧密结合的一般原则外，还要从我们工作的特定对象的实际情况出发，做好从事各种不同业务工作人员的思想政治工作，更好地为经济工作服务。

三、按照“三个代表”要求，加强和改进党校学员的思想政治工作，必须着力子提高全体学员的素质

思想政治工作的效果，首先应当体现在提高人的素质、促进人的全面发展上。这是思想政治工作最主要的工作，是不可取代的。江泽民同志也多次指出：“共产党员和党的干部，要代表党和人民掌好权、用好权，必须努力提高自己的思想道德素质和科学文化素质，这也是做好执政工作、防止发生腐败现象的重要条件。”当今国际之间的竞争归根到底是人才的竞争，人的思想道德、科学技术、文化综合素质的竞争。我们一定要关注领导干部及全民素质的提高。党校一定要把培养学员的学习能力作为提高干部队伍素质的基础，把培养学员的创新能力作为提高干部队伍素质的重点，把培养学员良好的作风作为提高干部队伍素质的关键。通过这三个重要环节的培养，达到干部队伍整体素质的全面提高，从而不断提高党校学员——领导干部的工作效益、执政水平，真正按照“三个代表”要求去工作，认真实践“三个代表”。

（作者：中共双峰县委党校教师）

抓好中职学生行为习惯养成教育　提高综合素质

任成勇　孙向义

中等职业教育的总体培养目标是必须贯彻党的教育方针，以提高国民素质为根本宗旨，培养具有全面素质和综合职业能力的，在生产、服务、技术和管理一线工作的中等应用型专门人才和高素质劳动者。在社会主义市场经济不断发展的形势下，中职学校必须随着社会生产技术的发展，职业结构的变动，以及劳动者不断转岗的需要，培养学生除具备一定的职业技术外，还需要有良好的职业品德和忠于职守、吃苦耐劳、勇于进取的敬业、勤业、创业意识和行为等综合素质。从我国目前中等职业学校在校生队伍的构成看，学生主要是从校门进校门的初中毕业生和部分高中毕业生，由于独生子女家庭教育和初、高中应试教育方面的缺陷，使他们缺少社会实践和艰苦奋斗意志的磨练，缺乏由“校园人”到“社会人”转化的适应能力，在社会需要的“实力”检验面前，暴露出综合素质方面的许多差距。因此，帮助他们缩短自身的差距，提高素质，加快社会化的进程，良好的行为养成教育，在中职校素质教育方面显得十分重要。

结合中职学校人才培养目标，抓好学生行为习惯养成教育，提高学生综合素质，应注意知行统一，应以下几个方面入手：

一、以公民道德建设为主线，增强中职学生道德意识，促进综合素质提高

在中职学校人才素质培养中，需深刻领会我国以德治国方略和《公民道德建设实施纲要》的重要意义，通过贯穿公民道德建设这个主线，抓好学生道德的理论教育和引导，增强学生道德意识。在这方面应突出以下两个环节：

1. 抓好德育阵地建设，增强德育理论的灌输力、感染力

首先，学校要适时充实和更新德育课的教材。按国家教育部有关文件精神，将中职学生必修的统编教材，如

《职业道德与职业指导》等科目纳入完整的教学体系当中，同时辅之以选修教材《中等职业学校心理健康教育》和《公民道德知识问答》等读本，保证教学环节的具体落实。

其次，要积极开辟德育的第二课堂活动。通过每年定期开设的基层党校、团校和每学期不失时机举办的德育理论专题报告会，请社会专家学者来校进行心理健康讲座，组织学生到社会学习、参观先进模范人物事迹以及学校团学组织开展的学生“知行统一”小论文演讲赛、辩论赛、主题班会、公民道德知识答题和收看教育录像片等活动，有机地将道德理论教育融入到既符合青年学生的心理特点，又能集知识性、趣味性和教育性为一体的课外活动中去，潜移默化地陶冶学生思想情操，发挥理论教育的先导作用。

2.“建规立制”，使学生德行、人格、素质的培养有章可循

要将“五大社会公德”（即文明礼貌、助人为乐、爱护公物、保护环境、遵纪守法）内化到提高学生素质实际，须遵循“以人为本、重要建设”的原则，在加强学生道德理性认识的同时，进一步“建规立制”，研究和制定出有利于学生综合素质培养的一套行为规范。学校可制定出“校园文明工程实施方案”和体现学生具体行为要求的学习、纪律、卫生、活动等一系列考勤、考绩、考德的规章制度。如爱国主义、集体主义教育的学生升国旗制度，引导学生政治进步的推荐优秀团员入党制度，鼓励、鞭策班级争优创先的达标考核制度，学生操行评定制度和学生先进评比奖励办法、毕业生德智体综合成绩核定办法等等，如本溪电子学校编写了本校《学生管理手册》一书，颁发于每个学生，使之学有方向，行有规则，为学生提高自我素质和发挥自我教育的功效，奠定了良好基础。

二、以抓“良好习惯养成”管理为经常性工作，强化学生行为自律能力，促进综合素质提高

良好行为习惯的形成是从他律向自律的转换过程中实现。中等职业学校的学生，大多处于由少年向青年转化的年龄阶段和思想多变的高峰，这个时期的道德行为的养成和人格的塑造尤为重要。中职校在引导学生“学知识”的同时，应切实注重抓好“学做人”的良好行为养成教育，促成学生由道德认识向道德行为的转化。

在抓“养成教育”方面，要有切实可行的指导考评机制，即将“建规立制”的学生行为规范，转化为对学生实际行动的考核，做到知行统一。在实践中，中职校学生管理育人工作中应采取的主要措施是：

1.实行学生行为规范养成教育“量化达标考核一条线”

可具体制订《班级学生量化达标考核细则》，详细地将学生日常学习生活中诸方面的行为规范要求，分解成为学习、纪律、卫生活动单项考核指标，以一定的应得分和实得分的“分值”百分比率，规划出“超标－达标－不达标”三个量化标级（如量化考核百分比率在90%以上的为超标，70%以上为达标，70%以下的为不达标），一条线地穿插于班集体和学生个人每日、每周、每月至学期、学年行为考核的全过程。并通过微机管理做到“日考核、周统计、月累积、学期学年总评”，持之以恒。以此形成了全校各班至上而下的学生行为“目标管理”。

2.实行学生行为规范养成教育的三个阶段、三个主要领域的立体检查和三支队伍的联检考评

（1）“三个阶段、三个主要领域的立体检查”，即每日对学生生活中的早、中、晚三个时间段和对学生每日课堂学习、自习，食堂、宿舍饮食、起居，校园文体活动开展等三个主要领域的行为方式进行时间和空间上的立体交叉检查，指导，考评。

（2）三支队伍的联检考评，即：一是以学生工作部（学生科、团委、学生党支部）为龙头的职能部门检查考评。通过下达任务指标，对班级提出综合达标考核评比方案和实施条例，运用“微观督导，宏观调控”的方法，统一协调和管理量化达标考核的总体工作。定期总结和公布班级之间达标评比结果，促成学生赶超的竞赛局面。二是以班主任队伍为骨干的“值日、值周、值宿工作的检查考评”。在班主任班级管理常规要求的基础上，建立班主任值日、值周、值宿制，以班主任对各学生行为达标考核互检方式，形成相互监督，“齐抓共管”的制约机制。三是以学生会干部为重要力量的“学生的检查考评”。充分发挥其在学生行为规范“养成”中的“自我管理、自我教育、自我约束、自我服务”的功能。在团学部门的具体指导下，这些功能具体体现在学生会内部的文宣部、学习部、体育部、环境卫生部、舍务管理部、组织纪检部的各个职能发挥上，从中也培养和锻炼了一批批有带动作用的学生优秀分子，进一步增强了学生整体素质。

3.实行强化学生良好行为“养成”的四项挂靠措施

将班级每个学生的道德、行为表现，通过一定的量化考核结果，评价出优、良、中、合格，就业择优推荐相挂靠。

（1）“与奖学金评定相挂靠”——设定学生要获得学期、学年奖学金的，表现操行成绩规定必须为“优、良”，否则不够评定条件。

（2）“与先进个人评比相挂靠”——设定学生先进评比表彰中，学生标兵，三好学生的奖评，操行成绩必须为“优”，其它项目的先进评比，规定操行成绩必须为“良”以上，否则取消相应评比资格。

（3）“与毕业成绩鉴定相挂靠”——职业学校学生毕业成绩是“学业”成绩和“操行”成绩的统一体，是二者的双重合格的结晶。对此，在学生学习、思想行为的考评中，二者有一方面达不到要求，均不得获毕业鉴定成绩。

(4)“与就业择优推荐相挂靠”。依据学生操行成绩累积,择优推荐毕业就业。本溪电子学校实施养成教育方面创造了良好氛围。通过不断的教育管理实践促进了班风建设。学生班集体和个人中,政治进步、文明礼貌,劳动课班级学生个人的课后成绩要评定及时准确,肯定、表扬劳动积极、效果突出的学生。对部分劳动观念差、劳动质量不过关的学生,予以必要的补考,提高劳动技能,加强实际锻炼。

经过一个时期的劳动教育课的管理实践,学生劳动课质量总体水平会大幅度提高。校容校貌和学生的精神风貌不断发生变化,尤其是校园公共环境的整洁一新,不断赢得全体师生的赞誉和校外来宾的好评。

近年来,本溪电子学校输送到广东、大连等知名企业的毕业生,经学校的培养教育和本人进一步实践大多数成为企业生产骨干,其劳动观念、作风得到赞誉。仅中国华导集团(大连)、阿尔派企业,就连续四次专程到校招收应往届毕业生到该企业就业,达300余人。其它大中小型企业招用毕业生总计500余人。我校合格毕业生经学校推荐,就业率达100%,许多毕业生获得多个企业择业机会。

实践证明,中职校抓好学生良好行为养成是提高学生自身综合素质不可或缺的重要内容和环节,并且随着社会主义市场经济发展的需要,这项基础性教育工作还要坚持不懈,常抓常新。

(作者单位:本溪市电子工业学校)

与时俱进抓好中职学生思想教育的思考与实践

黄 东

中等职业教育是我国现代教育的重要组成部分,肩负着为国家现代化建设培养高素质劳动者和各类应用型人才的历史使命,目前正处于改革和发展的关键时期,中职学生的思想、个性心理特征及行为方式也相应地出现了新的变化、新的特点。因此,如何与时俱进地做好中职学生的思想教育工作,不断提高中等职业教育人才培养质量和教育水平是摆在我们教育工作者面前的迫切任务。

一、开展中职学生思想教育工作必须与时俱进

当前我国社会已逐步由计划经济体制转变到市场经济体制,人们需要及时转变思想观念,调整行为方式,才能适应迅速变化着的时代。要使中职学生的思想认识不断适应社会的转型和发展,就必须依靠与时俱进的思想教育工作。如果做不到这一点,仍然用过去的模式来教育管理学生,那么就会给培养教育工作带来巨大损失。要实现中职学思想教育工作的与时俱进,关键要解决好以下问题。

(一)着眼新形势,保证我们的教育思想和教育观念与时俱进

在市场经济条件下,学生思想教育工作出现了许多新问题、新情况,面临着许多新的考验和挑战。一方面,学生成长的社会环境更趋复杂,这给学生思想教育工作增加了一定的难度。随着社会主义市场经济的建立,人们的思想意识、价值观念和行为方式发生着深刻的变化并经受着严峻的考验。但社会上出现的拜金主义、享乐主义、个人主义等腐朽思想及各种社会丑恶现象会给学生带来许多消极影响,影响学生的人生观、价值观和道德观的形成。因此,要充分认识到当前学生思想教育工作的紧迫性和艰巨性。另一方面,中职学校的招生和就业政策发生了巨大的变革,大多数学校由于生源不足,降低门槛,实行了免试入学,即初(高)中毕业生和社会人员可凭借初生或高中毕业证书,免试报读中职学校,毕业后自谋职业。这种变化使中职学校既兴奋,也使他们困惑。高兴的是办学机制灵活了,生源扩大了。困惑是学生素质按照过去的标准是下降了。事实上,许多学生是因为升不了普通高中才迫于无奈人读中职学校的。他们有的不仅成绩差,而且还是带着许多不良生活习惯入校的。

学生思想教育所面临的复杂社会环境和新问题,需要我们的教育思想和教育观念与时俱进。只有教育思想和教育观念适应了变化着的形势,才能实现面向现代化、面向未来、面向世界的教育目标。这一认识是做好新形势下学生思想教育工作的先导和前提。可以说,一所学校的学生,具有什么品质或素质如何,很大程度上取决于该校教职工的教育思想和教育观念。因此,我们不能只强调客观困难,不要抱怨中职学生素质差,而是要敏锐地看到时代前进的方向,破除旧思想、旧观念,在新的教育实践中确立新的教育思想和更新观念上下功夫,推进全面素质教育。

(二)研究新情况,保证我们在对中职学生的认知上与时俱进

不了解现状,也就无法改变现状。我们只有正确认

知中职学生，把握他们的思想特点和需求，才能进行卓有成效的思想教育工作。中职学生一般16、17岁入学，20岁左右毕业，他们是伴随改革开放一起成长的，在他们身上深深打下了我们这个时代的烙印，表现出明显的思想特点和行为特征。

1. 中职学生思想呈多元化趋势。中职学生的主流和本质是好的。他们拥护共产党和社会主义，关心国内外大事，对爱国主义教育感兴趣。他们思想活跃，接受新生事物和新的思想观念较快。有时教师不知道的东西，他们都知道。特别是通过“上网”获取信息，他们比教师快得多。因而，他们具有多种思想，接受了多种价值观念通过不同的方式传播得越来越快的今天，如何正确引导和培养学生的世界观、人生观和价值观却成了一个关键而又是一个长期的问题。但我们认为，只要学校重视，优化好育人环境，采取切实可行的措施，是可以教育好学生的。

2. 中职学生有理想，渴望成才。他们都有一个共同的心愿，就是能学到一技之长，日后能找到一份理想的工作。这是人之常情。他们的这个理想也许并没有那么“远大”，但不是空洞的，而是切合实际的。他们是想通过自己的成才来发展社会，为国家和民族作出贡献，从而实现自我价值。因此，他们对未来总是充满信心，富有朝气，积极进取，注重提高自己的综合素质和能力。

3. 中职学生的独立意识和自主性较强。他们不像以前老师说什么，学生就应该听什么那样，盲从教师，往往表现出较强的个性，他们在学习、生活等方面有自己的主见。因此，我们要尊重中职学生的独立意识，启发他们的自我教育与自我管理。有时，我们忽视了学生这种心理发展特征，而是将自己的主观意识强加给他们，认为听话、服从的就是好学生。最后结果只能是引起学生的反感，收不到应有的教育效果。

4. 中职学生竞争意识强。市场经济就意味着竞争，没有竞争，就没有发展，在中职学校也逐渐形成了一种竞争的氛围。如通过竞选来选拔学生会、团委会及班团干部，丰富多彩的演讲、文艺、体育比赛等也接连不断。学生们都很主动地参与这些竞争。他们不仅体会到了竞争成功的喜悦，而且培养了自己的竞争意识和竞争心理。事实上，那些竞争意识强的学生在毕业后，很快被用人单位录用。因此，教师应鼓励学生多参与竞争，增强自己的生存和发展能力。

5. 中职学生的挑战意识强。当代的中职生敢于发表意见。他们希望能同教师平等交往和交流，不喜欢过于严肃的教师。确实，学生向教师的权威提出了挑战，但我们没有理由害怕或回避这些挑战。我们要改变过去的那种师生交往与沟通方式，给学生讲道理。学生是听道理的，关键是看我们怎样讲。

（三）实现新突破，保证中职学生思想教育的内容、方法、手段与时俱进

要根据形势的发展变化和中职学生思想的特点，使中职学生的思想教育工作新起来。一方面，教育的内容要体现时代的精神，随着时代的发展不断推陈出新，促进学生全面发展。另一方面，教育的方法、手段要符合中职学生思想形成的规律，不断创新，提高其科学性。

随着改革开放的不断深入，特别是中等职业教育体制改革以来，中职学生思想教育的内容有了很大的变化和发展，主要是丰富和延伸了。一方面，要始终把思想品德教育作为中职学生思想教育的首要内容来抓，大力提高学生的思想政治素质，这是一个必须明确的方向性问题。另一方面，要有针对性地进行爱国主义教育、集体主义教育、社会主义教育、纪律教育和法制教育，引导学生逐步形成正确的价值观、人生观、增强学生的法律意识，规范学生的个人行为。同时，要强化就业与创业教育。从中职学生一入学，就要对他们深入开展就业指导和创业教育。因为这直接关系到他们的成才观和就业观。要让他们了解到其自身应具备的素质、知识与专业技能结构，明确学习目标和努力的方向，树立成才的信心。

在新的教育形势下，要永葆学生思想教育工作的生机与活力，就需要不断创新教育的方法、手段。一是要充分运用教育学、心理学等社会学科的最新研究成果来指导我们工作方式的改进，要建立起以平等、尊重、理解和支持为基础的思想教育工作体系。二是要紧密联系学生的思想实际，将解决学生思想问题与解决学生的实际问题结合起来。人的思想题不是几个报告、几个活动就能解决的，需要经过长期多方面的努力，因为不易改变的往往是人们思想深处的东西。就不同的学生而言，解决问题的要求和方法应有所不同。为此，应深入把握每个学生的思想特点和动态，不说空话、大话，切实维护好他们受教育的权利，尽可能地满足他们的成长和成才的需求，解决好他们的实际问题。只有如此，才能逐步解决好他们的思想问题。三是要将思想教育工作的手段与现代科技的应用紧密结合起来。在信息化时代的今天，传统的教育方法、手段很难适应新的形势的要求，也很难激发起学生的兴趣，应当加以改进，途径之一就是走信息化之路。要组织有关人员开发出适合中职学生思想特点的思想教育类课件，让学生在奇妙无比的多媒体环境下受到感染，接受思想教育，真正做到寓教于乐。同时，要加速校园网建设步伐，大力开展网上思想教育工作。

二、与时俱进开展思想教育工作的实践和成效

近几年来，我校在上级主管部门的领导下，围绕学校发展目标，根据新的形势，结合学生的思想特点，坚持与时俱进的原则，进行了学生思想教育工作的探索和实践，树立了“校风好，管理严，环境美，质量高”的良好形象。

由于成绩突出，先后被省市主管部门授予了“省级重点中专”、“省中等职业学校培训中心”、市委、市政府授予“文明单位”、“社会治安综合治理先进单位”等光荣称号。我们的具体做法如下：

（一）建立、健全学生工作队伍，形成工作合力

政治路线确定之后，干部就是决定因素。抓好学生工作队伍建设，将直接关系到学生思想教育工作的成效。因此，我校十分重视建设一支高素质的专兼职学生工作队伍。

1. 成立了学生工作小组。过去，学生思想教育工作是由学生科直接领导，但因事务性工作多，往往顾此失彼，出现了重管理，轻教育的情况。为了改变这一局面，2003 年 3 月，学生科、团委会和保卫科合署办公，组成了学生工作小组，由分管学生会的副校长领导。工作小组的职能是统一领导和协调学生思想教育与管理工作。三年的实践证明，学生工作小组实现了各部门力量的有机结合，发挥了齐抓共管、齐导共疏的作用，适应了学生管理工作的需要。

2. 抓好班主任队伍建设。班主任是一个班级工作的组织者和领导者，对学生的思想和身体的健康发展负有全面的责任，对学生的了解和认识也最全面，时刻都在对学生起着潜移默化的作用。我校积极抓住班主任这个关键，促进学生思想教育与管理工作。主要是制定和不断完善《班主任量化考核工作条例》，并提出了“总结交流，重奖轻罚”的班主任工作八字方针，促使班主任工作走上了规范化、科学化和制度化的轨道。班主任聘用采取自愿报名，竞争上岗的做法。工作能力强的教师可以同时担任两个或多个班级的班主任。班主任津贴与工作实绩挂钩，实行多劳多得，优技优酬，极大地调动了班主任的工作积极性。

3. 充分发挥学生党支部、共青团、学生会、班团干部的骨干作用。一般来讲，学生干部具备较强的组织管理能力和责任感，勇于开拓进取，工作积极性较高，又比较了解同学的思想动态。因此，他们是学校管理队伍中的一支重要力量。我校的共青团、学生会、班团干部扎实肯干，配合学校开展了大量的学生思想教育与管理工作，成绩显著，是学校领导和班主任工作的得力助手。

（二）加大正面教育的力度，提高学生的思想政治素质

我们总是将学生的思想教育作为系统工程来抓，从正面教育入手，来促进学生思想的进步和发展。一方面，不断充实和改进政治课程的教学内容和方法，提高教学效果，发挥主渠道作用进行基本教育，帮助学生树立正确的“三观”。根据教学计划的需要，我们经常选派政治课教师去进修，让他们及时更新知识，不断提高教育者自身的素质，为学生思想的源头添一股活水，如教师在授课中增加了“三个代表”重要思想、WTO 及国内外形势等内容，引导学生把握时代特点，增强学生的使命感，颇受学生的欢迎。另一方面，开展了一系列的专题教育活动。每学期根据学生的思想特点，定期开展全校性的专题教育，来解决学生的热点、疑点和难点问题。如针对某些学生厌学情绪比较重的情况，我们在全校开展了“三个想一想”活动。即“想一想，你这个年龄段最适合做什么”。中职学生大多处在 16－18 岁年龄段，是生理和心理都最旺盛的发展阶段，最适合做的是读书学习。“想一想，你为什么报读肇庆市农业学校”。一般都是为了实现心中的理想。“想一想，你怎样实现自己心中的理想”。当然是好好学习。这个教育活动很贴近学生的思想实际，富有浓郁的时代气息，因而教育更富有成效。开展了这一活动后，对学生的触动较大，较彻底地扭转了学生厌学的局面，学生退学的也大大减少。

（三）强化管理，促进良好校风、班风和学风的形成

加强学校管理，树立良好校风，是加强学生思想教育工作必要的措施。近年来，我校在严格各项管理的同时，强化对学生的教育，加强学生自我管理的能力。1. 规范学生的日常行为。学校已制定了较为完整的学生管理制度，以约束或规范学生的行为。如宿舍管理制度，就宿舍卫生、物品摆放和宿舍美化等方面都有一定的要求。对学生的日常行为要进行考核记录，实施奖惩，并同评优、操行考核挂钩。对学校和学生中发生的不良行为或苗头，都得到了及时处理，绝不让歪风邪气抬头，坚决弘扬正气。对于那些严重违纪的学生，还要办纪律培训班，对他们加强思想教育，增强他们的纪律观念和自我约束能力。

2. 下大力气整治了周边环境。长期以来，我校农场没有围墙，社会人员可以随意进出，一些不法之徒也有可之机。附近的游戏厅、餐馆等总是打学生的主意，千方百计赚学生的钱，这严重影响了学校的正常秩序，不利于学生健康成长。为此，我校采取了如下措施。一是积极主动与相邻的迪村沟通，通过大量耐心细致的说服工作，解决了我校农场与该村共用人行路的纠纷。随后，我校通过多渠道筹措资金，新修建了近 2500 米长的围墙。从此，整个校园连为一体，形成了一个封闭安全的环境。二是通过多方努力，争取到了上级部门和当地政府的支持，将校门口的小商小贩全部撤除，随即将校门外移，消除隐患。通过这些努力，以前学校周围社会治安情况不好的状况得到了根本治理，为学生提供了一个安静、安全和健康的学习生活环境。由于管理和教育到位，进一步优化了育人环境，目前我校学生已逐步把遵守日常行为规范转化为了自觉行为，学校的校风、班风和学风得到了根本性的好转。因而，我校已成为了一所汲取知识、求真理的殿堂。

（四）开展创建活动，把思想教育工作落到实处

人的认识从哪里来，是从实践中来。因此，学生只有参加多姿多彩的活动,才能形成和表现出思想。因此,我们根据中职生的身心特点,抓好一些活动载体作为学生思想教育工作的重要途径,取得了显著的成效。一是开展创建"模范班集体",争当"优秀学生"的"创模"活动,激励学生遵纪守法,勤奋学习,树立良好的学风、班风。二是开展了"学先进,找差距,创模范,当优秀"活动,深化创建工作,把思想教育工作不断推向深入。三是创建"团队精神"活动。2000年,我校男子篮球队在全市中专篮球赛中夺得第一名,我们及时利用了这一事例,在全校开展了学习男篮"团结拼搏,奋勇争先"的男篮精神的活动。通过活动,让学生深刻体会到,我们所取得的每一场胜利,每一个进步都离不开"团队精神",这种精神已成为现代人必不可少的素质。要让学生尽快学会融入一个"团队",一个集体,并在这个"团队"里扮演好自己的角色,从面逐步地塑造学生爱祖国、爱集体的人生观。

三、几点工作体会

(一)教育思想和教育观念的与时俱进是做好学生思想教育工作的关键

从1999年下半年开始,我校针对学校发展中存在的实际问题,在学习马列主义、毛泽东思想、邓小平理论、江泽民同志"三个代表"重要思想的同时,在全校广泛开展了主题为"解放思想,谋求发展"的讨论。今年元月,请专家到校作了《与时俱进,再创辉煌》的报告。通过广泛深入地学习与讨论、广大教职工认识到只有转变思想和更新观念,创新人才培养模式,改革教育方法和手段,才能成功培养出适应社会需要实用人才。这一思想观念上的转变为我校今后教育教学的改革奠定了良好的思想基础。

(二)明确责任是做好学生思想教育工作的保证。

我们落实了学生思想教育工作齐抓共管责任制,确保了责任到人,措施到位,取得了较大的工作实效。

(三)要做好学生思想教育工作,必须引入竞争激励机制

如果有一个好的运行机制,一定会形成教师认真教,学生认真学的局面。这就是竞争激励。如果没有竞争激励,就会走吃大锅饭的老路,会严重挫伤教职工的工作积极性,难以取得学生思想教育工作的创新和突破。

(作者单位:肇庆市农业学校)

当代社会制度的伦理学思考

刘君龙

马克思说,"人是一切社会关系的总和"。社会关系的建立,离不开制度。从渔猎社会到农业社会,从工业社会到信息社会,在某种意义上说,一部人类社会的发展史,就是一部人类制度的更替史。制度化生存,是人类的生存方式。当前的许多社会现象和社会问题,如腐败问题、权力寻租、集体上访等,从本质上看,都与制度设计不合理、制度制约不力等有关。本文拟从伦理学的角度对此方面作些粗浅的探讨。

一、社会发展对制度有依赖性

首先,制度是生产力,是一种极其宝贵的资源,是推进社会发展的重要手段。如果以马克思的"生产力三要素"来论证这一命题,尽管可以有诸如"制度虽然不是生产力,却可以与生产力的其它要素相结合,促进生产力的发展"等种种说法,但总是有些勉强。但如果以现代的、发展的、与时俱进的眼光来看,生产力也可以说是由主体生产力、客体生产力和中介生产力三部分构成的。主体生产力主要指劳动者,客体生产力主要指劳动对象,中介生产力主要指劳动工具,也包括制度、科学技术、管理等,这些"中介生产力"将主体和客体联结在一块,形成"合力生产力",共同推动了社会的发展和人类的进步。十一届三中全会作出的在农村实行家庭联产承包责任制的决定,只是改变、利用了一下制度,没有增加任何的成本,就解决了中国十亿农民温饱的世界性难题,正是制度作为生产力发挥巨大作用的最好证明。

其次,人的理性是有限的,人的有限理性必然要求社会给予一定的规范和约束,否则,作为众物之王的人将无法相安无事、和平共处,这正是制度存在的必要性所在。马斯洛的需要层次理论,指出生存的需要是人类是最基本的需要。要生存,就必然有欲求,就必然有追求需要满足的源动力。因此,从某一方面说,人的天性是自私的,人追求自己的欲求,有天然合理的成份。也正因为如此,诸如基督教等的许多宗教都把人的欲求欲念看作"原罪"。但若每个人都追求自己个人利益而不顾他人利益的话,社会将混乱之至,最终也必将有损于自己的利益,从而走向追求利益的反面,因此,人通过博奕后,自然选择制度,依赖制度,建立规范,以保护自己,保卫他人,维护社会的发展。

如果说人类社会的本身特点决定了他们离不开制度

的话，那么当今中国社会的发展使制度问题凸现了出来，更是在情理之中。

首先是中国传统的伦理具有较严重的缺陷，这种缺陷突出地表现在两个方面：一是忽视制度伦理。传统道德讲个人道德讲得太多，更多的是以“君子”“小人”来评价个人。韩愈的《劝学解》里的两句话：“诸君患业之不精，无患有司之不明”以及孔子的“修身、齐家、治国、平天下”，可以说是很充分地说明了这一点。“有司”也会有“不明”之处，修好身，未必就能“平天下”。这种倾向，从哲学基础上看，是唯心主义的，它忽略了社会环境对人的影响，忽视了物质的决定作用；从思维方式上看，是形而上学的，是孤立、静止地看待问题，因而是有缺陷的、错误的。但中国的封建社会太长，绵延两千多年，中国传统文化或说中国人的“奴性”（鲁迅不就曾将中国历史分为“做稳了奴隶的时代”和“欲做奴隶而不得的时代”两个时代吗?），总倾向于认为制度是天然合理的，谁也不会、也不敢怀疑制度的合理性、公正性，这也从客观上“助纣为虐”，延长了其寿命。中国封建余毒如此之深，以至到今天甚至还有专家、学门者认为当今的中国社会还处于“后封建社会”时期。

二是高估人性。虽说人性善恶之辨，早已有之，但孟子的“性善论”毕竟大占上风，且儒家思想在中国一贯“霸”行天下，系主导思想，影响的人毕竟是绝大多数。孟子认为“人人可以为尧舜”，宋儒理学更是把“理想人格”大众化了，当作每个人都应做到的行为规范，这也从主观上使人们忽视了对制度的批判和规范。

其次，现阶段有中国特色的社会主义制度的建设，尤其是有中国特色的社会主义经济——社会主义市场经济的建立，使人们对制度的重要性和必要性产生前所未有的认识。市场经济是以人性的“经济人”假设为前提和基础的，认为每个人天生都是利己的。市场经济正是顺应了人的这一天性，以人的谋利之心、利己之心作为动力，引入竞争和外部条件的公平，利用激励机制，让人们最大程度地发挥自己的潜能，去获取自身利益，从而在整体上、客观上也为社会谋取更多利益。所以，市场经济一方面强调利益驱动，另一方面也必定十分强调约束机制的建立。没有制度、法制的制约，就不可能有市场经济。我们说市场经济也是法制经济，正是从这一角度而言的。而中国的市场经济，尚处于不成熟的初始状态，许多公平的约束机制尚未建立，或尚需完善，而市场对此的呼声却越来越高，这正是现实制度问题突现的根本原因。尤其是当前经济体制改革已发展到一定的程度，已经取得了一定成果，而政治体制改革仍相对滞后的情况下，这也正是当前市场上、社会上到处充斥着假冒伪劣商品，如火腿是敌敌畏腌的，甲鱼是避孕药喂的，泥螺是氟尔马林浸的……市场经济几乎已经成了“恐怖经济”的社会根源，政治体制改革更是迫在眉睫。

二、对现行社会制度的伦理学反思

对中国现行的某些社会制度，尤其是行政制度的反思，是十分需要的，也是十分必要的。可以说现行行政制度的缺陷、正是腐败现象不断滋长的温床。“好的制度可以让坏人变成好人，坏的制度也可以让好人变成坏人”。

要对现行的社会制度进行评价，得有个坐标，得有个评价尺度。一般说来，有两种尺度，一种是历史尺度，一种是道德评价尺度。

以历史的眼光看，特别是从现行制度，给社会发展、人民生活水平的提高所作出的贡献上看，新中国建立几十年，取得的翻天覆地的变化、举世瞩目的成就，那是毋庸置疑的，在这里就不多赘述了。但从道德的角度来看当前的某些制度，尤其是当前正在运行的行政管理制度，恐怕还是存在不少问题的。

首先是对人性的扭曲。集中体现在政府官员和行政人员身上。如现在我国政府官员的任命，绝大多数仍采用“委任制”，这种制度必然使从政者倾向“眼睛向上”，唯领导马首是瞻，而忽视为民造福、对下负责，这是正常人都能通过博奕得出的结论，由此造成的后果是“官出数字，数字出官”，“又跑又送，提拔重用；只跑不送，原地不动；不跑不送，降级使用”等等的不正常现象。也由此造成了许多行政人员的“双重人格”，阴奉阳违、媚上欺下。而不少正直的人、有才能的人，却只能是“望洋兴叹”、“英雄无用武之地”郁郁而终了。这些制度不仅造成了不少中国官员的双重人格，也最终损害了政府的行政效率，阻碍了社会的发展。值得一提的是近年出台的“双推双考”制度、“中层竞聘”等制度，虽然尚不彻底，有时也只是搞搞形式，但毕竟是在对公平的维护中迈出的重要一步，可圈可点。其次是对效率的损害。如政府首长与党委书记的矛盾问题，村支部书记与村民委员会主任孰大孰小的问题等等。因为制度规定上的含糊不清，导致“个人性格、能力决定”、两首脑经常闹矛盾的后果，从而在客观上延缓、阻碍了事业的发展和社会的进步。

第三是对公平的践踏。正是因为制度的缺陷、缺漏或缺位，如许多制度过于原则，不具可操作性，甚至根本就没建立等情况，造成权力过大、过于集中，自由裁量权过大等，导致“人治”、“关系网”“权力寻租”等社会现象的出现，从而践踏了公平、公正原则。

罗尔斯的《正义论》指出：“正义，是一个社会制度必有的品德”，制度的首要价值就是正义，如果一个制度失去了正义，那就失去了存在的前提，那就没有存在的必要了。就从这一点看，我国现行的行政体制必须改革，我国的政治体制改革，势在必行。

三、未来制度的伦理设计

未来的制度，应该更能体现“正义”，应该更能体现

"公平"。为了体现这一原则,必须做到以下两点。从伦理学的角度看,我想这应该是未来政治体制改革的方向。

(一)更加人性化。"以人为本"应是制度建立的起点和终点,否则,人类就无需利用制度这一手段了。制度的设立,首先应从人性的特点出发,要充分考虑人的需求,人的欲望和人的局限。制度和人性,是一对"悖论",制度既限制人性,又维护人性,两者之间的"度"的关系,必须把好。体制是制度的实现形式,现存的许多社会不良现象,正是因为忽视或无视人性造成的,因此必须加以改革。

(二)更加理性化。从某种意义上说:制度的人性化也是制度理性化的手段,制度理性化也是制度人性化的方向。从当前来看,制度理性化,应更多地体现制度的实用化和系统化上。两者都可以更多地从西方社会的文明成果中吸取经验,吸收精华。如在法律体制上,可以减少"原则法",更多地吸取欧美法系的精神,更多地采用"案例法";在整体制度上,可以更多地采用"权力分散"、"权力监督"的原则,结合中国社会的实际,完善自己的权力分布体系。

(作者:浙江省丽水市委党校讲师)

高校思想政治教育网站的实践和探索

卜爱军

随着高等教育大众化改革的不断深入,高校思想政治工作面临着许多新的情况和新的问题。以互联网为代表的信息技术的飞速发展,为高校思想政治工作带来了新的机遇和挑战。在新的形势下,如何利用互联网做好思想政治工作,已经成为高校探索思想政治工作的新途径、新领域和新课题。为了进一步做好新时期的思想政治工作,增强工作的针对性和实效性,浙江湖州师范学院党委采取有力措施,主动出击,在思想政治教育进网络工作方面做了一些积极的实践与探索。

一、高校网络硬件和软件的发展和普及,给高校思想政治工作带来了新的机遇和挑战

随着信息技术的迅速发展,互联网已经在高校校园得到普及。与我国的教育科研网(CERNET)联网的高等学校达800多所,联网主机120万台,个人用户达到1000多万人,并且通过INTERNET连接世界。根据《中国互联网络发展状况统计报告(2003/7)》显示,35周岁以下网民占了总数的83.7%,大专学历以上的占55.2%。可以说,中国互联网使用的主要人群是青年,尤其是大学生。湖州师院现有在校生9000多人,学生宿舍内拥有计算机1000多台,除日常的学习、使用外,大都用于上网。

网络不仅对当代政治、经济和社会生活等诸多领域产生着广泛而深刻的影响,也给高校思想政治工作带来了前所未有的难得机遇和严峻挑战。较之传统的思想教育手段有更大的吸引力,更快的传递速度,更高的工作效率和更广阔的范围。但另一方面,网络技术的普及也带来了一些新的问题,如网上良莠混杂的思想,各种不同观点、不同文化、不同价值观甚至消极、不健康和反动的观点随时存在,各种势力在网络领域的争夺日趋激烈,增加了高校师生辨别真伪的难度。互联网的出现给大学生思想教育带来了很大的挑战。

2000年6月28日,江总书记在中央思想政治工作会议上强调指出:"信息技术特别是信息网络技术的发展,为我们开展思想政治工作提供了现代化手段,拓展了思想政治工作的空间和渠道。要重视和充分运用信息网络技术,使思想政治工作提高实效性,扩大覆盖面,增强影响力。"为贯彻落实中央思想政治工作会议和第九次全国高校党建会议精神,2000年8月、9月,教育部社会科学研究与思想政治工作司分别召开了高校思想政治教育进网络工作研讨会和工作会议,对思想政治教育进网络工作进行了全面部署,并下发了《教育部关于加强高等学校思想政治教育进网络工作的若干意见》,要求各地教育部门和各高校要结合实际,认真贯彻落实。

湖州师院党委十分重视思想政治教育进网络工作,以湖师院党发[2001]14号文件《关于思想政治教育进网络工作的意见》的形式领导和部署学校的思想政治教育进网络工作。

二、建立高校思想政治教育进网络工作的有效运行机制,真诚走近师生、寓教育于服务和交流

为加强对思政网建设的统一领导和规划,学校成立了以党委副书记为顾问,党委宣传部长为主任,学工部、教务处、社科部、团委、网教中心等部门负责人为委员的思政网站指导委员会,整体规划思政网的建设,加强对思想政治教育进网络工作的领导和指导。各部门、学院也成立了相应的领导小组,并配有专兼职人员积极开展工作。通过思想政治教育网站指导委员会工作例会,研究确定了思想政治教育进网络工作的指导思想,即积极开展调查研究,加强各部门间的分工与合作,努力实现校园网络的服务功能,优化校园网络的育人功能,以高尚的网

络道德和网络文化为主要内容，推进新型校园文化和新型人际关系，努力为高校思想政治工作服务，并制定了思想政治教育进网络工作规划，决定增加投入，加大工作力度，开创学校思想政治教育进网络工作的新局面。

学校拨出专款对校园网进行全面升级改造。在工程的论证过程中，校领导班子对思想政治教育进网络工作给予高度重视，把它纳入学校校园网建设的整体规划中。

为了占领网络思想政治教育阵地，使网上有更多更强的正面声音，帮助广大师生正确辨别因特网的各类信息，引导学生主动运用因特网进行自我教育、自我学习和自我管理，在学校思政网站指导委员会的指导和党委宣传部的牵头下，2001 年 11 月正式将湖州师范学院思想政治教育网——先锋网(http://www. pioneeredu. net)接入国际互联网。网站以"努力用正确的舆论导向和健康的思想引导和占领校园网络阵地，增强思想政治教育主题网站在校园网上的声音和影响，引导校园网络文化的发展和建设，提升网络文化的品位，宣传党的路线方针政策、交流党建和思想政治工作经验，探讨校园文化建设规律，传播精神文明建设成果，让网站成为湖州师院大学生校园网上的良师益友"为宗旨开始了校园网上的思想政治教育工作。

分析网络思想政治工作实践中"红色网站"点击率不高、"红色信息"感染力不强、"红色网管"信誉度不足的现象，我们认为网络手段本身还是深受学生欢迎的，把原因归咎于教育对象的素质也是不客观的，重要的原因在于"红色网站"宗旨和功能定位是否准确，即是否以师生的需要作为根本的出发点。网站一开始就以"真诚走近师生、寓教育于服务和交流"为思政网起点，通过向全校师生公开征集网名等形式，让网站在"网下"走进师生、贴近师生。

先锋网站人十分重视网站特色的设计和建设，并从三个层面对思想政治教育进网络工作进行探索和实践：一是"思政进网"即把传统的思想政治教育的内容以电子文本形式上网；二是"网入人心"即加大各类宣传媒体的宣传力度，让先锋网的名字入每一位师生的心中，并根据师生反馈来的信息及时调整和完善思政教育进网络的方案，让大家关心先锋网；三是"人网联动"即网上网下的互动性加强，网站特色栏目建设见成效，大学生乐意上先锋网，乐意为先锋网提意见建议，网上的思政教育工作在"润物无声"中进行了。

先锋网的"思政频道"一直是思政栏目中访问量较高的频道，它主要有思想政治教育进网络、进社团、进学生宿舍和思政信息等栏目组成。我们及时将学院思政教育方面的信息编辑到网上。特别是思政信息栏目，编辑们精心策划网友们积极投稿，该栏目现已成为了学校各团支部政治学习的内容来源。网站"理论频道"中的中心组栏目将学校党委理论学习中心组和各学院中心组的学习资料、学习计划安排、中心组成员等信息上网，并通过先锋网布置每个时期中心组的学习重点，使得先锋网的利用率越来越高，专题性和方便性突出，并且也及时将一些前沿理论介绍给了广大学生。学校党委高度重视"两课"教育的主渠道、主阵地作用，为了加快"三个代表"重要思想的"三进"工作，学校紧紧抓住"两课"网络建设的这个切入点，把"两课"引入网上。"两课"教学活动、电子教案、精彩一课等内容逐步上网。在纪念建党八十周年活动中，先锋网将师生们撰写的理论文章和湖州市纪念中国共产党成立八十周年理论研讨会我院获奖论文上网，师生门频频点击这些内容，取得了很好的教育效果。

网站的"党团知识"更是增加了大学生们对党对团学工作的知识，其网上党校、网上团校已真正成为学员们的必修课内容，并将团校、党校的讲课内容上网，使得非党团校的大学生也能通过网络参加团校、党校的学习，突破了各班因人数限制参校党团校的瓶颈问题，网上的学员也可以参加党团校的考试，大大调动和增加了党团知识在大学生中的学习积极性和覆盖面。"新闻频道"它帮助师生全面、快捷地了解学校方方面面的改革和发展情况，极大地丰富了师生的精神文化生活。新闻频道作为对外宣传的一个重要窗口，它与校园网、校报、广播电台等媒体实现新闻资源共享，实行实时监控和更新，一般新闻当天更新(特别重大新闻实行实时更新，数码图片发稿)，及时将学校的一些重大新闻信息、通知及可公开文件和精神在网上发布，使新闻频道在学校和大学生间架起了一座沟通与理解的桥梁。特别是新闻频道的院系速递栏目，它已经成为了各个学院学生工作及学生活动的展示舞台，加强了各学院学生工作的交流，促进了各学院间因报道的多少、报道的层次高低而产生的出高水平活动、显高层次品位的工作竞争，大大激发和调动了师生们的积极性。

三、不断挖掘思想政治教育主题网站的功能，扎实推进高校思想政治教育进网络工作

先锋网现有思政教育、理论学习、党团知识、新闻速递、校园生活等 13 个一级频道，227 个二级频道，1700 多个三级频道，文本总容量达 900 多兆，新旧版先锋网总访问量已经超过 100 万 IP，平均日页面浏览量 2700 多次。网站现有学生编辑 22 人(其中入党积极分子、三好学生、一等二等奖学金获得者、优秀团员、优秀团干、班长、班团支部书记、校系学生干部等占 90% 以上)。网站开通两年来，得到了学校师生和社会各界的高度重视和大力支持。2001 年 12 月 9 日，全国人大常委会副委员长、全国妇联主席彭珮云在省市有关领导的陪同下认真观看了先锋网的现场演示，听取了学校思想政治教育进网络工作

的介绍，彭珮云副委员长高度称赞了先锋网的建设。2002年8月1日，浙江省委副书记梁平波在湖州市委书记杨仁争等的陪同下视察先锋网。与此同时，新华社新华网、《德育报》、浙江卫视、《学校党建》、《高校思想政治工作》、《教育信息报》、浙江教育网、《湖州日报》等国家级、省级、市级媒体也对先锋网的建设作了全面的报道。2003年4月先锋网还被浙江省教育厅评为全省高校思想政治教育十大优秀主题网站称号。

两年来先锋网紧紧围绕发挥好"三个中心"（即党的方针政策、形势任务的教育中心；学校和广大学生交流的信息中心；师生各种意见、建议等信息的交汇中心）以"四强"（强网络的互动、强网站内涵的提升、强学生干部队伍的建设、强信息的反馈）为现阶段先锋网建设的重心开展了一系列的工作。

先锋网积极利用各种重大节日进行网上爱国主义和世界观、人生观、价值观的教育。2002年教师节时，网站结合江总书记在庆祝北京师范大学建校一百周年上的讲话，在网上以祝广大师范生教师节快乐为题建了一个专题论坛，引导大学生探讨教育创新，结果在不到1小时的时间里有100多位网友在论坛发帖，论坛的编辑（论坛的所有学生编辑都有2个用户名，1个是普通用户，1个是管理员用户）用普通用户的身份与网友探讨，收到了很大的反响。

针对新生上网带有一定的盲目性，先锋网的师生主动出击抢占阵地，在新生开学初就进行了针对大一新生的"上网知识"教育培训，让新生在大学生活开始时就认识网络、关心先锋网。先锋网还即时推出了"每月问答"栏目，将一个月来的时事通过网上有奖问答的形式开展学习和教育，编辑部的师生精心组织策划，网友们积极参与，现有固定注册"挑战手"2000多人。先锋网还组建了自己的网友联谊会，加强网上网下的互联。围绕学校开展的"一体三标"、"一纲三风"、"一规三进"等的建设[一体，塑造学院整体形象。三标，学院整体形象的三个重要标志：校标（平面）、校歌（空间）、校训（校园精神）；一纲，宣传贯彻公民道德建设实施纲要。三风，切实加强校风建设，加强教风、学风和干部工作作风建设；一规，继续实施党建工作五年规划。三进，扎实推进思想政治教育进网络、进社团、进学生宿舍]，先锋网积极发挥了网络的独特效应，吸引了广大师生和社会各界参与到学院的这三风格建设中，提升了校园文化的品位，拓展了网络文化建设的内涵。

网站在自身学生干部队伍建设上通过成立先锋网团支部、每星期的例会制以及强有力的制度加强教育和管理。从广大师生中公开征集到的"先锋"网名让网站的学生干部首先体现出来，经过一年多的学习锻炼，他们已成为了班、系、院的先锋、青年学生的先锋，成为了广大网友的先锋。

网站还组建了以学生记者、通讯员和广大教师为核心的先锋网新闻中心，积极发挥"学生网站学生建"的优势，先锋网还通过定期对记者、通讯员的培训，提高网络新闻的时效性和权威性，先锋网新闻频道现已成为了湖州师院最大、最快的新闻信息载体，每天收发稿件在100篇以上，许多外埠新闻媒体就是通过先锋网查找湖州师院的新闻由头。

综上，先锋网取得的成绩总结起来主要：一是领导的关心和重视；二是全校师生的积极参与和支持；三是充分发挥了大学生的作用；四是完善的规章和制度建设。江泽民总书记关于"三个代表"的重要讲话，为我们指明了高校思想政治工作的方向。新时代的大学生需要树立正确的人生观价值观，由于网络的无限渗透性、快捷便利、资源丰富的特点，思想政治教育在网络中显示出优越性和超前性。作为高校宣传思想干部，我们将进一步认真研究新形势下思想政治教育工作的特点和规律，不断开辟新途径，探索新方法，创造新经验，进一步发挥网络在高校思想政治教育中的积极作用，把思想政治教育进网络工作做好做实。

（作者单位：浙江湖州师范学院党委宣传部）

第七部分

交 通 行 业
思想政治工作

浅谈公路行业思想政治工作方式的创新

多宗发

面对新形势新情况新问题，公路行业思想政治工作能否适应时代发展的要求，能否保持旺盛的生机和活力，能否为行业改革、发展和稳定提供强有力的智力支持、精神动力和思想保证，关键是在方式上创新。这里应着重研究和解决三个问题。

一、换脑子，在观念上创新

江泽民同志指出："创新是一个民族的灵魂，是一个国家兴旺发达的不竭动力，也是一个政党永葆生机的源泉。"公路行业思想政治工作的创新，必须适应变革了的新特点、新形势和新要求，认真研究新规律，积极探索新途径、新方法。重点把握三个问题：

1. 转变观念。作为新时期的思想政治工作者，应加强学习，加强实践，不断丰富和发展自身的思想理论，不断开创思想政治工作的新局面。坚持在继承的前提下创新和在加强的基础上予以改进；从等待上级部署、照抄照搬上级文件转变为从本单位实际出发，创造性地开展工作；掌握好思想政治工作的主动权，变被动应付为主动出击；打破行业垂直网络，延伸横向社会网络，形成公路行业思想政治工作"垂直到底，横向到边"的区域网络平台。

2. 拓展内容。由于各种经济主体和利益主体的多样化，迫使企业思想政治工作拓展教育内容。引加大市场经济、知识经济的教育力度，引导职工树立市场、竞争、效益、争先创优等观念；着眼于提高职工的整体素质，集政治、业务、科技、民主法制及文化知识教育为一体，多管齐下，形成合力，全面推进。

3. 方式多样。充分利用网络等现代传媒，扩大思想政治工作覆盖面，缩小主客体的距离，增强时效性的影响力；突破封闭的讲座、灌输等单一模式，充分利用各种活动和多样的手段、形式和场合开展工作；改变自我运行、自我评价的传统模式，把公路养建管征这一中心工作的成果作为衡量思想政治工作的重要标准，并注重精神文明建设成就，做到虚实结合，协调发展。

二、放架子，以情感人

首先，要树立双赢的领导观。在理念上要与职工有共同的目标和价值观，在工作中要学会让步，在交往中要求讲求诚信；其次，把过时的陈旧的思维定式变为新鲜的富有生命力的思维定式。把自己与职工放在平等位置上相互取舍，不要"居高临下"强制接受，多注重思想渗透。情感相通时，道理容易被接受；情感一对立，讲什么都会反感甚至抵触。因此，必须放下架子，重视情感因素。

1. 要真心。首先要同心。切实解决职工反映的热点、难点问题，多做"得人心、暖人心、稳人心"的工作，用实践"三个代表"重要思想的实际行动，密切同职工的关系，使思想统一，目标同向，增强凝聚力和感召力。其次要贴心。要深入基层，多听取职工意见，多了解职工疾苦，特别是一线职工，对他们的问题和困难要认真解释，尽力解决；第三是耐心。要摒弃那些居高临下板着面孔训人、冷冰冰地讲不着边际的道理的作风。面对矛盾要不推、不避、不让，实事求是，解释工作要不哄、不骗、不压，耐心、细致。对于行业进入市场后的改革，职工有想法、有意见、闹情绪，要多讲政策，多讲道理，细心开导。第四要暖心。对于生活有实际困难的职工，做好"帮一把、扶一把"的雪中送炭工作，使他们深切感受到组织的温暖。

2. 要真情。俗话说，人非草木，孰能无情，"感人心者，莫先乎情"。革命导师列宁曾深刻地指出："没有'人的感情'就从来没有也不可能有人对于真理的追求。"做思想工作是做人的工作，这本身就是交流情感，转化思想的过程。对于长年在公路线上的职工，那怕是一句简短的问候，一次不经意的招手，一个真情流露的微笑都将会使他们倍受鼓舞，倍感亲切。因此，公路行业思想政治工作必须态度诚恳，感情真挚，做到将心比心，以心换心。

3. 要真干。就是要量化、细化。首先要把好事办实。诸如切实解决职工的用水用电、看电视、子女上学、就医就业等生产、工作和生活中的实际困难，使他们免除后顾之忧。我局九五期间，投入解决公路站基础生活设施达1200多万元，把危房全部消灭在20世纪，职工的居住条件得到很好改善，职工思想稳定，养护生产热情高涨。其次规划设计要实，把思想政治工作与养护生产同规划、同部署、同检查，并做到超前思考，科学论证，整体台一，精心组织。第三是具体工作抓得实，不搞形式主义，不搞花架子，要"蹲得下，沉得下"，既要多听汇报，更要多搞调查研究。调查不能停留在浅尝辄止的水平上，也不能走马观花。做到脚踏实地，一步一个脚印，一级抓一级。

三、换位子，以理服人

在做思想政治工作时，换个位子和角度，把自己放在对方的位置上考虑，就会清醒地认识自我，增强非线性思维的能力。在具体方式方法上要讲究艺术。

1. 选择切入点的艺术。一是选择共鸣点，就是指人们在思想感情上发生共振的所在。当前，公路部门的机构改革、体制转轨、利益分配的调整等一系列问题都是职工关注的中心，这就是共鸣点。利用共鸣点与职工交流，效果会更显著。二是选择闪光点，以此激励人之进取心，使其更快进步，如每年的评先评优活动等。

2. 讲话的艺术。思想政治工作教育的语言要实事求是，讲究分寸，不讲“过头话”，诸如冷嘲热讽的“刺人话”，简单粗暴的“压人话”，不尊重人格的“侮辱话”等。也不讲含糊话。要针对不同对象，采用不同风格的语言。如对胡搅蛮缠者要锋利尖锐，对为人直爽者要风趣浅显等。不模棱两可，力戒说空话、套话，要针对“症结”，有板有眼，有理有据。

3. 把握时机的艺术。要把“及时”和“适时”统一起来。善于抓住对象主观上有解决愿望的时机，如悲观失望需鼓劲加油等；有解决问题的可能，如走过弯路的人易于接受别人的劝慰。

4. 把握适度的艺术。分量和深浅适度，过多了“吃不了”，过少了“吃不饱”，过高了“吃不进”，过低了“没味道”；冷热要适度，对人的态度要热，对问题的分析处理要冷静准确；刚柔要适度，该硬则硬，该软则柔；宽严适度，即严而不压，宽而不纵，大是大非从严，细枝末节从宽，既不无限上纲，也不轻描淡写。

（作者单位：黑龙江省公路局）

加快乡村公路建设　实践“三个代表”

丁　一

我国经过改革开放的二十几年，国民经济取得了持续、快速、健康的发展。但我国现阶段的发展还不平衡，特别是城市和农村之间存在很大的差距。正如党的十六大报告中所指出的：我国现在的小康还是低水平的小康，是不全面的小康。因此要全面实现党的十六大提出的全面建设小康社会的奋斗目标，实践“三个代表”重要思想，就需要加快农村经济的发展。而促进农村经济的发展，很重要的一个方面就是要解决乡村公路对农村经济发展的“瓶颈”问题。

一、加快乡村公路建设步伐是建设中国特色社会主义的客观需要

“要想富，先修路”，这是人民在实践中总结出来的历史经验。近年来，国家通过加大投入，加快基础设施的建设，公路交通事业突飞猛进，但在我国现有公路中，农村公路所占比重高达 72%，而且等级普遍偏低，远远不能满足农村经济发展的需要，这与我国的经济发展水平是不相称的。就地处浙江西部尚属欠发达地区的衢州而言，96% 面积和 83% 的人口在农村。全市现有 136 个乡（镇）中通水泥路 115 个，通砂石路有 21 个，通乡（镇）公路路面硬化率为 84.56，全市 2601 个行政村中已通等级公路的行政村 1445 个，等级公路通村率为 55.56%，路面已硬化的行政村 807 个，路面硬化率为 31.03%，通简易公路有 1138 个行政村，占 43.75%，不通公路的行政村有 14 个，仅占 0.54%。

乡村公路作为农村最主要的基础设施，是农村经济发展的“助推器”，直接关系到农民脱贫致富奔小康的步伐。前几年，国家投资重点在国、省道等干线公路建设上，这是国家经济建设总体布局的必然选择，在干线公路骨架趋于完善后，加快农村公路建设步伐，完善县乡公路这些公路网中的“毛细血管”就成了当务之急，否则不仅影响路网整体功能的发挥，更重要的是严重制约着农村经济的发展，不但不能缩小城乡之间的差距，相反还会人为加大城乡之间的贫富差距，背离了社会主义的本质，农业现代化更是无从谈起。因此，加快乡村公路建设步伐不仅是农村现实情况所决定的，而且是实践“三个代表”重要思想的具体要求，是建设中国特色社会主义的迫切需要。

二、加快乡村公路建设步伐是全面建设小康社会的有效手段

全面建设惠及十几亿人口的小康社会，重点在农村，难点也在农村。农村能否完成建设小康的各项任务，对全国来说举足轻重。要使农民实现真正意义上的小康，出路在于加快农业产业化进程，加快城镇化进程，化资源优势为经济优势，大力发展社会生产力。

由于长期以来农村受制于基础设施这个“瓶颈”，农业没有形成产业化、规模化。优势资源得不到充分利用，农业的弱势地位将会更加突出。乡村公路作为农业和农村赖以发展的物质基础，是沟通农村与城市的桥梁，是连接农村生产和消费的纽带，直接服务于农业和农村经济，对加快农村人流，物流、信息流，优化资源配置，促进思想观念的转变和繁荣农村经济起着至关重要的作用。乡村

公路对促进农村经济发展有着无可替代的作用，加快乡村公路发展既是农村经济发展的客观要求，也是建设小康社会的重要步骤，其意义远远超过了公路建设本身。因此必须打破常规，超前发展，为农业和农村经济发展提供良好的交通条件，才能保障农村小康建设的顺利实施。

2003年以来，衢州市抓住了全国加强农村公路建设和全省实施乡村康庄工程的历史机遇，对全市农村公路情况作了全面摸底调查，并根据省交通厅要求制订了《衢州市乡村康庄工程实施意见》，对全市农村公路建设作了全盘筹划，提出了今后5年全市实施乡村康庄工程的目标、任务和措施。计划用3年时间，全面完成通乡公路等级化、路面硬化，使全市通乡镇等级公路路面硬化率达100%，用5年时间，在基本村村通公路（包括简易公路）的基础上，使省定准四级标准以上公路通村率达90%，通村公路路面硬化率达70%。

三、加快乡村公路建设步伐是实现经济跨越式发展的有效途径

公路交通作为国民经济和社会发展中的一个传统的基础性、先导性产业，在多年来的发展进程中，公路建设与生态环境保护的矛盾不断出现，工程造价日益攀升，公路设计与建设质量尚需进一步提高；公路运输生产效率低下，经济效益不佳，安全性能较差。要适应全面建设小康社会的要求，交通行业必须紧紧抓住这个战略机遇期，把发展作为公路交通行业第一要务。

素有四省通衢之美誉的衢州市，凭借区域优势，近几年交通基础设施建设得到了快速发展，市、县、区公路联网已基本实现"半小时经济圈"交通网络。这些交通基础设施的建成，为减轻该地区交通运输压力，加快货物流通、推进地方经济快速发展起到了积极作用。然而，随着经济建设快速发展和城市化建设步伐的加快，前期建成的交通基础设施制约着该地区今后经济发展的矛盾日趋突出。所以，制订交通远景规划，建设可持续发展交通网络已成为一项不可忽视的大事。为科学合理地制订出2001年至2020年《衢州市公路水路交通建设规划》，衢州市交通局利用开通交通局网站或走上街头等方式问计于民，让全社会都参与规划的修订工作。据了解，衢州市交通水路交通建设规划期限为20年，即2001年至2020年，将建成以"三纵两横八连一绕"为主骨架、县乡道路为基础的公路网，还将形成"一个枢纽、七个中心"的公路运输站场布局。2003年衢州市交通基础设施建设在完成去年总投资近14个亿的基础上，计划再投资13亿元，争取14亿元（不包括城市建设项目），主要用于实施交通建设"三七二八"工程，目前该工程已全面启动。"三七二八一"工程其中的"一"就是建成和新开工一批重要县道项目，完成新改建县乡村等级硬化公路100公里和浇筑县乡村等级公路高级、次高级路面100公里。"三七二八"工程的完成，对于构建纵横交错的立体文通网络，实现县县通高速，村村通公路的目标以及充分利用长三角的科技优势和资金优势，加强区域间的联系，优化资源配置，加快农村奔小康步伐都具有十分深远的意义。

四、加快乡村公路建设步伐是对"三个代表"重要思想的最好实践

目前，衢州市已基本宪成了通县公路建设任务，上百万群众正在体验着高等级公路带来的便捷、舒适，享受着公路带来的财富和信息，以及观念上的变化。所以说，加快农村公路建设不但是贯彻党的十六大精神和实践"三个代表"的实际行动，更是回报农民兄弟的实际行动。加快农村公路建设，同时也是服务城镇化、增加和促进农民收入的有效途径。因为，推进农村小康建设，解决"三农"问题的关键是增加农民收入。从长远来看，农村富余劳动力向非农产业和城镇转移，是工业化和现代化的必然趋势。较大幅度提高城镇人口比重的有效途径就是加快城镇化进程。同时，要积极推进农业的产业结构调整，改善农村的生产条件和生活环境，提高农民的生活水平。交通基础设施建设是解决上述问题的基础条件。所以，公路部门要从全面建设小康社会需要的全局出发，加快推进县际和农村公路建设，农民就会在建设公路中增加收入，就等于把增加农民就业的路子送到了家门口，就等于把农业和农村经济结构调整的路子修到了家门口，就等于把推进城镇化进程的路子通到了家门口，为解决好"三农"问题做出了贡献

（作者单位：衢州市公路管理处）

新时期公路职工思想政治工作要在"五性"上下工夫

徐子祥

浙江省衢州市公路管理系统现有职工965人，承担着全市2800多公里国、省道及县乡公路的建设、管理与养护任务。去年以来，浙江省衢州市公路管理处在全系统较为成功地推行了公路管理体制与运行机制的改

革,建立了专业、县乡公路统一的管理机构,推行了管养分开、事企分开和小修保养内部招投标,初步实现了理顺体制、精简机构、减员增效、加快发展的目标。该市公路管理体制与运行机制改革的经验得到了浙江省交通厅的肯定。市公路处被省委、省政府命名为"文明单位",6个公路段全部被评为市级文明单位;全市公路行业被评为"文明行业"。

在改革实践中,我们深深体会到,随着时代的进步,生产力的发展,特别是在公路"两制"改革的新形势下,必须加强和改进思想政治工作,充分发挥思想政治工作在释疑解惑、平衡心理、理顺情绪、化解矛盾中的作用,才能使公路职工正确认识、尽快适应公路体制改革的新要求,加快公路事业的发展步伐。新的历史条件下,在公路管理体制和运行机制改革中,公路职工思想政治工作要在"五性"上下功夫。

一是经常性。就是持之以恒,常抓不懈。思想政治工作不是一时一事的权宜之计,而是根本之计,百年大计,是永远不可缺少的经常性工作,不能时紧时松,出现"说起来重要,干起来次要,忙起来不要"的现象。当前公路的改革正处在攻坚阶段,发展正处在关键时期,面临着复杂的矛盾和艰巨的任务,没有经常性的思想政治工作是不行的。做好经常性的思想政治工作,首先,要摆上位置。把思想政治工作摆上各级公路管理部门重要的议事日程,党政一把手亲自抓,把思想政治工作与其他业务工作一道,同布置、同检查、同落实。其次,要健全制度。健全制度是建立良好的思想政治工作秩序,形成良好循环的保证。要建立健全思想政治工作目标管理责任制、政工系统人员岗位责任制、党员和站、队的思想政治工作责任制,使思想政治工作、精神文明建设工作有规划、有目标、有实施方案、有责任人,由"软指标"变成"硬任务",作为考核干部的重要依据。第三,要不断探索形式多样的活动载体。思想政治工作要寓于各项健康、有效的教育活动之中。要坚持经常性的政治学习,根据公路部门不同阶段的任务、要求,开展政治学习和思想教育活动。

二是针对性。就是分类指导,对症下药。思想政治工作要针对职工不同的工作岗位、生活环境,采取相应的工作方法,做到因地制宜,因人制宜,因时制宜。衢州市公路管理体制和运行机制改革以后,市处和6个公路段共965名职工,仅有282人在管理岗位,分流到养护公司、下属企业520人,内退163人。公路职工因就业岗位、生活环境不同,而呈现不同的思想特点。各级公路管理部门针对不同岗位职工、不同的思想特点,采取有针对性的教育方式。对竞争上岗的管理人员,教育职工克服自满情绪,珍惜来之不易的工作,爱岗敬业,抓紧学习新岗位的各种业务知识,以良好和工作成绩回报单位和职工的信任。对分流到企业、养护公司的人员,开展一对一谈心活动,教育他们在企业一样可以有所作为,在日趋激烈的市场竞争中站稳脚跟,逐步做强做大企业。对竞争落聘人员,坚持"无情竞争、有情操作"的原则,开展"面对面"的思想教育工作,主动为他们分析落聘原因,分析所竞争岗位的形势,动员他们立足自身条件和个人特长,放下思想包袱,振作精神,积极参加下一轮的岗位竞争。对内退人员,深入细致地讲解内退条件,鼓励他们自我教育、自我管理。由于我们对职工做好深入细致的思想政治工作,目前全系统职工普遍心情比较愉快,情绪比较稳定。

三是实效性。就是要以虚促实,注重效果,讲求实效。公路职工思想政治工作必须破除就思想政治工作抓思想政治工作的"自我循环"的旧观念,使思想政治工作有机地融入到公路建、管、养工作之中,使之真正为公路事业发展提供强有力的政治保证和智力支持。为此,衢州市公路管理处注意把思想政治工作与业务工作"一体化"运行,建立了行政、业务干部"一岗两责"制,把行政管理过程中的思想政治工作,按行政、业务干部分管的范围,明确每一个行政、业务干部岗位的业务管理职责和思想政治工作职责,做到"两手抓"。讲求实效,思想政治工作必须设身处地地解决公路职工的实际困难,比如工作问题、后顾之忧问题、子女入学问题、职工住房问题等等。即使一时不能解决的,也要向职工说明不能解决的理由和存在的实际困难。在去年公路"两制"改革中,我们重视下岗、待岗、转岗人员的工作问题,为职工排忧解难,想方设法使之重新上岗。讲求实效,思想政治工作也要讲"投入产出",注重实际效果,克服形式主义、做表面文章的不良倾向。去年,我们开展了路政执法人员思想道德教育作风整顿,对全体路政执法人员进行集中培训、思想教育、理论考核,还对每一个人的作风进行了民主测评,实行了末位淘汰制,起到了良好的效果。

四是主动性。就是未雨绸缪,把工作做在前面。加快全面建设小康社会步伐,公路建设要先行一步。公路职工思想政治工作要适应公路事业发展的需要,站在时代前列,摸准职工的思想脉搏,通过有力的工作,增强思想政治工作的主动性。这里要把握两点:第一,上级布置的政治教育任务要落实。要通过组织理论学习,开展形势教育、政策教育、社会主义世界观、价值观教育等,让公路职工熟悉党的路线、方针、政策,党和国家各个时期、各个阶段的工作重点以及怎样在实践中加以贯彻,同时还要教育他们怎样观察事物、认识世界,怎样面对新形势、把握人生道路,怎样在公路建设实践中建功立业。第二,上级没有布置而在实际工作中需要的教育,也要及时主动地抓好。现在许多公路职工,已不满足于简单的物质追求,而更重于精神上的追求;不满足于口头上的说教,而追求实实在在的精神满足。公路职工思想政治工作要切实了解公路职工的利益和要求,想职工之所想,急职工之所急，特别是在实施公路管理体制和运行机制等重大改革措施时，要预见到可能出现的矛盾和问题，及早采取相应的措施，进行深入的宣传和细致的思想工作，取得公路职工的理解和支持。在去年公路"两制"改革过程中，我们加强调查研究，分析不同岗位职工的不同思想，在搞好大会动员宣传的同时，召开不同层次的座谈会，利用一对一谈话等形式，把改革的意义向职工讲透，得到了全体职工的理解、认同，为改革的顺利进行提供了思想基础。增强主动性，还要把握动态，了解实情，知微见著，把职工队伍中的不良思想倾向解决在萌芽状态，不能等错误的东西蔓延泛滥后，才花大气力去解决。

五是创造性。就是勇于实践，用新办法解决新问题。近些年来，公路部门在思想政治工作实践中，进行了积极的探索，对面临的许多新情况、新问题，公路管理部门必须进一步解放思想，实事求是，创造性地开展工作。思想政治工作要从"灌输型"向"启发型"转变，消除"政治工作是管教人"的思维定势，学会"换位思考"，政工人员不能像以前那样"居高临下""我说你听"，要敞开心扉，对于职工的苦恼事、麻烦事、痛苦事进行劝导，解决思想疙瘩，成为职工的知音和朋友，使他们放松思想，轻装上阵干好本职工作。要由"说教型"向"务实型"转变。新形势下，必须摈弃不解决实际问题的说教，承认和尊重群众的个人利益和物质需求，把思想政治工作融入实际问题的解决之中。如针对养护第一线职工条件艰苦，生活单调的情况，各级公路党组织就把电视机、录像机等娱乐器材送到他们手里，丰富公路职工的文化生活。要由"外行型"向"内行型"转变。政工干部要熟练地掌握做思想政治工作的本领，在指导工作、开创新局面上有新的创造、新的建树，除此之外，还应该是业务上的内行，会结合公路管理和建设去做思想政治工作，成为一专多能的复合型干部。

加强思想政治工作　发展公路养护事业

蔡德明

思想政治工作是我们党的优良传统和政治优势，在改革开放和市场经济形势下亦不例外。愈是深化改革、扩大开放，愈是发展社会主义市场经济，就愈要适应新的形势，全面加强和改善全党全社会的思想政治工作。

在实际工作中，仍有少数单位对思想政治工作认识不到位，认为思想政治工作是软任务，可抓可不抓，经济工作是硬任务，不抓不行。于是就放松政治学习和对职工进行思想教育，致使有的单位出现了纪律松弛、职工思想涣散等不良倾向，这些都说明加强和改善思想政工作的重要性和紧迫性。那么怎样才能进一步加强和改善思想政治工作呢？

首先，用邓小平理论和"三个代表"重要思想武装全体党员、干部和群众。这也是思想政治工作的根本任务。在改革开放的新形势下，如何发挥人的主动性、创造性和积极性，关键就在于用先进的思想武装人的头脑。因为理论是行动的先导，没有正确的思想指导，就没有正确的工作方向。在开展思想政治教育时，要坚持理论联系实际，完整准确地掌握理论体系和精神实质。要学以致用，注重实效，学习的目的在于提高人的思想素质，在于把公路建设搞上去，使公路事业持续、健康发展。

第二，围绕经济建设和当前形势做好深入细致的思想政治工作。要改变过去那种空洞说教，使思想政治工作变得空洞无力，对经济建设工作起不到保障作用的倾向。加强和改进思想政治工作，衡量标准就要看是否有利于经济建设和人的全面发展。拿我们公路部门来讲，就是看经济效益和社会效益是否提高。是否消除政治业务"两张皮"现象。实践证明，思想政治工作与经济工作是相互依存、相互促进的，离开了思想政治工作的经济工作就是没有方向的工作，离开了经济工作的思想政治工作就成了无本之木、无米之炊，也就无从谈起了。

第三，抓好典型，使思想政治工作变得生动有力。榜样的力量是无穷的，党在不同的历史时期都有自己的榜样和典型，成为鼓舞共产党员和人民群众，为其目标而奋斗的巨大精神力量。在改革开放的新时期，做思想政治工作也应抓好典型。2003 年 3 月中组部、中宣部发出了向郑培民同志学习的号召，他是当前和今后一个时期党员干部学习的榜样，他解答的是我们思想政治工作的新课题。郑培民是我们思想上、工作上的一面镜子、一把尺子，经常照一照、量一量，才能扬长避短，不断进步。公路系统也有自己的典型，最近交通部推出的四川省甘孜州公路养护总段雀儿山五道班班长、全国交通系统劳动模范、全国劳动模范和全国优秀共产党员陈德华，长年坚守在海拔 4890 米、终年冰雪不断、草木不生，被称为"生命禁区"的沙鲁里山脉从事公路养护工作 20 多年，始终以养路为业,以道班为家,艰苦奋斗、爱岗敬业,团结带领全班养路工人,在生存环境极为恶劣,工作和生活条件极为艰苦的情况下,以顽强的毅力克服了许多难以想象的困难,精心养护公路,热情为过往车辆、人员提供无私的救助和服务。我们要认真学习本系统和身边的典型人物和事例,努力实践"三个代表"重要思想。

第四,多渠道多方设法加强思想政治工作。各级领导班子要把思想政治工作摆上议事日程,坚持"两个文明"一起抓,贯彻"两手抓、两手都要硬"的原则,在抓好物质文明的同时,抓好政治文明和精神文明。用精神文明促进物质文明,在提高物质文明程度的同时提高精神文明程度,使两者相互促进,共同发展。党政工青一起抓思想政治工作。层层建立思想政治工作责任制,建立起切实可行的运行机制,专兼职相结合齐抓共管,使思想政治工作切实落到实处。寓思想教育工作于各项活动中去,思想政治工作要改变过去单调、呆板,枯燥乏味的倾向,采取一些职工喜闻乐见的形式去做,尽量将思想政治工作在一些灵活多样的活动中进行。集趣味性、新颖性、娱乐性于一体,从而使广大干部职工的参与意识得到增强,精神得到振奋,思想受到熏陶,以更大的干劲和热情投入到发展公路事业中去。

(作者单位:浙江省嘉兴市公路管理处)

领导干部要善于做思想政治工作

伍元平

思想政治工作是提高群众的思想觉悟,发挥人们的积极性、主动性,完成各项任务的保证。企业思想政治工作必须以十六大精神为指导,落实"三个代表"的要求,紧紧围绕改革发展稳定这一中心任务,着力研究新情况,探索新思路,不断丰富和充实新的内容,改进方式方法,以适应新形势的发展要求。

一、与时俱进,增强思想政治工作的时代性

十六大报告对"三个代表"重要思想进行了深刻的阐述和高度的概括,对党的建设和思想政治工作提出了更新更高的要求,具有鲜明的时代特征和现实指导意义,为我们在新时期加强和改进企业思想政治工作指明了方向。因此,在铁路企业改革深入发展的新形势下,加强和改进思想政治工作必须认真落实"三个代表"的要求,紧扣时代脉搏,不断丰富新内容,增强思想政治工作的时代性。

当前,铁路正处在改革的攻坚阶段和发展的关键时期,在体制转换、利益格局调整,观念不断更新的时期,面临着许多复杂的新矛盾、新问题,需要正确处理。但是相当一部分基层领导干部的素质,特别是思想政治素质存在这样或是那样的不适应,而且思想政治工作方法也滞后,一些地方新办法不多,老办法不灵,工作苍白无力。这些问题,都影响了思想政治工作的开展。作为领导者,其使命就是领导干部职工,去胜利完成他们所承担的任务。被领导的干部职工,必须通过思想政治工作,才能调动他们的积极性,把领导的意图变成干部职工的行动,因此,思想政治工作在领导工作中应占有极其重要的地位。但也有一些领导干部对"三个文明一起抓"缺乏正确的认识,致使思想政治工作呈现摇摆不定、"淡化"的状态。不少单位存在对思想政治工作"讲起来重要,干起来次要,出了问题需要,没有问题不要"的状况。在当前改革力度不断加大、各种矛盾相对集中的情况下,必须进一步加强和改进思想政治工作,充分发挥思想政治工作明理知情的疏导功能、平衡心态的调节功能、稳定人心的凝聚功能、团结稳定的激励功能,以十六大精神为指导,针对干部职工的思想认识和实际问题,消除理论上的困惑、思想上的疑虑、心态上的失衡,理顺情绪,化解矛盾,调动一切积极因素,化消极因素为积极因素,把思想统一到十六大精神上来,为实现铁路跨越式发展提供强有力的精神动力。

二、改革创新,增强思想政治工作的针对性

当前,在铁路不断深化改革,市场经济体制逐步完善的新形势下,针对人们思想活跃,民主意识、自我意识、独立审视意识增强等特点,思想政治工作必须增强其针对性。

第一,要坚持群众观点和群众路线,以人为本,以民为本。思想政治工作,说到底就是群众工作。"一切为了群众,一切相信群众,一切依靠群众",这是我们做好思想政治工作和其他一切工作的出发点和落脚点。在新形势下,领导干部更要继承和发扬这个优良传统,及时研究两个重大转变过程中群众中出现的新情况、新问题,积极探索做好群众工作的新方法、新路子,把广大职工的积极性引导好、保护好、发挥好,进而把干部职工紧紧团结在以抓生产、保安全、增效益为大局上来。

第二,要坚持思想政治工作的利益原则。辩证唯物主义认为,物质利益是人们进行生产和其他活动的基本动因。思想政治工作坚持利益原则,是唯物主义的基本要求。马克思说过:人们的一切行动,都与它的利益有

关。可见,革命精神是在物质利益基础上产生的,如果只讲牺牲精神,不讲物质利益,那就是唯心论。我们党的思想政治工作所以有巨大的威力,根本原因是建立在与群众利益根本一致的坚实基础之上的。党的思想政治工作就是既要使人们看到远方的光明前景,又能找到脚下的路,使人们得到实实在在的利益。

第三,要坚持思想政治工作的实践原则。实践是辩证唯物主义的基本观点,是思想教育的载体,是思想认识的源泉和动力,是思想政治工作能够发挥优势的根本途径。思想政治工作的一项重要任务,就是培养人们高尚的道德品质。而要完成这一任务,就不仅要通过美与丑、是与非、荣与辱、苦与乐的教育和讨论,使群众进行正确的道德认同和道德评价,更需要在千百次的实践中养成高尚的道德行为和道德习惯。

三、因地制宜,增强思想政治工作的实效性

增强思想政治工作的实效性,提高其影响力和作用力,必须从企业改革、发展的实际出发,针对职工的思想实际,努力改进方式方法。在具体工作方法上,主要应把握好"五个结合":

第一,灌输与疏导相结合

"灌输"是一种经常性的最基本的思想政治工作方法。"灌输"的核心是说理,它特别适用于先进正确的思想理论的教育。组织学习在内容安排上一定要从对象的需要出发,抓住他们迫切期望解决的问题,同时还要适合对象的现有基础和接受能力;在组织形式上则要生动活泼,灵活多样。"疏导"是从实际出发,广开言路,集思广益,扬正祛邪,对人循循善诱,以说服教育为主,疏通引导人们的思想。在工作、学习、生活中产生的思想问题,尤其是在改革过程中出现的这样或那样的思想认识问题,包括各种抱怨和牢骚,用堵塞、压制的方法是解决不了的,只能用疏导的方法去解决。

第二,典型示范与批评警戒相结合

典型示范,就是树立某种行为标准或可仿效榜样,对群众施加影响,达到影响和引导人们思想行为的目的。它包括领导干部率先垂范和推广先进典型两个方面。前者要求领导干部要求别人做到的,自己先做到,言传身教;后者要求思想政治工作为群众树立一个可仿效的榜样,加以推广,以典型带动一般。领导干部要学会抓典型,树榜样,发挥先进典型示范作用,给人们以鼓舞、教育和鞭策,激励人们奋发向上。所谓批评警戒,就是通过对反面教材的剖析,来引起人们对某种行为和事物的注意,能给人以借鉴和教训,知道哪些事可为,些事不可为,从而避免发生类似的错误,起到"前车之鉴"的作用。在开展批评与自我批评时要注意实事求是、平等待人;注意批评的场合和方法;区别对象,讲求批评的艺术。

第三,教育引导与管理约束相结合

坚持教育与管理相结合,思想引导与行为规范相结合,是新时期思想政治工作的一个重要方法。思想教育对于提高觉悟、规范行为有着重要作用,但也不是万能的,还必须辅以法规、纪律的制约。解决人们的思想问题,不能采用压服的方法,而必须摆事实,讲道理,把教育建立在人们自觉、自律的基础上。但对那些不接受教育,不听劝告,自行其是,以至犯错误的人,要动用行政管理手段来加以约束,用行政的规定、制度、条例、守则等硬性的规章制度和行政手段来管理和规范人们的行动,对那些严重违反规章制度的人,给予一定的行政处罚。

第四,言教与身教相结合

从思想教育的过程来看,它是教育者传播教育信息和受教育者接受其信息的过程,受教育者不单纯从教育者的有声语言中获得信息,更注重其无声语言;不仅看你是怎么说的,更重要的是看你怎么做的。有道德的人讲道德,守纪律的人讲纪律,最有说服力。"其身正,不令而行;其身不正,虽令不从"。思想政治工作离不开言教,但身教重于言教。走近现实,为什么一些领导干部,虽然能言善辩,讲起来头头是道,但总是说服不了人?一个重要原因,就是自身形象差,说的是一套,做的又是一套,"对人马列主义,对己自由主义",不仅教育别人腰杆不硬,底气不足,甚至还引起群众反感。可见,做好思想政治工作,关键在于各级领导干部自身要正,要言行一致,表里如一。

(作者:襄樊铁路分局长江埠工务段,长江埠工务段党委副书记)

深入推进政治工作"两个纳入"的实践与思考

蚌埠铁路分局党委

通过调研,我们掌握了分局推进"两个纳入"的基本情况,找出了难点问题,提出了对策建议。

一、推进"两个纳入"的特点和成效

近年来,分局和基层单位在推进"两个纳入",建立政

治工作管理机制上做了有益的探索，取得了新的突破。目前，有49个站段建立了“两个纳人”的管理办法，有45个单位按规定对各级干部实施了考核。主要有以下特点：

1. 认识到位，全面推进，坚持自觉纳人。分局党委以会议动员、编发专题简报、编印《“两个纳人”学习资料》、召开研究会等形式，强化对“两个纳人”的学习宣传，使各级干部形成思想共识，自觉把推进“两个纳人”作为一项重要工作，放到突出位置上来抓。分局从2001年3月开始，选择阜阳工务段等单位进行试点。2001年7月，分局召开政工会议，推出试点经验，部署全面推进“两个纳人”。

2. 建立机制，形成体系，坚持制度保证。分局党政联合制定了《“两个纳人”暂行办法》，明确了指导思想、原则、基本要求，规范了党政工团各级组织在政治工作中的管理职责。基层站段相继制定了贯彻“两个纳人”的实施细则。分局初步构建了政治工作管理的四个体系：一是形成了“党委统一领导、党政共同负责，党政工团齐抓共管”的政治工作新格局。坚持政治工作任务集体研究，党政主要领导负第一责任，领导班子成员分工落实。2002年开始，分局党委把每月的办公会议改进为党群工作例会，部署协调党政工团各系统政治工作。二是完善了政治工作与生产经营管理工作同研究、同部署、同检查、同考核、同奖惩的管理机制。三是建立了以政工、行政干部为主体，以党小组长、班组长、工会主席、团支部书记为基础的“大政工”队伍。四是建立了“一岗双责”的岗位责任体系。有44个基层单位明确了“大政工”人员在生产经营中政治工作的责任、标准和考校内容。

3. 制定标准，规范运作，坚持双向考核。分局党委把推进“两个纳人”的切人点放在党政工作双向纳人、双向考核上，确定了“一二三”的考核思想。“一”就是坚持政治工作一体化考核。分局党委制定实施了《政治工作年度综合考核暂行办法》，变政治工作政出多门、多头考核为党政工团工作一体化考核。“二”就是坚持党政工作双向考核。分局综合经营责任制考核把政治工作作为重要指标。在2002年综合经营责任制考核中，有17个基层单位在政治工作上丢了1-5分。同时，分局党委把安全、路风和生产经营（占25%）作为检验政治工作效果的重要内容进行考核。“三”就是坚持政治工作考核结果“三联三挂”。即联“票子”，与奖金挂钩。联“牌子”，与评先表彰挂钩；联“位子”，与干部任免使用挂钩。2002年度，34个基层单位在政治工作的考核中共兑现奖励125万多元，扣罚19万多元。分局党委对政治工作综合考核分较低的3个单位的党政主要领导进行了调整。蚌埠电务段9个单位依据考核结果，对52名干部分别做出了诫免、降职直至免职的处理。

经过两年的深入推进，“两个纳人”在分局已初见成效。在调查中，有54%的被调查者认为“效果明显”。主要反映在以下三个方面：

一是政治工作的机制更活了。“两个纳人”将政治工作任务确定为指标，进人生产经营管理中，使政治工作“有章可循”，形成了长效管理、考核和激励机制，推动政治工作从务虚向既务虚又务实转变，从软任务向硬指标转变；使企业管理从过分依赖行政和经济手段向依靠行政、经济、政治、法律、道德等综合手段转变。政治工作考核在结果运用上“三联三挂”，体现了对政治工作价值的认可，对干部政绩的评估有了全面、量化的依据，提高了“大政工”人员做政治工作的积极性。

二是共同做好政治工作的意识更强了。“两个纳人”让各级干部感到了肩上的双重责任。

三是政治工作的资源整合了。90%的基层单位每月召开一次党政例会，总结部署安全生产、经营管理和政治工作。98%的单位每季（月）由党委书记主持召开一次党群例会，部署、协调、考评政治工作，整合了政治工作资源。

二、存在的难点问题和原因分析

分局“两个纳人”总体上发展态势良好，但存在的问题不容忽视。调查显示，39%的人感到“两个纳人”“效果一般”。分析原因，44%的人认为“办法难操作”，25%的人认为“考核没力度”。综合起来，以下几个问题值得重视。

1. 思想认识有障碍。有的认为“两个纳人”没啥新内容，是搞重复劳动；有的认为铁路改革的方向是政企分开，没必要再搞“两个纳人”；一些效益不好的单位领导认为，“职工吃饭都成了问题，还搞什么：“两个纳人”；有的认为“两个纳人”提法不科学，党建工作无法纳人企业管理，思想政治工作本身是企业管理的组成部分又无需纳人，“一岗双责”和现行的岗位责任制有冲突；有的政工干部担心参与企业管理会“越位”；有的行政干部认为“两个纳人”增加了自己的负担。

2. 考核操作有难点。在调查中，有74%的人认为“两个纳人”的难点在于“考核标准难界定”，24%的人认为“考核结果难挂钩”。这集中反映了在现有条件下操作确有一定的难度，一是政治工作标准难制定。订得过细，出现繁琐考核，日久必定走形式；标准粗了，缺乏操作性，难有约束力。有些单位纳而不深、纳而不细，只要不出现安全、稳定、违章违纪这样的硬伤，考核就很难体现干好与干不好的差别。在分组考核的过程中，由于各组考核人员掌握的尺度不同，容易造成考核结果不公平。二是考核周期长短难把握。考核周期长不利于对政治工作的过程控制。周期短工作量又太大，又成了一种负担。三是与其他考核难结合。如果政治工作纳人行政各项工作考核，由于两者工作主体和性质不同，工作标准和考核项目各异，考核渠道和方式不一，很容易脱节。四是与干部政绩难挂钩。有18个单位未制定纳人干部政绩考核的有效措施。有的单位尤其是车间一级，好人主义盛行，政治工作考核执行标准不严，存在打高分、送人情的现象。

3. 干部素质有差距。有的行政干部有做好政治工作的主观愿望，但缺乏做好政治工作的能力，有的青年干部不善于运用思想政治工作方法和手段解决管理中的问题，有的政工干部缺乏系统专业和经营管理知识，抓政治工作找不准切入点，抓不住着力点。

4. 推进中有形式主义现象。有的单位不下功夫研究"两个纳入"，在推进上不思考、不探索，推一下、动一下。有的把"两个纳入"当成一项具体活动，上行下效，照搬他人，脱离实际。

三、深入推进"两个纳入"的患考和建议

1. 强化宣传引导，进一步升华认识，廓清思路。面对更加开放的新形势，职工的自主意识、主人翁意识、民主意识、法制意识在增强，管理行为由刚性趋向刚柔并举，工作上逐步形成了命令、指挥、组织、控制与沟通、引导、协调、激励相结合的方法。这些变化客观上要求把政治工作纳入企业管理和干部政绩考核。"两个纳入"的本质是通过建立健全政治工作的管理机制，保证在企业管理过程中落实政治任务，解决现实中存在的"一手软、一手硬"和"两张皮"问题。

2. 完善落实机制，坚持着力渗透，务求实效。要对分局《"两个纳入"暂行办法》进行修订完善，进一步明确纳入的要点和程序。一是在工作目标上融合。分局每年要把政治工作目标纳入企业管理的总体目标，并继续作为重要指标，融入综合经营责任制考核。站段可以通过党政同签一个责任状的方式，将政治工作与生产经营和车间、班组综合管理目标融为一体。二是把政治工作细化落实到企业管理的每个环节，在企业"三重一大"和日常工作中，充分体现政治工作的作用。三要把政治工作任务落到实处，进一步明确各级干部在宣传教育、思想工作、文明建设、民主管理方面的责任，从而把思想政治工作渗透到岗位，落实到人头。

3. 完善考核机制，做到科学定标，考核到位。落实"两个纳入"的重点应当从抓推进转移到完善机制，规范考核上来。一是组织力量要到位。坚持由党委领导带队、挑选熟悉政治工作、考核内容、程序的有关部门负责人和骨干，组成相对稳定的考核机构，日常也要抽查、掌握情况。要深入群众、全面考核，不能浮光掠影。政治工作的考核结果要通报。二是考核内容要实在。在企业管理和干部政绩考核中加大政治工作的含量，不泛泛提要求，用数据说话，凭事实说话，让群众说话。三是考核办法要规范。对各种不合时宜的制度办法进行集中清理，规范站段党组织对车间的考核，着力解决好多头考核、繁琐考核和程序不严格的问题。四是考核力度要加大。对政治工作考核为不合格的单位，给予通报批评、黄牌警告并立项整改，对单位的党政领导进行必要的组织调整。

4. 完善激励机制，坚持与时俱进，开拓创新。加强、改进和创新政治工作，必须健全激励机制。在谓查中，一些单位的劳资干部也反映，现在对行政管理、经济管理的各种奖励较多，制度也比较完善，政治工作现有激励机制少得可怜，只有一些传统的评先表彰，与政治工作"生命线"的地位不相符。因此，要制定相应评选办法，设立"政治工作创新优秀成果奖"，评选的结果作为年度政治工作综合考核依据。每一两年召开一次政治工作经验交流会，总结表彰一批先进集体、个人和优秀成果，调动各级干部做好思想政治工作的积极性。

5. 完善用人和培训机制，采取有力措施，提高干部素质。各级管理干部是落实"两个纳入"的主体。必须着眼于造就一支高素质的复合型干部队伍，从根本上保证"两个纳入"的深化。一要充分发挥党管干部的优势，把考核政治工作同考察干部结合起来，通过双向考核，把德才兼备、实绩突出和群众公认的优秀干部及时选拔到重要岗位上来，把一流的人才充实到政工队伍中来。二要强化干部交叉任职。制定长远规划，对具备交叉任职条件的领导干部定期、定比例交流，或交叉兼任，促进基层党政工作进一步融合。三要开展系统的双向培训，使行政干部在搞好经营管理的同时，学会做思想政治工作：政工干部在搞好政治工作的同时，会决策、懂经营、善管理。

始终坚持与时俱进　推动思想工作创新

蒲　磊

适应新的形势，使思想政治工作在改进中加强，在实践中创新，是企业各级党组织着力研究和不断探索的新课题。步人新世纪以来，青岛铁路分局党委提出发展主题，注重"四个坚持"，改进创新思想政治工作的实践收到了明显成效。

坚持第一要务，不断加强思想政治工作。发展是我

们党执政兴国的第一要务,也是企业思想政治工作的首要任务。几年来,青岛铁路分局各级党组织着力转变自我围绕、自我循环的旧观念,使思想政治工作紧扣改革发展的中心来展开。在生产布局调整、用工、人事、分配制度等一系列改革中;在强化市场营销、发展多元经济和提高经营绩效的过程中;在养老、住房、医疗制度改革和职工收入等牵涉队伍稳定的大局中;在加快科技进步、加强企业管理的实践中,思想政治工作都发挥了重要作用。

坚持与时俱进,不断加强思想政治工作。社会的不断变化以及现代相关技术在信息传媒领域的广泛应用,对思想政治工作的传统方法与手段提出了挑战,也提供了机遇。分局各级党组织抓住机遇、应对挑战,从四个方面进行了改进思想政治工作的尝试。一是将计算机技术、网络技术应用于思想政治工作。大力加强局域网建设,分局党委各部门都建有网页,有16个基层单位也建立了局域网。职工信箱、绿色通道、网上答疑、干部公示、思想政治工作考核、党支部管理等都实现了网上运行,思想政治工作的针对性和时效性大大增强。二是多种媒体立体交叉覆盖全员。分局党委着力加强新闻媒体建设,每月有理论刊物(《青铁工作研究》)发到站段、车间,每旬有报纸(《青岛铁道》)进入生产班组,每天局域网上有"信息摘要"供职工浏览,不少基层党委还自办了小报纸和各类黑板报、宣传栏。优势互补的舆论环境使思想政治工作的辐射面越来越宽,有效性越来越强。三是导入学习型组织建设。分局党委从着力提高干部职工素质人手,明确提出了创建学习型组织的要求,并从创建"五型"(学习、创新、竞争、服务、高效)分局机关开始推进至站段、车间、班组,目前浓厚的学习氛围已经形成。四是建树企业文化,打造服务品牌。各级党组织把加强路风建设,开展"三新"(新理念、新服务、新形象)活动与做好思想政治工作结合起来。一方面,着力培养选树在路内外有一定知名度的服务品牌;另一方面,构建起了具有铁路特色的企业文化框架。

坚持典型选树,不断推动思想政治工作。几年来,分局党委坚持在构筑"两个纳入"(思想政治工作纳入企业管理、纳入干部考核)机制上下功夫,在选树典型、推动全盘上做文章。2000年在基层党委建立机制的基础上重心下移,优选了5个思想政治工作成效显著的党支部,对全分局651个基层党支部落实"两个纳入"起到了强有力的推动作用;2001年,通过选树表彰10个思想政治工作示范班组,分局党委将"两个纳入"贯彻落实到全分局1834个班组;2002年,为了进一步促进"两个纳入"在不同岗位上发挥作用、体现成效,分局党委选树表彰奖励了63名在领导、车间和班组三个不同层面做好思想工作的个人典型。在选树"亮点"推动工作的同时,分局党委制定了鞭策"差点"的制度,在半年抽查、年度考评的同时加大动态检查,对思想政治工作有差距和不落实的单位下发"问题整改通知书",通过"网上公示",跟踪帮促来限期整改,2002年分局党委各部门共下发通知书69张,有力地推动了思想政治工作的良性循环。

坚持理论创新,不断深化思想政治工作。分局党委高度重视理论学习与研究,以中心组为主要形式的理论学习内容丰富、紧贴实际、注重实效。去年以来,除举办十六大文件学习班轮训了365名副科以上干部外,还组织了铁路改革、发展物流业、学习型组织建设、电气化铁路知识,1S09000标准、计算机网络技术、法律等专题讲座。通过落实日常自学计划提高了干部的理论素养;通过聘请专家学者授课开阔了干部的思维视野;通过送培、外出学习促进了干部的思想解放;通过上下交流形成了两级党委中心组的双向互动;通过学以致用增强了理论对实践的指导作用。2002年分局党委被山东省委授予"党委理论学习先进中心组"称号。为提高各级干部的理论素养,分局每年投入干培经费达100多万元,以分局党校为主阵地的干部培训每年达3800人次。为推动理论创新,分局党委把政治工作理论研究纳入对基层党委的年度考核体系,并对实践中涌现出的思想政治工作创新成果给予表彰奖励。在理论创新的推动下,分局各级政工干部每年发表的理论文章达400余篇。2003年,分局政研会被山东省政研会评为优秀政研会。

(作者单位:青岛铁路分局党委副书记)

弘扬艰苦奋斗精神　促进企业长远发展

王喜斌　谢同祯

党的十六大提出了全面建设小康社会的奋斗目标。要实现这一宏伟目标,必须大力弘扬艰苦奋斗精神。联系我段这些年改革发展的实际,我们深深感到:国有企业必须弘扬艰苦奋斗的优良传统,才能实现全面健康持续的发展目标。

一、弘扬艰苦奋斗精神是努力实践“三个代表”,密切干群鱼水关系的根本保证

全心全意为人民服务,始终不渝为最广大人民谋利益,这既是我们党的根本宗旨,也是我们贯彻“三个代表”重要思想的必然要求,但要真正把人民群众的利益维护好、实现好、发展好,没有艰苦奋斗的作风、脚踏实地的态度、与时俱进的精神是不行的。毛泽东同志早在全国革命即将胜利的七届二中全会上就明确指出:“全党同志务必继续地保持谦虚谨慎、不骄不躁的作风,务必继续地保持艰苦奋斗的作风。”多年来,我们桥隧段广大干部职工始终保持艰苦奋斗的优良传统,艰苦朴素,勤俭节约。我们的施工现场由于战线长、流动快,每天职工上下班必须用车接送,不像有的流动施工单位专门购置大客车接送职工上下班,我们的职工坚持乘坐大篷车,每年因此节约相关费用几十万。段办公楼在改造过程中因陋就简,不搞豪华装修,现在仍是木门木窗,但窗明几净,整齐大方。在省文明单位验收中,省经贸委的领导称赞我们不搞花架子,是实实在在的美。为了节约支出,我们精简股室,压缩机关人员,同时拆除锅炉,取消了过去的大机关集中供暖,而为一线职工住的宿营车却安装了冷暖两用空调。考虑到我段职工长期野外作业、两地分居的状况,我们将段生活服务中心改为困难服务中心,增加了为一线职工家政服务项目,常年为一线职工提供无偿家政服务。由于领导始终为职工群众的切身利益着想,与职工群众打成一片,密切了干群关系,极大地激发了职工的生产工作积极性。职工主人翁意识明显增强,大家找活干、争活干、抢活干,在各自的岗位上勤勤恳恳,任劳任怨,完成生产任务连年大幅度提高,人均劳动生产率由过去的1万元/人年,达到了目前的25万元/人年,进入全局先进行列。

二、弘扬艰苦奋斗精神是加强党风廉政建设、塑造党的光辉形象的有效手段

我们党是靠艰苦奋斗起家的,也是靠艰苦奋斗发展壮大成就伟业的。艰苦奋斗作为我们党的优良传统和作风,作为我们马克思主义政党的政治本色,是凝聚党心民心,激励全党和全体人民为实现国家富强民族振兴共同奋斗的强大精神力量,是我们党保持同人民群众血肉联系的一个重要法宝。越是改革开放和发展社会主义市场经济越是要弘扬艰苦奋斗精神,越是要加强党风廉政建设,塑造党的光辉形象,越是要永葆艰苦朴素的优良作风。作为基层领导干部,天天与职工群众打交道,哪怕是吃饭问题、住宿问题、坐车问属、甚至说话问题,在官场看来这些都不过是一些不能再小的日常小事,在职工群众看来,这可都是领导做官为人的本质反映,即所谓“领导身边无小事”。有的人一旦大权在握,动辄享受高档烟酒,衣着名牌服饰,坐豪华车,住高档宾馆,这都是蜕化变质的表现。而有的领导干部,严于律己,宽以待人,先天下之忧而忧,后天下之乐而乐,视同级为朋友,视群众为亲人,即所谓“当官一张纸,做人一辈子”,这些人在老百姓眼中就是“好官”、是“公仆”,是真正的党风廉政带头人。因此,我们每位领导干部都要站在执政党党风廉政建设的高度来认识艰苦奋斗和为民服务的重要性。要经常深入基层、深人群众,倾听群众呼声,关心群众疾苦,做到权为民所用,情为民所系,利为民所谋,同广大职工群众一道,开拓创新,与时俱进。这些年来,我们段领导下现场一律吃食堂、住工棚,不报差旅费、不搞特殊化,带动了全段上下的增产节约活动。一年全段仅差旅费一项就节约支出50万元以上。机关现有的几部车,要么是兄弟单位调拨而来,要么是欠款单位的抵债车,自己购买的只有便于施工生产的吉普和客货两用的小皮卡。车龄长,车况差,段领导一直不予更换,而这两年仅用于改善一线职工住宿条件而购置改造宿营车一项就支出100万元以上。2003年春节,我们还筹措10万元资金分四个小组,深入到十几个省市走访慰问30多户退休职工,帮助他们解决住房、医疗及其他生活困难。群众说:现在有的人走上层路线,搞“锦上添花”,而我们的领导想的是困难职工,是“雪中送炭”。还有的称赞我们这项活动是“积德工程”,是真正的“三个代表”。

三、弘扬艰苦奋斗精神是促进企业长远发展、全面实现小康目标的重要途径

我国还是一个发展中国家,在相当长的时间内,还将处于社会主义初级阶段,我们还有很长的路要走,还有十分艰苦的任务要完成。尤其在社会主义市场经济的进程中,我国的企业现代化、规范化、科学化水平还不高,即使一些好的企业也由于主客观原因的影响往往出现昙花一现的状况。据有关部门统计,目前我国企业平均寿命只有6.5-7岁,正是“你方唱罢我登场,各领风骚三五年”。而世界500强或与之相当的跨国公司平均寿命大约40-50岁。为何会出现如此大的反差?据权威部门分析,我们的企业并不缺乏技术和人才,问题的根源在于企管理干部缺乏持之以恒的艰苦奋斗精神。就像毛泽东同志所说的那样:“因为胜利,党内的骄傲情绪、以功臣自居的情绪、停滞下来不求进步的情绪、贪图享乐不愿再过艰苦生活的情绪,可能生长。”有的还更为严重,走上了以权谋私、贪污腐化的犯罪道路。近年来,我们桥隧段的领导班子始终坚持开展“艰苦奋斗、忆苦思甜”教育活动。反复告诫大家前些年单位效益差、职工收入低的原因,引导广大干部职工卧薪尝胆,只争朝夕,艰苦创业,与时俱进。同时,从上到下,无论干部职工都广泛深入地开展增产节约、增收节支活动。为此,我们相继出台了有关材料配件消耗、工程成本支出、机关办公用品等一系列管理办法,节奖超罚,定额管理,不准浪费一分钱。近几年全段每年

各项节约都在200万元以上。职工形象地说:我们每一个钢板都是大家从牙缝里挤出来的,从岗位上抠出来的。这些年我们的效益好了,收入高了,如何长期保持这种良好的发展态势,成为干部职工时时思考的问题。大家一致认为,要防范风险,居安思危,积蓄后功,长远发展。全段及时提出了"要把好日子当苦日子过、紧日子过","要把好日子保护好、延续好"的口号。从上到下,学业务,练技术,严管理,自觉提高适应市场竞争发展的综合素质。同时大家宁可少拿一些,也要加大设备投入,搞好技术革新,积蓄发展后劲,全段每年用于设备更新改造都在300万元以上,并积极争取上级支持和帮助,年增养路机械投入500万元。

经过几年的艰苦努力,全段机械化程度大幅度提高,拥有轨道车、清筛机、捣固车、换轨作业车、液压起道机等大小机械设备80多台套,固定资产原值超过5000万元,初步具备了与分管内线路大中修相适应的机械化施工能力,全段全员劳动生产率达25万元/人年,完成年产值已突破亿元大关。这几年我段连年被评为分局"六好班子"、"双文明先进单位"、路局"安全优质段"、路局"综合治理先进单位"、省大工委"文明单位",2003年又通过了湖北省委、省人民政府"文明单位"的检查验收,真正实现了精神文明建设与物质文明建设的同步发展。

(作者:襄樊分局线路桥隧段段长,党委书记)

以"三个代表"为灵魂　创新企业思想政治工作

扈宝安

创新是时代特点。江泽民同志强调指出:"加强和改进新形势下党的思想政治工作,是全党的一件大事,也是宣传思想工作的重中之重。"在新的历史条件下,只有充分发挥思想政治工作这一政治优势,才能保证党的路线方针政策落实到各项工作和群众中去,才能保证安全工作和其他工作的正确方向,才能及时排除和战胜各种干扰,从而为安全工作和其他各项工作提供强大的动力与保证。作为铁路企业党组织,随着铁路改革发展不断深化,劳动生产布局调整、人事制度、分配制度、医疗制度等各项改革方案的陆续出台和实施,部分干部职工思想活跃,必将对企业党组织做好思想政治工作提出了更新、更高的要求。因此,我们必须在思想观念、工作内容、方式方法加以改进创新,以应对铁路改革发展过程中出现的新情况、新问题。

一、思想观念要更新

以观念创新为先导,追求企业思想政治工作观念现代化。党的十六大把"三个代表"重要思想同马克思列宁主义、毛泽东思想和邓小平理论一道确立为党的指导思想,并写入党章作为党的行动指南,这为我们在新世纪全面开创中国特色社会主义事业新局面提供了强大的理论武器和思想保证。深刻领会、全面学习贯彻十六大精神,首先要抓住学习贯彻"三个代表"重要思想这个中心环节,全面深入地领会其科学内涵和精神实质,牢牢把握贯彻其根本要求,增强贯彻落实"三个代表"重要思想的自觉性和坚定性。思想政治工作者一定要有现代观念,把树立现代化观念作为思想政治工作的中心内容和主要目标。当今时代科学技术已经渗透到经济发展和社会生活的各个领域,成为推动生产力发展和社会发展决定性力量,企业思想政治工作要为促进科技进步创造条件,从而有力地推进安全生产等各项工作不断向前发展。

二、思想政治工作方式方法要创新

以手段创新为突破,实现思想政治工作方式的转变。在具体运用下应注人新理论,借鉴新的知识。现代社会一系列新理论的创立和发展,如信息、网络先进手段等给企业思想政治工作提供了分析问题、解决问题的新方法和新手段;心理学、社会学、管理学等多学科知识则极大地丰富了思想政治工作的内涵,思想政治工作的对象是人,我们在重视研究人的社会属性的同时,要重视研究人的自然属性。企业思想政治工作要"以人为本",坚持传统与创新结合,言教和身教结合,职工思想教育和党员干部带头结合,专职工作和人人都做思想工作结合,解决思想问题和解决职工实际困难相结合的原则,按照"尊重人-理解人-启发人-关心人-激励人-塑造人"的思路,要求每一名党员、干部对照江泽民同志"三个代表"重要思想,找差距、重整改,定标准,做到"标准高一格、工作胜一筹",量化"先进模范"的标准和考核细则,使党员、干部成为职工心中的做人、做事的典范和领路人;深入开展"一个支部一面旗帜,一个党员一盏灯",争创文明岗,做文明人;努力学习先进技术知识,做文化人;陶冶情操,增强职工的自信心,丰富职工的文化生活;及时捕捉职工亮点,以激励职工积极进取心,充分激发职工的主人翁意识和创造能力,引导职工把个人利益、企业利益与国家利益有机结合，创造一流的经济效益，推进企业发展，并在这个过程中提高职工素质，提高集体主义思想，提高爱国主义和社会主义觉悟，增强党的凝聚力和党的思想政治工作的凝聚力。要关注兴趣、情感、性格等方面的作用，讲究思想工作的艺术性，从而创造出更多的思想政治工作新方法。

三、党建和思想政治工作内容要创新

要深刻理解全面党的建设新的伟大工程，按照十六大的部署，紧密结合党建和思想政治工作面临的新情况。江泽民同志指出："党的思想政治，是经济工作和其他一切工作的生命线"，"加强和改进党的思想政治工作，必须全面贯彻落实：'三个代表'的要求。"党的十六大明确了新世纪、新阶段党和国家推进现代化建设的大政方针，为我们做好今后工作指明了方向。作为基层站段党组织，我们一定要以改革和创新的精神，积极进行理论研究和实践探索，以内容创新为主体，把宗旨定位在人的现代化上。企业思想政治工作内容的创新，关键要着眼于促进人的现代化，为此，在内容上要把握四个方面：(1)突出铸魂教育，就是引导企业职工树立坚定的理想信念和正确的世界观、人生观、价值观，养成良好的职业道德、社会公德。(2)强化企业教育，培养企业职工良好精神状态，使艰苦奋斗、无私奉献、勤俭办企业的思想深入人心，做到敬业、创业、勤业、守业。(3)深入法制教育，引导企业职工遵纪守法，教育引导职工以主人翁姿态自觉进行民主参与，民主管理和民主监督，并善于运用法律手段维护自己的合法权益。(4)改进形势教育，引导职工从国际大环境，改革开放大格局、社会发展大趋势看形势，不被局部的、身边的暂时困难所吓倒，努力建设朝气蓬勃、奋发有为的领导班子。围绕部、局、分局提出的奋斗目标，进一步振奋精神，团结一致，切实把十六大精神贯彻落实到我们的各项工作中，与时俱进、开拓进取，在新的起点上深入研究和探索关系段长远发展的重大问题，以奋发有为的精神状态，再接再励，乘势前进，确保段改革发展、安全生产、经营管理等各项工作的稳步推进。

（作者单位：北京怀柔茶坞电务段党委）

市场机制下国有施工企业如何加强思想政治工作

杨智勇

铁路施工企业经过重组改制，与铁道部脱钩，工程局(集团)作为国有控股企业成为市场经营创效的主体。建设一支高素质的职工队伍，是国有施工企业在激烈的市场竞争中立于不败之地的坚实可靠的基础。党的十六大报告提出："要建立与社会主义市场经济相适应、与社会主义法律规范相协调、与中华民族传统美德相承接的社会主义思想道德体系。""加强和改进思想政治工作，广泛开展群众性精神文明创建活动"。本文就市场机制下国有施工企业如何加强思想政治工作谈一些粗浅的看法。

一、市场机制下国有施工企业思想政治工作的新情况新问题

我国社会主义市场经济体制刚刚初步建立，各种法律、法规、制度体系还不健全，已有的还很不完善，市场竞争机制还很不规范，国有施工企业的职工队伍面临竞争压力很大，加之现代信息传播通道不断扩大，现代网络系统的广泛应用，使得职工队伍的思想观念、道德水准、价值取向、思维方式都显现出了多元化的格局，职工的世界观、人生观、价值观、道德观都发生了很大的变化。一些职工思想意识方面出现了开放的意识增强，革命理想信念弱化；争闯市场的经济意识增强，社会主义的政治意识弱化；功名利禄意识增强，中华民族的传统道德观念弱化；个人奋斗的意识增强，集体主人翁意识弱化的现象。具体表现：一是施工企业流动性大，四海为家，职工的思想顾虑多、两地分居的多、对家庭照顾的少。二是埋怨施工条件艰苦，生活生产环境恶劣，市场竞争不规范。三是埋怨单位虽承揽了任务，却雇用大量民工队，在待遇上同工不同酬。四是埋怨企业改制时采取"一刀切"。鞭打"老黄牛"、"穷秀才"，认为企业没有"奔头"。五是埋怨领导者不关心职工疾苦，收入低、福利待遇不好，六是憎恨个别企业领导者在施工生产中以权谋私，吃喝玩乐等腐败现象严重，认为企业没有了"盼头"。导致职工想法多、疑惑多，心态失衡，干活出工不出力。这在很大程度上阻碍了企业的经济发展和效率的提高，阻碍了企业闯市场的整体功能。

二、国有施工企业思想政治工作要以调动各方面的积极性为主

具体有以下几个方面：一是在企业出台一些重大的改革方案前，要从下而上的广泛发动职工群众，善于汲取并采纳广大职工的合理化建议；出台后把方案的实施以及落实的必要性、可行性、科学性给职工讲透彻,使职工的“知情权”得到合理的满足,要做好职工的思想疏导工作,尤其事关广大职工切身利益的各种细节问题更要结合实际的做好耐心细致的宣传教育和释疑工作。二是施工企业基本是远离住地到外部市场闯天下,普遍存在着施工生产任务重、工期短、质量要求高、工程成本大、预算单价低、文化生活枯燥、地理环境艰苦等诸多因素。这时的企业思想政治工作者要着重解决职工思想的困惑和心理上的不平衡状态。要解释清目前企业面临的各种困难,挖掘各种潜力,下大力气搞好职工文化线、职工生活线,职工后勤保障线。三是一定要坚持按劳分配政策,理顺分配关系。把劳动、资本、技术和管理等生产要素,按贡献参与分配的原则,坚持效率优先,兼顾公平。分配要向生产第一线倾斜,在进行分配时一定要主持公道,秉公处理。职工不理解或有看法的要做到耐心说服,理顺各种思想情绪。四是在国有施工企业改制以及生产经营结构调整,致使部分职工下岗分流,在各方面都存在很大的困难。针对此类情况企业的党政工团应及时主动的从经济上给予帮助和精神上的安慰,使之闯过难关,迈过坎坷,要让广大职工感受企业大家庭的温暖,增强企业的凝聚力和向心力。五是职工家庭、婚姻出现危机、“后院失火”、夫妻闹别扭、婆媳出现关系紧张等“家务事”时,企业思想政治工作者应及时主动地,多种途径地做好思想沟通工作,积极稳妥地化解各种矛盾。尽可能地使职工解除后顾之忧,安心在外闯市场。

三、市场机制下,国有施工企业如何加强和改进思想政治工作

施工企业思想政治工作的重心是围绕“人”这个中心环节进行的,抓思想政治工作要讲求实效性,要把做好思想政治工作与企业追求目标价值最大化结合起来。施工企业的机械要靠人操作才能发挥效率,那些没有水彩的水泥、砂石和钢筋,只有经过我们职工的双手,才能变成一座座宏伟的桥梁、一条条快捷的公路和铁路,有条不紊地排列组合着这个变幻无穷的世界。要意识到抓好企业的生产经营,必须从职工思想教育入手,抓好企业职工思想教育工作,必须从生产经营这个中心着眼。具体如何加强和改进国有施工企业思想政治工作应从以下几方面考虑:

1. 要下大力气改进和完善施工企业思想政治工作的组织运行机制。从我们施工企业当前的思想政治工作的实际现状来看,施工一线的段(分公司)队、项目部一级队伍精干,人员压缩,政治工作机构形同虚设,使思想政治工作机构出现了“空壳”现象,在相当一部分企业,思想政治工作讲起来重要,实际工作中不要,因此,要建立与市场机制相适的思想政治工作组织运行机制,在队、项目部行政序列的一线施工现场设置“政治指导员”一职,专司思想政治工作,其待遇按行政正职考虑,以解决党政机构对思想政治工作的“两张皮”现象,确实形成党委领导,党政共同负总责,党政工团齐抓共管的良好局面。

2. 要找准在市场机制下施工企业思想政治工作的“贴合点”。一是要随时随地、每时每刻了解掌握职工的实际思想反映和精神动态。了解职工在想什么,认识上还有那些疑惑,思想上还存在着那些忧虑。通过深入细致的调查研究,有针对性地加以解决。从我们施工企业的现状来看,主要是解决职工的“信任危机”问题,要使大家树立起对企业前途的信心,从而树立起个人前途的信心。二是要紧紧围绕为生产经营这个中心服务的原则,为生产经营服务,是企业思想政治工作驶入“主干道”,唱响主旋律,打好“攻坚战”的关键所在。思想政治工作要紧靠“前沿阵地”,要贴近职工亲身生活,要注重研究解决施工生产过程中的新情况、新问题,把困难问题想在前面,把实际思想工作做到家。三是在施工生产过程中继续发扬我党思想政治工作的光荣传统,“树样板”“表先进”,每当施工生产任务进入高潮时,要因势利导,大力表彰先进,以鼓励后进,促使职工学有榜样,干有劲头,始终保持高昂的斗志。四是施工基层单位要实施“安居工程”。也就是说把施工一线(现场)建成为聚人心的“永久牌”的家,把后方基地建成暖人心、稳人心的“凤凰牌”的家。坚持把实事办好,把好事办实,千方百计的把职工的“冷和暖”、“疼和痛”作为企业管理者的第一要务来抓,想职工之所想,急职工之所急,切实把“三个代表”的重要思想落到实处,这也是我们思想政治工作的最终出发点。

3. 要研究市场机制下思想政治工作的新思路。要在新的形势下,在继承的前提下创新,改进过去老一套的“讲大道理”的纯说教的教育模式,采用形式多样的职工群众喜闻乐见的方法,充分运用现代化的宣传工具,高科技的宣传手段,力求寻找出适应施工企业实际情况的思想宣传教育新方法。

综上所述,在市场机制下,国有施工企业职工队伍的思想政治工作是党的思想政治工作的重要组成部分,从来都不是孤立存在的,是与我们党的中心任务紧密联系的,也是和我们施工企业的生死存亡紧密联系的,要按党的十六大报告的要求,与时俱进,求真务实,开创国有施工企业思想政治工作的新局面。

(作者单位:新疆乌鲁木齐中铁十五局集团)

充分发挥宣传思想工作作用　推进铁路跨越式发展

姜福荣

一、以兴起学习贯彻“三个代表”重要思想新高潮为契机，全面推动铁路跨越式发展

在兴起学习“三个代表”新高潮中重点抓好以下几件事：

一是下发了《关于兴起学习‘三个代表’重要思想新高潮的指导意见》。

二是层层动员，为兴起学习“三个代表”新高潮起好步、带好头。分局党政正职、站段党政正职分别结合跨越式发展形势和本单位实际做动员报告和引路发言。

三是集中培训，全面提高两级班子成员的理论水平。在路局对处职领导干部培训基础上，分局将对处以下领导干部进行一次全面培训，深入学习《“三个代表”重要思想学习纲要》、胡锦涛同志“七一”重要讲话以及《在全党兴起学习贯彻“三个代表”重要新高潮通知》。

二、以开展好建设学习型企业为推动力，为分局跨越式发展提供智力支持

实现跨越发展，不仅需要有一批铁路建设科技人才和管理人才，更需要有一大批能掌握和运用先进设备的广大职工。因此，广大干部职工的思想素质、业务素质的迅速提高是摆在当前的急迫任务。年初我们在充分调研的基础上，提出了“建设学习型企业，提高素质班组”这一课题。

为了搞好这项活动，我们首先确定了龙辆、吉机、吉水为试点单位，宣传部分别下到几个单位帮他们确定工作思路，并在《政工情况》连续刊载了三个单位的简要做法。其次，我们组织了报告团，到管内各单位宣讲开展建设学习型企业活动的必要性及具体做法。第三，我们充分利用媒体，在《江城铁道》上连续刊发了8期建设学习型企业的系列指导性文章，连续开设了8次建设学习型企业的专栏，报道一些单位有效地做法。第四，宣传部为了给基层创造开展活动和学习的条件，编印了“建设学习型企业，提高素质班组”系列丛书。同时，我们将继续围绕提高职工的两个素质开展好多种形式的企业文化活动，营造先进的企业文化氛围。

三、以不断创建精神文明新成果为载体，为实现分局跨越式发展提供精神动力

精神文明创建活动的开展在我分局已有十余年历史，客观上为分局的安全运输生产起到了较好的作用。我们认为，要想实现分局的跨越式发展，必须坚持开展好精神文明创建活动。一是窗口单位开展好“三新”教育活动。实践证明，已开展两年的“三新”教育，如客运公司开展的“红旗车厢”评比活动、吉林站开展的“明星服务员”评比活动等，在树立铁路职工良好形象，提高市场竞争力方面起到了重要作用，下一步将开展好“示范站车”评比活动，“诚信窗口”评比活动，并把“三新”教育拓展到建筑、医院、公安等其他服务部门。三是开展好评比、选树、宣传精神文明建设标兵活动。坚持每两年召开一次分局精神文明建设表彰大会，层层选树各类先进典型，充分利用《江城铁道》报、吉铁电视台等媒体，大张旗鼓地宣传他们见义勇为、助人为乐、敬业爱岗、无私贡献的精神，使广大干部职工学有方向、赶有目标。

四、以安全运输生产为中心，开展好宣传教育，为分局实现跨越式发展凝聚力量

没有一个稳固的安全基础，实现跨越式发展等于一句空话。因而，我们每时每刻都要为创造良好的安全环境去思考、去努力。在安全生产教育中做到“三个坚持不懈”。

一是坚持不懈地开展形势任务教育。将根据分局的运输生产和经济状况，运用报纸、电视、宣传提纲等载体，发挥各级报告员、宣传员和职工宣讲团的作用。

二是坚持不懈进行职工安全教育。通过定期开展“安全为了谁”大讨论、案例分析、现身说法等形式，对职工进行作业安全、人身安全教育。

三是坚持不懈地在运输一线实行岗位安全提醒提示制度。“岗位双提”是我分局十年来始终坚持的一种岗位安全思想工作的有效做法。我们将进一步修订“岗位双提”的内容，规范“双提”做法，强化“双提”考核，全面构建安全生产联控体系，筑牢安全生产防线。

（作者：吉林铁路分局党宣传部长）

企业思想政治工作的挑战与创新

贾玉山

江泽民同志在党的十六大《报告》中指出，坚持党的思想路线，解放思想、实事求是、与时俱进，是我们党坚持和增强创造力的决定因素。与时俱进，就是党的全部理论和工作要体现时代性，把握规律性，富于创造性。

当前，我们正处在全面建设小康社会，开创中国特色社会主义事业新局面的重要时期。面对世界格局多极化、经济全球化、高科技和信息化的快速发展，面对国内经济成份、经济利益、社会生活方式、社会组织形式、就业岗位和就业形成的多样化，面对中海集团发展步伐的加快，面对人船分离的管理体制以及思想政治工作的环境、对象所发生的变化，思想政治工作如何迎接挑战，以改进求加强，以创新求发展，认真研究和解决在新形势下出现的新情况、新问题，这是贯彻落实十六大精神的必然要求。

挑　战

思想政治工作是我们党的优良传统和政治优势，多年来为推进企业的改革，促进发民，维护稳定方面发挥了重要作用。但是，随着体制转轨、结构调整和外部环境发生的深刻变化，也使企业思想政治工作面临着诸多新的挑战。

1. 体制转轨带来的新问题

发展社会主义市场经济是一场深刻的社会变革，已经并且将继续对长期以来在计划经济体制下职工形成的思维模式、行为规范、价值观念产生空前而广泛的影响。一方面，随着改革的不断深入，职工的市场意识、竞争意识、效率意识、服务意识日益增强，并以不可逆转之势推进着社会思想文化的进步和发展；另一方面，市场关系中的等价交换原则往往会被简单地植入社会生活和思想领域，拜金主义、享乐主义、极端个人主义在一定范围内有所滋长，导致部分职工思想行为出现某些失范、失序、失衡现象。如有的船员为金钱所诱惑，竟然目无国家法律，铤而走险地参与走私贩私；有的船员迷恋和向往资本主义的生活，利用远洋和外派的机会在国外港口离船出走；有的船舶为了支付抛锚期间租用交通艇的费用，擅自用船上的油脚和备件作抵押，直接损害了船东公司和货主的经济利益；个别船员精神空虚，在船舶抵港时涉足一些色情场所，不仅污染了船舶风气，而且给船员队伍带来了很大的腐蚀作用。

2. 社会转型产生的新变化

随着改革的不断深入，经济成份和经济利益，社会生活方式和社会组织形式，就业岗位和就业形式日益多样化。船员管理体制进行重大调整后，船员就业岗位和利益格局部发生了新变化。有的船员在主营船工作，有的船员在内外派船工作；有的参加海上劳务工作，有的从事陆上劳务工作；有的输出到中海内部单位，有的到市场上打工。船员之间收入分配上的差距逐渐拉大，关键岗位收入高，上岗较容易。特别是随着船舶结构调整后，富余人员骤增，出现了相当一部分待岗、待退、工伤、长病假等长期上不了岗的弱势群体，他们岗位不保、收入不高、技能单一、社会关系不多，这些人员较长时间脱离组织、脱离船舶，对他们的教育和管理存在一些薄弱环节和盲区。他们心态失衡，怨气、怒气较盛，稍有不慎，就会酿成不稳定因素。船员的思想活动总体表现为积极向上，但呈现出强烈的独立性、选择性、多变性、相对性和差异性。思想政治工作如何适应这种变化是一个新课题。

3. 思想领域出现的新挑战

在社会主义市场经济条件下，思想政治工作处于一个更加开放的环境中。由于上海船员公司负责派船员班子中大多不设专职政委，部分内外派船中还配有船东从社会上招募的船员，给公司船员的思想教育和行为规范带来了一定的冲击和影响。船员见多识广，跑遍世界各个码头，在接触世界各国尤其一些资本主义国家时，获取的信息良莠不齐。在国内，船员利用公休期间，通过互联网获取各种信息，由于这些信息真假难辨，因此，如果我们的船员政治信仰不坚定，理论素养差，是非观念不清，就容易对建设有中国特色社会主义的理想信念产生动摇，对党和政府产生不信任。大量事实证明，如果我们的思想政治工作软弱涣散，缺乏战斗力，那么，各种唯心论、有神论，各种非马克思主义甚至腐朽糜烂的东西就会乘虚而入，以至成为一种思潮、一种倾向，占领我们的思想阵地。对此，必须引起我们的高度警觉。

4. 工作领域存在的不和谐

在部分船舶，思想政治工作跟不上新形势任务的需要，有些船舶领导对思想政治工作的地位和作用在认识上还存在一定差距，船舶领导齐抓共管思想政治工作的格局还没有真正形成。特别需要指出的是，在部分政委中，存在着比较明显的"四化现象"：

一是思想政治工作简单化。部分船舶政委认为，只要把舰艇安全生产制度定好就可以了，没有必要花力气去做思想政治工作。有的船舶领导包括政委公开讲，现在的船员非常珍惜来之不易的上岗机会，服从性、吃苦性、竞争意识增强了，比过去好管多了。因此，船舶思想政治工作仅仅满足于做表面文章，浅尝辄止；满足于开开会、念念报，忽视了表面似乎平静的船员思想中深层次的矛盾和问题。

二是执行指令机械化。部分船舶政委认为，只要召开船员大会及时传达上级有关精神，上级让怎么做就怎么做就万事大吉了。在工作中，他们缺乏政治责任感，缺乏实事求是、认真负责的科学态度；在方法上，他们不愿意积极开动脑筋，机械刻板，千篇一律；在效果上，他们流于形式，只讲布置，不注重抓检查落实。

三是遇到矛盾回避化。有的船舶领导在做思想政治工作时往往抱着"多一事不如少一事"的思想，怕麻烦，图清闲，乐于当"太平官"。遇到矛盾和问题时，不是积极主动地去努力化解，稳定船员的情绪，而是采取迂回的方法，是非面前不开口，能回避则回避，能绕过，能拖延则拖延。

四是处理问题感情化。有的船舶领导在船上喜欢搞小圈圈，处理问题时不讲原则，只讲私人感情。对一些与自己关系好的船员，往往可以酌情处理，下不为例；而对其他船员，则强调严格按章办事，在船员队伍中造成了不良的影响。

上述情况，虽是个别现象，但必须引起我们的高度重视，采取切实有效的措施，迅速扭转部分船舶思想政治工作的被动局面，使思想政治工作在船舶两个文明建设中充分发挥其应有的积极作用。

创　新

江泽民同志强调，创新是一个民族进步的灵魂，是一个国家兴旺发达的不竭动力，也是一个政党永葆生机的源泉。思想政治工作要实现创新，必须自觉地把思想认识从那些不合时宜的观念、做法和体制的束缚中解放出来，从对马克思主义错误和教条式的理解中解放出来，从主观和形而上学的桎梏中解放出来，坚决冲破一切妨碍创新的思想观念，坚决改变一切束缚创新的做法和规定，坚决革除一切影响创新的体制弊端，在思想上不断有新解放，理论上不断有新发展，实践上不断有新创造；必须从国际和国内、历史和现实的角度，从中海集团改革、发展、稳定的大背景下，从公司船员专业化管理的实际出发，深刻分析新形势下对广大干部职工思想活动发生作用的客观环境及基本特点，努力控索思想政治工作的新形式、新方法、新内容，开创船舶思想政治工作新局面。

1. 思想政治工作要注重观念创新

观念创新是思想政治工作创新的基础和先导，观念创新决定工作思路的创新。思想政治工作要取得创新成果，首先必须进行观念创新，这是最核心、最本质的创新。我们要打破传统思想政治工作的思维定势，根据市场变化和企业改革发展的要求，用新的观念来统一思想，凝聚人心。当前，尤其要树立围绕中心、服从大局的整体观念；随行就市的效益观念；岗位能变能换、收入能增能减的择业观念；追求卓越、勇创一流的竞争观念；遵纪守法、自我约束的法制观念；选贤任能、知人善任的人才观念。

其次，要从投入和产出的角度审视船舶思想政治工作的载体设计和成效体现。如枫林湾轮党支部所日常的思想政治面工作融于船舶管理的实际之中，把国际先进管船经验与中海集团的管船模式有机结合起来，狠抓"三件大事"：开拓型的船舶安全管理、全面提高船员英语水平、以人为本的伙食管理，实现了"三个一流"的奋斗目标：一流的船舶管理、一流的船员素质、一流的经济效益，受到了国内外船东的交口称赞。这种新的管理念，是以思想观念的创新为前提，不仅贴近船舶中心工作，而且得到了广大船员的认同，在船舶"三学四建一创"活动中发挥了积极作用，推进了船舶各项工作的创新。

当然，企业的改革发展是一个长期的过程，思想观念的转变不可能一步到位。因此，思想政治工作要在注重观念创新的同时，不断加强对广大职工进行"三个代表"重要思想的宣传教育、艰苦奋斗教育、爱岗敬业教育和遵纪守法教育。

2. 思想政治工作要注重机制创新

要使思想政治工作充满生机与活力，最重要的是在继承优良传统的基础上，不断创新、优化、完善思想政治工作的机制。要打破靠行政命令、单一的组织行为开展思想政治工作的机制；打破自成体系、相对封闭的管理机制；打破你讲我听、你打我通、单向灌输的教育机制；真正建立起具有海运特色、船员公司特点、充满生机和活力的思想政治工作机制。

一是要强化组织领导机制和齐抓共管机制。要大力推行"一岗两责"的领导工作机制；一级抓一级的目标责任制；党牵头，各业务部门和党群系统参加的齐抓共管机制；要建立思想政治工作的失职追究制度，把开展思想政治工作列入各级党政领导述职考核范畴，船舶"三长"派后述职时，要汇报开展思想政治工作的情况，对工作不到位而造成一定后果的，要追究相关领导和人员的责任。要建立和健全思想政治工作的议事和会议制度，检查考核、评比表彰、信息反馈制度，定期研究和部署思想政治工作，真正形成党政工团齐抓共管思想政治工作的格局。

二是要建立考核激励机制。思想政治工作与经济工作一样要讲效益。如果只讲投入，不讲产出；只讲过程，不讲效果；也会影响思想政治工作的开展，挫伤政工干部的积极性。在建立思想政治工作考核激励机制上，要坚持精神成果与物质成果、近期效益与长期效益、静态效益与动态效益、定性分析与定量分析的统一。考核要与生产经营、船舶管理、船风船貌等融为一体,同步进行。对船舶政委的考核,应形成以季度考核和套派期考核为主要形式的机制。季度考核以船东考核为基础,以船东满意不满意为主要标准,考核分为A、B、C、D四个等级,考核结果与工资挂钩。对连续三个季度考评为A级的政委,发给奖励工资;评为C级的给予黄牌警告;评为D级的出示红牌,扣除当月考核工资;套派期考核结果要与评先和上岗挂钩,在套派期间船舶班子成绩突出的,推荐为“最受船东欢迎的套派班子”,政委表现突出的,推荐为“最受船东欢迎的政委”,给予奖励并优先上岗。对自身要求不严、工作表现差、不受船东欢迎的政工干部,要按照IS09000公司质量管理的规定,列为不合格服务,重点对其进行培训和帮教,待其明显转变后,才能安排上岗。

三是要建立教育培训机制。按照稳定队伍、优化结构、提高素质的要求,建立一支政治强、业务精、纪律严、作风正的专兼职相结合的思想政治工作队伍。要强化船舶领导的理论培训。政委力争每年进党校学习一次,努力提高他们的政治素质、思想政治工作水平和解决实际问题的能力。要把船长、轮机长以及有培养前途的大副、大管轮纳入理论培训的范围,重点增强他们党的观念、“两手抓”意识和“一岗两责”意识,提高他们的综合素质和管理水平。

四是建立保障机制。针对船舶政工干部后继乏人、年龄老化的问题,加快后备人员的培养。要继续从船舶技术业务干部中选拔政委人选,进行复合型培训后上岗。同时要拓宽选拔渠道,从航海院校选拔一批大学生充实政委队伍,然后由优秀政委进行传、帮、带,使之成为船舶政工干部队伍中的中坚力量,优化船舶政工干部队伍的结构。

3. 思想政治工作要注重内容创新

在新的历史时期,思想政治工作的内容创新要突出“三个代表”重要思想的教育,用党的十六大精神和“三个代表”统一思想,指导行动,把大家的思想统一到十六大精神上来,把大家的智慧与力量凝聚到实现十六大提出的任务上来。要紧紧把握理想信念教育这个核心,使广大干部职工坚定对马克思主义的信仰,对社会主义的信念,对改革开放和现代化建设的信心,对党和政府的信任。理想信念教育要“进班组到人头”,起到解疑释惑、调适心理、理顺情绪的作用。

要寻求思想政治工作与企业管理的最佳结合,这就必须遵循“以人为本”的原则。从目前船员队伍的状况看,船员队伍的整体素质,尤其是外语水平、工作责任心和职业道德水准与市场的要求差距较大,对公司的改革发展带来了一定的影响。为此,我们形成了以理论教育、岗前教育、安全教育和技能提高为主体的相互衔接、成龙配套的教育体系,创新教育内容,促进船员队伍综合素质的提高。

同时,思想政治工作在内容上要加强针对性,根据不同的对象、不同层次职工的思想问题和实际问题,从解疑释惑入手,将政治导向、思想教育、道德规范、法纪约束和文化熏陶有机结合起来。对职工普遍关心的热点、难点、疑点问题,进行耐心细致的疏导,通过摆事实、讲道理,使广大职工明理顺气。

4. 思想政治工作要注重方法创新

思想政治面目工作要提高有效性,必须在方法上寻求突破。

一是由经验型方法向科学型方法转变。在对广大干部职工进行马克思主义、毛泽东思想、邓小平理论和“三个代表”思想教育的同时,将心理学、伦理学、社会学、美学至系统论、控制论、信息论、现代管理科学的知识引入思想政治工作领域,使思想政治工作的方法从经验型向科学型转变。大庆30轮党支部根据船上青年船员多、对新知识接受能力强的特点,把他们组织起来,利用多媒体技术对他们进行强化外语口语的培训,既丰富了船员的业余文化生活,又使他们的外语口语水平有了明显提高。

二是由单向型港灌输向交流型方法转变。在新时期,灌输的方法仍然是思想政治工作的基本方法。但是随着形势的发展,过去的你说我听、我打你通的方式容易引起船员的逆反心理,影响效果。思想政治工作要贯彻正确理解、灵活运用灌输的原理,由单向灌输型向交流型方法转变。船舶政委要与船员建立水乳交融的情感关系,通过对船员情绪的体察,了解船员的喜怒哀乐,摸准他们的思想脉搏,及时调整思想政治工作的目标和方法。要经常与船员进行思想交流与沟通,尊重人、理解人、关心人,讲真话不讲假话,讲实话不讲空话,才能得到船员的充分信任,才能更好地调动船员的积极性。

三是由单一型向综合型转变。要借助现代化的信息媒体和技术手段,通过灵活多样、生动活泼、广大船员喜闻乐见的形式,多角度、多侧面地开展工作,把精神鼓励与物质鼓励结合、教育与管理结合、解决思想问题与解决实际问题结合,带着感情做思想政治工作,切实为船员办实事、好事,把船员的积极性引导好、保护好、发挥好。

5. 思想政治工作要注重载体创新

要根据企业发展的新形势和新特点,创新和设计贴近职工群众、贴近公司实际、贴近安全生产和经营业务的有效载体,增强思想政治工作的吸引力、感受染力和说服力。要培育具有公司特色的企业文化。企业文化是管理理论的新发展,主要是指以人为中心,运用特定的价值观念激励员工发挥潜能,建立良好的内部氛围,灵活地应对复杂的外部环境,实现企业的发展。要大力宣传和弘扬

“爱我中海、勇创一流”的企业精神，使之家喻户晓，人人皆知，起到用企业精神激活职工对企业忠诚的作用，增强企业的凝聚力、创造力和竞争力。

要把群众性精神文明创建活动作为思想政治工作的重要载体。以创建文明单位为抓手，通过举办艺术节、健身节、各种知识竞赛、技术比武、振兴中华读书活动，使思想政治工作寓教于活动之中，寓熏陶于文化之中，寓情理于办实事之中，使广大职工思想上受到启迪、精神上得到振奋。要大力推广长乐轮精神文明建设十大实事工程、建设3轮创建模范职工之家经验，努力提高船舶精神文明建设水平。机关要深入开展“服务船员、服务船东”的“双服务”活动，以“关爱船员暖人心”为主题的“窗口”服务竞赛活动，以工会“热线电话”和机关各支部“结对帮困”为主的送温暖活动。公司要坚持每年为船员办几件作用大、影响广、受欢迎的实事，使广大船员真正感受到“船员之家”的温馨。

要充分发挥思想政治工作在提高员工素质、塑造精神支柱的作用，深化以“三个代表”思想为主要内容的理想信念教育；以“三学四建一创”活动为主要载体的艰苦奋斗教育；以“服务船东、爱岗敬业”为主题的职业道德教育。组织开展“最受船东欢迎的套派船员班子和船员”评选活动，通过举办演讲会、海员风采先进事迹报告会，大力弘扬先进集体、先进人物的高尚品质和精神风貌，形成崇尚先进、学习先进、争当先进的良好氛围。

各级党组织和党员是思想政治工作的主力军。要提高员工队伍的素质，首先要提高党员队伍的素质。要以学习宣传贯彻十六大精神为契机，重点加强党员的先进性教育，使党员的理想信念、宗旨意识、组织观念、政治纪律有新的提高。

思想政治工作的创新，必将使思想政治工作更好地由虚变实，由“软”变“硬”，由可有可无变为非做不可，由忽冷忽热变为稳定运行，由时为时不为变为长效发展，真正成为企业改革发展的思想保证、精神动力和智力支持。

（作者：中海上海船员公司党委书记）

第一把手要做实践“三个代表”的模范

李德红

在入路局党校的学习培训中，我又一次学习了“三个代表”重要思想，感触颇深。江泽民同志提出的“三个代表”的重要思想，作为新世纪执政的中国共产党建设的伟大钢领，言简意赅，涵盖面广，包容量大，指导性强，蕴含着科学的内涵和丰富的辩证思想。它是我们立党之本、执政之基、力量之源。如何忠实地实践“三个代表”，作为一段之长，我感到，这是单位党政第一把手义不容辞的责任，能不能搞好一个单位的工作，关键取决于第一把手能不能当好实践“三个代表”的带头人。

第一把手能否模范实践“三个代表”，知识、能力、人格起着非常重要的作用，这三者既是成为合格的第一把手的基本素质，也是获得人民满意的标准。更是做到“三个代表”的最起码的资格。

一是坚持学习、学习、再学习，提高知识素质。要成为一个称职的领导者、具体实践者，把握规律和趋势，顺应历史潮流，必须下功夫夯实自己知识功底，提高知识素质。如维护和实现人民群众的根本利益，涉及公平与效率、稳定与发展、物质生活与精神生活、部门利益与全局利益、眼前利益与长远利益、经济市场化与政治民主化等关系的协调。由此可见，要做到“三个代表”光凭工作热情和愿望是不够的，必须要有丰富的知识做基础。不及时吸取现代文明的最新成果，就会在纷繁复杂的事物面前束手无策，就无法在工作中赢得主动。从这个意义上讲，知识素质，是各级各部门各单位第一把手做好“三个代表”的基础。

二是坚持实践、实践、再实践，增强能力素质。能力素质是第一把手素质的核心。能力离不开知识，但知识本身不等于能力，丰富的知识只有通过具体实践才能转化为能力。作为生活服务单位的一把手，要做到“三个代表”，对其能力素质的要求是多方面的，其中最主要的方面有：(1)战略头脑。就是善于预料和推测事物的发展变化，见微知著，未雨绸缪，及时调整和减少工作中的盲目性。这种思维方式要求第一把手要把当前目标和长远利益统一起来，使工作一环扣一环，逐步上台阶。(2)整合能力。“三个代表”之间既有区别，又有联系，三者之间互为因果，相辅相成，是一个辩证统一的有机整体，决不能把它们割裂开来或孤立起来看。“三个代表”既体现了代表人民群众根本利益的目的与手段的统一，又体现了我们工作目标与“三个有利于”标准的统一，因而必须确立全面辩证的观点，认真实践好“三个代表”。单位一把手在履行职责中，面对方方面面的矛盾，必须善于协调各方，善于依靠集体的力量，这是权力运行的生命线。(3)

创新思维。创新是一个国家、一个民族进步的灵魂，也是“三个代表”的生机所在和领导的生机所在。生活服务工作，以至任何工作都不是一成不变的，在实际工作中，老办法不能丢，新点子不能少，要随着不同时空条件的变化而变化，不断改革创新，想新办法，走新路子，适时而变，主动创新。

三是坚持修养、修养、再修养，完善人格素质。一个单位和一把手的人格影响，事关领导工作的成与败。作为第一把手，你的行为如何，直接影响一班人、一个单位。那么，什么是第一把手应有的人格素质呢？我的理解，一要牢记和实践全心全意为人民服务的宗旨，手中权力只能用来给人民办事，而不能为自己谋利；二是提倡和发扬艰苦奋斗精神，不沉湎于灯红酒绿、声色犬马之中；三要认真贯彻民主集中制，纠正和防止把个人意志凌驾于党组织之上，独断专行，各自为政，拒绝党的教育和社会监督；四是弘扬求真务实、言行一致的优良作风，解放思想、实事求是，反对弄虚作假，欺上瞒下。

作为一段之长，能不能忠实地实践“三个代表”，事关党的路线、方针、政策在本单位的贯彻落实，事关领导干部的形象，事关干部、职工队伍的稳定。所以，作为第一把手，一定要以身作则，身体力行，自觉实践，带头做好，把“三个代表”的要求，落实到自己的一言一行中去，落实到工作的全过程中去。

带头实践“三个代表”，必须确立科学的世界观。要保持坚定的信念，一把手必须带头学好理论，确立科学的世界观和方法论。只有科学性才有坚定性，理论上成熟、自觉，政治上才能清醒、坚定，人格上才有品位、层次。要做好“三个代表”，首先要做学习的模范。面对错综复杂的社会矛盾，层出不穷的新情况、新问题，必须用政治家、理论家的标准来要求自己，苦练理论武装的基本功，提高应对各种社会矛盾和处理复杂问题的能力，做好本职工作。在学习中，既反对照抄、照搬，搞空对空，也要反对轻视理论、以干代学。带头实践“三个代表”，必须树立牢固的群众观。“一切为了群众，一切依靠群众，从群众中来，到群众中去”不仅是履行全心全意为人民服务的宗旨，实践“三个代表”的具体体现，也是我们做好服务工作的最基本的工作路线和最重的工作方法。我们就是要把群众长期实践中积累的经验及提出的要求和愿望，集中起来，经过分析研究、加工制作，形成符合实际情况的决定，促进铁路生活服务工作。坚持“从群众中来，到群众中去”的领导方法，必须克服主观主义、官僚主义和形式主义，做到“面向群众、面向实际、面各基层”，真正把“从群众中来，到群众中去”的领导方法贯彻到我们的工作之中。

带头实践“三个代表”，必须强化自觉的廉政观。各单位的党政第一把手，要自觉遵守党的政治纪律，在思想上、政治上、重大原则问题上，一定要与党的利益保持高度一致；要自觉遵守党纪国法，主动接受党内外各方面监督，努力做到“自重、自省、自警、自励”，做到“慎权、慎欲、慎微、慎独”，不断提高精神境界，增强拒腐防变能力；要言行一致，表里如一，无论是在“工作圈”，还是在“生活圈”、“社会圈”都要自觉规范自己的言行，树立一把手带头人的良好形象；要自觉从严，坚决杜绝奢侈浪费、以权谋私、腐化堕落、失职渎职等损害党和人民群众根本利益的违法违纪行为的发生，为单位改革、发展、稳定大局做出自己应有的贡献。

（作者：大同路达铁路运输有限责任公司总经理）

身体力行“三个代表”　努力加快企业发展

王俭英

兴起学习贯彻“三个代表”重要思想新高潮，是十六大提出的一个战略举措，对全面建设小康社会，开创中国特色社会主义事业新局面有着长期深远的重大意义。“三个代表”重要思想反映了我国最广大人民的共同意愿，体现了当今世界和中国发展的时代精神，显示了马克思主义科学理论的强大力量，是指导国有企业改革发展的重要理论武器，是企业领导干部提高综合能力素质，检验衡量工作业绩的标尺。结合自己的学习理解，我认为要以“三个代表”重要思想指导实践工作，加快企业发展步伐，必须做好以下三点。

一是要坚持把发展作为第一要务，努力扩大市场，提高效益。

扩大市场、加快发展，追求效益最大化是企业发展的最终目的。企业必须不断适应国内和国际经济发展的新形势，找准定位，努力把握机遇，把企业搞活做大，才能在当前市场经济的大潮中经受住考验，站稳脚跟，从而保证本企业的生存和发展，保证国有资产的保值增值，为推动我国市场经济的不断发展做出应有的贡献。首先，公司各项工作都必须以加快企业发展为出发点和最终落脚点，每一个环节工作的好坏、成效都要以是否促进和有利于加快发展、提高效益为标准。其次，在企业发展的过程中，要正确处理好全局与局部利益、当前与长远利益、效率与稳定的关系，做好各方协调，努力实现市场份额的不断扩大，企业效益的不断增长，安全生产的长期稳定，经济效益和社会效益的统一。再次。要以人为本，充分调动和发挥员工的积极性、主动性和创造性，做到人尽其才，才尽其用，使员工在为企业发展而努力奋斗的过程中实现自我价值，在自我价值得到实现的同时进一步推动企业发展。

二是要加快企业内部改革，以创新思路建立现代化企业制度。

随着我国市场经济的不断发展，国有企业加快内部改革，建立现代化企业制度，适应当前经济形势，提高企业核心竞争力已是当务之急。要以现代企业制度为目标，用“与时俱进、开拓创新”的新思路探索新形势下国有企业现有的人事、用工、分配制度。要精简机构，控制总量，调整配置，优化结构、提高劳动生产率。在人事用工制度上，建立公平、公开、竞争、择优的用人方式，建立干部能上能下、员工能进能出的充满活力的用人机制。坚持定编、定岗、定责、定员，实行公开招聘、竞争上岗。在分配制度上，按照现代企业制度的要求和效率优先、兼顾公平的分配原则，建立“岗效挂钩、绩效考核、易岗易薪、易地易薪”的薪酬制度，根据各地区发展的不同情况和生产经营效果，拉开奖励档次，从机制上调动员工的生产经营积极性。建立起完整有效的管理考核机制，岗位和收入与业绩挂钩，加大工资考核力度，拉开收入差距，真正做到能者多劳，多劳多得，使分配向收入好、效益好的部门倾斜，向市场、技术、管理等关键岗位倾斜。市场开拓突出、经营业绩好的地区、人员收入要相应地比其他地区高。

三是要加强思想政治工作，关心员工生活，建设高素质的员工队伍。

在企业经营发展中，人的因素是第一位的。建设一支综合素质高，战斗能力强的员工队伍对企业来说至关重要。第一要充分发挥思想政治工作的重要作用，发挥党团和工会组织的作用，引导、教育和帮助员工解放思想，转变观念，始终适应不断变化的外部坏境和内部改革，跟上企业发展的步伐。第二要加大投入，加强对员工的教育培训，努力使员工提高业务技能和综合素质，提高工作效率，适应现代新型企业对员工的要求。第三要关心员工生活、保证员工利益，关注和了解员工的疾苦和需求，尤其是做好特困员工的关怀帮助，努力为之排忧解难，解除后顾之忧，为员工创造良好的工作和生活环境。第四要注重企业文化的培育，凝炼企业精神，增强员工的归属感、向心力和凝聚力，建立一支团结奋进、不屈不挠、勇于拼搏的员工队伍。

总之，我们学习“三个代表”，实践“三个代表”，不是空喊口号，不能流于形式，归根到底是要把“三个代表”伟大理论的精髓贯穿到实实在在的工作中去，把实现企业发展作为最终目标，让“三个代表”重要思想在平平凡凡的事业中闪光、发亮。

（作者：中国铁通宝鸡分公司总经理）

市场经济与职业道德

陈国强

一　市场经济需要职业道德

改革开放20年多来，我国市场发展非常迅速，尤其是在邓小平同志“社会主义也可以搞市场经济”思想的指导下，党的十四大明确提出“我国经济体制改革的目标是建立社会主义市场经济体制”，实现了社会主义经济理论和实践的重大突破，我国市场经济更得到迅猛发展：商品市场进一步完善，金融、劳动、技术、信息、房地产等要素市场也有较快发展。十五大以后，我国大力发展资本、劳动力、技术等生产要素市场，完善生产要素价格形成机制，改革流通体制，健全市场规则，加强市场管理，消除市场障碍，打破地区封锁、部门垄断，一个较完整的市场体系已初步形成，市场经济也如大浪淘沙，不少企业搏击风浪，扬帆远航，不断成长壮大，但有不少企业折戟沉沙，被市场经济的大潮淘汰。

当然，在市场经济迅速发展、市场竞争日趋激烈的同时，社会经济生活中也出现了种种不良现象、甚至违法的行为：假冒伪劣，坑蒙拐骗，投机取巧，背信弃义，破坏环境，掠夺资源，金融欺诈，偷工减料……一时不绝于耳，一些“理论家”甚至断言，市场经济的发展必须以道德沦丧为代价……

难道说，市场经济必然导致社会道德沦丧，必然导致职业道德失范吗？不！答案是否定的，因为从根本上说，市场经济是法制经济，市场经济也是道德经济，市场必须靠法律来规范，市场也必须靠道德和威信来维系，有专家预言:21世纪是伦理经营时代。道德经营不仅成为企业竞争中生存的必须手段,而且成为:企业树立形象、发展壮大、战胜竞争对手,克敌制胜的法宝,在当前世界经济一体化和国际国内竞争日趋激烈的大环境下,企业职业道德规范已经成为企业竞争力的源泉。许多国际性大公司和国内优秀企业都有自己的企业职业道德规范,或把培育企业职业道德规范作为主要目标。可以说,市场经济离不开职业道德,企业的生存发展需要职业道德。

二、职业道德是建设现代化企业的保证

21世纪,是国际国内竞争日趋激烈的时代,又是一个伦理经营的时代,理性经营、道德经营成为企业长久生存的唯一选择,走上建立现代企业之路的国有企业,离不开职业道德建设这一根本保证。

1. 企业职业道德规范规定着企业的经营行为

在社会主义市场经济体制下,企业不仅是一个经济实体和利益主体,而且还是一个社会组织。企业作为社会细胞,既然要追求效益,追求利润,但同时也要承担起自己的社会责任和义务,注重社会效益。企业的生存和发展离不开社会,企业应与社会的利益和谐一致,不能为了企业的利益而牺牲社会的利益。企业一旦把利润作为唯一的追求时,就会把自己束缚在急功近利的小圈子里,在经营行为上就难免把员工当作获利的工具,把顾客视为获利的对象,甚至诱发出不道德和违法的行为。而良好的企业职业道德规范则可以把企业经营行为规定在法律许可、道德允许的范围内,确保企业合法经营、道德经营。“君子爱财,取之有道”,企业获取利润,也应符合道德规范。伦理经营要求企业从事经营活动时,不是出于趋利避害的目的才遵守企业伦理规范,而是把遵守伦理规范视为一种责任。从市场竞争的发展来看,企业目标越来越趋向于伦理化。有远见的经营卓越的企业,特别注重树立为社会服务的信念,并把它作为制订企业发展战略的基本原则。有远见、有作为的企业家总是把追求公众满意、造福社会作为自己的崇高职责和神圣使命。日本著名企业家松下幸之助说:“加速社会繁荣的脚步是企业的使命……”而我国海尔集团的“真诚到永远”、小天鹅集团的“全心全意”、长虹集团的“以振兴民族工业为己任”,也表现出强烈的历史使命感和社会责任感,树立了企业良好的形象。

2. 企业职业道德可以维护企业的信誉

在社会主义市场经济条件下,企业必然走向市场、参与竞争。得市场者得天下,市场是企业生存的基础,丧失了市场,企业就要倒闭。那末企业靠什么占领市场呢?一靠品牌,二靠信誉,而好的品牌是靠良好的信誉支撑的。企业要想在市场立足,首先要有信誉,信誉是企业职业道德的第一体现。有了好的信誉,可以使企业拥有市场,不断扩大市场。信誉是金,是企业的生命,是企业的发展之道,是企业孜孜以求的目标。良好的信誉是企业的无形资产和无价之宝。可口可乐公司的一位总经理曾说过,即使某一天因为天灾该公司所有厂房全部被毁坏,他们也可以在第二天以品牌的信誉,在国际金融市场上筹到足够的资金,来重建一个新的可口可乐公司。企业良好的信誉不是从天而降,而依靠企业全体员工始终如一恪守职业道德规范培育出来。企业靠欺诈手段,靠不讲道义,靠假冒伪劣、偷工减料也许可以赢得一时之利,甚至暴利,但决不会长久。有作为的企业决不会为一时的蝇头小利而毁了企业的良好信誉,恪守企业职业道德规范、恪守信誉至上的观念,是美德,更是企业生命的必需,它要求企业的每一个部门、每一道工序、每一个员工,都要把企业信誉的维护贯穿于始终。我们中铁大桥局集团五公司在湖南石长线湘江大桥施工时,主动炸毁有质量问题的节段梁,尽管损失了10万元,但却树立了我公司讲求信誉、质量第一的良好形象,最终荣获国家优质工程银质奖,湖口大桥项目部在遭受连续两年特大洪水极其困难的条件下,团结拼搏,艰苦奋斗,排除险阻,终于优质按期完成任务,赢得了业主和社会的广泛赞誉,为我公司在江西公路建筑市场赢得了良好的信誉。

3. 企业职业道德规范引导员工综合素质提高

市场经济的发展,不仅促进了社会资源的优化配置,也深刻地改变了人们的价值观念与职业态度,它强化了人的主体意识,也使企业在成为独立法人的同时,成为道德建设的独立主体。企业职业道德规范,要求员工提高职业意识,培育职业情感,树立职业理想,锻炼职业意志,增强敬业爱岗的责任意识和道德情感,从而达到干一行爱一行,干一行专一行,使个人聪明才智得以充分发挥,主观能动性得到充分调动,引导员工成为有理想、有道德、有文化、有纪律的四有新人,促使员工综合素质的全面提高。因为,企业职业道德规范是企业内部评价好坏、判定功过的标准和尺子,背离企业职业道德规范的行为,不论有多么冠冕堂皇的理由,都会受到共同意识的压力,公共舆论的谴责乃至自己良心的不安,促使其自动纠正错误行为,而那些为了实现企业崇高目标而舍弃部门和个人利益的行为,就会受到公共舆论的褒奖,成为人们推崇的楷模。这种思维方式、行为模式和处世之道一旦成为企业的传统、习惯和惯例,就会形成一个人际和谐的内部环境,就会更好地促使部门、职工之间形成相互信任的情感交流和互相负责的道德规范,促使人们自我管理、自我调节、自我塑造、自我激励,使员工的道德水准不断得到提高。企业之间的竞争归根到底是人才的竞争,人是最活跃的生产力,试想,一支有较高的道德水准,对事业充满热爱的员工队伍难道不是企业最可宝贵的财富、企业最具潜质的市场竞争力吗?

三、建设我公司的职业道德规范

中铁大桥局集团五公司作为一个有四十多年历史的流动建筑施工企业，既有长期的铁路光荣传统和文化积淀，也有自己的鲜明特性。在当前形势下，我公司的职业道德规范建设，一定要在继承传统的基础上，注入时代气息，同时，又要有鲜明的行业特色和企业特点。另外，职业道德规范应该言简意明，上口易记。我公司职业道德规范以下四个方面加以概括：

1. 敬业爱岗，恪尽职守

敬业精神是职业道德的重要内容，强化敬业精神，是加强职业道德建设的根本。职业道德包括职业理想、职业纪律、职业技能、职业规范等方向内容，而这些内容与人的敬业精神有着内在的、不可分割的联系，简言之，人的敬业精神直接决定着职业道德内容实现的质量和自觉程度。没有敬业精神，就谈不上树立和实践职业理想；没有敬业精神，就难以自觉地遵守职业纪律、履行职业规范；没有敬业精神，更不能自觉自愿去学习和苦练职业技能，因此，敬业是第一位的。

而岗位是企业生产作业流程中最基本的环节，是员工从事职业活动的场地，也是企业各项管理工作的最终落脚点。职工的岗位行为是职业道德的集中体现，职业道德规范主要体现在员工的岗位表现、职责行为，因此，应把爱岗作为职业道德的着眼点，爱岗是敬业的基础，敬业是爱岗的体现，恪尽职守，努力完成本职工作，做好自己应做的事，是企业员工最基本的要求，因此，经常开展履行岗位职责的教育，使员工把完成好本职工作，不但看作是自己应当承担的使命、职责和任务，而且是自己内心的强烈需要。

随着改革的不断深化，用人制度的改革改变了职工"从一而终"的旧模式，双向选择、自主择业已经成为可能和必然。因此，企业的员工完全可以通过自由竞争，选择最能体现自我价值、最能发挥自身才干的工作岗位，这为员工"爱岗"提供了基础条件。我们相信，一大批"敬业爱岗，恪尽职守"的员工在自己的工作岗位上，充分发挥自己的主动性和创造性是企业的发展振兴的可靠保证。

2. 注重质量，讲究信誉

对处于强于如林的市场竞争中的建筑施工企业来说，工程质量是企业的生命，企业信誉是赢得市场的前提。提高企业信誉、塑造良好形象是企业在激烈的市场竞争中求得生存和发展的重要法宝。注重质量、始终做到"百年大计，质量第一"、"视质量责任重于泰山"铸造精品工程，是建筑施工企业把握这一法宝的首要前提。近年来我们向社会承诺；"铸造精品，追求卓越是大桥局五公司永远的目标。""对工程质量终身负责是大桥局五公司庄严的承诺"。我们把质量意识、精品意识灌输到职工思想中，体现在行动上。"在新菏复线长东二桥施工中，创造了451根钻孔桩无一断桩的好成绩，湖口大桥分部工程合格率100%，一举夺得2001年中国建筑工程鲁班奖，为企业赢得了良好的信誉，便是极好的例子。讲信誉，不仅指工程质量好，而且包括信守合同，实践承诺等等。工程的质量，掌握在每一个员工的手上；企业的信誉，体现在每一个员工的身上，把"注重质量、讲究信誉"作为我公司职业道德规范的第二条，正是基于这一点。

3. 艰苦奋斗，勇于奉献

艰苦奋斗，勇于奉献，是包括我们五公司几代职工在内的广大铁路职工在长期实践中形成的光荣传统，凝聚了我国劳动人民的优秀品质，是我们企业的传家宝。毛泽东同志说："人是要有一点精神的"，邓小平同志指出："中国搞四个现代化，要有一股艰苦奋斗的创业精神"、"我们的国家越发展，越要抓艰苦创业"。尽管历史在进步，时代在发展，现在我们各方面条件都有了很大的改善，但是，作为我们这样一个流动施工企业，工点高度分散，工程大都分布在偏远的艰苦山区和荒郊野岭，加之由于市场竞争的原因，工程造价偏低，工地小，设施不可能有大的投入，因此工作、生活环境十分艰苦，又要远离家乡和亲人，饱尝别离之苦，因此格外需要艰苦奋斗、勇于奉献的精神。加上由于市场经济体制建立的初期，机制的不完善以及与之相适应的配套措施不健全，更容易诱发拜金主义、享乐主义和极端个人主义的思想和行为，因此，我公司直面市场经济时更需艰苦奋斗、勇于奉献的职业道德，使每一个员工树立正确的人生价值取向，处理好索取与奉献关系，既通过自己诚实、创造性的劳动获取应有的报酬，争取美好的生活，同时，也为企业的发展、民族的振兴，作出自己应有的奉献。这既是建设现代化企业的题中应有之义，也是时代的客观要求。

4. 团结协作，顾全大局

我公司作为一个大型国家一级施工企业，在实现两个根本转变的过程中，是一个搏击市场风浪的经济共同体企业。当前所面临的竞争，不是个人与个人的竞争，而是企业与企业的竞争，是整个企业管理水平、科技实力、人员素质的竞争，是群体的竞争。在这群体的竞争中，我们每一个人的工作都会给企业的竞争力带来影响，但是光是自己个人的工作或自己所在部门的工作做好了，而其他部门工作没做好同样也影响企业的竞争力，因此我们固然要首先把门己的本职工作做好，同时也要在此基础上协助他人一起把工作做好。我们承建的每一项工程都是由一道道工序、一项项工作协调组合而成；我们每一项工程都离不开全处各方的通力协作、互相支持。湖口大桥工程之所以能取得辉煌的成绩离不开全公司上下支持协作，因此，作为我公司每一个员工，一定树立全处一盘棋的大局观念，坚决克服以邻为壑、相互封锁、相互拆台、唯我独尊的小团体主义，弘扬团结协作、顾全大局的职业道德，时刻想着全局，摆正各种关系，形成合力，发挥整体优势，把我们企业做得更强更大。

在市场经济条件下，加强企业职业道德建设并随着时代的进步与发展，不断赋予其新的含义，这是“一个永恒的主题”。我相信，中铁大桥局集团五公司在市场经济的大潮中，乘改革的浩荡东风，插上技术创新和职业道德的双翅，这样一支“威武之师”、“仁义之师”一定能劈波斩浪，勇往直前。

（作者单位：中铁大桥局集团五公司党委副书记）

构建学习型企业　应对世界竞争的挑战

秦汉桥

进入21世纪以来，世界范围内的竞争日趋激烈，世界多极化和经济全球化推动着国际经济合作与竞争正以前所未有广度和深度迅速发展。全球产业结构调整步伐加快，以信息技术为主要代表的科技革命迅速发展，给人类社会的发展带来巨大的推动。信息技术已经成为当代最先进、最活跃的生产力，正在推进一场深刻的全球性产业革命、技术革命以及社会生产方式、人们生活方式的变革，成为优化资源配置、推动传统产业结构改造升级、提高全社会劳动生产率、转变经济增长方式的新动力；技术发明与商品化之间的关系越来越紧密，科技成果转化为生产力的周期越来越短，科技进步和创新越来越成为经济社会发展的决定性因素。面对世界范围的高层次竞争，我国企业只有坚定不移地构建学习型企业，持续不断地提高员工的素质，才能保持企业的活力和竞争优势，在市场竞争中立于不败之地。

一、学习型企业的含义

1965年，电脑内存的发明人、“系统动力学”的奠基人——美国麻省理工学院费睿斯特教授在其论文《一种新型的公司设计》中提出了学习型组织的概念。他的学生彼得·圣吉在此基础上通过对4000家企业的培训、研究，历十年之功提炼总结出一套信息化时代的学习型组织理论。1990年，彼得·圣吉的《第五项修炼——学习型组织的艺术与实务》一经出版，立刻引起巨大反响，连续三年荣登全美畅销书排行榜榜首，此书作为研究成果于1992年荣获世界企业协会最高荣誉——开拓者奖，以表彰其开拓管理新领域的学术贡献。学习型组织理论被西方企管界誉为“21世纪的管理圣经”，与企业再造理论一起成为当今最前沿的两大管理理论。

学习型企业的基本含义是：以人的发展为中心，以不断增强企业竞争力为目的，通过建立完善的学习教育体系，确立团队学习、自我超越的理念，培育整个企业的学习氛围，大力推进管理创新、科技创新、产品创新和市场创新，使企业成为具有人力资源挖掘和再造功能的可持续发展的企业。

构建学习型企业的目标是：通过大力开展构建学习型企业的活动，进一步提高全体员工的思想道德素质、科学文化素质、专业技术素质、岗位职业技能和创新能力，逐步形成全员岗位学习培训的终身教育体系。建设一支政治素质高、具有现代经营理念、掌握科学管理知识、熟悉国际惯例、富有创新开拓精神的经营管理者队伍；建设一支坚持社会主义方向，能够维护国家、企业和职工利益，善于围绕企业生产经营活动开展思想政治工作，发挥先锋模范作用的党务工作者队伍；建设一支熟悉国际商务、金融、法律，较好把握世界经济变化趋势的外向型人员队伍；建设一支爱岗敬业、文化素质高，适应先进工艺技术、熟练掌握先进设备的技术职工队伍，以前瞻性、高效性、灵活性、创造性为原则，树立先进的学习理念，建立科学的人才培养机制，全面提升企业创新力和竞争力。

二、构建学习型企业的意义

1.构建学习型企业是我国参与国际分工和国际间合作交流的需要

近年来，随着我国经济的快速发展和发达国家制造业的外移，促进我国正在成为最具吸引力的外国直接投资的国家，我国将逐步成为世界重要的制造中心。但是由于原有的经济和文化教育的基础比较薄弱，目前我国劳动者素质和劳动生产率都还比较低，根据国家统计局1999年抽样调查，在全国7.06亿从业人员中，具有大专及以上学历的人口仅占3.8%，初中、小学文化程度的比例占73%，同时还存在10%的文盲。2000年，在我国约7000万技术工人队伍中，初级工占60%，中级工占35%，高级工仅占5%，而发达国家高级工比例一般占30%～40%；而且我国专门人才数量特别是高层次人才数量严重不足，我国3900多万专业技术人员中，具有副高级以上职称的人员仅占总数的5.7%，不仅在数量上与发达国家有很大的差距，在质量上也存在不少新的问题。2000年，我国劳动生产率仅为德国的1/4，日本的1/40，美国的1/30。

为了提高中国企业的劳动生产率和全球的竞争力，关键的问题是提高产业的技术含量，特别是掌握具有自主知识产权的核心技术，这对劳动者和各类专门人才的素质提出了更高的要求。新形势下只有构建学习型企业,使员工在企业工作生产的同时,不断学习,不断提高,才能完成这一历史重任。

2. 构建学习型企业是建设我国终身学习体系的需要

2001年5月,江泽民同志在亚太经合组织(APEC)人力资源能力建设高峰会议上提出"构筑终身教育体系,创建学习型社会"的号召,在党的十六大上江泽民同志在阐述全面建设小康社会的奋斗目标时,更把"形成全民学习、终身学习的学习型社会,促进人的全面发展"作为四大具体目标之一。在科学技术迅猛发展和新的知识爆炸产生的今天,建设全民学习、终身学习的学习型社会是实现高水平小康社会的重要任务。

众所周知,现代科技的飞速发展引起了世界的迅速变化,知识更新的速度也因此大大加快。据联合国有关部门最新统计:人类近30年来所积累的科学知识占有史以来科学知识总量的90%;英国技术预测专家詹姆斯·马丁测算,人类的知识在19世纪是每50年增加一倍,20世纪初是每10年增加一倍,70年代是每5年增加一倍,而近10年则是每3年增加一倍,到2003年,知识的总量将比20世纪末增加一倍;到2020年,知识的总量是现在的3到4倍;到2050年,目前的知识只占届时知识量的1%。专家分析:农业经济时代只要7-14岁接受教育,就足以应付往后40年工作生涯之所需;工业经济时代,求学时间延伸为5-22岁;在信息技术高度发达的知识经济时代,由于科技迅猛发展,因此每一个人一辈子工作生活中,必须随时接受最新的教育,人人都必须持续不断增强学习能力,方能获得成功。我们中铁大桥局集团为适应市场的挑战,经营领域不断拓宽,就施工来说,已由50年代单一的桥梁施工拓展到铁路线路、高速公路、海洋码头、大型隧道多个新的领域,这就对我们员工提出了不断接受教育、学习新知识的要求,只有这样,才能适应市场和新形势的需要。因此终身学习是21世纪的生存概念,也是世界性的发展潮流。21世纪是强调"把人作为发展的中心"的世纪,学习是社会和经济发展的首要推动力,马克思早在19世纪就提出"人的全面发展",从人的发展和社会的发展来看,学习、不断的学习,是一个人成为现代的人、全面的人的最重要的举措。通过建设终身学习体系,实现人的全面发展,是我们党代表中国先进生产力的必然要求,是代表中国先进文化前进方向的根本任务,也是代表中国最广大人民根本利益的重要举措。作为社会主义市场经济条件下的企业,自然而然地担负着组织员工参与全民学习、终身学习的任务,因此,构建学习型企业,正是形势的需要。

3. 构建学习型企业是企业应对竞争、谋求生存发展的需要

进入21世纪,市场竞争日趋激烈,竞争平台也越来越高,在这种形势下,企业间的竞争归根结底成为员工整体素质的竞争和人才的竞争。但是,在知识爆炸的今天,昨天的人才,能否保证是今天的人才,今天的人才,能否保证明天也是人才?即使有了人才,又如何将个人竞争力转化为集体竞争力,也是对一个组织的挑战。市场竞争和社会实践告诉我们,在知识经济社会形态下,竞争链已经发生了变化,市场竞争可归结为人才的竞争,而人才的竞争最终归结为学习力的竞争。企业未来惟一持久的竞争优势,就是具备比竞争对手更快速的学习能力——因为未来企业的竞争必将成为学习速度的竞争。

新的世纪,科学技术飞速发展,新技术、新材料、新工艺、新理念层出不穷,一项新技术的诞生和推广运用,都会产生不同范围内的技术革命,极大地提高生产力的发展水平。就拿桥梁施工领域来说,当前国内外桥梁工程结构向轻型、整体、高强、大跨发展,已由50年代连续梁、简支梁发展到钢管拱、钢箱提篮拱、悬索侨、斜拉桥百花争艳;桥梁施工中大节段整体安装、双悬臂平衡架设技术,新型水下基础施工方法得到越来越广泛的运用……我们中铁大桥局集团要想不断占据科学技术的制高点,把握前沿技术,有效地推广新材料、新工艺,促进生产力的发展,只有通过持续的学习,才能使工程技术人员队伍、技术工人队伍适应技术创新的要求,永远掌握最新最先进的生产技术,做到"人无我有,人有我精,人精我新"。也只有通过持续学习,才能培养和造就一支思想过硬、作风过硬、技术过硬的员工队伍。美国《财富》杂志指出:"未来最成功的公司,将是那些基于学习型组织的公司。"实践证明,学习是企业生命的源泉,一个企业真正的"核心实力"不是生产、制造或售后服务,而是企业的学习能力。如果一个企业内部学习与变革的速度赶不外部变革速度,这个企业就必然衰败、消亡。据统计,20世纪80年代的世界500强企业,现已有1/3销声匿迹,究其原因,在于企业学习力不强,不能适应社会和市场的发展变化。因此只有构建学习型企业,不断提升全体员工素质,永远把握生产力发展的方向,才能使企业在市场竞争中永远保持强劲的竞争力和旺盛的生命力,不断超越自我,永远创造辉煌。

三、构建学习型企业,是中铁大桥局集团发展的必由之路

中铁大桥局集团是国内唯一一家集科学研究、勘测设计、建筑施工、桥梁与机械制造和工程监理咨询五位一体的国家建筑总承包特级施工企业。从修建万里长江第一桥——武汉长江大桥开始,大桥局全体干部职工始终遵循"建成学会"的原则,在干中学,在学中干,不断探索新领域,不断攀登新高峰,勇当桥梁建设的排头兵。50年来,共修建各类桥梁560多座,十次获得中国建筑工程鲁班奖,数十次获得国家优质工程奖和国家科技进步奖,

创造了一大批我国桥梁施工新纪录,显示了大桥局集团雄厚的技术实力和领先的科技水平。应当说,正是不断的学习才使我们集团保持了在国内乃至在国际桥梁设计施工领域中的领先地位。

我们五公司的发展历程,也正是一部不断学习,不断前进,超越自我、与时俱进的历程。实践充分证明,在当前群雄逐鹿、强手如林的市场竞争中,谁能时时保持管理创新、科技创新、产品创新、市场创新,谁才是有生命力的企业,而这一切都源于学习——学习是创新的原动力,只有走构建学习型企业之路,才能使企业的生命之树常青。

十多年来,五公司坚定不移地奉行"建一项工程,树一座丰碑,交一方朋友,育一方新人"的宗旨,把"建桥育人"作为公司的两大根本任务来抓。近年来,公司更是在广泛征求广大员工意见基础上,提出公司核心价值观——"给业主提供最优的,让员工成为最好的,使企业成为最强的。"并提出"给业主以精品,给员工以发展,给企业以活力,给祖国以骄傲",从价值取向和经营理念上把员工的发展同企业的做强紧密联系在一起。公司确立了以持续学习为手段、全方位提高公司员工整体素质的战略,公司领导班子以身作则,带头学习,使"不断学习,终身学习,成为学习型组织"的意识在公司深入人心。公司以学习型机关为龙头,带动多个学习型项目部,要求每个项目部在工程施工中不仅要出精品、出精神,而且要出成果、出经验、出人才,把人才培养和员工素质的提高列入项目部百分制考核范围;每年召开一次技术交流会、管理工作研讨会和思想政治工作研讨会,在公司内部建设学习交流的平台,促进公司内部学习研究风气与日俱浓。2001 年,公司论文《大佛寺长江大桥轻型牵挂篮设计》被收入当年《科学年鉴》,2002 年,《利用聚羧酸系高效减水剂配制 C100 高性能混凝土的试验研究》在全国建筑核心期刊《混凝土》上发表。公司培养学习型员工,构筑人才高地,以青工技术比武和各种方式激励青年工人钻研业务、岗位成才,鼓励员工在职培训和参加在职学历培训,截止到 2003 年,五公司员工中通过在职业余学习取得大学学历的近 300 人,大专以上学历员工已占员工总数的 20% 以上;技术工人中,中级工占 31%,高级工占 43%,已达到发达国家的水平。员工队伍素质的提高,对公司的规模扩张和施工技术水平提高到极大促进作用。80 年代,修建九江长江大桥,要两个桥处才能完成,90 年代,承建造价不过 2 亿的南昌赣江大桥要举全处之力,而现在,仅我们五公司就可以同时独立在长江上承建五座长江大桥。近年来,五公司不断拓宽经营领域,先后承建了集团公司第一条铁路、第一条高速公路、第一条隧道、第一座海上铁路码头;我们先后承建了我国第一座刚性梁柔性墩公路大桥、第一座三向预应力连续槽形梁铁路桥、第一座钢箱提篮拱桥、第一座单扇间无背索独塔斜塔斜拉桥、第一座海上中承式飞翼钢箱提篮拱桥;在长寿长江大桥,运用吊箱围堰施工法创造了长江上游无覆盖层水深流急地区桥梁施工的先例,单臂悬拼 192 米大跨度钢桁梁为全国第一,小湾大桥钢箱提篮拱合龙精度创造全国同类桥梁施工最高水平……

公司的发展使我们真真切切地感受到构建学习型企业给公司发展带来的巨大推动力,更坚定了我们将五公司构建成学习企业的信心和决心。

当然,我们清醒地认识到,要真正将我们中铁大桥局集团和五公司建设成学习型企业,还有很长的路要走,建设学习型企业,是一项长期的战略任务。我们各级领导要充分认识建设学习型企业的必要性和重要性,把建设学习型企业作为建立现代企业制度下科学管理理念、先进生产方式的重要措施,作为创新企业思想政治工作的重要载件来抓,率先垂范,带头学习,做建设学习型企业的表率。

建设学习型企业,不能只停留在口头上,一定要完善保障机制,狠抓工作落实,要做到有专门领导分管,有职能部门负责具体落实,同时要做好建设学习型企业计划,实行目标管理,把责任、目标分解到每个岗位,保证总目标的实现。

建设学习型企业,要以制度保证做到激励约束同步,激发员上学习动力。要形成学习培训——考核——使用——待遇一体化的激励约束机制,尤其要鼓励员工岗位学习、岗位成才,引导每个员工把自觉学习和参与培训作为履行职责,提高自我,奋发向上的第一需要。

建设学习型企业,要注重学习内容上的专业对口性和实效性,做到"全"、"新"、"专";一方面要强化政治理论学习,提高员工的理论思维水平,始终把握政治方向,时刻了解国内外形势和党的方针政策,提高自觉运用法律保护企业经营、规范企业经营行为的能力;同时要加强对新技术、新工艺、新材料运用的学习,时刻了解和掌握桥梁施工技术的发展方向和动态,牢牢占据我国桥梁施工技术制高点;还要在培养高素质技术工人和高级工程技术人员的基础上,注重培养外向经贸人才和复合型管理人才,总之,根据企业发展的要求,需要什么就学习什么,需要什么就培养什么。

21 世纪是学习的世纪,我们中铁大桥局集团要想顺应历史的潮流,真正"跨越天堑,超越自我",就必须"学习,学习,再学习",只有这样,才能永远引领我国桥梁技术之潮流,永远保持企业旺盛的生命力,我们相信,有学习这个原动力,中铁大桥局集团一定能在世界知识经济大潮中,乘风破浪,高歌猛进,再创辉煌。

(作者:中铁大桥局集团五公司董事长、党委书记)

浅谈温州国有道路运输企业的人力资源整合

孔宁举　虞秋婵

人力资源，是指能够作为生产要素投入社会经济活动的劳动人口，是一种把人力当作一种财富的价值观；人力资源的整合就是通过测试、评估、培训等一系列手段，对现存的人力资源进行结构性的优化、重组以挖掘其潜能的系统工程。

人力资源整合的对象是"人"，主要有两大方面的内容：首先是人力资源开发，即通过投资、培训、使用、激励等一系列手段对人力资源进行规划、组织、指导，目的在于使人尽其才，才尽其能。其次是人力资源的调配，它所着重解决的问题是人力资源科学的、合理的配置，在每个个体都能发挥自己最大能量的基础上，通过团体的知识共享、技能共享、经验共享，实现组织效率的提高和效益的最大化。

一、温州国有道路运输企业人力资源管理的现状

全市国有道路运输企业最具代表性属长运系统。长运系统人力资源主要分驾驶员、修理工、客(货)运站务人员和公司管理层四大板块，目前主要存在以下几方面的问题：1. 队伍整体素质偏低。以乐清长运为例，公司在册职工505人，至2003年职工总工龄年9158年，平均年龄39岁，其中40岁以上229人，从学历情况看，中等以上学历者不到40%，高等学历不到15%。职工队伍虽然在数量上有一定规模，但属部队复员和职工子女顶替的占总量50%，年龄偏大，文化偏低，知识相对陈旧，与现代企业的发展不相适应。

2. 人员结构逐渐失衡。道路运输企业既属劳动密集型，也属技术密集型，这在汽车修理工、驾驶员二大板块上足以体现。这二大板块工作独立性较强，分配制度的改革比其它岗位要早些，职工的收益随行就市波动较大。而其他工种劳动强度和工作时间的压力相对较轻，收入稳定。于是驾驶员与修理工中因受年龄、身体、技术、收益等方面的影响要求改行进站务、搞后勤的越来越多，造成生产技术人员空缺，非生产机构雍肿，有的岗位无人上，有的人无岗上，富余人员逐年增多，组织结构和人员流动逐渐失衡。

3. 缺乏专业人才和复合型人才。浙江交通运输的发展趋势是智能运输、网络运输和信用运输，而当前温州整个长运系统的队伍，一是缺乏掌握高新科技的专业技术人员；二是缺乏汽车维护新技术的高级技工和技师；三是缺乏既懂运输生产，又懂经济管理的人才。尤其是现有的管理人员，缺乏系统的经济学、管理学、市场营销学、公共关系学等方面的知识培训，对企业生产经营和市场变化触角不够敏锐，赢得先机和积极主动地开拓市场的能力不够理想。

4. 人力资源的管理不合理。目前，不少企业依然沿袭计划经济体制下的劳动人事管理制度。为了减少人力资源的投资成本，一是重控制重约束，轻规划轻培养、培训和激励。二是没有形成系统的人员测评体系，重定性而轻定量，重静态轻动态，出现一些人员能力与岗位要求不相匹配，人力使用不尽合理的局面。

5. 激励和竞争机制不完善。汽车驾驶和维修岗位都已实行量化考核，劳动收益上不封顶，下不保底。但站务工作和管理岗位尚未实行绩效评价，无法拉开差距，奖勤罚懒，奖优罚劣。这些岗位劳动多少、贡献大小待遇一样的现象严重存在，不少人依然躺在"铁饭碗"、"铁工资"、"铁交椅"，上。尽管在人事制度上都有所改革，但没有一整套完善的公开、公平、公正的用人制度，没有一个发现人才和促进人才流动的机制，"能者上，庸者下，平者让"的氛围不浓，影响队伍的进取精神，也影响了人力资源的优化配置。

二、温州国有道路运输企业人力资源整合的迫切性及其必须遵循的原理

温州地处浙南沿海，市场经济活跃，交通事业发展迅速，运输行业竞争激烈。虽然温州国有企业的资产在社会总资产中的占比不到10%，但在道路运输行业，国有企业却是老大，长途班线占社会总量的50%以上，中短途班线的占有率也颇具优势，应该是处于控制性地位。由于国有道运企业长时期受计划经济的惯性作用和体制约束，可以说是身不由己地被推入市场经济的大潮，而建立现代企业制度，追求科学管理却时不待人。近年来，国有道运企业也进行了一系列的改革，如单车承包，站队分离，调整车辆结构，实施线路改造，推行集约化经营等，努力使企业逐步走向市场，融入市场。但由于人力资源管理的普遍滞后，明显影响了全市国有道运企业的产业结构和产权结构改革的进程。随着我国WTO的加入和交通部推行的运输企业资质准入制，区域经济的格局又将

重新洗牌，各类资源都将面临新的整合。面对多重压力和挑战，国有道运企业要保持实力，在竞争中取胜，并实施跨越式发展，必须要加快人力资源的战略性调整，树立人力资源是第一资源的理念，因而优化人力资源整合已势在必行。经济学家舒尔茨告诉我们：“在经济起飞的时代，人力资源绝对是经济增长的主体力量。”这是一种提醒，更是一种告诫。

当今世界，人力资源管理的趋势已由资源型向主体型管理演变，由雇佣型向合作型转变，由静态的管理向动态的管理转变，由传统督导型管理向科学督导型管理转变，由传统策略激励型向战略激励型转变。因此，做好人力资源整合必须遵循以下原理：一是整体原理；二是人本原理；三是责任原理；四是效益原理。

三、温州国有道路运输企业人力资源整合的实现途径

1. 做好人力资源规划。人力资源的开发是一项系统工程，其特点是长期性、时效性、时代性、消耗性、连续性。所以人力资源开发必须有战略眼光，要根据企业自身定位、发展前景，预测和规划不同时期所需的各类人才数量和质量。要做好各时期各阶段的人员补充、使用、教育、培训、晋升、薪资、退休各类计划，建立人才梯队框架，不要以为通过一二期，三五年的人员培训，就大功告成一劳永逸。古人云：“凡事预则立，不预则废”，而发展却是硬道理。

2. 注重员工教育培训。知识经济是一种智力支撑型经济，有生命力的企业必须把创建一个学习型企业作为自身的一个追求目标，而培训和教育是必然的途径。木桶理论告诉我们，木桶盛水的多少不取决于组成它最长的板块，而取决于最短的板块。该理论提醒管理者，企业的盈利能力不取决于企业管理某一方面的擅长，更重要和关键的是取决于企业综合管理能力，任何管理板块的缺口和漏洞都会导致利润的流失。这种理论揭示了整体原理和效益原理的相互关系，也为我们实施人力资源整合指出了方向。因此，我们要制订培训计划，要开展各类形式的培训教育活动，既有内部员工、中高层管理者经验总结为主的实践性培训，也要有外请专家、学者定期讲授；既有脱产学习，也有函授学习；既有知识更新教育，也有技术应用型培训。只有这样，才能达到经验共享，知识共享和技能共享。詹姆斯·利克特指出：“注重员工培训，是企业最有意义的投资，是最有效的人力资源整合。”

3. 运用人力资源测评。人力资源的测评是指对企业各类人员的德、智、能、绩等素质，采用定性和定量相结合的方法所进行的测量与评定。推行该项工作对企业有以下几方面的作用：一是为人员招聘、选拔任用提供依据；二是为决定人员调配和职务升降以及人员淘汰提供依据；三是为员工进行培训提供依据；四是为确定劳动报酬和人员奖惩提供依据；五是对员工进行激励的手段；六是组织对人员绩效控制的手段。国有道路企业应结合本企业的岗位设置、层次类别、工作特点制定相应的测评指标，进行周期性测评，为人力资源的优化管理奠定基础。

4. 优化人力资源配置。人力资源优化配置的最终目的是提高组织效率，组织效率的优劣取决于各部门的效率，各部门的效率又决定于每个岗位的劳动个人效率及各岗位是否主动、合理、科学地协作。加里·贝克尔指出：“在分析经济增长之谜和解释生产力提高的原因时，一定不要漏掉一个重要的要素，那就是人力资源的科学配置。”

人力资源的配置可分为二个层次，一个是存量配置，一个是增量配置。实施的途径是计划配置、自主配置和市场配置。根据当前国企道运的现状，建议人力资源优化配置应从以下几方面着手：

(1)建立内部劳务市场。一是实行内部失业制度，对因企业结构调整造成职工失业，可参照国家规定的失业待遇水平给予，对非企业愿望接收的增量配置人员，若生产经营不需要，可直接进入内部失业人员队伍。二是实行内部再就业制度，企业内部用工有需求，对失业人员进行存量配置，实行再就业。三是实行离岗退养制度，对临近法定退休年龄的老职工，由本人申请，企业同意，实行提前离岗退养；四是实行买断工龄制度，对自行离岗和本人要求与企业解除劳动合同的，可按规定发给一次性经济补偿金，买断企业工龄。五是实行末位淘汰制度，在劳动用工的合同管理和干部人事的聘任管理中，运用周期性的人力资源测评，对不达标的人员按比例进行扣薪、降级、调离、下岗和劝退；六是实行竞争上岗制，要用市场经济的观念，引入竞争机制。人事决策要“因事立法”，组织机构设置要“因事设岗”，选贤任能要“因事择人”，不搞伯乐相马，要提供赛马场，让每个员工都有“自我设计”、“自我表现”的机会，营造能上能下，能进能出的流动态势。建立和完善内部劳务市场的作用：第一，可保证内部职工的有序流动，保证企业结构的平衡度。第二，可降低人力资源的成本。第三，可弱化职工的依附心理，为企业的改制做准备。第四，可把企业人力资源的存量激活。第五，可把企业发展和人才的需求结合起来。

(2)加快改革招才引智。前一阶段，温州相当一批国有道运企业，为改善生产一线的人力资源配置，对汽车驾驶员和修理工的整合进行了改革和探索，实施生产性人才的社会化招聘和合同化管理。但由于企业人力资源整合缺乏整体性、系统性、责任性，因而效益性并不尽如人意。当前，全市国有道运企业正面临重组、改制的关键时期，既需要一批懂经济、会管理的人才，又需要一批适应智能运输、网络运输的科技人才，也需要一批开拓市场的经营人才，以企业的队伍素质、年龄结构、知识层次的现状，难以在近期内完成自主培养、定向培养的人才和职工

自学成才来适应企业的需求。这就要求我们必须加快改革,根据企业阶段性需求和战略性需求,寻找计划配置和市场配置的结合点,实行对外开放,招才引智。一是引进人才;二是借用人才;三是招聘人才。利用契约法则,明确使用标准,运用人力资源测评机制,融入内部劳务市场进行良性循环。这是当前国企人力资源整合的难点,也是国企抢占人才的根本出路。

5. 建立"栓心留人"机制。国有道运企业在面临资源重组、企业改制的任务中,必须清醒地看到当今世界人才资源管理的发展趋势,要最大限度地凝聚和使用好企业人才,充分发挥人才的主动性、积极性和创造性,必须要制订人才竞争战略,建立"栓心留人"机制。而防止人才流失,更是人力资源整合的题中应有之义。管理学家玛丽·凯说:"优秀的员工是企业最重要的资产,招聘到优秀人才,并留住他们,是一个优秀公司的标志"。我们应从以下几个方面进行努力:一,要为各类人才创造施展其所学,发挥其专长的用武之地,能让他们实现自己的奋斗目标,增加成就感,做到用事业留人。二,要改革分配制度和产权制度,实施岗位技能工资制,运用期权激励法和股权激励法,使优秀人才获得荣誉激励的同时,经济上也要先"富裕"起来,做到用待遇留人;三,要注重企业的人性化和人格化建设,尊重人才,关心人才,理解人才。要发挥政治思想工作的优势,关心人才队伍的思想、学习、工作、生活,及时帮助解决他们的实际困难和问题,坚定对企业的信心,加深对企业的感情,增强自己的归属感,做到用感情留人;四,要创造一个让人才感到倍受重视的文化环境,一个让大家感到精力充沛,富有创造力、乐意去工作的工作环境,引用诺尔·考渥德的观点就是"在这儿,工作比玩更令人开心。"进而做到用环境留人。

(作者单位:乐清市长途汽车运输总公司)

浅谈交通企业的行风建设

骆建涛

加强行风建设,是当前交通运输企业十分注重的问题,也是广大群众日益关注的热点问题。近年来,国家交通行政主管部门不断地对交通运输行业进行结构调整,广州市提出了"创建全国文明城市"工作的有关要求。因此,全面加强交通运输行业的行风建设,应是交通企业建设的重要内容。本人就加强交通运输行业的行风建设提几点看法:

一、树立交通运输行业行风建设的新目标

交通运输业是国民经济的先行官,实现基础设施网络化、客运便捷化、货运高效化、管理智能化、服务最优化,形成以安全、便捷、畅通、高效为特征的高品质、智能型道路运输网络是全行业的战略选择。我们应树立交通运输业的行风建设的新目标。

1. 以"三个代表"重要思想武装广大干部职工,紧紧围绕推进交通现代化进程;努力提高交通队伍的思想政治素质、职业道德修养和法制意识。努力建设"安全优质、文明服务、爱岗敬业、诚实守信、服务群众、奉献社会"的良好交通职业道德风尚。进一步规范全行业的管理,形成统一、竞争、有序的交通市场管理体系,为交通的改革发展稳定提供强大的思想保证、精神动力和智力支持。

2. 加强作风建设,带动行风建设。核心就是把交通的奋斗目标与人民群众的切身利益连结起来,全心全意为人民群众谋利益。通过提高服务水平、服务质量,转变工作作风,在广大人民群众中牢固树立"交通人"的过得硬的作风和形象,以体现交通服务的宗旨和要求。

3. 不断完善行业管理机制,创造诚信和公平竞争的市场环境,促进交通事业的可持续发展。在提高交通企业的综合竞争力的同时,树立交通在社会的良好形象,努力克服服务品质不稳定的老大难问题,创出信誉、创出名牌,以全面推动交通经济的发展。

4. 建立新世纪人才发展战略,提高交通队伍综合素质。要切实加强交通行业职业道德、职业作风、职业纪律教育,进一步培育与交通现代化的发展要求相适应的,具有全心全意为人民服务思想情操的,具有安全优质、文明服务道德水平的"四有"新人。

二、建立交通行业的行风建设的新准则

要与时俱进地建立交通行业及相关企业的行风准则,有效地解决交通行业中仍然存在的行业不正之风,促进全行的健康发展。

1. 建立领导干部和管理部门的行风准则。行风建设应是一个组织系统内的大事,特别在交通行业,由于"点多、面广、作业分散",管理难度大,就需要各级领导干部和管理部门要带头做好。只有管理部门和领导干部的作风端正了,才能带好队伍。

2. 建立群众对交通企业行风评价的准则。交通企业的行风建设要着眼于人民群众。安全生产、工程质量和

廉政建设这三项群众最关注的问题应作为交通行业行风建设的基本准则和基本工作。

3. 建立行风建设的制度执行准则。只有通过加强制度建设,逐步规范,才能把行业不正之风解决好。以使我们的各项工作向着更加科学化、制度化、规范化的方向运行,用制度管人、用制度管事。

4. 建立创建文明行业的准则,促进交通行业的健康发展。形成一种激昂向上、奋发有为的精神风貌,是促进交通可持续发展的根本保证。建立起文明行业的准则;就能充分发挥先进典型的示范引领作用,把规范化文明服务成果转化为生产力,实现最佳的经济和社会效益。

三、以文明行业活动为载体,树立交通优质服务的形象

全面推动交通企业的行风建设,大力创新交通服务,不断满足人民群众日益增长的出行、运输需求是交通行风建设的重点。创文明行业活动应侧重提升服务设施水平、服务保障能力的过程中实现"三个代表"的重要思想。

1. 强化交通企业的基础管理,规范各级领导干部和各职能部门的管理行为,严格按新设置的管理流程办事。各交通企业可通过建立工作标准、工作程序及领导干部的"绩效评价制度",积极推进"首问责任制"的实施,做到让员工和群众"双满意",以促进职能部门进一步转变工作作风,为提高管理的效率和文明服务的水平起好示范作用。

2. 全面推行"服务质量承诺"和"经营行为承诺",广泛接受人民群众的监督。企业在推行服务承诺制度中,就要对员工强化职业道德、职业纪律、职业技能、培训教育,要求员工熟知本岗承诺内容,明确本身的权利和义务,在签订"规范化文明上岗承诺书"才准予上岗,把承诺内容变为每位员工的自觉行动。交通企业应通过建立社会服务承诺分析、通报制度,对自身的经营行为和服务质量进行监控,使广大人民群众满意并从行风的转变中得到实惠。

3. 以强有力的思想政治工作保证行风的根本好转。一是要把理想信念教育作为思想政治工作的核心内容,引导广大党员、干部、职工树立建设有中国特色社会主义的共同理想。二是要多做宣传引导、耐心说服的工作,多做统一思想、凝聚力量的工作,做到政通人和,队伍稳定。三是要把解决思想问题与解决实际问题结合起来,做好解疑释难工作,把得人心、暖人心、稳人心的事情办实、办好;四是要把思想政治工作与各项业务工作结合起来,落实"一岗两责",以强有力的思想政治工作促进交通企业的行风根本好转。

4. 广泛开展创建文明示范单位、文明示范线路、文明示范班组的竞赛活动。要全面推动交通企业的"三优、三化"活动的深入开展。要倡导在全行业大力选树"超百万公里安全行车驾驶员",推介他们的安全行车经验,讲安全生产,激励广大驾驶员的上进心。

5. 抓好行业评议工作,促进交通企业之间的相互学习和交流。要通过各企业之间的互查、互学活动,使各交通企业跳出本单位的局限,站在全行业的行风建设的新的高度开展行风民主评议工作,以使整个交通行业实现行风建设质的飞跃。

只有着眼于提高交通职工整体素质,大力开展文明服务、文明窗口创建竞赛活动,才能全面提高交通行业及从业人员的思想道德和职业道德水平,带动行风的进一步好转并激发交通行业的广大职工为实现广东交通事业的全面发展而不懈奋斗,再创新高。

(作者单位:广州安港租车服务有限公司)

铁道兵的优良作风及其现实意义

田志明

2004年是铁道兵兵改工20周年。1982年4月9日,中共中央、国务院、中央军委决定撤销铁道兵建制,将铁道兵并入铁道部。1984年1月1日,铁道兵正式并入铁道部,17万将士一夜间全部脱下领章帽徽,从此结束了铁道兵35年的历史。在35年的征战历程中,铁道兵继承和发扬了我党我军的优良传统和作风,并在艰苦卓绝的战斗和建设中孕育和形成了以"坚定不移、艰苦奋斗、无私无畏"为核心的铁道兵作风。这是铁道兵留给时代、留给民族最为宝贵的精神财富有,对于我们现在从事伟大的中国特色社会主义建设事业具有现实意义。因为在人类历史上,每个时代都有支撑一个国家、一个民族的文化导向和时代精神,它鞭策和激励着一代代人奋发图强,锐意进取,创造着国家和民族辉煌的成就。铁道兵,这一特定历史条件下的特定称谓,虽然属于一个时代,属于一支部队,但凝聚在其内的精神和作风,却属于整个国家和整个民族,具有深刻的民族性。所以具有普通的现

实意义。

一、铁道兵的辉煌成就

从1948年7月组建铁道纵队到1984年1月1日，铁道兵并入铁道部的35年间，铁道兵这支英雄的部队，在中共中央、国务院、中央军委的正确领导下，战时实施铁路保障，平时参加铁路国防工程建设，建立了无数丰功伟绩。解放战争中，铁道纵队组建后，便根据陈云同志"野战军前线胜利"的号召下，从东北战场开始，边抢修，边前进，从关外到关内，由北方到南方，先后抢通了新义、集长、哈长、沈山、津浦、平汉等主要铁路干线，有力地支援了辽沈、平津战役和渡江作战，显示了铁道兵部队在我国革命战争中的地位和作用。仅1949年一年，就抢修铁路1629公里，桥梁976座，给排水42处，车站房屋5.898万平方米，架设通信线路4.66万条公里，修复信号232站。为野战军顺利南下、西进、解放全国，取得解放战争的全面胜利做出了巨大贡献。

抗美援朝时期，铁道兵团所属各部队奉令于1950年11月开始陆续渡过鸭绿江，入朝执行铁路抢修任务。据记载，以侵朝美军为首的联合国军仅1950年12月间，出动各类飞机58960多架次，向铁路线投掷各种炸弹19多万枚，重约9.6万吨，相当于二战期间德军投向英国本土炸弹总重量的1.5倍。所以，朝鲜的铁路干线基本处于瘫痪状态，形势十分严峻。针对这种情况，铁道兵团入朝后，发扬高度的国际主义、爱国主义和革命英雄主义精神，置生死于不顾，奋力抢修，伴随着野战大军的胜利推进，从鸭绿江边一直抢修到平壤以南的广大地区，与朝鲜人民军一道共同筑起了"打不烂炸不断的钢铁运输线"。到朝鲜停战时，铁路通车里程由战争初期的107公里增加到了1382公里，基本保证了战时铁路运输需要，铁道兵团在朝鲜战场上的顽强战斗精神，深受朝鲜人民和祖国人民的爱戴。就连当时美国空军的发言人也感叹到"虽然联军的空军和海军做了一切努力，企图阻断共产党的供应，然而，共产党仍然以令人难以置信的顽强毅力把物资运到了前线，创造了人间奇迹"。

援越抗美时期，根据中越两国政府的协议，铁道兵两个师奉命于1965年分批入越，在越南北方执行铁路和公路保障任务。在执行任务中广大指员冒着敌机狂轰滥炸、高温多雨、蚊虫虐、地形复杂、交通不便等多种困难，发扬艰苦奋斗的优良传统、革命英雄主义和国际主义精神，克服重重困难，抢修了河老、河友、东太、克太铁路和8号、10号、12号公路。在援越4年里，共抢修铁路500多公里，新建铁路470多公里，修建公路400多公里，为支援越南人民的抗美救国斗争建立了不朽功勋。

社会主义建设时期。铁道兵继承和发扬革命战争年代那种不畏艰险一往无前的优良传统，哪里艰苦哪能里安家，风餐露宿，沐雨栉风，无私奉献，勇挑重担，在平原、山区、盐湖、沙漠、溶洞、高原等地区筑起了一条条钢铁大道，建起了铁路史上罕见的宏伟工程。思想作风过硬，施工技术也过硬，被人民群众赞誉为"铁道建设的突击队"。先后建成的一些重要铁路干线，如包兰、嫩林、南疆、京通、京原、兖石、成昆、襄渝、青藏一期等铁路干线，以及北京地铁、引滦入津和其他一些国防战备工程，包括抢险救灾等等，都留下了铁道兵战士的足迹。

35年来，铁道兵在战争条件下，共抢修铁路3600公里，抢建铁路690多公里，战备公路430多公里，在和平建设时期，共新建铁路干支线12593公里，约占全国同期所建铁路总里程的1/3。

二、铁道兵的优良作风

铁道兵在创造辉煌成就的同时，也培育着铁道兵的优良作风。

——坚定不移的革命意志。因为是军人，他们始终怀着不辱使命、不负众望的责任感，无论是拿镐头，无论是抢修道路或是面对面与敌人生死搏斗，都是革命工作的需要，都需要有坚定的革命意志。有志事竟成，这是民族气节的结晶。在国家和民族到了最危险紧要的关头，需要坚定不移的革命意志，在铁道兵广大群众指战员身上充分体现了这一作风，这也是爱国主义的具体体现。

——艰苦奋斗的优良作风。艰苦奋斗的作风是中国共产党人在长期革命斗争中形成的，并在社会主义建设实践中得到了发扬光大。用先辈们的话说，我们共产党人是靠艰苦奋斗起家的。艰苦奋斗是我们的传家宝。铁道兵广大指战员能在如此艰难困苦、生死攸关的环境下创造人间奇迹，靠的也是艰苦奋斗的优良作风。

——无私无畏的高尚情操。无私才能奉献，无私才能无畏。当年参加过解放战争和抗美援朝的老同志说，那时一心想打胜仗，还讲什么吃呀穿呀，长年奋战在荒无人烟的地方，许多战友为修筑铁路贡献了美好的青春和宝贵的生命。有的铁路修通了，还没有能坐上在自己修筑的铁路上行驶的列车，就退伍返乡或长眠于铁路两旁。尤其在建设成昆线时，平均每一公里便有一位战友牺牲，每个团都建有一个烈士陵园。这就是情操，这就是思想境界，有了这些英雄主义者，有了这些吃苦奉献者，国家才能安定，社会才能进步，人民才能安居乐业。

三、优良作风的现实意义

兵改工后，新生的中国铁道建筑总公司人不仅恪守着先辈的光荣传统，秉承着先辈的优良作风，而且与时俱进，不断赋予这支队伍与时代发展相和谐的强音符。他们将优良传统和作风的核心内容上升为"志在四方、顽强拼搏、创新求实、自强不息"的企业精神和"信守合同、质量第一、用户至上、为民造福"的经营宗旨，使企业建设取得了可喜的成绩。至2003年总公司的经营范围扩大到铁路、公路、市政、城市轨道交通、水利电力、机场港口、地下工程、矿山、工业与民用建筑等工程,包括设计、施工、设备安装、工程监理和技术咨询等众多领域,同时进行机械制造、建材生产、物资贸易等多种经营。承揽任务总额由兵改工时1984年的1.17亿元,上升到2003年的1098亿元,完成产值由1984年的7.2亿元,上升到2003年的688亿元。实现利税达到29.5亿元。累计修建铁路23400多公里,等级公路6400多公里;水力电力工程60余座;大型机场20多个;城市地下工程和轨道交通工程40多项;各类工民建筑2000多万平方米。施工地域覆盖国内各地并已走向国际市场,承建境外工程142项。总资产达到391亿元。在世界最大225家环球承包商中位居第17位,在中国企业500强中位居第30位。从业人员从兵改工时的17万人增加到现在的22万人。2003年国家铁路系统加快了政企分开和主辅分离的步伐,总公司又接收了20家部属企业的6万名职工。在下岗分流人员增加,失业率持续攀升、建筑业竞争日益激烈的大气候下,中铁建人不仅没有向国家伸手,还尽最大努力提供就业岗位,为国家为社会减负。

综上所述,铁道兵之所以能承担和完成革命战争年代与和平建设时期各种艰难险阻和复杂环境的任务,并伴随着中国人民革命和建设事业的胜利发展逐步壮大,成为一支具有较高军政素质和专业技术,为军队建设和国家建设做出如此巨大的贡献。兵改工后,仍然能够做到思想不乱,队伍稳定,干劲倍增,成就更大,最根本的就是正确执行了党中央、国务院、中央军委和路线方针政策,继承和发扬我党我军的优良传统,凝聚和形成了具有鲜明特色的作风和精神,并将继续激励和鼓舞当代中铁建人锐意进取,与时俱进,在社会主义现代化建设的广阔舞台上创造新的辉煌。

(作者单位:中铁二十二局集团五公司)

公路系统思想教育工作的新载体

陈报响

随着浙江省公路管养体制改革的深化,"二分开"基本到位。新的环境,要求我们时刻以新思维探讨新形势下公路系统思想教育工作的新载体。"寄寓式"教育载体在思想教育领域的尝试,说明效果是显著的。

所谓"寄寓式"教育载体是指在企业经营管理过程中,运用灵活机动的手段,将思想教育与企业精神文明建设有机地结合起来,使思想教育渗透到企业管理的各个环节,含蓄地、间接地开展思想教育工作,从而达到提高职工思想道德素质与科学文化素质的目的,为企业经济建设提供强有力的精神动力和思想保证。这种载体不仅内涵丰富,而且能够较好地克服单纯的、枯燥的、填鸭式的理论教育种种弊端,赋予思想教育工作以新的活力、新的激情。笔者认为,在公路系统,"寄寓式"教育载体可以采取以下方式:

寓教于"管"

"管"即企业单位的民主管理。思想教育的根本任务就是紧紧地围绕经济建设这个核心,用科学的世界观、人生观、价值观教育人、武装人、引导人,进一步激发广大公路职工的生产积极性和创造性,为企业单位改制与发展提供强有力的精神动力和思想保证。因此,必须将思想教育工作融入到企业经营管理过程中,坚持"两手抓、两手硬"的方针,形成你中有我、我中有你、相互渗透、相互促进的良好工作局面。

职工是企业的主人,是企业的生产者和建设者,因此,必须充分调动起职工的生产积极性和创造性,才能确保企业的生存、稳定与发展。在市场经济高速发展的今天,公路系统的许多职工在思想意识上还停留在计划经济条件下,公路养护也好,其他工程也好,给多少钱办多少事,促一促,动一动,缺少工作的积极性和创造性,处于被动的工作状态,长期以来养成了一种思想上的惰性。而这种思想的惰性并不是靠简单的"你听我讲"的说教就可以解决的。

在企业经营管理与决策的过程中,我们应当坚持以人为本的方针,充分发扬民主,尊重职工、理解职工,不断加强工会组织建设,充分发挥职工代表大会的决策与监督职能,采取政务企务公开、民主评议、民主监督等形式,确保职工对企业的经营状况时时监督,让职工知道企业要做什么、怎么做、会取得什么成果、这样做对职工有什么好处,搜集职工对企业改革和发展有价值的意见和建议,能够充分调动职工的积极性和创造性,增强职工的主人翁责任感、集体荣誉感,使职工自觉地改变单纯的执行命令的被动局面,自觉地参与企业生产建设,自觉地参与企业的大政方针、目标的制定与决策,自觉地实现从"执行型"到"自主型"的转变。在职工充分实现个人价值的同时,就会自觉地将个人价值升华集体价值、社会价值,从而在企业管理过程中逐步形成正确的世界观、人生观、价值观，成为企业生存与发展的力量源泉。

寓教于“学”

“学”即组织学习。这里所说的学习，不是我们过去的单纯的理论学习，而是为了全面提高职工的思想道德素质和科学文化素质而组织有针对性、有阶段性、有层次性的学习，学习的内容、形式都有了全新的概念。

首先，学习的内容必须有针对性、时效性，顺应时代发展的脉搏。公路系统的许多职工，几十年如一日，因袭传统的工作方式和思维方式，缺少应用先进的科学技术手段和设备、提高养护效率和效益的创新意识。因此，我们必须组织专门的培训班，对职工进行国情、企情教育，加强对 WTO 知识和国际贸易的宣传力度，加强时事、计算机、外语、法律等基础课教育，加强对养护、工程预算等专业知识的培训，在学习的过程中增强职工的危机感、紧迫感，督促职工自觉提高自身素质，而且针对不同的人群、不同的文化水平、不同的职务，尤其是对共产党员和管理人员，将专业培训与相应的政治理论教育结合起来，将起到事半功倍的效果。如金华市公路管理处连续坚持十年的每年举办党员干部政治理论培训班和根据实际情况适时举办的时事政策课，都起到了很好的效果。

其次，从学习的形式上看，可以采用基础班和专业班两种形式，一是必修课，二是必修课与选修课兼容。基础班是全体职工必须参加学习的课程，专业班是对口工种的职工的必修课，同时其他职工可以选择自己感兴趣的学习。

再次，从教学的方法上看，应重点放在提高思想教育的科技含量上。面对知识经济时代的挑战，面对 WTO 的挑战，我们必须大胆地借鉴现代化的科技成果，提高思想教育工作科技化、知识化、信息化程度，增强其时代感。比如运用网络信息技术，建立起思想教育系统信息网络，加强对社会思想教育工作的调研与借鉴，从而不断完善企业自身的思想教育体系，拓宽思想教育工作思路。

寓教于“乐”

将思想教育工作蕴含在双文明创建活动中，通过开展丰富多彩、生动活泼的娱乐活动，来满足职工日益增长的精神文化需求。

随着物质利益日渐多样化，人们的思想政治意识容易淡化，精神世界的追求已逐步超越了传统意义上的政治、理想追求，更趋于复杂化、多样化。因此，必须将马列主义政治教育与精神文明建设有机地结合起来，通过精心设计的文化娱乐活动，增进职工彼此之间的情感交流，积极发挥思想教育的导向作用，使主旋律深入人心。这里应注意四个问题：一要注意不是娱乐活动搞得越多，思想教育的效果就越好。公路行业是一个特殊的行业，点多、线长、面广，组织活动比较困难，而且时间要集中在淡季。职工们在紧张的工作之余，很希望能好好休息。如果活动过多，占去了职工大部分休息时间，不仅不会收到良好效果，反而会使职工产生抵触情绪，达不到思想教育的目的。所以娱乐活动不在于多而在于精。二要注意娱乐活动要有创新意识。职工精神文化需求的多样性要求娱乐活动多样化。如果一个企业一连三年都搞一样的活动，职工的积极性和主动性就会逐渐消磨掉，对待活动就像对待工作任务那样，被动地去完成，这样娱乐活动就失去了思想教育的意义。因此，必须适应需要，不断改进活动形式、方式、内容，提高活动的档次和水平，深化活动的内涵，使其更贴近职工、更贴近生活、更贴近实际，增强娱乐活动的感染力、吸引力和亲和力。三要注意娱乐活动必须有针对性，对于不同文化层次、不同年龄、不同性别、不同工种的职工的不同文化生活需求，要采取灵活机动的措施，区别对待。四是娱乐活动要有鲜明的主题，明确活动的目的和意义，确立主题要与国情、企情相结合，切忌盲目地随波逐流，要开展有教育意义的活动，真正达到思想教育的目的。

寓教于“境”

人们的思想如何支配行动，往往是所处的环境因素、社会因素等综合作用的结果，人们可以改造环境，环境也可以改造人，这就是所说的“环境感化效应”。因此，我们可以在加强和改善单位或企业环境建设过程中加强对职工的思想教育。

思想教育环境既包括硬环境，也包括软环境。硬环境是指职工的工作、生活的物质环境，小至每个道班，大至整个单位。其中，抓好道班建设是开展思想教育最直接、最有效的途径。道班是养路员工工作、休息的小家，道班建设得如何，可以直接体现领导对职工的尊重程度，体现企业对职工的重视程度。企业可以组织广大养路员工，利用现有的人力、物力资源，在道班周围开辟菜园、果园、花园，为道班配备现代化的生活、娱乐设施，为职工创建乐园式的工作环境，则职工的思想教育就水到渠成了。近年来，金华市公路管理处抓住公路建设大发展的机遇，积极抓好“大道班”的建设，通过几年的大胆改革，养路工的办公、生活条件都有了质的变化，正如道工们自己说的：养路机械化，行路摩托化，办公自动化，住房宾馆化。抓好小家可以促大家，企业兴建职工宿舍、职工食堂，在庭院中种上鲜花、绿草，有条件的修建喷泉、雕塑等，让职工始终工作在干净、舒适、优雅的环境中，在潜移默化中教育职工爱惜环境、保护环境，在美化环境中提高职工的文化品位，比任何说教都见成效。软环境即指企业文化、家庭文化建设营造的工作、生活的精神文化氛围。在企业生产经营过程中，全体职工逐渐形成了统一的行为规范、行为准则，并逐步演变为企业的经营理念、经营哲学、企业精神、企业形象与企业素质，同时也深深地影响向了每个职工家庭。企业在组织生产的同时，应不断加强企业文化建设,依靠各种群团组织、协会营造出大家庭的氛围,则从老人到小孩,都会支持职工的工作,甚至会帮助企业做好职工的思想教育工作。加之职工群众自己创造的企业文化、家庭文化,更容易被接受,更容易发挥感染力与号召力,能够更好地熏陶人、教育人、塑造人。这种从个人到集体、从家庭到企业、单位的文化氛围,使思想教育工作充满了生机与活力。

(作者单位:浙江省金华市高速公路路政大队)

对被重组企业党组织的角色再认识

王会云

目前,铁道部、国资委为实现做强做大企业、向具有国际竞争力的行业排头兵目标迈进而在所属国有企业进行的划转重组改革正在如火如荼地进行。作为被重组企业党组织,在这种特殊时期,应当挺身而出,认真履行职责,认真实践“三个代表”重要思想,把握特殊时期思想政治工作的特点和规律,积极当好职工群众的引路人和贴心人,当好国有资产的维护者,团结带领各级组织和广大职工认真做好各项筹备移交工作、使企业保持正常的生产经营秩序、从而确保重组改革系统工程顺利进行,确保企业和职工利益不受损失。

一、把握政策,当好职工群众的引路人。作为基层企业党组织,在人心不稳、浮躁情绪上升的情况下,有责任、有义务加强思想政治工作,加大宣传、解释和疏导力度,帮助职工群众拨开云雾,辨别形势。首先要坚持正面教育,引导职工正确认识划转重组改革的大背景和意义。划转重组改革是一项系统工程,规模大,涉及面广,影响到许多企业和个人的利益。这个决定是由国务院的一些部委经过充分论证后决定的,因此是大势所趋,决定一旦作出,不是能随意更改的。

作为最基层企业,只有接受这一事实,迅速调整思路,并且主动做好与新老上级的沟通,借重组之机为企业争取优惠政策,努力为未知的将来多争取一些“好牌”,才能把损失降低到最小。

其次,要全面权衡利弊得失,引导职工冷静对待命运的改变。乍一听到被重组的消息,群众的心理会产生很大波动,有人会感到被原来的单位抛弃了,对原单位及已建立的人际关系的依恋、对新单位的陌生,很容易使他们对企业的前景感到迷茫和恐慌。虽然这些年改革的呼声不断,改革举措也接二连三地实施,但如此大的改革在人们心理上产生的负效应不亚于一场八级大地震,而且长远影响难以估算。针对这种情况,党组织要结合实际情况,客观分析企业和职工个人在重组改革中分别会受到什么损失,又会得到什么益处,对短期利益有什么影响,对长远利益又会带来什么改变,正面的、负面的都尽量多设想,并发动职工群众一道想对策,才能占住主动,不致于随波逐流,被动等待命运的改变。

二、用好政策,做职工群众的贴心人。党组织要做“三个代表”重要思想的实践者,要维护最广大人民群众的根本利益,落实到具体工作中就是要想职工所想,急职工所急,切实维护职工群众的切身利益,为职工群众谋利益,使重组改革为企业为职工带来好处,而不是伤害职工的感情,损害企业和职工的利益。要做好群众的贴心人,主要应做好几件事:

第一,深入基层调研,密切关注职工思想发展变化趋势。可想而知,对于重组改革,由于站的立场不同,每个人的态度也会有所不同。因此各级组织应该及时了解各种群体的人最关心的是什么,最担心的是什么,最想做的是什么,对重组改革会有什么样的寄托和多高的期望值,承受能力又有多大;在移交过程中和移交后会面临到什么样的具体问题,什么样的问题好解决,什么样问题的难以解决,本级组织自身能解决到什么程度,需要通过什么样的途径来解决。这些都是基层党组织应该想到和掌握的问题,因为只有先了解群众的思想情况,知道他们想的是什么问题,关心的是哪些事情,喜欢接受怎样的宣传教育和解决办法,也才能真正掌握干部群众当前所关心的问题,才能采取他们所欢迎的或者容易接受的途径和方式,才能使我们的思想政治工作有针对性和实效性,也才能使重组改革在相对稳定的状态下进行。在这个问题上,还要注意掌握几个细节。一是要掌握和预测职工群众的思想动态。因为重组和移交工作将是一个比较长的过程,要持续到移交工作完成后一段时期,待队伍情绪稳定,工作进入正轨之后才能进入正常状态。二是要根据工作进行的不同阶段,群众会有不同的反应,因此要注意及时发现新的问题,保证思想政治工作的超前性和预见性。三是要注意换位思考,要站在不同的角度,用不同的立场想问题,看事情,从而更慎重、更周密地考虑和处理问题。

第二,归纳整理问题,以利于具体问题具体对待。即要根据问题的特点来归类处理。一是看问题属于共性的,还是个性的,是小团体的还是大集体的,是有利于眼前利益还是长远利益。二是看问题由谁来解决。能自主解决的积极去解决,需要请新老上级单位解决的,支争取上级的协调,职工个人能克服的个人克服。

第三,解决突出问题,缓和主要矛盾。无论是职工个人还是企业,在重组中都会受到一定的影响。如有的家庭夫妻二人或父母与子女原本是一个单位,重组后分别属于不同的单位,还有的人在原单位有很好的人际关系和工作环境、不愿意到新的单位去,他们将面临去留的选择;企业在原单位持股,重组后面临是否会继续在原单位持股分红的问题;企业与原单位之间债权债务如何清算、分割等事宜等等都会影响到职工的工作积极性。这就要求党组织要根据不同群体的不同情况、不同特点和要求,分出轻重缓急,理清问题之间的差异,先抓住紧急的、突出的矛盾去解决,既能安抚人心,稳定情绪,又有利于企业的长远发展。对职工提出的问题的回答要有的放矢,既不能空话连篇,开空头支票,又不能回避问题,更不能一味地上交矛盾或欺瞒哄骗。要实实在在地帮助职工解决困难,把解决思想问题与解决实际问题结合起来,既讲道理又办实事,既以理服人又以情感人,寓说理于解决实际问题之中,通过解决具体问题提高群众的认识,这样就可以使我们的思想政治工作入情入理,收到事半功倍的效果,进而提高党组织在群众中的威信,促进改革措施的顺利实施。对于涉及面广、对企业和职工利益影响较大的事情如债权债务清算、持股分红等问题更要慎重处理,要注意多听取职工群众的意见,发动党政工团组织,积极主动地与新老上级单位交涉,争取到他们的支持和帮助。这里要强调一点,即生产经营永远是企业第一位的中心任务。无论怎么改革,目的都是为了企业能更好更快地发展。因此重组移交只是暂时性的工作重点,企业隶属于哪个单位也只是行政关系上的一个变化,生产经营却是永久的中心话题。企业的命运、职工的前途与生产经营紧密挂钩,与自己的努力更是息息相关。因此,从长远看,是特殊时期,企业发展的任务越艰巨,生产经营越不能放松,更不能走下坡路,否则会得不偿失,不仅影响稳定大局,而且会使企业发展迈向毁灭的深渊。

三、坚持原则,做国有资产的维护者

基层企业党组织虽然不是法人代表,但是对企业生产经营也要负责任。在划转重组改革至移交前的特殊时期,党组织应该义无反顾地与行政组织一道肩负起保护国有资产的重任。

首先,资产重组之前,必须对原有的资产做一次彻底的清查,在这个工作过程中,企业党组织要充分发挥纪律监督作用和行政监察作用,加强对固定资产和周转材料的管理,防止因经办人责任心不强或别有用心的人趁机作弊,给企业造成经济损失,致使国有资产流失。

其次,要正确处理好国家(股东)、企业、员工、社会四者的利益关系。党的基层组织身份特殊,既要维护国家(股东)的利益,保证企业健康发展,促进国有资产保值增值,又要维护员工利益,保证社会安定,肩负的责任重大,处理的关系也复杂。在实际工作中,既要保证党的方针政策在企业中得到贯彻落实,要为增强企业的经济利益和综合实力着想,还要考虑到员工的承受能力,保证员工的切身利益不受损失。要想在复杂多变的形势下取得工作成效,兼顾四者之间的利益关系,根本的原则是要处理好集体与个人、局部和整体、眼前和长远的利益关系,掌握好尺度,做好服务、监督工作,为企业一线生产经营和后方生活营造健康和谐的劳资关系,提供一个政令畅通的领导机制,打造一个安定、团结的政治局面,促使企业持续健康快速发展,不断取得新的业绩和高水平的效益,确保四者皆受益才能落在实处,“三个代表”重要思想也才能得到真正的实践。

(作者单位:中铁二十二局集团五公司)

浅谈怎样保持共产党员的先进性

唐洪富

深入贯彻党的十六十大精神,实践“三个代表”重要思想,关键在坚持与时俱进,核心在保持党的先进性,本质在坚持执政为民,是对新时期共产党保持先进性的基本要求,因此,必须转变对党员保持先进性认识,深入进行党的先进教育,才能真正保持和发挥共产党员在交通建设工作中的先锋模范作用。

一、充分认识共产党员在交通建设工作中,保持先进性的重大意义

江泽民同志在十六大报告指出:党的先进性是具体的、历史的,必须要看到党在推动历史前进中的作用。这是我们党把马克思主义历史唯物主义观点运用到党的建设中而提出一个重要的新思想。

党的先进性是通过每个党员的具体行动来体现和实现。也是党的先进性的重要组成部分，在新的历史条件下，按照“三个代表”和新党章的要求，每个党员应自觉保持其先进性。党员的形象好坏，直接关系到党在人民群众中的形象和威信。只要每个党员在自己的本职岗位上发挥先锋模范作用，认真履行职责，做好本职工作，始终保持解放思想、实事求是，与时俱进，才能肩负起历史和时代赋予的庄严使命，才能保证党的路线方针政策的全面贯彻落实，才能保证党同人民群众的血肉联系，不断巩固党的执政地位，因此，保持共产党的先进性，凝聚人民群众的智慧和力量，才能真正实现全面建设小康社会和“三个美好”的战略目标。

当前党员在实践“三个代表”重要思想和党章要求，发挥先锋模范作用方面，总体上是好的，广大党员干部积极投身建设中国特色社会主义的伟大事业，在发扬党的优良传统作风的基础上，立足国情、面向世界、锐意改革、致力发展、发扬民主、依法办事，给党的建设注入了新的活力。为我国的改革开放和现代化建设取得举世瞩目的成就，同全党坚持和发扬以往的优良作风，形成和确立新的优良作风，同广大党员为党和人民的利益忘我奋斗和无私奉献的模范带头作用是密不可分的。

同时，也要清醒地看到，面对改革开放和社会主义市场经济的深入发展，以及各种思想文化的相互激荡，一些党组织不管党、治党不严，党员队伍在思想政治建设上还存在一些问题，个别党员党性原则不强，理想信念不坚定，甚至发生动摇，对共产主义失去信心，对中国特色社会主义心存疑虑；有的党员只顾个人利益，丢掉了全心全意为人民服务的宗旨；有的党员组织纪律观念淡薄，党员的先锋模范作用不明显；一些地方和部门的党组织对思想政治建设和组织建设抓得不紧，少数党员不注意在思想政治上发挥模范带头作用，认为只要把工作干好了，政治上就自然合格了，不注意从政治上思考问题，还有的个别党组织发展党员只注重工作表现，忽视思想政治上的考察、培养，导致个别党员思想政治素质不高；还有的党员放松了世界观的改造，人生观、价值观发生变化，经受不住权力、金钱、美色的考验；还有的党员放松了警惕，忽视了思想改造，追求和模仿西方腐朽的生活方式，拜金主义、享乐主义、极端个人主义等。党员队伍中存在种种问题，原因不尽相同，但不重视学习，不与时俱进，在思想上、行动上放弃了共产党员先进性的要求是共同的。这些情况表明，提高党员队伍的思想政治素质，保持共产党员的先进性，是一个亟待解决的问题。为此，贯彻党的十六大精神，组织党员深入学习十六大《报告》和新党章，深入在全体党员中开展以十六大精神和“三个代表”重要思想为主要内容的保持共产党员先进性教育活动，使党员保持党的先进性具有重要的现实意义和深远的历史意义。

二、要深入开展以“三个代表”重要思想为主要内容的保持共产党员先进性教育活动

江泽民同志十六大报告指出：要在全党开展以实践“三个代表”重要思想为主要内容的保持共产党员先进性教育活动，用科学的理论武装党员头脑，是每个党员首要的政治任务，是全面贯彻“三个代表”重要思想，加强党员队伍建设的重要举措，对于在新的历史条件下保持党的先进性、纯洁性和团结统一有着重要的历史意义。

首先，要坚持用马列宁主义、毛泽东思想、邓小平理论和“三个代表”重要思想武装全体党员，在党员中掀起一个学习贯彻十六大精神和“三个代表”重要思想的新高潮。在学习中，广大党员要把学习贯彻十六大精神作为首要政治任务认真抓紧抓好，重点学习十六大《报告》，深刻领会和全面准确把握精神实质，在深入人心、与时俱进、开拓创新、务求实效上下功夫。要按照市委二届四次全会的要求，引导党员深刻理解十六大的主题、灵魂和精髓，全面建设小康社会的奋斗目标和十三年来的伟大成就和基本经验、新世纪党的建设指导思想和目标任务。要用“三个代表”重要思想武装党员，进一步提高贯彻执行“三个代表”重要思想的自觉性和坚定性。要制定切实可行的学习计划，周密安排，精心组织，采取集中学习、专题讨论等形式使十六大精神入脑入心。通过学习，把党员干部的思想认识统一到十六大精神上来，把智慧和力量凝聚到十六大提出的各项任务上来，使党员努力形成勤奋学习、善于思考的模范；解放思想、与时俱进的模范；勇于实践、锐意创新的模范。其次，要深入开展党性和党的优良传统教育。进一步端正党员对共产主义的远大理想和信念的认识，使党员更好地经受各种复杂环境的考验，在抵制腐朽生活方式的侵蚀方面起好模范带头作用，同时，搞好党的基本知识，基本理论的教育，使党员成为自觉学习的模范。通过教育，使党员牢固树立以全心全意为人民服务的宗旨意识，成为自觉实践“三个代表”的典范；第三，结合党员思想实际开展党的宗旨教育。讲清大道理，要使大家真正懂得党员的先进性作用发挥不好，不仅关系到党的凝聚力和战斗力，还关系到党员在群众中的威信和形象，关系到党的性质等，让这些基本的东西在党员的脑子里扎根。第四，开展党员先进性教育。表彰和宣扬自觉实践“三个代表”重要思想的先进党员讲他们助人为乐的奉献的先进党员典型，让认真实践“三个代表”重要思想的先进党员讲他们助人为乐的奉献事迹，从而在党员队伍中形成讲奉献，比贡献的浓厚空气，从思想上、组织上、作风上全面体现党员的先进性。

三、引导共产党员保持先进性的有效途径

为了在党员中深入开展贯彻落实“三个代表”重要思想，切实加强党员队伍思想政治建设，确保共产党员的先进性，密切党同人民群众的血肉联系，塑造党员的新形

象,引导党员真正起好先锋模范作用,应从以下几个方面入手。

第一,开展党员示范岗(窗口)活动。保持共产党员的先进性,培养一批实践"三个代表"先进典型的党员,通过先进典型的示范岗(窗口)引导,激励广大党员立足本职岗位,自觉实践"三个代表",充分发挥共产党员的先锋模范作用,密切党员同人民群众的血肉联系,增强党的凝聚力、战斗力和创造力,用实际行动塑造党员新形象,展示党员的新风采。

第二,严格党的组织生活制度。党的组织生活制度是每个党员自觉接受党内外群众监督的一种有效形式,是加强党员管理,促进党员发挥先锋模范作用的一项重要制度。因此,每个党员不论职务高低都应参加组织的教育和管理,通过严密的组织生活,提高党性,开展批评和自我批评,互相学习,取长补短,互相了解,互相监督,巩固组织的团结和统一;特别是党员领导干部除参加正常的组织生活外,还要积极参加党组织民主生活会,为群众作出表率。

第三,严格落实民主评议党员制度。民主评议党员是把党员置于党外群众的监督之下,让群众主动自觉地关心党的建设,在民主评议党员中,党组织对照上级党委的标准,采取自评自定,由下评上,互评互定,由上评下的方法,实行背靠背、无记名评议,通过民主评议党员正确地认识自己。发扬成绩,克服缺点,努力做一名合格的共产党员。

第四,开展"争先创优"活动。开展争做优秀共产党员活动。基层党组织要以共产党员为主体,带领入党积极分子和群众,围绕本单位的主要工作有组织、有计划、有一定目标进行,体现党员的奉献精神。一是通过开展"争先创优"活动,鼓动先进,鞭策后进,激发党员的进取精神,在党内兴起比、学、赶、帮的竞赛热潮,从而使党员队伍充满生机和活力,二是"争先创优"有利于提高党员的素质,开发党员的精神力量和内在动力,使党员学有榜样,干有目标,在争创优秀党员过程中提高自身素质,三是"争先创优"有利于激发党员的热情,充分发挥党员的带头作用。四是"争先创优"有利于提高党支部的凝聚力和战斗力,使党支部成为一个坚强的核心,从而提高党员的地位和威信,更有力地吸引党内外群众,发挥更坚强的战斗力。

(作者:宜宾市交通局党委副书记)

加强公路职工思想政治工作管见

王述敏

在我国加入 WTO 以后,以及在社会主义市场经济逐步建立的过程中,国有企业的嫁接、兼并、转轨、移植、信息化时代的变革,公路建设市场化,无不涉及人与人的利益调整,人的思想必须跟上瞬息万变的时代要求。因此,加强思想政治工作,增强公路职工自我调节、改造、适应、发展能力,对于保持和维护单位稳定,促进和发展公路养建事业具有重要意义。

一、坚持以人为本,把握思想政治工作的着力点

人是生产关系中最活跃的因素,思想政治工作就是做人的工作,以人为本的思想政治工作才能有的放矢。以人为本要关心人,理解人,尊重人。人在社会中由于工作分工的不同和社会地位的差异产生种种的人为差距和社会竞争差距,思想政治工作是弥补这些差距的良药。因此要求上级关心下级,领导关心群众,社会关注弱势群体。公路部门的各级领导要关心公路职工的疾苦痛痒,解决存在的困难和问题,尊重公路职工的人格尊严,拆除群众与领导,下级与上级的"危桥",建立领导联系群众的渠道,防止思想工作萎缩和领导工作错位现象的发生。

二、坚持制度建设,积极探索思想政治工作的方法方式

在日前以经济建设为中心的社会活动中,经济成为调动思想工作的重要因素。但是一些单位和个人以奖罚替代思想政治工作,或者暗箱操作损害职工利益。加强制度建设或者制度创新是做好思想政治工作的重要方面,因此要在阳光政务和公开公示制度上狠下功夫。对于公路行业用人要实行公开选聘,发展党员要实行公示,段、厂、站、班务要实行公开,中层领导缺出岗位要实行竞岗,招工招标要实行公开,产生既看得见又摸得着的实际效果,职工的思想问题就会得到释疑。

三、加强领导法制观念和道德意识,提升思想政治工作的整体水平

领导是矛盾的主要方面,居于思想工作的主导地位。因此领导的法制观念、道德意识,管理水平,对于搞好思想政治工作具有举足轻重的作用。由于我们各级领导由上级任命,产生只向上级负责,而对下级负责不够的不一

致性；权力过份集中，容易产生以权代法，以言代法，暴力行政，暴力执法，严重损害人民利益的事情的发生。这里涉及政体改革，领导必须实行选举，党内领导应有党员的民主选举和任期制，其次要建立有效的监督约束机制，要建立领导推举制度。

四、做强企业文化，提高职工的社会竞争能力和思想政治工作者的社会地位

当前在中西文化互相融合交流的过程中，有许多人的思想已难于适应社会发展变化的要求。因此做强企业文化，提高职工的文化品牌和内在素质，社会竞争能力是最好的思想政治工作。首先要解放思想，让职工从旧有的思维状态下解脱出来，树立自信、自重、自强意识。二是要倡导岗位练兵和自学成才，培育职工一职多技的能力。三是要深化机制改革，通过双向选择、劳动组合培育人的社会竞争能力。四是要加强机械化工作的程度，使职工从繁重的体力劳动中解脱出来。

弘扬巴山精神　推进跨越式发展

张锦耀

部党组提出的实现铁路跨越式发展、加快实现铁路现代化的战略思路，是落实党的十六大全面建设小康社会要求，“紧紧扭住发展这个第一要务”的生动体现。要实现好铁路跨越式发展的战略思路，我们必须更加唯实务实求实。具体到安康分局，就是结合山区分局特点，继续弘扬巴山精神，大力推进跨越式发展。

巴山精神诞生于上世纪80年代初。20多年来，以“艰苦创业、无私奉献、开拓进取”为主要内容的巴山精神，不仅深深融入分局干部职工保稳定、保畅通、保效益的热血之中，并已饮誉全路，成为全局30多万干部职工的精神旗帜。然而，唯物史观告诉我们，任何事物都要发展变化，惟有发展变化，才能保持生机活力。这一观点同样适用巴山精神。在铁路实现跨越式发展的大背景下，巴山精神如何适应新形势、新任务、新要求，引领分局广大干部在跨越式发展中艰苦奋斗、开拓进取、无私奉献、争创一流，是一个值得深入探讨和研究的课题。首先，要找准切入点，在知与行上下功夫。实施铁路跨越式发展战略，是一场革命性变化。这些变化必将引发我们思想观念、经营理念、管理体制、生产布局、组织结构、工作方式、营销手段等产生一系列变化。这些变化虽然没有当年巴山人住岩洞、饮山泉那种艰苦，但对人们思想观念的冲击，丝毫不亚于因物质匮乏造成的艰苦。因此，在工作中，必须突出“三个代表”重要思想的统领性和指导性，用全新的、超常规的眼光和思路赋予巴山精神新内涵。一是紧紧围绕实现铁路跨越式发展这个第一要务，教育干部职工识大局，顾整体。铁路跨越式发展是一项规模宏大的系统工程，只有切实把干部职工思想认识统一到党的十六大精神上来，加深对跨越式发展思路的理解，把目标锁定在促进跨越式发展上，并达成高度共识、形成统一意志，才能完成铁路跨越式发展这样艰巨复杂的任务。二是把各项工作统一到实现跨越式发展战略思路上来。我们工作的起点、标准和要求，都需要用新的思路加以考量，凡是不适应、不符合铁路跨越式发展要求的工作方式、工作作风、工作节奏、工作习惯，都要毫不迟疑地加以调整，尽快进入跨越式发展的工作状态。第三，实现铁路跨越式发展的战略思路，关键在于知与行的高度统一。这也是巴山精神的精髓所在。20多年来，巴山人以理论指导实践，用实践丰富理论，形成了知与行高度和谐的巴山精神。在铁路跨越式发展的新形势下，我们不但要了解跨越式发展的重大意义，更要迅速行动起来，简而言之，就是决而能行，行而能果。这也是检验我们作风硬不硬、实不实，是夸夸其谈、摆花架子，还是结合本单位实际真抓实干的惟一标准。

其次，要找准结合点，准确把握进与退的度。巴山精神之所以能够成为安康分局干部职工的精神导向，主要在于她承认个体的特殊性，又能够将个体特殊性整合起来，并通过准确把握进与退，为与不为，使整个指导区形成一个强大的整体，个体在整体中积极发挥作用，整体因凝聚了无数个体而实现新的升华。部党组提出铁路实现跨越式发展，既是落实“三个代表”的本质要求，建设小康社会的时代要求，也是我们弘扬和深化巴山精神，赋予巴山精神新内涵的最佳结合点。按照系统论的观点，任何一项工作，都必须通盘考虑，有序推进。实施铁路跨越式发展，从全路、全局来说，是一个整体性的、全局性的发展战略，总体的工作思路和一些大的项目安排，必须自上而下进行。但到具体的单位，还必须结合本单位的实际情况，综合考虑各方面因素，制定切实可行的规划，才能保证跨越式发展进退有据，稳步前进。这就要求我们思想再解放一点，胆子再大一点，观念再新一点，步子再快一点，破除求稳怕乱、不思进取的思想，树立与时俱进、开拓创新的观念；破除怨天尤人、等待观望的思想，树立奋发有为、真抓实干的观念；破除小富即安、小进则满的思想，树立善观大势、善谋大事的观念；破除因循守旧、胆小怕事的思想，树立革故鼎新、敢想敢干的战略思维；破除“等、靠、要、怕（竞争）”的思想，树立世界眼光、宏观意识和系统论的观念，以全新的举措推进跨越式发展。同时又要保持清醒头脑，把实现跨越式发展的总体目标与本单位、本部门实际结合起来，决不能照搬照套，一哄而起，特别要注意防止把对跨越式发展的理解简单化、概念化、庸俗化。尤其要清醒地认识到，铁路跨越式发展具有特定的内涵，是就铁路全行业而言，是一个整体性的、全局性的发展战略，就一个单位、一个部门来讲，有的是要作好提供服务、保证、支撑工作，有的局部不仅自身不需要跨越式发展，相反还要在跨越式发展中进行革命性调整。因此我们必须充分认清形势，根据山区分局的实际，做好在跨越式发展中弘扬巴山精神，继续艰苦创业、迎难而上精神准备的同时，稳步推进“三安”工作方针，实现“安全畅通、稳定发展”的工作目标。

再次，要找准着力点，正确处理收与放的关系。伟大的事业需要伟大的精神，伟大的精神需要强有力的组织系统支撑。这是政治工作的重要任务。当前，摆在各级党组织面前的主要任务是调动一切积极因素，为铁路跨越式发展提供有效的组织保证和精神动力，这个作用发挥好了，政治工作才能真正做到有为、有位。一是以“三个代表”重要思想为指导，切实搞好班子建设。在思想上，教育各级干部尤其是班子成员，始终把“三个代表”重要思想作为必须长期坚持的指导思想，深刻剖析工作中存在的束缚生产力发展的观念、做法和体制上的障碍，坚持用发展着的马克思主义指导新的实践，克服陈旧观念，革除落后思想，改变不合时宜的思维定势，进一步实现思想观念的大转变。在组织上，按照党管干部的原则，坚持用好的作风选人，选作风好的人。在工作中，按照“八坚持、八反对”要求，管好干部的工作圈、生活圈、家庭圈、朋友圈，教育和引导干部走好路、走正路，走密切联系群众之路。二是以适应新形势、新任务为目标，培养高素质的“四有”职工队伍。我们所从事的事业，机遇与挑战并存，困难与希望同在，因此必须坚持不懈的用巴山精神教育职工，凝聚队伍，使他们在思想上不断有新认识，实践上不断有新创造，进而不但在行动上艰苦奋斗，埋头苦干，同时积极为实现铁路跨越式发展献计献策，拼搏奉献，建功立业。三是大力营造干事创业的好风气。铁路跨越式发展是一项全新的伟大事业。要实现这一全新的伟大事业，就必须有全新的精神状态和工作热情，就不能墨守成规，作茧自缚。这就需要各级干部思想再解放一点，胆子再大一点，观念再新一点，步子再快一点。同时要看到，在即将经历的跨越式发展历程中，变动的因素、干扰的因素、不利的因素随时可能发生。如改革会引起职工思想动荡，社会负面影响会造成职工心理失衡，突发事件可能造成队伍混乱，职工因生活、环境困难出现情绪波动等等，但无论怎样变动，我们都应当保持清醒头脑，认准跨越式发展之路，不惧艰险，不怕困难，消除各种不利因素，带领队伍坚定不移地走下去。

（作者：安康分局党委书记）

第八部分

国有企业
思想政治工作

浅谈做好新形势下企业思想政治工作

梁卫国　张国成

思想政治工作是我们党的优良传统和政治优势，是我们战胜各种艰难险阴取得胜利的重要法宝，是经济工作和其它一切工作的生命线。江泽民在“七一”重要讲话中再一次强调了在社会主义市场经济条件下加强和改进想政治工作的重要意义，充分反映了思想政治工作在全党各项工作中的生要地位。

一、形势的变化决定了我们必须加强思想政治工作

1. 当前国际形势发生了重大变化，西方国家多年推行和平演变的战略，现在又出现经济运行机制全球趋势和政治格局多极化趋势

这两种机制配合两种战争，即经济战和演变战，其目的还是要消灭社会主义，建立资本主义的一统天下。从国际共产主义运动来看，前苏联和东欧社会主义国家相继发生了和平演变。自从20世纪60年代以来，由于前苏联和东欧一些领导人在总结经验时否定党的历史、丑化党的领袖，在改革中改了向、变了质，腐败滋长泛滥，彻底脱离了民众，从而使前苏联和东欧一大批社会主义国家走向亡党亡国之路，使西方国家的阴谋在这些国家得以实现。使国际社会主义运动陷入低潮，这是我们面临的国际形势。邓小平同志以政治家的锐利眼光看透了西方的阴谋，他说：“西方国家正在打一场没有硝烟的第三次世界大战，所谓没有硝烟，就是要社会主义国家和平演变”。面对西方这场没有硝烟的战争，我们必须加强对党员干部以“讲学习、讲政治、讲正气”为主要内容的党性教育，使党员干部自觉地在当代世界风云变幻中经受住和平演变的考验。要加强对群众的思想政治工作，提高全民族觉悟和素质，以增强他们抵制西化的能力，党员干部和群众的觉悟提高了，我们就能够取得这场伟大变革的胜利。

2. 国内形势也发生了很大变化，我们正处在“伟大变革”时期

我们正处在传统计划经济向社会主义市场经济转变的关键时刻，人们面临着市场经济的考验。马克思主义告诉我们，市场经济有两重性，既有积极的一面，又有消极的一面，积极的一面主要表现在能比较合理地配置社会资源能推动生产力发展，具有目性、滞后性、自发性。特别是这种自发性，能使人们产生一种自发势力，从而把市场经济条件下人们已经强化了的金钱观念推向极端，产生和滋长拜金主义；把市场条件下的人们已经强化了的享乐主义观念推向极端，产生和滋长享乐主义；把市场经济条件下人们已经强化了的个人主义利益观推向极端，产生和滋长利已主义。

我们正处在改革攻坚阶段的关键时刻，人们面临着能否打胜这场攻坚战的考验，我们无论如何都要打胜这场攻坚战，否则改革就要失败。我们正处在迈向新世纪的关键时刻，面临着能否团结一致继续保持快速增长的势头，实现第二步和第三步的战略目标；二是能否继续保持团结稳定的局面。在这个关键时刻，只有加强和改进思想政治工作，才能使党员、干部和群众在伟大变改中头脑清醒、方向明确、立场坚定、意识健康，做到“变改不变质”，“变革不变向”。

3. 企业中各类人员的思想也发生了很大变化，加强思想政治工作是当务之急

国有企业过去以来长期是清一色的公有制，实行计划经济体制，就业形式、分配形式和生活方式比较单一，经济收入和生活水平并差别不大，而且稳定，没有或基本不存在激烈竞争，忽视发展个性和个人利益。虽有欲望，但并不太强烈，人们的思想状况比较稳定，思想工作也比较好做。改革开放以后“铁饭碗”和“大锅饭”打破了，相对平均的收入和生活一下拉大了，竞争激烈，各种刺激增加而且强度很大。于是发展个性，求个人利益的欲望骤然增强，加上市场经济本身有诱发拜金主义、个人主义和本位主义的负面效应，这时再用原有道德规范去约束大家就不会收到好的效果。特别是在理想和信念这个问题上更应引起我们相当的重视。前苏联解体后，共产主义受挫，社会主义处于低潮的严峻事实，以及出国或从新闻媒体中听到、看到发达资本主义国家的一些繁荣景象，就对社会主义的优越性和最终要代替资本主义的历史趋势在认识上发生动摇。由此导致他们对历史发展、人类命运、国家前途等重大问题的关注开始溃化，精神境界逐渐局限于个人小天地，于是精神空虚，意志消沉，私心杂念等不良现象有所抬头。所以江泽民一再强调，提高干部和党员队伍的思想政治素质，最根本的是解决世界观、人生观问题，解决理想信念问题。

二、如何做好新形势下企业的思想政治工作

根据形势的变化，党中央对新形势下做好思想政治

工作的要求结合企业的实际情况，在今后的企业思想政治工作要注重以下几个方面：

1. 注重思想政治工作的创新。要与时俱进，要研究新情况，充实新内容，树立新观念，倡导新方法

随着改革的不断深化和形势的逐步发展，人们的思想空前活跃，获得各种信息的渠道也比较宽，过去不敢想的事、不敢说的话，现在敢想敢说了。不可避免地产生各种各样的心态状况和深层次的思想认识问题，从而给思想政治工作带来很大的难度。对这些出现的新情况、新问题要进行认真的调查研究，找准问题，提出对策。在开展传统教育的同时要充实新的内容，开展科学知识、科学思想、科学方法、科学精神教育，丰富头脑、提高智力。要树立意识，要看到日前思想政治工作思路滞后，观念滞后，方法滞后的现状，思想要适应形势变化，开辟出一条思想政治工作新路子。要树立以人为本的意识，增强思想政治工作吸引力和有效性。以科学的理论武装人，以正确的论引导人，以高尚的精神塑造人，以优秀的作品鼓舞人，并研究如何尊重人、理解人、关心人、爱护人。在思想政治工作的方法上，一是密切地与本单位工作相结合，要克服“两张皮”的现象。既要明确思想政治工作的重要性，又要克服思想政治工作万能论；二是开发研究调动本单位干部职工积极性的途径和手段，要研究人的行为动因和激励动因，从不同需求出发，采取不同方法；三是逐步实现三个转变，即由原来的“声势型”向“实效型”转变，由“执行型”向“自主型”转变，由“灌输型”向“吸收型”转变。

在新形势下思想政治工作必须与时俱进，必须创新，只有这样才能更好地搞好企业的思想政治工作。

2. 注重强化做好企业思想政治工作的意识

思想政治工作是个系统工程，涉及到上上下下，方方面面，要把这项工作真正摆到重要位置，必须引起大家的重视，真正认识到做好这项工作的重要性。党政工团要齐抓共管形成大政工，做到两手抓，两手都要硬。把思想政治工作贯穿到生产经营过程当中去，企业各级领导一定要树立政治意识、责任意识、大局意识，保持清醒的头脑，提高做好思想政治工作的自觉性。

3. 注重增强企业思想政治工作效果

增强企业思想政治工作的效果必须解决企业思想政治工作的针对性问题。要在了解干部职工思想实际上下功夫。思想政治工作的对象是人，要做好思想政治工作应当首先了解干部职工在想什么，有哪些思想问题，有针对性的分析研究，抓住重点加以解决。

当前，企业思想政治工作特别要在帮助职工坚定对马克思主义的信仰，坚定对社会主义的信念，增强对改革开放和社会主义现代建设的信心，增强对党和政府的信任上下功夫。主要是解决企业干部职工的信心问题，使大家对国家、企业、个人前途有信心。要在解决思想问题，包括生活问题，工作问题，实际上就是做思想工作，如果不注意解决实际问题，就思想抓思想，往往是事倍功半，产生思想问题的原因比较复杂，就思想抓思想有些问题是解决不了的，所以必须把思想教育与解决实际问题结合起来，千方百计帮助干部职工解决具体问题，这样的思想政治工作才能收到好的效果。

4. 注重企业思想政治工作的五个结合，提高思想政治工作水平

当前，思想政治工作有个适应新形势，提高工作水平的问题。面对复杂变化的形势靠一个办法、一种模式是不行的，要注意做好把加强和改进结合起来，只有改进才能加强；要把正面教育和运用反面教材结合起来，以正面教育为主，同时利用好反面教材，在选材上是要认真研究的；要把重点建设和加强管理结合起来，干部职工思想道德的提高，良好习惯的养成，既要靠思想引导，也要靠加强管理，这样才能把自律和他律，内在约束和外在约束有机的统一起来；要把思想政治工作和企业文化，精神文明建设结合起来；要把贯彻思想政治工作的根本指导思想和实现思想政治工作的根本任务结合起来，通过五个方面的结合使企业思想政治工作走出一条新路子，从而提高思想政治工作的总体水平。

5. 注重企业思想政治工作队伍建设，提高政工干部的素质

思想政治工作是党的事业的重要组成部分，是一项党性很强的工作。政工干部必须有坚定的政治立场，坚强的党性和较高的思想素质。我们现有的政工干部经过多年的工作，政工干部队伍的结构发生了很大变化，人员素质有了较大提高，但与形势发展的要求相比，不适应的问题仍然相当突出，这就要求政工干部要自觉认真地学习马列主义、毛泽东思想和邓小平理论。牢固树立马克思主义世界观、人生观、价值观，爱憎分明、立场坚定，讲党性、讲原则，一切从党的事业出发，坚决维护党的利益，国家利益和群众利益。坚决贯彻执行党的路线、方针、政策，增强思想政治工作的原则性、系统性、预见性和创造性。政工干部队伍素质提高是搞好企业思想政治工作的基础。

企业思想政治工作面临新的形势，思想政治工作者面临新的考验。只有不断提高自身素质和工作水平才能适应新形势，积极做好思想政治工作推动企业改革和发展。

（作者单位：天津国际集装箱大件运输有限公司）

民主管理是思想政治工作的重要载体

——关于国有企业推行民主管理的实践与探索

钟金山

思想政治工作是我们党在长期革命与建设实践中形成的一大优良传统和优势。就国体、政体的性质而言，国有企业推行民主管理是实现企业与职工自我教育、自我管理，共同发展的有效形式，也是思想政治工作深入开展的重要载体。在改革开放和跨越式发展的新形势下，如何继承和发扬思想政治工作优良传统，推进企业民主管理与民主建设，是国有企业党委需要研究和解决的重点问题，更是在以人为本的现代管理理念中实现企业持续发展的政治、经济双重需要。几年来，我公司党委以邓小平理论和"三个代表"为指导思想，紧贴经济工作，坚持以厂务公开、民主管理为有效载体，深入开展思想政治工作，在有益的探索和尝试中取得了显著的效果，达到了思想政治工作服务中心工作，服务改革发展的预期目的，使党建和思想政治工作得到了强化，我们公司连续两年荣获市总、市建委的"厂务公开、民主管理"达标单位荣誉称号。

一、落实"三个代表"重要思想是民主管理的中心内涵

厂务公开、民主管理根本上要落实党的全心全意依靠工人阶级的根本指导方针和"三个代表"重要思想，是国有企业党委创新思想政治工作思路，拓宽思想政治工作领域，把思想政治工作对象从思想延伸到行为，进而使思想引导与行为规范相结合的一种有效形式。几年来，我公司党委围绕厂务公开、民主管理，从思想、组织落实中抓机制，从制度、程序落实中抓效果，以厂务公开、民主管理为着力点，贯穿于企业改革、生产经营管理、领导班子建设、党风廉政建设等企业各项发展举措中，初步形成了民主管理工作的监督保证机制，强化了公司广大干部职工的民主意识，激发了职工群众参与企业各项管理的积极性，不仅使干部、职工两支队伍的整体素质得到了增强，更为下一步企业转制后的管理模式提供了很好的参考与借鉴。

二、以思想政治工作为先导，建立完善民主管理运行机制

推行民主管理过程是思想政治工作教育开展的过程。我公司厂务公开、民主管理工作的推行开始于1997年。当时，为了贯彻落实党的十五大精神，加强企业的民主政治建设，公司党委、纪检和工会联合制定了《推行企务公开、加强民主管理制度的实施意见》，并成立了由公司党委书记任组长，党委办公室、行政办公室、纪检委、工会、劳动人事、财务、审计等有关部门负责人为成员的厂务公开、民主管理领导小组。《实施意见》拟订之初，党委敏锐地意识到：推行厂务公开、民主管理是突出党的中心工作，根本目的在于对广大干部职工在管理现代内涵和职工主人翁地位等问题上的再教育、再认识、再提高。通过思想政治工作的加强改进，充分调动职工群众的积级性，推动改革不断深化，企业不断发展，进而从根本上维护和兼顾企业职工多方面的合法权益。在此思想指导下，公司党委自觉加强对此项工作的领导，主动承担了监督、协调和保证作用，配合行政领导在组织、贯彻、发动上下大力气，把党风廉政建设和领导干部接受职代会监督以及"三重一大"的落实作为突破口，为厂务公开、民主管理工作的全面推动创造了良好的条件。几年来，在党委的领导下，公司领导小组主动开展工作，不断完善各项相关的制度，从注重工作实效入手，狠抓各项制度的落实，初步形成了"党委统一领导、党委书记负总责、党政工齐抓共管、纪检监督、工会协调、群众积极参与"良好的运行机制。

（一）以思想建设为重点，充分认识厂务公开、民主管理工作的重要性

厂务公开、民主管理工作是国有企业的思想政治工作的进一步延伸，也是建立现代企业制度的必须。为提高干部职工对厂务公开、民主管理重要性的认识，公司党委把认真学习邓小平理论和江泽民同志"三个代表"的重要思想作为思想建设的中心内容，使广大干部职工群众在"三个代表"的学习实践中结合国有企业改革、发展和稳定认清厂务公开、民主管理的重要性、必要性。围绕这一教育目的，公司根据干部群众不同层面的特点，开展了三方面教育：一是在领导干部中结合厂务公开、民主管理开展了以"正五风"为主要内容的权力观教育，保证决策的民主性；二是结合厂务公开、民主管理在管理干部中开展了"管理就是服务，服务必须求实"的教育，敦促干部改进工作作风，深入基层摸实情，联系群众解难题；三是在职工群众中结合厂务公开、民主管理开展了主人翁意识和正确认识企业改革发展中国家、企业、个人三者利

益再教育，鼓励职工群众参政、议政，把民主权利行使在企业管理、经济管理各项工作中，使职工群众在与企业利益融合、价值实现的融合中把积极性充分地调动起来。思想政治工作重在教育引导。在具体工作中，公司党委时刻提醒党政干部注意处理好两个关系：一是虚与实的关系。通过厂务公开、民主管理推行让干部了解群众关心的焦点、热点，了解公司经营管理环节和程序中的难点问题，在知情的基础上，拥有发言权和建议权。使我们的干部在为领导决策做好参谋的同时，有的放矢地做好思想政治工作，把解决职工群众的实际问题、解决思想问题同调动职工积极性，鼓励他们参与民主管理有机结合，把思想政治工作做到了实处。其次是明与暗的关系。厂务公开、民主管理把过去的暗箱操作摆到了桌面，使许多职工以前弄不清、搞不明、有疑惑、有情绪的敏感问题就迎刃而解了，既增加了厂务公开的实效，得到了职工的认可，又在民主管理中调动了职工的积极性，增强了企业的凝聚力。

(二)以制度建设为落实保障，建立三级公开网

在实际操作中，公司党委十分注重工会建设，特别是职代会的制度建设，坚持在制度完善中抓规范、在贯彻落实中抓实效。

围绕厂务公开、民主管理的推行与强化，在职代会制度建设方面，抓了以下几个重点：

1. 职代会议案予审制。每年两级职代会召开前所报的会议文件都要呈报上级领导及相关部门严格预审，几上几下的修改才能通过。对那些不符合厂务公开规定的文件，特别在改革上没有创新力度的，坚决返工。

2. 定期报告制。每年年初坚持开好两级职代会。履行报告制，按严格程序将上会文件报上级工会审议。

3. 无记名投票表决制度。为让职工代表充分行使参与民主决策的权利，两级职代会一律实行无记名投票形式表决。对原则通过的议案，组织研究修改，重要决议制定实施细则。

4. 职比会决议落实巡查制。制度的有效性在于抓落实。公司工会每年都要组织公司级职代表对两级职代会落实精况进行自上而下的专题巡查，并就检查出的问题制定出整改措施，按问题归类，责成有关部门和单位督办整改。巡查工作结束后，由巡查组如实写出《巡查报告》，上报党政领导，为决策提供依据。

在公司党委和行政领导的高度重视下，近年来我们相继制定了《实行债权有偿收取的办法》、《对公司投资单位进行管理的实施细则》、《企业内部破产规则》、《加强合同管理规定》、《加强资金核算的管理规定》、《完善项目承包管理规定》、《关于改进机关干部工作作风的文件》、《关于机关科室工作指标承包与奖金分配挂钩的办法》、《关于竣工工程项目人员安排的意见》、《三房建公司各类保险交纳的管理规定》等意见，通过职代会议案的落实，真正把厂务公开、民主管理融入到了企业各项工作之中。

集体合同一直是我们近年来实行厂务公开、民主管理中的首推工作重点。为突出平等协商原则，确保集体合同履约有效，我们还配套实行了集体合同的内容公开制、履约责任制、监督检查制、履约报告制四项制度。并以强化集体合同履约力为重点，坚持定期进行履约检查，做到协商方式灵活有效，定期协商与不定期协商相结合；会上协商与会下协商相结合；基层协商与公司协商相结合，有效提高了有职代会决议相关条款的履约率。

在《集体合同》续签的过程中，我们注意把职工普遍关注的、事关职工切身利益的事情作为“维权”大事抓实、抓好，在履约检查的基础上，与行政方平等对话，使工资拖欠、“三险”上缴、工会经费拖欠、公积金的拖欠等一些实际问题得到了妥善解决，并形成了职代会决议。为推动厂务公开、民主管理的深入，我们坚持抓好“两头”，完善充实三级公开网。在对各级干部的管理中，我们公开实行了三项制度：

1. 责任追究制。通过职代会制定了中层干部、直属项目经理失误记录及引咎辞职的规定，对基层单位没有完成经济指标，特别是造成企业亏损，出现质量、伤亡、火灾等事故的中层干部，均填写了失误记录表，交党委研究，并在职代会上公开。问题严重者，动员其引咎辞职或给予相应的行政处理。

2. 评议企业领导干部制度。年终组织职工代表对公司两级领导班子、公司中层干部进行民主评议，引入竞争机制、并将其延伸到公司一般干部。评议结果一律在职工代表大会上进行公示，对评议中分数较低的中层干部给予调离岗位、免去职务的处理。

3. “领导接待日”制度。密切领导与职工的关系是推行厂务公开、民主管理的关键，为此，公司制定了“领导接待日”制度，并设立了“意见箱”，为及时了解广大职工意愿、倾听职工呼声开通了一条绿色通道。

对施工企业而言，企业发展的根基与民主管理的重点在基层一线，在项目。在推行厂务公开、民主管理过程中，公司党委针对企业特点，始终抓住项目不松手，把民主管理的公开层次向一线施工项目延伸，建立了项目民主管理制度。特别是随着由项目由责任承包变为全额承包的管理机制改革后，项目的盈亏与项目公开民主管理的程度直接关系到职工的切身利益，成为职工关注的焦点。为此，结合项目建设，我们重点规范了厂务公开栏，把项目生产经营活动记录全部作为公开的内容。由最初的奖金分配分开逐渐延伸到项目的成本公开、资金使用公开、管理的费用公开，每月公布一次，在群众中收到了较为满意的效果。为加大项目民主管理推行力度，公司规定：凡施工的项目，就要随时建立公开栏，并作为年终检验时重要的指标,不能按时按要求公开的,取消评选先进的资格。

厂务公开、民主管理的施行,进一步加强和改进了思想政治工作,使企业产生了强大的凝聚力和向心力,干部职工中出现了“两多两少”(即:关心公司发展的人多了,事不关己的人少了;理解企业难处的人多了,乱发牢骚的人少了)的变化,使企业在发展中得到了明显收益。

三、几点体会

近年来,形势的变化对企业思想政治工作提出了更高的要求,企业面临需要解决的思想问题也越来越多,靠单纯的思想政治工作教育,在有的时候、有的地方收效并不很明显。因而,适应新形势变化的要求、不断加强和改进思想政治工作,就必须大力实践“三个代表”,立足于群众性思想政治工作的开展,最大限度地挖掘职工群众内在的积极性,最大限度地发挥企业团体中每一个人的聪明才智。实践表明,民主管理是当前企业思想政治工作重要而有效的载体。它的有效性是脱出行政命令之外,通过思想政治工作使广大职工群众对自身潜力的一种自愿的自我表现的挖掘。邓小平同志说过:“我们政治工作的任务,根本内容没有变,我们的优良传统也还是那一些。但是时间不同了,条件不同了,因此解决的方法也不同。”(《邓小平文选》第二卷219页)。厂务公开、民主管理工作,就是把思想政治工作与实际工作相结合的一种很好的方法。

在实践中,我们的体会有四点:

1. 厂务公开、民主管理有力地保障了企业改革的顺利进行。由于厂务公开、民主管理是紧密围绕企业的改革发展和稳定大局开展工作的,反映了广大职工的共同需求,所以,它从根本上体现了企业与职工利益的一致性,体现了干部与职工在思考企业发展大计上的共同点。

2. 厂务公开、民主管理工作加强了企业管理。从企业决策层、管理层到执行层形成了相互制约监督、相互促进发展的良性互动管理机制。从而保证了企业管理中民主监督的有效性和项目微观管理上的实用性,使每个企业内部群体在自我表现、自我约束中增强了管理的自律能力,在平等和谐的人际关系中堵塞了管理漏洞,完善了管理措施,提高了管理水平。

3. 厂务公开、民主管理促进了党风廉政建设,使各级干部,特别是各级领导干部进一步加深了在市场经济条件下,对权力观、地位观、利益观的正确认识;增强了廉政自律能力,提高了自觉接受群众监督的自觉性和的“公仆”意识。

4. 厂务公开、民主管理推进了企业民主政治建设进程,形成了企业良好的人际氛围和思想政治工作氛围,进一步确立了职工在企业中的主人翁地位,以“维权”的方式,激发了职工政治热情和十足的干劲,使职工素质得到提高。

(作者:三房建公司党委书记)

做思想政治工作要正确处理好“理”与“情”的关系

李恪宜

思想政治工作的方法是多种多样的,但正确处理好“理与情”的关系,抓住“无情管理,做有情管理者”这条主线,是做好思想政治工作的重要方法。有的人看不到理与情的辩证统一关系,出现“只讲理不讲情”或“只讲情不讲理”两种错误倾向,极大地影响了思想政治工作的效益,影响党群关系。因此,把握思想政治工作中的理与情,正确处理好两者的关系是每个思想政治工作者要十分注意的问题。

一、讲理讲情要辩证统一

思想政治工作自身规律和方法规定了理与情是辩证统一体。那种“只讲理不讲情”或“只情不讲理”是形而上学的表现。所谓只讲理不讲情是指思想政治工作中宣传教育空对空,或者从管理的角度来看,属于“无情管理,做无情管理者”。它存在着“三脱离”现象,即主观愿望与客观条件相脱离;教育的内容与被教育的对象的现实思想相脱离;贯彻上级指示与本单位实际相脱离。这种“三脱离”现象直接表现为;一是制定本单位工作规划时大道理十足,但毫无解决实际问题的措施;二是处理本单位问题时照搬上级决策,缺乏主观能动性;三是对棘手问题,生搬硬套条条框框。所谓只讲情不讲理,是指在思想政治工作中,把理解人、关心人、教育人的原则,看成是纯粹的人身依附关系,存在着“三不该”的现象:不该让步的让步了,不该照顾的照顾了,不该解决的事解决了。这种“三不该”现象直接表现为:以密切干群关系为借口,放弃原则(比如滥发奖金、实物等);以解决职工困难为借口,违反政策(比如给人调资、补助等);以求稳定为借口,违反制度(比如给人换住房、工种等)。殊不知,这两种错误倾向的存在,违背了辩证统一原理,抹杀了真理与情感的本质内容，扭曲了讲理与讲情的原则。思想政治工作中没有截然分开的理，也没有截然分开的情。因此，掌握马克思主义方法论，正确处理"情"或"理"的关系，是摆在广大思想政治工作人员面前的一个重要课题。

二、讲理讲情要实事求是

思想政治工作要达到讲理与讲情的和谐统一，关键是要树立实事求是的观点，要以诚待人，进行同志间的感情的投入，一要实事求是地做到"讲理不忘情，讲情不忘理"。这里说的理不仅指坚持四项基本原则和党的方针政策，同时还包括邻里之间、同志之间、人际交往中求大同存小异，有理让三分等人之常情的生活哲理。导致人的思想问题是多方面的，既有主观的，又有客观的；既有周围环境影响的，又有家庭矛盾产生的等。所以，在思想政治工作中讲理必须有的放矢，讲情必须恰如其分。二要实事求是地把握好理的分寸、情的限度。实际工作中一方面要高举邓小平理论旗帜，抓好党的基本路线和我国基本国情的教育，抓好社会主义职业道德和无私奉献的教育。通过教育，使人们懂得真理和人生的价值；另一方面在处理具体问题时，必须做到合情必须合理，合理必须合法。通过这些理的教育，把人们的思想认识、行为都规范在良好的人际交往的生活哲理之中。讲理的同时也须讲情。这里所说的情，必须是符合社会主义职业规范的同志情。三要实事求是地掌握好理与情的临界点。要体现党的方针政策的严肃性、群众利益的整体性、与人为善的道德性和物质经济条件的许可性。要通过深入细致的工作，把握问题存在的主要原因，辨别是非，解决问题。

三、讲理讲情要讲究艺术

思想政治工作要提高讲情讲理的艺术水平，就必须做到：一是树立群众观点。要遵循一个原则：凡是职工群众不满的，就是我们该管的，凡是职工群众企盼的，就是我们该干的。要想群众之所想，急群众之所急，解群众之所难，力所能及地帮助群众解决实际问题，把党的温暖送到群众心上。同时，对于群众中存在的不正确思想或无理要求，敢于陈述己见，开展批评，打击歪风，弘扬正气。要把批评人与尊重人、理解人、关心人很好地结合起来，做到批评是善意的，帮助是真心的。二是具有水的柔情。理是开启人们心扉的钥匙，情是载理的过河之舟。讲理讲情要有水的柔情，必须准确地把握矛盾的特殊性，因人而异，一把钥匙开一把锁、工作做到恰到好处，达到最佳效果。讲理讲情中，要了解人的心理活动，适应不同年龄层次人的特点，使思想政治工作中说理动情具有吸引力、生命力、说服力。三是身体力行。讲理讲情身体力行是贯彻党的群众路线的具体体现。我们党始终保持了与群众的血肉联系，在社会生活与思想政治工作中表现纯真、坦直、善良、友好的情谊。思想政治工作人员一定要以理服人，以诚待人，注重发挥自身的人格力量。你以理服人，他以理相待；你以情感人，他以情相报。这种双向交流才会产生良好的效果。长沙机务段职工常年累月工作在运输生产一线，尤其是机车乘务员没有节假日，在外地的时间比在家多。段和车间领导一方面坚持正面说理，使他们爱岗敬业，另一方面每逢他们生活上遇到困难，总是设法帮助解决。正是由于领导心中有职工，说理动情身体力行，使职工群众安心工作，保证了运输安全，创造了良好的经济效益和社会效益。

（作者：长沙机务段党委书记）

运用管理心理学调动职工积极性

宋子明

我们的企业好比爬坡而上的车，管理和技术是决定企业生存和发展的两个轮子，而推动车轮前进的动力来源于企业全体职工的工作积极性，员工的积极性是企业潜在的效益。那么，如何调动职工的积极性呢？我认为将管理心理学科学地应用于企业，是调动职工积极性的关键。

一、运用"激励"的手段调动职工积极性

调动职工积极性的方法很多。"激励"就是其中的一个方面，它是管理心理学的一个重要概念。管理心理学认为人的行为的原始动力来自各种需要，当人产生某种需要后，就会转化为某种动力，从而引发出某种行为。因此，人的意志行动开始于需要是人的积极性的内在源泉和驱动力，需要满足了，人就有了干劲和工作热情，他们会按照领导者的意志去行动。人的需要是复杂多样的。但是主要的是物和精神两方面的需要；此外，人的物质需要是基本需要，那么我们就要关心职工生活，帮助职工解决生活上的困难，使他们免除生活上的后顾之忧。人的精神方面的需要则很多，如受尊重的需要、实现自我的需要等。因此，从需要着手来探求激励是符合心理规律的。笔者认为激励的方式主要有以下几种：

1."目标"激励

人的行为是有目的的,行为是否有目的性,其结果大不一样,有目的性的行为成果最大。因此,在现代企业中要强调通过设置目标来激发职工,指导行动,使职工需要同企业目标挂钩,让职工看到企业的美好前景和自身的利益并为之奋斗,从而达到激励的作用。结合本单位的具体情况,按照上级下达的任务,按承包体、班组进行层层分解,明确工作目标。奖金分配依据工作目标实行百分考核,达到奖勤罚懒,实现"目标"激励的作用。

2."参与"激励

参与意识是现代企业管理理论的精髓,著名日本企业家吉田忠雄把企业成功的秘诀归纳为提倡和实施五"起"哲学,即企业领导与职工"一起工作、一起高兴、一起伤心、一起作出"。这种职工参与决策、领导参与实施的双向参与既可使个职工产生主人翁的责任感,又使领导者从中体会到职工的感受,掌握第一手资料。这样的双向参与对于领导者和被领导者都是一种激励。

3."榜样"激励

榜样是一面旗帜,具有生动性和鲜明性,容易引起人们感情上的共鸣,在企业职工中树立一个活生生的榜样,使职工学有方向、超有目标。榜样的力量是无穷的,领导者的所作所为是榜样、身边的模范也是榜样。如在天津的房管系统,兴业里房管站的"地沟大王"马德起同志就是一个典型。他是一名普通的房屋维修工人,就是凭着一股钻劲,捅地沟二十多年,为老百姓、企事业单位作了大量好事,解决了许多难题,例如:坐落于河西区大营门的天津市政开发总公司1978年建成的一座五层楼,从二楼到五楼,自竣工之日下水道就不通,二十多年来,该公司请了众多技术人员,就是解决不了这个问题。万般无奈之下,他们来到南开房管局,指名点姓地邀请马德起师傅去帮助解决这个问题。马师傅来到现场,从二楼到五楼把下水管看了一遍,确定了两个弯儿。说:"毛病就在这里。"市政开发公司的一位同志脸上露出不信任的表情,觉得马师傅过于自信,马师傅看出了对方的心思,坚定的说:"病如果不在这,一切我负责。"时值隆冬,他脱掉毛衣,光着胳膊,伏下身,趴在冰冷的水泥地上,脸贴在污秽的马桶上,用手一点一点抠出堵塞物,历时四个小时,疏通了管道,二十年的顽症终于彻底解决。大家钦佩与感动之情溢于言表。另外,领导者的以身作则比妙趣横生的说教更有号召力。南开区人民满意公仆、房管局副局长王奎同志也是一个典型的例子。他平时注意重学习、注意思考,善于记录,善于总结,无论走到那里都带着一个本子。他始终坚持深入基层,深入住户,了解情况,找出问题。近几年来,随着城市危改和房改的推进,公房经营愈发困难。他认识到形势越困难、越应搞好公房的经营管理,尽力控制租金流失,全面完成租金收缴任务,集中资金为民办好事实事,为住户排忧解难。为此,他带领有关科室和具体工作人员,深入各房管站,发动基层干部职工认清形势,明确任务,挖潜力,把方向,定计划,坚持自检。白天抓业务,晚上下基层,工作不讲份内份外,他这种工作认真负责、无私奉献的精神,为广大干部职工树立了光辉的榜样。正如孔子所说:"君子之德风,小人之德草,草倘之风,必偃。"王奎同志的工作作风,也充分体现了领导者以身作则、率先垂范的作用,事实证明领导者的形象最具感召力。

4."感情"激励

人的行为在相当大的程度上是受感情支配的。司马迁说:"士为知已者死,女为悦已者容。"这是古人对情感激励的深刻表述。只有心通了,工作才会作到相互理解、互相支持。为了实现企业的共同目标,我们要十分重视感情投资,主动关心职工思想和生活问题。关心和理解职工,可以加强职工对领导的支持和信任,要把握好这种心理,努力使自己成为下属的"知己",这样,我们才会自上而下齐心协力,克服困难。例如:在房管行业,每年的4-6月份是抢修房屋漏雨的季节,在这样的日子里,工人早上5点烧沥青,十几捆油毡、十几吨沙子、水泥等建筑材料都要靠人工运到楼顶上,酷署高温,楼顶上烈日如焰,油锅旁温度如火,如此环境之下,广大职工何以能挥汗如雨、任劳任怨呢?其动机有两点:一是物质方面,各个行业纷纷下岗,有一个工作不容易,所以必须立足本岗,踏实工作。另一方面便是感情激励,职工对企业、对集体、对领导的感情。我们的领导如果在险处难处挺身而上、乐处利处恭身而退,以自身的人格力量感召大家,那么令行禁止,对整体工作则十分有益。领导和职工同甘共苦,人而和职工达到心灵的沟通,会激发职工积极性。

二、运用管理心理学原理,创造努力向上、和谐的工作环境

融洽的人际关系是激发集体积极性和创造性的催化剂,反之,则会严重影响职工积极性的充分发挥,作为管理者。应尽力在企业中创造一种努力向上的、和谐的工作环境,善于运用领导艺术。

1.大度待人

聪明的领导能够自觉主动地与那些自己不喜欢、甚至反对自己的同志打成一片,这样就能调动一切积极因素,不断充实队伍力量。领导者大度待人,会使下属得到心理安全感,心情舒畅的工作,还会树起众望所归的威信,对职工具有强烈的吸引力,有力于调动一切积极因素。

2.秉公办事

秉公办事既维护了规章制度的尊严,又遵循了公道办事的原则,就会使大家心服口服,从而起到鼓励先进、

鞭策后进的积极作用。如果这方面的问题解决不好，人际关系紧张，虽然大家干得辛苦，却内耗严重，形不成合力，各方面的工作都难以有进展。

3. 礼贤下士

领导者尊重下属，礼贤下士，才能调动下属的积极性。一个人往往会由于别人对自己的重视而感到自己存在的重要性，从别人的评价中确认自己所拥有的价值。试想；如果领导对你的态度是可有可无，不足议论，是一个没有价值的人，那你在工作中还会有干劲吗，如果领导者认识到这一点，便知道礼贤下士的重要性了。在日常工作中，一个领导者随时随地都可以运用这种方法，遇见下属，耐心倾听他们的陈述和意见，以满足下属的需要，也要在感情上给予慰籍，这是礼贤下士的表现。因此为了调动职工的积极性，必须尊重下属，从这样的思想动机出发与下属交往时会感情真挚，自然而然地树立起礼贤下士之风。

4. 尽量赞赏

美国管理学家玛丽·凯说："赞美是一种有效而且不可思议的力量。"它能给人们高涨的工作热情，无尽的精神力量，具有巨大的推动作用。当下属做一件好事时，领导者微微一笑，看似简单，但对下属来说，却是一种肯定。这就是赞赏。赞赏的要求符合人的本性要求。常识告诉我们，除了极特殊的情况。人们大都希望别人的欣赏自己，希望自己的行为得到别人的肯定。作为领导者，应该利用人的这一本性，多表扬常赞赏。当然，我们并不是不讲是非，不分善恶，一味地说漂亮话，那只能助长歪风邪气，引人误入歧途。但每个人都有长处和优点。领导者应当及时发现、及时表扬和赞赏，甚至可以及时利用，将其最光辉的一面挖挖掘出来。帕金森说："赞赏像发工薪一样，工薪每月只有一次，而每个老板都可以在他的职权范围内使每一天都成为发薪日。"做某件好事的乐趣在于得到人们对他的赞赏。一个人当然应因加班加点得到额外的报酬，但每一次、每一句表扬的话同加班费一样重要，我们都渴望别人对我们说："你干得多好啊！"所以要赞赏下属，就必须善于发现他们的长处和优点，在发掘出他们的闪光点的同时，也挖掘处了他们的工作热情和积极性。

（作者单位：南开区房管局炮台庄房管站）

广播影视业转型时期的思想政治工作

赵 健

当前，广播影视事业发展正处于一个非常关键的转型时期，集团化建设正不断向纵深发展，面临的形势十分复杂、任务十分繁重、工作十分艰巨，如何提高领导者、思想政治工作者的自身素质，切实加强思想政治工作水平和能力，将干部、职工的思想统一到改革、发展工作当中来，已是迫在眉睫、当务之急的大事。

树立理想坚定信念

失去理想信念，就会迷失方向，就没有前进的动力，就等于没有灵魂。做好广电转型时期的思想政治工作，必须始终贯穿理想信念教育这条主线，引导广大干部群众进一步坚定投身广播电视集团化建设的理想，进一步增强通过集团化改革必然能取得广电事业和产业"双发展""双壮大"的信心。这是广播影视业取得胜利的根本保证。随着中国加入 WTO，一场与国际传媒的竞争已为时不远，一场"暴风雨"即将袭来。作为新闻工作者，就不能不认识到，不少国际传媒大集团正想千方百计进入中国市场，其雄厚的资金实力与丰富的市场经营理论，非我们现阶段的力量所能匹敌的，广播电视行业已到了非改不可、非变不行的紧要历史阶段。诚然，在此体制、机制转型时期，集团内部各种矛盾相互同在，也就势必造成多种利益群体，职工的价值取向和思想观念出现了多样化的趋势。这是改革者必然，属于正常的现象，我们不能恐慌迷乱，也不能无所作为，而应主动加强思想政治教育，化解矛盾，积极引导。

"搞经济建设、搞现代化建设必须有政治保证""思想政治工作只能抓好，不能放松"。搞经济建设如此，推进集团化建设亦如此。我们在这项重要的政治工作中，必须坚持提倡社会主义、共产主义道德，大力弘扬集体主义精神、为人民服务和勇于奉献的精神，增强职工对马克思想主义、毛泽东思想的信仰，以"三个代表"重要思想和十六大精神为指导，鼓励一切有利于集团事业发展、产业拓展、职工团结、局面稳定的思想道德，以保持强大的凝聚力和丰富的创造力，使广大干部职工心往集团化建设一处想，劲往集团化建设一处使。

树立正确的价值观

价值观是思想政治教育和精神文明建设的根本所在。价值观包括公私观、义利观、荣辱观、苦乐观、幸福观、美丑观、生死观、友谊观、爱情观、自由观等。树立广大职工正确的价值观,对于推进广播电视集团化建设、给原有职工及新来职工的思想带来的冲击是巨大的,进而对他们的人生观、价值观带来不可避免的影响。在机构整合、资源重组过程中,广播、电视及其管理部门、直属单位等各个岗位,利益分配上在某一阶段内可能会出现一些不够科学合理的地方,甚至会出现“脑体倒挂”现象。

加强思想政治教育,就是要通过实事求是的分析,指出改革是一个推进过程,认清改革的目的是做大做强集团、壮大集团实力,最终实现集团所有职工整体利益的提高;就是通过集团化建设,来提高集团核心竞争力、综合竞争力和持续竞争力,使集团在未来的竞争中立于不败之地,从而使个人的人生价值和事业目标得到实现;就是让集团职工认识到集团利益与职工利益休戚相关,认识到个人人生价值的实现与集团化建设发展紧密相联,“集团兴则职工兴、集团强则职工强、集团富则职工富”,让广大干部职工认清在严峻的市场经济面前,如果采取被动应付、无所作为、按部就班的态度,一切都是像计划经济时期那样“等、靠、要”,就不能实现广播影视业务跨越式发展,就会在未来的竞争中处于下风,个人的实际利益和人生价值都将无从谈起。

丰富职工文化生活

市场经济不断发展,工作节奏日益加快,各方面压力越来越大,人们对物质生活的要求也越来越高,少数人甚至出现了急功近利的心态,“金钱至上”、“唯财而趋”等个人主义、拜金主义、享乐主义有所抬头。实践也反复证明,意识形态领域这个阵地,马克思主义、社会主义思想文化不去占领,非马克思主义、资产阶级腐朽思想和各种错误思想就必然趁虚而入。作为党和人民的喉舌,对这点应有十分清醒的认识。思想政治工作,决不是可有可无、可轻可重的事,而是党和人民赋予我们的神圣的政治职责。加强思想政治教育工作,必须加强主动性,牢记“两个务必”,倡导艰苦朴素、勤俭节约的优良作风,绝对不能被动地以“任务观念”来认识这个问题,搞走走场子、逢场作戏的形式主义。

加强思想政治教育,应更多体现在不断丰富职工的精神生活上,这就要求思想政治工作者摒弃过去板起面孔搞思想政治工作的旧方法,提倡将思想政治工作融入到充满活力的文化生活当中的新方法。简单的政治说教与缺乏针对性的政治学习,其收效甚微,甚至适得其反,引人反感,起不到应有的作用。我们应当发挥新闻媒体特别是广电特色,采用主题采访、知识竞赛、文体活动、广播电视不同岗位相互联谊、网上交流等灵活多样的方式,强调参与性,既寓教于乐,加强了思想政治教育,又增进广电人的友谊与团结,共同投身集团化建设当中。以丰富多彩、创新的文化活动,满足职工多层次的精神文化需求,调动职工的热情和积极性,加强广播电视不同岗位职工之间的交流与沟通,是集团转型期思想政治工作不可忽视的一种重要方式。

强化领导同志的旗帜作用

邓小平同志指出,思想政治工作要起作用,最重要的条件就是领导者的以身作则。江泽民同志指出,领导干部率先垂范,就是下级和部属的一面旗帜,就无声的命令,就可以对群众产生巨大的感召力、影响力和说服力。这些重要论述表明,领导干部的身体力行,是思想政治工作取得成效的关键。在集团化建设中,各级广电干部是否能加强自身的学习与修养,能否树立言行一致的良好形象,能否把真理的力量与人格的力量统一于一身,能否以创新的思想推进集团化建设发展,直接关系到广电集团化建设过程中的思想政治教育工作的成败得失。领导干部为官踏踏实实,为人堂堂正正,干事兢兢业业,不因成绩而沾沾身喜,不因困难而足不前,永葆旺盛的战斗力和不竭的创新精神,为广大职工树立标准和楷模,从而大大增强政治工作的实效性和主动性。

努力形成齐抓共管的良好局面

在当前改革发展不断深入的形势下,应不断总结经验,吸取教训,积极探索思想政治工作的有力组织形式与有效工作机制。广电集团思想政治工作不是某个分管领导的事,不是某个管理部门的事,也不是某个频道、某位职工的事,它的工作对象涉及方方面面,涉及集团上下每一位干部职工。要在党委的领导下,充分调动各方面的力量,形成职责分明、齐抓共管的工作局面。一要充分发挥各级基层党组织的战斗堡垒作用和广大党员的先锋模范作用,二要充分发挥工会、共青团、妇联等联系群众的纽带作用,三要充分发挥各级群众组织的协同作用,四要充分发挥业务骨干的榜样作用,从而形成集团党委领导、上下共同参与的良好的思想政治工作局面,更好地推动广电集团化建设的发展。

(作者单位:浙江电视台教育科技频道)

浅谈如何认识和解决改制企业职工思想误区的问题

苏志锋

企业职工思想政治工作，是社会主义精神文明建设的重要组成部分。在社会主义市场经济飞速发展的今天，尤其在当前国有企业改制进入攻坚阶段，巩固和发展企业经济，做好企业职工思想政治工作至关重要，特别是在国有企业“两个置换”，即国有资产置换和职工身份置换的过程中，如何认识和解决改制企业职工思想误区，是一个摆在我们面前现实课题。

企业改制并非是一种表层的变革，而是触及深层的实质性根本的改革，其幅度、力度、深度都是前所未有的，企业职工面对人生的重要转折关头，所产生的思想情绪、认识上不满在所难免，具体表现在：

1. 对企业改制的思想认识有反感情绪，发牢骚，泄怨气。不满情绪明显地表现在言语之间，特别是职工身份置换，工龄买断，认为自己辛辛苦苦干得这么多年，没有功劳，也有苦劳。有的老职工说，过去招工成为全民工要费九牛二虎之力，现在一下子变成打工者，好好的国有身份说变就变，不免会有一种被社会所抛弃的感觉。

2. 对企业改制理解上片面，心存疑虑，固执己见，听不进领导的解释和解答，好象企业改制，领导得到好处多，产生专与领导唱对台戏，甚至把与领导、上级部门对抗作为有本事有能力的表现。在企业改制过程中采取你说你的，我干我的，你有千条之法，我有一定之规。

3. 对企业改制不抱希望，萎靡不振，胸无大志，认为企业改制仅仅是企业名称表面改变，“换汤不换药”，存在等靠观望，走到哪里算到哪里，人为设置障碍，百般阻挠。

4. 对企业改制担心有不规范操作，视改制为不公正、不公平、不公开，没有全心全意依靠工人阶级这支队伍，领导者武断、简单、玩弄手腕，与领导关系好的职工有岗位，反之就是下岗，职工认为是腐败现象的表现。

针对改制企业职工思想中的这种认识上误区心理成因分析，本人认为有主、客观两方面原因，归纳起来，主要有：

1. 求知的心理

长期以来，职工想了解本企业家底的心情从来没有像现在这样迫切。当前在企业改制中或多或少存在着某些不规范的地方，厂务公开流于形式。如资产评估是否存在水份，股份设置好象变为早已圈定的“内部人”。改制企业职工：迫切要求企业领导说实话、交实底、亮实情，实行全方位的公开。应该说职工这种表现与愿望是职工群体法制观念增强，市场意识提升，经济头脑趋于成熟的体现。职工渴望知情，并非和谁过不去，在表现方式上消极、阻挠、言语措词过火，其根本原因在于职工还信不过企业改制中的民主管理方式。

2. 参与的心理

实行厂长经理负责制后，企业的民主管理被逐渐淡化。对于企业改制，职工来说，参与企业内部管理是法律赋予的神圣权利，各级政府在下达有关文件时都强调，企业改制方案须经职代会职工大会审议。但是有的企业领导为了图省事，走捷径，职代会向大会做个报告简单了事，安排职工讨论时间短，马上急于求成审议表决，这种没有充分发扬职工民主参政议事的做法，引起职工的反感，这无视职工政治民主权利做法，与加强民主法制建设的今天要求明显相悖。

3. 关注的心理

置换身份的补偿金和相关待遇与职工的切身利益紧密相连。职工特别关注并片面认为，企业领导或政府官员讲话不算数，政策不落实。有些企业领导，工作方法简单，针对敏感的问题，习惯于用官腔糊弄人，或三言两语敷衍了事，产生思想疙瘩在所难免。

4. 担心的心理

企业改制是一次新的思想解放，是一场大变革，必然会触及不同的群体，特别是文化偏低、自身技术能力难以适应新形势，再就业竞争能力不高的职工，这部分职工过去为企业勤勤恳恳，工作大半辈子，现在面临下岗。改制改到自己头上，面对家庭的压力和社会压力，造成其烦燥的心理状态，容易酿成不稳定因素，产生新的矛盾。

针对改制企业职工思想中认识误区的心理，本人浅谈几点对策：

1. 要做好职工的正面疏导工作

企业改制是党中央做出的决策，是针对我国社会主义初级阶段，国有企业如何适应市场经济的一种有效的手段。因此改制企业的党委理所当然是职工思想政治工作的引导者。要做到围绕企业改制的主题进行，不管任务多重，工作多忙，真正把企业改制的难点作为思想政治工作的重点，把思想政治工作做活。改制中，在把握正确的政治方向的前提一下，把改制的工作与职工思想政治工作紧密相连，力求多样化、生动性和新鲜感。引导和帮助职工认真学习马列主义、毛泽东思想、邓小平理论及改制的政策，使广大职工学会全面认识，分析处理问题，掌握正确的逻辑思维方法，解决思想混乱，澄清模糊认识。

2. 要有的放矢地搞好针对性教育

在企业改制前要集中力量，利用一切宣传工具，如黑板报、墙报、广播、报刊等大张旗鼓地进行宣传改制工作的必要性和紧迫性。大造声势，达到人人皆知，家喻户晓，引起职工思想上高度重视，以变为职工的自觉行为。在改制过程中，一定要重视直观正面的教育，要真实的而非虚假，实在的而非空洞的。要把握职工的思想脉搏，坚持理论联系实际的方法，把改制的每一个环节与职工思想政治工作结合起来，及时准确地掌握职工的心理和一些问题的看法，纠正职工心理偏差，不断提高思想政治工作的实效性，达到教育内容的针对性。

3. 要注意方式和方法

现在职工大多数是成长在改革开放年代的青工、为数不多的老职工，都经受了十几年的商品经济实践的锻炼，职工生活方式、价值观念都发生了深刻的变化。职工普遍从过去的"听话型"变为"思考型"，由以前的"随和型"变为"自由型"，加上当今信息传播快，职工思想更活跃。因此，企业党政工团要齐心协力，同唱一支歌，共演一台戏，"四驾马车"同时起动。可采取召开职工大会、座谈会、家访、与职工面对面对话等形式，向职工摊牌、交底，把改制的目的、意义和政策，逐步传达到每个职工心中。消除改制是领导者的改制，是干部的改制的错误观念，使职工认识企业改制是形势的需要，也是企业发展的自身需要，达到情感的交流和思想上的共鸣。

4. 要充分发挥工会纽带作用

企业工会组织是党委的参谋，是联系职工群众的桥梁。工会是国家法定民主管理和参政议政的场所，被职工群众称为娘家。各级党组织、各级领导要高度重视工会组织在企业改制中的三个作用：其一全心全意发挥职工群众作用。毛泽东曾经讲过"如果我们党的一切工作脱离群众，我们伟大事业将寸步难行"。因此，各级工会组织要在党委的领导下，独立开展职工思想政治工作，要深入基层，深入班组向广大职工宣讲企业改制的目的意义，倾听广大职工的呼声，及时反馈职工的意见。其二，要用好国家法定的工会的职工民主管理和职代会的作用。各级党组织要重视职工民主管理，所有企业改制的方案，一定要通过职代会通过，要安排充足的时间让广大职工代表参政议政，尊重职工合理化建议，从各方面调动职工积极性，参与企业改制，真正做职工的贴心人。其三，要发挥维护职工合法权益作用。各级工会组织是职工群众的娘家，要通过这个娘家，讲清企业改制工作，讲清政策法规，保护职工合法权益。

5. 要提高思想政治工作者的自身形象

俗话说：要给人家一碗水，首先自己要有一桶水。因此做为企业政工人员，要努力学习马列主义、毛泽东思想、邓小平理论和"三个代表"重要思想，把党的路线、方针、政策宣传好，使企业改制不偏离方向。其次，要全心全意依靠工人阶级，走群众路线，做好理论研究，把思想政治工作做到职工的心坎上。做为一名政工人员要努力掌握政策、法律，深入基层，及时了解职工思想动态，善于做调查研究，倾听职工的心声，以真诚换人心，把疙瘩解开，以情动人，用最先进、最科学的世界观、方法论去教育、启发职工，提高职工对企业改制的充分认识，保证充足的思想准备。再次；俗话说：打铁需要自身硬，思想政治工作者只有做出榜样，才有资格去教育别人，在职工心目中形象将会越来越高，思想政治教育的效果越采越明显。如果以领导自居，，装腔作势凌驾于职工之上教训职工，就会损害思想政治工作者的威信。

总而言之，思想政治工作者要置身于职工群众之中，加强职工的情感联系，多为他们办实事，办好事，解决他们的生活上、工作中实际困难，坚持以理服人，以情感人，那么，职工中存在的思想认识的误区不难纠正，企业的改制也会顺利进行。

（作者单位：温州长安集团有限公司）

紧扣"第一要务" 创新政治工作
为监狱发展提供切实保障和服务

赵星云

江泽民同志在党的十六大报告中指出：必须始终紧紧抓住发展这个执政兴国的第一要务。学习"第一要务"重要论述，对于指导监狱事业的发展具有十分重要的意义。党的"十六大"提出，在未来20年的时间内，全面建设小康社会。它一方面为新世纪监狱工作改革与发展提供了良好的物质保障,另一方面也大大提高了对监狱工作改革与发展目标和任务的要求。对监狱来说,与全面建设小康社会目标相适应,在未来20年甚至可能更短时间内,监狱工作如改造罪犯理念,监狱体制改革,创新监狱体系,提高监狱警察素质及扩大监狱开放等方面都将发生大的飞跃与突破,以推动监狱工作上台阶,上水平,实现提高罪犯改造质量的目标,实现监狱工作现代化、法制化。随着监狱事业发展的进一步向前推进,如何加强新时期的监狱政治工作,如何使监狱政治工作适应监狱改革发展步伐,怎样才能更好的服从改革,服务改革,为监狱改革发展提供切实的“伴随”保障和“靠前”服务,值得认真思考。

新时期的监狱政治工作究竟怎样才能做到有为又有位,亮点纷呈?近年来,我狱围绕改革发展这一主题,就创新思想政治工作方法、优化人才资源、改进政治工作服务方式三个方面进行一些实践,形成了一些思路。

一、坚持思想政治工作与改造、生产活动相结合,树立思想政治工作出效益的观念

江泽民同志在党的十六大报告中指出,要“加强和改进思想政治工作”。“加强和改进”的涵义就是创新。创新是发展的灵魂。思想政治工作要提供保障和服务,同样需要发展,因此也离不开创新。在新的形势下,监狱思想政治工作面临许多前所未有的新情况,新问题,对监狱思想政治工作提出了严峻挑战。面对挑战,政治工作只有不断创新,与“发展”同步,才能不辱使命,确保各项工作健康发展,才能使广大警察职工始终保持一种良好的精神状态。近年来,我狱按照“三个代表”重要思想要求,围绕监狱整体工作发展进程,加强了思想政治工作创新力度,收效明显。根椐我狱的工作实践,可以归纳为五个字,即:“两寓三结合。”所谓“两寓”,一是寓思想政治教育于改造、经济活动之中。监狱党委提出,政工部门要为提高罪犯改造质量和提高经济效益出力。不当“消防队”,要做“巡堤员”。政工部门和全狱政治工作者积极响应,和有关业务科室一道在全狱开展了管区优秀青年文明岗活动,在各劳务加工单位之间开展了抓改造质量,促进经济效益的竞赛活动,经济效益稳步增长,各项工作协调发展。如经济效益几年来一直不好的三监区,活动开展后,变化最为明显,即使在“非典”时期,该监区经济效益都未受影响。三监区党支部提出了“非典损失政治工作补”的“非常”思想政治工作思路。他们不仅实现了扭亏增盈,而且第二季度便完成全年任务的三分之二,创下历史最好水平。开展这些活动不仅提高警察职工的工作积极性,而且进一步密切了和改造生产等业务部门的关系。二是寓思想政治工作于搞好物质奖励工作之中。实现“义”、“利”结合。年初,监狱党委出台一系列奖励性政策:凡是完成了监狱下达的经济指标和改造指标的单位,要给予重奖。对有突出贡献的基层警察要组织出省公费旅游。今年八月份,这一政策的第一批获益者共10人,由政工部门专人带队,到上海等华东5市进行旅游。这一奖励政策的及时兑现,进一步激发了获奖同志的工作积极性,也使全狱警察受到一次争做贡献的思想教育。“三结合”,一是坚持把思想政治工作与“以人为本”的理念相结合,为监狱发展创造一个尊重人、理解人、关心人的环境,体现了人关怀。从而充分调动了广大警察职工的工作积极性和创造性;二是坚持言传身教与发展这个“第一要务”相结合。所谓言传身教是指我们各级领导和思想政治工作者要在监狱发展事业中率先垂范,做遵章守纪、廉洁自律、为监狱发展作贡献的先锋模范。在新的历史条件下,各级领导干部和思想工作者表率作用尤为重要,其表率作用的好坏,直接影响着政治工作的吸引力和号召力,进而影响广大群众对改革发展的信心。所以,对领导者和思想政治工作者来说,要善于“立言”,更要善于“立行”。“学高为师、身正是范”,行动出感召力,从优待警是为了出凝聚力。从优待警是从严治警的前提,从严治警是为了长远的、有保障的从优待警。两者结合起来,才能提高警察的素质和保持旺盛的斗志。

二、坚持思想政治工作与人才队伍建设相结合,锻造一批推动监狱事业发展的复合型人才

监狱人民警察是监狱工作的主体,是监狱事业改革、发展的保证,没有一支过硬的高素质的监狱人民警察队伍,监狱一切发展都无从谈起。因此,为监狱发展选拔人才,培养人才,输送人才是政治工作的一项十分重要任务。但是,选准人才、使人才真正成“材”、真正成为监狱改革发展的栋梁之才,则是一项艰巨而复杂的工作。我狱正在进行创建现代化文明监狱,这项工作对监狱人民警察的综合素质提出了很高的要求。创建现代文明监狱无论是软件建设、还是硬件建设,监狱人民警察的综合素质都有是重中之重。如何迅速提高监狱警察的综合素质并尽快适应创建现代化文明监狱活动的需要,尽快适应监狱事业发展的需要,应从以下三方面努力:

1. 加强教育培训。教育培训是指监狱机关根据工作需要和岗位要求,通过各种形式,有计划有组织地对警察进行培养和训练。2000上至2002年全国监狱人民警察进行了为期3年的素质教育培训,对我国监狱人民警察的素质的提高起到了巨大的推动作用。使监狱人民警察的政治素质、专业知识、警体技能等方面都有了较大的提高。教育培训要着眼监狱发展,加快推进现代化文明监狱建设的需要。一手抓思想政治教育和法制教育,一手抓知识更新和业务培训。要全面开展知识培训,有计划地组织警察学习政治、经济、文化、科技、历史、法律和履

行岗位职责所需要的各种知识。监狱人民警察的培训还应本着按需施教,学以致用的原则开展,特别是对目前监管工作、经济工作在发展中的薄弱环节。如罪犯心理矫治,产品质量意识等方面开展针对性培训教育,及时弥补不足,使他们在监狱事业的发展中,在各自的岗位上工作起来得心应手、游刃有余。

2. 建立健全科学、公正的考评任用激励机制。用激励的手段创造一个良好的发展环境和从业环境,充分调动警察的学习和工作的积极性,促使警察素质不断提高。此项工作的重点是用人机制。要严格按照任人唯贤、德才兼备原则,选拔任用工作中,民主推荐既是起点又是重点,坚持和规范民主推荐工作,对于提高选拔质量,从源头上防止和克服用人上的不正之风具有十分重要意义。二是着力解决提高干部考察的准确性。干部考察是全面了解干部,准确识别干部的重要途径和手段。考察准确任用就恰当,考察失真任用必然失误。任用失误无疑将对监狱发展留下隐患。三是着力解决对干部选拔作用工作实施有效监督问题。加强对干部选任用工作的监督检查,是建立健全科学的干部选拔任用机制和监督管理机制的一项重要内容。

3."筑巢引凤",营造一个吸引人才、留住人才的宽松环境。由于多方面原因,目前监狱人民警察待遇较低,加上许多监狱地理位置偏僻,自然环境恶劣,客观上造成不仅人才进不来,而且留不住的局面。这个问题不解决,加速发展是一句空话。监狱发展正在加速,尽快改善人才环境时不我待。如何拓宽引进人才渠道,留驻有用之才,是摆在政工部门面前的重要任务。留住人才,把"从优待警"的政策落到实处,是最有效也是最能体现"三个代表"重要思想的办法。

三、坚持思想政治工作与改进服务方式相结合,努力提高政工干部业务水平和能力

服务监狱的监管改造、生产经营等项工作,不断提高政治工作的服务水平,丰富其服务内涵,关键要紧扣"第一要务",抓住监狱发展中带倾向性的、苗头性的问题,协助领导寻找解决的办法和措施。树立和把握三个意识。一是前瞻意识,在任何时候,作为一名政治工作者都要有强烈的政治敏锐性和对形势的准确把握。要善于从浩如烟海的信息中加工、提炼和综合,善于从苗头性的、倾向性的问题中探索规律,以便在党委决策时当好参谋,做到既要参得准,还要参得进。二是能动意识,在监狱事业的发展进程中,要充分利用政治工作的优势,发挥主观能动性。发挥主观能动性主要体现在,不仅要主动及时了解党委在发展过程中的工作思路,还要经常深入基层,深入群众,了解群众在监狱发展中所求所需,从而为监狱党委形成政治工作思路提供可信的依据。三是效率意识,即要注重政治工作的实效性。政工部门的工作千头万绪,纷繁复杂,但是其宗旨是围绕发展这个"第一要务",服务基层,当好党委的"参谋"。政治工作无小事,虽然都是具体、实在、平凡的工作,但它们都牵动着监狱的每根神经。作为政治工作者,必须时时事事处处坚持重实际,说实话,办实事,求实效。无论是干部调配任免、教育培训,政治思想宣传或办文、办会、办事都要服从服务于"第一要务",紧贴监狱发展实践中的重点、难点、热点问题,具体地说要在参谋服务中抓好四个环节及时向党委提供信息建议。三是掌握监狱整体工作发展的基本动态。经常为领导提供必要的参考资料。四是精简文件,合并会议,减少应酬,使领导中精力抓发展。

(作者单位:湖南省女子监狱)

努力使思想政治工作体现"人文关怀"

迟之禄

作为国有企业尤其是大中型企业,以"人文关怀"精神,找准践行"三个代表"重要思想结合点,开创新时期思想政治工作新局面,是当前学习贯彻党的十六大精神和"三个代表"重要思想的具体体现;坚持立党为公、执政为民的根本要求;是贴近实际、贴近生活、贴近群众,思想政治宣传工作的根本方向;想群众之所想,急群众之所急,做群众之所需,以"群众利益无小事"为出发点,为广大群众把好事办好,实事办实。最大限度地调动广大群众的积极性和创新精神,是促进国有企业快速、持续、健康发展的有力保证。

大力坚持和提倡"人文关怀"精神,就是始终坚持以人为本,以人为中心,以"人文关怀"为主体的真诚感情投入,紧紧抓住以"人性化"为切入点,把以往做思想政治工作的被动型、保守型变为主动型、进取型。全心全意为职工服务,营造思想政治工作的硬环境和软环境。建立激励机制,实现企业领导层以"关心职工的感情投入换

取职工用感情回报企业”之目的，这是以心理学学说的原理充分调动职工的积极性和创新精神，以增强企业界凝聚力、感召力和战斗力，实现企业利润最大化、股东回报最大化、职工收入最大化的作用。

所谓硬环境，就是营造职工们的居住环境、工作环境、绿化环境、人文环境等；所谓软环境，是最重要的环境，是以“人文关怀”为核心，营造员工“生存环境”，即“薪酬制度”；“发展环境”，即个人发展的空间和发展前途。用通俗的话讲，就是“钱”“前”两个字。“钱”即职工的工资收入，“工资收入”是企业职工的唯一“生存来源”，每月的工资收入多少，就构成“生存环境”的物质基础。“存在决定意识，物质决定精神。”所以说“钱”的数额定位，随着经济持续发展，员工们的收入“是否也与时俱进”，这是激发和推动职工积极性的首要条件。其二是“前”，即前途，前程，泛指个人进步发展的时间和空间。目前主要指企业的领导层、管理层、专业层、操作层四个层次人员的发展空间和发展时间，主要指技术晋级、职称晋升、人才重用提拔这些关键环境的营造。让这四个层次人员觉得在这个企业工作，有一种“跳起来能摘到桃子”的期望值。让这四个层次能够实现这个期望值的大好环境和机制就是推动人们朝气蓬勃朝个人发展的核心问题，具体地讲，就是“人文关怀思想政治工作平台”，“授人以鱼，不如授人以渔”。职工们在这个具有“人文关怀”的环境中工作，“跳起来能摘到桃子”，能够实现自己的理想前途、能够提高自己的政治素质、技术素质、专业素质，使自己的职务职称能够得到升迁，能使自己实现“双赢”的效应。最终达到个人收入、成长进步最大化，企业利润最大化的“成果共享”新局面。

构筑“人文关怀思想政治工作平台”，有一定的形式和内容。内容决定形式。也可以是一种机制，这种机制是一种激励型的，催人奋进的机制。由企业领导层搭建，“人文关怀思想政治工作平台”，而且更要在思想上构建“人文关怀思想政治工作平台”。国外大公司成功的经验之一就是把“人文关怀”放在第一位，这是因为员工是企业的“生命线”。他们深知：要给予个体员工以诚挚的关怀、关心和爱护。尊重劳动、尊重知识、尊重人才、尊重创造，到最后“最大的赢家”还是企业，这就是辩证法。

应该清楚地看到，由于“人文关怀”不到位，目前国企人才正源源不断地流向三资企业。据有关部门统计，仅北京150户中型企业，自1982年以后引进的大学本科以上学历人员流失率高达64%，大多数流入外资合资企业。“我们国有企业有很多人才，但我们这里没有被看做人才，而他们离开国企之后又被证明确实是人才。我认为我们国家现在最雄厚的、最有希望的资本就是人力资源。怎么弄好这一块，需要认真地采取措施。”这是首钢党委书记、董事长朱继民感慨之言。同时，也道出了国企尤其是特大型企业领导层们如何激发和调动人才积极性，留住人才，振兴企业，这是如何回答并必须回答的重大课题。这个课题的答案就是“人文关怀”的具体实践。

（作者单位：中国石化集团管道储运公司，河北沧州输油处）

打造思想政治工作“产品”

许文祥　崔　波

我们黑化集团公司地处祖国北疆黑龙江省齐齐哈尔市，是国家大型企业，黑龙江省十大企业集团之一。全国先进基层党组织、全国思想政治工作优秀企业。

近几年，我们的思想政治工作始终坚持以“三个代表”重要思想为指导，与时俱进，创造效益和价值，尤其是通过把握时代脉搏，洞察职工需求，打造思想政治工作“产品”，极大地焕发了职工群众蕴藏的积极性和创造力，使企业在加入WTO后不仅没有败下阵来，而且日子越过越红火。现在，我们公司不仅生产稳定，而且产品销售顺畅，回款及时；新产品阳极焦、改质沥青、多孔硝铵、双氧水等远销到俄罗斯、日本、韩国等18个国家和地区。2002年销售收入增加2亿元，利税增加3000万元。

我们打造思想政治工作的“产品”，是基于市场经济的锤炼，本着“与时俱进，真功实做，创造效益和价值”而考虑的。我们认为，在市场经济条件下，面对加入WTO的新形势、新特点，思想政治工作要想在企业的经济发展中更好地发挥出明理知情的疏导功能、沟通心灵的调节功能、稳定人心的凝聚功能、团结稳定的激励功能，创造效益的驱动功能，必须找到一条乐于被职工所接受的途径。这条途径就是把职工需求作为“市场”打造思想政治工作“产品”，并把这一“产品”销售给职工。这样才能收到思想政治工作应有的优势作用。

实践中，我们的作法是：

一、精挑细选思想政治工作“产品”的“原料”

好的产品必须有好的原料。既然思想政治工作是以人为本的工作，那么思想政治工作“产品”必须是以人为本的“产品”。所以，打造思想政治工作“产品”，更需要在“原料”上精挑细选。我们主要是从三个方面选择思想政治工作“产品”的优质“原料”的。

一是对上选择主旋律“原料”。学习贯彻党的路线、方针、政策无论什么时候都是思想政治工作的主旋律。思想政治工作“产品”的打造，必须把主旋律“原料”的选择作为首选目标。“三个代表”重要思想是加强和改进新时期思想政治工作的指导方针和行动纲领，是立党之本、执政之基、力量之源。所以，我们在选择思想政治工作的“原料”实践中，把学习贯彻“三个代表”重要思想作为头等重要的标的。为此，我们加强了对头等重要标的的领导。集团公司党委书记是学习贯彻“三个代表”重要思想的第一责任人，党委副书记是主要负责人，亲自挂帅抓“三个代表”重要思想的学习和贯彻。我们做出了对头等重要标的的安排。2002年年初集团公司党委以1号文件的形式，下发了学习贯彻“三个代表”重要思想、加强党的建设和思想政治工作两个《要点》，从而使学习贯彻“三个代表”重要思想纳入了制度化、规范化、标准化的轨道。我们深化了对头等重要标的的推进。集团公司党委将组宣办等党群部门分成若干个推进组，负责推进全公司22个直属党组织学习贯彻“三个代表”重要思想。我们还通过办书记班、行政领导班、工会干部班、宣传骨干班等形式强化领导干部和宣传骨干对“三个代表”重要思想的学习。特别是我们为了使“三个代表”重要思想的学习贯彻上水平、上层次，去年以来先后3次请齐齐哈尔市委党校、讲师团的教授为全公司700多名副处级以上干部和具有中级职称以上人员进行辅导。

二是对外选择生命力“原料”。黑龙江省在“一次创业”中，孕育了令我们深感骄傲和自豪的大庆精神、铁人精神、北大荒精神、突破高寒禁区精神；在“二次创业”中，又涌现出来特别值得我们学习的好典型。同时，在发达省份也有先进经验。我们认为所有这些宝贵的精神财富，都是我们打造思想政治工作“产品”的极富生命力的“原料”。选择这些富有生命力的“原料”，我们主要通过坐下来、请进来、走出去的方式进行。前不久我们集团公司董事长、总经理阎树忠同志随黑龙江省党政考察团赴浙江、福建考察了13天，受益匪浅，回来后为全公司干部上了一堂生动的学习先进省份经验、大力发展黑化的教育课。我们还在2002年7月份，组织优秀党员赴全国实践“三个代表”重要思想的先进典型、龙江第一村——甘南县兴十四村，学习他们艰苦奋斗的精神。我们还组织全体政工干部到大庆铁人纪念馆参观学习，并在铁人王进喜同志的巨型塑像前，举办了“弘扬铁人精神，干好黑化大业”的敬献花篮的主题活动。这些作法为我们做好思想政治工作开拓了一片广阔的新天地。

三是对下选择鲜活的“原料”。思想政治工作的重心在基层。基层的广大干部、党员和职工群众，以他们的首创精神不断地丰富着思想政治工作的“百花园”。我们打造思想政治工作“产品”，既要选择主旋律“原料”，生命力“原料”，同时也要下大气力选择来自基层的鲜活的“原料”。这样，思想政治工作“产品”的“原料”才能够厚重而富于时代感。实践中，我们通过开展“下基层活动”去发现思想政治工作产品的鲜活“原料”。下基层，我们首先从领导干部抓起，集团公司的党委常委都在最基层车间建立了联系点，通过联系点了解和掌握那里的生产经营情况、思想政治工作开展情况和职工的思想动态。同时，对联系点的工作给予全面指导。我们还将500多名机关干部分成若干个服务队，不分白天黑夜地深入到操作岗位，倾听职工群众的呼声，了解职工的意愿，帮助职工群众解决急需解决的实际问题。特别是我们还在全公司的中层干部中大力倡导了“双休日、节假日，到单位走一走、看一看、转一转”的奉献精神，并且经过十几年的坚持业已在全公司中层干部中形成了一种时尚。我们通过开展思想政治工作论文征集活动集纳鲜活的“原料”。我们黑化集团公司政研会，是2000年至2001年中化政研会表彰的先进单位。我们政研会之所以能成为先进单位，一个很重要的原因就是我们政研会做到了活动不断，特别是在集纳鲜活的思想政治工作“原料”上成效卓著。去年，政研会以“面对加入世贸组织，如何加强和改进思想政治工作”为主题，在全公司广泛地开展了论文征集，共征集到论文120多篇，并在年会上择取优秀论文进行了深入交流。

二、强劲研发思想政治工作“产品”

思想政治工作“产品”不是凭空产生的，它必须在占有了丰富“原料”的基础上，针对职工需要这个“大市场”，化无形为有形，变抽象为具体，变空洞为生动，化虚功为实功，而不断地研究和开发。这样的思想政治工作“产品”才能够让职工看得见、摸得着，更加富有生机和活力。也只有这样，思想政治工作“产品”才能够起到激励人、鼓励人和鞭策人的重要作用。

我们为了使思想政治工作“产品”尽可能多地成为精品，重点加强了三道工序的控制。

一是在机制上保证研发。当前，一些企业在精减机构，压缩人员上，往往把政工部门作为首砍目标。我们黑化却反其道而行之。虽然企业也多次进行减员增效，但是政工部门始终做到了组织部、宣传部、办公室分设，而且选调精兵强将配齐配强这些部门。我们还在领导体制上做到了纵向到底，即，集团公司党委书记是抓思想政治工作的第一责任人，党委副书记是抓思想政治工作的主要责任人，总政工师是思想政治工作的总规划人和设计人。同时，22个直属单位配备了专职党的书记，93个党支部配备了专兼职书记，从而使思想政治工作做到了层层有人抓,事事有人管。

二是在经费上支持研发。搞产品的研究和开发,必须有必要的投入。思想政治工作"产品",同样也离不开经费的支持。我们在研发思想政治工作"产品"上,总是力求以有形的投入换来无形的效益,每年投入到思想政治工作中的经费都是相当可观的。我们投资兴建了厂内广播站、电视台,办起每旬一期的大版《黑化报》,创办了《黑化科技》杂志。我们还投资30多万元将电视台的模拟设备全部更换为数字化设备,特别是电视编辑系统采用了北京博慧的技术。现在我们黑化电视台的新闻制作水平,已经接近或达到专业台的水平。我们投资100万元,组建了黑化百人军乐团和文工团,每当重要节日庆典到来的时候,这两支队伍就分别把它们雄壮的军威和优美的声乐敬献给全公司职工。特别是我们黑化的军乐团,由于演奏效果好,现在已经名声远播。中国齐齐哈尔两届绿色食品博览会暨观鹤节开幕式的前导曲都是由我们黑化的军乐团担任。在黑龙江省第九届运动会上,我们黑化军乐团也一展雄姿,极大地层示了前进中的黑化人的时代风采。除此之外,我们每年用于宣传思想政治工作的经费都在40万元以上。正是因为我们肯于在思想政治工作上投入,才使我们思想政治工作"产品"的研发成为可能和现实。

三是在过程中深入研发。我们集团公司党委每年初都召开一次党委工作会议,对全年的党的建设和思想政治工作进行总体部署。我们还做到了每月召开一次党政联席会议,专题研究以什么样的思想政治工作"产品",扣紧经济工作中心,推动经济工作发展。同时,在联席会议上,还对各基展单位开展思想政治工作的情况进行认真的研究,把成形的好经验提升为"产品",在全公司推广。对某一方面有亮点的单位,我们以"亮点组合"的方式,定位为"组合型"的"产品",并通过实践的检验,逐步将"组合型产品"转化为思想政治工作的"定型产品"。我们在思想政治工作的研发上,还充分发挥职能部门的作用。我们要求党委宣传部成为思想政治工作"产品"的加工厂。不仅要生产好指导性"产品",而且要搞好"来料加工",生产好典型经验"产品"。去年以来,党委宣传部按照集团公司党委在加强和改进思想政治工作中提出的真功实做,创造效益和价值,实现"市场化"和"产品化"的要求,通过经常性的深入基层检查指导掌握的第一手材料,加工了一些富有生命力的经验型"产品"。其中,实干型"产品"有焦化厂的《我是党员看我行动》;旗帜型"产品"有各单位共产党员无私奉献写真《党旗飘飘》;效益型"产品"有塑编公司的《抢滩制高点》;精神型"产品"有焦油车间的《升值的实践》;激励型"产品"有炼焦车间的《"生命线"的旋律》;凝聚型"产品"有碧碧肥公司的《叫一号好使》;组合型"产品"有几个基层党支部打造思想政治工作"产品"的集锦《亮丽的"产品"线》;等等。

功夫不负有心人。由于我们黑化集团公司党委在思想政治工作"产品"研发上始终保持强劲的态势,所以不但生产出了一些阶段性"产品",而且打造了一些名牌"产品",引起了社会广泛关注。

群众满意"产品",受到了原中组部领导的高度肯定。我们的群众满意"产品"主要由3个要件构成,即孩子、房子、票子。在孩子问题上,我们通过发展生产、新上项目,千方百计地解决了1000多名职工子女就业;在房子问题上,我们通过企业补一点、职工拿一点的方式,不断地加大住房建设速度,现在职工的住房面积已由人均不足4.5平方米增加到人均15平方米。在票子问题上,我们通过发展生产增加职工收入,使职工的年收入由1993年的人均不足4000元,增加到人均年收入近万元。这个收入跟发达省份比显得很低,但是在欠发达的齐齐哈尔节已经相当可观。原中组部副部长虞云耀在到我们黑化视察时,对此评价说:"黑化党委头脑中有党,心中有群众"。

"六在前""产品"成为舆论关注的热点。"六在前"是我们集团公司党委为保持党员的先进性而采取的措施。"六在前"即,"平凡工作干在前,脏活累活抢在前,危险时刻冲在前,职工困难帮在前,思想工作做在前,荣誉待遇让在前"。

效益型"产品",为企业发展起到了强力驱动的作用。我们的效益型"产品"体现在"四抓"上,即,"管理重点抓班组、党建重点抓党员、效益重点抓干部、发展重点抓技改"。通过"四抓"的深化,焦化厂在回收车间开不起车的情况下,组织了党员服务队,经过服务队同志的集思广益很快解决了制约停车的故障,为回收车间配合下道工序生产出口俄罗斯的改质沥青、蒽油等大宗产品赢得了宝贵时间。通过"四抓",炼焦车间党支部针对新投产的3号焦炉冬季水封易冻的设计缺陷,组织党员提合理化建议,很快形成了改造方案,并在付诸实施后解决了这一问题。通过"四抓",全公司的管理又上了一个台阶,班组管理实现了标准化,设备物见本色,玻璃光亮透明,各项基础工作扎实稳进。

此外,我们的观念更新产品,即"利益决定人心,人心决定成败","企业的发展高于一切,'三个有利于'标准决定一切,职工群众的利益胜过一切,生产力的标准检验一切";"三全"对接"产品",即"思想政治工作在围绕经济工作中心时要做到,全过程围绕,全领域跟多,全方位参与";干部"六多""产品"。即"工作创新点子多,身先士卒奉献多,严格管理办法多,科学决策论证多,完成任务效果多,群众困难解决多"等等一些"产品"也都在推进企业的发展中起到了不可估量的重要作用。

三、抢占"市场"推销思想政治工作"产品"

思想政治工作"产品"研制出来后,必须以职工需要为"市场",抢占这个"市场",并且把"产品"销售到这个"市场",这样才能充分地把思想政治工作的优势发挥出来。销售渠道可以多种多样,我们主要采取了三种方式。

一是大力实施网络销售。我们集团公司党委,为了形成党政工作齐抓共管的"大政工"格局,建立了严密的思想政治工作网络,即,集团公司党委书记、副书记总牵头、各直属党组织书记和车间党支部书记具体组织实施,班组设立政治宣传员传达贯彻,业务部门指导和督办检查,并将情况及时反馈。我们在销售思想政治工作"产品"时,充分地利用了这个网络,并且在程序上做到了集团公司党委在推广思想政治工作"产品"时,先召开直属书记会向直属书记推广,直属书记再向支部书记推广,支部书记再送"货"到班组,从而使思想政治工作"产品"的推广横向到边、纵向到底,杜绝了盲区。

二是科学地实施载体销售。这方面,我们主要是抓住了两个重要的环节。首先,以媒体为载体推广思想政治工作"产品"。我们在《黑化报》、黑化电视台、黑化广播站上开辟专栏,经常性地宣传集团公司加强和改进思想政治工作方面的部署,基层单位开展思想政治工作的好经验。特别是我们在今年年初召开的一次党建和思想政治工作经验交流会上,将各单位的经验录制成专题片,并在他们介绍经验时同步播放,这既使听众感到新鲜,也使我们巧妙而科学地将思想政治工作"产品"了推广出去。其次,我们通过开展一些寓教于乐、寓教于文、寓教于学的各种活动,推销思想政治工作"产品"。

三是严格地实施制度销售。为了使思想政治工作"产品"能够推广出去,收到应有的效果。我们还十分注重加强思想政治工作的制度建设。制定了许多行之有效的制度,并在实施过程中体现制度的严肃性。比如,我们为将理论"产品"推广出去,坚持10年每周五下班后利用一个小时的时间组织全公司副科级以上干部和具有中级职称以上人员参加政治学习。曾经有两位中层干部因多次无故不参加学习而被免去了职务。2002年,我们又按制度的要求扣发了4位擅自不参加学习的同志的岗位工资,并通报全公司。

(作者:黑化集团公司党委副书记,宣传部部长)

关于建立我市人民内部矛盾纠纷应急管理体系的思考

叶育长

党的十一届三中全会以来,通过始终坚持贯彻执行"抓住机遇、深化改革、扩大开放、促进发展、保持稳定"的方针,广州市的经济和社会建设取得全面发展。尤其今年以来,既取得了"抗非"工作的阶段性胜利,又保持了经济高速发展。2002年1至10月,经济增长速度达到14.9%,创下8年来的新高。而随着改革开放的不断推进,经济格局的战略性调整,一些涉及到人民群众切身利益的深层次问题也不断出现,引发了许多新的矛盾纠纷调解格局,建立新的纠纷应急管理体系,防范和化解各类矛盾,维护广州的社会稳定,实现率先、协调、加快发展。

一、新形势下广州市人民内部矛盾纠纷的基本情况

根据矛盾纠纷发生的地域、行业分布情况,可划分为以下三种类型:

(一)有关城市问题的矛盾纠纷。其中,劳动关系纠纷总量列居全国省会城市之首。据统计,2003年上半年劳动部门接访劳动纠纷4.2万批次,比去年同期上升12%;劳动监察部门参与处理的30人以上的群体性劳动纠纷事件176起,比去年同期上升66%。劳动纠纷占全市矛盾纠纷总数的32%,占全省的五分之一。这类纠纷中,以交通行业的出租车管理纠纷、环境卫生行业的劳动合同纠纷、企事业离退休人员待遇引发的纠纷影响最大;以建筑、饮食等劳动密集型企业发生的纠纷最为频繁。此外,征地拆迁纠纷及房产纠纷是广州市第二大类的矛盾纠纷。在征地拆迁安置、危房改造、物业管理、房改、房产证发放、商品房市场管理等方面发生的纠纷,占全市纠纷总数的24%。其中,以征地拆迁补偿问题引发的矛盾纠纷影响最广、频率最高、冲突强度最大。

(二)有关农村问题的矛盾纠纷。主要表现为山林土地、宅基地权属、联宗祭祖、村社选举、出嫁女待遇、村社干部作风问题、集体分红、土地发包等造成的纠纷,且往往容易演化为大规模上访及械斗事件。此类纠纷占全市纠纷总数的30%,个别区因家村问题引发的矛盾纠纷更是占了40%多。

(三)涉及金融问题的矛盾纠纷。主要是非法集资纠纷。这类问题主要包括带诈骗性质的高息集资、金融机构违规高息集资、非金融机构经营和长销的债券不能按期兑现、非法传销等,其涉及的金额巨大、牵涉人数众

多、时间跨度长，成为引发长期反复上访、闹事，甚至上京上访的源头之一。比较突出怕有“新东方公司非法集资”事件，集资户上访次数达200余次。

二、人民内部矛盾纠纷的主要特点

（一）参与人数多、规模大。随着利益格局的深刻调整，具有相同利益关系的社会成员对利益问题更易产生共鸣，而致我市矛盾纠纷的群体性特点日益明显。上访者动辄几十人上百人，甚至几百人。一些群体性事件引起连锁反应，如围绕劳动纠纷问题的群体性事件还出现了互相攀比闹大的现象。据统计，2003年1－10月，全市共发生30人以上的重大群体性纠纷事件共319宗，100人以上的大规模越级上访共27批4133人次。重复上访、越级上访居高不下，占全省首位。

（二）矛盾主体多元化。参与群体性纠纷的不仅有工人、农民、学生、离退休干部、个体工商户，还有转业，退伍军人等，少数地方还出现了上访“专业户”、受托上访户。值得注意的是，涉及“三方面人员”的矛盾纠纷增多，据近期排查，广州“三方面人员”的纠纷及隐患共有50多宗，涉及47个单位的1368人，其中参加过上访的有700多人。

（三）涉及领域广。许多矛盾纠纷往往是经济利益、政治待遇的矛盾相交织，个人利益和群体性利益相纠结，互相渗透，牵一发而动全身。群众要求解决的，有的是历史遗留问题，缺乏政策、法律依据，处理起来比较棘手；有的是跨地区、跨部门的人民内部矛盾，仅靠调处部门解决不了；有的是多数人的过激行为或一般违法行为，与少数人的严重违法行为纠缠在一起。此外，涉外纠纷也呈逐年增多之势。

（四）表现方式日益尖锐。与以往群众的情绪及采用的方式较为温和不同，现在参与群众性事件的群众情绪往往容易失控，行为方式日趋激烈。有的参与者穿戴着印有统一请愿口号的衣帽；有的采取损坏公共财物、打砸金融营业网点、围堵党政机关、堵塞交通、拦截领导车辆、围困企业管理人员、谩骂和殴打政法干警及政府工作人员等过激行为，甚至出现了威胁政府工作人员生命安全的现象。

（五）组织化倾向明显。不少冲突事件背后有人操纵指使。有的群体性事件在发生前都有领头人物组织策划，有的甚至有统一的口号和行动方案；有的群体性事件的组织者还用金钱或物质来刺激、拉拢群众。

三、人民内部矛盾纠纷的成因

（一）政府控制能力降低。广州作为改革开放的先行区，随着所有制结构和经济结构调整力度的加大，政府管理和控制社会的能力已越来越受到限制，依靠其提供诸如工资、服务、福利等各种资源显然并不可能。与此同时，许多群众仍然保持着在计划经济时代养成的对政府的全面依赖。两者之间的不协调导致了许多矛盾纠纷的出现。如纺织、机电等国有企业在关、停、转、并过程中，因无法按政策解决下岗职工和离退休人员的社保费、计生费、生活补贴等引发的矛盾纠纷等。

（二）政府官僚作风严重。一些单位和部门群众观念淡化，漠视群众呼声，忽视群众利益，不履行职责，存在互相推诿扯皮的官僚主义作同，对群众正常反映的问题敷衍塞责，使群众投诉无门，本应在基层解决的一些合理要求，长期得不到重视和解决，结果导致群众产生了“大闹大解决、小闹小解决、不闹不解决”的错误认识。

（三）政府行政效能低下。部分单位不依法依规办事，侵害了群众的利益。如在拆迁安置中，出现安置不及时、安置房质量差、拖欠拆迁补偿费等现象；有的地方没有按规定实行村务、厂务公开等等，导致干群矛盾激化，直接引发群体性事件。

（四）政府纠纷管理手段滞后。一方面是立法滞后，有些方面甚至还是空白，导致新的矛盾和问题处理起来缺乏法律依据。如拖欠工资引发的纠纷，目前只能依据省、市政府的文件进行处理，要求出租方或主管部门垫付被拖欠的工资，不仅法律依据不足，而且使出租方也变成受害者之一，从而引发连环纠纷。另一方面是执法不严。一些问题虽有相关法律依据，但在实际执行过程中存在司法不公、审理时间长、执行难等问题，使群众对诉诸法律解决矛盾的信心不足，因而存在上访、闹事现象在所难免。

四、建立人民内部矛盾纠纷应急管理体系的必要性

目前，对于各种人民内部矛盾纠纷，我们基本上仍沿袭传统的管理体制，即运用一体化的“限制型管理”和“配给制服务”方式来应对各种纠纷事件，通过政府的力量来解决争端、化解矛盾纠纷。应该说，这种纠纷调处方式在计划经济时代确实产生过积极的作用。但是，随着广州市改革开放的不断深入，市场经济环境的不断发展，其弊端也随着产生：

（一）政府统揽模式使传统纠纷管理体制出现资源缺乏，导致调处效率不高。长期以来，我国政府一直奉行一种“全能政府”的政治理念，将群众的生老病死一包到底。一旦发生矛盾纠纷，政府凭借其对社会的绝对控制能力和干预能力，在短期内消除政府与群众之间、不同社会群体之间的利益差异，实现当事人对调处结果的服从，迅速解决所面临的政治、社会危机。但是，经过二十多的市场化改革，我国的社会权力格局已经发生了深刻的变化。“全能政府”的神话被打破，其行政权力不再是唯一中心，政府对社会和资源的控制权力受到了限制，许多社会组织和个人对政府依赖性大大降低。在这种情况下，政府基本上无法动用有效的人力、物力、财力资源去应付

各种矛盾纠纷，其处理效率往往很低。

（二）政府统揽模式使群众自我救助能力降低，导致调处效果不佳。政府功能的无限扩大，使群众在遇到各种矛盾纠纷时，只有依靠政府才能满足自己的基本诉求，保障自己的合法权益；当前尽管“全能政府”变成了“有限政府”，但由于我国的法制建设仍然相对滞后，以及受习惯性思维观念和行为模式的影响，一旦发生矛盾纠纷，群众对政府的依赖性仍然很强，“宁访官不访法”，首先想到依靠政府来解决问题。而我们的政府也或多或小地抱着原来的观念，千方百计希望解决所有的问题。长此以往，群众的自我救助能力逐渐衰退，在矛盾纠纷中丧失了许多自我处理的机会。

（三）政府统揽模式使调处公信力降低，导致机制失灵。在纠纷管理体制中，强调政府功能的无限化，造成的一个最直接和突出的后果就是，在极大程度上强化了群众对政府的全面依赖性。但是，这种依赖性潜藏着极大的危机，其中最重要的就是管理资源配置的重复性和浪费性。一方面，每个群众都希望自己的困难和问题得到政府的关注和解决；另一方面，政府却因依赖者众多导致管理资源短缺、疲于应付。一旦政府没有解决好问题，群众就会对政府的能力产生怀疑甚至不满，对政府失去信心，最后依靠个人意志去行动，发生集体上访、静坐等群体性行为，使矛盾纠纷扩大或升级，制造或加剧危机，从而形成了一种非良性循环现象，使整个纠纷管理体制失去控制，陷于瘫痪。

五、处理人民内部矛盾纠纷的对策措施

总结广州市排查调处人民内部矛盾纠纷经验和教训，以及借鉴外地及国外的相关理论和实践，我们认为，要做好新形势下的人民内部矛盾纠纷排查调处工作，关键在于建立体系，及时疏导、缓解、防范和处理人民内部矛盾纠纷。

（一）迅速建立政府、社会协同合作的人民内部矛盾纠纷应急管理体系。市场经济的发展和社会力量的壮大，对政府的社会管控模式提出了更高的要求，政府主导、依托社会的人民内部矛盾纠纷应急管理体系的建立已是迫在眉睫。要着力做好以下几点：

1. 强化政府在应急管理体系中的主导地位。充分利用政府掌握的行政资源、管理技能和服务网络实现应急管理的统一高效，以满足群众利益期待为中心，不断加强服务协调职能。司法行政部门作为行使调处职能的应急管理机构，必须实现从纠纷的“统揽者”和事必躬亲的“划桨者”到规划、引导相关部门和单位处理纠纷的“掌舵者”的角急转变，通过在市司法局设立市人民内部矛盾排查调处协调指挥中心，真正赋予其统一协调指挥、统一调配各调处办成员单位的各种资源和设施的机权力，确保各种跨区域、跨行业的矛盾纠纷顺利得到解决。

2. 发挥社会团体在应急管理中的重要作用。利益平等和行为自治是市民社会的重要特征，而各种民间社团则对群众的利益诉求和使权行为起着积极的规范作用。应以多种形式吸收和引导社团组织参与社会应急管理工程，赋予权益，明确职责，增强其自我服务、自我规制、自我救助的能力。

（二）全面提高基层和群众的应急管理能力。要有效解决因利益格局调整导致的社会失序和心理失衡问题，在做好做好政府指导和社会救助的同时，必须积极提高基层和群众的危机自救能力。可从两方面着手：

1. 加强基层自治组织建设。强化基层单位和行业部门的分权决策和合作管理制度，在按属地管理原则将应急管理决策机制重心下移至地方政府的同时，实行基层组织和行业网络间的应急联动。调整充实各级应急调处机构，充分发挥其在法制教育、政策宣传、知识传播、心理抚慰方面的功能。

2. 提高群众的自我管理能力。要加强群众自我管理的制度化建设，以法律形式对群众自我管理内容、方式、途径、程序等作出明确规定。建立健全群众自我管理的方法和渠道，充分尊重群众在管理过程中的合法权益和主体地位，营造有利于群众自我管理的政治文化，保持和增强其在重大突发事件中进行理性思维和行为选择的意识及能力。

（三）不断增强应急管理体系的公信力。人民内部矛盾纠纷应急管理体系能够顺利运转，充分发挥其作用，关键在于其公信力。如果政府、社会对这个体系失去信心，那么，各类矛盾纠纷不但得不到解决，可能还会扩大升级，以至引发社会政治危机。要树立应急管理体系的公信力，可以采取以下手段：

1. 运用信息手段，做好收集和甄别，确保人民内部矛盾纠纷信息的准确、及时和全面。要进一步明确和细化各单位、各部门的纠纷信息报告责任、标准、程序、时限、协作等具体要求，坚持以“12348”法律服务专线为载体，加上律师、公证、法律援助、人民调解等资源整合，加强对矛盾纠纷隐患的预测排查，及时获取深层次、内幕性、动态性的纠纷信息，为矛盾纠纷的处理提供有效果信息依据。

2. 运用技术手段，建设优质快捷的信息传输系统，确保各种调处资源和职能的配置合理有效。首先，必须利用广州市实施政府上网工程的有利时机，完善司法局的“一站式电子政务系统”，实现全市人民内部矛盾纠纷信息的网上交流、沟通、处理。其次，必须积极创建内部调处信息资源数据库，及时公布各种矛盾纠纷信息的技术分析和处理政策，为应急决策提供准确、科学的依据。

3. 运有制度手段，形成共同负责的责任机制，确保应急管理体系成员单位之间的合作共治。要进一步加强人

民内部矛盾纠纷排查调处工作的规范化建设。通过制定紧急状态下的法律法规，赋予各给调处部门必要的控制权力和手段，迅速恢复社会正常秩序。各调处办成员单位也要根据本部门的纠纷热点、难点问题，加快建立相关的调处法规、政策。

（作者：广州司法局党委书记、局长）

企业思想政治工作必须坚持“四性”

符茂师

深化改革，扩大开放，发展社会主义市场经济，使我国人民的社会经济和政治生活发生了巨大而深刻的变化。在我们的社会物质财富日益丰富，人们的文化生活水平显著提高的情况下，也出现了各种文化和观念的相互激荡，给党的思想政治作提出了一系列严峻的挑战：一是竞争加剧，职工的效益、效率意识强化了；二是信息周转循环速度加快，职工知道的新鲜事物增多了；三是职工对企业的依附程度下降，自我中心观念增强了；四是职工的思想观念呈多元化发展，思想政治工作难度加大了。在挑战与机遇同在的今天，如何把职工的主动性、积极性和创造性引导到本职岗位上来，是企业思想政治工作面临的新课题。要解决这个新课题，就必须坚持“四性”。

一、结合性

思想政治工作与经济工作的关系，表现为紧密的同一性。思想政治工作要贯窗经济工作的全过程，经济工作的难点作为思想政治工作的突破点。市场经济客观现实给思想政治工作提出许多新的问题，也成为思想政治工作的归宿和落脚点。因此要求思想政治工作必须紧紧围绕经济建设这个中心进行，凝心聚力。思想政治工作者要了解熟悉这个中心，研究掌握这个中心，进入融入这个中心，要跳出“自我循环”的小天地投入经济建设的“大循环”，紧贴企业的中心工作，为国企脱困、扭亏增盈服务，为生产经营服务，是企业思想政治工作进入主渠道，掌握主动权，打好主动仗的关键。一方面，职工群众的许多思想问题都与生产经营相关联，发生在生产经营的各个环节，思想政治工作必须围绕生产经营来展开。另一方面，企业的生产经营离不开思想政治工作，必须有思想政治工作保证，企业思想政治工作的生命力在于这两个方面的有机结合，如果结合不到一起，就没有生命力。思想政治工作每项内容，既要贴紧企业生产经营中心，找准与业务工作的结合点，服务、服从于经济工作，使思想政治工作融合、渗透到企业管理工作的每个方面，努力贴近生产，贴近生活，贴近现实，接近职工，又要从讲政治的高度，坚持原则性，唱响主旋律，不降低工作标准，确保思想政治工作与其它工作能合谐一致，同频共振。去年以来，立才农场党委结合生产经营开展思想政治工作，十分注意在渗透上下功夫。渗透到哪里？就是渗透到生产经营的产、供、销和管理，分配之中，渗透到割胶、制胶等各工序、各环节，渗透到劳动竞赛的活动中，渗透到医院、学校、管理区、生产队、班组等各个生产组织中，使生产经营和思想政治工作融为一体。

二、关键性

就是要抓住企业主要矛盾和主要问题的关键点。找准时机掌握火候，下力气，下功失。关键点有两个方面：一是关键时刻。如企业的经营方案、新的改革出台后，生产的高峰期、奖金分配、企业重大问题的发生捍等等，在国企改革的关键时期，特别要抓好改革的超前宣传、引导，为改革措施的顺利推进奠定思想基础。二是关键人。如企业的中层干部、业务骨干、党团骨干和立功受奖或被批、受处分者以及因产品质量度、技术等级检查有情绪的职工，要重视做好他们的工作，特别注意做好下岗职工和离退休人员的思想政治工作。当前，由于下岗等问题带来的人民内部盾比较突出，解决不好就会激化矛盾，就会造成社会不稳定，目前，我国的离退休干部数量已经越过历史高峰，随着干部退休制度的坚持、完善和人员老龄化，离退休干部在逐年增多。现在，离退休干部附带，出现了一些不同于在职工干部党员思想政治工作的新情况、新问题，需要我们抓紧研究，加强和改进思想政治工作。

三、务实性

要以高度务实的精神，健全思想政治工作的领导体制、管理机制、量化考核机制、责任落实机制，以切实有效的措施，将思想政治工作落实到实处。强调思想政治工作的“务实性”，就是要走出“思想政治工作的弹性大、指标软、干多少一个样”的误区、尽量把思想政治工作物化、量化。自去年以来，我场党委致力于“全保”的执行、巩固和发展。“全保”的涵义是：在场党委统一领导下，坚持党政工团齐抓共管，干部工人共同参与，以“两手抓、两都要手硬”为指针，以党的群众观点、群众路线为依据，以保证企业实现最佳人才效益和经济效益为目标，以全员、全方位、全过程、多次层、多渠道、多形式地开展思想政治工作网络体系。全员思想政治工作保证体系中的"全员",含有双重目标意义:一是把提高企业全员思想素质作为工作目标,切实做好每一个员工的思想政治工作;二是依靠全员的力量加强和改进思想政治工作,倡议每一个干部、群众都来做思想政治工作,以保证企业各项任务的完成。"全保"工作机制具有"四化"特征;队伍群众化,组织网络化,职责规范化,活动制度化。首先确定了党委侧重抓系统教育、行政侧重抓日常教育,工会侧重抓自我教育、共青团侧重抓文化教育的工作职责,形成了党委领导、党政工团交融互补的领导体制和教育体系。在此基础上,各单位按《管理办法》要求对各级"全保"组织机构及成员应履行的职责进行了细化和量化,使思想政治工作由难以检验的"软任务"变成了可资考核的硬指标。要按照邓小平同志"物质利益基础论",坚持解决思想问题同解决物利益问题相结合,给职工群众做出看得见、摸得着、说得出、感受得到的实事,把思想政治工作寓于对人的理解关心之中,渗透到生产、经营、管理、服务、分配和日常生活等各个细节中去。实际问题解决之日,常常是问题疙瘩解开、积极性焕发之时,立才农场党委去年以来,为职工办了十余件实事,职工深深感动,积极性空前高涨。去年产胶突破4000吨。今年继续保持增产态势,预计全年产胶可达4500吨,与1998年相比增产约1500吨。

四、层次性

就是要针对不同的工作对象选择不同的载体、不同的途径和不同的手段方法,注意分类别、分层次、分对象、因人而异,因时而异,因物而异,以人为本,以人为根,以人为首,一人一策,对症下药。当前为什么有个别单位会出现"领导台上作报告,台下睡大觉"?就是因为不接触群众的思想实际,抓不住群众心理,套话连篇,内容空洞,群众称之为"空对空",这种"理"讲得再多,只能是无效劳动。因此,我们在开展思想政治教育时,必须从人们的思想实际和工作实际出发,审时度势,根据变化着的实际需要,因人施教。既要解决突出的共性问题,又要考虑照应其个性,使思想政治工作之所"供"与人们之所"需"有效地连结起来,这样才能让人们听起来解渴,真正释疑解惑。随着改革的深入,一些深层次的问题和矛盾显露出来,热点多,难点多,职工群众的思想也极为活跃。在这种情况下,思想政治工作更要发扬密切联系群众、一切依靠群众的优良传统,因势利导,多做解疑释惑的工作,多做化解矛盾的工作,多做统一思想的工作,多做振奋人心的工作。要坚持民主原则和疏导方针,做到尊重人、理解人、关心人、帮助人。要与群众讲贴心话,讲实在话,倾听呼声,真正做到想群众之所想,急群众之所急,把党的政策和温暖送到群众的心坎上,从源头上解决思想顾虑,理顺情绪,使群众产生共鸣,自觉接受,从而增强思想政治工作的说服力、感染力。

(作者单位:海南省三亚市立才农场)

加强企业思想政治工作 促进经济增长方式的转变

赖慧兰

2002年10月11日党的十五届五中全会通过的第十个五年计划为我国经济发展提出了宏伟的规划,今后五年经济和社会发展的主要目标是:国民经济保持较快发展速度,经济结构战略性调整取得明显成效,经济增长质量和效益显著提高,为到2010年国内生产总值比2000年翻一番奠定坚实基础。要实现这一目标到底都与企业能否搞好有着密切的关系。企业思想政治工作就要适应这一新形势的要求,紧紧围绕经济增长方式的转变来开展,以确保企业奋斗目标的顺利实现。

一、加强企业思想政治工作,为实现经济增长方式的转变提供强有力的思想保证

首先,要提高对实现经济增长方式转变的必要性和紧迫性的认识。改革开放二十几年的发展,我国的经济规模已经相当可观。特别是我国又加入了WTO和成功申办2008年奥运会,更加显示出我国经济发展的强劲势头。但是也应考虑到,由于我国生产技术含量低,能源、原料消耗高,产品加工深度不够,经济增长的质量和效益不理想。在生产、建设、流通等各个领域,能源消耗高、资金周转慢、损失浪费严重、经济效益低的问题非常突出。这种粗放型的增长方式是当前经济生产中许多矛盾和问题的症结所在。随着经济效益低下问题的出现,再不断地扩大经营规模,靠大量消耗资源来促进增长是不合时宜的,也是不可取的。通过对经济增长方式转变的必要性和紧迫性的认识,以使职工有一种压力感和危机感,从而激发其为企业的生产、经营和发展献策,把经济增长方式的转变作为自己的自觉行动。

其次,唤起全体党员对江泽民"三个代表"重要思想的再认识,以"代表先进生产力"重要思想武装头脑。市场经济的发展离不开生产力的提高,群众看党员,党员带群众。提高生产力必须转变全体党员的思想观念。

再次,要突出抓好职工思想观念的转变。实现经济增长方式的转变,企业思想政治工作要突出抓好职工思想观念的转变。比如,市场观念,竞争意识,优胜劣汰意识,要教育职工正确处理个人与集体、个人与国家、局部与全局的关系。个人要服从全局,全局要统帅局部。再就是要唤起职工的参与意识。经济增长方式的转变能否顺利实现,在很大程序上取决于职工的参与程度。在这一时期,思想政治工作的重点,应转移到宣传经济增长方式转变的重要性与职工参与的必要性;企业发展与职工长远的切身利益的关系;职工应在企业发展中承担的责任和义务等的关系上来。以取得职工的理解和支持,从而以实际行动推动企业的改革和发展。

二、围绕经济增长方式的转变来开展企业思想政治工作

企业要提高经济运行的质量和效益,就必须实现经济增长方式由粗放型向集约型转变。实现经济增长方式的转变,企业就必须在生产经营、企业管理、技术创新、人才培养、开拓市场等方面下功夫。而上述各方面的工作是要靠人来干的;靠全体职工素质的提高来实现;靠企业全体职工极大的工作积极性来实现的。当今企业的改革,职工的下岗已成为焦点问题,企业的思想政治工作也就必须围绕焦点问题来解决。就是让大家明白,企业的效益来自于经济增长方式的改变,而改变这种增长方式就得在用人制度上实行大的改革,真正体现出能者上,平者让,庸者下;真正体现出打破铁饭碗、大锅饭的分配体制。对于那些原来工作稳定,因不能适应增长方式改革,不具备现代管理、生产、经营知识经验的人来说,势必造成很大的冲击,一部分人甚至被下岗、淘汰。可是,这些职工,并不一定是工作不好,而是不具备从事当前所从事的工作所必须具备的专业知识或经验及基本素质。所以,要让他们从思想上转变观念,做好其思想政治工作,围绕经济增长方式的改变,掌握工作所必须掌握的知识、本领,重新就业。这样,企业广大职工的积极性教育真正调动起来。总之,通过采取这种措施的办法,培养和造就一支既有政治眼光,又有经济头脑,既懂思想工作,又懂生产经营的"复合型"职工队伍。

按照企业发展战略,把握经营生产,决定工作内容,找准工作重点。帮助职工对企业的关、停、并、转有一个新的认识,必须认识到,无论是劳动力、厂房或机器设备,都只有投入到有效益的生产中去才是现实的生产力。反之,就会造成企业的人浮于事,管理不善,生产循环不良等,给人、财、物造成极大浪费,不利于新形势下生产经营的进行。只有充分调动各方面的积极性,用少的投入,才能取得高的效益。同时,必须坚持效率第一的观点。效率第一,才能有速度,有效益。就我们的一些企业来说,真正有用的,适合于现代企业管理和企业经济增长方式转变的人才比较缺乏,设备大都老化,技术改造滞后等。针对这些现实情况,我们就应该以强有力的思想政治工作焕发职工的热情,挖掘企业人才的潜能,振奋职工为企业奉献的积极精神。就需要我们把工作做到生产第一线去,把工作做到经营人员中去,把思想政治工作延伸到企业各个领域,不留任何一个死角,形成纵向到底,横向到边的工作网络:与生产经营、企业管理融为一体。从而激发职工群众自觉地学市场经济知识,学专业知识,学科学技术。从而用学到的、掌握的科学知识、管理方法进行技术革新、管理创新。充分利用好"开展合理化建议"及"我为企业出新招"等征集活动,为企业提高质量,降低消耗,增加效益,做出成绩,也就是为企业经营增长方式的转变做出贡献。

三、把企业思想政治工作渗透到经济增长方式转变的全过程

企业思想政治工作要紧紧围绕经济增长方式的转变渗透到生产经营的全过程。采取灵活多样的方法,充分发挥思想政治工作的能动作用,用思想政治工作的特有优势去教育、吸引、凝聚、激励、鼓舞广大职工群众,充分调动他们参与改革和生产经营的积极性和创造性。

1. 企业思想政治工作要主动围绕提高企业经济效益这个中心来进行。市场经济条件下,企业在竞争中求生存,求发展,首要的环节是要提高经济效益。没有经济效益的提高,企业也就失去了存在的意义和价值;没有经济效益的提高,职工就会开不出工资,下岗:没有经济效益的提高,就不能保证国有资产和集体资产的保值的增值,等等。企业的经济效益是企业生存的命脉,是立于不败之地的关键。因此,企业的思想政治工作要紧贴经济效益这个重点来抓,把思想政治工作开展到各个生产经营环节,参与到企业管理之中,并要充分发挥自身的优势,及时把握职工的思想脉搏,确定思想政治工作的重点,把其渗透到企业经济增长方式转变的全过程。

2. 企业思想政治工作要主动掌握和研究新形势下职工的思想动态和心理变化。由于社会主义市场经济体系的建立,新旧体制的转换,不同观念的碰撞,各种利益关系的调整,使不少职工思想的顾虑和困惑不断增加,各种问题层出不穷。思想政治工作要善于调查研究,分析预测,及时了解和准确把握各个时间不同阶层人员的思想倾向、心理变化、表现特征。抓住时机,找准病根及心理因素的思想根源,进行正确的舆论引导、政策指导和思想疏导,有的放矢地做好在社会主义市场经济下的思想政治工作。

3. 探索加强和改进企业思想政治工作,促进经济增长方式转变的新方法和新途径。社会主义市场经济的发展,改变了我们思想政治工作的传统环境,我们必须解决市场发育过程中一系列改革给广大干部、职工带来的思

想波动、利益矛盾、心理失衡等突出问题,进而为经济体制顺利转轨以及各项工作开展提供思想保证。面对新形势,企业思想政治工作既要继承优良传统,大胆吸收借鉴,更要开阔视野,扩展渠道,致力创造,务求实效。根据企业发展的要求和职工队伍发展的趋势,应尽量满足职工精神方面高层次、高品位的要求。要改变以往那种“重共性、轻个性”特点的传统方法,和“重理想性、轻现实性”特点的传统方法。运用科学的、先进的、适应新形势要求的方法,把职工中蕴藏着的巨大精神力量凝聚起来,激发起来,变无形为有形,力求潜移默化,搞活思想政治工作。使广大职工在市场经济的针对性、及时性、科学性以及实效性。

“发展才是硬道理”,企业的一切活动都必须以提高经济效益为中心。思想政治工作要贯穿于企业经济增长方式转变实现的始终,把企业各项决策变为职工自觉的共同意愿和行动,有效地调动职工的积极性、创造性,充分发挥职工的聪明才智,为促进经济增长方式的根本转变,提供强有力的精神动力和思想保证。

(作者单位:福建省永安市塑木制品厂)

国企改制重组中职工思想政治工作的思考

黄春英

国有商贸企业的改革、改制,是深入贯彻党的十六大和十六届三中全会精神,加快推进社会主义现代化新的发展阶段的一个重要组成部分。我们既要充分认识到他的重要性和紧迫性,又要清醒地看到这项工作的艰巨性和长期性,更要充分地意识到思想政治工作在企业改革改制中的促进作用。随着改革的不断深入,社会经济成分、利益关系和分配方式的日益多样化,企业实行定岗定编、竞争、分流,对国企商贸职工的传统观念和思想认识都将产生强烈的冲击,职工的思想观念、价值观念、道德观念以及思维方式等都发生了转变。思想活动的独立性、选择性、多变性和差异性进一步增强,思想空前活跃。企业的思想政治工作面临着许多新的情况,新的问题主要表现为:

1. **思想上的疑虑和理论上的困惑。**当前企业正加大结构调整、兼并、下岗分流,直接涉及职工切身利益。职工对改革、改制的心态显现出一种复杂的变化。许多人都认为,如果再搞计划经济那一套,企业根本没有出路,调整兼并、分流是大气候。但是对职工的主人翁地位感到悲哀。长期以来,我们对职工的教育,一直讲职工是企业的主人,倡导爱岗奉献,只要你努力工作,没有大的过失,国家就要保障你有一份稳定的职业收入。现在实行下岗分流,职工的这种权利被取消了,改革的代价要由部分职工来承担,心理上的失落感越来越强烈。有的中年职工说:青春年华上山下乡,而立之年进了工厂,不惑之年回家待岗。他们认为职工是改革的对象,其主人翁地位是空的、虚的,职工当家作主是一句空话。比照行政事业单位机构改革,自已是“二等公民”。

2. **职工价值观念和思维方式发生新的变化。**“多干活多赚钱”已成为许多职工的盼望。他们说:“国家以经济建设为中心,企业以经济效益为中心,我们职工则以经济收入为中心。”渴望吸取新知识,以提高自身价值的含金量成为“时尚”。目前在企业有“两多”,即热衷攀比经济收入多,茶余饭后谈“股”论“金”的多。职工价值观和思维方式的转变,在给企业发展注入新的活力。同时,拜金主义、享受主义和极端个人主义等腐朽思想和生活方式,也冲击着职工的理想、信念和价值观、给国企思想政治工作带来相当大的难度。

3. **对与企业解除劳动关系思想负担重。**原因:①担心出路。找不到工作怎么办,目前连大中专毕业生都难以找到工作,何况原来自已双手捧着的“铁饭碗”现在被别人抢了。如果还找不到适当工作,将来连基本生活都没有保障,觉得生活压力太大;②利益考虑。对与原企业解除劳动关系,怕失去住房公积金、养老和医疗保险是改革的受害者。

在这种情况下,加强企业思想政治工作,认真分析和准确把握职工在深化企业改制中的思想状况,有针对性地做好各个阶段和不同层次干部职工矛盾化解、协调关系、理顺情绪、凝聚人心、稳定人心的工作,引导职工正确看待改革、改制,对于深化国有商贸企业改革是有十分重要意义。本人试从以下几点谈谈做好职工思想政治工作的粗浅认识:

1. **党政领导以德正己是做好职工思想政治工作的灵魂和磁场。**一个企业领导干部要实现对企业的生产经营和职工思想政治工作的领导,仅仅依靠强制性的权力影响力是远远不够的,还必须依靠自身的高尚品德和人格力量等非权力的影响力,才能取得最佳效果。特别是在国企改革改制这种情况下,领导者的人格力量,是新形势下思想政治工作对他们素质的客观要求。这就要求企业领导干部坚持以德修身,大力加强党性锻炼,不断提高自身道德素质和人格力量借以增强非权力影响力的作用和效果。古人云:其身正,不令则行;其身不正,虽令不从。思想政治工作是一项统一思想、振奋精神、鼓舞士气、凝聚力量,从无形变有形的一项民心工程。中国传统文化强调,"修身,齐家,治国,平天下"这说明道德是领导干部成事之基,立业之本。企业领导干部思想道德素质的高低。只要企业领导干部坚持以企业的发展大局为重,努力实践"三个代表"重要思想,把自己的理想、追求和事业融入国家、企业和职工的整体利益和根本利益之中,切实做到"俯首甘为孺子牛""清清白白为官,老老实实办事",以德律己,要求别人做到德,自己首先做到,禁止别人做的,自己坚决不做,"欲影正者端其表,欲下廉者先立身",只有这样才能得到员工的拥护,也是做好职工思想政治工作的灵魂和磁场。

2. 坚持以人为本是做好职工思想政治工作的基础。思想政治工作实质是群众性工作,当前,要解决改制过程中企业面临的各种深层次的矛盾问题,首先,必须坚持以人为本,改变政工部门单打——孤军作战的格局,拓宽工作面,全员参与。做到"四层四人"即抓领导班子层——带头人,提高决策整体水平和能力;抓先锋部队层——共产党人,增强党组织的战斗力;抓普通层——企业工人,强化精神文明建设,提高整体素质;抓群众团体组织层——工会共青团人,发挥生力军和突击队作用。使思想政治工作做到全方位全过程,实现由少数专职人员做的封闭系统;向广大管理人员共同做的开放系统转变,及时掌握职工群众的思想脉搏,发现问题及时处理,把思想问题解决在萌芽状态,实现稳定、协调、高效、适应形势、充满活力的工作机制。其次,以人为本要把职工群众利益作为一切工作的出发点和落脚点。坚持做到"两手抓"一手抓思想教育,一手抓解决实际问题。既要讲大道理,做到教育人、引导人、鼓舞人、鞭策人,又要解决实际问题,做到尊重人、理解人、关心人、帮助人。为群众排忧解难,因为职工的思想问题常常因实际问题而起,物质利益矛盾往往是诱发群众思想问题的根源。因此,企业各项改革措施出台前,要认真广泛地听取职工意见,把方案、政策、办法都交给职工,充分讨论,引导群众正确认识自己的根本利益,统一思想、更新他们的观念,使思想工作之所"供"与职工思想之所"需"有效结合,架起"连心桥",以增进职工的理解和支持,使政制方案政策贴近职工,扎根于群众之中,让群众满意,充分体现"情为民所系,利为民所谋"。只有这样,才能显示出思想政治工作的实效和威力。

3. 围绕企业生产经营虚功实做是做好思想政治工作的捷径。紧紧围绕企业生产经营和改革实际,为企业的改革、改制提供强有力的精神动力和思想保证,是思想政治工作必须坚持的原则。在企业改革不断深化的过程中,思想政治工作必须渗透到企业管理之中,在管理中找准位置,在管理中体现职能。要把生产经营的"主战场"作为思想政治工作的"主阵地",把改革、改制中的难点,重点作为思想政治工作的着力点,党群部门的同志要经常深入到矛盾、热点较集中的生产一线,善于在生产经营的具体实践中,发现思想问题,有针对性地用正确地舆论引导职工从旧观念中解放开来,更新观念。理解改革、支持改革,充分体现思想政治工作能以实载虚,虚功实做,改变过去"空对空"就思想抓思想的局面,把思想政治工作所倡导的新思想新观念,体现、渗透到企业生产经营中去,同时使政工干部跳出自我循环的小圈子,投入到企业"大循环"之中,在与行政干部目标一致的基础上优势互补,使思想政治工作达到事半功倍的效果。

(作者单位:福建省福州市榕福集团公司)

发展要有新思路 科技进步添活力

——联系企业实际学习党的十六大精神

金益林

新世纪又谱新华章,正当我们走向建设社会主义现代化第三步战略目标的盛世时期,我们党召开了重要的盛会第十六次代表大会,是又一次绘制蓝图的盛举。我在学习了党的十六大精神以后,感想颇深。

温州冶炼总厂作为原材料工业国有老企业,曾经有过辉煌,为国家建设、为温州发展作出贡献,由于经济体制转型,原计划经济的一套做法已不适应市场竞争的需要,机制不活、管理落后已制约企业发展,再加上企业社会负担多、历史包袱重,完全处在不公平的竞争状态。大家知道温州民营经济发达,轻工商品主导温州产业,在这样的大环境下,如何使国有企业适应市场,走出一条发展的途径,摆脱困境使企业可持续发展。带着这一问题,我作为企业党政一把手,特别关注党的十六大召开,认真聆听了江泽民同志所作的报告。

十六大报告通篇贯穿了"三个代表"重要思想,体现了与时俱进,开拓创新的精神。我的理解,党的十六大报告紧紧扣住一个关键词——发展,加快发展是十六大报告的主旋律,字里行间都渗透了发展、体现了发展、突出了发展。尤其是报告第四部份"经济建设和经济体制改革"中指出"走新型工业化道路,大力实施科教兴国战略和可持续发展战略","必须毫不动摇地巩固和发展公有制经济,发展壮大国有经济"。对国有经济作出精辟的论述,为我们基层干部指明了方向,增强对国有企业发展的信心。当前我们最重要的是要提高思想认识,结合本企业的实际,做到"发展要有新思路",依靠科技改造传统产业,优化产业结构,提升产品的科技含量,使企业在竞争中立于不败之地。

发展要有新思路,就是要按照十六大提出的要求,立足企业,面向市场,提出新思路。透视本企业现状,我认为温州冶炼总厂的发展前途是光明的,产品优势、人才优势、地理资源优势逐步显示出来,又有几代干部职工的艰苦创业历史。创业难,发展更难,难要创,在创中求发展。企业发展不能一味追求量的扩张,更要注重质的提升。现在制约企业发展的,首先是环保问题。前几任领导曾几次规划企业发展,谋求锌技改建设五万吨规模,但总因环保问题而得不到落实。越来越多的二次渣如果得不到解决,处理不了,那么,不到一年时间渣场也就无法再堆高,就会自然造成企业关闭停产;其次,由于技改投资资金缺乏,锌冶炼生产流程配套设备先天不足,后工序生产能力大于上工序,设备配置资源难以得到充分利用,突出表现为焙烧系统产能"瓶颈"造成电解系统的资源浪费;第三,生产成本高,人力资源配置不合理,特别是电价高(高出同行业平均水平30%左右),其费用占了加工成本75%,再加上企管费分摊多,下岗职工负担重,企业确实难以承受;第四,企业前几年创办了化工市场和三产开发,用三产收入来弥补二产,但是现在闲置的土地、厂房还可利用,资源必须进一步调整配置,为企业产业结构调整打好基础。

因此,要找准位置和切入点,加快步伐搞建设谋发展。一是抓紧使挥发窑处理渣试产成功,解决安全、环保问题,开发新的产品氧化锌,使全厂金属总回收达到设计(94%以上)要求,形成全厂从投入到产出无害化,发挥经济效益。二是大胆优化工艺和技术改造,突破现有系统对生产成本的制约,将现行锌冶炼生产规模进行合理配置,利用二次锌资源再生,扩大生产能力,解决"瓶颈"问题,形成年产3万吨生产规模。三是借鉴民营企业管理经验,推行"成本否决,抵押承包"经济承包新方式,使经济技术指标更具先进性,四是要加快改制步伐,进行资产重组,剥离不良资产,处理职工劳动关系,减轻企业负担,使企业轻装上阵,公平参与市场竞争。五是积极开发三产,扩大化工市场,引进更多的经营户,解决温州市区不安全隐患,为社会服务,为企业创收。

温州冶炼总厂之所以能够持续发展,还得得益于科技进步。八十年代铅锌火法改湿法到电解锌的喷淋沉铁工艺试验成功,从省重点技改项目"万吨锌"工程建成投产到二期技改成功,扩大了企业规模,电解锌生产能力从建厂初期的年产三百吨扩大到目前的二万吨规模,综合回收能力大大提高,从粗放型生产逐步向高附加值、无污染的现代冶炼工业发展,这一切都有力地证明了"科学技术是第一生产"的英明论断。

党的十六大明确提出企业要走新型工业化道路,这就是要走出一条科技含量高、经济效益好、资源消耗低、环境污染少、人力资源优势得到充分发挥的新型工业化路子。近年来,我厂在科技进步方面又有了不少的进步,建成挥发窑有效地处理几十年堆积的锌渣变废为宝,解决了钴渣再生黄药二次利用并成功投产,这不仅解决了生产工艺流程中的技术难题,又给企业持续发展增添了活力,开辟了新的增长点,为企业增加经济效益,同时也发挥了国有企业的优势。

十六大精神鼓舞人心,给国有企业增添活力,带来新的生机,只要我们抓住机遇,切合实际,聚精会神搞建设,一心一意谋发展,不断增强企业竞争力,生产出更多更好的优质产品提供社会,就会发挥出企业应有的社会效益和经济效益,为打造温州轻工城而作出贡献。

(作者:温州冶炼总厂厂长、党委书记)

以十六大精神为指导搞好股份制企业党建工作

苗育

企业党的十六大高举邓小平理论伟大旗帜，贯穿了“三个代表”重要思想，深刻阐述了加强和改进党的建设等一系列重大问题，丰富并发展了新时期党建工作理论，对于我们股份制上市公司全面推进党的建设具有重要的指导意义。

上市公司作为一种规范的企业运作模式，以其便捷的融资方式和有力的资产监管，正日益成为企业改制的首选方向。在公司制这一特定的工作环境下，公司党建工作的环境、内容都发生了变化，党建工作要有效地开展，存在两个问题：一是上市公司党组织如何建立有效的工作机制；二是上市公司党建工作与原有的企业党建工作继承创新关系。哪些东西是要求我们在工作中与时俱进的，必须坚持的，哪些是要随着形势的发展变化不断扬弃的，这些问题值得我们每一个党务工作者认真思考。

一、做好上市公司党建工作必须坚持党要管党，从严治党，重振党在群众中的崇高威望的指导方针，并将其贯穿于企业党的思想、组织、作风三大建设中

思想建设要从严，最根本的就是要用“三个代表”重要思想武装党员和干部，深入开展“三个代表”重要思想的学习活动，使全体党员尤其是党员领导干部在对“三个代表”重要思想的时代背景、实践基础、科学内涵、精神实质和历史地位的认识达到新的高度，把“三个代表”重要思想真正融汇到思想中，落实到行动上，成为开拓上市公司新局面的思想武器。

组织建设要从严，就是要根据企业改革发展要求，及时调整党组织的设置，做到企业经济工作发展到哪里，党的组织建设就要覆盖到哪里。对各级组织履行职能情况进行检查考核，对工作薄弱的党组织加强督促和指导，对软弱涣散的组织坚决调整，形成“一级支持一级、一级保证一级”的良好工作局面。把好党员的入口关，严格党员标准，严肃党的纪律，严肃查处党内违纪问题，对丧失党员标准的不合格党员坚决清除，保持党的队伍的纯洁性，提高党的组织先进性和战斗力。

作风建设要从严，就是要认真学习贯彻《中共中央关于加强和改进党的作风建设的决定》，以解决党的思想作风、学风、工作作风、领导作风和干部生活作风方面的问题为重点，狠刹高高在上，不负责任的官僚主义作风，强化责任意识；狠刹因循守旧，不思进取的作风，强化创新意识；狠刹夸夸其谈的浮夸作风，强化务实意识；狠刹有令不行有禁不止作风，强化纪律意识；狠刹奢侈浪费作风，强化节约意识。健全党内监督、行政监督、民主监督、舆论监督相结合的监督体系，解决带有普遍性、倾向性特别是群众反映强烈的党风廉政建设方面的热点、难点问题，对严重违纪案件一查到底，严肃惩处，决不手软。

二、贯彻体现“三个代表”重要思想，有效加强党的自身建设，为企业快速、持续、健康发展提供动力，企业党建工作必须坚持以下四大目标

一个党委一个核心——党委是党的基础组织，是党的路线方针政策在企业贯彻执行的组织者和实施者。各级党委必须以“坚持从严治党，善于正确导航，推动创新变革，建设四有队伍，促进经济发展”为标准，努力发挥好核心作用。

一个支部一个堡垒——党支部是企业党组织中最基层的组织，是党在企业组织中的战斗堡垒。各个党支部必须以“学习创新的团队，党的建设的基石，联系群众的桥梁，精神文明的阵地，经济工作的保证”为标准，努力发挥好堡垒作用。

一个小组一个阵地——党小组是党组织的细胞，对保证党支部战斗堡垒作用的发挥具有重要意义。各个党小组必须以“积极宣传党的主张，坚决贯彻支部决议，有效进行党员监督，热情培养积极分子，紧密联系员工群众”为标准，努力发挥好阵地作用。

一个党员一面旗帜——中国共产党党员是中国工人阶级的有共产主义觉悟的先锋战士。每个党员必须以“自觉学习的楷模、勤奋工作的表率、改革发展的先锋、开拓创新的标兵、遵纪守法的模范、健康生活的榜样”为标准，努力发挥好旗帜作用。

三、党组织在企业中处于政治核心地位，其工作涵盖于全体员工，渗透于企业各个领域。企业党组织要坚持“两点论”的工作方法，既要全面安排，统筹兼顾，使各项工作全面推进；又要总揽全局，抓住4个工作重点，使党建工作有效进行

1、建设一个好班子——政治路线确定之后，干部就是决定因素，因此，我们要认真贯彻十六大对干部队伍建设提出的新要求，努力建设一个坚决贯彻执行党的路线、

方针、政策，善经营、会管理，团结协作，廉洁公正，开拓进取，得到员工拥护的坚强有力的领导班子。

要选好班子，注重在改革、发展和生产建设的实践中考察和识别干部，把那些思想政治素质好、专业水平高、组织领导能力强、政绩突出、群众公认的人及时选拔到领导岗位上来，尤其要选好配强企业党政“一把手”。优化领导班子和干部队伍的年龄结构、知识结构和能力结构，提高领导班子和干部队伍的整体领导水平，使企业的永续发展始终得到高素质干部队伍的支持。

要增进团结，企业领导干部、领导班子应以大局为重，以企业效益为重，多讨论、少争论；多自责、少指责；多理解、不埋怨；多补台、不拆台；多协作、不扯皮。坚持民主集中制原则，形成集体领导与个人分工负责的良好工作制度；坚持民主生活会制度，运用批评与自我批评武器，消除分歧，化解矛盾，使领导班子成为坚强的团结的领导核心。

要提高素质，有计划、有针对性地开展教育培训工作，全面提高各级干部的政治素质、思想素质、业务素质。每一个干部都要增强党性修养，提高理论武装，具备全球眼光，善于战略思维，使自己成为合格称职的领导干部。

2、建设一支好队伍——党组织的先进性是要靠每一个党员的先锋模范作用发挥显现出来的，企业党组织要按照党章要求，建设一支能够在企业改革、发展中经得起困难和风险的考验，在两个文明建设中始终发挥先锋模范作用的党员队伍，始终保持共产党员的先进性。

保持思想上的先进性，就是用“三个代表”重要思想武装党员的头脑，加强党员的理想信念宗旨教育，深入开展争做“新时期合格共产党员”活动，在党员中培养良好的讲学习、讲政治、讲正气的政治风气。

保持工作的先进性，就是让党员在本职工作中闪光，在贯彻党的决议和落实企业重大决策的时候要行动在先，在本职工作中要示范在先，在企业遇到急、难、险、重、艰难困苦的时候要抢在先，干在先，成为深化改革的“排头兵”、生产建设的“突击手”，科技攻关的“领头雁”。

保持群众工作先进性，就是要求党员团结带领员工一起前进，教育党员成为员工思想的引导者、员工工作的指导者、员工生活的关心者、员工困难的帮助者，使每一个党员都成为党组织联系群众的桥梁和纽带，从而增强党组织的号召力、影响力、辐射力。

3、建立一个好机制——随着现代企业制度的建立，企业的领导体制、运行机制发生了很大变化，为了更好的发挥党的政治核心作用，必须努力建立一个党政工作高度融合，适应企业改革发展要求，与生产经营建设紧密结合，保证企业党组织发挥作用的工作机制。

实行一岗双责制，就是每位领导干部，都应担负起企业两个文明建设的领导责任。行政领导在抓好经济工作的同时要学会做思想政治工作，党务干部在搞好思想政治工作的同时要成为行政工作的行家里手。在对干部考核时既要考核其抓业务工作的实绩和能力，又要考核其抓队伍建设的实绩和能力。

实施“五同步”，就是党建工作和思想政治工作要与企业行政工作一道总体规划，同步计划、同步布置、同步实施、同步总结、同步考核，以保证企业双文明建设的共同发展。

发挥小机构，大职能作用，就是按照高效、精干、协调的原则合理设置企业党组织工作机构，分工不分家，平时各负其职，遇到重大问题和活动时协同作战，变分力为合力。形成党委统一领导、党政共同负责、党政工团齐抓共管，以专职政工人员为主，骨干、党员和员工群众积极参与的思想政治工作格局。

4、建立一个好制度——制度建设是党的建设的重要基础，要努力建立一套保证各级党组织正常运行，及时解决自身存在矛盾和问题，不断增强凝聚力和战斗力的工作制度。

建立健全党组织的工作制度，就是认真执行党委会制度、党委会议事规则、党政联席会议制、党委（党支部）工作责任制、党委书记（党支部书记）例会制度、党群联席会制度、请示报告制度。

建立健全干部管理制度，就是认真执行领导班子理论中心组学习制度，党风廉政教育制度和干部教育培训制度，确保干部教育活动正常化、制度化；认真执行领导干部《领导干部选拔任用条例》，健全完善干部竞聘上岗制、干部任前公示制，保证干部选拔任用质量；积极推行任期目标审计责任制、干部工作考核制，建立较为科学的责任体系和考核体系；认真执行领导干部个人收入、出国、手机费等公开制度，领导干部述职制度、员工民主评议干部制度，扩大员工对干部的民主监督；建立健全干部谈话制度、领导干部自愿辞职制度、引咎辞职制度，强化干部队伍的日常管理；积极推行重大成果奖励制度、股权期权奖励制度，增大对干部的激励力度。

建立健全党员教育管理制度，就是坚持“三会一课”为主要内容的党员教育管理制度，严格党内组织生活；坚持党员民主评议和群众评议党员等制度，加强对党员的监督；坚持新党员发展制度、新党员发展公示制，，和党员违纪处理规定，保证党员队伍得以不断纯洁和净化；建立全面党内“双争”创建活动制度，激励党员更好的发挥先锋模范作用。

四、作为政治核心的企业党组织，不仅担负着自身建设的重任，也担负着企业精神文明建设的领导重任，还担负着企业经济工作的保证重任，必须履行五大职能

1、保证的职能——坚持国有企业方向，保证党的路

线方针政策在企业的贯彻落实,完成企业生产经营任务,促进企业健康发展,是企业党组织最重要的政治任务。

为了更好的履行保证监督职能,企业党组织必须做到,加快企业发展,就是要加强发展重要性的教育,增强全体干部员工发展意识,努力营造"千军万马搞发展"的工作局面。积极开展与国外先进公司"对标"活动,找准公司前进的"坐标",科学制定企业发展规划。开展企业发展战略、发展目标教育,用企业宏伟的发展蓝图,美好的发展前景引导员工、凝集员工、激励员工,增强员工的荣誉感、责任感,采取积极的激励措施和政策,将干部员工的发展积极性和创造性最大限度的激发出来。

深化企业改革,就是要积极推进产权制度改革,加快资产重组,实现产权多元化,建立有效的产权制衡机制,优化法人治理结构。积极进行经营者和员工持股的探索,努力建立干部员工的产权激励与约束机制。

推进科技进步,就是把推进企业科技进步作为自己神圣的使命,协同行政共同制定企业科技发展规划,培育具有自主开发能力的科研机构,加快新产品的开发、新产业的培育,努力加快技术改造步伐。不断增强企业技术创新能力,不断提升企业核心竞争能力。

推进人才队伍建设,就是要认真贯彻落实"党管人才"的战略思想,加大人才培养力度,以"第一资源"推动"第一要务"。努力营造尊重劳动、尊重知识、尊重人才、尊重创造的环境,营造鼓励员工干事业,支持员工干成事业的工作氛围。率先在知识人群中开展职业生涯设计活动,并建立与之配套的按能力、按业绩、按素质分配的分配体系,使每个知识人员按自己发展的方向发展。高度重视人才引进问题,做积极发现人才、辨识人才、引进人才,并把它作为一项长期的战略任务抓紧抓好,以推动企业新产品的开发和新产业的培育。

2、参与决策职能——参与企业重大问题决策是企业党组织发挥政治核心作用的重要职责和基本途径,可以保证监督党和国家方针政策在企业的贯彻执行,支持和帮助厂长(经理)民主决策、科学决策。企业党组织参与决策是一种组织行为,是党组织按照党的路线方针政策对关系企业政策、发展质量的重大问题提出意见和建议。

为了切实履行好党组织参与企业决策的职能,必须加强以下几个环节工作:"相互沟通",企业党政主要领导在重大问题决策前,要事先沟通。通过相互沟通,交换意见,有利于形成决策的主导性意见。"先行议事",企业经营方针、发展规划、年度计划和重点技术改造、技术引进方案;财务预决算,资产重组和资本运作中的重大问题;中级以上管理人员的选拔、使用和奖惩;企业的重要改革方案和重要管理制度的修改;涉及广大员工利益的重要问题等等在提交股东大会、董事会审议决策前按照有关规定和程序事先提交公司党委会讨论审议。"两个代表",参与董事会的党委书记、工会主席是党组织、工会组织的代表,应将党委会、职代会讨论意见在董事会、股东大会上真实准确地反映;党委书记、工会主席作为董事,又是股东大会选举产生的,应代表全体股东利益说话办事,反映广大股东要求。"双向进入",即按规定程序,党委、工会负责人进入董事会、行政负责人进入党委会,以提高党组织对决策的影响力。"间接影响",进入董事会的干部大多数为党员干部,党组织可以通过他们在董事会决策中产生影响。"智力支持":发挥好职工董事的智囊组织作用,为职工董事参与决策提供智力支持,提高其参与决策的水平。

3、领导职能——企业党组织要切实担负起领导企业思想政治工作和精神文明建设的职能,坚持以科学的理论武装人,以正确的舆论引导人,以高尚的精神塑造人,以优秀的作品鼓舞人,建设"四有"员工队伍,为公司生产经营建设发展提供强大的动力支持和智力支持。

加强转变观念教育,就是要认真坚持党的实事求是的思想路线,教育引导干部员工从不合时宜的观念、做法和体制的束缚下解放出来,从对马克思主义的错误的教条式的理解中解放出来,从主观主义和形而上学的桎梏中解放出来。牢固树立与市场经济相适应的观念体系,核心是树立市场意识;树立与知识经济相适应的观念体系,核心是尊重知识、尊重人才;树立与当代人本主义潮流相适应的观念体系,核心是以人为本,尊重劳动、尊重创造。

加强形势任务教育,形势任务教育对凝聚干部员工力量和智慧,战胜企业面临的各种困难,夺取迎战市场的全面胜利能够起到巨大的推动作用。经常性的、持续性的、有针对性的形势任务教育,将激发广大党员干部、员工的积极性、创造性,形成创造财富的巨大力量,保证企业各项目标任务的全面完成。

加强企业文化建设,优秀的企业文化是企业在市场竞争中的锐利武器。企业党组织要以"培养竞争力,提升竞争力"为主要任务,通过加大企业价值观念、企业宗旨、企业精神等的宣传力度,加大良好品牌形象、干部员工形象、社会公众形象塑造力度,扩大公司知名度和美誉度。

加强企业道德建设,道德建设培养的是观念、塑造的是精神、树立的是风尚。通过加强职业道德、家庭美德、社会公德教育,使依法治企与以德治企相结合,用道德建设保证企业规章制度的贯彻执行,以严格的规章制度巩固提高道德教育的成果,努力营造积极向上的道德环境和氛围,努力提高全员的道德水平。

紧密围绕关系企业全局性工作的问题,开展多层次、多形式的调查研究,发挥政研会作用,积极研究探索新时期思想政治工作的新方法、新路子;适应信息现代化的需求,有针对性地开展网上宣传,使网络成为开展思想政治工作的有效载体。

4、依靠职能——全心全意依靠工人阶级是党的根本指导方针，是办好企业的重要保证。尊重员工群众当家作主的政治权利，保证员工群众的主人翁地位，在政治上保证、制度上落实、素质上提高、权益上维护，把民主参与、民主管理、民主监督落到实处。

民主参与，就是要保障员工知情权和参与权。凡涉及员工切身利益的重大事项，必须通过相关程序和形式，认真听取员工群众的意见建议，发挥职工代表、职工监事董事及其智囊团代表员工参与企业事务管理的积极作用，推进公司决策的民主化、科学化。

民主管理，就是要坚持和完善以职工代表大会为基本形式的企业民主管理制度，完善平等协商和集体合同制度，积极探索建立劳动关系协调机制，从源头上、整体上维护员工的合法权益。

民主监督，就是要深化厂务公开，通过健全制度，扩大范围，拓展领域，使企业内部各种权力在阳光下运行，置身于员工群众的监督之中，把员工群众的信任度、满意度作为各级干部考核使用和奖惩的重要依据。

5、指导职能——工、团等群众组织是党联系员工群众的桥梁和纽带。企业党组织必须加强政治领导，加强工作指导，充分发挥他们在企业两个文明建设中的积极作用。要把群众组织的工作作为党的群众工作的重要组成部分，列入党委工作的重要内容，定期研究，定期检查与考核；同时大胆放手，支持群众组织按照各自的章程独立负责的开展工作，使群众性经济技术创新活动，群众性学习创新活动和公司凝聚力工程建设发挥积极作用。

推进群众性经济技术创新活动，就是工、团组织要以创新的精神，构建群众性经济技术创新工程的主体框架，明确主要内容和实现形式，以推动企业技术进步，提高经济效益为中心。通过广泛开展群众性技术攻关、劳动竞赛、合理化建议、建功立业及创建青年文明岗、青年文明号等活动，把员工的积极性和聪明才智引导到推动企业加快发展的第一要务上来。

推进群众性学习创新活动，就是工、团等群众组织把引导员工加强科学、技术理论知识的学习作为重要任务，努力创造学习条件，着力构建学习型团队。开展经常性的岗位练兵、技术比武活动，使员工不断学习新知识、掌握新技能，做适应市场经济要求的高素质的劳动者。推进凝聚力工程建设，就是工团等群众组织发挥自身优势，以思想互助为先导，以尊重人、理解人、关心人为目的，深入开展谈心交心、家访病访和一人一事的思想政治工作，架起员工间相互理解，相互帮助，共同进步的思想桥梁；以工作互助为重点，大力倡导比、学、赶、帮、超的竞技热潮；以生活互助为突破口，组织开展好“金桥工程”、法律援助、爱心捐助和送温暖等聚人心、暖人心的活动。

（作者：浙江巨化股份有限公司党委书记）

试谈企业思想政治工作的经济价值

王　信

一、企业思想政治工作经济价值的意义

价值规律是商品生产的基本经济规律。在私有制社会里，价值规律自发地调节生产，刺激生产技术的改造，加速商品生产者的分化；在社会主义社会里，价值规律主要表现为价值法则。

众所周知，经济是指社会物质生产和再生产的活动；价值是体现在商品里的社会必要劳动。价值量的大小决定于生产这一商品所需的社会必要劳动时间的多少。不经过人类劳动的东西不具有价值。交换价值是商品价值的表现形式，一个商品的价值不能由这个商品自身来表现，而必须在同另一种商品交换时，通过所交换的一定数量的商品才能表现出来。

马克思列宁主义认为，人是自然界长期发展的结果，是一定社会关系的产物，人的生存离不开自然界。人在实践中创造着、改变着社会。人对满足社会物质需要和精神需要所作的贡献构成人的社会价值。人的社会价值的大小，虽然同他所担任的职务、所从事的工作有一定的联系，但是，决定性的因素是其对社会的贡献程度和奉献精神。

由于价值规律的客观存在，更由于人是有血有肉的感情动物，在社会实践过程中，人才会有思想、有需要、有困惑，从而产生新的愿望和要求，并循环反复。也正因为如此，才会不断地产生各种各样的思想政治工作内容。实践充分地证明了思想政治工作的必要性和重要性。的确，企业的思想政治工作是当前不可乏缺的一项工作，尤其是国有企业，思想政治工作成功与否，直接影响着企业的生产、安全和服务质量，影响着企业的改革步伐和效果，乃至企业的前途、命运。企业的思想政治工作虽然不

能直接形成劳动产品,无法直接体现其价值,但是,可以肯定地说,企业思想政治工作的价值无时无刻不在通过实施思想政治工作双方的具体行动中间接地得到体现。

二、企业思想政治工作经济价值的形成过程

由于现代企业制度的建立,国有企业改革的不断深入,新旧思想的碰撞,员工的思维方式也随之发生着深刻的变化。在市场经济的大潮中,国有企业思想政治工作的内容主要集中在现行的人事制度、劳动用工制度和工资制度等方面。这些制度的内容是否科学合理,是否兼顾员工、集体和国家三者的利益,是否能激发员工的工作热情等都直接影响着员工的工作积极性、主动性和创造性。由于领导者与被领导者关系的不对称性,即使大方向是正确的,矛盾依然会不断产生。主要原因有:一是决策、制度和规定的内容往往喜欢"一刀切",难以顾及甚至损害了少数人的合理、合法利益。二是有的企业担心员工知道得太多,了解得太详细、太具体会难以管理,而在"厂务公开"过程中"犹抱琵琶半遮脸",或者在公开的"透明度"上大打折扣,影响了员工对企业的信心。三是有的企业因人设岗,因人定酬,"岗位说明书"缺乏科学的、理性的内容和根据,"多劳"者不一定能"多得","不劳"者甚至获得更多……如果员工因此而带着情绪、背着思想包袱或以对抗的心态工作,势必影响生产效率和服务质量,企业的经济效益当然会直接受到影响。

一位哲人说过:"世界上最难的是做人的工作,最活的也是做人的工作。"要改变上述状况,并非一朝一夕之功,也并非仅思想政治工作之力量所能及,但是,由于思想政治工作者的解疑释惑,势必使员工的心态日趋正常。当思想政治工作达到预期目的之后,员工放下思想包袱,自然会愉快地投入工作,企业的工作效率和服务质量不是得以保证了吗?

可见,企业思想政治工作实质上是做人的工作,往往需要运用哲学、心理学、逻辑学、数学、文学和政治经济学等个方面的知识,是复杂的脑力劳动。企业思想政治工作者的劳动不能直接转化成产品,更无法直接变成商品,而通过改变员工的思想、观念,激发员工的工作积极性,可以大大地提高生产效率和产品质量。故企业思想政治工作具有价值,具有真真切切而又难以具体估量的价值。

三、企业思想政治工作的现状和困惑

企业思想政治工作不扎实,往往孳生着隐患或事故。这方面的例子屡见不鲜。2003年12月23日发生的重庆开县罗家坝16H井井喷事故,导致近200人死亡、290多人受伤,震惊国人乃至世界,是世界钻井史上前所未有的灾难,而导致灾难的队伍,曾是一支36年"红旗不倒"、功勋卓著的标杆钻井队。究其原因,主要是该企业这些年来重速度、重效益,而忽视了对员工的思想政治教育,导致员工责任心不强,严重违章操作所至。企业对员工讲得多,要求得多,落实得少,没有深入了解和掌握员工队伍的状况,对违反了劳动纪律的员工,该教育的不教育,该惩罚的不惩罚,而是以"下不为例"的口头训导了之,放松了对员工实实在在的思想教育,没有从思想上解决问题。

在国有企业中,政工人员是从事思想政治工作的主力军。由于众多复杂的原因,有的国有企业认为现在以经济建设为中心,政工人员无法生产产品,是被企业"养"着的,没有价值,可有可无,没有则更省事,以至政工队伍难以稳定。据某市的政工队伍调查显示,全市政工干部不在岗率达到了43.92%,其中,下岗的占19.87%,转岗、调离的占15.78%;35岁以下的政工人员只占整个政工队伍总数的15.98%,45岁以上的占48.86%(其中,55岁以上的占13%),有的企业还出现了"老的要退休,年轻的接不上"的"断层"现象。

四、寻找企业思想政治工作经济价值的出路

从管理学的角度来说,思想政治工作应该达到规范外在行为和激发上进心理的有机统一。

从法律学的角度来说,思想政治工作者必须有所作为。负有特定义务实施某种行为而又能够履行这种义务的人,消极地不履行义务而造成危害社会的结果就是"不作为",就有可能构成犯罪。

从心理学的角度来说,思想政治工作主要是增强人们的工作欲望,培养别人的工作兴趣,提高大家的工作积极性。

党中央要求宣传工作必须贴近实际、贴近群众、贴近生活。思想政治工作也必须做到这些。与时俱进,拓宽思路,挖掘、培养具有较高马克思主义理论水平、政治修养和业务水平的思想政治工作者,全心全意为员工服务是企业思想政治工作的唯一出路。要做好员工工的思想政治工作,必须听民声,察民情,顺民意,全面地了解员工的愿望和要求,帮助员工树立正确的人生观、道德观和价值观,及时帮助员工消除理论上的困惑、思想政治工作上的疑虑,以及工作、生活中的实际困难和问题;善于捕捉员工思想和行动中的闪光点,弘扬正气,树立良好的企业风气,最大限度地调动大家的积极性和创造性,全面推进企业的精神文明建设和文化建设,从而不断为物质文明建设注入生机和活力,更好地推进国有企业的改革。

毫无疑问,企业的思想政治工作是一项极其复杂的系统工程,其价值并非通过数学上简单的加减乘除方法就可以计算出来,需要全体政工工作者一如既往的不懈努力,需要企业的认可和社会的支持。

(作者单位:广州市煤气公司)

关于国有建筑业企业改制若干问题的思考

王颖耿

企业改革开放以来,中国的各项改革进行不断加快、深化。国有企业改革,从1992年党的十四大确定立了社会主义市场经济体制的目标模式以后,特别是十四届三中全会明确了以公有制为主体的现代企业制度是市场经济的基础,建立现代企业制度是国有企业改革的方向以后,企业改革由过去以减税让利为主进入了以企业制度创新,配套改革为特征的新阶段。党的十五大和十五届一中全会提出用三年左右的时间,使大多数国有大中型亏损企业摆脱困境,以及党的十五届四中全会通过的“中共中央关于国有企业改革和发展若干重大问题的决定”,进一步推进了国有企业的改革进程。作为一般竞争性行业的建筑业企业,在国有企业改革进程中,如何结合行业的特点,深化内部改革,建立现代企业制度,是一个值得关注的问题。本文拟就建筑业企业改制的若干问题作一些粗浅的探讨。

一、当前建筑业企业面临形势与任务

国有企业改革已进行了20多年,笔者认为:目前建筑业企业所面临的改革形势与任务是:

1、全国国企三年脱困目标基本实现,国企改革向纵深发展。有关资料显示:我国约有国有及国有控股大中型企业1.4万户,1998年初提出国企三年脱困目标时,这1.4万户中的亏损企业为6599户,到2000年度统计,当初列入脱困对象的6599户国有大中型企业中近4000户实现脱困,脱困率约为60%,大多数国有企业摆脱困境已成不争的事实。另据国务院体改办综合司有关资料表明:2002年上半年我国经济体制改革取得新进展,国有企业效益继续保持较好水平;国有经济战略性调整步伐加快,所有制结构进一步得到改善;政府积极为企业集团发展创造必要的政策环境和条件,加快了分离国有企业办社会功能的步伐;国有企业收入分配试点工作开始启动;垄断行业改革取得新突破。国有企业改革向纵深发展也是一个不争的事实。

2、建筑业企业改革虽然取得积极成效,但总体上仍未完全走出困境。就建筑业企业面言,近几年来,国有建筑业企业适应市场经济的要求,着力转换企业经营机制,提高企业整体素质,实行战略性改组,建立和完善现代企业制度,深化国有企业改革取得了积极成效。据国家统计局固定资产投资司统计资料表明:2002年上半年,建筑业企业经济效益出现了较大幅度改善。全国建筑业企业总收入4962亿元,比上半年同期增加846亿元,增长20.6%;上缴税金179亿元,比上半年同期增加26亿元,增长16.8%;实现利润总额27亿元,比上年同期增加8亿元,增长41.8%;产值利润率为0.5%,比上年同期提高了0.1个百分点。国有建筑业企业在上年同期减亏0.6亿元的基础上又减亏2.68亿元;劳动生产率达到42563元/人,增长14.2%,建筑业企业的发展无论从生产上还是从经营上都表现出良好的势头。但是,从总体上看,国有建筑业企业仍未走出困境,大多数企业仍处于“增产不增收”的状况,创利能力很弱。2002年上半年,全国国有建筑业企业总体上仍亏损17.89亿元,其中大多数省份总体上处于亏损状态。产值利润率为-0.6%,产值利税率也仅为2.3%。业内人士分析,国有建筑业企业陷入困境的原因是多方面。有体制的原因,有管理的原因,也有社会负担过重的原因。而改制不到位也是一个重要的原因,建筑业企业没有真正形成适应市场经济要求的管理体制和经营机制,还不具备市场经济应有的活力。

3、加快改制的步伐,是当前建筑业企业深化改革的紧迫任务建筑业企业改革虽然起步较早,但由于传统体制的长期影响,历史形成的诸多问题,改革进展迟缓,企业改制步履艰难。经营机制不活,技术创新能力不强,债务和社会负担沉重、富余人员多、生产经营艰难等音量依然困扰着建筑业企业。建筑业企业要摆脱困境,加快发展的最佳选择就是要加快建立现代企业制度的步伐,这是国企改革的客观要求,是国企改革基本取向的继续和发展,是加快建立社会主义市场经济体制的需要。

建设部部长汪光焘在2002年全国建设工作会议上,就继续深化建设领域国有企业改革问题作了以下阐述:要按照中央关于国有企业改革的有关决策精神,结合建设事业的实际,在业已取得的国有企业改革三年脱困成绩基础上,进一步深化建设领域的国有企业改革。2002年,要力争在两个方面取得突破性进展。其中一方面是进一步调整优化建筑业、勘察设计业、房地产业等竞争性行业国有企业的产权结构和组织结构,增强竞争力。具体地说应是要进一步精干建筑业、勘察设计业和房地产业国有企业队伍,将企业办社会的职能剥离出去,将辅业、劳务性企业等非主营性单位剥离出去、减员增效,提高市场竞争能力。部里将以中央所属的25家大型建筑施工企业改革为重点,会同有关部门制定国有建筑施工企业转制必要的财税支持政策。对历史负担比较重珠国有建筑施工企业,在分离办社会职能,分流富余人员、处置不良资产,内部重组等方面,争取各级政府的支持帮助企业加快摆脱困境。建设领域的国有大中型企业,要继续通过规范上市,中外合资和相互参股等多种形式,深入推进公司体制改造,尽快建立健全法人治理结构,适应加入WTO之后,国内外市场激烈竞争的需要。部长讲话十分清楚地阐明了建筑业企业改制的基本任务与紧迫性。

二、当前建筑业企业改制中存在的重点难点问题

根据部分建立现代企业制度试点的建筑业企业的改革实践,建筑业企业在改制中遇到的主要问题有:

1、产权制度改革不到位。现代企业制度的本质是产权制度,即在现代市场经济条件下,国有企业产权的实现形式的制度。如何构造建筑业企业中国有资产的所有权代表及实现的有效形式,从而使国有企业产权清晰,权责明确,政企分开,这是建筑业企业改制的难点之一。在目前情况下,产权制度改革遇到一些新问题。一是多数国有企业改制时,国家股与法人股比例往往很大,常常占到70%左右,达到了绝对控股的地位。其结果,政府就可以通过国有股权代表来操纵企业的股东大会和董事会,造成新的政企不分,企业经营自主权难以落实。二是相当多的企业在改制过程中,都采取了职工参股的办法。在实际操作中,多数施工企业是将"百元工资含量节余"配股一部分,职工自已拿一部分现金进行参股,其份量是不算多,领导和一般职工的比例差距也不大,仅具有象征性意义,达不到所谓"连股、连利、连心"的目的,形成了一种职工持股上新的"大锅饭"形式。三是由于建筑行业是一个以劳动密集型为主的行业,微利性是其基本特征之一,这种投资回报率较低的企业实行公司制改造,在股权设计和股份募集中,对各方出资认股缺乏足够的吸引力。

2、法人治理结构的设立和动作很不规范。一个企业有没有科学的法人治理结构,是衡量真假公司的试金石,是公司制与国有企业的根本区别,也是标志一个国家有没有搞市场经济的分水岭。纵观我们的改制企业、不规范,不到位者比比皆是。例如按照权力相互制约的原则,董事长、总经理不能为同一人。而我国很多企业都违背了这一原则,使公司制衡机制被破坏。再如,有些企业搞"翻牌公司"出现了"换汤不换药"现象,国有企业改头换面变成了股份制企业,但与改革的初衷相背,出现了很多问题和错误做法 ,很多企业仍旧沿袭旧的经营机制,旧的一些做法和问题仍然保存。使不少人对改制的作用和前景产生了怀疑、失去了信心。

3、企业负担沉重。建筑业企业负担问题如同其他国有企业,是历史形成的。概括地说企业负担主要是冗员多,过度负债和企业办社会。许多企业富余人员和离退休人员多,有的达到了企业总人数的一半。企业"小而全"的自我服务体系,特别是政府、社会福利性职能的支出庞大,不堪重负。此外,由于国家对施工企业的资本性投入较少,工程拖欠款问题仍比较严重,企业不得不依靠举债扩大再生产,形成了高负债结构。大多数企业的负债比例在80%左右,不利于参与市场竞争,不利于企业改制和上市。

4、企业改制外部环境较差。首先表现为不公平竞争,招投标中的非正常交易使企业的成本增加,竞相压价导致无利经营或亏本经营。其次是交易过程的不规范性。由于工程任务紧缺,出现了垫资施工,拖欠工程款等现象,导致施工企业资金高度紧张。再次,改制工作缺乏必要的政策依据。国家没能根据施工企业的特点,及时出台相应的指导性文件和配套政策,缺乏强有力的政策支持和必要的优惠条件,直接影响建筑业企业的改制进程。

三、加快建筑业企业改制的对策探讨

加快建筑业企业改革,建立现代企业制度是一项系统工程,涉及到宏观、微观一系列深层次的问题。依据部分建筑业企业改制的经验与教训,笔者认为:建筑企业改制总体上还是要从企业内外部,即从微观和宏观两个大方面加以探讨。

(一)对企业内部而言,重在明晰产权、权责明确,练好内功,实现科学管理

首先,要面向市场、转机建制,着手建立现代企业制度的基本框架。具体来说,要着重做好以下几项工作。

1、建立新的产权制度,理顺出资者、经营者、劳动者之间的关系。产权制度是企业制度的基础和核心。现代企业制度是以明晰产权关系为基础和特征的,现代企业制度的产权关系,主要体现在财产最终归谁所有,由谁实际占有,谁来使用,谁享受收益,归谁处置等财产中的一系列权利关系。在改制过程中,如何妥善兼顾出资者、经营者、劳动者之间利益,是企业改制成功与否的关键所在。要针对产权制度改革中可能出现的问题认真做好资产评估与产权界定,股本设置与股权配置等产权改革具体工作,保证改制顺利推进。

2、建立规范的法人治理结构。规范公司法人治理结构是公司制有效动作的关键。要使法人治理结构权责明确职能到位,形成有效制衡、动作机制,关键要解决好这么几个问题:一要规范《公司章程》,二要规范出资者身份,三要规范机构的设置和人选的确定,四要规范公司的运行。有的改制企业法人治理结构的组建和动作不规范,未严格按公司章程办事,导致企业权力机构、决策机构、执行机构和监督机构的权利与责任不到位,其有效制衡机制未能形成,公司动转困难,我们应引以为戒。在企

业改制过程中，要按照《公司法》的要求，建立科学的决策、执行和监督体系，形成各负其责，协调运转，有效制衡的公司法人治理结构。

3、实现减员增效，分流人员减负担。国有建筑企业，由于历史原因均积累了庞大的非经营性资产，企业冗员多，这已成为国有企业改革的难点之一。在改制过程中，妥善处理这一问题，也是保障改制顺利推进的重要环节。要通过“内部退养退一批、合同终止清一批、丧劳病残养一批、安置就业转一批、自谋职业送一批”进行人员分流，同时进行资产重组，把优良资产与不良资产合理分离，切实解决企业高负债率和资金短缺问题，努力降低改制企业的负债率，盘活现有的存量资产，为企业顺利改制创造条件。

第二、抓机遇、练内功，搞好内部配套改革。国有建筑业企业改革，转机建制，建立现代企业制度，为国有建筑业企业发展提供了很好机遇。但是，企业改制并非一改就灵，国有建筑业企业要适应发展变化的形势和市场竞争的需要，获得持续发展，应当注意抓住改制的机遇，下决心解决影响和制约企业发展的深层次矛盾，练好内功，搞好配套改革。笔者认为应努力在以下几个方面下功夫。

1、更新观念、强化市场竞争意识。市场经济的特性是公平竞争，优胜劣汰，追求效益。这一特性决定了建筑业必须以市场为导向，提高竞争意识。建筑业企业应结合行业的特点，努力做到工程质量以优质取胜，工程造价以合理取胜，服务态度以诚信取胜，增强企业的竞争能力。

2、树立质量第一，科学进步的意识。要以科技进步为动力，视质量为生命，建立起完善的质量管理体系，健全质量管理网络，使工程质量始终处于严密的监督管理之中。同时，坚持贯彻 GB/T19000 系列标准，以过程控制、程序管理保证每一道工序的质量，真正使施工的每一个工程都处于有效的控制之下。此外，还要大力推进技术进步，完善各级技术责任制，加强新技术、新材料、新工艺的推广应用，以科技进步来促进工程质量。靠质量树立企业信誉，提高市场竞争力。

3、积极推广工程项目管理施工，落实承包责任制。工程项目管理施工是建筑业企业一种新型管理方法。推行工程项目管理施工，落实承包责任制，就是以工程项目为对象，实行“集体承包、个人负责，确保上缴、风险抵押、盈奖亏赔”的办法，根据工程项目的不同情况，风险大小和承受能力，分别选用“全额承包、全奖全赔”、“成本包干、超利分成”、“指标承包、超利提成”的承包形式，把压力和动力紧密结合起来，形成强激励、硬约束的经营机制，充分调动职工的生产积极性，确保工程项目的优质、低耗、高效，失去整个施工企业管理水平与经济效益的提高。保证工程项目的社会效益与企业的经济效益。

4、改革分配制度，建立激励机制。要把经营者的利益与企业的利益捆在一起。切实改变以往国有企业分配制度上的“大锅饭”，干好干坏一个样的平均主义现象。要实行按贡献大小、能力高低、岗位责任进行分配的制度，真正体现按劳取酬的分配原则。对企业发展做出突出贡献的经营者给予重奖，形成有效的激励机制，充分调动他们的积极性，促进企业的持续发展。

5、努力完善相应的考核监督体系。应建立健全企业监督约束机制，促进经营者依法按程序决策。财务、审计及监事会、工会要发挥应有的作用，切实履行监督、保证职能。维护所有者、经营者、劳动者各方的利益。

（二）对企业外部而言，重在政企分开，创造良好的改制环境，维护企业的合法权益

1、规范建筑市场，理顺产品价格。目前，由于建筑市场监控机制不健全，产生了如下现象：一是交易不规范不公平，大大地挫伤了国有企业生产经营的积极性；二是工程招标不遵循价值与价格统一的原则，违背价值规律，按低价中标，造成施工单位竟相压价，建筑产业创造价值无形转移；三是建筑市场经济秩序混乱，建设单位普遍要求施工企业垫款施工为建设单位提供贷款担保和帮助拆借资金以及竣工决算拖而不审等不正常现象，造成施工企业巨额工程款被拖欠，导致企业资金恶性循环，影响了施工企业的经济效益和正常的生产经营活动。针对当前建筑市场存在的问题，政府要进一步加快建筑市场立法，完善产业政策和法规，建立统一、开放、竞争、有序，并符合国际惯例的建筑市场体系和运行机制，遵循价值规律和等价交换的原则，改革建筑产品价格，使建筑业这个微利行业利润达到社会平均利润率水平，逐步实现建筑产品商品化。对于拖欠施工企业工程款的问题，政府有关部门应予以行政干预，对旧欠未还清的建设单位，在申报工程新项目时不予立项审批，以维护建筑施工企业的合法权益。

2、建立和完善社会保障体系。社会保障制度是现代市场经济体制一个重要环节。国有建筑业企业不少诞生于五十年代初、中期，现在离退休人员逐年增多，有的企业在职职工与离退休人员比达 2:1，历史包袱和企业办社会的负担成为国有建筑企业改制的重大障碍，严重削弱国有建筑业企业在市场中的竞争力。要切实解决这一问题，让国企轻装上阵，搏击市场，就是要逐步建立和完善社会保障体系，实现由企业保障到社会保障的转变，政府在这一问题上要多为企业着想，挑起重担，为深化经济体制改革创造条件，促进经济发展和社会稳定。总之，加快企业改制步伐，建立规范的现代企业制度是当前建筑业企业深化改革的中心任务，在企业改制实践中必然会遇到更多的实际问题，我们要在实践中不断探索、总结、提高，为在2010年实现建立现代企业制度的目标而努力。

(作者单位:福建二建建设集团公司)

对建立企业思想政治工作评价机制的思考

王 森

企业近年来,随着社会主义市场经济体制的建立和改革开放的深入发展,我国社会经济成份、组织形式、利益分配和就业方式出现多样化的趋势,社会阶层结构发生了根本性的改变。不同社会阶层都有自己的经济利益、政治利益和文化利益的要求。随着"四个多样化"的出现和社会阶层的分化,人们思想活动的独立性、选择性、多变性、差异性明显增强。价值取向日趋多元化,各种思想文化相互激荡,影响企业员工思想的因素和渠道越来越复杂,企业思想政治工作面临着更加复杂的情况和更加艰巨的任务。企业思想政治工作如何适应建立现代企业制度、企业的改革和发展的实际,与企业管理有机地结合起来,在企业发展过程中更好地起到推动和保证作用,是新时期企业思想政治工作所面临的新任务,值得我们思考和探讨。

一、建立企业思想政治工作评价机制的必要性

企业思想政治工作评价,是依照一定的指导思想、目标和价值准则,并遵循严格的程序,通过系统地收集信息和有组织、有计划地对思想政治工作的客观效果进行判断的活动。这一活动不仅在于对思想政治工作的现状及其效果作出评价与判断,更重要的是通过这一活动树立起正确的思想政治工作的价值观。

新时期的企业思想政治工作作为企业管理的重要组成部分,要在管理的实践中,逐步建立工作体制、责任机制、保障机制、激励机制、监督约束机制等,特别要建立动态管理、量化考核的评价机制。要树立企业思想政治工作"效益"观念,把企业改革和经济效益状况作为评价思想政治工作的根本标准。形成以党组织为核心,精干高效的党务工作者为骨干,群众自我教育为基础,党政工团齐抓共管的思想政治工作新的工作体系和运行机制。

企业思想政治工作管理由过程管理系统和目标管理系统构成,思想政治工作评价是维系过程管理与目标管理的纽带,它能通过评价与指导,使过程管理与目标管理统一起来。根据规范化管理和各级政工部门的职责,建立一套企业思想政治工作评价机制,对思想政治工作进行考核、评比,化虚为实,制定具体可行的考核指标和办法,使思想政治工作有的放矢,始终处于动态的闭环完善过程,防止体系"老化",从而保证对思想政治工作的有效管理和调控,促进思想政治工作到位、企业管理到位,实现企业的共同愿景。

二、评价企业思想政治工作的标准

目前有两种倾向:一种是限于思想政治工作本身的标准,用思想政治工作的形式和数量作为评价标准。另一种是用一定时期生产经营的好坏作为标准。

对新时期企业思想政治工作的评价有以下三个方面综合考虑:

1. 看企业思想政治工作的自身建设

(1)是否把思想政治工作当作系统工程来抓,逐步建立与现代企业制度相适应的思想政治工作管理运行机制,做到工作有目标、有措施、有考核。

(2)思想政治工作是否有很强的针对性,做到紧密结合企业生产经营、企业改革和发展的实际来展开,针对职工的思想实际来进行。

(3)思想政治工作的方式方法是否不断地创新,做到有吸引力、说服力、感染力。

2. 看企业员工的思想观念、精神状态、道德素质、凝聚力表现

(1)员工的思想观念是否转到与社会主义市场经济、企业生产经营、企业改革与发展相适应的方向,是不是逐步树立起了安全观念、市场观念、成本观念、质量观念、效益观念。

(2)员工精神状态是否良好,有没有克服困难,搞好企业生产经营、企业改革与发展的信心。

(3)员工对企业改革的一系列政策、措施是否了解、理解、支持、参与,对改革的承受力是不是不断增强。

(4)员工的职业道德水平是否不断提高,有没有较好的职业责任和职业纪律。

(5)员工队伍的情绪是否基本稳定,是否具有较强的凝聚力、向心力。

3. 看企业的生产经营、改革与发展情况

(1)企业经营、管理、制度等三方面是否不断创新和深化。

(2)企业管理是否越来越科学、规范。

(3)企业生产是否不断发展,经济效益是否不断提高。

三、企业思想政治工作评价体系的思考

思想政治工作的工作方式方法多种多样,较难用一个标准进行量化考核。但也可结合思想政治工作的特点,运用科学的测量、统计和评估方法,对思想政治工作的现状和实效进行判断和评价,形成一个评价体系。通过定性与定量相结合的分析,获得对评估对象全面客观的认识,使其具有一定的科学性和可操作性。

若将企业思想政治工作的内涵按组织建设、制度建设、目标管理、操作体系、绩效管理、员工素质、团队协作、信息沟通、持续改进等九个方面划分,每个方面按呈现的特征分成五级,即五个“星级”。再将企业思想政治工作现在的情况与之对照,可以看出,每一方面所处的位子,还需要付出多大的努力才能达到“五星级”。

1. 各星级的评价标准

(1)组织建设(体系健全 职责明确)

★★★★★五星级:①建立企业党委统一领导,党政共同负责,专职队伍和兼职队伍相结合,党政工团齐抓共管的思想政治工作体系,组织机构健全。党组织一把手负思想政治工作第一责任人的职责,其他行政领导也要明确分工,各司其职,实行“一岗双责”。②对企业思想政治工作的内容、各类活动进行科学分类和分级(分出子系统),合理分工,规定党政工团各级向层次在每项子系统中的职责权限,形成严密的领导层、管理层、执行层等组织体系。③企业思想政治工作体系运转高效,行政领导和管理部门既抓业务工作,又做思想政治工作,业务工作与思想政治工作能有机相融,相得益彰。

★★★★四星级:①企业思想政治工作体系、组织机构健全。②企业思想政治工作体系分工科学,权责明确。③ 企业思想政治工作体系有效运转,能较好地促进业务工作的开展。

★★★三星级:①企业基本建立了一套思想政治工作体系。②企业思想政治工作主要靠党组织、专职政工干部在做,兼职政工干部、行政、工会和共青团组织的作用发挥一般。③企业思想政治工作体系能够运转。

★★二星级:企业思想政治工作体系或有或无,不稳定,主要依靠上级组织推动其运作。

★一星级:企业思想政治工作体系不健全,没有完整科学的组织机构,责任不落实,目标不明确。

(2)制度建设(建章立制 具有“法律效力”)

★★★★★五星级:①善于把握宏观的路线方针政策,并与本企业具体实际相结合,制定代表着先进生产力的、具有“法律效力”的、与生产经营等管理制度同等重要的、甚至是更为突出的思想政治工作管理制度。②企业思想政治工作制度纳入正常的企业管理运行轨道,作为现代企业管理系统的一个核心制度来对待。③通过建章立制,按规章制度办事,树立企业思想政治工作的权威性,从根本上解决“一手软,一手硬”的问题。

★★★★四星级:①根据党和国家的有关章程、规定,结合工作实际,制定能适应企业经营发展的思想政治工作制度。②企业思想政治工作制度作为现代企业管理系统的重要制度。③企业思想政治工作在企业管理中占据了重要地位。

★★★三星级:①从实际出发,制定了企业思想政治工作的相关制度。②企业思想政治工作制度作为现代企业管理系统的一小部分。③企业管理层比较重视思想政治工作。

★★二星级:①虽有章可循,但尚未提到法规的高度去认识。②执行软弱无力,执行与否均只能视当事者的认识程度而定。③企业管理层忽视思想政治工作的重要性。

★一星级:尚未解决好思想政治工作建章立制的问题。

(3)目标管理(确定目标 分解实施)

★★★★★五星级:①推行企业思想政治工作目标管理,每年可衡量的思想政治工作的目标在各部门都达成共识,在各个层次上都可以实现团队精神和相互合作。②每个员工的愿景与企业的共同愿景一致,团队创造力迸发。③即使在变化了的条件下,各部门仍然可以达到工作目标。④每年年终,工作目标100%完成或超额完成。

★★★★四星级:①企业思想政治工作目标清楚可行,各部门和员工都清楚地知道自己该如何努力。②各部门超越部门限制,密切合作。③每年年终,至少完成90%的工作目标。

★★★三星级:①企业党委、行政确定每年团队的工作目标,各部门将这些目标分解为本级的团队目标。②定期对工作进展情况进行评价。③每年年终,至少完成约80%的工作目标。

★★二星级:①有清楚的组织机构图。②每个员工的职责都很明确。③企业确定了思想政治工作目标,但各部门和员工不理解或不知道该如何分解去做。④有书面的工作目标,但搁置一边就此了事。

★一星级:①没有书面的思想政治工作目标,工作目标摇摆不确定。②各部门负责人下达指令,员工仅依指令行事。③一些员工不知道自己所做的事的真正目的。④部门负责人认为:“我们不需要目标,我们知道该做什么。”

(4)操作体系(量化规范、程序操作)

★★★★★五星级:①采用先进的管理思想和方法,例如5W1H(做什么、为什么做、谁来做、何时做、怎么做、做到什么程度)控制法,制定《思想政治工作系统管理法》,编制政工体系管理手册或运作手册,建立规范化的

思想政治工作的操作体系。②制定一整套细化、量化、规范化的操作办法,实施定量和定性相结合的全过程控制管理。③思想政治工作的实施系统化、程序化、规范化,管理到位。

★★★★四星级:①结合企业实际,建立规范化的思想政治工作的操作体系。②各部门制定一套科学的操作办法,实施控制管理。③思想政治工作的实施基本程序化、规范化。

★★★三星级:①对搜集信息,反馈信息,集成分析,制定措施,都做了规定。②员工的思想问题,能得到及时反映。③发挥各部门的作用,将员工的思想问题解决在不同层面。

★★二星级:①有一套思想政治工作操作体系,但与实际情况有脱节现象。②没有一套定量和定性的操作办法。③思想政治工作实施效果不明显。

★一星级:没有一套思想政治工作操作体系,或体系不规范,很难有效实施。

(5)绩效管理(明确责任 绩效良好)

★★★★★五星级:①充分发挥各级党组织的政治核心作用,对思想政治工作的领导坚强有力,认识到位,高度重视,切实负起责任,党员干部以身作则,起表率作用,党群关系、干群关系融洽。②建立与现代企业制度相适应的思想政治工作管理运行机制,思想政治工作的方式方法不断地创新,有效地解决了人的精神激励、灵魂塑造和品格提升问题。③树立企业思想政治工作"效益"观念,把企业经济效益状况作为根本标准。④员工思想观念新,精神状态好,有良好的职业道德和职业纪律,有很强的凝聚力、向心力。⑤企业生产经营状况良好,经济效益最佳。

★★★★四星级:①各级党组织加强对思想政治工作的领导,党员干部发挥表率作用。②建立一套有效的思想政治工作管理运行机制,并运转有效。③员工队伍稳定,具有较强的凝聚力、向心力。④企业生产经营较好,经济效益不断提高。

★★★三星级:①各级党组织能较好地实施思想政治工作。②员工队伍基本稳定,没有不良倾向和不好的苗头。③思想政治工作能促进企业的生产经营。

★★二星级:①不注意发挥党组织的政治核心作用,领导干部对思想政治工作重视不够,存在淡化思想政治工作的倾向。②党群、干群关系不好。③企业生产经营和经济效益低下。

★一星级:①员工队伍不稳定,缺乏凝聚力和向心力。②党群、干群关系恶化,很难沟通。③"一手硬、一手软"的现象严重,思想政治工作绩效差。

(6)员工素质(勇于创新 全面发展)

★★★★★五星级:①具有高度的政治责任感、强烈的事业心和使命感,遵守党纪国法和公司各项规章制度,遵守社会公德,具有良好的思想品质和职业道德。②发扬团队精神,勇于创新,敬业爱岗,自觉奉献,持续性地改善工作品质,将自己融入组织和团队,创造卓越绩效。③善于学习,勤于思考,不断更新知识、技能,有明确的个人发展计划,愿意与人分享知识和见解。④坚持原则,作风正派,弘扬先进文化,廉洁自律,自觉抵制各种不良倾向,勇于同违法违纪行为和腐败现象作斗争。

★★★★四星级:①具有较高的政治责任感和使命感,遵守党纪国法和公司各项规章制度,遵守社会公德,具有较好的思想品质和职业道德。②团结协作,积极创新,工作严细认真,取得良好成绩。③注重学习,注重更新知识和技能。④团结同志,为人正派,能同违法违纪行为作斗争。

★★★三星级:①具有一定的政治责任感和使命感。②立足本职,为企业努力工作。③加强学习,努力更新知识、技能,有一定的创新积极性。

★★二星级:①政治责任感和使命感淡化。②有一定的工作积极性。③不注重学习,个人素质单一,不够全面。

★一星级:工作积极性、主动性差,不求上进,素质低下。

(7)团队协作(团队合作 互相协助)

★★★★★五星级:①团队制定并实现自己的改进目标。②员工都达到或超越了企业的要求。③团队参与企业决策、经营管理等工作,充分发挥团队的智慧和力量。

★★★★四星级:①围绕运作程序或安全生产将团队组织起来。②建立跨部门的项目团队,以解决重大项目问题。③团队设定自己的目标,管理自己的预算,解决自己的问题,并进行自我创新。

★★★三星级:①工作团队每周聚集一次,或至少每月聚一次。②团队领导和成员在团队中有明确的角色定位。③员工有多种技能,可以做多种不同的工作。

★★二星级:①员工一般都对企业准备出台的政策和改进措施持合作态度。②部门有了明确的、可衡量的团队目标。③员工都知道谁是他们的服务对象,不管是内部的还是外部的。④他们看上去是一个团队,为完成工作而互相帮助。

★一星级:①员工只认为自己在独自做一项工作,而不是在团队中工作。②各工作小组间的合作不协调,在各小组之间隔着一条鸿沟。③员工与管理层认识不一致,任何一项变革都会引起骚动。

(8)信息沟通(有效沟通 管理互动)

★★★★★五星级:①企业上下沟通渠道畅通,能良好地运用各种沟通渠道。例如会议、宣传牌、报告、电脑和录像等。②各部门都能有效沟通,协调解决问题。③沟通日程表显示出各种沟通渠道,以及何人在何时做了何事。④调查显示,沟通工作不断改进。

★★★★四星级:①各种信息能在48小时内从最高管理层会议传达到基层员工。②基层团队每天召开"班前会",并在自己的部门设置交流布告牌。③信息渠道使基层的意见可以反映到高级管理层那里。④企业创造良好的环境,使基层人员受到鼓励,乐于提出意见。

★★★三星级:①最高管理层每年至少与全体员工会面一次。②管理者理解要传达的信息,并以身作则。③会议是有目标的,必须遵守已公布的原则。④企业内部刊物生动有趣,得到大家的广泛阅读。

★★二星级:①已经建立起从最高管理层到基层员工的交流渠道。②管理者定期举行团队会议,并接受过专门培训。③会议室内备有良好的视觉帮助工具。

★一星级:①偶尔举行团队会议,或者根本没有此类会议。②员工称:没有人向我们传达信息。

(9)持续改进(不断学习 积极进取)

★★★★★五星级:①同行评价表明,企业已经跻身于"最佳公司"之列。②企业意识到,不断开展技术培训使员工成为具有竞争力的资产,是一种福利待遇。③每年为员工提供至少5天的脱产培训。④企业开设内部大学。⑤"不断学习"已经成为一种生活方式。

★★★★四星级:①每年为每位员工提供至少3天的脱产培训。②管理者和经理已经成为训练有素的培训教员。③每年整个员工队伍的技能都得到提高,变得更有价值。④员工每月至少提交两项改进建议,并有75%被采纳。

★★★三星级:①学习目标列入年度评估成绩中。②团队内实现跨技能操作。③公司各管理部门间实行岗位轮换。

★★二星级:①每年至少为每位员工提供至少1天的脱产培训。②培训员工在操作过程中和办公室中处理多种任务。③为每位员工保留技能和培训记录。④对所有初上岗者进行初级培训,并指派一位导师。

★一星级:①员工们对学习新技术并不热心。②只有少量的上岗培训,没有脱产培训。③员工不愿投身于改进活动中,他们说:"为什么我们要那么做","这对我们有什么意义","那是管理层的事情",等等。

2. 自我评价的方法

这九个方面是根据企业思想政治工作的实际,采用定性描述的方式,个别方面也有量化,完全用量化来评价有较大的难度。为此,拟采取以下方法进行自我评价,衡量出一个相对水平。

(1)单项评价

★每一方面分5个星级,对应的星级数为等值分数。

★同一项目中,如现实情况在各个星级中均有显现,采用加权平均法。例:在目标管理中,分别在一、二、三星级中均有显现,即$(1+2+3)/3=2$,相对水平为二星级。

(2)总体评价

★把九个方面单相评价计分后的总和除以9,即总体水平。

★将九方面全部对照后,就可以发现这九方面的发展可能是不均衡的,如画出柱状曲线图,就有"峰"值和"谷"值。保持"峰"值或再提升,加大力度提升"谷"值,使其赶上"峰"值,达到总体提升。即均衡思想政治工作管理,提升思想政治工作总体水平,获取思想政治工作最佳的效益。

总之,企业思想政治工作是积极引导企业工作作风、个人工作态度及思维习惯的一个重要手段。它正是通过研究企业和个人的种种表现来找出提高文化意识,加强管理的办法。用思想政治工作来统一员工的思想,用思想政治工作的理念加强企业管理。

观念变则态度变,态度变则行为变,行为变则习惯变。积极创建学习型企业,创新企业思想政治工作,注重将思想政治工作理念性、概念性的东西,逐步扎实地转化并付诸实际行动,最大限度地调动企业各级组织和员工的积极性,努力构建动态管理、量化考核、善于团队学习、注重沟通交流、运用系统思考、不断发展创新的思想政治工作的评价机制,获取企业思想政治工作的最佳绩效,提高企业核心竞争力、促进企业和员工的共同发展,实现企业的共同愿景。

(作者单位:秦山第三核电有限公司)

第九部分

军队思想政治工作

始终保持蓬勃朝气、昂扬锐气、浩然正气 进一步加强政治机关思想作风建设

唐　晓

江泽民在“5·31”讲话中强调：“全党同志始终保持共产党人的蓬勃朝气、昂扬锐气、浩然正气，永远与人民群众心连心，我们党的执政基础就坚如磐石。”既是如何践行“三个代表”重要思想的一个科学论断，也是对广大党员干部提出的具体要求。对于政治机关来说，显得尤为重要。因为政治机关是党在军队中的工作机关，也就是说政治机关是党在军队中的代表机关。党中央、中央军委对军队的绝对领导和党的路线、方针、政策在军队的贯彻执行，除了通过军队中党的各级委员会和政治委员外，大量的实际工作都要通过各级政治机产具体地组织和实施。因而，政治机关代表着党的利益，体现着党的意志，站在党性和党的政策的立场上。因此，政治机关要作为贯彻落实“三个代表”重要思想的排头兵，要在保持蓬勃朝气、昂扬锐气、浩然正气上当好表率。

一、政治机关始终保持蓬勃朝气，必须要有奋发有为的精神状态

政治机关如何贯彻“三个代表”要求，与时俱进，开创政治工作的新局面？就要始终振作与时俱进的精神，始终保持蓬勃朝气。江泽民在“5.31”重要讲话中，把与时俱进看作是一种精神状态，这是一个新观点。政治机关要保持这种精神状态，具体讲主要有三个方面。一是要有远大理想和抱负。理想是灵魂，是动力。古今中外，仁人志士，之所以成就事业，是因为遇到困难百折不挠，逆境中永不退缩的蓬勃向上的精神状态。没有一个远大的理想，就不可能有明确的奋斗目标，也不可能有蓬勃向上的朝气。但政治机关也有个别同志工作没有计划，跟随着感觉走；有的同志混日子，做一天和尚撞一天钟，有的甚至连钟都不撞；有的胸无大志，不思进取，精神颓废等等。政治工作是常抓常新的工作，要保持生动性和活力，对政治工作者提出了更高的要求，作为一名政工干部要始终把政治工作当作甜蜜的事业。要通过政治工作，传播党的最新理论成果，把贯彻落实“三个代表”重要思想，作为崇高的目标，去追求、去奋斗，使党的事业焕发勃勃生机。二是要勤勉敬业。“热爱是最好的老师”。只要政治机关干部打心眼里爱上政治工作，就能把心思投进来。现在政治工作遇到了许多新情况、新问题，政治机关的同志必须要蓬勃朝气去迎接挑战。有的同志认为政治工作清苦而且不实惠，不想干、不愿干；有的坐不住，热衷于跑跑癫癫；有的工作马虎，办事粗疏；有的朝三暮四，工作不尽心，不用心、敷衍了事，穷对付；有的课外时间忙于自己的事务，上班无精打采；有的精力外移，热衷于与老板勾勾搭搭等。这些问题产生的原因，主要是职责意识不强，奉献精神树得还不牢，安心工作的心思还不稳。要着力解决好奉献精神不足、尽职尽责不够的问题。必须树立爱岗敬业的思想境界。岗位是成就一番事业的载体，是实践人生追求的舞台，只有不断强化为谁当官、为谁服务的观念，大力弘扬矢志国防事业的执着追求和献身精神，以夜日继日、寝食不安的精神干好本职工作，才能不辱使命，不负重托；必须发扬埋头苦干的精神。艰苦奋斗、无私奉献是我党我军的光荣传统，也是干事业尽职责的必由之路，作为政治机关干部都应强化无功就是过，不进就是退，平庸就是错的思想，争当无私奉献的模范，切实把党的事业和部队建设放在第一位，时刻想着自己的责任，想着单位的发展，相方设法干出成绩来；必须争创一流的工作标准，工作标准的高低，是敬业精神强弱的具体体现，只有确立了高标准，工作才会有劲头、有奔头。工作中不能满足于干过了、有进步了、任务完成了，就万事大吉了，要树立工作中不出特色不出成果不算尽到职责的观念，不全面过硬，不算尽到职责的观念；不走在践行“三个代表”的前列，不到职责。要以一流干劲，创造一流的业绩。三是要有所作为。政治机关的“作为”怎么体现，我看三句话：既要敬业，又要精业；既要出产品，又要出精品；既要讲奉献，又要做奉献。政治机关没有一支高素质的干部队伍，党的最新理论成果的贯彻落实就会打折扣。有的干部不重学习和思考，进机关时间很长，没搞出什么像样的东西来，甚至对领导交办的工作怨声载道。实际上，领导给工作，就是给机遇，给任务就是给地位，多干事才能快提高，干大事才能有大作为。常言道：“苦没有头，苦干有奔头”。苦，只会天天苦恼，没有等出来的美丽。所以，要有所作为，就必须想事、谋事、干事。要不断激发大家工作的责任感和紧迫感，激发政治机关干部献身政治工作的荣誉感，自觉做到名利面前不伸手，享乐面前不动心，困难面前不退却，敬业爱岗、矢志不渝，在本职岗位上有所作为。

二、政治机关始终保持持昂扬锐气，必须要有开拓创新的精神动力

创新作为一种复杂的心智活动，与人的精神状态、精神动力密切相关。没有强烈的进取心、责任感，就不可能产生创新意识和创新行动。创新是一种艰苦的创造性实践活动，它需要我们脚踏实地、埋头苦干，没有吃苦耐劳、迎难而上的精神，开拓创新就无从谈起。任何创新活动都需要鲁迅先生所说的“韧性的战斗精神”，这就要求我们必须具有百折不回的意识品质和承受压力的心理素质。要敢想、敢说、敢做、敢闯，否则就不可能有创新之举，获创新之利，得创新之益。一是创新以新思维开道。思维水平的高低、思维能力的强弱与创新的力度和深度息息相关。在工作中，有些同志之所以缺乏创新精神，究其原因就是观念比较陈腐，思想不够解放。他们惯于用自己脑中的条条框框思考问题、解释现实，总是用传统的思想、方法来观察、研究和处理新形势下的现实思想问题。这种静止僵化的固定性思维、自然形成的经验性思维、自以为是的独我性思维，必然导致狭隘主义、主观主义、本本主我的产生。这些人身子进入了新时期，思想却还停留在旧时代，思维观念和现实存在着错位。因此，政治机关的思想要活跃，必须随着时代的发展和形势的变化，进行思维观念的新陈代谢，时刻清醒地意识到自己所处的环境，用时代精神不断荡涤头脑中的旧思想、旧观念，以与时俱进的态度去认识世界、改造世界。二是创新要以能力垫底。创新是一种思维过程，更是一种实践过程。它不是言必称创新地喊在嘴上，而要在实际工作中不断地实现突破。这就要求政治机关不但要具备创新的意识和思维，还必须具备创新的能力素质。纵观当前国际国内形势，无论是科学技术领域还是意识形态领域，都发生了巨大变化，对政治机关提出了更高的要求。作为新世纪的政治机关干部，必须具备良好的知识结构，不断加强学习和实践，把提高自身素质和能力作为头等大事来抓，积极响应江泽民“学习学习再学习，实践实践再实践”的号召，在奋发学习中掌握知识，在不断实践中增长才干，努力提高自身的组织指挥、驾驭全局、调查研究、统筹协调和指导基层建设等各种能力，力争在新的工作起点上有更大突破。三是创新要以绩效来检验。创新不是喊出来的，也不是写在纸上，更不是脱离实际的异想天开、照葫芦画瓢、挥图索骥，而是通过工作绩效来检验。在当前有以下三种现象影响政治机关工作创新绩效：第一种把搞花架子当作创新；第二种把出馊主意当作创新；第三把老办法挂上新头衔当作创新。不讲实际，更不讲绩效。评绩效只看报上有没有名，只讲上面有没有挂号，只想领导高兴不高兴，把创新搞歪了，把作风带坏了，把效果搞虚了。那么靠什么去检验政治工作的创新绩效呢？首先，要看在解决新问题上有没有新办法；其次，要看在解决难点问题上有没有新突破；再次，要看在推动部队建设有没有新发展。这才是我们创新的目的和要求，政治机关才能与时俱进，政治工作才能出效益。

三、政治机关始终保持浩然正气，必须要有崇高的精神境界

一个人的人格魅力来源于品德端正、道德高尚。政治工作是做人的工作，政治工作者必须做到守规矩、听招呼，用自身的良好形象去团结人、感召人、鼓舞人、凝聚人。当前，有的同志不大守规矩，出现了与政治机关干部身份不相符的问题，在知与行上出现脱节。政治机关的同志虽然具有一定的伦理道理知识和意识，但是个别人缺乏自我约束、自我控制的能力。有的违反规定，去不该去的场所；有的不敢与歪风邪气作斗争；有的不讲社会公德、职业道德和家庭美德。这些看起来是个人问题，是小事，但实质是道德品质问题，它有悖于家庭美德、职业道德和社会公德。究其原因，大体有这样几点：一是少数同志虽然对“三德”心中有“知”，但尚未真知、深知，有的也许就是个“半知”。因为知识较少、较浅，认识不深刻，所以做得也就不可能坚决彻底。二是存在“社会风气尚且如些，何必和自己较真”的自我谅解心态。一些同志总觉得这些问题在社会上司空见惯，自己何必一本正经，苛求自己就等于让自己吃亏。三是“小节无害”思想作祟，认为自身不存在所谓的“道德品质败坏”问题，小毛病谁都难免。出于这样一些想法和客观因素，有些同志虽然对道德修养口头上也能说出个道道来，但做起来就缺了一大截，甚至“口能言之，而体不能行之”。因此，知与行的统一，是一个人立德的具体要求。作为政治机关干部，要坚持道德认识与道德行为的一致性，既要以“三个代表”重要思想为指导，深刻领会二十字公民道德规范和三十二字军人道德规范精神，又要注重从自身做起、从点滴做起，做立德的表率。

（作者：武警广东省总队政治部主任）

转变观念、作风、方法 不断加强和改进公安思想政治工作

张毅仁

江泽民同志指出：面对新形势新情况，思想政治工作在继承和发扬优良传统的基础上，必须在内容、形式、方法、手段、机制等方面进行创新和改进，特别是要在增强时代感，加强针对性、实效性、主动性上下功夫。按照这一要求，公安政治工作必须切实转变观念，转变作风，转变方法，以创新求发展，以改进求加强，更好地发挥职能作用，以与时俱进的姿态迎接挑战，接受考验。

一、转变观念，增强公安政治工作的主动性

在改革开放和发展社会主义市场经济条件下，公安政治工作的环境、任务、内容、渠道和对象都发生了很大变化。如果不能迅速适应这种变化，主动跟上时代发展步伐，摒弃落后保守的思维模式，实现公安政治工作的与时俱进，就难以收到好的效果，甚至适得其反。必须从根本上转变思想观念，用新的理念指导工作，促进公安政治工作的创新与发展。

一是要进一步树立服务大局的理念。当前，发展是执政兴国的第一要务。经济建设是我们党和国家的中心任务，全面建设小康社会，是我们党和国家的工作大局，这是最迫切的任务，是最大的政治，作为上层建筑重要组成部分的公安机关，各项工作必须服从服务于经济建设这个中心，服从服务于全面建设小康社会这个大局，公安政治工作和政治工作者必须树立服务大局的理念，主动站在贯彻“三个代表”重要思想，推动全市经济跨越式发展的高度做好公安政治工作。坚持对民警进行“三个代表”重要思想的教育，进行“立警为公、执法为民”教育及保护经济发展软环境教育，不断增强广大民警的政治意识、大局意识、服务意识、忧患意识和法制意识，切实把执法和社会效果统一起来，把管理寓于服务之中，认真解决以管人者自居，“不买帐”就收拾，甚至吃、拿、卡、要问题。确保公安工作始终保持坚定、正确的发展方向，充分发挥职能作用，努力为经济发展保驾护航。

二是要进一步树立服务业务工作的理念。公安工作是业务工作和政治工作等诸多工作构成的统一体，做好业务工作是公安工作的出发点和落脚点。因此公安政治工作必须主动为业务工作服务，必须紧紧围绕业务工作转，跟着业务工作走，而且只有贴紧、靠实，才能真正发挥作用。同时，业务工作与政治工作好比“车之双轮，鸟之双翼”，相辅相成，缺一不可。业务工作的完成必须靠政治工作来保障，政治工作的成效必须靠业务工作来检验。民警的思想问题往往是通过执法活动和业务工作表现出来的，如果政治工作脱离了业务工作，那么就必然成为无对象、无内容、无基础的“空头政治”，就会使思想政治工作远离广大民警，不被民警所接受，甚至阻碍公安工作的开展。因此，公安政治工作要主动为业务工作服务，结合公安业务做思想政治工作，绝不能游离业务工作之外。只有这样，才能真正调动民警的工作积极性、主动性和创造性，才能使思想政治工作更具战斗力，适应历史发展的要求。

三是要进一步树立服务基层的理念。公安机关的基层所队是公这工作的根基，是完成整个公安工作的主体，任务繁重，责任重大，还面临着艰难困苦甚至生死考验和腐蚀与反腐蚀的考验。同时，基层所队与群众联系广泛，是公安机关的“窗口”和“门面”，民警的政治业务素质、精神状态、言行举止、办事效率如何，在很大程度上决定公安队伍的战斗力，直接反映着公安机关的整体形象。可见，公安工作的重头在基层，难点在基层，活力在基层。做好基层政治工作对于提高整个队伍的服务水平、执法水平和队伍建设水平，更好地完成好各项公安工作任务具有重要意义。因此，政治工作必须主动为基层服务，把政治工作的重点放在基层。抓好思想教育，坚持从严治警基层是重点；从优待警，解决民警实际困难，基层同样是重点。只有这样，才能真正发挥政治工作的保障、激励和促进作用。

总之，公安政治工作要转变观念，赢得主动，就必须进一步树立服务大局、服务业务工作、服务基层的理念，时刻从大局着眼，从基层入手，紧紧围绕业务工作，把公安思想政治工作做细、做实、做强，不断总结新经验，推出新举措，实现新突破，开创新局面。

二、转变作风，增强公安政治工作的针对性

党的十六大提出“要建设一支政治坚定、业务精通、作风优良、执法公正的干部队伍”，按照这一要求，公安队伍的整体素质还存在较大差距和不足。队伍的政治工作业务素质不高，“特权思想”还没有彻底根治，一些民警执法思想不端正，服务改革、发展大局的意识不强，队伍

深层次问题大量存在,以权钱交易为驱动力的执法不公、徇私枉法甚至执法犯法问题还时有发生。上述问题在基层反映的更为突出一些。同时还要看到,基层单位和广大民警直接承担着维护一方平安的重任,在工作环境艰苦危险、待遇装备保障不足,责任制考核和内外监督力度大的情况下,极易产生心理失衡。我们必须通过切实转变工作作风,掌握基层单位和民警的实际情况,采取针对性措施加以解决。

第一,坚持深入实际,调查研究的作风。各级领导和政工干部要真正俯下身来,潜心钻研,从繁杂的事务性工作中解脱出来,带着问题去思考,带着问题去调查。要建立基层工作联系点和定期或不定期下基层调查研究工作制度,投入更大精力,深入到民警中去,深入到基层工作中去,真正了解民警的所思、所盼和苦辣酸甜,经过换位思考,从基层的实际出发,制定切实可行的工作措施,指导工作实践。要强化服务意识,树立好的作风,真心实意帮助基层出主意、想办法、解难题、改进工作,不断总结推广新经验、新成果,以良好的作风赢得警心,促进工作,增强工作的针对性。

第二,坚持亲临一线,随警作战的作风。危难之处显身手,困难面前见精神。在严打的斗争中,广大基层民警能否经得起不惧艰险、英勇顽强、无私奉献,经受着一次又一次严峻的考验,迫切需要更好地发挥政治工作的应有作用。因此,在严打斗争中各级领导和政治工作者必须亲临一线,随警作战,及时发现和挖掘民警身上的奉献精神,大张旗鼓地开展宣传,并采取超常规格的办法,进行表彰和奖励,把政治工作的效能发挥到极至,带来强大的战斗力。同时,在严打斗争和侦查破案中,民警易产生急躁心理,出现接待群众冷硬横、刑讯逼供、滥用枪支械具、违法使用留置措施等问题。这样,只有坚持随警作战,才能及时发现,通过有针对性地做好思想政治工作,把问题解决在基层,解决在实地,解决在萌芽之中。各级领导和政工干部要跟踪到位、宣传到位、服务到位,调动一切积极因素,合力攻坚,共同完成好急难险重任务。

第三,坚持求真务实,狠抓落实的作风。做好新时期的公安政治工作,必须大力提倡知实情、说实话、办实事、鼓实劲、求实效的工作作风。安排部署政治工作要充分考虑基层的实际情况,设身处地为基层着想,注意基层的承受能力,分清轻重缓急,灵活机动、见缝插针。战役紧张繁忙时,要多为民民警办实事、办好事、关心民警生活,解决后顾之忧,调动民警的积极性。战役休整时期,多组织一些理论学习、岗位练兵、体能训练内容,开展寓教于乐的活动,提高民警素质。同时要强化队伍的教育管理,防止因思想松懈发生违反“五条禁令”和其他违纪问题。各级领导和政工干部要求真务实,在抓落实求实效上下工夫。工作不做表面文章,不走过场,注意加强经常性的思想政治工作,注意发挥基层开展政治工作的主观能动性和创造性,不搞劳民伤财又收效不大的活动,扎扎实实地抓好工作的落实。

第四,坚持以身作则,率先垂范的作风。政治工作者,特别是各级领导干部,要身体力行,以自己的模范行动去影响、感化、带动民警。要想使广大民警接受教育,各级领导和政工干部必须首先受教育,必须从自己做起,以身作则,为人师表。要求别人做到的,自己首先带头做到;要求别人不做的,自己首先带头不做;要求别人抵制的,自己首先带头抵制,这样才能增强政治工作的说服力。领导干部和政工部门有没有威信,工作有没有力度,工作效果好不好,一个重要的因素就是看我们的各级领导和政工干部有没有起到表率作用。在当今改革开放,市场经济迅猛发展的形势下,各级领导和政工干部必须做到政治工上立场坚定,旗帜鲜明;工作上兢兢业业,无私奉献;作风上大公无私,为人正派;要廉洁自律,耐住寂寞,守住清苦。在关心民警、理解民警、信任民警的基础上,平等交流,以诚相待,做好工作。如果各级领导和政工干部能时时处处起表率作用,讲话就有份量,工作就有威信,就能理直气壮,让人信服。相反,如果说一套做一套,就得不到民警的信任。身教重于言教,这是搞好公安政治工作的一个重要条件。

三、转变方法,增强公安政治工作的实效性

长期以来,受计划经济体制下思想观念的束缚,公安政治工作仍然存在教育内容和方法手段陈旧的问题,难以发挥应有的实效。要增强实效性,公安政治工作的方式方法必须在继承和发扬党的优良传统和过去成功的经验和做法的基础上,有所发展。做到以下几个结合:

一是坚持从严治长和从严治党相结合。开展思想政治工作,坚持治警先治长,必须把各级领导干部作为重点,加强干部队伍的思想、组织、作风建设,全面提高领导干部的政治业务素质,用过硬的班子带队伍,创一流业绩。同时要大力加强党的建设,发挥各级党组织的战斗堡垒作用和党员的先锋模范作用,这样才能使我们这支队伍充满生机和活力,才能出色地完成党赋予我们的各项任务。

二是必须坚持教育与管理相结合。教育是根本,要采取多种形式加强对民警的教育,引导广大民警树立正确的人生观、世界观和价值观。民警思想道德的培养和良好形象的树立,既要靠教育引导,又要靠严格管理。因此,在不断强化思想教育的同时,必须进一步建立和完善队伍管理长效机制,把思想教育的目的充分体现到管理之中,在管理的过程中时时刻刻不放松思想教育,使自律与他律、内在约束与外在约束有机结合起来,为各项公安工作提供强有力的保证。

三是必须坚持解决思想问题与解决实际问题相结

合。广大民警在学习、工作、生活中产生的各种思想问题,很多情况下是实际问题引起的,如经济困难、住房困难、孩子上学困难等实际困难,以及家庭不和睦,同志不团结,失恋、离婚等实际矛盾。不注重解决民警的实际问题,公安政治工作就难以收到实效。加强和改进公安政治工作,就必须既讲道理,又办实事,倾听民警呼声,了解民警情绪,关心民警疾苦。要认真贯彻各级党和政府要求,多做得警心、暖警心、稳警心的工作,把好事办实,实事办好,真正把政治工作做到民警的心坎上。

四是解决共性问题与解决个性问题相结合。解决共性问题,就是解决广大民警集中存在的思想问题和具有某种倾向性的思想认识问题,通过解决些共同性的问题,为进一步解决个性问题奠定基础。解决个性问题能解决人们不同的、特殊的思想认识,是解决共性问题的深刻化、细致化。因此,在认真解决共性问题的同时,绝不能忽视个性问题,一定要深入了解掌握不同类型、不同层次以及每名民警政治上、工作上、生活上的表现和要求,坚持“一把钥匙开一把锁”,有针对性的采取措施加以解决,防止民警因工作、生活压力而产生心理失衡,导致突发性违法违纪问题的发生,给队伍建设带来不必要的损失。

五是必须坚持从严治警和从优待警相结合。人民警察承担着维护治安,打击犯罪的重任,身体上、精神上和工作时间上的付出,是其它行业无法相比的,贡献和所得也不成正比。在强化从严治警,对民警的自身素质、工作作风和工作标准提出较高要求的同时,各级领导更应在维护民警的合法权益、保障装备和办案经费等方面给予保证。要严格落实民警的休假制度,并纳入目标管理和领导干部责任制中,确保落实。要建立民警身体健康状况档案,定期为民警解决拖欠民警的特殊工作补助、津贴和加班工资,解决拖欠民警医疗费、警衔津贴私住房补助费。创建“民警心理咨询热线”,专门为民警心理减压。创造条件,为民警个人及家庭办理财产保险、意外伤害保险、工伤保险和医疗保险,建立下岗家属再就业救助会,帮助下岗民警家属再就业,解除民警的后顾之忧。

六是必须坚持贯彻落实“五条禁令”与解决队伍深层次问题相结合。“五条禁令”是加强队伍建设,树立良好警风的突破口,它抓住了民警产生诸多违法违纪问题的要害,给公安机关内务管理、勤务制度和仪表形象带来了崭新的变化。不折不扣地执行好“五条禁令”对公安机关的作风建设将产生重大而深远的影响。但是“五条禁令”是对民警的起码要求,在坚持贯彻“五条禁令”的同时,还要注意解决队伍中深层次的问题,深挖队伍中贪赃枉法、执法犯法、徇私枉法以及涉黑、涉毒、涉赌等深层问题产生的根源,研究制定从源头上治理的措施办法,促进队伍建设朝着良性的方向发展,使公安政治工作发挥更大的功效。

七是必须坚持民警八小时以内的教育管理与八小时以外的教育管理相结合。要经常开展家访和谈心活动,向民警家属介绍民警的思想情况、工作表现,向民警家属了解民警八小时以外的所思所想,帮助解决家庭困难,与民警家属一道认真研究解决民警思想、生活中存在的倾向性问题。同时,大力开展警营文化建设,努力建设学习型的公安机关。通过广泛开展读书演讲、文体比赛、警察文化节等活动,寓教于乐,占领思想阵地,增强民警八小时以外活动的趣味性,用健康向上、喜闻乐见的活动陶冶民警情操,激发民警的工作积极性。

八是必须坚持惩处与弘扬相结合。公安机关是一支准军事化的纪律部队,纪律严明是取得胜利的重要保证。因此,对队伍中违反违反警令的行为必须给予严厉惩处,对屡教不改的绝不姑息迁就,坚决清除害群之马,教育广大民警维护公安纪律的严肃性。与此同时,要坚持把弘扬队伍的先进成份作为政治工作的有效形式,经常开展先进典型事迹先进经验的演讲、报告和交流,善于运用典型事迹的经验引导的推动工作,激发民警创先争优的积极性,发挥政治工作的导向作用,形成崇尚先进的良好氛围,促进公安队伍建设的良性循环,确保各项公安工作任务的顺利完成。同时要利用新闻媒体广泛弘扬先进典型的事迹,在更高的层次、更广的范围内进行行宣传弘扬,树立人民警察的良好形象。

九是必须坚持集中教育整顿和经常化的思想政治工作相结合。开展集中教育整顿是解决队伍中突出问题的有效方法和形式,对提高队伍的政治、业务素质,遏制队伍违法违纪问题的发生起到积极的作用。但是集中教育是阶段性的活动,要与经常性的思想政治工作结合起来。思想工作不能只抓一阵子,要反复抓,抓反复,要结合民警长年在工作、学习、生活中产生的思想问题,不间断地开展积极的思想政治工作,随时随地把问题解决在萌芽状态。通过卓有成效地工作,使广大民警能够保持良好的精神状态,心情舒畅地做好工作,为公安事业奉献自己的聪明才智。

(作者:长春市公安局政治部副主任)

坚持与时俱进 寻求新的突破
——关于军队政治工作创新发展的思考

刘振忠

党的十六大报告指出，贯彻“三个代表”重要思想，关键在于保持与时俱进的精神状态，不断开拓马克思主义理论发展的新境界。这一论述，不仅为新世纪党的建设指明了前进方向，而且为军队政治工作的创新发展提供了理论指导。贯彻十六大精神，军队政治工作必须强化与时俱进的精神，反思政治工作创新发展的经验教训，把握政治工作创新发展的重点方向，寻求新的突破点。

一、认真反思军队政治工作的价值定位，在政治工作个体价值的开发上寻求突破

军队政治工作的价值，指的是军队政治工作的意义。军队政治工作的价值主体主要有两个：一个是社会主体，即党、国家和军队。军队政治工作对党、国家、军队的意义，构成了军队政治工作的社会价值。另一个是个体主体，即参与军队政治工作的广大官兵。军队政治工作对广大官兵的意义，构成了军队政治工作的个体价值。由此可见，军队政治工作的价值，既包括其社会价值，也包括其个体价值。军队政治工作的价值定位，应当是社会价值与个体价值的有机统一。但是，但是，由于政治工作产生的历史条件和发展过程的特殊性，我军历来重视政治工作社会价值的定位。这一点，从目前绝大多数关于军队政治工作的定义可见一斑。1987 年出版的《中国大百科全书》界定，中国人民解放军政治工作，是“中国共产党在中国人民解放军中的思想工作和组织工作。党在军队中的政治工作，是人民解放军的生命线，是军队战斗力的重要源泉，是团结自己、战胜敌人的重大因素。”由此而决定，政治工作在社会价值的开发方面颇受重视且成就巨大，已经成为我军建设的传统优势。建国以后特别是“文化大革命”中，这一理念一度被推向极端，似乎军队政治工作的价值，除了服从和服务于党的、国家的和军队的任务之外，就再也没有其他作用。至于政治工作与广大官兵的关系，则很少从理论上进行研究，从实践上重视也不够。改革开放以来，随着人们主体意识的不断强化，军队政治工作加大了对官兵个人需求方面的研究，政治工作的个体价值问题开始引起人们的关注。但是，从总体上看，政治工作个体价值的定位还不清晰。在指导思想上，往往重视对上负责，而对广大官兵的需求却有所忽视；在工作过程中，往往重视上级指示精神的单向灌输，而对广大官兵的呼声却不够关注；在效果评估上，往往注重上级领导机关的认可程度，而对工作对象即广大官兵的感受却不太在意，等等。这种把对上负责与对下负责割裂开来的做法，是有些政治工作不受官兵欢迎、不能获得工作对象认同的重要原因。

军队政治工作是党在军队中的思想工作和组织工作。这一性质决定军队政治工作必须重视社会价值的定位和开发，把服从和服务于党的路线方针政策，保证党对军队的绝对领导；服从服务于国家的法律法令，保证社会主义制度的巩固；服从服务于军队的“三化”建设，保证战斗力的提高和各项任务的完成，作为自己的根本职能和任务，作为其价值实现的根本标准。但必须明确，广大官兵也是军队政治工作的主体，他们对政治工作的参与程度和认可程度，不但决定政治工作个体价值的实现，而且影响政治工作社会价值的实现。忽视政治工作个体价值的定位和开发，必须导致官兵对政治工作的厌倦情绪，党、国家和军队赋予政治工作的任务也不可能完成。“三个代表”重要思想把“代表中国最广大人民的根本利益”作为基本内容，体现在军队政治工作中就是要反映和维护包括广大官兵在内的人民群众的根本利益。以“三个代表”重要思想统揽军队政治工作的创新发展，就必须正确处理军队政治工作社会价值与个体价值的关系，在重视其社会价值的定位与开发的同时，重视其个体价值的定位与开发，并力求有所突破。

军队政治工作的价值定位事关政治工作的指导思想，在这方面，创新发展的关键在于更新观念。比如，在政治工作的目的任务方面，要正确处理对党对国家对军队负责与对官兵个人负责的关系，把关心广大官兵的全面发展，保障官兵的政治经济利益，作为政治工作的根本目的之一，摆到重要位置。又比如，在政治工作的方针原则方面，要强调以人为本的思想，把理解人、尊重人、关心人作为政治工作的重要原则，作为处理政治工作者与政治工作对象关系的基本准则。再比如，在政治工作的内容方面，要注重广大官兵的需求，倾听官兵的呼声，既要重视官兵军政素质的培养，使之适应军队“三化”建设的需要，又要重视官兵科学文化、民用技术等素质的培养，

使之适应二次就业的需要；既要重视官兵精神利益的需求，使之具有高度的觉悟和高尚的人格，又要重视官兵物质利益的需求，帮助他们消除或减少后顾之忧；既要重视对官兵的教育疏导，提高其思想政治觉悟，又要重视对官兵的组织关怀和法律保护，使他们的人格和自身利益得到保障。还比如，在政治工作的形式方法方面，要进一步适应官兵主体意识不断强化的趋势，充分体现官兵的主人翁地位，力争在基层民主建设、群众监督机制、官兵自我教育等方面有所突破。

二、全面把握"两个历史性课题"的辩证关系，在为"打得赢"提供强大的精神动力上寻求突破

"打得赢"与"不变质"是新的历史时期党中央、中央军委审时度势，对我军建设提出的两个历史性课题。其中，"不变质"是"打得赢"的政治前提，是人民军队的政治生命；"打得赢"是"不变质"的落脚点，是人民军队的职业生命。政治工作是我军建设的生命线，新的历史条件下承担着"打得赢"提供强大的精神动力、为"不变质"提供坚强的政治保证的历史使命。两个历史性课题和两个提供的历史使命的概括，从军事与政治有机统一的高度，深刻地阐明了新的历史条件下我军建设的着力点，完整地揭示了改革开放以来军队政治工作领域反复探讨的"市场与战场"、"平时与战时"的关系问题，是统揽军队建设和政治工作创新发展的主线。

但是，无论是从认识上看还是从实践上看，在全面落实两个历史使命推进政治工作的创新发展方面，都还需要有所突破。从认识上看，有些人拘泥于传统的思维定势和工作思路，对"不变质"看得重，对为"不变质"提供坚强的政治保证想得多，而对"打得赢"看得轻，对为"打得赢"提供强大的精神动力想得少；有些人对世界新军事变革引起的战争形态的根本性变化不去深入研究，而只是简单地将我军战时政治工作的历史经验演绎到现代战争中来，以此作为创新与发展的成果。表面上看创新成果要什么有什么，层出不穷，实际上是换汤不换药，很少有创见，至于原创性的成果则更为鲜见。从实践上看，军队政治工作的创新滞后于部队教育训练改革和军事斗争准备。党的十四大以来，以世界新军事变革和军事斗争准备为牵引的教育训练，无论是内容还是形式，都出现了重大变化，科技练兵、网上演练、实兵演习取代了传统的技术训练和单兵演练。而训练中的政治工作大多仍然停留在训练场造声势、演兵场喊口号的水平上。近年来，这种状况虽然有所改观，但仍远不能适应教育训练和军事斗争准备的需要。因此，政治工作在继续探索为"不变质"提供坚强的政治保证的同时，要下大力在为"打得赢"提供强大的精神动力上创新发展，寻求突破。

在为"打得赢"提供强大的精神动力上寻求突破，必须着眼于世界新军事变革的趋势和我军教育训练改革的走势，注重政治工作创新发展的同步性和超前性。比如，从现在开始到本世纪中期，信息战将逐步成为现代战争的主流作战样式。军队政治工作如何着眼于信息战的特点，预测和构建战时政治工作的内容、形式、方法、手段和机制，就是一个亟待研究突破的重大课题。又比如，随着部队教育训练的不断改革，科技练兵、网上演练、实兵演习成为提高部队战斗力的主要形式和方法。政治工作必须加大技术创新力度，研制网上演练和实兵演习政治工作的设施手段，从理论与实践上解决"网上演练没有席位、实兵演习插不上嘴"的问题。再比如，联合作战的指挥问题是高技术务件下我军作战指挥的"瓶颈"，其中政治指挥既是我军的特色，也是联合作战指挥的难点。党委在联合作战中实施政治领导的基本内容是什么，党委通过哪些组织形式对联合作战实施政治领导，政治机关在联合作战的各个阶段如何贯彻党委政治领导的意图，做到步步到位等，虽然类似的问题《战时政治工作纲要》已经涉及，但真正要付诸实施，还需要在理论和技术手段上认真探索，不断创新。

三、深刻认识物质利益的本原性，在贯彻和运用物质利益原则上寻求突破

贯彻和运用物质利益原则，是马克思主义的基本原则之一，也是我党我军政治工作的优良传统。建国以后特别是"文化大革命"期间，政治工作的这一优良传统受到"左"的干扰，精神的作用被夸大到无所不能的程度，谁讲物质利益，谁就被扣上崇尚资产阶级物质刺激的帽子，政治工作"假、大、空"的作风逐步流行起来。改革开放和发展社会主义市场经济以来，物质利益原则重新得到了确立，贬低物质利益原则的做法遭到人们的唾弃。1999年中央军委批转的《关于改革开放和发展社会主义市场经济条件下军队思想政治建设若干问题的决定》，把正确认识和运用物质利益原则作为一条重大原则提了出来。按说无论从理论上还是从政策上，坚持物质利益原则问题已经解决，政治工作贯彻物质利益原则应该不成问题了。但情况并非如此，恰恰在这个问题上，人们的认识包括一部分政治干部的认识还没有完全摆脱"左"的思维定势的影响，类似"政治工作只是解决官兵的思想道德问题，贯彻物质利益原则是后勤部门的事"的观点还不少。反映在政治工作实践中，至多把教育官兵正确对待物质利益作为分内工作，其他则很少考虑。这种状况，不能不说是导致人们对政治工作敬而远之的一个重要原因。因此，军队政治工作在贯彻物质利益原则方面需要寻求突破，有所创新。

其一，政治工作是广大官兵物质利益要求的"传导者"，在反映官兵物质利益要求上应当有所作为。军队政治工作是党在军队中的群众工作，向广大官兵宣传党的

路线方针政策，向各级党组织反映官兵的意见要求，都是其义不容辞的职责。官兵的意见要求是多方面的，其中物质利益方面的意见要求占很大成分。长期以来，政治工作在贯彻党的路线方针政策上是尽职尽责、卓有成效的，但在反映官兵的意见要求特别是物质利益方面的意见要求上则很不够。政治工作在这方面的“失职”，有可能阻隔下情上达，使各级党委不能全面把握广大官兵的真实思想。因此，政治工作应该强化传导广大官兵物质利益要求的功能，及时收集分析干部战士对党和国家关于物质利益方面的路线方针政策和法律法令的意见，实事求是地表达他们对自身物质利益的要求，使政治工作真正成为上情下达、下情上呈的“信息高速公路”，让官兵的利益要求真实顺畅地反映到各级党委直至党和国家的最高机关。

其二，政治工作是广大官兵物质利益的“实践者”，在满足官兵物质利益要求上应当有所作为。按照传统的理解，政治工作与官兵的物质利益之间似乎没有直接的联系。事实上，广大官兵的职务、级别、军衔、职称，从政策的制定到具体操作，都是政治工作的基本任务，都是政治机关的职权范围。这些工作，表面上标示的是军人的荣誉地位，本质上体现的是官兵的物质利益。政治工作如何理解阐释党、国家和军队与此相关的法律政策，政治机关和政治干部如何贯彻执行这些法律政策，使调节官兵物质利益的相关法律政策真正体现军人的劳动特点，充分调动和激发官兵的积极性，是大有文章可做的。此外，军人及其家庭的优抚问题，官兵亲属的就业、住房、子女入学问题，有些本身就是政治工作份内的事，有些需要政治工作协助后勤工作和地方政府共同解决。这些问题都直接涉及官兵的物质利益。

其三，政治工作是广大官兵物质利益的“守护神”，在维护和保障官兵物质利益上应当有所作为。社会是由不同的利益群体和个体组成的。即使在根本利益一致的前提下，不同群体和个体的物质利益要求也会出现矛盾，由此而造成的损害军队和官兵物质利益的现象是经常发生的。政治工作具有协调军队与地方关系的职能，政治机关承担着某些国家机关的行政职责，因此，政治工作应该也能够在维护和保障官兵物质利益方面有所作为。比如，政治工作可以发挥组织优势，依据国家的法律法令和党和政策，协助地方政府同损害军人物质利益的行为作斗争。又比如，政治工作可以通过组织手段，为官兵提供法律咨询和支持，维护和保障官兵及其家庭的物质利益。再比如，政治工作可以通过纪律检察手段，查处损害官兵物质利益的行为，还可以强化共青团、军人委员会在表达和维护军人物质利益方面的职能，及时预防和严格纠正某些干部多吃多占等损害官兵物质利益的行为，等等。

其四，政治工作是广大官兵物质利益要求的“调节器”，在教育和引导官兵正确处理各种物质利益关系上应当有所作为。物质利益具有不同的层次。在根本利益一致的情况下，群体与个体、长远与暂时等不同层次的物质利益之间也会出现矛盾。我军是人民军队，官兵的物质待遇只能随着社会生产力的发展和人民生活水平的提高而逐步改善。但由于看问题的视角不同，一部分官兵的物质利益要求有可能出现偏差。政治工作可以通过思想教育，引导官兵牢记我军的性质宗旨，树立革命军人的物质利益观，坚持国家、军队和个人三者物质利益的统一，自觉地以个人利益服从军队和国家利益，永葆革命军人的政治本色和艰苦奋斗、乐于奉献的革命精神。

四、密切关注科学技术的发展，在推进政治工作设施手段的高科技化上寻求突破

军队政治工作是个复杂的系统工程，其中，设施手段作为政治工作的物质载体，是保证政治工作正常运行的“船”和“桥”。战争年代，尽管环境恶劣，条件简陋，但是党和军队仍然千方百计改善政治工作的设施手段。建国以后特别是改革开放以来，我军政治工作的发展获得了良好的条件，政治工作的设施手段有了很大改善。但必须看到，与科学技术的迅猛发展和现代军事斗争对政治工作的要求相比，我军政治工作的设施手段还有较大的差距，尤其是战时政治工作的设施手段科技含量低、适应性差，还没有突破性的进展。例如：传统的手段要么已经淘汰，要么更新缓慢；现有的电子网络设施功率小，覆盖面窄，抗干扰能力弱；集团军以下部队可用于战时政治工作的机动性强、便于携带的设施手段极为缺乏，难以适应高技术战争的需要。造成这种状况的原因，从认识上看，主要是缺乏时代感和紧迫感。有些领导习惯于传统的思维方式，把军队现代化仅仅理解为指挥手段和武器装备的高技术化，而把政治工作设施手段的现代化放到一边。有些政治干部也故步自封，缺乏紧迫感，认为高技术战争中的政治工作还不是那一套，传统的设施手段能够对付。从实践上看，主要是领率机关对政治工作设施手段的建设缺乏宏观谋划，考虑政治工作一般形式方法的改革多，考虑政治工作现代化设施手段的建设少，经费投入捉襟见肘，严重制约了政治工作设施手段的更新。

在政治工作设施手段高科技化方面寻求突破，必须按照平战结合、土洋结合的原则，改进现有的设施手段，研制适应高技术战争政治工作需要的设施手段。其一，建立政治工作办公自动化系统，大力提高政治工作的效率。政治工作涉及军队建设的方方面面，繁杂的事务，浩瀚的信息处理，需要耗费大量的精力和时间。建立政治工作办公自动化系统，是提高工作效率，增强政治工作时效性的唯一出路。为此，必须在建立政治工作办公自动化方面寻求跨越式发展。比如，通过梳理政治工作业务的内容，探索政治工作办公自动化的使用范围，尽可能减

少手工操作的工作量，将政工人员的工作重心转移到政治工作调查研究和组织指导方面来。又比如，通过创新政治工作的业务流程，尽快实现政治工作办公环境网络化，信息流通无纸化，办公地点自主化，办公设备智能化，以减少政治工作业务处理所耗费的人力、物力和时间。再比如，通过开发政治工作的相关软件，努力建设具有我军特色的政治工作文电库、外军政治性工作资料库，将目前零乱的、自成体系的政治工作信息资料系统化、标准化，进一步提高政治工作办公自动化系统的运作效率。其二，研制政治工作指挥系统，保证政治工作组织灵便指挥畅通。当前，要瞄准我军平时特别是战时政治工作组织指挥的“瓶颈”，抓住国家和军队信息化建设的机遇，在政治工作指挥系统建设上实现突破，力争做到网上演练有“席位”、实兵演习有线路、作战指挥有平台，为从根本上解决政治工作组织指挥的不间断提供设施手段和技术保障。其三，开发战时政治工作设施手段，努力掌握战时政治工作的主动权。比如，可以着眼于我军政治工作设施手段的实际，努力进行改进更新，在小型化、便携式、安全性上寻求突破，以适应高技术战争的时空变化和战场机动的需要。又比如，可以着眼信息战争超视距打击、战场拓展的特点，强化广播电视手段，在提高相关设施的发射功率、快速安装能力的抗干扰能力上寻求突破，以适应舆论宣传与瓦解敌军的需要。再比如，可以研究开发计算机技术，充分利用计算机所具有的逻辑判断、高速运算和实时控制能力，在战时政治工作网络化、计算机病毒武器开发、提高电子设备抗干扰等方面寻求突破，为我军掌握战时政治工作的主动权提供技术平台。

（作者：南京政治学院进修系教授、博士生导师）

在突出“三性”上下功夫

邓长宇

一、着力固本育人，突出经常性思想工作的先进性

经常性思想下作的根本任务在于教育人、培养人、塑造人，这是由我军的先进性性质所决定的。新形势下加强基层经常性思想工作，就是要贯彻和体现先进性的要求，努力在提高官兵思想政治素质上下功夫、见成效。(一)以理论武装为核心，坚定官兵的理想信念。理论上清醒是信念上坚定的重要保证。经常性思想工作实践先进性的要求，最根本的是坚持用先进的思想理论武装官兵，引导大家学会运用马克思主义的立场、观点和方法观察问题、分析问题、解决问题。当前，就是要根据新的形势和任务的要求，深入抓好马克思主义特别是邓小平理论和“三个代表”重要思想的学习教育，用党的最新理论成果灌注部队、凝聚军心，帮助官兵进一步增强政治意识、大局意识和纪律意识，坚定马克思主义信仰、坚定社会主义信念、坚定改革开放的信心、坚定对党的领导的信任。同时还要坚持用科学知识、科学思想、科学精神和科学方法教育官兵，引导大家正确看待社会主义现代化建设和改革开放遇到的暂时困难，正确看待国家“人世”后经济建设受到的暂时冲击，正确看待个人和局部利益的暂时调整，站在维护稳定大局的高度，自觉为党为国分忧。(二)以培养“四有”军人为目标，帮助官兵树立正确的世界观、人生观和价值观。培养“有理想、有道德、有文化、有纪律”的革命军人，是经常性思想工作的根本目标，这是毋庸置疑的。各级领导机关和基层党组织一定要唱响经常性思想工作的主旋律，坚决纠正和防止“根本目标”偏移的现象，高标准抓好思想政治教育特别是经常性思想教育，引导官兵认清军人应该具有什么样的思想境界，追求什么样的人生价值，坚持什么样的工作、生活标准，懂得立身做人的基本道理。要增强思想工作的针对性，对不同层次的人员要突出不同的重点，基层干部要着力解决“爱岗、敬业、守纪、尽责”问题，战士要着力解决“为谁当兵、怎样服役”的问题。要处理好先进性要求与广泛性要求的关系，根据官兵在觉悟程度、思想水准、文化基础、接受能力和社会经历等方面存在的差异，分别提出不同的、可望又可及的人生价值要求，使大家通过日积月累逐步达到“四有”军人的高境界。(三)以加强道德建设为牵引，培养官兵高尚的思想道德情操。深入学习《军人道德规范》，明确军人道德建设的主要内容、基本要求和实践途径，不断提高官兵加强思想道德修养的坚定性和自觉性。要把加强军人道德建设与军事训练结合起来、与管理教育结合起来、与文化工作结合起来、与用人处事结合起来，创造良好的道德环境，着力培养官兵高尚纯洁的道德要求、健康向上的道德情操、是非分明的道德评价。要坚持思想启迪与行为引导的有机统一，制定各种岗位、各类人员的道德行为规范，使每个官兵自觉在(军人道德规范)规定的范围内行动；要积极扶正祛邪，大张旗鼓地宣扬体现时代精神的先进典型，旗帜鲜明地

抵制不良倾向，不断提高官兵抵御腐朽思想文化侵蚀的能力。

二、坚持补弱克短，突出经常性思想工作的整体性

经常性思想工作具有全时空、全员额、全方位、全建制的特点，要求覆盖所有单位、整个时间和全体人员。加强基层经常性思想工作，必须牢固树立“整体抓、全面做”的思想观念，坚决克服工作指导上重建制连队、轻小远散单位，重正课时间、轻业余时间，重普遍教育、轻个别疏导的错误倾向，下功夫抓好影响和制约经常性思想工作落实的重点部位和薄弱环节。（一）抓“死角”，加大小远散单位经常性思想工作力度。小远散单位虽然在部队建设中是“小头”，但往往是事故案件的“多发区”。实践证明，什么时候忽视放松小远散单位，部队就容易出问题。因此，级党委机关必须把小远散单位作为经常性思想工作的重点，真正在基层思想政治建设全局中突出出来。要把小远散单位经常性思想工作摆上重要位置，分析部队思想形势时，专题研究；安排经常性工作计划时，要提出明确具体的指导意见；检查讲评工作时，要及时指出问题、提出要求。要从加强组织建设人手，切实把小远散单位的于部选优配强，搞好具体帮带，实行对口指导，着力提高他们做好经常性思想工作的能力。（二）抓延伸，加大八小时以外思想工作力度。随着改革开放的深入和社会主义市场经济的发展，社会生活多样化对官兵观念和需求的影响越来越深刻，功利、交往、享乐等意识明显增强，八小时以外的社会联系和活动空间日趋广泛和丰富，容易造成思想和行为失控。这就要求我们必须积极适应这一新的变化，重视抓好八小时以外的经常性思想工作。要针对八小时以外思想工作的特点，积极组织学习科学文化知识，搞好民用技术训练，广泛开展群众性的文体活动，引导官兵自觉把八小时以外的主要精力用在增长才于、陶冶情操上。要加强对外出人员的管理，严格请销假制度，并经常进行条令条例教育，强化遵纪守法意识，尤其要管好官兵的交友、吃喝和娱乐，严格禁止滥交朋友，请吃酗酒和出入营业性娱乐场所。要拓展组织监督渠道，加强请示报告，严格组织生活，特别是对外出执勤、学习、集训、休假、住院的官兵，要加强思想管控，坚持定期向党支部写信汇报思想，使他们的思想变化情况始终置于组织的掌握之中。（三）抓个别，加大后进战士思想转化工作力度。做好后进战士的思想转化工作，是当前部队经常性思想工作的一个难点和薄弱点，不少基层单位出问题，主要是发生在个别后进战士身上。因此，必须从维护部队安全稳定的大局出发，以对部队建设负责、对战士一生负责的精神，切实做好个别后进战士的思想转化工作。要增强思想敏锐性，善于从个别战士反常动作、情绪变化中发现问题，及时准确把握后进战士的思想轨迹，增强思想转化工作的针对性。要端正根本态度，缩小“心灵”距离，以兄长情、父母心关心后进战士的冷暖和进步，及时帮助解决工作、学习、生活中的现实问题，尤其要客观公正评价，善于发现、宣扬并利用他们身上的“闪光点”，充分调动内在的积极因素。

三、改进方式方法，突出经常性思想工作的科学性

在我国进入全面建设小康社会、加快推进社会主义现代化建设的新的发展阶段，部队思想政治建设面临的形势任务、社会环境和工作对象都发生了很大变化，官兵思想呈现出多样性的特点，经常性思想工作要取得实际效益，就要从新的实际出发，采取科学有效的方式方法。（一）把解决思想问题与解决实际问题结合起来。在发展社会主义市场经济条件下，物质利益对人们思想行为的驱动作用明显增大，由各种利益矛盾引起的思想问题比以往更为突出，部队中许多思想问题都是由实际问题引起的。从调查的情况看，目前基层官兵确实有不少实际困难和问题，集中反映为“六多”、“六难”，即亲人下岗的多、家中困难的多、重病号多、单亲家庭多、孤儿战士多、家庭涉法问题多；家属就业难、子女人学入托难、看病住院难、士官找对象难、家属来队住房难、转业复员安置难。这些实际困难和问题，直接涉及到官兵的切身利益，且解决的难度比较大，单靠思想疏导是难以奏效的。各级要善于从利益动因上分析官兵的思想波动，把正确的思想引导同关心解决实际问题结合起来，通过发挥组织优势、依靠政策法规、协调地方政府、加大经费投人、倍加关心爱护，尽力帮助排忧解难，以增强思想工作的感召力和影响力。（二）把加强教育疏导与加强行为引导结合起来。教育疏导的全部目的在于规范行为。要坚持知行统一的原则，既要注重讲述道理，更要注重行为养成，不仅要使官兵明白为什么不能这样做，还要使他们清楚应该怎样做，必要时可用法规制度对其行为进行硬性规范。尤其要注意把握青年官兵身心成长的特点，结合日常生活中经常遇到的问题，通过具体事例，进行就业、消费、婚恋、交际、守纪、成才等方面的指导，帮助他们学会怎样学习、工作和生活，自觉加强思想道德修养，增强自我教育、自我约束、自我调节的能力。（三）把消除思想困惑与消除心理障碍结合起来。在社会转型时期，由于利益关系的调整、价值观念的碰撞、社会竞争的加剧以及人际关系的复杂，人们的心理压力普遍增大，心理疾病和心理问题日趋突出。尤其是随着部队实战性和野战化训练难度强度的加大，战备任务和战备要求的提升，独生子女和家庭残缺战士的增多，官兵的心理压力明显增大。调查表明，不少思想问题是由心理狭窄、虚荣心强、恐惧惊慌、认识偏激、缺乏自信等不健康的心理因素所引起。为此，我们一定要把搞好心理疏导作为经常性思想工作的重要辅助

手段，积极抓好心理科学知识的普及教育，及时有效地解决官兵的心理问题，培养官兵适应形势、顾全大局、履行职能的良好心理素质和健全的思想道德人格。（四）把进行营区教育与进行参观学结合起来。社会主义市场经济的发展，改革开放进程的加快，社会日新月异的变化，为部队经常性思想工作的开展提供了有利条件。实践也一再证明，走出营门，参观见学，利用社会大课堂进行经常性思想教育，容易引起官兵的认同和共鸣，打下深刻的思想烙印。因此，各级要善于借助社会主义市场经济条件下教育课堂大的优势，不断拓宽经常性思想工作的领域和途径，经常组织官兵参观历史遗迹、烈士陵园、名胜古迹等爱国主义教育基地，到改革开放成就显著的单位访问学习、调查研究，让大家在亲临其境中领悟在未来战争中担负的重要责任，感受国家改革开放取得的巨大成就，进一步坚定理想信念。

（作者：68202 部队政治委员）

构建军情认知模型 推进军队政治工作信息化建设

范开明

党的十六大明确提出："努力完成机械化和信息化建设双重历史任务，实现我军现代化建设的跨越式发展。中外实践表明，高水平的组织信息化，离不开行为主体的认知科学化。军队政治工作作为我军战斗力的重要子系统，要在全军信息化建设中与时俱进，实现切合诸军兵种联合作战与日常训练需要的整体性科技创新，一个必须解决的基础性课题就是要调动多种科技手段，创造性地开展以军心士气为主要内容的实证研究，构建有中国军队组织文化特色的，由理论模型、数学模型、工程模型合成的军情认知模型。

一、问题与挑战

近年，军队政治工作在网站建设、网上教育、网络信息发布、网络人际沟通诸方面进展快，成果多，效益显著。相比之下，在反映军心凝聚强度、士气涨落水平的信息采集、传输、处理与存储这一重要环链上，信息化建设的速度较为缓慢，进展有限。用高技术时代的信息化理念与标准衡量，我们对军心士气的军情认知尚存在几个值得关注的弱项。

一是关于军心士气的军情信息精确度尚难满足治军需要。这突出表现在军情认知中定性分析较强，定量分析较弱，故虽然产生了大量观点鲜明、事例典型的调查报告和经验材料，但能从数量特征与数量关系上揭示新时期军情特点与规律的信息一少二粗，致使一些领导机关时常缺少效度高、信度好、能够科学反映宏观军情实态与动势的综合数据，造成在某些问题上"发展程度叫不准"、"重大比例叫不准"、"整体性质叫不准"之类认知朦胧状态，这在一定程度上影响了军队政治工作针对性和有效性的提升幅度。

二是关于军心士气的军情信息整合度需大力提高。纵观新时期许多部队的军情调研，一方面是热潮迭起，精品纷呈，另一方面是这些努力也不同程度带着"专题研究多，全面研究少；随机研究多，追踪研究少；应急研究多，基础研究少"的特点，大量关于军心士气实态与动势的军情认知成果往往只能简单汇人书面文档或电子文档保管，无法整合集成为有较高科技含量且有较强可持续发展潜力的大型数据库，领导机关因而也就很难在治军实践中获取既可纵向透视、又能横向剖视、还可进行某些中外治军比较的精确型军心士气信息服务。

三是关于军心士气的军情信息解释度还应深加开掘。新时期的军心凝聚与士气激励面临多样性因素的复杂作用，其中许多现象的深层原因与制约条件远远超出军营范围，牵涉着整个中国社会变迁乃至全球化进程的种种互动过程与群体性问题。我们的军情认知还不能说是已很好适应了新环境新形势，相关研究往往徘徊于经验概括与哲学思辨之间，而在"是什么"、"为什么"、"将如何"一类基本问题上，时常缺少系统实证调查和内外信息综合基础上的条件分析、机制说明与趋势判断。这种弱点不仅减弱了经验型军情认知成果的说服力和启发性，同时也降低了军情实态变化发展的预测度，当然也在一定程度上影响了军队政治工作的理论创新和制度创新。

令人关注的是，由于对军心士气的军情认知在精确度、整合度、解释度上的问题，军队政治工作在进入自动化指挥系统核心过程和创建政治工作模拟系统方面受到认知质量的"软限制"，一些科研成果在"高技术、低应用"的怪圈内徘徊。实时指挥和模拟训练中，网络政工的信息流多为命令—报表传输，而直接反映战斗力状态的政工指标与参数则属于"技术性空白"，造成了"数字化工具、直觉化推测"的低效能状态。随着时间的推移，军队政治工作在信息化网络中"说法多、算法少"的弱点，很可能影响我军作战指挥信息化特色因素的生成与发展。

洞观军队政治工作信息化建设的全局与走势，可以清楚地看到一串既具基础性、更富前沿性的学术问题已经摆到军队政治工作者队伍面前：军心士气是否可以科学描述、科学测评？政治工作的效应—效果是否也能像作战过程一样指标化？现代技术工具是否能够有效实时传输处理军心士气量化信息？

若对上述三个基本问题给出否定性回答，即承认只有作战、后勤、装备之类的军情认知能够实证化，形成“可操作的概念系统”，那么可以推知军队政治工作在以作战为首要目标的信息化建设中将失去一个重要支点，我军内部的数字化军情信息流程之间也难以避免出现某种时代差。

如果我们对这三个问题给出肯定性回答，那就意味着军队政治工作的基础研究必须在继承发扬优良传统的同时，要以极大的勇气和努力去迎接一项前所未有的认知挑战：进一步加大实证研究的资源投入力度，创建富有我军组织文化特色的、能够有效刻画军心凝聚与士气涨落、系统反映军队政治工作运作动态的基本指标体系，使军队政治工作学理论同军队作战指挥理论、后勤支援理论、装备保障理论一样，拥有自己的“可操作的概念系统”，形成以科学性高、实用性强的基本参数和基本数量关系式为基干的数字化平台，为我军战斗力的全系统创新增添一个不可或缺的高科技因素。

二、模型与技术

根据自然科学、社会科学、工程技术发展的一般规律，要将学术理沦实证化为“学术—技术”复合体，即将关于研究对象的思辨命题体系变成可以实测验证的操作化命题体系，形成“可操作的概念系统”，需要从实践的基本需要出发，针对研究对象构建相应的理论模型、数学模型和工程模型。这是一个“绕不开、省不掉”的“瓶颈”环节。军队政治工作要在作战指挥、模拟演练、思想教育等方面实现军情认知的信息化，就必须在这三类模型的研究上取得全面进展。

所谓模型，在科学探索中通常是指人们对实体或非实体对象作出的某种简化映射，这种抽象物是人类理性思维驾驭复杂事物的重要工具. 构建理论模型的目的主要在于，通过对研究对象进行抽象的定性概括，揭示自然事物或社会事物的内部结构、动力学机制和运作效应，从而将不透明的“黑箱”变成相对透明的“灰箱”或完全透明的“白箱”。在有效的理论模型中，既有关于系统要素基本性质主要特点、状态类型的刻画与分析，也有关于系统要素之间因果关系、相关关系的描述与解释，有时于还纳入了意义与价值的阐释。在当代科学方法论体系中，随着系统论、控制论、信息沦、自组织论、突变论、耗散结构论等“一般理论”的广泛应用，构建理论模型已成为一种常规方法。特别是对军心士气、群体凝聚力、组织整合这类结构—机制内隐性强、关系复杂度高的社会现象与社会过程来说，理论模型的“抽象概括、形象展示”对提升人们探索和把握其特点与规律的认知质量具有重要价值。

如果将理论模型进一步简化并量化，就可形成能够严密推论的数学模型。这种模型中的基本要素虽然仍是概念，但它们之中有许多已不再只是经过理论界定的抽象物，而是经过操作界定的可观测的指标或变量。经过由理论模刮向数学模型的变换，研究对象的特点与规律在人的头脑中由“可理解的”跃升为“可计算的”，它们表现为一系列有着坚实数理基础的参数、系数和数学表达式，人类认知藉此稳步走向精确，进而产生巨大的实践效益。在一定的意义上说，现代高技术的发生与发展正是以理论模型向数学模型转化为前提的，支撑信息化技术的内核性知识形态，就是形形色色的数学建模。军队政治工作信息化要在透视军心士气这一基础性建设上取得突破性进展，就要完成有坚实理论依据、充分反映我军组织文化特色的数学模型的构建，建立既富含理论洞察力和数学智慧、又切合治军作战需要的军情指标体系。

在模型系列的第三台阶上，是综合性更高、实践性更强的工程模型。它以工程目标为核心，将定性认知的理论模型和定量认知的数学模型整合起来，形成一种在总体规划指导下的操作工具和操作理念协调一体的复杂程序体系。工程模型实质就是基础理论同种种相关的“硬技术”和“软技术”的集成，或者说它是围绕特定目标形成的理论—技术整合模型。实践表明，要形成一个优质工程模型，不可没有顶层设计的科学透视，因为后者是决定系统总体整合度的战略性行为；同时，也不可忽视中层和底层的技术因素，因为在一定条件下，中层特别是底层的技术因素很可能就是所谓“瓶颈问题”。不突破“瓶颈”，再好的顶层设汁都可能流于虚构，而底层基础性工具技术的重大进展，则常常引发整个大系统的革命性变化。产业革命、军事革命是这样，我军政治工作信息化建设也是这样。

由理论模型到数学模型乃至工程模型的科研活动，是典型的应用研究。它以理论探索为根基，但其主导取向不是理论成果，而是可以产生实际效益的技术成果。在军事领域，“战无不胜”的严酷法则使军队高度关注战斗力中的技术因素，人们对构建作战活动的理论模型、数学模型和工程模型的重要性和可行性已形成共识，大量资源在这种共识的引导下投人到武器研制、战法设计和战场控制的探索之中。

对于军队政治工作的模型研究与技术开发，人们则存在种种不同见解。一些熟悉物理工程但对心理工程不太了解的同志认为，军心士气、群体凝聚力、组织整合是“摸不着、说不清”的社会心理现象，故在这个领域不可能取得实证化学术成果，更不可能产生用于治军作战的技术成果。

这种推断是否切合实际呢？其实，如果我们放开眼界，就不难发现美军在第二次世界大战中已经开始尝试对官兵文化素质、人格特征、服役态度、群体凝聚力、部队士气等人的行为一心理状态与过程展开实证性研究，大批从军的行为科学家将现代科学技术成功地引入了治军与作战实践，创造出了适合美军特点的技术工具，大幅度提高了军队治理的科技含量和决策效益。二战结束后，这一实证化势头虽不无起伏波动，但总的趋势是越来越强。现在，国外现代工商业管理和社会管理，对于民心民意的信息采集和处理也都达到了较高的量化水平。

改革开放初期，邓小平提议抓紧恢复重建以实证研究为重要方法的社会学和政治学。江泽民在新时期大力倡导将现代科技引入调研实践，强调在决策认知中既要有定性分析，又要有定量分析。经过艰苦努力，我国政府机构、科研部门、教育与传媒系统在建立有中国特色的民心民意模型体系方面取得了显著进展，有些重要的民意社情信息平台已运作了十几年，系统高效地汇集了极为丰富的第一手资料，成为党和政府治国的重要认知工具和有巨大影响力的“金牌工程”。

进入新世纪，我军政治工作信息平台建设也加大了实证化、精确化的力度。在部队工作方面，有的领导部门已开始了对象生活水平信息的制度化采样，有的还成功地完成了对象思想政治状况深层信息的试验性采集与定性一定量分析。在科研方面，一些院校已将军情信息平台建设列入发展规划，有关领导机构对军情认知的实证研究课题也给予了较高的关注。这些虽然都还是初始之举，但它们却传达出一个明确无误的信号：我军政治工作信息平台建设已经跨入新的历史发展时期。

形势催人奋进。对于军事科学工作者来说，现在的问题已不是要搞清军队政治工作在军情认知、作战指挥、模拟演练等方面实现高水平的信息化是否可行，而是必须抛弃一切犹豫和迟疑，调动方方面面的积极性，在构建理论模型、数学模型和工程模型这一关键环节实现突破，以实证研究成果为现代信息技术在军队政治工作领域的充分应用创造基础条件。

三、探索与创新

构建服务于军队政治工作信息化建设的理论模型、数学模型、工程模型，创建工具网络化、运作实战化、管控法制化的新型军情信息平台，实现从以定性分析为基本方法的传统型军情认知向以定性分析与定量分析相结合的现代型军情认知的跨越式发展，无疑是一个充满创新挑战的探索过程。

作为一种融理论与技术于一体的知识密集型工程，军队政治工作新型军情信息平台的构建，首先要切实做好这一平台的“催生准备”，即要在军队政治工作理论研究实证化取得实质性进展的基础上，必须尝试构建军情认知的理论模型和数学模型，拿出可以进入电子网络、走上自动化作战指挥系统大屏幕的军心士气测评指标体系。这一探索可以分三步走。

第一步是走向理论模型。基本工作是针对“军心凝聚与士气激励”这一军队思想政治建设的重大实践任务和基础性学术课题，综合吸收多种相关学科的理论知识和研究方法，构建概念较为系统、具有较强解释力的组织整合理论架构，给出重要范畴的理论界定，明确各种基础性的科研假设，对具有普遍意义的军心士气操作实践的系统性质、结构要素、功能特性、目标整合机制、行为动力机制、行为约束机制、系统优化机制、系统弱化与解构条件等“运作机理问题”和“功能效应问题”，展开以理论模型为典型成果的学术概括，为军心透视与探析的量化提供多学科交融的理论工具。从科学方法论的视角看，构建军情认知理论模型的主攻战斗是探索军队政治工作规则体系（政工条例等）的潜理念、潜结构和潜关系，在更一般的意义上揭示这一体系内蕴的法则体系（学术原理）。这种研究需要在军队政治工作经验事实与高层哲学法则之间，建立一系列经验法则和抽象度较高的中层法则，即所谓解释性通则。显然，在这个方向上每前进一步，都离不开运用多学科知识进行学术分析与综合的创新努力。实践将会表明，这种由规则体系向法则体系的思维跃升是一种跨越式进展，它意味着由具体规律走向一般规律，意味着在广阔的时空范围内对我军政治工作进行深层次的跨时代、跨文化比较，意味着一种对我军组织文化继承与创新的学术主动性，也意味着我军政治工作的军情认知在宏观群体水平上开始趋向精确。无疑，这方面的科研进展在产生技术性成果的同时，对军队政治工作学的学术繁荣也会产生重要的促进作用。

第二步是走向数学模型。这一阶段的主要工作是立足军情认知的理论模型，准确把握军心凝聚现象与士气涨落过程的数量特征与数量关系，构建能够有效刻画军心凝聚与士气涨落的指标体系，说明相关理论概念操作化的设计思路，获取指标体系的实证检验资料，解释指标理论关联性与实测关联性的差异，为我军训练、值勤、作战等不同军事情境中的军情测评提供既有坚实理论基础又有丰厚经验根据的量化模型。

同作战指挥方面的军情指标体系相比，关于军心士气的量化测评对创造性思维提出了更高的要求。这里，最具挑战性的问题是找到数理性质好、灵敏度高、实测方便易行的典型指标。和军事对抗的绩效法则一样，有实用价值的军心士气数学模型也是“兵贵精不贵多”。再漂亮的数学方程式，再完满的数学推导，如果不能进入实际过程采集有效信息，那对素重务实的军事行动也是没有意义的。在此,一切服从可靠与实用。故直接服务于现地实测的数学模型应该充分小型化,其信息源不一定只能是行为主体,也可以考虑同主体内部状态有稳定联系的硬件状态;其信息内容也不一定只能是主体的心理状态,也可以考虑同特定心理过程有紧密联系的生物理化变量。

攻克军队政治工作军情认知数学模型的战斗不会一蹴而就。艰苦的指标筛选,持续的数据采集,反复的模型校验,都是需要付出极大脑力和体力的科学实践。攀进中,必须有主攻与助攻的配合,也应有第一梯队、第二梯队、第三梯队的人链接,还得有专业经验的传承和新知识、新技术的汇聚,当然也需要有相应的物质条件和经费保障。要做到这些,既离不开学者的眼界与见地,更离不开决策者的远虑与近谋。

第三步是走向工程模型。这一阶段的关键是将反映理论模型科学内涵的数学模型技术化,其主要工作是在各式各样的相关工具技术中"宜中选优",在缺少现成工具的环节部位实施技术创新,通过"软件便捷、硬件可靠、安全性好、效费比高"的技术系统整合集成,为军队政治工作提供能够在常规军事环境和特殊军事环境中采集处理军心士气信息的技术手段。应予强调的是,从我军政治工作信息化的现状出发,当前最为紧要的工作不是平台底层的技术整合,不是中层的技术政策设计,而是平台顶层的总体政策设计。因为受制于实证性学术研究薄弱,一少系统的理论模型,二无现成可用的数学模型,军队政治工作的军心士气认知平台建设本身就是一项必须填补多项空白的创新,更需要尽早提出工程的主导理念、基本目标、具体思路和配套政策。也就是说,对于开创性工作而言,军情认知工程模型的构建应该"先登堂,后点菜",用军队政治工作信息化建设的强势需要和人才战略工程启动和推进基础性研究工作,为军情认知工程模型的构建与实用化创造条件。

千里之行,始于足下。如果我们能够把握时机,协作奋进,大胆地在传统的经验研究基础上寻求军情认知方法手段的现代化,创造出既具有经验真切鲜活、思考深刻辩证的学术优长,又具有数字化、网络化科技强势的实证化军情信息系统,就一定能为在新的历史条件为完成"打得赢"、"不变质"两大历史任务提供质量上乘的信息服务。

(作者单位:南京政治学院进修系)

对青年官兵思想道德困惑及其正确引导的思考

高文阁　李　杰

党的十六大报告明确提出,全面建设小康社会的目标之一是全民族的思想道德素质明显提高,并强调"特别要加强青少年的思想道德建设,引导人们从遵守基本道德准则的基础上,追求更高的思想道德目标。"在新的历史条件下,面对社会上呈现的种种思想道德困惑及其对军队的影响,需要加强对青年官兵思想道德困惑的研究,并加以正确引导,从而使广大青年官兵高标准地践行公民和军人道德规范,使军队的道德建设走在全社会的前列。

一、面对道德理论和道德评价标准多元化的困惑,着眼于以信念立德

改革开放以来,我国的思想道德建设成效显著,但同时面临着一些思想道德困惑。首先是道德理论出现的多元化,一些似是而非的道德理念助长了种种不道德现象。如以牺牲道德换取经济发展的"代价论",以效仿西方德行为时髦的"西化论",以满足各种欲望为借口的"绝对主体自由论",以诋毁否定社会主义根本道德标准为新潮的"反传统论",都有了一定的市场,扰乱了一些人的思想。由于上述多元的道德理论,出现了多元化的道德评价标准,以至道德评价失范,造成一些人是非、善恶、荣辱、美丑不分,出现思想道德上的混乱。一些青年官兵也深受其害,集中表现为理想信念上的困惑和动摇。如面对世界社会主义运动处于低潮和国际战略格局的变化,一些人对社会主义必然战胜资本主义、最终实现共产主义的崇高理想感到迷茫;面对各种错误思潮的冲击和歪理邪说的传播,一些人的马克思主义信念有所淡化;面对社会上丑恶现象和党内腐败现象的屡禁不止,一些人对党的信任也打了折扣;面对深化改革中的矛盾和困难,一些人对建设中国特色社会主义和改革开放产生了不正确的看法;面对我军现有武器装备与发达国家军队的差距,一些人对打赢未来高技术战争的信心不足。可以说,这些问题的产生都有其一定的必然性。

面对多元化的道德理论和评价标准,最重要的是着眼于以信念立德,就是树立坚定的社会主义道德信念,并以此为道德理念和评判标准,用于指导青年官兵的道德行为。道德信念是人们对道德理想、道德人格、道德原

则、道德规范的竭诚认同和追求,是深刻的道德认识、炽热的道德情感以及顽强的道德意志的有机统一,是道德品质构成的核心要素,是道德行为发生与坚持下去的最深层次的根据和保证。道德信念的树立是一个不断学习和实践的过程。因此,要树立坚定的社会主义道德信念,就要坚持用马列主义、毛泽东思想、邓小平理论教育广大青年官兵,用党的三代领导核心关于理想信念、"以德治国"等重要论述,尤其是用"三个代表"重要思想打牢理想信念的根基,充分发挥马克思主义意识形态在思想道德建设中的指导作用,保证"听党指挥"、"爱国奉献"等军人道德规范的自觉履行。同时,还要旗帜鲜明地抵制和批判各种错误思潮,使青年官兵做到"坚守气节",具有高度的政治敏锐性和政治鉴别力,坚信中国共产党的领导,坚信社会主义,勇于坚持真理维护正义,珍惜国格、人格和军人荣誉,自觉抵制各种错误思潮、丑恶现象的腐蚀和诱惑。

二、面对价值取向和价值观念发生深刻变化的困惑,着眼于树立现代道德理念

在深化改革和全方位对外开放的新形势下,现实生活中的价值取向和价值观念已经发生或正在发生着深刻的变化。当前价值取向的冲突尤为广泛和复杂。特别是随着社会主义市场经济的发展,在极大地增加社会财富、提升人们生活质量的同时,也易于产生崇尚物质力量、轻视精神力量,崇尚物质利益、忽视品德修养的倾向。所以,人们的是非、得失、尊卑、善恶、美丑等价值取向也日趋多元化。一方面,许多适应社会发展的价值取向得以确立,另一方面一些颓废的价值观念、生活方式也有了一定的市场,一些人的价值取向出现紊乱,道德心态出现扭曲,职业取向、婚姻取向、人际关系取向、理想人格取向、生活行为方式取向失去了正确的选择,有的人甚至变得不知羞耻。一些青年官兵也受到一定影响,如对军营文化生活不感兴趣,热衷于"空中交友"、追星、过洋节等等,从中寻求精神寄托和刺激。有人甚至对充满诱惑的淫秽、迷信、恐怖、荒诞信息津津乐道,思想意识受到腐朽反动的价值观和道德观的毒害。

价值取向和价值观念发生的深刻变化,是社会意识形态重构的反映,是新时期出现的新情况,在进行传统的正面教育的同时,还必然会对我军青年官兵的道德建设带来双重影响。这就要求我们在道德教育中,要着眼于树立现代道德理念,用先进的道德理念指导自己的行为。主要包括:其一,责任理念。道德责任感强,才能自觉履行道德义务。军人作为国家的保卫者,必须对社会、对国家、对人民、对军队,以及对打赢高技术条件下的战争,有强烈的道德责任感;军人作为公民的楷模,必须对事业、对家庭、对他人、对自己有高度的道德责任感,对自我德行负责,对提升自我道德人格负责。其二,科学理念。包括尊重科学、追求正义、崇尚创新,发扬科学精神、理性精神。其三,公正理念。社会越发展,越需要公正。要特别强调人与人、人与社会、人与自然之间的和谐发展,坚持效率优先、兼顾公平、正当竞争、共存共荣。其四,诚信理念。坚持真诚待人,讲求信用,诚实劳动,奉守诺言,互帮互助,遵纪守法。所有这些现代道德理念,代表着中国先进文化的前进方向,是道德观的文化支撑。

三、面对道德知行脱节和道德失范的困惑,致力于培养道德生活主体

道德的认知与行为脱节,即只说不做、说易行难、明知故犯,高认识低行动、高期望低参与、高调门低德行等现象,是当代社会的一个通病,在各职业界、各年龄段、各身份人群中都有不同程度的表现。这种状况也反映在部队的一些青年官兵身上,如有的人不能用军人道德规范严格要求自己,淡化社会公德,不讲礼貌,不爱护公物,甚至沾染了一些陋习;有的人道德心理矛盾,热情与冷漠,敏锐与偏激,主动与消极,同时存在;有的人不讲家庭美德和婚姻道德,青年军官的离婚率呈上升趋势;个别人精神支柱坍塌,人格操守失常,甚至走向犯罪。

这种道德知行脱节和道德失范现象,是一种顽症,其"抗药性"很强。这就要求我们在道德教育中要开阔道德建设目标的新视角,即致力于培养道德生活主体,塑造青年官兵自觉践行道德规范的主体人格,把道德生活当做是个人的正常生活的需要。其一,培养道德生活主体是道德和道德教育的本质决定的。马克思主义认为,道德和道德教育的本质在于它是人认识、肯定、改造和发展自己的一种重要方式,是人的生命活动和需要的一种特殊表现形式,而不是社会束缚个人的工具;道德不只是要求个体对社会和他人负责,而是首先要求对自己负责。所以培养道德生活,是当代社会的道德教育之本,是道德教育的改革之路。

其二,培养道德生活主体是信息化时代的迫切呼唤。当今社会各种信息呈现多元化、多渠道、多媒体的传播,各种德行纷纷登场,社会和军队的任何机构都无法完全进行调控,也无法强制人们接受或不接受某种信息,而只能进行导向性的引导。所以,人们的道德判断和道德选择能力就尤为重要。其三,培养道德生活主体是军队的优势。军人在入伍时都经过严格的挑选,入伍后又经过部队大熔炉的教育培养,在整体上具有良好的道德生活主体的基础,这就需要在道德教育和道德培养过程中,时时处处唤起他们的自主意识,实现以自律为主,以他律为辅,不再是机械地、勉强地按照某种道德要求行事,而是自主地做出理性选择,使军人道德规范变为自觉行动。特别是青年军官要发挥道德生活主体的示范作用,用榜样和人格的力量带动部队的道德建设。

(作者单位:空军第二航空学院政教室)

“三个代表”重要思想与思想政治工作的多样化功能

陈乃强　施晓潭　赵继伟

思想政治工作是一个社会性的系统工程，对社会政治，经济、文化的发展起着十分重要的作用。“三个代表”重要思想的提出，为充分发挥思想政治工作的多样化功能指明了方向。

一、思想政治工作的多样化功能是“三个代表”重要思想的内在要求

随着改革开放和工作重点的转移，我国社会日益呈现多样化的发展趋势。迅猛发展的经济和科学技术，正在推动着思想政治工作的功能由单一的政治功能向着多样化的功能发展。当前，随着我国政治、经济、文化等各项事业的蓬勃发展，思想政治工作的多样化功能主要表现为政治功能、经济功能、文化功能。思想政治工作的多样化功能，体现了“三个代表”重要思想的根本要求。

1. 思想政治工作的政治功能是人民群众根本利益的重要保障。在新的历史时期，政治功能仍然是思想政治工作的最为重要的功能，但随着国际国内政治形势的发展，其政治功能有了一些新的表现。目前，国际政治的一个集中体现是社会主义国家与资本主义国家之间的并存竞争。我国政治的集中体现已由以“阶级斗争”为纲，以政治运动为中心，转变到以“经济建设”为中心，大力发展社会生产力。以经济建设为中心，反映和代表了全国人民的根本利益，决不是一个单纯的经济问题，而是党的政治路线的重要组成部分。在这样的大背景下，坚决执行党的政治路线，排除干扰、冲击党的政治路线的各种错误倾向，保障整个社会的政治稳定，保证社会主义现代化建设的顺利进行，是思想政治工作艰巨的政治任务，是新形势下思想政治工作发挥政治功能的集中表现。“三个代表”重要思想的核心内容是“始终代表最广大人民的根本利益”，而思想政治工作发挥其政治功能的最终目的是为了保障最广大人民群众的根本利益。思想政治工作通过思想激励，开发人的思想潜能，提升人的思想政治素质，建立融洽的社会关系和良好的社会环境，最终促进经济和文化的发展，更好地保障最广大人民群众的根本利益，这充分体现了“三个代表”重要思想的要求。

2. 思想政治工作的经济功能是先进生产力发展要求的重要助推器。思想政治工作经济功能的发挥，有着它自身鲜明的特色。思想政治工作的对象是人，目的是为了提高人的思想政治素质和促进人的全面发展。而人是生产力中最积极、最活跃的因素，在经济活动中处于主体的位置。人的积极性、主动性和创造性，能够决定和影响生产力的提高与经济的发展。思想政治工作是经济工作、业务工作的生命线，它与经济工作、业务工作相互渗透、相互结合，决定经济工作、业务工作的方向，直接推动经济工作、业务工作的发展。思想工作和政治工作，是完成经济工作和技术工作的保证，它们是为经济基础服务的。当然，思想政治工作经济功能的发挥，是依靠间接的形式实现的，即通过“物质变精神，精神变物质”的转化来实现。人的实践需要思想、理论的指导，正确的思想、理论可以转化为物质。思想政治工作正是通过提供正确的思想、理沦，成为社会主义先进生产力发展的重要助推器，这充分体现了“三个代表”的要求。

3. 思想政治工作的文化功能是先进文化前进方向的坚实思想基础。思想政治工作能够传承思想文化传统，能够增强人们相互间的思想沟通、情感交流，能够稳固社会关系。知识经济时代，思想政治工作的文化功能主要表现为解放思想、更新观念和与时俱进地创设文化环境的功能。当前，很多地方广泛开展群众性的社区文化活动，大力加强社区文化建设，从家庭文化、生态文化、制度文化人手，积极推进精神文明建设，形成了良好的文化环境。随着人们在学习、工作上自主性的增强和社会化程度的进一步提高，随着人们生活、娱乐方面的多样化发展，思想政治工作必须通过文化环境的创设，进行富有文化性的潜移默化的教育，为“先进文化的前进方向”提供坚实的思想基础，这也充分体现了“三个代表”的要求。

二、以“三个代表”，重要思想为指导，充分发挥思想政治工作的多样化功能

1. 必须把握“三个代表”重要思想的政治性要求，强化责任意识，保证思想政治工作始终代表最广大人民群众的根本利益。“始终代表最广大人民群众的根本利益”，是“三个代表”的政治性要求。思想政治工作的政治功能，是广大人民群众根本利益的重要保障，内在地体现了“三个代表”的政治性要求。我们要更好地发挥思想政治工作的政治功能，就要把思想政治工作和“三个代表”紧密地结合起来。首先必须把“三个代表”作为思想政治工作的理论基础，提高宣传、贯彻“三个代表”重要思想的自觉性。同时要自始至终把“三个代表”作为思

想政治工作的中心内容，大力发展以人民群众为主体的精神文明创建活动，着力搞好经济和社会发展过程中"新社会群体"的思想政治工作，始终代表最广大人民群众的根本利益。

2. 必须把握"三个代表"重要思想的"先进性"要求，强化创新意识，使思想政治工作始终保持与时俱进。"先进性"是"三个代表"中最为鲜活的字眼。思想政治工作要在"先进性"上下功夫，才能体现它的时代精神。现代化是当今的时代特色，适应这种趋势思想政治工作也应与时俱进，走向现代化。

观念现代化是思想政治工作现代化的前提条件，是影响其他环节现代化的决定性因素。我们要深入学习十六大精神特别是江泽民同志关于"先进性"的重要论述，切实用最新理论成果武装头脑；要切实做到观念更新，树立开放的观念、发展的观念、多样化的观念和创新的观念；要切实调整工作思路，坚持用新的视角审视问题；要在广泛的时空维度上，确立一种动态的、立体的、全方位的、发散的、创造的、高效的思维方式，坚持与时俱进、开拓创新，以创新求发展。

思想政治工作体制现代化是实现思想政治工作现代化的重要保证，也是"先进性"的一个重要方面。思想政治工作体制现代化，也就是思想政治工作决策和管理的科学化、民主化。我们要改变过去凭经验办事的传统方式，遵循科学程序，讲究决策和管理的规范性，按照思想政治工作规律办事。同时，要建立开放的大政工工作体系，让更多的人关心思想政治工作，改变以往关起门来搞教育的工作方式，依靠群众，广开言路，广交朋友，推进思想政治工作社会化。另外，要实现思想政治工作体制现代化，还要符合现代社会资源配置的要求，实现结构综合最优化，产生最好的效果。思想政治工作内容现代化是整个思想政治工作现代化的着力点，是"先进性"的一个基本方面。思想政治工作内容现代化，要以"三个代表"重要思想为指导、为中心、为主要内容开展教育；要引导人们树立创新意识和创新精神，鼓励人们大胆自主创新；要以继续贯彻落实(公民道德建设实施的纲要)为契机，着力搞好公民诚信教育，引导人们树立诚信意识，以适应社会主义市场经济发展的要求，应对入世后面临的挑战。

思想政治工作手段现代化是整个思想政治工作现代化的推动力量，是"先进性"的一个重要体现。我们要充分利用现代高科技手段，选择、加工、储存思想政治工作信息，不断探索具有时代特色的新载体(如互联网)，增大思想政治工作手段的科技含量，实现思想政治工作手段的与时俱进。

(作者单位：郑州防空兵学院)

积极探求政治工作的改进创新

——对解决部队热点问题的思考

刘国栋

"热点"问题，是一个时期内部队官兵最为关注并且最为敏感的问题。当前，官兵中的"热点"问题呈现出了多样化的趋势。这些"热点"问题的存在，不同程度地影响了官兵的思想稳定。正确分析和研究解决部队官兵中的"热点"问题，探求政治工作的改进创新，要特别注意把握事物的本质特点，用辩证的、联系的、发展的观点去看待，防止一种倾向掩盖另一种倾向。

一、针对新形势下官兵的思想观念、价值取向受社会影响增大的特点，政治工作必须在抵制负面效应的同时，充分运用好积极有利因素

我们必须清醒地看到发展社会主义市场经济给军营带来的负面效应，坚持唱响正气歌，弘扬主旋律，采取各种有效措施加以坚决抵制。但是，我们也应该注重更新思想观念和思维模式，充分认清发展社会主义市场经济给军营带来的积极因素，大胆地加以吸收和运用，把反映时代精神的新思想、新观念、新方法、新机制融入到政治工作的改进创新中去，为解决"热点"问题探求新的办法和途径，为政治工作注入新的生机和活力。(一)吸收借鉴开放性原则，构建全方位的"大政工"格局。注重吸收和运用开放性原则，努力构建面向社会、面向现代化的"大政工"格局。比如，在部队政治教育中，普遍采取"走出去"、"请进来"的方法，充分发挥电视、局域网等现代传媒的作用，使官兵进一步拓宽视野，增长知识；在处理官兵关注的一些热点、敏感问题上，实行公示制度，增强公开性、透明度，以公开求公正，以透明度求准确度，调动官兵立足本职建功立业的积极性。(二)吸收借鉴竞争效率原则，健全和完善催人奋进的激励机制。有序竞争是市场经济的核心和灵魂。竞争的结果必然形成竞争者的优胜劣汰，从而促使人们提高工作质量和效率。在干部管理工作中，建立严格的任期考评制度，进行干部"末位离岗”试点，鼓励干部敢于竞争、勇于冒尖；同时，及时淘汰工作平庸者，走开一条“能者上、庸者下、平者让”的路子。(三)吸收借鉴法制规范原则，强政治工作的规范化建设。吸收和运用法制规范原则，就要求政治工作必须从习惯性的形式主义和经验主义中解脱出来，自觉克服想当然办事、拍脑袋决策的现象，充分发挥法规制度在政治工作中的调节和规范作用。特别是各级领导干部要从重经验、重习惯转到讲科学、讲法制上来，坚持思考问题有法治观念，筹划工作有法规遵循，议事决策有政策依据，做到依法实施工作指导、教育管理部队、解决各类问题，从而使政治工作走上法制化、规范化、科学化轨道。

二、针对新形势下官兵的主体意识、民主意识增强的特点，政治工作必须在发挥群众性自我教育作用的同时，注意趋利避害、加强引导

青年官兵的民主、平等、参与意识明显增强，社会实践经验、生活阅历不断丰富，思想日趋成熟，识别良莠、分辨是非的能力进一步提高。在观察问题、接受道理上，他们不愿意接受居高临下的生硬说教，而是注重亲身体验和自主选择；不喜欢被动式的接受单向灌输，而是要求互动式的平等交流。因此，要解决部队中的“热点”问题，仅靠教育者单方面的努力是不够的，还要坚持把官兵作为教育的主体，组织开展好群众性自我教育活动，使他们在主动参与教育中统一思想，提高觉悟。一方面，要把当前部队存在的“热点”问题作为群众性自我教育的重要内容。另一方面，也应当看到，群众性自我教育参与面广、形式自由活泼，加之官兵思想认识层次不一，对组织实施、科学指导提出了更高的要求，必须注意趋利避害、加强引导，以保证群众性自我教育的健康发展。(一)坚持思想灌输与自我教育的统一，防止官兵选什么内容就搞什么内容的现象。紧紧围绕培养“四有”军人这个根本目标，该灌输的东西要理直气壮地灌输，该讲的大道理要旗帜鲜明地讲好，通过打牢官兵的思想理论基础，从根本上提高他们自我教育、自我提高的能力。(二)准确把握自我教育的方向，防止迁就迎合、放任自流的现象。通过分析比较、归纳概括，及时总结官兵在自我教育中形成的正确认识，得出科学的、符合实际的结论，引导官兵达成共识。同时，对自我教育中少数官兵的消极情绪、错误言论，要及时加以纠正。(三)引导官兵自觉把共识付诸于实践，防止言行不一的现象。比如在讨论过“洋节”现象时，引导官兵把在自我教育中形成的“不过糊涂节”的共识，转化为自觉抵制带有宗教色彩的“洋节”、在“母亲节”和“父亲节”时给父母亲写一封家信等活动，效果就比较好。

三、针对新形势下引发官兵思想问题的原因呈现多样化、复杂化的特点，政治工作必须在贯彻物质利益原则的同时，坚持把解决思想问题突出出来

应当承认，对理想信念的追求与物质利益的合理要求都是官兵的正常需要，解决思想问题与解决实际问题都是思想政治工作的重要责任，精神激励与物质鼓励都是调动积极性的必要手段。那种在政治工作中完全排斥利益因素的“言不及利”的做法，显然不合时宜，也是行不通的。这就要求我们善于从利益动因上去分析官兵的思想变化，立足现有条件，依据有关政策制度，实现好、维护好、保障好官兵的切身利益，千方百计为他们排忧解难，深入持久地开展好暖人心、得人心、聚人心工程。强调重视和关心官兵的切身利益，决不意味着可以忽视和弱化思想工作和精神激励的功能，更不能简单地用给钱给物代替思想教育和引导。(一)在思想认识上，要警惕从“言不及利”的极端走向“言必及利”的极端。新形势下，少数官兵动不动就谈“钱”，也有部分干部在工作生活中自觉不自觉地“言必及利”。他们认为这是“与时俱进”，否则就是“落伍”。诚然，社会主义市场经济条件下，大力发展经济是国家的中心工作；但不可忽视的是，市场经济社会同样需要精神支柱，同样注重诚信，而不是唯利是图，崇尚拜金主义。在部队，更要坚决地、旗帜鲜明地反对“言必及利”的错误思想认识，进一步坚定理想信念。(二)在引导帮促上，要防止“歪歪理”干扰动摇“大道理”的倾向。少数官兵把经济领域中等价交换、互惠互利等原则，盲目引入、简单照搬到日常工作生活中来，用“小道理”和“歪歪理”替代“大道理”，甚至认为，思想政治教育是虚的，给钱、给物才是实惠的。针对这些错误认识，要理直气壮地讲好“大道理”，管住“小道理”，批驳“歪歪理”。对党和国家解决军人利益问题的各项政策，要结合国情、军情搞好宣传教育，使官兵切身感受到党和人民的关心厚爱；对一时解决不了的现实困难，要讲清道理，引导官兵正确对待，体谅国家。要始终把思想政治教育作为凝聚军心、鼓舞斗志的中心环节，进一步强化官兵“爱国奉献”的意识。(三)在教育管理上，要克服把“说服教育”等同于“工作终端”的认识。对一些不切实际的物质要求，绝不迎合迁就，要耐心说服，开展批评教育。对待现实中的错误思想和消极行为，要发挥好政治工作的教育和管理亦即说服引导和规范行为的双重职能。不能满足于“谈过话，交过心”，而是要秉以公心，运用规章制度管理人、约束人，把工作终端建立在问题的解决上，从而杜绝歪风邪气的滋长蔓延。

四、针对新形势下官兵的精神需求增长、文化品位提升的特点，政治工作必须在改善军营文化环境的同时，努力挖掘现有资源的内在潜力

(一)进一步挖掘传统文化活动的潜力。传统文化活动以其特有的吸引力和感染力影响着官兵参与的广泛性和持久性。新形势下，要使传统文化活动焕发出新的

生机和活力，就必须赋予传统文化以强烈的时代气息。比如，开展"兵写兵、兵唱兵、兵演兵"活动，是基层文化活动多年来的"传统项目"。在新的形势下，要使这棵"老树"开出"新花"，就必须牢牢把握时代脉搏，坚持写身边人、演身边事、抒官兵情，体现出浓郁的兵味。（二）充分利用军营内部的自然资源优势。比如，在营区重要路段、醒目位置设立标语牌、灯光橱窗、悬挂三代领导核心的题词、英模画像等，既可营造浓厚的政治氛围，又能体现军营文化特有的精神内涵；在基层俱乐部张贴名人名言、格言警句等，既可使基层文化环境形成富有一定文化底蕴的人文景观，又能使官兵在潜移默化中受到感染、熏陶。（三）注重发挥好现有"硬件设施"的作用。充分利用好、发挥好现有"硬件设施"的作用，使之真正服务于官兵，是最大限度地满足官兵日益增长的精神需求的重要保证。目前，基层部队普遍建立起了各种娱乐设施。要真正发挥其作用，就要坚持做到"活动经常化、内容多样化"。比如，依托俱乐部和文化活动中心，组织开展读书活动，举办各类球类、书法、摄影、演讲、健美等比赛，利用局域网开辟"网上图书馆"、"网上英语角"、"网上球迷角"、"网上娱乐天地"等网页，使官兵在经常性的活动和上网的快乐中感受到当今文化生活的丰富多彩。（四）充分挖掘基层官兵的内在潜力。首先，要把基层官兵的新创意识、新经验总结推广好。官兵中蕴含着无穷的想像力、创造力。把官兵首创的文化活动加以总结、推广，必将受到部队的喜爱。其次，要把基层官兵参与活动的主动性、积极性调动好。再次，要把文化骨干的带动作用、辐射作用发挥好。实践证明，一个好的文化骨干，往往能够带动一批，辐射一片，这也是基层部队文化活动得以长盛不衰的关键环节。因此，要多给他们压担子，给他们锻炼的机会，提供实践的舞台，培养他们组织活动的实际能力。

（作者：92538部队政治部主任）

运用现代化手段开展政治工作的调查与思考

许家祥　周述辉

在新形势下，如何运用现代化于段使我军政治工作与时俱进，焕发出新的生机和活力？带着这个问题，我们在院校和一些部队作了调查，并在此基础上作出了一些分析和思考。

一、运用现代化手段开展政治工作的主要情况

部队政治工作中运用的现代化手段，主要有计算机、网络、多媒体技术、大众传媒（广播、电视等）、现代通信设备和音像设备等。H前总的情况是院校好于部队，技术单位好于野战部队，机关好于基层，集中居住部队好于小散远单位。从好的方面看，主要是：一是运用现代化办公设备，提高了政治机关办公效率。在我们调查的部队团以上政治机关都配了"586""奔腾"等微机，有的单位一人一台，大部分单位两人或三人一台。有些单位还建立了局域网，开发了应用软件。政治机关干部中会上网的100%，会计算机基本操作的约90%，会软件开发和多媒体技术的约6%。过去让机关干部头痛的干部报表和实力统计，在应用软件配发后，"鼠标一点就搞定了"。国防科大政治部机关干部能运用微机处理公文、管理档案资料，有的还掌握了数据库系统和计算机网络知识，会用计算机进行数据处理和情况分析。学校基本实现了网上招生录取，解决了人力和财力。二是运用现代化教育手段，增强了政治教育效果。现在部队开通了"37网"，给政工干部备课提供了很大的方便。有的同志说，网络开通后，搞教育有了"网上超市"，"找资料上网查，要啥有啥"；"网就是最好的教员"。有的战士反映，过去搞教育是"一支笔、一个本、一块黑板、一张嘴"，枯燥无味，提不起神。现在用多媒体课件，图文并茂、声像俱全，信息更丰富、形象更逼真，增强了教育的吸引力和感染力。某军区在开展"致富思源、富而思进"教育中，采取"网络直播"的方法，把有关录象和图片在网上发布，把著名专家、教授"请"到连队作辅导报告，深受官兵欢迎。三是运用信息网络技术，拓展了政治工作的空间和渠道。借助计算机网络，可以共享国内外信息资源，远程检索许多大学和科研机构的图书馆、数据库，并用电子邮件、BBS公告牌等进行学术交流。可以说，互联网的导线延伸到哪里，这个空间就拓展到那里。某通信总站驻地分散，集中教育很困难。局域网联通后，他们把领导、专家的讲课制作成光盘，供连队和哨所调用，由上网者点击选用。还有的单位利用网络建立了"心之桥"、"指导员辅导站"、"法律咨询站"、"谈心网吧"等，及时化解官兵思想疙瘩、调适心理障碍，收到了好的效果。

但问题和不足也是明显的：一是政治工作现代化资源配置分散。从总体上看，"设备不配套、不系统"的问题

比较突出,有限的资源没有发挥最大效益。如在现代化设备的使用上,一些单位军政后装各成体系。网络不能互连互通,各大单位之间、部门之间,各自为"网"。应用软件开发、多媒体课件制作也是各自为战,导致重复研制,资源浪费较大。二是政治机关办公自动化水平不高。有的单位建立了局域网,但许多机关干部不习惯网上办公,要情况、发通知,还是"打电话、下文件"。政治机关干部普遍认为目前计算机主要是打字起草文件材料和上网,计算机思维的功能基本没有开发,很少用于程序编制。三是"网上政工"流于形式。一些单位建起了政工网站,但多数网站没有专人负责。网站内容陈旧,你摘我的,我摘你的,信息老化,时鲜的东西少,而"垃圾信息"随处可见。官兵们反映"互联网很精彩,军网很无奈"。网上咨询、网上谈心、网上教育等政工网站一时还很难满足官兵的需要。

二、当前制约政治工作手段现代化的主要因素

一是观念滞后。在同一个部队,相同文化程度的干部,有的能够熟练运用计算机,会制作多媒体课件,会编程序,有的连简单的文字处理都不会。之所以存在这么大的差距,原因很多,首要的一条是思想观念。从调查情况看,有的同志"等、靠、要"的思想严重,等别的单位拿出成功经验和做法,靠上面推着干,要上级拨资金和器材;有的同志对政治工作手段现代化的必要性认识不足,认为无非是买几台电脑、制作几个多媒体课件、建几个网站。在这些思想观念的影响下,一些单位的政治工作手段现代化喊得多,干得少,推一推,动一动,其现代化水平在低层次循环。二是素质偏低。目前,我军政工干部高学历者数量少,许多本科生是函授毕业,科技瓶颈难以突破,人机对话困难。在问卷调查中,多数同志认为政工干部科技素质偏低是制约政治工作现代化的主要因素。三是形式主义的影响。运用现代化手段开展政治工作是一项新事物,必须循序渐进,扎扎实实打好基础。但是,由于形式主义的影响,一些单位出现了"赶浪头"、作表面文章。由于人员素质、经费跟不上,"建网容易用网难",出现了"有人建、没人用、没法用"的问题。四是投入不足。官兵们反映,网络建设、维护经费开支大,微机的使用也使办公成本提高,但目前没有专项经费。近年来,司后装等部门的计算机实现了更新换代,但政治部门相对较差,落后于军事、后勤、装备部门。

三、运用现代化手段提高政治工作效益的几点思考

牢固确立现代化信息新观念,增强运用现代化手段开展政治工作的紧迫感和自觉性。我们已经跨进信息社会的门槛。快捷、多样化的信息对人们的生产、学习、交往、生活方式尤其是思维方式带来了巨大的冲击和深刻的影响。与此相适应,我们必须努力学习,紧跟时代,与时俱进,确立信息社会的新观念,充分认清运用现代化手段开展政治工作的紧迫性:一是占领人才争夺制高点的需要。互联网、音像设备等现代化媒体,是政治工作现代化的主要工具。江泽民指出:"互联网已经成为思想政治工作的一个新的重要阵地"。互联网的自由性和开放性,为西方世界传播资本主义的价值观、人生观和生活方式,与我争夺青年、争夺人才提供了方便之门。从此角度看,互联网又是新时期腐蚀与反腐蚀、渗透与反渗透的重要阵地。互联网已经成为新时期人才争夺的制高点,抢占这一制高点,才能打赢21世纪的人才争夺战。二是提高政治工作效益的必由之路。在新形势下,我们要增强政治教育的时代感,提高政治机关的办公自动化水平,实现政治工作决策的科学化,都必须借助现代化的方法和手段,必须广泛地运用网络技术、计算机技术等,准确地进行统计、分析和传输,迅速地上情下达和下情上报,有效地解决好各种问题。要达此目的,就必须用现代化手段代替传统的手工作业。三是"打得赢"的必然要求。现代科学技术发展带来的快节奏、高效率,对战时政治工作的快速反应能力提出了新要求。在高技术战争中,武器杀伤力增大,情况瞬息万变,作战进程加快,要求政治工作必须抢时间、争速度、以快制快,使上级的命令、指示能迅速传达,部队的思想情况能迅速掌握,各种思想问题能迅速解决。这就要求我们必须有现代化的指挥和办公设施。

把提高政工干部的科技素质作为基础性工程来抓,为政治工作插上高科技翅膀提供人才保障。现代化首先是人的现代化。信息时代的来临和迅猛发展,迫切需要现代化政工人才。只有培养一批懂政工、懂军事、又懂高科技的复合型人才,造就一支政治强、业务精、纪律严、作风正、技术好的政工干部队伍,才能推进政治工作现代化的发展。为此,必须调动院校、部队、地方三方面的积极性,形成人才培养的合力。(1)院校作为人才培养基地,必须雁行培养高素质政工人才的职责,打牢政工干部的科技素质基础。各级指挥院校要确立新型人才标准,在课程设置中增加高科技知识的份量;技术院校要发挥自身优势,开办高科技知识培训班和"网络政工班",对政工干部进行高科技知识的武装;有条件的军队院校要开设网上高科技知识教学,积极为部队的人才培养提供智力支持。在当前科技人才缺乏的情况下,可以考虑从地方特招一批人才充实政工干部队伍。(2)组织政工干部开展学习比武活动,形成学科技用科技的浓厚氛围。军区某部近两年来,经常组织所属单位政工干部学习现代科技知识,组织"指导员比武",较好地提高了政工干部的科技素质。各部队都应对政工干部进行培训,适时组织微机操作竞赛、网上备课示教等活动,把所学的现代化

知识转化为开展政治工作的能力。(3)要善于借助地方科技优势对政工干部进行培训。赋予军民共建新的内容,注重智力共建、科技共建。组织政工干部参加地方科技知识培训班学习,鼓励政工干部参加地方的计算机等级考核。目前许多单位在这方面已取得了成功的经验。

加大管理力度,最大限度地发挥政治工作现代化手段的效益。要提高政治工作现代化水平,必须加强管理。(1)树立全军一盘棋思想,从宏观上做好资源整合工作。总部要协调有关科研院所,组织专家研究论证,制定政治工作现代化建设的发展目标和规划,统一行动,分部实施,防止重复建设。要进一步优化体制、理顺编制,改变条块分割、各自为战的现状,建立高效、统一的全军性网络组织。师(旅)以上政治部可以建立政工网站,编配专职网管员。打破研制单位之间的壁垒、技术封锁和成果垄断,对技术资源和研制成果实行统管,促进研制的深化和成果的优化。(2)筑牢"防火墙",打好进攻仗。政治工作现代化设备不设防的问题比较普遍,有的用户在计算机信息系统中存储、处理和传递涉密信息;有的将涉密软件装入计算机网络中。我国的计算机芯片、骨干路由器、微机主板主要依赖进口,大量软件核心系统和逻辑编程都掌握在别人手中。为此,必须加强安全保密教育,强化保密观念;加强计算机病毒、网络黑客等安全技术的攻关,培养一批"网络信息看门人",维护网络秩序,防止色情、暴力、封建迷信以及危及国家安全和反动的东西在网上出现。(3)建立科学的管理制度,促进政治工作现代化走上规范有序的轨道。目前,中央和各地都成立了网络新闻管理局,公安部门设立了网络监察机关,国务院出台了《互联网信息服务管理办法》、《互联网站从事登载新闻业务管理暂行规定》等。部队这方面的差距很大,必须借鉴地方的做法,建立健全科学的管理制度,如个人网页、聊天室、电子公告、新闻代理服务等,哪些允许搞,哪些必须禁止,都要有明确的规定;各级各部门的政工网站如何管理,网上信息发播谁来把关,都要有可行的办法。要明确各级职责,严格防止发生问题。

逐步增加投入,不断夯实政治工作现代化的物质基础。在军费不足的情况下进行政治工作现代化建设,必须抓好三个环节:(1)选准投入方向。网络化和数字化是现代信息时代最显著的标志,也是军队政治工作现代化建设的重中之重,必须加大投入。要科学计划,列出预算,拨出专项经费,改善现有网络的技术条件,建成纵横全军的政治工作互联网,建设一批健康有益、信息丰富的军队网站,研制开发一批政治工作应用软件和适合官兵访问的网上软件。(2)明确投入重点。基层是军队的基础,也是政治工作现代化建设的重点。目前,基层现代化程度低已成为制约军队政治工作现代化的"瓶颈",必须引起高度重视,在投入上向基层倾斜。各级领导机关应积极为基层办实事,为基层单位配备电脑、摄像机等现代化设备,配发政治工作应用软件;加快基层网络建设步伐,将计算机网络延伸到连排。在边远地区军网难以联通的情况下,可以利用军队程控电话建起辅助性的拨号网,确保边海防基层部队也能上网。(3)广开筹资渠道。一些单位的经验证明,"上下结合,广开财源",政治工作现代化建设中的经费问题是能够解决的。某军区去年筹资500万元用于现代化基层设施建设,经费不多,但调动了全区各单位建设的积极性,推动了全区政治工作现代化建设的发展。发挥政工研究的先导作用,促进政治工作现代化向高层次发展。政治工作现代化是一项宏大的系统工程,需要科学理论的牵引。在进行政治工作现代化建设的实践中,应组织专家调查论证。同时要充分发动群众,动员和组织广大政工干部边学习边实践边研究,通过研究提高实践能力;大单位的政工研究部门要把政治工作现代化研究作为一个重点课题,主要研究现代化手段与政治工作融合的理论与实践,研究现代化手段与传统方法的结合点,研究战时政治工作指挥和政治机关作业现代化要解决的主要问题,研究政治工作现代化的发展方向与趋势。每年要做出研究计划,定人定时完成;全军院校尤其是政治院校要把政治工作手段现代化研究列入科研课题,发挥好院校的人才和技术优势,一方面要率先走出利用现代化手段的新路子,另一方面要出高水平、高质量的研究成果,为全军部队政治工作现代化建设提供新鲜经验。

(作者单位:国防科学技术大学)

坚持执法为民　推进公安工作

刘科芳

转变执法观念,牢固树立执法为民思想是公安工作和公安队伍建设的出发点、着力点和切入点,也是公安机关实践"三个代表"重要思想的具体体现。紧密结合"贯彻十六大、全面建小康、公安怎么办"大讨论活动,进一步端正执法思想，转变执法观念，坚持立警为公、执法为民，切实解决伤害群众感情、漠视群众疾苦、侵害群众利益的问题，是各级公安机关的当务之急。

一、认真学习贯彻“三个代表”重要思想，打牢“立警为公、执法为民”的思想根基

“三个代表”重要思想是我们党的立党之本、执政之基、力量之源，也是公安工作的根本指导思想。深入学习贯彻党的十六大精神，必须紧紧抓住“三个代表”这个核心。公安机关学习贯彻“三个代表”重要思想，就是要引导民警正确认识“三个代表”重要思想的时代背景、实践基础、科学内涵、精神实质、历史地位，打牢立警为公、执法为民的思想基础，切实担负起履行“巩固共产党执政地位，维护国家长治久安，保障人民安居乐业”三大历史使命的神圣职责。

一是要树立群众意识，增进群众感情。人民群众是公安工作的根基所在，广大群众的理解和支持是公安工作发展进步的力量源泉。公安机关的根本宗旨是“全心全意为人民服务”，公安机关的一切工作都要以为人民群众、让人民群众满意为出发点和落脚点，绝不允许把自己凌驾于人民群众之上，对群众颐指气使甚至故意刁难。要在思想认识上解决好“为谁执法、为谁服务”的问题，确立“执法为民、立警为公”的观念，始终带着对人民群众的深厚感情去做工作，切实做到情为民所系、权为民所用、利为民所谋、事为民所办。

二是要树立人权意识，保障公民权利。在思想上要树立无论是违法犯罪分子还是普通群众，都有其合法的人身权利和民主权利的观念，决不能因其有违法犯罪行为而施以拳脚，更不能因为主观的怀疑猜测而对其粗暴对待。在具体的执法行为中，要找准执法工作与保护人民群众合法权益的最佳结合点，做到既依法打击犯罪、维护治安，又确保不侵犯人权。当前，特别要纠正对外来务工人员的歧视观念，绝不能因为有极少数坏人混迹其中而把整个群体都视为“二等公民”，应该平等相待，甚至当作一个弱势群体给予更多的关心和保护，在加强管理的同时更注重服务，为他们干事创业提供良好的外部环境。

三是要树立法治意识，规范执法行为。要大力加强法制教育，增强民警的法制观念和依法行政能力。要从每件小事、每个案件抓起，增强民警的程序意识、证据意识、诉讼意识和监督意识，使广大民警特别是各级领导干部成为遵守宪法和法律的模范。要牢固树立一切以法律为依据、依法办事的理念，把法律法规的规定作为执法工作的唯一依据和标准，切实杜绝凭个人主观想法和感情办事的现象，确保严格、公正、文明执法。

二、加强和改进公安工作，在执法活动中践行“立警为公、执法为民”的要求

在全面建设小康社会的过程中，公安机关一方面要充分发挥职能作用，全力维护社会稳定；另一方面要坚持与时俱进，进一步解放思想，更新观念，找准工作的结合点、切入点、着力点，积极推进公安工作思路创新、机制创新和方法创新，把“立警为公、执法为民”的要求落实到具体执法活动中。

一是转变工作思路。在工作思路上，要逐步从计划经济体制下的全员管理向市场经济体制下的重点管理转变，在人口管理、治安管理、内保管理等方面突出重点，从保卫政权、巩固政权、保护国家财产和人民群众安全的角度出发，实现从全员到重点再到局部这样一个思路上的调整，尽可能地减少无目标的大清查、大检查；要把公安工作从注重管理职能向管理与服务并重、寓管理于服务之中转变，在强调管理的同时，多思考给被管理者提供方便，在行动上主动从服务的角度去切入、去解决存在问题，逐步提高人民群众的满意率；要把执法工作从有罪推定向无罪推定转变，牢固树立公民的人身权利、民主权利神圣不可侵犯的观念，在打击违法犯罪的同时，切实保护群众合法权益。

二是转变工作方式。在工作方式上，首先要加快实施以“金盾工程”为龙头的信息化建设，使警务活动从手工的、简单重复劳作的方式向电子化、信息化、网络化转变，实行资源共享，减少工作环节，降低运作成本，提高科技含量和工作效率。其次，要进一步深化社区警务建设，把警力从机关向社区转移，从办公室向人民群众中转移，让民警直接为群众提供安全保护和便民利民服务，使公安机关的情报信息、打击犯罪、管理服务等各项职能都向社区延伸，强化公安工作的群众基础。再次，要积极构建融“打、防、控”为一体的新型警务机制，加快从事后破案式的单纯打击型警务向构建防控网络转变，加大防范工作力度。同时，整合交警、巡警、刑警、派出所民警等各警种力量，以防范为主体带动民警和社会辅助力量完善社会面防控工作，有效减少发案，增强群众的安全感。

三是转变工作作风。在作风建设上，要坚持解放思想，实事求是，与时俱进，在工作中不断创新，下大力气解决当前公安队伍在思想作风、学风、工作作风、领导作风、生活作风等方面存在的突出问题，不断强化民警的宗旨观念和服务意识，以人民满意为标准，下大力气解决公安队伍作风方面的“顽症”、“痼疾”，进一步改进服务态度，提高工作效率和服务水平，使公安工作更好地体现人民群众的意愿和要求。同时，要教育民警学会利用有限的时间进行系统的工作，培养雷厉风行的作风，切实提高工作效率，不耽误群众的事，不浪费群众的时间。

三、切实加强公安队伍建设，建立一支自觉践行“三个代表”，“立警为公、执法为民”的公安队伍

在全部公安工作中，队伍建设是根本，也是保证。建

造一支政治坚定、业务精通、作风优良、执法公正的公安队伍,既是各级党委政府的要求,也是公安机关一项长期的政治任务。

一是加强思想政治建设。政治建警是公安机关的首要任务。队伍建设首先要加强思想建设,坚持用马克思列宁主义、毛泽东思想、邓小平理论特别是"三个代表"重要思想武装民警的头脑,牢记"一个宗旨",坚持"两个务必",实践"三个代表",立警为公,执法为民,永葆公安队伍忠于党、忠于祖国、忠于人民、忠于法律的政治本色。同时,要加强组织建设,以提高素质、优化结构、改进作风和增强团结为重点,提高各级领导班子和领导干部的领导水平、执政水平,努力把各级领导班子建设成为具有凝聚力、创造力和战斗力的坚强领导集体。

二是加强教育培训工作。要坚持把提高民警素质作为加强队伍建设的一个重要突破口,狠抓《公安机关人民警察训练条令》的贯彻落实,建立以民警初任培训、任职资格培训、晋职晋衔培训为主要内容的教育培训制度,提高民警的业务素质和实战能力,增强公安队伍的整体业务水平,为公安工作的发展与进步打下坚实的基础。

三是加强制度建设。要从制度和机制上入手,制定和完善包括民警的培训、晋升、立功、奖惩、淘汰、退休、疗养、抚恤等一整套正规化的人事管理制度,制定和完善包括值班备勤、工作交接、接待来访、警容礼仪、枪械管理等一整套严格的内务管理办法,制定和完善包括接受群众报案、立案、结案、反馈以及公开办事程序、接受群众监督、追究错案责任等在内的一系列业务工作规范,制定和完善包括上岗培训、警衔晋升培训、实战轮训、岗位练兵和执法资格考试制度在内的教育培训制度,并真正付诸实施,使队伍管理完全纳入规范化、正规化、法制化的轨道。与此同时,积极改革现行管理体制,进一步理顺条块关系,解决管人与管事相脱节、权力与责任相分离的弊端,尽快使公安工作摆脱被动局面。

四是严肃纪律。严肃纪律是执行路线的保证,也是措施落实的保证。要把贯彻公安部"五条禁令"和省厅新出台的"四个严禁"作为加强队伍纪律作风建设的突破口,进一步加强民警纪律教育,增强纪律意识,在思想深处筑起一道严格自律、遵纪守法的坚固防线。要狠抓《公安机关人民警察内务条令》以及其他各项纪律规定的贯彻落实,下大力气解决公安队伍内部管理中存在的突出问题,使队伍的形象得到改变。同时,进一步加大督促检查力度,以铁的纪律确保各项工作落到实处。

(作者:宝鸡市公安局金台分局党委书记、局长)

按照"三个代表"要求,在服务"两个率先"中实现公安工作的新跨越

——关于加强军工企业思想政治工作的思考

江自强

胡锦涛总书记的"七一"重要讲话,站在全局和战略的高度,深刻阐述了在全党兴起学习贯彻"三个代表"重要思想新高潮的重大意义和基本要求,围绕深入学习贯彻"三个代表"重要思想,提出了许多新思想、新观点、新论断,具有很强的理论性、思想性、指导性,是一篇马克思主义的纲领性文献。它向全党吹响了深入学习、贯彻"三个代表"重要思想的进军号和动员令,公安机关作为人民民主专政的坚强柱石,应当紧紧抓住新一轮学习和实践"三个代表"重要思想的大好时机,在服务"两个率先",打造"平安启东"的伟大实践中,按照"三个代表"要求,把握立足点,找准着眼点,抓牢关键点,实现公安工作的新跨越。

一、把握立足点,在学习"三个代表"中增强公安机关的先进性,"三个代表"重要思想反映了我国最广大人民的共同意愿,显示了马克思主义科学理论的强

"三个代表"的思想,凝聚着党的第三代领导集体和全党的智慧,对我们进一步做好公安保卫工作具有重大而深远的指导意义。因此,全市公安机关要站在维护国家长治久安,服务和保障"两个率先"的高度,充分认识深入学习"三个代表"重要思想的现实意义,并在消化理解上下功夫。一是要在领会精神实质上下功夫。"三个代表"重要思想,内涵丰富,见解深刻,在一系列重大问题上创造性地提出了许多重要的新思想、新观点、新论断。对此,如果仅满足于泛泛学习,浅尝辄止,略知一二,不求甚解,显然是远远不够的。唯有反复通读原著,一个专题一个专题地去学,一个问题一个问题去解,一个观点一个观点地去记,并能理论联系实际,学以致用,才能学有所

得、学有所悟、学有所用。这一点，对于作为人民民主专政力量的公安机关特别是广大民警来说，显得尤为重要。没有政治理论上的清醒，就没有思想行动上的正确。因此，要通过广泛而深入的学习活动，切实把全体民警特别是领导干部的思想、行动统一到“三个代表”重要思想上来，进一步提高公安民警贯彻执行党的基本理论、基本路线、基本纲领的自觉性和坚定性，进一步提高贯彻“三个代表”重要思想的自觉性和坚定性。二是要在改造世界观上下功夫。就是要通过深入学习“三个代表”重要思想，教育民警牢固树立正确的世界观、人生观、价值观，树立正确的权力观、群众观、利益观，时刻牢记全心全意为人民服务的宗旨，始终把人民的安危冷暖放在心上，想群众所想，急群众所急，谋群众所需，时刻牢记手中的权力是人民赋予的，自己永远是人民的公仆。只有这样才能抵御拜金主义、享乐主义、极端个人主义等各种腐朽思想的侵蚀，做到常在河边走，就是不湿脚。三是要在联系公安实践上下功夫。学习“三个代表”，归根到底是要用“三个代表”的要求指导和检验公安工作。我们的一切公安工作都要围绕是否有利于发展社会生产力，是否有利于改善人民生活，是否有利于弘扬先进文化，就是要一切工作从群众需要的地方做起，从群众不满意的地方改起，从群众期望的地方抓起，使公安工作更加符合党和人民的需要。当前，最主要的就是要在服务“两个率先”，打造“平安启东”的伟大实践中，探索新路子，尝试新方法，创出一套最适合本地治安实际的公安工作经验，切实担负起服务“两个率先”的历史重任。在今年打造“平安启东”的工作中，我们以建设江苏最安全地区为目标，立足创新，大胆实践，全面建设社会治安大防控体系，建立了以110为龙头，布局合理、诸警联动、专群结合、反应快速的“棋盘式”巡防机制。在城区治安防控中我们充分发挥市级机关和汇龙镇政府干部人数多、分布广的优势，全面推行居民小区楼院机关干部治安承包责任制。在农村防控中，我们全面实行了保安联防有偿服务，采取村民出资、单位资助和政府补贴的方式，多渠道筹措保安联防经费，有效地解决了多年来制约群防群治工作的瓶颈问题。在内部防范中，我们通过采取免费为30强企业安装CK报警装置，以及为用户办理失窃赔偿保险，提高了内部单位安装技防设施的积极性，促进了内部单位的整体治安防控水平。

二、抓住着眼点，在服务经济建设中凸现公安机关的公信力

胡锦涛同志指出，“坚持贯彻‘三个代表’重要思想，始终把发展作为执政兴国的第一要务”，就是要“聚精会神搞建设，一心一意谋发展”。公安机关作为经济建设的护航者，就应当在服务经济建设中自觉更新观念，找准位置，大胆作为。一是要强化中心意识，切实增强服务经济建设的自觉性。党委政府工作的中心就是公安工作的中心。公安机关和全体公安民警要进一步解放思想，转变观念，找准公安工作服从服务于经济建设的切入点，努力使公安工作与经济工作合力、合心、合拍。要站在全局的高度来构建公安工作的整体思路，围绕党委、政府的中心工作来安排部署公安工作，认真研究在打击、执法、管理、服务等方面存在的突出问题，主动探索公安机关为经济建设提供保障和服务的新办法、新措施，正确处理中心工作与公安工作、整体利益与局部利益的关系。当公安工作与经济工作发生冲突时，首先要服从经济工作。要切实增强服务招商引资、服务经济建设的主动性和责任感，把是否有利于环境创新、经济快速发展和人民安居乐业作为衡量公安工作成败的重要标准，并以此为主线统揽公安工作全局，从而赢得工作的主动权。二是强化服务意识，大力营造“亲商、富商、安商”的紧迫感。当前，全市招商引资声势浩大，项目建设如火如荼，园区开发全线推进，经济社会呈现出快速发展的强劲势头。在新一轮经济发展的进程中，公安机关要抓住机遇，找准位置，选准载体，在解放思想上先人一步，在优质服务上胜人一筹，在全市公安机关形成“亲商、富商、安商”的良好氛围。“亲商”就是鼓励民警主动与经济界、企业界人士交朋友。我们全体党委委员与全市30强企业建立固定联系制度，对企业有关需要公安机关帮助的问题，实行定向帮扶。同时创造性地提出了由社区民警兼任企业法制副厂长(经理)的新举措，指导企业开展安全生产，受到企业的普遍欢迎。“富商”就是要充分运用公安行政管理手段为企业发展提供和创造更多商机。特别是对民营企业，要依法平等对待，积极扶持和帮助，从而发展壮大企业。“安商”就是要依法保障投资者和企业员工的人身、财产安全，维护企业的正常生产经营活动，使其在一个良好稳定的社会环境中实现自身的发展。公安机关要充分发挥职能作用，重锤猛击杀人、抢劫等严重暴力犯罪，重点惩治入室盗窃、盗抢机动车和“双抢”等多发性侵财犯罪，重拳打击横行乡里、危害一方的流氓恶势力，尤其是对侵害企事业单位利益和企业领导人的案件，要快速反应，快查快破，维护企业正常的生产经营秩序。对党委政府关注、群众反响强烈、社会影响恶劣的经济案件，要优先受理、组织攻坚、强力侦破，以增强包括企业经营者在内的人民群众的安全感，使各方投资者愿意来，留得住。三是强化责任意识，切实增强改革行政管理的使命感。公安行政管理应当随着经济的发展，形势的需要不断改革和变化。去年，我们为适应全市招商引资的需要，推出了《服务经济建设、优化投资环境二十项措施》。今年，为响应启东市委、市政府提出建设江风海韵北上海的战略决策，我们主动作为，细化措施，向全社会作出了9项服务承诺，要求做到有诺必践，一诺千金。为适应经济发展

需要大量外来务工人员的新形势，我们在用工单位中实行人本化、市民化、自治化管理模式，取消“打工仔”、“打工妹”称呼，把他们视为兄弟姐妹，当作同志朋友，对他们生活上关心帮助，待遇上同工同酬，工作上安全保障，乐于当好外来员工的贴心人，使他们感到家的温暖。

三、扭牢关键点，在锤炼钢铁队伍中提升公安机关的战斗力

队伍建设是根本，是公安机关永恒的主题。在人民群众眼里，每位公安民警既代表公安机关的形象，又代表党委政府的形象，直接影响到党群关系和警民关系。队伍抓好了，一荣俱荣；队伍出了问题，一损俱损。如果不坚持从严治警，在教育上失之于松，在管理上失之于宽，在处理上失之于软，就很难建设一支政治坚定、业务精通、作风优良、执法公正的一流队伍。因此，必须以贯彻“五条禁令”为抓手，下猛药，出重拳，治顽症，实现队伍“零发案”。一是注重管理，牢牢掌握队伍管理的主动权。争创队伍“零发案”，必须从源头抓起，加强预防，加大班子建设和队伍建设的力度，做到“三个强化”：首先强化龙头作用，配强班子。“零发案”首先是对公安机关领导班子尤其是“一把手”的考验。我们按照“治警先治长，严下先严上，强兵先强将”的思路，把班子建设放在首位。班子成员一定要耐得住清苦，抗得住诱惑，经得住考验，做到用权不滥，理财不贪，见色不迷，切实为党和人民掌好权、用好权，为广大民警作出表率。其次强化管理措施，带好队伍。加强思想政治工作，狠抓学习、教育和培训工作，提高民警素质。以贯彻执行公安部“五条禁令”为突破口，对民警工作、生活中暴露出来的小问题不姑息迁就，把小毛病当大问题来整治，通过抓小事、纠“小辫”、管小节，转变民警的纪律作风、工作作风和生活作风。再次强化责任追究，严明纪律。全市公安机关建立健全了民警在职责任追究和上追一级领导责任追究制度，凡民警在职期间在执法办案等方面发生问题，不论什么时候发现，不论调到内部什么单位，都将严肃追究责任。凡队伍中发生违法违纪问题的，不仅要追究民警和部门负责人的责任，还要追究单位主要领导的责任。二是注重预防，牢牢掌握队伍管理的监督权。实现队伍“零发案”，教育是基础，制度是保障，监督是关键。要切实解决队伍中存在的突出问题，必须进一步完善制度，加强监督，建立队伍管理长效机制。在外部监督上，建立并严格执行定期向党委、政府和群众述职制度、警风警纪监督员联系制度、民警8小时以外监督制度、“110”接受群众投诉制度和警务公开、警务评议制度；在内部监督上，建立领导干部离任审计、民警廉政档案、重大案件和事件责任倒查制度。以落实“五条禁令”为重点，加大警务督察力度，及时发现问题，及时采取措施消除隐患；在执法监督上，进一步完善执法质量考评制和执法过错责任追究制，建立民警执法档案，通过“倒查”、“暗访”等办法，督促严格执法，不断提高执法质量。三是注重创新，牢牢掌握队伍管理的生命力。要保持队伍的生机与活力，必须与时俱进，改革创新，增强队伍管理的针对性和实效性。在用人机制上，严把“入口”，坚持宁缺毋滥、凡进必考、公平竞争、择优录用的原则，把高素质的院校毕业生、军队转业干部挑选到公安队伍中来，从源头上把住进人质量关。在干部的任用管理上要推行竞争上岗和民警问职等措施，把干部的任用选拔权交给群众，增加干部任用工作的透明度。对在职民警要以“四大活动”为平台，加大培训练兵力度，全面提高民警的综合素质。同时，要进一步完善民警考核制度，要把“争先创优”与晋职晋级结合起来，激励民警争做一流工作，争创一流业绩。

（作者：江苏启东市公安局局长）

关于加强军工企业思想政治工作的思考

葛文斌

思想政治工作是一门政治性、理论性、实践性很强的科学，也是我们党的优良传统和政治优势，在推进企业改革发展和维护职工群众队伍稳定的过程中发挥着不可替代的作用。加强思想政治工作是推动精神文明建设的重要内容和主要途径。在新的形势下，思想政治工作必须在加强的基础上不断改进，在继承的前提下不断创新，探索建立新的运作机制，只有这样，才能适应新形势，完成新任务。与军工企业改革发展相适应，与军工企业的生产经营相适应。这就要求思想政治工作必须以邓小平理相信念，提高贯彻党的各项工作的自觉性，发挥思想政治工作的效能，凝聚人心，为企业的生产经营工作和改革发展提供强有力的思想保证和精神动力。

一、充分认识企业思想政治工作的重要性

思想政治工作是现代企业管理的重要组成部分，是做好企业全部工作的重要思想保证。加强企业思想政治工作是企业改革发展的客观要求。实践证明，越是深化

企业改革越是需要加强思想政治工作。其重要性体现在：

1. **促进企业改革发展，是思想政治工作的中心任务。**改革开放以来，广大军工企业以生产经营为中心，始终把企业的必革发展放在首位，把思想政治工作作为企业党建工作的中心环节，为生产经营工作服务好，较好地发挥了政治优势。思想政治工作的任务是培养高素质的“四有”职工队伍。我们做思想政治工作，就是为了调动群众的积极性和创造力，营造一个有利于企业发展的软环境。所以，新时期的思想政治工作要虚实结合，通过艰苦细致的工作，把无形的思想觉悟转化为有形的促进企业生产经营和改革发展的动力，这是每个思想政治工作者所要认识并付诸实践的。

2. **构建先进的企业文化，是思想政治工作的发展方向。**我们党的思想政治工作之所以有优势、有活力，是因为我们党始终站在时代进步潮流的前列，坚持以科学的理论武装人，以正确的理论引导人，以高尚的精神塑造人，以优秀的作品鼓舞人。这几年军工企业坚持把新时期的思想政治工作与先进文化紧密联系起来，大力发扬企业文化和企业精神，广泛开展形式多样的教育活动。各基层单位党政组织在思想政治工作中也把广大职工群众要倡导和弘扬的理想信念融入到宣传教育和工作实践之中，寓教于乐，收效还是比较明显的。

3. **为职工群众谋利益，是思想政治工作的落脚点。**首先，思想政治工作是为职工群众服务的，其责任就是执行好党的路线、方针、政策，做好一切工作，归根结底是为职工群众谋利益。其次，新时期思想政治工作的任务是服务生产经营中心，服务工厂改革发展大局，服务职工群众，其核心是服务职工群众。做思想政治工作不仅直接而现实地体现出为职工群众谋利益，而且通过我们的工作，在缓和化解企业利益分配中的思想冲突和各种矛盾，凝聚职工群众在工厂改革发展中的积极性和创造力，这本身就是为职工群众谋利益。其三，对新时期思想政治工作的要求就是既讲道理，又办实事，急群众所急，解群众所难，只有为职工群众谋利益，思想政治工作才能得人心、暖人心、稳人心，才能收到良好的效果。

二、目前军工企业思想政治工作中面临的困难和挑战

在进入21世纪的今天，军工企业也迎来了二次创业的新时期，这对于广大思想政治工作的地位和作用将更为重要，以改进求加强，以创新促发展，在继承以往光荣传统，发扬新时期思想政治工作的新鲜经验面前，都呈现出前所未有的良好机遇。同时，又面临着巨大的挑战，面对新的企业发展形势，国家对军工企业两个“全面”的改革要求，思想政治工作在工作内容、方式方法、人员素质等方面，都与新时期思想政治工作的针对性、有效性有许多的不适应，具体表现在：

1. **思想政治工作内容的挑战。**军工企业历来对思想政治工作非常重视，也取得了一定成效，但随着企业改革的不断深入，职工群众的思想观念、价值取向也日益复杂。新的时期，社会主义市场经济发展客观要求，资本、技术、信息、劳动力等生产要素聚集、融通，这必然导致单一的组织体系和人际交往方式被打破，社会的横向联系迅速发展。与此不相适应的是，我厂党务工作与社会化的思想政治工作体系还有一定的差距，一些思想政治工作上的空白点仍然存在。这与提高思想政治工作效率，增强思想政治工作的效果，是不相适应的，必须加以改进。

2. **思想政工作方式的挑战。**如今，军工企业的思想政治工作越来越需要依靠现代科学技术来充分发展自己，形象、快捷、传播面广的宣传媒介将促使思想政治工作不仅覆盖到企业的各个层面，而且内容、形式更加贴近实际。但我们的思想政治工作面临的情况是一方面老的思想政治工作方法已失去了它过去的效果，没有多少人去听了；另一方面，新的思想政治工作方法正在摸索阶段，没有形成理论性、系统性的东西。传统的以说教为主的方式将会与因人而异，把思想性与知识趣味有机结合的教育的新方式产生差距和矛盾。此外，这些年由于军工企业与社会接触越来越多，受到市场经济的负面影响，一些职工的道德行为和价值观念发生扭曲和错位，增加了思想政治工作的难度。

3. **思想政治工作方法的挑战。**现在的思想政治工作已不再单一的经验管理，而是经验管理与科学管理相融合的管理。但在实际工作中，思想政治工作与管理工作的实际要求，还有相当大的差距，对所从事的思想政治工作还没有很好的科学分析方法和手段；思想政治工作与企业经营在部署、安排、考核方面还没有统一起来；不愿管理，不敢管理，因循守旧、不思进取、求稳怕乱的思想仍然存在，导致在做职工思想政治工作时，也出现疲软和乏力的现象，影响了工作的正常开展。

4. **思想政治工作人员素质的挑战。**随着知识、技术在经济和社会中的作用增大，具有高学历、高专业技术、高业务能力的人本身也就成为了企业不可多得的人力资本，企业管理也越来越突出以人为本、实行以人为中心的管理模式。从事这门科学工作的政工人员无论是专职还是兼职，都必须具有较高的文化素质和业务素质，才能实现思想政治工作的科学化。然而，军工企业目前政工队伍政治素质和业务素质还有相当大的差距。具体表现在：政工干部文化知识的更新程度还没有赶上新知识的发展速度，观念陈旧、知识老化、年龄偏大、后继乏人；在获取职工思想动态信息、有效宣传鼓动、广泛组织协调等方面能力还不够。需要通过思想政治工作者素质的提高才能得到改善和增强。

三、应对新挑战,构建思想政治工作新机制

军工企业目前正处于改革发展的关键时期,有许多新情况、新问题涌现,思想政治工作的任务日趋繁重,难度在加大。因此解决好深层次的思想问题,有赖于思想政治工作的加强和改进。当前,军工企业做好思想政治工作必须要着重树立好四个方面的观念。

1.思想政治工作必面紧紧围绕生产经营。企业作为一个经济组织,生产经营是一切工作的重心,思想政治工作也必须围绕经营目标,结合本单位实际来进行。所以,军工企业思想政治工作的主要任务就是引导教育职工始终保持昂扬向上的精神状态,爱岗敬业。要坚持党组织核心地位,树立服从和服务于生产经营中心工作的思想,与企业经营工作同时进行思想管理和思想建设,通过及时有力的思想政治工作,充分调动职工群众的积极性,形成企业价值观,为提高企业经济效益和经营管理水平服务,把政治理念融入为企业创一流业绩、做一流贡献之中,保证生产经营任务的完成。

2.思想政治工作必须紧紧围绕改革发展。思想政治工作对于企业的生产经营有着重要保证和服务职能,是为生产经营工作加油鼓劲的。军工企业目前的各项改革举措力度正在逐渐加大,改革过程中职工群众必然会产生大量思想问题。这些问题用什么方法去解决,解决的好不好,关系到军工企业职工队伍的稳定,以及我们改革发展能否顺利进行这一根本性问题。因此,我们必须将深化改革中的难点、群众关注的热点,作为思想政治工作的重点,对不同意见不压制,处理问题不急躁,有针对性地开展工作。做好改革全过程的思想教育和宣传工作,大力宣传改革的目的、意义,引导职工了解军工企业具体的改革措,正确认识形势,转变思想观念,树立起集体意识、大局意识、团结意识,自觉投身改革,确保企业各项改革政策的顺利进行。

3.思想政治工作必须紧紧围绕职工群众。“三个代表”重要思想中,其中一个代表就是代表广大人民群众的根本利益。思想政治工作突出“以人为本”的概念,它强调人即职工群众在工作中的主导作用。思想政治工作着眼于解决职工群众的思想问题、认识问题和实际问题,一定要做深、做细、做活,很重要的一条,就是要在人与人间构筑起感情的桥梁。每一个党务工作者要明确思想政治工作的目的是调动人的积极性,把思想政治工作放在研究职工群众的思想、情感上下功夫,带着对职工群众深厚的思想感情去做思想政治工作,对职工进行激励。具体途径为:

(1)尊重、理解职工。我们在进行思想政治工作时要满足职工的精神需求,了解职工心理,把握职工脉搏,真正尊重人、关心人、理解人。要注意研究职工的情感变化,采取多种方式,开通渠道,善于听取职工的意见和呼声,创造和谐、团结、进取、向上的企业环境。当职工把工作做好时对他进行赞美和肯定,使职工有自己很受重视的感觉,那么调动职工的积极性便不是一件难事。

(2)诚心帮助职工。新时期思想政治工作之所以比过去难做,其根本原因是由于改革使职工的收入分配差距拉大,一部分职工的具体利益必然受到一定的损失,在这种情况下仅靠思想教育是不行的。必须将思想教育与解决职工群众的具体问题结合起来,与满腔热情的实际服务结合起来,使职工感受到思想政治工作的实际效果,才能理顺情绪,凝聚人心。

(3)坚持情、理、行相结合的工作方法。所谓“情”,即动之以情,以情感人;所谓“理”,即晓之以理,以理服人;所谓“行”,即导之以行,以行带人。情是基础,理是方法,行是落脚点。此外,党组织、工会组织要广泛开展各种有益于职工身心健康文体活动,以减轻职工的心理压力,让职工感到各级组织的关心、爱护,从而更好地调动职工群众的积极性。

4.思想政治工作要与企业管理有机的结合。加强企业思想政治工作必须从强化管理入手,用制度规范企业行为和职工个人行为,用制度引导职工解放思想,转变观念,通过提高企业的管理水平。将思想政治教育与管理工作结合起来,就是将思想政治工作纳入企业的管理之中,在较高的层次上实现有机动性结合。这时,思想政治工作者的任务更多的是转向收集、分析思想政治工作信息,进行相关的调查研究,为开展管理工人提供决策和参谋。这既是对企业管理内涵的新概括,也是对思想政治工作和精神文明领域的新发展,有利于企业更加自觉、严格地加强管理,也有利于企业的各级党组织和管理人员把思想政治工作和精神文明建设提高到应有的位置,真正做到两手抓,两手都硬。各级党组织和党务工作者在思想政治工作中,要根据企业存在的薄弱环节,发挥情感管理的优势,靠无情的制度、有情的管理来实施科学有序管理。逐步推行思想政治工作目标管理模式,把思想政治工作同企业生产经营同部署、同安排、同考核,使目标的制定、分解、实施、考核、讲评形成一种制度。通过奖优罚劣,增强各级干部、各职能部门和政工人员做好思想政治工作的责任感,使思想政治工作结合起来做的有效形式。它赋予了企业管理以深厚的内涵,把思想教育的内容和要求体现在企业的各项制度中,使职工群众潜移默化地接受教育。

5.不断提高思想政治工作者的综合管理水平。21世纪是知识经济的世纪,缺乏以丰富知识为基础的实践,就不能适应新形势下思想政治工作的需要。企业政工队伍的素质高低,决定和影响着企业思想政治工作的水平。建设一支政治强、业务精、作风硬、纪律严的企业政工队伍,是搞好企业思想政治工作的重要环节。

(1)坚持经常性的理论学习,不断提高政治理论水平。作为从事企业思想政治工作的同志,一定要讲学习、讲政治、讲正气,认真学习"三个代表"重要思想和十六大精神,不断提高运用理论回答和解决职工思想问题的能力。还要学习现代管理、金融、法律、科技,以及文学、历史、心理学、教育学等方面的知识,只有积聚了深厚的知识底蕴,工作中才会有创新的思想和措施,才能成为既懂思想政治工作,又懂经济管理工作的复合型人才。

(2)政工干部要深入实际,切实转变工作作风。经常深入到群众思想情绪的热点、难点,在调查研究的基础上,选准突破口,提出解决问题的途径和方法。要建立和疏通思想政治工作的各种信息渠道,定期分析和掌握职工的思想动态,帮助职工群众解决学习、工作、生活的具体困难,切实保持和维护企业界稳定。要把思想教育延伸到八小时之外,使职工群众置身于思想政治教育浓厚氛围之中。

(3)建立专门的政工干部岗位培训机制。要加快选拔复合型优秀人才充实政工干部队伍,逐步建立专职政工干部与业务行政干部轮换制度,加强对政工人员素质、科学文化水平和管理能力等方面的培训,用现代理念提高政工干部的影响力。要注意从优秀中青年干部职工中选拔政工干部,优化政工队伍的年龄结构。同时,我们的政工干部要保持一种求真务实、理头苦干的精神境界,在思想政治工作的光荣岗上,为企业的生产经营工作保驾护航。

新的时期,思想政治工作也有了许多新的变化,在职工群众思想日趋活跃的情况下,必须把广大党员、干部和职工群众思想和行动,统一到企业的中心工作上来,不断改善思想政治工作方式方法,达到有活动、有新意、有成效,引导广大职工群众关心企业的生存和发展,增强企业的向心国和凝聚力,增强竞争意识和危机意识,这样,才会发挥思想政治工作应有的效果和作用。

(作者:中国核工业集团公司五〇四厂党办秘书科科长)

第十部分

煤矿行业思想政治工作

以人为本和企业的人心经营

曹全禄

企业诸要素中,人是第一要素,人才是企业赖以发展的根本保证。企业管理要以人为本,而以人为本的实质,又是以心为本,可见搞好人心经营是企业管理者的第一要务。

一、对"以人为本"涵义的理论思考

近年来,以人为本的思想观念被广泛应用于企业管理、企业文化和企业思想政治工作等领域。理论界对以人为本的含义是什么、怎样以人为本等问题也众说纷纭。普遍认为企业领导者应以职工群众为本,一些企业领导者以为以人为本即是以经营集团为本,甚至还以为以人为本就是以企业的一把手为本,以至于近年来在一些国有企业中出现了称企业领导人为"老板"这样不正确的称谓。还有专家认为企业领导和职工要相互为本,重点是企业领导要以职工群众为本。如此等等,不一而足。反映出理论上对"以人为本"概念界定的片面和模糊。为了理解和实践以人为本的思想,使之在企业管理、企业文化和企业思想政治工作中发挥更大的作用,在此谈点粗浅认识。

1. 人是企业的主体和根本

在现代企业管理理论中,引入了资源配置这一概念。在所有的资源要素中,人才资源是第一位的,人的主观能动性是有着无尽潜力的资源。企业作为市场的法人实体为市场竞争的主体,主要由两大基本要素构成:一是人,即企业经营管理者与生产劳动者的总和。二是物,即生产资料、劳动对象、劳动产品以及企业群体所必需的物质文化生活资料的总和。在人与物之间,人占据主体性地位,起主导性作用,企业一切活动都是以人为中心的,而人与物又相互依存、相互作用。人是矛盾的主要方面,是企业的主体,企业的根本,这也是我们探讨这一问题的基础。

2. 以劳动者为主体的"主人翁"人本观

在社会主义社会,以人为本的人本观,就是以劳动者为主体的"主人翁"人本观。古典经济学家约翰·洛克的"以人为中心",其实质是以个人主义为中心,也就是在私有制下以资产所有者为中心,而不是以劳动者为中心。在社会主义社会,劳动者成为生产资料的主人,成为全社会的主人,成为社会生活的主体,即主人翁。所谓的"主人翁"人本观,正是指在这一社会基础上以劳动人民为主体的社会主义的"人本"观念。

以人为本中的"人",是指以劳动者为基本构成,包括生产者和经营管理者在内的人。社会主义"主人翁"人本观的基本内涵是:劳动创造一切;人民的利益高于一切,执政党应代表最广大人民群众的根本利益;一切权利属于人民;人的价值在于创造和奉献。

同时,还必须明确,在社会主义社会,企业的经营管理者和劳动者都是工人阶级,他们的根本利益和在企业发展中的目标和价值取向是一致的,就该相互尊重,尽职尽责,共同办好企业。

3. 以人为本,重点是以企业职工群众为本

从个人和集体的关系来看,以人为本要以大多数人为本。所以,我们所说的以人为本,重点是以企业职工群众为本。诚然,企业领导者是企业的核心层,作为企业职工,应该尊重、理解和关心企业领导者。作为企业领导者,则要尊重、理解、关心职工群众,以企业职工群众为本。广义理解以人为本,还应包括企业所有的"利益相关者"。如以用户为本,海尔的"用户是衣食父母","用户永远是对的"等认识就是典型的"以人为本"概念的延伸。

4. 现代企业重点是经营好企业人才

在现今知识经济时代,经济增加的源泉越来越多地来自知识与科技的贡献。智力资本改变了传统的价值,创造价值的方式和评价标准发生了深刻的变化。人们不再是仅以劳动强度和劳动时间来衡量劳动的价值,而更多的是以知识和智慧所创造的成果来评价。树立以人为本的思想理念,加强对人才资源的开发与管理,已成为企业经营者人才管理创新的主要课题。一方面要有高强度的优惠政策,加大吸收优秀人才的力度;另一方面要用好人才,通过为人才提供机遇将人才留住,使有才干的职工有用武之地。作为企业的领导者,要把每一个职工都当人才来看,做到"采石者破石拨玉,选士者弃恶取善"。实际中,只有用错的人才,没有无用的人才。正如管理学上有句名言所说:"放错了位置的人才等于垃圾。"

有人清醒地指出:"小公司做事,大公司做人,人才是利润最高的商品。能够经营好人才的企业才是最终的在赢家。"企业竞争最终将是人才的竞争,人才决定企业兴衰。

二、人心经营的基本问题

古人云："得人心者得天下"。"攻心为上，攻城为下"。古今中外的政治家、军事家无不把得人心作为制胜之道。市场即战场，企业要在激烈的市场竞争中取胜，一靠内强素质，二靠外塑形象。内强素质和外塑形象都离不开"人心"和"人和"。

现代企业已纷纷摒弃了早期的泰勒制、马斯洛理论管理方式，提出了以人为本的经营理念，促进了现代经济的快速发展。世界500强企业，几乎都是采取了员工参与、人际沟通、民主决策、福利政策等人本管理模式，有效地调动了员工的积极性和创造性，增强了企业的凝聚力和向心力，使企业的综合效益成倍增长。

"心合"、"人和"的和谐局面，既是企业领导者谋求事业成功的前提和基础，也是企业文化建设的重要目标。人心经营，即是通过加强思想政治工作、培训教育和企业文化建设，营造团结向上、奋发有为的合和氛围，培养"四有"职工，使职工成为有理想的"高尚人"，有文化的"知识人"，有道德的"文明人"，有纪律的"组织人"。真正使职工成为企业的主人，其基本生活准则是"我为人人，人人为我"；基本信念是为社会进步，为人类幸福而奉献才智。

搞好人心经营，实现人和，增强企业的凝聚力和向心力，必须综合考虑诸多共同因素，才能把群体的各个部分联结起来，从而形成合力的群体。其中有四种主要的共同因素：

其一，政治因素。主要要求是同心同德。企业要想在市场竞争中取得主动权，必须要"人同导，事同道，心同德"。只有共同的理想追求，共同的价值取向，共同的方向道路，共同的是非标准，才能产生内聚力和向心力。

其二，思想因素。主要要求是认同和共识。只有有了共同的理解、共同的认识、共同的决心，才能形成"人同此心，心同此理，理同人愿"的共识局面。其方法是：遇事同群众商量，不要代替群众下决心。要增强重大决策的透明度，遵循民主决策程序，坚持公开、公平、公正的原则，以形成同频共振、同心共鸣的局面。

其三，组织因素。主要要求是同责、共任。人心的聚合、事业的成功，单靠政治基础和思想基础还不够，还要有必须的组织基础。要有严密的组织体系、责任体系和考核体系，才能形成"千斤重担大家挑，人人头上有指标"的局面。

其四，利益因素。主要要求是同利、共益。稳定人心的基本因素是利益因素。人们只有在认识到其奋斗的工人同利益时，才能产生团结、持久的奋斗动力。同时，需要明确：利益结构是有层次的，利益因素是多元的，经济上的得失是利益，精神上的荣辱是利益，成绩上的认可、组织上升迁、关切同样也是利益。只有多层次多角度地提高职工对利益的满足度，才能提高职工的向心力和凝聚力。

以上四大决定因素缺一不可。在企业实践中，我们对四大因素只要做到适其情、得其法，就必然会见其效、成其事。

三、人心经营的着力点

江泽民在"七一"讲话中明确指出："人是生产力中最具有决定性的力量。不断提高工人、农民、知识分子和其他劳动群众以及全体人民的思想道德素质和科学文化素质，不断提高他们的劳动技能和创造才能，始终是我们党代表中国先进生产力发展要求必须履行的第一要务。"企业的社会职能是实现人文价值和对美的追求，实现企业人心经营的主旨和根本目的也在于此，不断提高劳动者素质，不断增强劳动群体的凝聚力也理所应当成为企业领导者的"第一要务"。

企业的人心经营，主要是通过加强思想政治工作和精神文明建设，来调整企业内部、外部人与人之间的关系，不断增强企业的整体向心力、凝聚力，以及企业与外部的互动力，实现企业的价值目标，促进企业物质文明和精神文明的健康发展。春主要着力点有：

1. 确定企业长远发展目标，以激励人心

调动欲望，激励人心，是成就伟业的第一要求。高明的管理者，应善于利用人的追求欲，向其展示诱人的前景，鼓励其树立远大的志向，激励人的雄心和信心。人在得到自身满足的同时，才会最大限度地发挥潜在的聪明才智，精力充沛、满怀激情地为企业创造价值，促进企业的发展。

弱势企业在经营困难时，各种思想问题都与了职工对企业的信心不足有关，不解决信念重建问题，就难以解决具体的思想问题。一旦经营形势好转，许多问题就会迎刃而解。高明的企业家总是能知微见著，超前思维，与时俱进，不断创新地调整发展战略。

2. 适时调节利益关系，以利导人心

调动人的积极性，仅靠道德、理想和说教是不行的，必须给人以实实在在的利益，才能真正稳定人心、凝聚力。口惠而实不至，必然使人丧信心。古往今来，善用人者，成就大事者，都懂得在无碍大局的情况下满足人的各种利益要求，从而获得人心，获得人才。20世纪是批量化生产的时代，21世纪是根据个人需要生产满足个人要求的时代。企业就是要以经济效益为中心，以满足全体职工的经济利益为管理的宗旨，以经济利益引导人心、凝聚人心。处理利益关系既要舍得花钱，又要掌握好度。不能仅靠利益去指使一切，要用正确的义利观去教育和引导职工。

3. 以培养"四有"新人为第一要务，以净化人心

社会主义企业不仅是一个经济实体，而且应该成为培养一代新人的摇篮。学习型企业、教育型企业是其中的应有之意。企业一是要自觉树立为社会服务、为消费者服务的观念，自觉遵守国家的法律法规，有高度的法规意识和道德意识，真正能“自治其心”；二是要有严格的管理制度和监督制度，以法治企。企业必须法治，有自己完善的制度，形成程序化、规范化的管理。

从人心经营的角度讲，企业的经营者不仅要自己做到“以心治心”，“独善其身”，率先垂范，当好表率，而且要有帮助和教育同仁的责任感，规劝和感化他们去掉私心杂念，洗净心灵上的污垢，老老实实做人，认认真真做事。要把思想教育、道德教育、法制教育放在重要位置，及时发现和纠正不正确的思想和言行，提高全体职工的素质和战斗力。

4. 以德服人，以诚动人，以信制人

纵观古往今来得人心、聚人才的方式，主要有三种：一是以德服人，二是以诚动人，三是以信制人。企业领导者要牢牢掌握并忠诚实践这三点。

一个企业领导人，要有威信，要有号召力，要令人从内心敬佩你，要管理好一个企业，靠什么？就靠你是否有优秀的品格，宽阔的胸怀，待人的诚意，决策的高明，非凡的能力，执着的精神，严谨的作风。除了坚定不移地执行党的路线、方针、政策以外，企业领导人个人的人格魅力无疑也是非常重要的。你能做好表率，职工自然会敬你、服你、跟你，同样也会得到社会的认可。这样的企业，就没有搞不好的道理。

（作者单位：蒲白矿务局）

充分发挥思想政治工作优势
全面促进义煤两个文明建设协调发展

张中歧

义煤集团公司现有职工47000多人，下属11个生产矿井（含1个露天矿），33个生产辅助单位。前几年，由天受煤炭市场影响，产量急剧下降，企业连年亏损。2001年5月，省委对义煤领导班子进行了充实调整，新班子在省委企业工委的正确领导下，认真贯彻“三个代表”重要思想，不断加强对思想政治工作的领导，按照“围绕一个中心，突出一个主题，抓好一项活动，探索一条路子，力求一个促进”的工作思路，紧密结合企业的生产、经营、管理、职工生活等各项工作，充分发挥生命线的作用，为企业注入了强大活力。2002年，我们抓住煤炭市场好转的有利时机，乘势而上，奋力拼搏，实现了“再创千万吨，整体扭亏为盈”的奋斗目标，创出了产量1076万吨，销量1035万吨，经营总值20万亿元，实现利税2亿多元的喜人成绩，一举扭转了连续4年的亏损局面。2003年，全公司原煤产量1101.3368万吨，比计划的832万吨增产269万吨；商品煤销量1118万吨；经济总量达到22亿元，各项经济指标再创历史新高。职工收入明显提高，矿区安定团结，职工士气高昂，各项事业蓬勃兴旺，义煤呈现出一派一生机勃勃的喜人景象。

一、围绕一个中心，确保企业经济建设取得新进展

围绕企业经济工作，发挥思想政治工作强大优势，是实践“三个代表”的必然要求，也是企业发展的客观需要。基于这一认识，我们从三个“着眼于”出发，高定位，严把关，充分发挥了思想政治工作在企业经济建设中的重要作用。

（一）着眼于发挥党委政治核心作用，当好企业“方向盘”。为发挥好党委的政治核心作用，显示思想政治工作的强大生命力，我们坚持“核心围绕中心转，中心跟着核心走”，着力加强党的组织建设，召开了集团公司第四次党代会，选举产生了党组织领导机构，制定了《党委议事规则》、《党委常委议事规则》、《党政联席会议事规则》等制度，规范了工作程序，提升了党组织的凝聚力和战斗力，为搞好思想政治工作提供了可靠的组织保证，确保了党的路线、方针、政策在企业的正确贯彻执行。近两年，我们先确定的“实施煤、电、铝、化综合发展”和“三步走”战略以及2002年“抓住机遇谋发展，齐心协力保千万”的奋斗目标，都是在班子广泛调研，反复酝酿的基础上形成的，具有很强的可行性，为集团公司两年迈出大步奠定了坚实的决策基础。各级党组织紧紧围绕经济中心，“你烧火我添柴，你抬腿我铺路”，形成了党政一心创伟业，众志成城谱新篇的良好局面。

（二）着眼于中心工作，当好企业“发动机”。围绕集团公司再创千万吨和整体扭亏脱困的中心工作，我们唱响主旋律，打好主动仗，在职工中广泛开展了“集团公司创千万，我们怎么干”大讨论和“假如我是总经理”演讲比赛等宣传活动，大力宣传企业再创千万吨、实现整体扭亏为盈的重要意义，统一思想，凝聚力量，进一步增强了

广大干部职工振兴义煤的责任感、使命感和紧迫感，矿区上下呈现出自我加压，负重爬坡，人心思进，人心思上，人心思干的可喜局面，营造了干事创业的浓厚氛围。

（三）着眼于解决改革中的热点问题，当好企业“解压阀”。每项改革措施的出台，我们都从职工关心的热点问题入手，摸准各个层次、各个阶段职工的思想脉搏，把宣传教育渗透到改革调整的全过程，使思想政治工作和改革措施同步进行。在宜洛矿关闭破产的重大问题上，做好艰苦细致的思想工作，保证了宜洛煤矿依法平稳破产。减员增效、下岗分流是职工最关心的热点问题，我们坚持教育与疏导同步，一方面开展“转变择业观念，自强闯新路”教育，鼓励职工进行各种技能培训，使他们掌握一技之长，帮助他们实现就业。

二、突出一个主题，全力推进思想政治工作迈向新阶段

突出一个主题，就是始终突出贯彻“三个代表”这个主题，我们认真贯彻中央、省委思想政治工作会义精神，坚持以贯彻“三个代表”重要思想为主线，在教育人上下功夫，在调动人上作文章，在聚人心上求实效，推进了思想政治工作常做常新。

（一）坚持以科学的理论武装人。为落实以科学理论武装人的任务，各级党组织认真坚持中心组学习制度、“三会一课”制度，积极搞好党员干部的日常教育和系统教育，使广大党员干部坚定了正确的理想信念，树立了正确的世界观、人生观、价值观，增强了贯彻执行党的路线方针的自觉性和坚定性。2001年以来，我们先后开展的“三讲”学习教育、“三讲”回头看、党性党风集中教育、学习“七一”重要讲话和学习“5·31”讲话等活动，使广大干部职工加深了对“三个代表”的理解认识，进一步坚定了政治方向，加强了党性修养。十六大召开之际，我们组织全公司4万多名职工收看大会实况，专门下发了学习十六大学习提纲和安排，要求各中心组学习由每月一次改为每周一次，各支部坚持好每周两次政治学习，保证了十六大精神及时准确地传达到党员干部当中，使各级党员干部职工牢固树立了“爱党、爱国、爱企业”思想，党组织和党员凝聚力、感受召力不断增强。

（二）坚持以正确的舆论引导人。我们坚持“团结、稳定、鼓劲，以正面宣传传为主”的方针，一是突出思想道德教育，坚持“以德治企”，开展了以社会道德、职业道德和家庭美德建设为主要内容的“道德规范进万家”活动，坚持爱国主义、集体主义和社会主义教育，引导干部职工自觉把个人价值取向和理想追求融入到社会需要和企业改革发展的实践中。二是重视企业文化，弘扬企业精神，广泛开展了争创文明单位、六好区队、五好班干部组、文明家庭、文明职工活动，定期举办了195周末大擂台、戏迷擂台赛、文化广场、消夏晚会，为职工群众创造了健康向上的文化环境。各单位经常组织职工开展蓝球、乒乓球、扑克牌、扭秧歌等文化活动，活跃了矿区气氛，丰富了职工生活。三是充分发挥阵地作用。我们充分利用矿工报、有线电视台和开辟专栏等形式，围绕企业两个文明建设和宣传十六大的两大任务，进行专题报道，充分利用宣传栏、黑板报、标语和举办不同层次的座谈会、报告会、演讲会等形式，广泛宣传党的路线方针政策，宣传集团公司的改革发展目标，宣传企业的各项中心任务，统一了职工思想，凝聚了职工干劲。四是坚持典型引路。针对耿村矿、新字矿、石壕矿围绕“创千万”目标出建矿以来最高生产纪录的先进事迹，集团公司在三个矿召开了祝捷庆功会。常村矿开展“争当十大科技明星”活动，杨村矿在各个战线开展评选“十佳”活动，千秋矿开展争“百优”劳动竞赛，成效显著。我们及时总结，大力宣传和推广，在全公司进一步形成了崇尚先进、学习先进、争当先进的良好氛围，促进了各项任务的全面完成。

（三）坚持以多种形式调动人。首先，我们认真落实全心全意依靠职工办企业的方针，各级干部按照党的十五届六中全会的要求，切实转变作风，深入基层，和职工面对面的交流，认真听取他们的意见，集职工智慧，谋发展大计，铸企业辉煌。其次，本着让每个职工“换脑筋，进市场”的宗旨，在公司上下开展了“转观念、理思路、促改革、求发展”讨论和“摸实情、听心声、谈打算”合理化建议活动，广大干部职工按照“学习一个观点，找出一个办法，解决一个问题”的“三个一”要求，积极投入到为企业发展献计出力中，2003年公司职工共提合理化建议3256条，采纳率达到67%，基本上做到了“参政到点子上，议政议到大局里”。第三，坚持完善以职工代表大会为基本形式的民主管理制度，认真落实职工群众的知情权、参与权和监督权，充分调动了职工参与企业改革的主动性、积极性和创造性，极大地增强了广大职工“爱矿山，做主人献身煤炭事业”的主人翁意识。

三、抓好一项活动，形成思想政治工作新亮点

义煤集团是一个有近五十年历史的老企业，离退休人员多，下岗职工多，困难家庭多。针对这一现状，我们从解决实际问题入手，把保障困难职工的基本生活，提高职工的生活水平，摆在“讲政治”和维护矿区稳定高度来抓。2002年5月，制定下发了《关于在集团公司开展“春风进万家活动”的通知》，公司各级党组织深入开展党员干部“下访谈心办实事”和以“包、保、访、谈”为主要内容的“春风进万家”活动。全公司2000多名科级以上干部与2322户困难工结成对子，仅2002年就送去帮扶金200多万元、米面4000多袋、食油5000多公斤，帮助困难职工解决实际问题600多个，架起了干群连心桥，铺平了干群同心路。在此基础上，我们还把积极改善职工生活条

件作为一项重要内容来抓,先投入2000多万元解决“三难”问题。投资200多万元,引水上山,疏通道路,建立医疗室,彻底解决了千秋矿家属职工吃水难、行路难和就医难的问题。投入300多万元,解决了困难职家庭问题,而且使职工思想和长期积聚的问题和矛盾得到了化解,从而增强了党组织的向心力、凝聚力,激发和调动了职工献身矿山建设的热情。“春风进万家”活动成为了义煤集团公司思想政治工作的一个新亮点,受到了省委领导的高度重视。原省委书记陈奎元、省委常委、省委秘书长李柏栓和副省长、省委企业工委书记张以祥分别做出重要批示,要求各大型企业以及各级党政机关借鉴义煤的经验,深入开展“春风进万家”活动。

四、探索一条路子,建立思想政治工作新机制

我们以创新为动力,高度重视思想政治工作,形成了“三层六有”的思想政治工作新机制。所谓“三层”就是思想政治工作的三个组织层。即:

一是由党、政、工、团主要领导,组成的思想政治工作决策层。

二是以党群主要部门、基层党组织为核心,组成的思想政治工作管理层。

三是由班组长、班组宣传员和党员骨干为主,构成的思想政治工作执行层。三个层面各司其职,各尽其责,形成了党委统一领导,党政共同负责,党政工团齐抓共管的工作机制。

所谓“六有”,即:

(一)有制度。我们建立健全了《思想政治工作责任制》、《政工例会制度》、《形势任务教育制度》、《党政思想政治工作联席会议制度》、《干部群众思想状况分析制度》,为做好思想政治工作提供了有力的制度保证。

(二)有队伍。义煤现有一支1500多名政工干部,是我们做好思想政治工作的主力军。为了建好这支队伍,我们注重提高现有政工干部的政治素质和业务水平,定期对政工干部进行各种培训,并不断选拔年富力强、德才兼备的人员充实到政工岗位,做到了机构健全,人员精干。

(三)有载体。根据中央《公民道德建设实施纲要》精神和省委“双学双比”活动要求,结合实际工作,我们在全公司组织开展了“道德规范进万家”、“两比三争”活动。这些活动有目标,有措施,有考核。人人参与,个个积极,成效显著,为做好新形势下思想政治工作探索出了新路子。

(四)有目标。公司党制定了加强思想政治工作的长远规划和近期目标,并且将目标层层分解,落实到各单位。各单位根据实际,制定了可操作性的标准,将工作内容细化、量化、目标化,使思想政治工作由“软”变“硬”,由“虚”变“实”。

(五)有保障。虽然我们企业还不富裕,但在义煤没有一项活动因经费原因而中途搁浅。我们把思想政治工作投入纳入企业发展的总体规划,公司每年提取销售收入的0.1%作为思想政治工作和精神文明建设的主要投入。同时,设立了精神文明奖励基金和政工创新奖。

(六)有责任。我们实行了“一岗两责”的考核机制。在考核行政管理人员实绩时,也考核其参与和服务企业生产经营的实效;在考核行政管理人员实绩时,也同样考核其做思想政治工作的能力。严格的双向职责考核,为思想政治工作的落实发挥了重要作用。

五、力求一个促进,确保企业各项工作取得新成效

为了有效解决“空对空”、“两张皮”、“两股劲”的现象,我们提出了“效益型”的思想政治工作法。即,以企业生产经营为中心,以“大政工”格局为基础,实现思想政治工作在企业生产经营中全员、全过程、全方位地融入,不懈追求社会效益的最优化,以此促进并实现经济效益的最大化。

(一)围绕生命工程,促进煤炭质量的提高。针对煤质不稳定,市场占有率低的情况,我们开展了“市场是导向,销售是龙头”、“怎样提高煤质”的大讨论和“我为提高煤质献计策”活动,建立以矿长为第一责任者的煤质责任制,并把煤质首次纳入“劳动竞赛考核”、“双文明矿验收评比考核”活动,用政策引导员工抓煤质。石壕矿广大职工了出了“提高煤质救救企业”的呐喊,喊出了全公司职工的心声;新字矿把建设先进煤厂视为“生命工程”加大宣传力度,营造了人人关心煤质,关注洗煤厂建设的良好局面;观音堂矿等单位开展“比质量、促煤质”劳动竞赛,使广大职工关注市场、重视销售和产品质量的思想更加强固,有力促进了集团公司煤炭质量的好转,实现了产销两旺,创出了历史最好水平。

(二)围绕安全第一方针,促进安全状况的好转。针对安全生产,我们开展了“集中精力抓安全,重拳出击反‘三违’的专题教育,做到月月有安排,季季有活动。义煤电视台和基层单位的有线电视均开辟了“安全窗”,设立了“曝光台”,常年坚持不断;各厂、矿、公司每年至少组织一次内容丰富、形式多样的“安全宣传一条街”活动和“百日安全竞赛”,引导广大职工处理好安全与生产、安全与改革、安全与稳定和安全与效益的关系,牢固树立了“安全就是效益,事故就是犯罪”的观念,增强了自保、互保意识,促进了安全生产,使百万吨死亡率降到最低点,创出历史最好水平。

(三)围绕企业管理,促进经济效益增长。扭亏脱困是广职工的心愿,我们从职工的所盼所想出发,组织各单位和广大职工为实现扭亏为盈做贡献。常村开展了节支

降耗和技术革新活动；千秋矿开张了"人均节约500元，争为扭亏脱困做贡"立功竞赛；新安矿就"加强管理，降低成本"广泛征集合理化建议；耿村矿深入开展了"横比争一流，纵比上台阶"劳动竞赛。通过这些实践活动，广大干部职工提高了认识，统一了思想，振奋了精神，鼓足了干劲。各单位自我加压，创效争先，生产蒸蒸日上，原煤班产、日产、月产记录不断刷新。新安矿率先提前99天完成全年生产任务。耿村矿实现了投产20年来的首次高产，全年产量达到267万吨，创历史最好水平。2003年，他们再接再厉，全年产量突破300万吨，创建矿以来最高记录。石壕、曹窑、杨村、常村、义络公司都相继提前完成全年任务，并创出一个又一个历史新高。2002年，全公司产销均创历史最高水平，一举扭转了连续4年的亏损局面。2003年，全公司原煤产量1101.3368万吨，比计划的832万吨增产269万吨；商品煤销量1118万吨；经济总量达到22亿元，各项经济指标再创历史新高。

（作者：河南义马煤业（集团）公司党委副书记）

用发展的思路来求解衰老矿区的发展问题

黄彬生

蒲白矿区是一个资源濒临枯竭的老矿区，面对新形势新目标，能否发展，如何发展？无疑将是一个急需郑重回答的重大问题。要解决好我局的发展问题，首先要深化对发展的认识，解决好发展的观念问题。能不能发展，首先就是看能不能抓住机遇。我们要创造性的开展工作，抓住机遇，实现发展。其次要认真研究新情况，解决好发展的思路，三要着眼于调动一切积极因素，解决好发展主体问题。人是发展的受益者，也是发展的决定性力量。因而人是发展的主体。如何调动人的积极性？要注意强化尊重知识、尊重人才、尊重创造的价值导向，按照"人才是第一资源"的要求，形成一个鼓励人们干事业、支持人们干成事业的氛围。

面对现状，着眼局情，在经历半年多的学习、讲座、调查、分析和理性思考的基础上，蒲白矿务局初步理清了一个衰老矿区的发展思路，提交了一份可圈可点的答卷。概而言之，就是：唱响一支发展的歌，走出一条特色的路，实现一个翻番的目标，创建一个学习型企业，其主题词就是"发展"二字，不发展就没有出路，一切都将无从谈起。下面结合蒲白矿区的实际，谈一谈新形势下一步衰老矿区的发展问题。

一、衰竭矿区能否发展？需要从观念转变中去求解

蒲白矿务局地处渭北高原南部，于1958年建局，已走过了40多年历程。煤炭生产多年来一直徘徊在年产150万吨左右，资源对比优势差，用人多、效率低，企业社会负担沉重，属于典型的小局、老局，这就是新世纪之初的基本局情。联系我局实际和新形势新要求，局党政就矿区发展向各级干部郑重提出五个需要深入思考和回答的问题：

1. 通过学习领会国家全面建设小康社会，实现翻两番的目标，思考蒲白局应该怎么办？是等小康，还是奔小康？

2. 贯彻落实执政兴国第一要务，蒲白局应该如何用发展的思路，用发展的办法，用发展的标准来解决体制性障碍，清除机制性弊端，缓解结构性矛盾，改变传统型管理，以及计划经济条件下形成的惰性思维，使蒲白局真正走上发展的快车道？

3. 对照要求，深入思考矿区发展要有新思路，改革要有新突破，开放要有新局面，各项工作要有新举措的问题。

4. 通过解放思想，转变观念，深入思考蒲白局发展的突破口、切入点、增长点在哪里？

5. 结合"发展必须深化改革"的要求，思考如何深化改革，在改革中求生存、谋发展、保稳定？

全局上下围绕以上五个问题，深入进行学习和讲座，为今年工作目标的确定和未来五年的发展奠定了思想基础。

为了推动新一轮的思想解放，局党政于今年五月上旬，举办了企业改革发展专题报告会，邀请关闭破产资产重组的先进煤炭企业老总作了专题报告。六、七月份派出考察组先后到山东临沂矿务局、宝鸡东岭集团进行学习考察，并适时举办了局、矿（处）级干部"三个代表"重要思想研讨会，由局、矿（处）领导干部对我局的发展问题进行了共同交流和探讨。报告会和研讨会的召开，使全局上下对局情有了更清醒的认识，对发展是硬道理有了更深刻的理解。

通过十六大精神的学习，在同兄弟单位的比较中，蒲白人深切地看到自己的差距。最大的差距就在于观念的

僵化和落后,只有实现思想观念上的革命,才能出思路、出举措,观念一变天地新。

局班子在讲座中提出这样的思辩:虽然我们不能左右煤炭市场形势,也无权规范市场程序,但我们可以抢抓机遇,掌握和利用市场规律,力争市场主动权;虽然我们不能改变"三高一低"资源储存条件,但我们可以通过技术发展提高煤质;虽然我们无法提高煤炭售价以获得高额利润,但我们可以整合利润,我们可以提高效率、降低成本,实现最大限度的经营目标;虽然我们不能使矿区储量增加以大幅度提高产量,但我们可以整合资源,调整产业结构,实施必要的战略转移等等。这样的思辩是有益的,也是可贵的,将为我们这个衰老矿区的发展打开新的思路,也会在国有煤炭企业的改革中留下观念更新的轨迹。

在我局改革发展中,要处理好六个关系。

一是要处理"进"与"退"的关系,推进产权制度的创新。我局是国有独资煤炭企业,要进行改制,建立现代企业制度,必须解决好投资主体多元化的问题。我们看到许多企业人还是那些人,资产还是那些资产,通过产权改革,企业发生了重大变化。在产权改革中,就要使国有经济成份有序适当退出,民有经济成份有序适当进入,通过一进一退,实现产权多元化。只有这样,才能有效利用国有资产,提高国有资产运营的质量和效益,使国有资产增值保值,才能使职工目标同向,增强合力。

二是要处理"管"与"放"的关系,促进企业管理制度的创新。我们国有传统企业办事效率低的一个重要原因,是管理职能上的重叠。加强管理是企业永恒的主题,但在大型企业的管理中,必须处理好"管"与"放"的关系。要做到各级管各级该管的事。我们一是要下放职权。矿务局决策层,着重研究发展战略、目标、人才等。二级单位着重抓好安全生产,完成利润目标。区队着重抓成本管理。二是归还社会职能权。做到主业精干,主辅分离,将学校医院、公安等社会职能归还给政府。三是增加选择权。通过三项改革,使企业在用人上做到能进能出,干部使用上能上能下,报酬上能高能低。企业可以选择人,人可以选择企业。只有这样进行放开,才能真正管住管好。

三是处理"得"与"失"的关系,在做大做强上创新。做大做强是我局的目标,怎样才能做大做强,靠维持现有的摊子既不能算大,也不能算强。对我局资源枯竭的矿井进行关闭破产,这似乎是一种"失",没有这种"失",就不会有企业整体发展的"得"。不能认为关闭破产矿井,就是矿务局弱小了。只有关闭破产,减轻企业负担,实现资产重组增强企业活力,才能真正把蒲白矿务局做大做强。

四是处理好"取"与"予"的关系,在分配制度上创新。国有企业分配制度是论资历、熬年头,不能调动干部职工的积极性。我们要把对企业的贡献与个人所得挂钩,要使资本、技术等生产要素参与分配。在工资上,要增加活的部分,养活固定部分,干什么活拿什么钱,在什么岗拿什么薪。坚决打破大锅饭,只有给予企业做出贡献,才能从企业取得报酬,多大贡献拿多大报酬。

五是处理好"是"与"非",对工作有办法、有作为、有创造性思维、适应能力强是好干部。我们允许干部在工作中有失误,但不允许无作为;允许工作出偏差,但不允许不改革;允许有问题,但不允许不发展;允许有意见,但不允许消极对待工作。

六是处理好"想"与"干"的关系,把各项创新落到实处。我们认识到了计划经济体制遗留的影响,认识到了改革发展中存在的突出问题,认识到了创新的重要性。但是不能只停留在认识层面,我们一定要有大胆创新的勇气,敢于突破旧的条条框框,敢于做前人没有做过的事。一定要真抓实干,脚踏实地,多干少议论。一定要以领导干部为重点,着眼于理论的实际运用,着眼于实际问题的解决,着眼于思维方式和工作方法的创新,推动各项工作的发展。

二、衰老矿区如何发展？应该在改革中去探索

蒲白矿区作为一个衰老矿区,有职工近一万人,离退休职工八千多人,矿区职工家属和居住人数高达六万之众。全面建设小康社会的发展目标,对矿区形成很大的压力,领导班子的历史使命感油然而生,能否发展的责任也历史地落实在矿区带头人的身上。结合矿区的实际和广大干部职工的讲座成果,就衰老矿区的改革发展谈一些初步思路。

(一)矿区的总体发展走向

蒲白矿区要逐步由国家计划经济条件下的国有统配煤矿走向适应市场经济要求的现代企业,由国有独资走向混合经济企业,由以煤为主走向多业并举,由任务型、安置型走向效益型企业,形成适应国有资产管理新体制要求,按照新型工业化的路子发展的产业多元化、法人治理结构、多业并举、规模适中、技术含量高、经济效益好的新型企业。并以物质文明为中心,以政治文明为统领,以精神文明为动力,使三个文明建设协调发展的文明富裕的小康矿区。

(二)矿区改革发展的基本思路

蒲白矿区改革发展的基本思路是:中心改制,两翼发展,实现三个突破,达到四自要求的现代企业。

中心改制即按照产权明晰、权责明确、政企分开、管理科学的要求将蒲白矿务局改制为蒲白煤业有限责任公司。在改革中一要合理公正地评估资产,吸引社会资金的投入。二是让煤电路企业相互参股、相互依赖、相互促进、共同发展。三要探讨产权多元化的实现途径。

两翼发展即发展煤炭生产和非煤两个产业,合理开采本局资源,整合周边资源,实行战略转移,建立新的煤炭生产基地。非煤产业建立产业群,力争做大、做强,使其成为矿区经济的第二个支撑点。用五年时间实现煤与非煤并驾齐驱的发展格局。

实现三个突破即:一是建立内部市场,以市场机制突破传统的计划运行机制,四统一、一放开,建立内部价格体系和评估、监控体系。二是建立资产委托制,突破现行人治管理模式,使企业与二级单位成为出资人和经营者的关系。三是建立投资中心,突破无偿使用模式,使之成为具有投资银行机制的投资管理公司。

通过机制转变实现管理转变,使企业成为自主经营、自负盈亏、自我约束、自我发展的市场经济主体。

(三)企业经营管理实现两个转变

一是内部管理由粗放型向效益型转变,实现低成本战略,提升竞争力。用统计、考核、评估三大指标体系安排生产经营、管理企业。做到先算后干、精打细算、倒推成本、有效而为。二是管理由单一销售体系向网络型销售转变,真正实现以销定产、多销多产,用销售带动生产经营。

(四)企业管理体制改革上要有新举措

一是逐步实现三个分离,既实行决策层、管理层、作业层的分离。做到决策层管市场、管资产、管干部;管理层管安全、管质量、管进度;作业层管队伍、管利润、管分配。一级对一级负责,各级职责明确,形成垂直型与矩阵型相结合的管理格局。

二是根据三级定理,使矿局成为投资决策中心,三级单位成为利润中心,区队车间成为成本中心。

三、衰老矿区要在稳定的环境中发展,必须正确处理改革发展稳定的关系,抓好党建发展在国企改革中的作用,煤炭企业改革具有其独特个性特征,各类矛盾交织,牵一发而动全身

要使矿区改革顺利推进,必须在改革的同时确保矿区的稳定。没有稳定就什么事也办不成。确保矿区稳定,各级党组织的坚强有力是必不可少的基本条件。加强企业党建,发挥各级党组织的战斗堡垒作用和共产党员的先锋模范作用是保证矿区改革发展稳定的重要因素,必须高度重视。

为了抓好党建促发展,不断提升企业的核心竞争力,局党政于今年初决定开展创建学习型企业活动,在考察和调研的基础上已开展宣传教育和试点工作,编印《学习型企业知识读本》2000 册,每册达 16 万字。创建学习型企业,重要的是要把各级党组织建设成为学习型的党组织。创建学习型党组织的基本思路是:从基层组织抓起,从企业的核心竞争力抓起,发挥党员和各级党组织的带头作用和战斗堡垒作用,推动全面创建学习型企业。

建设学习型党组织的根本目的就在于发展我们的学习。这种学习型组织的学习,不是传统意义上的学习,这种学习一是以个人为基础的团队学习,二是以信息反馈的递进式学习,三是以总结反思为基础的批判性学习,四是以成果共享为基础的开放性学习,五是以共同目标为基础的整合性学习,六是以改善心智模式、建立共同愿景和系统思考的综合修炼,加速知识更新,培育企业文化和创新精神,不断提高企业的学习力、创新力和核心竞争力,实现企业的可持续发展。

改革是一场革命,是对原有利益格局的重新调整。中外历史上各种改革功亏一篑,大致上均以“民心不顺”而失败。“不顺”主要是观念问题。国有煤炭企业要发展,必须借助于改革,改革的最大阻力则是个观念问题。创建学习型企业和学习型党组织是实现观念更新、思想解放的治本之策,只有“改善心智模式”,才能实现“共同愿景”。

改革的另一个必备条件是稳定。不稳定因素的产生,既有体制和政策上的因素,又有经济和心理上的因素。从根本上实现长治久安,必须立足发展、依赖发展。不发展是不稳定的总根源。矿区各级领导层需要把群众情绪作为第一信号,把群众满意作为第一追求,把群众富裕作为第一目标,树立以人为本、创业为荣的思想,树立不负使命、变革求出路的思想,紧紧抓住矿区发展的第一要务,以发展的眼光审视自己,有敢创敢试的精神发挥比较优势,以求真务实的态度寻找工作着眼点和突破口,敢于超越落后理念和落后的生产经营方式,关于遵循市场经济规律,扎实细致地搞好结构调整,推动矿区经济快速发展。要通过宣传教育和强有力的思想政治工作把广大职工的心凝聚在矿区的发展大业上,形成上下一心、同舟共济、聚精会神谋发展的利益共同体。

改革、发展、稳定三件大事相互关联,互为条件,必须正确处理。能否搞好矿区的改革发展稳定,关键在党,关键在于企业党组织的凝聚力和战斗力。唯有发展,才能真正做到上不负党、下不负民,才是真正践行“三个代表”。

(作者单位:蒲白矿务局党委书记)

第十一部分

医疗卫生行业思想政治工作

浅谈加强思想政治工作和医德医风教育

拉　琼

随着改革开放的不断深入和社会主义市场经济的进一步完善,我们更要把思想政治工作这一我们党的优良传统发扬光大,使我们党始终成为先进生产力的发展要求、中国先进文化前进方向、中国最广大人民的根本利益的忠实代表。

思想政治工作是我们党的一项具有独特意义的工作。它的对象是人,是千百万党员、干部和群众,是研究人们的思想行动变化的规律以及全党对群众如何进行教育的一项伟大的工程。思想政治工作历来是我党取得事业胜利的"传家宝"、"生命线"。它的内涵很丰富,适用于各行各业,工作的方方面面。但时代不同,在不同的领域,思想政治工作对象的职业不同,则表现出不同的特点和规律。

在我们医疗卫生领域,思想政治工作的具体对象是广大的医务人员,其目标是教育他们,提高思想觉悟,帮助他们不断提高认识和改造世界的能力。在新的条件下,就是运用邓小平思想理论培育适合社会需要的医护人员。它的具体内容很多,其中一个重要的内容,就是对医务人员进行社会主义医德医风的教育。对医务人员有目的、有组织、有计划地进行系统影响,使他们形成一定的德道品质,从而提高医务界的道德水平。它是促进医务人员形成一定道德品质不可缺少的外部条件。医德医风教育有自己的特点,它是思想政治工作的组成部分,作为一种职业道德教育,其内容和形式比一般思想政治工作具有更大的专业性和实用性,又是一般的思想政治工作所不能代替的。

医德是医疗卫生部门管理的基础,它体现的是医护人员和患者之间的关系。良好的医德是促进医疗质量提高的必要条件,是医疗卫生部门管理好坏的具体体现。从历史角度看,医德是医务人员在长期的医疗过程中逐渐形成的高尚品德,行医的准则,为病人解除病痛,挽救其生命,恢复其健康是义不容辞的天职,这是医德中的精华。它不分对象,不论患者的地位、阶级、党派、国籍,对所有患者履行人道主义的救死扶伤。在我们社会主义国家里,社会主义医德是社会主义原则和规范的具体表现。其核心是防病治病,救死扶伤,发扬革命的人道主义精神,全心全意为人民服务。它体现了社会主义国家人与人之间最美好的关系和爱心。就目前来看,随着社会主义现代化进程和改革开放的发展,医疗卫生事业也得到了迅速发展,这是主流,不容置否。但同时我们也看到医疗卫生部门在医德医风方面出现了一些问题,社会上有一些反映和意见。有些医务人员对患者态度蛮横,不负责任,互相推诿,见利忘义,严重者甚至贻误医疗时机,造成患者死亡等,这些都说明改革越深化,越要从严治理,越要思想政治工作和医德医风教育维护医院的声誉和医务人员的声誉,越要注意社会主义医务人员的美好形象,坚持全心全意为人民服务的宗旨。

造成医德医风问题出现原因,其一是市场经济大潮的冲击下,一些人只看钱和利,忽视了医务人员的神圣职责,社会主义市场经济发展,使价值在一些领域普遍地起作用。在医疗卫生部门同样呈现新旧交替的复杂情况,人们不容易一下子从这种新旧变化中吸取正确的道德营养,有人为个人和小团体的利益,巧立名目、乱收费、乱涨价,或制造假药,或搞不正之风,出现对患者不负责任,不关心,不爱护的现象;其二是医务人员只注意治病不注意治人,忽视了疾病的心理和社会因素,俗话说:对待病人要三分治病七分治人。在医疗技术不够发达的年代,医生给病人看病是面对面直接接触。这期间,病人的痛苦比较强烈地感染着医务人员,医务人员不断地给病人以同情和关心。以后随着科学技术的发展,一些诊断、医疗设备出现,医务人员和患者的关系不只靠直接面对面接触,有许多是靠器械、设备进行,患者的病情和疗效可以通过间接手段了解。由于减少直接接触,患者的概念在医务人员头脑中感情观念淡薄了。在科技高度发展的时代,仪器设备的自动化,电脑化会使医务人员和患者接触更少,医务人员少,患者多,今天这个医务人员接待患者,明天那个医务人员接待患者,从直观情感上不能进一步深入,不能如旧式医生那样充分地了解每一个患者的人格、家庭、工作和生活方式,减少了医患之间的情感交流,不可能达到治病又治人的目的。当然这决不是这些方面的进步、发展,使医患之间直接接触机会少,从客观上造成了缺陷,而这个缺陷则不是不能弥补的。那么,如何解决这个问题、弥补医患之间的情感淡薄,改变医德医风呢?那就是要通过加强改进思想政治工作和医德医风教育,来提高医务人员的思想觉悟,增强职业道德水准。

医德医风教育是思想政治工作的一个组成部分,也是用社会主义思想教育人们，启发和提高人们思想觉悟，用社会主义人道主义对待患者。因此，二者是一个有机整体。只有把思想政治工作和医德教育结合起来，才符合行业特点。做到有的放矢。就是说把医务人员的思想政治工作落到医德医风教育上，教育医务人员树立良好的职业道德和全心全意为人民服务的思想，思想政治工作就达到了目的。医疗卫生部门是为人民解除肌体病痛的部门，只能通过医务人员的具体行动，通过具体的医疗过程体现这个功能，如果这个中间环节没有医务人员的优质服务，那就谈不上为人民解除病痛，实施社会主义人道主义的宗旨。可见，对医务人员进行思想政治工作以提高医德医风的水准教育的重要性。

把医务人员的思想政治工作具体落实到医德教育上，也体现了思想政治工作的效果。一方面是对医疗卫生部门管理成效的体现，对政工人员工作效果的检验，是对医护人员医疗水平，职业道德的检验。另一方面，医疗卫生部门以又通过医护人员高尚的职业道德，治病救人，从一定意义上讲，达到对患者进行思想政治工作的目的。治病是解决人的肌体内部的矛盾，治人则是解决人与社会及人关系之中的不协调。现代生活是错综复杂的，任何一个生活在这个世界上者不可避免地同周围事物发生矛盾冲突。现代生活使人的生活节奏加快。紧张感、压力感、竞争感逐渐增强，现代疾病除了肌体本身这个内因之外，有许多是社会因素和心理因素造成或影响所致。这也是为什么有些人久病不愈，或反复发作的一种社会客观因素。所以说：现代社会赋予医务人员肩上的担子不是由于医疗技术的发展而减轻了，恰恰相反，是加重了治病救人的份量。目前为什么医患冲突不断出现，除医疗技术问题之外，更多的因素还来自于对患者体贴的一种方式。这即是医德医风的要求，是医务人员对患者所施行的思想政治工作意义所在，当然它不能靠单纯的简单的说教来施行，它一靠医务人员较高的社会主义思想觉悟，全心全意为人民服务的热心，二靠医务人员高尚的道德情操和医疗水平，把患者当作自己的亲人，把患者的痛苦当作自己的痛苦，三靠医务人员周到耐心的服务。热情的解疑，理解和尊重他们。医务人员向患者所做的这种思想政治工作，从思想上讲，是排除心理障碍，是理解。从政治上讲，能体现社会主义国家的优越性，通过医疗卫生部门体现社会主义人与人之间的相互尊重、关心和爱护，表现人与人之间的美好关系。

在一定意义上讲，医疗卫生部门的思想政治工作路途可总括为：政工人员 - 医务人员 - 医务人员 - 患者。思想政治工作的优劣最终落脚点体现在患者能否感受到肌体的康复和心理情感的某种满足，即转化为医疗服务质量的评价。所以说，我们的医疗卫生事业的发展对社会主义现代化建设事业的发展关系重大，而搞好思想政治工作和医德医风教育是行之有效的根本途径一。我们应认真研究医疗卫生领域的思想政治工作和医德医风教育及其关系，提高管理水平，调动广大医务人员的积极性。推进阿里医疗卫生事业的发展。

在阿里卫生部门，要加强思想政治工作，我认为关键要把握好三个环节：

要紧紧围绕加快发展这个主题来开展思想政治工作，使其具有旺盛的生命力；要把思想政治工作与贯彻党的群众路线结合起来，着力点放在基层，使其具有深刻的感染力；要寓思想政治工作于领导干部以身作则的模范行为之中，使其具有强大的说服力。

（作者：西藏阿里卫生局党组书记）

突出“三大重点”　注重“三个坚持”

章毓林　叶恬恬

在市场经济新形势下，医学院附属医院作为集教学、医疗、科研于一体的部门，如何与时俱进地做好新时期的思想政治工作，这是很多附属医院在探索的一个重要课题。在过去两年里，特别是在2001年温州医学院附属眼视光医院获得了“浙江省思想政治工作先进单位”称号，该院各部门以促进党风、院风建设，保证良好师德、医德的形成及学生素质的全面提高为目标，以学习贯彻《公民道德建设实施纲要》和党的十六大精神为思想政治工作的重点，紧密结合实际，不断探索新形势下思想政治工作新路子、新方法，形成了良好氛围，加强和改进新时期医学院附属医院的思想政治工作要突出“三大重点”，注重“三个坚持”。

一是突出抓好党建。党建是确保党员能在政治、思想、组织上始终与党中央保持一致，并在附属医院的各项工作中起先锋模范带头作用，保证党的各项方针政策在附属医院得到贯彻落实，从而促进附属医院各项工作健康发展的重要保证。为此，该院以抓好各党支部的规范化建设为基点，以促使支部党员在教学、科研、医疗等工作中的先锋模范作用得到进一步的发挥为目标,各支部则从规范、丰富党组织生活出发,健全党内有关规定,确保党内组织生活三到位:在内容、形式上支部要严密安排,党员要认真参加,力求在思想上到位;时间安排要合理,严格组织生活定期制,要形成严谨的时间观念,力求时间到位;在出勤率上,要继续严格考勤制度,会后即刻公布到会率,将出勤列入年终考核内容之一,做到人员到位。由于制度完善,要求严格,党内组织生活较为健全,在促使党员理论水平、思想认识、先锋模范作用的发挥上起到了相当大的作用。总支三个支部分别获得“浙江省先进党支部”、“温州医学院先进党支部”称号。

二要突出抓好医德医风建设。社会主义的医德充分体现了医护人员对患者、对社会的责任感和奉献精神,医院思想政治工作的目的就是极大地提高医护人员的道德水平。为进一步加强医德医风教育,该院由总支牵头多次召开行风建设动员大会、制订《眼视光医院关于加强职业道德建设工作的实施意见》、建立职业道德建设领导小组,还专门成立行风建设委员会、“信用医院”社会监督委员会,负责在医院广大科室中开展行风监督、服务态度自查自纠、门诊窗口满意度调查、积极参与“信用医院”建设、定期组织医疗安全、职业道德专题讲座,开设医德医风讲座与讨论会,并结合该院医疗行风实际进行分析,及时提出问题和要求,定期开展讨论等等。通过以上工作的开展,从而使该院在医德医风建设上取得了一定的成效,在为社会提供良好的医疗服务同时也增强了医务人员依法行医的意识。得到了社会的肯定。

三是突出抓好文化建设。附属医院文化建设是思想政治工作的重要载体,它可以使职工在潜移默化中陶冶情操,增强队伍的凝聚力。一方面要加强医院物质文化建设,为职工创造良好、舒适的工作环境和优美的生活环境。该院通过社会化渠道,楼院内经常变换的鲜花绿草让人心旷神怡;另一方面要加强医院精神文明建设,培育具有高度凝聚力的医院精神。该院主要是通过组织开展丰富多彩的科技创新活动、社会实践活动、健康向上的文娱体育活动,从而丰富该院广大职工的文化生活、活跃医院文化,如组建学院医院合唱团、开设(古诗吟诵欣赏)讲座、千年迎新暨颁奖晚会、师生足球联谊赛、“青年文明号建设”、组织摄影系列讲座与比赛、组织健美操、网球俱乐部、游泳培训班、医院无伴奏合唱团、古诗词音乐欣赏系列,建立职工俱乐部、每年9月底举行“喜迎新生暨颁奖晚会”、举办“电脑网络文化节”、开展医院“文体活动周”等等,这些集理论、政治、文化、体育为一体的各项活动,一方面提高了职工的文化品味,同时在丰富并宣传该院的文化生活方面起到了积极的推进作用。在活动中,他们通过每年年终进行各类先进表彰来充分发挥典型的示范作用在医院营造学先进、赶先进、积极进取的良好氛围。另外利用各种宣传工具,如学院、医院《简报》、学院橱窗、学院网、医院电子屏幕等作为宣传阵地。总之,附属医院要着力培育富有时代特色和鲜明个性的医院文化,营造积极向上、人文和谐的医院文化氛围,以先进的文化推进医院事业的可持续发展。

注重“三个坚持”:一要坚持卫生改革与附属医院的发展服务。随着我国经济和社会的发展,群众医疗保健需求的持续增长,社会对医院的期望上升,必然推动医院服务功能与任务逐步扩大,由此带来医院管理内容、管理方法以及管理手段等一系列的变化。为此,思想政治工作要着眼于医院改革、建设和发展的大局,不断探索思想政治工作的新途径、新方式,形成一系列行之有效的新方法,从而有力促进医院的改革与发展。为了保证思想政治工作的实效性,他们还把思想政治工作与医疗、教学、科研、管理工作结合起来,做到“三同三全三保证”,即思想政治工作与业务工作同规划、同检查、同考核,思想政治工作机构健全、网络健全、工作制度健全,保证思想政治工作的地位、保证党政干部待遇、保证必要的经费投入。根据医院职工思想观念、思维方式、价值观念呈多样化和多变性的特点,院总支坚持有针对性地开展形势政策教育,引导职工摆身边的事,说医院改革的理、议医院发展的法。群众是我们党的智慧和力量的源泉,群众的思想工作作好了,情绪稳定了,才能充分发挥积极性和创造性,为此,院总支定期与通过谈规划、亮家情、算细账、划责任、听建议,使广大职工看到了医院发展的前景,认清了自己的职责,增强了与医院同呼吸、共命运的意识和“院衰我耻、院兴我荣”的观念。

二要坚持从实际出发,去解决实际问题。医院的思想政治工作如果不注意解决群众的实际问题,则会脱离群众,难以收到实效。要把对院内职工实际问题的解决同对病员、对社会实际问题的解决结合起来。该院以每月一次全院理论学习会为契机,利用座谈会、交流会、党课、讨论会、宣誓、参观、电化教育、竞赛等方式,召开“两思”“三个代表”座谈会,开展“三个代表”党课教育、举行“党旗飘扬”演讲比赛、邀请校内外专家开展一系列有关国内外政治与经济形势方面的讲座、开展以“学十六大精神,思我院发展为主题”的研讨会等等。针对该院外省学生多,学习基础差,经济困难,各方面压力大的实际,总支推出了“党建带团建”、“我为同窗献爱心”活动,由三个党支部分别联系三个团支部,通过党员联系团支部、党员联系寝室、党员联系个人等集体帮带和个别帮带相结合的方式来帮助特困寝室、特困学生树立信心,克服困难。该院还将参与社会公益事业纳入到思想政治工作整体计划中来,全额资助30多名贫困的白内障患者施行白内障复明手术,以及为使部分温州盲校盲童能获得光明而发起的奉献爱心、关爱盲童”活动;多次组织为病员及本院职工排忧解难活动、无偿献血活动等;总支每半年组织一次面向社会的义诊活动、党日活动、献爱心义诊活动、街心公园爱眼咨询、义诊活动、学院二路小学“光明使者”等社区实践活动的开展,都得到了社会的认可。特别是该院的两大“青年文明号”参赛岗,制定了便民服务承诺,并设立了便民服务箱,另提供代病人订快餐、代人联络家属、代购IC卡、信封、日常用品,协助行动不便的病人做好化验服务等。

三要坚持思想政治工作与管理相结合。科学、民主以及规范化的管理本身就是一种超前的思想政治工作。思想政治工作要坚持正面教育为主,但是也必须依靠制度的导向、纪律和法律的约束。只有将思想政治工作的柔性导向融于法律、制度和纪律的硬性规定之中,将自律和他律结合起来,才能产生积极的效果。通过看得见、摸得着、说得清、做得到的行为规定、准则,使大家明确哪些是该做的,哪些是不该做的,怎样做是正确,怎样做是错误,把可能产生的思想问题清除在萌芽状态。该院的做法主要有:设立18个委员会,其中包括“行风建设委员会”和“思想政治工作委员会”,由分管院长任委员会主任,制定工作制度和条例,每年度、季度计划有执行、有监督、有汇报、有总结;每月院长医德医风查房,每项问题设立负责科室、负责人、监督人,并由党总支书记兼总监督人,当月内解决;聘任社会各行业人士作为社会监督员,积极采纳好的意见和建议,促进该院全方面的发展;实行“医药分开核算,分别管理”制度,切实降低用药成本;坚决拒收红包,采取定期检查和监督制度,如有发现,严肃处理;认真学习、严格执行国家颁布的《执业医师法》《医疗事故处理条例》,做到依法行医,进一步提高医师的职业道德和业务素质。

(作者单位:浙江省温州医学院附属眼视光医院)

抗“非典”胜利给思想政治工作带来的启示

吕　兵

抗击非典是一场没有硝烟的特殊战斗,面对非典的灾害,从中央到地方各级党组织表现出前所未有的号召力、战斗力和凝聚力,全国上下行动一致,万众一心,夺取了抗击非典灾害的胜利。在这非常时期特定情况下,向人们展示了思想政治工作特殊的表现形式,也给我们在新形势下做好思想政治工作带来了几点启示。

一、坚持相信和依靠人民群众,才能增强做好思想政治工作的凝聚力

改革开放,我国不仅生产力有了发展,综合国力有了明显增强,人民生活水平有了显著的提高,出现了最顽强的突击力和抗击力。抗击非典斗争再一次表明,广大人民群众中不仅蕴藏着巨大的积极性,而且坚信共产党好、社会主义好,只要我们进一步搞好思想政治教育工作,强化社会舆论导向,思想政治工作一定能够为改革开放和现代化建设提供强大的思想保证和精神动力。我们应该坚持相信和依靠人民群众,坚持在新形势下做好思想政治工作的决心和信心。

二、坚持把人民群众利益放在首位,才能增强思想政治工作的生命力

当广大人民群众生命遭受病毒袭击的关键时刻,从中央到地方各级党政组织坚持人民群众的利益高于一切,把人民生命安全放在第一位,采取果断措施,首先制定了《中华人民共和国传染病防治法》。国务院成立了抗击非典型肺炎指挥部,统一领导,统一办公。卫生部发布了一系列防非典公共场所消毒指导原则。从财政拿出20个亿拨款用于防非典药品、医疗器材及对病毒的研究。人们的思想境界也焕然一新。我国改革开放所取得的胜利,都是依靠广大人民群众来完成,人民群众信念问题、精神状态和人心向背是决定我国社会主义建设成效的关键。所以相信群众和依靠群众是我们思想政治工作的优势。当非典袭击时,全国各地都出现了在抗击非典型病毒期间不放长假,防止病毒的传染和扩张,在北京一个星期建好小汤山医院,从全军抽调一千多名医务工作者到医院工作。采取消毒措施,对流动人员进行登记和检查,一个地区一个医院进行隔离,防止交叉感染,卫生部每天公布全国各省市防非典型肺炎病疫情况。人民群众在党和政府统一组织领导下,奋起抗击非典型肺炎的病情,表现了巨大的向心力和凝聚力,在这危急时刻,依靠党的领导,相信党的领导,就是因为我们党和政府是以全心全意为人民服务为宗旨的。这充分说明了中国共产党是为人民群众根本利益而工作的党,是人民相信和信赖的党,是当代思想政治工作出发点和归宿,也是生命所在。一切思想政治工作都必须牢固树立人民群众利益高于一切的观念,思想政治工作只有真正做到动员组织人民群众为自己的利益去奋斗,才能表现长久不衰的生命力。

三、坚持党员干部率先垂范，才能增强思想政治工作的号召力

在这次抗击非典的过程中，病无情人有情、一方有难，八方支援的社会主义风尚，使广大人民群众从内心发出还是"社会主义好、共产党好"的呼声。在这场抗击非典的灾害面前，党员干部身先士卒，以身作则，医务工作者在紧急关头危险时刻，以党和人民的利益为重，哪里最困难最危险，就战斗在哪里，各级党员干部、医务人员能够率先垂范，处处为人表率，特别在最紧急关头，最危险的地方总是我们的党员干部冲锋在前，退却在后，展示了"辛苦我一人、幸福系大家"的公而忘私的高尚品德。榜样的力量是无穷的，患难之中见真情，人民群众对处处为人民利益舍生忘死的人民公仆，无不心悦诚服，事实再次表明"身教重于言教"。在市场经济的大潮中，思想政治工作者要把自己摆进去，不能以身作则就没有发言权。广大人民群众最信服在这次抗击非典过程中不为自己，一心为大家的人民公仆、医务工作者。以身作则，率先垂范就是无声的命令，一切都在不言中，我们党员领导干部要求别人做到的，自己首先要做到，说和做，言和行必须一致，想人民群众所想，急人民群众所急，帮人民群众所需。这样思想政治工作才会具有说服力和号召力。

（作者单位：江都市建筑工程学校）

全面贯彻落实"三个代表"重要思想
努力开创医院工作新局面

刘湘国

胡锦涛总书记在"三个代表"重要思想理论会上强调，"三个代表"重要思想是面向21世纪的中国化的马克思主义，是新世纪新阶段全党全国人民继往开来，与时俱进，实现全面建设小康社会宏伟目标的根本指针。"三个代表"重要思想的本质是立党为公、执政为民。掀起学习贯彻"三个代表"重要思想新高潮，根本目的就是要推动全党更好地带领人民群众把中国特色社会主义事业推向前进。为了真正领会"三个代表"重要思想的精髓，把学习"三个代表"贯彻落实于我院建设发展中，我院在院党委的统一领导下，精心组织、周密部署，以开展丰富多彩、形式多样的学习活动为契机，自上而下地进行学习贯彻"三个代表"活动，贯穿于我院各项工作之中，进一步把我院学习贯彻落实"三个代表"重要思想活动推向新的高潮。

一、广泛动员，精心组织，深刻领会

党的十六大把"三个代表"重要思想同马克思主义、列宁主义、毛泽东思想、邓小平理论一道，确立为中国共产必须长期坚持的指导思想，反映了当代世界和中国的发展变化对党和国家工作的新要求，是加强和改进党的建设，推进我国社会主义自我完善和发展的强大理论武器。

在今年党中央发出了《中共中央关于在全党兴起学习贯彻"三个代表"重要思想新高潮的通知》后，院党委一班人迅速行动起来，就2003年学习贯彻"三个代表"重要思想活动做了周密的部署。首先，是在全院班组长以上干部大会上，认真学习了中共中央、省委组织部、宣传部及卫生厅党组发出的通知精神，号召全体党员干部努力学习，勇于实践，深刻理解"三个代表"的博大精深。第二，组织党小组以上的党务干部集中起来进行为期三天的学习培训，书记和院长以"三个代表"重要思想为题，分别给全体党务干部上党课，谈体会，并配合学习"三个代表"电教片，使与会人员在思想认识上得到了高度的统一，在政治觉悟上有了较大的提高。第三，以科室班组为单位，以中共中央《通知》精神、党的十六大报告、新党章、胡锦涛在建党82周年的讲话、江泽民《论"三个代表"》、《论党的建设》等材料为内容，组织学习，广泛讨论，认真记录，使"三个代表"重要思想能够深入民心。第四，以组织全院职工观看电教片，组织全体党员听党课等形式，来强化广大干部职工的学习，使他们能在更高的层面上去学习、领会"三个代表"的精髓。第五，召开各部门代表学习贯彻"三个代表"座谈会，结合实际工作，谈心得，谈体会，畅谈在我们的今后的工作中，如何与"三个代表"重要思想融会贯通，如何才能少走弯路，不走弯路。第六，开展全院性的学习贯彻"三个代表"重要思想有奖征文活动，要求广大员工踊跃投稿。

为了更好地贯彻落实"三个代表"重要思想，加强干部职工的道德修养和提高思想素质，院党委部署了《公民道德建设实施纲要》各项学习活动：①邀请省委讲师团的教授为全院职工进行学习《纲要》的专题讲座；②在全院范围内开展学习《纲要》征文竞赛；③组织全院职工进行学习《纲要》知识竞赛；④举办了一次全院性学习《纲要》知识抢答赛；⑤开展了一次学习《纲要》演讲比赛。通过

这种形式多样、寓教于乐的学习方式，把认真履行“三个代表”重要思想与爱岗敬业，病人至上的这种新的理念，融汇于干部职工的心目中。在今年开展的以病人为对象的问卷调查（900人次）和医德行风查房中（28次），病人综合满意率达99.68%，杜绝了医护人员索、拿、卡、要行为。通过学习《纲要》，广大干部职工的服务意识、服务质量、法制观念得到了加强，好人好事不断涌现。目前收到感谢信20封，锦旗10面，拒收礼金3400元，拒收红包3个，上缴现金11500元。

为了适应新形式、新任务的要求，把学习“三个代表”与实践“三个代表”进行有机地结合，探索新的历史条件下医院工作的新思路、新方法，今年上半年以医院政研会牵头，组织创办了医院《政工通讯》专刊。开辟了“学习十六大、贯彻三个代表”、“基层党建”、“理论探讨”、“经验体会”、“工作动态”、“信息发布”等栏目。从不同层次，不同角度，多方位地报道学习“三个代表”和医院各项工作开展的情况。现已组织发行《政工通迅》3期（每季一期），广大干部职工反映强烈，纷纷踊跃投稿撰文，其中向卫生厅《政研通讯》投稿7篇，有4篇文章被采用。

总之，我院以开展丰富多彩、形式多样的学习活动为契机，通过广大职工群众的参与，进一步地把我院学习贯彻“三个代表”重要思想的活动推向了新的高潮，也进一步地纯化了广大党员干部的心灵，也更进一步地为我院各项工作的开展增添了巨大的动力。

二、以身作则，带头学习，统一思想

学习贯彻“三个代表”重要思想，领导干部是关键，党委一班人要做到深入学、持久学，也要学有所用，用有所成。只有以“三个代表”重要思想为指导思想，统领各项工作，以不断实现最广大人民群众根本利益为基点，才能创造性地发展我们的事业。

首先，在年初院党委就制定了中心组全年学习计划，将学习贯彻“三个代表”重要思想列为全年中心组学习的重要内容，做到有计划，有内容，有记录，有体会。中心组系统地学习了十六大报告和新党章，学习了胡锦涛在学习“三个代表”重要思想理论研讨会上的讲话和《中共中央关于在全党兴起学习贯彻“三个代表”重要思想新高潮的通知》，学习了中宣部编发的《“三个代表”重要思想学习读本》和省委宣传部编发的《“三个代表”与理论创新系列读本》，学习了江泽民《论“三个代表”》、《论党的建设》、《高分子经有中国特色社会主义》等读本。通过学习，全体院领导在对“三个代表”重要思想的时代背景、实践基础、科学内涵、精神实质和历史地位的认识达到了新高度，也把思想进一步统一到实现十六大确定的各项任务上来。第二，为了能更好地使中心组全体成员能按时按量、系统全面地学习“三个代表”重要思想，院党委制定了《中共湖南省脑科医院委员会关于党委中心组学习的有关规定》，对中心组全体成员的学习提出了具体的要求，要求每个成员采取读书与辅导相结合、自学与集体学习结合等多种方式，在自学的基础上，坚持定期组织集中学习，集中学习每年不得少于12次。建立考勤制度，集体学习时间学习组成员原则上不准假，不迟到，不早退。全年总出勤率不少于90%，考勤表归存学习档案。每个成员每年要撰写4篇心得体会，中心组组长对学习组成员的学习情况进行定期督促和检查，同时，对每个中心组成员建立个人学习情况档案，由党委办负责对学习计划、考勤登记、学习记录、学习考试考核情况进行收集整理。第三，为了更好地贯彻落实“三个代表重要思想的精神实质，着力解决好生活和工作的实际问题，院党委制定了职工意见信箱的反馈制度。由各工会分会和各支部按季度收集职工意见和建议，目前头三个季度共收集意见和建议62条。院党委及时召开党委会，就收集上来的意见和建议逐条进行研究和分析，根据实际情况讨论解决的办法，最终形成一致解决的方案。在院周会上逐条进行反馈，并在院务公开栏公布意见反馈内容和处理方容。在9月份召开的领导干部民主生活会意见征集中，共收集各类意见和建议120条，以“牢记“两个务必”，实事求是，改进作风，全面贯彻落实“三个代表”重要思想“为主题，全面自我剖析，开展批评与自我批评，找差距、谈不足，对群众的意见和存在的问题，拿出可行的整改措施，保证了民主生活会取得实效。

三、联系实际，认真贯彻，加快发展

邓小平说过，发展是硬道理；江泽民同志强调，必须把发展作为党执政兴国的第一要务。这是贯彻落实“三个代表”重要思想的关键所在，要与时俱进的把发展落实到发展先进生产力、发展先进文化、维护和实现最广大人民工根本利益上。

第一，根据“三个代表”重要思想和十六大精神，把医院的建设与发展作为第一要务。从实际出发，制定了脑科医院2003－2010年远景规划与奋斗目标，内容涉及到医院专科建设业务结构调整、科技兴院、人才培养、深化改革、医院文化建设及职工福利等方面，把医院职工统一到发展这一主题上来，提出“开拓进取、务实创新”的口号，不断开创医院业务建设的新局面。

第二，围绕发展做文章，着力解决影响医院发展的突出矛盾。首先是医院生产力发展的瓶颈问题，既综合门诊住院大楼的建设问题，不仅关系到医院长远规划的实现，也是医疗业务发展新的平台所在。因此医院集中人力、物力、财力，加快建设步伐，目前大楼已按期封顶，可望在来年开业。二是医院文化建设问题，尽管医院建院已五十年，但尚未形成具有特色的医院文化，随着医院业务结构的调整和远景规划的实施，有必要把医院文化建设纳入议事日程,搞好医院业务建设与发展的配套工程;目前正在进行医院形象设计、院徽、院训的征集等项工作。搞好文化建设有利医院全面、协调和可持续的发展。三是职工待遇尤其是技术骨干待遇问题,是医院人才工程的重要内容,关系到医院发展的后劲,按照十六大"首先分配注重效益,再次分配注重公平"精神,医院正着手深化人事分配制度改革,充分调动全体职工的积极性。

第三,把群众利益放在首位,切实解决涉及干部职工生产生活中的实际问题,实现好、维护好广大干部职工根本利益。这方面最突出的就是市政工程新建西路建设带来的土地红线和过街大桥问题,已成为现阶段医院干部职工关注的焦点,国防大学新建西路从医院中部通过,将医院分为南北两院,给干部职工无论是工作上还是生活上都带来不诸多不便,为此,医院成立了专门的工作班子,经不断努力和多方交涉,使土地红线和天桥问题得到了落实,目前天桥正在建设中。此处,职工普通关心的宿舍天然气工程、职工活动中心和单身公寓也纳入了发展计划,保证职工能全身心地投入到医院的建设与发展之中。

目前,我院各项工作的开展呈现出勃勃生机,1－9月份的业务收入较去年相比增35.2%;新开设的疼痛专科和中风专科业务增长势头正旺,已成为我院又一新的经济增长点;科技兴院形式喜人,2003年度科研省级立项4项;在国家级和省级刊物发表各类学术论文30篇,投资数千万元的门诊综合大楼工程理展顺利,这些都为我院今后经济可持续发展打下了坚实的基础。总之,学习贯彻"三个代表"重要思想,就必须要全面落实到我院建设的各项工作中,坚定不移地走特色专科建设的发展之路;坚持以人为本,科技兴院;坚持改革开放,开拓创新;坚持艰苦奋斗,勤俭办院;加快基础建设和人才培养,紧紧把握卫生体制改革的有利时机,振奋精神、转变观念,为早日实现我院五年发展规划,为建成全国一流脑科医院而奋斗。

(作者:湖南省脑科医院党委书记)

实践"三个代表"重要思想　推进阿里卫生事业发展

拉　琼

新世纪、新形势、新任务,要求我们必须认认真实践"三个代表"重要思想,进一步深化卫生体制改革,加快卫生事业的发展,构建与社会主义市场经济适应的卫生服务体系。

一、先进生产力的发展在卫生工作中的体现

发展卫生事业,提高人民健康水平,是保护和发展生产力的主要措施。我党80多年的光辉里程,以各阶段明显的主要思想来说,历经了新民主主义革命、生产资料所有制改造、完善社会主义制度三个时期。就卫生工作而言,重点是建立了城市公费治疗和农村合作医疗制度,这对推动西藏卫生事业,发展生产力提供了强有力的社会保障。改革开放20多年来,我党成功地实现了工作重心的转移,在准确把握国情和生产力与经济基础不相适应现状,使生产力发展保持多年持续增长良好局面。卫生事业为了适应现阶段生产力发展要求,也在不断调整自己工作方针和指导思想。阿里也不例外,在切实做到卫生工作以农牧区为重点,预防为主,防治结合,中西藏医并重的同时,依靠科技与教育,动员全社会参与,调动各方积极因素,充分发挥卫生系统干部职工的主观能动作用。通过几年的努力,阿里卫生工作面貌大有改观,人民健康水平大有提高。例如:计划免疫接种率达到80%,各种传染病发病率降低;临床治愈率达到85%;病床周转率增高;适龄儿童入学率达到90%以上,健康劳动力输出50%以上。人们平均期望寿命由解放初期的36岁提高到现在的60岁,每千人拥有床位6.14张,每千人拥有医务人员4.6名。实践证明,阿里卫生事业的发展对解放和保护生产力,促进地域经济和社会进步起到重要作用。我们的具体做法:一是强化卫生体制改革,合理布局和调整医疗机构。二是加强基层卫生组织建设,切实做到乡有卫生院、村有卫生室。三是重点改造地、县两级卫生防疫和医疗机构,逐步完善疾病预防控制中心和医院建设。四是采取多种形式培养技术人才,不断提高各类技术人员的综合水平、工作效率和服务质量。

二、先进文化的前进方向指出了卫生事业的发展必须保持高度健康文明

当代中国发展先进文化实质就是发展中国特色的社会主义文化,是由文化本身的特性所决定的,深刻反映着当今中国的发展和进步。中国人民的生活方式、道德情操、处世哲学以及风俗习惯能为具有鲜明民族风格和中国特色,既有中国文化的积淀,又吸收世界优秀文化结晶的基础上,以体现社会主义初级阶段政治、经济为本质要求,并为改革开放和现代化建设供了精神动力和思想导

向;是从人民群众根本利益出发,满足人民群众日益增长的精神文化需求;是综合国力的重要标志和社会主义优越性的重要表现。

社会主义精神文明建设是先进文化前进方向的重要组成部分,为卫生事业的发展提出了更高的要求,指出了高度健康文明的发展方向,不仅是停留在单纯的技术水平提高上,更重要的是要和社会主义精神文明建设保持同步前进。对此,我们采取了一手抓"治标",一手抓"治本",两手抓、两手都要硬的具体措施。在"治标"方面,重点是加强制度建设,纠正行业不正之风。随着医疗机构体制改革的不断深人,完善各项规章制度,建立新的约束机制,进一步规范医务人员行为。针对行业不正之风中的热点问题,狠抓药品购销方面的漏洞,打击以技术索要病人红包的腐败现象,查处各种危害医疗卫生事业的违法乱纪行为,全面整顿行业作风,为树立高尚的行业风范和文明行医奠定了良好基础。在"治本"方面,重点是加强政治思想工作,深入开展职业道德教育,使广大医务工作者正确树立"救死扶伤、恪尽职守、爱岗敬业、满腔热忱、开拓进取、精益求精、乐于奉献"的世界观、人生观和价值观。

三、维护广大人民群众根本利益始终是卫生工作的出发点

卫生事业的发展,其根本出发点是满足人民群众的基本健康需求,提高人民的健康水平。卫生行业的利益与广大人民群众的利益是一致的。江泽民总书记在庆祝中国共产党成立80周年大会上的讲话中指出:正确处理党的事业与人民利益的关系,必须坚持"三个一致性",即"坚持尊重社会发展规律与尊重人民历史主体地位的一致性,坚持为崇高理想奋斗与为最广大人民谋利益的一致性,坚持完成党的各项工作与实现人民利益的一致性。"这是对"三个代表"思想中我们党要始终代表中国最广大人民的根本利益的进一步展开和深层次的思考,为全党进一步贯彻和实施"三个代表"指明了方向,明确了目标,卫生工作也不例外,立足于以比较低廉的费用,提供比较优质的服务,进一步转变职能。坚持"以病人为中心",不断提高医务服务质量,为群众提供一流医疗服务。

阿里卫生改革与发展始终坚持群众观念和大局观念,坚持从国情、区情出发,与地域经济和社会发展相协调,正确看待各种利益关系,自觉实践"三个代表"重要思想的精神实质,把人民是否满意作为衡量卫生工作的最终目标。

(作者:阿里地区卫生局党组书记)

医院思想政治工作应与业务工作密切结合

蒋国林

如何加强和改进新形势下的疾病控制与卫生防疫工作,努力提高思想政治工作的针对性和实效性,已摆在了很多管理者面前。思想政治工作结合业务工作一道去做,无疑是一条重要途径。这既是理论联系实际的客观要求,也是思想政治工作的基本原则。在新的形势下必须坚持这一原则,并不断有所创新。

一、思想政治工作与业务工作密切结合

必须坚持以人为本,把着眼点放在统一思想、理顺情绪、凝聚人心,激发、调动人的积极性和创造性,更好地完成各项工作任务上。

搞好疾病控制工作,发展卫生防疫事业,关键在人,而人的行为是受思想支配的。因此,思想政治工作在业务工作中具有特殊重要的地位。在新的历史条件下,思想政治工作的根本任务就是要紧紧围绕疾病控制和卫生防疫这个中心,紧密结合工作实际,用党的基本理论、基本路线教育干部职工,进一步激发广大干部职工的积极性和创造性,为做好各项工作,为改革开放和社会主义现代化建设提供强有力的精神动力和思想保证。思想政治工作结合业务工作一道去做,就必须坚持以人为本,做到尊重人、理解人、关心人,创造性地做好人的思想教育工作,达到提高认识、统一思想、凝聚人心的目的,切实把广大干部职工的工作积极性引导好、保护好、发挥好。为此,在切实加强理想信念教育,卫生职业道德教育,广泛开展党的基本理论、基本路线、基本纲领教育和爱国主义、集体主义、社会主义教育的同时,还要广泛宣传马克思主义的基本原理和基本观点,教育、引导广大干部群众牢固树立科学的世界观、人生观和价值观,掌握科学的思想和方法,增强识别和抵制唯心主义、封建迷信及各种伪科学的能力,不断提高科学文化素质。

二、适应新形势,不断创新

思想政治工作结合业务工作一道去做,必须适应改革开放和发展社会主义市场经济条件下医疗卫生行业思想政治工作的新情况、新特点,着眼于创新,不断改进方式方法,努力提高思想政治工作的针对性和实效性。

在改革开放和发展社会主义市场经济的条件下,我国社会生活发生了深刻变化,思想政治工作的环境、任

务、内容、渠道和对象也与以往有很大的不同。特别是在卫生防疫领域，一些新情况、新问题随时都有可能出现和发生。在新的形势下，思想政治工作结合业务工作一道去做，必须在继承和发扬优良传统的基础上，坚持解放思想，实事求是；深入基层科室，深入职工之中，调查了解新情况、新问题，积极开辟新途径，探索新办法，创造新经验，始终保持思想政治工作的生机和活力。一是注意选准思想政治工作与业务工作的结合点。由于各项业务工作本身都是人的活动，思想政治教育的主体和对象也都是人，所以，选择思想政治工作与业务工作的结合点，必须从业务工作的实际和特点出发，认真研究干部职工的思想实际，从最需要思想政治工作介入的内容和环节入手，开展深入扎实的思想政治工作。只有选准了结合点，思想政治工作才能真正做到有的放矢，才会自然而然地渗透到业务工作中去，与业务工作融为一体，从而取得良好的效果。二是注意采取干部职工喜闻乐见的形式，寓教于乐。三是注意充分发挥先进典型的示范带动作用。思想政治工作结合业务工作一道去做，必须注意发现、培养和宣传各科室、各条线、各个层次的先进典型，用他们的先进事迹和高尚精神影响带动干部职工，使广大干部职工学有榜样，赶有目标，在全单位形成崇尚先进、学习先进、争当先进的良好风气。

三、健全完善规章制度

思想政治工作结合业务工作一道去做，必须切实加强领导，不断健全完善各项规章制度，使思想政治工作经常化、制度化和规范化。

要使思想政治工作与业务工作结合起来做，就必须使之贯穿业务工作的全过程。近年来，从本市卫生系统来看，一些单位比较注重开展集中系统的教育培训活动，但对医护人员日常工作和生活中出现的一些思想认识问题却注意不够，解决不力；有的单位业务工作一忙起来，思想政治教育往往就放松下来。这都是思想政治工作与业务工作没有一道去抓，一手硬一手软的表现。要真正做到思想政治工作与业务工作一道去做，必须把思想政治工作与业务工作紧密结合起来，切实加强经常性的思想政治工作。一是切实加强对思想政治工作的领导。党组织和领导干部必须把加强思想政治工作作为一项重大的政治任务来抓，摆正思想政治工作与业务工作的关系，始终坚持"两手抓，两手都要硬"的方针。二是建立健全思想政治工作责任制。党委（党总支、支部）一把手应切实担负起第一责任人的职责，其他领导成员也要明确任务，负起责任。建立一岗双责制度，要在抓好业务工作的同时，增强政治意识、大局意识、责任意识，带头做好思想政治工作。制定思想政治工作的检查、考核制度，把思想政治工作的成效作为年终考核、职称晋升、奖金分发的一个重要依据。三是建立齐抓共管的思想政治工作体制。要从根本上解决思想政治工作与业务工作一道去抓的问题，关键是在党委（党总支、支部）的统一领导下，充分调动各方面的积极性，进一步健全完善党委（党总支、支部）统一领导，党政领导亲自抓，政工部门和工、青、妇等部门齐抓共管、职责明确、覆盖面广的思想政治工作机制，从而确保思想政治工作各项任务的落实，为人民的身体健康、为全面建设小康社会做出一个医务工作者应有的贡献。

（作者单位：江苏省常州市钟楼区疾控中心）

抓好文明单位建设　促进环卫事业发展

吴美聪　邵凤琴

一、概况

金华市环卫处1963年成立，经过四十年发展，市区拥有环卫工人1100多人，清扫面积达378万平方米，日清运垃圾400吨，拥有公厕106座，垃圾中转达站24座，垃圾卫生填埋场400亩，环卫专用车50多台，固定资产达2200万元，随着城市经济的发展，城区面积不断扩大，城市人口急剧增加，为了适应城市化发展的要求，2001年市区环卫行政体制进行划分和调整，环卫事权管理职能也作相应划分和调整。环卫实行分级管理，各区环卫负责清扫清运，市环卫负责行业管理，市环卫除保留25个管理编制和230名离退休人员外，其余都按整建制划分到各个区。

环卫机构虽作了重大调整，但精神文明建设仍没有放松。我处在1988年被评为市级文明单位，1996年被命名为省级文明单位。长期以来，处领导坚持物质文明和精神文明一起抓，为优美、洁净的市容市貌做出了不懈的努力，为创建文明卫生城市争当排头兵，并取得了显著成效。

二、加强领导班子建设，完善工作制度

建设坚强有力的领导班子，是创建文明单位的有力保证，多年来，处党政班子坚持了以邓小平理论为指针，认真贯彻学习党的十五大、十六大文件和“三个代表”重要思想，坚持执行党的路线、方针、政策，及时调整充实创建文明单位的领导班子，做到创建有计划、有部署、有总结，把创建工作摆上领导议事日程。领导班子团结合作，齐心协力，以身作则，作风民主，勤政廉洁，形成了党政一把手负总责，职能部门具体负责，工青妇等组织协助的创建工作网络，处领导始终把开展文明单位创建活动作为推动全处各项工作的重要抓手，签定党风廉政责任书，开展党风廉政教育，切实做到创建工作和业务工作一起部署，一起落实，一起考核，使整个创建工作收到了良好的效果。

三、树立环卫形象，突出工作重点

环卫行业是公益服务性行业，工作范围大，涉及面广。政府和市民对城市的环境卫生也提出了更高的要求，为此，处党政班子成员以身作则，中层干部积极带头，一线职工辛勤努力。特别是在高温季节，天气热，水果上市，垃圾量猛增。全体干部职工随即开展并投向到百日劳动竞赛的活动中去，晴天一身灰，雨天一身泥，不怕累、不怕脏，为让市民有一舒适的生活环境，环卫工人付出了辛劳的汗水。2001 年 12 月根据市府精神对环卫事权进行划分，我处的工作职能也随之转变，变管干型为管理型，真正实行了环卫行业管理。因人员变动，重新制定调整了各科室的岗位职责，明确了相应的责权，规范了科室职责，加强了对市级辖属三个区环卫处的道路清扫、垃圾清运等各项工作的检查、督促，倾听社会各界对环卫工作的建议和意见，使环卫行业管理不断得到了加强。近两年在全市环卫系统又组织开展“洁美杯”行业竞赛活动，对市区主要道路实行三把三帚并一把和 18 小时保洁制度，使市区环境卫生面貌发生质的变化，深受广大市民的好评，也为创建国家卫生城市打下了良好的基础。

四、加强职业道德教育，收到良好效果

由于环卫工作不同于其他行业，它的性质是公共服务性行业，它的特点是苦、脏、累，并且受到世俗的偏见，有些市民有随地吐痰，随意丢皮果壳等不文明举动，既增加了环卫工人的劳动量，也是不尊重环卫工人劳动的表现，这些不良行为，影响了环卫工人的思想情绪和工作积极性。如：有些商店服务员，当环卫工人刚扫完路面时，又将自己店内的垃圾随意往大街上一扫了之，这时也有清洁工会堵气地将垃圾又扫回商店门口，如此就会发生口角，甚至打架。有的因垃圾没有做到日产日清被投诉，有的因洒水车开得太快，水洒到行人身上而被骂，等等。针对这些情况，我们感到要搞好环卫工作，就要提高环卫服务质量。于是，近几年我们把职业道德教育与行风建设相结合，与开展向先进典型相结合，创建文明卫生城市活动相结合，并收到了较好的成效。

五、环境绿化美化，环保措施达标

处领导十分重视环境保护和爱国卫生工作，建有环境保护和爱国卫生领导组织，确定一名副主任具体分管，不定期地开展评比，积极组织干部职工学习环境保护法律和卫生健康意识。在垃圾填埋场和公共厕所的建设中，按照环保的要求进行设计、建造、验收。平时我们还十分重视垃圾场和生态公厕周边的绿化美化，垃圾场的管理得到了省有关部门和前来参观环卫同行的好评，生态公厕获得国家专利，多次获省、部级科技进步奖。为了有一个良好的工作环境，我们专门成立了环境卫生工作小组，处办公室内每天一打扫，保持物品用具的摆放整齐，地面清洁、公共场所实行分片包干、责任到科室，并用盘花点缀工作环境。

六、认真做好综治工作，落实安全措施

社会治安综合治理工作是关系到经济发展和社会稳定的头等大事，处党政班子及时调整工作班子，把综治和创安工作列入年度计划，积极开展综合治理和创安的各项工作，做到认真及时部署，层层签定责任书，责任到位。此项治安综合治理工作多次被评为局系统先进单位。在完成“三五”普法教育的基础上，认真组织实施“四五”普法的规划，积极组织干部职工进行安全、劳动、消防、新婚姻法等有关法律规学习。利用学习班、讲座等多种形式进行宣传教育，结合环卫行业的实际，一方面对环卫行业的有关法律、法规组织学习，另一方面还对环卫行业不同工种的职工采取不同的专业进行技术等级的培训。为活跃职工业余文化生活，每年在环卫工人节期间，陶冶环卫工人的情操。另外，我们还经常与驻金空军部队举行联欢晚会，以慰问等形式开展军民共建活动。

七、创建工作形式多样，成果扎实有效

多年来，处党政领导始终坚持“两手抓、两手都要硬”的方针，既重视物质文明建设，又把精神文明建设放在突出的位置，始终把创建文明单位工作当作一项重要任务，成立了以处一把手为组长、党政工青妇主要负责人为成员的创建文明单位的领导小组，落实每名成员具体抓，使创建工作真正落到实处，每年在全处职工中还开展争创文明职工、文明科（室）活动。职工中好人好事不断涌现。

近两年在创建省级文明城市、国家卫生城市和中国优秀旅游城市活动中，紧紧围绕市委、市政府提出的创建工作任务，在抓好环境卫生管理的同时，积极参加配合街道、社区开展共建活动。发动党员、团员开展清除牛皮癣活动，计划生育工作服从属地管理，实行双向目标管理责任制，层层签订责任书，做到纵向到底、横向到边，各项指标均为 100%。

多年来，我处由于重视文明单位建设，多次获省、市、局级先进事迹，先进基层党组织，文明单位验收年年合

格,处档案管理通过省级达标审核,2003 年处团支部被团中央授予"全国五四红旗团支部"的荣誉称号。处领导始终清醒地意识到,创建工作无止境,随着城市化的发展,环卫工作任重而而道远。我们要按照市委市府的要求,抓好环卫行业管理,抓好文明单位建设,促进环卫事业发展,继续当好创建文明城市的排头兵。

(作者单位:金华市环境卫生管理处)

适应市场经济,增强国有企业竞争力

——"三个代表"重要思想学习体会

李国驹

当前,在现代知识经济和信息技术的推动下,我国市场经济的趋势正在往更深层次发展。资本、技术、人力资源等生产要素的流动和配置在市场内展开,所有的经济主体都被纳入统一的市场经济体系,企业与企业之间的协调关系不断加深。面对轰轰烈烈的市场经济体制改革,我们只有坚持以"三个代表"重要思想为指导,认清形势,与时俱进,积极参与,增强企业竞争力,牢牢掌握发展的主动权,才能为国有企业发展和创新开辟光明的前景。

许多中成药企业都是由传统老字号逐步发展壮大成为现代制药企业的,具有丰厚的文化底蕴和优良的企业精神。同时,也存在思想观念滞后,管理机制相对落后的问题。在新的经济形势下,创新是老字号企业的发展源泉,只有以观念更新为先导,通过思想、机制、管理的多方面创新,积极适应市场经济,以全面协调、可持续发展观为指导,创建新经济增长模式,才能实现中成药企业持续健康发展。

一、把握市场经济特点,适应市场经济体系

十六届三中全会提出建设统一、开放、竞争、有序的现代市场体系,我国现存的各个种类市场及其内部子市场之间,市场中各要素之间联系将更紧密,相互制约将更明显。企业要在激烈竞争中求生存,谋发展,就必须正确把握市场经济的本质。我国的市场体系特征表现为统一性、开放性、竞争性和有序性。统一性指时间、空间、政策的全方位统一,我企业制定"巩固企业所在地省内市场,拓展省外市场"的经营方略,逐步形成覆盖全国的经营销售网络。市场的统一性还要注意经营方略的一致性。企业在所在地省内市场精耕细作,销售网络比较健全,销售模式也比较多,但是对省外市场实行粗放型管理,并不能很好地把握各个细分市场。根据市场统一性的特征,要逐步加强对省外市场的管理,不仅要在资源方面给予支持,而且要制定适当的激励机制,鼓励各个分区市场销售经理积极开展灵活有效的营销工作,逐步扩大省外市场销量。市场经济另一个重要特征是有序性,深刻理解现代社会的组织性和现代经济的组织化,充分利用各级市场中介组织,与中介组织共享资源平台,有效快捷地参与各个区域市场的竞争,在与中介组织交流合作过程中,加强企业与市场的沟通,了解市场需求,提高企业服务水平。市场经济又是具有开放性和竞争性的,给予国有企业发展的机遇,也存在挑战。为了满足人们日益增长的物质文化需求,必须极大丰富市场供给,丰富市场主体结构。市场开放后,不同所有制的交易主体支撑了经济的迅猛发展,各行业经过一轮又一轮的激烈竞争,逐渐走向联合集约经营。市场经济也加速了资源的有效配置,充分发挥经济指挥棒的作用,大批社会财富自由流动到国有企业中,这为国有企业经济发展提供宝贵资源。企业利用市场资源进行自身建设,建立现代企业制度,改善产品结构,完善购销网络,扩大经营规模,增强自身竞争力,为企业的进一步发展提供坚实基础。然而,我们也要深刻认识到市场经济中各个市场主体之间的竞争是非常激烈的。我国中成药制药工业的技术和管理还落后于日本、韩国的制药企业,特别是我国加入 WTO 之后,市场进一步对外开放,制药企业势必将受到国外制药寡头的冲击。在日益激烈的竞争环境中,我们要有将中成药事业大力推广的雄心,要有敢于拼搏的勇气,要有努力建立现代化新型工业企业的决心,大力开发具有自主知识产权的产品,努力发展国有企业,振兴中医药事业。

二、改善企业管理制度,适应市场经济体系

改革开放二十几年来,一些国有企业积极适应形势,大力开发优势资源,经济实力不断增强,已经成为国家经济的支柱企业,比如中国工商、建设银行、中国银行、中国人寿保险、中国石油、石化等。还有一些集体性质的企业,比如海尔集团,也迅速发展成为颇具竞争力的领头企业。这些成功事例说明,通过体制创新,管理创新,用科学的理论指导企业管理,中国企业也能开辟新的天地。努力加强国有中成药企业的自身建设,探索新形势的发

展道路。必须认清中成药企业传统的东西多,科技领先的少。这就要求我们必须从过去的一些不合时宜的观念、管理方式束缚中解放出来,学习国内外优秀企业的先进管理模式,用创新的思维指导工作,进行大胆的科研创新、管理创新、制度创新。从企业自身的实情出发,从中国行业发展的实际出发,切实推进中成药事业的发展。

企业以经济发展为第一要务,既要有阶段性发展,又要保证企业持续、协调、健康发展。发展经济可以团结人心,可以争取社会各种优势资源,比如人才、信息、资金。关切新科技发展,利用新兴生物技术、信息技术开发具有企业自主知识产权的,科技含量高、经济效益好、疗效确切的药物,带动中成药科研、检验理论的突破。制药企业发展的主要瓶颈就是新产品开发周期长,几年甚至几十年才能开发生产出新产品,如果仅仅依靠新产品是很难保证企业持续稳定的发展。企业要实现持续经济增长,就必须在努力开发新产品同时,针对现有的产品进行更深层次开发,实施品牌战略,不断挖掘市场空间,把每个产品做细,做大,做成同类产品中的名牌产品。

三、树立科学人才观,开发企业的人力资源,增强企业竞争力

在知识爆炸式增长的新经济时代,人才资源和信息资源比资本资源更重要,更具有战略意义。经济主体的竞争,实际上是人才的竞争。要实施人才兴企的战略,首先要树立科学的人才观,以人力资源开发为主要中心,以构建企业自身特点的人才梯队为主线,抓住培养、吸引、用好人才三个环节,促进各级人才协调发展。企业竞争的利刃是人才——受过教育,有技能,渴望发挥自己的潜能,促进企业成长的人才。识别人才既要看到人才的能力,更要看到人才的品德,力求德才兼备。企业选拔人才和培养人才时,良好的品德是选才的先决条件。企业可以通过职业品德建设工程规范新时期职业道德,制定相关制度及考核评价体系提高企业员工的道德水平,帮助员工树立艰苦创业、敬业爱厂、开拓创新的精神,确立"以德治企"的管理方略。确立了以品德为选择人才的首要前提下,大力开发人才的创造性,要激发保护创造性人才和人的创造精神,把创新能力作为一个重要的指标。制定有效的激励机制,鼓励员工在工作思路、工作方法上创新,提高工作效率。为了创造各级人才辈出的良好局面,针对不同对象,不同水平层次,建立高效的培训机制,科学制定各类人才培养目标和培养计划,为企业经济发展储备更多懂经营、会操作、识管理的各类人才,特别需要一批开发和培育品牌的科技人员和管理者。

四、重视企业文化建设,实施品牌战略,保证企业持续发展

在市场经济的激烈竞争中,企业文化建设和品牌战略是非常有效的发展方式,企业文化建设给企业带来的经济效益和文化价值被许多企业家所认识。优秀的企业必定有优秀的企业文化,企业致力于企业文化建设,也将得到丰厚的回报。在实施品牌战略过程中,最关键的问题是必须提高企业市场管理和市场控制水平。在观念上,逐渐形成以消费者为导向的现代企业意识,企业在产品设计与服务方面,都必须以消费者为核心,研究医药行业消费终端的消费趋势、消费行为,引导消费者对企业产品保持忠诚度和信任感。在品牌管理方面,首先抓好销售渠道管理,对于销售商选择,客户资金占有标准、经营体系等一系列问题要有明确考虑,企业与销售商合力构建成稳定合作利益的共同体。在营销战略管理方面,针对企业生存环境和文化背景,制定企业中长期发展战略管理目标,建立发展名牌的战略管理体制,从消费者需求出发,积极开发行业细分市场,不断开发满足消费者的要求,推出多品牌,多结构的产品,抢先占领市场空挡。

学习"三个代表"重要思想,深刻理解共产党代表先进生产力及先进文化发展的内涵,努力弘扬民族传统文化的过程中,主动吸取世界先进文化精髓,学习科学管理,用新时代医药科技理论诠释传统医药学说,实现中医药走向世界的战略突破。

(作者单位:广州药业集团广州陈李济药厂)

第十二部分

通讯电信行业
思想政治工作

加强企业文化建设　促进企业持续发展

——企业文化建设几议

张　明

众所周知,在知识经济、信息时代的今天,企业要在激烈的市场竞争中生存,进而实现可持续发展,不仅仅在于要有市场及利润等有形的东西,而更在于是否建立起一致的内部价值认同和众口一词的外部形象,即企业文化。纵观中国的海尔集团、邯郸钢铁公司、美国微软公司、日本松下公司等等众多优秀企业、卓越企业,他们创造出的奇迹和成功的经验无不告诉我们:企业文化是企业发展的不朽之柱,是企业基业常青的底蕴和内涵。优秀的企业文化对企业的发展发挥不可估量的作用,它不仅仅能给员工提供行为规范,减少内耗,而且能激发员工的自豪感和责任感,培育企业团队精神,把员工导向共同的目标,从而提高企业的整体效益。

企业文化是20世纪80年代左右起源于美国的一种新兴管理理念。文化建设有着潜在的凝聚力量,它体现为企业及企业成员中长期形成的共同理想、作风、价值观念和行为准则。企业文化建设是企业管理的战略举措,现代企业文化是支持企业生存和发展不可缺少的要素,是提高企业核心竞争力的关键因素。对此,我们认为"一流的服务源于一流的网络,一流的网络源于一流的队伍,一流的队伍源于一流的文化"。

一、莆田电信企业文化建设的现状

莆田电信早在邮电合营时期。即对企业文化建设进行了一些的探索:1989年开展了评选最佳"三员"(营业员、话务员、投递员)的活动,1990年提出"一切为用户,满意在邮电"服务理念,1996年开展"树邮电新风、创优质服务"等活动,通过这些理念、活动,逐步改进了员工的服务观念和服务态度。

邮电分营之后;莆田电信面对外部竞争日益激烈,行业改革不断深化的局面,更加深刻认识到企业文化建设对企业的发展、稳定的重要性,公司致力于为全市的国民经济和社会发展创造满意的通信服务坏境,为地方经济建设、财政收入和各项建设事业做出贡献;坚持争作当地国有企业的一面旗帜,争创莆田"三个文明"先进单位和最佳服务窗口。在物质文明建设上,莆田电信程控电话网、光缆物理网、高速SDH传输网、数据通信网和多媒体信息网已具备较大的规模,一个融语音、数据、图像为一体,覆盖全市各个乡镇,连接国内外、超大容量、灵活高效、经济适用、安全可靠的宽带高速信息网已基本形成,电话用户数从1990年的4500多户发展到现在的75万多户。莆田电信被福建省地税局授予地方税收"百强单位",连续三年被当地工商管理局、消费者协会授予"诚信企业"的称号。企业的健康快速发展为企业文化建设奠定良好的物质基础。

同时莆田电信通过BPR改革(业务流程重组),引进先进的文化理念,和统效管理、KPY考核办法、SLA协议等先进管理办法,构筑起一个"以市场为导向,以客户为中心,以效益为目标"的运营模式,实现企业运作的扁平化、流程化;在经营、管理、服务、建设等各方面的工作中逐步形成了一整套以"诚信、共享"为基础的观念、理念和价值行为规则:

企业使命:共享与世界同步的信息文明

核心价值观:变革创新、求真务实、诚信合作、共创价值

企业精神:诚信、务实、创新、协作

经营理念:诚信服务、合作发展、人本创新

企业工作方针:抓改革求生存,抓服务赢市场,抓培训强素质,抓管理增效益,抓安全保畅通,抓文明促发展

员工价值观:工作——使人快乐,学习——使人进步,勤俭——使人高尚,诚实——使人光明,健康——使人美丽,平安——使人幸福

行为操守:用百分之百的努力使客户满意,有效地做好本职工作,支持改革,积极创新,讲实话,重承诺,团队合作,服从大局,凭业绩获得回报。

莆田电信在解决服务争议、保障通信畅通、扶贫帮困、抗灾救险、捐资助学、资助公益事业、改善群众文化生活等方面,体现了电信企业的良好风范,树立良好的社会形象,在公众中享有较高的声誉,先后获得全国"实施送温暖工程先进单位"、"全国群众体育先进单位"、"全国模范职工之家","福建省五一奖状"、"第八届文明单位"、"十佳职业道德建设先进单位"、"思想政治工作优秀企业","用户满意企业"等许多荣誉。

但是总体来说,目前莆田电信企业的文化建设还是小荷才露尖尖角,或者说还是处在初级阶段,尚未形成比较系统的企业文化战略,还没有把企业文化作为一个体

系来考虑部署，仍停留在传统国企水平上，与国内先进的企业还有差距。

二、企业文化建设的思路

企业文化并非是一个固定不变的架构模式，也不是一朝一夕能够建造起来的。企业文化建设的过程是企业面对不同成长阶段企业思想提出、积累、沉淀、扬弃、创新和升华的过程。企业文化建设不是自发的、无意识的、不自觉的、涣散的行为下产生的。企业文化建设的过程必须是一个自觉的、清醒的、系统的、开放的、针对性的、发展的、创新的、充满活力的创造过程。

(一)企业文化建设目标和价值取向

首先必须培育具有优良趋向的价值观念和杰出的企业精神，形成良好的理论体系。伴随着知识经济的到来，市场的竞争日趋激烈。企业的竞争归根结底是人的竞争，因此，必须把属于企业本身的价值观念和企业精神得到全体员工的接受与认可，使共享价值观念和企业精神转化为全体员工做人的追求和自觉行动，使企业的使命和企业成员的人生价值实现完美地结合。企业文化终将为企业建立一个吸引和满足企业全体成员的向往和追求的精神殿堂和理想空间，从而赢得企业成员对企业的信赖和关爱。

其次是以人为本，关爱员工，关爱客户，电信企业是以提供通信服务为主的服务型企业，是靠出售服务来获取收入，谋得生存和发展。只有服务好了用户才肯留下来，而留下来的才是我们的用户。用户是企业的生存之本、发展之源，企业的生存和发展，领导的成就和业绩，员工的尊严和体面，全依赖于用户对我们的信赖和支持。对此我们对服务工作强调换位思考，并提出了服务追求："树百年电信，创精品服务；我们用心感受您的信任，用心服务您的需要；每一次呼入都是您的惠顾，每一次应答都是真情回报；每一个细节都要一丝不苟，每一个顾客都有美好体险；我们共同成长、共享文明、共创未来"。而服务质量的好坏、用户满意程度的提升，关键在于员工的敬业精神，员工积极性的高低、能力的大小、发挥程度如何，人是生产力诸要素中最积极、最活跃的因素，是企业的主体，企业成败关键在人。在知识经济社会中，企业依赖员工的不再是体力和简单的技巧，而是员工的智慧资源。因此，企业必须尊重人、关心人、爱护人、培养人、成功人，坚持以人为本设计企业发展战备和企业经营管理活动，重视从文化和实现人的价值的角度去关注员工的需求，通过感情交流、人际沟通、群体活动、参与管理和智力开发等多种形式和手段，为员工创造良好的文化氛围，培养和形成共同的智力资本，使员工成为有理想、有道德、有文化、有纪律的人才，成为企业具有竞争实力的资源。

第三是健全完善制度，实现管理创新。管理思想、管理制度和管理方式是企业文化的重要内容，也是企业文化得以维护和延续的基本保证。应当弘扬优良的企业精神和价值观念体系，围绕实现企业目标，创新管理理念和管理方法，适时调整企业管理战略，建立健全各种规章制度，形成科学的规范网络，使员工的各种行为活动、相互关系的确立和调整以及行为效果的评价等均有法可依、有章可循。为了适应新的经济时代的挑战，企业文化建设要不断为企业管理的提升和创新提供支持。通过企业精神的弘扬和全新管理理念的倡导，推动企业进入知识管理，实现管理的全面提升和价新。

第四是对企业优良传统和文化习俗进行扬弃，塑造企业良好形象。电信企业作为一个从传统的、垄断的国有大型企业改制过来的，有百年文化历史积淀的企业，必须对过去长期形成的文化观念进行扬弃，与时俱进，兼收并蓄，探索富有新时代内涵的文化。根据企业文化内容的不断发展创新，通过多样化、趣味化、娱乐化的表现形式，使之成为员工众望所归、喜闻乐见、积极参与的群众性运动。使企业的价值观念、精神追求、道德准则和行为规范进一步习俗化，成为每位员工的自然要求和自觉行动，从而使企业的优良传统和文化习俗等得到进一步的弘扬。

第五是建立学习型组织的企业文化。学习是企业发展与取得构成企业核心能力的技能和技术的基本手段，是改变企业"基因密码"、扩大管理框架、实现基因多元化的必由之路，是企业可持续发展、从优秀到卓越、基业常青的动力与源泉。学习是员工"认识规律、乐观世界、惠致他人、幸福人生"的重要途径，员工认识的提高、思想的升华、观念的转变、心智模式的调整、道德行为的规范，都必须通过学习来实现。

(二)企业文化建设的三个层次

优秀的企业文化不是自然生成的，其功能的充分发挥有待于对它的精心培育和长期建设。企业文化包含物质文化、制度文化、精神文化三种不同的文化形态，并按照一定方式和层次有机结合而成。

一是物质文化建设。所谓物质文化，即为内部物质条件和企业为社会提供的物质成果的总和，包括厂房设施、技术设备、文化设施、环境布置、社会赞助、产品、服务等。只有将精神、意识状态的文化转化为员工的热情和创造力，生产出能够体现价值和理想追求的物质产品，才能形成完全意义上的企业文化，才能体现企业文化的实际价值。物质文化能够为企业员工营造赖以生存的环境和条件。对内，促进员工为实施自身价值和追求的目标而努力工作和学习；对外，充分展示企业优良形象，积累和扩张企业的无形资产，使企业在市场竞争中赢得优势。培育优良的物质文化可以促进精神文明建设，为优秀企业文化的形成奠定基础。

二是制度文化建设。管理制度和管理方式是企业文化的重要内容,也是企业文化得以维护和延续的基本保证。建立健全各种规章制度,形成严谨、规范的制度文化体系,使员工的各种行为活动、相互关系的确立和调整以及行为效果的评价等均有法可依,有章可循,这是实现企业目标的根本保证。制度文化把企业员工的价值共识,以及在分工协作、协调相互关系、保持行为一致方面的共同要求以条文的形式确立下来,从而对员工行为形成有形或无形的约束。完善合理的制度规范对企业生产经营活动的正常进行,领导和员工之间以及企业与外部公众之间的关系协调,发挥员工的积极性、主动性,都能起到有效的加强和保证作用。

三是精神文化建设。精神文化是企业文化的核心所在,是企业文化的深层内容。它主要是培植企业的价值观念、企业精神、形成企业特有的文化理念。价值观念体现了一个企业的基本概念和信仰,反映了企业统一对客观事物的认识程度及是非优劣的评判标准,因而是企业文化的核心和基石,它对确立企业文化的其他要素具有决定性作用,如制度规范、习俗仪式等。价值观念体现了企业的最高目标和宗旨。满足企业的客观对象往往是多元的,如利润、市场、人才、技术和社会责任等,其价值的重要程度也有所不同,按照其重要程度加以排序组合,就构成了企业价值体系。企业应该培育出具有稳定的,为全体员工共享的价值观念体系的企业文化。

企业精神是企业全体员工的主观精神状态,不同企业的企业精神有着不同的表现,如"服务精神"、"主人翁精神"、"求实创新精神"等等。企业文化应在确立价值观体系的基础上塑造企业精神,因为企业价值观是企业成员对客观存在的正确认识和反映,企业精神作用更侧重于激发员工的主观能动性,鼓舞志气,在企业中形成一种高昂的、充满进取的精神与活力的精神氛围,使企业员工的凝聚力得到增强。良好的企业风尚,高尚的企业道德,以及企业模范人物榜样的作用等,都是企业精神文化的重要组成部份。要使企业的价值观念和企业精神在全体员工中深入人心,并进一步习俗化,必须经过长期不懈的灌输、教导和宣传,才能建设成优秀的企业文化。

当今,国际许多优秀的、卓越的公司在企业文化建设方面进行深入研究和提出自己的文化理念,但万变不离其宗,即就是重视建设发展具有本企业特色的企业文化。电信企业文化应培养诚信、创新、务实、协作四种精神。诚信是企业的立身之本,人无诚信则鄙陋,企业无诚信则危殆。创新是企业的发展之道,创新要建立在深刻反思、系统分析、立足自身、有为进取的基础上,用联系的方法、多元的思维、理性的批判,适应变革的世界,不断找出差距和不足,不断改进工作,不断超越同业普遍标准,不断超越客户和投资者的期望,不断超越自我。务实是企业的工作之道,企业的任何一项决策都必须从实际出发,解决实际问题,才能取得成效,不断进步。团结是企业的力量之源,公司内部员工政治人格平等,受到同样的重视和尊重,相互关系融洽,企业才能形成凝聚力和向心力。

(作者单位:莆田市电信分公司)

试论具有中国电信特色的企业形象文化创建

栗传良

什么是文化?据《现代汉语词典》解释:文化是人类在社会历史发展过程中所创造的物质财富和精神财富的总和,特指精神财富。喝茶只是因为口渴,那就只能理解为对身体水分进行补充的生理行为;但如果喝茶不仅因为口渴,或者根本就不是因为口渴,而是出于对茶的品味,并且在这一品味的过程中关注茶的命名、品种、分类、制作工艺、泡制方法、气味、口感,或者关于茶的历史、知识、典故,或者根本与茶不搭边的别的什么东西,这就是一种茶道,或者说茶文化。饮食只是因为饥饿,那就只能理解为对身体能量进行补充的本能行为:但如果饮食不只因为饥饿,而是在满足饥饿的过程中关注食物的分类与搭配、营养的丰富与协调、烹任的方法与工艺、食物的色香味、或者菜品的由来与发展、菜系的区别与特征,或者关于饮食的历史、知识、典故,更重要的是饮食的过程也是一个生理与心理享受与愉悦的过程,这就是一种食道,或者说饮食文化。由此可见,文化是一种基于物质基础而又高于物质基础、基于行为语言而又超越行为语言的意识形态的集中体现。文化是一个国家兴旺发达的重要标志,也是一个民族繁荣昌盛的具体反映。对于一个企业,特别是在市场经济体制下的现代企业,更是显得至关重要。

什么是企业文化?如何创建企业文化?这就得说企业的性质、特点、现状等诸多因素而论。不同的企业,应有各具特色的企业文化。这也是文化具有复杂性、多样性、独立性等特点所决定的。那么,中国电信应当创建什么样的企业文化呢?答案是:具有中国电信特色的企业文化。

什么是具有中国电信特色的企业文化？这是一个十分宏大的课题。限于篇幅，本文仅对具有中国电信特色的企业文化之形象文化创建进行粗浅探讨。随着时代前进步伐的加快，特别是市场经济体制的确立和不断深化，企业生存、发展、竞争的方法、手段和形式都在发生着深刻的变革。人类经济发展的历史轨迹、国外企业积累的经验教训以及中国正在经历的改革实践都无一例外地证明，企业经营已不可能走传统的完全实体、完全产品形式，企业文化特别是企业形象文化作为企业生命力、创造力和凝聚力的集中体现，作为企业对外展示的窗口，正日益重要。不同的企业，应有各具特色的企业形象文化。

什么是具有中国电信特色的企业形象文化？如何创建具有中国电信特色的企业形象文化？我想，至少应该做到以下几点。

一、打造一流品牌，创建中国电信品牌形象文化

品牌形象文化是企业形象文化的核心内容。在当前条件下，各行各业的垄断状况正在逐渐打破，相同或类似的产品或服务均可由不同的企业提供。消费者在纷繁复杂、眼花缭乱的宣传推销中选择什么？企业之间比拼什么？是价格？是质量？是信誉？都是，但又都不是。准确地说是以质量和信誉为主要基础并结合一定价格因素的品牌。一流的品牌可以代表一切，甚至孤立地超越价格。皮尔·卡丹就是个一流品牌，尽管其价格十分昂贵，但显然它的消费者已不十分关注它的价格，或者说就因了这个品牌而愿意付出比其它同类产品高出几十甚至上百倍的代价。中国电信的品牌是什么？中国电信是中国历史最为悠久、第一个国家综合电信业务运营、具有雄厚经济技术实力和丰富运营管理经验以及庞大人才队伍支撑的电信企业，这就是中国电信最大的不可取代的品牌。

1. 网络品牌

中国电信历经数十年风霜雨雪的历史洗礼，从无到有，从弱小到强大，逐渐形成了独一无二的从农村到城市、从地方到中央、从国内到国外、以程控交换为主体，以大容量光纤为支撑的四通八达的全国性骨干通信网络，这个网络基础决定了中国电信可以提供全面、方便、快捷、安全、可靠的通信服务。如何保证这一网络优势转化成为市场优势、服务优势，关键在于专业技术队伍，在于运行维护工作。强调并实践“运维就是服务，运维就是经营，运维就是质量，运维就是效益”的中国电信新理念，就一定能塑造并壮大这一品牌优势，为消费者创造一种放心消费中国电信业务和服务并对中国电信充满信心的氛围。

2. 业务品牌

中国电信是具有从语音到数据、从传真到电报、从有线到无线、从窄带到宽带、从本地到长途、从基本用户功能到附加用户功能的综合业务实现的电信运营商。当然，我们突出的不仅是综合业务实现形式，更是要具有针对性地推荐完全可以替代和超越其它电信运营商用于抢占市场特别是削弱中国电信固有市场的重要业务，如：无线市话（小灵通）、IP、数据等业务，同时还要创造并推广中国电信特色业务，如：新视通、会易通、ADSL、天翼通、互连星空、手机休息站、Focusone 一站通等业务，从而积极稳健全面深入地塑造中国电信的业务品牌。

3. 服务品牌

中国电信作为传统电信垄断企业，形成了雄厚的网络技术及业务市场的品牌优势，但也留下了服务意识不强、服务方法滞后、服务手段陈旧的弊端，被动服务思想较为根深蒂固，主动服务思想尚未全面培育。这是当前制约中国电信发展、阻碍中国电信参与剧烈竞争的主要瓶颈。中国电信已有很好的物质基础，当务之急是解决人的思想意识观念问题，秉承“用户至上，用心服务”和“全新电信，全心服务”的企业服务理念，实施“以市场为导向，以客户为中心、以效益为目标”的企业运作模式，以“四大营销主渠道”为载体，以“差异化服务、个性化服务”为手段，全力打造全新优质的中国电信服务品牌。

4. 公益品牌

中国电信一直以来都高度重视企业的社会责任感，即使在政府职能消失并转化为自负盈亏企业的今天，中国电信也始终秉承社会责任于已身。比如：中国电信免费提供的110、119、120等与国计民生息息相关的特服业务，企业只有投入没有产出。又比如：中国电信提供的传真电报、应急（战备）通信等业务，企业需要投入大量的人力、物力、财力，而目前这些业务的消费需求总体上讲十分低下，且大多为党政部门服务，普遍处于亏损状态，自然也谈不上经济效益。但是，社会效益十分巨大。所以，中国电信把它看作是企业为党和政府分忧并努力回报社会和人民的一种不可推卸的责任和一项十分重要的工作。因而，我们应努力塑造中国电信的社会公益品牌形象，让消费者认同中国电信的高度社会责任感和企业良知。在“非典”肆虐中国的攻坚防役中，中国电信的表现就充分展示了“为社会创造更大价值，与社会共同成长”的企业观念，赢得了社会的广泛赞誉。在参与公益事业已日渐成为许多企业提升知名度的重要手段的今天，中国电信理应发挥自身的传统做法和优势，并从自己的圈子里走出去，加大参与国家卫生、环保、扶贫、赈灾、精神文明等公益事业的力度和广度。

二、重塑特色标志，创建中国电信标志形象文化

标志形象文化是企业形象文化的重要内容，它更加生动形象地展示着一个企业的宏观概括印象，也是让消费者记住一个企业最简单明了的方法。所以，当今企业特别是知名企业都着力打造展示自我、独特个性、鲜明特

点、内涵丰富的标志，什么是奔驰？什么是梦特娇？见标志如见一切。难道还需要说奔驰轿车或梦特娇T恤这样的全称吗？难道还需要在标志后面附上相应的文字说明吗？这就是标志的力量。那么，中国电信的标志是什么？

1. 企业标志

这是以中国电信集团公司整体为基础的对外展示的企业标识，也是中国电信集团公司一切产品和服务的商标。怎样认识这样一个企业标识呢？我想，主要有两个方面：从会意的角度上讲，可以看成是中国电信的英文首字母C的趋势线进行变化的组合，代表CHINATELECOM，表征中国电信网络的四通八达和无限延伸；从象形的角度上讲，可以看成是牛头的抽象图绘，寓意中国电信牛气冲天，展示中国电信企业及其客户共同的信心与憧憬。对此，要解决好两个问题：一是悠久企业与崭新标识。突出悠久企业的传统优势，承认崭新标识的暂时劣势，扬长避短，重拳出击，着力打选，争取在一个尽可能短的时间内让中国电信的企业标识深入人心，促进无形资产的快速成长。二是埋头苦干与任劳任怨。要十分突出勤勉务实的作风，开拓创新的作风，但也要十分注意改革传统中国电信沉默寡言的作风、弱视形象的作风。中国电信一个十分尖锐的矛盾就是声音太小太少，以至消费者常常感觉什么也听不到。正确处理"一牛二角"的关系问题具有举足轻重的作用。一支笔，一张纸，一个烟缸，一只水杯，一根电杆……一件物品，凡是中国电信的东西。凡是有中国电信的地方，就应该有中国电信的烙印，中国电信的标识。

2. 标志建筑

这是以中国电信集团公司下属各独立企业为基础的。随着中国电信的快速发展，中国电信企业迅速扩张，中国电信集团公司下属的许多企业都出现了一个新的矛盾，那就是原局所不能满足新的发展需要，形成新的桎梏，并伴随所在城市的变迁改造，纷纷开始了新一轮电信枢纽大厦的建设。要充分利用这一重要机遇，根据企业自身实际，并结合所在城市的特点，把中国电信枢纽大厦建设成为所在城市的标志性建筑。这包括电信枢纽大厦的地址选择、设计风格、外观风貌、文化内涵等，要创新地综合利用这些因素，不仅使之成为这个城市的标志性建筑，而且要和这个城市的城市形象融合起来，从而达到企业形象随着整个城市和城市形象一起被弘扬光大的目的。这就是"舟是水上景，但借水行舟"的道理。

3. 标志服饰

谁是白衣天使？不用我们说出医生与护士的称谓。这就是职业服装的魅力。曾几何时，我们也有一个美丽的名字：绿衣天使。但随着邮电分营，这一概念正在被人们淡化，或者说更多地与中国邮政联系在了一起。但我们不能选择放弃。中国国际航空公司培育了几代航天人，就创造了几代体现其行业特点并反映时代特征的服装，我们也常常情不自禁地为她们的飒爽英姿而喝彩。中国电信应利用电信重组后的这一宝贵机遇并结合新时期的时代特征，设计创造符合中国电信特点并展示中国电信风采的职业服装并逐步形成新的超越绿衣天使的服装文化。在这里，强调服饰而不仅仅是服装这一概念，除了要与传统的邮电制服这类特定历史条件产物相区别，还涵盖了一个配饰文化。配饰文化中当首推上岗证文化。上岗证应该包含企业标识、企业名称、姓名、部门、职务、工号等基本内容。上岗证不是可有可无，而是必须配戴。它至少传递着三个基本的性征；一是表达企业职工对企业集体的认同感，也就是我们常说的向心力；二是表述企业职工对个人责任的正确评价和肯定，也就是我们常说的主人翁精神；三是表示企业及企业职工对企业客户的庄严承诺和尊重，这是一个信誉问题。配饰文化中还应包括设立共青团员岗、共产党员岗并配带徽章，设立青年文明号岗、巾帼英雄岗、劳动模范岗、青年志愿者岗等，着力打造这些特殊或者说广义的配饰文化，对企业形象文化的创建也能起到事半功倍的效果。

三、进军全面广告，创建中国电信广告形象文化

广告形象文化既是企业形象文化的基本内容，又是企业形象文化创建的有效手段。以市场为主体的经济体制下，企业之间的竞争，除了产品及服务质量高低的较量以外，还有一种基于并独立于产品及服务质量的较量，这就是广告形象文化。广告形象文化是一种市场营销的策略、方法和手段，是中国电信产品及服务的推广行为，也可称作宣传文化，而不是市场营销本身，即不等同于售卖产品和服务的具体行为，但却往往达到比产品直销更加意想不到的理想效果。中国电信广告形象文化可以包含这样一些形式：

1. 音像广告

音像广告以广播电视为基础，这种广告生动形象、娱乐性强、易于接受，但成本较高，主要适合中国电信整体形象和宏观策略的宣传，比如：中国电信企业标识、企业经营服务理念、企业品牌、重点业务等。"今年过节不收礼，收礼还收脑白金"，几乎是在一夜之间就走进了千家万户，这是一个十分值得借鉴和研究的范例。

2. 文字广告

文字广告以报纸杂志为基础，这种广告成本较低但信息量很大，十分适合电信知识。电信业务、电信服务等与消费者直接相关信息的传递，可以采取专栏、连载或电信知识有奖问答等形式。在这方面，我们倒是应该多多学习房地产开发商的楼盘发售的创意设计。中国电信各企业尤其应注意与所在城市的地方报刊如日报进行联手打造，从而取得低投入高产出的效果。

3. 网络广告

网络广告以INTERNET互连网和中国电信信息化建设为基础。世界因为INTERNET而变近变小,使我们赖以生存的地球成为一个村落。同样,INTERNET也是企业的必争之地,广告的无限舞台。中国电信信息化建设已具有相当规模和水平。这就注定了我们在这一领域的潜在实力和大有可为。移动手机运营商通过网络的短信纷飞和美丽诱惑,既显示了他们对网络广告创意的用心良苦,同样也显示了他们对信息化时代脉搏的准确把握。中国电信不能以己之长而失于他人之短。

4. 户外广告

户外广告以广告牌和墙壁广告为基础,这种广告成本最低且与消费者最为接近、具有持久性且可灵活更新内容的特点,广告牌(含灯箱广告)主要适合具体电信业务或市场行为宣传,墙壁广告则主要适合永久性地制作中国电信企业标识及经典电信宣传标语。此外,还需特别一提的是公用电话亭广告。这是中国电信的一个重要资源,在城镇均有比较广泛的分布,只要适当注意其外观设计的创新,除了设置明显的中国电信标志外,还可以注入广告宣传的内容,从而培育一个稳定、廉价而又充满活力的中国电信宣传阵地。

5. 实物广告

实物广告以产品包装及赠品为基础,比如:客户办理电信业务时赠送环保纸袋,客户购买小灵通手机赠送手机挂带,客户咨询信息时赠送相关电信业务及服务说明书,客户缴费时根据其消费金额的高低赠送不同档次的礼品,市场营销活动中向客户赠送纪念品,所有这些产品包装及赠品均应有中国电信的明显标志或中国电信的相关简介,从而形成一道流动的广告风景线。

什么是具有中国电信特色的企业形象文化?如何创建具有中国电信特色的企业形象文化?这是一个需要不断深入研究的重要课题,其内容十分丰富,本文只是抛砖引玉似地简要介绍了其基本内容和一般方法。最后,我想,还有两个概念必须加以明确;什么叫企业?什么叫创建?企业,就是止于人方能成其业,就是要以人为本,强调人才的核心地位和作用;创建就是创新、建设,就是开拓创新,重在建设,前者是手段,后者是目的。这样一来,就找到了一条具有中国电信特色的企业形象文化创建的基本思路,那就是:以人为本,开拓创新,突出中国电信特色,紧扣企业发展主题,围绕业务收入中心,服务市场营销主体,创建企业形象文化。突然间,仿佛看到,在通往未来的信息高速公路上,一支浩浩荡荡的队伍,意气风发,昂首阔步,他们有一个共同的美丽而又响亮的名字:中国电信人。

(作者:网络监控中心主任)

充分发挥思想政治工作“生命线”作用
积极推进企业改革、发展和稳定

烟台电信职工思想政治工作研究会

近几年来,具有百年历史的烟台电信在接连经历了几次重大体制变革和重组后,又面临市场竞争日益加剧和企业上市的新形势。如何消除职工的思想顾虑,教育引导职工积极投身改革,保证企业的持续、快速和健康发展,成为摆在全公司面前的一项迫切任务。为此,烟台电信职工思想政治工作研究会就如何发挥好思想政治工作“生命线”作用,积极推进企业改革、发展和稳定进行了专题调研。

一、基本情况

烟台市电信局下辖12个县市区局,共有干部职工1903人,固定资产原值38.35亿元。截止目前,烟台电信固定资产原值达到40.84亿元,全市电话交换机总容量达到204.2万门,拥有固定电话用户149.03万户,PC机上网用户22.11万户,全市电话主线普及率达到23.08%,建成了烟台本地网电话市,电话用户数居全省第二位。

在企业外部环境发生重大变化、内部管理体制发生重大变革的情况下,我们紧紧抓住思想政治工作这条“生命线”,不回避企业难点,敢于正视职工疑点,把思想政治工作渗透、贯穿于改革、发展的全过程,为企业的改革、发展和稳定提供了强大的精神动力和政治保证。近年来,烟台电信保持了持续高速发展,经济效益等指标稳居全省前三位。去年8月,我局被市委、市政府授予“烟台市职工思想政治工作先进单位”称号,同年10月被省委宣传部、组织部、省经贸委、省总工会授予“山东省思想政治工作优秀企业”称号,最近又被省公司党组推荐为“山东省优秀思想政治工作研究会”;先后被市委、市政府授予“中央、省属和外地驻烟单位先进集体”、“烟台市信息化建设突出贡献单位”,并连续两年被评为全市“纠正行业

不正之风先进集体”;全市12个创建单位建成了9个“省级文明单位”,全市电信建成了“文明行业”,最近被省电信公司推荐参选了“全国创建文明行业示范点”。

二、主要做法

(一)通过深入细致的思想政治工作,保障企业稳定

在几次分营、重组过程中,为保证“思想不乱、队伍不散、管理不松、经营不停”,我们通过召开会议、举行座谈、深入宣讲、领导与职工“一对一”交流谈心等形式,引导职工正确认清形势,调整心态,稳定情绪。同时,注重发挥好基层党组织的战斗堡垒作用和共产党员的先锋模范作用,通过“三会一课”、政治学习、集中辅导等形式统一思想认识,以党员的实际行动引导和带动职工自觉服从改革大局,积极参与和支持改革,做改革的促进派。各级职能部门也积极深入基层一线,化矛盾,解疙瘩,转观念,拓思路,较好地稳定了人心,稳定了局势。由于思想认识到位,工作超前,坚持原则,操作得当,几次分营中没有出现任何争吵、争论以及影响通信生产的情况,保证企业实现了平稳过渡。

思想政治工作的出发点和落脚点,是通过思想政治教育活动有效地增强企业的集体凝聚力和向心力,从而形成强大的整体合力,保证企业各项工作的健康顺利进行。实际工作中,我们坚持为职工办实事、办好事,增强了思想政治工作的针对性、实效性。针对职工住房紧张的问题,我们先后在沙旺小区、大海阳、辛庄街投资兴建了多套职工住宅楼,彻底改善了职工的住房状况。针对离退休老职工生活不便的问题,我们坚持进行重点照顾,无论是生病还是生活困难,从派车、派人到生活接济,总是想方设法加以解决,达到他们的满意。多年来,没有发生一起投诉和上访情况。对生活困难和有病职工,局里坚持定期走访,并设立了“职工互助互济储金会”,接济、补助家庭、生活确实有困难的职工,把企业和党组织的温暖送到职工的心坎上。此外,为方便职工生活,我局还成立了“电信职工消费合作社”,为职工提供品种多样、价廉物美的生活用品;每年定期组织职工进行体检,发现病情及时安排治疗。这些都进一步密切了干群关系,增强了企业凝聚力,保证了企业的稳定发展。

(二)通过扎实有力的思想政治工作,推进企业改革

近几年,随着国有企业改革的不断深入,人事制度、分配制度等与职工切身利益相关的配套改革日益深化,企业不同岗位、层次的职工收入差距进一步拉大,企业内部职工转岗或下岗不可避免。针对这种情况,我局党委从职工最关心、与职工切身利益最密切的问题入手,搞好利益调整,通过细致深入的思想政治工作把改革过程中出现的矛盾消灭在萌芽之中,保证改革的顺利进行。1999年初,我局进行了工资奖金分配制度的改革,打破了以往工资奖金向“脏苦累差”一线职工倾斜的惯例,实行岗位工资和奖金系数重点向管理层和知识分子倾斜。此项改革引起了一线职工特别是线路工程人员的情绪波动。为及时化解矛盾,局党委委派专人到装机维护中心,靠上去做工作,面对面地与职工交流。向职工分析当前电信发展形势和知识人才对信息化发展所起到的支撑作用,摆事实,讲道理,动之以情,晓之以理,最终稳定了职工的情绪,使大家口服心服。新的奖金分配制度实行后,一线职工的干劲不仅提高了,而且还形成了学业务、比技术的良好氛围,有力地推动了企业的经营和发展。在人事制度的改革上,我们一改以往对中层干部和管理人员提拔使用上论资排辈的“相马制”,建立了组织推荐、个人自荐、公开招考、公开考察的双推双考“赛马制”,在用人机制上实现了突破。邮电分营后,我局对重点客户经理、市场部管理人员实行企业内部公开招聘;新提拔中层干部时,注重对其学历、实际能力、工作业绩的考察,给青年知识分子带来了极大的鼓舞和激励,为他们充分施展才华拓宽了途径、提供了舞台。

(三)通过求实创新的思想政治工作,促进企业发展

多年来,我局党委一贯注重提高职工整体素质,通过扎实有效的思想政治工作,努力培育和建设“学习型”企业。我们通过开展全员素质年活动,采取多种措施营造学习氛围,促使每一名职工不断学习、提高和创新。学习内容方面,首先加强了思想政治教育。局里常年坚持“五项教育”,即党的基本理论、基本路线、基本纲领教育,爱国主义、集体主义、社会主义教育,世界观、人生观、价值观教育,讲学习、讲政治、讲正气教育,科学知识、科学思想、科学方法、科学精神的教育。根据市委部署,连续两年扎实开展了“企业集中教育”活动。通过这些教育活动,有效提高了广大干部职工的思想政治素质。其次是针对不同层次、不同岗位人员,广泛开展职业道德教育,把“以德治国”思想落实到“以德治企”之中。对窗口人员,经常性地进行职业道德教育、文明礼仪教育和业务技术培训,积极开展岗位练兵。围绕《电信服务承诺制》和《烟台电信服务标准》,在电信营业厅开展了“赛职业道德、比规范服务,赛岗位技能、比服务质量,赛文明用语、比服务态度”的“三赛三比”活动;在114查号台开展了评选“用语规范、声音优美的话务员”活动;在装机维护中心开展了“压缩障碍历时”和“优质服务”劳动竞赛。通过形式多样的活动,有效地提高了窗口人员的综合素质,电信服务质量进一步改善,我局也因此连续两年被评为全市“行风建设先进单位”。对技术人才,我们采取集中教育和分散教育相结合、局内培训与派出培训相结合、完成本职工作与开发项目相结合的方式,实现他们的人才价值。另外,我们还针对青年职工思想活跃,好学上进的特点,从去年下半年起,邀请技术专家,每周六进行电信新业务讲座,延续至今。去年底,我们还组织了全员

“职业技能鉴定”考试，考试内容包括邓小平理论、市场经济、职业道德、电信新技术、计算机运用等方面，不及格者下浮一级工资，停发三个月奖金，从而在全局掀起了一股学习热潮，有力地促进了职工队伍素质的全面提高。

强有力的思想政治工作和高起点规划、跳跃式发展的创业思路，较好地促进了企业的快速发展，使我市通信网的技术层次和科技含量显著提高，网络规模和服务水平产生了历史性的飞跃，有力地推动了全市经济发展、改革开放和社会全面进步。去年，我局实施了“百万双十”工程，打响了创建“电话市”的战役。有坚实的思想政治工作做保障，经过全局干部职工艰苦卓绝的努力和拼搏，2000年烟台电信实现了历史性的突破。一年中全市电话放号56万部，接近建国50年来全市电话的总和，在全国各地级市列第一位，全市电话用户突破百万，达到近140万户，龙口、莱州、蓬莱、招远、牟平、福山等相继建成了电话市（区），截止今年4月20日我市全面建成了“本地网”电话市。全网实现了交换程控化、传输数字化、业务多样化，具备了“空中有卫星、地面有微波、地下有光缆”的立体骨干传输网络。当今世界已有的电信新业务，如智能卡式业务、可视电话、一线通、虚拟网、IP电话、互联网业务、160及168信息业务等我市都已开放。今年初，我局又建成开通了“中国电信宽带网”，实施了由窄带电话网向宽带信息网的演变，向建设“信息化城市”迈出了坚实的步伐。

三、几点启示

（一）加强和改进企业思想政治工作要紧跟时代步伐，不断探索和创新

目前，我国正处于改革的攻坚阶段和发展的关键时期，社会情况和国际、国内环境、形势发生了复杂而深刻的变化。时代正在飞速发展，作为老牌国有企业，职工思想政治工作光靠老经验、老办法是显然不够的，必须适应时刻变化的新情况，面对随时出现的新问题，调整思路，开拓进取，不断探索和创新。一是思想政治工作要讲求效益。企业经济工作讲求经济效益，思想政治工作要追求思想效益和社会效益，要出成果、出产品，即通过思想教育活动，使职工的思想道德水平、整体思想素质得到提高并在企业各项工作中得以体现，真正达到教育的目的。二是思想政治工作要讲求科学。建设有中国特色社会主义要解放思想、实事求是，做思想政治工作更要坚持实事求是的态度，要在遵循思想政治工作基本原则和客观规律的基础上，善于发现和捕捉规律性的东西，运用科学的方式方法，在实践中不断创新。三是思想政治工作要讲求民主。思想政治工作是做人的工作，必要的“灌输”是要有的，但必须要在正确思想指导和灵活的方式方法下进行，不搞简单的单向传播，要注重双向的、横向的甚至多向的交流和讨论，把思想政治工作建立在人与人平等、尊重、沟通的关系基础之上，以理服人，以情感人，最大限度地缩小与教育对象的距离，使各项教育落到实处。

（二）加强和改进企业思想政治工作要注重发挥基层党组织的作用

企业基层党组织是企业的战斗堡垒，是企业党的工作和战斗力的基础，担负着直接联系群众、宣传群众、组织群众、团结群众，把党的路线、方针和政策落实到基层的重要责任，是企业思想政治工作落到实处的一个重要节点。企业思想政治工作要搞好，首要是落实到基层，体现在日常各项工作中。在发展社会主义市场经济，建立现代企业制度，转换企业经营机制的新形势下，如果企业党的基层组织战斗力不强，凝聚力不足或作用发挥不够，不仅会直接影响企业的生产、经营，更会影响到包括思想政治工作在内的软件因素的作用发挥。企业整体的凝聚力、企业员工的向心力、企业整和各方面的合力就会难以形成，更谈不上很好地发挥，企业就如同地基不牢的高层建筑，随时都会有坍塌的可能。所以说，基层党组织在企业思想政治工作及其他各项工作中起着至关重要的作用。

（三）加强和改进企业思想政治工作要与企业文化建设有机结合

企业文化作为一种新的理论，一个融合经济和文化的新概念，至今没有一个放之四海而皆准的精确概念，人们往往从不同的角度，按不同的理解作出不同的界定。目前我国学术、理论界比较认可和影响最大的是其广义、中义和狭义说。暂且不去探讨企业文化的精确概念，单从企业文化与企业思想政治工作的关系来讲，我们认为，企业文化主要是通过精神和文化的力量，从管理的高层上规范企业的行为，是为实现企业目标服务的。这与企业职工思想政治工作可以说有着必然和广泛的联系。也可以简单地认为，企业思想政治工作可以以企业文化作为载体。企业高层决策者和政工干部，要高度重视企业文化建设，认真学习研究和掌握企业文化的相关知识，结合企业的实际大胆探索企业文化建设的途径和方法，把企业思想政治工作纳入企业文化建设的总体规划，以企业文化建设为载体，最大限度地调动和发挥企业职工的潜力，为企业的改革、发展和稳定提供坚实的思想基础和政治保证。

（四）加强和改进企业思想政治工作要切实加强企业政工干部队伍建设

企业思想政治工作最终要靠政工干部队伍来抓落实，加强企业政工干部队伍建设，关键是领导重视和政工干部高度的责任感和事业心。作为企业领导要进一步加大抓政治工作的力度，真正做到抓经济工作和政治工作“两手抓，两手都要硬”，关心政工干部的成长，从干部选拔上、福利待遇上、培训交流上、素质提高上给予适当的政策倾斜，稳定政工干部的思想，充分调动其积极性和创造力。作为政工干部本身，要正确对待政工工作，把抓好思想政治工作作为义不容辞的政治职责，以高度的责任感和事业心积极投身到政工岗位上去，不断加强学习，丰富知识面，塑造良好的人格形象，增强工作的感召力和说服力，以过硬的政治素质、理论素质和业务素质迎接各方面的挑战。

总之，通过这次调研我们总结了经验，查找了不足，明确了方向，并进一步认识到，思想政治工作作为党的一切工作的"生命线"，容不得半点忽视和懈怠，必须紧紧抓在手上。在新的世纪里，我们将继续紧绷思想政治工作这根弦，一如既往地研究、探索和改进企业思想政治工作，抓好"生命线"工程，使其更好地为企业经济建设保驾护航，不断促进企业的持续、快速和健康发展，更好地为全市两个文明建设服务。

春潮涌动生命线

——广州电信政治工作透视

周小燕　罗　抗　李　鹏

2001年12月18日，中宣部、中组部、国家经贸委、中华全国总工会联合作出决定，对100家全国思想政治工作优秀企业和100名全国企业优秀思想政治工作者进行隆重表彰，"广州市电信局"榜上有名，这是企业思想政治工作的最高荣誉。2002年1月9日，广州市召开"精神文明建设暨三年一中变工作总结表彰大会"，广州电信共获得"广州市创文明行业先进单位"称号等各种集体和个人荣誉20项……

"东风吹散梅梢雪，一夜挽回天下春。"企业思想政治工作和精神文明建设战线上的一道道捷报，让人们深切地感受到了浓浓的春意。

大结合：春风借力好扬帆

如果把企业比作大海中的一艘船，有效的思想政治工作就是助其扬帆远航的好风。随着行业改革的深入和市场竞争的加剧，电信企业这艘大船在航行中所走的航道更宽了，遇到的激流巨浪更大了，争航竞渡的船只也越来越多。在这种情况下，广州电信把思想政治工作和企业的发展、改革、服务紧密地结合起来，充分发挥观念更新的先导作用、思想统一的保障作用以及意识深化的推动作用，让企业在市场经济和信息化大潮中更好地搏击中流。

结合一：思想政治工作与企业发展相结合，不断更新观念，实现企业大发展。

观念更新是企业发展的先导，只要思想解放的步子不停止，企业发展的步子就会永远向前。回顾改革开放以来广州电信超常规的发展历程，它实际上是一个不断解放思想的过程。从改革开放初期的"突破常规，负债经营"，到1992年邓小平同志南巡后的"规模投入，规模发展"；从面对炽热的市场需求提出的"有多大市场空间就有多快发展速度"的跨越式发展观念，到市场竞争环境下形成的"有多强竞争实力就有多大发展空间"的内涵式发展思想；从20世纪80年代提出的"让电信进入千家万户"的奋斗目标，到20世纪90年代中后期深入人心的"每天前进一步，永远真诚服务"的新的企业精神，一次次思想解放和观念更新的春风使企业迎来了一个又一个发展的春天！让我们沿着春风吹拂过的道路细数这春天的脚步：改革开放初期，广州市市话用户才一万余户，而到2001年突破了300万户。

结合二：思想政治工作与企业改革相结合，统一理顺思想，推动改革大深入。

电信改革是大势所趋，也是民心工程。民心畅，改革通，改革行，企业兴。近年来，广州电信顺利地经历了邮电分营，移动、寻呼剥离，政企分开和主实业分离等一系列改革，不仅做到了军心不乱、民心不散，还实现了企业经营和管理的不断创新。在这个过程中思想政治工作起到了很好的保障作用，超前引导、同步开导、善后疏导的"三导"方式功不可没。改革方案出台前，他们通过端正改革认识，超前武装思想；通过广泛宣传动员，超前营造氛围；通过实行民主管理，使员工超前介入改革政策制订。在改革方案的实施过程中，他们针对员工关心的热点、难点和疑点问题，做到主题教育同步、群众监督同步、释疑解惑同步。改革方案实施后，针对职工存在的实际困难，把解决思想问题与解决实际困难结合起来，在疏导中做到把实事办到位。如成立了劳务公司，为下岗、转岗员工提供技能培训，并给他们提供再就业机会。国际分局在安置因为国际人工受付业务取消而造成的人员过剩的过程中，围绕"安定、安顿、安心"的主线做了大量细致的工作，通过努力他们将留下的话务班组建成了一个具有高美誉度的电信服务窗口，而分流出去的话务员有的成了业务经营的尖子，有的成了食堂管理处的班长，还有一位话务员在电信营业服务中脱颖而出，荣获了广州电信"十大杰出青年"称号。

结合三：思想政治工作与企业服务相结合，深化服务意识，做好服务大文章。

电信行业作为一个服务性行业，服务即是企业的根本。多年来，从"邮电服务年"到"推进规范服务，创建文明企业"活动，他们通过形势分析、主题教育、开展讨论、演讲征文等多种形式，引导员工从职业道德和社会责任的角度、从市场经济和企业发展的要求多层面地去理解"服务"和"用户"，促进了服务意识的不断深化，实现了由"我们提供什么业务，用户使用什么业务"的企业中心观到"用户需要什么服务，我们提供什么服务"的用户中心观的转变；实现了从"用户满意是我们的服务准则"的满意服务向"用户感动是我们的服务追求"的特色服务的转变；实现了从单纯的电信服务到全新的信息服务的转变，挑起了信息化普及者的重担，努力使广大人民群众享受到现代、便捷、丰富的信息服务。广州电信客户服务中心是"全国创建文明行业先进单位"，员工面对极为繁重的话务压力坚持把微笑融入声音，将感动留给用户，真正做到"帮忙在先，提醒在先，服务在先"，为人民群众解决了许许多多的生产、生活难题，被用户誉为"不见面的微笑使者"。

大氛围：春雨润物细无声

思想政治工作归根到底是人的工作，从这一角度归纳广州电信的思想政治工作，可以找到两个关键词，一是"培养人"，通过创造条件帮助其成材，塑造现代企业现代人；二是"凝聚人"，通过多种途径凝聚人心，为企业发展营造"人和"的环境。"大音希声，大象无形"，广州电信注重营造良好的企业氛围，充分发挥其春风化雨的潜移默化作用，达到了思想政治工作影响人、培养人、提升人、凝聚人的目的。

"以德治企"浇灌出文明的鲜花。企业常盛之道在于"德"。广州电信一是树好一个形象，局领导班子坚持用"看我的"立形象之基，以"跟我来"铸人格之魂，在广大干部职工中树立了勇闯市场的榜样、认真学习的榜样、求真务实的榜样、团结廉洁的榜样。二是抓好一个教育，通过持之以恒的政治理论教育和形势教育，使干部职工的思想与时俱进、不落伍。三是用好一个载体，通过组织大会战、树创活动、党建学会、政研会等形式多样的载体，吸引广大职工积极参与企业生产经营、文明服务和文化娱乐活动，使职工受到积极氛围和高尚情操的熏陶。

"英模文化"培育出进取的员工。如果你问起广州电信的先进典型，他们的员工一定会如数家珍地告诉你：在广州电信的先进典型中有苦练个人技能、在平凡的岗位上作出不平凡贡献的全国青年岗位能手"查号之花"邓敏怡，她所创下的每月查号6万次的全国记录至今无人能破；有带领科技人员在全国率先开发出"电信业务计算机综合管理系统"的青年科技状元廖静，这个项目在第十一届全国发明展览会上荣获金奖；有苦心钻研技术，在技改技革中取得重大成果的全国青年创新创效先进个人崔文凯，他负责的"SDH网络时钟改造工作"仅1998年就为企业创造效益400万元。除了一大批先进个人，他们还有"全国创文明行业先进单位"客服中心、"全国青年文明号"114查号台和全国"五一"劳动奖状获得者天河营业处等先进集体。企业英模是企业精神的人格化，他们是广大干部职工以一流业绩创造一流企业的先锋和典范。在广州电信，英模文化的氛围无处不在，走进荣誉室人们能看到英模的形象，上到信息网人们能点击英模事迹，翻开《广州电信》杂志人们能读到有关他们的故事。多年来，广州电信通过开展多层次的示范、立体化的宣传，激发了广大员工的进取心，走出了一条"点亮一盏灯，照亮一大片，抓好一个点，带动一个面"的成功之路。

"知识驱动"缔造了学习型企业。为了适应电信行业日新月异的知识更新，广州电信制订了"终生学习，提升自我，构建广州电信21世纪精英团队"的员工培训计划。广州电信将员工培训作为企业发展最重要的投资，近年来每年投入教育资金超过1000万元。不仅如此，他们还把重点放在培养员工的进取意识和学习意识上，建立起覆盖全局的教育网络，为员工学习创造条件，将员工学习与使用、聘任、考核挂钩，激励员工不断进行知识更新，努力使学习变成企业和员工的良好习惯。目前，广州电信的岗前培训和转岗培训率都达到100%。

"三个留人"建成了人才的乐园。随着通信市场竞争的白热化，信息行业中对人才的争夺战也逐步升级。人才聚，企业盛；人才兴，企业兴。广州电信根据企业发展对人才的客观需要，充分发挥思想政治工作的稳定线作用，将安人心与安人身结合起来，通过"事业留人、待遇留人、感情留人"的人才使用与激励机制，培养员工的忠诚度，调动员工的积极性和创造性，力争将企业建成一个员工实现自我价值的舞台、寻求精神归宿的乐园，增强企业汇聚人才的吸引力。

大创新：新意翻出满眼春

江泽民曾深刻指出："创新是一个民族进步的灵魂。"对于处在知识经济和信息化前沿的电信行业来说，创新是企业思想政治工作的必然要求，对于一个外部环境瞬息万变、内部改革接连不断的企业来说，创新是思想政治工作义不容辞的责任；对于员工构成日趋年轻化、知识化的广州电信来说，创新是保持企业思想政治工作活力和吸引力的唯一选择。

近年来，面对扑面而来的市场经济和信息化浪潮，局党委敏锐地将服务作为企业“两个文明”建设的结合点、作为提高企业思想政治工作效益的有效途径。这是广州电信思想政治工作和精神文明建设的神来之笔。多年来,他们在全局深入开展“推进规范服务,创建文明企业”活动,通过不断地努力和培育,广州电信的服务工作从“微笑服务－承诺服务－规范服务”走出了一条创新之路。随着竞争的不断加剧,为了提高用户的忠诚度,赢得市场,他们又更新理念,推动了服务的又一次大跨越,即从规范服务跨越到投入真情,与用户结成利益共同体,以个性化的服务去留住用户、吸引用户的“品牌服务”。从客户服务中心推行的“让微笑融入声音”的特色服务,到营业分局推出的“首问负责制”、“绿色通道”、“中型客户服务新干线”等个性化服务;从开发区电话公司建立的“装机高速公路”,到传输分局提倡的“八小时工作制,二十四小时责任制”等,不断涌现的特色服务、别出心裁的品牌创新为企业的“两个文明”建设打开了一片别样的天地。

提起创新,广州电信人总有说不完的话题:什么是“与时俱进”?企业不断创新的思想政治工作带给他们太深的感受。在这里,思想政治工作的切入点在不断创新。在营业分局把思想政治工作融入日常服务工作的案例分析中,深化了员工的服务意识;国际分局把思想政治工作与员工的绩效考核和职业生涯设计结合起来,找到了全新的抓手。客服中心对话务员实行“情绪动态管理”,通过及时进行情绪疏通,保持了“微笑使者”的良好形象。在这里,思想政治工作的舞台在不断创新。广州电信的“两会”(即局党建学会和局政研会)研讨活动坚持面向通信发展的主题、面向职工思想的热点难点,确立了“研究问题以当前为主,研究对象以基层为主,研究目的以应用为主”的“三为主”宗旨,培养了职工关心企业、思考问题、提升自我的良好习惯。同时,凭借这个舞台,充分发挥了“两会”的凝聚功能、创新功能、促进功能、沟通功能,形成了全员共研讨、科技人员提笔写思想的良好氛围。在这里,思想政治工作的形式在不断创新。网络等先进手段在思想政治工作中的及时深层引入打开了思想的视野和沟通的途径;每年推出的精神文明建设“精品工程”很好契合了时代的精神和员工的需求……

“等闲识得东风面,万紫千红总是春。”如今,面对“入世”后的新形势,广州电信的思想政治工作又有了新的目标——为全面提升企业的综合竞争力服务。愿不断的创新为广州电信带来永远生机勃勃的春天!

评论:思想政治工作也要“适销对路”

如果说,在市场经济条件下,企业的生产要以市场需求为导向,产品适销对路才能获得最佳效益的话,那么,作为向职工提供精神食粮的企业思想政治工作同样也要“适销对路”,常抓常新,才能提高其针对性、实效性。

对每个电信企业而言,抓思想政治工作并不是一个新课题。但是,能否抓到“点子”上,能否适应形势的发展,做到“常抓常新”,真正抓出实效来,并不是每个企业都能“想得出来”,也能“做得出来”的。其中就有一个着重解决思想政治工作的针对性和创新的问题,也就是“适销对路”的问题。

广州电信之所以能够夺取企业思想政治工作的鲜艳旗帜——荣获“全国思想政治工作优秀企业”的称号,关键在于强化了思想政治工作的“针对性”和不断进行创新。在不断变化的新形势下,广州电信领导层能够从推进社会信息化建设的大局出发,以向用户提供优质的服务为宗旨,注重加强思想政治工作的针对性和实效性,以全新的视角分析问题,以全新的方法解决问题,最终结出丰硕的成果也是题中应有之义。

当前,电信正处于变革、重组时期,如何充分发挥企业思想政治工作的先导作用,把思想政治工作与企业发展相结合,不断更新观念,促进企业的发展;把思想政治工作与企业改革相结合,统一思想,推动企业改革的不断深入;把思想政治工作与电信服务相结合,不断深化服务意识,做好服务这篇大文章,是每个企业都面临的现实问题。广州电信有的放矢地抓思想政治工作和不断创新思想政治工作的成功做法,值得电信企业借鉴和推广。

加强新形势下电信企业思想政治工作的思路探析

洪宇旭

随着社会主义市场经济体制的日趋成熟和电信改革的不断深化,职工的思想状况受到了不同程度的冲击,企业的思想政治工作也面临着许多新的问题。从思想政治工作的对象看,社会变革和历史发展使企业职工的思想观念呈多元化状态,对于企业思想政治工作有的持不信任、无所谓的态度,言语间常会混淆是非。如何针对这些情况开展思想政治工作,是我们面临的新课题;从思想政治工作的时代任务看,我国的社会主义市场经济体制建设已进入一个崭新的阶段,电信企业正处于深化改革的关键性阶段,这就要求思想政治工作适应时代的需求,面对新的形势探索新的途径,有效发挥“生命线”的作用。

一、当前企业思想政治工作面临的新问题

1.认识不到位。个别员工认为,在建立社会主义市场经济条件下,只要员工有过硬的业务技能,就能促进企业的经营和发展,创造经济效益,保证安全生产,政治学习学不学无所谓。因而在日常工作中,重业务学习、技术演练,轻政治学习。

2.针对性不强。由于通常被称为“小政工”的专、兼职党务工作人员在企业中所占的比例较小,他们同基层和一线职工的接触、以个人言行来影响和带动员工的机会有限,没有发挥思想政治工作潜移默化的作用。政治学习的内容陈旧、过时,员工不关心,没兴趣,学不进,员工关心的企业五项制度改革等热难点问题没有涉及,因而效果不明显。

3.方法较单一。个别党支部、部门在组织政治学习时,完全按照上级指定的学习内容,照本宣科,硬性灌输,学习的过程就是一人念、大家听,一人写、大家抄。这种单一的学习方式,不仅没有吸引力,反而引起员工的逆反心理。

二、针对当前企业面临的思想政治工作问题应采取的措施

1.建立健全企业思想政治工作网络,使思想政治工作渗透到企业生产经营各个环节。一是要强化党委对思想政治工作的领导责任。实现党组织对思想政治工作的领导,必须以落实责任为前提。落实责任,在纵向上要立足于全局性、政策性、导向性和超前性,通过制定总体规划、确定方针目标、部署重大任务、建立规章制度等形式,强化宏观指导。横向上要协调、处理好党政工团的关系,解决如何围绕本部门和本单位的中心工作开展思想政治工作的问题。明确要求思想政治工作必须由党委主要负责同志直接指挥、组织和协调,并把重点工作的过程和结果考核与企业经营工作紧密结合起来,有力地强化和落实了各级党委的领导责任。二是要规范“岗位责任,一岗双责”的落实。实行“双向纳入,一岗双责”,即政工干部负责在做好思想政治工作的同时,纳入对安全生产、经营管理应负的责任,部门领导包括班组长在负责行政管理工作的同时,纳入对思想政治工作应负的责任,从而建立了一支由党委统一领导、以专职政工干部为骨干、以部门管理人员为主力、以班组长为基础、广大党团员积极参与、覆盖全员和全过程的思想政治工作网络。

2.加强新形势下企业思想政治工作的针对性,提高企业的工作实效。思想政治工作应围绕企业中心工作,根据不同时期的阶段性任务,由被动向主动转变,倡导创造性思维,把握工作主动性。一是要大力加强职业道德建设。要认真组织学习《公民道德建设实施纲要》,以实施广泛的道德规范为重点,从诚实信用教育入手,大力加强道德引导。党员领导干部要走在职业道德建设的前列,坚持以德带队,用自己的模范行为和人格力量来影响和带动广大员工,形成爱岗敬业、诚实守信、服务群众、奉献社会的良好行业道德风尚。二是要加强形势教育。要根据单位实际,针对五项机制创新改革、企业面临竞争情况、提高企业经济效益等专题组织形势报告会,集中进行一次电信竞争态势的教育。通过分析机遇和挑战,正确认清企业当前的优势和不利因素,引导职工破除盲目乐观、固步自封的思想,牢固树立市场观念、效益观念、用户第一的服务观念,以适应新形势,开创新局面。三是增强思想政治工作的针对性。如今年企业将继续深化三项制度改革,实行五项机制的创新,随着改革的深化,企业内部各种利益关系的调整,难免会在职工中引起思想波动,产生认识问题。针对这一问题,要坚持“思想政治工作到现场”,充分发挥基层党、团和工会组织的作用,深入基层调查研究,掌握职工的思想动态,及时疏导热难点问题,化解矛盾,理顺情绪,把思想工作做早、做细、做活。要充分发挥宣传媒体的作用。以贴近职工、贴近实际、贴近生活,加强热点引导为原则,认真做好团结、稳定、鼓劲等主题宣传,对职工进行有的放矢的教育。三是要加强先进典型的宣传推广,培养员工积极进取的精神风貌。要加大文明行业和青年文明号的创建力度,通过开展争创全国级青年文明号的活动,广泛宣传先进集体、先进人物在企业两个文明建设中作出的贡献,让员工学有榜样,赶有目标。要在全市电信系统掀起学先进、赶先进的热潮,发动广大员工学习和弘扬在本职岗位上兢兢业业作奉献、踏踏实实出成果的精神。

3.创新思想政治工作的内容、方法和渠道,促进企业员工思想政治水平上新台阶。一是在内容上要有所创新。由单一的思想教育向提高人的整体素质转变。在市场经济条件下,企业员工队伍的构成、思想观念都发生了变化,这就要求思想政治工作的内容必须由旧变新、由虚变实。因此,系统性的务虚教育应减少,日常的针对性教育应增多,脱离经营的教育应减少,密切经营的教育应增多,普遍性的灌输教育应减少,针对性“单兵教练”应增多。总之,要以企业经营工作为中心,以解决实际问题为原则,以凝聚人心、调动职工积极性为目的,切实加强和改进思想政治工作的内容。二是在方法上要有所创新。要由过去的强制性、指令性转变为适应市场经济要求的参与性、指导性,从“说教式”、“注入式”,转变为符合心理规律的“诱导式”、“解惑式”,创造出丰富多彩、形式多样、职工广泛参与并乐于接受的活动方式,增强思想政治工作的吸引力、感染力和说服力。教育对象要由单一面

向职工转为双向参与，既教育职工又教育干部，既教育群众又教育领导，使思想政治工作入班组，到人头。管理方式要由“自我循环”转变为渗透到生产经营的各个环节，把思想教育与行政管理、思想引导与行为规范结合起来。同时，要充分运用现代科技和传媒手段，提高思想政治工作的覆盖面和影响力，促进思想政治工作的深入发展。三是在渠道上要有所创新。市场经济的建立，使思想政治工作的渠道和载体发生了变化。企业思想政治工作要针对新情况、新问题，着重从两个方面开拓。一方面是开拓视野，多方面、多角度地进行渗透。企业走向市场以后，职工和社会接触更加广泛，特别是社会上一些不良风气甚至种种丑恶现象会侵蚀我们的职工队伍。因此，我们要做好内部职工的思想教育工作，为企业创造良好的内部环境。另一方面，向企业文化领域开拓，尽量满足职工的文化和精神生活需求。职工思想观念的更新对物质和精神生活有了新的需求，这就要求我们要对职工进行培植企业文化、塑造企业精神、树立企业形象的教育，同时，要研究职工文化和精神生活的需要，广泛开展多功能的企业文化活动，促进职工素质的全面提高。

4. 把思想政治素质的提高和人力资源管理相结合，坚持把政治素质作为选人的一个重要标准。人力资源是企业的第一资源，应把思想政治工作与企业人力资源紧密结合，才能更充分地调动员工的积极性，收到较好的效果。首先，突出政治观点用人。企业选拔干部时，必须从“三讲”的高度出发，将政治素质放在首位，坚决撤换自私自利、思想政治表现差的人；大胆使用德才兼备、事业心强的人。因此，在制定岗位标准时，应细化思想政治素质的指标，把这一方面的内容尽量地作到可以量化，严格按标准进行选人。其次，要坚持群众观点选人，尊重群众的意见，重视按民意调查的结果选人用人。第三，要重视用复合型观点育人。企业思想政治工作人员是党的一线工作者，既要有一定的理论素养，也要有良好的业务技术水平，要成为“一专多能”人才。第四，管理和制度逐步向科学化转变。在实施绩效考核时，要健全完善制度，充分发挥激励机制的作用，充分考虑思想政治工作的特殊性，坚持物质利益与精神利益相统一，定性分析与定量分析相统一的原则，促进思想政治工作的有效开展。

（作者单位：福建电信泉州市分公司）

福建惠安县电信局加强“三个代表”学习 创建“四个好”党支部　塑造“五个形象”企业

林国防

惠安县电信局认真贯彻江泽民“三个代表”重要思想的精神，抓住庆祝中国共产党建党80周年创建“四个好”党支部活动为契机，以福建省电信公司刘耀明总经理提出的“五个形象”为指导，为人民群众多办事、办实事、办好事，不断致力于塑造崭新的企业形象，以满足广大群众对企业服务的需要，全面推动各项电信业务发展，树立中国电信优秀品牌。

一、加强宗旨教育，提高服务水平

1. 广泛征求群众意见，将人民的利益作为工作的根本点

“三个代表”的学习为我们指明了前进的方向，极大地增强了我们的信心。学习期间，我局全体员工认识到：只有全心全意为人民服务，才能得到人民的信任，才能促进企业的发展。为认真实践“三个代表”，我局在学习过程中不断以“用户至上、用心服务”为宗旨，把人民群众是否真正得到实惠作为检验“三个代表”学习成效的标准，通过驻村入户将群众的意见和建议作为工作的出发点，认认真真、不折不扣地为惠安群众办了几件实事：如有的群众提出崇武镇作为一个人口集中，经济较为发达的乡镇，是否能多设置“泉灵通”的基站，以方便更多的用户购买和使用。我局在进行市场调研后，迅速向市公司提出建设申请，现已投资700多万元在崇武镇增建“泉灵通”基站70多个。针对我县群众普遍反映的“泉灵通”覆盖不到农村的问题，我局加大了“泉灵通”基站的建设步伐，投入大量的人力物力，在全县16个乡镇新建800多个基站，进一步扩大“泉灵通”信号的覆盖面，率先实现“泉灵通信号镇镇通”，进一步满足全县广大群众对省线健康新业务的需求。又如针对大用户提出的要求，我局大用户服务部对大客户实行“三优”规范服务，既优先服务，如电信大客户业务处理的时限一律小于部颁标准时限1/2，同时大客户业务处理的时限应成为各部门的重点质量考核内容。装移机时限最长不得超过7天，数据业务专线入网在7天内开通，电话拨号入网在3天内开通，电话卡要做到即买即通等；优质服务，如定期为电信大客户提供电信新业务演示和业务培训，根据客户可能，积极向电信大客户推荐和请大客户免费试用电信新业务，每月向电信大客户提供通信费用对账单，并根据客户要求，向电信大客户提供详细清单，根据电信大客户要求上门检测、安装、调测、维修电信终端设备等优惠服务；如电信大客户的装机初装费、专线初装费、数据业务开户费等一次性费用给予一定幅度优惠，对电信大客户较大批量的装机和购机给予较大幅度的优惠，对电话的选号费给予适当优惠等。一系列对大客户的服务政策得到了大客户的一致认可。

2. 发挥党员带头作用，快速提高服务质量

切实加强企业党组织的思想、组织、作风建设，进一步提高党组织的凝聚力和战斗力，充分发挥党组织的战斗堡垒作用和党员的先锋模范作用，促使并带动其他职工树立"我是企业的主人"的主人翁观念，主动的为人民群众排忧解难，自觉参与到我局经营服务方面的建章立制工作中去，促进了后台为前台、前台为用户的良好服务循环体，实行"首问负责制"，开展"用户至上，用心服务"等活动。制定并实施《首问责任制实施细则》，明确受理客户各类咨询、投诉的形式和处理原则，明确责任单位、责任人的责任，规定各工序处理时限，加大考核和处罚力度。我局还开展了《首问责任制实施细则》全员考试，局领导班子组织服务督查组明查暗访，进一步贯彻落实首问责任制，同时加强对大客户的服务，将"绿色通道"的工作责任落实到人。短短数月时间大大改进了服务质量，今年五月我局四个农村分局，有三个被评为县级"青年文明号"，其中螺城营业中心还被评为市级"青年文明号"，设备中心荣获市级"新长征突击队"称号。

二、密切干群关系，加强社会联系

1. 加强企业凝聚力，密切党群关系、干群关系

按照"三个代表"要求，领导干部通过"民主生活会"、"谈心交心座谈会"、发放"意见征询函"等方式广泛征求干部职工意见的基础上加以整理归纳，形成整改报告，加以落实。如为了进一步加强领导班子与基层的关系，设立了"局长电子信箱"，利用"五四青年节"、"党的80周年生日"等时机，举办一些职工参与的活动，如"三八"联欢晚会、"职工运动会"、和农行、检察院等兄弟单位开展"庆祝建党80周年"文娱系列活动等等，进一步拉近了领导干部与职工特别是一线职工的联系。

2. 树立职工是企业的主人观念，发扬民主，进一步落实企务公开制度

通过党组织加强企业思想政治工作和精神文明建设，引导职工转变观念，树立危机感、忧患意识和爱岗敬业精神，及时把握干部职工的思想脉络，有针对性地做好一人一事的思想政治工作，把矛盾化解在萌芽状态，把问题解决在基层单位，加强企业的凝聚力和向心力。抓好党员干部的民主测评，从思想作风、工作作风、办事效率、工作业绩等四个方面进行测评，把评判工作交由职工代表评说，设立了"合理化建议电子信箱"，广泛的听取职工意见，接受干部职工的监督，反映和代表了广大职工的意愿，更好地发挥了民主监督作用。首先是形式从单一到多样。职工需要了解情况可以通过企务公开栏、局文件、每月工作计划表获取信息或是向各相关部室直接咨询；如需要发表意见或建议可以在职代会、职工大会提出或直接提交合理化建议书，企务公开成为企业与职工沟通的桥梁和纽带。其次是企务公开的内涵不断扩大。以往企务公开的事项仅仅局限于事关企业命脉的大事或重大的人事变动，而现在，只要是职工需要了解的事情不属企业机密，就可以成为企务公开的内容。职工企务公开的内涵不断拓展，职工对企业的了解越多，企业的经营就越规范，企业的经营决策就更加合理和准确。

3. 切实抓好党员干部廉洁自律工作

认真学习以"三个代表"为主要内容的党性党风教育。教育全体党员特别是党员干部要以身作则，联系实际，带头学习。通过学习，提高对实行党风廉政责任制重大意义的认识，明确对党风廉政建设应负的责任，单位各部门与局领导、职工与部门领导都签订《党风廉政建设责任书》，形成一级抓一级，一级负责一级的有效机制。全局14个股级单位都与局长签订了《党风廉政建设责任书》。另一方面，进一步弘扬艰苦奋斗、勤俭办企业的优良作风。支部还严格按照上级党委的要求严格控制非生产性建设，严格执行公务电话的使用和管理规定，严格控制会议、庆典活动的规定，严格实行招待费审批、核算制度等。

4. 积极参加公益活动，抓紧一切为社会服务的机会

支部一年多来参加义务献血55人次，为体育馆捐款9万元，多次参加县委县政府组织的义务植树活动，举办"支持北京2008年申奥千人签名"活动，捐资助学，参加"税法宣传月"广场文娱汇演以及"青年志愿者"活动和电话卡让利直销等活动，加强与社会的沟通。通过多层面，多形式参与社会活动，树立了颇具亲和力的良好社会形象。

三、虚心接受各种经营建议，努力促进经济发展

1. 在"三个代表"学习期间，我们也征求到了群众对我局经营方面的建议，如公话市场不够规范，我局立刻对公用电话进行清理，发放《告公用电话代办户书》，进一步规范公话市场。针对一些破坏IC卡机的行为，将IC卡亭的管理清洁工作纳入相关片区"三代"维护考核范围，既保证了IC卡公话的正常使用，又维持了IC卡公话干净整洁的形象。又如在采纳群众反映对电信业务不熟悉，希望能够加大电信业务的宣传的建议之后，我局立即采取各项措施，如通过《电信与客户》宣传刊物和悬挂醒目布条等方式，重点宣传"泉灵通"绿色环保、"镇镇通"

和电信资费下调,突出便民、利民、为民的主导思想。并配合“5·17”电信日的系列宣传,与广告公司合作设计“泉灵通”、宽带、固定电话、ISDN等电信主打业务的巨型户外广告,悬挂在繁华地带。

2.惠安电信局也在公司化改革的大潮中不断进取,抓住时机,将“三个代表”学习和党建工作作为经营发展为出发点和落脚点,加强内部管理,调动各方面的积极性,为实现上级下达的各项生产、经营任务指标而不懈努力。2000年,我局完成业务收入1.6亿元,发展城乡电话净增44145部,电话用户总数达到19万户,人均管理电话数已达1022部。去年我局还成功创建电话县,并荣获泉州电信公司上半年网管竞赛一等奖,被评为省级文明单位,并被福建省用户协会授予福建省用户满意企业称号,在全省的用户满意企业单位综合评分达93分。2001年初至今,在不到半年时间里,惠安县城乡电话已增长2万多部,其中“泉灵通”用户增长了1.5万多部,“泉灵宝”用户增长2万多户。企业党组织在其间发挥出巨大的作用,主动围绕生产经济开展党建工作,为企业的经营出谋献策,为企业的发展保驾护航。

四,鼓励再教育,提高队伍素质

1.切实落实职工意见,加强领导班子素质

为了更好的加强企业的管理,加快企业改革发展,干部职工要求要进一步提高领导班子的综合素质。局领导制定了学习计划,坚持集体学习和自学相结合,努力使领导干部在坚持和发扬马克思主义学风上有新的进步,在形成理论指导工作和提高理论素养上有新的成效,领导干部的理论水平和政治修养有了进一步的提高。领导干部之间认真开展批评与自我批评,做到思想统一、团结协作、能力互补,发挥良好的整体效能,不断提高班子的工作水平,保证政治核心作用的有力发挥和党的路线、方针、政策、上级决策的顺利贯彻执行,努力建设一个懂经营、善管理、廉洁奉公、职工拥护的高素质的领导班子。

2.加强职工的思想道德教育,培养职工综合能力

(1)注重日常学习,把日常思想政治学习纳入单位经营考核的内容。局支部要求作为生产一线的各个分局坚持每月两次的政治学习,同时制定思想政治学习计划,下发到基层,做到上有部署,下有落实,保证学习时间、人员、教材、经费的落实。做到集中学习、辅导讲座与各部门组织学习相结合,学习与讨论相结合,充分利用订阅党报党刊、辅导课、电化教育等多种方式,采用“走出去、请进来”的办法增强学习的效果,进一步提高学习教育的质量。引导职工在四个方面着重学习:一是邓小平理论的学习,认真学习“三个代表”重要思想,力争在深度和广度上有新的进展;二是中央重点精神的学习,包括马克思主义唯物论,“三讲教育”、“两思教育”、“警示教育”使之形成经常化、制度化;三是法律知识的学习,促进职工法律意识的提高;四是继续抓好经常性思想教育,进行党的基本理论、基本路线教育,进行爱国主义、集体主义、社会主义教育和艰苦创业精神教育,进行形势任务、时事政策教育。通过学习教育企业不断涌现出好人好事,电信企业形象不断得到提升,例如“代维”人员用自己的钱为老人院装电话等,在社会上引起了良好的反映;积极参加社会公益事业,塑造了电信新形象。

(2)组织各种形式的岗位培训、专业培训和业务练功,提高职工综合素质和业务能力,鼓励职工继续学习,全局共有62个人参加远程教育、高等函授教育、自学考试、计算机等级考试等。多次开展关于企业文化、电信条例、安全生产等方面的知识讲座,围绕企业工作中心,切实加强思想政治工作,增强职工的责任感和紧迫感。关心职工的工作生活,培养职工爱岗敬业的职业道德,树立为人民服务的宗旨意识,塑造高素质的职工队伍形象。

(作者单位:福建省电信公司惠安县电信局)

构建网络　搭建舞台
积极发挥在职党员参与社区建设和管理的作用

随着改革开放的不断深入,特别是城市管理体制日益深化,社区基层党组织工作出现了许多新情况、新问题,为适应当前新形势的要求,于1997年以来,我们塘桥街道党工委在居民区普遍成立在职党员理事会。经过几年来的实践证明,在职党员理事会是地区党组织创建两个文明建设的得力助手,是党与政府联系群众的桥梁,是落实“三个代表”重要思想的“前哨阵地”。我们的主要体会是:

一、统一思想,探索在职党员网络化管理的新途径

随着体制的转轨、社会的转型,职工由“单位人”逐渐向“社会人”转变,大量“单位人”进入社区,社区居民的主体发挥了变化。同时,大量的社会矛盾向社区积聚,社区工作的重心发生了变化,街道、社区承担的责任加重、工作内容加大,原来的党建工作模式、方法和力量已

远远不能适应新的形势需要。而在职党员年纪轻、学历高、能力强，由于生活在社区，熟悉了解社区，参与社区工作可以弥补社区党建工作的不足，有利于党的建设，如何发挥在职党员在社区的作用，需要通过网络的手段，将他们组织起来。

面对新的形势，1997年1月，我们在塘东小区进行试点，成立了居民区在职党员理事会，并逐步推广。在推广中，居民区党总支（支部）普遍存在着“三怕”思想：一是有“不愿管”的思想。认为社区工作日渐繁重，管理内容越来越多，再抓在职党员的工作，势必增加额外负担。二是有“不好管”的思想。认为在职党员分散，党的组织关系又不在社区，缺乏约束机制，在职党员能否参与社区建设，心里没谱。三是有“不敢管”的思想。在职党员素质参差不齐，其中有的是企事业单位领导干部和文化层次较高的党员，他们是否愿意服从社区党组织的安排。

鉴于居民区党组织存在着“三怕”思想，我们多次召开会议，统一思想，并联系实际进行思考、分析，认识到社区内所有党员之所以能共同开展社区党建工作，前提是大家都有一个共同的目标，都是为了建设一个“安全、整洁、方便、舒适”的现代化生活环境。而社区党建工作要搞好，就需要用网络的手段，发挥在职党员的作用。思想的统一，推动了居民区在职党员理事会的建立和完善。

二、注重实效，充分发挥在职党员理事会的作用

塘桥街道现有在职党员2710名，他们是社区居民中的先进群体，是社区党建工作的依靠力量，如何组织他们参与社区建设和管理，我们着重抓好以下五方面工作：

（一）理顺关系明确职责

在在职党员理事会成立初期，街道党工委就十分重视理顺居民区党组织与居民区在职党员理事会的关系，明确了居民区党组织主要是把巩固党的执政基础、维护基层社会稳定和保证居民利益统一起来，推动居民自治、发挥自治组织在社区管理和服务中的主体作用。而在职党员理事会是社区特殊的自治组织，是在居民区党总支的领导下，承担着组织、协调、督促社区在职党员积极参与社区两个文明建设的各项活动，发挥在职党员在社区活动中的示范带头作用的责任。两者之间既有割不断的联系，又有共同的利益和目标。

（二）功能定位夯实基础

塘桥街道各居民区在职党员理事会成立以来，积极探索自我教育、自我管理的运作机制。一是出谋划策充分利用和发挥在职党员在政治上、工作职能上的优势，针对社区党建、社区民主自治、精神文明建设和居民群众关心的热点、难点等问题，为社区建设把脉、帮助社区搞好建设。二是规范操作通过制度上墙、社区党员志愿者服务队网络工作图上墙、工作要求上墙、学习心得、活动情况上墙等措施，规范活动制度。如金浦居民区在职党员理事会结合小区党建工作的实际情况，提出了“管、敢、干”的工作方针（即建立管理制度，责任到位；敢说敢管敢提意见，以主人翁的姿态关心小区；发动社区内的党员一起干，形成小区建设齐参与的局面）和“长宽高”的工作模式（即用人所长，善于发现每位党员的长处；给每个党员提供宽阔的活动空间，让党员有施展才华的舞台；对党员高标准，高要求，党员要具备高素质），进一步发挥了在职党员的作用，增强了在职党员理事会工作的有效性。由在职党员理事会根据小区的实际情况，定期组织开展各项活动，向广大在职党员发出参与社区建设和管理的倡议。如：蓝村居民区在职党员理事会向小区全体在职党员提出倡议，要做到：“三要三争”（即参加小区活动和管理的参与意识要提高，帮助困难家庭和为民服务的奉献精神要提倡，安全防范和确保小区一方平安的稳定工作要带头，在家庭和睦、邻里团结创学习型家庭中争创典型，在小区的精神文明创建中争作贡献，在小区的建设与管理中争当模范）。通过这些举措，进一步发挥了在职党员的作用，增强了在职党员理事会工作的有效性，收到了良好的效果。

（三）建章立制规范运作

在职党员都有各自的工作单位和岗位，他们都有自己的职责和工作任务要完成，要扎实有效地把发挥在职党员作用深入开展下去，必须建章立制。为此，通过六年的实践、总结，我们制定了一系列制度：一是建立会议制度。我们定期召开专题会议，研究新形势下如何进一步发挥在职党员理事会的作用。如去年召开了“掀起学习三个代表新高潮，进一步发挥在职党员作用”研讨会，并邀请新区党校的教授参加，为我们出谋划策；在居民区层面，定期召开在职党员理事会及全体在职党员会议，听取居民区党组织的工作通报，传达上级的精神，使在职党员明确创建工作目标、任务，了解社情民意，共同商讨加强小区建设和管理的办法，选好在职党员发挥作用的切入点，从而，增强在职党员对社区工作的认同感、责任感。二是建立定期信息反馈制度。每年我们都统一印制《在职党员单位地区双向联系册》，在职党员人手一册，用于加强居民区党组织与在职党员单位党组织的联系，居民区党组织将在职党员8小时之外，参加社区活动和在社区的表现情况主动通报给在职党员所在单位，为单位党组织在评选优秀党员、干部提拔任用及领导干部党风廉政建设评议工作中提供依据。三是建立考核制度。为督促居民区党总支（支部）要重视发挥在职党员在社区建设和管理中的作用，我们把在职党员参与社区活动情况纳入居民区党总支（支部）“达标创优”活动和党建工作责任书的考核内容，实施平时考查和年度考核。

（四）找准载体　搭建舞台

为进一步发动在职党员参与社区，居民区党组织通

过走访、党员到社区报到等渠道，对社区内的在职党员情况进行了调查摸底，并结合在职党员的职业特点、特长及服务志愿等，建立专业服务队，为在职党员参与社区活动搭建了舞台。许多居民区在职党员理事会根据在职党员的一技之长和小区实际情况，成立了法律咨询服务队、夜间巡逻队、科普知识宣传队、护绿保洁队及便民利民服务队，将集中为民服务与平时分散利民活动结合起来，把为民服务活动开展得更深入。如塘东小区在职党员理事长余协荣处长（市公安局外管处治安管理总队支部书记）把18位在公安战线工作的在职党员组织起来，成立小区治安防范宣传队。为提高居民的防范意识，传授"防范一招"，收到很好的效果，还被上海市综合治理办公室编入"防范365招"。

（五）发挥作用　塑造形象

近年来，在各居民区在职党员理事会的倡议下，按照贴近实际，贴近生活，贴近群众的要求，各小区相继开展了"争当社区建设的先锋，争做邻里团结的模范"、"奉献在社区，闪光在楼组"、"争当一名24小时党员"、"在职党员为民服务夜门诊"、"聚是一团火，散是满天星"等主题活动。

同时，注重结合在职党员的特长，开展活动，已成为大家的共识。黄浦区党校杜言敏教授经常为附近的党员、群众作形势报告，听讲者已达5000余人次；黄浦区宣传部副部长孙中耀为居民开设以"让世界了解上海，让上海走向世界"的讲座等，报告深入浅出、语言简洁朴实，使社区党员群众受益匪浅。金浦小区分别开展了"迎奥运"、"庆十六大"美化一面墙活动；蓝东小区里居住着许多在海关工作的在职党员，居民区党支部就与海关工会联合举办"塘桥之夏蓝东小区纳凉晚会"，节目丰富多彩，深受居民的欢迎。峨山小区有一名身患肌肉萎缩的残疾儿童，长期卧床，其父亲下岗，母亲协保，家境十分困难，理事会得知后，不仅发动募捐，而且理事长还通过其单位汇众公司与其帮困结对。特别是在去年抗击"非典"的过程中，广大在职党员不仅带头做好自我卫生保健，维护环境卫生，而且还主动协助居民区党组织做好外地来沪人员的医学观察隔离工作，积极参加小区的"党员防非守望哨"活动，为夺取"抗非"胜利作出自己的一份贡献。

通过这些活动，增强了在职党员的社区党员意识、社区示范群体意识，社区党建主体意识，发挥了在职党员的正确舆论的导向作用，创建文明的示范作用，联系群众的纽带作用，社区工作的助手作用。同时，也进一步扩大在职党员在社区居民中的影响力，加强了在职党员与居民的联系，使社区真正成为一个"温馨的大家庭"。

三、搞好服务，确保在职党员理事会作用的持续发展

为保护好在职党员发挥作用的积极性，塘桥街道党工委在充分发挥在职党员作用的同时，也非常关心在职党员的生活。因为在职党员也是小区居民，生活在小区，也希望得到社区党组织的关心和帮助，解除他们工作和生活的后顾之忧。

（一）政治上信任。街道党工委为使在职党员更好地了解社区发展情况，每个小区都有一位在职党员作为塘桥社区党建工作代表会议的常任代表，出席会议，参政议政，为社区党建工作出谋划策。同时，街道还每年组织在职党员理事长座谈会，交流工作经验，探索进一步发挥在职党员理事会作用的新方法、新途径、新措施。不论是在小区人大代表选举还是居委会换届选举，广大在职党员都发挥了积极的作用。如：在去年居委会换届选举中，街道21个居委会进行了换届，其中8个直选，这项工作面广量大，各居民区党组织紧紧依靠广大党员，特别是在职党员的力量，在选举前，居民区党组织多次召开在职党员会议，统一思想，做好引导，从而取得了换届选举工作一次成功，其中有31名在职党员当选为居委会委员，3名在职党员当选为主任。

（二）生活上关心。结合新区开展的"百千万"工程，加大对在职党员生活上的关心。各居民区党组织按照"三服务"的要求，经常走访关心在职党员，从思想上、生活上关心他们，拉近与在职党员的感情距离。特别是在体制改革后当在职党员由于下岗或患重病等原因陷入生活困难时，居民区党组织及时上门慰问，送上社区党组织的温暖，并关心帮助他们解决困难，为他们排忧解难，使在职党员把社区党组织和在职党员理事会视作"在职党员之家"，更好地调动他们的积极性。南泉居民区在职党员理事会常务理事姚光玉（航天部801研究所处长）突发心脏病，街道党工委得知这一情况后，马上和居民区党总支书记赶到医院，当老姚看到街道和居委干部时，感动地说："真没想到你们会来……"。

（三）经费上保证。为了支持在职党员理事会更好地开展工作，每年街道党工委从街道财政中下拨一定数量的活动经费，如去年下拨在职党员活动经费近4万元，为在职党员理事会开展活动提供了一定的物质基础。

（四）精神上鼓励。当在职党员对社区作出成绩时，街道党工委和各居民区党组织都及时宣传和弘扬他们先进事迹，并每年组织开展评选"社区党建工作先进集体和个人"的活动，对评出的居民区在职党员理事会、"十佳在职党员理事长"和在职党员在"七一"期间进行表彰，并通过制作"在职党员风采"的宣传版面进行巡展。去年，我们还编制了《党旗飘扬在社区——塘桥街道在职党员理事会成立五周年成果汇编》，加大宣传力度，进一步鼓励广大在职党员广泛和深入地参与社区建设、服务和管理，发挥在职党员的作用。

（作者单位：塘桥街道党工委）

江苏电信苏州分公司思想政治工作长抓不懈

加强和改进思想政治工作是不断提高员工队伍素质，提升企业市场竞争力的有效途径。苏州电信分公司始终把思想政治工作融入企业的各项工作中，坚持以思想政治工作促进企业的发展、改革与服务，注重实效，长抓不懈，取得了一定的效果。他们的主要做法和体会是：

一、以签定责任书为基本点，规范地开展思想政治工作

2001年，分公司制定了《江苏省电信公司苏州分公司思想政治工作责任制》，把建立思想政治工作责任制作为发挥党的政治优势，建立有效约束机制，加强和改进企业思想政治工作管理的重要措施。

该分公司在签定《江苏省电信公司苏州分公司思想政治工作责任书》的基础上，用党章规范言行，开展了一系列行之有效的思想政治工作，全面提升员工的素质，为企业的发展与稳定打下了坚实的思想基础。

为了使《思想政治工作责任制》有效地发挥作用，进一步增强各级党组织的责任意识，将思想政治工作责任制规范化、具体化，使之落到实处。该分公司每季度对思想政治工作的执行情况进行考核，并将思想政治工作责任制的执行情况列入经济责任制考评，并作为推荐、任用干部的重要依据，从而推动各级领导干部加强重视。去年年底，该分公司按照《思想政治工作责任书》的要求对各责任人（包括党委成员及各支部书记）进行了年终考核。通过责任书的签定和考核有效地促进了企业思想政治工作研究活动的开展。

二、以课题研究小组为立足点，有针对性地开展思想政治工作

苏州分公司在成立思想政治工作研究会的基础上，于2001年一季度组织各党总支、支部成立了职工思想政治工作重点课题研究小组，由各党总支、支部根据部门实际确定研究课题。在一年一度的思想政治工作交流活动中，各课题小组根据部门实际作了形式各异、富有创意的课题研究报告。比如电信设备维护公司着重在"抓好支部建设，促进团建工作"方面进行了研究，通过课题研究抓典型、促先进，涌现出了被用户称为"风里来，雨里去的线路战士"的整治二班和被省公司工会评为"五一青年文明班组"的综合班这样的集体，同时在团员青年中也涌现了许多的闪光点，有效促进部门各项工作的开展，推进了服务工作的全面提高。电话装机公司则根据新时期企业工作的实际，提出了思想政治工作要在内容、方法上进行创新的新课题。该研究小组以提高影响力和注重实效为目标，根据职工所思、所想、所盼、所求，努力改进思想政治工作的方式方法，克服过去那种形式多、收效少，灌输多、感悟少，强制多、疏导少的现象，针对当前员工所关心的切身利益问题和急需澄清的思想认识问题开展工作。

各课题研究小组通过相互间的讨论和交流，互相学习，互相提高，有效地把思想政治工作的优良传统与企业的改革创新结合起来，积极探索出新时期通信企业思想政治工作的新思路、新规律、新办法。

三、以党性党风教育为切入点，深入开展思想政治工作

苏州分公司认真、扎实持久地推进分公司党委中心组的理论学习工作。该分公司坚持进行每月两次的党委中心组学习，通过学习与交流不断提高了党委领导班子的思想政治修养。

为了更好地加强党员的教育和管理，分公司开展了形式多样的活动，使广大党员在参加活动的同时接受教育。通过组织广大党员和入党积极分子参观了圆明园大型景观展览、观看《邪教法轮功》的专题片，回顾了中国贫穷落后、饱受屈辱的近代史，认清了"法轮功"祸国殃民的邪教本质，在震惊和惋惜中，大家纷纷表示要为振兴中华而立足岗位，敬业奉献。在七一前夕，苏州分公司开展了"纪念建党80周年、做新世纪合格党员"主题实践活动，组织了"党的知识"竞赛、建党80周年图片展、诗歌朗诵会等活动，使广大党员、员工在参加竞赛、参观图片展的同时重温党的发展历史，回顾党的光辉历程，进一步坚定了共产主义信念。

分公司结合"三个代表"重要思想的科学内涵学习江总书记"七一"讲话精神，为了加强学习力度，规范学习方式，在各支部员工中组织了读书会、学习会、交流会和笔会，并邀请市委宣传部专家作了"七一"讲话专题报告会，通过学习把广大党员员工的思想和行动统一到讲话精神上来，把讲话精神贯彻落实到企业改革、发展和稳定的实践中去。使广大党员、员工通过学习和讨论不断提高自身素质。

四、以党员联系群众为载体，全面开展思想政治工作

密切联系群众是党的优良作风和政治优势，分公司党委把开展党员联系群众工作作为加强党员教育、全面

开展思想政治工作的有效途径。

在各党总支、支部建立了党员责任区，对先进群众、包括入党积极分子进行定人联系，定期与群众进行口头或书面的思想、工作情况交流。落实了党员与积极分子一对一、党员与技术骨干一对一、党小组与帮教对象联系制度。通过座谈会、个别谈心加强沟通，了解群众思想状态，解决生产、生活中的困难。党员联系群众活动促使党员以身作则，从思想、生产、技能和生活上去关心、影响、带动周围群众，帮助职工群众提高认识，使思想政治工作的面更广、点更多、线更长。

（作者单位：江苏苏州电信分局）

竞争时代电信企业思想政治工作初探

于雁云

进入90年代以来，随着我国社会主义市场经济体制进一步深入发展，电信产业作为信息产业的一个重要组成部分，经历了数次重组，已初步形成了当前的竞争格局。中国电信是中国电信产业的奠基者，它为我国当代信息产业的发展做出了巨大贡献，特别是在历次电信产业的重组改革中，中国电信员工无不以大局为重，不断更新观念，迎接日趋激烈的市场竞争，使中国电信保持着良好的发展势头。当前，在“三个代表”重要思想的指导下，如何把企业思想政治工作渗透到生产经营管理的全过程，为企业在市场竞争中提供思想保证动力支持，是中国电信思政工作人员面临的一个重要课题。本文拟从当前电信企业思政工作的特点与对策两个方面浅谈自己的认识。

当前电信企业思政工作的特点

（一）思想政治工作的领域拓宽了，思想政治工作由企业走向社会，走向市场，由企业的生产领域进入了交换领域，电信重组以后，中国电信有了真正的竞争对手，电信市场由过去的卖方市场正在变为今天的买方市场，例如固定电话业务、数据业务市场，这种变化，使我们的思政工作的领域也要有两个方面的拓展。首先，企业的职工要直接面向社会上提供产品与服务（如社区客户经理），企业的思政工作也必须跟到社会，通过周密的工作，教育职工遵守国家的政策和法律，树立良好的职业道德风尚，不搞假冒伪劣商品，摒弃计划经济时代吃、拿、卡、要的“官老爷”作风，树立“用户至上、用心服务”理念，赢得广大用户对中国电信的信赖，以增强企业的经营业绩。其次，在市场竞争的环境下，企业内部的思政工作也必须扩展到每一个部门与岗位，而在企业外部，要靠思想政治工作搞好对外宣传，让全社会了解企业良好的服务质量，提高企业的知名度，树立企业的品牌，为企业的产品打开销路。

（二）思想政治工作的内容增多了，难度更大了。一是传统的“电信老大”观念难以打破。在竞争环境中，一些职工的思想难以摆脱过去中国电信“独打天下”的影响，有的人甚至对市场竞争持怀疑和抵触情绪，因此，要使职工的思想观念从“用户找我办电信业务”转到“我找用户办电信业务”上来需要做细致的思想工作。二是企业的风险逐渐增大。竞争必然伴随着风险，因此，要通过强有力的思想政治工作，增强企业员工的忧患意识，使他们在企业竞争顺利时要顾全大局，在企业出现困难时要与企业共担风险，共渡难关。三是部分职工的个人利益受到冲击，为适应市场竞争的需要，企业要通过对劳动、人事、分配制度的改革来转换企业的经营机制，但与此同时，一些职工的个人利益也会受到不同程度的冲击，这样就加重了他们的心理负担，以致部分职工对改革不理解。这就要求通过细致耐心的思想政治工作把道理讲通，使职工理解和支持改革。四是人际关系趋向复杂。在市场经济条件下，等价交换的原则很容易侵入到人们的政治生活中来，有的人很可能把个人手中的权力和技能当作商品交换的附加条件，利用不正当的手段来取得个人或小团体的利益，所以，政工部门要引导职工树立正确的观念和遵纪守法的意识，自觉克服和抵制一些消极因素的影响。

（三）思想政治工作的价值取向增强了。众所周知，企业的目标是通过商品交换获得更多的利润。企业的思想政治工作要为企业盈利服务，因此，思想政治工作者要增强价值观念，把提高企业的经济效益作为思政工作的标准，将主要的时间和精力用在提高企业的经济效益上，直接为企业经济发展服务。当前，就是要把市场观念引入到企业的思政工作中来，以市场观念为先导，并把由市场观念引发的企业人员效率问题、质量问题、策略问题、机制问题、生存与发展问题等内容作为在思政工作中进行职工教育与培训的主要内容。

（四）思想政治工作的实效性突出了。首先，思政工作要讲速度。在竞争环境下，面对市场环境、竞争对手的不断变化，企业的目标与策略也在不断的调整，在结合企业生产经营的难点、焦点、热点确定思政工作的目标之后，要抓住思政工作的有利时机，最大限度的提高工作的效率；其次，思政工作要求效益。要用效益观念决定思政工作的取舍，把工作的重点放在能为企业带来更大效益的基点上，并且做到每项工作有着落、有效果。

当前电信企业思政工作的几条思路

（一）企业思政工作必须以市场观念为先导。在当前竞争环境下，企业的思政工作必须为企业的经济目标服务，围绕它去发挥思政工作的优势，调动企业员工的积极性，提高企业的经济效益，而市场观念就是企业思政工作的着力点，这与“三个代表”重要思想的要求是完全一致的。建立社会主义市场经济体制是深化改革的基本方向和加快经济建设的必由之路，它将逐步地彻底地打破传统地计划经济体制和各种落后的经济形式，更好地解放生产力、发展生产力，其实质就是社会主义初级阶段中政治领域与经济领域的一场革命。企业的思政工作要以市场观念为先导，就是要用社会主义市场经济观念这一先进文化教育与引导广大职工，促使大家的市场观念不断得到深化，在不断增强的市场观念驱使下，激发聪明才智，推动企业发展，更好地贯彻和实践“三个代表”重要思想。当前，在电信企业内部，就是要以市场和现场为基点，在经常性上下工夫，工作重心在营销市场和生产现场倾斜。营销市场和生产现场是职工的社会价值和企业的经济效益都在这里实现，群众的思想、情绪、工作姿态和成果都在这里表露，同时，这里又是企业形象与客户见面的最后一道关口，企业能否树立良好的品牌，这里工作的成败起着最直接的决定作用。因此，它们是当前企业思政工作的基点。企业思政工作只有以市场观念为先导，才可以使广大职工的基本行为及关心的问题都统一在企业经济效益的提高这一根本目标上，才可能使广大职工自觉地把自己和市场或者企业的生存与发展紧紧地联结在一起，才可能使企业的营销管理机制更加适应建立市场经济体制的需要，企业才会得以生存于发展。

（二）要适应形势不断探索适合在现代企业中进行思想政治工作的新方法新模式。首先要变指令型为指导型。过去企业基层的思政工作都是由机关政治部门统一部署的，当前，随着企业经营机制的转变，各基层单位在市场竞争中承担的任务不同，思政工作的特点也不同，统一部署同一内容的思想政治工作不一定符合每一个单位的实际，也就达不到预期的效果。为适应这种新的形势，政治工作部门应只提出工作重点、目标和要求，具体怎么搞，应由各基层单位根据自身的具体情况而定。其次，要变督促型为服务型。在竞争条件下，各基层单位的经济效益和企业的经济效益紧紧地联系在一起，增加了工作动力，提高了基层单位做好各项工作的自觉性，不在需要上级部门经常性的督促和干预，但基层单位在工作中遇到思想、理论、改革上的难题，就需要机关政工干部帮助解决。政工干部就应该深入基层，帮助基层单位解决实际问题。再次，要以丰富实在的活动为依托，让人们在参与中受到教育，得到提高，要本着大家办、大家乐、大家受益的原则，吸引广大职工广泛参与，达到自我娱乐、自我教育、自我提高的目的，把体现社会主义思想、具有时代特色的活动办到职工的身边，使我们的思政工作由虚到实，取得更好的效果。

（三）要不断更新企业思想政治工作的内容。社会在变化、企业在发展，这其中自始至终会出现许多新问题、新思想、新观念，企业思政工作也必须与时俱进，不断创新，去迎接这些新变化。一是要搞好政策法规的宣传，让职工清楚国家政策，掌握有关的法律知识，使职工树立正确的经营思想，遵守职业道德。二是要围绕最敏感最关心的热点问题，采取有效的方法进行启发和诱导，增强职工面对市场竞争的心理承受能力，正确处理国家、集体和个人三者的利益关系。三要不断总结企业在现代企业制度管理下先进的管理经验，选树经营有方的典型，进行交流和推广，不断提高企业的管理水平。

（四）以企业文化建设为重要载体，着力培养企业精神，塑造企业形象，企业文化包括企业的物质、制度、精神文化三个层面。与企业思政工作密切相关的是企业文化建设。当前，我们在思政工作中要不断强化职工的忧患意识、竞争意识、创新意识、效益意识、信誉意识，营造一种具有中国特色的国有企业文化。为此，首先我们要立足于内部，在日常的思政工作中不断地融入以上五种意识并使之根植于每一名员工的心灵深处；其次要利用新闻媒介较好对内对外宣传，对内及时宣传企业的生产经营成果，利用广告等形式介绍企业的产品，在社会上树立良好的企业形象和产品信誉。此外，还应配合企业的营销策略，适时开展公关活动，利用文艺、体育活动和召开联谊会、座谈会等形式，扩大与外界的联系，使企业拥有更广泛的客户。

（五）要不断提高企业思政工作干部的素质。企业思政干部要具备多方面的能力，一要有辨别是非的能力。市场经济使人们之间的关系错综复杂，是非曲直难以分辨。因此，政工干部必须熟悉和掌握党和国家的政策和法律，具有敏锐的观察问题和解决问题的能力。二是要懂得市场经济，思政工作要为企业在市场中竞争和发展服务，所以，政工干部不但要懂得市场的有关知识，还必须懂得市场经济运行规律。三是要有能增强职工队伍凝聚力的本领。在市场经济条件下，企业的凝聚力如何，直接关系到企业的经济效益，关系到企业的生存与发展。企业的政工干部要根据市场经济的特点，经常研究职工的思想情况，摸清职工的思想脉搏，采取有效的方法调动职工的积极性,增强职工队伍的凝聚力。

(六)要充分发挥现代传播工具的作用。企业思政工作在努力改进和加强面对教育的同时,要重点发挥现代传播工具的作用,努力创造良好的舆论氛围,运用多种信息传播手段和途径开展工作,当前要特别重视运用互联网络进行思想政治工作。对于电信企业的员工来说,网络决不应该是一件陌生的事物,因为我们本身就担负着整个社会的数据通信最基础的维护与服务工作,因此,在电信企业的思政工作中运用互联网是我们这个行业得天独厚的优势。首先,我们应该建好自己的网络,思政网络是整个企业思政工作的传热点和答疑点,它可以将企业思政工作的文件制度、经验材料、数据资料等信息在网站发布,在此基础上利用网络开展形势任务教育、先进典型宣传、调查研究、政策法规宣传和网上征文等。还可以开辟网上思想政治工作图书馆,开办电子报刊,设立交流园,开通职工与政工部门甚至是企业领导的交流热线,还可以利用网络与上级思政工作部门及其他上网企业沟通。其次,建立企业文化网站。企业上网实际上就是企业文化上网,因为企业不可能把企业所有的资料搬上网,只能把其中有代表性的精华的部分奉献给用户,这个筛选、集中的过程就是文化的再创造过程,就是企业形象向外扩展的过程,就是思想政治工作发挥作用的过程。再次,要在职工中开展网络道德教育。前文提及,电信企业的员工本身就在从事着网络建设与维护工作,由于现阶段我国网络立法方面尚存在许多空白区,因而在网络从业人员中开展网络伦理道德教育就显得尤为重要,我们要引导技术人员认清在学习和传播网络知识中的独特角色和重要责任,激发他们的创新精神,树立网络自律意识,推动网络文明建设。我们还要在全体员工中开展网络伦理道德教育,引导大家努力做到不当网虫、不做黑客、不抛垃圾邮件、不搞侵权、知法守法。最后,我们要积极运用互联网技术扩展思政工作的传播手段,提高工作效率。随着计算机和通信技术的不断发展,网络同步交流、信息检索、游戏娱乐、电子商务等功能的广泛运用,网络媒体功能越来越多,这给宣传思想政治工作的发展创造了难得的机遇。如网上新闻的"即时播放"和滚动播出极为便捷,提高了新闻的时效性和传播速度;网络的版面不受限制,数据库可以保存已发表了的信息供网民浏览等等。现在电信企业的几乎所有重点工序、环节和岗位都配有电脑,利用网络这个工具开展思政工作不仅成为可能,而且已经成为现实。因此,我们电信企业的思政工作者必须要重视运用这一其他许多行业并不具备的便利条件,让思政工作运用网络"如虎添翼",让电信企业的思政工作更具活力。

(七)要重视和加强企业共青团组织建设,着力做好青年职工的思想政治教育工作。企业思政工作的根本任务,就是要把生产力中最活跃的因素也就是职工从事生产经营的积极性充分调动起来,用主动的创造性的劳动态度,投身于企业的改革与各项工作的创新中去。当前,中国电信企业中的青年员工已经成为整个企业的主体,因此重视和加强青年员工的思政工作就显得尤为重要了。首先,我们要加强企业团组织的建设。青年员工中团员的比重很大,团组织是企业青年思政工作的重要阵地,我们应该根据集团公司党组和上级团组织的要求,根据现实的需要和时代特点,使团组织成为企业青年们的思想培训基地、业务锻炼基地、文化传播基地、要培养、选拔、推荐优秀的团员向党组织靠拢,成为企业未来发展的后备人才和中坚力量,要使团组织成为为企业青年员工解疑释惑,激励他们创新上进的"思想加油站",使团组织成为真正的"青年之家"。其次,要有针对性的开展调查研究工作,了解青年职工的思想动态,反映他们的愿望、呼声与要求,为企业的决策提供依据。青年职工的特点之一便是思想活跃,追求上进,但由于他们年龄轻、经验不足,又纷纷阻碍他们发挥优点,做出成绩。因此,企业的思政工作者要多深入基层,多倾听青年们的意见,多做一些调查研究,了解他们在企业发展的不同阶段所表现出的不同心态,有针对性地开展宣传与教育工作,保证他们以饱满的热情投身于日常的生产与服务工作。

以上笔者从当前电信企业思想政治工作的特点与对策两个方面浅谈了自己的认识。现在,全党上下正在掀起学习与实践江泽民同志"三个代表"重要思想的热潮,面对激烈的市场竞争,中国电信作为国有企业也在"三个代表"思想的指导下不断进行体制创新,进行着适应于社会主义市场经济体制要求和我国加入世贸组织后电信竞争加剧的各项改革,我们坚信,只要我们认真的学习、领会和在实践中有创造性地正确贯彻"三个代表"重要思想,不断加强中国电信的党、团组织建设和企业职工思想政治建设,务实拼搏,不断创新,中国电信的明天一定会更加美好。

(作者单位:宁夏区电信公司)

开发信息资源　占领先进生产力的制高点

王和平

科学技术是第一生产力,科技发展需要信息的扶持。先进生产力有赖于先进的信息,没有信息资源,经济不可能迅猛发展。信息如同物质、能源一样,是人类赖以生存发展的三大基础,而其中“信息”质量的优劣,传输速度的快慢,应用程度的高低,对物质、能源的开发至关重要,可以说,信息是经济发展为先导。随着我国改革开放的不断深入,科技水平的不断提高,对社会信息技术的需求也不断加大,信息活动已成为社会发展的重要组成部分,信息资源技术也日益成为先进生产力的核心。目前,加速发展信息技术,已成为落实十六大精神“用先进科技改造和提高国民经济,努力实现我国生产力发展的跨越”的关键环节,也是实现我市“融入长江三角,全面建设小康社会”战略方针的重要环节,如何进一步深入开发信息资源,占领先进生产力的制高点,为实现经济腾飞出力,是摆在图书馆工作者面前的一个重要课题。

一、信息资源库的内涵及其发展意义

信息资源库是收集、贮藏、整合、分析各种信息、资料、数据的场所。信息资源库的构建基于信息簇,信息簇是信息元经过整合和重组转变而成,信息元是信息传播的最小单位,它可以不断地连接,形成新的组合,信息元这种无穷地组合能力可以不断地产生新的信息,形成信息网。信息资源库就是要迅速收集信息、利用信息的组织形式,将信息网织成各种关系的模块,形成不同模式的各种信息数据库。信息数据库是经过加工,组织的信息构成的具有知识挖掘功能的数据库,是信息分析、知识整合的产物,可以反映各类知识的复杂关系,提供各种信息、知识图表、竞争分析、国际形势等的信息状况。

信息资源库的重要特征是它的共享性,尤其是网络信息资源,人们可以足不出户就能点击到自己所需资料。发达国家的发展经历和经济表明,一个国家的经济实力、综合国力的差距,主要是科学技术和文化教育的差距。但随着社会信息化的发展趋势看,信息资源的开发利用和吸收能力的差距将成为影响一个国家综合国力的重要因素。为了减少与发达地区在信息资源开发利用上的差距,我们必须抓住关键性问题加以解决,如加强信息资源开发的选择性和针对性,扩大开发渠道,增加信息资源总量,调整信息产品结构,广泛采用先进的信息技术,努力提高信息资源开发的广度和深度,积极发展具有各种不同功能的数据库产品和其他信息产品,提高为社会各阶层信息用户提供信息资源的能力和水平,提高信息资源开发利用的整体效能和快迅反应能力。使信息资源的开发和利用更加有效地为社会主义市场经济建设服务,为当地社会发展的战略目标服务。

二、开发信息资源库图书馆所面临的挑战

信息资源开发是图书馆信息服务的核心环节,是知识经济条件下图书馆工作有别于传统图书馆工作的最本质特征。长期以来,在条块分割的管理体制下,各系统各部门追求各自的“自我完善”,给信息资源建设带来了诸多弊端。也使网络环境下的图书馆面临极大的挑战。

首先,传统图书馆“大而全”、“小而全”、的管理模式,使信息资源库的建设重复浪费,这一现实对传统藏书观念造成冲击。传统图书馆的服务理念是“以有限的馆藏去满足无限的读者需求”,因此,各个图书馆都在不停地、尽最大努力收集文献,这就造成了“麻雀式”图书馆,五脏俱全,重复浪费惊人。在网络技术的冲击下,信息资源共亨已成为现实,图书馆可以利用网络来满足读者的需求,这就冲破了传统的图书馆藏书思想和评价标准,同时,形成了新的藏书观念和服务优劣的衡量标准。

其次,是因特网无限扩展和普及,极大冲击了图书馆在文献信息传播交流中的统治地位。因为传统的信息渠道,图书馆往往是人们获取文献信息的首选途径。而在网络时代,人们首先是在网上查找。这种方式不受时间、空间的限制,比传统的检索方式更方便、更快捷,获取的信息更全面。这就使图书馆对文献资源直接占有的优势显得越来越弱。

其三,对图书馆馆藏类型和服务方式的挑战,传统图书馆以纸质印刷文献为主要收藏对象。网络环境下,其文献收藏扩展到各种电子出版物,如:磁盘、光盘、缩微胶片和网上出版物等等。服务方式也从传统的流通、阅览为主转向网上服务,在网络环境下,信息用户对信息服务的期望值及质量要求比过去大大提高,他们希望信息服务人员能为其提供高质量、高水准的服务。尤其是复杂的查询和检索,更希望得到专业人员的帮助,这就对图书馆的设施和服务方式提出了更高的要求。

其四,图书馆工作人员面临知识更新的挑战。面对网上丰富的信息资源以及跨越时空的检索方式,高度开

放和自由以及文本间超级链接等信息技术，图书馆面临着更大的挑战，也对图书馆工作者提出了更高的要求。要建设信息资源库，必须掌握现代信息技术，因此，图书馆员必须更新知识、扩展能力、熟练掌握计算机应用能力和收集广泛信息资源的能力，尤其要掌握网上信息资源的检索能力，要具有对收集的信息资源进行重新组合、整理、加工、形成二次文献等网络服务能力，具备信息资源库里导航员的素质，要培养一支复合型的人才队伍，才能抢占工作的先机，应对接轨世界的挑战。

三、网络环境下建设信息资源库的原则

信息资源的开发与组织是开展信息化服务的基础和前提，也是一项涉及面广、内容复杂的庞大的系统工程。除了应该遵循传统图书馆原有的实用性、系统性与协调原则外，笔者以为，还必须遵循以下几个原则：

1. **个性化和特色化原则**。数字化信息资源库的建设必须“面向读者”，党校图书馆的藏书体系本身是一个具有党校特色的文献信息库，在信息化进程中，我们必须解决的是我们的用户需要什么？我们就应该收集什么。可以说，用户需求决定信息供给，党校图书馆的潜在用户，是党校的教研人员、党政领导干部、党校历届学员以及市区机关宣传工作者。这些潜在的用户有特定的信息需求，所以党校的信息资源建设要有自己个性特色，要有思想性，开发的数据库要符合党的路线、方针、政策，体现党校的性质和任务，体现“三个阵地”、“一个熔炉”的教育思想，围绕“三基本”、“五当代”的教学格局去展开教学信息资源库的建设。

2. **共享性与渐进性的原则**。网络环境下党校图书馆的信息资源，除了本馆的馆藏外，大量的应该是网上的资源。资源共享是网络化信息服务的主要特征，也是信息时代图书馆生存发展的决定性取向。信息资源建设是一个动态的、渐进的过程，图书馆信息资源布局，从一开始建库，就必须考虑到要有利于信息服务社会化、集成化和网络化进程，有利于信息资源的标准化和规范化。要以分工合作的方式开发信息资源，减少重复浪费，有效利用信息投入，才能通过各种途径和手段在一定范围内实现资源共享。

3. **层次性与专业性原则**。文献资源本身的层次性和用户的层次性决定了信息资源配置的层次性。由于专业设置不同、服务对象不同、藏书结构不同，必须要建立起适合不同层次需求的最佳的信息资源模式组合。在网络环境下，文献管理和服务方式不再被约束在固定的场所，专业性是党校图书馆配置信息资源最基本的原则，党校图书馆的主要职能是服务于教学和科研，服务对象首先是教师和学生，不同的对象对信息的需求具有层次性，每个教师又都有自己的专业。如果不能满足教学和科研的专业需要，组织起再有特色的信息资源，对于教学还是无济于事，因此，不管是现实馆藏还是虚拟馆藏都应遵循层次性和专业性原则。

4. **针对性和效益性原则**。信息资源开发利用还应当坚持针对当地经济建设发展战略，以市场信息需求为导向，从用户的信息需求的实际出发。开发的内容要和用户的工作任务和目标相一致；开发的深度应适合用户的知识结构、科技水平和吸收消化信息的能力；开发的信息产品形式应便于用户获取与使用。信息资源的开发还要注意当前经济效益与长远经济效益，社会效益与经济效益相统一的关系问题，信息资源开发要求我们既要注意当前社会急需的需求，获得短期经济效益，更要重视社会发展所需要的信息资源的积累，因为长远经济效益与未来的社会效益具有很大的同一性。

四、开发信息资源库的途径

信息资源是人类社会的重要战略资源，是知识经济的重要支撑条件，在网络环境下，党校图书馆文献信息资源建设已不适应网络时代的需求，要适应时代的需求，必须推进信息资源建设朝着电子化、虚拟化和网络化方向发展。而建设信息资源库，则可以从以下三个角度进行探索。

1. **开发网络信息资源，从范围看，包括三个方面的途径**。一是开发建设本馆网络信息资源系统。一个图书馆不仅是网络资源的使用者，而且是网络资源的提供者。因此，应加快本馆的数据库建设，建造书目文献库、期刊库、学术论文库、科技成果库等，丰富自己的馆藏资源和主页内容；二是购入国内外适合本馆使用的数据库及电子出版物。目前单机版光盘数据库已无法适应网络化的需要，网络版、镜像数据库以及多媒体电子出版将成为重要的网络资源；三是开发挖掘馆外数据资源，包括系统内其他馆的数据库资源、电子期刊、相关网站，通过获得合法使用权，扩大利用网上资源的能力。

2. **开发网络信息资源，从手段看，主要可以采取以下服务项目**。一是开展网络信息咨询。建造好网络信息资源主页及信息服务栏目，针对用户需求提供信息查询和咨询服务，对用户的网络咨询应快速反应及时答复，帮助指导用户利用网络资源；二是定题服务。根据用户需求，采用现实委托或网上委托的方式，由信息服务部门收集、整理、索取各种相关信息，提供特定需求服务。并向网络用户发送检索结果和一、二次文献；三是跟踪服务，对重点学科及科研课题，充分利用网络信息资源，广泛收集科研动态、研究成果、研究方向等信息，进行跟踪提供资料，同时，收集有关研究机构、数据库及电子出版物网站，并建立虚拟馆藏专题库及导航网址；四是网络信息交流。在信息服务主页中设立信息交流栏目，将网络资源纳入自身的信息资源保障系统，把学科动态、科研成果、新产品信息展现在网络用户眼前，互通有无，并可以通过电子邮件开展信息服务；五是用户培训。对教师、本科生、研究生班及主体班次学员进行检索培训，开设检索培训课，

介绍网络检索知识,联机检索知识以及各种数据库的使用,使学生素质能够适应网络环境下的信息需求,提高利用网络信息资源的能力。

3. **开发网络信息资源,从实效看,要注重与当地经济发展相关的信息资源的收集,利用现有的信息资源,实现社会效益与经济效益的统一。**在这方面图书馆应该做的主要有以下几点:

一是开发信息资源,为经济建设服务。图书馆在开发信息资源时,要结合当地的经济战略目标。比如,当前我市提出"接轨大上海,融入长三角,全面建设小康社会"的战略目标,图书馆在收集信息时,要着重围绕与之相关的资料,相关的网站进行采集,丽水这几年经过农业结构调整,绿色农业已经成为农村经济的重要增长点。图书馆要进行社会调研,根据市场需求及时调整信息工作的服务方向和服务手段,针对绿色产业和生态旅游做文章,为发展丽水自身优势提供信息。目前,市场信息在发展经济,提高劳动效率和发展生产力方面显得越来越重要,图书馆只有参与市场经济的竞争,提供适销对路的信息产品,才能适应社会需求,从而促进经济的发展,更好地为当地的经济建设服务。

二是面向科技,围绕企业,开展信息咨询服务。科学技术是第一生产力,科技产品在转化成生产力之前,需要准确的信息和大量的资料。企业是市场经济的主体,能把握一个地方经济的命脉。比如,纳爱斯集团就是丽水财政的主要支撑。而为企业提供信息服务,是市场经济形势下图书馆的一项重要任务。图书馆要针对当地的产业特色,搜集与之相关的科技信息,为地方的主导产业服务。科技一旦与生产相结合,就会转化为"物化的智力",这种物化的智力可以十倍、甚至百倍的高劳动生产率,为社会创造出巨大的财富。因此,图书馆要及时、准确地提供科技信息服务,要尽可能地为企业提供文献、信息、技术一条龙服务,实现信息产业化、科研成果商品化,以促进科研成果尽快转化为生产力。使企业获得最佳经济效益,从而促进地方经济发展。

三是占领信息消费市场,实现社会效益与经济效益的统一。随着社会的信息化,信息成为无形的消费品。网上信息需求,也是人民群众、特别是青年一代文化需求和精神需求的重要组成部分。党校的教职员工、在校和历届学员、党政军领导干部、党团员以及广大人民群众,都可以是党校数字图书馆的访问者和潜在读者。面对如此庞大的用户群,党校数字图书馆如果能用自己的特色信息资源去吸引他们,确立为领导决策提供服务的目标,编制好相关的知识信息,提供准确、便捷的信息服务,就能产生社会效益。同时,数字图书馆通过电子商务的有偿服务,也将获得商机,在信息市场上获取经济利益。从而实现社会效益与经济效益的统一。

综上所述,开发网上信息资源库是网络时代图书馆的必然选择。随着信息的网络化、图书馆的经营理念、服务格局以及组织管理模式等都将发生巨大变化。因此,我们要充分认识信息业发展的前景,把握图书馆发展的机遇,遵循信息资源开发的原则,利用先进的科技手段改变服务方式,发挥信息资源的优势,尽可能地满足用户需求,方便、快捷、准确地为读者服务。充分发挥信息集散地的功能,为教学科研服务,为领导决策服务,为当地的经济建设服务,尤其要利用科技信息,抢占先进生产力的制高点,为实现经济腾飞出力,才能使馆藏信息资源价值转化为最大的实际效益。

(作者单位:中共丽水市委党校)

新形势下如何抓好电信企业思想政治工作

韩梅丽

当前,我们面临许多新情况、新问题,各种矛盾交织,各种观念撞击,而观念的改变取决于思想的解放,解放思想是思想观念上的创新。新的领域要涉足,新的路子要探索,思想不解放是办不到的,只有破除旧观念才能开创新局面。江泽民"三个代表"重要思想把我们思路引入一个新的境界,一个新的思想解放浪潮正在兴起。在加强电信企业职工队伍思想政治工作方面,我们也要用"三个代表"的精神创造性的去工作。在新形式下,看问题、办事情必须要有新的眼光、新的思路、新的办法。在观念上要除旧布新,从因循守旧的传统观念中解放出来,从思想政治工作的"自我循环"中放出来,进一步解放思想、更新观念,克服无所作为的思想,走出政工干部没有行政管理权就没有地位的误区,树立有作为才有地位的观念;克服不安心本职工作的思想,走出"没有实权的工作不会做,没有实惠的工作不愿做"的误区,树立为改革保驾护航的观念。如果总是前怕狼后怕虎,这也想不通那也看不惯,就不可能有胆量有气魄带领群众去推进改革。

第一,应找准位置。搞好生产经营既是经理和行政干部的中心任务，也是书记和政工干部头等大事，要找准位置进入角色。企业要发展，职工思想政治工作要常抓不懈。企业思想政治工作要继承传统、开拓创新、贴近经济、贴近职工、贴近实际，跟上客观形势的变化，以变应变。要从企业经济活动的实际需要和职工的实际心态出发，努力做到"适销对路"。目前企业政治工作的机制上要理顺"五种"关系：一是理顺党政关系，变两方地为一块田；二是理顺专职政工干部和行政技术业务干部的关系，同演一出"戏"；三是理顺教育者和受教育者的关系，互为平等；四是理顺思想政治工作与生产经营的关系，水乳交融；五是理顺企业思想政治工作与社会一般思想政治工作的关系，相互结合，相得益彰。

第二，方法急需改进。讲究效果必须讲求方法。新形式下仍然要发挥思想政治工作的优势，但如何从内容、形式到方法、观念都适应市场经济需要。市场经济的确立，必然对人们的思想观念、价值取向、行为方式，和人际关系等都将发生深刻影响。另外，随着科学技术的飞速发展，职工的信息来源从50年代百分之八九十是支部书记告诉的，到20世纪从支部书记那儿得来的不足5%，人们获得信息的渠道多了。因此企业思想政治工作必须改革更新，跟上客观形式的变化，以变应变，将思想政治工作"实打实"地融入到经济和市场中去。另一方面，从职工积极性是否被充分调动作为衡量思想政治工作是否有力的主要标准来看，凡是有利于调动职工积极性的思想政治工作原则、内容和方式方法，还应该努力坚持；而引起职工反感、挫伤职工积极性的东西则应该坚决放弃和避免。如要确定考核检查标准的话，应该只能是一个，既是否把职工积极性调动起来，促进企业生产的发展和经济效益的提高。因此，当前改进企业思想政治工作要注意处理好继承与创新的关系，坚持必要的形式和反对形式主义的关系，稳定职工队伍和不断更新力量提高素质的关系。政工干部尤其要适应当前深入改革、加速发展经济的形势和要求，要学会分析形势的本领，把人心凝聚到经济建设上来，懂得市场经济的本领，把握价值观念引导人们思想和行为的本领。因此，把专职政工干部作为思想政治工作的骨干力量；把行政干部作为思想政治工作的主体力量；把班组长、党团员、先进模范人物作为思想政治工作的基础力量，从而使电信企业思想政治工作水平再上一个新台阶！

当前，企业在发展中还会碰到不少困难，有挑战、有考验，更加需要在一定的物质条件下大大发挥精神力量的作用，更加需要依靠思想政治工作去调动积极性和增强凝聚力。我们要抓住机遇，迎接挑战，在深化企业改革，转换经营机制中，加强和改进党的建设和思想政治工作，用"三个代表"的重要思想武装头脑，不仅学习政治，而且学习经济，加强领导班子建设，加强基层党组织建设，加强党风廉政建设，更好地发挥企业党组织的政治核心作用和思想政治工作的威力。

（作者单位：宁夏党政专用电信局）

入世对上海电信员工思想的影响及对策

朱东亚

思想政治工作历来是我们党和国家各项任务的中心环节，是我们党的优良传统和政治优势。回顾建党近80年的奋斗历程，我们可以清楚地认识到，正是依靠强有力的思想政治工作，我们党的队伍才由"星星之火"不断发展壮大，进而不断取得革命和建设的伟大胜利。这一法宝，对于一个立足于长远发展的企业，同样具有十分重要的意义。上海电信公司成立以来，一直以创建优良的企业文化和加强思想政治工作来指导全面工作，取得了令人瞩目的成绩。如今，历史的长河流入21世纪，中国已成为WTO大家庭中的一员，上海电信正逐步走向市场化和国际化。今年又是公司总经理程锡元同志提出的用三年时间把上海电信建成具国际综合竞争力的大型企业的关键一年，在中国电信分拆后，改革和发展力度加大的关键时刻，研究和推进企业思想政治工作就显得尤为重要，更具有现实和长远意义。

一、剖析当前员工的思想动态

面对中国入世，电信市场飞速发展和外部环境的急剧变化，一些员工在思想上产生了一定的麻痹与困惑，这将阻碍一个企业的长远发展。此时，急需疏解员工思想，为企业发展扫清思想障碍。为此，我们要继续坚定地举着思想政治工作这一旗帜，引领企业的前进。为了使思想政治工作有的放矢，找准切入点，让我们先来剖析一下员工当前的思想动态。

1. 面对入世，员工表现出的"担忧感"

从国际形势来看，经济全球化，特别是信息全球化的发展，使各行各业越来越多地进行渗透性发展，尤其是一些市场空间大、发展潜力足、利润相对高的行业，就象通信业，更为大家所关注。面对逐渐开放的中国市场，国外通信巨头纷纷将战略重点移向亚洲，特别是中国市场；而国内，新兴信息公司的创建、其它相关部门的涉足，也使得电信业加快了打破垄断的步伐，随之而来的是激烈而近乎残酷的竞争。一直稳坐中国电信行业“老大”的“中国电信”因南北拆分而退居“老二”，首次尝到了改革与竞争的激烈滋味。今后，外国电信业的介入，将使竞争更加激烈，不少员工面对这样的挑战显得不知所措，一种担忧感油然而生。担心有朝一日中国电信企业会像现在的某些行业一样，面临落魄的境地。

2. 面对迟迟未到的“狼来”声，员工表现出的“麻痹感”

“中国即将加入WTO，国际跨国电信公司将带着雄厚的资金和先进的技术进入中国市场，不努力、不奋进，中国电信将岌岌可危，中国电信人将前途叵测。”类似这样的说法已延续了好几年，然而现在中国已经入世，狼群却迟迟未来。长期的戒备与警惕，却使人的思想产生了疲惫，逐渐滋长了麻痹大意感。记得小时候看一部战争电影，片中一情节就是我军一位战士不时地往猫耳洞外扔罐头，引起敌人的枪击，时间久了，敌人也麻木了，终被我军成功地取到了水。而如今在一片“狼来”声中，我局部分员工也在时间的流逝中，无意识地滋长了一种对竞争的冷漠和麻木感。很难想象对市场缺乏敏锐性的电信人能在严酷的市场竞争中博取一份属于自己的天地。正如鲁迅先生在剖析中国国民性时所言的状况：不在沉默中爆发，就在沉默中灭亡。而引领电信人在市场中爆发的正是思想政治工作这个引线。

3. 面对日益丰富的物质生活，员工表现出的“享受感”

经过几年的奋勇拼搏，电信公司发生了翻天覆地的变化。漂亮的电信大楼遍布上海各区县，员工的工作环境、生活水准有了大幅地提高，体现了江泽民总书记“三个代表”重要思想的精神。面对日益丰富的物质生活，员工难免滋生安逸享乐感。要知一个人乃至一个企业发展都有生命周期，“生于忧患，死于安乐”。安乐的生活有时也会消磨人的斗志，这对急需发展的上海电信来说，如果不对员工思想及时疏导、调整，它就象一剂隐性的毒药，在不知不觉中使人颓废，意志消沉，让企业丧失斗志。员工的享乐思想将最终动摇企业的基石。

4. 面对竞争上岗的失败，员工表现出的“失落感”

为了不断完善上海电信的现代企业制度，提高企业的综合实力和凝聚力，以更贴近市场，提升市场竞争力，去年以来，在全公司范围进行了三项制度改革，其中，影响最深、最为瞩目的是全公司上下开展的全员竞聘上岗，所有员工都重新选择了自己的岗位，一批有技术、有学历的年轻人脱颖而出，担任了管理岗位和技术岗位。而部分员工在竞聘中因各方面的原因落聘，干起了自己并不喜欢或并不擅长的工作。看着别人风风火火，自己不免有股失落感。思想上的失落，直接影响员工工作的积极性，导致工作质量与效率下降，对整个企业的发展产生了不利。

二、找准思想政治工作的切入点

综上剖析，反映了电信公司部分员工在新形势下表现出来的各种消极心态，如果不及时加以解决，必将成为公司日后发展的思想上的拦路虎。那么，如何做好新形势下的思想政治工作，为企业的经济发展提供思想上的坚实保障，应从以下几方面着手。

1. 抓好理想信念教育这一核心

员工的思想发生变动和浮躁，根本原因在于理想信念教育这一环节，这是思想政治工作的核心内容。突出抓好理想信念教育，就是要以小平理论和“三个代表”重要思想为指导，在全局员工中开展社会主义、爱国主义和爱企主义教育活动，帮助员工确立和巩固正确的世界观、人生观和价值观；在经济和信息全球化的时代，树立员工对马列主义的信仰、对社会主义的信念、对改革开放和经济发展的信心、对党的领导的信任，逐步形成与社会主义市场经济相适应的新的思想道德体系。通过近二年上海电信创建特色企业文化，以文化力推进理想信念教育，推进生产力，取得了长足的进步。这是今后需不断加强和改进企业思想政治工作的重要内容，必须常抓不懈。

2. 建立经济发展和思想政治工作相结合的机制

企业的经济发展和思想政治工作是相辅相成，互为推动和保证的，经济发展为思想政治工作奠定物质基础，而思想政治工作则为经济发展提供环境和智力支持。归根到底，企业加强思想政治工作是为企业的经济发展服务的。我们在实际工作中，要避免思想政治工作和经济工作相脱节的“两张皮”现象，建立好两者相结合的机制。今年我局通信生产任务相当繁重。如果因为时间紧、任务重而忽略思想政治工作，那将是得不偿失的。失去了思想指导的企业，就会象大海航行中的轮船丢了罗盘的指南一样，只能在经济和改革的大潮中随波逐流。因此，必须以思想政治工作为纲，去指导、保证企业稳定、健康、有序、良性的发展。

3. 抓好精神文明创建这一重要载体

精神文明创建是思想政治工作的重要载体，通过精神文明建设，开展各种丰富多彩的活动，逐步培养员工的思想情操，使员工正确认识自身的价值，树立自信，鼓舞员工对企业的信心，明确员工与企业共同发展的方向。让员工在为企业奋斗的同时实现自身的人生价值。过去，电信公司在文明创建上取得了重大成绩，保持了市级文明单位的荣誉。目前，全公司的创建文明单位活动正向纵深发展，在广大员工中引起了思想互动效应，这是思想政治工作抓好抓实最有力的基础。

4. 着眼于思想政治工作的继承与创新相结合

江泽民同志在中央思想政治工作会议上指出："思想政治工作在继承和发扬优良传统的基础上必须在内容、形式、方法、手段、机制等方面努力进行创新和改进。特别要在增强时代感、加强针对性、实效性、主动性上下功夫。"思想政治工作的继承和创新是一个问题的两个方面，继承是前提和基础，没有继承，思想政治工作就会丢掉根本。创新是发展的动力，没有创新，思想政治工作就会失去活力，就不能适应新形势、新任务的需要。只有在继承中创新，在创新中提高，思想政治工作才能具有生机和活力。上海电信的思想政治工作要与新时代、新形势相结合，对过去的经验取其精华，去其糟粕。同时，又要联系公司员工思想的动态，搞新、搞活，让思想政治工作落到实处，深入人心。思想政治工作是经济工作和其它一切工作的生命线，只有紧紧围绕企业中心任务、理论联系实际、紧密依靠员工、注重身教与言教相结合、身教重于言教的传统，形成党政工团齐抓共管的局面，才能做好做实思想政治工作，从而推动企业的稳定、健康发展。

5. 借鉴现代企业管理先进理念

企业以员工为本，思想政治工作的主体就是人。以人为本，抓好思想政治工作，可以借鉴现代先进的管理理念，使思想政治工作实现新的突破，并寻找新的理论依据。上海电信一直在寻求引入国内外先进的管理理念，逐步建立和完善现代企业制度。在探索现代企业制度的过程中，我们同时也在坚持不懈地进行着思想政治工作现代管理的研究。管理学中强调对人的管理，其实同思想政治工作中强调对人的思想的把握的看法几乎是相近的。思想政治工作就如同企业管理一样，它的目的是为了增强企业的凝聚力和生存力。因此，借鉴现代企业管理的先进理念，创新公司的思想政治工作，让电信员工的思想与现代企业管理理念相契合，将更有力地为公司在日益激烈的市场竞争中站稳、站高，提供更切实际、更具现代意念的思想保证。

三、增添思想政治工作的辅助力

充分激发员工主人翁责任感，调动员工内在源动力是开展思想政治工作的辅助力之一。我们认为：企业的思想政治工作要做到"五个相结合"，即：与通信生产相结合；与技术攻关相结合；与企业民主管理相结合；与职业道德建设相结合；与精神文明建设相结合。充分发挥各方面的积极性，实现思想政治工作领先、服务工作创优，重点工程创新，科技进步创效，推动企业生产、经营、服务、管理各项工作再上新台阶。我们相信：员工的工作积极性和创造性一旦得到最大程度的发挥，其思想政治工作的优势也会随之得到充分体现。

重视提升员工队伍整体素质，大力推进员工知识化进程，是开展思想政治工作的辅助力之二。我们清楚地认识到：进入WTO后的市场竞争，很大程度上取决于本企业拥有各类人才的质量和数量。为此，我们思想政治工作要结合推进员工素质工程，加快了员工队伍的知识化进程，具体应采取四项措施：一是在员工中大力倡导全员学习、团队学习、全程学习，帮助员工创造学习条件，鼓励员工岗位成才，努力营造让有文化、有专业技术知识的员工茁壮成长的良好氛围。二是全面落实江总书记"七一"讲话中关于"提升职工队伍素质是'第一要务'"的精神，认真做好员工岗位培训的计划、管理和监督，不断完善员工培训制度。今年，员工的人均培训时间由去年的4天增加为5天，同时继续鼓励和组织员工进行多学历、多技能、多证书的储备教育，将员工培训工作真正落到实处。三是以岗位练兵、技术比武作为抓手，积极组织员工参加网络知识应用选拔比赛，上海电信网页设计大赛，新业务知识技能比赛等，通过比赛强化员工岗位技能水平，增强自我学习、自我提高的积极性。四是继续抓好"振兴中华读书"、"争创智能型班组，争做智能型职工"为主要内容各类岗位学习、岗位成才活动，把握好江总书记提出的关于"人的全面发展"的要求，组织开展员工"精一门、会两门、学三门"等系列活动，使员工更快地适应企业发展的需要，成为一岗多能、一专多能的"多面手"。

关心员工、大力开展送温暖、凝聚力工程是开展思想政治工作的辅助力之三。我们深信：人心齐、泰山移。所以，我们在抓发展、抓市场、抓管理的同时，更加关注增强企业的凝聚力，舍得化投资，在员工的生活后勤上办实事、做好事；舍得化力气，在员工队伍的综合素质提升上下功夫。唯有不断提高员工队伍的整体素质，不断增强企业的凝聚力、创造力，才能保证思想政治工作的有效性。去年，上海电信安排了20%员工参加健康体检；组织3000余名员工进行疗休养；选派优秀员工赴国内外著名大学培训深造；设立员工成才奖励基金：对优秀员工和管理人员实行契约薪酬；对高级人才解决住房、交通；举办首届电信员工文化艺术节；开展企业文化学习；扩大帮困基金由500万元提升到1000万元；设立帮困热线电话，建立员工补充医疗保险制度等。经过数年坚持不懈为员工办实事、办好事，主动关心员工，为他们排除后顾之忧，赢得了人心，增加了企业的凝聚力，为企业思想政治工作提供了强有力支撑。

结语：思想政治工作是一门艺术，一门必须长期不懈努力学习、创新和实践的艺术。学好、运用好这门艺术，就能为企业，尤其是为处在特殊时期的企业提供持续发展的坚实保障。

（作者单位：上海市电信公司）

转变观念突出“三性”做好新时期电信企业的思想政治工作

丁正居

近几年来，中国电信在经历了邮电分营、寻呼剥离、电信重组、主辅分离整合等重大改革后，如今又面临着南北重组的历史性转机和加入 WTO 后的严峻挑战。新形势下电信员工的思想空前活跃；薪酬制度改革的实施，又使员工岗位变动频繁，情绪波动较大等。这就给电信企业的思想政治工作者提出了新的思考和挑战。因此，如何抓住工作重点、掌握时代特点、做好新形势下电信企业的思想政治工作，是我们值得研究的新课题。

笔者认为，只有在思想政治工作的方式、方法上与时俱进，大胆探索，突出“三性”，既创新性、针对性和综合性，才能使企业思想政治工作取得新的成效。

一、新时期思想政治工作应突出创新性

我们党在 80 多年的光辉历程中，在加强和改进思想政治工作方面，积累了丰富的经验，形成了一整套正确的方针和原则，创造了一系列有效的方法。如理论联系实际，坚持民主平等；正确处理两类不同性质的矛盾，表扬与批评相结合，以表扬为主的原则；说服教育，以理服人，言传身教，榜样示范；坚持正面教育，注意特殊矛盾，做好后进转化工作；经常性注意思想动向，工作做在前头等方法。对今天的思想政治工作仍然有着普遍性的指导意义，这是我们党的宝贵财富，任何时候都不能丢，也是我们做好思想政治工作的前提和基础。

但是，社会在进步，企业在发展。随着电信体制的改革和新形势下现实生活错综复杂的变化，电信企业的思想政治工作呈现出了许多前所未有的新特征。主要体现在：一是思想政治工作的环境和对象的多样化形势明显，员工队伍的文化层次和知识水平不断提高，独立思考判断能力越来越强，思想多元化特点越来越突出。二是随着利益格局的调整，员工思想上产生了许多新的问题：如电信体制多次调整重组和薪酬制度改革带来的忧虑感；住房制度、收入分配制度、劳动人事制度、养老保险制度、福利制度、医疗制度等改革带来的思想矛盾；以及竞争上岗、劳动组合带来的危机意识等等。三是伴随着现代社会生活方式的多样化，员工的生活空间不断扩展，给企业的思想政治工作带来了许多新的难点。当前，社会大众媒体发展迅速，信息渠道增多，电视、广播、书刊、互联网等多种信息传媒方式并存，文化市场、互联网络还存在着一些不健康思潮和文化糟粕，导致了企业的思想政治工作受社会环境的影响越来越大等等。面对这些新问题我们不能仍停留在思想政治工作的传统方式上，更没有现成工作方法模式可以完全套用。我们必须解放思想，转变观念，积极探索思想政治工作的新思路、新途径，要在创新上很下功夫，尽快实现企业思想政治工作由经验型向科学型的转变。

思想政治工作的创新性，应包括三个方面。一是内容要创新。随着社会主义市场经济的发展，传统的思想政治工作受到严峻的挑战。因此，思想政治工作必须要面对现实，本着讲真话、办实事、求实效的原则，积极拓展思路，探索创新。比如当前电信企业可以采取“以法引思”的形式，重点做好源头的工作。通过在企业内部开展法制道德教育，全面提高员工的法制意识、增强法制观念，使企业员工自觉遵纪守法、依法办事，来引导推动企业思想政治工作的深入展开，以期达到事半功倍的效果。二是形式要创新。其一、电信企业生产经营部门可以通过建立“班前会”制度的形式，把思想政治工作与生产经营工作有机地结合起来，切实解决好“空对空”和“两张皮”问题。其二、传统的思想政治工作主要是教育人们“怎么干”，很少引导人们“怎么玩”。随着社会的进步，人们生活水平的提高，员工闲暇时间越来越多，在这种情况下，我们不仅要教人如何“干好”，还要考虑引导他们如何“玩好”。要踏进人们的消闲空间，也就是说，思想政治工作应该是“全天候”的，不能仅仅只上“白班”。如果说在八小时内主要突出教育疏导的话，那么八小时以外则主要是发挥文化引导作用。三是载体要创新。学习典型、组织活动、召开会议等都是传统思想政治工作常用的载体。在新的形势下，不仅要提高思想政治工作的吸引力，增强生动性，还必须运用好多种载体。例如，思想政治工作的许多内容可以通过现代传媒这一便捷通道，让工作对象接受电视、录像、互联网等新形式。发挥其覆盖面广、传播速度快、灵活性强等优势。这些声像并茂、形象直观、感染力强的新载体，远非传统的思想政治工作方法可比。电信企业可以在企业网上开辟“自由论坛”、“思想园地”、“聊天室”等专栏，使企业员工在这方“自由天地”里敞开心扉、无拘无束、说说心里话。以便企业及

时全面了解员工的思想动态，有的放矢地做好引导工作。

总之，创新是思想政治工作的活力所在、动力所在。电信企业的思想政治工作只有紧密结合国际国内形势和企业经营管理的需要，掌握员工思想现状，找准症结，打破旧模式，构建新思维。在观念、内容和方法上敢于创新，善于创新，从中找到一套既符合时代特点，又切合企业实际的运行机制，才能真正体现它在企业改革、发展和稳定中的价值，充分发挥其“生命线”的作用。

二、新时期思想政治工作要突出针对性

当前，随着电信企业的改革不断深化和所面临市场竞争日趋激烈，电信员工的思想经历了一次又一次的激烈撞击，难免产生一些不同的认识误区，形成了一些不利影响。一方面，由于重组调整、内部退养和三项制度等改革的实施，员工队伍结构发生了很大变化，青工比例显著增大，平均文化程度明显提高，而受过传统革命教育的人数相对偏少，在吃苦耐劳，献身精神方面明显地逊于老一辈。虽然他们思想活跃，有较强的独立意识和自我意识，但又缺乏足够的是非辨别能力，容易受到利己主义、享乐主义和拜金主义等各种消极思想的影响，世界观、人生观、价值观取向容易发生偏差。另一方面，年龄偏大的员工在经历了计划经济体制向市场经济体制转变和革除平均主义、打破铁饭碗、竞争上岗、劳动组合、薪酬制度等重大改革后，部分人思想上显得茫然无措，无所适从，产生了一些焦虑、失落、怀旧、求稳和无可奈何等心态，以至于无心工作，患得患失，整日惶惶。

面对上述情况，企业应该有针对性地开展思想政治工作。

首先，对青年员工突出以理论教育为主，一是按照《全民思想道德建设纲要》的要求，坚持“以德治企”的思想，抓好“三德”教育，进一步提高他们的思想品德、社会公德和职业道德水平。二是选准载体，营造氛围，深化“用户至上、用心服务”理念。三是以一流质量、创一流业绩的效益观念，大力开展“塑、创、争”活动。通过选树典型人物，创造一流业绩，争当先进标兵等形式，来激发青年员工的工作激情。

其次，针对电信企业薪酬制度改革中出现的年龄偏大的员工思想波动问题，采取号准脉搏、讲清政策，说明道理，使他们全面理解薪酬制度改革精神，对内退、任职、竞岗、转岗等去向问题自己做出决择，及时地稳定他们的情绪，使他们全身心地投入，做好份内工作。

第三，针对经营、服务、发展中存在的热点、难点问题，采取不同的方式方法，尽可能把思想政治工作的主体下移到基层、投入下移到一线、重心下移到班组、评估下移到现场。要以灵活的思想教育工作方法，时刻把握员工的思想脉搏。

第四，要力戒形式主义，克服“空对空”，灵活运用既要讲大道理，又要结合个人实际，既要上大课，又要促膝谈心的方式方法，把讲道理和为员工办实事有机地结合起来。

第五，要深入实际接近员工，把企业改革的难点，员工头脑中的疑点和大家普遍关心的热点，作为思想政治工作的重点。真正关心员工的疾苦，了解他们的需求，掌握他们的心理变化和思想动态，有针对性地切实解决他们生活中的实际困难。

只有这样才能不断增强企业的凝聚力，才能把企业员工的积极性、能动性和创造性激发调动起来，使之转化为推动企业改革和发展的强大动力。

三、新时期思想政治工作要突出综合性

电信企业的思想政治工作要应对深刻变化的社会生活所带来的严峻挑战，除突出其创新性和针对性外，还必须在实现系统化、科学化、现代化和效益最大化等方面勇于探索，注重思想政治工作的综合性。

首先，思想政治工作要形成系统化。要把思想政治工作作为一项系统工程，从总体上统筹考虑，注意协调，防止“单打一”或顾此失彼。仅靠单一的工作机构和几个政工人员，已远远不能适应新形势的需要。因此思想政治工作必须树立“大政工”观念。要在企业党组织统一领导下，充分调动各方面的积极性，形成党、政、工、青、妇齐抓共管、专兼结合的新格局。

其次，思想政治工作要力求科学化。所谓科学化，就是要增强思想政治工作的原则性、系统性、预见性和创造性。要形成科学的决策机制，提高决策水平。善于根据电信企业的中心工作和发展目标，来制定思想政治工作的目标任务、方法步骤和相应措施，确保电信企业各项中心工作任务的全面完成。

第三，思想政治工作要实现现代化。现代信息技术的高速发展，社会综合科学领域的不断拓宽，为思想政治工作提供了先进的手段。因此，要在注重吸收借鉴心理学、社会学、行为科学、大众传播学等相关学科的科研成果的同时，充分发挥大众传媒的教育作用，认真研究受众心理，讲究引导艺术。还要高度重视计算机互联网的作用，通过在企业网络上开辟政工论坛、员工之家、局务公开专栏等形式，逐步建立思想政治工作信息网络。

第四，思想政治工作要突出效益最大化。企业的核心任务是生产经营，最终目标是追求效益的最大化。因而思想政治工作必须紧紧围绕生产经营和提高效益这个中心开展工作，真正体现思想政治工作的效益性原则。思想政治工作“效益性”最显著的特点和最本质的内容，就是实现生产经营和思想政治工作的有机结合，将思想政治工作融入、渗透、结合于生产经营、决策管理的全过程，切实做到生产经营开辟到哪里，思想政治工作就跟进到哪里，有效地防止和解决“空对空”、“两张皮”、“两股

劲”的弊端，为“生命线”注入全新的内容。

综上所述，大力加强和改进新形势下电信企业的思想政治工作，不但是时代和形势的要求，也是市场经济条件下现代企业的发展需要。我们要在深刻认识，科学继承，充分发挥思想政治工作传统优势的同时，适应新形势的需要，致力于思想政治工作的加强、改进、开拓和创新，努力探求新时期思想政治工作的规律、原则、方法和途径，使电信企业思想政治工作从理论到实践提高到一个新水平。

（作者单位：山东省汶上县电信局）

群策群力带好兵
——浙江电信镇江通信线路设备安装维护公司思想政治工作纪实

石　玉

镇江通信线路设备安装维护公司目前共有职工233人，其中党员20人，团员29人，大专以上文化程度的有7人，下设15个班组、26个施工作业点，担负着镇江市和丹徒县1083平方公里范围内的市农话放装、线路维护和障碍查修任务。公司党、政、工、团组织连年当选为镇江电信分公司的先进集体，南门作业组、市话工程队分别创建成江苏省和镇江市的“青年文明号”。有2名职工分别被评为镇江市优秀文明市民和文明服务标兵。这些成绩的取得，主要是得益于公司行政的大胆改革和严格管理，公司党支部在此过程中，能够找准位置，调准调子，充分发挥党的思想、宣传、教育工作的激励、疏导作用，与行政通力配合，在培育文明职工，提高队伍战斗力方面作了一些有益的探索。

一、培育忠诚

一支优秀的队伍，首先是一支忠诚的队伍。对于通信线路设备安装维护这样一个电信对外服务窗口而言，忠诚更有其复合的内涵——中国电信要赢得最广大用户的忠诚度，首先必须提升自己对用户的忠诚度；而任何一个企业的发展和进步，都离不开员工对企业的忠诚。唯有忠诚，才能尽心、尽职、尽责，才能时时为企业的利益着想，处处为企业的形象考虑，把实现自身价值的最大化与维护用户权益、实现企业利益的最大化有机地结合起来。为此，公司党支部以实施用户满意工程为抓手，通过一轮轮教育，将忠诚的理念植入职工的思想意识之中；又通过一场场硬仗，不断强化和提升员工的忠诚度。2000年上半年，以学习贯彻《电信服务标准》为契机，公司连续集中开展了四轮全员培训，分别就危机意识、责任意识、规章意识、服务意识以及装、移、修人员服务标准及服务规范、工程管理及施工规范、本地网线路维护规程和安全生产及安全操作等内容进行了培训考核。在日常的各种工作例会上，公司党政领导更是逢会必谈，或轻拨、或重擂，或旁引、或亲证，以自身“团结、进取、务实、创新、清廉、律已”的形象影响和鼓舞员工忠诚于企业，忠诚于电信事业。

二、点灯示范

随着市场竞争的日趋激烈，电信服务市场的需求正从满足型向满意型变化。成千上万的用户不再仅仅满足于能够在承诺时间内装（移）上电话，而且希望装（移）机等待的时间越短越好，电话障碍越少越好，服务态度越佳越好。这种变化促使我们不得不深入地思考一个问题，那就是如何提高自己手中这支队伍的整体应战能力？如何使这个团队每一个成员的潜能都能最大限度地得到发挥？从1998年起，公司对运行机制、服务内容和服务范围作了三次大调整，公司党支部主动配合，适时推行了包区党员责任岗和党员联系点制度，将党员分派到各作业包区，要求共产党员在包区内充分发挥模范作用，并切实做好决策层与执行层之间的信息传递和思想沟通工作。通过作业责任区和党员责任区这双重纽带，有效地维系了公司健康稳定的运转，同时也把职工的思维方式拉入了制度化、规范化的轨道。

1999年，公司的服务范围由市区、郊区扩大到丹徒县，由市话扩大到农话，摊子大了，任务重了，人员的素质也更参差不齐了。通过前几年改革和管理的实践，公司领导清醒地意识到，此时的线维公司，比以往任何时候都更需要一个公正的价值评判标准和一个长久的公平竞争环境，而这必须有一个公开透明的管理模式作支撑。支部及时提醒各级管理人员从自身做起，严格执行各项规章制度；对“犯规”者即时处罚，不搞“下不为例”；每月的奖金考核会上，包括公司领导和管理人员在内的每位员工为何被奖、为何被罚的理由都详尽公布于众，让被奖的心安理得，被罚的心服口服。伴随着制度标准的公开、考核办法的公开和奖惩结果的公开，有两句话慢慢地成了公司员工的口头禅：“制度是高压线，谁碰谁触电”；“护规不护短，奖也心甘（甜），罚也心甘（服）”。公司员工的责任心、进取心和执行制度的自觉性从整体上得到了提升。

三、活血化瘀

通信线路设备安装维护是电信部门对外服务的最后一道环节，也是唯一需要走进千家万户进行面对面、桌对桌服务的环节。因而每一个线务员的形象都代表着中国电信的形象，每一道服务工序的质量都代表着中国电信的信誉。然而，五个手指总不一般长短，二百余名员工中不可避免地会有少数人或是服务态度生硬；或是作业不规范；或是技术不过关；或是工作耐心、细心不够等等，这些"小毛病"若不及时"诊治"，久而久之，必将造成公司整个机体"血脉不和"，"经络不畅"。公司党政工团负责人常常就服务工作、工程管理及施工质量等方面存在的各种"病症"联合"会诊"，从思想根源上挖病根；继而"同频共振"，不遗余力地进行"活血化瘀"和"疏经通脉"工作。支部要求，各级管理人员以及共产党员要通过入情入理的"言传"和率先垂范的"身教"，使越来越多的公司员工达到"三心"级标准——和领导贴心、对工作忠心，对自己有信心。

北门区队有位职工工作不够认真负责，责任心较差，障碍重复率一度高达30%，区队长平日里"边鼓"敲着总不见效。一次，他生病卧床不起，区队长不计前嫌，主动帮他代了3天班，并将其责任区内的电话线路认真地整治了一遍。该职工上班后深受感动，一改过去马虎、敷衍的工作作风，障碍重复率一下子下降了20个百分点。原小总机班一名职工平时好说大话，工作却不够扎实，为用户办事拖泥带水。得知情况后，党组反复做其思想工作，大到责任感、危机感，小到将心比心，换位思考，启发他想用户所想，急用户所急。一段时间下来，这个"天不怕地不怕"的"刺球"竟被"软化"了，有时"不留神"犯规"出界"，还能主动承认错误，请求"宽大处理"。蔡钱涛是全市文明服务标兵，做人做事一向踏实认真。有一天他忽然找公司领导要求调换工作，情绪波动很大。经再三问，小伙子倒出了满腹委屈——原来在其责任区内有一部卡式公用电话，半个月中竟有18次报修，负责任的小蔡18次赶去维修，却次次查无故障，显然是有人故意恶作剧。党支部书记孔庆灵一面安慰小蔡，一面帮助他与公话公司协调换号，同时勉励他百尺竿头更进一步，要在优质、快捷、热情、高效地做好服务工作的基础上，进一步提高自身综合业务素质，包括内外协调能力，在复杂环境中独立处理问题的能力等。如今小蔡工作越做越出色，成了一个名副其实的"三心级"员工。

在电信改革和发展的实践中，镇江线维公司党支部一班人深深体会到，无论何时何地，只要从党性出发、从工作责任心出发、从电信服务大局出发，统一思想抓根本、开拓进取抓改革、团结务实抓管理、勤政廉政抓服务，思想上没有隔阂，工作上没有空隙，言必行，行必果，就一定能带好兵，打好仗，取得物质和精神文明双丰收。

（作者单位：浙江电信镇江分公司）

第十三部分

非公企业
思想政治工作

贯彻党的十六大精神　创建学习型企业

张恭雄

在深入开展学习贯彻十六大精神时，华仪集团就如何打造一个学习型企业进行有益的探索。现在谈几点气看法。

一、非公企业创建学习型企业的必要性和重要性

1. 创建学习型企业是贯彻落实十六大精神的具体行动

建设全面小康社会是十六大提出的具体奋斗目标，其中要求全民族的思想道德、科学文化、健康素质有明显提高，就要形成全民学习，终身学习的学习型社会，所以我们的非公有制企业，创建学习型企业是执行十六大精神的具体体现。

最近市委开展"创建学习型社会活动的实施意见"及温州市总工会发起的"创建学习型组织，争做知识型职工"的"创争"活动和乐清市总工会创建学习型工会活动等，都要求全社会参与学习，因此，创建学习型企业也是一项政治任务，我们必须不折不扣的执行。

2. 创建学习型企业是非公有制企业自身发展的需要

非公有制企业发展由于历史原因，形成职工队伍的素质参差不齐。现在随着社会的发展、经营的不断扩展，企业的不断扩大，使职工不断招收。90年代末，开始重视新员工的素质，接收新员工必须是大专、中专的同建厂召进来的员工，在文化素质，专业知识和思想道德素质参差不齐，企业要发展，必须要补上文化技术这一课。

3. 创建学习型企业是应对市场竞争的迫切需要

由于社会不断前进和科学技术的日新月异，只有产品的及时更新和较大程度地满足用户的需求，才能赢得市场，只有以人为本才能满足产品的更新与用户的需求，只有不断提高职工的各方面素质才能体现以人为本，才能争得市场。

再则市场资源的不断发掘，不断扩大，国际市场的不断打开，我们只有提高企业的整体素质才能在国际市场中有立足之地。

4. 创建学习型企业是非公有制企业培育一支具备"四有"的职工队伍的重大举措

一个非公有制企业，只有建立一支"四有"员工队伍，才能稳定企业的健康发展和持续发展。由于以上诸多原因，非公有制企业必须打造一个学习型的企业，才能提高企业整体素质，才能适应社会发展和市场竞争。

二、开展学习型企业的途径和方法

华仪集团为了加强对员工学习的全面管理和指导，首先是建立以党委为领导核心，人力资源部总负责，各子公司和部门具体负责的领导班子，其次是要求人人参与，形成纵横交错的学习网络。

1. 高层管理人员自前年开始组织7人参加厦门大学举办的"工商管理硕士MBA"培训学习，近期已将毕业，通过这次学习以后，今年还引进上海复旦大学在华仪集团专门成立了"华仪·复旦工商管理硕士MBA研修班"，于9月在华仪举行开学典礼，又有28名同志参加学习。

2. 中层干部培训，以提高管理能力、指导艺术、企业理念、政治思想专业函授等为重点的学习培训。一年要举办十期左右，每期10～20课时。

3. 各子公司负责解决生产中的难题、QC小组、专业技术、职工思想、制度贯彻执行等为重点的学习培训。

4. 新员工进厂应知培训：有关各种企业制度、员工手册、劳动、安全等一年两次集中培训。

5. 党、团、工会开展正常的学习，党员和入党积极分子以党支部为单位，每月一次集中学习，做到雷打不动。特别近期我们党委引入ISO9001:2000版的认证工作，把党委的管理，走上正轨。我们已经举办了辅导培训，形成了质量手册、程序文件和作业文件三个文本，并与9月底进行了宣贯，已于10月下旬进行第一次内审，年内争取第三方认证通过。

团委开展班前《英语十分钟》学习活动。利用工业区员工接送上下班的班车上开展每日学习英语10分钟。

6. 不断扩大充实图书阅览室，现有图书5000册，各种报纸10份，刊物15份，每周三、六晚上和周日全天开放、借阅。

通过经常开展各种活动，达到人人参与，使之不断学习，不断改进，不断提高。

三、创建学习型企业，必须深入持久开展

创建学习型企业是一项长期的系统工程，只有持之以恒才有成效。要做到把学习深入持久开展下去，必须要具备以下几点：

1. 要有董事长大力支持，并且舍得投入

非公有制企业的任何一项工作都所以必须要有董事

长的大力支持才能开展，因为像我们华仪集团的董事长兼总裁陈道荣同志就是非常重视企业素质、职工素质的提高，只要对企业发展有利，他都能舍得投入，他自己就是一位学习型的企业家，也是自学成才的企业家。像这次 28 人参加 MBA 研修班。培训费由企业和职工各半负责，企业也得花 30 多万元。去年分两批送十几名技术干部赴日本公司培训，也要花 30 多万元。此外购书、订报刊、参观学习等，粗略估计学习费用每年不下 100 万元。

2. 学习要有创新，要注意方法、内容，不能单一，学习要结合员工的文化群体、技术群体、年龄群体、工作群体，还要结合企业内部的实际情况，确定各个不同时期的学习内容，还必须有多种学习载体。

如：党员的“三会一课”、“十六大精神”、“三个代表重要思想”、先锋模范岗”，“党员手中无次品”、“我为华仪再学习”，共青团提出的“班前五分钟”、“英语十分钟”，争取获得温州市团委的“学习型团组织的示范点”，2005 年争取获省团委授予“五四奖章”，2008 年争取团中央授予“五四奖章”等等，有一个奋斗的目标，努力的方向。

3. 要有激励机制

正常的各类学习统一由集团人力资源部牵头，年初制订全年学习计划和教学大纲，并由专人负责职工教育工作，各种学习都要通过考试，其成绩归入档案，作为今后提拔和加薪的依据之一。

如参加“MBA”学习和大专自学考同志，学习费用较大。对这些参加学习的同志，只有拿到学习及格成绩单，才予报销。这样就促使这些员工能认真学习。

4. 要有一个核心来保证学习型企业的正常开展

华仪的做法是以党委为核心、由人力资源部负责，具体分两块实施。一块是以人力资源部为中心的全年各线上的业务、技术学习培训、文化素质培训、上岗应知培训、生产工艺培训等；再一块是以党委为中心开展多种形式学习培训，如党政校、共青团、工会、职工之家，结合企业中心任务，营造学习氛围，把学习不断推向深入。

5. 要结合企业生产的实际情况：我们是工厂是以生产为主的，不是学校，要形成一个以业余为主，自学为主，集中与分散相结合的学习内容和方法

（作者单位：华仪电器集团公司）

浅论人性的两面性与人性化管理

叶逢林

全国人大代表、正泰集团公司董事长南存辉，今年 7 月，他在中国企业文化研究会会刊《企业文明》杂志上，发表了一篇题为《正泰腾飞的秘诀》的理论文章，文中用肯定的语言说：“如果有人间我：正泰腾飞的秘诀是什么？我回答只有一句话：就是高举旗帜，始终坚持三个文明建设一起抓”。

写到这里，使我想起南存辉于 2001 年 3 月 9 日在九届全国人大四次会议上的发言，南存辉发言说：“综观正泰创业 17 年的经验体会，要想办好企业，必须要念好‘法、德、人、党’‘四字经’”他接着逐字解释说，“法”是游戏规则，“德”是人的灵魂，“人”是根本，“党”是保证。

从南存辉以上所发表的文章和言论观点可以看出，南存辉在正泰集团所实行的管理是坚持“两手抓”，既抓物质文明，又抓政治文明和精神文明；既抓法治，又抓德治。也就是说他是在奉行东方人所称道的人性化管理。

为什么要实行人性化管理呢？我与沿海一个省的新华分社社长和记者们的一次对话，对解答这个问题也许有所帮助。

一、人性两面性问题的提出

1999 年正月，该社长率记者团到正泰考察，恰是我接待。社长首先问道：“民营企业是否就是私营企业？”我不加思索地回答说：“对，用宪法和法律语言来说，是私营企业，可现在人们都习惯叫‘民营企业’，因为‘私’字在解放后 20 多年里被人们批怕了。”

社长接着问：“既然是私人企业，你们正泰搞了党委、文明委、工会、共青团、妇联会等五大组织干什么？是真有作用呢，还是当花瓶作摆设的？”

我当即明确回答说：关键看老板的思想政治素质和文化理论水平的高低；其分水岭是“我要建”还是“要我建”。我认为南存辉是“我要建”的。为什么？他认为搞好党群组织，搞好精神文明建设，做好人的思想政治工作，可以大大提高全员素质，增强凝聚力，从而激发人的潜能，促进生产力的发展。因为我们中华民族文化底蕴很深，仅对“人性”的善恶认同观来划分，就有两大派：儒家认为“人之初，性本善”，而法家却认为“人之初，性本恶”。不管是善也好，恶也罢，古往今来大量史料事实都告诉我们：任何一个自然人，或社会人，或组织人，都有

“双重性格”:既是驯服的“绵羊”,又是咆哮的“吼狮”;既是美丽的“天使”,又是凶恶的“魔鬼”。

二、“美丽天使”是怎么造就的

大家知道,人是有感情的高等动物,人们渴望对方尊重,并有“人敬我一尺,我还人一丈”之说教。人心都是肉做的,我们要做到象孔老夫子所提倡的“己所不欲,勿施于人”。要用是“6”还“9”的互相倒看方式来“换位思维”,将心比心,以真情感动人。善待每一员工,理解与宽容那些因认识差异而暂时落伍的人。正泰精神文明建设的“以人为本,文明塑魂,内强素质,外树形象”的16字方针,就是告诉大家,我们是以员工为本,我们要用人类所创造的现代文明去塑造每一个员工的灵魂。并且从辩证观点看问题,只有全体员工的自身素质提高了,外部形象必然会好。同时,我们确信:只有真正把员工当“上帝”,当“好朋友”,并全心全意依靠他们,关爱他们;那么,这个“上帝”和“好朋友”才会真心实意地把你的企业当成自己的事业去经营,才会千方百计为你出主意、想办法,谋发展,他们有使不完的劲,用不完的力,有一股永不枯竭的发展动力。比如在政治上尊重他们;在人格上礼待他们;在生活上关心他们;在福利待遇上优待他们;尤其在遇到特殊的情况下,也不要轻易辞退他们。正泰集团在这方面是做得不错的。从去年开始,集团给全员买了社会养老保险和工伤保险,解除了他们的后顾之忧。特别在妥善安置公司内因科技进步带来过剩劳力这一问题,一直被人们传为佳话。那是1999年春天的事:正泰接触器公司的绕线圈车间引进一台机器,代替手工操作,该车间一下子就多余出了200多个劳动力。这时,有的员工担心自己会被辞退下岗。在私营企业里,遇到这种情况,通常都是叫多余员工回家了事,这已是当今社会司空见惯的事。

但是,此时此刻,董事长南存辉与时任总裁的胞弟南存飞,却坚持“无情下岗,有情操作”。他俩在总裁扩大会议上动情地说:这些员工几年来都在正泰兢兢业业地工作,为正泰的发展作出过贡献,我们不能忘记他们,更不能轻易抛弃他们。我们将这些多余员工组织培训,让他们学习新技术,介绍他们到别的公司和车间去上班。就这样,让这200多名原先提心吊胆害怕下岗的员工,最后,一个个终于放下包袱,又高高兴兴地到新单位去工作。这些员工特别珍惜来之不易的“工作岗位”,由内心感恩所激发出来的干劲是炽热的、长远的,而表现在他们脸上的是美丽天使般的灿烂笑容。

三、“凶恶魔鬼”是这样变成的

我还向记者们介绍了《中国经济导报》一位主任编辑报导的因300元工资所引发的两个恶性案件的例子。第一个例子是浙江一名私企老板,因欠一名员工300元工资,到年关还是不肯付给,这员工象激怒的吼狮那样用电话警告该老板说:你如果再不给我的血汗钱,我要用汽油烧掉你的厂房!可是仍然无果。我国有句古话叫“财命相连”,你既然不给我工钱,那我只好去与你拼命。该员工走的正是这条极其原始而又极其简单的路子,他终于在盛怒之下做出了魔鬼般的恶事来——用汽油烧毁了该厂价值1000多万元的厂房。后来他在受审时还以敢于教训敲骨吸髓般剥削他血汗钱的老板而感到“自豪”。他说:我付出坐牢的代价是大了些,但我为自己、也为许许多多的打工兄弟们出了这口恶气。当然,该私企小老板不仅财产遭受惨重损失,致使其元气大伤,而且在当地还留下了“为富不仁”、“害人坐牢”的坏名声。那位主任编辑还讲了一个类似的故事:山东省也有一个私企老板欠员工300元工资,到了年关还是讨不来,该员工当天深夜破窗而入,要了该私企老板夫妇和其儿子的三条性命。

为什么会因区区300元工钱(当然,在经济不发达地区的人看来,300元还是一笔不小的数目),而导致杀人、毁厂的恶性案件呢?主要是该两个私企老板缺乏爱心,缺乏人性化管理,不理解每个人其内心世界都具备两种截然不同的性格,更不懂得一个人对逆来顺受的忍耐却是有限度的。在一般情况下,人们往往都会以“绵羊式”的或以“天使般”的真善美面孔出现在众人面前,而一旦到了其无法忍受的极限(俗话说到了被“逼上梁山”的地步),这时如果又无人从中及时劝阻疏导,那么其失去理智后,其就会不顾一切后果地去铤而走险图报复,以解其仇,以消其恨,因而制造出一件件不计后果的诸如杀人、放火等等恶性案件来。换句话也可以这么说,这两个“凶恶魔鬼”是这两家私营老板一手造成的。正是这两个“为富不仁”的老板,培养了他自己的对立面——掘墓人。

四、人性化管理必将造就现代文明企业

不少前来正泰参观考察的专家、学者,都对正泰对人的“双重性格”分析颇感兴趣,对正泰南存辉等领导人的人性化管理赞赏有加。他们说:“换位思维’好!兔子给逼急了,还会咬人呢,更何况是人。南存辉的人性化管理好。”他们又说:每个单位都应该要造成一种人人平等、互相尊重、互相理解、团结和谐、欢乐祥和的好氛围。因为团结就是力量,团结就会促生产力发展,只要人心齐,泰山也能移,什么人间奇迹都可以创造出来。对正泰人来说,创造人间奇迹就是要确立一个史无前例的现代文明制度,创建从未有过的一流的现代文明企业。正是基于上述思考,为了使“和谐、科学、求实、创新”的企业精神发扬光大,我们近几年在不同时期,在全员中开展了旨在“文明塑魂”的“思想工程”、“形象工程”建设。例如:为了使每位员工能成为新时期的“活雷锋”,我们在1998年3月5日,在纪念毛泽东等老一辈革命家“向雷锋同志学习”题词发表35周年纪念日,推出了“三义”、“三观”、“‘三德”、“四有”的“3334工程”建设。(“三义”:爱国主义、集体主义、社会主义;“三观”:世界观、人生观、价值

观;“三德”:社会公德、职业道德、家庭美德;“四有是有理想、有道德、有文化、有纪律)。又如在2001年7月1日上午,一听完江泽民同志在纪念中国共产党成立80周年大会上的讲话,遵照江泽民同志“全党同志要努力学习贯彻党的理论、路线、纲领、方针、政策”和“要理论创新、科技创新、机制创新”等讲话精神,为了使“三个代表”重要思想在民企落实,就在当天上午提出口号:“学讲话,见行动”,立即推出“两思”、“三讲”、“三比”、“三个代表”、“三个结合”的“23333工程”(又名“双思双三三工程”)建设。(“两思”:致富思源、富而思进。正泰人主要思“过去靠什么、现在缺什么、将来干什么”的“靠、缺、干”三个字;“三讲”:讲学习、讲政治、讲正气;“三比”:比创新、比发展、比奉献;“三个代表”:代表中国先进生产力的发展要求,代表中国先进文化的前进方向,代表中国最广大人民的根本利益;“三个结合是把企业的发展与国家的需要结合起来,把个人的富裕与全体人民的共同富裕结合起来,把遵循市场经济法则与发展社会主义道德结合起来)。又再如在2001年9月20日,中共中央颁布了《公民道德建设实施纲要》,该书一出版,南存辉董事长即批示正泰党委立即购买,人手一册。我们送书到各分公司,并请文明委主任到各公司辅导讲课,有关公司主要领导还亲自主持,认真听讲。使公民基本道德规范的“爱国守法,明礼诚信,团结友善,勤俭自强,敬业奉献”这五句话,灌输进员工们的思想里,落实在“争创世界名牌,实现产业报国”的企业理念上。

我们对人性两面性理论的认识与探索和人性化管理的实践与创新,刚起步不久,属“初级阶段”,还有许多事情要做,真可谓“任重而道远”。但这是促进民企腾飞的一个十分重要和十分有意义的工作。我们将不遗余力地认识探索,再认识再探索;实践创新,再实践再创新,力争做出更大的成绩来。

（作者:正泰集团高级顾问）

浙江私营企业主思想状况问卷调查分析

何建华

改革开放20多年来,我国经济社会发展中最为引人瞩目的现象之一,就是私营经济如凤凰涅盘般地复活并且迅速成长。近几年来,浙江私营经济发展业绩骄人。据统计,在温州、台州等地区,登记为自然人的注册资本占社会总注册资本的90%左右。私营经济已经是浙江省国民经济重要的组成部分,居于举足轻重的地位,成为浙江经济发展的一大特色。伴随着私营经济的发展,如何正确认识私营企业主的地位和作用,如何正确认识他们的思想道德面貌,成为浙江乃至全国理论界所关注的重大现实课题,也是当前我国政治生活中的一件大事。2002年6~9月,“浙江私营企业主思想道德状况及其对策研究”课题组对我省私营企业主的思想道德状况进行了调查。调查采取抽样问卷与访谈两种形式。在杭州、温州、湖州、金华、台州、绍兴等地,课题组共向私营企业主发放问卷500份,回收有效问卷417份。这些私营企业主来自工农家庭,有66.1%的人;其家庭成长背景为农民家庭,有23.6%的人;还有一些来自教师、公务员家庭和子承父业的。从调查的情况来看,当前我省私营企业主的思想道德面貌在总体上是积极、健康、向上的,同时也存在着非主导的、消极不良的一面。

一、人生观

人生观是人们对于人生的根本态度和根本看法,它是随着人们生活实践的变化而变化的。随着市场经济的发展,作为市场活动主体的私营企业主,其人生观也正发生着巨大变化。

首先,这种变化表现在私营企业主对生活中什么是最重要的因素的看法上。在调查问卷中,对于金钱、地位、名声、友谊、关系网、爱情、能力、知识、健康、权力、运气、天资等日常生活的十几种要素中何者是最重要的问题,我省私营企业主的回答依次为健康(48.4%)、知识(12.8%)、金钱(11.4%)、能力(7.9%)、名声(6.5%)、地位(5.0%)、友谊(3.7%)、爱情和运气(均为1.7%)、权力(0,7%)、关系网和天资(0.2%)。这说明,我省私营企业主不再停留在追求生活的外在因素,而日益重视生活质量和自身素质的提高。

其次,这种变化表现在私营企业主从事经营活动的根本目的上。当问及从事经营活动的根本目的时,有19.2%的人认为是多赚钱,有5.8%的认为是为了出人头地,有33.0%的人是为了发展自己,有14.4%的人是为了丰富生活,有34.5%的人是为了为社会作贡献。这表明,私营企业主从事经营活动的根本目的已经从开始的为了多赚钱、为了出人头地提升为发展自己和为社会作贡献。

再次,这种变化还表现在私营企业主的业余生活上。

当问及平时有哪些业余生活时，有54.4%的人回答是与家人一起看电视，有34.8%的人回答是看书，有42.2%的人回答是读报，以下依次为聊天（17.0%）、听音乐（14.9%）、打牌（14.4%）、打麻将（8.4%），跳舞（4.6%）及上网等。这说明私营企业主的业余生活是丰富多彩，积极向上的。

当然，我省私营企业主在人生观上也有非主导的消极的一面。有些私营企业主对共产主义和社会主义的理想信念淡化，不少人认为理想太远，太大、太空、太渺茫，个人现世生活最为实惠。在相当一部分私营企业主中，理想主义的人生价值观正在退出主导地位，被迫逐个人名利的现世主义、享乐主义的人生观和价值观所取代。

二、婚恋家庭观

婚恋家庭观是人们对于爱情、婚姻、家庭及其相互关系的总的根本的看法。人们的婚恋家庭观不仅规范着家庭关系的存在和发展，而且在一定程度上也影响着人们对家庭外部的处世态度，支配着人们的行为选择。20世纪80年代以来，随着我国社会生活实践的巨大变化，婚姻家庭也出现了一些新的走向或趋势，它的核心可以概括为结构多样化、标准情感化、属性私域化的发展潮流。这些趋势不仅在现实生活中表现为离婚日渐增多、家庭解体、性自由行为（婚前、婚外性行为、卖淫嫖娼）、同居、独身、非婚生育、同性恋、单亲家庭等复杂现象，而且不可避免地冲击了家庭和睦、志同道合等婚姻家庭伦理的主流形态。作为先富起来的社会阶层，私营企业主的婚恋家庭观对于社会各阶层具有示范作用，一直是社会学家关注的重心。从调查的情况看，我省私营企业主的婚恋家庭观总体上是积极向上的。

首先，在婚姻状况上。在我们的调查对象中，有89.9%的为已婚，有6.3%的为未婚，有1.7%的为离婚，有0.9%的为丧偶，有1.2%的为再婚。这说明极大多数私营企业主对家庭婚姻是负责任的。

其次，在择偶标准上。在调查中，针对“如果选择生活伴侣，您最看重对方的是什么”这一问题时，有82.2%的人回答是人品，有8.6%的人回答是学历。这说明我省私营企业主十分重视配偶的人品，同时希望配偶有较高的文化素养。

再次，对男女在家庭和社会中的地位的看法上。对于“在家庭生活和社会生活方面，男女都享有同样的自由，男女平等”这一看法，有26.7%的人表示非常同意，有57.5%的人表示同意，有13.9%的人表示无意见，只有1.9%的人表示不同意。对于“现代社会中，妻子应扮演的角色”，有13.6%的人回答是全职的家庭主妇，有7.8%的人回答是全职的职业妇女，有37.0%的人回答是身兼家庭主妇与职业妇女，有41.6%的人回答要依家庭的需要而定。这说明我省私营企业主十分重视男女平等，重视女子在家庭中的平等地位和社会生活中的工作权利。

第四，在对婚外情的看法上。对于先富起来的私营企业主而言，如何看待婚外情是一个重要的问题，当问及“您对婚外情的态度”时，有4.8%的人表示非常赞成或赞成，有13.0%的人表示无意见，有31.9%的表示不赞成但能理解，有32.9%的人表示反对，有17.4%的人表示要视具体情况而定。这表明，尽管有许多私营企业主对婚外情持宽容和理解的态度，但大多数还是持反对态度的。

第五，在对子女的期望上。对于“您的子女长大后，您希望他从事何种职业”这一问题，有41.0%的人希望其子女经商或搞实业，有19.4%的人希望其子女当官，有17.7%的人希望其子女能教书育人，还有一些人希望子女能自然发展。这一方面说明私营企业主对自己的职业有一种自信心和自豪感，同时也表明了他们对子女发展前途的一种开明态度。当然，我省私营企业主在家庭婚恋观上也有非主导的消极的一面。尤其在婚外情方面，养情人、包二奶的情况比较普遍。有人甚至认为，这是工作应酬或休息放松的需要，从而给家庭婚姻造成伤害。

三、私营经济是改革开放的产物

我省私营企业主亲眼目睹党的十一届三中全会以来当地经济的繁荣发展、经济实力的增强和人民生活水平的迅速提高，在很大程度上有赖于党的路线、方针、政策的贯彻和落实，以及社会主义市场经济体制的逐步建立和完善。尤其是绝大多数私营企业主从自身经历中，深切感受到自己是改革开放的直接受益者，是党的政策使自己发了家、致了富。因此，就基本政治态度而言，我省绝大多数私营企业主都是党的现行政策的积极支持者和拥护者。一方面，我省私营企业主对于保持党的现行政策的连续性和稳定性的信心已有了显著增强。在调查问卷中，有88.1%的私营企业主表示“如果经营效益好的话，准备选择扩大经营规模”。另一方面，随着经济地位的提高，他们关心政治、参政议政的意识明显增强。当调查问卷问及平时是否关心政治时，极大多数人表示很关心（30.5%）和比较关心（60.8%），有7.3%的人表示不太关心政治，只有1.5%的人对政治抱无所谓的态度。

当然，我省私营企业主在政治态度上也存在着非主导的消极的一面。有些私营企业主缺乏雄心大志，没有社会责任感，认为自己创办和经营企业纯粹是为了赚钱，什么环境污染、职工权益、顾客利益，全然不予考虑。还有些私营企业主则以经济实力为资本，要权要官，参政议政意识过分强烈。

四、公德意识

公德是一个社会为了保证人人都能正常生活、学习和工作，而要求人们都应当遵守的最简单最起码的基本行为规范。它通常表现为简单明了的社会公共生活准则,如文明礼貌、见义勇为、尊老爱幼、助人为乐、爱护公物、保护环境等。调查结果显示,我省私营企业主的社会公德状况从总体上来看是好的。我省私营企业主在现实生活中已经感受到我国现阶段的贫富差距,有49.5%认为我国现阶段贫富差距很明显,有19.3%认为我国现阶段已经出现贫富两极分化。对于现实生活的社会弱势群体,有26.3%的人表示同情,有45.9%的人表示愿给予一定帮助,表示具体情况具体对待的为15.2%。在调查中,对于"那些因为身体有病、天灾人祸等原因而贫困的人,应得到社会的救济和帮助"这一说法,极大多数人表示赞成55.9%和完全赞成35.2%,有5.5%的人表示无意见。这表明我省多数私营企业主具有助人为乐精神。此外,课题组在调查中也了解到,我省多数私营企业主十分关心社会公益事业,如积极参加捐资助教、修桥铺路、支援灾区、救助孤寡贫弱等活动,表现出高尚的风格。尤其值得指出的是,我省私营企业主在生产经营过程中,已经开始重视环境问题。针对"企业经营的唯一目标就是利润最大化,保护生态环境是政府的事"的说法,认为不太正确的有36.2%,认为不正确的有41.8%,认为十分错误的7.6%。针对"在企业生产过程中,您是否会考虑对周围环境的影响"这一问题,有40.6%的人表示充分考虑,有57.2%的人表示适当考虑,表示没有考虑的为2.0%,只有一人认为没有必要考虑。这说明,我省私营企业主在观念上已经意识到企业在保护自然环境方面的责任义务,在关注企业经济利益的同时,正逐渐重视企业的社会效益。

当然,我省私营企业主在公德意识上也有非主导的消极的一面。调查结果显示,在私营企业主中有3.1%和8.7%的人表示"非常不赞成"或"不赞成""路见不平,拔刀相助是明智的"这一句话。这表明,有相当一部分私营企业主缺乏见义勇为精神。在调查问卷中,有2.7%的私营企业主"非常不赞成"救济和帮助因为身体有病、天灾人祸等原因而贫困的人。这表明,少数私营企业主缺乏同情心和助人为乐精神。对于"企业经营的唯一目标就是利润最大化,保护生态环境是政府的事"的说法,认为很正确的有2.2%,认为正确的有12.5%。这说明有些私营企业主光顾赚钱,不顾环境污染,缺乏公德意识。

五、经营理念

经营理念即企业的经营之道,是企业家有关生产经营的基本看法,它反映了企业家对员工的态度,对利润的看法。从调查的情况来看,我省私营企业主有着良好的经营理念。我省大多数私营企业都有自己独特的企业精神86.9%,广大私营企业主提倡"员工要以企业为家"(主张大力提倡的有72.8%,有时提倡的有21.8%,无意见的有6.4%),重视企业管理中的感情投资和人性化管理78.3%,与员工关系比较融洽。在调查中,当问及"您跟员工的关系"时,有40.1%的认为很融洽,有47.6%的人认为基本融洽,有12,3%的人认为一般。许多私营企业主把员工视为朋友52.1%。在他们看来,对于一个成功的企业家而言,不仅要精明能干、有创新精神,而且还要能尊重人。当问及"一个成功的企业家最重要的素质是什么"时,有45.6%的人认为是有创新精神,有33.8%认为是能干、会经营,有26.6%认为是能尊重人。许多私营企业主或出于生产经营需要73.4%,或出于塑造企业形象的需要16.5%,或出于员工自身发展的需要15.1%,都会考虑给员工以一定的知识技能培训。大多数私营企业主提出如果经营效益好的话,将把赚得的利润主要用于扩大经营规模88.0%和捐助公益事业9.8%。对于"为了在同行中立于不败之地,应当采取任何一种可以战胜对手的竞争手段"这一说法,有10.2%的人表示非常不赞成,有45.8%的人表示不赞成,有17.3%的人表示无意见。这说明在市场经济大潮中,我省广大私营企业主渴望自由、平等、正当的竞争秩序,有着很强的竞争意识。

当然,我省私营企业主在经营观念上也存在着非主导的消极的一面。由于我省私营企业实际上普遍实行的家族制管理方式。规范的现代企业制度、科学的企业治理结构在许多私营企业中至今没有确立,更谈不上健全,因而在企业经营过程中,管理专制、决定随意、好大喜功、缺乏创新等现象普遍存在。在调查中,有21.7%的私营企业主对于企业管理中的感情投资和人性化管理方式表示不感兴趣12.6%、不知道6.2%甚至反感3.0%。同时,在我省广大私营企业主队伍中克扣或恶意拖欠员工工资现象比较普遍。对于"您认为,目前私营企业主随意克扣、恶意拖欠员工工资的情况"这一问题,有21.7%的人认为较多,有16.8%的人认为都有,有3.9%的人认为很严重。调查结果还显示,有22.0%和有4.6%的人表示"赞成"和"完全赞成""为了在同行中立于不败之地,应当采取任何一种可以战胜对手的竞争手段"这一说法。这表明,我省私营企业主的经营管理素质与现代市场经济发展对企业家的要求还存在着较大的差距。

六、企业信用

市场经济是一种契约经济、信用经济。"守信"、遵守契约,是市场经济的基本要求。对此,除了受法律的约束外,更应受诚实守信的道德规范的约束。无论是从实际利益看,还是从做人修养看,诚实守信都是规范私营企业主行为的重要道德原则。调查显示,我省私营企业主正越来越重视企业信用问题。当问及"诚实守信在企业经营活动中的作用"时,有53.2%的人觉得诚实守信在企业经营活动中"非常重要",42,4%的人认为"重要",3.9%的人认为"有点重要",只有0.5%的人认为"不重要”。这说明“诚实守信”已经成为我省绝大多数私营企业主的共识以及在企业经营活动中恪守的伦理原则。有70.7%的私营企业主者甚至把“诚实守信”与自己的企业的命运联系起来，认为“只有诚实守信才能赚到更多的钱”。值得注意的是，私营企业主重视信用的程度与其企业拥有的资产总值成正比，企业拥有资产总值越高，私营企业主就越强调信用的重要性。调查结果表明，拥有1000万以上资产的私营企业主，100%的认为诚实守信在经营活动中“非常重要”。在调查中，许多人都意识到企业信用在整个社会信用体系建设中的重要性，当问及企业信用在全社会信用体系中的地位时，有75.3%的人认为重要，有12.5%的人认为居核心地位，有11.8%的人认为一般，只有0.4%的人认为是无关紧要。在分析当前普遍存在的企业信用危机时，许多人认为在企业未成规模时容易不讲诚信，而企业有了一定规模后，企业会日益注意诚信形象。当问及在经营过程中什么时候最容易不讲诚信时，有25.2%的人认为是在企业“经营未成规模时”，有32.9%的人认为是被人坑蒙假冒受损时，有30.3%的人认为是急需资金时，只有2.6%的人认为是“企业做大时”。这表明，企业越上规模上档次，企业信用就越受到重视。随着我省私营企业的不断发展和壮大，广大私营企业主越来越重视企业信用。

当然，我省私营企业主在企业信用观念上也存在着非主导的消极的一面。当问及现在社会上是否存在“为富不仁”的老板时，极大多数都认为存在，其中有60.4%的人认为“有一些”，有15.2%的人认为较少，有17。0%的人认为较多，有7.4%的人认为现在社会上为富不仁的老板很普遍。有9.8%的认为在经营过程不诚实守信是“没办法，否则赚不到钱或赚钱少”。对于“现在条件下，企业如果奉公守法、讲究道德，就根本没法经营赚钱”这一看法，认为“很对”的占7.0%，认为有一定道理的占36.7%，认为是现实的占17.4%，少数私营企业主还赞同现在‘做生意不使用一点如商业欺诈、背信毁约、欠债赖债等手段就赚不到钱”这种说法。这表明，有少数私营企业主仍然没有遵守诚实守信的道德规范，他们一定程度上还缺乏被现代企业视为生命的企业信用观念。

七、法治观念

市场经济是一种法治经济，社会向市场经济体制的转变过程也是法制日趋完善、法律意识日渐深入人心的过程。可以肯定，按照市场经济在生产、交换、分配、消费环节有序化运行要求而建立的法律规范，首先是作为规律性和强制性的法则在社会制度和社会立法中建立起来的，然后才可能经过一系列他律性规则训练，在大众意识中获得普遍确认并成为多数人的自律。调查结果表明，我省私营企业主在投身市场经济的实践中，法治观念和遵纪守法的意识显著增强。调查问卷显示，在私营企业主中有59.3%的人表示“赞成”和24.4%的人表示“完全赞成”“作为公民，有义务依法纳税，偷税漏税应当受到谴责和制裁”；另有10.4%的人对这种说法表示无意见。这表明，我省多数私营企业主具有较强的法治观念，他们在市场经营活动中能够遵法守纪。同时，大多数私营企业主在经营活动中能够坚持公平竞争的原则。自由公正的竞争是市场经济产生高效率的原因。课题组在访谈中了解到，我省私营企业主都希望通过社会各方面的共同努力造成一个平等的竞争环境。在调查问卷中，有10.2%和45.8%的私营企业主“非常不赞成”或“不赞成”“为了在同行中立于不败之地，应当采取任何一种可以战胜对手的竞争手段”这一说法。这表明，多数私营企业主反对非正常因素介入、干扰市场竞争，反对不择手段地参与市场竞争。在访谈中，许多经营者还主张对那些以违法乱纪、损人利己为竞争手段的人和事，必须给予法纪制裁和道德谴责，而对合理的竞争行为，则要给予物质鼓励和道德褒奖。

当然，我省私营企业主在法治观念上也存在着非主导的消极的一面。当前仍有少数私营企业主法治意识和遵纪守法观念比较薄弱。在调查中不少私营企业主反映自己缺乏安全感，他们希望在法律的保护下从事正常经营活动，对腐败现象十分痛恨。但是，另一方面，私营企业主在要求加强立法、执法，渴求法律保护和确立安全感的同时，也有一部分人却利用体制上的漏洞，钻法律的空子甚至知法违法，有少数人在经营活动上不择手段，如抢注别人的商标，假冒别人的产品、制伪造劣、以次充好、赖账不还、偷税漏税等。这既影响了本企业的经营，也给整个浙江私营企业主队伍脸上抹了黑。

综上所述，从调查分析来看，浙江省私营企业主的思想道德状况总体上是积极的、健康向上的。大多数私营企业主拥护党的路线、方针、政策、关心改革，支持改革；他们遵守法制，按照规章制度办事，法制观念显著增强；他们刻苦经营，诚实守信，恪守职业道德规范，有很强的商品意识和竞争观念；他们淳朴善良，尊老爱幼，助人为乐，见义勇为，有较强的公德意识。一句话，无论从政治思想、经营作风、道德品行等各方面来看，浙江省大多数私营企业主的素质都比较好，他们正逐渐成为具有与社会主义市场经济发展相适应的思想道德素质的一代新人。但是，也应该看到，由于种种原因，浙江省私营企业主在思想道德建设方面也还存在种种消极的因素。比如，有的私营企业主法制观念淡薄，违法经营的现象时有发生：有的私营企业不讲企业信用，存在着以次充好，背信毁约，损害消费者利益等现象；有的私营企业主缺乏公德意识，缺乏助人为乐、见义勇为精神；如此等等。这就需要我们对私营企业主的思想道德观念的产生和发展的规律及其对经济社会发生作用的机制进行认真研究和科学认识，对私营企业主的思想道德观念进行正确地引导，以便更好地发挥私营企业主作为社会主义建设者在物质文明和精神文明建设中的作用。

（作者单位：中共浙江省委党校）

国企与民企的区别之我见

王晓岚

国有企业与民营企业有很多不同之处。民有企业的很多优势，国有企业是没有办法相比的。民营企业作为自行投资、自主经营、自负盈亏的独立经济实体，要想在市场、投资环境、经营条件等竞争中站稳脚跟，就必须具有生存和发展的压力，企业文化也要适应于这种企业竞争的需要。加强企业文化建设是提高民营企业整体素质的重要手段，每个企业随着企业的发展都有自己特殊的环境和传统，都会形成自己特有的价值观念、群体意识和行为准则，形成具有自己特色的企业文化。正泰的企业理念是“争创世界名牌，实现产业报国”；企业精神是“科学、和谐、求实、创新”；企业精神文明建设是“以人为本、文明塑魂、内强素质、外树形象”的十六字方针。

民营企业文化与国有企业文化最大的不同之处在于，企业家本人的文化素质对企业文化的直接影响，以及企业家具有的表率作用和开拓创新、不断进取的精神。

在正泰，企业家是企业文化的倡导者和组织者，企业家的价值取向、道德观念、领导素养直接决定着企业文化的导向。企业管理也不仅仅是人、财、物、产、供、销的管理，更重要的是人性化的管理，把关心人、尊重人、依靠人、培养人贯穿于企业活动的始终。这些体现在对员工的人文情感关怀方面尤为明显。在正泰，集团和股份公司的每位员工过生日，都能得到一份生日礼物。每逢一些重要节日，员工都会得到公司赠给的礼品或礼券。有些员工家庭生活特殊困难或生了重病，公司和工会领导都会前去看望。人文情感的关怀提高了企业的凝聚力和员工的向心力，员工反过来就更加尽心尽力地为企业做奉献。在不少国有企业和单位，在这诸多方面是无法相比的。

企业形象是企业文化的可视性象征，是企业文化的重要内容，它是企业的无形资产，民营企业特别注意企业形象的塑造。正泰的创业和发展至关重要的战略就是树立企业形象，赢得社会公众的注意。公司把企业形象的塑造和宣传当作市场竞争的客观要求，使企业在员工乃至社会中具有独特的形象魅力和良好的评价。比如公司很早就开始注重利用各种工作载体宣传正泰企业形象。从1993年开始就创办了《正泰报》等企业内部刊物，企业领导和员工之间有了沟通感情、传递信息、交流经验的重要桥梁，发挥了正泰“形象窗口”的作用。1994年以后，公司全面导入C工形象设计系统，在世界20多个国家和地区注册CHINT正泰商标，建立企业内部局域网，并在国际互联网上注册了自己的域名，同时，充分利用国内外各种大型展示会、经贸交流会、新产品推广会等工作载体，不断规范提升企业形象，形成了正气泰然的形象文化。

正泰在全国非公有制企业中较早的建立了党组织，集团党委和及其领导下的群团组织在企业文化建设中具有独特的优势，在企业文化建设中发挥着战斗堡垒和政治核心作用。作为民企的正泰，在党群活动经费上也是舍得投入的。近几年党群活动经费每年都达几十万元，充分保证了各项活动的积极开展。而国企由于目前体制的制约，党组织的活动经费很难得到保证。很多采访正泰的国企党组织的负责人对正泰的党建工作和党组织作用都给予了肯定和赞赏。集团组织的很多文化活动如大型晚会“正泰之光”和寓教于乐活动的经费、年终的先进表彰经费、十佳经理和十佳员工出国旅游的奖励经费等，这些，对于国有企业来说是可望而不可及的。

（作者单位：正泰集团党委办公室）

如何更好地发挥党组织在非公企业中的作用

——对非公企业党建工作的几点思考和建议

杨香微

党的十一届三中全会以来,温州非公有制经济蓬勃发展,在大力发展非公经济的同时,切实加强非公有制企业党建工作,特别是在全国上下兴起学习“三个代表”重要思想后,非公党建工作更成为党建工作的重点。通过几年的努力,取得了不菲的成绩,使企业党组织在企业中发挥了很大的积极作用。据温州市委组织部今年3月份对非公企业的问卷调查显示:认为非公有制企业党组织作用发挥好的占24%,较好的占36%,一般的占42%,差的占8%,以上调研数据反映了非公有制企业和不同群体对企业党组织发挥作用的总体评价是积极的肯定的。

企业党组织把发挥作用的着力点,放在贯彻党的路线、方针、政策,维护国家的利益上;放在坚持正确的经营方向,处理好经济效益与社会效益的关系;放在引导企业不断上规模、上水平、上档次上;放在加强职工的思想政治工作,增强企业的凝聚力。具体表现在:一是不断加强党员队伍建设,健全完善党员的监督机制和民主评议党员制度,深入企业,了解具体情况,把发展党员对象的重点放在企业生产经营、科技骨干,一线优秀青年职工上,把工作重点放在培养壮大入党积极分子队伍和没有党员的企业上。二是不断发挥党组织在企业决策中的参与作用。对关系国家、企业、职工利益的问题和关系企业发展方向的问题以及生产经营中的重大问题,积极开展提合理化建议活动,帮助企业形成正确决策。三是充分发挥党员的示范带动作用。许多企业党组织在每月例会上学习政治理论、专业知识,积极开展“争先创优”、“党员责任区”、“党员先锋岗”等活动,鼓励和组织党员在本职岗位和急难险重的任务中勇挑重担,充分发挥党员在企业生产经营中的表率和带头作用。

非公有制经济是一个新的经济领域,开展非公有制企业党建工作是一种新的探索。虽然,经过十多年的探索实践,初步掌握了党组织发挥作用的一些途径与方法,树立了一批典型。但是,许多企业党组织在发挥作用过程中,还存在这样那样的问题。

一、非公党组织在企业中地位问题

非公有制企业的党建工作是随着非公有制企业的发展、壮大而发展的,企业主的大力支持是党组织的作用发挥的前提。几个大公司非常注重企业党组织建设,但许多企业主对建党工作冷淡,不愿支持开展党建,有些企业符合建党条件的,动员其建立党组织都不响应,有的建立党组织只是为扩大企业的政治影响,经常徒有虚名。据调查,影响党组织发挥作用的主要原因,企业主不支持的占33%。一是企业主认识有误区。非公有制企业主由于各自经历不同,觉悟程度不同,对开展党建工作存在着不同的理解和认识;有的企业主对党的宗旨缺乏正确的认识,对非公有制企业党建工作的目的、作用、意义没有正确理解,特别是党内的一些腐败现象和一些党政机关干部的不良作风,使他们对党的工作产生误解。有的企业主迫于外部环境压力而建立党组织,但对党组织的活动持“冷漠、戒备、压制”的心态,有意或无意地掣肘企业党组织的正常运作。二是生产经营不稳定。一些规模不大、生产经营不稳定、经济效益不好的企业,员工流动性大,党员流动性也大,党组织的稳定性也受到影响,给党组织发挥作用增加了难度。三是较小规模企业效益不稳定,厂房受限制,党员活动室等配套设施难以配备,活动经费难以落实,组织生活难以开展,党组织的作用难以体现,地位难以巩固。

二、非公企业中党员队伍建设问题

非公党组织的队伍建设主要包括党组织书记和普通党员队伍建设。

首先,与老板有关联人员当党支部书记,使党务工作缺乏独立性。在实践中,已建立党组织的企业中,由企业负责人兼任的占很大比例,即使不是由负责人亲自担任,很多也由企业中层以上的股东或企业主家族中的成员担任,总体上往往依附于“老板”,缺少从事党务工作的独立性,甚至有些支部的党员也都是企业家庭成员,这样的党组织就成了“家族党”、“私家党”,在这样的企业里抓党建,有人称之为“富老板抓党建,抓党建富老板”,如何把“私”字当头的私营企业和“公”字当头的党组织有机结合起来,是党组织在非公企业中健康发展的关键。

其次,部分党组织书记的素质还不能适应现实工作的需要。我镇一些党组织作用发挥较好的企业,都有一个素质、能力较好的带头人。而许多企业党组织书记还存在某些不足。一是思想认识局限性。部分书记还存在“单纯雇佣思想”,认为自己首先是为企业主“打工”,领取的是企业发的工资,党组织要在企业主的首肯下才能建立,开展活动也需要企业提供一定的物质条件。因而在开展工作时,觉得理不直,气不壮,往往一味迎合企业主,看企业主的脸色行事,党组织的工作缺乏独立性。而有的书记认为,反正是“打工”,因此往往纯粹为了经济利益或者一时意气而跳槽,许多企业一年都要换好几任支部书记。二是工作能力欠缺,工作精力不集中。有的书记的知识水平、工作能力和经验、精力投入等等还达不到要求;有的书记是企业的普通职工,缺乏影响力,不能很好地组织党员开展活动,难以在职工群众中产生影响;有的书记兼任的行政事务过多,整天忙于处理日常事务,在党务工作方面的精力投入受到牵制,影响了党的工作;还有的书记对企业经营管理熟悉,没有把党建工作同企业的生产经营活动有机地结合起来,出现了“两张皮”现象。

再次,企业中党员的状况给党建工作带来很大影响。一是很多党员存在“单纯雇佣思想”,认为工作是临时的,主动权完全掌握在企业主手里,没有把自己的个人目标同党的建设的整体目标有机地结合起来,只追求现实的经济利益,淡化了党的宗旨意识,认为在非公有制企业里工作,先锋模范作用发挥得越好,为企业主做的贡献越大,其结果就是为“老板”创造更多的“剩余价值”。二是思想上存在矛盾,行动不愿出头,制约了发挥作用的积极性。不少党员因为利益关系,或者嫌麻烦而不愿把组织关系迁入企业。三是许多党员缺乏较高的生产管理能力。非公有制企业中的大多数党员是从农村转来的,虽然他们较一般农民思想活跃,文化较高,年龄较轻,但进入企业后,因为缺乏生产技术专长,缺乏经营管理知识,先进性不突出,在职工中缺乏影响力度。

第四,制度建设问题。目前,已建立党组织的非公有制企业,除少数几个党委党支部制定比较完善的制度外,大部分的支部制度建设尚处于不规范阶段。一是党组织开展工作和活动无章可循,随意性很大。二是党员管理制度混乱,隐性党员、流动党员不能很好管理;三是党员考评制度和责任制度不完善;四是发展培养党员的随意性较大,对党员的评议参杂较多的主观因素。这些都导致了非公制企业党组织战斗力的软弱化和党员形象的退步。

那么如何解决以上问题,更好的发挥非公党组织在企业中的伟大作用。

(一)坚定正确的思想指导。坚持以邓小平理论、“三个代表”重要思想和党的十六大精神为指导,以促进非公有制企业健康、快速发展为目的,坚持解放思想、开拓创新、立足发展、分类指导的原则,进一步夯实党建工作基础,按照建设“四好”(即好班广、好队伍、好机制、好制度)的目标要求,切实加强党组织自身建设,进一步增强非公有制企业党组织的创造力、凝聚力和战斗力,紧密结合企业实际,发挥党组织作用,为非公有制企业的健康、快速发展,提供坚强有力的思想基础、精神动力利组织保证。

(二)做好企业主的团结、教育和引导工作。企业主的认识,关系到非公有制企业党建工作的成效,各级党委要重视对企业主的团结、教育和引导,采取有效措施,提高企业主的思想认识,使他们真正从内心支持党组织的工作。一要加强对企业主的教育培养,重视做好吸收优秀分子入党的工作,贯彻落实胡总书记“七一”讲话精神,按照“三个代表”的要求,加大企业土的教育培养力度,把企业主中的优秀分子吸收到党内来。二要加大宣传力度,通过典型示范,提高企业主对党组织作用的认识:(1)要充分利用报纸、电视、广播等宣传阵地,深入宣传非公有制企业党建工作的日的和意义,让企业主认识到各级党委对企业党建工作的重视。(2)要注意发现、培植、树立、表彰非公有制企业“抓党建,促发展”的典型,使党建工作的成功典型对周边企业产生辐射、引导和激励作用,让企业主认识到开展党的活动的优越性。三要把政府的行政措施与经济手段结合起业,使企业主重视党组织的作用发挥,把对非公有制企业党建工作进行的考核、测评,要同评选明星企业、骨干企业等企业荣誉的标准挂起钩来。

(三)选配好的非公经济组织党组织的负责人。非公经济组织企业主支持、信任与否往往与党组织的主要负责人有较大关系。要把既具备党性强、懂政策、有党建经验,能开展思想政治工作的,又会管理、善经营、能吃苦的复合型的人才选配到党支部书记的岗位上来。一要认真把好党组织书记的选配关。党组织书记的人选,应具备党性强、作风正,懂业务和生产经营,有组织领导能力和务实创新精神,善于做思想政治工作。二是要加强对支部书记的培训。每年对非公有制企业党组织书记进行专业培训,逐步提高书记党务工作水平,同时还要加强支部书记的企业管理知识,以提高他们参与企业决策的能力。只有党组织的带头人有能力有素质,才能既搞好生产经营,又抓好党建工作,才能有效地把党建和牛产串起来,把企业主和党员连起来,把培养和使用人才结合起来,真正推动企业的良性循环。

三、加强党支部的各项规章制度建设,明确支部工作的目标要求,开展“四好”党组织创建活动,推进非公有制企业党建工作规范化、制度化建设

一是要实行目标管理,将非公有制企业党建工作“四好”目标进行细化和分解,形成具体规定,并制定工作目标,抓好落实。二是要建立健全党内组织生活制度,把三会一课制度、民主评议党员制度、党员联系制度、党费收缴制度、党组织活动等制度落实到实处。积极创造条件,

建立规范的党员活动室,配齐电化教育设备。

总之,我们必须确立围绕经济建设开展党建工作的思想,跳出"就党建抓党建"的自我循环,转变为"围绕经济抓党建、抓好经济为党建"的大循环,着力点放在支持和促进企业经营发展上来,多开展有利于企业发展的活动,寓党建工作于企业经营、管理和企业文化建设之中,使企业切实感到党建工作对企业经济发展的伟大意义,从而真正体现"公"字当头的共产党组织能在"私"字当头的民营企业中发挥伟大作用。

（作者单位:柳州经济发展事务所）

应重视对个体私营企业主的政治教育与引导工作

朱志刚

改革开放20年来,社会转型和经济转轨的核心内容是阶层分化和社会结构变化,而阶层分化和社会结构变化的一个突出特点就体现在新兴社会阶层的大量涌现,如民营科技企业的创业人员和技术人员、受聘于外资企业的管理技术人员、私营企业主、个体工商户等社会阶层,尤其是过去的二十多年时间里,私营企业主从无发展到有,经理人员从干部队伍和企业主中分离出来并形成相对独立的社会阶层。

满足需要、获取利益是推动人们进行社会实践活动的动力和目的。从改革开放之初,允许非公有经济的适度发展,到党的十五大提出非公有经济是社会主义市场经济的重要组成部分,非公有经济获得飞速发展。根据有关部门测算,1978年国有经济、集体经济、非公有制经济(主要包括个体、私营经济和外商、港澳台经济)在国内生产总值中的比重分别为56%、43%、1%,预计到2010年,他们的比重将分别达到34.7%、34.5%、30.8%。非公有制经济、特别是私营经济在我国已经形成一定的经济实力和社会影响力,他们在解决我国农村和城镇大量的剩余劳动力就业问题以及发展社会经济等方面都发挥了积极的作用,尤其是他们在社会经济中所占的份额逐步加大,增长很快。

新兴社会阶层在经济上获得发展的同时,迫切希望提高自身的社会地位,并得到社会的广泛认同和支持;他们还迫切希望自己的经济利益能够得到政治上、法律上的确认和保证,以切实维护自身的合法利益。一些新兴阶层希望通过立法的形式保障其合法地位,并要求进一步拓宽政治联系的渠道等,尤其是部分私营企业主还提出了加入党组织的要求,这一方面说明我们党有很强的吸引力、凝聚力,能够得到人民群众的普遍信任和支持,另一方面也反映出新兴社会阶层寻求通畅的利益表达渠道和政治参与机制,以获得政治保护的呼声正逐渐提高。他们的政治要求有合理的方面,但是也有不合理的要求。他们的政治参与热情很高,迫切要求参与政治活动,甚至不择手段。有的个体私营企业主为了谋取私利,用金钱干预政治,搞钱权交易,对我国的政治和经济生活产生很大的影响。当前状况要求我们加强对个体私营企业主的政治引导。

1. 引导政治要求合理化

当前,个体和私营企业主的政治要求主要集中在以下方面:要求政策稳定和落实到位;要求加强对私营企业财产的保护,依法打击损害企业权益的行为;要求党和政府帮助他们进一步提高社会地位和改善社会形象;要求与党和政府建立起各种正式和非正式的联系,以更好地维护自身的经济利益和协调各种关系;要求党和政府在决策过程中,充分考虑和反映他们的意见和要求,并能及时了解决策结果。这些要求基本上是合理的、正当的,各级党组织和政府应当给予充分的关注,并在加强引导的基础上,创造条件落实他们的这些要求;对于一时不能解决的,要予以解释取得理解。

2. 引导政治参与有序化

在非公有制经济长期存在和发展的过程中,个体和私营企业主的政治要求将日益丰富多样,个体和私营企业主的政治参与问题也将成为一个长期的政治问题。自从1991年中共中央15号文件下发后,个体和私营企业主的政治参与基本上被纳入到党领导的统一战线之中,党和国家按照经济上有代表性、政治上有先进性、社会上有影响性的标准选拔培养了一批非公有制经济代表人士,并把他们安排到各级人大、政协、工商联担任领导职务。非公有制企业党组织要在按照有序化的要求做好政治参与引导工作方面发挥作用。这样,既有利于个体和私营企业主队伍的健康成长,有利于整个社会的稳定,也有利于活跃国家政治生活,促进政治的稳定与发展。

3. 引导政治行为合法化

现代政治是建立在民主和法制基础上的,政治是严肃的,法律是神圣的,民主是有规则的。个体和私营企业主作为国家公民,参与政治必须严格遵守国家宪法和法律。这主要表现为：充分行使宪法和法律赋予自己的民主权利，同时切实履行宪法和法律赋予自己的公民义务。例如，一些大中城市的工商联组建了以加强行业自律、维护市场经济秩序为宗旨的同业公会或行业协会。这些组织与党和政府保持联系，坚持“五自”原则，即人会自愿、组织自立、公务自理、经费自筹、会长自选；实行“四自”方针，即自我教育、自我管理、自我约束、自我服务。对这类在宪法和法律范围内活动的组织，应采取允许存在、严格规范的方针。由于个体和私营企业主属于我国公民中拥有物质财富和市场经济生活经验比较多的一个部分，因此必须引导他们在宪法和法律的范围内，严格按照依法原则、法制精神和法律程序参与政治。

个体和私营企业主是我国改革开放后出现的一个特殊阶层，存在时间不长。他们在解决我国农村和城镇大量的剩余劳动力就业问题以及发展社会经济等方面都发挥了积极的作用。但是，个体和私营企业主普遍存在着文化素质不高、政治素质不强的缺点，严重制约着个体和私营经济的发展。

在私营经济发展过程中，个体和私营企业主的政治要求日益呈现出多样化状况，其中有合理的方面，也有不合理的成分。个体和私营企业主，在经济上获得发展的同时，迫切希望提高自身的社会地位，会出现政治参与的自发性、盲目性和无序化，为了达到目的，会把经济运行中的行为方式和交易原则引入政治领域，用金钱干预政治，搞钱权交易，谋求公民权利之上的任何特权。

对于个体和私营经济中的不法行为，应依法处理。对于个体和私营企业主中不合理的、不正当的政治要求，不能随意迁就，不能任其膨胀，也不能简单地打击压制，任何简单、偏激的做法，都可能导致不良后果，不利于政治和社会的稳定。应当发挥政治引导的作用，将个体和私营企业主的政治要求和政治参与纳入现有政治体系之中，实现政治参与的有序化。同时，更应当重视政治教育的作用。对个体和私营业主的政治引导作用，基层工作或者称为前提性的工作是抓好对个体和私营企业主的政治教育工作。从思想政治教育学的基本原理来说，首先通过教育，使受教育者对基本理论有所认识，达到一个新的认识水平，形成对事物的理性认识，才有利于进行引导，使受教育者的思想和行为符合社会的要求。

一、提高思想认识，加强对个体和私营业主政治教育工作的领导

党的十六大报告以马克思主义实事求是的科学态度，再一次肯定和表明了我国仍然是处在社会主义初级阶段，并深刻地指出：“公有制为主体，多种所有制经济共同发展，是我国社会主义初级阶段的一项基本经济制度。”我们应该正确认识个体经济，进一步解放思想，个体私营经济是社会主义公有制的一种补充，当前阶段要大力发展个体私营经济。

应当说，各级领导部门对个体和私营企业主政治教育是比较重视的，近年也采取了种种措施，在个体和私营企业主政治教育上取得了一些成效。但由于缺乏专门的主管机制，其效果经验不够理想。我们强调政治教育要党、政、工、团齐抓共管，但最终到底落实到谁管不明确，往往是都管，但最终都不管或管不了，职责不清，责任不明。

为进一步加强个体和私营企业主政治教育，应建立一套完整的领导管理体制，形成责权明确、体制畅通、良好效率的运行体制。首先是要建立个体和私营企业主政治教育领导机构。在区（县）级基层政府机构中，在党委统一领导下，建立个体和私营企业主政治教育指导委员会，由一级主要领导亲自抓，组成人员有党、政、工及专家人员和个体及私营企业主协会人员，对个体和私营企业主政治教育实行统一领导，分级管理，分类指导。其次，建立工作运行机制，建立以政府指导委员会为中心，依托市场管理委员会，以个体和私营企业主协会为连轴，以个体和私营企业主为基础的运行机制，由政府市场管理委员会来充分运行本地区个体和私营企业主的政治教育活动，以个体和私营企业主协会及消费者协会为连带，使个体和私营企业主政治教育直接贯连到小组及个人，在这里政府指导委员会要发挥组织领导作用，其是个体和私营企业主政治教育的决策者，加强其组织建设对个体和私营企业主政治教育有决定作用。要注意工作的分工又要注意协同，要切实落实好各项规章制度，这些规章制度在指导委员会确定措施以后，要让其真正落到实处，在个体和私营企业主日常行为中发挥其作用，这是搞好个体和私营企业主政治教育的基础。

再次要注意充分发挥骨干作用。在个体和私营企业主中有一批先进积极分子，他们具有较高的政治水平，在经营中勤俭创业，开拓进取，热心公益，服务社会，助人为乐，见义勇为，他们是我们在政治教育中可以依赖的力量。中共中央《关于加强和改进思想政治工作的若干意见》中指出：“要立足于团结一切可以团结的力量，调动一切积极因素，化消极因素为积极因素，把干部群众的积极性引导好、保护好、发挥好。”因此，我们要充分发挥这一部分人的工作积极性，建立一支拥护党的基本路线、勤劳奉献、遵纪守法、热心公益事业的个体和私营企业主队伍，带动个体、私营经济健康发展。

二、加强和改进政治教育

在对个体和私营企业主进行政治教育时，应注意做到：

1. 教育内容的针对性

（1）做好邓小平中国特色社会主义理论、“三个代表”重要思想及党的路线、方针、政策教育。许多个体和私营企业主对党的路线、方针、政策表示拥护，主要靠的

是亲身实践的感受，认为是邓小平和党的正确路线、方针、政策，使他们走上了富裕之路。然而，邓小平理论也是随着实践而不断发展、不断完善的，是一个开放的理论体系。因而，只有当他们对邓小平理论、“三个代表”重要思想和党的基本路线有了全面科学的认识和把握，才能在任何情况下自觉地坚持党的基本路线不动摇。因而，进一步加强对他们进行邓小平理论、“三个代表”重要思想和党的基本路线的武装，应成为今后一个时期个体和私营企业主政治教育的一项带有根本性的任务。可参照其他行业和部门的做法，举办培训班，对个体和私营企业主分批培训，并使之制度化，常抓不懈。

(2)进行政治教育培训，树立正确财富观。个体和私营企业主由于文化水平低，缺乏政治知识，其许多市场经营中的知识都是来自传统的商德及别人的传、帮、带。因此，对个体和私营企业主进行政治教育知识十分重要，在教育中使个体和私营企业主掌握有关知识。

在个体和私营企业主政治教育中，许多个体和私营企业主的“短期求富”心理阻滞着政治教育，因此，我们应重视对个体和私营企业主教育，使之树立正确的劳动财富观。

进入90年代后，中国出现了炒股票热、炒地产热。这股热浪潜藏着鄙视劳动、投机发财的变态心理，极容易把经济引向虚假的“泡沫经济”，这种“炒作”热如果放任下去，恐怕市场还未建立，泡沫经济已经泛滥成灾，必将淹没一切从事生产劳动、创造真实财富的社会经济秩序，也必将难以建立健康的市场经济，其患无穷。在这种外部的环境影响下，作为个体和私营企业主又具有经营的趋利性，更易受到影响，在经营活动中一味追求发财，而置市场规则、道德规范于不顾。针对这种情况，我们要提倡勤劳敬业精神，坚持按劳分配主体地位，形成社会主义市场经济劳动财富观。

2. 教育方法的灵活性

要达到教育目的，必须采取正确的方法，进行政治教育方法很多，应根据个体和私营企业主对实际情况来确定，灵活运用以下几种教育方法：

(1)双向交流。要改变传统的单向灌输法，即“你讲我听”的方法，通过建立与个体和私营企业主交友，经常走访联系对象，进行讨论，沟通思想，以情动人，以科学理论引导人，实事求是，不讲大话、空话、套话，不回避个体和私营企业主在职业生活中的问题，解疑释惑，启人心扉，达到纠正其错误认识，引导树立正确的政治观念。

(2)活动教育法。要以活动为载体，融教育于活动之中。

(3)典型示范法。榜样的力量是无穷的，特别是大家有目共睹的典型，最有说服力。恰当地运用典型人物和事例，可以启发、激励人们前进。这种事例，在选择上必须真实又感人；在运用上，要看出其高尚的思想道德行为，突出一点，切忌求全。同时在树立典型进行示范教育时，也要注意从反面的事例中吸取教训，引以为戒。

(4)系统教育和重点教育结合法。要结合本地的情况制定政治教育计划，弄清主要问题和缺陷，并认真扎实组织实施。同时注意抓住一个阶段政治教育中反映出来的带有倾向性的问题有的放矢地进行教育，增强教育的针对性。

适应发展社会主义市场经济的需要，围绕建设中国特色社会主义的根本任务，向积极、健康、有益的方向做好个体和私营企业主的政治教育与政治引导工作，提高他们的政治觉悟、政治素质，这样才能促进个体和私营经济的健康发展。

(作者单位：湖北武汉江汉大学)

新形势下如何加强非公企业的思想政治工作

郑祥观

江泽民同志在中央思想政治工作会议上指出：“新形势新任务以及思想政治工作的现状，要求我们必须大力加强和改进党的思想政治工作。这是保证我们党始终做到代表中国先进生产力的发展要求、中国先进文化的前进方向、中国最广大人民的根本利益的必然要求。”如何适应这种形势，主动做好思想政治工作，为非公企业的建设和发展创造一个和谐、文明、协调的环境，是摆在我们面前的一个重要课题。江泽民同志多次强调指出：“现在我们更要重视创新，要树立民族的创新意识，建立国家的创新体系，增强企业的创新能力。”企业的思想政治工作该如何创新，才会为企业生存和可持续发展建立强有力的保障呢？

一、发挥政治思想工作优势，实现非公企业思想政治工作观念创新

党的思想政治工作是经济工作和其他一切工作的生命线，是团结全党和全国各族人民实现党和国家各项任

务的中心环节，是我们党和社会主义国家的政治优势，当今社会，是科学技术飞速发展，进入“知识经济”的时代，科学技术已成为第一生产力，创造新经验，是符合马克思主义理论的“实事求是”，“理论联系实际”的原则、符合社会发展和进步趋势的。

强有力的思想政治工作作为凝聚人心发展企业的有效措施，企业思想政治工作者要顺应“知识经济”发展的潮流，用现代化的眼光看待思想工作，跟踪现代企业发展的轨迹，与企业建设“同频共振”，把思想政治工作融人现代企业管理之中，在现代企业发展的过程中，要转变思想政治工作片面追求“平衡中庸”的观念，更加注重高扬社会发展的主旋律，以社会先进思想为主导，倡导先进、弘扬正气，批平错误、抵制歪风，把传统的思想道德教育转变为思想道德与科学文化教育，教育引导与严格管理并举，以提高企业员工素质，激发员工的主人翁意识和创新活力，塑造富有凝聚力、具有强烈的“团队意识”的“四有”员工队伍，创造一流的经济效益作为思想政治工作的中心内容和主要目标，这就是观念上有所创新。

当今时代，科学技术已渗透到经济发展和社会生活的各个领域，成为推动生产力发展和社会进步的决定力量。非公企业要努力按照“三个代表”的要求加强党的建设，不断地吸收优秀的党员干部，并要求每一名共产党员，要主动迎接高新技术的挑战，紧追技术进步的步伐，不断接受新的知识，努力钻研岗位技术，提高自己的技术素质，成为具有强烈的创新意识和富有创新成果的专业人才，成为技术革新、提高生产效率的模范，成为善于管理、敢于管理的管理人才，成为具有浓厚的市场意识、勇于开拓、富有业绩的营销人员。企业思想政治工作要为促进科技进步创造条件。

二、着眼于人的现代化，实现非公企业思想政治工作内容的创新

企业思想政治工作内容的创新，关键要着眼于人的现代化。

1. 突出“信念与道德”和思想意识转化教育 引导企业员工在为企业建设与发展付出奉献并取得相应劳动报酬过程中，树立坚定的理想信念和正确的人生观、价值观，恪守职业道德和社会公德；引导员工从个体意识向团体意识转变、从勤劳向高效转变、从坐商作风向客户意识转变、由坐商意识向市场意识转变。

2. 深入法制和企业规章教育 引导企业员工遵纪守法，力倡员工以主人翁的姿态，积极、平和的心态和文明有序的行为参与民主管理和民主监督，并善于依法行使权利、义务和维护自己的合法权益。

3. 改进形势教育 引导员工从社会发展趋势看待问题和分析问题，正视社会各种矛盾，提高员工对社会发展适应能力和改革的承受能力，不被局部的、暂时的困难所吓倒：不被一些社会的阴暗面所迷惑：不被一些反科学、迷信、落后的思潮所左右。

三、应用社会科学知识，实现非公企业思想政治工作方式的创新

系统论、信息论、管理学等学科知识，给企业思想政治工作提供了分析问题和处理问题的新方法，极大地丰富了思想政治工作的内涵。借鉴和应用这些理论知识，实现企业思想政治工作方式的创新。

1. 要学习和掌握系统论、信息论、管理学等基本专业知识 应用其基本原理和分析解决问题方法，研究人的社会属性和自然属件，关注兴趣，情感，性格等方面的作用，讲究思想工作的艺术性，从而创造更多的思想政治工作新方法。思想政治工作的主体和客体都是人，而人都是有感情的，懂道理的，真正人心人脑思想政治工作应该是互动的，不但要有组织者的晓之以理，动之以情的说服教育，而且还要由职工自觉接受思想政治工作的内在动力，把两者的积极性都调动起来，主体和客体两个方面都达到相互交融，相互贯通。实现说教式向引导式转变，号召式向激发式转变，把握时机，预见和主动性地做好思想政治工作。深入群众调查研究，摸清不同时期，不同层次人员的心理和思想，采用一切从实际出发，实事求是，具体问题具体分析的原则，采取科学的态度和对立统一的观点，经常对群众的心理和思想进行分析，分清主流和支流，弄清本质，根据员工情绪变化和行为表现，推断员工活动的趋势，预测可能出现的问题，有针对性的采取相应的措施，把问题解决在萌芽状态，增强思想政治教育的预见性和主动性。要充分重视员工的意见，对员工表现出的充分的信任，表扬和解决员工的难题。思想政治工作要善于思想沟通，经常采用“换位”思维方式，来对待职工的意见，采取相应分析和解决问题方法，会收到更佳的效果。

企业的生存和可持续发展，是我们思想政治工作的出发点和落脚点，寻求思想政治工作与企业发展的最佳结合点，创造性的做好人的工作。企业的发展关键在人，关键在于员工的思想，在于员工队伍的志气和士气，只有一流的人品，才会创造一流的效益。企业思想政治工作要“以人为本”，坚持虚实结合，传统和创新结合，言教和身教结合，解决思想问题和解决职工实际困难结合的原则，按照“尊重人－理解人－启发人－激励人－塑造人”的思路，要求每一个党员、党员干部深刻理解和对照江泽民同志“三个代表”的论述，结合自己所在岗位、所从事的职业和肩负的职责，以自己的实际行动实践“三个代表”，做到“标准高一格、工作胜一筹”；深入开展“一个支部一面旗帜，一个党员一盏灯”，“争创文明岗，做文明人”，“努力学习先进技术知识，做文化人”；及时扑捉员工的亮点，以此激励员工积极进取，充分激发员工的主人翁意识和创造活力，引导职工把个人利益，企业利益与国

家利益有机结合,创造一流的经济效益,推进企业发展,并在这个过程中提高职工素质,提高集体主义、爱国主义和社会主义觉悟,增强党的凝聚力,党的思想政治工作的凝聚力。

2. 充分利用网络　网络全方位增强的“眼、耳、嘴、脑”的功能,信息网络已成为新闻媒体重要工具。信息全球化的今天,企业要充分利用信息网络这一载体,给企业思想政治工作提供十分便利的条件。企业可以通过网络邮件及时接收主管部门的各类文件和通知,能及时了解到国家的有关方针、政策,与主管部门进行思想交流,提出困难,能得到及时的解决,减少了很多时间,和不必要的消耗,加强了工作效力。网络高效运转的想政治工作格局,思想工作进一线,进班组,达到精神文明和物质文明同步协调发展之目的。

3. 思想政治工作以企业文化建设为载体,塑造团结奋进自强争先、平等和谐的员工群体　企业文化是企业在长期的生产经营过程中形成的价值观、经营思想、群体意识和行为规范的总和,它是企业生存和可持续发展的原动力之一。把建设和推进企业特色的文化作为企业思想政治工作重要任务之一,首先要求每一位共党员和管理人员,要成为企业文化的带领者、建立者、推动者、传播者:成为“爱国、敬业、自强、争先”企业精神的弘扬者;成为具有强烈的“团队意识”、倡导文明科学、文明进步的思想观念和生产生活方式,具有较高素质员工队伍的中坚力量,要在员工队伍中大力灌输企业经营理念,企业精神,做到人人皆知,家喻户晓,自觉的按照企业章程,企业规章制度。在企业共同利益的基础上,凝聚各方面的力量,建立平等和谐的关系和良好的工作环境,推进企业的全面进步。

(作者单位:象阳经济发展事务所)

积极探索进一步发挥非公企业党组织作用的新途径

施雷杰　李家琪

近几年来,随着非公有制经济的不断发展,非公有制企业的党建工作,越来越引起各级党委的重视;从总体上说,非公有制企业党组织为促进企业的健康发展发挥了显著的作用。但是,也有相当一部分非公有制企业党组织,感到很难将党建工作与企业的生产经营和发展需要紧密结合,以致两者在一定程度上仍然存在“两张皮”的现象,影响了党组织作用的发挥。如果不解决好这个问题,非公有制企业的党建工作就不会为企业所欢迎、为员工所拥护,党组织也就不可能具有生命力。因此,在学习贯彻“三个代表”重要思想的过程中,除了继续坚持“参与企业决策、宣传法规政策、发动党员献策”等原有行之有效的做法以外,研究如何更好地把非公有制企业党建工作融入企业发展的整体工作中去,探索进一步发挥非公有制企业党组织作用的新途径、新办法,是我们面临的一个重要课题。在此,结合天正集团党委的工作实践,就如何做好四个“结合”,谈一些不成熟的体会。

一、党员教育与做强做大企业相结合

根据中央要求,坚持用“三个代表”重要思想和党的十六大精神武装党员,是当前和今后一个时期进行党员教育的根本任务。但是,在非公有制企业进行这种教育不能“空对空”,而是要与发展非公有制经济、进一步把企业做强做大结合起来。具体地说,一是要教育引导党员充分认识和把握党对非公有制经济的方针政策和非公有制经济在国民经济中的地位和作用,把企业发展与全面建设小康社会的目标结合起来,增强做好本单位、本部门、本职工作的责任感、自豪感,克服“打工者心态”,以实际行动谱写发展企业的新篇章。二是要教育引导党员坚持解放思想、实事求是、与时俱进的思想路线,适应时代潮流和企业发展方向,从本单位、本部门、本职工作的实际情况出发,敢于和善于变革创新,改变不适应环境变化和不利于企业发展的旧观念、旧模式、旧做法,不断开创工作新局面。三是要教育引导党员积极投身企业文化建设,带头宣传和实践企业文化所提倡的“以人为本”、“共同成长”、“无信不立”、等先进理念,以先进的文化力推进先进的生产力。四是要教育引导党员在学政治、学理论的同时,带头学技术、学管理,不断增长新知识,以适应企业发展的需要。今年以来,天正党委通过以上几个方面的教育引导,既提高了党员的政治思想素质,较好发挥了党员的先锋模范作用,又促进了企业的改革和发展。

二、发展党员与建设高素质员工队伍相结合

发展党员,是党的组织建设的一项重要内容;建设高素质的员工队伍,是企业发展的关键所在。为了把这两者有机结合起来,一是要在指导思想上明确党员是企业大家庭中的一分子,是企业员工的中坚力量,因此发展党员既是增添党的新鲜血液的需要,也是加强非公有制企业员工队伍建设的重要内容,不能把两者割裂开来甚至

对立起来，孤立地去做发展党员的工作。二是无论是确定入党积极分子、发展对象，还是履行接收新党员手续，都要充分发扬民主，通过座谈、公示、个别谈话等形式广泛听取和征求广大员工的意见。这样做，不仅能有效保证发展党员的质量，而且对员工起到了鼓舞和激励的“导向”作用。三是要联系实际贯彻执行党章有关入党条件的规定，真正做到把认真学习、工作积极、乐于奉献、遵章守纪、维护团结、为企业利益作出贡献的优秀员工吸收到党内来，以带动整个员工队伍建设，促进企业的发展。由于我们能结合员工队伍建设做好发展党员工作，因而近年来天正员工的整体素质有了很大的提高，同时要求入党的员工也越来越多，其中今年就有43名员工被确定为入党积极分子。

三、思想政治工作与企业文化建设相结合

思想政治工作与企业文化建设是两个不同的概念，但又有许多相同、相似、相融之处，例如都以尊重人、理解人、关心人、激励人为出发点；都重视协调企业内部的人际关系；都强调培养员工优良的思想品质；都把调动员工的积极性，提高企业的经济效益作为努力目标。因此，两者完全可以做到有机结合。天正党委在这方面的做法和体会：一是不断丰富思想政治工作的内容，在进行世界观、人生观、爱国主义、集体主义、社会公德以及党的路线、方针、政策教育的过程中，融入企业价值观念、企业经营理念、企业精神、企业道德、企业行为规范的培育，使思想政治工作更加具体化、企业化。二是综合运用思想政治工作和企业文化建设的各种有效载体，如积极协助办好企业报、广播台、宣传栏，大力支持和配合企业文化职能部门举办的联谊活动、读书活动、演讲比赛、征文比赛、知识竞赛等，使思想政治工作更有感染力、影响力。三是发挥思想政治工作的优势，及时疏导和解决员工中带有一定倾向性的思想问题、情绪问题和行为问题，对员工关心的某些热点、难点问题作出令人信服的解说，为企业文化建设的健康顺利推进鸣锣开道。我们体会到，思想政治工作只有与企业文化建设相结合，使两者相互影响、相互渗透、彼此互补，才能发挥其在促进企业发展中的应有作用。

四、党内活动与企业的工作重点难点相结合

作为党的一级基层组织，理所当然应该根据上级党委的部署，围绕党的中心工作开展活动；否则，就不成其为名副其实的党组织。但是，任何事物既有普遍性，又有特殊性。非公有制企业党组织的特殊性，决定了它开展活动既不能脱离党的中心工作，又不能游离于企业的工作重点、难点之外；否则，党组织就失去了在非公有制企业存在的价值。为此，一是党组织不仅要做到“党要管党”，而且要时刻关心企业的生产经营活动，及时了解企业的阶段性工作重点、难点之所在。二是要经常向董事会、总裁班子通报党组织的工作情况，并征求对党组织工作的意见和要求，积极主动地支持和配合企业行政领导做好各项工作。三是要根据企业工作重点、难点的需要，安排党组织的活动，特别是发动党员承担并完成重、难、急、险等突击性任务，为企业发展贡献力量。例如前阶段防治“非典”，最近进行企业机构改革，我们党委和各个党支部都积极参与，主动做好方方面面的工作；在技术攻关、抢险救灾斗争中，我们发动广大党员当好“排头兵”、“急先锋”，从而充分显示了党组织的力量和作用，推动了企业的生产经营等各项工作。

此外，非公有制企业党组织的工作，还要与企业工会、共青团等群众团体的工作相结合，通过工会、共青团等群众团体的工作，进一步增强党组织和企业的凝聚力。党的十六大报告明确提出要“加强非公有制企业党的建设”，并把“促进企业健康发展”作为归宿点。非公有制企业党组织任重而道远。但只要我们在实践中勇于探索创新，善于总结经验，就一定能把非公有制企业的党建工作不断推向前进，使党组织在非公有制企业的健康发展中发挥更大的作用。

（作者单位：天正集团党委）

非公企业思想政治工作应与时代发展同步

党的思想政治工作，是经济工作和其他一切工作的生命线，是团结全党和全国各族人民实现党和国家各项任务的中心环节，是我们党和社会主义国家的重要政治优势。加强和改进非公企业的思想政治工作，是我国改革开放进程中出现的一个新课题。随着我国进入全面建设小康社会、加快推进社会主义现代化发展阶段和加入WTO并逐步融入世界经济一体化的大潮，非公企业的思想政治工作不可回避地面临着守旧与创新的抉择。在新的历史条件下，如何使非公企业思想政治工作适应新形势、新任务的要求，以辩证唯物主义的新观念和新方法解决非公企业思想政治工作中出现的新情况，在继承和发扬优良传统的基础上加以创新和改进，使非公企业思想政治工作与时代发展同步，从而开创企业思想政治工作的崭新局面，是摆在当今非公企业思想政治工作者面

前的一项艰巨而迫切的任务。

毋庸讳言,随着世界知识经济的迅猛发展,各国文化的互相渗透,难免会引起人们思想观念的大碰撞,并由此对人们思想产生各种各样的影响。在社会主义市场经济条件下,有些非公企业在取得经济效益的同时,却放松了思想政治工作,将思想政治工作看作是可有可无的一项工作;有些非公企业在开展思想政治工作时,仅流于形式,放松了对广大党员和青年员工的思想政治教育。应该看到,处在经济转型时期,党和国家把发展经济作为中心工作来抓,并不意味着对思想政治工作的放弃和松懈。我们必须认识到,倘若片面地认为思想政治工作只是意识形态领域的活动,与非公企业发展经济并不关联,那便是政治上的麻木。我们要学会善于从政治上观察和处理问题,明确政治对经济既有方向上的引导作用,又有社会基础上的巩固作用,还有发展进程中的推动作用。没有离开政治的经济,也没有离开经济的政治。

人民电器集团自组建以来,在激烈的市场竞争中站稳了脚跟,且不断发展壮大。2002 年集团实现工业总产值 62 亿元,总资产达 14.8 亿元,名列中国电器行业最大规模百强企业第 6 位,中国民营企业 500 强第 14 位,中国企业 500 强第 228 位。在取得辉煌业绩的同时,人民电器集团也始终注重开创非公企业思想政治工作新局面,努力使企业思想政治工作跟上时代发展的进步潮流,体现全体员工一致的创新精神和敬业精神。人民电器集团党委针对年轻人上进心强的特点,鼓励观念创新;针对求知欲强的特点,鼓励知识创新;针对好胜心强的特点,鼓励行动创新。在不断鼓励青年员工革陈出新中,通过多种渠道渗透思想政治教育,有效地促进了集团全体员工思想政治素质的提高。

一、非公企业思想政治工作要坚持以"三个代表"重要思想为指导

加强和改进非公企业的思想政治工作,必须全面学习贯彻"三个代表"重要思想。通过强有力的思想政治工作,把企业广大党员的思想统一到落实"三个代表"重要思想的要求上来,成为"三个代表"重要思想的实践者、组织者、推动者,自觉地带领企业员工投身到改革开放和社会主义现代化建设的伟大事业中来。非公企业思想政治工作要紧密结合改革、发展、创新的重大举措来开展工作,加大对非公企业党建工作、工会工作、共青团工作和非公企业重大决策的宣传力度,为促进企业各项工作的顺利开展提供强大的精神动力和可靠保证。

人民电器集团在开创非公企业思想政治工作新局面的同时,结合深入学习党的十六大精神和"三个代表"重要思想,十分注重企业思想政治工作教育方式的创新,摒弃了传统且单一的说教灌输方式,形成了一条具有形式多样化、风格艺术化的渗透渠道,使广大党员和员工在轻松愉悦的氛围中得到了良好的思想政治教育,从而开辟了人民电器集团企业文化建设的崭新局面。在教育内容上,横向比较西方发达国家,纵向比较改革前后,由此引导民族振兴与个人奋斗关系的认识,使青年员工树立远大理想,努力学习,钻研业务,更新知识。在教育形式上,人民电器集团力求把企业办成学习型组织。一是使企业具备学校功能,充分发挥党(政)校作用,从营造教育氛围入手,添置电教设备,组建计算机网络,购置音像制品和业务书籍,举办各种培训班。二是把企业办成一个大家庭,充分发挥党、工、团等组织的作用,举办各种形式的党课和业务知识讲座,开展质量管理知识竞赛,以及歌咏、武术、乒乓球、羽毛球赛等多种群众性文体活动。这样员工无论在岗上还是工余,都处在可学和乐学的环境中,思想政治教育既有效地促进了企业广大员工思想政治素质的提高,又培育了企业的团队精神。

二、非公企业思想政治工作的核心是突出理想信念教育

在新世纪之初,加强改进企业思想政治工作,突出对党的理想信念教育是摆在非公企业面前的一个重大而紧迫的课题。理想信念是我们前进的精神支柱,我们教育全体员要树立的理想,就是把我国建设成为富强民主文明的社会主义现代化国家,实现中华民族的全面复兴;要建立的信念,就是坚持党的基本理论和基本路线不动摇,坚定不移地走建设有中国特色社会主义的道路。当前,在部分党员和员工中,对理想和信念产生了怀疑和动摇。针对目前存在的问题,抓好思想信念教育,最根本的是要用马列主义、毛泽东思想、邓小平理论和"三个代表"重要思想教育全体党员和员工,以稳固思想基础,坚定理想和信念,增强党员和员工的凝聚力、战斗力,保证企业健康快速发展。同时,在加强对党员和员工的理想信念教育时,进行正确认识社会主义发展的历史进程、正确认识资本主义发展的历史进程、正确认识我国社会主义改革实践过程对人们思想的影响、正确认识当今的国际环境和国际斗争带来的影响的教育和研讨,做到在继承中丰富,在坚持中发展,在实践中创新。

三、把握非公企业思想政治工作创新的思路和方法

思想政治工作作为一种精神活动,为物质生产提供精神动力和思想保证,但是这种精神活动并不是一成不变的,而应不断探索和完善生动活泼、群众喜闻乐见的活动方式,增强思想政治工作的趣味性、渗透性和感染力,寓教于有益的活动之中,并做到与时俱进。为了增强思想政治工作的时代感和针对性,必须在思路和方法上进行探索和创新,必须紧紧联系非公企业生产、经营和员工的思想实际,不断提高思想政治工作的感召力和渗透力,把思想政治工作融合到非公企业经济建设的全过程,努

力实现非公企业思想政治工作与非公企业经济建设的有机融合。实现思路创新，就是要通过对企业员工思想的认真调研，紧密结合当前企业思想政治工作面临的有利因素和不利因素，及时把握广大员工的思想动态，研究新的对策；鼓励员工的新探索，尊重员工的首创精神，不断总结和完善非公企业思想政治工作的新经验，获得更多对企业实际工作有指导价值的成果，在企业经营管理的实践中不断拓展思想政治工作的新领域。实现方法创新，就是要在分析当前非公企业思想政治工作面临的新情况、新问题的基础上，实现非公企业思想政治工作由传统向现代的转变。针对以往非公企业思想政治教育内容的片面性，变非公企业片面型的思想政治工作方法为科学型的思想政治工作方法，将心理学、伦理学、社会学、美学乃至新经济学、现代管理学等学科的知识引入非公企业思想政治工作领域，努力提高思想政治工作的知识含量；针对在市场经济竞争环境下广大员工对传统灌输方式容易产生逆反心理的特点，变单向灌输型为相互交流型，动之以情，晓之以理，以理服人，以情感人，激发广大青年员工参与和接受思想政治教育的积极性；针对当前影响人们思想变化的因素具有多样性、复杂性的特点，变孤立运作某种具体方法为综合运用多种方法、多角度、多侧面地开展工作，坚持精神鼓励与物质鼓励相结合，教育与管理相结合，解决思想问题与解决实际问题相结合，从而调动非公企业内部的一切积极因素，真正把广大员工的积极性引导好、保护好、发挥好。

总而言之，新世纪、新形势、新任务要求我们的思想政治工作只能加强，不能削弱；只能改进，不能因循守旧。强化非公企业思想政治工作，要在继承过去优良传统的基础上，坚持以马列主义、毛泽东思想、邓小平理论和“三个代表”重要思想为指导，坚持解放思想、实事求是、与时俱进。针对新形势下非公企业广大员工思想中出现的热点、难点和疑点等诸多问题，非公企业思想政治工作就必须用发展的新理论、新方法、新思路去解疑释惑，真正激励非公企业领导和广大员工树立“致富思源、富而思进”的强大精神意识，从而使企业始终保持一支思想素质好、政治觉悟高、业务能力强的员工队伍。只有这样，才能使非公企业思想政治工作与非公企业的物质文明建设相融合，使两者形成相辅相成、相互促进的关系，才能真正推动物质文明建设和精神文明建设始终沿着社会主义现代化建设的方向不断发展前进。

（作者单位：中共人民电器集团委员会）

非公企业思想政治工作机制创新探析

施雷杰　李家琪

中共中央《关于加强和改进思想政治工作的若干意见》指出，要坚持解放思想、实事求是，深入基层，深入群众，调查了解新情况、新问题，认真研究新形势下思想政治工作的特点和规律，积极开辟新途径，探索新办法，创造新经验。江泽民同志在中央思想政治工作会议上也强调，加强和改进思想政治工作，过去行之有效的好传统、好办法要坚持，更重要的是要适应新情况不断探索新的方式、方法、手段和机制。可见，要加强思想政治工作，就必须坚持与时俱进，不断进行思想政治工作的创新。

改革开放特别是党的十五大以来，我国非公经济迅速发展；非公企业从业人员，已成为中国特色社会主义事业建设力量中一个重要的“新群体”。做好这个“新群体”的思想政治工作，对于促进非公经济的健康发展，推进社会主义市场经济建设，有着十分重要的意义。但事实上，这又恰恰是我们思想政治工作的薄弱之处。因此，如何推进非公企业思想政治工作的创新，是个很值得研究的重要课题。

思想政治工作的创新，包括观念创新、内容创新、形式创新、方法创新、手段创新和机制创新等多方面内容。这些方面的创新相互联系、相辅相成，是一个不可分割的辩证统一体。本文结合天正集团的工作实践，就机制创新谈几点看法。

一、关于领导机制的创新

领导机制的创新，主要是解决思想政治工作由谁来领导和怎么领导的问题。毫无疑义，非公企业党组织作为职工群众的政治核心，应当而且必须在思想政治工作中发挥领导、核心作用。但目前的非公企业，一般都有股东会、董事会、监事会、经营班子，其领导体制既不同于党政机关、事业单位，也有别于国有企业。在这样的领导体制下，党组织对思想政治工作的领导就不能沿用一般的传统做法，更不能大包大揽。从天正集团和其他一些非公企业的工作实践看，笔者认为比较好的办法，是在充分尊重董事会意见的基础上，实行党组织和经营班子对思想政治工作的双重领导。同时,工会、共青团、妇代会组织也积极参与,配合和协助党组织和经营班子开展思想政治工作,从而形成对思想政治工作齐抓共管、思想政治工作与生产经营等其他工作“一体化”的良好领导机制。

领导机制创新需要重视的另一个问题,是建立健全必要的制度,依靠制度的规范性、稳定性和制约性,提高思想政治工作的可操作性。实行思想政治工作双重领导制,一般应当规定党组织侧重于指导原则、总体安排、组织实施方面的领导和对党员、要求入党积极分子的教育,并通过党员做好周围职工群众的思想政治工作;经营班子侧重于对生产经营活动中思想政治工作的领导;有关思想政治工作的重大问题,由联席会议共同研究,达成共识,经董事会批准后实施;工会、共青团、妇代会则主要根据各自的章程和工作对象开展工作,如协助抓好“四有”员工队伍建设、负责“职工之家”建设和组织各种文体活动等。此外,还应该建立“一岗双责”或“多岗多责”制度,无论是董事长、总裁,员工党组织书记,都有带头做好思想政治工作的责任,三年思想政治工作的总体计划,完成一定的任务。如天正集团董事长兼总裁高天乐,除了经常为员工特别是中层以上骨干传授企理等方面的理论知识以外,每年都要多次亲自上课,对员工进行内外政治经济形势的教育。事实证明,只有建立行之有效的制度,各司其职,各负其责,才能使思想政治工作真正落到实处。

二、关于动力机制的创新

思想政治工作的动力机制,主要来自思想理论的灌输,即通过理想信念和马列主义、毛泽东思想、邓小平理论和“三个代表”重要思想的教育,不断提高人民群众的凝聚力,动员和激励人们为建设中国特色社会主义事业而共同奋斗,这无疑是思想政治工作的基本要求和宝贵经验。然而必须看到,在发展社会主义市场经济,多种经济成分、多种分配方式并存,人们的思想观念、价值取向呈现多元化的条件下,仅靠讲理论并不能解决所有的思想问题。特别是在非公企业,员工思想上出现的问题往往是他们的某些切身利益没有或暂时得不到妥善解决而引起的。如果我们对此采取回避态度,只是一味地简单讲道理,即使讲得再动听,也不可能有好的效果。因此,非公企业思想政治工作的动力机制,应当更注重精神与物质双驱动,即把思想教育与多做得人心、暖人心、稳人心的实事结合起来。例如天正集团近年来相继推出“员工与企业共同成长计划”、“绩效考核制度”和用5年时间造就100名百万富翁、20名千万富翁的“5100工程”及“520工程”,不断提高员工特别是中高级管理、技术骨干的薪酬标准和福利待遇,使广大员工在得到实际利益的同时,真切感受到企业的温暖,从而也大大增强了思想政治工作的感召力、凝聚力。

除了注意多为员工办实事、好事以外,还要努力解决好政工人员的待遇问题。例如,在非公企业从事思想政治工作的人员,凡是原来取得专业技术职务任职资格,并在实际工作中证明确实具备相应水平和能力的,应当给予聘任相应职务,甚至可以根据企业实际情况给予向上浮动一个档次,其工资待遇可参照其他专业技术人员的标准执行;虽然没有取得政工专业技术职务任职资格,但有真才实学,有实际工作水平和能力的,也应根据企业实际情况和本人的工作表现,让其享受相应待遇,或在职称申报和评定方面提供帮助和便利;政工人员在企业中担任领导职务的,应享受相应职务的各方面待遇,等等。只有这样,才能鼓励更多的人从事思想政治工作,同时使在岗的思想政治工作人员更加安心、积极地工作。

三、关于运作机制的创新

在过去相当长的一个时期,思想政治工作的运作机制有这么几个特点:一是“统”,即机构统一、任务统一、工作统一、步调统一;二是“大”,即强调“大发动、大宣传、大规模、大声势”;三是“多”,即会议多、汇报多、材料多、检查多;四是“粗”,即方法简单粗暴。当然,对这种运作方式,除了“硬”以外,不能不加分析地一概否定。例如中央组织开展的一些重大思想教育活动,就需必要的集中统一和较大的宣传规模和声势;必要的会议、汇报、材料和检查也是不能少的。但如果“统”、“大”、“多”成了思想政治工作经常化、甚至固定化的运作模式,无论什么单位,无论开展什么活动,都习惯于这样做,那就容易产生形式主义,甚至劳民伤财,不仅不能取得好的效果,而且还会适得其反,引起基层单位和群众的厌烦、不满和反对。党政机关同企业的职能不一样,非公企业又有与国有企业不同的特点。因此,非公企业思想政治工作运作机制的创新,应当是少“统”多“散”,少“大”多“小”,弃“粗”取“细”,汇报、材料、检查力求“少而精”。具体地说,就是机构设置不求上下对口,更不必与政府机关的机构对口;有关活动的开展应因时因地制宜,允许有“自选动作”,不一定同步进行;尽可能少举办大型会议和搞大规模的活动,学习教育以小型为主,分层次进行,使员工有更多讨论交流的机会;经常开展丰富多彩的文化娱乐活动,寓教于知、寓教于乐、润物无声、细致入微。思想政治工作人员多深入生产第一线调查研究,掌握情况,努力帮助基层解决存在的困难和问题,而不应满足于开会听汇报、伸手要资料。总之,要解放思想、实事求是、一切从实际出发,对思想政治工作的运作机制进行创新、使非公企业的思想政治工作不断激发新的活力,发挥更大的作用。

如同任何事物的发生和发展一样,思想政治工作机制的创新也需要一个不断完善的过程。近几年来,天正集团和不少非公企业在这方面作了一些探索,取得了一定的成效，但不能说其做法已经完全成熟。今后，只要我们坚持不断实践、不断总结、不断扬弃，就一定会有新的发现、新的创造、新的进步，逐步建立起适应新形势要求的比较有效的思想政治工作新机制，开创生动活泼、扎实有力、促进非公企业健康发展的思想政治工作新局面。

（作者单位：天正集团党委）

民企党建　大有作为

颜厥忠

1993年7月，正泰集团成立党支部，有7名党员。1998年12月成立党委，现下属两个党总支、20个党支部，党员282名：几年来，我们始终坚持"围绕经济抓党建，抓好党建促发展"的总体要求，立足实际，大胆实践，初步探索出一条符合民企实际，有正泰特色的党建工作路子。2001年7月，正泰集团党委被评为全国先进基层党组织。正泰集团党建工作之所以不断发展并取得了明显的成效，其主要原因有两个方面：一是上级党委的重视：二是南存辉董事长对党建工作的大力支持。这些年来的党建实践使我们深深体会到，只要有作为，才会有地位，企业的持续快速发展，为党建工作提供了一个良好的平台，党建工作的长足进步也促进了企业的健康发展。我们的主要体会是：

一、积极发挥党组织对企业健康发展的帮助促进作用，是我们工作的出发点

促进企业健康向上，帮助企业健康发展，是我们党组织开展工作出发点。2001年初，党委针对少数生产公司在确定外协企业时存在不公正观象，在深入调研的基础上，及时向董事会提出《引进政府采购机制，实行原材料采购招投标制度》的建议，促成了董事会外协单位酝酿确定和原材料采购实行全面招投标下定最后的决心。这项制度的实施，为企业产生直接经济效益1,060亿元。南存辉董事长在年度总结时说："党委提出的这个建议，不仅降低了生产成本，更重要的是杜绝了不正之风，消除了腐败，促进了企业的健康发展。"

二、积极发挥党组织对维护企业和员工合法权益的监督协调作用，是我们工作的着力点

既要维护职工的合法权益，又要维护企业的合法权益，是我们党组织开展工作的着力点。2001年8月，在温州市政府开展"重点骨干企业服务月"活动中，党委针对市政府每年向企业征收0.5%的社会养老保险统筹基金，而员工又得不到养老保险的实际情况，根据国家劳动保险条例和有关法规，从打造百年正泰和为员工解决后顾之忧的大局考虑，向董事会提出了《响应政府号召，带头实行全员社会养老保险》的建议，得到了董事会高度重视。我们还积极协助公司领导从维护企业合法权益，减轻企业负担，营造重点骨干企业发展环境的角度，要求市政府免缴企业养老保险统筹基金，得到了温州、乐清市政府的支持。2001年底，正泰实行了全员养老保险和工伤保险，并被浙江省政府确定为社会养老保险示范企业，这一举措极大地调动了广大职工的积极性、主动性和创造性，增强了企业的向心力和凝聚力。

三、积极发挥党组织对广大股东的教育引导作用是我们工作的重点

正确引导企业合法经营与文明经商，是我们党组织开展工作的重点。我们在开展"两思"和"三个结合"的教育活动中，积极组织股东开展"过去靠什么、现在缺什么、将来干什么"的"靠、缺、干"三字的大讨论。通过动员会、专题研讨会、思想交流会等形式，使股东们明白了过去致富的源头在于党的改革开放政策，今后发展的出路仍然在于要坚持党的领导；使股东们认识到先富要带后富，要克服"小富即安"思想，积极回报社会，关心社会公益事业：使股东们走出了原来只是以"获取利润为目的"的狭隘圈圈，不断超越自我。2002年温州"两会"期间，南存辉董事长带头与温州32名非公有制经济代表人士联合发表《诚信宣言》，承诺从自己做起，从自身企业做起，重信誉、守信用。在他的带领下，正泰集团始终坚持依法经营、诚信纳税。近几年，正泰集团捐资各项社会公益事业累计6000多万元。其中特别值得一提的是去年6月份，正泰集团向浙江省大学生扶贫基金捐资1000万元，今年1月份又捐资2000万元，倡导成立了全国民营企业首家扶贫济困组织——乐清市民营企业扶贫济困总会。

四、积极发挥党组织对广大员工的团结凝聚作用，是我们工作的落脚点

培养正泰新一代"四有"员工队伍，是我们党组织工作的落脚点。为了努力打造正泰的核心竞争力，从2001年开始，我们开展了"同心圆工程"建设活动，在加强对股东教育引导的同时，努力把广大员工团结凝聚在党组织周围，教育他们树立正确的世界观、人生观、价值观，不

断增强工人阶级的主人翁意识，使党组织与广大员工和股东形成一个目标一致、团结合作、相互促进的“同心圆”。在党中央号召开展“讲学习、讲政治、讲正气”的“三讲”活动中，党委积极响应，因势利导，并在企业中开展“比创新、比发展、比奉献”活动，发动广大员工积极献计献策，共有6000多条建议被采纳，降低了生产成本，提高了工作效率。通过实施“同心圆工程”，企业凝聚力明显增强，有力地促进了企业的健康发展。

党的十六大给非公有制企业发展提供了一个最佳的战略机遇，也进一步给非公企业党建工作指明了方向。我们深切地感受到，民企党建，大有作为。我们决心在十六大精神第一阶段学习的基础上，努力抓好第二阶段的主题教育活动，认真实践“三个代表“重要思想，深化“两个务必”教育，全面推广党支部班前10分钟学习会的做法，使员工受教育面达到100%，努力把全体员工的思想统一到十六大精神上来，为正泰集团“三大战略转变”提供坚强的思想政治保证。

（作者：正泰集团公司党委书记）

私营企业思想工作应处理好几大关系

方荣广

非公有制经济已经成为社会主义市场经济的重要组成部分，非公有制经济组织正在成为越来越多的人选择就业的主渠道，非公有制经济的从业人员在社会主义市场经济和现代化的建设中发挥着不可或缺的重要作用。非公有制企业思想政治工作的重要性和紧迫性也就提上了议事日程。

由于非公有制经济规模不同、成分的多样性和多变性的特点，决定了我们在开展思想工作时，要因地制宜、因时制宜、对症下药，要总结经验教训，着力解决一些普遍性的问题。从当前非公有制经济组织思想工作的实践看，应处理好以下几对主要关系。

一、企业员工与企业主之间的关系

在个私企业里，虽然企业主和员工在利益分配、职权待遇等方面有差异矛盾，但在许多方面存在着共同之处，并非完全对立。探讨与寻求个私企业员工，企业党工团组织和企业主的共同之处，求同存异，对于增强政工干部的信心，发挥政工干部的积极性，做好非公有制企业思想政治工作有着积极意义。

1.物质利益追求上的共同点　无论是企业主，还是企业员工，共同的愿望都希望所在的企业越办越好，越来越兴旺。企业的效益提高了，员工的收入也相应会增加，生产也相应得到改善。个私企业思想工作围绕这个共同点去做，也就有了共同语言，有了思想基础。

2.道德风尚标准上的共同点　“人之初，性本善”，真善美，人之所求。不论是老板，还是打工者，都希望在企业内部相互理解、相互支持，相互尊重，团结配合，同心同德，反对相互猜疑，挑拨离间、违法乱纪现象发生，这也是宣传思想工作本身的任务和目的。

3.生产生活环境建立上的共同点　个私企业从老板到每个员工都希望有一个和谐、团结、协调、安定、安全的工作、生活环境，围绕这个共同愿望，就有大量思想工作可做了。

4.事业与成长上的共同点　永康市问卷调查，71.4%的员工认为“在企业工作是为了企业发展”，说明多数人与企业主的想法是一致的，希望企业日益发展，希望企业能为员工提供更多的成才条件，企业主也希望企业有更多的员工成为操作能手、多面手、科技尖子和发明创造者。

5.企业文化氛围上的共同点　个私老板和员工都共同希望企业开展健康向上的文化娱乐活活动。在业余生活方面，许多老板已从原来的“老三件”（吃喝玩）变成如今的“新三件”（读书、书法、健康），并与员工同乐。

事实上，永康市许多个私企业劳资关系都是融洽的，根据30家个私企业问卷调查，80%认为职工与企业主关系“好”或“较好”。但也会产生企业主与企业员工之间的矛盾，这些需要通过思想政治工作各种方法去及时加以解决。

二、企业党组织与企业的关系

在私营企业里，处理好党组织（政工干部）与企业主的关系尤为重要。因为政工领导（包括书记）都是由企业主招聘的，而国有企业书记是上级任命的。要处理好这方面的关系，又必须处理好以下几个关系：一是地位与作为的关系。有作为才有地位，个私企业政工人员不能一味同企业主争地位，争权利，而是把主要精力放在做好思想工作上，做出实绩来。二是参与和参谋的关系，个私企业政工人员要在做好思想教育，掌握职工思想动态做好企业主的参谋，但对于经营决策、行政指挥方面的事项，一般情况不参与，即使参与也不干预。三是主角与配角的关系。在个私企业里,主角始终是企业主,政工干部主要配合做好思想工作。四是原则与策略性关系。要把思想工作重点放在贯彻党的路线方针政策上,放在正确处理经济效益和社会效益的关系上,对日常工作中非原则性问题不纠缠。而涉及职工权益等重大问题,要通过适当途径,按照有关章法,"有理、有利、有节"加以解决。

三、组织基础与经济基础的关系

要抓好组织基础,企业中必须拥有一支具有一定数量和质量的党员队伍。从当前非公有制经济组织党建工作遇到的情况分析,一些非公有制经济企业,特别是规模较小的私营企业,不愿意党组织介入企业。这些私营企业主担心党组织干预他们的自主经营活动,不认同党组织"监督",认为党和政府对他们不信任,侵犯他们的合法权利。另外,由于一些党组织没有正确把握非公有制经济企业党建工作特殊性,机械搬用国有企业开展党建工作的方式方法,工作定位不准,要求过高,难以取得私营业主的信任。凡此种种,影响了非公有制经济组织的党建工作,要做好发展工作,党组织必须充分发挥优秀党员的先锋模范作用,真心实意为企业图发展。要提高原有党员的素质,使其真正符合企业发展的要求。在发展党员时,要把那些符合条件的、高素质的员工吸收进来,同时注意培养后备力量,使企业主真正感到党员是企业发展的不可或缺的中坚力量,从而支持党建工作。

非公有制经济企业要做好思想政治工作,还必须要有经济基础,有经费才能办事。许多私营企业不仅成立了党支部、党小组,党报、党刊就订了十几种,党建工作开展得有声有色。而有些企业的党组织,由于没有经费来源,活动难以开展,作用也难发挥,影响了正常的党建工作。党建工作要有经济基础,必须得到企业的支持,得到董事会、私营业主的支持。从实践情况看,越是组织基础抓得好,工作有实效,越能得到企业的支持,经济基础就有保障。

四、企业经济利益和员工合法权益的关系

私营企业政工干部应充分尊重企业的经济利益,维护企业的正当利益,保障企业利益的最大实现。企业政工干部要顺应企业发展的客观规律,指导企业制度建设和民主管理,调动员工的积极性和创造性。多开展有利于企业经营管理的活动,寓思想工作于企业经营、管理和企业文化建设之中,使企业主切实感受到党建工作对企业的好处,自觉地接受并支持党在企业的工作。

私营企业的党工组织,要维护企业的利益,也要维护员工的合法权益。在私营企业的内部,党组织不能直接干预业主的合法经营,不能替他们承担经济风险,只有通过参与利益协调来代表广大员工。首先,党组织在非公有制经济组织内部代表的是国家、业主、职工的总体利益,要维护的是企业的整体利益,长远利益,这是利益协调的根本点。其次,党组织要旗帜鲜明地支持工会争取和保护职工群众的合法权益,这是利益协调的重点。第三,党组织协调利益的治本之策是建立合理稳定公开的有利于非公有制经济组织妥善处理劳动关系的分配制度。搞好企业与员工的协调是维护员工的合法权益的途径之一。党组织要充分发挥作用,争取和保护职工群众的合法权益。企业广大的员工,是党的组织基础,党组织只有关心他们的利益,真心实意地维护他们的权益,才能得到他们的拥护,从而打下坚实的基础。

(作者:浙江省永康市城市公交管理处主任)

积极探索非公有制企业党建工作新途径

梁凤书

党的基层组织是党的政治意志的直接贯彻者和具体执行者,在所有其他各类组织中处于政治核心地位。非公有制企业党组织也不例外,建立党组织必须立足于此,发挥作用也必须立足于此。围绕政治核心地位发挥好保证监督作用和战斗堡垒作用,这是执政党政治意志在经济组织中的具体体现,也是在非公有制企业加强党组织建设的中心任务。非公有制企业党组织一旦建立,一方面要坚定不移贯彻执行党的路线方针政策,一方面要从非公有制企业的特点出发,履行职责,发挥作用,紧紧围绕生产经营开展工作,努力做到"为企业所需要,为企业所理解,为党员所欢迎,为职工所拥护",通过"有为",确保"有位"。

一、围绕保证和促进非公有制企业健康发展的要求,找准工作的三个结合点

一是结合企业发展目标,确立党建工作目标,把保证和促进企业健康发展,作为党的工作的出发点和落脚点,做到党建工作与企业发展目标相一致;二是结合生产经营状况,开展不同方式的党的活动,把党组织的战斗堡垒作用和党员的先锋模范作用,渗透到企业日常的生产经营活动中去;三是结合企业的优势,搞好精神文明创建活

动。要以为企业发展服务的成效，检验党组织活动的水平和党员发挥作用的状况。

二、协调各方关系，化解矛盾，为企业发展创造良好环境

在非公有制企业中，党组织要面对各种复杂矛盾，提高协调关系、化解矛盾的能力。协调各个利益主体之间的关系，化解各种矛盾，要以党的路线方针政策和国家法律法规为根本依据，以有利于企业健康发展为统一尺度，以加强思想政治工作为主要方法，以公开、公正为基本原则，正确处理好国家、企业、职工三者之间的利益关系。为此应努力做到：

——增强责任感，维护国家利益。旗帜鲜明地宣传党的主张，引导广大员工坚定不移地走建设中国特色社会主义道路，支持出资者、经营者依法经营，引导和监督企业照章纳税，为企业健康发展提供政治保证。

——严格掌握政策，维护企业的合法利益。引导党员和职工尊重和维护出资者、经营者的经营自主权、财产处置权、收益分配权、用人自主权，及时向上级党组织和工商、税务等政府职能部门反映出资者、经营者的要求和呼声，促进有关部门改进作风，更好地为企业发展服务。

——坚持党的宗旨，维护职工的合法权益。要倾听职工群众的呼声，了解职工群众的疾苦，尽力为职工群众排忧解难；在职工群众的合法权益受到侵害时，有理、有利、有节地做好出资者和经营者的工作；在职工群众的根本利益受到侵犯时，要敢于站出来为职工做主，努力把职工群众的利益实现好、维护好、发展好。

三、加强教育，提高素质，充分发挥党员的先锋模范作用

针对当前存在的党员学习少、活动少的状况，非公有制企业党组织从组织职责出发，加强党员教育尤其重要。要因时、因地、形式多样地开展学习教育活动，以达到预期的效果。

——增强党员意识。通过学习教育，使广大党员认识到，非公有制经济是社会主义市场经济的重要组成部分，积极为企业发展做贡献，也是实现党的基本路线的具体体现，从而克服“雇用”思想，增强党员的光荣感和责任感，做到“平时工作看得出，关键时刻站得出，危急关头豁得出”。特别是在处理突发性、群体性事件中，成为化解矛盾、维护稳定的骨干。

——提高党员的岗位创新能力。立足党员履行岗位职责的需要，加强现代管理知识、科学技术的培训，开展“党员责任区”、“党员先锋岗”等活动，促进党员先锋模范作用的发挥。

——强化组织纪律。加强对党员特别是处于决策层、管理层中的党员的教育，使他们增强组织观念，自觉服从组织决定。特别是在重大问题上坚决贯彻党组织的决议，使党组织的意见和建议在企业中得到贯彻落实。

四、充分发挥工会、共青团等群众组织的作用

党组织要加强对工会、共青团等群众组织的领导，指导他们按照各自的章程开展活动，使群众组织成为党组织联系职工群众的桥梁和纽带。要充分发挥和利用工会、共青团等群众组织的优势，积极配合党组织的工作。党组织可以依托团组织把企业中的优秀青年特别是管理层中的优秀青年凝聚在党组织周围，并通过这些青年骨干开展党的工作。对涉及劳资矛盾的一些问题，党组织可将意图交待给工会组织，由工会出面协调。党组织还应支持和指导工会代表职工与企业签订集体劳动合同并监督合同的履行，参与劳动合同的协调，督促劳动保险福利的落实，以维护职工的合法权益。要把党组织的政治优势与工会、共青团组织的工作优势有机结合起来，使党组织和群众组织的作用都得到有效发挥。

五、把党建工作与企业文化建设结合起来，培育企业精神

党组织要把加强企业文化建设作为一个重要载体，使企业管理、精神文明建设、党的工作融为一体。通过企业文化建设，优化企业健康发展的环境，创新党建工作的方式，拓宽党组织发挥作用的途径。

——着力培养“四有”职工队伍。借鉴一些企业开展的以“讲文明、讲贡献，爱祖国、爱企业、爱岗位”为主要内容的“二讲三爱”活动，以“社会公德、职业道德、家庭美德”为主要内容的“三德教育”活动等做法，规范企业职工的职业道德；加强职工岗位培训，鼓励职工自学深造，全面提高综合素质，努力培育“有理想、有道德、有文化、有纪律”的职工队伍。

——着力塑造企业精神。借鉴一些企业以“振兴民族工业，争创世界名牌”为理念，开展“凝聚力工程”，营造“和谐、科学、求实、创新”的企业精神等做法，引导企业职工形成共同的价值取向和行为准则，努力提升企业文化品位。

——着力抵御各种不健康思想文化的侵蚀。针对各种思想文化相互激荡、不同意识形态和思想文化相互冲突又相互融合的实际，教育广大职工汲取各种思想文化的精华，自觉抵制和克服不健康的外来文化的冲击，以及我国历史上遗留下来的封建、愚昧、落后的思想文化的影响，努力形成符合社会主义市场经济要求的、健康向上的企业文化。

六、加强对业主的教育和引导，为在非公有制企业开展党的工作创造条件

加强对业主的教育和引导，提高业主的政治觉悟和综合素质，从而增强企业党组织的凝聚力和影响力，保证党和国家的方针政策在企业的贯彻执行，是加强非公有

制企业党的建设的一项重要任务，也是在非公有制企业中开展党的工作的一个重要条件。

——加强政治引导。针对业主的特点，要着力进行共同理想教育，引导他们坚定走建设中国特色社会主义道路的信念，抵制拜金主义和享乐主义等思想的侵蚀，自觉为经济发展和社会稳定做出贡献；要着力进行责任意识教育，引导他们自觉承担起中国特色社会主义事业建设者的社会责任，合理支配个人财产，致富思源，富而思进，发展企业，回报社会；要着力进行民主法制教育，引导他们依法经营，照章纳税，尊重员工的民主权利，正确处理好国家、企业、职工三者之间的利益关系；要着力进行先进技术和科学管理教育，引导他们提高学习的自觉性，加强市场经济、金融、科技、管理等方面的培训，提高他们的综合素质和现代化管理水平；要着力进行党的基本理论、基本路线、基本纲领的教育，引导他们增强对党的感情，自觉支持在企业中开展党的工作。

——加强对业主党员的教育管理。在抓好对业主民主法制等方面教育的基础上，对业主党员还要强化理想信念和党员意识教育，要求他们严格遵守党章，认真履行党员义务，自觉接受党组织的监督，保持共产党员的先进性。为此，应建立健全有关制度，确保这项工作落到实处。一是"双重管理"制度。以企业党组织为主，上级党组织、工商联、个协、行业协会党组织为辅对业主党员实行双重管理。上级党组织要经常督促他们参加党的生活，接受教育和培训，完成组织分配的工作任务；工商联、个协、行业协会党组织应利用自身优势，及时掌握业主党员的思想动态和经营状况，协同企业党组织加强对业主党员的管理。二是定期报告制度。针对业主党员活动空间大的特点，要求他们定期汇报思想、工作、学习情况，正式党员可每半年向党组织汇报一次，预备党员每季度汇报一次。三是民主评议制度。在每年一次的民主评议党员活动中，认真对业主党员进行评议。应广泛听取职工群众的意见，并听取工商联、税务等部门的意见。对丧失党员条件的，按有关规定严肃处理。

——正确认识和对待业主党员担任企业党组织负责人的问题。为了发挥基层党组织的保证监督作用，便于协调企业内部各方面的关系，如果企业中没有其他合适人选，且业主党员素质较好，有党务工作经验，群众也公认，可以由业主党员作为企业党组织负责人的预备人选，经过上级党组织批准，方可进行选举。对已经担任党组织负责人的业主党员，应加强党性教育和制度约束，要求他们认真履行职责，做好党的工作。

——防止和避免企业党组织家族化。企业党组织出现家族化，容易背离党的性质和宗旨，容易被当作谋取家族和个人利益的工具，难以发挥党组织的作用，更难以代表广大职工群众的利益，从而涣散党的组织，降低党在群众中的威信，损害党的形象。这种现象应当加以防止和避免。

（作者：中共山西省大同市委副书记）

实践"三个代表"　搞好工会工作

罗定坤

江泽民在建党80周年庆祝大会上全面、系统、深刻地阐述了"三个代表"重要思想，还阐述了在建设有中国特色社会主义整个历史进程中为什么要坚持和怎样坚持党的全心全意依靠工人阶级根本指导方针，进一步奠定了马克思主义工运理论基础。更为我们加强工会建设，推进工会工作带来了新的契机，为我们做好新时期工会工作提供了良好的机遇，为我国工人运动和工会工作进一步指明了前进的方向。为此，我们要抓住机遇，以"三个代表"重要思想为指导，努力实现工会工作新的突破，推动工会工作再上新的台阶。

一、实践"三个代表"坚定不移地落实好党的全心全意依靠职工办企业的根本方针

我国是工人阶级领导的、工农联盟为基础的人民民主专政的社会主义国家。全心全意依靠职工办企业是我党一以贯之的根本方针。毛泽东同志早在七届二中全会上，就明确提出了"我们必须全心全意依靠工人阶级"。建国初期，邓小平在西南局城市工作会议上的报告提纲中，对党的"全心全意依靠工人阶级"思想作了进一步发展，并把它提高到党的指导方针的高度上来认识。在新的历史时期，江泽民同志深刻指出："全心全意依靠工作阶级，是我们党和国家的政治优势，也是我们从胜利走向胜利的重要保证。"长期以来，我们党的三代领导集体始终把全心全意依靠工人阶级作为我们党的根本指导方针。工人阶级是党的阶级基础，是国家的领导阶级，是先进社会生产力和生产关系的代表，是社会主义物质文明和精神文明建设的主力军。历史和现实都反复证明，工

人阶级在国家和社会的领导地位和主人翁地位永远都不能变,这是根本的政治原则问题。由此可见,全心全意依靠工人阶级不仅仅是一个政治问题,也是扩大改革开放,发展社会主义市场经济、推进国企业改革,积极探索建立现代企业制度,使国有企业走出困境、重振雄风的必由之路。在深化国企内部改革的今天,尤其更需要坚持这一方针,没有广大职工的积极性和主动性,没有广大职工的坚定性和无私奉献精神,改革开放和现代化建设就难以健康顺利发展。工会是党领导的工人阶级群众组织,是党联系职工的桥梁和纽带,是国家政权的重要社会支柱,是会员和职工利益的代表。工会组织的性质、地位和作用,要求我们认真学习贯彻江泽民"三个代表"的思想,进一步贯彻落实党的全心全意依靠工人阶级指导方针,推动"依靠"方针在企业的贯彻落实。做到在政治上保证、制度上落实、素质上提高、权益上维护。政治上保证就是要切实尊重职工当家作主的主人翁地位,充分发挥全体职工的积极性、主动性、创造性,组织广大职工参与企业各级民主决策、民主管理、民主监督,保证主人翁权利在企业各项工作中得到具体落实。制度上保证就是要在企业中认真搞好签定劳动合同,建立平等协商,签定集体合同制度,坚持和完善以职工代表大会为基本形式的民主管理制度。建立民主评议干部和实行厂务公开制度等,切实发挥工会和职工代表大会在民主决策、民主参与、民主管理和民主监督中的积极作用。素质上提高就是要维护职工日益增长的精神文化需要,强化理论学习、岗位培训,不断提高职工思想道德和科学文化素质。权益上维护就是要在现实生活中,坚决维护职工的经济利益,保证职工的民主权利,努力实现两个维护的统一。在当前,各级工会组织就是要在同级党组织的领导下,把努力提高职工群众的思想道德素质和科学文化素质,努力提高他们的劳动技能和创造才能,充分了发挥他们在公司科研生产经营中的智慧、积极性创造性作为,是我们党始终代表中国先进生产力发展要求必须履行的第一任务。高举维护旗帜,努力实现"五突破一加强"。工会作用发挥得好坏,不仅涉及到职工合法权益的维护程度,对作为党与职工群众之间桥梁和纽带作用的发挥程度,也涉及到社会主义制度优越性在市场经济中的体现。结合《讲话》精神学习,我们一定要坚决贯彻落实好公司党政联发[1999]8 号文,《关于全心全意依靠职工办好企业的通知》,切实在"政治上保证、制度上落实、素质上提高、权益上维护"这个四个方面上狠下功夫,努力把这一方针予以贯之。

二、实践"三个代表",进一步认识工会组织的性质和基本职责

工会是党领导的工人阶级群众组织,是党联系职工群众的桥梁和纽带,肩负着维护职工群众合法权益的基本职责。工会为社会化大生产的产物,从它成立的那一天起,就是代表和维护职工群众利益的,如果工会不维护职工的利益,那么工会组织就没有存在的必要。在发展社会主义市场经济条件下,企业已成为法人实体和市场竞争主体,工会组织要从新的实际出发,确定自己的方针和任务。如:新型劳动关系建立,职工由原来与国家的关系变为现在主要是与企业的关系。劳动关系主、客体的移位,使工会组织履行"维护职能"就只有通过建立一种平等协商、签订集体合同制度来维护企业和劳动各自的权利和义务。随着劳动关系的逐步市场化和契约化,职工面临风险的机会增大,工会参与调整劳动关系和维护职工群众合法权益的任务比以往任何时候都更加繁重。中国职工的劳协结构出现了空前大调整,民营经济与国有企业在对下岗职工的吸纳上,呈现出彼长此消的态势,相当一部分国企工人在下岗之后,又走上民营企业岗位。勿庸讳言,作为工人阶级一部分从事简单劳动的工薪阶层,有相当一部分人技术储备不足,年龄偏大,观念也相对滞后,面临下岗和失业的危机。国企改革的阵痛主要由这部分人承受。而这一群体数量的扩大,对社会性稳定和改革的进一步深化形成了压力。经济结构的调整、经济成分多元化、分配关系多样化、劳动关系契约化、劳动就业市场化……直接影响着工人阶级地位和作用的发挥。客观上对中国工会工作提出了更高的要求。工人阶级内部不同阶层的出现,是改革给中国社会带来的最大变化,是一种历史进步。不同阶层通过职业竞争而激发的活力,成为社会主义市场经济的强大驱动力。这种分化是一种职业分化而绝非政治性分化。

又如:社会主义市场经济条件下多种所有制经济的并存,公有制实现形式的多样化,必然会带来职工收入分配上的多元化。这样工会工作领域不仅仅局限于公有制企业,必然向新经济组织延伸。工会工作对象呈现出多元化的发展趋势,维权工作矛盾更趋复杂化。另外,普通劳动者(工人)与高、中级管理人员,科技人员利益差距扩大,利益矛盾增多,工会协调这些利益矛盾的方式方法也要与之相适应。经济体制转轨、经济结构调整、劣势企业的退出、就业方式的转换、技术结构的变更、农村剩余劳动力转移的冲击等多种因素作用的结果,使部分职工下岗失业成为不可避免的社会现象。失业人口是市场经济的必然产物,是与工业文明相伴而生的,只要有科学技术的进步,只要有经济结构的调整,只要有市场竞争,就会有失业。让国企富余人员下岗、转岗甚至失业已成为解放和发展生产力的客观要求,可谓"箭在弦上,不得不发。"

再如:在计划经济条件下,企业作为政府的附属物完成国家指令性计划的国有经济单位,起着社会细胞的作用,企业办社会福利的现象十分突出。职工在住房、医疗、劳保福利及子女入托、入学、就业等方面完全依赖企

业。随着企业深化改革的推进，企业逐渐摆脱办社会福利的功能，职工群众的失落感增强。工会组织在企业转机建制、深化改革过程中，如何在维护企业总体利益的前提下，维护好职工群众的具体利益？如何在源头参与上把握好推进改革的力度与把握好职工心理承受的程度的关系上的工作十分浩繁、十分艰巨。

三、实践"三个代表"，大力推进群众性经济技术创新活动的开展

要实现国民经济持续、快速、健康发展，这就要求国有企业必须在技术进步和产业升级中不断拓展新的发展空间，发挥其关键性作用。中华全国总工会最近做出决定，要求各级工会组织要服从于、服务于国民经济建设这个大局，切实有效地开展好群众性经济技术创新活动。我们要结合成飞（集团）公司"十五"发展规划的实施，从工会自身的特点和优势出发，大力开展群众性经济技术创新活动，不断拓宽其活动领域，最大限度地调动广大职工的积极性、主动性和创造性，坚持在"继承中创新、创新中发展"赋予劳动竞赛、合理化建议、技术革新、技术攻关、发明创造，岗位练兵比武等新的内容和新的要求。要增强广大职工的创新意识、创新思维、创新能力，加强新技术、新知识、新工艺、新设备的培训，不断提高职工的技能水平和科学文化素质。要大力总结推广先进操作方法，开展好拜师学艺，搞好传帮带活动，大力挖掘职工在生产劳动实践中练就的"绝招"、"绝技""绝活"，注重"应用型"技能转化为现实的生产力。要充分发挥劳动模范、先进生产（工作）者、技术能手、能工巧匠的骨干作用，大力弘扬先进人物的优秀品质和时代精神，用他们的先进思想影响和带动广大职工。我们还要按照江总书记"七·一"讲话的精神，在引导和激励各类人才为国家为企业建功立业的同时，尽快建立有利于留住人才和人尽其才的收入分配机制，从制度上保证各类人才得到与他们的劳动和贡献相适应的报酬。

四、实践"三个代表"，发挥工会组织在公司两个文明建设和企业文化建设中不可替代的作用

工人阶级是先进生产力和生产关系的代表，是先进文化的创造者、倡导者和传播者。工会必须在党委的领导下，紧密围绕公司两个文明建设和企业文化建设，把广大职工群众的智慧、积极性和创造性引导好、保护好、发挥好。把思想政治工作从"无形"变为"有形"需要靠一系列载体来实现，而工会在这方面有着得天独厚的条件和优势。工会要充分发挥阵地建设的教育功能作用，广泛深入开展一些健康有益职工群众喜闻乐见、寓教于乐的文娱体育活动，用丰富多彩、健康有益的活动占领职工业余文化阵地，使广大职工在这些健康有益的活动中得到愉悦。要做到"阵地不丢，活动不断、队伍不散"，努力在普及中抓提高，以满足职工群众日益增长的精神文化需要，从而树立起正确的世界观、人生观和价值观，坚定理想、信念，增强对改革开发和现代化建设的信心，增强企业的凝聚力，战斗力和向心力。

五、实践"三个代表"思想，着力提高职工"两个素质"

中国共产党的先锋队性质，源于它的阶级基础——工人阶级的先进性质决定，而工人阶级的先进性则集中体现在这个群体的高素质上，中国历史的发展和现代化建设的进程就充分说明了这点。深入学习贯彻江泽民同志"三个代表"的重要思想，保持工人阶级先锋队性质不变，就是要努力提高广大职工思想道德素质和科学文化素质，进一步发挥工人阶级作为先进文化创造者和传播者的作用，推动社会全面进步。这是落实党的"依靠"方针在"政治上保证、制度上落实、素质上提高、权益上维护"的重要体现。也是在社会主义市场经济条件下企业成为"自主经营、自负盈亏、自我发展、自我约束"和"产权清晰、权责明确、政企分开、管理科学"现代企业的内在要求。因此必须把着力提高职工的思想道德素质和科学文化素质列入工会的重要工作，在建设"四有"职工队伍上充分发挥作用。第一，要认真组织广大职工加强马列主义、毛泽东思想理论学习，特别是邓小平理论的学习。要认真学习党的方针政策和国家有关法律法规，引导职工树立正确的世界观、人生观、价值观，模范遵守社会公德、职业道德和家庭美德。倡导科学，吸取人类先进文化成果，丰富和创造具有中国特色的社会主义文化，为社会主义现代化提供强大的思想保证和智力支持。第二，大力营造爱科学、学科学、用科学和重视劳动技能培养的良好氛围。进一步增强广大职工刻苦学习的主动性和积极性，引导他们学技术、钻业务，提高岗位技能改善知识结构，了解新知识、掌握新技术，不断增强竞争能力和自主择业能力，努力成为社会发展需要的高素质劳动者。第三，要教育引导广大职工不仅要成为先进生产力的创造者，还要成为先进文化的创造者和传播者。要努力继承和发扬中华民族一切优秀文化成果，吸收和借鉴一切国外的优秀成果，鼓励支持一切有利于解放发展生产力、推动人类进步的先进思想道德，大力提倡学习科学文化知识，发展科学文化事业。

总之，江泽民提出的中国共产党要成为"三个代表"的重要思想，其内容非常丰富，哪一个代表都与工会工作息息相关，为进一步推进工会工作提供了非常重大的机遇。我们要抓住和珍惜这个机遇认真学习领会江泽民"七一"讲话和"三个代表"的深刻内涵，要着眼于在工会工作的运用。着眼于工会新的实践和创新，真正把工会组织建设成为党的助手、行政的帮手，职工可信赖的"职工之家"。

（作者：成飞集团公司董事、工会主席）

温州民营企业思想政治工作的调查与思考

蔡精楚

一、温州民营企业思想政治工作的基本情况

民营企业也称非公有制经济组织，非公有制经济发展快、比重大，是温州经济格局的一大特点。目前，温州民营企业共有6万5千多家，占全市企业总数的98.8%，拥有注册资金909亿元，就业人数达100多万人，2002年创造工业产值2180亿元，占全市工业总产值的94.7%，民营经济占全市经济的比重达76%，其中产值1亿元以上的企业就有174家，有36家企业跻身全国民营企业500强。民营企业的蓬勃发展，既给思想政治工作提出了新的课题，也给思想政治工作开辟了新领域。为进一步搞好民营企业的思想政治工作，最近笔者就温州民营企业的思想政治工作进行了调查，走访了正泰集团、德力西集团、天正集团、华峰集团、奥康集团、康奈集团、红蜻蜓集团、神力集团、温州天宇锁业有限公司、温州泰恒集团公司、温州凯恩商标织带有限公司等20来家民营企业。他们在思想政治工作上的成功实践和经验，代表了我们温州民营企业思想政治工作的趋势和方向，其做法具有时代的特点。

(一)温州的民营企业家较早地意识到企业中思想政治工作的重要作用。走向正规、迅速发展的民营企业大多把加强思想政治工作看成是企业发展的内在要求，是企业向外扩张、内部加强管理的客观需要。他们认为：行为是由思想支配的，加强思想政治工作有利于协调员工与企业的关系，有利于调动员工的积极性，有利于企业更快更好地发展。在民营企业中建立党、工、团等组织，绝不是“多一个香炉多一个鬼”，而是多一个组织多一份力量，多一种有效手段，使企业如虎添翼。正泰集团在对管理层教育中，就强调党是社会主义事业的领导核心，也是企业思想政治工作的领导核心。集团董事长南存辉认为：“党组织是企业健康持续发展的原动力，是企业集团股东的主心骨，是企业决策层的导航器，是企业员工的娘家。”企业建立党组织在政治上更有感召力，在思想上更有号召力，在组织上更有保证力。”该集团1993年就成立党支部，1995年成立党总支，1998年成立党委，10年时间里党的组织不断壮大，党员队伍不断扩大，由原来的7名党员发展到现有262名党员，企业的生产经营也不断得到发展，2002年该企业销售额超80亿元，名列全国民营企业综合实力500强第5位，正泰商标被评为全国驰名商标。建立党组织，做好思想政治工作确确实实增强企业的优势，促进了企业的发展。一些明智的企业家，一些上规模上档次的企业，已经越来越认识到民营企业思想政治工作的重要意义和重大作用。

(二)初步形成以党组织为核心，以党校为基地，党政工团齐抓共管的格局。目前，经营上达一定规模的民营企业在建立党组织的同时，建立了工会、共青团、妇联、民兵等组织，建立了党政校等教育基地，有的还成立了精神文明指导委员会，协同党组织和董事会开展企业精神文明建设。正泰、德力西、人民、天正、长城、奥康、神力、红蜻蜓、泰恒等企业，为加强思想政治工作的组织领导，设立了专职党委(或党总支)书记副书记。专职书记(副书记)一般是从党政机关、学校和国有企业中从事思想政治工作的人员中聘用。这些人对思想政治工作经验丰富，到民营企业后，把党的思想政治工作的优良传统带进了民营企业，开辟了党建工作和思想政治工作新领域。有人说：“现在国有企业经营活动民营化，民营企业政治工作国有化”，这正反映了国有企业学习民营企业灵活的机制，民营企业学习国有企业思想政治工作的成功经验的两种发展趋势。在工作机制上，民营企业党委书记有的作为外聘董事参加董事会，有的列席董事会议，党组织邀请董事长列席党委会议。有效地解决了“两张皮”现象，起到了工作上相互了解，相互通气，经营工作和思想政治工作协调发展，共同促进的作用。

(三)以创建企业文化为载体，把思想政治工作与塑造企业精神相融合。在调查中发现，民营企业注重企业文化建设，主要表现在四个方面：

(1)有明确的企业经营理念。企业宗旨的制定，企业标志、标识的设计等都处处体现企业追求的目标。

(2)有严格的行为规范。如天正集团几年来一直坚持让员工集体宣读天正人宣言，警示每个天正人为企业的目标，为企业的理想不懈努力。又如温州天宇锁业有限公司，每周一将员工集中在操场升国旗、厂旗，唱国歌、厂歌，在庄严肃穆的气氛中，培养员工的爱国爱厂爱岗精神。

(3)有完善的文化设施。如红蜻蜓、天正、德力西、康奈等企业都有员工活动室、卡拉OK厅、舞厅、乒乓球室、台球室、健身房等娱乐场所。每天向员工定时开放，使员

工在有益的活动中，得到身心的健康发展。

(4)厂区厂房环境优美。有宽敞明亮的厂房和花草飘香的花园式庭院厂区等，使员工在工作之余，有闲庭信步之乐趣，通过企业文化的建设，既体现了企业的形象，塑造了企业精神，也陶冶了员工的情操，增强了企业的凝聚力。

(四)以参股和奖惩为手段，把思想政治工作与利益激励机制相结合。“思想政治工作不能空对空。这是民营企业的共同认识。为了稳定员工队伍，调动员工的积极性，民营企业结合实际做了有益的探索。如人本集团为最大限度的调动员工积极性，在用工上实行星级制，根据年终的考评实绩，决定员工等级的升降，在选择和任用中层干部上，采取民主选举的方式，大大激发了员工的积极性和创造力。员工觉得在人本只要有能力，人人都可以发挥作用。在利益机制上，集团董事会决定，企业四位原始股东无偿转让其45%的股份，其中1/3的股份由企业员工购买参股，1/3的股份作为奖励，赠送给作出突出贡献的员工，1/3的股份用于后续进入公司的员工购买之需，使企业有60%左右的员工都成为持股者，他们的利益与整个企业的经营息息相关，从而形成了员工与企业共呼吸，共命运，“厂兴我荣，厂衰我耻”的团队精神，为稳定员工队伍和调动员工的积极性，天正集团等采取了骨干配股，或予办理养老保险。天宇锁业采取了离职补偿办法，在厂工龄越长，一次性补偿就越多。神力集团组织工会与企业签订集团劳动合同，对职工工资、养老保险等项目进行集团协商。这些激励手段的使用与思想政治工作的两手并举，是民营企业员工思想稳定与企业发展的基本经验。

(五)以人为本，凝聚人心，初步建立了情感投入与制度管理相结合的思想政治工作模式。在调查中听到了这么两句话：一是“员工是企业的上帝”，二是“要使员工爱厂如家，首先企业要象个温馨的家”。在这两种思想的指导下，企业对员工在工作生活上十分关心和体贴，这是新型企业思想政治工作的突出特点。走访的10多家民营企业约有85%的员工是外来者，为了凝聚人心，把企业营造成温馨的家，他们在做法上主要有三点：一是认真做好吃、住、玩等后勤生活保障工作。各企业都盖有员工宿舍，无偿提供住宿，对不能安排住宿的也给予每月30~100元的补贴，企业骨干在住房上有的还提供套房。员工统一在企业食堂用餐，早、中餐有的免费或有的补贴。食堂场地宽敞、设施完善、菜肴花样多，价格便宜。企业都建有职工娱乐活动室、图书阅览室等设施。在员工生活管理上制度较完备，如凯恩商标织带有限公司1995年以来连续获得区总工会“职工生活后勤一条龙竞赛”一等奖，成为鹿城区民营企业中重视改善员工工作、生活条件的一个典范。二是在工作之外，照顾体贴员工。如人本集团几年来坚持开展经常性的送温暖活动，凡是员工生日，企业都赠送一份生日券，凡是员工生病，领导都上门探望，凡是员工家庭遇到意外的天灾人祸，企业都给予经济补助。长江特大洪灾时企业专门派出工会主席一行3人，历时半个月，行程千里，为在长江特大洪水中受灾的二十余名外来员工家庭，逐个进行家庭慰问，并每家送上2000元慰问款。公司的深情投入，使员工感激不已，愿以自己的努力报效公司，为公司出力。三是通过家访与沟通，增进了了解和支持。如康奈集团有限公司还把员工的工作做到家里，他们不辞辛苦，到部分员工家中进行拜访，给他们家人带去问候，向他们汇报子女在公司的工作与生活情况，公司还规定每年两次给员工家中写信，与员工家属进行沟通，得到家属的理解和支持，回家过年时给每人送一双本集团生产的皮鞋，使思想政治工作的开展有更扎实广泛的基础。

(六)以高起点、大投入、重人才为特点，把思想政治工作与全面提高员工素质结合起来。民营企业在市场的竞争中，越来越体会到人才对企业发展的作用，所以他们不惜重金搞员工培训，通过各种途径全面提高员工素质，把思想政治工作融合在培训教育之中。人本集团规定：每个员工被录用前，都必须先经过六个月的上岗培训，培训的内容有军训、机械专业、钳工技能、安全生产知识、企业管理制度等课程。1999年公司兼并了杭州轴承厂，同样把那边的骨干调到温州来培训，一方面是提高他们的管理素质，另一方面也是增强他们的团队意识。几年来公司用于员工培训的费用就达1000多万元。正泰集团每年拿出200多万元，鼓励职工入学深造提高。公司坚持把读书培训作为考核各类人员上岗的必备条件，规定高层领导在3年内必须达到大专以上水平，中层经理达到大专水平，专业技术人员和管理人员90%要获得中、高级职称，达不到这个水平的要予以免职或调岗。这政策一出台，极大调动了广大员工努力学习科学文化技术的积极性，自学读书蔚然成风。近几年来，公司办了500多期培训班，受训人数达4万多人次。康奈集团成立员工培训中心，从上海聘请制鞋工程师、专家、大学教授及社会知名人士来公司讲课和授艺。近几年来，进行各种培训200多期，受训人数达16000多人次。通过培训员工的业务技术和设计能力大大地提高，如天正集团的员工戴金元(贵州人)开发了BK变压器，外观美，体积小，申报了国家专利。近几年来民营企业超常规发展，这与他们重视员工的教育与培训是分不开的。

总之，温州民营企业从实际出发，解放思想，勇于创新，大胆探索，积累了一些经验，走出了新的路子。但也存在一些问题，主要的有以下几点：

(1)发展很不平衡。据了解，全市上规模的民营企业大部分企业重视思想政治工作，同时工作开展得也比较好。但那些规模较小，档次不高，员工人数少的民营企业，他们对思想政治工作重视程度明显不够，甚至苍白无力。

(2)认识程度不高。目前，有二个认识误区，一是一些地方和部门的党委对加强民营企业思想政治工作认识还比较模糊，认为不是自己的份内事。二是企业经营者和务工者临时思想严重、重奖罚轻教育，重生产经营轻思想工作，认为思想政治工作可有可无，与他们没有直接的利益关系，有钱赚就行。

(3)机制不够完善。我市民营企业的思想政治工作通过各部门齐抓共管，取得一些经验，但尚未形成合力。乡镇、街道一级没有专门人员负责开展此项工作，网络断层，工作责任得不到真正落实，特别是一些企业规模小，利益多元化，发展不稳定的企业，目前思想政治工作还是个空白点。

二、新形势下民营企业思想政治工作面临的挑战

(一)指导思想的一元化与价值观的多元化发生猛烈碰撞

作为经济转型期产物的民营企业，其员工思想特别活跃，精神文化需求日益增长且复杂多样。爱国主义、集体主义、社会主义思想以及其他与改革开放、现代化建设相适应的思想观念、道德风尚成为他们思想主流的同时，拜金主义、享乐主义、个人主义也在一定范围内滋长、蔓延。由于利益主体的多元化，使企业员工价值观的多元化与思想政治工作指导思想的一元化发生了明显的冲突。一元化的道德观、价值观难以解决思想价值观念的多样性。延袭传统的工作方式已无法覆盖社会的方方面面，出现了思想政治工作的空白点。过去主要是围绕提高或解决企业职工的基本觉悟、纪律性之类的基础性宣传思想政治工作(即治人)已转向"树人"，即重点转换到对人的觉悟、素质、能力、观念、价值观、成就欲等的综合能力的培养上。很明显，传统的宣传教育方式已经不再适应企业的发展要求了。

(二)信息传播渠道的变化，加大了思想政治工作的复杂性和艰巨程度

随着经济全球化，中国将更多地融入世界大家庭之中，思想政治多元化的冲击已不可避免。过去只要干扰一下敌台广播，便可使我们的国民免受"西化"的危险。但现在情况不同了，人员的进出，文化的交流，卫星电视的转播，国际互联网的扩张，信息传递速度的快捷，职工获取信息方式的多样，使企业员工从过去的封闭状态中走出来，从国内的感觉良好到"外面的世界很精彩"。民营企业不是生活的真空，而是与活生生的大社会紧密相联。社会上的风吹草动，都要影响和波及企业的方方面面。因而在经济、政治、文化领域，在职工的工作方式、生活方式、思维方式等各方面，都已经发生和正在发生更加深刻的变化。社会上不可忽视的消极负面影响，正在撞击企业积累的精神财富和优良的思想作风，使民营企业的思想政治工作面临新的挑战。

(三)民营企业重生产经营、轻思想教育，存在"担子一头沉"现象

调研中听到较多的是民营企业灵活的经营机制和产品对市场的占有份额。除少数企业对本厂的思想政治工作能滔滔不绝地讲出一套套"招术"外，多数民营企业思想政治工作重视程度还明显不够。一些民营企业主片面地认为企业的所有职责和功能是抓生产经营；片面地认为非公企业的发展靠的是企业主的决策和市场的开拓，抓思想政治工作深浅程度无所谓；片面地认为只要企业多经营、多赚钱、多纳税，不犯法、不犯罪，思想政治工作即使都不抓，照样能成为明星企业。笔者对龙湾区年产值在200万元以上的100位企业主问卷调查中，只有42人认为要加强民营企业的思想政治工作，34人持无所谓态度，还有24人持明显的否定态度。由于企业主对思想政治工作重视度不够，因此出现了相当数量的民营企业员工经济意识强了，政治意识弱了；个体意识强了，集体观念弱了；竞争意识强了，奉献意识弱了。久而久之造成了一定数量的民营企业淡化了思想政治工作，防碍了思想政治工作在民营企业的有效开展。

(四)工作方法滞后，思想政治工作与职工思想实际相脱节

多数民营企业的企业主在年初部署工作时，或多或少也都把思想政治工作作为重要任务来强调。但思想政治教育缺乏系统规划和具体计划，闲的时候抓一下，忙的时候搁一边。教育的时间、内容难落实，更谈不上形式、方法上的求新求活，思想政治工作与职工思想实际相脱节。一是松懈。往往限于一般号召，"说起来重要，干起来次要，忙起来不要"的现象较为普遍。二是浅薄。有的企业把思想政治工作仅仅局限于读读报纸，学学文件，没有抓住根本性东西，不能解决深层次问题。三是空泛。不能联系实际有针对性地解决民营企业面临的新问题和职工中的困惑。四是陈旧。主要是方法简单陈旧，创新步伐不大，新渠道、新方法、新机制未能形成。五是疲软。主要是缺少有力的手段和力度，面对企业的发展，思想政治工作找不到为企业发展服务的切入点和结合点，在服务上缺乏有效的途径、方式、手段。

三、加强和改进民营企业思想政治工作的几点思考

在市场经济条件下，民营企业开展思想政治工作关键是要把思想政治工作真正摆上议事日程，具体措施相应跟上。笔者认为加强和改进民营企业思想政治工作要着力抓好以下几个方面：

（一）必须客观定位，实事求是看待民营企业思想政治工作的作用

现在有些民营企业企业主，要么把思想政治工作当作万能，好像抓思想政治工作就什么问题都可以解决，一旦解决不了，又认为思想政治工作是“吹牛”，不起作用；要么搞实惠主义，认为“千讲万讲，不如一奖”；“喊破嗓子，不如多发票子”。两种认识，表面上好像不一样，实际上最终都是否定思想政治工作的作用。思想政治工作作为灌输道理、疏通引导、启迪觉悟的载体，是培养人的重要途径。但外因还要通过内因才能起作用。事实上，人们的思想转变往往有一个过程，不能奢望一两次思想工作就能解决问题。同时，由于事物的复杂性，许多问题的产生往往是多种因素造成的，必须实行综合治理才能奏效，不能苛求抓了思想政治工作就什么问题都能解决。只有正确了解思想政治工作的内涵，实事求是地评价其功能，才能克服夸大或贬低思想政治工作地位作用的错误倾向，在实际工作中才能坚持“两手都要硬”，防止抓思想政治工作，忽视行政措施和物质条件的改善；或不抓行政措施和物质条件的改善，忽视思想政治工作。

（二）必须把前瞻性和现实性结合起来，选准民营企业思想政治工作的“着眼点、着力点、结合点”

一要把“以人为本”作为思想政治工作的着眼点。民营企业的思想政治工作无论是继承还是创新都离不开“人本”原则。“以人为本”是民营企业思想政治工作的关键。因此，在指导思想上，要坚持“以人为本”原则，要有与时俱进的精神，有勇于创新的勇气，不摆花架子、不搞应付工程。在工作内容上，要紧跟新形势、适应新变化、选准“以人为本”这一着眼点。在活动形式上，要推行“大政工”格局，实行一岗双责，把思想政治工作与企业管理有机地结合起来，与企业的生产经营同步。在方法手段上，要采取开放式、启发式教育，努力使职工成为企业生存和发展的主力军。

二要把真诚作为思想政治工作的着力点。真诚是思想政治工作的金钥匙；真诚，是人们交往的纽带、信任的基础。民营企业主必须具有真诚的品质，才可能感染人、打动人、说服人；民营企业主必须关心员工的生活疾苦，关爱员工的切身利益，关怀员工的健康成长，才能更有效地发挥思想政治工作的作用。

三要善于找到思想政治教育与本企业具体工作、目标的结合点。笔者认为应做到“五个结合”，即：思想政治工作同企业发展的目标结合起来，使企业发展目标成为全体职工上下一致的共同追求；把思想政治工作与切实解决职工关心的实际问题结合起来，解除职工的后顾之忧；把思想政治工作同企业的内部民主管理，民主监督结合起来，鼓励职工为企业发展建言献策、知情出力；把思想政治工作同企业内部的科学管理结合起来，为企业发展提供强大精神动力；把思想政治工作与企业文化结合起来，以树立良好的企业形象，增强企业的市场竞争力。

（三）必须实施“以德治企”，努力把民营企业营造成一个充满温馨的大家庭

1. 实施“以德治企”，要把强化企业之本放在首位。强化企业之本就是培育员工的人品；就是用高尚的思想品格去教育人、造就人，使员工以高尚的思想品德来自觉地规范自己的行为。以一流的人品生产经营一流的产品，这是成功企业独具特色的企业文化。而培育一流的人品，必须把思想道德建设放在首位。因此，要密切结合思想政治工作和精神文明建设，切实抓好职工的思想品德教育。一是加强政治品德教育。坚持不懈地对职工进行马列主义、毛泽东思想、邓小平理论，特别是“三个代表”重要思想教育，深入持久地进行爱国主义、集体主义、社会主义教育，引导职工树立正确的世界观、人生观和价值观。二是加强社会公德教育。大力倡导文明礼貌，助人为乐，爱护公物，保护环境，遵纪守法的社会公德。三是加强职业道德教育。教育职工爱岗敬业，诚实守信，无私奉献，树立良好的职业道德。四是加强家庭美德教育。教育职工尊老爱幼，团结友爱，大力倡导新生活观念、习俗和良好的人际关系。

2. 实施“以德治企”，要将弘扬企业精神贯穿始终。“以德治企”，就是用道德精神的力量感召、激励职工奋发向上，团结拼搏，为社会提供一流的产品和服务，为国家创造更多的财富。企业精神是企业文化的灵魂和核心，是民营企业主领导意识与员工价值观的集中体现，是做精做强企业的精神导向。企业精神是由民营企业主和员工共同树立的，企业主只有得人心、顺民意、办实事，才能使企业精神在全体员工中产生共鸣。因此，民营企业主要牢固树立民主管理企业的思想意识，大力推行厂务公开，加大民主管理企业的思想意识，尊重、关心、爱护员工和全心全意为员工服务，这样才能培养全体员工的归属感和对企业的忠诚度，企业精神才有强大的感召力、亲和力和凝聚力。由此形成的“报效企业”的价值观和敬业精神则会促使职工更加奋发有为、积极进取、努力工作。

3. 实施“以德治企”，要同塑造企业形象紧密结合。企业形象是企业整体素质的外在体现，是企业文化的重要组成部分。良好的企业形象，既能激发职工的荣誉感、自豪感，全面调动工作的积极性和创造性，又能向社会展示企业的风貌，提高企业的影响力和信誉度，给企业带来更大的发展。民营企业塑造企业形象，要把企业内部和外部形象的塑造结合起来，大力发展全方位、多层次、立体化的企业形象塑造工作。一是利用厂旗厂徽、厂报厂歌、标识标语以及美化厂容厂貌等形式，充分表达企业的经营理念和员工的价值取向。在对员工进行自我教育感化、树立崭新风貌的同时，向社会展示企业的良好形象。二是积极开展素质教育，努力提高员工的科学文化知识水平。使全体员工以其丰厚的人文积淀和优良的品质底蕴，为塑造良好的企业形象奠定坚实的基础。三是大力开展各种形式的创先争优活动。树立先进典型，褒扬新风正气，形成"创一流、争第一、夺最佳"的良好氛围，大力提升企业员工的形象素质。四是积极进行多角度、多层次、立体化的企业和品牌形象的广告宣传活动。利用各种宣传媒体、文体活动、公益活动，努力扩大企业、品牌的知名度和信誉度，使企业以良好的社会形象，赢得广大消费者的信赖和支持，为企业发展创造最佳的外部环境，从而实现企业两个文明建设的双丰收。

（作者单位：中共温州市委宣传部）

温州民营企业思想政治工作的调查与思考

汪丽珍

一、温州民营企业思想政治工作的基本情况

民营企业也称非公有制经济组织，非公有制经济发展快、比重大，是温州经济格局的一大特点。目前，温州民营企业共有6万5千多家，占全市企业总数的98.8%，拥有注册资金909亿元，就业人数达100多万人，2002年创造工业产值2180亿元，占全市工业总产值的94.7%，民营经济占全市经济的比重达76%，其中产值1亿元以上的企业就有174家，有36家企业跻身全国民营企业500强。民营企业的蓬勃发展，既给思想政治工作提出了新的课题，也给思想政治工作开辟了新领域。为进一步搞好民营企业的思想政治工作，最近笔者就温州民营企业的思想政治工作进行了调查，走访了正泰集团、德力西集团、天正集团、华峰集团、奥康集团、康奈集团、红蜻蜓集团、神力集团、温州天宇锁业有限公司、温州泰恒集团公司、温州凯恩商标织带有限公司等20来家民营企业。他们在思想政治工作上的成功实践和经验，代表了我们温州民营企业思想政治工作的趋势和方向，其做法具有时代的特点。

（一）温州的民营企业家较早地意识到企业中思想政治工作的重要作用。走向正规、迅速发展的民营企业大多把加强思想政治工作看成是企业发展的内在要求，是企业向外扩张、内部加强管理的客观需要。他们认为：行为是由思想支配的，加强思想政治工作有利于协调员工与企业的关系，有利于调动员工的积极性，有利于企业更快更好地发展。在民营企业中建立党、工、团等组织，绝不是"多一个香炉多一个鬼"，而是多一个组织多一份力量，多一种有效手段，使企业如虎添翼。正泰集团在对管理层教育中，就强调党是社会主义事业的领导核心，也是企业思想政治工作的领导核心。集团董事长南存辉认为："党组织是企业健康持续发展的原动力，是企业集团股东的主心骨，是企业决策层的导航器，是企业员工的娘家。"企业建立党组织在政治上更有感召力，在思想上更有号召力，在组织上更有保证力。"该集团1993年就成立党支部，1995年成立党总支，1998年成立党委，10年时间里党的组织不断壮大，党员队伍不断扩大，由原来的7名党员发展到现有262名党员，企业的生产经营也不断得到发展，2002年该企业销售额超80亿元，名列全国民营企业综合实力500强第5位，正泰商标被评为全国驰名商标。建立党组织，做好思想政治工作确确实实增强企业的优势，促进了企业的发展。一些明智的企业家，一些上规模上档次的企业，已经越来越认识到民营企业思想政治工作的重要意义和重大作用。

（二）初步形成以党组织为核心，以党政校为基地，党政工团齐抓共管的格局。目前，经营上达一定规模的民营企业在建立党组织的同时，建立了工会、共青团、妇联、民兵等组织，建立了党政校等教育阵地，有的还成立了精神文明指导委员会，协同党组织和董事会开展企业精神文明建设。正泰、德力西、人民、天正、长城、奥康、神力、红蜻蜓、泰恒等，为加强思想政治工作的组织领导，设立了专职党委（或党总支）书记副书记。专职书记（副书记）一般是从党政机关、学校和国有企业中从事思想政治工作的人员中聘用。这些人对思想政治工作经验丰富，到民营企业后，把党的思想政治工作的优良传统带进了民营企业，开辟了党建工作和思想政治工作新领域。有人说：现在"国有企业经营活动民营化，民营企业政治工作国有化"，这正反映了国有企业学习民营企业灵活的机制，民营企业学习国有企业思想政治工作的成功经验的两种发展趋势。在工作机制上，民营企业党委书记有的作为外聘董事参加董事会，有的列席董事会议，党组织邀请董事长列席党委会议。有效地解决了"两张皮"现象，起到了工作上相互了解，相互通气，经营工作和思想政治工作协调发展，共同促进的作用。

（三）以创建企业文化为载体，把思想政治工作与塑造企业精神相融合。在调查中发现，民营企业注重企业文化建设，主要表现在四个方面：

（1）有明确的企业经营理念。企业宗旨的制定，企业标志、标识的设计等都处处体现企业追求的目标。

（2）有严格的行为规范。如天正集团几年来一直坚持让员工集团宣读天正人宣言，警示每个天正人为企业的目标，为企业的理想不懈努力。又如温州天宇锁业有限公司，每周一将员工集中在操场进行升国旗、厂旗，唱国歌、厂歌，在庄严肃穆的气氛中，培养员工的爱国爱厂爱岗精神。

（3）有完善的文化设施。如红蜻蜓、天正、德力西、康奈等企业都有员工活动室、卡拉OK厅、舞厅、乒乓球室、台球室、健身房等娱乐场所。每天向员工定时开放，使员工在有益的活动中，得到身心的健康发展。

（4）厂区厂房环境优美。有宽敞明亮的厂房和花草飘香的花园式庭院厂区等，使员工在工作之余，有闲庭信步之乐趣，通过企业文化的建设，既体现了企业的形象，塑造了企业精神，也陶冶了员工的情操，增强了企业的凝聚力。

（四）以参股和奖惩为手段，把思想政治工作与利益激励机制相结合。"思想政治工作不能空对空。这是民营企业的共同认识。为了稳定员工队伍，调动员工的积极性，民营企业结合实际做了有益的探索。如人本集团为最大限度的调动员工积极性，在用工上实行星级制，根据年终的考评实绩，决定员工等级的升降，在选择和任用中层干部上，采取民主选举的方式，大大激发了员工的积极性和创造力。员工觉得在人本只要有能力，人人都可以发挥作用。在利益机制上，集团董事会决定，企业四位原始股东无偿转让其45%的股份，其中1/3的股份，由企业员工购买参股，1/3的股份，作为奖励，赠送给作出突出贡献的员工，1/3的股份，用于后续进入公司的员工购买之需，使企业有60%左右的员工都成为持股者，他们的利益与整个企业的经营息息相关，从而形成了员工与企业共呼吸，共命运，"厂兴我荣，厂衰我耻"的团队精神，为稳定员工队伍和调动员工的积极性，象天正集团等采取了骨干配股，或予办理养老保险。天宇锁业采取了离职补偿办法，在厂工龄越长，一次性补偿就越多。神力集团组织工会与企业签订集团劳动合同，对职工工资、养老保险等项目进行集团协商。这些激励手段的使用与思想政治工作的两手并举，是民营企业员工思想稳定与企业发展的基本经验。

（五）以人为本，凝聚人心，初步建立了情感投入与制度管理相结合的思想政治工作模式。在调查中听到了这么两句话：一是"员工是企业的上帝"，二是"要使员工爱厂如家，首先企业要象个温馨的家"。在这两种思想的指导下，企业对员工在工作生活上十分关心和体贴，这是新型企业思想政治工作的突出特点。走访的10多家民营企业约有85%的员工是外来者，为了凝聚人心，把企业营造成温馨的家，他们在做法上主要有三点：一是认真做好吃、住、玩等后勤生活保障工作。各企业都盖有员工宿舍，无偿提供住宿，对不能安排住宿的也给予每月30元—100元的补贴，企业骨干在住房上有的还提供套房。员工统一在企业食堂用餐，早、中餐有的免费或有的补贴。食堂场地宽敞、设施完善、菜肴花样多，价格便宜。企业都建有职工娱乐活动室、图书阅览室等设施。在员工生活管理上制度较完备，如凯恩商标织带有限公司1995年以来连续获得区总工会"职工生活后勤一条龙竞赛"一等奖，成为鹿城区民营企业中重视改善员工工作、生活条件的一个典范。二是在工作之外，照顾体贴员工。如人本集团几年来坚持开展经常性的送温暖活动，凡是员工生日，企业都赠送一份生日券，凡是员工生病，领导都上门探望，凡是员工家庭遇到意外的天灾人祸，企业都给予经济补助。企业专门派出工会主席一行三人，历时半个月，行程千里，为在长江特大洪水中受灾的二十余名外来员工家庭，逐个进行家庭慰问，并每家送上2000元慰问款。公司的深情投入，使员工感激不已，愿以自己的努力报效公司，为公司出力。三是通过家访与沟通，增进了了解和支持。如康奈集团有限公司还把员工的工作做到家里，他们不辞辛苦，到部分员工家中进行拜访，给他们家人带去问候，向他们汇报子女在公司的工作与生活情况，公司还规定每年两次给员工家中写信，与员工家属进行沟通，得到家属的理解和支持，回家过年时给每人送一双本集团生产的皮鞋，使思想政治工作的开展有更扎实广泛的基础。

（六）以高起点、大投入、重人才为特点，把思想政治工作与全面提高员工素质结合起来。民营企业在市场的竞争中，越来越体会到人才对企业发展的作用，所以他们不惜重金搞员工培训，通过各种途径全面提高员工素质，把思想政治工作融合在培训教育之中。人本集团规定：每个员工被录用前，都必须先经过六个月的上岗培训，培训的内容有军训、机械专业、钳工技能、安全生产知识、企业管理制度等课程。1999年公司兼并了杭州轴承厂，同样把那边的骨干调到温州来培训，一方面是提高他们的管理素质，另一方面也是增强他们的团队意识。几年来公司用于员工培训的费用就达1000多万元。正泰集团每年拿出200多万元，鼓励职工入学深造提高。公司坚持把读书培训作为考核各类人员上岗的必备条件，规定高层领导在三年内必须达到大专以上水平，中层经理达到大专水平，专业技术人员和管理人员90%要获得中、高级职称，达不到这个水平的要予以免职或调岗。这政策一出台，极大调动了广大员工努力学习科学文化技术的积极性,自学读书蔚然成风。近几年来,公司办了500多期平等,受训人数达4万多人次。康奈集团成立员工培训中心,从上海聘请制鞋工程师、专家、大学教授及社会知名人士来公司讲课和授艺。近几年来,进行各种培训200多期,受训人数达16000多人次。通过培训员工的业务技术和设计能力大大地提高,如天正集团的员工戴金元(贵州人)开发了BK变压器,外观美,体积小,申报了国家专利。近几年来民营企业超常规发展,这与他们重视员工的教育与培训是分不开的。

总之,温州民营企业从实际出发,解放思想,勇于创新,大胆探索,积累了一些经验,走出了新的路子。但也存在一些问题,主要的有以下几点:

(1)发展很不平衡

据了解,全市上规模的民营企业大部分企业重视思想政治工作,同时工作开展得也比较好。但那些规模较小,档次不高,员工人数少的民营企业,它们对思想政治工作重视程度明显不够,甚至苍白无力。

(2)认识程度不高

目前,有二个认识误区,一是一些地方和部门的党委对加强民营企业思想政治工作认识还比较模糊,认为不是自己的份内事。二是企业经营者和务工者临时思想严重、重奖罚轻教育,重生产经营轻思想工作,认为思想政治工作可有可无,与他们没有直接的利益关系,有钱赚就行。

(3)机制不够完善

我市民营企业的思想政治工作通过各部门齐抓共管,取得一些经验,但尚未形成合力。乡镇、街道一级没有专门人员负责开展此项工作,网络断层,工作责任得不到真正落实,特别是一些企业规模小,利益多元化,发展不稳定的企业,目前思想政治工作还是个空白点。

二、新形势下民营企业思想政治工作面临的挑战

(一)指导思想的一元化与价值观的多元化发生猛烈碰撞。

作为经济转型期产物的民营企业,其员工思想特别活跃,精神文化需求日益增长且复杂多样。爱国主义、集体主义、社会主义思想以及其他与改革开放、现代化建设相适应的思想观念、道德风尚成为他们思想主流的同时,拜金主义、享乐主义、个人主义也在一定范围内滋长、蔓延。由于利益主体的多元化,使企业员工价值观的多元化与思想政治工作指导思想的一元化发生了明显的冲突。一元化的道德观、价值观难以解决思想价值观念的多样性。因袭传统的工作方式已无法覆盖社会的方方面面,出现了思想政治工作的空白点。过去主要是围绕提高或解决企业职工的基本觉悟、纪律性之类的基础性宣传思想政治工作(即治人)已转向"树人",即重点转换到对人的觉悟、素质、能力、观念、价值观、成就欲等的综合能力的培养上。很明显,传统的宣传教育方式已经不再适应企业的发展要求了。

(二)信息传播渠道的变化,加大了思想政治工作的复杂性和艰巨程度。

随着经济全球化,中国将更多地融入世界大家庭之中,思想政治多元化的冲击已不可避免。过去只要干扰一下敌台广播,便可使我们的国民免受"西化"的危险。但现在情况不同了,人员的进出,文化的交流,卫星电视的转播,国际互联网的扩张,信息传递速度的快捷,职工获取信息方式的多样,使企业员工从过去的封闭状态中走出来,从国内的感觉良好到"外面的世界很精彩"。民营企业不是生活的真空,而是与活生生的大社会紧密相联。社会上的风吹草动,都要影响和波及企业的方方面面。因而在经济、政治、文化领域,在职工的工作方式、生活方式、思维方式等各方面,都已经发生和正在发生更加深刻的变化。社会上不可忽视的消极负面影响,正在撞击企业积累的精神财富和优良的思想作风,使民营企业的思想政治工作面临新的挑战。

(三)民营企业重生产经营、轻思想教育,存在"担子一头沉"现象。

调研中听到较多的是民营企业灵活的经营机制和产品对市场的占有份额。除少数企业对本厂的思想政治工作能滔滔不绝地讲出一套套"招术"外,多数民营企业思想政治工作重视程度还明显不够。一些民营企业主片面地认为企业的所有职责和功能是抓生产经营;片面地认为非公企业的发展靠的是企业主的决策和市场的开拓,抓思想政治工作深浅程度无所谓;片面地认为只要企业多经营、多赚钱、多纳税,不犯法、不犯罪,思想政治工作即使都不抓,照样能成为明星企业。笔者对龙湾区年产值在200万元以上的100位企业主问卷调查中,只有42人认为要加强民营企业的思想政治工作,34人持无所谓态度,还有24人持明显的否定态度。由于企业主对思想政治工作重视度不够,因此出现了相当数量的民营企业员工经济意识强了,政治意识弱了;个体意识强了,集体观念弱了;竞争意识强了,奉献意识弱了。久而久之造成了一定数量的民营企业淡化了思想政治工作,防碍了思想政治工作在民营企业的有效开展。

(四)工作方法滞后,思想政治工作与职工思想实际相脱节。

多数民营企业的企业主在年初部署工作时,或多或少也都把思想政治工作作为重要任务来强调。但思想政治教育缺乏系统规划和具体计划,闲的时候抓一下,忙的时候搁一边。教育的时间、内容难落实,更谈不上形式、方法上的求新求活,思想政治工作与职工思想实际相脱节。一是松懈。往往限于一般号召,"说起来重要,干起

来次要，忙起来不要"的现象较为普遍。二是浅薄。有的企业把思想政治工作仅仅局限于读读报纸，学学文件，没有抓住根本性东西，不能解决深层次问题。三是空泛。不能联系实际有针对性地解决民营企业面临的新问题和职工中的困惑。四是陈旧。主要是方法简单陈旧，创新步伐不大，新渠道、新方法、新机制未能形成。五是疲软。主要是缺少有力的手段和力度，面对企业的发展，思想政治工作找不到为企业发展服务的切入点和结合点，在服务上缺乏有效的途径、方式、手段。

三、加强和改进民营企业思想政治工作的几点思考

在市场经济条件下，民营企业开展思想政治工作关键是要把思想政治工作真正摆上议事日程，具体措施相应跟上。笔者认为加强和改进民营企业思想政治工作要着力抓好以下几个方面：

（一）必须客观定位，实事求是看待民营企业思想政治工作的作用。

现在有些民营企业企业主，要么把思想政治工作当作万能，好像抓思想政治工作就什么问题都可以解决，一旦解决不了，又认为思想政治工作是"吹牛"，不起作用；要么搞实惠主义，认为"千讲万讲，不如一奖"；"喊破嗓子，不如多发票了"。两种认识，表面上好像不一样，实际上最终都是否定思想政治工作的作用。思想政治工作作为灌输道理、疏通引导、启迪觉悟的载体，是培养人的重要途径。但外因还要通过内因才能起作用。事实上，人们的思想转变往往有一个过程，不能奢望一两次思想工作就能解决问题。同时，由于事物的复杂性，许多问题的产生往往是多种因素造成的，必须实行综合治理才能奏效，不能苛求抓了思想政治工作就什么问题都能解决。只有正确了解思想政治工作的内涵，实事求是地评价其功能，才能克服夸大或贬低思想政治工作地位作用的错误倾向，在实际工作中才能坚持"两手都要硬"，防止抓思想政治工作，忽视行政措施和物质条件的改善；或不抓行政措施和物质条件的改善，忽视思想政治工作。

（二）必须把前瞻性和现实性结合起来，选准民营企业思想政治工作的"着眼点、着力点、结合点"。

一要把"以人为本"作为思想政治工作的着眼点。民营企业的思想政治工作无论是继承还是创新都离不开"人本"原则。"以人为本"是民营企业思想政治工作的关键。因此，在指导思想上，要坚持"以人为本"原则，要有与时俱进的精神，有勇于创新的勇气，不摆花架子、不搞应付工程。在工作内容上，要紧跟新形势、适应新变化、选准"以人为本"这一着眼点。在活动形式上，要推行"大政工"格局，实行一岗双责，把思想政治工作与企业管理有机地结合起来，与企业的生产经营同步。在方法手段上，要采取开放式、启发式教育，努力使职工成为企业生存和发展的主力军。

二要把真诚作为思想政治工作的着力点。真诚是思想政治工作的金钥匙；真诚，是人们交往的纽带、信任的基础。民营企业主必须具有真诚的品质，才可能感染人、打动人、说服人；民营企业主必须关心员工的生活疾苦，关爱员工的切身利益，关怀员工的健康成长，才能更有效地发挥思想政治工作的作用。

三要善于找到思想政治教育与本企业具体工作、目标的结合点。笔者认为应做到"五个结合"，即：思想政治工作同企业发展的目标结合起来，使企业发展目标成为全体职工上下一致的共同追求；把思想政治工作与切实解决职工关心的实际问题结合起来，解除职工的后顾之忧；把思想政治工作同企业的内部民主管理，民主监督结合起来，鼓励职工为企业发展建言献策、知情出力；把思想政治工作同企业内部的科学管理结合起来，为企业发展提供强大精神动力；把思想政治工作与企业文化结合起来，以树立良好的企业形象，增强企业的市场竞争力。

（三）必须实施"以德治企"，努力把民营企业营造成一个充满温馨的大家庭。

1、实施"以德治企"，要把强化企业之本放在首位。强化企业之本就是培育员工的人品；就是用高尚的思想品格去教育人、造就人，使员工以高尚的思想品德来自觉地规范自己的行为。以一流的人品生产经营一流的产品，这是成功企业独具特色的企业文化。而培育一流的人品，这是成功企业独具特色的企业文化。而培育一流的人品，必须把思想道德建设放在首位。因此，要密切结合思想政治工作和精神文明建设，切实抓好职工的思想品德教育。一是加强政治品德教育。坚持不懈地对职工进行马列主义、毛泽东思想、邓小平理论，特别是"三个代表"重要思想教育，深入持久地进行爱国主义、集体主义、社会主义教育，引导职工树立正确的世界观、人生观和价值观。二是加强社会公德教育。大力倡导文明礼貌，助人为乐，爱护公物，保护环境，遵纪守法的社会公德。三是加强职业道德教育。教育职工爱岗敬业，诚实守信，无私奉献，树立良好的职业道德。四是加强家庭美德教育。教育职工尊老爱幼，团结友爱，大力倡导新生活观念、习俗和良好的人际关系。

2、实施"以德治企"，要将弘扬企业精神贯穿始终。"以德治企"，就是用道德精神的力量感召、激励职工奋发向上，团结拼搏，为社会提供一流的产品和服务，为国家创造更多的财富。企业精神是企业文化的灵魂和核心，是民营企业主领导意识与员工价值观的集中体现，是做精做强企业的精神导向。企业精神是由民营企业企业主和员工共同树立的，企业主只有得人心、顺民意、办实事，才能使企业精神在全体员工中产生共鸣。因此，民营企业企业主要牢固树立民主管理企业的思想意识，大力

推行厂务公开,加大民主管理企业的思想意识,尊重、关心、爱护员工和全心全意为员工服务,这样才能培养全体员工的归属感和对企业的忠诚度,企业精神才有强大的感召力、亲和力和凝聚力。由此形成的“报效企业”的价值观和敬业精神则会促使职工更加奋发有为、积极进取、努力工作。

3、实施“以德治企”,要同塑造企业形象紧密结合。企业形象是企业整体素质的外在体现,是企业文化的重要组成部分。良好的企业形象,既能激发职工的荣誉感、自豪感,从面调动工作的积极性和创造性,又能向社会展示企业的风貌,提高企业的影响力和信誉度,给企业带来更大的发展。民营企业塑造企业形象,要把企业内部和外部形象的塑造结合起来,大力发展全方位、多层次、立体化的企业形象塑造工作。一是利用厂旗厂徽、厂报厂歌、标识标语以及美化厂容厂貌等形式,充分表达企业的经营理念和员工的价值取向。在对员工进行自我教育感化、树立崭新风貌的同时,向社会展示企业的良好形象。二是积极开展素质教育,努力提高员工的科学文化知识水平。使全体员工以其丰厚的人文积淀和优良的品质底蕴,为塑造良好的企业形象奠定坚实的基础。三是大力开展各种形式的创先争优活动。树立先进典型,褒扬新风正气,形成“创一流、争第一、夺最佳”的良好氛围,大力提升企业员工的形象素质。四是积极进行多角度,多层次、立体化的企业和品牌形象的广告宣传活动。利用各种宣传媒体、文体活动、公益活动,努力扩大企业、品牌的知名度和信誉度,使企业以良好的社会形象,赢得广大消费者的信赖和支持,为企业发展创造最佳的外部环境,从而实现企业两个文明建设的双丰收。

(作者单位:福建纺织化纤集团有限公司党办)

第十四部分

党的建设理论与实践探索

关于司法腐败表现形式成因危害及对策的调查与思考

沃岭生

多年来,齐齐哈尔市委、市政府坚持把查处司法腐败摆在反腐败斗争的重要位置,于2001年11月建立了市政法系统工委,市政委态度坚决,旗帜鲜明,加大力度,治理司法腐败,发现问题不回避,严肃查处不手软。2001年以来,各市共查处司法系统违法违纪案件175件,处分干警209人,其中副县级以上干部13人,有效地遏制了司法腐败多发、高发势头,从而确保了全市各级政法机关在加强人民民主专政、打击违法犯罪活动、保护群众合法权益,为维护全市社会事业加快发展做出了突出贡献。但是,我们也感到,政法队伍建设中长期存在的一些问题仍没有彻底根治,仍有害群之马在严重影响党和政府的形象,严重毁坏政法队伍的声誉。对此我们的教训是深刻的。

一、司法腐败的主要表现形式

所谓司法腐败,是指司法工作人员利用职权,违反法律规范和职业纪律规范,以不正当手段谋取个人或小团体利益的行为。它具有违法性、交易性和渎职性等特征。通过调查分析,我市司法腐败的主要表现形式可概括为以下10个方面。

1. 徇私徇情,贪赃枉法　司法权是国家赋予司法机关的一项权力。个别司法人员却为了个人的私情私利,将这一神圣权力拿来作交易,徇私枉法,严重亵渎了法律的尊严。如原市公安局经济犯罪侦查支队主要负责人,作为一起侦查诈骗大案专案组组长,在明知要处理的犯罪嫌疑人是该案件主犯的情况下,却受朋友之托,对多名重要犯罪嫌疑人分别决定取保候审,致使此案中断侦查,犯罪嫌疑人脱离公安机关侦控,诈骗赃款全部流失,给国家造成无法弥补的经济损失。原市司法局一主管领导,在收受他人2万元贿赂后明知劳教人员王某到劳教所仅十几天,其所办保外就医手续有假,仍利用职权予以批准,在社会上造成恶劣影响。

2. 滥用职权,刑讯逼供　有些司法干警工作方法简单,作风粗暴,特权思想严重,或急于破案,立功心切,对犯罪嫌疑人使用暴力,逼取口供,严重侵害了人权。如拜泉县公安局刑警大队两位民警,在侦查一起抢劫、杀人案件时,为尽快破案,审讯时对犯罪嫌疑人采取殴打、冷冻、火烤等方法逼取口供,致使犯罪嫌疑人双下肢Ⅲ°烫伤4%,急性肾功能衰竭,造成很坏影响。

3. 通风报信,干扰办案　一些司法人员利用手中权力,利用职务上的便利条件,向案件当事人及其亲友、代理人通风报信、泄露案情和办案情况等工作秘密,致使案件当事人损毁证据或使犯罪嫌疑人逃匿,严重干扰办案。如原龙江县公安局一名副局长在得知公安机关要查处恶势力团伙主犯王恩刚的情况后,给其打电话,通风报信,致使案件查处受到阻碍。

4. 开脱罪责,逃避处罚　一些司法人员利用自己熟悉法律,有办案经验的专长,滥用职权,为犯罪嫌疑人故意隐瞒、伪造证据,改变案情和案件定性,致使该立案的不立案,该批捕的不批捕,该诉的不诉,该判刑的不判刑,该执行刑罚的不执行刑罚,使犯罪分子逃避应有的惩罚。如原富裕劳教所从副政委到一般干警,有11人违反规定弄虚作假,先后19次给劳教人员孙某减除劳教期561天,使三年劳教期缩短为一年。多原讷河市看守所管教员顾某某利用其包管羁押犯罪嫌疑人的便利条件,多次对一名犯罪嫌疑人授意推翻原来的犯罪供述,致使该犯罪嫌疑人在审判中多次翻供,严重影响了案件的审判。顾某某也因帮助犯罪分子逃避处罚罪被判处有期徒刑三年,缓刑四年。

5. 谋取私利,索贿受贿　一些司法人员利用查办案件之机,徇私情、谋私利,大搞权钱交易,以案谋私。如原克山县法院古北法庭负责人在为乡合作基金会清理贷款期间,为帮助一欠贷款户逃避偿还乡合作基金公贷款,给其出谋划策,转移财产,索取、收受好处费一万余元。市中级人民法院审判监督庭一审判员,在审理我市王府宾馆与铁锋区信用社贷款纠纷案件过程中,多次私下会见当事人,宣判前违反规定,给当事人一方看判决书草稿,并收受当事人贿赂5万元。

6. 贪污公款,非法侵占　在某些司法人员的心中,金钱至上的心理还不同程度的存在。个别人耐不住清贫,为金钱所诱,而无所顾及。如原龙沙区法院执行局主要负责人就利用其办理执行案件的便利条件,非法挪用执行款二十余万元。原市公安局交警支队财务科一负责人,利用职务之便,贪污公款13万元,被判处有期徒刑7年。

7. 利用职务,充当中介　司法人员谋取私利的渠道就是利用案件。一些司法人员并不办理案件,但却利用司法人员的身份去充当中介，为当事人和办案人牵线搭桥。还有一些司法人员利用当事人打官司找熟人的心理，与律师串通，在案件中谋取私利。

8. **涉黑护恶，当“保护伞”**。一些司法人员利用职权为黑恶势力提供庇护，为其掩盖犯罪事实，为其犯罪行为提供便利或帮助。有个别司法机关领导对侦查办案部门施加压力，或故意采取“化”案子的办法，大事化小，小事化了。还有的人有令不行，压案不立，立案不查，为保护黑恶势力，对上级批示置若罔闻，从而一次又一次使黑恶势力逃避打击。如被查处的原市公安局一副局长、原市公安局刑侦支队主要负责人就是为黑恶势力充当“保护伞”的典型。

9. **不负责任，玩忽职守**。主要表现为司法人员对工作严惩不负责任，造成错案，使无罪的人受到法律追究，或有罪恶的人没有受到法律追究，给国家和人民利益造成严重损失的行为。如原泰亚县公安局大没公安派出所所长在听取本所干警向其汇报案件情况时，没有对案件进行认真审查，对一起涉嫌强奸的刑事案件以卖淫嫖娼的治安案件进行了处理，造成了三名犯罪嫌疑人在逃至今的严重后果。市劳教所二名干警在押解一名劳教人员去造纸厂医院看病时，一人擅自脱岗去洗澡，一个将劳教人员拷在病床上自己睡大觉，造成劳教人员脱逃。

10. **丧失操守，道德沦丧**。在当前物欲横流的社会经济环境下，个别司法人员不再注重自己的政治修养，理想信念动摇，生活腐化堕落。如原市公安局铁锋分局主要负责人，在其担任局长期间，经常不参加党组织的政治学习，个人独断专行，工作作风不民主，生活作风不严谨，索取并收受社会不法分子的贿赂，丧失了党性、人格。现已被立案查处。

二、司法腐败的成因

通过调查分析，我们感到，产生司法腐败的原因是多方面的，既有历史原因，也有现实原因；既有客观原因，也有主观原因；既有体制上的原因，也有管理上的原因。归纳起来，主要有以下八个方面：

（一）价值观念扭曲，理想信念丧失　改革开放以来，特别是实行社会主义市场经济体制以来，我国经济发展势头强劲，综合国力越来越强。但必须承认，受西方腐朽文化和封建残余思想的影响，尤其是思想政治工作的弱化，一些政法干警理想信念逐步丧失，价值观念扭曲，追求目标错位，在金钱和物欲面前头脑发热，利令智昏，色令智昏，从接受吃请到进出歌舞厅，从接受“三陪”到嫖娼、赌博，进而弄权勒索、贪赃枉法，走人违法犯罪的深渊。事实上，正确的“价值观”和错误的“价值观”只有一步之遥，如果理想信念丧失，经受不住考验，昨日的功臣就会变成今日的罪犯。我市“4·28”案件涉及的5名副处级以上公安领导干部，都曾经为党、为人民作出一定的贡献，都曾经获得过“全国优秀人民警察”的荣誉称号，但他们放松了思想的改造，放松了政治学习，有的连每月一次的党委中心组学习都不参加，也不愿意参加，居功自傲，拿荣誉当资本，变荣誉为特权，为所欲为，私欲膨胀，逐步沦落成罪犯。

（二）司法权力资源化，用权力攫取私利　在市场经济条件下，一些政法干警把司法权力作为一种资源，投资于市场，以“权力寻租”的方式，谋取不正当利益，从而产生经济权力化或者权力经济化的现象。“不当的利益追逐成为一些职能部门或者有权人员权力行使的价值目标”。正是因为这种因素存在，绝大多数司法腐败分子为了谋取不正当利益铤而走险。我市公安局铁锋分局原局长就是把党和人民赋予的权力作为资本，贪图私利，先后三次向“4·28”案件的主犯张执新索贿6万元人民币，而张执新换取的是所开的华新浴宫和宾馆赌博的无人问津和色情活动的猖獗，半年多的时间就非法获利150万元。

（三）队伍素质参差不齐，有的干警执法水平不高　尽管近几年来我市不断加大政法队伍建设力度，队伍整体素质有了显著提高，但按照《法官法》、《检察官法》、《人民警察法》对司法人员条件的规定要求，仍存在着较大差距。突出表现为年龄结构偏大，全市46岁以上的政法干警占政法干警总数的37.9%；文化素质偏低，全市中专以下学历的政法干警占政法干警总数的21.9%，即使取得大专以上学历，绝大多数也都是第二学历；专业结构不合理，全市非法律专业政法干警占政法干警总数的41.1%。如市司法局系统干警成份非常复杂，既有政法专项编，又有生产辅助编；既有干部，也有工人；既有以工代警的，还有“民团”护卫队。这些因素直接造成执法水平不高，执法效率低下，全局系统有干警826人，从1997年以来的7年间违法违纪干警达94人，占干警总数的11.4%。另一方面，司法人员的出口不畅，也是影响司法人员素质不高的一个重要因素。由于司法人员在任职上往往是能上不能下、能升不能降、能进不能出，一朝任命终身有效，导致一些司法机关对少数确实不适合做司法工作的人员难以调整、辞退和调离，从而形成了“庸者出不去，能者进不来”的两难局面，严重制约司法队伍整体素质的提高。

（四）司法体制存在弊端，改革步伐相对缓慢　虽然我国宪法及其有关法律均规定，司法机关依法独立行使审判权、检察权和侦查权，不受一切机关、单位、团体和个人的干涉。然而，司法实践中面临的现实是，政治体制改革相对于经济体制改革步伐相对缓慢，司法体制改革相对于经济体制改革步伐相对缓慢，司法体制改革近几年虽有所动作，但没有根本性的重大举措，传统的计划经济条件下的司法管理，司法机关独而不立，难以严格行使其独立的司法职能。地方司法机关相对缺少依法独立的保障机制。因此，当案件涉及到当地利益或者管人、管钱的部门时，往往迫于行政命令或长官意志，为地方保护主义或部门保护主义所利用，难保司法公正，甚至于作出有违事实和法律的司法行为，形成错案。从现行的法律规定看，司法干警特别是法官在法律原则和具体案件之间有很大的自由裁理权，这些自由裁量空间就为一些权力观念膨胀、物欲需求饥渴的司法人员实施司法腐败行为提供了条件和机会。从司法机关内部的职能运行机制来看，又存在权力过分集中，制约不利的弊端，司法决策权力过分集中于司法机关长官身上。由于司法权力过分集中，容易导致个人独断专行，带来司法决策的重大失误和案件的错误裁判和处理；容易使一些当官者高高在上，滥用职权；容易产生特权思想和等级观念，使得某些司法领导干部凭借职权，大搞不正之风，甚至胡作非为，利用职务之便违法犯罪。这几年我市和各地发生的政法机关领导干部违法犯罪时有发生的现象，特别是我市"4·28"案件的发生，就是很好的证明。

（五）严格管理不到位，中央6号文件尚待落实　《中共中央关于进一步加强政法干部队伍建设的决定》（中发〈1999〉6号文件）明确规定，政法委员会是各级党委领导、管理政法工作的职能部门。但是目前，从中央到地方都没有给党委政法委明确职能，形成了一种管人不管事、管事不管人、管人管事相脱节的局面，党委政法委处于"两难"境地，造成党委政法委在队伍管理上失之于软，在选人用人上失之于察。这就难免在预防司法腐败的问题上造成力度不够，存在一手软、一手硬的问题，有时是出了问题紧一阵，问题过了就放松。规章制定不少，但往往流于形式，多数难以严格执行。特别是对一些权力较大，所谓实惠较多的岗位，该轮岗的不轮岗，该交流的不交流，有的一任十来年，十几年。对这些人一提交流，某些领导就强调岗位重要，怕新人业务不熟，影响工作。但是，一个人长时期在重要岗位、重要权力面前，极容易滋生关系网，搞钱权交易，也很容易钻法律空子，吹法律"黑哨"，最终使一些思想蜕变的人走向违法犯罪的深渊。近年来政法队伍中暴露了的问题所产生的一些司法腐败现象，与中央6号文件没有得到很好落实不无关系。

（六）监督制约不利，缺乏有效手段　失去了监督制约的权力必然滋生腐败。由于缺乏结构合理、配置科学、程序严密、制约有效的权力运行机制和规范、权威的监督制衡机制，导致上级对下级监督距离太远，同级与同级监督相互太软，法纪监督来的太晚的问题，没有真正形成"不愿为"的自律机制、"不敢为"的惩诫机制和"不能为"的防范机制在内的监督制约防范体系。特别是由于一些领导干部缺少接短亮丑的魄力和解决问题的能力，怕暴露出问题影响自己和政绩，怕"拔出萝卜带了泥"，对社会反映和群众举报的问题听之任之，该立案的不立案，该调查的不调查，该追究的不追究，出了事情大事化小，小事化了，导致一些人自恃有靠山和侥幸心理，什么事情都敢办，什么钱都敢收。

（七）金钱美色诱惑，极力拉拢腐蚀　由于司法机关是国家专政的重要工具，掌握生杀大权，可以说是黑恶势力和其他违法犯罪分子首先拉拢腐蚀的对象。从我市发生的"4·28"案件来分析，张氏兄弟一手是刀、枪、棍，恶意横行，无恶不作，靠打杀起家；一手是吃、请、送，竭尽拉拢腐蚀之能事，金钱诱惑，美色诱惑，靠送请开路，极力寻求保护。一些政法干警在诱惑面前骨头发软，头脑发胀，精神崩溃，被金钱诱惑，被美色俘虏，最终被张氏兄弟击败。尤其是张氏兄弟把每一笔肮脏交易和涉案干警不可告人的陋形丑态记录在案，日后恩威并重，施加压力，颐指气使，发号施令，涉案干警被套牢后很难摆脱，只能任人摆布，越陷越深。有个被逮捕的公安领导干部就深悔自已陷得太深了。

（八）保障机制不健全，福利待遇偏低　由于我市是老工业基地、欠发达地区，经济发展水平相对较底，地方财政比较拮据，广大政法干警待遇偏低，保障乏力的问题还没有从根本上解决。我市有部分县的政法干警工资只开全额工资的前四项，被称之为"裸体工资"，即便如此，也常常几个月开不出工资，有的干警家庭生活困难。基层政法单位经费紧张，办案经费大多是分文皆无，只能靠化缘、靠罚款维持开支。"高薪养廉"不敢想，就是"足薪养廉"、"全薪养廉"目前在我市有些地区也难以办到，容易出现受利益驱动而司法不公的现象。面临市场经济，一此政法干警看到社会上一些有钱人挥金如土，逐步心理失衡，认为自己付出的没有得到相应的回报，为满足自已的生活需要，为一己私欲，时常与社会关系复杂的有钱人交往，跟着攀奢比阔，靠手中的权利谋取私利，没有好处不办事，有了好处乱办事，甚至铤而走险，贪赃枉法。

三、司法腐败的社会危害

江泽民增强调，反腐败斗争是关系党心民心，关系党和国家前途命运的严重政治斗争。政治上的腐败，司法上的腐败是最大的腐败，是滋生和助长其他腐败的重要根源。通过调查分析，我们感到，司法腐败所产生的危害大体可归纳为以下五个方面。

（一）动摇政权基础，严重损害了党和政府的形象　司法机关是依法行使国家司法权力的主体。通过行使司法权力实现党的目标，国家意志是司法机关的职责所在，在广大人民群众的眼里，司法机关就是党，就是政府。然而司法领域的少数腐败分子利用党和人民给予的权力，为满足个人私利，贪赃枉法，肆意侵犯和损害群众利益，使司法权力在这些人手中发生了质的变化，这无疑是在政治上蚕食政权，是对人民政权的削弱，而且影响人民群众对政府的信赖，严重损害了党和政府的形象，甚至瓦解人民政权的群众基础。司法是为社会排难解纷,是主持社会正义的最后一道防线,是支持社会发展的一个“轮子”。司法腐败则杜绝了人民的权利和自由受侵犯时的最终救济手段,如任其发展下去司法这个“轮子”没有了,另一个“轮子”道德也就不复存在,就会导致“有冤无处申,有理无处讲”的可怕地位。若真到这种程度,就会严重破坏共和国基石,社会将极度混乱,人民对党、国家和政府的信任将完全丧失,党和政府的形象一日无存,共和国一日无存。“司法不公,而国危矣”。

(二)破坏了依法治国和社会主义民主法制建设,削弱了人民群众对法律的信任　依法治国,加强社会主义民主法制建设,是党的十五大提出的在新的历史条件下党领导人民治理国家的基本方略。必须做到“有法可依,有法必依,执法必严,违法必究。”其中有法必依是加强法制建设的核心;执法必严,违法必究是加强法制建设的保障。维护法律调解社会矛盾,调整各种群众之间利益关系,人民群众到司法机关来是寻求公平与正义,是依法寻求保护。司法腐败使无辜群众的合法权益受到侵害,犯罪分子逍遥法外,使法律失去了应有的严肃性和强制性,损害了法律的权威;司法腐败使法律的天平在老百姓心中失衡,使广大人民群众丧失对国家法律的信任,失去了对法律心悦诚服和认同感和依归感,必将影响我国依法制国战略的实施,阻碍社会主义民主法制建设的进程。

(三)损害了群众的根本利益,影响了地区政治稳定

稳定是发展的前提,是全面建设小康社会的关键。从我市看,由于长期体制性、结构性、生态性矛盾的影响,经济发展相对滞后,人民生活水平不高,社会问题相对突出,城市中下岗失业人员多,享受最低生活保障人口多,去年农业灾害特别严重返贫人口增加,加之历史上长期积累下来的拖欠职工工资问题、拖欠离退休人员养老金问题、企业产改遗留问题、城镇居民动迁安置补偿问题等各种矛盾相交织,给维护社会稳定带来了压力。在这种情况下,公正已成为社会的一根敏感的神经,这就要求司法机关要本着对法律、对人民利益高度负责的精神,公平高效地裁处各类案件,以达到救济民权,减轻民负,解除民忧、保障民利、实现民愿的目的。在社会主义法治不断加强的今天,人民群众越来越认识到法律的重要,法律意识不断提升,法律影响力也越来越大。调查中我们了解到,按当事人年龄在30~40岁估算,一个案件的影响面至少涉及其50位亲属。如果出现了以权谋私,颠倒黑白,无理有钱走遍天下,有理无钱寸步难行的司法腐败行为,则会损害了群众的根本利益。一个案件裁判不公就会凉了老百姓一生心。一个案件在政法机关可能是小事,在百姓心中是天大的事。更为严重的是司法腐败会对各种业已存在的法律纠纷起着推波助澜的作用,激化矛盾,加剧社会的不稳定状态。近一个时期以来,大量涉法上访案件就充分说明了这一点。据调查统计,近三年来,我市涉法上访案件占全部信访案件的三分之一。多次重复访、越级访的有86起,其中一半是裁判不公、执法不严造成的。

(四)干扰破坏了市场经济秩序,阻碍了经济加快发展　社会主义市场经济从一定意义上说是法制经济。市场经济的自主、平等、竞争、诚信等属性,要求法律发挥规范、引导、制约、保障和服务的功能。当前,我们正在致力于全面建设小康社会的伟大进程中,离不开良好的市场经济秩序和优良的法治环境,离不开政法机关对经济犯罪活动的打击和对合法经营的保护。司法腐败直接破坏了地区的经济发展环境,司法腐败分子置经济和社会事业发展大局于不顾,随意执法,越权执法,弄权勒卡,干扰企业正常生产经营活动,不是保驾护航,而是徇私枉法,破坏环境。更有极少数腐败分子利用手中的司法权力,涉黑护恶,充当黑恶势力的“保护伞”,对他们抗税偷税、欺行霸市、巧取豪夺、强买强卖等不法行为充耳不闻,视而不见,甚至保庇纵容,使合法经营者举步维艰,外来资本退避三舍。如果任其发展下去,公正司法没保障,市场经济秩序没保障,经济发展没保障,招商引资更没保障。

(五)损害了政法队伍整体形象,破坏了司法机关在群众的威信　政法干警是国家法律的执行者,同时又是社会矛盾纠纷的终局裁判者,被公众视为社会正义的守护者,社会正义的化身。从我市的情况看,绝大多数政法干警忠于党、忠于人民,爱岗敬业,不怕流血牺牲,为保卫人民生命财产安全,为维护社会政治安定,默默无闻地工作着。但是“一条鱼会腥一锅汤”。一个案件的不公,一个干警的腐败会诋毁很多干警的业绩,会诋毁大多数干警公平正义形象,会使人民群众对整个政法队伍产生误解,带来的负面效应长期难以消除。“4·28”案件涉案干警仅10余名,但其负面影响涉及整个政法队伍,不良影响至今尚存。正是由于极少数“害群之马”的贪脏枉法,欺压百姓的腐败行为,使政治队伍的形象严重受损,使司法机关在人民群众中的威信大打折扣。

四、治理司法腐败的对策建议

预防和治理司法腐败问题是一项长期复杂的艰巨任务,不仅要从治标上下功夫,更要从治本上去探索,不仅要通过管理解决政法队伍中存在的问题,更要从体制上堵塞漏洞。我们认为,治理司法腐败必须坚持一个原则,把握三个重点,强化六项措施。

坚持一个原则:就是要坚持以人为本的原则。以人为本是科学发展观的核心,治理司法腐败必须树立和落实科学的发展观,站在经济社会发展全局的高度来研究解决司法腐败问题,用科学的发展观指导治理司法腐败工作新的实践,切实保障人民群众的经济、政治和文化权益,把坚持立党为公、执法为民作为政法工作的根本宗旨,把维护好、实现好、发展好最广大人民的根本利益作为治理司法腐败的出发点和落脚点,坚定“群众利益无小事”的政治立场和政治态度,自觉做到权为民所用,情为民所系,利为民所谋,让司法成果惠及全体人民。把握三个重点:一是重点解决为谁执法,为谁服务问题;二是重点解决执法不严、执法不公问题;三是重点解决失之以宽、失之以软问题。

强化六项措施:第一从思想政治工作入手,强化对政治干警反腐倡廉教育。坚持以各级领导干部为重点,以树立马克思主义的世界观、人生观、价值观和正确的权力观、地位观、利益观为根本,以公正执法树形象为主题,强化对政法干警的思想政治教育,使广大政治干警自觉把“公正”作为执法的最高价值追求,使“公正”作为执法的灵魂和信念,始终做到忠于党、忠于人民、忠于事实和法律,不为权势所迫,不为利益所诱,不为私情所扰。

第二从治理源头入手,强化司法体制改革力度。重点改革司法模式行政化、司法权力地方化、司法活动功能化的体制弊端,从源头上彻底铲除司法腐败赖以生存的土壤。

第三从治本措施入手,强化制度建设。坚持用制度管人、用制度管事、用制度管权的原则,紧紧抓住关键执法环节和权力集中岗位,加强制度建设,遏制腐败现象的发生。

第四从制约机制入手,强化各种监督。充分发挥党内纪律监督、人大法律监督、政协民主监督、新闻舆论监督和群众社会监督的作用,只要全社会齐心协力,共同行动起来,切实履行和各自的监督职责,司法腐败就不可能有藏身之地。

第五从严厉打击入手,加强惩治司法腐败力度。坚决贯彻从严治警方针,对违法违纪行为坚决做到发现一起,查处一起,决不姑息迁就。要进一步量化对违法违纪干警的处罚标准,简化清除程序,形成查处合力,从行动上震慑司法腐败者,消除其侥幸心理。

第六从解决政法干警吃“杂粮”入手,强化政法经费保障机制。要把健全政法经费保障机制做为治理司法腐败的重要举措,认真解决政法机关吃“杂粮”办案的现状,以确保政法机关依法履行职责。

(作者:中共齐齐哈尔市委常委政法委书记)

学习十六大精神　解放思想　开拓创新

姚纪友

学习十六大报告,要深刻领会和把握全面建设小康社会的目标任务,紧紧围绕发展这个执政兴国的第一要务,要勇于承担起推动中国社会进步的历史责任,承担起企业改革发展的历史责任,把坚持党的先进性和发挥社会主义制度的优越性,落实到发展先进生产力、发展先进文化、实现最广大人民的根本利益上来,推动社会全面进步,促进企业生产发展,促进职工的全面发展。只有牢牢地把握这一点,就能从根本上代表了职工群众的愿望;把握了社会主义现代化建设的本质,就能使“三个代表”重要思想不断落实,使党组织的信任度和凝聚力不断增强,加深与全厂职工的密切联系,带领职工走出困境。

江泽民同志在十六大报告中指出:“发展必须坚持以经济建设为中心,立足中国现实,顺应时代潮流,不断开拓促进先进产力和先进文化发展的新途径。发展必须坚持和深化改革。一切妨碍发展的思想观念都要坚决冲破,一切束缚发展的做法和规定都要坚决改变,一切影响发展的体制弊端都要坚决革除。作为多年亏损的国有企业,如何步出困境,求得企业自下而上的发展,如何带领全厂职工奔向全面的小康生活,是一个摆在厂党委面前的非常严峻的问题。在目前,从各级领导的改革意识与决心,从职工的思想认识及承受心理,从各项管理承包制度到措施实施,都要在认真深入学习十六大精神中进行全面的回顾和反思,重新审定我们所面临的形势,以抽丝剥茧的思维方式,从表面现象到内在实质,从具体方案到所获结果,一条条地理清,一层层地剖析,找出影响改革深化的最主要的结症和问题,采取直接有效的措施,彻底转变思想观念;要紧紧抓住电力体制改革机遇,在目前体制上还不能有大的突破情况下,积极务实,提出企业改革改制方案,寻求企业改革脱困的路径,不断在思想演示中完善,一旦条件成熟,即可付诸实施;要积极结合企业自身所处形势开展解放思想、创新开拓的宣传,加强思想政治工作,让全厂职工都能认清形势,积蓄改革的能量及能力,为下一步深化改革,转换机制打下坚固的基础。

学习新十六大精神,按照电力行业改革的总思路,找准企业脱困发展的方向。作为电力行业的辅业企业,从主业中剥离出去是必然的。要发挥企业现有的有效资源优势,面向社会实行资源重组,对老厂新厂实行改革改造,重朔企业形象,重建企业根基。要对企业资产所有属性性质划分清楚,区分经营有效资产及无效资产,对企业有效资产做到心中有数。要寻找有经济实力、讲信誉的合作伙伴,吸纳社会上各类经济体制的资本,共同对老厂区和新厂区实行规模整体开发,发挥我厂的土地区域优势,创造新增长点。要整合企业的市场、技术、品牌等无形资产资源,扬其之长避其之短,发挥资源的经营效益。要实行企业经营机制的根本转换,构建现代企业制度,实行法人治理结构。要结合实际,整理整顿企业各项规章,并严格贯彻执行。要在企业内部引入人才竞争机制,强化人力资源的管理,采取多种途径,打通劳动资源的进出口通道。要深入进行劳动分配制度的改革,实行多种分配模式,充分调动各方面积极性,增强企业活力。要认真分析产品市场,发挥企业现有产品技术强项,扩大产品覆盖面;加大技术进步的投入,引进新的产品、新的技术、新的装备,增强企业在市场经济中竞争的能力。

党的十六大胜利召开指明了前进的方向,吹响了新的进军的号角。我们要紧密地团结在新的党中央周围,努力地实践“三个代表”重要思想,与时俱进,不断创新,跟上改革的步伐,坚忍不拔,自强不息,为企业的新生作出努力。

(作者单位:武汉汉口电力设备厂)

以“三个代表”重要思想为指导 搞好园林绿化分配改革工作

李建国

江泽民同志提出“三个代表”重要思想,对于我们做好园林绿化分配改革工作具有重要的指导作用。

一、学习“三个代表”,查找存在问题

在市场经济中,园林绿化市场竞争日趋激烈,几乎达到白热化程度,而园林绿化单位属事业单位转制过程中的新型企业,在机制和体制上滞后,企业发展先天优势不足,这使我们在竞争中举步艰难。在这种形式下,我们依靠什么在竞争中取胜?当然是依靠广大职工群众。因为职工群众是市场竞争的主题,是园林绿化分配改革工作的参与者和实践者。而职工群众和积极性靠什么去调动?就要靠新的机制和体制,使改革创新成为职工的自觉行动,使搞活机制体制成为职工意志的体现。现有的机制和体制在改革中存在三个问题:一是平均主义大锅饭是现有分配的主要方式;如科级干部工资都一样,奖金数额也一样,没有做到多劳多得,少劳少得;二是有些基层领导不想改革,只是口头上讲,开会上说,没有实质的方案和招法;三是过去的“老经”继续念,有些人也征求意见也出主意想办法,但没有任何新的改革内容,不采纳新的意见和建议,去年工作怎么做今年还是怎么做,使改革工作停滞不前。如上世纪50年代的经济犯罪方式到2000年依旧存在并屡屡得手。这充分说明改革工作和建立现代企业制度任重道远。

二、深刻理解“三个代表”,制定改革发展的指导思想及原则

深化园林绿化体制改革的思想和原则要以邓小平理论和“三个代表”思想为重要指导,贯彻党的基本路线基本纲领,基本经验,全面落实十六大精神,建设统一、开放、竞争有序的现代市场体系,推进转换经营机制,深化分配制度改革。注重制度建设和体制创新,有重点有步骤地推进分配制度的改革。在这个改革过程中,要遵循政企分开,经营权和所有权分离,自主经营,自负盈亏,国有资产保值增值这5条原则。建立归属清晰,权责分明保护严格,流转顺畅的现代产权制度。保护公有财产权以分配制度改革为突破口,坚持自由组阁,定额上交,费用自理,资产保值,超收分成的20字改革方针,积极推进分配制度的改革。完善按劳分配为主体,多种分配制度并存的分配制度,坚持效率优先,兼顾公平,各种生产要素按贡献参与分配的方法。按照公开、公平、公正市场原则完善分配制度。

三、坚持实践“三个代表”是分配改革成功的关键

江泽民同志指出,要把中国的事情办好,关键取决于我们党,取决于党的思想作风组织纪律状况和战斗力、领导水平,只要我们党始终坚持代表中国先进生产力的要求,中国先进文化的前进方向,中国最广大人民的根本利益,我们党就永远利于不败之地,就永远会得到中国各族人民的忠心拥护,并带领人民不断前进。要做好分配制度的改革,必须加强党组织对分配改革制度的领导随着改革的深入,我们要解决的问题很多,经济成分、利益主体日趋多样化,给人们的思想观念和人与人之间的关系带来种种影响。在这种环境中,我们的党组织如何

更好的代表职工先进生产力发展的要求,调动职工群众的积极性、主动性和创造性?就要结合园林绿化单位的特点,抓住完善分配制度改革这个主要矛盾,以分配制度改革为切入点,彻底改变人为的奖励制度,以园林的经济制度为中心,集中力量发展生产力,使分配制度的改革适应单位先进职工发展的要求,只有排除一切干扰,加快生产力发展,才能使园林绿化事业不断发展壮大,社会地位不断提高。这也是我们解决面临诸多问题的关键。园林要以签署正式工程合同为准,做到多揽业务的人多得,少揽业务的人少得,没揽业务的人不得,用这把最公正的尺子激励职工的揽业积极性,鞭策后进,创造一个积极向上的稳定发展的良好揽业局面。

绿化事业深化改革是最有效的方法和措施。只有运用好这个经济手段进行管理,才能实现人与环境资源最佳组合。借助于分配制度的改革提高职工的收入,从中也体现党组织的凝聚力,使党组织领导深化改革做到有的放矢。指导分配制度的改革要从提高职工的认识入手,注重职工思想工作,使职工充分认识分配制度改革的内容和意义,并在改革中树立典型,树立为企业做出大贡献的百万富翁。使职工学有榜样,赶有目标。为单位分配制度的改革打下坚实的群众基础,形成良好的为企业做贡献的氛围。党组织还要在改革中不断研究新情况,新问题,总结新经验,探索改革的新路子,使改革不断适应企业发展的要求。

根据目前改革中存在的问题,党组织要确定当前工作的重点和基本思路,在分配制度的改革中,必须加强党支部的领导,坚持按照"三个代表"的重要思想,重新审视,剖析,探索我们思想观念和工作方法是否符合与时俱进发展的要求,调整党支部工作的重点,要明确支持分配制度改革的定位和目标及任务,确定工作的部署和安排,做好组织落实工作,在整个改革中要保持政治稳定和经济稳定,要坚持改革、发展、稳定,并正确处理好三者的关系,尤其在改革进入攻坚阶段,改革将进入深度市场化层面。分配制度改革牵扯千家万户和职工的切身利益,要做到审时度势,抓住时机,积极推进,要提高指导改革的领导艺术,慎重对待工作中出现的热点问题,做好职工群众的政治思想工作。改革工作与群众的切身利益息息相关,每个职工者都有很高的期望值,党支部要具体做到向群众宣传政策,正确引导,在处理眼生的问题时,要持慎重态度,这种做法作为党支部工作的一种机制,保证决策的群众性、客观性、公正性、正确性。让群众对我们更加信任,确保分配制度改革的顺利进行。

党组织还要在改革中发挥党员的先进模范作用。一是要提高党员积极性,加强改革的责任和意识,党员要做改革的模范。每个共产党员都应认真学习"三个代表"的科学内涵,做身体力行"三个代表"的模范,要保持党员的先进性,就必须在学习、改革和生产中起先进模范作用,在改革实践中创新,创造性的解决各项工作中的实际问题,做到自觉讲宗旨,讲大局,讲贡献,严格按照党章规定的权利和义务,为职工群众谋利益,反对抵制一切向钱看的腐朽思想。以对党和人民高度负责的精神,艰苦奋斗,不计名利,勇挑重担,为分配制度的改革做贡献。

(作者单位:天津市绿化工程处)

浅谈新时期加强党支部建设的有效途径

孙奎发

重视和加强党的基层组织建设,是无产阶级政党的一个显著特征,也是马克思主义建党理论的一条重要原则。在新的历史时期,我党面临着各种困难的考验和挑战,要把党建设成为领导现代化建设的坚强核心,就必须把基层党支部建设成为团结和带领导干部,群众进行改革和建设的战斗堡垒,只有党组织充满生机与活力,整个党组织才能坚强有力,朝气蓬勃。

一、加强党支部建设,必须结合本单位自身特点,使支部工作与行政工作紧密结合

党的基层组织建设的指导方针规定,必须紧紧围绕党的基本路线为党的中心任务服务,用完成本单位任务的实际效果来检验党组织的工作。党支部在新形势下,要大力抓好贯彻党的路线,积极推动改革,管理教育党员,团结带领群众,积极推动改革,管理教育党员,团结带领群众,化解各种矛盾,带领群众克服名种困难等项工作,在这些方面,党支部发挥着其他组织、其他渠道所无法替代的作用。如果把党的路线比做粗壮有力的大动脉,那基层党支部就像无数直达神经末稍的毛细血管,这种作用的不可替代性是不言而喻的。

积极探索党的支部工作,紧密结合行政工作一道来做的有效形式,是质监站党支部建设的一个突出特点。支部范围内的各部门工作艰巨,任务繁重,而且点多、面

广、路途远，从业务上、技术上又都各有其自身的特点，党支部“一班人”通过分析研究形成共识。班子成员们认识到，工作千头万绪，抓好支部建设，充分发挥党员的先锋模范作用是关键。质监站党支部“一班人”大多数又是行政工作负责人，在行政上搞好团结协作，在思想上统一认识，在工作上搞好协调配合，做到心往一处想，劲往一处使。有急、难、险、重的任务党员个个冲锋在前。实践使我们认识到，只要班子团结一致，党员个个起先锋模范作用，就没有克服不了的困难。

在统一认识的基础上，我们注意搞好党务工作和行政工作的协调，狠抓重点工作，把行政工作中的重点，难点作为支部工作的结合点和切入点。我们加强思想政治工作，认真落实上级的指示精神和局党委的要求，同时做到了工作任务、思想教育“五同时”，即同时研究、同时布置、同时检查、同时总结、同时评比。党政工作及时通气，做到你中有我，我中有你，胸中装着整体、惟独没有自己，有问题摆在桌面上，做到开诚布公，互相沟通，互相支持，互相提醒，有力地促进了各项任务的完成。

为了更好地发挥思想政治工作的针对性、有效性，在支部范围内与党员、班组长签订了思想政治工作责任书及培养入党积极分子和群众性思想工作分包责任书，实现了行政工作任务和思想教育同时抓，有效地保证了支部工作结合行政工作一道去做。实践使我们认识到，思想政治工作是我们的传家宝，在社会经济制度发生根本变革的时期，尤其是这样。一是发展社会主义市场经济，需要思想政治工作把握方向；二是需要思想政治工作去帮助职工群众解放思想，转变观念；三是需要思想政治工作化解矛盾，理顺人际关系，调动群众的社会环境。正如毛泽东同志所教导的：“灿烂的思想政治之花，必然结出丰硕的经济之果”。

二、加强党支部建设，必须抓好党员责任区的工作，发挥党员岗位把关的作用

在我们的日常工作中，党员的一言一行会直接影响到党的威信。广大群众在看我们党时，他不仅要看我们党的路线、方针、政策是否正确、而且要通过周围党员的言行来了解和认识我们的党。市场经济在发展、党员在坚持党性原则、党的宗旨、遵纪守法、勤政廉洁、无私奉献方面不能变，而且还要适应市场经济发展，调整充实党员作用的内容。共产党员必须以岗位的奉献为立足点，自己好比种子，群众好比土地，党员的先锋模范作用最终体现在自己的岗位上。党员不仅以先进的理论为指导为指南，而且以先进的价值观和道德观为准则，带领职工群众，做到一个党员一面旗，平凡的岗位创奇迹。每个共产党员都应在平凡的岗位上表现出一种奋发向上，锐意进取的精神；一种不怕任何困难和压力的精神；一种乐于奉献的精神，就可以作用于那里的小环境，带领群众完成党组织交给的各项任务。实践告诉我们，要真正干好各项工作，发挥党员的先锋模范作用是最重要的。关键时刻党员站出来，困难时刻党员带头上，危险时刻党员向前冲，以实际行动带领和影响群众。几年来的实践使我们认识到，说一千道一万，不如做出样子给职工群众看，金奖、银奖，不如干部职工夸奖，金杯、银杯，最需要的是干部职工的口碑，因为夸奖是来自职工群众内心的，口碑是发自干部职工肺腑之言。由于支部重视党员责任区的工作，首先抓了干部带头、党员带头、骨干带头，凡是要求大家做到的党员必须首先做到，因为只有这样，说话才有分量，干起工作才有力量，领导干部以普通党员的身分积极参加各项组织活动，民主生活会上带头开展批评和自我批评。党员的实际行动职工群众看在眼里，记在心里，这对我们的工作是一种强大的推动力。其次是处处关心体贴照顾，使他们感受到党组织的温暖。再次，对责任区内的不足之处敢抓敢管，坚持原则，不做老好人。党在群众中的影响力，党对人民群众的吸引力和凝聚力，就是靠基层党组织具体而细致的工作来实现的。

三、加强党支部建设，必须坚持开展丰富多彩的组织活动，不断改进活动内容和工作方式

处在建立社会主义市场经济这一全新环境中的基层党组织，如果不能自觉地用改革的精神加强自身建设，就不能站在时代的前列。基层党组织一定要适应已经发生了变化的环境，要善于研究新情况、解决新的问题和新的矛盾，及时总结新经验，改进基层党组织的活动内容和工作方式，不断开创支部工作的新局面。

四、加强党支部建设，必须严格党内生活，建立健全各种制度

加强和改进党的基层组织建设，必须严格党内生活，建立健全各种规章制度。严格党内生活，严肃党的纪律，就必须对党员，特别是党员领导干部严格教育、严格管理、严格监督，使他们都能充分发挥共产党员的先锋模范作用，保持党员队伍的先进性、建立健全党的各种制度，可以有效地保持党组织工作的稳定性和连续性。制度本身既可以起到激励作用，又可以起到警示约束作用。基层党组织除了要坚持完善已有的制度外，还需要探索制定必要的新制度。

党支部组建三年来，首先对支委进行了明确分工。支部、小组和党员个人每年均制定了创优争先、建功立业计划，对积极分子的考察、教育、培养也都有明确规定和分工。坚持了支部工作目标责任制、党员管理制度、“三会一课”制度，民主生活会制度、“中心组”学习制度、民主评议党员制度、领导干部廉洁建设制度等，并结合实际狠抓落实，党政协调，互相沟通情况，定期通过会议及时总结工作，表扬先进、鼓舞士气，同时找出薄弱环节和存在的问题，有效地调动了干部职工的积极性。

党支部对党员特别是党员领导干部突出了廉洁自律

教育。党员保持艰苦奋斗的作风,以实际行动自强、自省、自警、自励,为干部职工树立了榜样。几年来支部从未出现违法违纪的人和事。通过学习同志们普遍认识到廉政准则、中国共产党纪律处分条例是党内廉政勤政的行为规范,是为共产党员设立的思想道德防线,是为共产党员敲起的拒腐防变的警钟。

当前基层党组织正处于改革、发展、创新的关键时期,我们要认真学习邓小平理论和江总书记"七一"重要讲话,教育党员和全体干部职工按照"八个坚持、八个反对"和"五种作风"对照检查自己,为改变党内和社会上的不良风气做出我们的贡献。

(作者单位:天津市市政工程质量监督站)

以科学的发展观为指导
推动毕节试验区实现跨越式发展

杨兴举

党的十六届三中全会提出,要坚持以人为本,树立全面、协调、可持续的发展观。这是我们党在市场经济条件下对经济社会发展规律认识的升华,是我们党执政理念的一次飞跃,是用"三个代表"重要思想指导改革开放和现代化建设的生动体现。毕节地区是1988年6月由时任贵州省委书记的胡锦涛同志倡导和推动并报经国务院批准建立的"开发扶贫、生态建设"试验区。胡锦涛同志为毕节试验区确定的"开发扶贫、生态建设、人口控制"三大主题,体现了科学发展观的本质要求。面对新的形势和新的任务,面对新的机遇和新的挑战,必须以科学的形势和新的任务,面对新的机遇和新的挑战,必须以科学发展观为指导,从实际出发,进一步解放思想、实事求是、与时俱进、开拓创新,努力推动毕节试验区实现跨越式发展。实现毕节实验区的跨越式发展,必须围绕以人为本这个核心。人民群众是物质财富的创造者,也是物质财富的享有者。以人为本是科学发展观的核心,它体现了"三个代表"重要思想立党为公,执政为民的本质。要实现毕节试验区的跨越式发展,就必须坚持以人为本。首先,必须尊重人民群众的首创精神。毕节是一个拥有700多万人口的大区,人口密度达每平方公里279人,大大高于全国、全省平均水平。一方面,沉重的人口包袱成了制约经济社会发展的致命因素;另一方面,丰富的人力资源又是推动试验区实现跨越式发展的强大动力。因此,必须紧紧围绕开发扶贫、生态建设、人口控制三大主题,坚持以人为本,结合实施科教兴区和人才强区战略,大力发展科技教育,抓好人才培养和劳动力培训,努力提高劳动者素质,把广大干部群众作为实现试验区跨越式发展的主体和依靠力量,着力营造尊重知识、尊重人才、尊重劳动、尊重创造的良好氛围,使试验区由人口大区变为人才强区,把人口压力变为人才优势。其次,要把人民群众的根本利益实现好、维护好和发展好。要坚持把发展作为执政兴区的第一要务,注重发展的速度、质量和效益,在发展的基础上不断改善城乡人民的物质文化生活。要依托毕节丰富的煤炭资源、畜牧资源和旅游资源等优势,积极发挥市场对资源配置的基础性作用。大力开发煤电资源和煤化工产品,大力发展畜牧业和畜牧产业,大力发展旅游业和第三产业。毕节是一个典型的农业大区,必须把"三农"问题摆到推动试验区实现跨越式发展的突出位置,按照"多予、少取、放活"的要求,大力发展农业和农村经济,不断增加农民收入,真正关心农业、真切关注家村、真心关爱农民。随着经济的发展和物质积累的不断增加,不断扩大就业和再就业,逐步提高社会保障水平,扩大中等收入群体的比重,提高低收入群体的收入水平,改善弱势群体的生产生活,让人民群众在发展中得到实实在在的实惠,充分享受发展所取得的成果。第三,要强化各级干部的宗旨意识。各级干部尤其是领导干部,要忠实实践"三个代表"重要思想,牢固树立全心全意为人民服务的根本宗旨和正确的政治观,把实现最广大人民的根本利益作为一切工作的根本出发点和落脚点。在实践中,要始终坚持尊重社会发展规律和尊重人民群众历史地位的一致性,坚持为崇高理想而奋斗与为最广大人民谋利益的一致性,坚持完成党的各项工作和实现人民利益的一致性。时刻做到心里装着群众,凡事想着群众,工作依靠群众,一切为了群众,为群众诚心诚意办好事,尽心竭力解难事,坚持不懈做好事,真正做到权为民所用,情为民所系,利为民所谋。

实现毕节试验区的跨越式发展,必须突出全面发展这个前提,全面发展是可持续发展的前提。要实现毕节试验区的跨越式发展,必须实现经济社会的全面发展。首先,要克服传统发展观的片面性。传统发展观的片面性表现为,简单地把经济增长等同于发展,片面追求经济效益,忽视经济效益和社会效益的全面提高;片面看待GDP增长,忽视物质文明、政治文明和精神文明协调发展；片面注重经济发展，忽视人的全面发展。在传统发展观的影响下，毕节试验区曾经陷入片面追求经济发展而导致浪费破坏资源，毁林毁草开荒，越穷越生，越生越穷的恶性循环。因此，要实现毕节试验区真正意义上的跨越式发展，必须克服传统发展观的片面性，牢固树立科学的发展观，紧紧围绕毕节试验区“开发扶贫、生态建设、人口控制”三大主题，把经济、社会、人口、资源、环境和物质文明、政治文明、精神文明作为系统工程，统筹兼顾、全面把握、突出重点，整体推进。其次，切实推动经济结构的战略性调整。改革开放以来，特别是1988年试验区建立以来，毕节的经济结构有了明显的改善。2003年全区三次产业结构比例为36.28：35：13：28.59。从三次产业结构比例中看出，第一产业和第二产业的比例已经接近，但在第一产业中，种植业的比重仍高达66.5%。为此，一要抓好产业结构调整。要尊重经济规律，发挥资源优势，围绕市场导向，把握发展趋势，着力巩固提高第一产业，加快发展第二产业，大力发展第三产业；二要抓好所有制结构调整。要认真贯彻落实党的十六届三中全会和全国十届人大二次会议精神，在抓好国有经济战略性调整的同时，放心，放手，放胆大力发展非公有制经济，不断提高非公有制经济在整个国民经济中的比重；三要大力推进科技创新。从毕节试验区的实际出发，在加快煤电为重点的能源工业发展的同时，加快发展煤矿产业。用高新技术改造提升传统产业。加快农业科技的推广力度，大力发展高产、优质、高效农业，用现代科技发展农业和农产品加工业。第三，全面推进体制创新和机制创新。一是彻底清除影响发展的思想障碍。要坚决摒弃落后的思想观念，坚持以生产力标准衡量所做的工作，用发展的眼光看待存在的问题，用辩证的观点分析出现的失误，正确的坚持下去，错误的纠正过来，在实践中探索，在探索中创新，在创新中发展。坚持在解放思想中统一思想，在统一思想中凝聚智慧和力量，始终保持昂扬向上的精神状态，用创新的精神去解决前进中的困难和问题；二是彻底冲破一切影响发展的体制障碍。要适应完善社会主义市场经济体制的要求，努力营造有利于一切财富的源泉充分涌入的制度环境。要建立和完善有利于非公有制经济快速健康发展机制，建立和完善统一、开放、竞争、有序的市场体系，建立和完善宏观调控体系和行政管理体制，建立和完善效率优先、兼顾公平的收入分配制度，建立和完善社会保障制度，建立和完善多渠道扩大就业和再就业机制，形成城乡劳动者平等就业的制度，等等；三是要进一步转变政府职能。要按照市场经济对政府职能的要求，深化机构改革，把政府管理职能转到主要为市场主体服务和创造良好环境上来。改革行政审批制度，努力改善政府的行政决策方式。简化政务工作程序，提高政务信息水平。

实现毕节试验区的跨越式发展，必须夯实协调发展这个基础。协调发展是可持续发展的基础，只有把发展建立在协调发展的基础之上，才能实现毕节试验区真正意义上的跨越式发展。首先，要坚持经济社会协调发展。随着人民群众物质文化生活水平的不断提高，对精神文明健康安全等方面的要求也同步增长，迫切要求经济社会协调发展。因此，必须按照科学发展观的要求，在致力于推进经济发展的同时，大力发展各项社会事业，切实解决好经济发展和社会发展中“一条腿长、一条腿短”的问题。一要大力发展教育、科技、文化、卫生、体育等社会事业。以组建毕节学院为契机，调整教育结构，优化教育资源配置，大力发展基础教育，成人教育和职业教育，不断提高劳动者素质。大力推进科技事业的发展，不断提高科学技术在经济发展出的贡献率。加快公共卫生体系建设，特别是要注重改善农村医疗卫生条件。积极发展文化事业和文化产业，高度重视体育工作，加强精神文明建设；二要认真做好就业和再就业工作。要通过大力发展经济，增加就业岗位，不断缓解就业和再就业的矛盾和压力，维护社会稳定，促进社会和谐；三要大力发展社会主义民主政治。注重政策的民主化和科学化，坚持政务公开、民主管理、依法行政。加强基层自治组织建设，扩大群众对经济和社会事务的知情权和参与权，促进社会主义物质文明、政治文明和精神文明协调发展。其次，要坚持城乡协调发展。目前，毕节试验区的城市化水平仅为9.3%，在整个西部地区都是很低的，要从根本上改变城乡二无结构的状况。一要大力发展农村经济，拓展农民增收渠道。要认真贯彻从中央到地方出台的一系列解决“三农”问题的政策和措施，在加大对农业和农村支持力度的同时，把农民增收的帐一笔一笔地算清楚，一项一项地抓落实，促进农业增产，农村发展，农民增收；二要充分发挥城市对农村的带动作用。采取切实有效的措施，加快城镇化的发展步伐，更好地为农村产业结构调整，劳动力转移和农民增收创造条件；三要统筹城乡改革，消除阻碍农村发展的体制性障碍。要在劳动就业、户籍管理、义务教育和税收等方面逐步建立城乡统一的制度，形成有利于城乡相互促地、共同发展的体制和机制。第三，要坚持区域协调发展。由于毕节试验区各县(市)所处的地理位置、交通条件和资源拥有优势不同，县域经济发展不平衡的矛盾和问题已经凸现出来。为此，必须从战略上认真研究和切实解决好县域经济发展不平衡的问题。一要按照科学发展的要求，从实际出发认真修改和完善县域经济发展战略规划。要通过修改和完善发展战略规划，从现实和长远、局部和全局、经济和社会结合的高度，找准实现自身跨越式、可持续发展的着力点和突破口；二要打好优势仗，唱好拿手戏。各县(市)要立足自身的潜力和优势，找准市场与资源配置的最佳结合点，在经济社会发展上，打好自己的优势仗，唱好自己的拿手戏；三要强化机遇意识。要在精心准备的基础上，采取走上去、走出去，请下来、请进来的办法，力闯东西南北，广交八方朋友，积极向上争取项目，向外招商引资，充分合理开发利用资源，使基础好的地方更好地发展，基础差的地方更快地发展，在区域协调发展中逐步实现共同富裕。

实现毕节试验区的跨越式发展，必须抓住可持续发展这个关键。可持续发展是科学发展观的关键，可持续发展的最终目的是要实现人与自然的和谐。要实现毕节试验区的跨越式发展，必须坚定不移地实施可持续发展战略。首先，要正确处理好人与自然的关系。毕节试验区人多耕地少，生态环境承载能力弱，过去，为了解决长期困扰的粮食紧缺和用钱困难，而导致的毁林毁草开荒和对矿产资源的乱挖滥采，加上传统生育观念导致的人口膨胀，使生态环境遭到了严重破坏。因此，必须按照科学发展观的要求，在发展中，坚持毕节试验区"开发扶贫、生态建设、人口控制"三大主题，处理好经济社会与人口资源环境的关系，统筹人与自然和谐发展，根本转变以浪费资源、破坏生态为代价的粗放经营方式，走经济效益、生态效益和社会效益并重的发展之路，实现人与自然的和谐和可持续发展。其次，要认真落实计划生育、保护环境和保护资源的基本国策。在计划生育上，必须增强发展观念和人均意识，把控制人口数量，提高人口素质，开发人力资源，改善人口结构有机结合起来，形成综合治理人口问题的长效机制，在有效控制人口数量的同时，努力提高人口素质；在环境保护上，要依托"长防"、"长治"、"水保"、"天保"和退耕还林还草等工程的实施，把植物措施和工程措施结合起来，加大对生态环境的保护和治理力度，努力改善生态环境条件；在保护资源上，要依法开采和科学利用地下矿产资源，努力提高资源的利用率和转化率。要加大对耕地资源的保护力度，合理利用耕地，严禁乱占滥用耕地。第三，建立健全可持续发展机制。要按照科学发展观的要求，在国家法律、法规的宏观指导下，从试验区的实际出发，建立健全控制人口、保护环境，利用资源的地方性法规和规章，以及必要的乡规、村规民约，使经济社会的可持续发展切实走上制度化和法制化的轨道。在全社会性逐步树立起控制人口、保护环境、节约资源的意识，真正形成人与自然的和谐发展，把毕节试验区建设得更加美好。

（作者单位：中共毕节地委宣传部）

以"三个代表"重要思想统揽党的基层组织建设

李承兰

党的基层组织是党的全部工作和战斗力的基础。江泽民站在世纪之交的历史高度，对21世纪要建设一个什么样的党和怎样建设党的问题，提出了"三个代表"的重要思想。我们必须以"三个代表"重要思想为统揽，重新衡量和审视、重新规划和设计党的基层组织建设，研究新情况，解决新问题，探索新形式、新途径、新方法，真正把"三个代表"的要求落到实处，切实提高基层党组织的凝聚力和战斗力。

一、全面领会精神实质，全力抓好基层组织"三个代表"重要思想的学习教育

"三个代表"重要思想运用辩证唯物主义和历史唯物主义的观点和方法，总结历史，分析现实，前瞻未来，具有鲜明的时代特征以及很强的理论性、实践性和针对性，是对党的性质、根本宗旨和历史任务的新概括，对马克思主义建党学说的新发展，对各级党组织和广大党员提出的新要求，是新时期党的建设的总纲。"三个代表"重要思想博大、精深，既是理论上的高度概括，又是实践上的行动指南，是历史、现实和未来我党理论精髓的高度统一。因此，要抓好党的基层组织建设，就要以高度的历史责任感和政治敏锐性，全面领会"三个代表"重要思想的实质，全力抓好基层党组织"三个代表"的学习教育，使"三个代表"真正成为基层组织建设的行动指南和思想动力。当前，抓好基层党组织学习"三个代表"的学习教育，要注意把握好三个问题：

1. 坚持理论的连续性，在继承发展的基础上抓好学习教育　"三个代表"重要思想是对我党近80年来共产主义实践的理想、信念、路线和宗旨的新的高度概括和集中总结，是对马列主义、毛泽东思想和邓小平理论的新发展，因此，开展"三个代表"学习教育，要同学习马列主义、毛泽东思想和邓小平理论结合起来，同学习《党章》结合起来，同学习党史结合起来，同学习十五大文件精神及其党的各项方针路线结合起来，通过对党的性质、纲领的学习，对我党不断发展壮大的历史的学习，我们深刻理解"三个代表"是我党面向新世纪，全面推进党的建设新的伟大工程的行动指南和努力方向。

2. 坚持理论的实践性，在求实务实的基础上抓好学习

教育　基层党组织要把抓好“三个代表”学习教育作为头等大事来抓，要使学习教育同基层党组织正确执行党的路线方针政策的实际联系起来，同建设高素质基层党组织的党员和干部队伍的实际联系起来，同保持基层党组织的先进性和创造力的实际联系起来，使学习教育取得实效。当前，尤其是要抓好农村“三个代表”重要思想的学习教育活动。学习教育活动要做到“五个结合”即：把学习教育活动同推动农村经济发展和增加农民收入结合起来，同减轻农民负担结合起来，同改进基层干部思想作风和工作作风结合起来，同精神文明和民主法制建设结合起来，同农村基层组织建设工作结合起来。县级直属部门、乡村的干部和党员都要参加学习教育活动。在学习教育活动中要派指导督查组，加大指导督查力度，确保学习质量。学习教育活动是否取得了成效，不能只看记了多少笔记、听了多少课，要以基层党组织的实际工作效果来衡量。应达到以下“六项标准”：是农村基层党组织和领导班子的凝聚力和战斗力是否明显增强；二是基层干部素质是否有较大提高，部门和乡村干部的思想作风和工作作风是否有明显改进，干部的示范引导和服务作用、党员的先锋模范作用是否得到了充分发挥；三是农村基层党组织建设存在的突出问题是否得到有效地解决，党群干群关系是否明显改善；四是基层组织和领导班子带领群众致富的思路是否明确，结构调整是否迈出了新步伐，是否推动了农村经济发展，减轻了农民负担，增加了农民收入；五是民主法制建设和精神文明建设是否取得较大成效；六是是否建立起一整套行之有效的农村工作制度。

3. 坚持理论的先进性，在改造思想的基础上抓好学习教育　“三个代表”重要思想为我们在新的历史条件下保持党的先进性指明了努力方向，要求党员在发展生产力，弘扬先进文化，代表人民群众的根本利益上起带头作用。因此，我们要在基层党组织认真开展以“三个代表”重要思想为主要内容的党员先进性教育，努力从世界观、人生观、价值观上解决问题，在改造客观世界的同时努力改造主观世界，根除头脑中残存的各种错误的思想和不正确的观念。要着重解决当前基层党组织党员队伍思想上存在的突出问题，坚持以正面教育为主，抓好学习提高；坚持开展自我批评与相互批评，搞好党员的党性分析和民主评议；把学习提高与民主评议结合起来，表彰先进与处置不合格党员结合起来。使广大党员理想信念进一步坚定，宗旨意识进一步牢固，组织纪律进一步增强，在改革开放和现代化建设中更好地发挥先锋模范作用。

二、全面实践“三个代表”要求，全力抓好基层党组织建设创新

“三个代表”的重要思想，既是做好新时期党组织工作的重要指导思想，又是新形势下加强党的基层组织建设的重要内容。因此，以“三个代表”统揽党的基层组织建设，全面落实“三个代表”要求，既要坚持和继承党建工作的好传统、好经验、好做法，又要以改革的精神不断研究新情况、解决新问题，坚持在实践中加强，在加强中探索，开拓一条具有本地特色的基层党建新路子。首先是创新思路。思路决定出路，党的基层组织工作若要开展得有朝气，有活力，关键在于有一个好的思路。这就要求我们从社会主义初级阶段这一最大实际和“三个代表”这一要求出发，从全局上、战略上谋划好基层党组织建设，真正改变“老招数不管用，硬招数不敢用，新招数不会用”的被动局面。其次是创新内容。基层党组织建设要继承传统，但不能固守，要针对实际情况，推陈出新，既要坚持先进性，又要体现适应性、多样性和层次性，对于农村、企事业、机关、学校、街道、非公有制经济组织中的党组织建设，要分别情况，分别要求。内容要切合实际，针对基层广大党员想什么、急什么、盼什么，实事求是地、有的放矢地开展工作，真正把各级党组织建设成为完成各项工作任务的坚强战斗堡垒。再次是创新机制。要在适应中改进，在改进中加强。进一步构筑党委统一领导，一级抓紧一级、一级带一级、齐抓共管的基层党建格局，加快基层党组织建设规范化、科学化进程。要特别注意采取多种措施，扩大覆盖面，消灭“盲区”和“空白点”；逐步改善基层党组织工作的运行机制、竞争机制、激励机制、保障机制、反馈机制，使基层党组织建设充满生机与活力，充分发挥基层党组织的核心作用。

当前要突出抓好以下四个问题：

1. 适应农村工作新变化，切实改进农村基层党组织建设，确保党在农村的领导核心地位　扎扎实实地开展农村基层组织建设先进县（市）、“六个好”乡镇党委和“五个好”村党支部创建工作。努力推进农村基层干部选拔任用制度改革，推行乡、村干部任前公示，和村党支部班子成员“两推一选”办法，选好乡镇党委书记和村党支部书记。大力实施“乡村干部三年素质升级工程”。进一步完善民主选举、民主决策、民主管理和民主监督制度。正确处理好党支部和村委会的关系，减轻农民负担，从源头上杜绝村干部腐败现象的发生。实行对村干部每季进行一次民主评议、民主测评制度，加强对干部的民主监督。

2. 适应社区街道经济发展和社会稳定需要，努力探索街道社区党建工作有效形式，切实加强街道社区基层党组织建设，扩大党的工作覆盖面　加大推进“支部建在社区上”工作的力度，实现街道党组织活动经常化，内容多样化。发挥社区党建工作指导委员会的动员、协调和指导功能，实现社区党建共抓、事务共管、资源共享、文明共创、难题共解、活动共办，努力构建社区党建工作新格局。

3. 适应建立现代企业制度，提高经济效益需要，加强企业党组织建设，增强党组织的向心力和影响力　在国有企业领导班子及其成员中开展“三讲”教育，切实加强

国有企业领导班子及其成员的思想政治建设。继续深化企业人事制度改革，大力推行“双向进入，交叉任职”的办法，从组织上和制度上保证企业党组织在企业法人治理结构中充分发挥政治核心作用。积极推行国企领导班子成员分级管理办法，强化董事会、监事会在企业管理中的作用，加强对企业经营者的监督。坚持采取民主选举、正职聘任副职等办法，强化企业领导班子建设。在国企中开展“好班子、好队伍、好管理、好机制、好产品、好效益”党组织建设工作。建立健全非公有制经济组织党建工作责任制，加强非公有制经济组织党组织建设，选好配好党组织负责人，开展形式灵活多样的党组织活动，保证非公有制经济组织确立正确的经营方向，提高经济效益，维护党员和职工的正当权益。

4. 适应社会生活形式变化需要，切实加强党员教育管理工作，充分发挥党员的先锋模范作用。进一步严把党员“入口”，畅通“出口”　健全和完善发展党员公示制和责任追究制度，研究制定处置不合格党员的具体办法。发展党员重点向青年倾斜，向生产一线倾斜，深入实施改善农民党员队伍结构三年工程，做好“党建带团建”工作，使党员队伍结构和分布得到进一步优化。对党员实行分类管理指导，在下岗党员中开展“四在前”活动，对流动党员的管理实现“组织归队、管理归类、作用归位”，保证他们在各自的工作岗位上发挥模范带头作用。

在基层党建中，还要建立落实“三个代表”要求的有效载体，在基层领导干部中开展“民情恳谈”、“帮民富、解民忧、安民心、助民乐”活动，以及开展“党员服务区”等系列活动。

三、全面贯彻“三个代表”要求，全力推进基层党组织建设落实

以“三个代表”统揽基层党组织建设，必须把握时代的脉搏，求实务实，注重成效，建设充满生机和活力的基层党组织。

1. 抓重点重推进，坚定不移地抓好落实　善于抓主要矛盾和矛盾的主要方面，抓牵一发而动全身的大事，抓事关全局的重大决策的落实，集中更多的力量和精力，下更大功夫抓好重点工作的推进，是贯彻“三个代表”要求，全力推进党的基层组织建设落实的重要方法，必须集中力量，形成合力，重点突破。同时注意发现、树立典型，推广典型经验，用典型引路，对难度大的重点工作，要选择基础好的地方进行试点，边指导边调研边总结，取得经验后再全面推开，提高抓落实的效果。

2. 抓载体重特色，创造性地抓好落实　在基层组织和党员中开展切实有效的活动，形成抓基层党建的载体，既能体现出党的基层组织的生机与活力，也能使加强党的基层组织建设和党员队伍建设的各项工作任务落到实处。从一定意义上说，有载体才会有特色，有载体才能有抓头，有载体才能有动力，有载体才会有实效。因此，全面贯彻“三个代表”要求，全力推进党的基层组织建设落实，就要从实际出发，注重寻找加强基层党组织建设的有效载体。一方面要积极借鉴外地经验，另一方面要尊重基层群众的首创精神，充分发挥基层群众的主观能动性和创造性。从实践上看，佳木斯市有特色的基层党建活动载体都是由基层创造出来的，这些载体与本地实际结合的十分紧密，因而自身特色十分突出，具有很强的吸引力。

3. 抓责任重督查，用机制推进落实　抓落实必须明确工作责任，建立健全党委抓党建和书记带头抓党建的责任制。对基层组织建设任务目标要进行分解立项，明确工作责任人、目标任务、完成时限，并严格检查，严格考核，严格奖惩，形成自上而下、自下而上的目标责任体系，促使人人用智慧、想办法，人人有压力、有动力，调动和发挥抓好落实的积极性、主动性和创造性。必须建立健全督查制度，通过跟踪检查，及时发现和解决工作中的问题，了解哪项工作落实了，哪项没有落实，不落实的原因是什么，卡在什么环节，抓住症结，提出整改措施。必须建立考评制度，推进工作的落实，形成一套科学规范的工作机制。只有这样才能全面贯彻“三个代表”要求，保证基层党组织建设各项工作目标任务落到实处。

（作者：中共佳木斯市委副书记）

以“三个代表”重要思想为指导 全面提高新时期组织工作的整体水平

杨建和

党的十六大报告指出：“三个代表”重要思想是对马克思列宁主义、毛泽东思想和邓小平理论的继承和发展，反映了当代世界和中国的变化对党和国家工作的新要求，是加强和改进党的建设、推进我国社会主义自我完

善和发展的强大理论武器，是全党集体智慧的结晶，是党必须长期坚持的指导思想。党的十六大还把“三个代表”重要思想与马克思列宁主义、毛泽东思想和邓小平理论一道作为我党的指导思想，写进了党章；今年十届人大二次会议又把“三个代表”重要思想确定为国家政治和社会生活中的重要行动指南，列入《宪法》修正案；胡锦涛同志在2003年“七一”重要讲话中进一步强调指出，“三个代表”重要思想是同马克思列宁主义、毛泽东思想和邓小平理论一脉相承而又与时俱进的科学体系，是马克思主义在中国发展的最新成果。“三个代表”重要思想从根本上回答了充满希望和挑战的21世纪，我们要建设一个什么样的党和怎样建设党的问题，是在新的历史条件下，全面加强党的建设的伟大纲领，是解决党的建设两个历史性课题，永远保持党支部先进性、战斗力和创造力的行动指南。

“三个代表”重要思想既是党的建设的重大理论课题，更是抓紧推进党的思想、组织和作风建设的实践课题。当前，最重要的就是按照“三个代表”的要求，全面加强党的建设。结合组织工作的实际，把“三个代表”重要思想，落实到坚定正确执行党的干部路线方针政策中去，正确把握新时期组织工作的特点，有力地推动党的组织路线更好地为政治路线服务；把“三个代表”重要思想，深入落实到组织工作的各项任务当中去，努力找准结合点和突破口，在不断探索和实践中取得新的成效；把“三个代表”重要思想，落实到建设一支高素质的干部队伍中去，抓紧培养选拔优秀中青年干部，切实推进干部人事制度改革，使干部工作进入新的起点；把“三个代表”重要思想，落实到从严治党中去，强化监督约束机制，严肃党的组织和工作纪律，对党员干部的监督管理达到新的标准。

第一，落实“三个代表”重要思想，深刻认识、把握新时期组织工作的特征和作用，是实践“三个代表”的重要前提。要以“三个代表”重要思想为指导，分析、观察组织工作遇到的新情况、新问题，充实新的工作思路，并在工作实践中探索新路子、新途径、新方法；按照“三个代表”的要求，研究新情况、解决新问题，以高度的政治责任感和历史使命感、旺盛的斗志、科学的态度、扎实有效的工作，力求组织工作在党的建设中发挥强有力的组织保证，为实践“三个代表”重要思想奠定坚实的组织基础。因此，深刻学习理解“三个代表”重要思想的丰富内涵，认真把握落实“三个代表”的要求与做好新时期组织工作的关系，是作为今后组织部门研究部署工作的一个重要前提。

第二，落实“三个代表”重要思想，要在建设一支高素质干部队伍上下功夫，这是实践“三个代表”重要思想内容和关键所在。能否在工作中真正落实好“三个代表”的重要思想关键在于有没有一支能肩负“三个代表”历史重任的干部队伍。按照“三个代表”的要求，切实加强干部队伍建设，是组织部门在落实“三个代表”的要求，切实加强干部队伍建设，是组织部门在落实“三个代表”中的一项战略任务，应放在组织工作突出的地位切实抓紧抓好。当前，要从领导班子和干部队伍建设的长远需要出发，抓紧、抓好优秀中青年干部的选拔培养和使用工作，确保党的事业后继有人。这是从组织上保证我们党始终做到“三个代表”，始终充满生机与活力，始终走在时代前列的战略措施。新世纪包头超常规跨越式发展，更要更好地坚持“三个代表”重要思想，必须紧紧围绕建设经济强市的宏伟目标，切实加强党的组织建设，努力把党政干部、经济管理者、科技人才“三支队伍”一起抓好，为尽快把包头建设成为中西部地区一个经济强市提供有力的组织保证和人才、智力支持。

第三，落实“三个代表”重要思想，扎实同步推进党的基层组织建设，这是实践“三个代表”的重要基础，也是组织部门永恒的工作主题。党的执政地位主要体现在基层党组织，只有把这个基础建设打牢夯实，才能很好地体现执政党地位，进而才能成为履行“三个代表”的忠实载体。用“三个代表”思想认识这个问题，可以说太重要了，从巩固执政党的地位这一严肃重要的政治问题进行思考和把握，基层组织建设在任何情况下都不能放松。基层组织建设犹如党建工作之根，根系繁茂，党的躯体才能强壮有力。因此，我们要认真总结近几年来，在加强和改进基层组织建设中所积累的成功经验，用“三个代表”重要思想丰富工作内涵，注入新的生机和活力，并坚持不懈地抓下去，使党的基层组织建设更加富有成效。当前，要突出抓紧好国有企业、农村牧区、街道社区及机关事业单位党的建设工作，通过卓有成效的工作，使分布在各条战线、直接联系着社会各阶层群众的基层党组织，不仅能在平时改革、发展、稳定等工作中发挥积极作用，而且在遇到突发事件、面临各种政治风浪时也能显示出强大的生命力，使基层党组织更能发挥出强有力的战斗力、凝聚力和影响力。

第四，落实“三个代表”重要思想，切实抓好领导班子思想、组织、作风建设，这是在新世纪实践“三个代表”的客观要求。要始终代表中国先进社会生产力的发展要求、始终代表中国先进文化的前进方向、始终代表中国最广大人民的根本利益，关键在于各级领导班子的思想政治素质，取决于各级领导班子驾驭全局、化解风险和实施三个文明建设中的科学决策能力。特别在新的历史条件下，改革开放和发展社会主义市场经济，产生了许多新情况、新任务、新矛盾，使各级领导班子遇到了前所未有的机遇和挑战，同时，还面临着许多困难和考验，更加要求各级领导班子不仅具有科学的决策能力、高超领导方法、超常的解决难点问题和复杂矛盾的水平，同时也需要领导班子成为忠诚于马克思主义、坚持走有中国特色社会主义道路、正确贯彻执行党的路线方针政策的决策者和指挥者。当前，突出的任务是，以"三个代表"重要思想为指导，在总结二十多年来改革开放和现代化建设成功经验的同时，大胆实践，开拓创新，带领广大干部群众真正走出一条符合党的十六届三中全会提出新的科学观要求、体现本地实际的发展路子。在这方面，我们应当看到还存在这样那样的问题，需要组织部门按照"三个代表"的要求，提出进一步加强领导班子建设的具体措施，把各级领导班子建设好。近年来，我们在加强党的建设方面开展了诸如"三讲"、"发展是第一要务"的有效途径，也是加强领导班子思想政治建设的重要措施。各级领导班子和领导干部要紧密联系实际，对教育活动的成功经验，从理论和实践的结合上进行深入研究，从中总结提炼出带有规律性的东西，纳入党的建设的基本制度之中，以促进领导班子和干部队伍的思想、组织和作风建设。

第五，落实"三个代表"重要思想，切实加强党员队伍的教育和管理，这是实践"三个代表"的中坚力量。在新的历史时期，我们如何依靠和发挥每个共产党员的作用，组织广大党员为实现党的宏伟目标奋斗终身，是当前实践"三个代表"的必然要求。通过充分发挥先锋模范作用，影响和带动广大人民群众，积极投身于改革开放和三个文明建设的伟大实践，展示中华民族的伟大创造力、立于世界民族之林，都具有重大的现实意义，进而体现出党的先进性。当前，重要的问题在于采取有力措施，普遍开展保持共产党员先进性教育。教育党员从根本上增强党性意识和使命意识，认清党员所肩负的历史重任，提高党员在实现党的任务中奋斗终身的自觉性；坚定理想信念，做贯彻执行党和国家政策的表率；站在改革开放和现代化建设的前列，努力创造无愧于共产党员称号的业绩；密切联系群众，认真实践全心全意为人民服务的宗旨，争做新时期合格的共产党员。

第六，落实"三个代表"重要思想，坚持从严治党，这是实践"三个代表"的根本保证。党风廉政建设和反腐败斗争是关系到党的生死存亡的大问题，任何时候都不能忽视，一定要坚持不懈抓下去。当前突出的任务是要探索和建立一套真正管用的防范制度和机制。加强新时期世界观、人生观、价值观的教育，增强自律意识，切实筑起思想道德建设和党纪国法两道防线。加强思想政治教育，引导广大党员干部要牢记"两个务必"，发扬党的优良传统和作风，密切联系群众，艰苦奋斗，自觉接受干部群众的监督，积极开展党内严肃的思想斗争和批评与自我批评，自觉做一名合格的人民公仆。从严治党，关键是要形成一套有效的监督和管理机制。对领导干部的监督，重点是对领导干部行使权进行监督。要规范领导干部权力运行的范围、程序和责任，切实做到责、权、利的有效统一，把党内监督与群众监督、法律监督、新闻舆论监督有机结合起来。坚持把监督贯穿于干部培养、选拔、任用、管理的各个环节。贯彻"三个代表"重要思想，全面加强党的组织建设，组织部门责任重大。落实"三个代表"，与做好新时期组织工作都有着直接关系。真正做到"三个代表"，我们必须站在新的起点上，坚持用科学的发展观，认真审视、统筹和把握新形势下面临的各项新任务，努力提高新时期组织工作的整体水平。

（作者：中共包头市委副书记）

创新发展马克思主义的典范

李春洪

胡锦涛总书记在"七·一"讲话中指出"三个代表"重要思想是坚持马克思主义的典范，又是发展马克思主义的典范。加深对"三个代表"重要思想的认识，很重要的一点，就是要用马克思主义世界观和方法论，去学习理解"三个代表"重要思想，同时又要学习贯穿于"三个代表"重要思想之中的马克思主义世界观和方法论，并且指导我们的实践。

一、代表先进生产力的发展要求，是对马克思主义关于生产力在社会发展中的最终决定作用这一唯物史观的丰富和发展

当今世界，经济全球化的趋势不断加强，科技进步日新月异，各国之间的经济联系日益加深，生产布局、投资走向，金融往来，科技开发，人才培养至环境保护，都跨越了国界。经济全球化是社会生产力发展的客观要求和必然结果，有利于生产要素在全球范围内优化配置，有利于各国各地加强经济技术合作，有利于世界经济的发展。同时也要看到，经济全球化是在不公正不合理的国际经济旧秩序没有根本改变的情况下发生和发展的，西方发达国家总体上处于强势。改革开放20多年来，我国经济有了很大发展，综合国力大大增强，但与发达国家相此，仍有很大差距，特别是加入WTO后，我国经济发展受国

际经济的影响也随之增加，在国际竞争中，我们会得到许多东西，但也面临许多不利因素，竞争会更加激励。在这种情况下，如果我们不加快发展，就会落后，就会被动。“三个代表”重要思想要求中国共产党始终代表中国先进生产力的发展要求，以解放和发展生产力特别是先进生产力为基点，通过不断调整和改革影响生产力发展的生产关系和上层建筑中的体制性障碍，为先进生产力的解放和发展开辟道路，把发展作为执政兴国的第一要务，这是对马克思主义唯物史观的丰富和发展。

二、代表先进文化的前进方向，是把马克思主义唯物史观运用于以信息和知识经济为特征的人类社会新时代的创造性发展

当今世界，各国在综合国力竞争中的成功得失，越来越取决于知识创新，科技创新和文化创新的能力，取决于国民的思想道德素质和科学文化素质，取决于民族凝聚力。在政治格局多极化，经济全球化和科学技术迅猛发展的形势下，世界思想文化领域呈现出错综复杂的新态势，各种思想文化、意识形态纷纷登场，形形色色的社会思潮，精神力量相互交织，相互激荡，各种文化，思想的相互激荡，是人类文化发展进步的必然结果，有利于各民族的思想文化相互学习、交流和借鉴，也有利于先进思想文化在比较和吸收各种优秀成果的基础上发展和完善自己。但与此同时，不同意识形态的斗争将长期存在，有时会相当复杂、尖锐。西方发达国家借助其经济，科技优势，强行推广其价值观，力图主导世界思想文化阵地；一些错误的、落后的甚至是腐朽的思想文化大量渗透我国，严重冲击我国的思想文化阵地。如果我们不大力建设先进文化，没有振奋的精神，没有创造力和凝聚力，就不可能有强大的精神支柱，不可能有自立于世界民族之林的能力。“三个代表”重要思想鲜明地提出了代表先进文化的前进方向，突出了上层建筑中先进文化即先进意识形态和精神力量对于生产关系和经济基础，特别是对生产力的反作用，是把马克思主义唯物史观运用于以信息和知识经济为特征的人类社会新时代的创造性发展。

三、代表最广大人民的根本利益，是对马克思主义关于人民群众是推动历史前进的动力这一基本原理的运用和阐述，是总结世界各国共产党兴衰成败历史经验得出的科学结论

马克思主义认为，人民群众是物质财富和精神财富的创造者，人民群众的实践活动是推动社会历史发展的动力；共产党是代表无产阶级利益的政党，“他们不提出任何同整个无产阶级的利益不同的利益”。这是马克思主义唯物史观关于政党与群众关系的基本观点。胡锦涛总书记在“七・一”讲话中指出：“相信谁、依靠谁、为了谁，是否始终站在最广大人民的立场上，是区分唯物史观和唯心史观的分水岭，也是判断马克思主义政党的试金石。”纵观历史，有不少政治组织和政治集团，在夺取政权的阶段，其政策主张或多或少地代表了人民群众的根本利益，但在取得政权之后，就忘乎所以、骄傲起来，久而久之，就脱离了人民群众，不再代表群众的利益，最后被群众所抛弃。苏联共产党的垮台就是最有说服力的例证。正如江泽民同志所说：“一个政权也好，一个政党也好，其前途命运最终取决于人心向背，不赢得最广大群众的支持，就必然垮台。”

“三个代表”重要思想从中国当代社会各阶层的实际出发，明确提出包括知识分子在内的工人阶级，广大农民始终是推动我国先进生产力发展和社会全面进步的根本力量；在社会变革中出现的民营科技企业的创业人员和技术人员，受聘于外资企业的管理技术人员，个体户和私营企业主，中介组织从业人员、自由职业人员等社会阶层，都是中国特色社会主义事业的建设者；强调要通过锲而不舍的努力，保证我们党始终是中国工人阶级的先锋队，同时是中国人民和中华民族的先锋队。这个科学论断，为巩固党的阶级基础，扩大党的群众基础，更广泛地代表人民群众的根本利益，更有力地把一切积极因素调动起来，共同为中国的现代化事业而奋斗，奠定了坚实的理论基础。这是马克思主义唯物史观在执政党建设上的新发展。

（作者：广东省人民政府副秘书长）

坚持“三个转变”推进实践创新

阿什老轨

今年以来，省委深入贯彻落实党的十六大精神，在科学借鉴沿海地区先进经验，深刻分析全省情况，准确把握时代特征的基础上，及时作出了“加快土地资源向土地资本、民间资金向民营资本、人才资源向人才资本转变”的重大决策。“三个转变”的提出，对加快区域经济跨越式发展，无疑将起到极大的推动作用。民族地区落实“三个转变”，必然会遇到一些新问题。实施和推进“三个转变”，在理论上和实践中有一系列问题需要探索和积累，而认识的不断深化和实践的不断创新，必将使经济社会发展的新跨越在更高的层次上找到有效的突破口。

一、用开放的理念深刻认识“三个转变”

在人类社会的一切活动尤其是经济活动中，资源、资金是基本的物质前提，这在传统的农业经济、工业经济中体现得非常明显。资本主义大工业生产形式出现后，经济运行产生了一系列新的变化，其中，资本经营与操作成为市场经济的一种典型运行模式。可以说，资本经济运行的强大动力，离开了资本、社会经济的运行几乎是不可能的。在社会主义市场经济条件下，加快土地资源向土地资本的转变、民间资金向民营资本的转变、人力资源向人力资本的转变，实际上也是市场化运作的客观要求，是后工业化即信息化时代的必然选择。

“三个转变”的核心在于从过去着眼于固定的“物质”到现阶段着眼于流动的“价值”。随着经济全球化、市场整体化的推进，资本的流动将越来越显出其活跃性和扩张性。一般来说，资本是能够带来剩余价值的价值，其本质属性就在于：在合理配置与重组的流动过程中追求利润最大化，即追求价值增量和增值。正如马克思所指出的：“资本的合乎目的的活动只能是发财致富，也就是使自身增大或增值。”

要深刻认识和理解“三个转变”的重大意义，必须用开放的观念来审视市场经济的运行规律。众所周知，市场经济是价值规律、供求规律、竞争规律相互作用的制度。在传统的计划经济模式下，人们对资本主义大工业生产背景下产生的“剩余价值”一直讳莫如深，觉得那是马克思在其《资本论》中下定论的问题。其实，这完全是一种误区。在我国社会主义初级阶段制度中，共同发展的国有经济和民营经济，都承认利润的存在，并且在生产经营中追求利润最大化。而利润则是剩余价值的转化形式。市场经济一种经济运行模式，本无所谓姓资姓社，社会主义市场经济的确切含义是指在社会主义制度下实行市场经济，既然承认和追求价值形式的利润，当然就不能否认利润的来源——剩余价值的存在。剩余价值是剩余劳动所生产的剩余产品的价值，可以说，只要有劳动产品采取商品形式的社会，都必然存在剩余价值。在当今时代，无论是资本主义制度下的市场经济还是社会主义市场经济，都存在剩余价值，并且在现实经济生活中由剩余价值转化为利润。因此，利润来源于剩余价值是顺理成章的事，剩余价值并不是资本主义独有的。马克思讲得非常明确：“剩余价值，作为全部预付资本的这样一种观念上的产物，取得了利润这个转化形式。”不论私有制还是公有制，不论资本主义制度还是社会主义制度，只要生产处于商品化之中，其剩余劳动所生产的剩余产品就会采取价值形式，因而就存在剩余价值。

值得注意的是，在不同的社会形态下，剩余价值由于归属主体和最终用途不同，具有不同的社会性质。在资本主义社会，剩余价值被资本家及其集团无偿占有（这就是马克思揭示的资本家剥削工人的秘密），其最终用途在于维护资本主义制度。在社会主义社会，剩余价值体现国家、企业、个人三者利益相统一的关系，是社会成员追求共同富裕的重要手段，其最终用途在于加快社会主义现代化建设，建立富裕的社会主义，使全体社会成员逐步实现共同富裕。

社会主义市场经济要受价值规律的支配。在生产的商品化和资本的生产经营中，必然追求价值增值，而价值增值是通过剩余价值的生产来实现的。剩余价值规律在商品、货币、资本、市场的相互关系中发挥作用，主要体现在四个方面：一是土地作为一切资源赖以存在的根基，必然以资本的形式在市场中发挥巨大作用；二是推动投资作为追求增值的资本来经营；三是资本追求价值增值（即利润），必然展开竞争；四是资本竞争必然促进科学技术的进步与应用。资本的生产经营只有在竞争中占领市场，才有可能实现价值增值或获得利润。资本竞争归根到底是科学技术和人才的竞争，资本的生产经营中只有采用先进科学技术，依靠科技人才，才可能在竞争中取胜。

用开放的理念来深刻认识“三个转变”的重大意义，把土地、资金、人才置于全球市场经济的大背景下来审视，才可能得出资本经营的必然结论。时代在发展，人类在探索，实践在延伸，理论在深化，因循守旧的结果只能是倒退，不断开拓理论的新境界和实践的新领域，经济社会发展才得以获得持续的加速度。过去的成就固然重要，但现在和将来怎么办更为迫切。正如马克思深刻指出的那样：“在将来革命特定的时刻做什么，应该马上做些什么，这当然完全取决于人们将不得不在其中活动的那个既定的历史环境。”“三个转变”正是在现实环境已经发生极其深刻变化之后提出的应对举措和工作思路。

二、用探索的精神不断深化“三个转变”

省委提出的“三个转变”，抓住时代特征，契合市场规律，切中当前要害，是推进经济社会发展新跨越的有力途径。发展经济要有远见卓识，要有世界眼光，要有长远打算，要有开拓气魄。推进跨越式发展，全面建设小康社会，各级各部门精神要振作，观念要转变。改革开放的实践证明，一个地区的发展快慢，思想观念是个总开关。“观念就是财富”，没有开拓的思想，干不好开拓的事业，没有开放的意识，干不好开放的事业，没有现代化的观念，干不好现代化的事业。

加快土地资源向土地资本转变，核心是要在经营土地、推进城镇化上做文章。土地是最大的国有资源，也是承载其它一切资源的基础。从地理和人文环境上看，不同区域的土地具有不同的价值和作用，耕地用于生产，非耕地用于建设，房地（宅基）用于生活，这是相对而言。但认识如果仅仅停留在这一步，显然是不够的。在市场化的条件下，静态的土地资源只有转变为动态的土地资本进入市场，才可能发挥其潜力，释放其能量。比如在广大农村，如果老是单家独户的在自己的承包地上耕作，其收益是不会太大的，一旦纳入龙头企业带动下的产业化经营，或土地入股，或土地转租，使土地以资本的形式进入生产流通领域，其巨大的增值效益就会显现出来。在城镇，土地的资本效益更是数倍于资源效益。经营城市的实际含义就是将城市用地变为资本后进入市场流通中增值，而不是单纯地变卖和出租城市用地。从地域差别上看，城镇土地的价值明显高于农村土地的价值，因此，加快城镇化进程是迅速提高土地价值的一种极为有效的办法。民族地区幅员广阔，土地资源十分丰富，但城乡二元经济特征十分有限，如何在资本转变上下功夫，在市场动作上做文章，是值得深入研究的。

加快民间资金向民营资本转变，就是要千方百计让老百姓手中的钱进入流通领域，或投资经营，或入股，使分散于民间的大量资金转变为流动的资本，弥补政府投入之不足。民间闲散资金如果不进入市场流通领域，则永远是一笔“死钱”，是巨大的价值浪费。加快民间资金向民营资本转变的有效途径是大力发展民营经济。人民群众中蕴藏巨大的力量，既包括资金，也包括智慧。民营经济与市场经济的发展是共命运的。纵观人类社会发展史可以看出，市场经济是一种有效配置社会资源的方式，剩余价值虽然是资本主义制度下提出来的，但在社会主义国家里，私营企业、外资企业、民营企业创造的全部价值都是对国家发展有利的。因此，无论是国家资本（土地资本）、集体资本、私人资本（民间资本）和外业资本，在法律允许的范围内，各种资本的经营活动都应加以支持和保护，促其健康发展。从新的意义上说，剩余价值的的概念，其内涵已经发生了变化，不再是反映资本家对工人创造价值的无偿占有，而是社会主义制度下，资本参与分配的结果。党的十六大称之为“非劳动收入”，只要合法，都应当受到保护。十六大以后，修建最长的跨海大桥——杭州湾跨海大桥，在118亿的总投资中，民间资本就占到50%以上，开中国民间资本进入国家特大型基础设施建设项目之先河。在凉山，教育集团跨省、跨地区的民办全日制、寄宿制中小学也开始进入州内。随着经济的发展，民间资本将进入更多的领域。

加快人力资源向人力资本转变，关键是要用市场的观念来看待人才，使人才在市场经济中发挥巨大的作用。作为一种资源，人才的优势是潜在的，只有转变为资本，其优质作用才是现实的。长期以来，由于受计划经济思维模式的影响，我们习惯于看本地区、本单位拥有多少人才，中高级职称者占多大比例，但却忽略了一个关键的问题——人才的作用是否发挥，是否人尽其才，才尽其用。由此带来的严重问题是，人才不少，作用甚小。其根本原因在于仅仅把人才看作一种静态的资源，一种“财富”。实际上人才之为人才，主要应看其作用的发挥，而人才发挥作用的唯一途径就是“用才”——把人的才智运用到经济活动过程中去发挥效益。换言之，就是把静态的人才资源变为动态的人才资本在市场中流动，使其受市场之需而合理配置。另外，在市场经济条件下，我们对人才的定义、人才的标准也要有一个全新的观念，市场对人才的定义、人才的标准也要有一个全新的观念，市场对人才资本的需要是全方位的、多层次的，不能用一种模式去套，用一种标准去量。高级专家是人才，技术骨干也是人才，理论学者是人才，熟练工人也是人才，关键是能否适应市场需要而发挥作用。在民族地区，我们过去长期关注的是缺乏人才、人才结构不合理，但在真正把现有人才发挥“资本”的作用方面，还大有潜力可挖。一个有力的例证是，许多由民族地区流动到相对发达地区的人才，其“资本”的作用发挥出来后，往往令其原所在单位“刮目相看”。

三、用创新的实践加快落实“三个转变”

资本的表现形态是价值，马克思曾说：“资本不是物，而是一定的、社会的、属于一定历史社会形态的生产关系，它体现在一个物上，并赋予这个物以特有的社会性质。”“三个转变”是理论与实践结合的重要成果，是解放思想、创新实践的重大举措。落实“三个转变”，必须在实践中进一步创新，多方面探索。

一是要以宽广的胸怀来落实“三个转变”。任何新的举措，都将会涉及到新的利益分配和权力调整。土地资源向土地资本的转变，民间资金向民营资本的转变，人才资源向人才资本的转变，无疑也会带来部门管理权限和原有利益关系的调整。土地资源一旦转变为资本进入流通的市场，其不断升值的趋势将涉及许多相关的领域；民间资金一旦转变为民营资本，其运行效益将牵动相关的人群；人才资源一旦转变为人才资本，其管理归属将带来一系列复杂的新问题。由于资本是劳动的积累，是特殊形式的商品，是流动的资金，是生产要素，在市场运作中所带来的新的价值必然是多层面的，因此就要求我们以更加宽广的胸怀来对待，也就是要坚决舍弃部门主义、地方保护主义，有时甚至必须暂时牺牲局部利益，以大局为重，服从整体利益，千方百计促进资本的市场流通，使其不断增量和增值实现价值扩张。

二是要通过有效的途径来实现“三个转变”。应当看到，对欠发达地区尤其是民族贫困地区来说，土地资源向土地资本、民间资金向民营资本、人才资源向人才资本的转变，完全是崭新的课题，从思想上解决和认识问题后，在实践中解决操作问题就是关键了。土地资源向土地资本转变，范围非常广泛，但当前的重点应抓住经营城市这一基本途径，首先把城市土地这一块盘活。经营土地是经营城市的核心和关键，其实质是对土地资源实行市场化运作和优化配置。要把城市资产作为资本来经营，把城市的依附功能、文化内涵作为资本来经营。经营城市，建设是基础，管理是关键，经营是灵魂，所谓“三分建设，七分管理，十分经营”。经营城市应当走市场经济的道路，概言之就是：市场配置资源，民众创造财富，企业自主经营，政府搞好服务。对凉山来说，就是要使各个县城在商贸流通、房地产开发、社区建设、物业管理、文化产业兴办等方面起聚集作用，让县城土地这一资本不断扩张升值。城市是区域经济的聚集地和社会投资的载体，城市资源在市场经济条件下，只有转变为推动城市发展的资本要素，城市才会“活”起来，小城镇建设、土地使用权流转是农村土地资源向土地资本转变的重要途径，要在积累经验的基础上加快步伐，形成规模。

加快经营城市、小城镇建设和农村土地使用权流转步伐，一个直接的目的是要提高城镇化率。全面小康的一个标准就是城镇化率达到50%。目前全国城镇化水平为37.7%，发达地区如上海高达98%，四川只有28.2%，凉山则更低，只有13.7%。实践证明，城镇化建设可以拉动巨额投资需求和消费需求，同时解决大量的农村就业需求。从目前来说，地方各极政府财政大多属“吃饭财政”，无力为提高城镇化率增加投资，指望外资和国家投资中小城市更不可能，唯有民营资本在这方面具有独特的优势。因此，借鉴东部沿海地区发展“块状经济”，引导分散的民营资本相对集中，带动民族地区的城镇化发展和农村劳动力转移，使城镇化向市场寻求更大更有效的支撑，这确实是一条可行之路。世界城市面上发展的规律表明，一个国家或地区城镇化水平达到30%左右时，城市化进程将进入快速发展阶段。民间资金向民营资本转变，首先遇到的难题就是如何启动民间资本。凉山这些年的发展表明，谁肯在启动民间资本上下功夫，谁就能在日趋激烈的市场竞争中保持一方经济的活力，对于经济薄弱县更是如此。我州一些县在旧城改造中大多是通过启动民间资本而获得成功的。实际上，民间资本的潜力是巨大的，统计显示，截止2002年底，我国城乡居民储蓄存款余额已达8.7万亿元，四川达3666亿元。从凉山来看，2002年全州金融机构各项存款余额达153.23亿元。由此可见，民间资本有着巨大的空间。民间资本投向哪里？最佳选择是民营经济。发展民营经济是启动民间资本，实现资本转变的最好途径。民营经济具有产权清晰、权职明确、自主经营、自负盈亏、机制灵活等特点，以“利润最大化”为目标，所以资本升值最为明显。当前，凉山发展民营经济的制约因素很多，但观念保守、体制陈旧、限制过多则是最大的因素。我们常常在由谁管理、由谁规范、由谁收费上争论不休，对发展稍不规范的民营企业看不顺眼，认为脱离了政府的有效控制，担心“乱套”。实际上，这仍是计划经济定势在起作用。市场经济的显著特征就是竞争、优胜劣汰，政府的责任在于制定政策、优化环境、完善法制、规范秩序。

人才资源向人才资本转变，其发展趋势应当是打破人才管理的地域限制，使人才优势以资本的形式在市场中合理配置，最大限度地发挥其作用。人才资本转变的途径，最重要的是充分调动和发挥人才的积极性和创造性，打破人才管理上的“单位所有”、“地方所有”的旧观念，树立人才“市场所有”的新观念。长期以来，人才问题上存在着“所有无所用”的怪圈，即拥有人才却不合理使用人才。人才上的资本转变就是形成一种“所用非所有”的市场流通机制，即充分发挥人才的是否在编并不重要。这样，人才本身的价值，人才管理上的是否在编并不重要。这样，人才本身的价值得到了充分体现，资本创造的价值也在不断增加。闲置人才而不用，活人也是“死”资源；促其流动而增值，“死”资源才会变成活资本。在市场经济条件下，才与不才，最终要看其作用发挥得如何，也就是要经受市场的检验。因此，人事管理方式要灵活，职称评聘机制要动态，人才身份要社会化，评价标准要市场化，这应成为人才资本转变的基本原则。

推进经济社会跨越式发展，全面建设小康社会，这是时代赋予我们的神圣使命。加快“三个转变”，正是为了更有效地推进新跨越。民族地区在推进经济社会发展过程中，将面临更加紧迫的任务，土地资源、民间资金、人才资源的资本转变，必将带来新的理论探讨和实践创新。凉山的土地资源丰富，民间资金和人才资源的潜力巨大，只要敢于探索，敢于创新，在资本转变上狠下功夫，就可望在激烈的竞争中实现新的突破。

（作者：中共凉山州委副书记）

实现好维护好发展好人民的根本利益

余以龙

胡锦涛总书记在今年“七一”重要讲话中指出，实现人民的愿望，满足人民的需要，维护人民的利益，是“三个代表”重要思想的根本出发点和落脚点。讲话还提出“群众利益无小事”。凡是涉及群众的切身利益和实际困难的事情，再小也要竭尽全力去办，群众路线是我们党的根本工作路线，全心全意为人民服务是我们党的宗旨。

一、实现好维护好发展好人民的根本利益，首先必须端正对人民群众的态度

1. 确立人民创造历史的观点 毛泽东同志曾指出：“人民，只有人民才是创造历史的动力。”“真正的铜墙铁壁是什么？是群众，是千百万真心实意地拥护革命的群众。”在70年代的一场是人民创造历史，还是英雄创造历史的大讨论中，林彪“四人帮”一伙出于篡党夺权的目的，极力鼓吹“英雄”创造历史，抹杀人民群众的历史地位，违背了客观规律和客观实际。五千年的文明史证明，推进历史车轮前进的是广大人民群众，人民创造历史的客观存在是谁也否定不了的。

2. 确立人民是主人的观点 我们的国家是工人阶级领导，人民民主专政的国家。人民是国家的主人。党员干部是人民公仆，原来也是来自于人民，权力也是人民赋予的。党员领导干部要摆正位置，端正对人民群众的态度，不能做官看不起穷乡亲、忘了穷地方，有了权力就脱离老百姓。唐代诗人白居易做县尉时曾写《观麦》自我反省“今我何功德，曾不事农桑。吏禄三百石，岁末有余粮。念此私自愧，尽日不能忘”。如果我们享有着人民供奉的衣食，却摆着一副当官做老爷的样子，凌架于人民群众之上，就会淡化群众观念，淡薄群众感情，淡漠群众疾苦，最终损害党群关系，失去人民信赖，动摇执政基础。湖南常德市鼎城区副镇长张某给一位上访的老农嘴里灌粪，引起公愤，最后被开除党籍，并追究刑事责任，教训十分深刻。我们干部中之所以有如此恶劣的行为，说到底还是感情问题。如果公仆(干部)对主人(老百姓)没有感情，视为包袱、累赘，自然不会有什么好脸，甚至会像那位副镇长变着法子欺负老百姓。我们要有“老百姓是我们的衣食父母”“老百姓比天大”的观念。“一个共产党人爱的最高境界就是爱人民”，我们不要什么时候都把自己当做人民的“父母官”，而要永远记住人民才是真正的衣食父母，我们则是人民的公仆。改革开放的总设计师邓小平同志曾坦言地说自己是中国人民的儿子。这句话包含着“公仆”对“主人”多么深厚的情感！“几度此夜添岁时，犹多感恩谢爹娘”。我们今天成长为党的干部，要感谢党和人民的培养信任，多为群众办好事、解难题、谋福利，决不能主仆倒置。

3. 确立人民是成功之源胜利之本的观点 我们党之所以能从小到大，从弱到强，从无到有，打败日本帝国主义，推翻蒋家王朝，取得新民主主义革命的胜利，建立新中国，正是千千万万拥护革命的群众支持的结果。解放战争取得淮海战役胜利后，陈毅总指挥说淮海战役的胜利是人民群众用小车推出来的，琼崖纵队坚持孤岛作战，23年红旗不倒，冯白驹将军总结为“山不藏人人藏人”；《沂蒙颂》里红嫂用自己的奶汁救活了八路军伤员。一桩桩一件件历史事实，无不证明人民的伟大功绩。当今天我们的党成为拥有6000多万党员的执政党时，没有任何理由不为人民谋福利、办实事。

二、实现好维护好发展好人民的根本利益是共产党人的天职，也是我们党为之奋斗的目标

我们党来自于人民，植根于人民，服务于人民，党的全部任务和责任，就是为实现人民群众的根本利益而奋斗。能否代表和实现广大人民的利益，是新的历史时期对执政党的一大考验。江泽民同志总结国内外正反两方面的历史经验，深刻指出，“纵观历史，不少政治组织和政治集团，在夺取政权阶段，其政策主张或多或少地代表了人民群众的利益，但是在取得政权之后，就忘乎所以，骄傲起来了，久而久之，就脱离了人民群众，不再代表人民群众的利益，最后被群众所抛弃。没有人民群众的拥护，任何执政党都难以维护自己的统治地位。

我们党之所以伟大光荣正确，是因为她始终坚持人民利益高于一切。党除了最广大人民的利益，没有自己的特殊利益。我们党80多年的一切奋斗，无论是战争年代浴血奋战推翻“三座大山”，无论是进行社会主义建设，还是进行改革开放和现代化建设(如西部大开发、三峡工程、西气东送、南水北调等)，归根到底都是为了实现好、维护好、发展好最广大人民的根本利益。这也是我们党的性质和宗旨决定的。任何时候都必须坚持尊重社会发展规律与尊重人民历史主体地位的一致性，坚持为崇高理想奋斗与为最广大人民谋利益的一致性，坚持完成

党的各项工作和实现人民利益的一致性。这样,党和政府的工作,就会得到人民的充分理解和支持,人民同样也会为党和国家排忧解难。50 年代初抗美援朝战争时,常香玉剧团为国家捐献一架作战飞机,被传为佳话,60 年代初三年自然灾害、苏联逼债,全国人民与党同心同德,忍饥挨饿,挺了过来。人民群众的支持和拥护是我们党区别于其他政党的最大优势和"本钱"。

在建设中国特色社会主义的进程中,全国人民的根本利益是一致的,各种具体的利益关系和内部矛盾可以在这个基础上进行调节。制定和贯彻党的方针政策,基本着眼点是要代表最广大人民的根本利益,正确反映和兼顾不同阶层、不同方面群众的利益,使全体人民朝着共同富裕的方向稳步前进。如新民主主义革命时期提出"打土豪分田地"、土改时期提出"依靠贫下中农,团结中农"的政策方针,新时期东部沿海的开放政策及后来的西部开发战略极大地调动了全体人民投身革命的热情。又如海南省第四次党代表大会进出"南北带动,两翼推进,扶持中间"的发展战略,得到了全省 800 万人民的拥护,因为它确时代表广大人民的利益,反映了人民的心声。

三、要实现好维护好发展好人民的根本利益就要动真情做真事下真功夫

毛泽东曾说:世界上怕就怕认真二字,共产党最讲认真。我们在实现维护和发展好广大人民群众根本利益上必须动真情、做真事上下真功夫,而不是假情假意,以政绩工程代表民心工程,欺骗和危害群众。近些年来,有的干部面对新的历史条件和环境,放松了对自己的要求,程度不同地滋长了官僚主义、主观主义、个人主义和形式主义等脱离群众的不良作风。这些人中,有的群众观念淡薄,对群众的疾苦漠不关心、麻木不仁,有的决策不走群众路线,靠少数人随心所欲拍脑袋("三拍"干部);有的好大喜功,爱做表面文章。这样的事例不少,给当地造成的损失和影响也不小。如前两年中央焦点访谈曝光的某省乡镇为了体现扶贫把羊集中在一个山沟里接受检查、开现场会;海南某市原任领导,不顾百姓疾呼,耗资千万元修建广场。政绩工程在老百姓的心里留下挥之不去的阴影,经济上给国家造成了重大损失。还有的利欲熏心,凭借职权,中饱私囊,坠入犯罪的泥坑。这些人的行为严重损害了党的形象和声誉,损害了人民利益,我们必须从中吸取教训,引起重视,真心真意地为人民谋利益、办实事。

怎样才能实现好人民群众的根本利益呢?首先必须在制定各项改革措施和政策时统筹考虑,尽量满足大多数群众的愿望,认真考虑和兼顾不同层次、不同方面群众利益,正确处理好改革、发展和稳定的关系,绝不能脱离本地实际,以牺牲大多数群众利益为代价寻求发展。如一些地区为了寻求发展,政府支持办小煤窑、小矿山,结果造成环境污染、水土流失、事故不断,得不偿失。山西一民办小金矿一次事故就死 34 人。这种错误决策造成的经济损失、生态破坏、社会影响是无法用金钱来弥补的。其次,努力实现好人民利益,就必须围绕人民群众最现实、最关心、最直接的利益来落实,要把群众安危冷暖挂在心上,对群众生产生活中面临的困难,特别是对下岗职工等困难群众遇到的实际问题,一定要带着深厚的感情去帮助解决。凡符合大多数群众利益的工作就是我们的工作重点,困难再大、问题再多,都要认真负责地落实好。在这方面,中央领导同志为全党树立了光辉的榜样。1998 年抗洪抢险,江泽民等中央领导同志亲临一线指挥;除夕夜,温家宝总理到数百米深的矿井里与煤矿工人过节;在 2003 年抗击非典的战斗中,胡锦涛总书记深入一线看望慰问夜以继日工作的医护人员。全国人民深切地感受到党中央的亲切关怀和爱护,更增添了全国人民战胜灾害夺取胜利的信心。在实现好人民根本利益的同时,还必须维护好人民的利益。而要维护好人民的利益,就必须站在群众的立场上,设身处地地为他们着想。要把群众的呼声作为第一信号,把群众利益放在第一位置,把群众满意作为第一标准。维护好人民群众利益,必须下大力减轻群众的负担。群众负担不仅是一个经济问题,也是一个政治问题,是检验我们群众观念强不强,能否确实维护群众利益的一个重要标准。维护好人民群众利益必须着力解决人民群众反映强烈的不正之风。要下大力气解决发生在群众身边与民争利、直接损害群众利益的不正之风。如今年确定的制止铺张浪费、大吃大喝以及解决中小学乱收费、医疗领域的不正之风等都很有针对性,这些工作做好了,能让人民群众直接感受到纠正不正之风的实际成效。维护好人民群众利益,必须坚决查处违法违纪案件,严惩腐败分子,把他们所侵占的利益归还给人民。腐败现象直接侵犯和损害了人民群众的利益,破坏国家和地区的经济建设。查办违法违纪案件,惩处腐败分子也是维护群众利益的最直接手段。改革开放以来,党中央、中央纪委不断加大反腐败斗争的力度,惩处了一批腐败分子,为国家挽回了大量经济损失。

在实现好维护好人民利益的基础上,还必须千方百计地发展好人民利益。人民群众的物质文化需要是随着时代的发展而不断变化的,不能停留在一个水平上。因此,要实现和维护好人民利益,就应当在如何发展好人民利益的问题上做文章。发展好人民群众的利益,就要紧紧围绕经济建设这个中心,争分夺秒抓住时机,把经济建设搞上去。发展好人民群众的利益,就要根据群众要求和不同情况,采取各种方式方法,进行帮助和扶持,注重从根本上解决贫困群体问题。发展好人民群众的利益,就要努力把发展的长远战略目标和提高人民群众生活水平的阶段性任务统一起来,把实现人民长远利益和当前利益结合起来,把改革的力度和群众可

以承受的程度结合起来，把促进发展和维护人民群众利益结合来。认真解决当前群众生活、生产中存在的实际困难和问题，真正让大多数人感受到社会主义的优越性，体会到社会主义的温暖。

我们共产党人只要牢记使命，脚踏实地地为人民做事谋利益，人民永远不会忘记我们的。大禹治水患，功垂千秋；木匠之父鲁班发明了锯子，提高了劳动效率，促进了生产力的发展；李时珍留下了《本草纲目》，解除了千百万人民的疾苦。周总理、焦裕禄、郑培民鞠躬尽瘁为人民，他们的英名在人民心中树起一座座不朽的丰碑，是因为他们的心里总是装着人民，唯独没有他们自己。薄熙来同志讲得好，金杯银杯不如老百姓的口碑，金奖银奖不如老百姓的夸奖。我们就应该把老百姓的口碑、老百姓的夸奖作为最高奖赏，即便是有千个“一”万个“一”，我们也要把人民群众的利益放在第一，这才是我们人民公仆应有的本色。

（作者：琼中县委副书记、纪委书记）

实践“三个代表” 促进企业发展

寇金元

企业是以生产经营为主体的经济组织，其中心任务是做好生产经营工作，创造更多的经济效益，促进企业发展。几年来，四〇五厂党委一班人深刻认识到，要促进发展，加快发展，必须确立正确的发展观和发展思路。企业在贯彻“三个代表”思想过程中首要的任务是企业领导班子要有发展的眼光，放眼未来，总揽全局，解决好企业的发展问题。只要发展工作做好了，贯彻“三个代表”才能最终落到实处。

一、坚持发展生产力的方向，建设、运行好技改工程

经济基础决定上层建筑，在“三个代表”中，首要的是做先进生产力发展要求的代表。先进生产力是基础和前提，有了先进的生产力，又有先进的社会制度，就能够创造更多更好的物质财富和精神财富，就能够实现职工的愿望、满足群众的要求，维护人民的利益。企业要取得不断发展，就要解放和发展生产力，创造好的经济效益，不断改善和提供职工的生活水平。

1. 抓住机遇建工程

在总公司的果断决策下，我厂抓住发展机遇，获得了国家“八五”、“九五”期间重点工程建设项目——405 技术工程。这是一项国家重要的工程，难度大，技术水平高，技术要求严，且必须保证质量，保证工期，不突破概算。在工程建设的 2000 多个日日夜夜里，场党委始终铭记江泽民同志“发展核技术，开发新能源”的重托，始终不忘肩上的政治责任，精心组织，精心施工。为了确保质量、工程概算和进度，班子做出了不等不靠，艰苦奋斗，自主承担建设任务的决策，坚定不移地带领职工顽强拼搏。工程建设中，班子成员亲临施工现场，深入第一线，指挥施工，解决问题。遇到重大问题，常常连家也顾不上回，饭也顾不上吃，常常以泡面充饥。连开党委、厂务会都尽量不占上班时间，放在晚上或节假日。不延误一件事，不耽误一分钟工期，成了大家工作的一条原则。班子成员始终坚持现场生产协调会制度，现场办公解决问题，为确保工程建设的顺利进行赢得了时间。工厂党政领导班子把心思放在干事业上，把精力用在抓工作上，把干劲用在抓改革、促发展上，党政密切配合，两心合一心，廉洁勤政，赢得了职工群众的信任和拥护，被陕西省委国防工委多次授予“先进党委”和“好班子”的荣誉称号。整个工程于 1999 年一季度全部建成投产。该工程的建成，标志着我国在核燃料循环的关键环节上实现了生产能力跨越和技术水平的提升，大大提高了我国核燃料的生产能力。

四〇五厂技改工程全面建成投运后，工厂面临着更加严峻的形势：必须在短期内尽快掌握工程的运行规律，过技术关；必须在确保安全、稳定、经济运行和经济效益的提高，把过场管理转到狠抓生产运行管理，从求建设目标转到的求安全、稳定、经济运行和经济效益的提高上来，过管理转型关。为此，一是加强质量体系认证，推动企业管理工作。成立了质量体系认证工作小组，狠抓制度和程序文件工作，制定了《四〇五厂质量方针目标》，对干部、生产技术骨干、质量管理员进行了 ISO9002 标准培训。二是加大经济责任制考核力度，提高干部的经营管理水平。通过经济责任制形式加压促改，促使各级干部由“干了算”和“要我算”变为“算了干”和“我要算”。对与主产品成本直接相关的生产单位、实行模拟市场核算，采用“联合确定基数理论”，确定经济责任指标，效益考核；推行了公司制改革，对三大公司等六个单位实行内部模拟法人管理体制，宏观调控和监督指导其独立运作，对责任重、经营风险较大的单位行政正职实行年薪制；对

民间单位实行全成本核算，自负盈亏，底薪加效益考核；对后勤服务单位实行全成本核算，减亏提成，工资缺口考核；对机关处室实行风险抵押，费用包于考核。经济责任制的实行，对促使各级干部加强核算意识、学习有关财务知识起到了较好作用。三是加强财务管理制度，强化财务监督职能。初步建立了以资金管理、成本管理为中心的财务核算体系。进一步建立和完善各项财务规章制度，实行了会计稽查制度；完善了全厂各单位会计人员委派制度，厂内产品、劳务价格结算体系的建立制工作，建立规范科学的管理体系。连续5年多时间，厂规章制度组修订完善了经济责任制、生产任务、安全任务、安全管理、质量管理、物资管理、财务管理、劳动纪律、精神文明等内容的共340项考核制度，并着重解决有章不循的问题。目前，工厂正在朝着“凡事有据可查，凡事有人负责，凡事有人监督，凡事奖罚分明”的目标迈进。

2. 科技进步促发展

科学技术是第一生产力，科技进步与创新是推动经济和社会发展的决定因素。“出技术、出人才、出经验”不仅是集团公司对四〇五厂的要求，也是四〇五厂义不容辞的责任。四〇五厂在维护、管理和运行好工程的同时，坚持实施“科技兴厂”战略，大力推进科技进步，加强技术创新。高技术的生产工艺，需要高技术的知识支持。运行管理中，领导班子高度重科技是进步工作，厂科技人员以技术进步推动企业的发展为已任，下大力解决工程建设中众多技术难题。一批科研项目的完成，不仅提高了工艺系统运行的可靠性，设备性能得到了大幅度提升，而且较大程度地节省了能源消耗，降低了生产成本，对整个工程的安全、稳定、经济运行起到了促进作用。目前，我厂已有70多个科研项目获厂级科技进步成果奖。30多项获部级及部级以上科技进步成果奖，其中包括部级科技进步一等奖和国家科技进步奖二等奖。20项技术成果获得国家及部委科技成果奖，一批高质量的论文发表并获奖。重视科学技术这一生产力的第一要素，使工厂拥有了大量具有自主知识产权的科技成果。这些科技成果，给厂带来了巨大的经济效益；配套系统的自主设计和改造，使一、二期工程比合同工期提高了效率，而且大大提高了工艺系统运行的可靠性，节约了能源消耗，降低了生产和维修成本，对确保主要工艺系统安全、持久、经济运行起到了重要的作用。

技改工程全面建成投运以来，实现了安全、稳定、经济运行，主要经济技术指标优于科研报告，并接近或达到了国际先进水平；主产品一次交验合格率始终保持100%。1999年12月顺利通过了ISO9002质量体系认证。2002年12月，工程顺利通过了国家竣工验收。坚持发展生产力，使四〇五厂获得了前所未有的发展机遇，工厂先后获得了省级文明单位，省级先进基层党组织，全国思想政治工作秀企业、全国五一劳动奖状、全国模范职工之家、全国“安康杯”优胜企业等荣誉。

技改工程的引进、建设、科学管理，使企业的经济效益得到了稳步提升，职工的生活水平也得到了较大提高。

二、围绕企业的中心工作，抓职工思想道德建设，建设新型企业文化，为企业发展营造良好氛围

厂党委围绕企业的中心，结合工厂实际积极开展思想政治工作，为提前建成技改工程和确保技改工程的安全、稳定、经济运行，为企业的改革发展提供强有力的思想保证和理论支持。

1. 抓干部、职工理论学习，以科学的理论武装人

要抓好职工队伍建设，必须先抓好领导班子建设。只有领导班子勤政廉洁，做出表率，一级做给一级看，一级带动一级干，才能带好队伍，才是最有力的思想政治工作。厂级中心组成员采取自学、研讨、交流相结合的学习方式；二级单位中心组成员除采取自学、研讨相结合的学习方式外，厂还发挥厂党校的作用，对他们进行集中理论培训；党员和职工，则通过党小组会、班组学习讨论会进行学习。党委工作部和厂工会定期对全厂政治理论学习进行安排，编印学习参考材料，指导全厂的理论学习，下发基础单位。党委始终把“造就一个好班子”作为思想政治工作的“头号工程”。要求各级干部深入学习马列主义、毛泽东思想、邓小平理论和“三个代表”重要思想，学习党的基本路线、方针、政策，学习十六大精神，学习现代企业制度、现代管理知识、法律法规等。在工作和生活中，提出“四慎”和“四不”规范班子成员的行为。多年来，班子成员以勤政廉洁、务实高效的行动带动着干部，感召着职工。通过学习，使全厂干部进一步坚定了政治立场、政治观点、政治方向、政治纪律，坚定了建设有中国特色社会主义事业的信念，保证了党的路线方针政策和上级党委的决定、指示在本单位贯彻执行。

2. 抓典型宣传，双文明创建，以正确的理论引导人

在企业发展的不同时期、不同阶段，厂党委树立了陕西省劳动模范全国五一劳动奖章获得者王国君，下岗不失志的社区环卫工人、厂双文明职工标兵吴海宏，岗位成才的焊工技师李继辉等先进典型，用榜样的力量鼓舞人。在这些榜样的感召下，近年来有20余人受到陕西省、中核集团公司和国家的表彰，厂副总工程师梁光扶作为扎根西部知识分子代表还被选送人民大会堂做报告。在抓双文明创建工作中，我厂以有效的载体激励人。在全厂范围内开展双文明职工、双文明单位、双文明班级、双文明学校，文明家庭、文明单元、文明楼、文明小区的创建活动，广泛的群众性精神文明创建活动，推动了企业两个文明建设的协调发展。

3. 抓“三爱”、“三德”、“三种精神”教育，以高尚的精

神塑造人

厂党委突出“三爱”(爱国、爱厂、爱岗)教育。以“早日把国家重点工程搞上去,就是最大的爱国”为主线,教育职工把工程建设的兴衰成败,与国家、工厂、个人的命运紧密结合起来,识大体,顾大局。使职工牢固树立了“爱国先爱厂,爱厂要爱岗”的思想,急工程所急,想工程所想,主动寻找自己在工程建设中的坐标,立足岗位作贡献。

突出“三德”(社会公德、职业道德、家庭美德)教育。以“文明从我做起”为主线,大力倡导职工在社会上做文明公民,在岗位上做文明职工,在家庭中做文明成员为主要内容的道德教育活动。在引导教育中,上下班的班车上、公共场所、厂区门口,向广大职工散发“做文明职工”倡议书,在厂开展“自觉遵守文明职工行为规范”签名活动。强化了职工的社会公德、职业道德、家庭美德意识,提高了职工的文明意识和道德素养。

4. 抓两个作用的发挥,以党员的标准要求人

党支部领导班子的状况如何,决定着党支部战斗力的强弱,关系到党委、厂部的各项任务能否落实到基层。党支部领导班子建设关键是选好支部书记。把素质高,善于做思想工作,熟悉党务工作的同志选任到支部书记岗位上来,抓好使用与培养相结合,使其尽快适应岗位要求,求实进取,打开工作局面。修订完善了《中核四〇五厂党群工作制度》77项,为党群工作制度化、规范化管理打下了坚实的基础。对支部工作重点考核三会一课一汇报制度、党员理论学习制度、民主生活会制度、创先争优制度、党风廉政教育制度、职工思想状况分析制度、精神文明创建制度等落实情况。组建一支政治、业务素质较强的专职政工干部队伍,健全一个党政工团齐抓共管的政工网络,逐步形成高效创新的思想政治工作网络体系和“小机关、大服务”的格局。广大党员在急、难、险、重任务中,吃苦在前,冲锋在前,先锋模范作用得到了较好的发挥。

5. 抓企业文化建设,以先进文化树立企业旗帜和方向

党委、厂部根据企业发展进入了改革、管理、发展新阶段的实际,以“三个代表”重要思想统领企业文化建设,以思想政治工作指导企业文化建设,寻找切入点,抓契机,提高职工敬业爱岗的工作热情,增强职工的凝聚力,在全厂至上而下地开展了企业文化学习教育、征文征集活动,让职工广泛参与,以此统一干部职工的思想。从职工身上寻找“闪光点”,凝聚职工力量,鼓舞职工士气,献身国家重点工程建设。总结提炼了:艰苦奋斗的拼搏精神,不计名利的奉献精神,科学严细的求实精神的“三种精神”和“树立一流队伍,创造一流业绩,建设一流核燃料基地。”的企业精神。利用广播、电视在全厂广泛宣传,植根于职工的脑海,成为工程建设中全厂职工战胜困难,把工厂发展一步一步推向前进的精神动力。

三、改善生活条件,全心全意为职工服务

厂党委在发展增效,顾全国家利益的前提下,全心全意为职工服务,不断提高职工文化生活水平,努力为职工、家属营造一个健康向上、温馨祥和、优美舒适的生活环境。把加强社区建设,创建高档次文明社区;纳入精神文明建设的总体规划,使社区建设实现了“一年变个样、两年见成效、三年大变样”的工作目标,达到了“文明健康、环境优美”的建设标准。

1. 多方创造条件,丰富职工业余文化生活

四〇五厂属三线建设单位,职工业余文化生活比较单调,针对这种情况,厂党委多方创造条件,除开展丰富多彩的活动外,不断加大精神文明建设的硬件投入,寓教于乐,丰富职工业余文化生活。做到了月月有活动,重大节日有大型活动。成立了各类文体协会和兴趣小组,举办各类比赛。活动内容大多来源于职工工作、生活、反映了职工良好的精神面貌。积极、健康、向上的文化氛围吸引着广大职工踊跃参与,一种健康、团结、友爱、和谐的新型人际关系在厂区逐渐形成。近年来,先后对电视闭路系统进行增容改造,目前能收看近50电视节目。改造旧广播系统,使声音覆盖全厂,每天能准时收听到国内外和厂内新闻;修建了职工文化活动中心、公园、游泳池(旱冰场)、图书馆,添置了新乐器、拉OK调音系统和体育健身器材等,使职工有了健身娱乐的场所。

2. 加大社区建设投入,为职工创造优美的生活环境

厂从绿化入手,治理社区“脏、乱、差”现象。几年来,共栽各种乔灌木7万多株,种植草坪10万平方米、新建苗圃20余亩,空地绿化覆盖率达80%以上。为彻底根治社区环境,工厂先后制定下发了《环境卫生管理部度》、《加强垃圾管理办法》,并在全厂开展了“共建美好家园”宣传教育活动。在宣传教育的基础上,彻底清理了楼道杂物,封闭了楼道垃圾洞497个,拆除开放式垃圾箱15个,新建卫生设施26处,设置果皮箱225个。每天对公共路段、家属楼道进行清扫,推行卫生、绿化、治安门前“三包”,对职工住宅楼全部实行“家庭垃圾袋装化”。工厂在社区成立了6个居委会,改变了过去居民管理无人问、无人抓、无人管的局面。如今,“有事找居委会”在居民中已形成共识。在扩建整修了原有公园的同时,又新建了一座公园,尽可能多地为职工家属提供休闲、健身的场所。如今的四〇五厂鸟语花香,四季常绿。

3. 不断努力,提高职工物质生活水平

近来来,厂实施了安居工程,努力改善职工的住房条件,不但住房结构在逐步改善,住房面积也有了较大幅度的增长。1993年前全厂户均建筑面积55.24平方米,人均建筑面积为15.95平方米。现在全厂户均建筑面积增加到82.06平方米。10年前,职工人均年收入不过几千元,现在职工人均年收入已近两万元,收入增长了4倍

多。厂还加大对教育的投资力度,先后兴建了小学部教学楼和中学实验楼,整治校园环境,建设了计算机室、多媒体教室、教师备课室、校园教学双向控制系统等一些先进的教学设施,提高了教学质量。连续两年高考升学率达到100%。对职工医院以努力提高医疗技术和服务质量为着力点,创造条件开展新业务、新疗法,创收节支,逐步改善医疗卫生条件,推进了医院的全面发展,方便了职工就医。

经过几年的努力,我厂各方面工作者取得了一定成绩,这些成绩的取得使我们体会到:"三个代表"体现了党的建设中完成根本任务与实践根本宗旨的辩证统一。先进生产力是基础和前提,先进文化是旗帜和方向,最广大人民的根本利益是目的和归宿。作为企业,必须集中精力发展生产力,创造更多的物质财富和精神财富。只有发展生产力、繁荣企业文化,才能为实现职工的根本利益提供强大的物质文化基础。只有不断提高职工的物质文化生活水平,保证和实现职工的根本利益,职工才会以更加饱满的热情投身到企业发展中来,以此全面推进企业各项工作的发展。

(作者单位:核工业四〇五厂党委书记)

认真践行"三个代表"重要思想 在认识上要有新的提高　在贯彻上要有新的成效

王培健

党的十六大将"三个代表"重要思想与马克思列宁主义、毛泽东思想、邓小平理论一道确立为党的指导思想,并提出在全党兴起一个学习贯彻"三个代表"重要思想的新高潮,这是关系中国特色社会主义事业长足发展的重大战略任务。

"三个代表"重要思想是对马克思列宁主义、毛泽东思想和邓小平理论的继承和发展,反映了当代世界和中国的发展变化对党和国家工作的新要求,是加强和改进党的建设,推进我国社会主义自我完善和发展的强大理论武器,是全党集体智慧的结晶。始终做到"三个代表",是我们党的立党之本,执政之基、力量之源。

在新的历史条件下,我们党作为执政党,面临着一个最根本的考验,就是能不能始终代表最广大人民的根本利益,始终全心全意为人民服务。

在学习贯彻"三个代表"重要思想的过程中,我们结合大江近年来的改革发展实际,进行了有益的探索和研究,有一些认识和体会。

一、在学习"三个代表"重要思想的过程中,要认真解决好三个问题

一是解决认识问题　有的干部员工认为,企业就是搞经济,只要把生产抓上去就行了,学不学也一样;有的认为,理论研究是专家们的事,与企业无关紧要;还有的认为,"三个代表"是一个"筐",什么都可以往里面装。于是,开会发言、总结工作,言必以"三个代表"冠之;机关处室的同志到基层调查研究、有的部门为员工群众做了一件应该做的事等等,都认为是因为学习了"三个代表"重要思想的结果。对各种"无关论"和"庸俗论"的认识和意识,如不加以引导,就必然会使学习"三个代表"重要思想流于形式。

解决认识问题,一是全面正确理解"三个代表"重要思想的科学内涵。要让广大员工明白"学什么","为什么学"。"学什么",是要明确学习的目的、意义;"为什么学",是要通过学习解决实际工作中存在的问题。二是对"三个代表"重要思想产生的时代背景、历史地位、实践基础、精神实质、科学内涵等方面,要有一个全面的、系统的了解。三是通过党委中心组学习,举办各类学习班、培训班,把对"三个代表"重要思想的认识,统一到十六大精神上来,统一到大江的改革发展目标上来。

二是紧紧抓住重点问题　我们认为,大江当前工作的重点是发展问题。发展是大江的第一要务。要发展,首先要转变观念。可以这样讲,观念转变的程度,决定大江改革发展的速度。观念转变快,大江的发展就快。因此,在学习"三个代表"重要思想的过程中,针对"大江这几年发展不错"、"九九归一到一起,没出大乱子"等"小富即安"、"差不多"的思想认识,公司党委在干部大会上及时指出;这几年大江有发展,但发展的速度不快,经济运行质量不高,是低水平的发展,低基数的增长低要求的变化,离上级和员工的要求还有较大差距,需要解决的问题还很多,我们不能自满,更不能停步。通过积极引导,广大干部和员工对大江的形势有了一个正确的认识,在全公司范围内,营造了一心一意抓经营,聚精会神谋发展的良好氛围。

三是紧密联系实际问题　学习"三个代表"重要思想,要理论联系实际。目前大江的实际是什么呢?就体

制而言,“九九归一”,初步构建了“大集团、多法人”的格局,但“集”而不团的现象依然存在;就产品而言,尽管没有一个象链条式的主导产品,把生产厂联系起来,有人认为这是遗憾,但对于企业参与市场竞争,多品种承担风险的能力增强了;就所有制结构而言,既有国有独资企业,也有与私人企业之间的合资合作,但法人治理结构不尽合理;就经营方式而言,仍然是以传统的生产经营为主,但对于如何实施资本经营还有差距;就改革重组后的遗留问题而言,“九九归一”,债务重组,底子薄、负债重、人员多,历史遗留问题多;就企业稳定而言,因产业结构和组织结构调整而引发的分配问题,主辅分离问题,出再就业中心人员的再就业问题,大集体人员问题,征地农转非待安置人员闹待遇问题,欠员工集资款和医药费报销的问题,员工生活困难问题,“法轮功”邪教组织问题,整治社区环境而引发的矛盾和问题等等。

对以上这些不可回避的实际问题,一是正确认识,不怕问题多,就怕看不到问题;二是要树立良好的精神状态,增强搞好大江的信心和决心;三是紧紧抓住影响大江改革发展的突出矛盾和问题。实出重点,抓住重点,通过发展经济,来解决实际问题;四是关心员工生活,切实解决员工生产生活中的困难。公司党委提出,在大江,绝不能因为员工生活困难而有病不能上医院治病;绝不能因为企业改革而降低员工生活水平;绝不能因为工作失误或者官僚主义造成员工上访。

二、在贯彻“三个代表”重要思想上,切实做到“三要”

一是工作要有新举措　大江的改革发展经历了搬迁、建线、改制、重组,所面临的问题既有国有企业的共性问题,也有个性问题。个性问题,必然要通过个性化的工作方式,创造性地开展工作来解决。正如十六大提出的,一切工作都必须“体现时代性、把握规律性、富于创造性”。

其一,思路要新。公司党委提出,在新的形势下,我们要站在新的起点、理出新的思路、干出新的成绩。常言道,思路决定出路。面对大江错综复杂的矛盾和问题,我们要坚持以改革为动力,以产品为龙头,以专业化为生产原则,以资产重组为主线,以规模经营为目的的发展思路;要围绕长安铃木公司20万辆整车发展、长安集团“三年再造一个长安”的规划,改善投资环境,增大配套份额,提高经济运行质量;要规范母子公司运行,为走新型工业化道路提供组织保障;强化制度创新,为走新型工业化道路清除体制障碍;全面推进信息化建设,为走新型工业化道路建立快速通道。

其二,方法要新。思想政治工作要按照“贴近现实、贴近生活、贴近群众”的要求,增强针对性和实效性,提高吸引力和凝聚力;党建要围绕“凝聚力工程”、“创先争优”等工作,使党的各项工作有影响力、感召力和渗透力,为公司深化改革、加快发展提供坚强的政治保证;稳定工作要按照“有理也要守法”的原则,旗帜鲜明地讲稳定,坚决果断地抓稳定,扎扎实实地保稳定;克服求稳怕乱的思想。对所有问题,正确面对,依靠政策、依靠法律,齐抓共管,为公司改革发展提供良好的环境。

二是要有实际成果。这是一切工作的出发点和落脚点。大江的事,能不能办好,办得怎么样?关键看结果。

我们通过“结构调整”工程,以精干主体,剥离非经营性资产。先后将声像中心、信息中心、天然气站等剥离交予地方,逐步实施政企分开,减少企业办社会职能;我们通过“科技创新”工程,加大技改、技措力度,新产品产值年平均增长9%;新产品产值率已达到28%,增长了10个百分点;我们通过“转换机制”工程,逐步建立现代企业制度,推进“2+4+5”管理模式,逐步理顺和完善了母子公司管理体制;我们通过“凝聚力工程”,加强党的组织建设、作风建设、队伍建设、廉政建设,打造了一支作风硬、素质好的干部队伍。通过“三个代表”重要思想的学习贯彻,大江的经济发展有了一定的增长;厂容、厂貌有了较大的改善,员工队伍稳定,社会治安良好。取得这样的成果,员工比较满意。但是,成绩来之不易,经验尤为珍贵。我们的工作离大江改革发展的要求,离广大员工对日益增长的物质文化、精神文化的需要,还有相当大的差距。对此,我们深感责任重大。

三是要群众基本满意。这是检验我们一切工作的的标准。近年来,大江的改革发展成效如何,员工群众心中有数。我们在日常工作中,把群众拥护不拥护,赞成不赞成,高兴不高兴,答应不答应,作为制定政策、处理问题、检验工作成绩的标准。凡是涉及员工群众切身利益的大事,我们都要认真倾听群众的意见。大江的医改、房改、剥离等工作推进顺利,走在了同行的前列,引起了上级及有关部门的注意,纷纷派人前来学习经验。其实,并不是我们比别人高明,而是我们从大江的实际出发,针对实际问题,制定措施、解决问题。比如房改,当时搬迁建线无钱,建员工住宅无资金,我们正好抓住重庆市在进行房改的机遇,通过房改积累了资金,再建了住房,解决了员工少花钱买断房屋产权问题。再比如,前几年我们整治社区环境,群众不满意,动辄上访。2003年5月,我们抓到整治非典的机遇,先是在员工家属中开展民意调查,结果表明,在调查的10项内容中,有92%以上的员工、家属表示赞成。于是,为顺民意,谋民利,得民心,实现好、维护好、发展好最广大员工的根本利益,我们在全公司开展”整治社区环境,共建美好家园”活动。通过几个月的整治工作,厂区、社会环境发生了很大变化。公司提拔中层管理干部要公示;每个季度各单位的业务招待费要公布;各项改革政策出台,先交员工代表讨论;中级以上人员为困难员工捐款，也要在《大江》报上公布。之所以要这样做，就是要把我们的工作置于群众的监督之下。

在学习、贯彻“三个代表”重要思想的过程中，我们的体会是：在全党兴起学习“三个代表”重要思想的新高潮，既是认识上的新高潮，更是贯彻落实的新高潮。只要认真领会“三个代表”重要思想的科学内涵，不断增强学习贯彻“三个代表”重要思想的自觉性和坚定性，牢固确立“三个代表”重要思想在一切工作中的指导地位，自觉用“三个代表”重要思想指导我们的思想和行动，紧密结合本单位、本部门的实际，就会感觉到工作有方向、有奔头；只要我们老老实实地把员工的根本利益作为一切工作的出发点和归宿，倾听群众呼声，反映群众意愿，集中群众智慧，我们的工作就会有目标，就会把践行“三个代表”重要思想真正落到实处。认识上有了新的提高，工作就一定会取得新的成效。

（作者：大江工业集团副董事长）

按照“三个代表”重要思想加强新时期党风廉政建设

马福顺

江泽民在庆祝中国共产党建党80周年大会上的讲话，是新时期党的建设具有划时代意义的里程碑。学习贯彻江泽民“七一”讲话，深刻领会“三个代表”重要思想，在加强新时期党风廉政建设中，应重点加深以下几个方面的认识：

一、深刻领会“治国必先治党、治党务必从严”的重要思想，牢固树立越是改革开放越要从严治党的观念

当前，我国的改革开放在不断地深入，社会生活随着社会主义市场经济建立与完善正发生着巨大的变化：社会经济成分的多样性、利益主体的多样性、社会组织的多样性、生活方式的多样性。在这种趋势下，人们在享受改革开放社会进步带来丰富物质成果的同时、也受到来自西方资产阶级思想文化、意识形态和生活方式的影响，人们的世界观、人生观、价值观面临巨大的挑战。因此，越是改革开放，越是发展社会主义市场经济，越要按照从严治党的要求，加强党的思想、组织和作风建设。在新的历史时期，按照“三个代表”重要思想，统一全党的意志、规范党员行为、坚持党的宗旨、坚定党的信念，保持我们党的先进性和纯洁性。只有这样才能巩固我们党的执政地位，保证我们国家的长治久安，保证社会主义现代化建设伟大事业的成功。

二、坚持从严治党，就必须不断加强党员干部的马克思主义世界观、人生观和价值观的教育

江泽民要求全党“坚持和巩固马克思主义的指导地位，帮助人们树立正确的世界观、人生观和价值观，坚定对马克思主义的信仰，坚定社会主义信念。”新时期的思想政治工作一项重要任务，就是坚持用先进的无产阶级思想教育和武装广大党员干部，去战胜各种非无产阶级思想的影响和侵袭。要通过理想信念教育，使每个党员时刻牢记和努力实践党的全心全意为人民服务的宗旨；通过人生观教育，引导广大党员干部牢固树立共产主义的远大理想和确定崇高的人生追求；通过法纪教育和反面案例的警示教育，使广大党员筑起牢固的思想道德和党纪国法两道防线，增强拒腐防变的能力；通过艰苦奋斗的教育，使广大党员干部心系人民群众，做到吃苦在先、享受在后、廉洁奉公、以身作则，在形形色色的诱惑面前保持共产党人的政治本色和高尚情操。因此坚持马克思主义人生观、世界观、价值观的教育，正是从源头加强党风廉政建设和反对腐败的根本措施。

三、坚持从严治党，就必须切实加强和坚决维护党的纪律

党的纪律是每个党组织和每个共产党员共同遵守的行动准则和行为操守。严肃党规、党纪是落实从严治党的关键环节，没有严明的纪律，从严治党也就无从谈起。切实加强和坚决维护党的纪律，必须全面贯穿于党的思想建设、组织建设和作风建设之中，体现到对党的组织，广大党员干部的教育、管理监督各个环节之上。做到严格党的纪律：一是要通过党纪教育，使我们广大党员干部懂得什么是党的纪律、怎样严格执行党的纪律，自觉地用党规党纪时刻鞭策自己，立足防患未然、防微杜渐。二是坚持执行纪律的严肃性，防止和杜绝自由主义和文过饰非倾向，做好执纪过程中的舆论监督、上下监督、同级监督和群众监督。三是维护纪律的统一性，坚持纪律面前人人平等、公正无私，特别是领干部在维护党规党纪上不搞特殊化，不能将个人置于党规党纪约束之外。而应成为遵守党纪党规的带头人，要求别人做到的自己首先做到，要求别人不做的自己首先不做，言必行，行必果。只有切实加强和坚决维护党的纪律，才能在从严治党中充分发挥党的的纪律的威慑作用。反之，则会损害党规党纪的严肃性和权威性。

四、加强党风廉政建设，就必须从党员干部和各级领导班子抓起

近几年里，全国在惩治腐败的斗争中进一步加大打击力度，这些震惊全国的大案要案的被查处，引起人们的深刻反思：一是这些涉案的腐败分子完全背离了党的宗旨，抛弃了党的信仰和社会主义的道德观念。他们的人生观、世界观和价值观在极端个人主义、享乐主义、拜金主义和腐朽的生活方式腐蚀下，已经完全扭曲。二是有些干部手中权力一旦失去有效的监督，就会变成滋生腐败的手段和条件。三是近年中所发生的重大腐败案件，范围之广、波及之大、影响之深，严重侵害了国家和人民的利益；严重损害了党的形象和威信；严重影响了一些地方的党群关系、干群关系；更为严重的这种腐败得不到有效遏制，会使人民对党失去信心、对国家的制度产生动摇，会直接影响我们党的执政地位，破坏我们社会的安定和国家政治稳定。结合学习江总书记“七一”重要讲话和贯彻六中全会精神，在今后的党风廉政建设中，应该突出以下几个方面：

1. 要把党员干部的思想、信念教育和廉洁自律教育作为党风建设的一项重要的基础性工作，贯穿于我们党内政治生活之中

要加强理想信念教育和廉洁从政教育，使党员干部坚定共产主义的远大理想，坚定建设有中国特色社会主义的信念，牢记全心全意为人民服务的宗旨，正确对待权力、地位、自身利益。要通过深入持久的教育，使我们党员干部在改革开放和社会主义市场经济条件下，加强主观世界的改造，树立起正确的世界观、人生观和价值观，经得住形形色色的诱惑与考验，增强拒腐防变的能力。按照“三严、四自、五管好”的要求，加强领导班子和领导干部队伍建设，以党员干部的表率作用取信于民。

2. 按照党风廉政建设责任制的要求，落实党内监督、同级监督、上下级监督和群众监督

贯彻实行党风廉政建设责任制，是搞好党风廉政建设的重要措施，落实党风廉政建设责任制的关键是加大监督检查力度，一是严格党内生活，坚持定期开好领导班子的民主生活会。要把党风廉政建设责任落实情况、干部廉洁自律情况作为班子和干部自身建设的重要内容进行对照检查，针对存在的问题，开展积极的批评与自我批评。二是认真按照领导干部一岗双责的要求，把党风廉政建设与日常经营和管理工作有机结合，做好对分管部门干部的教育、管理和监督，做到一级抓一级，一级管好一级，形成党风廉政建设的良好氛围。三是坚持做好领导班子的定期考查和领导干部的民主评议，积极推进干部的竞聘上岗。听取各方面的意见反映，接受群众监督，把好选人和用人关。四是拓宽民主渠道，依靠群众，把领导干部手中权力的运用置于有效的监督之下。

3. 企业党风廉政建设，要坚持贯彻党委统一领导、党政齐抓共管、纪委组织协调、部门各负其责、依靠群众支持参与的领导体制和工作机制

要形成党委与行政、上级与下级，干部与群众工作上的相互配合和相互支持的局面，这就要求我们各级党的组织随着社会形势的发展变化，紧紧围绕企业的经营与改革工作，做到两手抓、两手都要硬，把党风廉政建设融入到企业的经济工作、职工队伍管理教育和企业文化的建设中。在推动工作上要坚持“标本兼治，综合治理，持之以恒”，加强正面教育，完善规章制度，强化检查监督上下功夫，更要注意从管权、管钱、管人等方面加强制度的研究和建设，完善企业在这些方面的管理、约束和监督机制，消除容易滋生不正之风和腐败现象的土壤和条件。

4. 要从爱护和保护干部的角度出发，坚持“教育在先，立足防范”的方针

针对新形势下党员干部在经济活动和社会生活中可能遇到的新情况、新问题，提高我们的思想敏锐度和洞察力，见微知著，防微杜渐，学会善于针对出现的一些倾向苗头，把握工作的重点，通过及时开展思想道德教育、法纪教育、警示性教育，使广大干部能够筑起拒腐防变的党纪国法和思想道德两道防线。同时在党风廉政建设工作中，一方面注意发现和宣传身边的先进典型、先进事迹，发挥榜样的作用，弘扬正气。另一方面，我们各级党的组织和领导干部必须旗帜鲜明地反对腐败，对发生的违法违纪问题不可姑息，要严肃查处，以儆效尤。

（作者单位：中外运天津集团有限公司）

县委书记抓“小”的领导艺术

房龙山

县委书记是统筹全县大局、协调各方的“一把手”，是县级领导班子的班长，身负组织重托，位置重要、责任重大。如何当好县委书记？结合自己的工作实践，我认为县委书记既要敢于抓大，揽大局、谋大事、创大业，更要敢于抓小。大与小不是绝对的,而是相对的;不是对立的,而是统一的;积小能成大,因小也能失大。"治大国若烹小鲜",固然豪气冲天;"天下大事,必作于细",却更脚踏实地。古今中外杰出的领导者,无不讲究"小"的领导艺术。即抓大不放小,抓小不忘大,为大抓小,抓小促大,大小并举,相得益彰。注重"小"的领导艺术,绝不是胡子眉毛一把抓,也绝不是抓了芝麻丢了西瓜。就县委书记而言,要做到以下五个方面。

一、以小识大,是明晰思路的"凸透镜"

人的认知规律总是从个别到一般,从个性到共性,由易到难,由小及大。不明小难以知大,只有见微才能识著。作为县委书记,确立科学的思路是首要的最大的职责,思路决定出路,决定着一个县经济和社会发展的速度和程度。而大思路是小思路的汇总、集成和结晶。因此,必须吃透"上情",确定工作的方向性;把握"下情",增强工作的针对性;了解"外情",强化工作的全局性,要做好"结合"这篇文章,用好"以小识大"这面凸透镜。一方面要立足县域看县域,深入到部门乡镇甚至车间村组这些小地方,访基层干部甚至普通百姓这些小人物,分析生产生活甚至柴米油盐这些小事情,调查研究,问计于民,广开言路,集思广益。特别要坚持群众路线,尊重群众的首创精神,及时总结和提炼基层创造性的好做法、好思路,并上升为理性的思考,进而形成思路。另一方面要跳出县域看县域,一个县中是一个小区域,只有把县放到全市、全省、全国乃至全球的大背景上,才能使工作思路既符合县域实际,又与大局共振同步。在发展县域经济中,我们面对国际国内两个大市场,立足资源优势,筛选比较优势,突出特色优势,我们从传统的 10 个小而散的产业基地中,确定了红枣、设施农业、畜牧业、特色时令水果四大产业、收拢五指握成拳,使特色经济富民、开放开发、龙头企业带动、基础设施先行、科技兴荔"五大战略",推进资源优势向产业优势、传统生产方式向产业化经营方式、农业型经济向工商型经济"三个转变",实现农业大县向经济强县新跨越的经济发展思路。今年,审时度势地提出把主要精力集中在项目建设、特色农业、食品工业和旅游业上,丰富、完善、升华了经济发展思路,实现了县域经济战略性调整,为建设西部经济强县奠定了坚实的基础。正是因为我们能够以小识大,及时调整、不断明晰工作思路,从而使大荔的县域经济发展取得阶段性成果,进入历史发展最快最好时期。

二、以小为大,是科学决策的"试金石"

决策是领导者工作的核心和最基本的职责,也是反映领导者工作魄力和能力的主要标志。决策再小,必关大局。尽管县级决策相对而言影响较小,但也是涉及几十万群众利益的大事。所以,在决策上必须以小为大,即使是"小题",也应该"大作"。能否从小处着手,谨小慎微,而又从大处着眼,大胆果敢,是检验领导干部的"试金石"。作为县委书记,把握全局,科学决策,必须始终以"三个有利于"为标准,正确处理破与立的辩证关系,不"立"不必然,不"破"则必不然,小破小立,大破大立。在县域经济发展中,我们主要做到"三破三立":坚决破除小富即安、小满即止、小脚女人走路等小农意识,在全县开展"思想大解放,大荔大发展"的讨论活动,树立敢想敢干敢闯敢冒、敢为天下先的思想。县委明确提出了打造特色经济名县,建设西部经济强县的宏伟目标,响亮提出争创全国优质红枣第一县、西北设施农业第一县、陕西畜牧业第一县、陕西特色时令水果第一县"四个第一"的奋斗目标,迎来了新一轮经济热潮;县级领导重宏观、严格推行领导包联责任制,牵头抓总负全责,宏观变微观,人人扛死肩;坚决破除旧的体制和机制,勇于创新,大胆尝试,继专门组建红枣、设施农业、畜牧、果业、食品工业等职能产业局之后,县委郑重地在县级机关部门推出了"三三工作制"(三分之一的人留机关办理日常事务,三分之一的人下基层搞服务,三分之一的人走出去招商引资),把机关干部推向经济建设第一线。特别是出台了以"三允许"(在不影响机关正常办公的前提下,允许干部职工抽出一定工作时间搞产业开发;允许提前离岗从事产业开发)为主的一系列优惠政策,这些貌似很小的制度政策,彻底解开了思想深处无形的大疙瘩,解除了具体行动有形的大桎梏,广大干部职工纷纷轻装上阵,大显身手,为县域经济注入了新的策略,带来了新的生机,成为发展县域经济的生力军,搏击市场经济的弄潮儿。特色经济成为县域经济增长的"顶梁柱",农民增收的"新亮点"。

三、以小促大,是狠抓落实的"金钥匙"

思路决策如何得到贯彻执行,关键是抓落实。在抓落实上,如果一味抓大,往往或"老虎吃天,无处下爪";或忽视薄弱,形成瓶颈;或造成"空对空"、"零比零";抓大成了"抓瞎"、"瞎抓"。所以,抓小是抓落实的"金钥匙",即抓主要矛盾,抓关键环节,把小作为切入点,迅速介入;把小作为突破点,赢得进展;把小作为闪光点,推动整体;最终以小促大,出奇制胜。一是选准切入点。精神文明建设是大事,如何把精神文明建设有机地融入党的建设和经济建设之中,是精神文明建设一个严峻的命题。我们以创建活动为切入点,强化活动的载体功能,把原来"三下乡"活动拓展为"六下乡",坚持进村入户,深入田间地头,"送文化科技卫生下乡,让理论政策法律入户",解决了精神文明建设化虚为实的大课题,也解决了干部作风由虚变实的大难题,县级机关工作作风焕然一新,服务农业、服务农村、服务农民、服务基层蔚然成风。同时,我们在全县机关单位和农村开展"五星级文明单位"和"十星级文明户"创评活动,在城区深入开展"文明社区"、"文明市民"创评活动,小小一颗星,评出了好村风、好作风，评出了心劲，评出了干劲，评出了学习的榜样，评出了致富的路子。全方位、多层次、扎实有效的群众性精神文明创建活动，让广大干部群众在参与中受教育，在实践中得提高，凝聚了人心，振奋了精神，为大荔经济发展和社会稳定提供了强有力的思想保证和良好的舆论氛围。二是抓住突破点。我们将做大做强特色农业作为提升带动整个县域经济的突破口，一个产业一个规划干到底，一班人马抓到底，一套政策管到底，一个考核办法落实到底，有重点、分层次地进行产业突破。各产业也从小入手，全力实施突破。如红枣产业从优化品种上突破，变以传统加工为主的水枣变为以鲜食品种为主的冬枣，把小红枣做成了面积达30多万亩、产值超亿元的大产业，成为西北地区最大的鲜食红枣基地，荣获“中国枣乡”的殊荣。畜牧产业从畜牧养殖小区上突破，率先在全省建起首家秦川牛养殖小区，各类养殖小区如雨后春笋，使畜牧业由副业转为主业，传统养殖转为科学养殖，由分散经营转为集约经营，步入产业化正轨，吸引外地大公司纷纷来荔投资畜牧业，仅牧草种植就达5家公司，立草为业成为畜牧产业新亮点。全国唯一以秦川牛养殖为主的“国家农业科技示范园”落户大荔。这些由小到大、从少到多的新突破，奏响了抓落实的最强音，汇聚成加快县域经济发展的主旋律。三是抓好闪光点。即坚持典型带动。胸中要有全局，手中要有典型。典型能起到榜样示范、以点带面、整体推进的作用，可收到事半功倍之效。特别要注重在实践中培养和树立自己的典型，用身边人、身边事教育引导干部群众，促进工作落实。在特色农业发展中，我们响亮提出“干部先示范，干给群众看，带着群众干，帮着群众富”，并率先建起了县级机关示范园，30名县级领导插牌亮界，促成了“县有示范基地，乡有示范园，村有示范田，组有示范户”的新格局。同时，县委对各级各类先进典型予以隆重表彰奖励，点亮一盏灯，照亮一大片，通过典型的示范、导向、激励和辐射，县委的决策成为干部群众自觉自愿的行动，一批专业乡、专业村、专业户相继涌现；一批“大棚”书记、“红枣”乡长、“牛倌”村官脱颖而出，极大地推动了特色农业的上档升级，大荔由传统的农业大县，一跃成为闻名全省乃至全国的特色农业大县。

四、以小化大，是解决问题的“手术刀”

在经济和社会发展中，总会出现新情况、遇到新挑战，在一定区域一定时期的矛盾千头万绪、错综复杂，而且声势大，影响大。但透过现象看本质，一旦追根溯源，往往是在小细节，小环节上的小问题、小矛盾所引发所导致，因此要看苗头，看趋势，从小入手，抓主要矛盾，抓关键环节，以小化大，把抓小作为解决问题的“手术刀”；抓住小症结，切除小病灶，那么，问题和矛盾再大，也会游刃有余，迎刃而解。一是抓小举措化解大矛盾。农村稳定问题涉及政治、经济、文化等方方面面，加之干群关系、宗派势力、宗族观念甚至民俗习惯等各种矛盾交织，最容易使矛盾复杂化，理不清说不明。处理不好，最容易引发不稳定。而其根源往往出在农村土地、村务公开、财务管理等方面，绝大多数都是小问题拖而不决，群众气不顺、怨气大；理不通、意见大，使小问题拖成大矛盾。为此，我们在进一步完善维护稳定的各项规章制度的基础上，全面推广大家经验，大力推行村级规范化管理，让群众明白，还干部清白，抓住了维护农村稳定的“棋子”，以小举措维护了农村大稳定。二是抓小环节化解大问题。目前，投资发展环境还不优越，仍然是制约我们经济快速发展的“瓶颈”，仍然是制约经济发展中最短的“木板”。而最突出表现在少数单位、部门小集团利益至上，服务意识淡薄，特权思想严重，工作效率低下，不正之风仍然存在。究其原因，关键是源于部门利益，局部利益、小团体利益甚至个人利益，因此，必须从破除保部门特别是执法部门小集团、小利益这一环节入手，牢固树立发展观念和大局意识，我们通过教育培训、行业评议，加大查处力度等举措，强化“人人都是投资环境”的意识，使“只有栽下梧桐树，才能引来金凤凰”，“你发财，我发展”，“企业发展，地方发展”，“边发展，边完善”等新观念入心入脑，达成共识，投资发展环境日益优化，大荔成为投资的“洼地”，商家的“乐园”。三是抓小细节化解大困难。“群众利益无小事”。作为县委书记，必须清醒地看到，一些自己看来很小，甚至微不足道的事情，具体到一家一户或一个老百姓身上，就是大事情、大问题、大困难，直接关系群众的切身利益。因此，我们要牢固树立“权为民所用，情为民所系，利为民所谋”的思想，奉民为天，以民为本，为民献身，坚持深入基层，深入群众，倾听群众呼声，关心群众疾苦，心贴心扶危帮困，实打实排忧解难，从小事做起，从自身做起，努力为群众办实事、办好事，以自己的实际行动让广大群众感受到党和政府的温暖，这也是实践“三个代表”的具体体现。

五、以小见大，是作风廉洁的“风向标”

县委书记是党的基层干部，但在群众心目中，却是本县最高最大的“官”，直接代表着党的形象，代表着干部的形象。即使是一个“小动作”，也会成为干部群众行动的“风向标”，即使是日常生活中一言一行，一举一动都被置于“放大镜”甚至“显微镜”之下而成为备受关注的焦点，成为判断是非的标准。所以，作为县委书记，必须做到“以小见大”，只有事事做出榜样，处处发挥表率作用，才能凝聚上下，协调左右，鼓舞激励他人，赢得最广泛的支持和信任。首先，领导干部是一面旗帜。领导干部能否取得群众的信任，关键在于我们是否清正廉洁。因此，我们必须筑牢拒腐防变的思想防线，用法律和道德规范自己的思想行为，树立正确的世界观、人生观、价值观，真正做到德在人先，利居人后，全心全意为人民服务，以自己的高风亮节为人民群众做出榜样和表率；其次要慎权。权利是一柄双刃剑，用好了可以为群众谋福利，用偏了就会贻误事业，毁掉自己。作为县委书记，要深知自己责任无限大，权力无限小，在用权上要有如履薄冰的感觉，想问题，作决策，办事情，要三思而后行。第三要慎微。作为一名领导干部，更应当知道廉洁自律无小事，无小节，只有小事上清醒，大事上才能不糊涂，要守住小节，从一言一行，一点一滴做起，不以善小而不为，不以恶小而为之，只有防微杜渐，严格自律，才不会因放松小问题而铸就大错误。第四要慎独。人最难战胜的是自己，越是在无人监督的情况下，越要独善其身，时时自重、自省、自警、自励，提高"底"线，守住"防"线，堂堂正正做人，清清白白为官，踏踏实实干事，兢兢业业从政。凡是要求别人做到的，自己首先做到，凡是要求别人不能做的，自己坚决不做，这样才能底气足，腰杆硬，讲的让人折服，抓的让人信服，做的让人佩服，才有资格正人律他、管好班子、带好队伍、凝心聚力、奏响主旋律形成大合唱，把建设西部经济强县，加快小康建设步伐的宏伟大业不断推向前进。

（作者：中共大荔县委书记）

反腐倡廉的文化与制度思考

耿建军

最近几年，不少职位较高的领导干部跌入腐败的泥坑，最终沦为人民的敌人和罪人。其中的原因固然是多方面的，但主要的还是制度不健全，给一些搞腐败的人留下了可乘之机，再者就是腐败分子都是放松了思想改造，一遇到适当的气候和土壤，个人私欲就会恶性膨胀，快速地滑入腐败的泥潭。而这种气候和土壤的形成又是随着腐败现象在政治、经济、社会各领域的渗透蔓延，集团性腐败的不断出现和升级而强化的。面对这一严重的社会问题，引发了对反腐倡廉的文化与制度的思考。

这几年，我们党加大了反腐倡廉和整治腐败的工作力度，但是仍然存在着许多问题。在一些地方部门和领导干部中存在着严重的教条主义、官僚主义、形式主义和以权谋私、贪图享乐等作风方面的问题，更有甚者则拉帮结伙、封官许愿、贪污受贿、生活腐败，严重的损害了党的形象，败坏了党的作风，干部群众对此反映强烈。这些问题的存在，既有思想教育不到位的因素，也有制度的保障作用没有发挥好的因素。

虽然我们党的制度建设总体上是好的，但也要清醒地认识到，由于种种原因，党的制度建设同新形势、新任务的要求还不完全适应。当前制度方面存在的主要问题是：有的制度切实可行，但在一些地方和部门没有很好地得到贯彻和执行，造成有禁不止，有令不行的局面；有的老办法不管用，新制度又没有建立起来，致使实践起来无章可循：有的制度建立了，但还不能完全适应新形势、新情况、新任务的要求，需要进一步健全和完善。

制度好可以使坏人无法肆意横行；制度不好可以使好人无法充分做善事。教育的效果依赖于人的觉悟，制度的作用则带有一定的强制性。思想教育是党的优良传统和政治优势，制度建设是思想教育成果的固化，只有把二者结合起来，才能取得最佳的效果。党的成熟程度既表现于优良作风的发扬光大，也表现于思想教育形式的丰富和内容的充实，更表现于制度建设的健全与完善。小平同志说："制度问题不解决，思想作风问题也解决不了。"

党的十五届六中全会的一个显著特点是：突出制度建设在党的作风建设中的重要作用。这次全会通过的《中共中央关于加强和改进党的作风建设的决定》，针对党的作风建设中的问题，围绕"八个坚持、八个反对"，鲜明地把"推进制度建设"作为加强和改进党的作风建设的指导思想，对制度建设提出了明确的要求，并做出了具体部署。

当前，在全面推进制度建设中要着重抓好三个方面的问题。一是健全加强党内监督和党外监督的制度。所谓党内监督，就是要求党的各级组织和领导干部要从人民利益出发，按照从严治党的要求，通过揭露、评价、控制、制约等特有的形式，对党内的各种权力形成有效的制约，保证权力能以正确的目的、正确的方式规范运作。所谓党外监督，就是进一步发扬人民民主，建立健全社会各方面监督的制度，让群众依法行使知情权、参与权、选择权和监督权，把人民赋予的权力置于人民的监督之下，办事保证依法、公开、公平和公正。要进一步加强法律监督，充分发挥民主党派监督和舆论监督的作用，全面推进党风廉政建设。二是加强民主集中制建设。民主集中制是我们党的组织制度和领导制度。但是，在贯彻民主集中制方面，许多地方存在着发扬民主不够、正确集中不够、开展批评不够。严肃纪律不够等问题。坚持民主集中制原则，说到底就是要健全制度、规范程序、明确责任、加强监督，形成贯彻民主集中制的有效机制。三是要进一步完善选人用人制度。从制度上保证"用好的作风选人,选作风好的人",这是《决定》对干部选拔任用工作提出的新要求,也是推进制度建设的一个重要内容。选拔任用干部,核心是要解决好用什么样的人和怎样选人这两个问题。选人用人的标准总体来讲就是干部"四化"方针、德才兼备原则和群众公认原则。这个标准所明确的,第一是德,第二是才,而且"德"是第一位的,是根本,是保障。抓住了选人用人的制度建设,也就抓住了反腐倡廉的关键。

虽然说制度建设是反腐倡廉的关键所在,但是腐败现象的不断出现,有着思想、政治。社会的根源,这就需要从社会文化层面去分析问题。

腐败,被称为"古老的顽疾"。从私有制社会产生和政治权力出现之后,腐败现象就与人类文明如影随形,挥之不去,腐败与反腐败构成了人类政治生活的一个重要方面。

近十年来,在我国各级党政部门腐败现象不断,反腐败的形势较之以往更加严峻。特别是腐败现象出现的一些新动向,更值得我们高度警惕:一是大案、要案特别是集团性腐败现象不断出现;二是腐败向政治经济和社会生活的各个领域渗透蔓延,无孔不入、无处不在。这已经使我们感到了某种腐败文化的气息。当腐败成为一种文化时,就意味着不参与腐败就很难办成事,就难以生存下去;就意味着清廉者会受到孤立、排斥和打击,受到双重的挤压,最后的结果极可能是被腐败文化所腐蚀。当腐败成为一种文化,成为一种风气,成为一种侵蚀健康政治经济生活的瘟疫时,我们就不得不从社会文化生活的深处去寻找和反思其思想文化根源。

《决定》指出:形式主义和官僚主义已经成为影响我们事业发展的一大祸害。江泽民同志就此指出:"官僚主义在很大程度上源于我国封建社会形成的'官本位意识'。"由此反映我国目前的腐败文化,与"官本位意识有着极其深刻的渊源,"官本位意识"正是腐败文化滋生的重要思想基础。

由于历史文化的沉淀、长期计划经济体制的弊端,使广大民众对腐败现象表现出一种十分矛盾的心理和双重的道德标准,有爱有恨,爱恨交加。笑贫不笑贪曾是众多人对腐败现象的基本看法和态度,人们对腐败现象津津乐道,惟有腐败对自身有切肤之痛时,才诅咒腐败、反击腐败;而面对腐败给自己带来的些许利益,表现的心安理得;在认为自己应当分享、有条件分享腐败带来的好处而没有得到时,反会认为是有悖常理和世俗的。这种矛盾心理和双重标准对腐败的蔓延无疑起到了推波助澜的作用。

我国特定的文化传统,人文积淀和管理体制,对腐败现象的产生有着举足轻重的影响。遏制当前腐败现象的蔓延,既要从制度建设和源头上入手,也要在廉政文化的建设上下功夫。我们要在不断建立和完善市场经济体制的同时,加快推进民主政治建设,促进公民民主意识的觉醒,使人们对腐败现象有更加深刻和客观的认识,形成对腐败现象人人喊打的文化氛围、舆论导向和社会共识。要在注重加强各级党政干部工作能力的同时,切实注重他们行政道德、官德的重塑,帮助他们树立正确的世界观、人生观、价值观,使他们以为人民服务为荣,以权谋私为耻,要以"三个代表"为要求,筑起拒腐防变的思想堤防。

(作者:河北建筑工程学院宣传部部长)

浅谈坚持和健全集体领导和个人分工负责相结合的制度

袁振华

坚持和健全党的民主集中制,发扬党内民主,严肃党的纪律,是党的建设的一项基本原则。坚持这一原则,对于整个党和国家的生活,有十分重要的意义。具体到一个单位,贯彻民主集中制原则,就是要按照"集体领导、民主集中、个别酝酿、会议决定"的十六字方针要求,很好地建立和完善集体领导和个人分工负责相结合的制度。对此,我们认为必须重点掌握以下几个方面。

一、坚持对重大问题集体讨论决定,不断完善党委内部的议事和决策机制

这是实行集体领导的基本要求。首先,应该明确什么是重大问题。凡属贯彻上级重大决策和部署,凡属本单位本部门全局性的重要问题,凡属重要干部的推荐、任免和奖惩,都要由党委集体讨论决定。具体说,诸如党的路线、方针、政策和重大决策的贯彻执行和事关全局的工

作部署；单位长远发展规划、年度计划和改革措施方案的确定；党的建设、精神文明建设、民主法制建设以及宣传思想工作等方面的重大问题的处理和决定；向上级党委推荐干部，以及属于本单位党委管理的干部的任免；重要机构的设置和调整；上级党委交办的重要事项等等，都属于重大问题，应由集体讨论决定。其次，重要问题的决定，要充分酝酿、协商和讨论。党委讨论问题要事先通知，让党委成员有充分准备。讨论问题时，要让大家畅所欲言，充分发表意见，如果发生意见分歧，只要不是紧急问题，可暂缓做出决定。重大问题要进行表决，坚持按照少数服从多数的原则做决定。对集体的决定，任何个人无权改变，个人或少数人如有不同意见允许保留，但在行动上必须坚决执行集体作出的决定。

二、党委成员要分工负责，切实履行自己的职责

集体领导和个人分工负责；二者不可偏废。事实证明，没有集体领导的充分讨论和决定，不容易形成正确的决策；没有严格的个人分工负责制，就会出现无人负责，或者责任不明，互相推诿，工作效率不高的现象。这样党的集体领导也就成了空话。因此，要明确规定党委成员中每个人对一定事情所承担的具体责任，做到事事有人管，人人有专责。凡属已有明确规定的职权范围的事情，应由分管的同志独立负责地去处理，充分发挥党委每个成员应有的作用。要提倡领导导干部敢于负责的精神，反对遇事诿诿，互相扯皮和无人负责。党委成员既要根据集体的决定和分工，切实履行自己的职责，又要关心全局工作，积极参与集体领导，做到分工不分家。

三、要增强领导班子的团结

一把手要做团结的表率。要搞好团结就要处理好班子内部多数与少数、个人与组织、书记与委员之间的关系。书记作为“班长”，担负着组织党委活动和处理日常工作的主要责任，起着关键的作用。但是，书记和委员不是上下级、领导与被领导关系，而是党的委员会中平等的一员，表决时都只有一票的权利。书记要做执行民主集中制的表率，要光明磊落、宽宏大度、广纳群言，善于倾听和集中大家的意见，带头执行决议，带头维护领导班子团结。当委员的意见同自己有分歧时，书记要虚心听取；当自己的意见被否决时，不能固执己见；当大家对某一问题争议较多时，不要急于拍板；当大多数人的意见趋于一致时就要及时归纳，作出决议。党委成员要互相信任、互相支持、互相谅解、互相补充，包括互相帮助克服缺点和错误。班子不团结，没有建立起正常的党内生活，就不可能按照民主集中制的原则来处理各种矛盾，也不可能有效地实行集体领导与分工负责相结合的制度。加强班子团结，反对两种错误倾向：一是书记搞家长制，独断专行；二是委员闹独立，搞分散主义。书记要正确发挥作用，起协调作用。委员要主动配合和协调同书记的工作。

班子成员之间要相互宽容。领导班子成员之间的宽容是指为了团结更多的人，完成党的工作和事业，在坚持原则基础之上的求大同存小异，对不同的思想、观点、行为的容忍和谦让。用邓小平同志的话来说就是：“相互容忍、相互谦让、相互帮助、相互补充，包括相互克服错误和缺点。”宽容是事业成功的一个重要条件，它对各级领导班子的自身建设来说具有十分重要的意义。纵观中国古代的历史，可以说，宽容大度者昌，心胸狭隘者亡。齐桓公不计射钩之仇，管仲为相，九合诸候，一匡天下，成为一代霸主；蔺相如以国为重，不计私仇，以宽容的气度感召廉颇，产生了“将相如”的历史故事；汉高祖虽出身微贱，却注意倾听意见，在群雄逐鹿中原中捷足先登，成为杰出的政治家；唐太宗不究玄武门之变，重用魏征，从谏如流，开创了贞观盛世，为历代所赞。相反，商纣王专横无比，将进的比干剖腹观心，导致众叛亲离，酿成武王伐纣而自焚；庞涓嫉贤妒能，借魏惠王之手陷害同窗孙膑，自食其果，自杀而身亡；周瑜心胸狭隘，积郁成疾，三气而绝，为后人笑。用人宽容最令人信服的莫过于楚庄王的绝缨之会。怎样才能做到真正的宽容呢？

一是“眼界要非常宽阔，胸襟要非常宽阔”。这是邓小平同志对我们党的第三代领导集体最根本的要求。“眼界宽”就是要居高远望顾大局，为了党的事业和衷共济，相互谦让，不在枝节小事上争高低；“胸襟阔”就是要海纳百川，度量大，为了维护班子的权威，能容得下各种各样的人，纳得下多种多样的事，听得进多种多样的话，受得起委屈，吃得起亏。“宰相肚里能撑船，将军额头能跑马”。作为一名领导干部，特别是班子一把手，胸怀特别重要。心胸偏狭，得理不让人等等，不利于事业发展。原江西省省委一班人团结得很好，特别是一、二把手密切团结，配合默契。省委书记毛致用对省长吴官正“放手、放权”，支持他大胆工作，省长对党委集体领导也很尊重，他说：“省委是当家的，政府是管家的，管家的要听当家的，政府工作中的重大问题，要拿到省委讨论。”眼界要非常宽阔，就是要把握时代和世界的脉搏，从大局出发看问题，放眼世界、放眼未来，也放眼当前、放眼一切方面。“胸襟要非常宽阔”就是要总揽全局，以战略的高度议大事，谋大计，抓根本，办大事，抛弃个人恩怨，不计个人名利得失，以事业为重，讲党性、顾大局，全局为上，学会从战略上观察、思考和处理问题。

二是“大事清楚，小事糊涂”。雍正时的大臣鄂欠秦有句言：“大事不可糊涂，小事不可不糊涂。”为了团结，为了共同的事业，领导班子成员要做到大事讲原则，小事讲风格。因为小事是无原则的，没有大的“是、非、善、恶”之分。如果非要在一些小事上争个你高我低，弄个水落石出，势必导致无原则的纠纷，对党的事业有百害而无一利。

三是加强马克思主义的理论学习，提高思想理论素质。学习马列主义、毛泽东思想、邓小平理论，掌握科学的世界观、方法论，提高运用这些理论观察、分析、解决实际问题的能力。只有具备了较高的马克思主义理论素养，才能具有坚定的共产主义理想和走有中国特色的社会主义道路的信念，才能具有强烈的革命事业心和政治责任感，才能把自己融于事业之中，达到忘我的境界。只有这样，才能目标远大，视野开阔，豁达大度，才能有容人之量，团结周围的同志一道工作，真正做到坚持原则而不固执己见，敢于批评而不计较个人恩怨。只有这样，才能真正做到班子团结。领导干部只有认真学习理论，提高思想政治素质，才会有较强的政治敏锐感和政治鉴别力，才能正确贯彻民主集中制，实现民主化、科学化决策，正确识人用人，使事业兴旺发达。

搞好领导班子的团结是一门科学，涉及到方方面面的问题，但是最根本的是班子中每个成员的努力，只要都以对党对人民高度负责、无限忠诚的态度，严于律己，以身作则，以共产党人的修养和宽阔胸怀进行工作，班子团结就能巩固，就能使领导班子真正成为一个团结战斗的集体。

（作者单位：中共漯河市委党校）

加强调查研究　认清新的形势 与时俱进做好司法行政纪检监察工作

刘继旦

“纪检监察工作必须适应形势和任务的发展，与时俱进，开拓创新”。这是江泽民同志在全面深化改革，大力发展社会主义市场经济的条件下，对纪检监察工作提出的新要求。怎样才能把江泽民同志记这一要求落到实处，结合自身的体会，我感到坚持实事求是大兴调查研究之风，是我们适应新形势，解决新问题，与时俱进做好纪检监察工作的基本途径，调查研究是我党一贯倡导的基本工作方式和工作作风，有着光荣的传统。老一代革命家毛泽东就是通过深入调查湖南农民运动，迈开了马克思列宁主义与中国革命实践相结合的第一步。邓小平就是通过“实践是检验真理的唯一标准”，“摸着石头过河”，打开了中国改革开放的大门。江泽民总书记身体力行，在广东等地考察提出了“三个代表”的重要思想，进一步丰富了邓小平理论，为全党做出了表率。

近年来，我市司法行政系统纪检监察各级领导和纪检监察干部，大多数都能积极响应江总书记和中央的号召，转变工作作风，深入调查研究，回答和解决了纪检工作中不少实际题，有效地推动了司法行政纪检监察工作的开展，初步尝到了调查研究的甜头。但也存在一些不足。一是少数单位和干部，口头喊得响，实际不深入下去；二是一些同志不能艰苦细致调查研究，满足于听汇报、看材料，对工作缺乏深入思考，浅尝辄止，既“调”不出新鲜经验，又“查”不到问题症结；三是戴有色眼镜搞调查，用习惯思维方式或自身模式、格式看问题、分析情况、结果千篇一律；四是报喜藏忧，不敢正视问题。从而障碍了纪检监察工作与时俱进的辩证关系弄不清，看不到调查研究的重要性和紧迫性，所以缺乏深入调查研究的自觉性，因此，不断提高党员干部，尤其是纪检监察干部对调查研究的重要性的认识，努力改进工作方式和工作作风，是与时俱进做好纪检临监察工作关键所在。下面，就这个问题，谈几点粗浅看法：

一、只有加强调查研究，才能适应新形势变化的要求，与时俱进认识纪检监察工作新情况

社会变革的不断深入，必然给新形势下纪检工作带来许多新情况和新挑战，只有加强调查研究，我们才能够正确地认识和掌握新形势下出现的新情况，适应新形势、新任务的要求，牢牢把握工作主动权，与时俱进做好工作。随着反腐败斗争不断深入，腐败行为不断受到严厉打击，腐败分子从事腐败的手法也越来越隐蔽和诡秘，一些人在进行腐败的同时，往往都采取了相应的防查措施，或由过去在台前直接腐败，转向幕后操纵，或缩小知情范围、形成与知情人之间种种利害关系，造成案件查证困难；还有一些人钻法律和政策的空子、打擦边球，使案件查出来也难以定性追究，企图借此逃避或减轻法律制裁。如广州市交警支队原支队长张林生利用手中权力，暗中为其老婆等人经商办企业提供种种便利和优惠，不用亲自出马就已获得不法利益，比在台前直接索贿手法高明多了，这种新的权力产生怪胎，其权权、权钱交易手段更加工于心计和具欺骗性。对于这些新情况，如果不重视加强调查研究，认为调查研究可有可无、可多可少，就不能从纷繁复杂的表象中，看到问题的实质，把握新形势下反腐败斗争工作的规律，而坐失反腐倡廉斗争时机，达不

到严惩腐败、取信于民的目的。

没有调查研究就没有发言权，新形势下纪检工作任重道远，我们必须加强调查研究工作，在正确估计形势和认识掌握新情况、新规律上下苦功，增强反腐倡廉信心，找准工作定位，积极采取应对措施，与时俱进做好工作。这两年来，我局党委、纪委高度重视加强调查研究工作，舍得投入力量和下苦功，建立了调研工作责任制，局党委书记、局长叶育长同志作为局党风廉政建设第一责任人，经常与纪检部门一道研究和部署调研工作；局纪委书记作为党风廉政建设直接责任人，新自带队深入调研一线，了解情况，分析问题。各部门也按照责任要求，把任务具体量化到人，确保了调研工作投入力量足，工作协调到位。通过加强工作调研，我局摸索出“坚持四个严格”的新时期办案工作措施，加强了对查办案件工作的组织领导，先后查处7起有一定影响违法违纪案件，惩治了腐败行为，教育了广大干警，这一具体做法受到省司法厅表彰和推广，并在市依法治市工作简报上刊登发表。

二、只有加强调查研究，才能提高工作水准，与时俱进解决纪检监察工作遇到的新问题

做好新时期纪检工作，不仅要正确认识新情况，还要善于不断探索和解决遇到的新问题。解决问题是与时俱进做好纪检工作的出发点和落脚点，也是我们工作的中心环节和关键。解决问题要有从及时发现和找准问题、矛盾症结，到制订解决对策的科学、民主决策过程，也要有用过硬、扎实作风和适用有效方法去解决问题的过程，这些都要通过加强调查研究来实现。没有调查研究就没有决策权，只有加强调查研究，我们才能掌握全面、系统、真实的决策依据，提出多种解决问题和矛盾的决策方案，进行分析比较，从中择优，并在实施过程中跟踪了解，不断修订完善。也只有加强调查研究，我们才能深入基层、深入群众，了解基层党员、群众的心声和反映，抓住大家真正关心而又带普遍性问题和矛盾的症结，从而使工作贴近实际、贴近群众，最终达到圆满解决问题和矛盾的目的。如果在实际工作中，工作浮躁、作风飘浮，不愿或不会做深入细致的调查研究，不敢正视存在的问题和矛盾，不仅达不到正确决策、解决问题的目的，相反还背离了我们党实事求是的精神，隔离了纪检部门与普通党员群众的密切联系，必将影响工作的开展。

这些年，我局纪委特别注意加强纪检干部队伍建设，以此为推动其它各项工作开展的基础。为了解决纪检干部队伍人员老化问题，我们在做好队伍结构调查分析的基础上，利用机构改革的时机，先后调整了23名年轻、文化程度较高的人员充实纪检干部队伍，使纪检干部队伍大专以上文化的达到85%以上。考虑到新同志纪检工作实际经验不足，独立开展工作有一定困难，我们一方面加大培训工作力度，先后选送27名纪检干部参加中央、省、市等各级部门和高等院校举办的纪检工作业务培训班学习，3次邀请上级纪委领导和专家教授为纪检工作骨干上棵，并组织人员分批前往河北、陕西、云南等省区纪检部门学习取经。另外，还针对一些重要工作的开展，搞好传、帮、带。如前一段基层单位来信来访比较多，我们没有简单就事论事，而是进行了深入调查研究，发现其中反映的问题，大多经基层纪检部门调查处理过，绝大多数是偏听偏信、不明真相、与事实严重不符，造成一事越级多次、多处投递现象。究其原因，除检举人本身因素外，我们一些基层单位纪检干部不熟悉纪检业务、缺乏实际工作经验，以及调查工作不够深入、细致，仅满足于对基本事实的粗浅调查，没有用详实、准确事实证据说话，不能让群众真正心服口服。为此，我们与市劳教局、场所组成三级联合调查组，一边对来信反映的情况作进一步核实，一边通过处理来信来访工作，从传授查帐的基本方法做起，在实际工作中搞好传、帮、带，不断提高基层纪检干部的综合素质和独立工作能力，较好地帮助这个单位解决了问题。今年初以来，基层单位先后独立处理来信来访28件(次)，与去年同期相比，基层单位独立处理来信来访工作质量有明显提高，大大减少了来信来访工作中多次、多处投递的现象。

三、只有加强调查研究，才能增强工作创新能力，与时俱进开创纪检监察工作新局面

开拓创新，是与时俱进做好新形势下纪检工作的灵魂和必然要求。没有创新，就没有前进和发展，就不可能与时俱进地做好工作。与时俱进开创纪检工作新局面，必然要求我们加强调查研究，在全面掌握客观情况的基础上，以新的思维观念，推动工作向新的层次和更高领域发展。只有加强调查研究，我们才能进一步解放思想，树立敢于开拓创新的意识。如由于特定工作性质和环境影响，纪检干部中一部分同志难免或多或少、或强或弱地存在一种墨守成规、因循守旧的思维观念，或带着主观意识偏听偏见对待新生事物，或沿用习惯做法抓工作，在很大程度影响了纪检工作创新。要解决这个问题，必须通过加强调查研究，学习、吸收新经验、新做法，更新观念，开拓视野，从主观偏见和习惯思维的各种桎梏、束缚中解脱出来，增强开拓创新意识。也只有加强调查研究，我们才能掌握科学的思维方法，提高工作创新能力。工作创新主要表现在思维方式的创新上，要实现思维方式由感性认识向理性认识的飞跃，就必须广泛、深入、细致地开展调查研究，摒弃传统非此即彼的单向思维习惯，运用逻辑思维、反向思维和战略性思维等新的思维方式来分析和解决问题，学会从宏观上思考问题，从实现具体工作目标上求是、创新和解决问题的方法。如近年中央反腐倡廉工作重心实行了调整转移，由过去侧重查处案件工作，转向以事先预防为主，为做好新形势下纪检工作提出了许

多新课题和要求，这就需要我们通过加强调查研究，搞好工作创新来解决。

这两年，为了紧跟中央工作部署，顺利地实现观念和工作方法的转变，我局纪委开展了一系列的调查研究工作。我们纪检人员对本局过去查处的案件进行了一次系统、深入的剖析研究，得出要有效预防和制止违法违纪问题的根本，关键在于抓好思想教育、建章立制和监督管理，只有从根本上铲除腐败产生的根源、堵塞制度漏洞、加强监管，才是杜绝腐败最有效的方法。否则，违法违纪问题就会防不胜防。在不断强化预防观念的同时，我局纪委组织人员围绕新时期纪检工作关口前移这个主题，对如何抓好思想教育、建章立制和监督管理工作等专项课题展开了深入调研，先后深入基层进行工作调研和召开座谈会、征求意见会十多次，对以往好经验、好做法进行了认真总结和分析，并对一些新的工作领域进行了有益的探索，先后整理提出了一批有实用价值的调研成果，并加以运用。像提议建立局党委中心组带机关处长、基层主管理论学习的制度，通过加强政治理论学习，使各级领导干部进一步坚定了政治信念，强化了勤政廉政思想，增强了拒腐防变能力；实行对重大事项考察论证、研究决定和具体实施各个工作阶段全过程监督，把组织监督的触角扩展到各个重要工作领域和环节之中，确保组织监督作用落到实处；制订下发了《干警8小时以外管理暂行规定》，使干警管理体制监督由工作岗们、工作时间延伸到8小时以外，有效避免了干警违法违纪行为发生。另外还制定了各级党风廉政建设责任制实行细则，试行了劳教生产、财会人员委派制等，共制订并完善各项规章制度31项357条，构建起制度防范的堤坝。这一系列工作创新，推进了我们新时期纪检工作的调整和转变，使工作重心真正落实到以预防为主上来。

辩证唯物主义认识论告诉我们，正确的认识来源于实践。实践工作中，我们切身体会到，只有加强调查研究，广泛深入地接触客观事物，经去粗取精、去伪存真、由此及彼、由表及里的加工制作，并在实践中检验，我们才能够真正认识新情况，提高工作科学决策水平和创新能力，从而与时俱进地做好纪检工作。

（作者：广州市司法局党委副书记纪委书记）

坚持“三个代表”重要思想
毫不放松地推进党的建设新的伟大工程

高文庭

全面加强党的建设，是党领导革命、建设和改革不断取得胜利的一大法宝。江泽民同志在党的十六大报告中指出：“加强和改进党的建设，一定要高举邓小平理论伟大旗帜，全面贯彻‘三个代表’重要思想，保证党的路线方针政策全面反映人民的根本利益和时代发展的要求；一定要坚持党要管党、从严治党的方针，进一步解决提高党的领导水平和执政水平、提高拒腐防变和抵御风险能力这两大历史性课题；一定要准确把握当代中国社会前进的脉搏，改革和完善党的领导方式和执政方式、领导体制和工作制度，使党的工作充满活力；一定要把思想建设、组织建设和作风建设有机地结合起来，把制度建设贯穿其中，既立足于做发经常驻性工作，又抓紧解决存在的突出问题。”这“四个一定要”体现了理论与实践相统一，继承和创新相结合，充满了与时俱进的精神，反映了时代发展的要求，符合党的建设的实际。因此，在新的历史条件下，按照“四个一定要”的要求加强和改革党的建设，对不断提高党的领导水平和执政水平、增强拒腐防变和抵御风险的能力，不断加强和巩固党的执政地位，使我们党始终站在时代的前列，在应对国内外和各种风险考验的历史进程中始终成为全国人民的主心骨，在建设中国特色社会主义的历史进程中始终成为坚强的领导核心，把改革开放和社会主义现代化建设不断推向前进，对全面实现小康社会具有极其重大的意义。

一、党中央三代领导集体十分重视加强和改进党的建设

毛泽东同志在建国前夕就预见到我们党成为执政党以后，将面临更为严峻的考验，及时地告诫全党，务必继续地保持谦虚、谨慎、不骄、不躁的作风，务必继续地保持艰苦奋斗的作风。以邓小平同志为核心的第二代中央领导集体成功地开创了党的建设新的伟大工程。以江泽民同志为核心的第三代中央领导集体，更加重视在长期执政和全面改革开放发展社会主义市场经济条件下加强党的建设的问题，党的十三届四中全会以来聚精会神地抓党的建设，对加强党的思想、组织、作风建设作出了一列重大决策和部署，特别是提出了“三个代表”的重要思想，确立了面向新世纪加强党的建设的伟大纲领，把执政党建设提高到一个新的发展阶段。事实证明，正是由于我们党始终不渝地重视和加强自身建设，不断地探索和

解决社会主义革命、建设和改革中党的建设的若干重大理论和实践问题，才使我们党战胜了前进道路上的种种艰难险阻，极大地推动了党的事业的大发展。

二、以“三个代表”重要思想为指导，加强和改进党的建设，必须吸取深刻的教训，引以为诫

当前，我们必须深刻思考世界上一些执政党的兴衰成败的历史教训，引以为诫。20世纪80年代末和90年代初发生了苏联、东欧一些国家共产党垮台和丧失领导地位的重大事件，使国际共产主义运动陷入低潮。世纪之交，又有一些长期执政的政党丧失政权，比如，墨西哥革命制度党、南斯拉夫社会党、印度国大党等。究其原因，既有主观因素，又有客观因素，但无论是一些共产党也好，资产阶级或民族主义政党也好，其最重要因素是内部的自身建设没有搞好。事实证明，一个政党执政的时间越长，面临的挑战和考验就越严峻，巩固党的执政地位的任务就越艰巨，搞好自身建设的要求就越迫切。至少可这样说，当前，我们党面临“四个多样化”的影响，以及资产阶级腐朽思想文化的侵蚀，致使党的肌体面临腐蚀，是现实存在的；以“台独”和“藏独”为代表的分裂主义分子，企图破坏祖国的统一和民族团结，是现实存在的；西方敌对势力妄图破坏中国特色的社会主义制度，建立资本主义制度，是现实存在的。因此，我们必须按照党的十六大报告中提出的要求，始终坚持党的领导，巩固党的执政地位，加强对党员、特别是党员领导干部的教育、管理和监督，切实加强党的思想、组织、作风和制度建设。

三、以“三个代表”重要思想为指导，加强和改进党的建设，必须大力加强领导班子建设和提高党员干部队伍素质

加强领导班子建设和干部队伍建设是党的建设的关键，是党的建设新的伟大工程的首要问题。我们党的力量和作用，不在于党员的数量，而在于党员、特别是领导干部的素质。江泽民同志在党的十六大报告中指出：“加强和改进党的建设，一定要坚持党要管党，从严治党。”党要管党，首先要管住领导班子和领导干部。在新的历史条件下，党的干部特别是县（处）级以上领导干部是党的事业的骨干，是推进建设中国特色社会主义伟大事业，全面建设小康社会的中坚力量，他们既是在所管辖领域里有关方针政策的制定者，又是贯彻党的路线方针政策的组织者、推动者和执行者，肩负着承前启后、继往开来的历史重任。从当前的情况来看，区直机关各级领导班子建设和干部队伍建设总体上是比较好的，但也必须清醒地看到，随着各项改革的不断深入，开放力度的不断加大，在领导班子和干部队伍中还仍然存在着一些不容忽视和亟待解决的问题。如有的思想不够解放，创新意识、大局意、责任意识、服务意识、发展意识不强，对党的路线的方针和政策理解、掌握贯彻落实得不好；有的官僚主义、形式主义严重，弄虚作假、虚报浮夸，作风漂浮，严重脱离群众；有的单位领导班子不协调、不团结、闹矛盾，甚至严重影响工作；有的单位党组织对干部疏于教育、疏于管理、疏于监督，以致发生这样那样的问题，不敢抓、不敢管等等。这些问题严重威胁着党的领导和执政地位。因此，我们必须认真做好以下五个方面的工作：第一，要加强“三个代表”重要思想的学习教育，端正党员干部的人生航向，引导党员干部始终保持清醒的政治头脑，树立正确的世界观、人生观、价值观、权力观、地位观和利益观，自觉成为“三个代表”的忠实实践者，为共产主义事业奋斗终生。第二，要根据中央及区党委关于机构改革的指导思想和基本原则，进一步配备好党组织机构和专职党务干部。目前，在直机关各级党组织中存在着有名称而没有机构、有机构又没有编制、有编制又没有人员、有人员又存在年迈体弱和能力不强的问题，与完成“一加强、两促进”的三大历史任务要求不相适应，必须下大力气加以解决。第三，要按照有利于“优化结构、增强活力、相对稳定、合理流动”的原则，有计划地实行交流。第四，要加强对党务干部的培训，不断提高党务干部的思想素质、政治素质、文化素质和业务能力。第五，要营造拴心留人的环境，关心和爱护党务干部的工作和生活，帮助他们解决实际困难和问题。

四、以“三个代表”重要思想为指导，加强和改进党的建设，必须始终坚持和健全民主集中制

民主集中制是民主基础上的集中指导下的民主相结合的制度。党的十六告报告中指出：“党内民主是党的生命。”“发展党内民主，有利于最大限度地发挥全党的积极性、主动性和创造性，集中全党的智慧，凝聚全党的意志和力量；有利于进一步解放思想，在全党形成认真学习的风气，民主讨论的风气，积极探索的风气和求真务实的风气，巩固和发展生动活泼的政治局面；有利于全党拿起批评与自我批评的武器，实行切实有效的党内监督，不断提高解决自身问题的能力。”因此，坚持党的民主集中制建设，必须着重解决好以下几个问题：一是要认真进行民主集中制教育，使各级党组织、全体党员特别是领导干部牢固树立民主集中制的观念，全面理解民主集中制的科学含义，不断增强民主意识和组织纪律观念，在全面建设小康社会，开创中国特色社会主义事业新局面中，毫不动摇地始终坚持党的民主集中制原则。二是要健全党委制，坚持集体领导和个人分工负责相结合。各级党委要认真学习贯彻新《党章》，切实做到“集体领导，民主集中，个别酝酿，会议决定”，使民主集中制原则在学习的建设中具体化、规范化和程序化。凡属重大决策的制定、重要干部的任免、重要建设项目的安排和大额度资金使用等重大问题，都必须经党委集体讨论决定，绝不能由个人或少数人说了算。特别是班子成员要加强团结，在坚持集体领导的同时，严格实行个人分工负责制，明确分工，各负其责，防止出现班子不团结、职责不明确和分工不负责的现象。三是要充分发扬党内民主，切实保障党员的民主权利，发挥各级党组织和全体党员的积极性、主动性。创造性；同时，坚决按照“四个服从”的原则实行正确的集中，严格执行党的纪律，保证党组织和全体党员迅速有效地贯彻执行中央的路线、方针、政策和区党委的各项决定。四是要严格党的组织生活制度。所有党员，不论职务高低，都必须积极参加党的组织生活，自觉接受党组织和党内外群众的监督，不允许任何不参加党的组织生活、不接受党内外群众监督的“特殊党员”。

五、以“三个代表”重要思想为指导，加强和改进党的建设，必须紧紧保持党同人民群众的血肉联系

党的十六大报指出：“推进党的作风建设，核心是保持党同人民群众的血肉联系。我们党的最大政治优势是密切联系群众，党执政后的最大危险是脱离群众。在任何时候任何情况下，都必须坚持党的群众路线，坚持全心全意为人民服务的宗旨，把实现人民群众的利益作为一切工作的出发点和归宿。”由此可见，只有保持与人民群众的血肉联系，增强党在人民群众中的威信和战斗力，才能做到始终代表最广大人民群众的根本利益，才能做到实践“三个代表”的要求。始终坚持党的群众路线，坚持以人民群众的根本利益为最高标准，强化公仆意识、服务意识和群众意识，深入群众、了解群众、倾听群众的呼声，反映群众的意愿，集中群众的智慧，成为群众的知心朋友，为群众多办实事、办好事。要强化对党员干部特别是党员领导干部的管理监督，落实党风廉政建设责任制，对他们进行严格教育、严格管理、严格监督，建立健全党内监督制度，不断完善党内监督机制，从源头上预防和治理腐败，全面推进党的建设新的伟大工程。

（作者：西藏自治区直属机关工作委员会党务副书记）

高度警惕和防范政治腐败

朱培旭

当前，不断增强全党拒腐防变和抵御风险的能力，一个非常紧迫的任务，就是要高度警惕和防范政治腐败。

政治腐败，是当前我国腐败行为变异与恶化的主要特征。是一种十分危险的倾向，它与“三个代表”思想格格不人，与党和人民的利益有根本利害冲突，与“立党为公，执政为民”背道而驰。如不加以足够的认识，积极的防范，坚决的抵制，让其形成气候，将祸国殃民，会毁掉共产党，将断送社会主义。

一、新形势下政治腐败，主要有下列表现

1. 不讲政治，曲解我国改革开放的社会主义性质与方向

一个时期以来，有的人断章取义，曲解在特定环境下，有特殊所指的“不管是白猫还是黑猫”，“不管是姓资还是姓社”的真正深刻含义。将其当作一种普遍适用的哲学原理，当作自己为官从政和行事的基本准则，竟有甚者提出：“碰了红灯绕道走”的错误观点。的确产生了不小的误导，害了一批人，毁掉了一批干部。在我们的干部队伍中，有人本来就轻视理论学习，不讲政治，忽视自身思想改造，怀疑“四项基本原则”，因而曾经一度出现“三信”（信仰、信念、信心）危机，心术不正，动机不纯的人，把升官发财当作了自己的理想与信念，当作了自己人生的目标与追求。进而曲解我国改革开放的社会主义性质和方向。这就是我国腐败问题形势严峻的根本原因所在。

虽然，“三讲”、“三个代表”重要思想的提出，学习、宣传与贯彻，使上述状况有了较大程度的改观，但至今仍有一部分干部和党员，对这一重大政治原则问题，仍然认识不清醒，思想糊涂。不敢、不能理直气壮地宣讲马克思主义的指导地位；不敢、不能理直气壮地宣讲社会主义的优越性；不敢、不能理直气壮地宣讲维护公有制的主导地位，坚持共同富裕原则的重要性和必要性。你讲社会主义，还可能被扣上思想不解放，坚持极左观念的帽子。

前苏联和我国前30年的深刻教训均有力说明：社会主义如果不改革，不自我完善，不从实际出发，它就缺乏应有的生机与活力，也没有前途，这已经是大家的共识（本人在《中华文献》发表，并荣获金奖的《论我国改革开放的基本经验》一文已作全面论述）。问题在于，我们的一部分同志，在注意一种错误倾向的同时，却忽视了另一种错误倾向的产生与存在。我们在强调思想解决，坚持改革开放，强调发展，搞活经济的同时，必须强调坚持“四项基本原则”，坚持社会主义发展方向，坚持“立党为公”、“执政为民”。思想解决，改革开放与“四项基本原则”,立党为公是统一的,不能割裂开来,更不能将其对立起来。

我们的改革创造了人间奇迹,实现了国家的跨越式发展,铸造了中华民族新的历史辉煌,这是全世界有目共睹的事实,是谁也否定不了的。但问题在于,我们应当清醒地看到自己的失误,并加以克服,我们就会干得更好,社会主义的优势就将得到更加充分的显示,对于建设有中国特色的社会主义,我们就不仅不会怀疑,而且会更加坚定。笔者认为,改革开放以来,我们较大的失误,主要体现在三个方面:一是“严重的失误在教育”,它直接导致了党内的“三信”危机,社会上的资产阶级自由化,造成了党内腐败现象的严重性,社会上“法轮功”现象的存在与危害,结果是害了一批党员干部,也损害了党的形象,激化了党群关系;二是一些地方“卖”字当头的错误作法,人为地造成大量国有资产的流失与肢解,向社会转嫁矛盾,也在一定程度上助长了两级分化和社会不公平现象,这是社会主义所必须避免的;三是“地方不存在以公有制为主体”的错误提法,致使大多数地方的乡、村两级集体经济遭到毁灭性打击,几十年艰苦创立的家业被败得所剩无几。总有一天,我们会后悔的,在社会主义国家,成熟的股份制也必然走向公有制。搞一边倒,一刀切的作法,历史将证明是错误的。我们在允许和鼓励民营经济(它是我们快速发展的另一个轮子,又一个积极性)发展的同时,也应当扶持和鼓励乡、村两级集体经济的发展和壮大,这才是正确的。

2. 权力腐败,跑官、买官、卖官

权力腐败,是政治腐败的具体化。笔者认为,它集中地体现为两个方面:一方面是忘记了我们的权力是党和人民给的,“为官一任,造福一方”是为官者的天职,忠于职守,乐于奉献,鞠躬尽粹,是共产党的干部应具备的品格。而不能用自己手中的权力去为个人谋取特殊的名利,用权力来使自己成为20%先富起来的对象,甚至是发指的奢华与超级的享受。改革开放以来,有成千上万(用这个词是有根据的)的干部在这个问题上摔了跤了,走上了党和人民的对立面,成了历史的罪人,教训是深刻的。

另一方面是跑官、买官、卖官。在我们的干部队伍中存在少数动机不纯,德性不好的人,把一门子心思用在“密切联系领导”上,逢年过节“走领导”表示意思;向社会上的专业“打春”人员一样,广泛收集领导,首长的相关信息,红白喜事好尽“孝心”;刻意打听领导的个人兴趣与爱好,以便安排“周到”,好尽“地主之谊”;乐于经常跟领导汇报,又报喜不报忧,专拣领导爱听的话讲,投其所好,这如今还成了一门学问,千方百计为自己升官“公关”,创造宽松的政治人文环境,进行必要的感情投入。而我们有的领导却又很欣赏和喜欢这样的干部,认为他们“懂味”,不会坏事,信得过,因此“不行,也行”,相反则“行,也不行”。所以,社会上便有:“又跑又送,升官有份;只跑不送,平调挪动;不跑不送,不是原地不动,就是下岗有份”的流言。更有甚者,是根据跑官、买官者所送钱物的多少,来决定其官职的大小和单位的好坏。跑官、买官、卖官系一丘之貉,都是我们共产党干部队伍中的败类,社会主义的败家子,人民和历史的罪人。

3. 弄虚作假,欺上瞒下

信息革命,知识经济,小康建设,现代文明,时代与使命要求现代社会的管理人才,必须是高学历、高素质、高水平的人才。按照这一时代要求来改善干部的年龄与知识结构,乃大势内功,“学习,学习,再学习。”这显得更为重要。

然而我们有的干部,特别是领导干部,却不是这样,他们为了给自己创造必要的晋升提职的条件,有的买假文凭;有的在大专、本科学历班进修,只挂个名,学费由单位交,上课从不到,考试请代考;有的毕业论文不是叫人代写,就在网上下载,全文抄袭;有的评职获奖论文由单位拿几千元买发表权,文章也是由别人来代写……如此种种,为了自己的“政治前途”,不惜弄虚作假,欺上瞒下,出卖自己的政治灵魂。有的干部,为了保官、升官,虚报政绩,谎报政情,在总结汇报材料中做文字游戏,数字文章。甚至还有人在干部大会上振振有辞的说:“未必先进的地方就没有水分?”似乎报假数字,搞水分还天经地义,顺理成章,可见弄虚作假在某些地方还确实存在一定的气候。这是因为我们有的部门,有的领导,凭数字论英雄,不加分析地定性“无功也是过”,不看基础与条件,不予考察和评估,一律凭“政绩”决定干部的升降,在一定程度上助长了弄虚作假之风。

弄虚作假者,大体有如下手法:一是在GDP中掺水分,严重者超过100%;二是报喜不报忧,用夸张的手法报喜,用伏笔的手法抹忧;三是搞马路政策,为了装门面,应付可能的检查,只把沿马路两侧的事情办好,边远地段不管;四是上级领导和部门要考察的人和事,预先做好工作,物色好意中人,统一好汇报口径;五是刻意在总结汇报材料中“精加工”,做文字游戏;六是在考察人员身上做文章,又吃、又玩、又送;七是专注与领导的感情投人,以致有计划、有预谋、有指标的安排活动项目,“密切联系领导”。攻于心计,为的就是给领导造成一个良好的深刻印象,给自己创造一个宽松的升官环境。什么“三个代表”,什么“实事求是”,什么“两个务必”,什么“立党为公、执政为民”,什么“最大的危险是脱离人民群众”,对他们来说,都只不过是空洞的政治说教,讲得好听而已。“识时务者为俊杰”才是他们的哲学,难怪社会上有人这么说:“现在是圆滑的人才吃得香,会吹会拍的人才得势。”

4. 急功近利，短期行为

电影《至高利益》，较为生动和深刻地提示了一种有代表性的政治腐败行为。那就是某些地方的某些干部，为了往上爬，为了显赫政绩，心血来潮，无视社会主义初期阶段的基本国情，轻视经济建设和城市发展的基本规律，忽视社会、地方、单位和群众的承受能力，丢掉了艰苦奋斗的政治本色和民族精神，不进行必要的科学考察和经济论证，不听取专家和群众的意见和建议，不顾及社会稳定的大局，一味地“摆阔气”，“显神通”，“烧三把火”，追求轰动效应。盲目上马“形象工程”、“标志性工程”、“政绩工程”。结果是弄得地方财政吃紧；单位债台高筑；干部职工工资无着落；“民心工程”无法实施；住房基金被挪用；居民生活补贴被挤掉；低保资金无法兑现；拖跨了地方，拖跨了企业，也拖跨了银行；留下了一大堆后遗症。群众利益受损，继任干部倒霉，给党和政府脸上摸黑，甚至造成社会不稳定。上级有关领导和部门不能客观、全面地考察干部，造成了“急功近利”的典型，缺乏正确的“政绩观”。下面某些干部又精于投机取巧，攻于心计，削尖脑袋往上钻，缺乏正确的“仕途观”，考察失误与用人失误所造成的恶果，必须确实加以纠正和防范。否则党和政府的诚信和威望，事业与前程，就将断送在他们的手里。

二、惩治政治腐败的主要对策

1. 从教育入手，建立正科级以上干部的学习档案，用制度来防范

政治腐败，集中表现为三股歪风：一是“假”：假学历，假数字，假政绩，弄虚作假，欺上瞒下；二是“邪”：不讲政治，不务正业，不干实事，作风漂浮，生活糜烂；三是“贪”：肆意侵吞国家财产，侵害群众利益，胆大妄为，贪得无厌。这是当前群众议论最多，人们反感最剧烈，对社会危害最大的三股歪风。若让其形成气候，势必使党的先进性，党的优良传统与作风，以及党在人民心目中的高大形象和崇高威望断然无存。发展下去，势必断送共产党的执政地位和社会主义的政治前程。

为此，必须在全党开展和抓好三项教育：一是坚持开展以马克思主义为核心内容，以毛泽东思想、邓小平理论和“三个代表”重要思想为主要教材的“信仰、信念、信心”教育，用科学理论武装头脑，致力于追求“真理”，以克服“假”；二是坚持开展以“三个代表”思想为核心内容的党纪党风教育，强调“两个务必”，大力提倡实干精神，致力于“发展”，以克服“邪”；三是坚持开展“立党为公、执政为民”为核心内容的勤政、廉政教育，乐于奉献，致力于小康社会建设，为民族复兴建功立业，以克服“贪”。

为了防止学习流于形式，走过场，也为了防止“上有政策，下有对策”，确保学习到位，使学习成为我们的干部用科学理论武装头脑，牢固确立正确的世界观、人生观、价值观、权力观的一项经常性的制度。笔者认为建立正科级以上干部的学习档案，对在职正科级以上干部的政治理论学习进行全面具体的规划，提出具体的要求与标准，并将其拉入对干部的考察、评定、提拔、使用的规范化轨道，用制度来推动和确保全党的学习活动。凡属在理论、政策、法律、及相关专业知识的学习上无所作为、无所进步、无所收获的人，一律不准提拔使用。与此同时，应进一步完善各级别的党校（行政学院），进行相关规定课程学习进修的于部，不予提拔使用的规定和制度。以上两项制度不允许比照执行，更不允许在具体执行中不了了之。而应将其作为新时期提高全党的领导和执政能力与水平，增强全党拒腐防变和抵御风险的能力与水平的根本性制度加以坚持和完善。

2. 以防为主，不断完善选人用人机制，从源头上予以堵截

在选人用人问题上，我们曾经出现过多次偏差，也造成了一定的失误，实在是应引以为戒。改革前，“以阶级斗争为纲”，看人偏重原则性和斗争性，自然促成了“左”的倾向；改革初期拨乱反正，看人偏重学历和文凭，在一定程度上忽视实际工作能力与德性的好坏，在一定程度上助长了腐败之风；20 世纪 90 年代，社会进入快速发展时期，看人则侧重于“政绩”，又缺乏科学的衡量标准与考察机制，在一定程度的上助长了搞“假”、急功近利与短期行为；进入 21 世纪，新老交替，有的地方搞一刀切，女的 825（科级 48、处级 52、厅级 55），男的 258（科级 52、处级 55、厅级 58）一律离岗，造成了大量宝贵资源的闲置与浪费，同时有碍党的优良传统与作风的延续与发扬。一部分新上任的年轻干部，政治上并不太成熟，办事不讲规矩，“无规矩不成方圆”，不讲规矩是要坏事的，改革时期也不例外。不要忘记，“渐进式”是我国改革成功的一大关键和一条宝贵的经验。

以上几种看人，用人的方式都有其片面性，都是不够科学的，上、下都有适用主义之嫌，缺乏政治标准的、和战略思维，都在一定程度上助长了不正之风。要全面贯彻干部队伍“革命化、知识化、年轻化、专业化”的方针，把好干部标准入关，坚决避免用人失察、失误，要建立用人推荐责任制，并追究失察者的责任。

选人用人的标准与方式，应当与时俱进，这是历史的必然，也是科学的，但是，为了避免选人、用人上的失误，从源头上堵住政治腐败。笔者认为，以下几条原则应当予以坚持和完善：一是标准上必须坚持德才兼备，又红又专的正确方针，坚决避免政治上失察，要防止党和国家的权力掌握在非马克思主义者的手中，防止苏联的悲剧在中国重演；二是结构上必须坚持老、中、青三结合，以中青年为主的科学方针，坚决避免一刀切，要防止政治理念和传统作风上的断层；三是要坚决实行公正、公开、公平的竞争择优机制，避免个人说了算，要防止党内裙带和宗派的产生；四是坚决废除干部制度终生制，根据干部的素质、能力、政绩、体质和年龄来决定能上能下、能进能出；五是在具体的选拔运作过程中，必须坚持笔试、口试、公示和试用一年的科学做法，坚决避免走过场流于形式，防止突击提干和坐直升飞机；六是在职干部必须坚持干部终身政绩考核、考评、与失误终身追究责任制，坚决杜绝拍拍屁股一走了之的不正之风，防止犯错误的干部异地升官的错误作法；七是必须坚持异地为官，适当交流，适时轮换的科学体制，坚决杜绝地方割据势力和党内宗派的形成与危害。

3. 立党为功、执政为民，树立正确的政绩观和权力观，从根本上加以抵制

要克服和防范政治腐败，树立正确的政绩观和权力观，坚持"立党为功、执政为民"十分紧要。因为其一，这是"三个代表"的本质要求，能代表广大人民群众的根本利益，是共产党区别于其他任何政党的最本质的特征之一，是立党之本。如果说共产党不能解决和满足广大人民群众的基本困难、要求和愿望，不能给广大人民群众带来幸福与安康，共产党就没有存在的必要；其二，这是巩固党的执政地位的客观需要，"为人民服务"是共产党的最高宗旨，除了国家的、人民的、民族的根本利益，党不存在任何自身的特殊利益。"执政党的最大危险就是脱离人民群众。"古今中外，任何政权的垮台，首先都根源于自身的腐败；其三，这是官德的基本要求。"为官一任，造福一方。""保一方平安，促一方发展。"才是为官者应尽的本分与天职。你的能力、水平与价值，只有在这一"保"一"造"一"发"中才能得到真正的体现。追求个人利益，满足个人欲望，是肯定要遭到历史、社会和人民的唾弃的。这只是一个时间问题。我们的同志应该懂得："官和权"，"名和利"均生不带来，死不带去；致力于社会的公平、进步和发展；致力于"共产主义"，致力于"共同富裕"的中国共产党人，理应更加淡薄名利，注重名节，"先天下之忧而忧，后天下之乐而乐"，学习敬爱的周恩来总理，为民族，为国家富裕，为人民富裕，为社会主义的伟大事业与光明前途，鞠躬尽瘁，死而后已。

略论加强党的思想作风建设

赖慧兰

党的十五届六中全会通过的《中共中央关于加强和改进党的作风建设的决定》中指出："加强和改进党的作风建设，必须把思想作风建设摆在第一位。"思想作风是党的作风建设的灵魂，对学风、领导作风、工作作风和领导生活作风等起着支配作用，是树立良好作风的根本。当前，党的作风方面存在的突出问题，都与思想作风不端正有直接关系。因此，在转变作风的今天，充分认识到加强和改进党的思想作风建设是极端重要和紧迫。探讨怎样搞好党的思想作用建设，对进一步提高党的作风建设的总体水平，保持党的先进性、纯洁性，全面贯彻"三个代表"要求，有着非常重要的意义。

一、加强思想作风建设，是永葆党的先进性的根本要求

思想作风主要是指坚持理论和实践相结合，主观和客观相一致，实事求是，一切从实际出发。"坚持解放思想、实事求是的思想路线，弘扬与时俱进的精神，是党在长期执政条件下保持先进性和创造力的决定性因素。"高度重视从思想上建党，高度重视确立并坚持一条正确的思想路线，高度重视不断加强党的思想作风建设，这是以马克思主义为理论基础的工人阶级政党的政治特色。马克思主义从不把自己的理论当作一成不变的教条，而在强调只有以先进的理论为指南的党，才能实现先进战士作用的同时，特别提出了"我们的理论是发展的理论，共产党人要把实事求是，对具体情况的具体分析当作马克思主义的精髓和活的灵魂来思考、来认识、来遵行。"毛泽东思想、邓小平理论在领导中国革命、建设和改革实践的过程中，反复强调了坚持解放思想、实事求是、理论联系实际的思想路线和思想作用。

中国共产党人把马克思主义的普遍真理与中国革命和建设的具体实际相结合，在确定正确的思想路线，坚持不懈地推进党的思想作风建设上，遵循马克思主义的建党原则，紧密结合中国的实际，把坚持解放思想，实事求是作为推动党的事业发展、永葆党的先进性的根本要求。我们党的缔造者毛泽东同志以马克思主义者的伟大胆略和丰富智慧，带领我们党在艰难曲折的斗争历程中，创立了实事求是的思想路线，形成了优良的思想作风。在改革开放新的历史条件下，邓小平同志对我们党的思想路线和思想作风又作了更加深入和全面的论述。他强调，"实事求是，是无产阶级世界观的基础，是马克思主义的思想基础。"以胡锦涛同志为核心的党中央第四代领导集体，全面落实毛泽东思想、邓小平理论关于党的思想作风建设的要求和江泽民的“三个代表”重要思想的同时，多次突出强调大力加强和改进党的思想作风。工人阶级政党创立和发展的历史经验告诉我们，党的思想路线和思想作风问题是一个至关紧要的问题。跨入新世纪，只有顺应时代潮流，加强和改进党的思想作风建设，把广大党员锻炼成坚定的共产主义战士，经受住各种风浪的考验，才能永葆党的先进性，不断开创党和国家事业发展的新局面。

二、思想作风建设在党风建设中具有特殊重要的位置

首先，思想作风体现学风。有什么样的思想作风，就会有什么样的学风。对于我们共产党人来说，具备了解放思想、实事求是的思想作风，就会表现出良好的学风，才能把马克思主义真正学到手，牢牢把握思想武器，用以解决革命、建设和改革过程中遇到的各种问题。我们党所坚持的思想作风与学风，其核心和本质是完全一致的。只有坚持解放思想、实事求是，才能做到理论联系实际，以马克思主义之矢，射中国革命与建设之的。学风问题，实际上是一个如何看待、学习和运用马克思主义理论和问题。在这个问题上，有两种不同的态度和作风：一种是正确的态度、良好的学风。这就是党的四代领导集体一贯倡导的理论联系实际、把马克思主义的普遍真理与中国的具体实际相结合的态度与学风，就是完整、准确地学习和理解马克思主义，掌握和运用它的立场、观点和方法，用以指导我们的全部实践活动的态度和学风。另一种是错误的态度、不好的学风。表现为把革命理论教条化、神圣化，把马克思主义在特定历史条件下提出的个别论述和观点凝固化、抽象化，并且无所针对地生吞活剥，甚至拿来作思想僵化、固步自封的依据。这种不正确的态度和学风，必须坚持反对和摒弃。

其次，思想作风决定领导作风。在党风建设上，党员干部的领导作风问题是一个举足轻重的问题。领导作风端正了，可以带动全党，影响全社会。当前，一些权力机关领导作用方面存在最突出的问题，一是脱离群众的官僚主义；二是违背民主集中制原则的独断专行。追根究底，这两个问题的产生和存在，莫不与思想作风不端正有着直接的联系。抓住思想作风建设这个第一位的东西，荡涤错误的思想观念，才能使各级领导干部，特别是主要领导干部树立起马克思主义的唯物史观，强化起群众路线的意识，正确认识和处理个人与组织的关系，身体力行、带头反对搞“一言堂”和“家长制”；才能认真吸取各方面的意见，尤其要善于听取与自己的看法相差的意见，用自己的实际行动去坚持民主集中制。

再次，思想作风主导工作的作用。我们党所提倡的解决思想、实事求是的思想作风，体现在广大党员干部的工作方面，应该是“不受旧的条条框框的限制，永不自满，奋发进取，具有高度的主动性和创造性，研究新情况，解决问题，不断推进工作创新，坚持实践是检验真理的唯一标准”，努力做好“说真话，鼓真劲，做实事，收实效”。不论在什么情况下，都坚持表里如一，心口如一。不跟风，不搞花架子。只有在良好的思想作风主导下，广大党员干部才能在工作实践中表现出良好的工作作风。良好的工作作风同形式主义的工作作风是鲜明对立、水火不容的。狠刹形式主义的歪风，大力发扬脚踏实地、埋头苦干的工作作风，这就需要我们从党风建设的全局出发，抓住思想作风建设这个关键，使我们的同志确定认清形式主义的危害，同时通过推动思想作风建设，澄清一些模糊认识，扫除各种错误观念，不给形式主义以可能生存的空间。

最后，思想作风影响生活作风。实践表明，良好的思想作风，总是以科学的世界观、正确的人生观为基础的。我们共产党人以马克思主义理论为指导，以全心全意为人民服务为唯一宗旨，并为实践这个宗旨而不懈奋斗，因此能够在思想观念上登临新境界，就会从一个“小我”中解放出来，从各种旧思想、旧观念的尘网中冲脱出来，做到自重、自省、自警、自励，抵御权力、金钱、美色的诱惑，以良好的生活作风树立起共产党人的思想作风建设，以此影响、带动党员干部特别是领导干部生活作风的转变。只有注重解放思想作风方面的问题，引导广大党员干部从转变观念入手，才能彻底挣脱“名缰利索”的羁绊，从根子上认识各种不良作风的巨大危害，从而自觉抵制和克服各种不正之风，与形形色色的腐败行为进行坚决斗争，做一个广大人民群众拥护的好党员、好干部。

三、按照“三个代表”要求，切实搞好党的思想作风建设

把思想作风建设摆在第一位，是党中央向广大党员干部提出的紧迫任务，当前把这项重要任务完成好，应从以下几方面入手：首先，不断提高对加强思想作风建设重要性的认识，自觉地把这项建设摆在党员建设的首位。从我们所处的不断发展变化的国际国内环境出发，从我们所肩负的历史使命和重大责任出发，深刻认识进一步搞好党的思想作风建设，进一步解放思想、实事求是极端重要性和紧迫性。在进行马克思主义发展观的教育中，引导和帮助广大党员干部充分认识，在新的历史时期，党尤其要高度重视思想作风建设，尤其需要大力发扬求真务实、勇于创新的精神，创造性地开展各方面的工作。要以马克思主义基本原理为指导，深入研究、正确回答改革和发展中前所未有而又亟待回答的新问题；要用党的正确路线方针和政策，以经济建设为中心，推动我国社会主义事业健康发展。

其次，各级党员领导干部要高度重视思想作风建设，

并且率先垂范。各级党员领导干部注重思想作风建设，把这项建设自觉地摆在第一位。必须先从自己做起，严以律己；要带头做解放思想的模范，使自己的思想观念跟得上时代的潮流，跟得上形势的发展；带头做改革创新的模范，在坚持四项基本原则的前提下，敢于做前人没有做过的事，走前人没有走过的路，打破因循守旧，丢掉无所作为；大胆探索，奋发开拓，把工作做得更加生气勃勃；带头做实事求是的模范，摒弃照抄照搬的“本本主义”，自觉深入到改革开放第一线和工作实际中去，实事求是地总结经验教训，研究和把握事物发展变化的客观规律，不断提高水平；带头做密切联系群众的模范，克服官僚主义和形式主义，自觉地把自己摆在人民公仆的位置上，真心实意地深入到人民群众之中，了解他们的生活，听取他们的意见和要求，为群众扶危解困，多做广大群众欢迎的实事、好事。

再次，正确处理加强思想作风建设与搞好党的作风诸方面建设的关系，整体推进新时期党风建设。党的十五届六中全会《决定》强调要把思想作风建设摆在第一位，是要求全党高度重视思想作风建设，自觉地坚持解放思想、实事求是的思想路线和思想作风。同时也向我们提出，要注意把握思想作风建设与学风、领导作风、工作作风、生活作风诸方面的建设密切相关、相互融通、相互促进。我们在大力加强思想作风建设的同时，必须注意不断改进领导作风，工作作风。不断加大纠正各种不正之风的力度，反对以权谋私和各种消极腐败行为，以后者的进展来巩固前者的成果；在深入开展党风廉政建设的过程中，紧紧抓住思想作风建设这项首要任务，以后者的成效为前者开辟前进的道路。这样，才能在加强和改进党的作风建设上迈出新步伐。

（作者单位：福建省永安市塑木制品厂）

浅谈与时俱进加强和改进党的教育

葛恒平

企党的教育的内容至关重要，它服从于教育性质和目的，决定着教育质量和效果。围绕学习贯彻“三个代表”重要思想，始终用党的最新理论成果科学规范党的教育内容，是把思想建党原则和“两个武装”落到实处的重要保证。当前，在党的教育内容上突出表现为缺乏系统性：①内容旧，陈旧空洞。除党建基本理论和党的基础知识外，没能很好地把“三个代表”重要思想这一党的最新理论创新成果作为主题突出出来。②形式散，设置随意。无所遵循，临时安排的内容比较多，缺少针对不同时期党的中心工作和党员思想实际而制定的上下一致的教育计划和教育内容。③党味淡，包办代替。理论学习有三年规划，政治教育有教育大纲，而党员教育特别是党课教育缺少这样的规范和内容新的教材，往往用理论学习和政治教育代替党的教育，用集中教育代替经常性教育，用专题教育代替系统教育，甚至用文体活动、干部培养工作代替党的教育内容。解决上述问题，就要把研究解决时代变革中的重大思想理论问题和现实问题，作为党的教育的主体内容突出出来。

一、创新教育内容，增强系统性

（一）突出教育的主体内容指向性。坚定马克思主义理想信念，既是“三个代表”思想的本质内涵，也是实践“三个代表”要求的根本保证。党的教育内容要突出理想信念这个核心，坚持用党的最新理论武装党员头脑，使广大党员坚定对马克思主义的信仰、对共产主义的信念、对改革开放的的信心和对党的领导的信任。

（二）突出教育内容的前沿性。所谓前沿性，就是现实生活提出的、党员普遍关心的、迫切需要解决的热点难点问题。如社会主义的劳动价值理论、扩大党的社会基础和群众基础、实现党的最低纲领与最高纲领的统一等前沿理论问题，是影响党员坚定理想信念的关键问题。只有有效地解决这些问题，将理论问题现实化、现实问题理论化，才能将广大党员的思想统一到“三个代表”的要求上来。

（三）突出教育内容的规范性。不能把党的教育作为“筐”，什么内容都往里装。要增强党的教育的特点和特色，体现浓厚的“党味”。总体上，党的教育应有统一规划，明确一个时间教育的内容、要解决的重点总是和实施步骤与方法，使党的教育系统化、规范化、制度化。应统一制定和编写党课教育提纲和教材，并作为规范性教育抓好落实，解决目前党课教育缺乏统一要求、缺少规范性教育等问题。在编写党课教育提纲和教材时，应以年度为周期，不断更新内容，尤其是对党员干部比较关注的问题，要作为教育回答和解决的重点问题。规范党课教材，各级党组织均负有责任。

（四）突出教育内容的层次性。从基层的实际看，主要应区分三个层次：以新党员、基层干部和职工党员为第一层次,以科级干部党员为第二层次,以场处级干部党员和机关干部党员为第三层次。党员的层次不同,党的教育就应规定不同的内容,通过区分层次来提高教育的针对性。第一层次党员应从基础抓起,重点学习党的光荣历史、优良传统和基本知识;第二层次党员应比较系统地学习党建理论、党的路线方针政策;第三层次党员应系统掌握"三个代表"重要思想的新观点、新论断、新理论。

二、创新教育方法,增强灵活性

创新党的教育形式,活化党的教育手段,是增强教育效果的有效途径。同生动活泼的政治教育改革相比,党的教育的方法手段多数仍停留在学习、计划、表态"老三样"教育模式上,简单呆板,很少能把党课教育寓于其他生动活泼的形式之中,急需吸收和借鉴政治教育改革的经验,把党的教育的方式方法搞活。因此,要充分运用富有时代特色和高技术含量的方法手段,把其作为党的教育的基本形式突出出来。

(一)注重发挥大众传媒的教育功能。以广播、电影、电视、报刊为代表的大众传媒,具有信息传播快、覆盖面广、影响力强等优点,是进行党的教育的重要渠道,就应更加自觉地把大众传媒作为新形势下党的教育的重要载体,认真加以利用。

(二)注重运用网络开展教育。信息网络的出现和在教育领域的运用,比之传统的党的教育的形式手段有更大的吸引力、更快的传 播速度、更高的工作效率、更广的教育范围。要充分利用网络信息提高教育信息的传播与利用率,发挥信息网络对其他媒体的整合功能,实现党的教育与大众传 媒的优势互补。

(三)注重用好社会大课堂。随着改革开放深入和市场经济的发展,企业与社会的联系愈加紧密。企业党员关注的问题往往也是社会的热点、难点问题,社会因素对党员思想变化的影响越来越大。同时,社会又为我们开展党的教育提供了丰富的资源。党的教育要善于"请进来"、"走出去",把课堂由小变大,把教育活动置于社会各方面信息交流的渠道之中,以便开阔视野,促进理论与实践的统一。

(四)注重运用喜闻乐见的教育形式。企业文化建设中的理论共学、人才共育、典型共讲、难题共解、资源共享、文明共建;实行开放式、对话式、座谈式、研讨式、启发式、典型式、函授式教育;组织党史知识竞赛、征文比赛等,做到不拘一格、灵活多样,使党的教育更加富有生机和活力。

三、创新教育标准,增强实效性

(一)通过扎实开展党的教育来体现教育标准,增强教育效果。组织党的教育不能回避敏感热点问题,要把教育的重点放在帮助党员解疑释惑上;不能只讲小道理,要把党的教育建立在科学理论武装的基础上;不能搞"教育空转",要把党的教育建立在见人见事的基础上。努力做到既紧跟上级要求,又注重从本单位实际出发;既注重过程,更着眼解决实际问题;既要有一定形式和声势,又不搞"花架子"、做表面文章;既注意方法创新,又不搞华而不实的东西和文字游戏。

(二)通过辩证地把握教育实效尺度来体现教育标准,增强教育效果。检验党的教育的实际效果,既要看有形效益,又要看无形效益;既要看单项效益,又要看综合效益;既要看眼前效益,又要看长远效益,应主要看学员理解把握党的最新理论的程度、解决问题的深度、做好本职工作的力度、主要看单位的精神面貌、党员素质、内部风气、稳定程度和完成任务情况。

(三)通过用战斗力检验教育实效来体现教育标准,增强教育效果。加强和改进党的教育,要紧紧结合经济建设中心,推动"强企富民、跨越发展"进程,加快企业改革与发展。企业党的教育必须责无旁贷地把教育的着眼点放在引导党员带头致富,帮助职工致富上,用致富职工这尺子检验党的教育效果。重点看围绕企业生产经营搞了哪些探索课题?看党员生产经营思想树立得牢不牢,看抓经济建设的认识高不高,工作实不实,员工战斗力提高快不快等,把企业党的教育的着力点导正。

四、创新教育制度,增强规范性

落实教育制度是增强党的教育的针对性、实效性和主动性的根本保证。当前存在的问题,一方面是在落实党的教育制度上缺乏强有力的硬性规范和检查约束,另一方面是有些教育制度不符合基层实际。主要原因,一是个别制度滞后于形势发展和任务要求;二是有些制度操作性差;三是现有教育制度没能与党员管理制度有机地结合。近几年,我场集中开展的党性党纪党风教育就是一个很大的一个突破,在制度建设方面进行了富有创造性的实践,特别是建立和实施了"党员能进能出,干部能上能下"的机制,取得了明显的成效。它启示我们,创新新形势下党的教育,必须重视发挥教育制度的约束作用。

(一)坚持与时俱进,建立健全行之有效的党的教育制度,结合发展了的形势和变化了的实际,总结党员先进性教育中形成的一些好的做法和经验,对现有的教育制度去粗取精,重新梳理,准确定位,创新发展,并用制度、规定的形式固定下来,形成新的教育制度规范体系。

(二)坚持检查约束,建立健全党的教育制度的责任体系。提高落实党的教育制度的质量,必须强化党委(支部)书记是第一责任人的意识,真正把抓好党的教育制度的落实,作为履行职责的重点。一方面,要以身作则,带头认真学习和贯彻,如带头落实双重组织生活制度,带头坚持听取群众意见、接受群众监督制度等,提高指导党的教育的针对性和主动性。另一方面,要精心组织,负起党的教育第一责任人应有之责，坚持一级抓一级，督促检查下级党委、支部党的教育制度的落实情况，发现问题，及时纠正，及时解决，形成职责明确、操作有序的党的教育制度的责任体系。

（三）坚持科学考评，建立健全党的教育制度的奖惩体系。要把检验考评党的教育制度的落实，与实行末位淘汰和干部能上能下、党员能进能出制度有机地结合起来，把党的教育与兑现奖励惩罚有机地结合起来，把加强思想工作与强化制度约束作用有机地结合起来，改变党员不犯大的错误就一人定终身的状况，适应市场经济条件下利益驱动的新特点，使教育与奖惩互相渗透，互相配合，努力形成既有春风化雨又有警示鞭策的党的教育制度的奖惩体系。

（作者：江苏省银宝盐业有限公司新滩盐场党委书记）

抓住主线　突出重点
扎扎实实地做好新时期宣传思想工作

李　深　余群勇

企2003年，丽水市宣传思想战线坚持以“三个代表”重要思想为统领，紧紧围绕市委、市政府工作大局，认真实践“三贴近”的要求，迅速兴起学习贯彻“三个代表”重要思想的新高潮，全力推进宣传思想工作和群众性精神文明创建活动。全年工作主线突出、导向正确，形成了声势、形成了热潮，呈现出整体推进、整体提高的良好局面。

一、抓住主线，创新载体，学习贯彻“三个代表”重要思想新高潮普遍兴起

紧紧抓住领导干部这个重点，以党委（党组）中心组为龙头，借鉴“三讲”经验，时间上采用集中学习的办法，一次学习3至4天，有利于保证大家集中精力；内容上采用了专题学习的办法，将十六大报告分解为11个专题，要求领导干部边自学、边做学习笔记、边写发言提纲。组织对县处级干部组织进行十六大精神轮训，开展了县处级以上领导干部学习十六大精神理论文章的征集和评选活动。据统计，市、县两级共召开学习动员会和座谈讨论会176场，中心组学习会65场，骨干培训班226期。实行了领导联系制度，规定市委领导每人联系一个县（市、区），县（市、区）委领导每人联系一个乡镇和一个部门或社区。各级领导率先垂范，深入基层广泛宣讲，帮助基层党员干部群众理解和掌握“三个代表”重要思想。据统计，市委领导深入基层宣讲十六大精神和“三个代表”重要思想46人次、150余场，全市副处以上领导宣讲257人次、869场，有力推动学习贯彻“三个代表”重要思想的全面兴起。为确保贯彻落实的成效，在学习教育的不同阶段，省委3次派出督查组来丽督查，市委3次派出督查组赴各地开展督查，各县（市、区）仅在兴起新高潮中就组成2643个督查组和工作组到基层开展工作。

设计有效载体，把学习贯彻“三个代表”重要思想融入到群众获取各种信息和知识之中，融入到群众喜闻乐见的活动之中。市委宣传部、机关党工委联合组织了两次全市性的书面知识竞赛和电视知识竞赛，吸引了4万多党员干部参与。开展了多层次的理论宣讲，市、县两级理论骨干宣讲团共宣讲5000多场次，听众达77万人次。大部分乡镇和部分县（市）机关建立周一晚上夜读制度，开展以十六大精神和“三个代表”重要思想为主要内容的政治学习，用科学的理论武装头脑。农业、文化等有关部门通过组织“科技赶集”、文化下乡等活动，以群众喜闻乐见的形式，把十六大精神送到田间地头。全省深化十六大精神主题教育工作会议后，创新教育载体，在全市组织开展“三大创业”教育活动，即在全市机关、事业单位干部和大中专学生中开展“服务创业”教育；在全市企业单位党员干部和工人中开展“创新创业”教育；在全市农村党员干部和农村群众中开展“开发创业”教育，不断推动主题教育向广度、深度拓展。

在学习教育中，紧紧抓住推动工作这一根本，紧密联系本地本部门的工作实际和广大干部的思想实际，着力于解决问题、推动工作，实现了主题教育与实际工作的相互推动、相互促进。市委围绕省委、省政府提出的“主动接轨上海，积极参与长江三角洲地区合作与交流”战略要求，通过学习讨论，确定了“北承沪杭金，东接甬台温，突破点线面，融入长三角”的总体思路。全市各地各部门结合主题教育，广泛开展“接轨大上海，融入长三角”的大学习、大讨论，解决了人们思想观念上存在“无需接轨”、“无法接轨”、“无从接轨”问题，树立了接轨上海就是接轨机遇、接轨开放、接轨发展的意识，激发了自我加压、负重拼搏的精神。把主题教育与解决群众生产生活中的实

际困难结合起来，着力解决了一批影响经济社会发展的现实问题。开展了“工业经济服务月”活动，深化行政审批改革，审批项目从182个减少至84个，市直机关为企业切实解决了60个问题。根据基层群众“盼致富信息、盼实用技术、盼小额贷款、盼干部好作风”的愿望，采取专题辅导、现场咨询、文化演出、实地指导、发送资料、提供良种等形式，广泛开展了“科技赶集”活动，为广大农民群众带来实实在在的科技实惠。全市共举行115次“科技赶集”活动，发放科技书籍27万册、实用技术资料25万份，农民接受科技培训人数达42万人次。同时，坚持一手抓防治非典不放松、一手抓经济建设不动摇，把抗击非典凝聚和激发出来的精神投入到实际工作中去，各行各业涌现出许多感人事迹和先进典型。通过十六大精神主题教育和“三个代表”重要思想的学习宣传贯彻，聚精会神搞建设、一心一意谋发展已成为全市广大干部群众的共识和行动。

二、服务中心，把握导向，为经济社会发展营造良好的舆论氛围

1、重大经济工作宣传形成态势。今年以来，紧紧围绕市委、市政府工作大局，精心组织策划“接轨大上海，融入长三角”的宣传报道。市级各媒体于4月上旬统一推出“接轨大上海，融入长三角”栏目，及时报道市委、市政府的重大决策和具体措施，以及各地、各部门接轨上海的做法和动态。在招商引资暨工业服务月中，组织开展了“部门领导谈优化环境”和“园区巡礼”栏目，形成了合力兴工的宣传声势和舆论态势。组织开展了“三大创业”典型、生态示范区建设、就业和再就业工作、重点工程建设、行政审批改革、上海宁波温州三地招商引资、万农培训工程、劳动力转移等重大活动和重大工作的宣传，重点突出，张弛有度，营造良好的舆论氛围。同时，还着力抓好非典防治工作的宣传，多层次、多角度、多形式宣传防治"非典"的知识，提高人们的健康意识和科学防病能力；着力抓好十六大精神主题教育的宣传，及时报道各地的学习情况，推广教育过程中的好做法和先进经验、先进典型；开展生态示范区迎验工作宣传，开展“绿色访谈”活动，普及生态示范区建设知识，提高了公众参与的积极性和主动性。

2、新闻宣传和舆论引导水平得到提高。建立健全新闻例会、新闻通气会、重大事项请示报告等制度，牢牢把好新闻舆论关，绝不给错误舆论提供传播渠道。加强对小报小刊、网上宣传的管理和指导，以市委名义出台了《关于改进和加强市内突发事件新闻报道工作的意见》和《关于进一步做好新闻发布工作的意见》，进一步规范了新闻宣传管理工作。督促和指导媒体改革版面和调整栏目，切实提高宣传报道质量。督促和指导媒体加强制度建设和队伍建设，努力提高媒体综合竞争力。根据省委的统一部署和要求，认真抓好党政部门报刊散滥和利用职权发行的治理工作，切实减轻基层和群众的负担。全年新闻宣传基调平稳，重点突出，唱响了主旋律。

3、对外宣传工作不断拓展。以塑造形象、扩大影响、提升知名度为目的，以“秀山丽水、浙江绿谷”为统一品牌，多渠道开展对外宣传，为经济发展提供直接、有效的服务。市委外宣办与丽水日报社合办的“浙江绿谷”新闻网页于6月底开通，填补了我市网上新闻宣传的空白。先后邀请了中央电视台、上海卫视、上海《解放日报》以及境外媒体德国阿博斯布隆影视制作公司来丽采访，宣传丽水投资环境和人文风情。同时加强了外宣品的制作和输出，做好市委、市政府重大经贸活动和招商活动的宣传。

三、突出重点，加强指导，思想道德教育和群众性精神文明创建活动扎实推进

1、公民思想道德建设逐步加强。深入贯彻《纲要》和《规范》，把道德建设作为城乡精神文明建设的核心内容来抓，贯穿到各项群众性精神文明创建活动中去。按照中央、省文明委的统一部署，在全市范围广泛开展“改陋习、树新风”活动，通过组织集中宣传日、有奖征文、“向陋习宣战”摄影比赛、千名机关干部清洁环境等系列活动，采取媒体宣传、宣传折页卡片、公益广告等形式，在全社会大力倡导讲科学、讲卫生、讲文明的新风尚。围绕《纲要》实施两周年和“首个公民道德宣传日”，召开座谈会，开展系列宣传教育和道德实践活动，进一步形成全社会关心、支持、参与道德建设的热潮。各地也组织座谈会，加大了公民道德建设宣传教育力度。典型宣传新老结合，充分先进典型的示范带动作用。3月份组织了先进典型回访活动，邀请刘玲英等11位先进典型或家属座谈，新闻媒体开展了“重访劳模”系列报道。5月份组织了丽水市首届劳模先进事迹的宣传，并抓住七勇士勇斗歹徒这一突发事件，把七勇士作为弘扬社会正气的重大典型推出，引起较大的社会反响。

2、文明城市创建活动整体推进。围绕创建国家级生态示范区试点地区，加大城市建设管理和环境整治力度，使各项指标基本达到国家级生态示范区试点地区的要求。针对市区违章建筑点多面广、群众反响大这一问题，开展大规模的拆除“两违”（违章建筑、违法建筑）活动，有力维护了法律的权威，有效整治了城市的环境。根据城市发展的需要，全面启动创建省级文明城市工作，召开了动员大会对创建省级文明城市工作进行全面部署，力争2004年实现省级文明城市目标。坚持以“申报制”为创建机制，加强调研指导，推动文明县城创建工作。莲都区在22个社区广泛开展创建“三心家园”活动，并实行联动创建，全面启动创建省级文明城区工作，力争2004年实现省级文明城区。云和、缙云、松阳三个县加大创建力

度，实现了市级文明县城目标。其它县市也进一步巩固、扩大了创建成果。

3、基层文明创建活动不断深化。按照“总体规范、分级创建、逐年推进、五年覆盖”的要求，深化社区体制改革，广泛开展“五进”社区活动，努力提高社区创建水平。坚持行业从单位抓起，以届期制为创建机制，做好文明单位的申报工作，加强对文明单位创建工作的指导，推动更多的行业、单位创建文明行业、文明单位。结合“百村示范、千村整治”活动，把文明村镇创建摆上议事日程，加强了对农村精神文明建设的调研、指导，制定出台了《丽水市文明村、镇（乡）建设管理办法（试行）》，进一步加大了农村“双整治”和“双建设”工作力度，全市共整治脏、乱、差27691处，治厕5470处，全市实现农村文化“六个一”达标村2287个，有力推动了农村精神文明创建工作。

四、推进改革，注重特色，绿谷文化得到进一步繁荣和发展

1、文化体制改革和文化产业发展稳步推进。深化了对文化体制改革的认识，明确了改革的指导思想、工作重点和目标任务，从丽水实际出发，开展调研和思考，进一步理清欠发达地区文化体制改革的思路。市本级电影公司改革目前已拿出了具体的方案。文化基础设施建设进展顺利。体育健身大楼主体于10月份竣工；电视中心已完成初步设计方案；文化会展中心已完成项目报批立项，正在委托设计方案；体育中心总体规划方案已通过专家评审，体育场项目已立项；丽水书城建设前期准备工作正抓紧进行。创建“山花工程”有新进展。验收通过了6个“山花乡镇”，并对已命名的23个“山花乡镇”进行复查。全市文化“山花乡镇”总数达56个，“东海明珠乡镇”14个。

2、特色文化和文艺创作得到加强。充分挖掘丽水特色文化资源，大力弘扬绿谷文化。组织举办了中国第十届国际摄影艺术展，来自各国的11位评委在丽水对68个国家和地区的三万余幅作品进行了评选，12月份在丽水举行颁奖仪式，并进行为期10天的展览，吸引1万多位观众观看。组织了美术、摄影、书法工作者开展创作活动，举办美术、摄影、书法新人新作巡回展；举办了歌曲创作采风加工会和戏剧小品创作加工会；组织了全市“八个一”优秀文艺作品评选。编辑了《瓯江歌刊》、《瓯江词苑》、《瓯江墨韵》等专辑。

3、群众性文化活动蓬勃开展。针对“非典”影响适时调整了重大文化活动计划，一些小型的文化活动十分活跃。组织举办了“绿谷之韵”歌曲创作演唱大赛、浙江省新人新作歌曲大赛、“山花烂漫”文艺调演、第三届市区社区文艺会演、首届戏剧小品大赛等27次39场示范性、展示性文化活动，丰富了市民的文化生活。组织开展文化进社区和文化下乡活动。市区25名群众文化业务骨干被街道办事处聘为指导员，有效地促进了社区文化工作。组织了丰富多彩的文艺节目赴各地开展以宣传十六大精神为主题的文化慰问活动，受到基层群众的欢迎。

综观今年以来的宣传思想工作，我们深深体会到：

宣传思想工作只有服务大局服务中心，才有生命力、影响力。围绕中心、服务大局，是宣传思想工作必须牢牢把握的基本原则，也是宣传思想工作提升地位、赢得自身发展的前提和基础。今年以来，各地各部门紧紧把握改革发展稳定大局，紧紧围绕党委政府中心工作，在服务中体现自身价值，形成宣传思想工作与全局良性互动、协调发展的局面。如围绕市委、市政府“接轨大上海，融入长三角”战略要求，召开理论研讨会，组织重大主题新闻宣传等，营造服务大局、加快发展的浓厚氛围。在全市开展的十六大精神主题教育，努力做到学在深处、谋在新处、干在实处，与第一要务紧密结合，更好地把宣传思想工作融入大局。

宣传思想工作只有牢牢把握“三贴近”要求，才有吸引力、感染力。“三贴近”是用“三个代表”重要思想统领宣传思想工作的必然要求，是新形势下加强和改进宣传思想工作的总抓手。今年以来，各地各部门采取有效措施，努力在创新理念、完善机制、拓展内容、改进方法、设计载体上下功夫，把“三贴近”要求贯穿到宣传思想工作的各个方面，理论、新闻、文艺、思想道德教育、精神文明创建等工作都要围绕“三贴近”要求来部署、来展开、来落实，使之成为指导宣传思想工作的行动座标。

宣传思想工作只有与时俱进开拓创新，才有活力、竞争力。改革创新是推动宣传思想文化事业发展的动力和源泉。今年以来，各地各部门适应形势的发展变化，认真研究和把握宣传思想工作自身的特点和规律，在内容、方法、手段、机制等方面大胆探索，努力创新，从而使宣传思想工作不断开拓新天地，谋取新作为，获得新活力。如新闻宣传，注重抓好重大主题、重大典型、重要言论的宣传报道，注重抓好用“第一时间”来报道鲜活新闻，注重抓好会议和领导活动报道的改进，赢得社会各界广泛好评。

（作者单位：中共丽水市委宣传部）

第十五部分

队伍建设

对企业家思想政治教育的思考

邓向阳

一、加强企业家思想政治教育的必要性

1. 由企业家的特殊身份所决定的

第一,企业家的领导者身份决定了他是思想政治教育的重点对象。领导干部是思想政治教育的重点对象,加强社会的思想道德建设,首先是要加强领导干部的思想政治教育。作为企业领导者的企业家,是企业的"一家之长",自然也是我国思想政治教育的重点对象。企业家作为企业的领导干部,其一言一行,一举一动都是企业基层管理人员和工人群众学习的榜样,对整个企业的思想政治素质具有很重要的影响作用。第二,企业家的管理者身份要求加强其思想政治教育。我国《企业法》也明确指出,企业的第一管理者,对企业的物质文明建设和精神文明建设负全面责任。第三,民营企业家身份更要求重视其思想政治教育。加强对民营企业家的政治教育,是当前我国思想政治教育的薄弱环节,对其做好深入细致的思想政治工作,是当前我国思想政治教育的一个重要而又迫切的问题。

2. 由企业家的特殊地位和作用所决定的

第一,企业家是企业成败的关键。现代市场经济也可以说就是企业家经济,企业家及企业家群体对企业的发展至关重要,因为企业家处于企业的决策中心和经营管理的神经中枢,对企业决策正确与否起着第一位的作用,对企业的兴衰成败负有重大责任。在我国,企业家有着更特殊的地位,起着更特殊的作用:(1)从国有企业看,一个好厂长(经理)是国有企业解困与发展的前提条件。一般来说,国有企业有一个素质高、能力强、懂市场、想干事的好厂长(经理),就有可能弥补我国国有企业在制度方面的缺陷,使国有企业走出困境。(2)从民营企业来看,企业家的素质与能力是其进行第二次创业的前提条件。我国民营企业要从小打小闹的作坊小企业走向现代企业集团,实现第二次飞跃,必须要提高企业家的思想政治素质与管理能力。

第二,企业家是建立与完善现代企业制度的推动者。中国企业体制的内在属性,决定了企业家在企业改制中的特殊作用:积极的企业家会成为企业改制的重要"开拓者"和"保护神",消极的企业家会成为企业改制的"绊脚石"和"破坏者"。作为"绊脚石"和"破坏者"的企业家在企业制度变迁过程中会采取两种行为:一是眼看自己的权力性收入"要减少或丧失,就趁企业改制之机大捞不义之财;二是眼看自己的"利益"将要被"剥夺"时就寻找各种理由阻碍改革。加强企业家的思想政治教育就是要从根本上将消极型企业家转变为积极型企业家,减少企业制度变迁的成本。

第三,企业家是"三个代表"思想的重要实践者。企业家与我党"三个代表"精神的贯彻是息息相关的。首先,对企业家的思想政治教育,是贯彻我党"代表先进生产力的发展要求"这一思想的重要推动力。企业家是我国产业调整与升级的直接执行者。他们的思想政治教育水平直接关系到先进生产力的实现。其次,加强对企业家的思想政治教育是我党创造与传播先进文化,贯彻"代表先进文化"这一思想的关键。企业家是企业文化产业的创建者,是社会主义文化事业的支持者,更是企业文化的典型代表,加强企业家思想政治教育对我党先进文化的实现具有重要的意义。最后,加强企业家的思想政治教育是贯彻我党"代表中国最广大人民的根本利益"思想的关键。"代表中国最广大人民的根本利益"并不是一句口号,而是要以社会主义的经济实力与综合国力为保障,而这一切保障都离不开企业家行为。

3. 由加入 WTO 后我国所面临的新形势所决定的

加入 WTO 后,面对新形势的挑战,加强企业家的思想政治教育更加具有重要的现实意义。

第一,加强企业家思想政治教育是维护国家主权的需要。中国加入 WTO 的实质问题就是中国市场开放的问题。中国的发展取决于市场开放程度,但市场的开放也有可能会带来一定程度的国家利益的损失。所以,在 WTO 框架之内,我国既要考虑到如何参与国际经济合作与竞争,又要善于维护国家的独立、安全与国家利益的关系。作为与西方国家直接打交道的企业家,必须要保持清醒的头脑,要时刻注意保护国家利益,而不能以国家利益为代价来换取企业的利益,乃至个人的利益。

第二,加强企业家思想政治教育,是在 WTO 环境之下建设中国特色社会主义的需要。以美国为首的西方发达资本主义国家,企图在经济全球化过程中,建立起以他们的经济体制为样板的经济一体化形式,以实现其推行霸权主义的梦想。在建设中国特色的社会主义过程中,企业家是先锋,为了在经济全球化中不失去自我,构建有中国特色的社会主义的市场经济体系,就有必要对企业

家进行民族主义，爱国主义、国际主义的教育，否则将在经济全球化过程中迷失方向。

第三，企业家的思想政治教育状况，直接影响着中国企业在WTO中的生命力。之所以这么说，原因有三：首先，只有加强对企业家的思想政治教育，才能建立良好的企业文化，以应对激烈的市场竞争。企业间的竞争可以说是一种经济实力的较量，也可以说是一种企业文化的较量。企业文化是企业生存的基础，发展的动力，行为的准则，更是成功的关键。而企业家以自己的价值观和人格力量塑造着所领导企业的企业文化。其次，只有加强企业家的思想政治教育，才能建立起良好的企业信用。最后，只有加强企业家的思想政治教育，才能提高企业家的经营能力，提高中国企业的管理效率，使中国企业在竞争中立于不败之地。

二、企业家思想政治教育的内容与途径

1. 把握企业家思想政治教育的重点内容

第一，突出企业家精神教育。企业家是一种特殊的群体，因而对其进行思想政治教育的内容也要有特殊性。我们认为企业家成长的实质就是企业家精神的成长，而企业家精神不是天生具有的，要通过后天教育来加以培育。企业家作为一种高层次的特殊群体，其精神应包括以下几项内容：政治精神、道德精神、创新精神、团队精神、科技精神、解放思想、实事求是的精神。在这几种企业家精神中，重点是企业家的政治精神与道德精神。政治精神与道德精神是企业家精神的基础，其他精神要服务与服从于他们。企业家也只有具有政治精神与道德精神，才能坚定正确的政治方向和社会主义的道德规范，并按照正确的政治方向去培养其他的企业家精神。

第二，坚持政治主导与道德主导相结合。政治教育重点是解决对国家，阶级、社会制度等重大政治问题的立场和态度。道德教育主要是进行行为规范的教育，内化道德规范，形成道德观念，发展道德判断，培养道德情感，养成道德行为，提高道德素质。企业家思想政治教育在内容结构的选择上要将两者结合起来，主要培养企业家的政治素质与道德素质，体现企业家的强烈的政治性和明确的道德性。要做到企业家思想政治教育内容坚持政治主导与道德主导相结合，在具体内容选择上要做到以下几点：(1)以理想与信念教育为核心；(2)以爱国主义与民族意识教育为后盾；(3)以价值观教育为导向；(4)以集体主义教育为阵地；(5)以社会公德与职业道德教育为基本。

2. 建立与完善企业家思想政治教育的新途径

一是规范企业家培训制度。企业家思想政治素质培训可包括社会培训与企业培训两个层次。社会培训是主要形式，主要包括以高校为依托的企业家培训、由国家直接管理与推动的各种形式的培训，以及合作培训等等；企业培训主要是指以企业内部为主的培训。企业家培训制度主要有以下几种形式：(1)以高校为依托的企业家思想政治素质培训。发达国家在企业人员的培训方面主要以高校为依托。美国6000多所工商管理学院，1200多所高等院校开设了管理专业，各州也纷纷建立了管理人员培训网，企业、高校、政府三位一体，不断扩大在职培训人员的数量和范围。在企业家思想政治教育方面，我们也可以吸取西方发达国家的做法，在有条件的高校设立企业家思想政治教育专业，一方面加强对企业家思想政治教育的研究与开发，一方面采取各种形式对企业家直接进行系统的理沦培训，提高企业家思想政治素质。(2)定期的研究班或培训班。这种途径需国家来加以扶持，由国家来购买培训成果，支付培训费用。(3)适应性短期培训。这种培训方式是指针对企业家思想状况的变化，或者是企业发展与改革中的一些重点与难点，及时地对企业家进行思想政治教育。(4)学历教育。对一些没有受过高等教育的企业家，或者需要进行马列主义、毛泽东思想、邓小平理论系统学习的企业家，可以进行较长时期的学历教育，对于学业合格者可颁发学历证书以作为就业与晋级的条件之一。(5)多渠道合作培训，各种社团组织，如专业学会、商会等民办性质的培训机构，都可以组织各种形式的培训，作为正规培训的补充。

二是加强企业文化建设。优秀的企业家和优秀的企业文化往往并存于一个企业之中，两者具有内在的统一性，企业家的精神、经营理念、自身形象与经营能力等集中体现了该企业的企业文化；同时，在充分了解企业自身特点的基础上，企业家又以自己的企业哲学，价值观念，伦理道德和行为风格等塑造和变革企业文化，进而影响企业的前途和命运。企业文化教育包括三个结构层次，即物质层、制度层和精神层。其中，物质层是企业文化的表层部分，制度层是企业文化的中间层次，精神层则主要是指企业的领导和职工共同信守的基本信念、价值标准、职业道德及精神面貌，也就是所谓的经营理念。加强企业文化这三个层次的建设，可以从价值观、经营理念、制度等各方面来提高企业家思想政治素质。

三是发挥大众传媒的宣传教育功能。随着现代技术的不断发展，大众传媒迅速发展成为强大的大众信息传播网络。根据1998年底统计，我国共有报纸2035种，广播电台1200座，电视台1000多座，有线电视台1200座，广播电视覆盖率达到80%以上，形成了强大的大众传媒网络。大众传媒具有直接面向群众，传播信息及时、迅速、广泛的特点，应成为我们企业家思想政治教育工作的主要渠道。我们一方面要发挥报刊、电台电视台等传统传媒的作用，另一方面又要发挥互联网络传播的作用。在新的历史时期里，企业家的思想政治教育要充分利用网络传播这一途径，弘扬主旋律，占领主战场，利用网络媒体宣传的辐射力、吸引力、感召力、穿透力，使企业家思想政治教育达到

"润物细无声"的效果,不断提高企业家的素质。

（作者单位:湖南大学新闻与传播学院）

对村级干部队伍建设的调查与思考

喻专文

党的十六大明确提出,党的基层组织应该成为贯彻"三个代表"重要思想的组织者、推动者和实践者。而村级组织作为我们党在最基层的一级组织,村级干部的形象很大程度上代表了党组织在群众心目中的形象,如何加强村级干部队伍建设,增强基层党组织的凝聚力和战斗力,密切党群关系,从而实现全面建设小康的奋斗目标,具有深刻的现实意义。

一、目前村级干部队伍存在的主要问题

(一)村干部结构老化"后继无人"。当前村级干部队伍最突出的问题是年龄老化,据调查,高县村级干部平均年龄约45岁,50~60岁的"老干部"占了相当大的比例,个别村干部已年愈70,仍然坚守岗位。究其原因,主要是有文化的年轻党员大多外出打工,不愿留守故土做村官,留在村里没文化没能力的又难当重任,从而出现了阶段村干部"后继无人"的断层现象。不扭转这一现象,村级组织的战斗堡垒作用将难以发挥,村干部带领农民致富实现全面小康建设的目标将难以实现。

(二)村干部能力弱化"缺乏能人"。由于当前的村干部工作量和工作难度大,工资待遇低,又没有政治前途,这样的职务对有能力、有文化的年轻人来说,没有任何吸引力。此外,受进城务工潮流的影响,农村中的"精英"分子纷纷涌进城市"淘金",有技术勤劳致富的年轻人,在组织看来有一定的培养前途,但在其任职一两年后觉得没干头,没想头而辞职不干了。因此,村组织缺乏能人掌舵。

(三)村干部职能软化"难以做人"。计划经济时代的村干部在村民的心目中大小是一个"官",村里大事小事都能管,干事开会可以"一呼百应"。进入市场经济时代后,村干部的主要工作就是所谓的"催粮、催款、刮宫、引产",在发展经营上没有什么多大的作为。而随着时代的发展,村民们信服的是能致富挣大钱的能人,对不能带领他们走致富路的村干部就很难理解支持,村民不支持,村干部的工作更不好发展,威信降低,造成恶性循环,村级组织便大多陷于应付甚至瘫痪状态。

二、创新三大机制,切实加强村级干部队伍建设

村级干部作为农村最基层的经济发展和社会稳定的具体组织者和实践者,肩负着大量繁杂的事务,而由于他们身处农村,又具备乡镇干部在处理村级事务上所欠缺的独特的优势。因此,一个坚强有力的村级干部队伍对当地农村各项工作的顺利开展起着非常重要的作用。针对当前村级干部队伍建设存在的问题,从全面建设小康社会的大处着眼,必须深层次地从制度改革入手,努力创新村干部的培养选拔、管理考核、激励保障三大长效机制。

(一)创新村干部培养选拔机制。一是加强对村干部的培养和后备村干部的储备。县委组织部门和镇乡党委结合实际,认真研究制定村干部培养的近期和远期规划,营造有利于村干部成长发展的良好环境;加大"双培"力度,在把农村有能力的人培养成党员、把党员培养成致富带头人的同时,把有能力的人和党员培养成村干部,实行"能人治村",建立村干部后备干部储备制度,实行档案管理和备案管理,有针对性地进行重点培养,确保村干部队伍"后继有人",保持相对稳定和长期活力。二是加大在优秀分子中选拔村干部的力度。建立公开公平公正的村干部考选机制,在具备较高政治素质、较强工作能力的党员和村民中选拔优秀分子。其中重点要在待业大中专生、优秀退伍军人、农村乡土人才、"发迹"返乡人员中遴选。此外,结合镇乡机构改革,安排部分镇乡干部兼职村干部,充分发挥镇乡干部的作用,调动村干部的工作积极性。三是加快调整科学配备村级干部班子。按照培养规划和需要,畅通进出口渠道,有组织有步骤地调整村级班子,配备村级干部,改善村级干部队伍的学历、年龄等结构,增强村级基层组织的凝聚力和战斗力。四是建立村干部的教育培训制度。村干部要定期组织集中学习和读报,安排定期、不定期到县、镇(乡)党校进行轮训,新上任的村干部要集中进行岗前培训。有条件的镇乡可以让优秀的村干部分期到镇(乡)上挂职锻炼或分批组织外出考察学习,县级农、科技等部门组织宣讲团流动到镇乡为村干部授课。

(二)创新村干部管理考核机制。一是明确村干部的职能职责和权利义务。村干部的职能职责和权利义务,全县要统一规定,同时建立健全村干部的学习、工作等各项制度,并在村"两委"所在活动室进行张贴公开。

村支书、村主任、副主任等村干部要按统一的要求认真履行职责和义务，依法行使权利开展工作。二是建立健全村干部工作运行机制。村干部要依照《村民委员会组织法》的要求依法组织村民进行自治。同时，要结合实际，建立村“两委”工作议事制度，规范“两委”的日常工作秩序，既要确保实现村支部“党的领导”，又要保证村委会依法进行民主自治，防止出现“两张皮”现象；建立民主理财制度，实行“村帐民理镇（乡）代管”，即村集体的资金帐日由镇（乡）成立村级财务结算中心代为集中管理，村干部只负责村帐收支过程的组织，具体收支到结算中心办理，同时进行财务公开，接受村民代表和村子主理财小组的监督，健全村民代表会议制度，坚持每半年召开一次村民代表会议，讨论政务和村务工作，充分听取村民的意见和要求，积极调动村民参与民主治村，重大事项按照“一事一议”的办法进行决定；健全村务公开制度，对涉农的法律、法规、政策要长期公开，对村民关注的人、财、折管理情况要定期公开，重大事项要及时公开，同时做好村务委开后村民意见的反馈和处理。三是强化对村干部工作的目标管理考核，实行集约、目标管理。各镇（乡）每年年初与村干部签定目标责任书，责任书的内容具体包括党建、精神文明、计划生育、治安信访、纠纷排解、税费征收、农业生产、结构调整、土地管理、经济发展等10个方面，各占10分，年终进行考核，依据考核得分的结果划分工作成绩为五个级别，根据成绩级别实施奖惩。

（三）创新村干部激励保障机制。一是实行村干部绩效挂钩工资制度。村干部的工资由基础工资、活动工资、奖励工资三部分组成，基础工资县上核定基数不变，活动工资和奖励工资由镇乡根据县上的统一要求具体确定。二是实行村干部“退休”，村干部“退休”后，可以根据任职年限享受“退休”补助（因违纪违法不再任职的不能享受），补助费在县财政每年预算建立的“村干部基金”中支出。三是实行村干部人身财产“保险”制度。村干部依法开展工作时，人身、财产因公受到不法侵害，经查不能落实侵害人赔偿的，由镇（乡）或“村干部基金”进行照价补偿。四是关于村干部晋级晋职制度。村干部根据任职年限增加、工作成绩进步等情况，可以晋升工资档次，对工作成绩特别优秀突出，同时又有学历、有能力的年轻干部，组织部门可以考虑提拔为镇乡领导干部，解决村干部的“出路”问题。

（作者：中共高县县委副书记）

努力建设一支高素质的律师队伍

董应生

律师制度是我国社会主义法律制度的重要组成部分，律师的业务活动和律师管理工作，都要以“三个代表”重要思想为指导。为此，陕西省律师协会向全省律师行业下发了《关于在全省律师行业进一步兴起学习贯彻“三个代表”重要思想的新高潮的意见》，要求全省律师行业进一步加强理解“三个代表”重要思想的科学含义，牢固树立司法为民的政治观念，在律师业务活动和律师管理工作中，不断践行“三个代表”重要思想和科学发展观，努力建设一支高素质的律师队伍。

一、认真贯彻落实中央领导同志对律师工作的重要批示精神，积极实践“三个代表”重要思想，充分发挥律师在经济和民主法制建设中的重要作用

今年1月，胡锦涛总书记、吴邦国委员长、温家宝总理、罗干同志和周永同志分别对律师工作作了重要批示。中央领导同志的重要批示站在历史和全局的高度，高度评价了律师队伍为促进经济建设和民主法制建设做出的积极贡献，强调了加强律师队伍建设在实践“三个代表”重要思想，维护司法公正、促进依法治国进程中的重要性，体现了党和国家对律师工作高度重视，对律师队伍的亲切关怀和殷切希望，同时也是党和国家对新时期律师工作和律师队伍建设的总要求。中央领导同志的重要批示，充分体现了“三个代表”重要精神，全省律师行业要把中央领导同志重要批示精神作为当前及今后一个时期律师工作的重要任务，学习好，落实好。

二、进一步加强律师队伍建设，是实践“三个代表”重要思想和科学发展观，为全面建设小康社会提供高效优质的法律服务的根本要求

党的十一届三中全会以后，我国律师制度恢复和重建，我省律师队伍与全国一样有了很大发展，现在全省已有269家律师事务所，2700多名执业律师。二十多年来，全省律师勤奋工作，刻苦敬业，用自己的聪明才智和辛勤劳动，为改革开放和陕西经济发展、实施西部大开发战略服务，为维护公民合法权益和法律的正确实施，维护司法公正与促进依法治国做出了重大贡献，得到党和广大人民群众的积极肯定。党的十六大提出全面建设小康社会的战略目标。新的形势对律师队伍建设上作提出了更高

的要求。新时期律师队伍建设要紧紧围绕"坚持信念、精通法律、维护正义、恪守诚信"这个总目标,进一步扩大规模,调整布局,努力改善律师数量不足,地区分布不均衡的状况,同时,要进一步提高律师的政治素质、业务素质和职业道德素质,提高服务层次和服务质量,改进服务方式和服务内容,为全面建设小康社会提供优质高效的法律服务。

三、用"三个代表"重要思想和科学发展观,教育全省广大律师牢固树立执法为民,诚信服务的坚定信念

我国律师的本质属性是社会主义的法律工作者,肩负着维护社会主义法制尊严,维护司法公正,推进依法治国,建设社会主义法治国家的神圣职责。近几年来,市场经济的一些消极因素对律师队伍的影响越来越大,个别律师片面追求经济利益,商业化倾向日趋严重,诚信服务意识逐渐淡薄,服务为民的理想信念开始淡化。在这种情况下,加强学习教育,使律师队伍能够自觉抵御各种腐朽落后思想的影响,显得尤为重要和迫切。律师教育要增强针对性和有效性,要以思想教育、职业道德和执业纪律教育,法制教育为重点,进一步加强理想信念教育,坚持不懈地用邓小平理论和"三个代表"重要思想武装律师的头脑,增强广大律师的爱国主义、集体主义和社会主义思想。在对律师教育时,要充分发挥律师事务所基层党组织的核心作用,发挥优秀律师和文明律师事务所的先进典型示范作用,为此,我省去年已经对有3名以上正式党员的律师事务所,单独建立了党支部,不足3名党员的,联所建立党支部。目前各支部活动正常,党的基层组织正在发挥其巨大的堡垒作用。2003年,全省共评出19家省级文明律师事务所,32名省级优秀律师。

四、以"三个代表"重要思想和科学发展观为指导,加快实现律师管理体制创新,充分发挥律师协会的行业管理职能

深化律师管理体制改革,推进管理体制创新,是律师队伍建设的重要保障。律师队伍管理体系包括三个层次,一是司法行政机关的宏观管理,二是律师协会的行业管理,三是律师事务所的自律性管理。深化律师管理体制改革的重点是转变司法行政机关的管理职能,强化律师协会的行业管理和律师事务所的自律性管理。要充分发挥律师协会的行业管理职能,关键是加强和完善以诚信为核心的律师行业规则体系建设,要通过建立完善律师组织规则和业务规则制度,律师执业利益冲突审查制度,服务质量跟踪反馈制度,责任赔偿和职业保障制度等,有效规范律师执业行为,在我省律师队伍中,形成热情服务,诚实守信,扬善惩恶的良好行业风尚。

加强律师队伍建设,是一项长期的战略任务,我们一定要以"三个代表"重要思想和十六大精神为指导,认真学习贯彻胡锦涛总书记等中央领导同志对律师工作重要批示精神,充分发挥律师协会的行业管理职能,坚定信心,扎实工作,不断开创我省律师队伍建设工作的新局面。

(作者:陕西省律师协会会长)

努力建设高素质的干部队伍

张根湘

江泽民同志在庆祝中国共产党成立80周年大会上的讲话中强调:"贯彻'三个代表'要求,我们必须全面贯彻干部队伍革命化、年轻化、知识化、专业化的方针和德才兼备的原则;深化干部人事制度改革;努力建设一支高素质的、能够担当重任、经得起风浪考验的干部队伍",这是党的建设的一项重大任务。

应当看到,在新的形势下,我们党的干部队伍建设确实面临许多新情况、新问题。主要有三种情况。一是这些年来,干部队伍结构正在发生新的变化,当前和今后一个时期,干部队伍新老合作和交替的任务仍然十分繁重,对此应有充分的估计和足够的准备。二是干部队伍中确有相当一部分同志的素质特别是思想政治素质不适应党的事业的要求;忽视政治、作风漂浮仍然是比较普遍的现象,必须引起我们的高度注意。三是在实行改革开放的新的社会环境里,资本主义腐朽思想文化影响,对干部队伍的潜移默化的侵蚀不可低估。

江泽民同志强调建设高素质的干部队伍,表明了我们党政治上的清醒和成熟。如果说,是不是善于发现人才,团结人才,使用人才是衡量领导干部成熟程度的主要标志,那么;能不能造就一支适应新的形势变化的高素质的干部队伍,则是检验党的战斗力强弱的主要标志。只有解决好建设高素质干部队伍的任务。才能解决好全面推进改革开放和社会主义现代化建设的任务。因此,建设好我们的党,首先要提高党的各级领导干部的思想政治素质,特别是要努力提高中青年领导干部的思想政治素质。第一,要大力加强中青年领导干部的党性修养,使他们始终坚持全心全意为人民服务的根本宗旨。第二,要大力拓宽中青年领导干部的视野,使他们能够善于观察时势和把握要求。第三,要大力培养中青年领导干部的战略思维能力,使他们善于从实际出发不断研究解决改革、发展中的重大问题。

江泽民同志强调指出:培养使用中青年领导干部,要做到:第一,选人不拘一格,用人用其所长。选拔中青年领导干部要解放思想,破除论资排辈、求全责备,迁就照顾等陈旧落后观念,不拘一格选人才。要不断深化干部人事制度改革,形成干部能上能下的机制,用制度为优秀年轻干部脱颖而出、健康成长创造良好的环境和条件。第二,中青年领导干部的健康成长,自身努力是内因,党组织培养是外因,内因与外因要紧密结合。对有发展潜力的苗子,要精心加以培养,让年轻干部在工作实践中得到艰苦的磨练,增长才干和胆识。从积累领导经验的角度讲,使用是最好的培养,是提高和识别干部的最好方法。第三,我们从事的事业需要的人才是多方面的;在政治合格的前提下,还必须具备所从事工作的专长。应努力形成各方面人才百舸争流、各显其能的局面。上述三点,可用前人的三句诗来表述:第一句是龚自珍的"我劝天公重抖擞,不拘一格降人才";第二句是郑板桥的"千磨万击还坚韧,任尔东西南北风";第三句是朱熹的"等闲识得东风面,万紫千红总是春"。就是说,培养中青年领导干部,一要不拘一格,二要加强磨练,三要人才辈出。

那么,只有进一步深化干部人事制度改革,以邓小平理论和江泽民同志"三个代表"的重要思想为指导;解放思想,努力探索,才能开拓新境界,实现新突破。我认为,应当以扩大民主为改革方向,进一步提高干部工作的公开程度和透明度;以解决干部"能上、能下"为工作重点,建立健全竞争激励和淘汰更新机制;以建立和完善制约、监督机制为有效保证,加大对领导干部及选拔聘用工作的监督力度,以科学分类管理为基础,建立各具特色的干部管理制度;以改革收入分配制度为重要措施,建立干部激励和保障机制,并且要营造尊重知识,尊重人才的宽松的良好的氛围,以识才的慧眼,用才的气魄,爱才的感情,聚才的方法,知人善任,广纳群贤,为事业的进步和发展提供人才保证。

紫荆山百货大楼作为郑州商业功勋老店,有曾经的辉煌,也有痛苦的困境,有改革的阵痛,也有再现的生机。1998年7月,大楼领导班子调整后,带领全体干部、员工勇于改革,克难攻坚,强力推进一系列经营、管理、服务举措,并取提了显著的经济效益和社会效益,受到了上级领导的肯定和消费者的认同,被有关专家评价为"死马"变"活马",现正在由"壮马"向"骏马"的发展过程中奋力前行。特别是近两年来,通过认真学习贯彻江泽民同志"三个代表"重要思想,大楼以按贤察名求真才,选人考功名实得古训,狠抓制度建设,激发人才潜能,努力营造一种用工制度是基础,价值体现是核心,内部选才是关键,薪酬待遇是手段,工作环境是保障,培训教育是动力,淘汰庸者是前提的良好氛围。我们领导班子认为,整合管理资源,激活用人机制,营造企业核心竞争力的奥秘所在,就是培养和使用高素质的经营管理人才。通过几年的努力,大楼建立了"干部能上能下"的用人机制,坚持"有位须有为"原则,能者上,平者让,庸者下,大胆调整和使用人才,4年来共任免和调整干部150人次,彻底打破了"铁交椅"。大楼还广招贤良,外聘经营管理人才,并带来了"鲶鱼效应"。现今,大楼外聘的赛玛特量贩、鞋帽商场、皮具商场、工艺商场等经理,都成为了大楼经营管理的骨干力量。大楼还着眼于企业改革改制和生存发展大局,着手于干部教育培训机制、制度的建立健全,以期构筑人才工程,打选精兵强将,为企业的长远发展和参与市场竞争奠定坚实的人才基础。

通过学习领会江泽民同志"三个代表"重要思想,结合企业实践,更使我们切实认识到培养和拥有一支具有超前思维和超凡睿智的决策队伍,有一支懂经营、善管理,高效率的管理队伍,有一支多技能,高素质、好形象的员工队伍的重要性和必要性。2002年,中共中央颁布了《党政领导干部选拔任用条例》,这是我们的党在选拔、任用领导干部的纲领性文件,更具科学性和规范化以及可操作性,体现了与时俱进的时代特点,是"三个代表"重要思想的一个具体实践,具有重要的现实意义和深远影响。我们将继续深入学习江泽民同志"三个代表"重要思想,按照江泽民同志对领导干部提出的有关要求,从政治、作风、思想、纪律、才能五个方面进一步加强领导干部的选拔、培养和任用,使"四化"人才为企业的进步和发展做出贡献。

(作者:郑州市紫荆山百货大楼总经理,党委书记)

新时期领导干部必须加强思想道德建设

赵炳文

江泽民针对我们党担负的历史使命和处境，面临着许多重大历史性课题，提出了“三个代表”的重要思想。“三个代表”的重要思想科学的回答了在新世纪我们建设一个什么样的党，怎样建设党的问题，是对党的性质，根本宗旨和党的任务的新概括。江泽民最近提出的以德治国与依法治国相结合的论述是贯彻“三个代表”重要思想的关键所在。毛泽东同志曾经讲过，正确的路线确定之后，干部就是决定的因素。各级领导干部是贯彻落实好“三个代表”重要思想的关键，充分体现了加强领导干部思想道德建设的重要性。

随着改革开放的不断深入，人们的思想产生极大的变化，过去认为正确的观点现在不一定适应新的形势，用老观念看待新问题总是看不惯、看不顺眼，越看越不平衡，老观念或多或少地束缚着我们的前进步伐，随之而来的新思想、新观念逐步进入领导干部的头脑，同样影响着领导干部思想变化。新思想、新观念的产生。经过改革开放的实践证明大多数有力于推动我们国家建设发展步伐，同时也暴露出一些新问题属于阴暗面败坏了我们党的形象，个别领导干部放松了思想改造经不起金钱美女的诱惑走上犯罪道路，给党和国家造成重大经济损失。例如：王宝森、胡长清、成克杰等，虽然是极个别的少数人，但是给我们党和国家改革开放造成的损失是无法估量的，这充分证明加强领导干部思想道德建设的必要性。

一、在新时期为什么必须加强领导干部思想道德建设

1. 思想道德不抓不行

随着我国改革开放的不断深入，我国社会主义建设由计划经济模式转变成为社会主义市场经济，思想道德建设也面临着新的考验，领导干部思想道德建设主流是好的，各级领导干部也能够转变思想观念适应新形势需要，不断探索研究思想道德建设的新问题，实践证明经过多年努力领导干部思想道德建设取得可喜成效，加快改革开放前进步伐。但是，领导干部思想道德建设仍存在不少问题，这些问题直接影响我国社会主义建设和改革开放，这个问题解决不好，在新的历史时期出现这样那样的问题就不足为奇了，少数领导干部走上犯罪道路就在所难免。领导干部思想道德建设不加强，出现问题得不到及时纠正就会使更多的领导干部走向邪路，偏离社会主义方向。改革开放以来的实践证明：哪里领导干部思想道德建设搞得好，哪里的领导干部形象就好、威信就高、风气就正。反之，哪里领导干部放松思想道德建设，放任自流、哪里领导干部出现问题就多，走向邪路的就多，那里的风气就不正，这正是因为领导干部放松思想道德建设的结果。实践证明思想道德不抓不行。

2. 部分领导干部“三观”问题没有解决好

加强领导干部思想道德建设，首先要使领导干部树立正确的人生观、世界观、价值观，有了正确的“三观”前进就有方向，人们的人生观、世界观、价值观，决定了人生道路上的追求，道德情操和行为准则。各级党组织制订了党员干部行为准则，规定了领导干部应该做什么，不应该做什么都有明确规定，很多问题就出现在领导干部放松思想改造没有解决好，自认为天知、地知、你知、我知，从小贪逐步走上犯罪道路。其次要使领导干部坚持全心全意为人民服务的根本宗旨，把广大人民群众的利益放在第一位，心里装着老百姓，真心实意的为老百姓办实事，把坚持党的宗旨作为体现人生价值的标准。所以，领导干部必须树立正确的人生观、世界观、价值观。

3. 党的优良传统被少数干部丢掉了

发扬党的优良传统是搞好领导干部思想道德建设的关键。在新的历史时期人民生活水平不断提高，物质条件得到改善，能否坚持艰苦奋斗的优良传统是对每个领导干部的考验。在新的历史时期还需要不需要发扬党的优良传统是摆在每个领导干部的新课题，改革开放以示我们党弘扬党的优良传统主旋律是好的，但是，少数领导干部丢掉了党的优良传统，被资产阶级腐朽思想所侵蚀，孳生贪图享受的资产阶级思想，成为金钱的奴隶，滑向深渊，偏离社会主义方向，失去一个共产党人的贞节。所以，党的优良传统不能丢，每个领导干部必须坚持党的优良传统，发扬艰苦奋斗的作风，决不能放松警惕。

二、在新时期领导干部思想道德建设应抓好以下几方面问题

1. 加强领导干部自身学习，努力提高领导干部思想政治素质，领导干部加强理论学习，适应新形势的需要，不断提高理论水平和政策水平，提高领导干部对思想道德建设的认识，提高领导干部用马克思唯物主义的哲学观点分析、研究、解决新时期问题的能力，不断增强领导

干部思想道德建设的自觉性,从而推动改革开放前进步伐。

2. 领导干部思想道德建设,一方面加强领导干部自身学习来提高领导干部的自觉性,另一方面要加强制度建设,用党组织的规定来约束领导干部思想道德建设,采取自觉和组织约束相结合的方法强化领导干部思想道德建设。

3. 领导干部必须按照江泽民总书记提出的讲学习、讲政治、讲正气的要求去做,严格要求自己,发挥领导干部身先士卒的作用,实实在在地进行"三讲",而不是形式上的"三讲",领导干部要成为"三讲"教育的典范,使领导干部思想道德建设见到实效。

4. 领导干部必须加强对江泽民总书记提出的"三个代表"重要思想的学习,深刻领会"三个代表"的实质,用"三个代表"这把尺子来衡量每一个领导干部行为,江泽民总书记"三个代表"的重要思想是对党的性质、根本宗旨和党的历史任务的新概括,是对党员干部在新的历史时期提出的新要求,所以,党员领导干部必须把"三个代表"重要思想结合本地区、本部门的实际制订出切实可行的实施方案,将"三个代表"的重要思想落实到工作中。

5. 领导干部必须深刻领会江泽民提出的"把依法治国与以德治国紧密结合起来"的论述,依法治国是党领导人民治理国家的基本方略,江泽民指出:"依法治国就是广大人民群众在党的领导下,依照宪法和法律规定,通过各种途径和形式管理国家事务,管理经济文化事业,管理社会事务,保证国家各项工作都依法进行,逐步实现社会主义民主的制度化、法律化,使这种制度和法律不因领导人的改变而改变,不因领导人看法和注意力的改变而改变"。江泽民总书记最近指出:"对于一个国家的治理来说,法治与德治,从来都是相辅相成,相互促进的。二者缺一不可,也不可偏废。法治属于政治建设,属于政治文明,德治属于思想建设,属于精神文明。二者范畴不同,但其地位和功能都非常重要。我们应该始终注意把法制建设与道德建设紧密结合起来,把依法治国与以德治国紧密结合起来"。以德治国,首先要施德政,百行德为首,在领导干部中加强思想道德建设就是加强领导干部思想教育,法律主外,道德主内。法律是外部强制性的约束手段,道德是发自内心的自我约束。内外结合方可使国家长治久安。法律难以从根本上解决社会公正的问题,法律的基础是道德,法律的立志和归宿是为了公正,公正也可看作道德的范畴。第二法律难以处及人的心灵,解决不了人的思想问题。法治是十分必要的,它是治理国家的重要手段,但是这种以强制形式规范行为的手段,只能解决不敢、不准的问题,却无法解决不想、不愿的问题,也就是说难以处及人的思想问题,无法使人在内心深处形成一道防御犯罪的堤防。第三法律不可能把社会生活的方方面面统统管起来,而必然留有一些领域由道德来管理。比如说:个别领导干部"婚外情"问题,有的很难用法律治理,只能从道德方面加以教育,才能使领导干部自觉抵御"婚外情人"。第四道德是法律的基础,法律是道德的保障。只讲道德不讲法律,道德就没有约束力,就会变得苍白无力;只讲法律不讲道德,法律就失去民众的诚服,导致野蛮粗暴的管理。

在社会主义市场经济条件下,实行依法治国与以德治国相结合的方针,双管齐下使我们党领导下的国家真正是全党全国人民根本利益的代表。从而巩固中国共产党的执政地位。所以,在领导干部中加强思想道德建设是非常重要的,党组织要担负起对领导干部思想道德建设的职责,大力弘扬中华民族的美德,党员领导干部树立正确的人生观、世界观、价值观、使党的优良传统进一步发扬,担负起领导干部的历史使命,将我们党建设成为具有代表中国先进社会生产力发展要求、代表中国先进文化前进方向、代表中国广大人民最根本利益的政党,带领全国各族人民沿着社会主义道路前进。为把我国建设为高度民主,高度文明的国家而努力奋斗。

如何建立干部择优汰劣机制

张铁网

深化干部人事制度改革,形成同发展社会主义市场经济相适应的选人用人机制,是经济体制改革的迫切需要,是建设高素质干部队伍的治本之策,同时也是政治建设和政治体制改革的重要内容。改革开放20多年来,我国干部人事制度改革在扩大民主、完善考核、推进交流、加强监督等方面采取了一系列行之有效的措施,取得了明显的成效。但是,必须实事求是地看到,随着实践的发展,干部人事制度改革的一些深层次的问题还有待进一步研究和解决。比如,干部能上不能下、能进不能出的问题,已成为长期困扰干部工作的一个"瓶颈",也是深化干部人事制度改革的一个重点和难点。解决这个问题，需要建立一个科学的干部择优汰劣机制。

一、充分认识建立领导干部择优汰劣机制的重要意义

加强党的执政能力，提高党的领导水平和执政水平，关键是提高党的干部队伍的领导水平和执政水平，而提高党的干部队伍的领导水平和执政水平的关键，则在于建立科学的领导干部择优汰劣机制。通过建立择优汰劣机制，一是解决干部队伍建设中长期存在的能上不能下的老大难问题；二是在干部队伍中形成竞争氛围，解决干好干坏一个样的问题；三是汰劣创造职位空缺，解决优秀人才因职数受限难以脱颖而出的问题。否则，没有优胜劣汰，形不成竞争局面，能庸不分，就势必造成四平八稳做太平官，熬年头凭资历、干好干坏一个样的状况；没有优胜劣汰，平庸者不能及时让位，不但贻误党的事业，而且会导致即使发现了优秀人才，也会因没有岗位而使之埋没；没有优胜劣汰，就难以解决干部队伍中压力不够、动力不足、活力不强的问题，广大干部就很难自觉地在工作实践中加强学习，注意提高领导能力和执政水平。由此可见，建立领导干部择优汰劣机制，的确是加强党的建设、提高各级领导干部领导水平和执政能力的重要一环。

二、科学确定干部优劣的评定标准

评价任何事物的好坏优劣，前提是都必须有一个明确的标准或界线，评定干部的优劣，也不例外。对于党政领导干部的标准，《干部选拔任用条例》作了明确的规定，即六个方面的基本条件。这六个方面，应该说是我国新时期党政领导干部的基本标准，所有其他具体的干部标准，都应建立在这个基本标准的基础上。

确定干部优劣的评定标准，首先它必须与干部标准相一致，但又不能等同于干部标准，否则这个优劣评定就无法操作。干部优劣的评定标准应包含两个基本要素。一是干部优劣评定标准的内容，二是干部优劣评定标准的等次划分。

干部优劣评定标准的内容应与干部考核内容相一致，这样才能使干部优劣评定标准具体化，并使优劣评定以考核为依托。干部的考核内容则应是以干部的六条基本标准为依据，结合干部选拔任用与监督管理工作的实际提出的；便于考核操作，又能充分反映干部情况的重要方面。当前，我们党和国家的干部考核制度构建的考核内容是以实绩为核心、德才素质为基础的德、能、勤、绩、廉五个方面，这些内容，应作为干部优劣评定标准的内容。

干部的优劣具有相对性，优劣的评定区分是一个复杂的体系，不能简单化。优劣的相对性，就决定了干部优劣应有不同的等次，需要对优劣评定标准进行等次划分。干部优劣标准的等次划分依附于干部考核内容评定的不同程度的表达方式，反映对干部在一定时期考核结果的综合评定，干部优劣评定的等次应对应予考核结果的筹决。实践证明，优劣等次划分为优良中平差五个等次为宜。以往的优秀、称职、基本称职、不称职四个等级划分存在弊端较多。一是不称职等次难以确定，所以使优劣难以操作；二是称职区间过大，通常占85%左右，就使得这样大一个群体，既分不出优劣，难以调动积极性；又不能有效实施奖惩和择优汰劣。划分五个等次，其优劣的相对性表现为：良相对于优即是劣，而相对于中则为优；中相对于优、良即是劣，而相对于平、差则为优，以此类推。这样划分优劣评定标准，才能使择优汰劣成为可能。

三、科学制定干部优劣的评定方法

干部的优劣等次评定标准确定之后，重要的即是科学制定干部优劣等次的评定方法，关键要解决两个问题。一是由谁来评定；二是怎么评定。由谁来评价领导干部的优劣即如何科学合理地确定评价主体，这是建立择优汰劣机制的一个至关重要的问题。扩大民主，落实群众“四权”，最有效地让广大干部群众成为评价主体，既是《干部任用条例》的要求，更是能使评价准确的客观需要。如何把握扩大民主的科学性、有效性，实践证明，按照与评价对象的知情度、关联度、责任度“三度”原则，将与被评价干部工作生活联系较密切、较知情的上级、同级、下级和基层群众作为评价干部优劣的主体是较为科学的、有效的。通过这种主体的多元化、多层面，形成对干部的上下左右立体式的评价，以最大限度地把干部的优劣情况评准评实。

运用什么样的方法才能使评价主体对评价对象的评价更易于操作、易于简便，且更符合评价主体的心理意愿并使之准确反映，是一个比较复杂的问题。我们在改革中探索的定性与定量评价相结合、评价内容和评价主体“双重权重赋分”的方法，实践证明是可行的，效果是好的。

定性与定量评价相结合评价办法的基本内容是，以定性为基础，将干部的“德、能、勤、绩、廉”五个方面评价内容细化为20项子内容，尔后按照“整体性、择要性”原则量化确定各项评价内容不同的分值级。通过评价主体对评价对象量化的评价积分多少，得出各个方面评价内容及总体评价优、良、中、平、差不同定性的优劣等次的结论。

在定性与定量评价结合的过程中，还要按照评价主体与评价对象的知情度、关联度、责任度“三度原则”，确定不同层面评价主体的不同赋分权重，即责任关系越重，关联度越高，知情度越强的评价主体，赋予的权重越大，反之则赋予的权重越小，这种将评价内容和评价主体均按照一定的规则赋予一定分值权重印“双重权重赋分”的办法，既体现了评价主体、评价内容的量，也注重了评

价主体、评价内容的质，从而使评价更具科学性，达到对干部的优劣评价更加准确的目的。

定性与定量评价相结合"双重权重赋分"的办法，不但使评价工作简便易行，而且使计算机技术得到充分运用，既大大减少了评价工作量，又大大提高了评价的准确性，杜绝了非正常的人为因素。

四、科学制定择优汰劣的刚性规则

干部队伍建设中科学公正的择优汰劣本身就是一场竞赛或竞争，因此，和其他各项竞技一样，必须遵循规则在先的原则，制定规则性的优劣评价尺度和如何择优、如何汰劣的刚性规则，即择优汰劣规则。

科学制定择优汰劣规则至关重要。要正确理解择与汰的对立统一关系，即认识择与汰的相对性。在设置的优劣等级中，等次问题的界线应由两个要素构成。一是根据干部队伍状况的一般规律和《干部任用条例》的有关要求，确定一个优劣等次的比例基数。我们在实践中确定的五个优劣等次的比例分别是：优15%、良50%、中30%、平3%、差2%。这样按照等次比例和评价得分排序，确定干部优劣等次；就使择优汰劣机制切实可行，具有可操作性和生命力。二是在比例基础上设置一个分值界线，比如评为优的必须在900分以上；评为良的必须在850分以上，即是说，为严格把关起见，评价对象只有符合比例和分值的两个条件，才能评为"优"和"良"。择优汰劣的奖惩办法，是择优汰劣规则的重要组成部分，也是最关键的部分，如果只评出优劣等次而不采取奖优罚劣的措施，那么整个择优汰劣机制就毫无意义，所谓择优汰劣的刚性规则，即是针对优劣不同等次，制定具体的奖惩任用规定。比如我们在实践中的做法是，评为"优"的干部，一是在同等条件下优先提拔，二是给予表彰和奖励；评为"良"的干部可以作为下年度的提拔对象，具备后备干部其他条件的作为后备干部；评为"中"、"平"的干部下年度不作为提拔对象，是后备干部的取消其后备干部资格，其中连续两年评为"平"的免去领导职务，转任同级非领导职务；评为"差"的干部，一经确认，即免去领导职务，转任同级非领导职务。

同时，干部的优劣表现，是一个动态的过程，所以它必然会随着每年一度的考核评定而变化，这种择优汰劣的机制建立起来之后，就要坚决执行下去。因为再好的机制不能有效执行，都将没有生命力。

（作者：中共内蒙古自治区包头市委常务副书记）

让公道正派成为组织部门和组工干部的第一准则

柳康健

公道正派是组织工作的核心价值理念，是组织部门的"品牌"和法宝，是组工干部的第一修养、第一信条。组织部门要做好新时期阶段的组织工作，就必须把公道正派作为自己的第一准则部署工作以公道正派为"准绳"，推动工作以公道正派为"动力"，检验工作以公道正派为"标尺"，不断开创组织工作新局面，更好地为实现经济社会发展新跨越、全面建设小康社会提供坚强的组织和人才保证。

一、牢固树立公道正派的理念

1. 公道正派是党的先进性对组织工作的必然要求 党的先进性是党的生命，阶级性是党的先进性的基础。中国共产党是中国工人阶级的先锋队，同时是中国人民和中华民族的先锋队。党要承担起推动中国社会进步的历史责任，必须始终紧紧抓住发展这个执政兴国的第一要务，把坚持党的先进性和发挥社会主义制度的优越性，落实到发展先进生产力、发展先进文化、实现最广大人民的根本利益上来，推动社会全面进步，促进人的全面发展。公道正派，是人类追求的基本价值，是社会进步的标志，是坚持党的先进性的必然要求，是组织部门和组工干部切实履行党和人民赋予的神圣职责，不负重托、不辱使命的根本所在。组织部门是党委主管组织工作和干部工作的重要职能部门，在选人用人方面担负着重大的职责和任务。"用得正人，为善者皆劝；误用恶人，不善者竟进。"只有坚持公道正派，才能保证把那些德才兼备、实绩突出、群众公认的优秀干部选拔到各级领导班子，形成正确的用人导向。因此，公道正派是党的先进性对组织工作的必然要求，是组织工作的"生命线"，是组织部门和组工干部的安身立命之本。

2. 公道正派是组织工作贯彻落实"三个代表"重要思想的集中体现 "三个代表"重要思想的本质是立党为公、执政为民。学习贯彻"三个代表"重要思想的根本出发点和最终落脚点，是必须实现好、维护好、发展好最广大人民的根本利益。党的组织工作贯彻"三个代表"重要思想，必须坚持公道正派原则；党的组织部门要成为学习实践"三个代表"重要思想的表率部门，必须牢固树立公道正派的形象；组工干部要成为践行"三个代表"重要思想的标兵，必须牢固树立公道正派的理念。正如胡锦涛同志指出："衡量一个组工干部是否合格，首先要看他是否公道正派，实事求是。干部群众看组织部门的形象，也是首先看这一条。"要引导组工干部围绕进组织部为了什么、干了什么、形象如何等问题深入思考，深刻领会坚持公道正派的重要意义，把公道正派作为必备的思想品质，必须始终坚持的职业道德，必须严格遵守的政治纪律，使之成为组工干部形象最鲜明的特征。

3. 公道正派是建设社会主义政治文明的迫切需要　人类社会是经济、政治和文化形态的有机统一体，人类文明也是由物质文明、政治文明和精神文明有机构成的统一体。政治文明以物质文明为基础，以精神文明为条件，同时又影响和决定着物质文明和精神文明的发展方向和进程。社会主义政治文明是一种新型的、代表和维护多数人利益并为绝大多数人共享的以充分发扬民主，维护社会公正、弘扬社会正义、实现经济社会和人的全面发展为重要内容的政治文明。建设社会主义政治文明，是全面建设小康社会的重要目标和重要保证。建设社会主义政治文明，最根本的是把党的领导、人民当家作主和依法治国有机地统一起来。组织部门是党委的重要职能部门，只有树立公道正派的核心价值理念，不断加强自身建设，把组织部门建设成为让党委放心、让人民满意的"正气机关"，才能不断推进党的建设新的伟大工程，不断提高党的执政能力和领导水平，不断巩固党的执政地位，不断推进社会主义政治文明的建设。

二、必须自觉捍卫公道正派的原则

1. 在推进建设开放的组织工作系统中坚持公道正派　一是要把组织工作向社会公开、请社会参与、让社会监督，接受社会对组织工作的评价。组织工作是否做到了"公道正派"，要让社会说了算。二是要紧紧围绕提高履行第一要务能力的要求，围绕经济发展的总目标，围绕公道正派的核心价值理念来确定组织工作的主要任务，推动组织工作的规范化、制度化和科学化。三是要认真落实公道正派要求，做好基层组织建设工作，努力扩大党的工作覆盖面和社会影响力。四是坚持公道正派，群众路线是基础。因此，要树立依靠群众做好组织工作的指导思想，使组织工作更加贴近基层、贴近群众，实现组织工作与人民群众愿望和要求的良好对接。五是要适应新形势、新任务的要求，不断赋予公道正派新的时代内涵，积极探索坚持公道正派的新途径、新载体、新方法，并努力运用到经常性的组织工作中去，不断开创组织工作的新局面。

2. 促进《干部任用条例》的贯彻落实中坚持公道正派　一是坚持公道正派，深入抓好"树组工干部形象"集中学习教育活动，认真解决干部选拔任用方面的问题，规范干部工作。要深刻剖析存在问题原因，进一步修定和落实整改措施，切实解决干部工作上存在的问题，并搞好制度建设，从源头上预防和治理用人上的不正之风。二是坚持公道正派，严格按《干部任用条例》规定的条件选拔任用干部。要认真贯彻执行《干部任用条例》规定的选拔党政领导干部应当具备的六项基本条件和七项任职资格，严格把好干部的思想政治素质关、作风关、政绩关、群众公认关，对不符合基本条件和任职资格的，不研究、不上会、不上报、不审批。三是坚持公道正派，严格执行《干部任用条例》规定的程序选拔任用干部。要严格执行推荐提名程序，决不允许出现不搞民主推荐就确定为考察对象和以民主测评代替民主推荐的现象；切实把好考察关，把人看准，特别是要不断改进考察方法，加强干部考察队伍的建设，努力提高考察质量；坚持民主集中制原则，坚持集体讨论决定干部的任用，不搞临时动议、不搞个人和少数人说了算；认真实行任前公示制，接受社会各界的监督，对公示期间有问题反映并经查核属实的坚决不予任用，真正选出靠得住、有本事的各级领导干部。四是坚持公道正派，认真抓好《干部任用条例》贯彻情况的监督检查。要按"党要管党、从严治党"的要求和《党政领导干部选拔任用条例监督检查办法》的有关规定，认真搞好对各县（市）学习贯彻《干部任用条例》的监督检查，严肃查处违反《干部任用条例》的行为，以杜绝干部监督"失之于软、失之于宽、失之于松"的现象。

3. 组织部长要做坚持公道正派的楷模　组织部长是组织部门的第一责任人，应该很严格的要求自己，成为坚持公道正派的楷模，成为组工干部的"标杆"。

一是要加强党性和自身修养。要在认真学习马列主义基本理论的基础上，不断学习先进思想和先进理念，力求学得深、思考透、运用好，切实搞好理论武装，做到理论精通、政治坚定、党性坚强；要树立正确的世界观、人生观、价值观，堂堂正正做人，清清白白做官；要培养与时俱进的创新能力，增强创新意识，转变用人观念，加强实践锻炼，善于总结组织工作内在规律，成为组织工作的行家里手。

二是要模范遵守行为规范。要模范遵守《组工干部公道正派若干行为规范》，公道做事，正派做人；政治立场要坚定，是非界限要清楚；要做到情为民系、权为民用、利为民谋、"官"为民做，抓工作、选干部以人民满意、人民高兴、人民答应为标准；要大力倡导和弘扬"对党忠诚、甘为人梯、公道正派、一身正气"的组织工作精神，牢记和遵守干部工作"四个绝不允许"，客观公正地推荐、考察和使用干部，公道公正地调查、了解和处理事情，不存私心、不谋私利、不徇私情、不塞私货；要勇于开展批评与自我批评，以极大的诚意征求意见，查找问题，以足够的勇气面对不足、正视问题，以坚定的决心纠正错误、解决问题；要牢记和遵守组工干部"六个不准"，严于律已，淡泊名利，艰苦奋斗;要谦虚谨慎,以诚待人,平等待人,以自己崇高的职业品格和优秀的形象,成为组织部门的“示范岗”。

三是要认真抓好组织部门自身建设。组织部长不仅自己要模范的坚持公道正派,还要使组织部门和广大组工干部都坚持公道正派。要从严治部,既要用“霹雳手段”——对组工干部严格要求、严格教育、严格管理、严格监督,又要怀“关爱之心”——对组工干部政治上爱护、工作上支持、生活上关心;要以作风整建活动为契机,在学习贯彻《组工干部公道正派若干行为规范》上下功夫,在总结和运用整建活动成果不断加强自身建设上做文章,真正使组工干部牢固树立公道正派理念、自觉坚持公道正派原则、不断强化公道正派意识、努力塑造公道正派形象,与时俱进,不断创新,做好工作。

三、必须建立保持公道正派的有效机制

1. 让公道正派成为组织部门和组工干部的第一准则,要建立制度规范 “树组工干部形象”集中学习教育活动为坚持公道正派打下了良好的基础,但坚持公道正派,必须要依靠制度和机制作保证。与个人的素质、能力和自觉性相比,制度问题带有根本性、全局性、稳定性和长期性。在公道正派问题上,制度同样起着决定性作用。要结合本地本部门实际、不断建立完善干部选拔任用、领导班子建设、干部培养培训、干部监督管理、后备干部培养教育、干部能人、人才队伍建设、基层党组织建设、党员队伍建设、组织部门自身建设以及组织工作定期“开门纳谏”、宣传沟通等十二个大的机制,以公道正派为核心内容,使组织工作更加科学化、民主化、规范化。同时,要把公道正派的原则制度化、具体化,制度明确化,便于操作的公道正派行为准则或规定,用科学的制度保证组织部门和组工干部公道正派地履行职责。

2. 让公道正派成为组织部门和组工干部的第一准则,要健全监督机制 坚持公道正派的各项机制如果只是写在纸上、挂在墙上,不能真正落实在工作中,就不能发挥其应有的作用。因此,一是组工干部要搞好自我监督。要对照有关要求,认真查找差距与不足,及时纠正错误的思想和行为,严于律已、防微杜渐。二是组织部门要加强内部监督。要加快构建组织部门内和组织部上下级之间互相监督的制度,完善和落实督查制度、责任追究制度等,做到有章可循、有“法”可依。三是要强化外部监督。要不断扩大与社会各界及时沟通的平台,敞开“大门”,使广大党员、干部和人民群众都能对组织部门、组织工作和组工干部进行评价和监督。通过各种努力,使组织部门成为最公道、最正派的部门。

3. 让公道正派成为组织部门和组工干部的第一准则,要落实工作责任制 有了好的机制和监督保证措施,还要健全和落实责任制。组织部长对组织部门和组工干部坚持公道正派的工作负总责,抓好安排和部署;副部长要根据分工,依靠有关科室,认真抓好落实。一要注意领导抓、抓领导,就是部领导、科室领导带头抓;部长严格要求副部长,副部长严格要求分管的科室领导,一级抓一级,一级对一级负责。二要注意重点抓、抓重点,就是要把坚持公道正派的工作作为自身建设的重点来抓;要抓自身建设中能确保坚持公道正派的重点工作,有所不为才能有所为。三要注意反复抓、抓反复,就是要深入持久、经常性地抓坚持公道正派的工作;对目前已解决,将来又出现反弹的问题,要及时解决,真正使组织部门和组工干部恪守公道正派原则,实践公道正派要求,弘扬公道正派精神。

(作者:中共凉山州委常委、组织部长)

关于加强党员干部理论学习的几点思考

刘培荣　任郭英

随着改革开放的不断深入和科技发展的日新月异,加强和提高党员干部的理论素质,深化理论学习,以科学的理论为工作指导,对于保持党的先进性,巩固党的执政地位,促进企业的改革和发展,具有十分重要的现实意义。

党员干部是党的事业的骨干力量,肩负着带领广大群众实现党的各阶段奋斗目标的重任,因而能否带头贯彻好党的路线、方针、政策,能否主动地调整好改革当中的各种矛盾冲突和利益关系,能否积极帮助广大群众、职工解决好新情况、新问题,能否在改革发展中正确行使各自手中的权力做到为人民服务等等,这些都将成为广大职工群众对党员干部是否称职衡量的标准和重要依据。而这些行为的驱使,都取决于党员干部对马克思主义、邓小平理论和“三个代表”重要思想的学习和掌握,依赖于党员干部自身的思想政治素质的高低,依赖于党员干部对科学技术和先进文化的学习和运用。从这个层面上讲,加强理论学习,善于学习,坚持用科学的理论武器头脑,是每一位党员干部义不容辞的责任和根本要求。如

果忽视理论学习，不具备深厚的马克思主义理论功底，必然会精神空虚，思想庸俗化，工作缺乏开拓创新意识，思维狭窄不开阔，在各种复杂的考验面前，在解决实际问题当中就会是非不清、迷失方向。因此我们说，没有先进理论指导的党，不可能是先进的党；没有先进理论武装头脑的党员，在工作当中就不会发挥出共产党员的先锋模范作用。所以说，每个党员干部都要充分认清新形势下加强理论学习的重要性，把学习科学理论、自觉改造思想、不断更新知识结构作为毕生的任务，像周恩来总理那样活到老、学到老、改造到老。

一、党员干部要坚持理论学习，不断丰富和更新知识结构，努力成为本职工作的行家里手

江泽民同志曾经指出："要教育和提高干部，就必须在干部中首先是各级领导干部中，开展深入持久的学习。最根本的是学习马列主义、毛泽东思想，特别是邓小平同志建设中国特色社会主义理论"。他还进一步指出："在认真学习马克思主义理论的同时，还要努力钻研业务。要坚持不懈地学习社会主义市场经济知识、现代科学技术知识、法律知识和其他方面的知识"。这对党员干部的理论学习进一步提出了希望和要求。不仅要求我们的各级党员干部要学好科学理论，关于用科学理论武装头脑，以保持政治上的清醒，而且还要求我们确立合理的知识结构，广收博纳，鉴古知今，思有凭据，谋存要基。

在现代高科技条件下，党员干部的文化素质和专业素质对正确行驶工作职能、提高工作水平的作用越来越大。现代传媒及办公自动化、电脑传真技术、信息高速公路及数字化处理能力的广泛应用，都对党员干部的专业技术素质和旧有的知识结构及技能储存提出了挑战和考验。因而，我们的各级党员干部必须要有清醒的认识，重视科学理论的学习，始终不断地更新知识结构，及时充电，掌握更多的科学文化知识，精通本职业务，来满足不断发展变化的工作需要，成为本职工作的行家里手，只有这样才能在未来的工作环境中有所作为。彼得·圣吉在《第五项修炼》一书中曾这样断言现在全世界的管理和思维方式都在酝酿一个新的趋势，那就是学习型企业的诞生。未来企业。一个善于学习的党员干部，一个脱颖而出成长为优秀的企业。一定会在实际工作中实现自我超越，得到修炼，不断提升自身的学习力和创新力，成长为一名优秀的共产党人和新时代的经营管理者。

二、党员干部坚持理论学习，必须培养良好的学风，倡导全面、准确和实事求是

为了摸清党员干部理论学习的现状，前不久我们对全局各单位中心组学习和中层党员干部的理论学习情况进行了一次调研和检查。从调查的情况来看，广大党员干部对理论学习的重要性具有一定认识，大家普遍认识到，加强理论学习是提高党员干部思想政治素质，开阔视野，增长见识的重要途径，表现在工作力度和学习方法上是能够做到积极主动，深入思考，理论联系实际，并有所创新。但同时也暴露出了一些实际问题，如在理论学习的内容方式方法上还存在虚，粗、松、浅、死等现象，学习时紧时松，时重时轻，不够深入。这牵扯到了一个学风问题。

党员干部开展理论学习，必须要有一个良好的学风和态度，以务实的精神致力于理论探索、实事求是。坚决反对片面的、死板的、甚至是错误的不良学风以及一切教条主义、经验主义和实用主义的不良倾向，力求做到全面、灵活和准确，做到实事求是，做到追求学无止境，追求真理无止境。党员干部既是管理者，又是教育者，只有加强严谨求实的工作作风和学风，才能在实践当中培育良好的、成熟的导人之道、管人之能和育人之法，才不会流于浮浅，成为不学无术之辈，以致于不能自立，更不能立人，贻误工作。江泽民同志曾经在"七一"讲话中谈到"要全面加强党的思想作风、学风、工作作风、领导作风和干部作风建设"，不难看出，在端正党风的过程中，学风是一个重要的问题。有什么样的学风，就会有什么的学习行为和学习效果。"高山仰止，景行行之"，毛泽东同志"卧榻半床书"，学而不倦、思学结合的严谨学风应成为我们每位党员干部学习的楷模。

在实际工作和学习当中，我们会遇到这样那样的不利条件和困难，但这些都不该成为我们加强理论学习的障碍，学习仍然也应该是我们每位党员干部的第一要素。古人有"剑虽利，不厉不断；材虽美，不学不高，故学然后知不足"。因而在学习的过程中要养成良好的学风，既要深入，也要全面和准确，更要实事求是，理论联系实际，在实践当中验证，在实现当中升华，形成一种"严、广、紧、细、实、活"的学风，力戒"空、骄、满"和纸上谈兵。要善于用马克思主义观点来加强我们的学习，改造我们的学习。借鉴、吸收一切有益于我们工作和学习的知识和经验，批判地继承，去粗取精，为我所用，为社会所用。要坚决克服那种在学习当中固步自封和蜻蜓点水、浅尝辄止的作法，"天下老子第一"，方寸天地，只会使人走入死胡同，不能自拔。养成良好的学风，"严"字当头，就是要做到有制度，有措施，有要求，有纪律，有奖惩，而不能学习走过场，变成形式上摆设，变成一种附庸方雅，真正使理论学习成为我们每位党员干部生活当中必不可少的重要内容，成为一种素质。"广"就是要广泛涉猎，最大限度地学习世界上一切先进的科学文化知识，不仅包括人文、政治、经济、文化、法律等，也包括生活和爱好等一切美好的事物，从中获益，从中熏陶，开阔视野，增长见识，博览群书，扩大知识面，做到厚积薄发。"紧"就是学习不能松劲，贵在持之一恒。利用一切用得着的时间抓紧学习，发奋努力，不放过任何一个机会，因为机会稍纵即失。"实"就是要实事求是，理论联系实际，实实在在抓学习，明明

白白做事情，务求实效，把与学习有关的事情落到实处。“细”就是要细致、细心，不放过任何一个有价值的学问，防止粗疏和麻痹大意。“活”字收尾，就是所学知识要灵活运用，活学活用，忌死板和僵化，并在此基础上不断创新，开辟新天地，走出一条学习的新路子。形成了良好的学风，就如同为整装待发的火车铺好了一条正确的轨道，勇往直前就可达到目的地。

三、党员干部加强理论学习，关键是要把所学到的知识充分运用到实际工作当中，做到理论联系实际，并用科学的理论来指导各项工作

江泽民同志曾指出：“不能拿本本去框实践，而是要用实践去发展本本。这是我们树立和发扬好的学风的最根本的要求”。加强理论学习，务必要做到实事求是，如果没有掌握准确、真实的“实事”，怎么能研究探索符合实际的客观规律？如果“实际”不全面、不准确、不真实，再好的理论也难以奏效。因而，我们在理论学习当中，要努力做到理论联系实际，对一切事务都应当采取科学分析的态度和方法，加强调查研究，深入基层，力求客观全面。“书中得来总觉浅，绝知此事要躬行”，说得就是这个道理，实践出真知。理论来自于实践又在实践中得到进一步印证、丰富、完善和发展，并指导新的实践这就是理论和实践的辩证关系。按照这一关系，我们在学习和工作的过程中要边学，边总结，边实践，边探索，从中摸索出一套适合我们自身发展的规律和学习经验。学习的目的，是为了更好的运用，更好地指导工作和实践，理论一旦脱离了实际，没有理论作基础，那就会形成“空中楼阁”，一味地工作和实践没有学会在实践中思考和总结上升为理性的经验，在工作当中就会盲目行事，迷失方向，甚至走重复路，消耗时间和国力。所以我们在学习中，要强持理论和实践的结合，避免出现脱节，坚持从实践中来，到实践中去的原则，真正使我们的所学得到充分的应用和发展，变成推动我们前进的思想武器和不竭动力。

四、党员干部加强理论学习，必须不断拓宽理论研究的视野，坚持理论创新

理论从来都不是一成不变的，它只有在实践的过程中才能得到不断的丰富、完善和发展。所以我们的党员干部在加强理论学习的过程中，在继承的基础上要坚持理论创新，用创新的意识、创新的精神、创新的工作态度和方式方法对待学习。要发挥出党员的积极性和创造性，使他们在实际的工作当中自觉地成为理论创新的执行者。在科学技术发展日益加快，全球经济竞争日益激烈的今天，哪一个企业提早掌握了创新的能力，具备了创新的精神，哪一个企业就会在未来的市场竞争中勇立潮头，赢得先机。我们的党员干部只有不断地拓宽理论研究视野，紧跟时代步伐，才能保持与时俱进的精神状态。

江泽民同志曾经说过：“创新是一个民族的灵魂，是一个国家发达的不竭动力”。“全党同志必须统一认识，必须在建设有中国特色社会主义的伟大事业中坚持创新、创新，再创新”。这进一步为党员干部坚持理论创新提出了要求和努力方向。改革开放以来，我们坚持以邓小平理论为指导，不断推进理论创新，并在理论创新中推进制度创新、技术创新、文化创新等其他方面的创新，这是我们党取得改革开放和现代化建设伟大成就的一条重要经验。

而在这些创新中，理论创新是起带头作用的。据此，我们不难看出理论创新工作的重要性，这也进一步要求我们每一个党员干部在理论学习中要努力加强理论创新，善于和勇于做好理论创新工作，成为理论创新工作的模范执行者和实践者，只有这样，我们的理论学习才会富有成效，我们的工作才会焕发出生机和活力。我们每一位党员干部要以开阔的眼界观察世界，从国际形势发展变化的大背景和国内改革发展的大局出发，确定研究课题，深入实际调查研究，不断解决新问题，不断进行理论探讨和创新，以新的理论研究成果来指导和推动新的工作进展。

总体来说，加强理论学习是我们党员干部提高思想政治素质、加强党员修养的重要途径，也是我们坚持与时俱进，坚持党的先进性与执政为民的根本要求和必要手段。只有掌握先进的科学文化理论，才能使我们的党在复杂的国际风云面前立于不败之地，永葆青春和活力，才能使我们的事业在日趋激烈的竞争环境中不断壮大，实现新的远大目标。“学习让生命更有意义”。在当前推动创建学习型拿来不行台，终身学习已经成为我们每一位党员干部工作和生活的理念，成为一种使命。所以我们倡导学习工作化，工作学习化，是为了不断提升每一个人的学习力、思考力和竞争力，从而为推动新一轮思想解放运动和企业的改革发展做好思想理论上的准备工作，从这个意义上讲，加强理论学习，理应是我们每一位党员干部长期乃至终生拥有的自学行为和基本素质。

（作者单位：蒲白矿务局）

浅谈班子合力的“十要素”

朱　涛

江泽民同志在党的十六大报告中指出：“面对执政条件和社会环境的深刻变化，各级党委和领导干部要不辱使命、不负重托，就要适应新形势新任务的要求，在实践中掌握新知识，积累新经验，增长新本领”。“加强党的执政能力建设，提高党的领导水平和执政水平”。归根结底要依靠党的各级组织及其领导班子去实现。而领导班子的建设，班子合力又是发挥党的政治优势的一个重要问题。领导班子的合力是诸因素相互作用的综合效应。因此，增强班子合力除了配备时应注意能力、年龄、文化、性格和气质相应外，最为关键的是要加强领导班子成员的思想作风建设，提高其政治思想素质。

一、要合奏，不演独奏

俗话说：“一个好汉三个帮，一个篱笆三个桩”。各级领导班子的中心任务就是要认真学习和理解中央和上级的方针政策精神，了解掌握本地和本单位实际情况，不断提高“一班人”的战斗力，创造性地抓好贯彻落实。近年来，随着经济的发展和改革的不断深化，各项工作面临了许多新的形势，任务更加艰巨，担子更加沉重。在这种紧迫的压力下。班子成员不能各打各的鼓，各吹各的号。而要统一到认真学习和贯彻党的十六大精神，用邓小平理论为指导，全面贯彻“三个代表”重要思想，继往开来，与时俱进，全面建设小康社会，加快推进社会主义现代化上来。紧紧围绕本单位的工作实际，进一步解放思想，真抓实干，按照江泽民同志“三个代表”重要思想思考问题、分析问题、解决问题，加快发展的步伐，共同合奏好现代化建设这部大乐章。

二、要党性，不搞宗派

班子建设要抓住党性这个“总开关”，拉山头搞宗派是团结的大敌，少数领导班子“窝里斗”、闹“内哄”，其根本问题就是宗派主义在作祟。加强党性不搞宗派，要抓好三个“修养”，即：抓好班子的理论修养，坚定对社会主义、共产主义的信念；抓好班子的思想意识修养，增强拒腐防变的能力；抓好班子的“公仆”意识修养，牢固树立全心全意为人民服务的思想。加强党性，根除宗派主义，根本的就是要坚持执政为民的根本宗旨，用是否符合“三个代表”统一班子成员的思想和行为，始终把人民群众的根本利益作为一切工作的出发点和归宿，切实把人民的根本利益实现好、维护好、发展好。

三、要团结，不要分裂

一个班子就象一部机器，各个部件都得相互配合，不出故障，才能使整个机器正常合理地运转起来。班子内部既要有明确的组织分工，使每个成员找到自己在集体中的位置，各行其职，各负其责、各显其能，又要团结一致，有分有合，协同作战。在实际工作中，要特别理顺正职与副职之间的关系。正副职关系好坏、直接影响班子团结和本单位的工作。在日常工作中，正职要充分调动副职的工作积极性，正副职之间要互通情况，信息共享，努力做到过失面前不推诿，困难面前互相帮，荣誉面前互相让，和衷共济，不争权夺利。

四、要民主，不得专行

“党内民主是党的生命”，正确处理好民主与集中的关系，是执行好民主集中制的前提，又是增强班子团结的重要保证。班子在研究讨论涉及到本单位业务开拓、人事任免等重大问题时，必须坚持集体讨论决定的原则，而不能以少数主要负责人碰头会的形式来代替、不能搞一言堂。要发挥一班人的创造能力，在班子内部形成认真学习的风气、民主讨论的风气、积极探索的风气和求真务实的风气，敢于和善于提出问题、发表意见、批评缺点。出现气不顺心不齐的现象，“一把手”要善于听取班子成员的意见，充分发挥班子的集体智慧。

五、要清廉，不要特权

古人云，“公生明，廉生威。”权势欲太旺，是领导班子闹不团结最常见的一种心理因素。有的班子成员不是把人民赋予的权力用于党的工作上，而当成是谋私的工具，为了个人和小集团的利益，互相角逐，造成班子不团结。领导能否以身作则，清正廉洁，这是廉政建设的关键。近年来，在全国出现了众多的上到人大常委会副委员长、省、自治区主要负责人，下到地方司局级干部腐败犯罪的典型案例，其关键的问题是权力缺乏制衡，有制度、有纪律但没有监督，特别是一把手，更是听之任之。班子成员要始终做到权力不独揽，用权不武断、决策不独奏，监督不反感。自觉地把自己置于群众的监督之下，才能保证清正廉洁。

六、要信任，不乱猜疑

凝聚班子合力，重要的是凝聚人心，用马克思列宁主义、毛泽东思想、邓小平理论和党的路线、方针、政策达成共识，打下坚实的思想基础。在一个班子集体中，猜疑心太重是要不得的。捕风捉影，想入非非，见风就是雨，造成相互戒备，搞得大家不得安宁。班子成员应沟通思想，消除疑心、戒心，增进相互了解和信任，要以感情上的融洽，促进工作上的配合。

八、要诚心，不存假意

一个班子内部没有不同意见是不现实的，因为任何一个班子，其成员在知识、经历、所处地位、思想修养、个性特点、工作方法等方面总是存在着各种差异的。有差异，必然要演化和表现为各种具体问题的认识和处理上的矛盾与分歧。为此，交心通气，建立健全民主生活会制度是不断实现班子团结统一的内在动力。要提倡以诚相见，严于律己，多作自我批评，切忌对己宽、对人严的"手电筒式"的批评。同时，也要注意提高民主生活会的质量，不能开成工作讨论会，避免出现交心通气会开成个人检讨会，互相批评，蜻蜓点水，不入实际的现象。

九、要自律，不能自负

自负是影响班子合力的一个重要因素。现在有的同志自以为是，虚荣心较重，处处要显得与众不同，高于别人，唯恐别人不尊重自己，以致班子成员之间互不买帐，各行其是。班子成员必须做到"三个正确对待"：一是正确对待组织，决不能凌驾于组织之上；二是要正确对待同志，多看人家的长处，多想自己的短处，要取人之长，补己之短；三是要正确对待自己，要严于律己，古人有言："泰山之高，非金玉丹青也，皆土也；江海之大，非甘露醴泉也，皆水也；天子之尊，非天帝大神也，皆人也"。我们共产党人更应永远把自己摆在群众之中，脚踏实地地做点有益于人民的事，终生甘为孺子牛，才能受到他人发自内心的尊重。

十、要谋事，不要谋名

事业是班子团结的基础，每个班子成员都应把心思和精力用在"谋事"上，功夫要用在发展繁荣社会保险事业上。有的同志不是"谋事"，而是"谋名"，忌妒心太浓，害怕别人强于自己，心地狭窄，总觉得不舒服，于是便或明或暗千方百计地去贬低别人，班子里有这么一二个人，就必然会"等闲平地起波澜"。天时、地利、人和是做好一切工作的基本条件，班子成员应胸怀全局大事，做到想事业，不争权力大小；思改革，不计个人得失；干工作，不分份内份外，使"一班人"做到全局在胸，想到点子上，谋到关键处。

（作者单位：新华人寿保险公司天津分公司）

提高员工素质　激发聪明才智
营造企业思想政治工作的新氛围

上海爱普香料有限公司是中国香料香精工业最大企业之一，以"爱普"品牌生产经营食品香精、日化香精、烟草香精、香料及食品添加剂五大类产品，品种达3000多种，年生产能力20000吨。现有员工450多人，2003年主导产品实现销售收入2.36亿元。公司开办8年来，坚持以人为本，结合企业特点开展思想政治工作，调动了员工的积极性，促进了企业持续发展。在跨越式发展中争创佳绩，销售收入连续8年以30%左右建设增长，连续7年人围上海市私营企业百强单位。公司是上海市高新技术企业，上海市名牌产品百强企业，合同信用等级AAA级企业，经国家人事部批准设立博士后科研工作站，"爱普"牌被认定为上海市著名商标。

一、加强思想道德教育，提高员工队伍整体素质

爱普香料公司8年来的快速发展靠的是什么？我们的体会是，要靠企业两个文明建设的同步发展，通过加强企业思想政治工作，做好员工的教育培训工作，不断提高员工队伍素质的整体提高。

公司领导层清醒地看到，员工是企业生产、经营、科研活动的主体，员工素质的高低对企业发展具有直接影响，公有制企业是这样，非公有制企业同样是这样。为此，公司建立思想知识教育网络，由各层次、各部门负责人负责宣传教育。明确公司党组织负责人主管员工的思想教育，开展思想知识教育及培训的策划，并组织实施。公司运用信息平台等手段，大力宣传公司宗旨、企业精神、经营理念、员工守则，使员工每天走进工作、生产区域都能醒目看到，从中得到启示。公司每月出一期《爱普通讯》及《产品开发简报》，及时报道一线工人、科技人员在生产、科研中团结协作、积极奉献的精神风貌，宣传发生在员工身边的关心他人、助人为乐的好人好事，积极营造讲文明、讲道德的新风尚。

公司针对员工队伍在文化层次、思想素质方面存在差异的客观情况，把做好思想政治工作与做好企业生产经营管理的责任共同落实下去。公司总经理负责13个系统部门主要领导成员的思想政治工作，13个系统部门主要负责人要承担下属部门负责人的思想政治工作责任，下属部门负责人又要负责其下属员工的思想政治工

作,一环扣一环的思想政治工作责任制,形成职责明确、有分有合,党、团、工会齐抓共管、覆盖全公司的思想政治工作机制。公司从企业的实际出发,大力加强员工的思想道德建设。一是加强理想教育。引导员工把共同理想的追求与公司的发展目标、同本职工作结合起来,脚踏实地地干事业。二是加强道德教育。引导员工树立团队精神,树立良好的职业道德风尚,在单位做一个合格员工,在社会做一名合格公民,在家庭做一名合格成员。三是开展民主法制教育。引导员工珍惜民主权利,学习必要的法律知识,遵纪守法,维护自身权益。在实际工作中,公司各级领导根据部门特点,开展有特色的思想道德教育活动。如:生产部系统组织开展星级员工评比活动,鼓励员工立足岗位,努力工作,上级摘星;技术系统组织科技人员开展"讲理想、比贡献"活动,每月对科技人员的产品开发情况进行考核记分,年度进行评比奖励。

二、完善规章制度,引导员工自觉遵守

有规矩才能成方圆。爱普香料公司近两年来建立健全生产经营、产品开发、教育培训、质量管理四大系统的规章制度,并通过思想教育提高员工遵章守纪的自觉性。

1. 在完善规章制度的过程中充分体现以人为本的原则 制度是管人的,也是靠人来实施的,建立制度要充分考虑员工的接受力和承受力。公司发动各部门的骨干共同参与规章制度的修订和完善,运用多种途径听取员工的意见和建议。可以这样说,公司现行的每一项规章制度都包含着员工的智慧,都是集体智慧的结晶。

2. 在实施规章制度的过程中以严格管理推动制度落实 建立公司规章制度,既要有章可循,使员工在生产活动、科研活动、质量活动、经营活动中,都有相应的工作程序和作业指导书;更要执章必严,把规章制度真正落到实处。公司上下都建立了严格的考核制度,指定专门部门负责检查、考核,每月对检查情况进行统计分析、考核记分,作为员工评比、晋级的依据。

3. 在落实规章制度的过程中充分发挥员工的能动作用 我们运用多种宣传形式,让员工了解制度、理解制度,做到人人知晓。在此基础上,通过一系列教育手段,从强制推行制度逐步过渡到让员工自觉执行制度。经过多年努力,公司上下形成了自觉遵章守纪、争当合格员工的良好风气。

三、深化凝聚人心工程,增强员工自主意识

公司领导层认为,现代企业管理首先是对员工的管理,强调员工作为企业活动的源泉,应该成为管理的中心。公司从三个方面深化凝聚人心工程,努力做到尊重员工、关心员工、理解员工。

尊重员工就是尊重员工的人格 公司的每位员工都有自己的尊严和人格,管理人员不能只是简单地或采取硬性惩罚手段去对付员工。公司强调,上至总经理下至每个部门的领导,必须热情对待下属员工,在员工工作有进步的时候要给予表扬、鼓励,进行物质奖励,让员工明白,企业的成功有自己的一份辛劳和成果。在员工出现差错时,要帮助他分析产生错误的原因,给予必要的指导和帮助,同时也要让其他员工引以为戒。

关心员工要把工作做到点子上 公司要求各级领导对每位员工的基本情况要有大致了解,尊重员工的宗教信仰,关心员工身体状况及恋爱、婚姻、生育、家庭的状况,在员工最需要帮助的时候,给员工送去温暖。公司广泛开展文艺娱乐活动,员工在参与中陶冶情操,培养团队精神。

理解员工要为员工设计未来 爱普香料公司现有员工中,外地员工、青年员工占了相当大的比例。这些员工加盟公司工作,都有自己的理想抱负和目标追求,对此公司给予了高度重视。为方便员工业余进修,帮助他们调整工作班次;为发展需要参加外派培训的员工,提供一定的资助;为外地员工租房住宿,给予具体帮助,实施住房补贴等等。公司鼓励员工积极上进,理解可能出现的工作失误;对于做出特殊贡献的员工,公司在授予荣誉称号的同时,给予物质上的重奖。

凝聚人心工程,提高了企业的向心力 员工把公司当作自己的家,以主人翁的精神对待工作。广大员工积极为公司的改革发展献计献策,提合理化建议;为满足市场需求,许多员工主动放弃休息为顾客服务;研发人员全身心投入新产品开发,不计时间、报酬。凝聚人心工程的深化,极大地调动了员工的积极性,推动了企业各项工作的顺利进行。

四、维护职工合法权益,激发员工聪明才智

公司的各级领导都十分重视做好尊重和维护员工合法权益的工作。公司在规划决策、生产管理、培训教育、福利待遇等方面,都把员工权益摆在重要议事日程,予以优先考虑。

在实施公司发展规划和重大改革发展举措前,公司领导层采用议事制度、沟通座谈、个别谈心等方式,认真、仔细地听取员工的意见和建议,以便及时对方案本身进行修改和补充,使之更为科学完善。

在生产经营管理中,公司建立了信息反馈网络,及时听取员工的呼声和建议。公司领导还通过完善渠道,接受员工的直接反映。员工如果感到自己受到了不公正的待遇,可以向主管领导直至总经理投诉;有诉必答,相关责任人需给予解决或答复。

公司根据企业效益发展的情况,不断提高员工的福利待遇。目前,制定并实施了员工带薪休假制度,鼓励员工国内或出境旅游,放松身心;有员工医药费补贴,同时如有员工患重大疾病,公司还给予生活费补贴;有外地员工租房补贴,保证他们安居有房;有员工高温季节补贴、重大节日聚餐补贴,保持员工身心健康。一系列制度的

实施，极大地激发了员工的积极性和创造性，有力推动了公司两个文明建设的持续发展。

（作者单位：上海爱普香料有限公司）

怎样建立一支公道正派的组工干部队伍

谭 诚

胡锦涛总书记指出："衡量一个组织工作干部是否合格，首先要看他是否公道正派，实事求是。干部群众看组织部门的形象，也是首先看这一条。"作为一名组工干部必须洁身自爱，以公道正派的原则办事，自觉成为学习实践"三个代表"重要思想的表率，以"立党为公、执政为民"，"对己清正、对人公正、对内严格、对外平等"为做人基准。

组织部门的干部是"管干部的干部"、"管党员的党员"，在日常工作中和为人处事上必须守原则、讲公道、扬正气，要有一种不信邪的奋斗精神，敢于抵制各种不正之风。就太平湾发电厂而言，历届领导班子对组织部门的选才上就十分重视形象建设，起用了一批能干事、干实事的人。如实施新体制过程中所进行的竞聘上岗，组工干部一直走在前头，不论改革是否涉及到自身利益，他们始终把企业利益放在首位，大部分干部自己本身也得参加竞聘，但他们从企业改革的长远利益出发，先积极做好组织上交给的各项工作任务，毫无怨言地冲到体制改革的最前端，以身教胜于言教的带动方式，去做好其他干部的思想工作，稳定了中层干部队伍，使改革工作积极稳妥地开展起来，真正地起到了排头兵的作用。在党员教育和管理上，要求党员做到的，自己首先做到，要求党员不做的，自己坚决不做。在党员发展上，他们是"一重二看三培育"。一重是重民意，重点发展对象必须是得到职工群众的认可；二看思想素质和工作实绩；三培育是从小组到支部再到组织部门，积极做好他们的培养教育工作。切切实实地做到了公道正派选人、公平公正地待人，为该企业组工建设树立了良好的自身形象。

公道正派是一种政治品质，一种思想作风，一种人格力量，是衡量组工干部是否具有坚强党性的重要标准。俗话说："打铁先得自身硬"，要想造就一支公道正派的干部队伍，不断丰富公道正派的品质内涵，树立良好的组工干部形象，坚持公道正派的做人，应该从以下几方面来把握：

一是要砺练品质，公正立身 孔子曰："政者正也"，"其身正，不令而行；其身不正，虽令不从。"这就要求组工干部首先要公正立身，自身正，才能办事清正、公道；要自觉加强自身品质的砺练，把自己放在一个历史的高度去审时度势；要以身作则，严格要求自己，率先垂范；模范地遵守党的章程和党纪国法；真正做到政治上明白，经济上清白，作风上正派；坚持用好的作风选人，选作风好的人。

二是要德才兼备，公平待人 "德"是基础，"才"是条件，只有两者有机结合，才能真正体现公道正派。待人选才也是一样。组工干部选人用人时必须坚持公平原则，做到一碗水端平，全面了解、公正评价干部，准确推荐、合理使用干部。在充分酝酿、考察、推荐、使用的各个环节中为人才提供平等的竞争机会，为人才的公平竞争创造出良好的客观环境，把那些真正德才兼备的优秀人才选拔出来。

三是要踏实肯干，务求实效 组工干部要熟悉组织干部工作的各项方针、政策、原则以及工作程序，要堂堂正正地做人，规规矩矩做事，清清白白做"官"。要善于进行调查研究，注意倾听群众的呼声，广泛收集群众意见，当好领导的参谋和助手。要做到肯干、会干、巧干，不断提高工作的实效性，增强组工干部的人格魅力和亲和力。

四是要处事公道，讲求原则 对于组工干部来说，公道正派是立身之本、为人之道、处事之基，公道才能正派。要做到公道，就必须坚持原则，不徇私情，不偏不倚，正确使用自己手中的权力。严格按原则办事，严格按条例办事，严格按规定办事，时刻不忘组工干部的职业道德，做到诚心正直，品端行正。做一个眼不花、耳不偏、嘴不馋、手不伸、腿不软的"五官端正"干部。

五是要用人不疑，疑人不用 对那些真正干事业的组工干部，要多层面地进行关心和爱护，加强培养和锻炼，不断提高他们全方位的综合素质。要本着"用事业留人，用感情留人、用适当的待遇留人"的原则，使组工干部部门的同志健康成长，让他们不断发挥出自己的聪明才干。只有这样，才能真正地建立起一支公道正派的组工干部队伍。

（作者单位：太平湾发电厂）

当前企业政工干部队伍建设面临的问题与思考

张水文

企业思想政治工作历来受到党中央和全社会的高度重视,如中央出台的《关于加强和改进思想政治工作的若干意见》,就为新时期思想政治工作做了定性和定位,给思想政治工作者指明了方向,也为其撑了腰。企业政工干部队伍作为思想政治工作的主力军,在企业改革和发展过程中肩负着特殊的使命。然而,随着企业改革形势的变化和受各种因素的影响,政工干部队伍却出现了一些消极的、不尽人意的现象,阻碍了企业思想政治工作的良性发展。本文就当前国有企业政工干部队伍建设中突出存在的问题、产生的根源与解决途径谈几点看法:

一、存在问题:政工干部队伍中存在着"七化"的现象

一是岁数"高龄化" 多数企业的政工干部都存在年龄偏大的问题,一般分布在50周岁左右,很少有35周岁以下的政工干部,尤其在基层单位任党支部书记的年轻人更少。年龄的老化,对进一步开展思想政治工作带来不利影响,首先是自身观念转化慢,接受新事物的能力差,不能及时引导职工的思想潮流;其次是创新能力弱,思想工作的方式陈旧落后,难以吸引职工;再次是活力不足,工作的劲头、精力不够,往往给职工留下不好的形象。

二是学历"低层化" 据统计,目前在任的政工干部学历都偏低,未取得大专以上学历的人居多数,初小文化的人也并不少见,即使有大专文凭,大多是通过后面的函授补习取得的,全日制学校毕业的很少。由于未经过系统的学习,这些政工干部在开展工作中存在许多局限性,难以在当前提倡的"大政工"格局下开展有创新、高成效的思想政治工作。

三是能力"趋弱化" 一些企业领导对思想政治工作不重视,头脑里存在"摆摆架子,做做样子"的思想,在政工干部配备上不用心,只重"德"不重"能",结果造成政工干部队伍在工作能力、组织能力上的"削弱",出现部分政工干部不会"说"、不会"写"、不会"干"的现象。

四是心思"转向化" 政工干部不受重视,各种待遇与行政干部有差距,所做的工作也不被领导和职工群众理解,由此引发很大一部分的政工干部想"转向"搞其它工作。即使在党政较重视、效益较好、各种待遇都一视同仁的企业,政工干部想"跳槽"搞行政工作的仍居多。

五是交接"断层化" 由于领导不够重视,政工干部队伍的培养未规范化、程序化,也不大胆启用年轻人充实到政工干部队伍中,目前许多企业存在政工干部青黄不接的现象,一旦老同志退下来,很难有合适的人选担起重任。

六是后备"难觅化" 待遇不公、工作辛苦以及受当前社会环境的影响,政工干部的后备力量难以有效建立,想挑选一些后备干部相当困难,往往存在着想干的人素质不到位,想要的人不愿到政工岗位。

七是队伍"缩小化" 目前,政工干部队伍的人数有逐渐缩小的趋势,一些企业在机构改革和减员分流中,首当其冲的就是政工岗位和政工人员,精简的比例也特别大,造成了政工干部队伍的"削弱",引起政工干部思想的波动。

二、问题根源:领导认识不到位阻碍政工干部队伍的改善

企业政工干部队伍存在消极、不尽人意的状况,企业党政领导有不可推卸的责任。大凡领导对思想政治工作重视、对政工干部关怀、仁爱的企业,政工干部的积极性就高,队伍整体素质就强,工作也就越有起色。反之,政工干部队伍出现"七化"现象的就越严重。现在有一部分领导,认为思想政治工作只是国有企业的一种衍生物,可有可无,或者在道理上重要,行动上次要,忙起来不要,造成了不良影响。具体表现在以下几方面:

一是选拔任用政工干部没有"从长计议" 他们习惯于把一些退居二线、工作能力相对较弱、专业不对口或没地方安排的同志硬塞到政工岗位,政工岗位成了干部任用的"平衡间",影响了政工干部的形象,也削弱了其他政工干部的干劲。

二是经济待遇上实行两种标准,同样级别的岗位,行政岗位的收入报酬要比政工岗位的多,刺激并导致政工干部产生自卑感,不安心本职工作。

三是缺乏关心爱护 政工干部的工作比一般人想象的要辛苦的多,"务虚",忙碌,清贫,他们希望自己的工作能得到领导的关注,哪怕过问一句也好,可事实上愿望却难以实现,造成政工干部不同程度的失落感,影响了继续做好本职工作的信心。

企业领导只有真正树立"两手抓,两手都要硬"的思想,从行动上切实加强政工干部队伍建设,以诚相见,才

能使政工干部队伍有良性发展。当然,政工干部加强自身的思想修养也是关键,尤其在新形势下更要有无私奉献的精神,讲“德”不讲“得”,政工干部队伍的状况才会不断改善。

三、正视现实,努力建设高素质的政工干部队伍

企业政工干部队伍中存在着“七化”现象,这是不容质疑的,我们必须面对现实。如何建设高素质的政工干部队伍,是我们当前必须下大力气解决的课题。曾获两次“全国先进基层党组织”的福建纺织化纤集团有限公司党委,在加强政工干部队伍建设中取得了成功的经验,该公司党委的具体作法是:

第一,有意识地培养、锻炼政工干部队伍　1986年,该公司投入资金开办第一期“中国纺织函授学院政工大专班”,学员全部从德才兼备的生产一线车间主任、科长中挑选,经过三年的半脱产学习,这批学员全部安排到各个政工领导岗位,发挥了应有的作用。1992年,公司又开办了第二期“中国纺织函授学院政工大专班”,学员从青年骨干中挑选,现在,这批学员也逐步充实到政工岗位。公司有意识、有计划的对政工干部进行培养,使公司的政工干部队伍年龄层次分明、后备干部充足,避免了断层的问题。同时,公司还经常举办党支部书记培训班、政工人员理论学习班,内容从党务工作理论到经济工作理论,丰富了政工干部的文化内涵,提升了政工干部的文化层次和工作水平。

第二,干部岗位定期轮换,培养复合型的政工干部　该公司每年都要对中层干部进行一次大的调整,在调整中注意对党政干部岗位进行交流。这几年,政工岗位与行政岗位进行轮换的例子很多,如电石厂支部书记调任工贸公司经理,维纶厂厂长调任水泥厂支部书记等,岗位性质虽然变了,但工作目标没有变,只是工作重点和方式方法改变而已。通过岗位轮换,党政干部增强了“两手抓”的意识和责任感,提高了“两手抓”的能力。

第三,重视基层政工干部的专业素质,实行交叉任职　随着形势的变化,企业对政工干部的素质要求越来越高,特别是专业素质也要到位,既要懂党务、政工,也要懂经济、技术,以便在行政领导“缺位”时更好地“补位”。该公司在配备基层单位的政工干部,重视其专业素质并实行交叉任职,现在许多分厂的党支部书记,都是从分厂副厂长中提拔,同时兼任行政副职,一些分厂的厂长也同时兼任支部副书记,通过谨慎配备,公司的政工干部更好地贴近生产经营实际开展工作,发挥了政工工作的新优势。

第四,大胆使用年轻干部,优化政工干部队伍的年龄结构　这几年,该公司从思路开阔、有创新精神的年轻大中专生毕业生中选拔了多名政工干部,并有计划地安排他们到基层单位锻炼,年轻人的选拔任用,给政工干部队伍带来了生机,转变了一部分人“政工干部只能是老头子”的旧观念。目前,公司政工干部的平均年龄在逐步降低,年龄结构趋于合理。

第五,党政干部责任对等,经济待遇一视同仁　该公司强调党政干部的一致性,对生产、经营、精神文明建设都负有相同的责任,因此,在经济待遇方面实行“同级同酬”,如职务津贴、奖金、年终“红包”等,不分党政岗位一视同仁。正因为公司不歧视政工干部,承认政工干部的工作,公司政工干部的积极性都很高,并最终形成了“两个文明一起抓,两种成果一起要”的良好局面。

(作者单位:福建纺织化纤集团有限公司党办)

对国企后备干部培养管理的若干思考

张仲文

国企如何合理配置人才结构,如何合理配置后备干部队伍,其实是没有标准答案的。人都各有其长,各有其短,在人才配备上,关键是所选之人能否实现企业内部人才优势互补,从而产生整体力量大于部分之和的综合效应。国企要通过建立完善的培养制度,公开的“赛马”方式,创新的管理方法,使后备干部尽快进入角色,成为能够担当重任的接班人。

一、公开后备干部名单,变“相马”为“赛马”

最近在一则网络信息中获知,中央国家机关的一个部门,对部级后备领导干部在整个部门范围内进行公示,让全部人员发表意见,并设立意见箱收集意见。笔者认为,国家机关能公开后备干部,国有企业更加可以公开,更加应该增强透明度。胡锦涛总书记说:“加强对干部任用工作全过程的监督,认真落实群众对干部选拔任用的知情权、参与权、选举权、监督权”。公开后备干部名单,对后备干部进行公示,是干部人事制度深化改革的一个重要标志。

一是使后备干部的选定更加正确　后备干部是在实

践中与员工一起锻炼成长的,员工对谁能当选后备干部最有发言权。公开后备干部名单,听听员工意见,让员工进行鉴别把关,可对防止和克服组织上(或个别领导)确定后备干部的片面性,使后备干部有更广泛的群众基础,得到更多员工的支持和拥护。

二是将后备干部置于群众的监督之下,能得到更好的锻炼成长　秘密地当后备干部与公开当后备干部是不一样的。公开当后备干部,使自己置于公开的监督之下,既有压力,也有动力,会时刻严格要求自己。同时,员工对后备干部也会更加关注和关心,这有利于后备干部的锻炼成长。

三是为企业领导人的公开选拔和竞争上岗打下坚实基础　企业领导干部的使用,最后一个环节是选拔任用。这一环节的核心是推行竞争上岗,变"相马"为"赛马"。公开后备干部名单,让后备干部的锻炼成长过程全都在广大员工的监督之下,员工赞成谁,不赞成谁,很容易决定,并且也很公正。

二、确立培养人,建立完善的培养制度

建立完善的培养制度是做好后备干部工作的前提。明确后备干部培养管理的原则、基本素质、年龄结构、健全后备干部名册、实行定期考察、动态管理、并确立"一对一"的培养人才制度,明确培养责任,由现职领导班子成员对所负责的后备干部进行培养。培养人要经常与后备干部进得沟通,沟通最好是采用"深度汇谈"的方式。通过深度汇谈一方面可以了解后备干部的思想、工作、学习情况,及时提出指导性意见;另一方面更重要的听取其对企业经营管理工作的建议,通过双方的交流、汇集,达到思维互动的目的。

培养后备干部首先应从培养人的自身建设入手。"以创建学习型的领导班子,来带动后备干部队伍的成长",这是联想集团一直沿用的"建班子"、"带队伍"的运作模式。联想集团不仅为企业中高层领导、后备干部提供海外深造等脱产进修机会,还专门推出了一系列量身定制的内训课程:在其培训中心开设了《新任经理管理基础技能培训》、《带队伍培训》、《绩效考核管理培训》、《公司内控体系培训》、《企业经营决策能力》、《领导力与团队建设》等课程。以总裁室成员为首的、颇具实力的专兼职讲师队伍频频活跃在联想集团的讲坛上,提高自身综合素质和领导能力已成为联想集团各级干部的目标。

培养后备干部不要停留在"干什么学什么"或满足于"缺什么补什么"的"加餐式"培养,应变"加餐式"培养为系统的、全方位的"套餐式"培养。时代发展对后备干部的素质要求是综合性、全能型的,提高其能力和素质,而应根据新时期对后备干部的要求,并结合后备干部的特点有计划地进行。国企后备干部的培养最重要是在加强政治敏锐性、危机应变意识、驾驭全局能力、创新管理能力等方面下功夫。

三、推行"轮岗制"和"助理制",提高后备干部的领导能力

后备干部的综合素质和领导能力需要通过不断的学习和锻炼,才能在实践中得到提高。一名后备干部如果长期呆在一个岗位几年,或更长的时间不变换,没有新的舞台让其施展,是得不到锻炼的。因此,二、三年就应调整一个岗位,让后备干部在新的环境中工作,看看其适应能力,以发挥其所长,是很有必要的。在国企管理干部中推行"轮岗制",能够使他们得到多个岗位的锻炼,学习更多的专业知识,掌握企业各部门的运作;更重要的可以将新旧岗位的工作经验、同事之间的工作作风、合作的氛围进行比较,相互取长补短,大有益处。干政工党务工作的未必不能适应行政经济工作,反之亦然。事实上,实行岗位轮换也有不少成功的例子。如原广州市汽车公司就有一名基层单位的党支部书记经过之前多个岗位的轮换,走上了副总理、党委书记、总经理的领导岗位(现调政府机关工作),他带领员工把企业经营管理、改革与发展工作推上了新的台阶,得到上级领导的充分肯定和广大员工的衷心拥护。全球最成功的CEO－美国GE公司原领导人韦尔奇,就是在GE内部通过多个岗位轮换锻炼成长的,其继任人伊梅尔特亦是在韦尔奇十多年(作为我们所讲的后备干部)的栽培下,同样在GE内部多个岗位轮换培养,才确定为接班人。

另外,推行"助理制"也是锻炼后备干部的一种重要途径。后备干部要走上企业领导岗位,需要在企业领导岗位上锻炼,助理制就是一个比较好的做法。企业的第三梯队可以在部门经理助理(或基层书记助理)的岗位上培养,让优秀的年轻人得到锻炼的平台。在部门经理助理的岗位上培养锻炼若干年,就可以提拔进入中层干部队伍。中层干部被列为后备干部后,条件成熟的可以压担子,让其担当总经理助理(或党委书记助理),全面了解企业的运作,并在培养人的帮助下参与企业的经营管理工作。

(作者单位:广州市广骏旅游汽车企业集团)

建设与时俱进的文明纤城

——记福建纺织化纤集团有限公司党委书记庄华

龚永钢　　王　萍

“堂堂正正做人，勤勤恳恳做事，清清白白做官”，这是庄华于2000年初挑起这家国有大一型企业党委书记兼常务副总经理的重担时一直牢记在心中的话。四年多时间来，他努力实践“三个代表”重要思想，遵循“政治上把握大局，工作中融入经济”的党委工作思路，有效地促进了党建工作与经济工作的同步发展，建设与时俱进的文明纤城。企业继续保持“全国优秀基层党组织”、“全国思想政治工作优秀企业”、“全国职工模范之家”等30多项国家级荣誉称号，他个人也被评为福建省劳动模范。2003年公司克服了非典和缺电带来的不利影响，在消化近2000万元的减利因素后，仍实现工业总产值10.8亿元，销售收入7.05亿元，利税4410万元，员工收入比增11.6%。

“要把员工关心的问题解决好”

1973年，20岁的庄华从部队转业进厂，从此就与这家企业结下了不解之缘。他脚踏实地努力工作，才智也得到不断地拓展和发挥。30年来，他从基层干起，一步一个脚印走到了公司领导岗位。他认为，党把企业的重担交给自己，自己就要对党负责，对员工负责，就要尽力把企业的事做好，把员工最关心的问题解决好。

在党委中心组成员学习“三个代表”的重要思想过程中，他带头深刻反思近年来企业改革和管理上的利弊得失，从企业大局和员工利益出发，抓整改、办实事、理难事，切实解决员工关注的热点问题，真正让员工群众得实惠，使学习教育活动真正落到实处。

公司班子成员对员工反映的道路交通、粉尘污染及住房紧张这三个突出问题进行了认真研究，提出了具体的整改措施并付诸实施。在公路方面，公司出资800万元，配合地方政府修复了永樟等路段，大大改善了公司通往永安市区的交通状况，方便了员工的上下班。为了解决水泥窑尾粉尘污染问题，公司又投入资金进行粉尘治理，环保效果十分理想。公司在永安市区集资建设福维花园生活小区，小区内环境优雅、各项设施齐全，成为三明地区规模最大、人居环境最好的生活小区，900多户员工陆续乔迁新居。三大问题的顺利解决，受到了广大员工的称赞，提升了企业的凝聚力和向心力。

庄华还时刻把员工的冷暖挂在心上。每逢过年过节，他都和班子成员一道看望慰问住院员工、困难员工和离休干部，嘘寒问暖，帮助他们排忧解难，把企业的温暖送到他们心坎上，把慰问金送到他们手中。每逢盛夏酷暑，他与公司领导深入高温岗位，为员工送上防暑降温食品；每年除夕之夜，他们来到各生产现场，慰问坚守岗位的员工。在任务十分艰巨的年度设备大修中，他们头戴安全帽和工人们干在现场，既当指挥员又当战斗员，赢得了大家的好评。

“让天更蓝、水更清”

青年时期的军旅生涯，铸就了庄华那坚韧不拔、吃苦耐劳、勇挑重担、敢拼敢闯的性格与气质。全面主持集团公司永安基地的党政工作的庄华，在上任之初，面临着国内化纤化工市场竞争白热化，产品开发难度非常大的严峻形势。他清醒地认识，发展才是硬道理，必须把发展作为振兴企业和永安经济的第一要务。

近三年来，公司把科技进步置于企业发展的“前沿”，投入三亿多元资金，围绕产品结构进行调理，使企业的生产规模、产品档次、技术水平又上一个新台阶。涤纶新合纤技改项目、涤纶海岛丝技改项目、有机PVA扩建技改项目、热电4#循环流化床锅炉技改等项目相继建成投产，成为了公司新的经济增长点，同时也为发展永安区域经济作出了贡献。

与此同时，公司始终坚持环保与生产同步发展，运用高新技术追求生产、社会和环境的综合效益。三年来，又投入4000万元资金进行多项环保技改项目的建设，对工业废弃物、污染物进行彻底治理。如电石炉烟尘治理技改项目投入运行，使烟尘按照国家标准达标排放；对废水处理站进行扩建改造，不仅提高了废水的处理能力，也使废达标排放，保持了燕江九龙溪水质的洁净。去年公司通过ISO14001环境管理体系认证，严格按照建立的环境管理体系要求开展生产经营活动，取得了显著的环境绩效，从而保持了企业的可持续性发展。

“打造诚信品牌”

有着多年经营工作经验的庄华深有体会地说，市场经济是法制经济，同时也是信用经济，市场规则的确立和有效运行，既离不开完备的法律规范，也离不开有效的道德约束和支撑。法治是外在的约束，道德是内在的自律，二者必须双管齐下。

经营方面,公司继续实施"紧贴市场,建立网络,以长期效益最大化为目标"的营销战略,同时讲诚信文明经营,努力营造诚实守信的环境。公司严格执行《公司合同管理办法》及ISO9000质量体系标准,以信誉开拓市场,有效地提高了履约率。公司未发生因合同签订或履行失误而引起的经济纠纷,合同签约率和履行率均达到100%。按照公司质量目标,公司对顾客反映的问题有专人负责,并在24小时内予以答复和解决,充分发挥公司产品质量、市场区位和品牌、价格、服务的综合优势,从而赢得了客户和社会各界的信赖。公司也因此年年被评为省地市"讲合同、守信用先进单位"、"省高标准、高质量单位"、"省用户满意企业";"双轮牌"商标被评为"福建省著名商标";10多种"双轮牌"产品被评为国优、部优和省优产品,并列为"闽货精品"及"浙江省消费者喜爱的百家外省著名品牌"。诚信,提高了公司的知名度和美誉度,树立了良好的公众形象。

"要建设学习型企业"

以德强身、以学强身、以技强身,是现代人对自身素质的要求。作为公司党委书记、主持企业经营生产的庄华更不例外。他不仅学政治,学理论,在提高自己的政治素质、道德素质上下功夫,而且抓紧时间学习企业管理和经营管理等方面的业务知识,攻读MBA,给自己定学习任务,无论是在繁忙工作一天之后的夜晚,还是在出差的火车途中,他都抓紧点滴时间读书。他说,不学习就跟不上形势,就会落伍,必须不断为自己充电。

庄华认为,一个人的学习能力决定着他个人的竞争能力,一个企业的学习能力决定了这个企业的竞争能力,因此必须致力于建设学习型企业,不断地投资于人,让人才增值,为企业创造出更大的财富。按照这种思路,公司把人才培养作为科技发展积蓄后劲的重要举措,去年又出台了《公司2002年~2005年人才发展规划》,把培养人才、引进人才提高到战略高度来考虑,并精心组织实施。同时完善了《公司科技创新成果奖励办法》,今年初拨出120万元的专款对有突出贡献的科技人员进行重奖,营造出让科技人员和广大员工不断成长,实现自身的价值的环境。

新的一年已经开始了,实现企业振兴发展的新的宏伟蓝图又在庄华等公司领导班子的集体智慧中形成,企业人才将在"十五"规划发展目标中的有机、维纶、涤纶新的三项重大技改项目中发挥着重要的作用,新一轮创业又呈现出希望的曙光。

"让文明纤城与时俱进"

在庄华的主持下,多年来,公司党委继续以"经济效益为中心,在实现效益行业争先,综治实现'三无',员工道德达标,班组建设富有特色"为创建目标,把文明建设贯穿于企业工作的全过程,使纤城的文明建设继续保持着一种积极向上的氛围。

庄华始终把加强两级领导班子作为推动企业改革和发展的重要工作来抓,以班子成员的"讲正气、树旗帜、作表率",树立"核心、内行、务实、团结、识才、廉洁"的六个方面形象,来凝聚广大干部员工的力量。

在文明员工队伍的建设中,庄华主持重新修订了《员工日常行为规范》和《员工职业道德总规范》,开展"文明员工"达标竞赛活动和"职业道德十佳百优"评选活动,促进员工良好习惯、行为的养成;通过在门岗、宾馆、总调度等10个单位设立"文明窗口示范点",树立公司良好形象;还通过"文明楼院"、"美好家庭"的创建活动,促进社区文明水平的进一步提高。公司党委认真贯彻《公民道德建设实施纲要》,全面落实20字基本道德规范,进一步提高员工的思想道德素质。全公司3000多名员工中,有98%以上的员工达到文明标准,这支员工队伍爱岗敬业、无私奉献,在经济建设中发挥了主力军的作用,从而使公司保持两个文明建设同步发展的良性循环,连续八届被评为"福建省文明单位"。

公司还注重文明环境的建设,目前可绿化面积在95%以上,人均绿地100多平方米,10里纤城绿树成荫,花团锦簇,被誉为"花园式的工厂"。公司又投入300多万元进行了景观改造,扩大了绿地,增加了园林小品,夜景工程的建设,使纤城的夜晚美如画。还在厂区、生活区道路两旁设置120块文明标语牌,在生活区建文明小区区域图栏、文明小区广告牌和科普宣传栏,规范人们的文明行为。生产现场也按照"一平、二净、三见、四无、五不漏、六不缺、七不乱"的要求进行管理,从而确保了生产现场的规范、有序和整洁。

庄华说,我们公司要生存、要发展,必须依靠一个强有力的集体,依靠广大员工的力量,健全的制度,完善的体制,凝聚人心,凝聚人才,上下形成合力,用现代企业制度来规范公司的行为。这样,才能打造一个具备全面核心竞争优势的知名品牌企业,建设快速发展和资本增值的、与时俱进的文明企业。

(作者单位:永安市福建纺织化纤集团有限公司党办)

新时期高校系党总支工作与师资队伍建设

曹广辉

高等学校系级党总支，应该把师资队伍建设作为自身的重要工作，这是党赋予高等学校基层组织的任务。《中共中央关于加强高等学校党的建设的通知》中规定："高等学校系的党总支是全系的政治核心，要充分发挥党总支的政治核心作用。"高校的最大政治任务就是培养合格人才，这里所说的政治是与业务工作紧密结合的政治。系一级党组织的工作，应紧密结合系里的中心工作，在教学和科研工作中充分发挥政治核心作用。而"一个学校能不能为社会主义建设培养合格的人才，培养德智体全面发展，有社会主义觉悟的有文化的劳动者，关键在教师"（《邓小平文选》第二卷 108 页）。可见要把系里的教学、科研搞上去，培养高质量的人才，取决于有一支高水平的教师队伍。因此，对系党总支来说，师资队伍建设是一项重要工作必须抓紧抓好，这样才能抓到中心工作的核心。

师资队伍建设的紧迫性

高校师资队伍建设是一项重要而艰巨的任务。10 年动乱期间造成的师资队伍年龄断层影响至今；市场经济的发展，高校改革的逐步深入，人们的思维方式和价值观念发生了巨大变化；那些应用性强、社会需求大的学科毕业生，真正有志于从事高校教学、科研工作者为数较少；人才流动加剧，高学历、高职称的教师向大城市及条件好的地区流动；部分青年教师希望到社会更广阔的舞台上去施展自己的才华，获得更大的经济利益。随着高校依法自主办学力度的加大，教师资源也必然要市场化、社会化。长期计划体制形成的师资管理办法将受到严峻挑战。如何保持学校的风格和特色，保持学科、专业建设的稳定性，保持师资队伍的良性发展，面对新的形势系级党组织应研究新矛盾、解决新问题，调整管理理念和充分调动各方面积极性的价值准则，建立一套完善的管理体制和管理措施。

目前，高校扩招后，给师资队伍建设带来了很大压力。"十年树木，百年树人"，建设一支好的师资队伍并非一朝一夕之功，需要 10 年或更长时间。既使建成了一支高质量的师资队伍，在一定时期内形成良性状态，如不注意培养后备力量，稍有懈怠就有可能落伍。往往一个学科带头人的离开，这个学科的优势会随之失去。在知识经济、信息时代，新知识爆炸性增长的情况下，高校教师又必须把握科技发展前沿和引领科技发展，更应不断更新知识，提高全面素质。所以，师资队伍的建设必须常抓不懈。作为系级党总支应以对学校党委和党的事业高度负责的精神，增强使命感和紧迫感，并全力支持密切配合系行政落实师资队伍建设的任务，实现党的教育目标。

构筑师资队伍建设系统工程

一个系的学科和师资队伍建设具有相对独立性，师资队伍建设构成了系统工程。系级党总支应把握师资队伍建设的科学性，以系统科学原理构建师资队伍建设工程。这样能在客观上把握师资管理的完整体系；能够较好地利用现代科学的管理方法指导师资管理，解决师资管理中出现的新问题。利用系统论原理不仅能从静态方面把握师资管理的系统结构，而且还能从动态方面把握师资管理的整体，比如师资队伍的年龄变化、学历变化、职称变化等。

建设师资管理系统工程：第一，应强调师资管理整体性原则。从师资队伍整体出发，抓住师资队伍整体要素及整体结构，选择最优化的管理方案，以达到师资队伍性能的最优化。要做到这一点，一方面要了解师资队伍结构的整体及各部分之间的关系。如师资的合理配备是由不同的学历、年龄、职称等方面的教师组成。另一方面，要了解师资管理中各要素之间的关系。如教师的教学与进修、职务晋升、业绩考核与评估等，各要素之间的关系应是协调和谐、相互促进的关系，力求做到师资管理整体最优化。第二，把握师资管理的目标性原则。师资管理的目标就是要极大地提高师资整体水平，使之更好地为教学、科研服务。首先要明确师资管理的整体目标。不仅要制订出与本系发展相一致的目标，而且围绕学校师资建设的大目标，制订出协调一致的具体小目标，并全面地组织实施。第三，运用师资队伍系统自组织原理的原则。自组织系统中，每个子系统又能根据自身的条件对其它子系统和系统整体施加一定影响，这样整个系统处于十分积极的状态，处于能与环境主动适应的状态。师资队伍管理往往强调组织系统的强制作用，注意力也集中在制度建设上，这只是事物的一方面。教师的自组织能力较强，在一定的环境下有很强的自发调整功能，如教师个人的学习、晋升等。利用系统的自组织功能是师资队伍建设的重要途径。第四，师资队伍管理系统是一个开放的系统。社会发展到今天,一个系的师资队伍管理,无论如何也不可能封闭起来。耗散结构理论认为,一个封闭的系统,其内部的紊乱程度是不断增加的;一个开放的系统则恰恰相反。一个系的师资队伍建设要放到学校和社会大环境里去,考虑内部系统结构和外部的联系,形成协调促动的关系。总之,师资队伍建设是系统工程,系党总支应努力探索其内在规律,掌握科学方法,在系师资队伍建设中发挥政治核心作用。

新时期师资队伍建设的理念和方法

师德建设与教师业务提高相统一 邓小平说:"各级党委和学校的党组织,应该热情地关心和帮助教师思想政治上的进步,帮助他们认真学习马克思列宁主义、毛泽东思想,使更多的人牢固地树立起无产阶级的共产主义的世界观。要积极地在优秀教师中发展党员"(《邓小平文选》第二卷109页)。教师是人类灵魂的工程师,肩负着培养社会主义建设者和接班人的历史使命。培养一个合格的大学教师,不可忽视对其政治上的关心和培养。教师业务的提高是事业发展的需要,是时代发展的需要,是教学业务、技术进步的需要。在业务提高上教师个人有其内在动力,系部行政也有规划和安排。但师德建设往往表现虚化,这正是系党总支义不容辞的责任。师者,传道、授业、解惑,前人有"为师之道,端品为先","人品不立,则自知不足为师"的遗训。教师的价值是化作学生的本领而显现,燃尽自己照亮别人。没有奉献精神,不足以为人师。没有敦厚的品德更不能成其为名师或大师。利益驱动的市场经济环境下,更须加强师德建设,营造尊师、敬业的氛围,增强教师的事业心、责任心和爱心。

教师思想观念整合与保持个性化的统一 思想观念的一致性是形成向心力、凝聚力的基础。观念整合是为了求同,保持个性化是存异。如果求同离开了个性化,就有可能把创新要素扼杀。求同和存异是社会互动的两种基本状态。观念整合,有利于目标一致,形成合力,是系部管理所追求的理想目标。因为求同是通过教师间彼此沟通、相互理解、协力合作,顺利实现整体目标的必要环境。教育理念、政治思想、师德意识必须求同,否则就偏离了大方向,就失去了办学特色,这也是党的思想政治工作的重要内容。但求同并不是不讲原则的一团和气,而是不同性格、不同思维方式、学术上不同见解的人之间的群策群力,和而不同、同中求异、异中求同。在和谐的基础上实现系部工作的卓越发展。

教师个人价值实现与系部事业发展相统一 时代使教师的思维方式、价值观带来了巨大的变化,他们比较注重个人的事业成就。这就应充分考虑教师的需要,把教师事业的需要、成长的需要融入师资队伍管理理念。在师资队伍建设过程中应强化"以人为本"的观念,把对教师个性和潜能的释放、积极性的调动作为管理的主要内容。系党总支应努力营造尊重、和谐、愉快、进取的氛围,把系部的发展目标和教师个人的目标融为一体,构建教师施展自己才能的激励机制,让教师的自主性、个性化、自我价值实现的愿望等,都得到充分的尊重和鼓励,激发教师的工作热情、想象力和创造力。但是,教师个人的发展必须与本部门师资队伍建设要求相一致,如个人进修、实践煅练、流动等。系级党总支应积极引导教师把自己的事业发展和系部的事业发展结合起来。让教师在系部专业建设中发挥潜能,实现个人价值。

教师管理与知识管理相统一 知识经济时代,知识已成为社会的重要资源,学校的知识管理是把知识作为资源,并将知识与人联系起来促进学校发展的过程。知识通过人来发挥作用,人运用知识来实现价值,管理过程中应把二者有机地结合起来。被管理的教师是以创造新知识为己任的知识工作者,其个人、知识和工作三者是合而为一的,知识在教师头脑和工作中体现出来。将知识作为资源管理也意味着将有知识的人即教师共同作为管理对象。教师和系部的关系,是处在一个由人和知识交互的系统中。党总支在实施知识管理过程中,努力营造一种教师自我管理、自我激励的氛围,建立协作创新的知识管理系统和动态多变的人知结合的管理机制,在管理结构中促进跨边界学习和形成知识流。对教师和知识二位一体的管理,形成现时代的师资管理新模式。

刚性管理与柔性管理的统一 刚性管理是以规范化、制度化、程序化为特点,以严为核心。柔性管理是价值准则的管理,精神的管理。人的行为都以特定的价值准则来衡量,变制度管理为价值管理,变外在管理为内在管理,从而达到目标优化。工作没有规矩就无法高效运行,对教师的刚性管理应体现在政治思想、师德标准上,体现在资格选聘、法律契约和硬性淘汰上,而不是日常的量化和繁文缛节的限制。高校教师在学术和科技上的业绩,往往不是在短时间内显现出来的,教学、科研工作有"包干"性质,对他们搞简单的计时计件,是不科学的,因此有其特殊性。对教师的聘任、考核、评级、评薪,应充分考虑其特殊性。管理过程中要树立他们只争朝夕的紧迫感,同时还要有十年磨一剑的制度安排。营造一个自由的空间,宽松的人文学术环境,给予创造力、想象力的自由。

师资队伍建设随时代变化,不断出现新问题、新情况,但归根到底是要出人才、出成果。出人才、出成果的关键是要建设一支高水平的教师队伍。高等学校系党总支应重视并和系行政一起抓好这项工作。

(作者:河北承德石油高等专科学校党委副书记)

认真贯彻“三个代表”重要思想
探索非公企业思想政治工作

王岳祥

上海宏泉集团有限公司是在1992年邓小平同志南巡讲话的指引下，于1993年8月成立的。现有上海科岭建筑工程有限公司、上海申豪房地产有限公司、上海祥和物业管理有限公司、上海纵横科技有限公司、上海亿创实业有限公司、上海尚代企业发展有限公司等八家全资子公司。公司以房地产开发为主，同时涉及建筑、商贸、物业管理、酒店经营、高科技投资、教育投资等多个领域的综合性民营企业集团，年总产值10.8亿元。公司正在开发的“祥和”系列产品，包括“祥和家园”、“祥和绿港”、“祥和名邸”，总面积达56万平方米，投资21亿元，建成后将成为上海西大堂一道亮丽的风景线。

公司曾获“上海市文明单位”、“中国民营500强企业”、“上海市民营科技百强企业”、“上海市建设系统立功竞赛先进公司”、“普陀区民营科技十强企业”等称号；工会被评为“上海市模范职工之家”；党总支被评为“普陀区先进基层党组织”。公司连续多年被上海市工商局授予“重合同、守信用”单位，2000年房产公司被上海市企业资信专家委员会评定为“A”级企业。公司董事长、总经理、党总支书记王岳祥同志荣获“上海市劳动模范”、“上海市建设功臣”、“普陀区优秀企业家”等称号，被上海市总工会评为“优秀员工之友”。

一、非公企业思想政治工作，是企业自身发展的需要

党的十一届三中全会，邓小平同志1992年南巡讲话，党的十五次全国代表大会，为非公经济的大发展带来了难得的历史机遇，大批干部下海。国有企业转制，社会劳动力奔向非公企业，使非公经济近几年来获得了迅猛发展。由于社会经济处在“转型期”，人们的思想十分活跃，很多同志原来在全民、集体企业工作，人虽进了非公企业，思想却跟不上，游移徘徊、不知所措，在员工流行的口头禅是“为老板打工”。政治上过去是主人，现在是雇佣者，有一种压抑感，思想上即使有想法，也不敢轻易流露，上下之间、员工之间在思想上的沟通很少。作为一个非公企业，它依托的是市场，既没有救世主，也没有退路，只能依靠广大员工的团结拼搏，才能求得生存和发展，思想政治工作是一门科学，是统一思想、凝聚人心、化解矛盾、理顺情绪、激励人们团结奋斗的基础性工作，不是可有可无，是企业自身发展的需要。决不能忽略这门科学在非公企业的运用。

二、探索非公企业思想政治工作的途径和方法

非公企业如何开展思想政治工作，由于缺乏经验和可供借鉴的模式，我们公司本着以下三版条原则，进得了积极的探索。第一，辩证地看待思想政治工作现有的经验和做法，既不照抄照搬，也不全盘否定，坚持在继承中创新；第二，坚持“以人为本”的理念，着力点是提高人的素质，落脚点是实现双赢；第三，坚持解放思想、实事求是、大胆实践。我们的具体做法是：

1. 建党、工、团，组建骨干队伍

非公企业由于特殊性，目前还不具务设置专职的政工机构，配备专职的政工干部，但开展思想政治工作必须要有一支骨干队伍。另外，对员工进行经常性的思想工作，又需要有组织上的保证，才能落到到实处。我们公司从97年底开始，陆续建立了党总支、工会和团总支。党、团员已占公司正式员工的40%，工会会员达98%。公司董事会共产党员占87.5%，监事会共产党员占66%。各子公司和多数部门的领导都是由共产党员来担任，他们在各自的岗位上，都挑起了两个文明建设的重任。党、政、工、团都把思想政治工作列入了自己的职责范围，全公司形成了以共产党员为主的思想工作肯干队伍，保证了思想政治工作的顺利开展。

2. 以人为本，坚持素质教育

我们公司奉行的是“以人为本、优化组合、和谐发展”的原则。因此思想政治工作的着力点紧紧围绕员工的素质工程展开，具体做法是：

第一、坚持把学习邓小平理论、江泽民同志“三个代表”重要思想、“5.31”讲话及党中央领导同志近期的讲话，摆在思想教育的首位，列入每次党组织生活的第一内容。不定期转发有关资料，供广大员工学习，如“大无大有周恩来”、“年轻干部锻炼成长的内在因素”、“一个年轻市长的跌落”、“严肃政治纪律抵制境外反动报刊的渗透”等等。通过这些学习，使广大员工能及时了解和听到党中央的声音，从思想上、理论上提高执行党的路线、方针、政策的自觉性，它是思想统一的基础和准则，在政治

上有利于保持清醒的头脑。几年来,公司广大员工及其亲属没有一个参加“法轮功”活动,也没有一个因违法乱纪受到刑事处分的。

第二,积极筹建普陀区民营科学党校,并由党总支书记担任党校副校长,通过党校形式加强对员工的思想教育。我们邀请市委党校的二位教授、普陀区党校副校长,就当前经济形势、民营经济、企业管理、法制建设几方面作为课题,到公司进行专题讲课,邀请区科委党委书记就“三个代表”的科学内涵进行辅导。

为提高员工的素质,公司利用双休日,邀请比克管理公司就企业文化、团队精神、商业形象、人员素质进行培训。通过这些学习和培训,使员工在思想上、理论上都有很大的提高。不少员工反映平时由于生产任务忙,学习比较少,对宏观经济和形势的变化了解不多,希望公司能不定期地组织这方面的学习。

第三,运用改革开放的成果,对员工进行基本路线教育

改革开放二十多年,我国的经济和社会快速发展,提供了许许多多生动的教材,组织广大员工到社会大课堂进行基本路线教育,是提高员工素质的一个重要途径。比如,参观普陀区特殊教育学校,很多同志为我们党如此地关怀弱智儿童以及学校老师们的奉献精神而深受感动,受到了一次深刻的人生观、价值观、社会主义制度优越性的教育。通过瞻仰龙华烈士陵园、缅怀革命先烈的活动,使员工们深切地认识到今天的幸福生活来之不易。建党八十一周年,公司同普陀区委、上海大剧院、上海歌剧院举行“普心祥和——天音流金七一音乐会”,歌颂伟大的中国共产党。通过这些活动的教育,使全体员工深刻地认识到,我们国家能有今天如此辉煌的成就,正是坚持一个中心、两个基本点的必然结果。

另外,我们还运用多种宣传形式对员工进行经常性的思想教育。如出“宏泉通迅”、黑板报,组织员工参加全国“公司道德实施纲要”、“两法一条例”、“党建知识”、“中国共产党纪律处分条例”的知识竞赛等等。通过这些活动,使广大员工既增加了知识又受到了教育,对涌现出来的好人好事,我们也及时进行表扬和宣传。最近有一位员工八岁的儿子不慎从四楼摔下,造成全身粉碎笥骨折,给家庭带来了很在的痛苦,经济上也遇到了很大的困难。广大员工闻讯后纷纷伸出友谊之手,使这位员工深受感动,深切地感到我们虽然是一个非公企业,但同样是人间自有真情在。为规范员工的行为,在听取广大员工意见的基础上,制订了员工手册。

3. 党、政、工、团共筑企业文化

企业文化是企业综合素质的反映,是团结员工赤强企业凝聚力、促进企业健康发展的精神动力。企业文化的核心是建立具有前瞻性、可操作性的企业精神。早在99年公司就提出了“诚实、勤奋、开拓、创新”的企业精神,把诚实守信作为一种道德品质,贯穿到各项工作中去。对内要形成团结和谐、相互尊重的氛围,形成讲正气、干事业的环境。对外要讲诚信,树立起良好的企业形象。为构筑企业文化,我们把创建文明单位的活动作为企业两个文明建设的结合点,作为构筑企业文化的抓手。我们不仅制订规划,加强宣传积极引导,而且投资数十万元加强硬件建设。党总支委员会也就是创建工作的领导班子,党、政、工、团按各各自的职责范围,努力争创文明单位,积极共筑企业文化。2000年我们被评为市级文明单位,是普陀区唯一被评为市级文明单位的非公企业。在构筑企业文化的过程中,广大员工正在树立正确的个人价值取向,树立正确的思想道德观念。全公司有18%的员工正在利用业余时间读大专、本科及考评中级职称,有十几位同志写了入党申请书,25位同志被评为各类先进。构筑企业文化的过程,也正是员工提高素质的过程。

4. 凝聚人心,发扬团结精神

建造凝聚力工程对非公企业来说,有着非常重要的意义。一方面人员来自四面八方,思想理念、生活方式各不相同,经常会发生碰撞;另一方面雇佣关系的存在,束缚着国家主人,利益相关身份的发挥,这些问题若不从制度上、思想上解决、则建造凝聚力工程终究难以实现。我们通过以下两方面的实践,积极建造凝聚力工程。

第一,早在99年,我们就建立了以职代表为基本形式的民主管理制度,使员工不仅能参与企业的管理,了解企业当前的经营情况和今后的发展方向,而且能与投资经营者面对面地进行对话与沟通,使员工代表深受鼓舞,增强了员工的责任感和荣誉感。投资经营者深有感触地说:“员工们的建议献策,平时很难听到”,要求各部门对员工们的建议要认真整改。职代会的建立,不仅构筑了对话的舞台,密切了感情,维护了合法权益,我们还通过集体合同的形式,走出了一条使员工与企业效益紧密挂钩的新路,只要企业有效益每年都组织员工外出旅游和增加浮动工资。对中层以上干部,由工会组织全体员工进行测评,并实行“末位淘汰”,使员工不仅有了知情权,而且有限监督权,从制度上保证了非公企业的员工是企业相关利益者和企业的主人。

第二,凝聚力工程是发扬团队精神的基础。几年来公司从多方位多角度地为建造凝聚力工程做了大量的工作。除一些基本权益,公司还制定了福利计划,每逢重大节日,公司都要为员工组织活动,发放节日礼金,员工过生日都要送生日蛋糕。2001年“八一”建军节前夕,总经理专程从澳大利亚打电话给副董事长,叫他千万不要忘了“八一”建军节,要给复转军人写慰问信,发节日礼金,使全体复转军人深受感动。凝聚力工程的建造,极大地调动了广大员工的积极性、主动性和创造性。2001年普陀区政府交给公司两项实事工程,时间紧、难度大,尤其

是建造公园，开挖河道从未做过，又遇二十余天高温酷暑，广大员工不畏艰难、不计报酬，积极发扬团队精神，使“祥和公园”提前两个月竣工，迎来了七百多位中外佳宾的参观，受到了很高的评价，提高了企业的知名度和形象。

5. 典型引路，推动学习先进

弘扬先进，用榜样的力量推动思想政治工作的开展，在非公企业同样是重要的行之有效的工作方法。公司自97年以来，多次组织评比先进工作者、文明班组，开展三杯劳动竞赛，参加上海市建设系统立功竞赛活动，前后已有几十名员工被评为先进工作者或立功授奖，有力地促进了广大员工奋发向上的精神。为激励先进，公司还设立了荣誉室，很多员工深感今天的非公企业是社会主义市场经济的重要组成部分，在政治上同样是国家的主人，很多同志写了入党申请书，已有8位同志光荣地加入了中国共产党。

三、思想工作之花，结出丰硕之果

几年来的探索和实践已结出了丰硕的成果，达到了统一思想，提高素质，实现双赢的目的。企业的发展已进入了快车道，公司刚成立时，仅仅是一个三级资质的建筑公司，注册资金300多万，经过短短几年的发展，如今已是以房地产为主的集团性公司，注册资金达一亿元，以上缴税金为例，98年388万，99年625万，2000年1200万，2001年1510万元，2002年1805万元，2003年达4400万元，每年都以较大幅度增长，已连续四年被评为上海市民营科技百强企业，普陀区民营科技十强企业，2001年经全国工商联排定为全国民营企业500强。员工的年收入从2.2万、2.5万，如今已达2.8万元。

企业发展了，不忘反哺社会，不忘为党分忧，为政府解难，几年来已陆续向社会各界捐赠达320万元，并为云南、江西贫困山区各建造一所希望小学。为进一步贯彻江泽民同志“三个代表”的重要思想，帮助那些暂时遇到困难的群体，从今年起，公司每一位员工，按照自愿的原则，每月从本人工资中捐助一部分建立职工互助帮困基金，既帮内又助外，把关心群众的工作，从制度上予以落实，作为一项经常性的全心全意为人民服务的思想教育。

几年来的实践，使我们深深感到思想政治工作作为一门科学，在非公企业同样是宣传群众、团结群众、激励群众的有力武器。

（作者：上海宏泉集团有限公司党总支书记）

第十六部分

企　业
文化建设

谈谈青年文化宫在创新中应处理好的几个关系

方小平

青年文化宫(以下简称“青年宫”)是青年文化工作的重要职能部门。进入新世纪,我们面临新的机遇和挑战,青年宫要肩负着新的历史使命,就要坚持创新,发挥新的职能作用。在创新中就要正确处理好各种关系,实现青年宫健康、有序、快速地发展。目前的青年宫要谋求更大的发展,必须处理和解决以下的关系。

1. 先进性与广泛性的关系

青年文化要有鲜明的导向性,倡导先进文化,唱响主旋律,打好主动仗,培养爱祖国、爱人民、爱劳动、爱科学、爱社会主义的社会主义新人。

先进文化不仅仅是“精英文化”,不是只被少数人认同和少数人参与的小圈子文化。先进文化要为绝大多数青年接受,就必须动员、组织青年广泛参与,让他们在先进文化中得益受惠。把先进性和广泛性对立起来,是形而上学的观点。我们过去的青年文化工作的失误之一,是只求先进性,忽略了广泛性,把广大青年排斥在门外,这必然脱离了广大青年,把自己孤立起来。

2. 主流文化与时尚文化的关系

主流文化体现党和政府的主流意识,也体现时代精神和先进文化。因此,我们要确立主流文化的主导地位。传播先进文化、塑造美好心灵、弘扬社会正气、倡导科学精神是主流文化的基本特征,我们要遵循《公民道德建设实施纲要》精神,使主流文化产生强大的渗透力和影响力。

时尚文化是目前大众追求的生活形态,是社会发展到一定阶段的必然结果。时尚文化属“亚文化”,有大公“认受性”的特点,因而青年宫的工作不应排斥时尚文化,但应给予积极的引导。

有学者指出:“大众文化的受众心理,是与正规教育程度相关的。在教育不太发达的社会中存在着相当广泛的亚文化层,这是大众文艺最基本的受众群。”时尚文化的亚文化层的文化环境,时尚文化的娱乐性,决定了时尚文化有社会贯通性。我们要善于把时尚文化为我所用。

3. 主办项目与协办项目的关系

青年宫作为社会文化事业之一,它与其他文化部门一样,都是“为人民服务,为社会主义服务”的。因此青年宫要参与社会大文化活动,“协办”是在所难免的。“协办”项目,有时还可以“借船出海”、“借鸡生蛋”在某种程度上扩大了青年宫的社会影响。

但是,青年宫不能老是做配角,必须确立主办项目的主导地位。主办项目更富有创新精神,更能显示自身的实力,提高自身的知名度。主办项目是创品牌的主要手段。没有响亮的品牌项目,青年宫就没有真正意义上的个性特点。品牌项目的惟一性、排他性和权威性、能全面提升青年宫的社会地位。要做到协办不马虎,主办创品牌,两者相得益彰。

4. 依靠政府与自主意识的关系

青年宫的发展必然要紧密依靠政府的支持,力争把青年宫的建设纳入政府的文化建设的规划中。当然,青年宫的发展最终要靠自身的努力来做大做强。自力更生,应是我们秉持的方针。当前,全国的事业单位改革正在进行,事业单位及其从业人员将不再有行政级别,政府也会对某些事业单位逐步“断奶”,基于此,我们应“居安思危”,强化自主意识、及早寻求新的对策、适应新的体制。在这前提下,仍然要紧密依靠政府,依靠共青团组织,“有为才有位”,只要把青年宫的工作做好了,青年宫就有自己的社会地位,就能进一步得到政府各方面的支持。

5. 硬件建设与软件建设的关系

青年宫的硬件建设——场馆建设十分必要,不然就失去园地,失去现代化的文化服务手段。由于历史的原因,不少地方的青年宫因场地不足、设施陈旧,制约了青年宫的发展。不少青年宫想尽办法,通过多种渠道不断提高青年宫的硬件建设档次。但是,硬件建设再好,也只是服务条件而已,外因只有通过内因才能起作用,所以,软件建设——为青少年服务的项目建设更为重要。为此,要充分发挥软件的作用,加强服务青少年的项目建设,为青少年提供文艺、康体、娱乐、就业等服务,使硬件与软件建设相辅相承,互相促进。

6. 政治素质与专业素质的关系

青年宫的从业人员应该政治素质与专业素质兼备。政治素质是首位的。实践“三个代表”重要思想,既是政治素质要求,也是政治素质的体现。很难设想,政治素质不高的人,能完成“三个代表”的使命,能办一流的青年宫。“讲学习,讲政治,讲正气”是青年宫从业人员政治素质的必要要求。增强政治意识,才能明是非,讲大局,识大体。江泽民曾提出“政治家办报”,我们也应提倡“政治家办宫”。

诚然，青年宫是专业文化部门，从业人员不能当“空头政治家”，重要的是不断提高自己的专业素质，学有所长，才能独挡一面。我们应该看到，目前青年宫从业人员的专业素质不高，在知识更新异常快速的今天，是不适应的。在这种情况下，我们一方面要加强员工的继续教育，形成终身学习的氛围，让“万金油”式的人员再也不能混下去；另一方面要把好入门关，提高人员进入青年宫的门槛，从根本上改变青年宫从业人员的知识结构，促进青年宫的良性发展。

7. 社会效益与经济效益的关系

青年宫的文化（包括社区文化）工作，是有别于纯市场经济的公益性文化。因此，更要把社会效益放在首位。“赚大钱大做，赚小钱小做，不赚钱不做”是背离先进文化的前进方向。社会上种种不健康的文化现象，正是在“金钱第一”的作祟下蔓延的，青年宫不能走这条路。在注重社会效益的前提下，青年宫也需要适度实施文化市场运作，把青年宫经营当作文化产业来发展。根据不同的场所、不同的项目，实行低偿、有偿服务，以文养文，从而不断增大青年宫的固有资产，并提高其增值能力。

上面简述的这些关系，仅是当前青年宫面临的一些理论探索课题。处理好这些关系，能取得相对的平衡。但是，随着青年宫事业的发展，新的矛盾必然出现，又会有新的关系等待我们去处理，故坚持改革创新，才能推进青年宫事业的不断发展。

（作者：广州市青年文化宫主任）

创立转制企业思想政治工作新途径

葛乘舟　陈士定

转制企业思想政治工作从根本上说是做人的工作，涉及人们的思想、观念、意识等精神生活的各个领域，是一个面向社会、面向企业广大干部、职工的系统工程。江主席指出：“党的思想政治工作是经济工作和其他一切工作的生命线，是团结全党和全国各族人民实现党和国家各项任务的中心环节，是我们党和社会主义国家的重要政治优势”。在社会主义市场经济的新形势下，如何做好转制企业思想政治工作，思想政治工作如何适应新变化，这是思想政治工作者一项值得研究、探索的新课题。

1. 思想政治工作对象的观念发生了变化。随着社会主义市场经济体制的逐步建立，重实惠重个人价值的观念呈上升趋势，讨价还价，按价干活，互相推诿，应付第一职业，热衷于第二职业的现象多了。

2. 思想政治工作的方式发生了变化。适应社会主义市场经济需要，政府对企业注重宏观指导，赋予了企业更大的自主权。企业的宣传工作更注重于对外宣传、提高信誉度、扩大知名度，工作方式重外轻内。

3. 思想政治工作的思路发生了变化。企业的工作思路随着市场的变化而变化，企业以获取最佳的经济效益和社会效益为目的，企业工作思路的变化给思想政治工作带来了新情况。

4. 思想政治工作的内容发生了变化。企业内部改制，少数职工下岗，思想政治工作注重职工思想变化。企业竞争日趋明显，优胜劣汰，企业思想政治工作内容更注重于企业的兴衰，教育也随之向增强职工的市场意识、效益意识、质量意识、管理意识、主人翁意识方面倾斜。

思想政治工作的新情况、新变化，决定了思想政治工作的新方法，新途径。

一个中心要围绕。转制企业思想政治工作也是经济工作和其他一切工作的生命线，思想政治工作既要围绕一个中心，又必须服从、服务于经济建设，这是一个原则，一个大局。嵊泗县供销社党委一班人不管在渔村、在管理部门始终把握这个主线，把部门经济建设作为思想政治工作的出发点和落脚点，贴近企业、贴近经济、贴近职工。1997 年、1998 年企业正面临着改制，部分职工存在“三种感”现象。一部分职工有“不平感”，特别是老年职工，以为自己在企业辛苦一辈子，反而要担当下岗的风险，年纪大了无能力下海，深感国家制度不平等。一部分职工有“埋怨感”，认为自己从固定工转为合同工，从合同工转为下岗工，怪天怨地，怪企业领导无能，怨企业创收无力。一部分职工有“担心感”，认为向企业投入股金不可靠，怀疑收入和分红是否有保障，职工股金、企业资产是否会被亏光，表现出一种非常担心的心理。

针对这些认识上的问题，县社党委组织政工班子，召集党员干部认真学习、深刻领会党的方针、转制政策，研究商量转制企业思想政治工作重点，组织党员干部下一线，深入企业、深入职工，通过走访座谈，调查问卷，取意解困来化解矛盾，把职工的实际问题和意见及时向党委反映，切实解决职工实际存在的困难，协调上下关系，理顺干部职工的情绪，有针对性地做好各阶段、不同层次干部职工的思想政治工作。企业转制实行产权制度改革，把资产转让经营、租凭经营、合股经营、合伙经营、买断经营作为供销社企业产权制度改革的生要形式，采取先破后立、先卖后股、先挂后救、先转后脱等办法，做到人员安置人员分流，债务空挂解，资产调整变现，业务有效重组，理顺了企业产权关系，使企业改制按时顺利完成。通过开展为企业献计献策“金点子”活动、党员干部奉献日活动、干部职工心交心联谊活动、振兴供销企业大讨论活动等，来提高全系统干部职工的凝聚力；通过对党的方针政策的宣传来统一职工认识；通过用改革开放实践成果进行教育来振奋职工的精神；通过对开放中涌现出各种先进典型来引导和激励广大干部职工；通过释凝解惑，解决实际问题，做过细的思想工作来稳定职工队伍，激发工作热情；通过工业新产品的开发、专利申请、花卉租赁、渔村连销超市、渔用网具、房地产开发、门店抽资承包，新一轮企业改制，建立海水养殖专业合作社等灵活多样的经营方式，来引导广大职工转变思想观念，适应飞速发展的改革开放新形势。使思想政治工作在围绕一个中心的前提下，贯串于企业改革发展经营管理全过程。

两个依靠要把牢。一是依靠党委。俗话说千件事万件事领导重视好办事。一名思想政治工作者，应做好参谋、出好点子、做好各项工作的配角，取得党委的信任和支持，使班子成员共同唱好“主旋律”，要及时掌握企业新情况、新信息，提早准备，争取工作主动权，适应新变化。企业改制、投资决策、经营项目开发过程中，思想政治工作要先行，要走在前面，干在前头，使领导满意、企业满意、职工满意。二是依靠基层党组织和党员干部。思想政治工作是全社会全系统的工作，离开基层寸步难行。在实际工作中，要求支部书记负责抓，组织宣传委员具体抓，干部党员重点抓，工青妇分头抓，形成大政工网络体系，确保思想政治工作深入企业、深入人心。并要求他们当好参谋、出好点子、想好办法，把思想政治工作真正落实在基层。

三项工作要抓住。一是抓好“阵地”。坚持用邓小平理论，全心全意为人民服务宗旨，做“四有”新人来教育党员干部职工，利用业余党校，党员活动室，党员职工读收会，抓好宣传思想教育，做到月底一堂课，月中学习不放松，空余时间抓培训。二是抓好队伍。要抓好思想政治工作，很重要一点要有一支纵向到底，横向到边的政工队伍，目前，全系统有专兼职政工人员50多名，建立了由党组织统一领导，党政工共同负责，党政工团齐抓共管的宣传队伍，形成一支以专职政工干部为骨干，兼职政工干部为主体，行政管理人员和党员广泛参加的大政工队伍，并做好政工队伍的教育培训，使基层思想政治工作有事抓、有人抓。三是抓好载体。运用各种载体丰富思想政治工作。在上级党委的精心指导下，在广大党员干部职工中开展了一系列特色活动，如党员干部与下岗职工交朋友活动，党员干部“四上门”活动，党员干部读书会，微型党课，警言牌，党员经营户挂牌等活动，有力地促进了基层思想政治工作的开展，并使党员干部职工在活动中增强知识，在活动中发挥才能，在活动中发挥作用，进一步增强了基层组织的创造力、战斗力、凝聚力，多次得到上级领导的好评。

立身四字要做好。一是“强”字，思想政治工作者事业心责任感要强，这是做好思想政治工作的重要保证，思想政治工作是全党的工作，所有党员干部都要做，也要有专人去做，“凡百事成也，必在敬之，其败也，必在慢之”。每一个思想政治工作干部都要认清思想政治工作的重要性、必要性和自己肩负的责任，做到守土有责，尽心尽责。二是“勤”字，做到手勤，要多动笔、多学习，如摘一些学习笔记、剪报，写些理论业务文章等，不断提高自己的理论业务水平。做到脚勤，要勤下去、多研究，同党员干部职工交朋友，为他们办实事。如1998年企业改制中，下基层得知全系统92名合同制职工的养老保险未进入社保，职工非常担心，向党委汇报后，在党委的重视下和县社保所得联系，由县社出资35%、企业35%、职工30%，全部进入了社保，解决了92名系统内合同制职工的后顾之忧，进一步增强了思想政治工作的向心力。做到嘴勤，多与职工交流谈心，如1999年花鸟供销社改制，因企业承包亏损，职工的四万元左右的承包金未向企业上缴，县社根据有关政策适当减免后，每位职工要上交承包金近2000元，当时有一部分职工有低触情绪，不肯交承包金，下去的同志上门一个个做工作，深入浅出把党的方针政策讲明白，以情感人，使企业全部职工及时上缴了拖欠的近三万元的承包金。既要职工履行义务，又要保护职工的合法权益。三是“钻”字。工作有一股钻劲，多动脑子，继承思想政治工作的优良传统，学习兄弟单位好的经验，结合实际不断探索新时期思想政治工作新的路子，每年要有思想政治工作的特色产品。如四上门、警言卡、微型党课等。四是“范”字，身体力行，率先垂范，做思想政治工作的同志，应在立行和立言上下功夫，成为干部职工的表率，“身教胜于言教，示之以行比晓之以理、动之以情更重要”。要求职工做到的党员干部首先要做到，如2000年底，县社发展生产资金周转困难，县社要求职工筹集资金，并做好职工的思想政治工作，如领导不带头，思想政治工作再做好也没用，上午会议结束后，党员干部带头集资，筹集资金交到财会室，第二天全体职工你一万，我五千，马上筹集了二十多万元，解决了企业的燃眉之急。

在市场经济的新形势下，思想政治工作者应树立思想政治工作的忧患意识、阵地意识、创新意识、表率意识，做好各项工作，通过有形的服务，无形的引导，使思想政治工作犹如春风细雨、落地开花，在党和政府与干部职工之间架起一座座连心桥，发挥暖人心、得人心、稳人心的重要作用。

（作者单位：嵊泗县供销社联合社）

创建新的企业文化 培养金融企业核心竞争力

杨常稳

企业文化是企业形象和企业素质的综合反映，是企业发展的核心竞争力量。金融企业文化建设是银行培养核心竞争力的重要方面和主要途径。商业银行与国际金融对接，关键不仅仅是技术问题，还有更深层次的金融企业文化相衔接。实践证明：金融企业文化建设的发展水平，越来越成为制约银行业发展的核心要素。因此，创建商业银行先进的企业文化，提高企业素质，增强凝聚力和创造力，已成为当务之急和今后的方向。

为此，笔者认为商业银行的企业文化建设，应抓好以下方面：

一、超脱传统的银行文化模式，创新观念

企业文化就其根本秉性而言，它是一门管理学理论，它的作用是增大产品的文化含量，提升服务于客户的文化品位。一个好的企业，一种有生命的企业文化，要关注和体现员工愿望和动机的理想信念、价值观、人生观；要关注和体现职工的经济利益和精神利益，使员工真正自愿地成为企业活动的参与者，以主人公精神积极投入工作。在传统的计划经济体制上，政府主宰银行的决策权：银行利益和社会利益，社会利益优先；贷款的贷与不贷、贷多贷少，服从计划安排；放款的安全性和效益性、流动必须为大局服务等等。从某种意义上讲，银行不是真正的银行，最起码不是市场经济的银行。因此，邓小平同志在中国改革开放初期就提出了“要把银行办成真正的银行”，“金融很重要，是现代经济的核心。金融搞好了，一着棋活，全盘皆活”。中国建立社会主义市场经济体系以来，银行文化充实了新的内容。但至今没有完全跳出固有圈子：奉命贷款，企业逃避银行债务，决策思维落后，管理模式跟随不上形势发展的需要。所以，在我国已经加入世贸组织半年多的今天，必须通过有效途径加快商业银行的文化建设，从传统的银行文化中解脱出来，强化群体意识和团队精神，培育商业银行全员的价值观，确立以人为本的尊重员工的文化主体地位，有效地提高员工的政治素质、业务素质和主人翁意识，努力创新，以应对入世后的挑战。一是跳出固有的思维模式，正确树立发展观、开放观、人才观、时效观、守法观、管理观、文化观、群众观。二是努力提高员工素质，不论决策层、管理层、操作层的员工都要具有高尚的品德修养、丰富的知识素养、沉稳的心理素质、健康的身体素质。三是培育全员务求实效的工作作风，克服唯书、唯上、因循守旧，能对新形势、新任务，有明晰的认识，立足新实践，不断创新，与时俱进，在现有的管理体制、经营方法、经营理念，用人机制、服务手段、经营机制方面都有一个符合市场经济发展规律的大胆创新。

二、塑造商业银行企业形象，将微笑服务提升为文化服务

商业银行是信用中介机构，是经营货币、信用的金融企业，寓业务经营于服务之中，在创造社会效益的同时，获得自身的经济效益。金融资产分散在企事业单位和群众手中，商业银行只有把商业经营与文化服务融为一体才能创新发展，赢得客户，更多地聚集资金，扩大自己生存发展的资金基础。金融文化包括商品、劳务和辅助物等三大要素。商品要素主要是货币规模、资金实力、信用品种；劳务要素主要是服务意识、服务礼仪、服务纪律、服务质量、服务效率；辅助要素主要是设备、设施和服务环境，服务手段、便民措施等，服务设施是物质基础，员工素质是文明服务的关键。把握住金融服务的有机部分，就是一笔巨大的无形资产。为此，必须外塑形象，内强素质，把商业银行的工作做好，内外协调一致就能发挥出强大的整体效应。

银行形象设计，一是外部形象，二是内部形象。外部形象如房屋建筑、门面装璜、服务环境、群体扮相。环境装修要别具匠心，突出时代精神、行业特点，有十分醒目的户外标识；室内大厅要明快大方，充分利用有限的空间和成本摆放舒适得体的工作和休息用具。内部形象如群体能量、员工服务艺术和道德修养，管理者的能力水平和信誉、决策者的智谋和观念等。塑造起一流的企业形象，开发良好的企业品牌，树立朝气蓬勃的精神风貌，在社会上形成一种强烈的视觉冲击。让人们看到银行的外部形象就感到顺心，看到内部形象就感到亲切、可信，有宾至如归的感受。留下美好的第一印象，激发起要享受银行提供的优良服务的渴望。

第一印象再美再动人，但顾客最关心的却是通过银

行服务所获得的利益和享受。所以商业银行必须强筋壮骨,有明快、充实,激励士气的精神口号,形象标语和员工岗位座右铭。对顾客接待热情,言语亲切,营造一种温馨的氛围,本身就是银行信用的包装,构建成金融服务的有机部份。所以,必须在服务态度、服务手段、服务环境方面下功夫。员工的态度要热心、诚心和耐心,办理业务要遵章守纪,严格程序,认真负责,准确快捷。让顾客高兴进行、满意离行,做常来常住的回头客。这就要求全体员工有“我靠银行发展,银行靠我建设”的事业心、责任感,有崇高的理想、坚定的信念、高尚的情操、无私奉献的精神。从现在起就要在行之有效的微笑服务、面对面服务、上门服务等人性化服务的基础上,把服务的内涵不断提升到更高层次,不断向纵深延伸,建立高起点、高标准、高速度的先进的企业文化大服务体系。真心实意地为人民服务,为行增光,为党为国争辉。

文化管理的核心是团队精神,顾客至上。目前,要办好几件事:

一是细分客户市场,建立以客户为中心的分层次服务体系。对能给银行创造效益的优质客户,要提供客户经理服务。客户经理的工作要做到一切为了客户,从而达到为客户所需求的一切提供服务,如协助办理业务、上门服务、代办有关事项等等;对一般客户,提供热情、方便的柜面服务,不论多少,不管业务大小,来的都是客,尽心尽力为一切客户服务。由于银行电子化,要尽量引导他们使用电子化设备自办业务。为扩大客户金融知识面,学会电子化操作,要印制宣传单、宣传册供客户参阅。

二是要进一步完善和健全“一柜清”的柜员制,给一切客户提供方便、及时、准确的柜面服务。

三是要建立第一接待人责任制。客户进门,不论找到谁,谁就是第一接待人,谁就有义务热情地带领客户去承办业务。决不准出现“我不知道”或“你自己去找”等推拖拒现象,充分展现商业银行的群体意识。

四是为了严肃服务职责和服务纪律,要将相关的规章制度印制成员工守册,做到每个员工都人手一册,互相督促执行。

值得注意的是:信处技术通过电子软件等高层次的提升,将越来越多地代替微笑服务,拥有先进技术且技术含量高的银行服务,将在金融业竞争中越来越多获得优势,把银行推入知识管理,引发竞争层次的深化,手段靠硬件,科技开发要创新。要建立网络客户目标,树立超前服务观念,以技术创新为前提建设科学技术领先型的商业银行形象。

三、创新经营理念,以文化营销开拓发展业务

进步源于科技,发展源于创新,创新靠激情,竞争靠活力。这是必须培养和树立的营销理念。文化营销必须从大处着眼,从点滴做起,从一个员工、一个窗口、一次交往、一声问候中来致力于商业银行的服务宗旨,体现商业银行的创业精神、员工的价值观和文化道德,精心塑造商业银行品牌,体现商业银行的整体要素及功能的竞争实力。现在是上门求贷的客户不敢贷给他;信誉好、有实力、前景好的企业又难予把贷款放进去,形成了一个贷款难、难贷款的现象。就银行而言,解决贷款难的问题,关键在思想。调研证明:不是银行难贷款,而是银行工作不到位;不是优良客户少,而是银行深入各类企业少;不是没有优质工程项目,而是银行没有把握住大好是机。一要真正转变作风,深入调查研究,了解不同类型、不同体制、不同行业、不同经营状况的企业,认真分析经济发展前景、信贷需求,认识潜在的优良客户。

二要变等客户上门找贷款为银行主动把贷款送上门去。市场象翘翘板,能把你翘上天,也能把你摆下地,要顺天时、占地利,发挥人的优势,以“人和”为主业之本,不当座商,人情指路广招天下客。当然这就要求具备坚实的基本功,“台上三分钟,台下十年功”。送贷上门必须建立在采集信息,筛选和应用信息上。银行的营销人员必须建立借款单位(或个人)的资信档案:不仅要熟悉经营、财务报表,还要正确地进行市场经济发展予测和企业财务分析,保障营运的合法性、流动性和效益性;不仅要掌握借款单位的历史变迁、产品周期,还要掌握贷款单位的技术力量、科研成果和科技成果应用程度;不仅要了解借款单位法人代表的姓名、性别、任期、人格信誉、学知水平、决策能力、成就、威望、还要了解领导班子的专业结构,整体功能发挥状况,正确判断企业的生命与发展。掌握了借款人的资金需求、借款用途、还款来源、还贷时间、担保抵押实力、资历信贷能力。这就有较大把握予测出信贷风险度,当机立断,发放贷款,敢借能收,就掌握主动权。

这就要求营销人员有高的文化素质和认真负责的敬业精神,也要求银行决策者业务本领过硬、工作作风过硬、思想敏锐。

三要实行客户经理制。随着金融意识的加强,不论单位和个人都迫切需要提供高水平的个性化金融服务。客户要求的,我们要办到、办好;客户想到的,我们要了解,努力去办;客户没有想到的,我们要想到前面,做到前面。让客户认识到银行是引导他们进行活动的领路人。客户经理要让客户走进银行就能交流,柜台设计要低,使客户与客户经理坐在一起,面对面地平等交流,向客户热心、细心、耐心地讲解金融众多的新业务、新功能,指导或代客户办理业务,让客户感觉到银行的每个角落都注满了银行人员的热情与关怀。

四是以技术创新为前提,推出精品营销品牌。发展不仅取决于资源和财富,还要看技术创新能力和实现科

技转化的程度。要以建立网络客户为目标，树立超前营销理念，实施精品银行策略，通过广泛应用电子网络技术，将高科技与市场需求有机地结合起来，在大力变革传统业务的同时，整合创新出先进的金融产品及服务手段，以便在任何时间和地点都能为客户提供全方位的现代化金融服务。如“一卡通”、“一网通”、手机银行、网上银行、自助银行、电话银行、网上证券、网上商城等一系列自助化、远程化服务手段及营销品牌。

五要扩大宣传。探索营销活动的文化特征，确定产品的文化载体，充分利用新闻媒体联办节目、开办新品牌文化节、知识讲座、举办银企联谊会、节目慰问和走访，大力开展文化营销，尽快扩大商业银行新产品的知名度，让客户了解其特征，巩固老客户，发展新客户，培育优良客户群众。

四、创造新的企业文化氛围，提升员工文化素质

实现生产力跨越式的发展，基础在教育，关键在科技，核心在人才。商业银行企业的生命力，其原动力是人，“科学技术是第一生产力”、“人才资源是第一资源”，这是个核心。即使有了好的资源，没有人去整合，资源也没有效用。因此，商业银行的领导得必须抓教育，注重创造人才成长的环境，关心人才成长的道路，关注人才队伍建设，将企业文化的应用渗透到具体业务的拓展和管理全过程，使每一个员工的目标都凝聚到提高企业核心竞争力上来。

一是要有一个好的领导班子。火车跑得快，全靠车头带，领导带领员工干什么？指导员工怎样做？这是个十分重要的问题，俗话说：强将手下无弱兵。不懂市场就挑不起领导的担子。因此，必须坚持用好的作风去认识和选拔中高级管理人员，发现和提拔作风好的人当领导。领导班子成员必须是有过硬的本领、有过硬的工作作风、有良好的服务意识、有高瞻的大局意识，有坚定的理想信念、有良好的职业道德，用个人毕生的心血融入壮丽的事业，实现其人生价值，通过领导者自身的楷模作用，管人、管事、管思想，带好队伍，建设一流的商业银行。

二是要以人为本，建设一支高素质的员工队伍。生产力决定经济的发展，人是生产力中最活跃的因素，因为人有感情、有创新、有激情、有积极性。所以要尊重人、理解人、关注人，企业要平等对待员工，鼓励员工积极进取和创新开拓。要始终把人放在企业文化的核心地位，使员工与企业心往一处想、劲往一处使，保障企业良性发展，创造企业奇迹。一个管理者，要给下属员工施展才能的机会和环境。如果猴子没有树木、老虎离开山林、蛟龙失去江河大海那必然是十分可悲的。一个十分的人才如果得到十二分的舞台，他就会大有作为。对人才不能求全责备，敢于负责的人有时会不计后果，技艺高明的人往往过分恭谨，办事能力很强的人有时又难予合作，脚踏实地的人常常没有创意，点子多的人会很不听话，事事服从的人又不讲原则，机灵的人多数不够稳重，是将才但有的又怀有野心。只要我们重教育，常疏导，量才适用，用人不疑，疑人不用，人尽其才天地宽，就能取人之长，为行所用。判断一个人是不是人才，一看重知识，二看能力，三看实践应变经验。凡是优秀人才，就要留住他（她）。对具备高文凭、高科技、高管理的“三高”人才，要相应地给予他们高工资、高资金、高待遇的“三给”。同时也必须看到，高级人才一般认为“三给”是低层次的需要，他们更看重对自己能力的肯定、人格的尊重、自我价值的认同和感情。让他们展示自己，在富有刺激性的市场前沿阵地去实践，他们就会觉得有成就感，从而忠实于自己的事业。

我们的金融事业总是在不断发展的，员工队伍也必然经历一次又一次的新老交替。但必须坚持一条，就是贤者居上，智者居侧，能者居中，工者居下。同时还必须看到人有堕性和可塑性，在错综复杂的国际环境和形形色色的社会环境影响下，我们的队伍不可能都是清白无瑕的，一定要警惕污染的侵袭。权力失去监督就会腐败，个人享乐主义发展到贪欲的程度人才就会变质。一个人能力有大小之分，道德修养有好坏之分。有才有德是比较完美的人，对社会贡献大；道德好，能力弱的人是本份人，无害于社会和他人；道德坏，能力强的人，能力越强对社会和他人危害就越大。所以对为防止员工受到负面影响，要防微杜渐，防腐拒变，要把企业文化的建设作为提高员工素质，增强银行凝聚力的氧化剂。如开展一个支部一个堡垒，一个党员一面旗帜，一名干部一个楷模，一名员工一个亮点活动，抓好精神文明建设树立员工的精神支柱，抓好政治文明建设坚定员工的理想信念，用先进典型来激励和塑造群体的团队精神，以喜闻乐见的文化活动陶冶员工的情操。以职代会为基本载体，拓宽征集员工合里化建议的渠道，坚持行务公开，实施民主化监督管理。要增强培育员工主人翁意识的氛围，如围绕提高员工政治素质，以《员工守则》为重点内容，把企业的价值观教育和培“四有”新人结合起来，建设一支有理想、有道德、有文化、有纪律的职工队伍，把企业精神转化为员工的精神支柱，激发员工为实现银行目标而拼搏奋斗。又如围绕提高员工业务素质，认真组织培训，结合筹集资金、提高信贷产质量、降低不良资产、加强经营管理等为中心内容，组织献计献策，知识竞赛、业务创新等，多形式、多层次、多途径，对员工进行科学、文化、技术和思想教育，增加员工的知识量，扩大视野，提高认识水平和业务能力。再如围绕员工的自身特点和条件，因地制宜地开展健康向上、丰富多彩的群众艺术文化体育活动，占领社会主义文化阵地，加强精神文明建设，崇尚科学，反对

迷信等。还有加强员工的思想政治工作,引导员工爱岗敬业、艰苦奋斗、遵章守纪、提高思想境界,确立正确的价值观,认识社会主义市场经济与企业发展的一致性,懂得企业价值与员工个人价值的统一,激发主人翁责任感。

企业文化是团结和力量的源泉,建设企业文化就是要从物质文化、制度文化、精神文化逐个层次地发展,渗透到员工的心里,变成员工的追求,使员工自觉自愿地与企业风雨同舟、同苦共甘,释放出巨大潜力,凝聚成强大有力的企业文化。

(作者单位:中国工商银行曲靖市分行)

也议共建公平的社会

祁茂林

“两会”提出:发展社会主义民主政治,建设社会主义政治文明。新一届国家领导人和政府决心推进思想政治建设,广开言路,集思广益,以解决当前国内存在的困难和问题,使人民生活全面实现小康水平。

在现代社会,民主是一种潮流,是社会文明的重要标志,一个人民当家作主的国家,民主显得更加必须。人民有权发表意见和参加管理国家大事。

“三个代表”重要思想之一是代表中国最广大人民的根本利益,只有实行民主政制,才能实现这一立党之本,执政之基。

民主是一种手段,不是目的,如果民主是目的,过去的“大鸣大放、大辩论、大字报、大串连、大游行”又会在今天的中国重演。民主的目的是为了实现利益公平,韩愈公说:“大凡物不得其平则鸣”。人们受到不公平的待遇,就要发出不满的呼声。一切行为皆为利益所驱动使然,所以利益公平是社会稳定、经济繁荣的根本。当前社会问题的热点、难点和焦点集中在欠缺公平的事情上,这就值得我们从政策上来检讨。当然公平不等于平均主义,21 世纪的中国公民懂得公平的砝码,“不平则鸣”,要鸣得有理,鸣得有序,鸣得有益。

公平不公平,不是谁说了算,是全在于合理不合理,合理是公平的基础。所谓合理者是合乎常理、伦理、法理。一个政策、一条规定、一项决定合不合理,必须有理由讲得清楚,使人心服口服,没有疑义。比如说,时下人们谈论最多的是收入差距悬殊问题,如果大家弄清企业定位的一些概念,然后用经济学的原理来对待,也就无话可说了。现代企业由三种人组成:所有者、经营者、劳动者。所有者是出资的主人,享有收益权。劳动者是受雇为企业服务的,他的工资是打入成本的,企业即使亏损也要付给他们薪酬。而经营者不是一般的人力资源,不是一般的劳动力,而是人力资本,是以劳动形式实现资本投入者,经营者的报酬是资本收益,赚了钱应该分,经营者拿得多,是因为他在资本收益里提取。他的薪酬直接与企业效益挂钩,有很大风险性,高收入是业绩优异的反映,合情合理,员工对此可以理解接受。

公平是小康社会应有之义,是以德治国的重要内容,不仅需要政府厉行,更需要国民和社会单位的支持,从自身做起,从每一件事做起,共同营造一个公平的氛围,公平的气候,公平的社会,让快乐陪伴着国人。

(作者:羊城药业公司党委书记)

加入 WTO 后文化产业发展的机遇和挑战

张作兴

江泽民在中央党校“5·31”重要讲话中强调:“要立足于改革开放和现代化的建设实践,着眼于世界科学文化发展前沿,积极进行文化创新,不断增强有中国特色社会主义文化的吸引力和感召力。”贯彻江泽民同志讲话精神,在经济全球化的新形势下进行中国文化创新,不仅要敢于面向世界,积极吸收世界科技文化发展的最新成果和文明成果,而且要积极开展多种形式的对外文化交流,积极发展文化产业。我国既是一个文化资源大国,同时又是一个文化产业小国。目前,我国文化产业属于弱势,缺乏国际竞争力。但这决不意味着我们发展文化产业可以关起门来，相反，在加入WTO的今天，我国文化产业要利用良好机遇，主动迎接前所未有的挑战，在开放和竞争中，壮大我国的文化产业，展示中华文化的无穷魅力和最新成就，把“代表先进文化前进方向”的要点贯彻落实到工作实践中，推进建设有中国特色社会主义文化的伟大事业。

一、积极把握加入WTO给我国文化产业带来的良好机遇

文化是民族的灵魂，是民族凝聚力和民族自信心的源泉。在全球一体化时代，文化又是一个国家走向世界的“身份证”。在我国加入WTO的谈判中，文化市场的准入一直是发达国家要价较高的谈判焦点之一，而且，这种谈判从某种意义上说，又是我国加入《世界知识产权组织公约》之后同美国、西欧等国家完成长达4年的知识产权保护谈判的继续。在这次入世公布的文件中，我国政府在文化的市场准入方面作出了如下承诺：

第一，音像分销方面，包括音像制品的批发、零售、出租，遵守我国《音像制品管理条例》的有关规定，允许成立合资企业，外方的股份不能超过49%。

第二，图书、报纸、杂志发行方面，2002年底，零售市场开放；2003年底，批发市场开放。

第三，广告业方面，允许两年后外资在合资广告公司中占多数股权，四年后允许建立全资广告子公司。

第四，电影产业方面，在与《中国电影管理条例》一致的前提下，每年引进20部外国影片作为分账片放映；允许外资参与改造、建设影院，外方股份不超过49%，允许外方参与经营管理。

上述的承诺关系着文化产业发展的大局。文化产业(CultureIndustry)是指通过工业化和商品化方式进行的文化产品和文化服务的生产、交换和传播，就行业而言，包括文化艺术业、影视业、报纸图书业、音乐唱片业。所以，加入WTO扩大了文化市场的准入范围，允许境外文化资本和文化艺术产品、文化服务进入，标志着我国文化对外开放尤其是文化产业市场化进入一个新阶段，给文化产业带来了难得的发展机遇。

1.有利于促进国民经济持续快速增长，为文化产业发展提供了宏观环境和经济基础。文化产业与经济发展的整体水平密切相关，经济越发达，文化产业就越发展。专家估计，文化产业将成为21世纪的朝阳产业。而且文化产业作为当代人类社会新的财富创造形态及其巨大的乘数效应，给经济发展增添了新的动力和增长点。许多发达国家的文化产业不仅在发展速度上超过传统产业，而且在产业规模上已经成为国家的支柱产业。以美国为例，其文化产业的总产值占GDP比重超过20%，2001年出口创汇达到720亿美元，超过航空工业居出口贸易第一位；吸纳的从业人员占社会从业人员的5%；400家最富有的美国公司中，有72家是文化企业。改革开放以来，我国经济持续快速发展，取得了巨大成就。“十五”计划提出的奋斗目标，到2005年国内生产总值将达到1.4万亿美元，人均国内生产总值达到1100美元。根据国际经验，在人均国内生产总值跨越1000美元时，文化消费不仅总量上稳步增长，而且文化消费占整个消费的比重将明显提高，我国近几年的发展趋势也证明了这一点。有专家估计，未来5年我国文化产业的市场规模将从目前的2500亿元扩大到5000亿元。可以预见，加入WTO后，我国经济在更加充分利用外来资金、技术、国内外两个市场的情况下，国民经济将保持快速增长态势，文化产业发展将进入一个快速增长期。

2.有利于吸收更多的境外资金、技术和经营管理经验，促进文化产业结构升级。外国文化资本的进入，一方面，在一定程度上改变文化产业资金短缺的状况，并促进整个产业盘活存量资产，优化资源配置。同时，也会带来先进的文化成果、管理经验和科学技术，促进我园文化产品质量和档次的提升。另一方面，外国文化资本的进入，将激发我国文化产业的竞争意识，促进文化企业注重产品开发和品牌创新，加快文化产业结构的调整和升级。

3.有利于规范文化市场，拓展文化产业的发展空间。文化市场是现代市场体系的重要组成部分，也是连接文化产业和文化消费的基本纽带。没有一个发展完备的文化市场，文化产业就失去了有效载体。加入WTO后，我国文化市场由有限范围和有限空间的对外开放，转变为WTO规则框架下的宽范围多领域开放；由试点为特征的政策性开放，转变为按中国政府承诺的时间表开放；由单方面为主的自我开放，转变为与世贸组织成员国之间双向的相互开放。我国的文化市场逐步与国际文化市场接轨，市场交易主体、消费主体、市场规则也将逐步符合国际惯例，从而促进公平、竞争、规范有序文化市场的形成。而规范开放的市场，将给文化产业发展带来新的契机、新的国际化发展空间。

4.有利于充分挖掘我国的文化资源，发展新的文化产业形态。我国历史悠久，文化资源十分丰富。如果把积淀深厚、形态多样、哲理深刻的中华文化与技术尚新、资金雄厚、管理先进的境外文化企业有效“嫁接”，优势互补，就有可能在球垒刮起现代品味、国际风格的“中国文化产业热”。如好莱坞借助高技术手段，以中国历史故事为题材拍摄的电影《花木兰》就净赚了7亿美元。加入WTO后，随着文化市场准入的逐步放宽，境外文化集团将在更大范围、更高层次上参与我国文化资源开发，带来新的文化产业经营理念，突破我国原有的“文化”分类，从大文化的角度整合产业，将会催生新的文化产业形态，构建新的增长点。加入WTO后，中国文化产业的发展机遇不是长期的，而是稍纵即逝的，需要去积极把握的。文

化界和产业界必须有强烈的在竞争中求发展的意识。如果还是等待政府来推动、组织文化产业的应对之策,就会坐失良机。

二、充分认识加入WTO后我国文化产业面临的严峻挑战

初看起来,似乎我国"入世"后文化产业的大门开放得并不大,外国文化企业和外资进入我国文化业的"门槛"并不低。但是,我们必须清醒地看到,保护是有期限的,一般只为3年。而且,"入世"在深层意义上反映的并不是某个行业开放与否和开放程度的承诺,而是意味着我国整体经济运行体制、管理方式步入一个与世界WTO规则全面接轨的新的时代。因此,加入WTO之后,我国文化产业遇到的挑战是不可避免的、可以预见的:

1.由于发行和广告业这两个发展"助推器"的开放,将深刻影响文化产业的垂直分工 并由此最终将影响文化产业的经营格局,放大文化产业强弱竞争的"马太效应",使文化业大战的硝烟更加弥漫。例如,德国贝塔斯曼集团公司(Bertlesmann)在上海创办合资企业"读者俱乐部"仅两年,到2001年底就已发展会员150万,虽然目前占其全球会员8600万的比例还仅1.74%,但其在华图书零售营业额已达上亿元人民币(相当于福州市新华书店全系统的年营业额)。由于掌握了巨大的会员资源也就是读者群,贝塔斯曼的图书发行在一定程度上已影响我国图书的出版走势。而境外广告大亨的进入,将可能通过控制广告资源和占领广告的制高点等合法经济行为,对文化产业尤其是某些传媒业实施影响甚至控制。

2.遵循世贸组织的规则,将影响文化产业的经营管理体制和模式 WTO是多边贸易体制,其成员国之间相互遵循的最惠国待遇原则、国民待遇原则、非歧视原则、政策透明原则等,将会从体制、机制和环境等方面对我国文化产业构成外压,触动文化产业经营管理的制度性变革。例如,世贸的透明性原则,可能会要求中国各报纸也加入ABC(发行盘审计署)这样的专门定时统计和公布报纸发行量的组织,以达到与国际传媒接轨和保护广告商、广告客户利益的目的。电影拷贝发行的分账制,将引起电影业务管理、购片制等电影管理体制的改革。我们还要看到,国际文化产业已进入跨国界、跨文化形态、跨产业经营的全球市场化、一体化阶段,而我国文化产业目前大部分还处在事业体制管理,经费财政划拨,产品当作意识形态特殊产品的体制尚未转轨的阶段。更为突出的是,我国文化立法滞后,许多管理办法是行政手段,许多执法依据是红头文件,这与WTO要求产业发展、保护和市场运作的公平性、透明化、法制化有明显的差距。这种制度和体制上的障碍。将影响文化产业与国际市场接轨,影响文化产业的竞争实力和发展活力。

3.经济全球化会带来文化全球化,影响文化的安全性和民族文化的市场份额 西方发达国家在对WTO成员国资本、技术、商品输出的同时,必然带着其文化、价值观的输出。他们利用科学技术和文化设施的优势,控制文化资源和市场,向其他国家特别是第三世界进行双重文化倾销;一重是文化产品的直接经销;一重是隐藏在西方商品里面的文化价值观的间接倾销。我们不能简单地看到每年进口20部电影大片的商业含义,同时也要看到此类文化产品带来的西方思想观念、生活方式、思维方式的冲击。对此,我们既不能简单地关闭对外交流的大门,也不能不保护民族文化,维护文明的多样性。当今世界新闻信息的2/3来自占人口1/7的西方发达国家。影视产品的市场格局也是如此。以美国电影市场为例,1999年其向世界150多个国家和地区发行影片600多部,共得票房收入(含录像带、DVD)400多亿美元,占世界电影市场份额的92.3%。在影片输出的同时,利用其对观众审美心理的准确把握,把美国的价值观和所谓的美国精神精巧地放到了其故事和人物中,一起输给了这些国家和地区的观众。这种东西方文化、媒体实力不对称的情况、在一定程度上带来文化价值观的西方化。我们对此必须保持清醒的认识:一个国家的文化和舆论一旦被别国所左右,这个国家的安全将岌岌可危。同时,加入WTO后,随着市场准入的逐步放开,西方文化将更加方便利用我国的传统文化,控制我国的民族文化资源和市场。因此,既要对外开放,又要注意保护国家的文化安全,双重职责任道远。

4.西方强势文化企业的落户,对我国文化企业生存发展带来挑战 西方文化企业集团早就垂涎于我国潜力巨大的文化市场,认为这是国际文化市场和中国对外开放的最后一块"处女地"。西方文化企业实力大、技术强、经营成熟、竞争力强,对我文化企业冲击很大。从文化产业经营规模层面看,仅美国时代华纳电视业务收入就达8亿美元,远远超过我国电影全行业收入的总和。美国《读者文摘》以19种语言发行,发行量达2800万份。而我国期刊发行量超过百万份的寥寥无几。从技术层面看,西方文化产业已经广泛应用数字技术、仿生技术等高新技术,文化产业与高技术产业融合已成为一道亮丽的风景线。而我国的文化企业大多还停留于传统技术手段,停留于一般文化产品的制作和开发。在加入WTO后,西方强势文化企业和跨国公司必然通过各种方式进入我国的文化产业领域,而且一些大集团已采取行动,各显神通地实施"抢滩中国"的战略。如AOL——时代华纳指出了对华"多媒体战略延伸";新闻集团实施"零距离接触";维亚康姆"在中国做实事";贝塔斯曼更是"不声不响做大做强";迪斯尼在"两岸三地的圈地运动";阳光新浪四通的"把电视与网络结合";TOM/COM的"两岸三地跨媒体整合"等。"传媒汇流"已势不可挡。相比之

下，诞生于计划体制之下的我国文化产业，尽管近几年有了长足发展，但长期以来被行政体制分割，形成了经营单位多、规模小、产业集约化程度低、资源分散、竞争力弱，不计经济效益等特点。2000年，我国文化产品的实际消费总量仅为近1000亿元。只有GDP的1%，吸纳的就业人员只占从业人员的0.5%，出口创汇更是微乎其微。所以，对整体刚刚起步的我国文化产业来说，挑战是现实而严峻的。难怪世界文化巨头之一的新闻集团总裁默多克到我国投资文化产业，有人形容是文化业的“狼来了”。

5. 文化产业发展的技术先进性与我国文化产业技术装备、人力资源准备不足之间的矛盾日益凸现 文化产业已经成为高技术高知识密集的领域，高科技成果对文化产业的渗透和改造越来越明显。特别是在广播电视和电影业，广泛应用新技术已是世界性潮流。在美国，电影产业运用最新的技术装备武装自己，目前已步入数字电影时代。在电影拍摄、加工过程中，大量采用计算机等高技术手段，大大增强了影片的质量和效果。从整个文化产业发展的角度看，时代华纳与美国在线的合并显示出美国等发达国家文化产业与高技术产业融合的方向，而我国电影的拍摄、制作加工以及电影的运行基本上还停留在传统技术基础上。目前我国电影票房收入只有10亿元，而美国电影票房收入1999年就达到75亿美元，约合人民币623亿元。从人才方面看，我国文化产业的人才总量、质量、专业与分布构成都不容乐观。人才总量方面，由于文化企业起步晚，竞争力弱，吸引人才、接受人才和储备人才的能力受到很大的限制，更有甚者，还有大批文化人才流失。人才素质方面，接受过正规高等教育的为数还不多，且主要集中在生产、销售领域，文化管理和经营人才更是缺乏，没有形成文化产业的人才群体，全国闻名的文化实业家更是寥若晨星。而且还存在人才浪费和人才使用不当，“有用人才引不进，拔尖人才留不住，过剩人才流不出”的现象。

可见，加入WTO，我同文化产业无论产业规模、产业素质、产业效益，还是产业形态、产业结构、产业组织、产业政策都将遇到严峻的挑战。我们要正视这种冲击和挑战。要在挑战中寻找其蕴含的机遇，在激烈的竞争中生存，并谋求突破，尽快学会“与狼共舞”的本领，实现新的发展。

（作者：中共福建省福州市委常委、宣传部长）

以实践SAIC价值观为核心 整体推进上汽集团企业文化建设

在世纪之交的2000年12月，上汽集团正式确立了SAIC核心价值观，即：满足用户需求、提高创新能力、集成全球资源、崇尚人本管理。三年来，集团党委坚持以实践SAIC价值观为核心，整体推进集团企业文化建设，使上汽文化成为推动集团持续快速发展的巨大动力。下面就上汽集团的企业文化建设作一个介绍：

一、把握文化定位

进入新世纪，上汽集团应该建设一个什么样的文化？我们从发展目标、竞争环境、自身结构和用户需求等方面进行了全面思考：

第一，新世纪的上汽文化是追求发展的文化。上汽集团提出了三大战略目标：到2007年，年产汽车100万辆、生产自主品牌汽车5万辆、跻身世界500强。文化的发展是与生产力的发展紧密联系在一起的。我们要按照“三个代表”的要求，发展先进文化，用先进文化促进先进生产力的发展，从而体现最广大人民的根本利益。

第二，新世纪的上汽文化是面向世界的文化。汽车工业是世界性产业。经济全球化把世界汽车整合成一个大市场，所有资源都在全球化这个平台上合理配置，优化组合。因此，我们要以全球化的理念审视我们的企业文化，用企业文化这个“世界语言”构建与国外汽车公司合作的新平台。

第三，新世纪的上汽文化是整合优势的文化。经过改革开放20多年的发展，上汽从一个以生产农机产品为主的国有企业，发展成为具有跨国、跨地、跨所有制的汽车集团。在经济全球化大潮中，单个企业只是一个小舢板，经受不了大风大浪。因此，要在基层企业文化建设的基础上重新整合集团文化，使上汽成为一个联合舰队，使上汽文化成为联合舰队的旗舰，以综合实力和整体形象走出上海，走向世界。

第四，新世纪的上汽文化是服务大众的文化。汽车市场的迅速扩大，要求企业的文化建设必须把“满足用户需求”作为第一理念，把用户需求放在第一位，并坚持以人为本，营造平等、和谐、自由的内部环境，增强员工的忠诚感和归属感。

二、认知认同价值观

集团提出：要把认知认同SAIC价值观作为员工培训的核心内容，衡量员工职业道德的首要标准，考核企业、特别是企业领导干部的“硬指标”。

一是全员化培训。集团统一组织编写了《上汽集团(SAIC)价值观5W全员培训读本》,在全行业开展全员培训。我们把价值观作为集团后备干部、新进大学生、引进人才上岗培训的必修课,有集团领导亲自讲课。目前,员工对SAIC价值观认知认同率达到90%以上。

二是全方位宣传。我们在上海汽车工业展示馆和企业各主要场所固定展示SAIC价值观,通过集团主办的报刊、电视和网站,对SAIC价值观进行广泛深入地宣传。在集团参与的新产品市场导入、重大社会活动和大型展览等系列活动中,都要凸现上汽集团的价值理念和品牌形象。

三是“故事化”教育。故事是价值观认知认同的有效形式。我们将胡茂元总裁在不同场合、针对不同问题讲的寓言故事,编写成《与世界对话——胡茂元诠释上汽集团价值观的寓言故事》一书,该书精选了25个寓言故事,有故事,有背景,有理念,还插配了漫画,用“故事化”的形式诠释上汽集团的价值观。这本书的中英文对照本300多名外方员工人手一册,有些外方总经理不仅认真研读,还对照理念,检查经营工作。我们还每年举办“实践SAIC价值观故事大赛”,汇编员工实践企业价值观故事集,现已编成两本。这些故事生动感人,对内有教育示范效果,对外起传播作用。

三、构筑实践平台

我们将企业价值观融入经营管理,精心设计了与四个价值理念相对应的“四大工程”,即用户满意工程、全面创新工程、全球经营工程和人本管理工程。这四大工程,既是集团经济工作的运行平台,也是集团企业文化建设的实践平台,使两个文明建设“合二为一”,增强了价值观指导经营管理工作的针对性和可操作性。

第一个实践平台——用户满意工程。这是上汽集团的“生命工程”,其基本理念是“三心”:让用户放心,使用户称心,以用户为中心。基本手段是“三找”:找自己的用户、找用户不满意的地方、找让用户满意的措施。在广大员工中形成这样一种共识:没有用户,就没有岗位;失去用户,就失去岗位;用户不满,就难保岗位。

第二个实践平台——全面创新工程。在技术创新上,集团提出了超前开发、联合开发和自主开发并举的战略;在管理创新上,集团形成了具有上汽特色的管理经验。我们把这些创新成果编成了约80万字、一套九册的《上汽集团特色管理丛书》,其中包括SAIC文化管理、“零缺陷”质量管理、“人人成为‘经营者,”管理、员工教育培训管理和合资企业党建工作管理等。

第三个实践平台——全球经营工程。集团确立了“走出去”与“引进来”并举和“出海跨洋”、“抢逼围”的全球化发展战略,在实践中形成了强强合作、战略合作、全面合作、共赢合作的合作文化。

第四个实践平台——人本管理工程。形成了“以真挚的情感留住人、以精彩的事业吸引人、以艰巨的工作锻炼人、以有效的学习培养人、以合理的制度激励人”的指导思想和工作思路,注重培育敬业、开放、创新、成才的上汽职业精神。

四、培育特色文化

上汽集团共有中外合资企业62家,跨地企业40多家,海外公司4家,其文化构成具有跨国、跨地、跨所有制的多元特点。我们正确把握集团文化与基层企业文化的关系,一方面,在基层企业文化的基础上整合集团文化,要求集团文化做到“五个统一”,即统一集团价值观、统一文化运作平台、统一形象展示、统一大型文化活动、统一汽车文化产业。通过集团文化的共性发展,提升企业的整体竞争力。

另一方面,引导基层企业推进个性化文化发展,形成自己的特色。目前已初步形成易通公司的“经营者文化”、上海小糸的“改善文化”、联合电子的“环境文化”、纳铁福公司的“精益文化”、上实交通的“致强文化”、上汽销售的“服务文化”等十多家企业特色文化。从而,使上汽文化在SAIC旗帜下丰富多彩,各具特色。

(作者单位:上海汽车工业(集团)总公司党委)

以崇高的企业理念建设高素质的企业文化

胡瑞强

上海凯泉是一家温州在沪投资企业,1995年“抢滩到上海以来,企业成几何级数地发展,员工从当初的几十人,发展到如今的2500人;销售收入从当初的几百万元,发展到去年的4.5亿元,坐上了全国泵行业的头把交椅。2001年9月,获得上海市私企百强第5名的荣誉,并连续六年获得上海市“重合同守信用单位”的光荣称号,2002年“凯泉”商标又获得“上海市著名商标”,上海凯泉创造了泵行业的一个奇迹。这除了得益于上海市良好的投资环境外,企业倡导的“尚贤”、“尚同”、“尚力”的“三尚”企业文化,为企业的腾飞铸就了良好的平台。

一、尚贤

企业家们梦寐以求的是把企业做大、做强,就像父母希望孩子们尽快长大、壮大一样。上海凯泉集团总裁林凯文和集团高层领导一班人经过多年的经验积累,对如何经营企业和如何促使企业快速发展,形成了一套独特的思维体系。他们认为:人才乃事业之本,人才理念其精髓之处就是尚贤,这实际是凯泉企业的价值观念和企业文化积淀。古人说:“国之兴亡,系贤之舍取”,就是这个道理。在新经济初露端倪之际,知识滋生效益,知识与人才要素的合理配置和管理日渐显得重要。江主席在2001年两院院士大会上的发言中指出:“当今和未来世界的竞争,从根本上说是人才的竞争。”基于这种认识,集团在积累人才、使用人才、推动企业发展方面确定了“一流”的指导思想,即:以一流的待遇吸引一流的人才,以一流的人才构建一流的企业,以一流的企业生产一流的产品,以一流的产品拓展一流的市场。

要实现“一流”的战略指导思想首当其冲的是如何觅贤,觅好贤;如何育贤;如何用贤,用好贤。就拿如何用贤来说,随着凯泉的飞速发展,在行业内的知名度的逐渐提升,其品牌的感召力越来越大。现在相聚在凯泉这片蓝天下的人才可谓济济。既有“设计院的院长”、“企业的厂长、经理”,也有一些高学历的博士、硕士等,有的来自“国企”、也有来自“三资”企业,如何用好、团结好这些人才,调动他们的积极性,形成一个整体向上的合力,是一门十分深奥的学问。上海凯泉通过摸索逐步形成了自己的用人特色和一套规章制度。

一是放手使用能人,为他们提供最大的自由度和广阔的发展空间。如给水设备专家陈英华是本市一所大学的老师,受聘凯泉后,企业根据其特长,为其配备了专门的工作班子。为使其一心扑在工作上,解决了其户口、住房、配偶入沪、子女入学等问题。鼓励其施展个人才能,尽快出成果、出成绩。如今他领导的给水设备项目已经成为全集团最耀眼的经济增长点。

二是对工程技术人员实行研发项目和课题承包。即可个人承包,也可集体承包。然后以承包协议的形式明确双方的责权利。2000年11月,一次会上就有11人签定11个课题、32个项目的承包协议。此举充分调动了技术人员的工作积极性和工作热情,为企业抢占市场源源不断地提供了新产品和高附加值的产品。

三是实行组织目标管理。在每年年初的经济工作会议上,集团明确了各个单位的年奋斗目标。然后要求各个单位根据其实际情况将目标逐步分解到每个员工的头上,形成“千斤重担人人分担”的局面。行政总部每月进行考核,并与各部门的利益挂钩。

四是“举贤不拘小过”。如有一位分公司经理,工作上犯了一些错误,有关部门和领导一致要求辞退他。总裁通过调查,力排众议,决定给他一次改过的机会,让他重新担任原有职务。原本已准备另谋职业的他,非常感激企业对他的挽留和信任,以更大的热情投入到了工作之中,此后工作一直十分出色。好的用人机制既能留住人才,又能充分地使他们释放出能量。

通过“觅贤”、“育贤”、“用贤”,上海凯泉凝聚了一支高素质的科研及管理队伍。在注重企业自身的“造血功能”的同时,上海凯泉还注意及时为企业输入新鲜血液,使企业永葆青春、活力,单是2001年上海凯泉就引进了应届本科生30名、硕士生5名。为了拥有“源头活水”,我们建立了“上海凯泉集团江苏理工大学奖教基金”,2001年又投资与北京、清华等著名院校组建了“建大流体研究院”,走校企联合,共同发展的道路。通过外聘和自主培养,目前上海凯泉的人才梯队的专业结构、知识结构、能力结构、年龄结构更趋合理,且具有典型的哑铃型结构特征。目前已拥有水泵设计、制造工程技术人员120人,含大学教授1人,享受国务院津贴专家1人,高工12人,企业形象顾问教授1名,商学博士1名,清华、复旦、交大等名牌大学的工学及管理学硕士22名,70%的员工具有大专以上的学历。这是上海凯泉实现“中国泵业巨子”这一伟大理想和实现企业持续发展的原动力。

二、尚同

心理学和行为科学表明,价值取向较为趋近的人们容易形成有机的组织,遵守相同的行为规范,在思想上互相影响,感情上互相依赖,有共同的奋斗目标,与墨子的“尚同”观念如出一辙。因此,企业在确定了奋斗目标之后,要先在公司内部求同、统一;在思想、行为、价值观诸方面形成高度的契合。凯泉文化的核心内容是“开创美好未来”的企业理念和“泵业报国、永续经营”的企业宗旨。为传播凯泉文化,扩大凯泉文化认同度,公司抓了两个方面的工作。

首先是让凯泉文化得到员工自身的广泛认同。凯泉人来自祖国的四面八方、五湖四海,能相聚在凯泉这片蓝天下,是共同的价值观使然,认同凯泉“开创美好未来”的企业理念。企业在结合了大家的心智、合力,在商海风云、竞争大潮中,勇往直前,在中国泵行业取得了世人瞩目的功绩。所以说,“开创美好未来”的企业理念,“泵业报国、永续经营”的企业宗旨,是我们凯泉人多年来经营实践、群体行为、价值观念的积淀和升华,代表了企业、员工、客户、社会的共同利益和美好的未来,是一种强势的企业文化。公司采用正面教育,新进员工的第一课就是由集团总裁林凯文亲自讲授企业文化课,再利用各种培训的机会进行强化教育。同时辅之以“潜移默化”、“润物无声”的企业文化的同化教育,如举行“上海凯泉文化研讨会”、“上海凯泉文化艺术节”、“儿童绘画比赛”、“摄影比赛”、“卡拉 OK 大赛”、“上海凯泉体育节”等活动。每年秋天还举行“上海凯泉集团员工家属金秋联谊会”,让员工家属来公司总部及凯泉工业园参观、联谊,共同分享凯泉人经营的成果和成功的快乐。这样,认同了凯泉价值观、企业理念、企业文化的凯泉人,就会焕发出对上海凯泉的高涨热情和无私的奉献精神!

其次,要使凯泉文化为社会广泛认知。这实际上是扩大企业组织的边界,推动民营企业的社会化问题。因为企业和社会的关系是双向的、互动的,企业需要良好的社会环境发展,同时也应承担相应的社会责任。上海凯泉集团的发展壮大正是得益于党和国家改革开放的大好形势,以及上海市政府为私营企业营造的、适宜企业发展的良好投资环境。因此,上海凯泉集团理应“致富思源、致富思进”,努力加快企业的社会化进程,增大企业的社会效益。我们的企业宗旨是“泵业报国、永续经营”,因此在注重企业发展的同时,也关注回报社会;为保持社会稳定,服务社会做出贡献。

企业的利润是企业服务于社会的一定回报,企业就是社会公器。所以,企业应该承担更多的社会责任,努力扩大企业的社会效益;同时这也是塑造企业的公众形象,提高企业的美誉度、知名度的重要途径。江泽民同志曾说:“认清形势、坚定信心、总揽全局、把握重点、狠抓落实、乘势前进。”对我们私营企业来说,就是要与党同心同德,开拓进取,扎扎实实地做好发展、稳定的工作,同步协调地为社会主义精神文明和物质文明多做贡献,热心于党的事业、社会公益事业、慈善事业。我们在企业里已成立了党、团、工会组织,捐赠慈善事业,赞助共青团事业、残运会和党建活动在大学里建立奖教基金,与清华、北大等大专院校成立了校企业联合的科研实体等。上海凯泉致力于企业的社会化和企业的社会认同,说明了上海凯泉是一家成功的企业,它孕育了成功的凯泉文化,这是企业保持可持续发展的深层次动力。

三、尚力

古人说:“强必贵,不强必贱;强必荣,不强必辱”。上海凯泉的成长经历一再证明,要想做大做强企业,必须要使企业逐步拥有强大的企业力。而强大的企业力是一个合力或力系,它由企业在生产经营、成长发展过程中所必需的各种要素所组成,如企业的营销力、决策力、研发力、生产力、行动力、竞争力等。凯泉企业文化有丰厚、雄浑的底蕴,是源源不断滋生、支持企业力系的源动力。

2001 年 3 月,郑州某飞机场客户来公司考察,郑州分公司与总部分工协作,沟通流畅,热情接待,从产品知识、产品质量、样板工程、企业规模到企业文化,认认真真地向客户进行了介绍,客户比较满意。但是,客户总想好中选好,因为机场毕竟是一个国家重点工程,于是,客户提出要参观另一个水泵企业,公司接待人员大大方方地用车送他们去参观竞争对手的企业,结果客人进了该厂不到 10 分钟就出来了,而且表态就定凯泉的产品。显然是该厂的服务出了问题,因为客户要定的产品正是他们的拳头产品。因为一次不耐烦的接待,一笔 200 万元的订单付之东流。所以说市场竞争的胜利,表面上看是营销的成功,而其深层次的却是具有优势的企业文化的胜利,这也是未来市场竞争的最终表现。2001 年年底,集团实施了营销网络扩张,在全国建立了相对独立的 20 个分公司和 200 个办事处,构成了全国泵行业中最为完善、最为健全的营销网络,成效显著。2002 年上半年收款和订单同比增长 50% 以上,上升势头十分迅猛。同时上海凯泉注重分公司、办事处的文化建设,这是用企业文化力支持营销力和支撑企业庞大的营销网络的有效途径。

总之,在经济全球化、风云变幻、社会不确定因素增多、企业的持续运行期限受到了严厉挑战的时代背景下,每一个企业必须去留心、去挖掘、去寻找适合自己的生存原理。上海凯泉集团突出“尚贤”、“尚同”、“尚力”的“三尚文化”,注重对企业“文化力”、“行动力”和“竞争力”的强化,以此保持企业的长盛不衰,永续经营,实际上就是在正确地、积极地遵循和运用自身的企业生存原理。

(作者单位:上海凯泉泵业集团有限公司)

人力资本与家族企业

韩玉奇

家族企业的天然封闭性本能地为人力资本引进设置了障碍,这样就很难形成“命运共同体”,使企业在快速发展中不出闪失。

家族企业是资本原始积累和创业的主导形式,由于企业所有权高度集中于业主,业主凭借自己的企业家人力资本权威,能够在硬的预算约束下,灵活迅捷地根据市场情况调配生产要素,抓住一切可能的创新机遇,以血缘关系为纽带形成一致对外的内部向心力和凝聚力,从而取得创业成功。

家族企业在全世纪都很普遍，即使现代企业制度相当完备的美国，90%以上属于家族企业，其创造产值也在半数以上；《财富》500家大公司被家族控制的也在1～3以上，公开上市公司中有43%属地家族企业，像摩托罗拉、杜邦等都是家族控股的；在亚洲，家族企业也相当普遍，日本松下、韩国的现代、泰国的四大金融集团等都是家族控制的企业。

家族企业经过了初创时期，实现了资本的原始积累，就进入了一个相对稳定的发展时期，在这一时期，企业发展所面临的主要问题会逐步转变，而企业的家族制也会变得逐渐不适应企业的发展。从生命周期上看，有"富不过三代"的延续规律。据资料显示，家族企业的平均寿命为24年，恰好与企业创始人的平均工作年限相同；有的家族企业可以传到第二代手中，其中有不到2/3的企业能够传到第三代，后者中大约13%的企业能够传出第三代。而中国家族私营企业的寿命更短。实际中，许多家族企业正是处于这个阶段，许多企业确是因为这个阶段没有过渡好而逐步丧失其初创阶段的优势，最后被市场所淘汰，所以，顺利渡过这一阶段对家族企业来说十分重要。

为什么家族企业不能顺利的渡过这一阶段？仅从人力资本运营的角度来看，我们可以归纳出如下几个方面的原因：

首先，缺乏吸纳和集成人力资本的企业制度 任何企业在成长的过程中，都必然要不断地吸纳和集成新的管理资源。家族企业在吸纳和集成新的管理资源过程中，其特点是有家族文化规则和广泛家族规则在其中起着复杂的作用。吸纳的对象、吸纳的过程、吸纳后对管理资源形成的方式、成本及其成效都与非家族企业有很大的不同。相当多的家族企业的成长主要不是金融资本、而是管理资源这最重要的人力资本。因为这些私营家族企业的内源融资能力和新网融资能力都很强，企业的技术、机器设备也都很先进，但仍然陷入重重的发展困境之中。其主要原因就是家族内的人力资本供应，特别是职业经理人才资源的供应必然不足，又不能有效吸纳和集成企业外部的人力资源和管理资源。

家族企业的"资本雇佣劳动"的这种产权制度安排，在创业阶段是具有企业家人力资本权威"家庭首领"在非人力资本的影子中发挥着主导作用，那时企业初创，规模小、结构简单，作为企业家的业主左右逢源。游刃有余地监控企业运作。但等企业发展壮大后，一来创业领袖退位，二来家族继承人不一定是胜任者，即使能胜任，其面临的局面已今非昔比，无论从技术上还是从管理上，都必须从家族以外引进外来专业技术人员和经理人员，否则难以应付局面；但家族企业的天然封闭特性本能地反对这种人力资本引进，这样就很难形成"命运共同体"，使企业在快速发展中不出闪失。中国转型期的相当数量的家族企业，大都属于非规范的市场环境中通过非规范的投机操作"爆发"出来的，多数很难走出"资本雇佣劳动"这个制度陷阱。

其次，缺乏家庭成员的综合素质持续提高的机制 中国家族企业长期受"长不大"困扰，其主要原因就是创业者自己的"非理性"决策。这与中国家族企业创业者人力资本素质低下，而中国又远非是"企业家社会"环境有直接关系。企业的创业者大多属于讲究功名的实用主义者和不守规则的机会主义者。非理性的狂热笼罩大脑，结果分不清什么是历史机遇、个人能耐究竟如何，结果纷纷在"大干快上"的盲目跃进中落马坠渊。家族企业家的失败，与其说是个人悲剧，则不如说是时代的和社会的历史局限。在一个缺乏企业家精神、市场经济规范的社会环境中，自然很难出现和造就有企业家人力资本素质、企业家理性和精神的创业者，显然这是不能苛求的。

家族企业的子承父业与现代企业管理制度有着深刻的矛盾，现代企业制度提倡让职业经理人管理企业，企业的所有权和经营权应该分离。尽管子承父业常常受到非难，但是子承父业这一根深蒂固的观念很难动摇，并且，在不少家族企业中也有不俗的表现，家族企业能否健康的发展除受外界的环境影响外，主要还是取决于家庭成员的综合素质。家族企业很多还不是败在继承者手里，而是亡在"窝里斗"中。家族企业人治管理模式也很难整合家族内外的员工关系，家族成员犯规往往不能与一般员工"同罪"，企业员工关系的制度整合能力由此会不断弱化，最后形同虚设，造成离心离德的危机局面。

第三，缺乏企业制度创新 制度问题是一个带有根本性的问题，随着家族企业的发展，随着企业的逐步规范化，必须建立和完善企业的各项规章制度。在企业初创时期，可能由于主客观条件的不完善，企业无法建立各项制度，但当企业发展到一定阶段，没有一套完善的制度则很难保证企业的长期发展。制度建设是保证企业能够长期健康发展的重要条件。在这一时期，企业必须建立起完善的决策制度、财务制度、监督制度、法人治理结构等。要摒弃企业初创期的凭经验进行管理的模式，应代之以规范的法人治理体制。

家族企业要做大，就需要突破专业化和规范化的"瓶颈"。吸收大量的专业人才进入公司的核心层是专业化和规范化的必由之路。单纯在家族成员中选择人才的结果，就使选择面会变得越来越窄，可用的人会越来越少；而长期的家长制管理，会使领导者变得自负，总觉得自己是最能干的，这恰恰排斥了社会上更优秀的人才的加盟；另外，基于家族关系建立起来的内部信任，会自然对没有类似关系的员工产生不信任感。因此,家族企业的劣势首先表现在深知自己的家族企业因缺乏人才而长不大,却又很难创建获得和留住人才的环境。

对此,企业需要创新,学习现代企业制度。有些企业已开始突破家族制,吸收一些现代公司制度的优点,同时保留了家族制的某些长处。近年来,家族企业不断按照内部发展的需要,超越家族式管理,合理、逐步推进现代企业制度,如公司董事会和管理人才中心都陆续有许多非家族成员加入。家族制与现代企业制度并不对立,家族制中合理成分可以在现代企业制度内吸收、兼容。

另外,家族企业还必须处理好的一个问题就是接班人问题　对家族企业来说,为了保证家族对企业的控制权,接班人成了困扰众多家族企业家的一个问题。一般来说,家族企业可以首先在家族内进行人才的选拔,家族企业应当建立起一套完善的人才的培养、选拔机制,对家族内成员同样要进行认真的培养与选拔。只要家族内的成员有能力担任其管理企业的重任,就在家族内选择接班人,例如万向集团、横店集团,都是子承父业,进行管理权的交接。而当家族内成员无人胜任管理重任时,则必须大胆启用外来人员。例如,华帝集团7个创业者集体退位而聘任职业经理人上岗,这样才是真正的保证企业的长期发展,否则,企业就会由于人才断层而被淘汰。

(作者:中共沈阳市委党校常务副校长)

认真贯彻“三个代表”重要思想 努力建设一流核燃料基地

徐河聚

五○四厂是我国核工业第一个铀同位素分离大型骨干企业,为我国“两弹一艇”的研制和核电站运行提供了优质核材料,核燃料,为我国的国防建设和经济建设作出了重要贡献。五○四厂的建设和发展一直受到党中央,国务院以及中国核工业集团公司,甘肃地方各级党委,政府的高度重视,得到上级部门和有关单位的支持和帮助。

近年来,党和国家领导人李鹏,吴邦国,贾庆林,曾庆红,黄菊,罗干,张万年,曹刚等先后视察我厂。2000年6月18日,江泽民视察五○四厂并欣然题词:“军民结合,寓军于民,开拓创新,加快发展”,极大地激励广大职工早日建成一流技改工程和掌握新工艺技术的主动性和积极性,为我厂的发展提供了强大的精神动力。我厂工程建设受到好评,被评为甘肃省“九五”优秀重点建设工程。厂党委获得甘肃省中核集团公司“先进基层党组织”光荣称号,五○四厂获得“全国同法轮功邪教组织斗争先进单位”、“甘肃省干部培训教育先进单位”和“中核集团公司纪检监察先进集体”光荣称号。两次荣获“全国五一劳动奖状”。在工程建设期间,涌现了一批全国和省级劳动模范、有突出贡献的中青年专家等先进人物。

五○四厂现有党员2100名,其中在职党员1060名,占职工总数的24.7%;厂党委下属党委、党总支、党支部30个。厂党委充分依靠各级党组织,动员广大党员、干部职工全面完成了国家“九五”重点技改工程建设任务,提前325天全面启动并投入商业运行,从而实现新技术、新工世、新工艺、新装务的第二次跨越,为我国核工业的发展书写了灿烂的篇章。我厂完成了投产37年扩散生产工艺的安全停运任务。现在,企业生产成本大大降低,经济效益逐步好转,综合实力和抗风险能力明显增强。

厂党委根据新形势、新任务的要求,以工程建设和生产经营为中心,在党建工作方面进行了新的探索和实践,取得了新成效。

坚持抓好领导班子和干部队伍思想政治建设。各级党政工组织学习贯彻党的十六大和十六届三中全会《决定》精神,坚持用正确的理论武装广大干部、党员和职工群从,统一思想,务实,锐意进取。坚持落实厂级和基层单位两级中心组学习制度,以邓小平理论和“三个代表”重要思想为指导,围绕生产经营、内部改革、加强管理、职工利益和发展问题,进行专题分析、研讨,提出新的思路和工作任务。厂级领导班子及成员通过民主生活会,认真查找企业生产经营和改革、发展方面存在的问题。厂党委注重新任领导干部和年轻干部的培养、选拔、教育、采取举办培训班、组织外出参观考察、脱产系统培训等多种方式,提高领导干部的政治理论、法规政策、生产管理和领导方法等方面的素质和能力,进一步树立了科学管理、敢于负责、敬业廉政、开拓创新的干部队伍新形象。

坚持发挥党组织的政治核心作用。厂党委始终坚持发挥政治优势,围绕企业实际谋发展、把方向、抓大事,参与企业生产经营、工程建设、深化改革企业发展等重大问题的讨论、决策,坚持集体领导和个人分工负责相结合,调动党政领导班子成员的积极性，发挥党政领导班子的整体功能，进一步完善厂党委会、党委会议事决策制度，认真坚持民主集中制，坚持“三重一大”机制形成工作合力。坚持党管干部原则，抓好领导班子和领导干部年度、任期考核工作，对新提拔任用干部实行任用前公示制、试用期制和考核末位调整制，使干部管理、党支部建设达标活动，促进了党组织的建设。广泛开展党员责任区、党员先锋（红旗）岗、党员挂牌上岗活动，深化“创先争优”活动，大力增强党性观念。重视组织发展工作，近几年来，有800多名职工向党组织递交了入党申请书，300多名同志光荣地加入了党组织。

认真抓好党风廉政建设，落实责任追究制度。在干部、党员中开展警示教育和正确的权力观教育，筑牢思想道德防线。坚持发挥纪检监察工作“教育、保护、监督、惩处”四项职能，制定、落实从源头治理腐败的规章制度，在基建工程、物资设备采购等经营活动中，坚持招投标制度。开展效能监察，解决生产管理过程中的突出问题，促进生产经营管理的完善和优化，提高经济效益。

坚持全心全意依靠职工群众。五〇四厂职工队伍发扬艰苦奋斗的精神，锻造成为一支特别能战斗敢于胜利的队伍。厂党委以培养“四有”职工队伍为目标，坚持开展理想信念和核工业优良传统教育，用科学的理论教育干部、职工，树立正确的世界观、人生观、价值观，思想道德素质不断提高。在建厂40周年、建国50周年、建党80周年期间，开展群众性的文艺活动，陶冶广大职工热爱党、热爱社会主义的情操。通过技改工程开工奠基、现场清洁、机组安装、分批启动调试、全面建成投产庆典仪式，激励广大职工热爱企业、科技创新、争创一流、促进发展的主人翁精神。厂党委、厂部坚持发挥职代会的民主管理、民主监督的作用，在事关工厂发展规划、内部改革方案、职工福利待遇等重大问题上，充分听取广大干部职工的意见和建议，并经职代会讨论、审议通过后实施。2003年，投资新建7000平方米的文化广场，2000平方米爱国主义教育馆已投入使用。改善了职工群众的住房、医疗条件，提高了生活质量。

厂党委在党建工作中，逐步形成了一整套的工作机制、工作网络和考评体系，为五〇四厂的改革、发展、稳定提供了强有力的政治思想和组织保证。

五〇四厂的发展面临内部、外部两方面的优势和条件：国家实施西部大开发战略及“十五”核电发展计划，为核工业及五〇四厂发展注入新的动力。五〇四厂所特有的地域优势、开发优势、人才优势、技术管理优势，为争取新的发展项目创造了重要条件。全厂广大党员、干部、职工肩负着结构调整、深化改革、转换经营机制和加快发展的新的历史重任。我们要认真贯彻“三个代表”的重要思想，与时俱进，开拓创新，为建设一流的核燃料基地而努力奋斗。

（作者：中国核工业集团公司五〇四厂党委书记）

实施“双百分”目标责任制管理的实践与思考

郭维勤　姜锡川

去年以来，市总工会党组为把市委、市政府实施重点工作目标责任制管理工作落到实处，按照市委“逐步完善以实绩为核心，包括德、能、勤、绩、廉各个方面在内的考评体系”，狠抓了我会目标责任制管理工作，以“建机制、办实事、抓落实”的工作思路，在全会实施了部门工作目标责任百分制；精神文明、廉政、创城建设百分制的“双百分”目标考核管理新机制。经过一年的实践证明，“双百分制”目标考核原理机制的建立和实施，进一步调动了机关工作人员的积极性，确保了全会重点工作目标和各项工作任务的完成，促进了工作的创新和发展，在加强机关建设，转变工作作风，完善干部管理制度上起了积极的推进作用。

一、主要做法

1. 制定科学的考核体系　从抓修订、修改目标责任制管理工作实施考核办法入手，重新制定了《市总工会机关目标责任制管理工作实施、考核办法》。按照市委关于“督事、评绩、考人、查纪”，“四位一体”的目标考核模式，以“双百分”设置，分为工作责任目标百分制；精神文明建设及廉政、创城建设等百分制突出对全会工作目标的综合考核和干部绩效考核。

2. 人人肩上担指标　从改革部门工作目标的设置入手，完善管理体系。一改往年由下而上提出部门工作目标后自己执行的路子，而是依据全会重点工作目标、市总全委会和上级工会年度工作要点提出部门工作，由市总目标管理考核委员汇总提交主席办公会审定，部门实施目标分解。全会工作目标共量化、细化为83项361条编印成册，每项每条责任到人，并按分制设置。基本做到工作透明、责任明确，并以此作为日常和全年工作完成情况的检查、考核依据。

3. **日常督查与年终考评相结合**　为有效地推动目标管理有序的进行，调整成立了机关目标责任制实施考核委员会。一把手负总责，副组长由党组副书记，党组成员、纪检书记担任，成员分别由办公室、机关党委、政工处负责同志担任，考核委员会负责日常检查、抽查和年终考核工作。对部门工作目标，采取了每月各部门进行自查和填报《重点工作目标进度表》，由目标管理考核委员会进行检查并核定完成工作得分情况，并按时督促部门工作进度。每月以"督查情况"向市委汇报重点工作进展情况；对精神文明建设和廉政建设等目标的考核，以抽查和查阅部门原始记录、档案为主，并以"机关工作动态"的形式按时向机关部门通报情况。年底，在考核委的统筹安排下对部门实施年终总考核。

4. **采用激励约束机制**　鼓励工作中的创新争优，加强对工作中的创新目标和临时承担承办重要工作完成情况予以重视和归入考核奖励范畴。规定凡是部门工作有创新成果，调研成果或在全国工会系统获得评先创新成绩突出的，无论是否列入部门工作目标，均给予物质奖励，以体现干部工作业绩。同时也规定了把每年的考核结果纳入干部政绩档案，并作为干部提拔使用和进入后备干部的重要依据。对承担全会重点工作目标完成较好的部门负责人，年度考核中优先确定为优秀等次；若出现年度考核未达标的部门主要负责人要向分管主席写出书面报告，提出整改措施，个人不得评为优秀等次。对机关部门和个人的考核考评情况，奖惩结果实行公示制度。

从目前效果看，"双百分"目标责任管理体制的建立和实施，符合我会工作实际，能够适应市委提出的"领导责任与利益均衡机制、全方位目标管理机制、常规监控与考核机制、多层次激励与约束机制"为主要内容的工作新机制。基本符合"与时俱进"的发展要求，能够对市总工会各项工作起到积极的推动作用。

二、主要效果

1. **激励约束效果**　"双百分"制的考核，目标明确、责任到人、注重实绩、奖惩分明，有效地激发了全会干部职工的工作热情，增强了党组织的凝聚力，形成了良好的工作和用人导向，各部门和机关每一个人都把心思和精力放在工作中。市总工作各项工作蓬勃发展，愈显生机和活力。最近通过机关处级、科级和市总直属单位负责人座谈会，大家一致认为：在市总工会党组的带领下，通过"双百分"制的目标管理工作的开展，机关干部的政治意识、学习意识、大局意识、群众意识、创新意识、维护意识、管理意识、法律意识、市场意识和自律意识等10个方面都得到了增强。厂务公开工作、民主管理工作、工会保障工作、法制宣传教育、财务工作和女职工工作受到全国总工会的表彰奖励，有的同时也按照目标考核的规定兑现了物质奖励。全年没有出现因干部失误、失职、贻误工作、造成工作损失、受到规定约束和惩罚的。

2. **争优创先的效果**　"双百分"制的考核，突出了争优创先，鼓励工作创新，推动了市总工会机关部门工作的全面发展。一年来，全会五个方面的重点工作有了新的突破和发展。各项业务工作继续走在全省的前列。其中，工会干部教育培训列为市委主体班次，效果明显，形成青岛特色的工会干部教育培训的模式；从源头上参与政策制定，发挥监督职能，推动有关政策落到实处，运用多种手段，帮助下岗失业人员再就业，实施"送温暖"工程，解决困难职工生活急需，构建起具有青岛工会特点的扶贫帮困机制。实施"送温暖"工程被市直机关评为优秀工作成果；在全省率先制定并下发的非公有制企业维护职工合法权益等厂务公开和民主管理工作、社区工会建设工作等形成工会工作鲜明的创新成果，推出的创服务品牌工程等都受到上级工会的关注或给予肯定和推广。

3. **评价依据效果**　"双百分"制的考核为准确了解、评价和使用干部提供了一个比较客观公正的衡量标准，较好地克服了以往考察评价干部凭印象，想当然等主观因素。改变了年终"一票"定优、良，有"投机"现象的考核，为党组正确评价、选拔、任用领导干部提供了重要依据。今年年终考核，市总工会党组认真按照目标责任考核实施办法进行，对处级和处以下干部的综合评议，严格按照干部岗位工作目标完成情况并经民主测评程序，先由考核考评委员会进行综合评议，提出考评意见，最后报党组审定，内部公示，并将近年来的考核结果纳入干部政绩档案，为下一步机构改革、干部调任、提拔和进入后备干部使用提供重要依据，有利地促进了干部队伍的建设。

4. **机关作风建设效果**　"双百分"制的考核，全面加强和改进了机关的作风建设。依据目标责任制管理考核的需要，带动全会工作上新水平，去年以来重新修订、补充和完善了市总工会32项规章制度和《关于加强机关作风建设的意见》、《关于机关工作提速的意见》等多个规章制度、办法，其主要目的的是通过目标管理，全面推动机关作风建设，把工作着力点放在为基层、为职工群众办实事、好事，解决实际问题上，落实到履行工会维护职能上。同时，我们还在落实市政府将实施机关"五项工程"向市委、人大等党委部门、人民团体延伸，建设"四型"机关中，开展了"外树形象、内强素质"的选树和争创机关服务品牌的机关文化建设。通过"职工满意是工会不懈地追求"的机关精神的树立，把服务中心、服务大局、服务基层、服务群众的观念，有机地融入机关工作的方方面面。"维权到位，温暖到家"的机关服务品牌，让工会机关每个工作人员牢记，时时都要把全心全意依靠工人阶级的指导方针落到实处，不断改进工作作风，做好工作。总之,“双百分”目标责任管理体制的建立,进一步完善并逐步形成了目标管理与督查、考绩、评人相结合的机制,党组重视从基础工作抓起,加强配套制度的建设,抓好机制运行,规范工作程序、日常运转,市总工会机关人员精神面貌焕然一新、工作干劲高涨,全会整体工作得到了全面的推进。

三、问题与对策

经过一年来的实践证明,“双百分”制目标管理作为一种机关管理和考核的方法、手段,对促进工会重点工作的完成、创新创优成果的效果、推动工会整体工作上水平,发挥了积极作用。由于“双百分”目标管理,改革了以往目标管理的方式、方法,实施时间仅一年,而且“四位一体”目标管理涉及面又广,特别是党的十六大胜利召开,改革开放,全面加快小康社会步伐的今天,党对工会工作给予了厚望,各级工会组织遇到的新情况、新问题很多,需要我们不断探索,寻求对策,以适应新形势的需要。从目前情况看,欲使“双百分”目标考核责任制管理体系使之更加科学、公平、规范,仍存在以下三点不足:

首先,部门承担工作性质不同,所担负工作质和量上有差异,制定部门目标时存在避重就轻,不合理现象;有的工作目标设置为全年性的,不利于阶段性督查、考评。

其次,工作目标横向缺乏可比性,有些工作即便是在全国同类城市也无法横向比较,这就造成了目标设置和考核上存在一定的局限。

第三,考核结果还不能完全与干部使用挂钩,激励机制未能完全同个人利益相结合。针对实践操作中反映出的问题,我们认为还应在以下三方面进行改进:

1. 科学合理设置和确定部门目标体系　开展“双百分”目标管理工作,科学设置目标是基础,严格进行考核工作是手段,两者是密切相关的。科学合理的设置工作目标,是保证全年工作并向工作要成绩,要结果的目的,是推动工作全面完成的保证体系。因此,在设置部门目标时,应当坚持四个原则:一是科学性原则。制定年度工作目标时应根据上级工会下达的工作目标任务,结合市委下达的重点工作目标进行量化分解,并使制定的目标先进、可行、科学、合理;二是突出重点的原则。既要从部门自身实际出发,又要从全会工作大局考虑,突出重点工作和关键性工作。在分值上有侧重,特别是重点工作、难点工作,新生事物带有探索性、开拓性工作等;三是质量和数量相结合的原则。部门目标制定要具体、明确,体现出数量、时限统一,做到定量、定质、定责。要把数量目标定时化和质量目标具体化结合起来,在考核时具有查操作性;四是民主性原则。在制定目标任务时,采取自上而下,自下而上,上下结合、充分论证、部门之间协商、沟通、相互征询,在此基础上报分管主席审阅、考核考评委员会确定后、并经主席办公会议审定后执行。

2. 坚持与时俱进、以创先争优姿态设置部门工作目标　尽管部门和部门之间工作性质差异造成缺乏横向可比性,但是应以市总工会党组“建机制、办实事、抓落实”争一流工作业绩的工作思路,高标准严要求,要树立起“不在省内争第一,要在全国创一流”的工作标准,胸怀大局,做到凡是横向缺乏可比性的,就应当高起点、高标准,制定出在全国可有“一比”的工作目标,拿出敢为人先的气概,突出工作目标的导向性和奋斗性,自我加压,使部门工作有新的动力和推力。

3. 不断改进工作,健全机制　在目标责任制管理上,力求做到督查工作有序开展,目标考核规范化进行,激励约束机制制度化,把我会“双百分”目标责任制工作推向一个新的台阶。在全面推进目标责任制管理上,今年还应考虑在督查工作的制度建设上、督查有效性、时效性上,拿出新的意见或办法,在激励约束机制制度化上考虑设置奖励或扣罚机制。如设立部门考核优秀奖金、个人分优秀、良好、称职奖励金、基本称职不奖不罚,对不称职或部门考核不达标的不发“双薪”扣罚制度等,力争使我会“双百分”目标管理工作全面推向科学、合理、有效的管理模式。

(作者单位:青岛市总工会)

培育核心价值观　增强企业凝聚力

孙奇忠

随着现代企业制度逐步确立和完善,现代管理理念在得到越来越广泛的认同,五公司企业文化建设也由起步,进而发展,并且取得了越来越显著的成效。CIS 战略全面实施,企业形象塑造逐步深化,制度建设日臻完善,企业精神、企业宗旨日益深入人心……企业文化在五公司发展、企业创新中正显示出越来越重要的作用。2003 年初,五公司党委在审视公司几年来企业文化建设、发展的轨迹时,敏锐地发现,五公司企业文化在取得巨大成绩的同时，也存在着一个极大的缺憾：就是几年来未能及时总结归纳出公司的核心价值观，而一个企业的核心价值观是企业文化的核心部分，是企业精神的思想基础，对一个企业来说，其核心的价值观直接影响着企业的价值取向，左右着企业的追求。因此，五公司党委立即把确立公司核心价值观提上议事日程，并在公司范围内广泛征求了广大员工的意见，明确归纳确立了五公司的核心价值观："给业主提供最优的，让员工成为最好的，使企业成为最强的"。

一、何为企业核心价值观

价值观，简单说就是人们关于价值的观念，关于什么是最重要、最贵重、最值得追求的观点和评价标准。它是主观意识对价值的筛选，是价值主体对自身需要的定位，是人们在社会实践中对其行为、手段和目标的意义、重要性的根本观点和总的看法。由于人们的生活环境、成长经历、所受教育、兴趣、爱好、意志、情感各异，价值观念也因人而异。而在纷繁复杂的社会生活中，人们会自觉地寻求价值观的认同，而且共同的价值观提供了人际间相互信同的默契，使群体中每个成员获得认同感、归属感、自豪感、提高了群体的凝聚力。

价值观的主体既可以是一个人，也可以是一个群体。企业价值观，就是群体价值观的类型之一，而所谓企业核心价值观，则是指一个企业在追求经营成功的过程中，对经营目标和手段所持的基本信念和根本看法，是经过企业全体或大多数员工达成一致的关于企业意义的终极判断。企业所信奉与推崇的价值观，是企业日常经营与管理行为的内在依据。无数事实证明，企业核心价值观建设的成败决定着企业的生死存亡。因此，国内外成功的企业都非常重视企业核心价值观的培育和建设，并要求员工自觉推崇，尊奉与传播企业的价值观。

作为经济实体的企业，以为社会创造经济效益与社会效益为天职，决定其价值观有异于其他一般社会组织的价值观。一般地说，企业价值观应具有以下特点：

1. 效益性

企业是社会经济组织，其使命是通过生产经营管理活动，创造经济效益与社会效益，这就赋予了企业的效益性。企业的生存与发展建立在效益的基础上，企业对社会、顾客、员工的贡献以效益为依据，企业的价值以效益为体现。如果一个企业不能创造效益，那么它也就失去了存在的意义。因此，企业的价值观，即企业的各种价值标准、价值取向、价值追求，都必须贯穿效益观念。效益性是企业价值观与其他社会群体价值观的最大区别。

2. 相对稳定性

企业价值观是企业长期经营管理及生产活动的文化积淀，是企业员工通过反复观察、评价、选择、追求、创造，最后内化到心灵，从而形成强烈的内心信念，并遵循这些信念去规范日常行为。如果企业价值观朝令夕政，就容易造成企业员工思想混乱，失去价值评判标准，造成价值取向失范。因此，企业价值观应保持相对稳定性。当然，这种稳定性也是相对的，当外部客观环境发生巨变，当已有的某些价值观不再适应新的社会现实时，此时就要与时俱进，对原有的价值观作调整以顺应时代潮流。

3. 共识性

企业价值观是企业全体或绝大多数员工就企业价值、企业内部与外部行为准则的共识，因此共识性是企业价值观的重要特点。企业内部员工间的价值观千差万别，企业价值观不是员工个人价值观的简单累加，而是根据企业的宗旨与性质而创设，经由全体员工或绝大部分员工接受、认同、内化，达成共识，这种共识就构成了企业员工的精神风采、价值取向、行为准则，使他们认同，从而拧成一股绳。因此，企业的凝聚力、向心力、感召力，都源于企业价值观。

4. 软规范性

企业价值观的目的在于通过无形的力量规范员工与企业的行为。规范员工的行为可以通过两种途径：一是通过制定严格、周密的规章制度，以外在的强制性来迫使员工规范自己的行为；另一种是通过长期不懈地向员工传播什么是对、什么是错、什么是企业倡导的、什么是企业反对的价值观念，潜移默化地影响员工，直到员工逐渐认同这套价值体系，内化为自己的价值追求，自觉以此指导日常行为并成为习惯。这样不需要外力强制，员工自觉规范自己行为，实现自我管理。这无疑会降低管理成本，达到管理的最高境界——"无为而治"。企业价值观正是通过这种途径来规范和约束员工行为，使其为企业目标而努力工作。

企业全体成员共同认可的价值标准和价值取向是企业文化建设的核心，是企业精神的思想基础，对企业的发展起着至关重要的作用。它决定着一个企业的基本特征和经营风格，是企业及其员工最重要的精神支柱，是企业员工积极向上精神资源，对企业员工起着激励作用。企业价值观在企业内部和组织发生冲突和矛盾，当企业进行必要整合时，帮助化解矛盾，弥合裂痕，渡过难关。

二、五公司确立核心价值观的现实基础

作为一个有着45年历史、有着辉煌成就和光荣传统的老国有企业，中铁大桥局集团五公司有着厚重的历史文化积淀，有着令人自豪并支持了几代桥工艰苦奋斗的光荣传统，逐步形成了大桥人的价值取向，激励和培育了一代又一代先进人物、英雄群体为桥梁事业建功立业、无私奉献。正是这种"公而忘私，为祖国桥梁事业奉献一切"的价值观，支撑着"建一辈子桥梁，吃一辈子食堂，住一辈子工棚，当一辈子牛郎"的桥工们"献了青春献终身，献了终身献子孙"。无庸置疑，在当时的历史阶段和

历史条件下,这种企业价值观正是锻造新中国建桥铁军源源不断的精神动力,是激励大桥人吃大苦、耐大劳,克服任何困难,变天堑为坦途的精神支柱,其历史功绩不可磨灭。

但是,随着时代的发展和历史的前进,当我们面向世界打开国门以后,各种思潮、观念、理论、学说随着西方先进的管理和技术,一齐涌入中国。市场经济大潮惊涛拍岸,新的思潮碰撞激荡人心,"拜金主义"、"极端个人主义"也不可避免地反映到企业,反映到公司员工中来。五公司近年来每年都要从大专院校、中专技校招收近百名新员工,这些新员工大多出生在七八十年代,是在市场经济的熏陶中成长起来的。他们单纯、充满热情,但与前一代人比起来,他们显得功利,更讲"实惠",更多地强调"张扬个性,自我塑造,自我设计,实现自我人生价值"。这种"以我为中心"的价值取向对公司历史形成的价值观产生了强烈的冲击和影响。

近年来,随着国有企业改革的深入和现代企业制度的建立,逐渐分离企业的社会职能,减轻企业职工对企业的依附程度迈出了实质性的步伐,"铁饭碗"被合同制所代替,职工对企业"从一而终"似乎也成为历史,双向选择已经成为现实。而变"企业人"为"社会人"也成为不少理论家时髦的口号。我们说,作为改革的大方向,还企业以生产经营、创造效益的本质,减轻企业负担、减少企业承担的社会职能,使企业职工成为"社会人"是对的,也是无可非议的。但是随之而来的是企业凝聚力的削弱,"以企为家"的观念淡薄了,"员工与企业是利益共同体"的感觉减少了,"主人翁"意识也差不多忘掉了,不少员工把自己视为"打工仔",只是"干活挣钱","只要我能挣到钱,公司兴衰与我无关"。有人嫌待遇太低而跳槽辞职,也有人给多少钱干多少活,更有甚者为中饱私囊不惜损害公司的利益……有人工作草率,玩忽职守,对公司的质量、信誉视同草芥,严重影响公司形象和声誉;极少数人抱着极不健康的心态,惟恐天下不乱,希望公司经营不善甚至盼望公司破产……这不能不说是颓废落后的价值取向在少数员工身上的反映,严重影响公司的发展。

但是,无庸置疑,随着几年来五公司企业文化建设的不断深入以及社会主义精神文明建设的不断加强,集团公司"跨越天堑,超越自我"的企业精神以及公司"铸造精品,追求卓越"的企业精神被越来越多的员工认同;"建一项工程,树一座丰碑,交一方朋友,育一批新人"的企业宗旨也越来越深入人心;"无私奉献"的光荣传统仍然在激励着公司大多数员工,艰苦奋斗的光荣传统依然影响着广大员工;而"以人为本","以员工为中心"的管理理念也逐渐在公司形成共识,"员工与企业是利益共同体"也为大多数员工所认同。这都为五公司确立核心价值观创造了极好的条件,打下了深厚的基础,因此,五公司核心价值观的适时提出是呼之欲出、水到渠成的顺理之举。

三、加快公司核心价值观的培育

分析当前国内外先进企业的企业文化建设方向,可以发现越来越多的企业在确立本企业的核心价值观时,在强调企业效益的基础上,已经越来越把"以人为本"放在首位。如美国惠普公司"挑选最佳员工,强调团队协作,激发第一精神";IBM公司"第一,尊重个人;第二,顾客至上;第三,追求卓越";中国二汽"以员工为中心,在企业里升起人的太阳";中国南方航空公司"服务,让您与成功更近"都给我们提供了极好的借鉴。作为一个流动施工企业,施工及生活条件极其艰苦,更应体现人文精神。五公司的核心价值观,第一要体现企业的社会效益与经济效益的统一,第二要体现企业发展与员工自身发展的统一,体现员工与企业共存共荣,共同发展。因此五公司把核心价值观定位于"给业主提供最优的,让员工成为最好的,使企业成为最强的"。这个定位,与公司已有的"铸造精品,追求卓越"的企业精神和公司"建一项工程,树一座丰碑,交一方朋友,育一批新人"的企业宗旨一脉相承,互为包含,互为诠释,互为补充。"给业主提供最优的"与"铸造精品""树一座丰碑"相呼应;"让员工成为最好的"也同"追求卓越""育一批新人"同源流;而"最优的"、"最好的"、"最强的"又互为因果,相辅相成。这样较好地体现了业主、员工、企业三赢的价值取向,又把员工与公司紧紧联系在一起。五公司党委在全公司范围上提出了这样的口号:"给业主以精品,给员工以发展,给企业以活力,给祖国以骄傲。"更进一步扩展了公司核心价值观的内涵,形成了五公司企业文化建设理念层价值体系的整体。

当然,核心价值观的确立仅是培育公司核心价值观中必不可少的步骤,它还有待在一个相当长的过程中通过教育引导使之内化为每个员工的信念,体现为具体的行动,那么,如何全面培育公司的核心价值观呢?笔者认为,应做到:

1. 以公司领导人的言传身教,来体现公司核心价值观

企业家作为企业经营活动的组织者和领导者,在企业文化建设中也发挥着重要的作用。他既是企业文化的设计者、决策者,又是企业文化建设的第一倡导者,更是企业文化的身体力行者。企业价值观虽然要靠全体员工接受、认同并内化为信念与习惯,但企业领导人的表率作用至关重要。公司高层领导追求什么、提倡什么、信奉什么、反对什么,对企业价值观的培育起着关键作用。"榜样的力量是无穷的",首先,公司高层领导应充分利用各种时机向公司员工宣传、讲解公司价值观;其次,公司领导应是公司价值观的模范执行者,只有言传身教、以身作

则才能促进员工的认同,使公司核心价值观真正在全公司范围内确立起来。

2. 公司经营管理制度必须体现核心价值观,维护核心价值观

制度建设既是公司进行日常生产经营管理的必要条件,又是企业价值观建设的一项重要内容,不同的制度强化不同的价值观,因此建立和完善各项制度,对于培育和践行公司核心价值观起着重要作用。制度建设要注意以下两点:第一制度内容应与企业核心价值观提倡的价值取向相吻合,不能相互抵触冲突,否则就会使员工无所适从。如提倡"使员工成为最好的",那就应有相应的鼓励员工岗位成才、创造一流业绩的配套制度;第二,要建立健全奖惩制度,对实践、维护公司核心价值观的先进个人和集体应予以表彰、奖励,对违背公司价值观的个人、团体要进行批评、惩戒,以引导促进全体员工自觉地实践公司核心价值观,把公司核心价值观作为评价行为的最高标准。

3. 公司价值观要渗透公司各种仪式和活动

公司各种仪式和活动包罗万象、丰富多彩,应当统一规划、精心安排,使这些仪式和活动成为弘扬公司核心价值观的阵地,而不应使活动随意化、临时化。通过有计划的活动,使抽象的价值观依附仪式和活动的载体而变得具体、生动、喜闻乐见,深入人心,使员工进一步领会公司的核心价值观。如集团公司最近举行的"征集司歌活动",也可以举办"司歌歌咏大会",还可以通过各种开工典礼、竣工典礼、表彰大会,使员工充分感受到作为公司员工的自豪感、成就感,进一步内化价值观,使公司全体员工真正认同核心价值观。

4. 加强教育引导,努力提高员工素质

重视对公司员工的教育、培训、引导,借助各种途径向员工传授科学文化知识、培训专业技术,增强人文素养,提高他们对现实世界的认识与改造能力,从而加深对企业价值观的理解与领悟。另外,公司核心价值观体现了公司追求的精神境界,这种精神境界有赖于员工精神境界的支撑,应当承认,公司相当部分员工的精神境界与此有较大差距,这就需要公司通过长期不懈的努力,逐步提高广大员工的精神境界,使之符合或接近公司核心价值观的要求,这样,公司核心价值观才能为广大员工认同、接受,否则就会成为镜中花、水中月,可望而不可及。

21 世纪是知识经济的时代,企业间的竞争已成为人才的竞争、文化的竞争。我们只有全面培育公司核心价值观、进一步增强企业的凝聚力、向心力,使企业、员工成为利益共享的共同体,才能真正实现员工、企业、社会的三赢,使企业在市场竞争中立于不败之地。

(作者:中铁大桥局集团五公司党委宣传部长)

适应新情况　突出新转变

改革开放以来突出的特点是"变",形势在变,体制在变,机构在变,观念在变,公司党委始终牢牢把握住灵魂不放松,以不变应万变,做到思想政治工作的地位不变,思想政治工作生命线作用不变,思想政治工作优势发挥不变,思想政治工作资源利用不变。使思想政治工作与企业经济建设有机融合,做到有地位、有价值、有作为。

民丰的思想政治工作特点是,紧密结合各时期改革和发展的实际进行,在继承优良传统中坚持不断创新。民丰先后获得过全国基层先进党组织、全国思想政治工作先进单位、两度荣获全国"五一"劳动奖状、连年荣获浙江省和嘉兴市先进基层党组织、浙江省优秀宣传集体、浙江省文明单位、全国职工之家等多项荣誉称号。回顾民丰快速发展的历史,思想政治工作起到了强有力的保证作用。

一、适应市场动态的特点,年度计划向目标型转变

根据不断发展变化的形势,借鉴经济工作方法,开展目标管理,把思想政治工作纳入党委年度方针目标,紧密围绕企业生产经营中心,贯穿在公司运行的各个领域,实行分工责任制,各支部都要层层展开。作到有计划、有检查、有总结、有表彰,使思想政治工作与经济工作同步考虑、同步实施、同步操作,同步奏效,量化更加明显,细化更加到位,增强了保证作用的力度。

二、适应国际竞争的特点,企业效益向滚动型转变

最为根本的就是坚持以经济建设为中心,确保企业生产经营的健康发展。公司经济发展有三个显著特点:一是速度快。改革开放以来,特别近 5 年是民丰经济发展的最快时期。1998 年底,在岗员工 4158 人,当年利润 5230 万元;到 2003 年底,在岗员工下降到 2389 人,利润达到 7035 万元,5 年来员工收入年均增长 34.5%。2003 年创四个历史新高:实现销售收入 47176 万元,利税 1.0345亿万元,其中利润 7035 万元,员工年收入达到 15605 元。二是园区化。适时作出积极跟踪国际前沿,用

高新技术改造传统产业和结构调整的思路,瞄准高、精、尖、特,构筑民丰新世纪大发展,建设新高地的经济发展战略。2002年又制定了超常规发展的宏伟目标:争取在2007年基础上再番一翻,提前实现"百年民丰四个百"(即百年民丰,百亿元资产、百万吨产量、百亿元销售收入)的目标;三是特色强,2000年6月公司股票上市后,明确了生产特种纸的定位,2003年又新增发1560万股A股,公司核心竞争力不断增强。

三、适应人本管理的特点,队伍建设向旗帜型转变

企业的发展很大程度上取决于人的素质。公司党委十分注重员工队伍建设,连续14年开展党员民主评议。通过表彰劳动模范和评选"双优三先",评比"优秀三长"等激励机制,树立典型和榜样,在急难险重任务中,培育敢打苦仗、硬仗、恶仗、实仗的良好作风,形成比学赶帮超,争上游、创先进的良好局面。党员先锋模范作用突出,如3150项目党员科技人员一年超时工作达1820工。2003年结合民丰80华诞,以较高起点启动员工素质教育,制定了员工行为规范,并开展"全年贯通,月月运行"的系列活动。

四、适应发展经济的特点,机构设立向复合型转变

党委按照"精干、高效、协调"的原则,合理设置党组织的工作机构,努力做到专兼结合,政经"复合"。党委办公室与总经理办合署,组织部与人力资源部合署,宣传部与企划培训部合署,纪委与监察室、招标办合署,还参与企业法律顾问、经济合同审核以及处理企业对外经济纠纷等工作,党政职能融会贯通,使之向复合型发展。这种"结合"与"复合"不但没有影响政工工作,实践中更能使党务工作有载体、业务工作有导向,互补见长。班子建设中,党委主要领导具有党政工作双重素质,绝大多数党委成员交叉任职,够条件的按照法律程序进人董事会,能确保党委意图在董事会或行政班子中的实现。同时根据面向现代化、面向世界、面向未来的要求,设计新型领导形象,突出八大追求:目标上追求卓越,思想上追求竞争,学识上追求广博,工作上追求高效,改革上追求超前,管理上追求创新,作风上追求扎实,形象上追求完美,培育精英团队。班子成员在实践中努力按这一标准进行自我塑造,更加拉近了与职工群众的感情距离与心理空间,形成了良好的亲和力,有较高的公认度,保证了重大改革改制始终政令畅通。

五、适应从严治党的特点,工作制度向系列型转变

制度作为工作的一种保证,一是要健全,二是要完善,三是要有效,四是要严格。基于这种认识,我们通过积极努力,使制度建设逐步形成系列,并在执行中环环相扣,取得了较好的实践效果。

(一)党委中心组学习制度。党委和集团公司、股份公司20名领导成员参加,由党委主要领导任正副组长,每两月学习一次。坚持政治理论与经济工作相结合的方法,适时进行了电子商务知识、ERP、"六西格玛"和一些其他前沿知识的超前学习,有效地提高了领导班子驾驭经济工作的能力,同时,对学习形式进行了由接受式向研讨式转变的创新。

(二)争先创"优"制度。我公司已连续15年开展党员民主评议,评选"双先三优",即先进党支部、先进党小组、优秀党员、优秀党务工作者、优秀党小组长。形成了比学赶帮的热烈局面。

(三)党员责任区制度。26个在职党支部都建立了责任区,区区都有党内外监督小组,有条件的16个党支部建立了党建活动室。制定了三年目标责任制。还不定期地召开党小组和党小组长工作经验交流会,举办党小组长业务知识培训班。结合实际开展党支部达标考核。

(四)领导分工联系制度。党委制定了《基层党组织工作条例》,规定每个党委委员分工联系四至五个基层党支部,在召开民主生活会和党支部达标考核等重大活动时,党委委员都按时参加。

(五)民主生活会制度。党委和党支部数年来按期召开每年两次的民主生活会,每次都下发专题文件进行布置。并吸收不是党委委员的厂级行政领导和不是支委的党员行政领导参加。

(六)组织发展制度。形成了分段教育、分层培养和跟踪考察等规范作法。作到对党的基本知识未过关的不发展;申报材料不合格的不发展;党内外群众座谈会集中反映有某些方面突出缺点的不发展。

(七)按期换届制度。多年来党委(纪委)、党支部一直坚持按期换届。换届中党委(纪委)和支部5名以上委员的都实行差额选举,2000年8月换届后的11届党委,更加符合"四化"标准,工作实践中优势互补,历时虽短,但以良好的政绩得到干部和群众的公认,为民丰新老交替奠定了坚实的基础。

(八)干部考核制度。对中层干部进行半年一次的政绩效益考核,重点体现德、能、勤、绩等方面,包括生产指标与管理指标的定量考核,全局性、创新性、协调性、纪律性、服务性等的定性考核,对加强干部教育,塑造良好的干部形象起到了重要的促进作用。

(九)党团共建制度。制定了党建带团建制度,规定28周岁以下青年入党,必须经过团组织推优,团支部未被评为一类团支部,所在单位党支部不能评为先进党支部。

(十)厂务公开制度。成立了厂务公开领导小组和办公室,对公开内容、公开原则、公开方式及监督机制等

作了明确规定，尤其对公开企业重大决策、经营管理状况、涉及员工切身重大利益的问题、中层以上干部任免及企业领导廉洁自律等作了突出的强调。并建立例会制度，每半年听取工作汇报，分析工作情况，部署阶段性工作，实施以来效果较好。先后在省、市厂务公开会议上介绍经验，并被评为市级厂务公开先进集体。

六、适应与时俱进的特点，管理体制向素质型转变

与时俱进的时代，要求与时俱进的素质。除日常的宣传教育外，还特别注重从管理体制建设上有利于干部员工素质的提高。

1. 完善管理体制　在职的26名党支部书记，均兼有主要行政职务，占总数的100%，不断扩大“一肩挑”的比例，生产单位采用党政“一肩挑”的模式，经营单位则实行党政交叉任职。通过按期换届，不断调整支部班子的文化结构和年龄结构，近年来又有大的改善。同时进行多学科知识和党政知识互补培训，加快党务干部复合化进程。

2. 完善激励机制　锐意改革，追求创新，大胆推出三项具有超前意识的重大改革举措。中层干部年薪制（把收入变为阳光收入，杜绝了二次分配）、职工激励机制，——将分配杠杆向生产骨干、重要岗位和工作表现优秀的员工倾斜。大胆推出以大学生和科技人员、“三长”为待遇主体的激励机制，根据年度业绩考核划分成A、B、C、D四个等级，分别给予不同额度的奖励。在重点项目中，实行谈判工资制，全年收入相当于全公司职工的年人均收入的两倍。同时对承担项目人员经考核，业绩突出者实行重奖。在企业中导入“不改革、不提高、不发展”就等于自我淘汰的思想理念和评价标准，要求中层以上干部树立“无功便是过，小进也是退”的图强意识。淘汰机制——首先从中层干部开始。采取各自单位职工代表评议，中层干部之间相互评议，分管领导评议，公司考评领导小组评议的方法进行，对排名前列的进行奖励（年薪的10%），并颁发荣誉证书，对排名后列的给予戒勉，对末位的予以调整或免职。

3. 完善监督机制　坚持按期一年两次召开职代会，审议企业工作报告，讨论研究重大问题，使民主管理真正落到实处。

4. 完善选才机制　形成了全方位多层次。公司制定了明确的制度，近年来中层干部任职基本通过招聘、竞聘的形式，如2002年一次就竞聘了6名中层副职，在条件成熟的单位尝试招聘正职。优胜劣汰，形成了竞争环境，使一大批优秀中青年干部进入企业各级领导班子，充实了新鲜血液。同时采取一身兼、岗位交流、挂职锻炼等方法，加强中层干部的能力培养。重点项目的技术人员和工人也都采用招聘和竞聘的形式确定。对缺员的一般政工管理岗位也向全公司范围招聘，取得了成功。企业近5年每年招聘的大学生都在50名左右。

5. 完善培训机制　适时制定出各层次超前学习的目标。近年来每年的培训费用都在20多万元。通过多种形式，使中层干部队伍素质得到较快提高。全公司中层以上干部目前本科学历已达40%以上，大专学历达48%，研究生学历包括在读的11名。75名50岁以下的中层以上干部完成了计算机新二级培训，目前百余名中层以上干部，基本人人都能进行微机操作。2002年5月又与南京林业大学合作举办了有43名在岗本科大学生参加的化工工程硕士研究生班。顺应建设学习型企业的需要，2003年又适时制定了至2005年管理岗位人员学历必须达到大专的规定，同时与市委党校合作开办MBA工商管理本科进修班。这些年来先后选送150多人去美国、英国、德国、日本等国家，学习先进科学技术和管理经验。注重以战略的眼光追踪前沿新知识，电子商务、ERP、“六西格玛”都做到率先学习。根据园区建设的需要，适时开办工人技术学校和各种各类的岗位技能培训班，如计算机、英语、制浆造纸工艺、机、电、仪等。干部员工素质的提高，为企业提供了有力的人才支撑。

七、适应信息化的特点，宣传手段向科技型转变

企业极为注重文化建设，有自己的厂志、厂歌、厂报，管乐团，礼仪队在公司和嘉兴的许多重大活动中一展丰采。企业党、政校坚持常年办班，公司宣传橱窗和各单位黑板报配合公司生产经营工作定期更换，职工文化娱乐中心活动不断。全公司拥有160多台电脑，专门的电教室为各类培训活动的开展提供了质量保证。投资3000多万元全面启动信息化建设，开发了远程IQCS动态监视控制系统，用户可以适时得到从生产线QCS系统中采集的各项质量参数的即时指标，增加了产品诚信度。适时导入CIS战略，运用广告策划、活动策划、展示策划、形象策划等特色宣传，扩大了民丰的影响。注重企业理念识别，企业行为识别，企业视觉识别。在市场竞争和经营中采取一些统一的视觉形象设计，基本要素：如企业名称、企业标志、企业标准色彩、标准字体。应用要素：如办公事物用品、用具、设备、招牌、旗帜、衣着、产品包装、礼品、企业产品的展示、陈列规划等，把企业标志用于建筑物、司徽、司旗、工作服、办公用品、名片、网页上，给员工和客户留下了较强的视觉印象。最近拔地而起的民丰特纸办公楼，设计独特、布局合理、环境优美，门前耸立的红色巨型“开创新纪元”的雕塑与喷水池、绿化带浑然一体，给人以全新的视觉。视觉系统的广泛应用，不仅提升了企业形象，而且使企业美誉度大大提高。

建有局域网和民丰网站，做到资源共享，极大地方便了工作管理规范。积极运用现代化的科技手段，不断完

善"三个一"教育工程,制作了颇具特色的"一片"、"一册"、"一馆",努力使企业环境美化、绿化、洁化、亮化,风景如画的民丰生态工业示范园,极大地提高了公司的形象和品位。

八、适应改革改制的特点,发挥作用向网络型转变

探索建立了横向到边,纵向到底,纵横交错的思想政治工作网络,一直得到较好的运转。突出的特点是:在思想政治工作中计划性与自主性相结合,确保信息传递快、问题解决快。特别是在企业进行结构调整和1998年、2000年两次大规模千人以上的减员分流等重大改革中,发挥了极为重要的作用。通过思想教育、政策教育、情感教育,取得了广大员工的积极参与、深刻理解和热情支持,稳定了民丰这块阵地。由于较好地发挥了思想政治工作网络的作用,使民丰在抗洪救灾、无偿献血、扶贫济困募捐等各项重大社会活动中一直名列嘉兴市前茅。民丰深切体会到:越是在重大改革面前,越是在危险情况面前,越是在急难任务面前,就越是体现出思想政治工作的效果,就越是离不开思想政治工作的威力。

九、适应职能融和的特点,考核措施向量化型转变

实行党支部和党群部门月报制度,每月底前上报党委办公室,由党委分管领导审核批示,并将完成情况列入经济责任制考核,与月奖相结合,情况进入中层干部政绩考核,根据优劣进行奖惩。

十、适应环境开放的特点,活动形式向全方位型转变

开放的环境对思想政治工作提出了更高的要求,我们注重从发展变化了的形势出发,从主客观实际需要出发,不断增强文化内涵、增强内容趣味,增强互动感应,增强参与广度,把思想政治工作的效果有机孕育在各种活动形式中,使活动形式为活动效果服务。在多年的思想政治工作实践中,探索完善了报告式、演讲式、竞猜式、比武式、宣讲式、结对式、设计式、考评式、评议式、参观式、访问式、游览式、竞争式、座谈式、交流式、联谊式、培训式、对话式、谈话式等二十余种活动方式。如迈向新世纪宣誓大会,司旗司徽设计、奥运竞猜、岗位竞聘、企业、市场与我演讲等活动都很有新意,取得了较好的教育效果。

党的十六大制定的全面建设小康社会的宏伟目标,给思想政治工作又提出了新的任务,坚定不移地走新型工业化道路成为我们更加有力的契机。民丰决心再接再厉,不断创新,为我省、我市的经济发展做出更大的贡献。

(作者单位:中共民丰特种纸股份有限公司委员会)

浅谈如何构筑知识经济时代企业文化的大平台

王 萍 龚永钢

企业文化是什么?它是一种氛围,是一种理念,是一种追求,是一种形象,是一种精神,是一种习惯,总体上说,就是企业的灵魂。我们进行文化建设,就是塑造企业灵魂。

人类社会步入21世纪,知识经济的大潮迅猛而来,知识经济的发展将改变着世界,改变着人们的思维方式和企业竞争方式,也必然改变反映时代特征的企业文化。有学者预言,企业文化很可能成为未来十年内决定企业兴衰的关键因素。为此,本文就如何建设知识经济条件下的企业文化谈几点意见。

培育与时俱进的企业精神

企业文化的核心是培育企业精神。企业精神要反映时代风格、企业特色和广大员工的群体意识,是企业无形而有力的精神力量。企业精神是在长期的生产经营实践中,通过不断提炼、培育和反复总结提升而成的。

我们企业创建以来,一直倡导用"严、实、勤、奋"的企业精神来激励广大员工为实现企业发展目标而共同努力,使我们企业从无到有、从小到大,在80年代曾被誉为"九龙之首"和"南国一枝花",90年代迈进全国520家国有重点企业的行列。企业精神是纤城人宝贵的精神财富,也是保证纤城事业发展的思想基础。但我们也清醒地意识到,中国加入WTO,企业正处在一个发展的关键时期,企业面对的是一个日益开放和竞争日趋激烈的市场,要在全球经济一体化的大趋势下,参与国内外企业的直接竞争,以往促使企业成功的各种因素已逐渐失去,并不足以保证今后能继续获得成功,任何成功的企业都无法依赖过去的成就和辉煌而保持今天和未来的竞争优势,因此必须时刻有一种强烈的忧患意识和创新的紧迫感。

因此,企业文化必须善于变革、主动变革,使企业始终处于持续创新的动态过程之中。海尔集团、通用电气公司等一些知名企业都极力推崇创新,把争创一流、永不

落后、追求更高更新的技术和业绩融入企业精神中,作为全体员工和整个企业的奋斗的目标,引导企业不断向更高的目标提升。如通用电气公司以"进步是我们最主要的产品"为基本理念;海尔集团的企业精神是"敬业报国,追求卓越";五羊本田摩托有限公司的企业精神是"聚五羊灵气,取本田精髓,创世界一流";华北制药集团有限公司的企业精神是"人类健康至上,质量永远第一"。我们企业也必须培育与时俱进的企业精神,提供精神动力,使全体员工拧成一股绳,与企业同呼吸、共成长,实现"人企合一"。

培育学习型企业

高素质人才是知识经济体系的第一资源。知识经济时代对人才素质提出更高的要求,更需要有智慧型、主动型和富有创新精神的人才。

我们企业现有员工4000人,他们在企业建设和发展中作出了积极的贡献。其中,具有技术职称的人员500人,中专以上学历的近600人,近几年来,由于外企和私企高薪等优厚条件的吸引,公司人才流动严重失衡。据了解,1995年后进入公司的大中专生屈指可数,而中高级人才每年流出量却较大,如2001公司引进大中专生10人,其中本科生只有4人,均为刚毕业的学生;而流出25人中,本科生9人,高级职称1人,中级职称16人;并且有较高技术素质的技术工人队伍也面临着青黄不接,技术断档的局面。面对这种现状,我们公司加紧制定人才储备战略,去年又出台了《2002～2005年人才发展规划》,把培养人才、引进人才提高到战略高度来考虑,营造引进人才、拴心留人的环境。这一规划思路明确,措施有力,必须认真实施。

引人才、留人才,关键还在于用人才。至于如何用人,我们认为要改变过去一些比较陈旧的用人观念,要强调我们重视的是人才的综合素质,而不是只盯着专业不放,要注重开发人力资源,培养和启用高素质人才,因为高素质人才善于学习,勤于思考,有创新精神,而且适应能力强,经过短期培训就能很好地胜任本职工作。企业是员工生存和实现自我价值的载体,企业有责任满足员工在精神上和物质上的要求,有责任为员工的发展、实现自我价值创造条件,从而提高企业的整体素质。因此作为企业要营造浓厚的学习氛围,让广大干部和员工不断有学习培训的机会,不断充电,不断提高。

成功的企业是学习型企业,它不仅被视为业绩最佳、竞争力最强、最具活力,更重要的是使人们在学习过程中,逐渐在心灵上潜移默化、升华生命的意义。因此,学习对企业的持续发展至关重要,建设新企业文化,就必须围绕着知识经济时代新的资源观来教育人、培养人、提高人的素质,使员工在企业中能获得更好的成长和发展机会,实现自己的事业追求,企业文化与生态文化有机结合生态文化是一种新型的管理理论,它包括生态环境、生态伦理和生态道德,是解决人与自然关系问题的思想观点和心理的总和。企业文化的诸多方面要与生态文化相结合。

我们公司是一个集化工、化纤、建材为一体的联合企业,近几年来,企业投入了4000多万元资金用于环保技改项目建设,如电石炉烟尘治理技改项目、热电循环流化床锅炉技改项目、水泥窑尾除尘技改项目、废水处理站扩建技改等项目的建成投产,收到良好的效果。这些环保技改项目的实施,说明了我们企业重视人的价值,也重视环境的影响,避免了不少企业一味追求经济效益而牺牲社会效益,导致环境的恶化,最终使自己付出停产的沉重代价。

现代消费群更青睐于绿色产品,企业也想通过绿色浪潮,提高产品的生态含量。在这方面,我们公司开发生产的维纶高强高模产品是近年来我国新开发的一种代替石棉材料的新型纤维;PVA下游产品的开发前景也十分广阔,如各种用途的PVA纤维、薄膜、胶粘剂等,均为绿色环保产品。随着国际上对绿色环保产品越来越重视,我们应该抓住PVA行业这一新的发展机遇,加大技改投入,推出适合市场需求的产品,增强市场的竞争力。

企业要实现可持续发展,生态化是其必由之路。我们公司为了进一步改善企业的环境状况,使企业产品更好与国际接轨,迎接入世挑战,今年全面实施ISO14000环境管理体系认证工作。随着企业的发展壮大,生态文化还有很长的路要走,只有将生态文化融入企业文化,才能扩大企业文化的外延,而且有利于企业的可持续性发展。

创国内名牌　建一流企业

企业形象指社会公众心目中对一个企业的全部看法与评价,包括经营者形象,员工形象,产品形象,服务形象等等。企业形象直接与企业的兴衰、优劣相联系,企业的知名度与美誉度有机地结合构成了企业在公众中的形象。

我们企业在30年的建设发展过程中,也树立了良好的形象。如通过国际质量体系认证,连续被评为"省文明单位"、省地市"重合同、守信用单位"、"省高标准、高质量单位"、"省用户满意企业",企业《双轮》商标被评为"省著名商标"等,公司十多种产品被评为国优、部优、省优产品,并列入省闽货精品、省用户满意产品、浙江省消费者喜爱的百家外省著名品牌、省地产最畅销商品……

我们公司之所以创造了良好的品牌形象,是因为培育了一个良好的软环境。我们在培育企业精神、企业道德的过程中,建立起上下级相互信任,员工之间和睦相处的人际关系,增强了企业的亲和力;建立良好的物质环境,包括整洁的厂容厂貌、良好的工作环境、井然有序的工作氛围;经常举办丰富多采的文化活动,起到寓教于乐、凝聚人心的作用;通过《福建双纶》、广播、电视等手段，加大宣传教育力度，使员工经常处在良好的舆论氛围中。良好的企业形象，不仅使企业在社会上有良好的知名度和美誉度，而且增强员工的自豪感和责任感。

然而，中国入世后，我们面对的是“国际竞争国内化，国内市场国际化”的新趋势，一个企业如果不通过增强核心竞争力，就无法融入国际化大市场。因此，我们公司要有“创国内名牌，建一流企业”的目标。创“国内名牌”，就是要创立一个驰名国内市场的名牌，因为只有首先成为国内名牌，才能争取建成一个具有国际竞争力的综合企业；建“一流企业”，就是要使企业具有国际竞争力。

实践表明，国际竞争力是在国内培养出来的，企业的竞争力实质上也是在企业内部培养出来的。致力于经营变革、管理创新，最终目的是使我们企业的内部管理力度、考核力度、绩效改进力度和优胜劣汰力度达到国际市场竞争的要求，以确保在激烈的市场竞争中实现可持续发展，实现“创国内名牌、建一流企业”的目标。

强调协作与团队精神

企业内部分工比较细致，企业中任何人的自我价值实现，都离不开员工之间的相互协作，也都依赖于企业的发展。所以，没有员工的相互协作，没有团队精神，企业就不可能高效率发展，因此也就不会有企业中每一个人的自我价值的实现。

如今越来越多的有识之士认识到了培养企业团队精神的重要性。这好比是一个足球队，单靠一名优秀的教练员或几名个人技术十分出色的运动员，倘若打不起配合来，是不可能赢球的。还有一种说法，就是任何人只有在企业的智力场中，才能更好地发挥聪明才智。

“团队”精神就是要求企业内部要有协作和配合的精神，营造企业和谐健康的工作环境，员工不但要对自己的工作负责，同时也对本单位的工作负责，对整个企业负责，提倡员工间互相鼓励、互相关心和帮助。

进行企业文化建设，就要增强员工的凝聚力，增强团队精神。团队精神包括讲贡献、讲效益的价值观，跻身于国际市场的共同理想，同舟共济、协同作战的整体意识，求实进取、拼搏创业的公司精神等方面，努力营造以人为本的氛围，也就是要用事业感召人，用感情凝聚人，用待遇留住人，通过建立一个科学、公平的员工考核和价值评价体系，建立员工教育和培训制度，建立合理的薪酬和福利制度，使员工也获得合理的回报。这样做，也体现东方的安全感、归属感。这些都为员工在企业中团结协作，更好地参与国际、国内竞争提供了良好的价值观基础，也为其未来的发展创造了条件。

企业文化是企业家文化

企业文化离开企业家就谈不上企业文化建设。所以，企业领导者在激烈的市场竞争中，必须从企业战略和管理层面思考企业文化，形成自己的核心价值和经营理念，并通过体制和机制的创新，把企业文化落实到企业的各个管理层面，激发员工的创造力，从而增强企业的核心竞争力。

在企业文化中，领导者必须具有感召力——企业领导者的人格和权威，要有超越于功利之上的使命感和价值感。凝聚力——企业领导者要有“海纳百川，有容乃大”的胸怀，团结一切有得利于企业发展的人，要成为管理专家的专家，让企业像一个团队一样合作。决策力——不仅能够制订企业的战略决策，而且能迅速地对外界的变化作出准确及时的反应。经营力——要有强大的创新能力，开发新产品，开拓市场，创新管理，保证企业稳步发展。政治判断力——把握坚定正确的政治方向，按照社会市场经济的规律办事。

企业文化建设不是某个部门能够单独完成的，它贯穿于企业全部活动之中。各个层次的管理者，都要成为企业文化理念的自觉传播者、践行者。如美国微软公司比尔·盖茨和国内海尔的张瑞敏，无论多忙，每月都要为员工讲几次课，这样做的目的就是向员工灌输企业文化，使员工认同企业文化，在工作中思想统一地按照企业的要求去做，从而形成企业合力，增强企业的市场竞争力。

我们公司领导也经常通过各种会议和活动向员工灌输企业文化，帮助员工在对企业的认识上树立三种理念：一、企业是企业与员工共同生存和发展的平台；二、企业是制度共守、利益共享、风险共担的大家庭；三、企业是一所学校，即学习型组织，员工在为企业做出奉献的同时，自身素质也会得到提高，只有在企业树立起这种理念，大家才会发自内心地爱护企业、维护企业、发展企业。

走出企业文化建设的误区

有些人对企业文化认识上存在一些偏差，形成几个误区，一是把企业文化政治化，认为企业文化单纯就是企业的思想政治工作。二是把企业文化口号化，认为在厂区、生活区、办公室、车间张贴一些标语口号，就是企业文化。三是把企业文化文体化，把企业文化看成是唱歌、跳舞、打球等文化活动。四是把企业文化表象化，认为企业文化就是创造优美的企业环境，注重企业外观色彩的统一协调。五是把企业文化固定化，认为企业文化一经制定就是永远不变的，殊不知，企业文化要不断地创新。

走出企业文化的误区，关键要树立企业文化不是搞给外人看的观念，而是重在解决企业存在的问题。建设企业文化的过程，就是企业发现自身问题、解决自身问题的过程。我们企业在思想观念上还有不适应市场经济和国际化的要求，比如有以下几个方面：

有些员工总认为国家即使能让员工个人下岗，也决不会让我们这样拥有10亿资产的国家520重点国有企业倒闭，再说省里总要管的。

有些员工看不到市场经济深层次的竞争，看不到经济全球化对企业发展的威胁,看不到没有创新的技术和产品企业将会有被淘汰的危险。这种观念不打破,企业就不会有长远的发展。

有些员工既盼望改革,拥护改革,又担心改革会使自己的利益受到影响。他们既关注企业的兴衰存亡,又为自己寻找第二职业,因此上班时往往是"身在曹营心在汉",没有兢兢业业地干好本职工作。

对于中国入世,既不可盲目乐观,也不可盲目悲观。作为企业,要尽快掌握 WTO 的游戏规则,在这套规则的应用中保护自己,发展自己。作为员工个人,在看到入世为自身发展创造良好条件的同时,更要通过努力学习,提高自身素质,以防被飞速发展的社会所淘汰。

要解决这些问题,就必须从思想理念上调整不适合市场化、国际化要求的东西,树立有利于企业未来发展的理念,从企业发展的总体框架上思考企业文化,通过研究对手,分析自我,形成适应市场竞争和具有时代特征的企业文化。

综上所述,企业文化建设任重而道远。它是一项长期的建设过程,文化是要有底蕴的,有根基的。它需要一批批、一代代的企业家和员工在经营企业的过程中去营造、培养和发展。纵观我公司的创业和发展轨迹,我们倡导一批人要有一批人的精神,一批人要有一批人的作为,一批人要有一批人的贡献。只要我们坚持不懈的努力奋斗,才能达到更高的标准。我们要从点滴做起,从小事做起,逐步形成企业文化无所不在的氛围,把企业文化建设得更好,推动企业在创新中抓机遇,在创新中谋发展,在创新中铸辉煌。

(作者单位:永安市福建纺织化纤集团有限公司党办)

试析石化困难企业当前应当处理好的八个关系

张新球

胡锦涛同志在"三个代表"重要思想理论研讨会上强调,"必须紧紧围绕实现全面建设小康社会的宏伟目标,抓紧研究解决本地区本部门改革发展稳定中的重大问题,抓紧研究解决人民群众生产生活中的迫切问题,抓紧研究解决党的建设中存在的突出问题,真正把'三个代表'重要思想落实到各项工作中去,体现到各级党组织和广大党员的行动中去,成为推动事业实现新发展、开创新局面的强大精神动力。"实践"三个代表"重要思想,对不同的行业、不同的单位有着不同的要求。石化困难企业与其他国企一样,是工业和国民经济发展的支柱,是我国经济的脊梁,必须以"三个代表"重要思想为指导,坚定信心,抓住机遇,正视困难,认真研究和解决当前面临的突出问题,开创工作新局面,尽快实现扭亏脱困目标。

分析当前形势,石化困难企业面临的各种矛盾错综复杂,诸多内外关系需要进一步理顺,其中最突出的是要处理好以下 8 个关系:

一、转变观念与创新思路的关系

实现企业扭亏脱困,首要的是要解决观念问题。观念决定思路,思路决定出路。转变观念、创新思路,重点把握三个字:一是"宽"字。石化困难企业要全方位考虑自身发展,以创效为重点,以改革为难点,抓住结构调整这一主要问题和体制根源,实行"一个企业一套思路一系列措施",通过"三改一加强",推进产品结构调整,大力增资减债,切实解决好效益、效率和核心竞争力问题。二是"深"字。从深层次上把握发展途径,遵循市场经济规律,克服陈旧的思维定势和僵化体制的束缚,选择正确的发展途径,如,通过深化企业体制、机制改革,发挥市场导向作用;通过用市场"指挥棒"指挥上新项目,增强企业的"造血"功能,强化自生能力,同时优化产品结构;通过争取国家和各级政府的支持,切实解决企业历史包袱等问题。三是"实"字。坚持从实际出发,一切以效益为中心,立足长远,依托已有优势,科学规划,抓好落实,特别要防止"大而全"和形式主义的错误做法。

二、依法治厂与优化周边环境的关系

党的十六届三中全会《关于完善社会主义市场经济体制的决定》提出,要将政府的经济管理职能逐步转到为市场主体服务和创造良好发展环境上来,企业要尽快成为市场主体。当前,妨碍国有企业向市场主体角色转变的因素比较多,主要可以概括为"四种成本":一是社会成本。如抗洪、抗非、安置复转军人、扶贫等,这是国企与民营、合资企业无法在同一起跑线上起跑的一个因素。二是经济环境成本。如公路、财政、税务、检察院等部门"用计划经济条件下的政策'规范'市场经济条件下的企业"的随意执法行为,企业为此不得不支付巨额代价。三是周边居民关系成本。特别是内地石化企业厂地杂居,管理难度大,周边居民无缘由索赔、周边居民水电收取难、周边居民偷盗原油现象严重,造成效益大量流失。四是"三乱"成本。主要是有关部门乱摊派、乱集资、乱罚款加重了企业的额外支出，对石化困难企业更是雪上加霜。因此，必须在依法生产经营、照章纳税、承担合理的社会责任、争取政府理解支持的同时，强化高度统一、归口对外，维护自身利益。

三、开源与节流的关系

石化困难企业必须坚持开源为主、节流为上。一方面，把开源作为提高效益的主渠道。对已经确定的项目要抓紧建设，千方百计尽快建成投产；科研开发是企业开源的不绝动力，必须以市场为导向，以主业产品为重点，大力开发新产品，开发产品新品种，开发产品新用途；开源的第三条举措是优化物流，从原料进厂到产品出厂各个环节都把好关，力争原料合理库存，装置满负荷生产，产品销售高价位、高产销率。特别是在降耗上，既要考虑主要原材料消耗，也要把眼光盯在辅助原材料上。另一方面，要大力节流。通过强化内部管理，降本压费；抓优化外部环境，维护企业正当权益，减少效益流失。

四、减员与留人的关系

减员主要对富余人员而言，留人主要对人才而言。必须重点把好5个环节：一是严格控制进人，从源头对人数把关，但要不间断地挑选高素质的大学生进人企业。二是通过实践，大力培养企业急需的技术、管理等各方面人才。三是科学使用人才，扬长避短，人尽其才，才尽其用，特别是要防止"技术优则仕"、随意让技术人员从事管理工作的现象。四是坚持以留人留心为原则，做好事业留人、待遇留人、感情留人。在待遇留人上，应建立人才激励机制，既考虑薪酬激励因素，又考虑非薪酬激励因素，使人才享有声誉和威望。五是做好"减人"工作。通过改制、带资分流、移交社会职能、清理规范合同等办法减人，对离意已决的人，在做好人才储备、签订保密协定的前提下，让其走人也毫不可惜。

五、自力更生与争取政策支持的关系

石化困难企业无一例外是负担重，扭亏脱困迫切，必须坚持自力更生为主，争取政策支持为辅。一方面，立足主观努力，通过扎实抓好生产、经营、发展和改革，做大"蛋糕"，营造技术优势和管理优势，把内部潜力挖掘出来。另一方面，积极争取政策支持：如争取资金投人上的政策，努力争取科研经费、技术开发费、技改资本金、教育费附加返还等政策；争取解决历史包袱的政策，解决周边居民用水用电不要钱、用低价液化气等问题；寻找、利用好政策，降本增效。

六、深化改革和维护稳定的关系

石化困难企业改革的稳定难度更大。必须把握三点：一是改革会影响稳定，不必大惊小怪。二是改革是改良与革命的综合，不能象革命那样过左，也不能象改良那样过右，必须把改革的力度、发展速度和职工的接受程度有机地结合起来。从方法上，坚持整体构思，突出重点，先试点、后推广；在过程上把握好政策、方案、宣传、实施、稳定环节，特别是要结合企业实际，着眼大局和长远，不为改革而改革，更不能"跟风跑"。三是必须把思想政治工作贯穿于每项改革的始终。充分发挥党的政治核心作用，加强思想政治工作，切实解决职工的困难，积极化解改革中的各种矛盾，引导职工积极支持改革，自觉参与改革，真正做到"以稳定促进改革，以改革提高效益促进稳定"。

七、加快发展与规避风险的关系

当前，我们正处于重要的战略机遇期，必须用发展的办法解决前进中的问题。但是，发展有风险，过去有一句俗话：不搞发展等死，搞发展找死。正确处理好抓发展与规避风险的关系，必须把握3条：一是必须牢固树立发展是硬道理的观念。二是必须在完善发展机制上做文章，从发展战略的构思、具体项目的选项、可行性研究到项目上马、投产，实行责任追究制。三是为了规避发展上的风险，对有关发展项目在进行可行性研究的同时，进行不可行性研究，确保项目可行，做到"三大控制"，按时投产并取得预期效益。

八、经济工作与思想政治工作的关系

政治工作是经济工作和其他一切工作的生命线。政治工作是经济工作的先导，做经济工作首先要重视并做好思想政治工作；反过来，经济工作做好了，能够为思想政治工作提供条件。当前，思想政治工作存在的问题主要表现为"不适应"与"不管用"，其最大难题是"主客同体"问题，即干部既是思想政治工作的施与者，同时又是思想政治工作的对象，如果其自身思想不通，就难以去做别人的工作。为此，必须尽快实现"5个转变"，即：将思想政治工作由单向灌输向双向互动转变，工作方式由传统的"开会报告、办班宣教、班里读报"向"全天后、全方位"转变，工作主体从依靠政工干部为主向大政工、全员思想政治工作转变，由耳提面命、我说你办向"把自己摆进去"的自我教育方式转变，工作的实际效果由重视思想认识向调动积极性的"实效性"转变。

总之，石化困难企业面临的矛盾和问题还远不止这些，如何解决这些矛盾和问题有待我们进一步探究，认真加以解决，以尽快实现振兴发展目标。

（作者单位：巴陵石化公司）

有核心才有竞争力

邓正红

核心竞争力或核心能力是美国经济学家普拉哈拉德和哈默于1990年在《HBR——哈佛商业评论》杂志上提出的,他们认为核心竞争力是“企业中关于如何协同不同生产技能及整合多种技术的集合知识,它是沟通,包容以及对跨越组织边界工作的高度承诺”;就短期而言,公司产品的质量和性能决定了公司的竞争力,但从长期看,起决定作用的是造就和增强企业的核心竞争力。提升核心竞争力是企业的战略问题,核心竞争力大于企业一般的竞争力,核心竞争力源自企业核心能量的释放,正如原子弹爆炸一样,没有原子核的反应就没有原子弹爆炸的威力,同样对企业来说,有核心才有竞争力,也才谈得上核心竞争力。下面对核心问题作一些探讨。

现代自然科学研究证明,世间万事万物的构成都是有规律的,都有一个核心,大到天体宇宙,小到微观量子,而且这个核心一直是哲学家、科学家们追寻探索的本源。因为核心问题决定物质的构成,决定事物的发端。从宇宙学的观点来看,揭开了核心问题就等于找到了宇宙的起源;从物理学的观点来看,微观世界的奥秘就在于一个核心。宇宙学家认为,宇宙的形成最初起源于150亿年前的一个“奇点”的大爆炸,而且这个大爆炸的反应目前还没有结束,宇宙正沿着大爆炸时代创下的轨迹不断向外扩张、膨胀、辐射。这个“奇点”就是宇宙的核心,它囤积、浓缩了宇宙间所有的物质和能量。核心的爆炸力反映了宇宙的生命力。爱因斯坦、霍金等世界级的大科学家之所以都能取得划时代的科学成就,因为他们懂得,核心虽小但释放的能量巨大,核心从源头上主宰世界。所以,有核心才有世界,有核心才有生命。

自然界如此,人类社会亦不例外。一个政党、一个国家、一个民族、一个团体、一个人,如果没有一个核心来维系,就将是一盘散砂,毫无战斗力和生命力。从政治意义上讲,核心问题就是旗帜问题,江泽民同志曾经指出:“旗帜问题至关紧要,旗帜就是方向,旗帜就是形象。”中国共产党从诞生到现在,之所以一直保持着旺盛的战斗力和生命力,就因为不管什么时候什么环境,我们党都始终不渝地坚持了一个核心,这个核心就是马列主义、毛泽东思想、邓小平理论和“三个代表”重要思想,这个核心的内容虽然在不同时期有不同表述,但其精神实质是一脉相承的。对一个人来讲,除了自身有机体的物质核心外,还有一个思想核心,这个核心就是人的灵魂,就是精神,就是活力。活力是核心作用的外露,精神是核心内容的支柱。从某种意义上讲,人的精神核心比人的物质核心对生命力的影响更全面、更深刻、更持久。毛泽东同志讲,人总是要有精神的。这是以政治家的眼光看待一个人的核心本质。雷锋虽然只活了有限的二十几年,但是雷锋精神——全心全意为人民服务的思想在华夏大地却广为传播了四十多年,照此精神生命力的延续,雷锋精神将世世代代永放光芒!正所谓“一个英雄倒下了,千万个英雄站起来。”由此可见,有核心才有精神,有核心才有生命的真正意义,精神核心所释放出的能量是不可估量的。

在经济生活中,企业是市场竞争的法人主体,企业要在竞争中求得生存和发展,并立于不败之地,同样离不开核心的支撑。这个核心包括四方面的内容:一是政治核心,二是文化核心,三是技术核心,四是组织核心。有了核心,企业才是一个有机统一的整体,才是一个有血有肉充满生机与活力的组织,才能在竞争中释放出能量和爆发力,才能有正确的经营方向和良好的企业形象,才能不断提升自身的竞争力。

政治核心,即企业党委的政治核心作用,这是中国国有企业的一大特征。有家国有大企业的老总曾讲过这样一段话:“企业只讲政治,这不是企业;企业不讲政治,这不是国有企业。越是困难企业,越是企业困难的时候,越是要发挥政治优势,越是要加强和改进思想政治工作。因此,必须把思想政治工作摆到重要位置,把党的政治核心作用充分发挥出来,为企业经济建设导好向、服好务。”我觉得这位老总这番话很有政治眼光和政治头脑。中央一再强调要讲政治,当前最大的政治就是要把经济搞上去,就是要“聚精会神搞建设,一心一意谋发展”。国有企业是国民经济的命脉和支柱,如果国有企业没搞好,那是我们在政治上的最大失职。当前国有企业处于改革发展的关键时期,能不能坚持党的政治核心地位,关系到经济建设这个“中心”能否兴旺,关系到职工群众这颗“民心”能否安定,也关系到中华民族的伟大复兴和国家的长治久安。党组织的政治核心作用主要是服务“中心”工作,围绕改革发展、扭亏增效大力加强思想政治工作。党组织必须时刻保持清醒头脑,善于抓主要矛盾,抓倾向性问题,积极开展形势任务教育,通过多种渠道,讲清企业面临的形势和任务、机遇与挑战,促使干部职工转变思想观念,增强危机感、紧迫感、责任感和对改革的承受力。同时把企业生产经营、改革发展中的难点、职工关心的热点当作工作的重点,加强调研,正确引导,提高工作的预见性、超前性和针对性,把矛盾化解在萌芽状态。因此,有了党组织的政治核心,企业干部职工才有"主心骨",才能确保企业改革和发展的方向。

文化核心,即企业文化,说得更具体一点,就是企业核心价值观。企业文化是企业的灵魂,无所不在,体现在企业的每一方面,每一环节。企业的各种资源要想充分发挥作用,需要企业文化来整合,企业的精神、理念、形象、服务意识都是依此为基础。优秀的企业文化,可以增强企业凝聚力、创造力和服务意识。企业文化是企业在竞争中长寿的关键,世界上著名的大企业,都有明确的企业文化。优秀的企业文化应该是时代价值观、企业价值观、个人价值观的协调统一。三者的统一,共同构成企业的核心价值观,可以使全体员工在信仰、价值观、理想方面找到归宿,把个人事业融于企业的事业中,在企业的生存和发展中获得成就感,所以企业文化是激发员工创造性和能动性的关键因素,是员工积极工作的力量源泉,如果一个企业的组织文化不随时代而变,与企业中个人的价值观不能协调,则组织很难凝聚人力资源的力量为企业服务。在确定企业核心价值观方面应注意两点:一是企业核心价值观应符合企业大环境的需要。大环境是指企业面对的市场、顾客、员工、国家、社区等一切对企业可以产生影响的因素,企业在确立自己的核心价值观之前,应该考虑到自己的价值观能否满足顾客、员工及社会的需要,与社会价值观、道德观念、政治观念能否协调,与行业环境、区域环境及人文环境能否共生,企业价值观不仅不能和企业环境产生冲突,而且还应该对企业各项环境产生积极的正面的影响。二是企业核心价值观应有自己的特色。任何企业都是独一无二的,企业价值观也一样,为什么企业文化属于企业的核心要素,就是因为它"偷不走、买不到、分不开、离不得"。"本立而道生",企业在确立自己的核心价值观的时候,一定要以"自我"为中心,充分考虑到企业环境因素,为企业确立有自己特色并能促进企业发展的核心价值观,只有这样的价值观才更有利于企业文化的落实并对企业经营产生促进作用。

技术核心,即企业的无形资产——知识产权。自从1万年以前有人类文明以来,人们一直以缓慢而平稳的速度发明各种技术。然而,从1935年起爆发了技术革命,使得我们现在所知的技术成果90%产生于近55年,90%的科学家和工程师属于当代。据一些科学和技术期刊杂志的测定,新技术正在以一种指数级的速度产生着。这就意味着我们的技术知识在今后的30年间将翻番。美国产品、技术与创新商业委员会的副秘书长 BruceMerrifield 在1975年时估计,美国以世界5%的人口,创造出大约75%的技术。而现在我们只占到50~55%的比例,再过10年就将是三分之一了。在美国持续以一种缓慢的速度发展技术的同时,以日本和德国为代表的国家则在更快的发展技术。不仅如此,在当今的信息时代,技术正在冲破各种限制和阻碍在国与国之间快速传播,这在高端产品上得以体现,比如 VCR,由美国最早研究出来的,现在却由日本和其他环太平洋国家发展出更先进的版本。在技术发展周期缩短,技术的全球化以及国际性竞争的今天,我们讲技术核心,就是企业(特别是制造业和高科技产业)要通过研发、引进等手段拥有一批具有独立自主知识产权,能适应经济发展,抗衡市场的核心技术,这样企业才能在激烈的市场中保持雄厚的竞争地位,这是一种战略挑战。在知识经济时代,没有技术核心和核心技术,企业只会被动挨打。

组织核心,即管理和决策权威。组织核心是凝聚企业人心,保证企业整个机制有序运行的基石。组织上没有核心,就容易造成管理上失控,决策上失事,市场上失陷,经营上失败。对于任何一个组织来说,必须有一个而且只能有一个核心,核心多了,就会造成四分五裂,各自为政,产生内耗,这是企业承担不起的。一位著名企业家说过,企业最大的敌人不是对手,而是自己。而自己打败自己,90%的因素是决策失误,管理混乱造成的,其主要原因是没有组织核心或者组织的核心作用没有发挥出来。有了组织核心,企业才有团队的战斗力,才能政令畅通,执行有力。

总之,一个国家、一个民族、一个企业重视核心竞争力固然重要,但毕竟核心竞争力出自核心,在任何时候我们都不能忽视核心的作用,因为有核心才有竞争力。

(作者单位:中国石化集团巴陵石化有限公司党委宣传部)

对公路文化建设的几点思考

魏　然

企业文化作为一种现代企业管理理念，已成为企业的一种管理实践。每个行业都有本行业的特色文化，自公路行业产生以来，公路文化就伴随公路事业的腾飞得到不断地发展。新世纪公路系统正处于大发展、大变革时期，要正确处理好机遇与发展的关系，抢占主动，源源不断地为公路发展输送强劲动力，就必须构建和促进公路系统自己的文化体系。用最先进的文化武装自己，为自己提供精神动力和智力支持。

一、公路文化的内涵、现状与特点

良好的公路文化标准是：具体明确的奋斗目标、职工广泛认同的核心价值观、符合时代要求的行业精神、文明公正诚信的外部形象、丰富多彩的物质文化生活。它分为三个层次：即表层的物质文化（工作生活设施、环境）；中层的行为文化（职工的行为规范、严密的管理制度和执行制度的高度自觉性）；深层的精神文化（精神和价值观等）。它的引导作用：引导全系统干部职工正确认识形势和发展目标；凝聚作用：用共同的价值观和共同的信念使全省公路系统上下团结，形成合力；融合作用：宽松的人文氛围对全系统职工存在潜移默化的影响，使之自然地融合到群体中去；约束作用：全行业各项规章制度、工作习惯对每个职工的思想、行为都起规范作用；辐射作用：公路文化不但对本系统，还会对社会产生一定的影响。

改革开放以来，特别是“九五”以来，全省公路事业取得跳跃式、大跨度的发展。全省各地公路系统在公路建设、养护、管理、征收、改革、文明创建等工作中，已逐步形成了具有鲜明行业特色的公路文化。一是树立了较统一的基本价值观。在长期实践过程中，“敢拚才会赢”、“有为才有位”和“甘当铺路石”的奋斗理念和价值观深入人心。二是确定了较统一的奋斗目标和规范。交通部结合公路行业特点，确定了全国公路发展方针。全省各地市根据工作实际，提出了今后十年公路发展规划。这些方针、规划，就是全省公路系统当前和今后一段时期的奋斗目标和具体工作规范。三是形成了较统一的工作精神。在公路建设领域，公路职工充分体现了特别能吃苦、特别能战斗的工作精神，“心在路上、路在心上”、“资金不足汗水补、条件艰难不叫苦”等奋斗精神激励着广大职工艰苦拼搏、开拓进取，取得了一个又一个胜利。四是塑造了本行业两个文明建设的先进典型。如原莆田市后卓公路站站长吴金模、原厦门市公路局总工程师郑大荣等。这些先进人物和集体是公路文化的一种象征，充分体现了公路文化所包含的价值观念，具有很强的感染力和示范效应。五是培育了公路工作宽松的创新环境。全省各地打破了阻碍公路发展的“大锅饭”体制，营造了千帆竞发、百舸争流的发展氛围。厦门市公路局大力推行养护运行机制，取得了较好的效果。莆田市公路局对重点岗位实施竞争上岗。如今年9月份，根据《福建省人民政府办公厅关于调整莆田市笏石通行费征收站点设置的函》精神，笏石征费所需要增加部分人员。局党委决定在市公路局内部进行调整，把招收人数、职位、条件、程序、考试范围、评分标准等全部公开，并将方案通告基层各单位、班站。尽管竞争的岗位只有9个，但全系统的职工都时刻关注着竞争过程中的每一个环节，职工们尤其是青年职工从这种公开、公平、公正的竞争中看到了人事制度改革促成人才脱颖而出的希望，增强了每位同志学习专业、勤奋工作、积累知识，提高工作能力的积极性。六是探索出许多富有特色的公路文化体现形式。如创建“文明行业”活动、“文明样板路”竞赛、“文明窗口”建设、“青年文明号”活动等。这些活动融汇了公路行业的奋斗目标、工作要求、职业规范，展现了全体职工的奋斗足迹和辉煌成果，把抽象的价值观体现为有形可见的东西，形成了具体可感受的人文环境，是不断丰富和发展的具有公路特色的行业文化的重要体现形式。

纵观全省公路系统近年来公路文化建设的实践，公路文化有如下几个特点：一是普遍性和广泛性。全省各地市公路局都有本行业、本单位的公路文化，各个单位、各个行业在长期工作中自然而然地形成了具有行业特色和地域特色的文化。二是区域性和差异性。闽东、闽西、闽北、闽中、闽南具有不同的天时地利人和，有不同的自然环境和人文环境，孕育了不同的公路文化。全省各地富有特色的公路文化，充分展现了福建公路文化多姿多彩的形态。三是目的性和依附性。公路文化依附于公路行业，体现在全体公路职工的言行中。公路文化建设有明确的目的性，就是服务公路事业。四是社会性和相容性。公路文化属于社会主义精神文明建设的一个组成部分，与社会文化紧密相联，它们之间互相影响。

二、公路文化与公路系统基层领导干部的人格魅力

企业文化作为企业的一种理念、一种精神，是企业在

自身发展过程中创造出来的具有自己特色的文化,而这些文化无一不与企业领导人的素质紧紧地联系在一起。因此说,企业领导干部人格魅力的体现是企业文化的一种象征。这就要求每位领导干部都应具有高尚的人格魅力,不断提高自身素质,真正做到德才兼备、以德育人、以德感人。公路系统基层领导干部人格魅力应该具体体现为:

(一)热爱公路事业、矢志不移的坚毅力。时刻牢记党的根本宗旨,胸怀公路发展远大目标,保持清醒头脑,忙而不乱,摇而不动,矢志不移地献身公路事业。

(二)品行高尚、才学逸群的吸引力。尊敬、佩服、拥戴德才比自己高强的人,是人们普遍具有的心理特征。君子趋德才,小人逐权力,是普遍的社会现象。作为基层领导干部,只有具备与"位"和"权"相称并高出他人一等的品行才学,才能使自己变成一块磁铁,在周围形成一个磁场。

(三)从容不迫、指挥若定的感召力。每位领导干部虽然分工不同,都是班子的主心骨与顶梁柱,应有胜不骄、败不馁、急不乱的稳定力。基层公路管理业务具有点多、线长、面广的工作环境,这就要求每位领导具有独立的工作能力。遇事,特别是在复杂的局势面前,从容不迫,指挥若定;危难时刻,多谋善断,不失时机,转危为安,化险为夷。这样,下级和群众就会心想神往,以有这样的领导而感到自豪和骄傲。

(四)讲究文明、机智幽默的感染力。基层领导干部应讲究礼节,待人处事端庄诚厚,举止稳重得体,讲话机智幽默,衣着适时合体,不轻浮流俗,不狂妄自大,带头维护和遵守社会倡导的行为规范,一言一行与自己的身份相吻合。对职工恩威并举,所谓恩,即亲切,职工在自己面前甘倾肺腑,愿吐心声;所谓威,即威严,自己作出表率之后,职工不会存非分之想,不愿越雷池一步。

(五)待人宽厚、严于律己的亲和力。宽容,能清除前进中的路障,解开胸中的心结,融化眉宇的忧伤。每位基层领导干部都应待人宽容大度,既能容他人之短,更能容他人之长;既能容他人之过,更能容他人之功;既能听顺耳之语,更能听逆耳之言;即能容亲近之人,更能容异己之士。这样,才能给人以冬夜围炉的温暖感,班子成员之间和职工与领导之间才会心心相印,血脉相通,风雨同舟。

三、公路文化的创新与发展

公路文化建设是一项以人为本的系统工程,是公路事业发展的底蕴。公路文化建设的好坏甚至影响公路事业的生命力和活力。当前,公路工作任务压人,市场竞争逼人,改革形势催人,这都要求公路部门必须加强公路文化建设,用科学的理论武装人,用正确的舆论引导人,用高尚的精神塑造人,用丰富的载体鼓舞人,激励全省公路系统干部职工丢掉包袱,轻装上阵,以只争朝夕、唯旗必夺的进取精神,以改革争先、勇立潮头的革命闯劲,以守土有责、奉献社会的历史责任感,大干当前,立足长远,推动全省公路管理现代化进程。因此,我们应从现在抓起,从多方面入手,分步骤实施,全面提高公路行业的整体素质、综合实力和凝聚力,培育出符合本省公路行业特点、具有行业特色和旺盛生命力的公路文化,为推动全省经济社会现代化进程服务。

(一)开拓进取,把创新作为公路可持续发展的不竭动力。这里讲三点:(1)增强观念创新是第一位创新的意识。转变观念的原则是"解放思想,实事求是"。历史证明计划经济条件下的大锅饭、铁饭碗的机制只能滋生等靠要思想,已远不能跟上时代的要求。应该通过灵活的教育方式确立改革是大势所趋,早改早受益,迟改迟受益和只有思想大解放公路才能大发展的思想。(2)激励创新,激发广大职工的创造力。逐步完善创新制度,容忍失误,尤其是在改革中搞一些试验田,在运动中找到事物发展的客观规律。然后逐步推广,以点带面,整体推进。(3)加强学习,为创新积累力量。知识与有机体一样存在老化问题,不学习就意味着落后,而加入WTO后,对学习的要求更高;学习中必须做好时代性与基础性,相关性与专业性的结合,做到专业突出,兼顾其它,直至融会贯通。

(二)进一步强化发展意识、危机意识,树立共同的奋斗目标。公路基础设施是经济、社会发展的重要支撑条件。加快公路事业发展步伐,是各级领导赋予我们公路部门的重要职责,是提高全省经济整体素质、增强综合竞争力的迫切需要,也是促进区域共同发展,为全省率先基本实现现代化打下坚实基础的关键措施。各级公路部门必须引导、教育职工树立强烈的危机意识、责任意识,特别是发展意识,在全省公路系统广大干部职工中形成"落后就要挨打","发展才是硬道理","有为才有位"的思想局面。

(三)进一步强化公路精神,树立正确的价值观。全省已形成的公路精神主要包括:敢打硬仗、善打硬仗的顽强拼搏精神;默默奉献,甘当铺路石的无私奉献精神;文明执法,秉公办事的敬业精神;以人为本、科技兴路的创新精神;全省一盘棋的团结协作精神。这是我们福建公路系统特有的团队精神,它充分体现了当今的时代精神,是推动公路文化事业发展的强大精神支柱。各级领导应全方位、多层次灌输公路职工团队精神,让全体职工理解、认同公路精神,使公路精神深入人心,家喻户晓,成为职工团结奋斗、开拓创新的动力源泉。同时,通过大张旗鼓地对外宣传,赢得全社会的广泛认同,从而充分展示公路行业的社会价值,提高公路行业的知名度和社会地位,使广大职工形成"以路为家"、"护路光荣"的思想,把职工的认识、信念、理想、追求凝聚为统一的群众意识,形成职工基本价值观,激发职工的责任感和使命感。

(作者单位:莆田市公路局)

创新思想观念发展地区经济

韩一飞

观念在《辞海》中解释为思想与看法。它属人的意识范畴，是人类思维活动的结果。不同的历史、经济、政治、文化背景下的人们，思维方式存在着很大的差异，这种差异往往会引发区域经济发展的不平衡。在通常情况下，超前、进步的观念促进经济的增长，而落后、保守的观念制约经济的发展，这既符合历史发展的潮流，也符合客观经济发展的规律。随着社会的进步，人类认识水平的提高，人的观念对经济发展的重要性，越来越被有识之士所重视，本文想通过自己的学习、实践和感受就观念与经济的关系，发表一些个人看法，供探讨。

一、观念效应的思考

综观国内外历史，愚昧往往与落后连在一起，观念的落后必将导致经济的落后。十年内乱，林彪"四人帮"一伙逆历史潮流而动，大搞愚民政策，对内实行"高压"政策，对外推行"闭关自守"，在所谓"宁要社会主义的草，不要资本主义的苗"的极左思潮影响下，人们思想僵化，唯恐被扣上"封、资、修"的帽子，不敢想、不敢干，更谈不上去接受外来的新思想、新观念，国民经济自然遭受到严重的破坏。

十一届三中全会后，小平同志高瞻远瞩，以一个马克思主义者的敏锐目光看到了观念与经济的辩证关系，发动了一场意识形态领域的革命，提出了"解放思想，实事求是"的口号，要求"思想再解放一点，胆子再大一点，步子再快一点"，从而进一步以"三个有利于"作为衡量我们各项工作是否成败的标准。人们的思想空前活跃，创造力和想象力得到充分的发挥。改革开放结硕果，近年来，我国国民经济发展速度名列世界前茅，人民生活水平得到了极大的提高。

二、温州观念的启迪

近年来，国内各地去温州考察学习的人络绎不绝，温州经济的兴起、发展受到了举世瞩目。为什么二十年前一个贫困、落后、交通封闭的城镇，在改革开放后能取得如此辉煌的成就？笔者曾有幸多次去过温州苍南这个全国闻名的农民城，接触了当地一些企业家和各阶层人士，从中感知了温州人创新意识和奋斗精神，找到了问题的答案，受到了很大的启迪。

启迪一：自诩"小草"，自强不息。温州人自比像"草"，因为他们"善于从石缝中长出来"，有条件自然"长"的好，没有条件想办法照样"长"，这是一种多么可贵的禀性，凭着这股韧劲，你搞贩销，我也搞；你能办厂开店，我也能；你富了，我要比你更富，干出了一番轰轰烈烈的事业。

启迪二：不"恋"故土，自由翱翔。"高山峡谷有小城，有城就有温州人"，有人称温州人像"鸟"，他们满世界跑，那里有机会赚钱就奔向那里，从不计较远近、苦累，其他地方没人愿干的事，温州人干了，还拼命地干。人们都说温州人精明，会赚钱，但更多的是他们的苦干、实干。世人无不敬仰温州人那种肯吃苦、吃大苦的作风。

启迪三：敢闯敢干，勇往直前。温州人是"敢于第一个吃螃蟹"的勇士。从1956年全国第一个"包产到户"合作社，到1980年全国第一批个体工商执照，再到1991年中国第一个私人包机公司，无不显示他们这种敢于争先的气概。温州人凡事都有自己的主见，耳朵特别"硬"，从来不人云亦云，自己认准的事情，"任尔东西南北风"，不达到目的不罢休。

但是，与温州人相对照，我们许多地方的人凭借某些优越条件，至今还身背几千年留下的安土重迁的落后观念，死守自己的"三分三"，不愿走南闯北，艰苦奋斗；有的抱着"等、靠、要"的思想，总指望国家、集体、别人为自己"铺好路"，机关混混，单位靠靠；至于冒险创业，想都没想过；有人渴望过好日子，却又不愿吃苦，整天盼望"天上掉下馅饼"。这些思想、行为盛行的地方，经济能兴旺发达吗？

三、嘉兴创新的探索

底蕴深厚的悠悠历史，得天独厚的地理环境，浓郁长远的朴实人文，使嘉兴人历有优越感和满足感。捱到20世纪90年代，嘉兴人再也抗不住了，在周边地区愈来愈火爆的经济浪潮挤压下，嘉兴人有了"新觉悟"。那时，一些干部开始一趟趟跑温州，但回来后还是不敢干，温州人"胆大包天"，嘉兴人谨小慎微，太冒险的事不敢做，只能眼睁睁看着温州越搞越好。

事实证明：思想不解放，观念不创新，地方经济就难以真正快速发展。90年代后期，嘉兴人"学温州，转观念"终于走上了快车道。

值得称颂的是，嘉兴人并不满足于"温州模式"，他们根据自身独特的地理位置和资源优势，创新经济发展路子。探索出了国有、民营、外资多种经济成份混合的

"杂交经济";依托上海、苏南的"配角经济",以及"新农村经济"、"零资源经济"、"蒲公英经济"等等经济运行方式。且焕发出了强大的生命力。嘉兴的经济活跃了,改国企、搞民营、兴个私;嘉兴的人跑动了,奔上海,渡扶桑,闯欧洲。近几年,嘉兴的发展速度惊人,爆发力极强,特别是2001年,国内生产总值增幅在浙江省前移到第二位,在包括上海、苏州、南京等长江三角洲15个城市中发展速度名列第一。2000年至2001年连续两年地方财政收入增长幅度列浙江第二,农民人均纯收入、城镇居民可支配收入增幅均排在全省第一位。当暴富的温州还在为两个没有脱贫的乡镇苦恼时,后起的嘉兴却实现了全国少有的"满堂红"城市,所辖5个县(市)齐头并进,全部进入全国百强县前50名。

(作者单位:民丰特种纸股份有限公司)

新形势下企业职业道德建设的三个转变

莫海善

职业道德建设,是指从事一定职业的人,在工作和劳动过程中所遵循的道德原则和规范的总和。福建石化集团三明化工有限责任公司在创建文明企业活动中重视和加强职业道德建设,"以职业道德质量保证生产工作质量,以生产工作质量保证产品质量"规范职工职业道德行为,提高了企业职工职业道德素质和生产经营质量。职业道德建设是由社会生产方式所决定,反映职业活动客观要求,也是随着历史发展而发展。当前三化与所有的国有企业一样,进行了资产重组,减员增效,下岗分流等各项改革措施的全面实施,由工厂制改为公司制,经济体制由传统的计划经济向社会主义市场经济转变,经济增长方式由传统的粗放型向集约型转变。新形势下企业职业道德建设的目的、标准要求和管理方式等方面也必须实现相应的转变,以实现追求社会效益向强调突出经济效益转变,实现一般化要求向多层次要求转变。以实现教育引导向激励、约束以至淘汰机制转变,推进企业的全面进步。

一、实现由侧重追求企业效益向强调突出经济效益转变

计划经济条件下的企业,职业道德追求的目的主要强调社会效益,企业按计划生产足够的产品来满足社会的需求,企业完成了生产计划,就是对社会做出了贡献,就是创造了社会效益。完成的任务越好,对社会的贡献就越大,创造的社会效益就越高。在市场经济体制下的企业,职业道德的目的应转变为主要强调经济效益。由于种种原因,近年来三化公司遇到了前所未有的困难。如市场竞争的压力、资金困难的压力、环境治理的压力,经济效益低下。因此企业的职业道德建设必须要促进企业经济效益的增长,这是企业的内在要求,也是我们开展职业道德教育的价值所在。可以说现代企业,人才和技术是基础、质量是生命、竞争是动力、经济效益则是灵魂。

三化公司在长期的职业道德教育中明确了与现代企业职能相适应的职业道德,其评价标准和追求目的只能是突出经济效益。形成"企业以市场为导向,生产以经济效益为中心"的教育宗旨。近年来三化公司根据生产经营的被动局面,在全厂范围内开展"遵纪守责、扭亏增效"活动,以此解决单位存在突出问题为重点,成为职业道德教育"选准切入点,打好主动仗"的重点载体,以扭亏增效为目标,全力确保公司实现扭亏增效,抓住影响生产经营的主要矛盾和矛盾的主要方面,突出了经济效益是企业活动和职业活动的中心,这是社会主义精神文明建设所决定,引导职工坚持以主人翁态度对待以增效为目的的职业劳动,遵守重要职业道德原则,不断提高企业经济效益,使三化尽早摆脱困境,走出低谷。

二、实现由一般的要求向多层次要求的转变

在特定的职业活动中,由于各自特殊的职业关系,利益、义务、活动范围与方式从而形成了特殊的职业行为规范和道德要求。还由于同职业的人员之间,存在如世界观、人生观、价值观等方面的差异,决定了所接受的道德水准和所能达到的职业要求有所不同,因此,加强职业道德建设,就应当分层次制定不同具体要求。

在计划经济条件下的企业,在职业道德建设上只有一般标准没有具体要求,如"奉献、拼搏"、"爱厂如家"等是运用一般的也就是职业道德建设的最高层次来要求就可以了。在新形势下的企业,三化在培养职工的职业道德,促进企业的道德建设重在抓规范,制定了全厂各层次职业道德规范,本着职业道德建设对社会负责,用户至上,其核心是服务,如"忠于职守,劳动态度好;重视信誉,服务质量好;遵章守纪,安全生产好。"依据这一共同要求,制定生产技术、党群、后勤科室和化工生产车间、操作班组等多层次职业道德标准要求,形成一整套的职业道德规范管理体系。

现代企业分层次的职业道德要求,它有新时期建设

有中国特色社会主义的理论、路线方针、政策,有现代企业制度和参与市场竞争为动力。在实践中我们努力实现职业道德多层次的转变,一方面强调各级领导干部自觉努力实践"三个代表",吃苦在前,参与企业管理,在岗尽责表率。另一方面大力倡导"规范岗位行为,精通岗位技能,提高岗位效益"的文明新风。这样职业道德建设有先进性、又有广泛性,变为职工群众的具体行动,促进职业道德建设持续发展。

三、实现靠教育引导向激励机制转变

在计划经济条件下对于职业道德建设靠的是说服教育引导。一是宣传教育,把职业道德建设规范写于墙上醒目处,告示于众,做到家喻户晓,并使之经常看到,起到经常提示的作用。二是思想教育常以课堂宣讲的形式,采用广播、电视、报纸入户进行思想灌输;三是批评教育,针对职业行为中的错误进行批评,令其检讨,认清错误的危害及其原因,制订改正措施。

在市场经济条件下的企业,我们把职业道德行为纳入企业管理范围,建立多种激励机制,三化公司近年来除了党团组织、工会、女工常年组织开展创先争优活动外,科协还组织科协会员开展"讲、比"活动,建立一整套完整的表彰机制,并建立专项奖励资金,约束机制,集中表现在职业道德规范,职责清楚,制度严明,考核严格,有奖有罚。三化公司连续五年开展的"三项工程"建设,是一项旨在提高整体职业道德素质建设项目。每年开展评选"优质工程",评上"优质工程"的除发给奖金外,还在广播、电视、周报上大力宣传其事迹,每年评选的"文明标兵"、"优秀党员"都是在职业活动中遵守职业道德规范做出优异成绩的顶尖人物,企业专门开表彰会,批红戴花,报告事迹,受到高级别的奖励,产生了很好的影响。在长期的企业职业道德教育实践中,企业道德建设上的约束措施主要有政治管理的检查评比,经济管理的处罚罚款,法制管理的各级处分以至严惩违法人员交由司法部门追究法律责任。现又将竞争引用到职业道德管理上,实行竞争上岗,干部岗位竞聘公示,形成"今天工作不努力,明天努力找工作"的竞争意识,把职工的主人翁精神放在市场竞争的风浪中去接受考验。

综上所述,新形势下企业道德建设要建立健全一个符合企业实际的职业道德原则和规范的完整体系,努力实现"三个转变",不断提高职工思想道德素质,充分调动和发挥生产积极性,确保企业的社会主义方向,才能最大化促进生产力发展。

(作者单位:福建省三明化工有限责任公司宣传部)

以人为本 加强建筑企业农民工安全生产管理

唐明忠

"以人为本,安全第一"是2004年全国"安全生产月"活动的主题。建筑企业必须切实树立"以人为本"的理念,以关心人、尊重人为第一要义,发展生产不能以人的伤亡为代价,安全生产管理,必须以保障人的生命为根本。

(一)

建筑企业的各类安全事故的风险,是伴随着建筑活动的开始而开始。建筑活动越频繁,安全事故的风险也越高。

建筑企业安全事故的高发生率,是由于建筑企业的"三高二低"特点所决定的。劳动密集度高、劳动强度高、生产环境危险程度高、机械化智能化水平比较低,从业人员总体素质较低,是目前建筑企业的状况。靠人、靠手工操作依然是建筑生产的主要方式。面对如此的生产特征和作业群体,无疑增大了抓好安全生产的管理难度。

近年来,全国的建筑工程安全生产状况有所好转,但整体形势依然严峻,建筑业已经成为我国所有工业部门中仅次于采矿业的最危险的行业。2003年,全国建筑施工发生事故1278起,死亡1512人,建筑施工每百亿元产值死亡率为6.92。2004年上半年,全国建筑施工安全事故,发生一次死亡3人以上重大事故23起,死亡人数105人,安全生产事故依然居高不下。

(二)

全国现有建筑工人3800多万,是世界上最大的劳动群体行业,这个群体中农民工占80%,而在发生的建筑施工伤亡事故中农民工占90%。建筑企业安全事故居高不下的原因是多方面的,主要的有以下几点:

一、建筑市场的高度繁荣,带来了建筑施工队伍的持续扩大,大量未经严格培训的农民工进入施工队伍,由于农民工缺乏必要的职业训练,生产技能偏低,自我保护意识淡薄,发生安全事故也较多;

二、施工企业和项目部安全管理基础薄弱,较低资质的企业问题更多,对农民工只使用不管理,缺乏对人的尊重,法律意识、安全意识淡薄,在所发生的安全事故中,低资质企业所占比例较高;

三、建筑市场竞争激烈，施工企业竞相压价竞标，为了追求经济效益，不得不挤占安全投入资金，现场安全措施不到位，农民工冒险违规作业，导致事故发生；

四、建设单位违反法定建设程序，不讲科学、不合理压缩工期，低价竞标，低资质企业或无资质企业进入施工领域，发生不该发生的安全事故在所难免；

五、监理单位和监理人员没有承担起安全生产的监理责任，安全监管流于形式；

六、建设行政主管部门没有真正重视安全生产，疏于过程管理，平时不重视安全生产指导，对事故的隐患整治不力，事故发生后，严于处理已于事无补。

（三）

建立安全生产管理制度，树立“以人为本”的安全管理理念，建筑安全事故的风险是可以规避的。

一、安全工作要切实树立“以人为本”的管理理念

“以人为本”是与“以物为本”相对而言的。“以人为本”就是要把人作为一切工作的出发点和落脚点，以人为本的核心就是尊重人，最根本的就是维护人的生命权。

安全事故多发于农民工，反映了施工企业对处于弱势群体农民工的生命权的漠视. 在追求速度效益与安全生产发生矛盾时要摆正位置，不能为了讲求速度效益，在安全生产上舍不得花钱，或少花钱。施工企业各级领导要充分认识到，以损害安全利益的代价的速度效益是不科学的速度和效益。

二、安全生产要从制度上保障

不久前召开的全国建筑安全生产工作会议上，建筑安全生产制度建设受到了空前重视，表明了政府对加强建筑安全生产的信心和决心。《建设工程安全生产管理条例》、《安全生产许可条例》、《国务院关于进一步加强安全生产工作的决定》相继颁发施行，近日，建设部部长汪光焘签发了建设部第128号令《建筑施工企业安全生产许可证管理规定》，表明政府严厉督促企业落实安全生产措施的决心，建设部颁布了《建筑施工企业主要负责人、项目负责人和专职安全生产管理人员安全生产考核暂行规定》、《建设工程重大质量安全事故应急预案》，审定了有关施工企业安全管理方面的技术和管理标准，随着上述一系列法律法规的相继出台，建筑安全法规体系已初步健全完善。

建章立制仅是第一步，最重要的是实施到位，作为企业，要负起法律法规规定的责任，保障各项安全生产责任制的到位，措施的落实。

三、规范建筑市场，保障安全生产

建筑市场的不规范，引发了无序的竞争，政府监管不力，建设单位违规操作，是安全事故不能得到遏制的根本原因。由于政府监管力度不够，部分不具备基本安全生产条件和施工资质的队伍进入建筑市场，无证施工、越级承包、非法转包和违法分包现象时有发生；领导搞“形象工程”、建设单位非理性压价，违反科学的压缩工期、安全生产设施费用在工程定额造价中所占的比例极不合理，企业获取合法利润的空间越来越小，企业为了生存，往往会千方百计降低生产成本，减少安全生产的投入，甚至冒着伤亡事故的风险强行生产。鉴于此，政府必须进一步加大规范建筑市场的力度，重点规范建设单位业主的行为，业主也要抓好安全管理，也要承担相应的安全责任。

四、以人为本，全面推行建筑意外伤害保险制度

建筑意外伤害保险制度开展缓慢，水平与力度和发达国家相比差距较大。建立建筑意外伤害保险制度，借助保险公司提供的安全技术服务，促进施工企业的安全生产，达到健全安全生产制约机制的目的。为了保证安全生产投入，建设主管部门要在工程造价定额中将意外伤害保险费单列，保证专款专用。

五、保证安全生产，提高职工安全生产技能

建筑企业中的农民工的劳动技能和安全培训教育不能满足施工需要，建筑领域大量采用新技术、新材料、新工艺，农民工不能充分掌握新技术、新材料、新工艺的安全技术性能。劳动部门、工会组织、行业主管、用人单位在安全培训上要花大力气，要把保障农民工生命安全作为安全管理的头等大事，在经费上保证，在措施上落实，在管理上到位。

（作者单位：福建二建建设集团公司）

激活组织的生机

——巨化公司电化厂“团体学习”活动纪实

翁东宇

未来真正出色的企业，将是能够设法使各阶层人员全身心投入，并有能力不断学习的组织。一个组织，一个企业，只有让全体员工活出生命意义，把所有潜力都发挥出来，这样的组织才有活力。

三个“没想到”

电化厂供应科的胡忠谊科长一直对厂二季度的“团队学习”活动记忆犹新，用他的话来说，一、二季度的“团队学习”似乎与自己特别有缘，刚在一季度的“团队学习”交流会做了“优化供应链管理”主题发言的他，“没想到”在二季度的“团队学习”交流的互动阶段，又被以现场随机邀请的方式上台进行发言。

“一季度的主题发言，我准备了将近一个月，而这次发言是随机抽的，根本没有太多的时间让你准备，只能靠短时间的酝酿，到台上临时发挥了，也不知消耗了多少脑细胞……”话虽这么说，但他还是觉得那天的发言挺满意、挺刺激的，原先预定的10分钟发言，他没带材料一口气讲了竟半个小时，而且灵思飞舞，其中一个“关于二、三线劳动力调整”的观点，竟将“矛头”指向了前一天刚做了主题发言的组织人事科长周明，把现场的气氛煽动到了“高潮”。

与胡忠谊一样“没想到”的机动科的王志斌科长，他在“关于检修体制转型和资源整合”发言中所谈的“猎人与狗”的故事，引起了大家共同的兴趣，故事所折射的关于考核激励机制的话题，成了全场谈论的“焦点”，甚至在会后，还有不少人在延续着这个有趣的“话题”。

作为浙江省最大的氯碱企业——浙江巨化股份有限公司电化厂，这虽是该厂开展“团队学习”活动中所引发的“小花絮”，但在全厂70多名初级管理人员思想中却同样产生了一场“没想到”的深刻“震动”——原先“程序型会议”的模式被打破，而这种类似“头脑风暴”的“激荡型会议”将在今后的活动中积极倡导，并形成的开放性风气被推广到企业内部管理上，而其目的则在于集思广益，凭借大家的脑力激荡得到最佳的决策方案。

如果说电化厂2002年下半年出台的《打造学习型团队，加强人才队伍建设——2002年至2005年人力资源开发规划》，表明该厂已把培育学习型企业作为一项奠基未来的战略要务，那么以今年年初印发的《关于提升企业学习力暨在初级管理人员中开展团队学习活动的意见》为标志，则是把学习行为上升为组织的要求，并由原来的倡导性学习阶段进入了实践性学习阶段。

有人说“团队学习”活动在电化厂掀起了一次“学习的革命”。虽然话语上带着火药味的夸张，但这股“团队学习”活动的风潮的的确确引发了许多人“学习”观念的变革——企业要想在复杂多变的环境中生存与发展，其学习的速度必须等于或大于其环境变化的速度；学习不仅是学知识，更是学习学习的能力；学习过程就是心灵互动的过程；学习的最根本的目的，是掌握学习的能力；学习应变的单位不再是个人，而是团队……这也是电化厂开展“团队学习”活动的意义所在。

上下同欲者胜

一家企业能活多久？按照日本企业对企业寿命的研究结论：十年打基础，10年发展，10年成熟，然后进入瓶颈期，即所谓困难期。以此推算，走过40余年风风雨雨的电化厂恰恰正处在瓶颈期！国际氯碱行业竞争加剧，西部同行凭借资源优势大举扩张，新一轮“洗牌”在所难免。如何尽快锻造电化厂的持续竞争优势？怎么能让企业活下去？怎样能活得更好？究竟能活多久？

“只有加快学习型企业的培育，提高团队学习力，我们才能保持较强的创新力，进而形成发展新优势，确保基业长青目标的实现。”“在初级管理人员中开展团队学习活动，带动全员共同学习，让企业成为有效率的学习型组织……”在充满变数和动态的竞争大势下，在“学习型组织”理论的启发下，厂党政领导达成了一致共识，开出了寻求新发展的“良方”。

一切都在周密的计划与安排中层层推开：一季度学习十六大精神、《经理人》杂志（101件管理工具）、迈克尔？波特的《什么是战略?》和《华为公司基本法》；二季度开展行政管理和党群工作课题调研活动，就制约电化厂“三大创新”和党群工作的12个亟待解决的课题进行专题研讨，努力促使洞察力与执行力的有机结合；三季度专题安排学习《电化厂企业文化建设3年实施规划》、吉姆？柯林斯的《基业长青》和《从优秀到卓越》，重点就如何打造一个长远发展、基业长青的企业进行探讨；四季度安排学习《执行——如何完成任务的学问》一书，同时要求每位初级管理人员总结一年来的学习心得，从全厂和各单位实际出发，对建设学习型企业的具体实施规划和运行机制进行调研和探索。

一个阶段一个主题，一个季度一个要求。一本本具有前瞻性战略眼光与管理思维的书籍，开始频频出现在电化厂每一位科长或是主任的办公桌上。当然“团队学习”的意义决不在于读几本书，交流几次心得，而在于通过一种持之以恒的“学习动力”来逐步改变心智模式，实现自我超越。

“在机遇效益和‘三大技改’阶段完工的情况下，请PVC车间对如何进一步提升产业平台和产品价值链优势进行思考并提出有益见解”；“从我厂《企业文化三年规划》和电化精神的高度，对企业的价值观、文化理念以及对员工行为的渗透力进行有益阐述”；“离子膜车间关于离子膜使用寿命的影响因素分析与系统思考”……同时，为提高“团队学习”活动的互动效果，检验提高学习成效，在指定发言之后，还采取随机邀请的方式，安排3—6名初级管理人员上台参与交流。每个人都可以摆出心中的假设，在一种无拘无束的探索中，更新各自的想法。

通过一系列的举措和上下的联动，在“团队学习”中，学习已成为了一种修炼和思考，一种对人心智的修炼和对问题系统的思考。这种学习不仅限于提升技能，充实知识而是被提升到改造心灵、转变观念的层面上，把事关企业战略性、全局性的问题，带到具体的实践中去，进行动态思考、本质思考和整体思考，并产生协同效能。从这个意义上说，“团队学习”既是手段，也是目的；既是过程，也是结果。

激活组织生机

工作学习化，使成员活出生命意义；学习工作化，使组织不断创新发展。通过“团队学习”的持续开展，组织的肌体也进一步释放出生命的光彩。

计控中心的“职工业余学校”在厂内外享有较高声誉，但车间并不满足，今年3月开始，又在车间内部选了12名老师，举办“星期六课堂”，员工分批轮流学习，不少仪表工的技术水平从原来的“安装”级水平进入了以调试为主的阶段。作为公司级“职业技术带头人”的姜忠飞，在烧碱车间不仅以技术精湛而著称，而且在工段管理上也很有思想，已成为“知识型工段长”的代表，有关他的一则“在新华书店看了一整天书”的学习趣事也在车间传为佳话。AC车间则创办了“学习之窗”组织工段、大组长和管理人员开展车间“团队学习”，形成每两个月车间领导上堂管理课，每三个月骨干学习一本书、进行一次学习交流的活动。在质监科，上个班为下个班出考试题目，工余时间班组“抢”技术员已经成为一种很普遍的事情。离子膜烧碱车间面对世界级水平的装置，向全体员工发出了“做现代企业知识型工人”的号召，等到了员工们的一致响应；只有初中文化的值班长张欣苦心钻研技术，成为精通两个烧碱车间工艺流程的“高手”，这个仅有90多名员工的现代化车间，去年劳动生产率每人每年达到了160万元……今年上半年，电化厂实现工业总产值4.84亿元，比上年同期增长12.81%；完成利润4257.29万元，为年计划的57.53%；7万吨/年PVC、9万吨/年VCM、1.6万吨/年VDC“三大”装置仅用四天停车时间就顺利进行了技术改造，以较小的投入获得了较大的投资收益率。

共同愿景对“团队学习”是相当重要的，因为它为学习提供了动力，而学习目的也是为了创造未来。对企业而言——罗盘比时钟更重要，时钟代表着各种时间表、短期目标、工作任务；而罗盘则代表着企业的远识、开放的理念和长远的发展方向。这也是“团队学习”活动的最终目的所在——执着实践“挑战顶级，铸就永恒”的新电化精神和产业梦想。在“团队学习”的基础上，电化厂也为自己的未来做了“概念化”的远景构想：即一个全员认知的价值理念：开放、创新、人本；一个适应于市场竞争的业务工作流程；一个不断优化的产业平台；一个科学而富有灵性的管理模式；一个无缝链接和充满活力的人才团队；一个生生不息的文化体系；一个不断执着超越、基业长青的企业。

成功的团体并不是从一开始就成功，而是通过学习如何创造惊人的成功所致。电化厂通过开展“团队学习”活动，正朝着“学习型企业”的目标不断迈进，通过这种努力，无论迈出的是一大步还是一小步，都是自我超越的重要一步。

（作者单位：电化厂宣传）

浅谈新时期企业文化的特征和企业文化建设

谢三红

企社会经济正快速地由工业经济向知识经济转变。党的十五届四中全会、十六大、十六届四中全会和国务院办公厅转发的国家经贸委《关于国有大重型企业建立现代企业制度和加强管理的基本规范》，为我国国有企业在这场社会经济深刻转型变革之中，作出了具有重大战略意义的深远决策和改革发展方向。作为现代工业企业管理重要模式的企业文化，也必将在这场社会经济的革命性变革之中，发生质的变化。面对即将到来的知识经济社会的挑战，作为企业经营者和有关部门，需要对知识经济社会的企业文化特征和如何推进新时期的企业文化建设，进行迫切和认真的研究。笔者就新时期企业文化的特征及企业文化建设，谈一些粗浅的认识和体会。

一、新时期企业文化的新特征

当前世界经济正快速地由工业经济向知识经济转变，21世纪的社会经济是知识经济，这已经是无可非议、而且是正在发生的事实。在以智力资源的占有、配置，以科学技术为主的知识生产、分配和使用（消费）为最重要因素的知识经济社会，其企业文化特征主要有以下几个方面：

1、企业价值意识、企业行为“知识”化。在知识经济社会，社会经济活动已由工业经济的、对自然资源的合理配置，转变为对智力资源的占有、分配和使用（消费）。对智力和知识的占有、分配和使用成为企业一切活动的中心。伴随着这一社会经济活动方式的革命性转变，企业的价值意识和企业行为取向也必将从对资源和金钱的占有,转变为智力和知识的占有。在知识经济社会,对企业职工来说,拥有高技术知识的人就能获得比一般职工高得多的劳动报酬。因此,对知识的崇尚和追求,成为企业职工最主要的价值取向。企业对职工的绩效考核、工资奖金分配、教育和培训等都围绕"知识"这个中心。知识化成为企业价值意识和企业行为取向的新特征。

2、创新精神成为企业精神的支柱和灵魂。"创新是一个民族进步的灵魂,是国家兴旺发达的不竭动力。"知识经济与工业经济的本质区别就在于工业经济是以自然资源的占有、配置和使用作为第一生产要素,而知识经济是以智力资源的开发应用作为第一生产要素。在知识经济社会,"科学技术是第一生产力"。而高技术主要依赖于对知识的使用和创新。纵观当前在知识经济转型中的世界主要发达国家高技术企业,都把创新精神作为企业精神的支柱。因此,在知识经济时代,企业创新精神是企业精神的支柱,是企业精神的灵魂。没有强烈的创新企业精神,企业就难以在知识经济社会中生存和发展。

3、诚实守信是企业形象、企业信誉、企业道德的关键和核心。知识经济社会是一个信息时代的社会。在这一信息社会时代,"INTERNET"成为了信息传播的最重要载体。电子商务也伴随着"信息高速公路"的建立,而成为企业经营的主要活动方式。在这一全球化和高度开放的、以知识和智力作为社会经济主要资源的社会,知识是企业非常重要的无形资产。诚实守信成为了知识共享和知识产权的保护、以及电子商务活动最重要的道德法则。人们对企业形象、企业信誉的评价标准主要是看该企业能否具有诚实守信的企业道德。一个企业具有良好的诚实守信企业道德,那么这个企业的企业形象和企业信誉就好,反之该企业的企业形象、企业信誉就低。

4、企业文化活动方式"网络化"。知识经济是"网络经济"。以"信息高速公路"为基础的企业内部和企业与社会的网络建设,是今后企业行为的中心。因此,网络也必将成为知识经济时代企业文化活动的主要载体和活动方式,企业文化的活动将集中体现与网络文化的活动上。

二、回应知识经济社会的新时期企业文化建设

知识经济社会已经快速地向我们走来。在这一社会经济历史性、革命性转变过程中,如何正确把握这一难得的发展机遇,迎接挑战,加快我国经济发展步伐?党的十五届四中全会和十六大对我国国有企业如何主动适应这一转变指明了改革方向。国内外经济和企业管理学家认为,知识经济社会的企业管理是一个以企业文化为中心的管理。根据知识经济社会企业文化出现的新特征,以及我国国有企业改革的任务和要求,应着重从以下几个方面加强新时期的企业文化建设。

1、以"尊重知识、尊重人才"、"科学技术是第一生产力"为核心,及时整合企业价值意识,调适企业行为。知识经济是以知识和智力资源为基础的经济。崇尚知识、尊重人才、依靠科学技术是企业生存和发展的关键。因此,在新时期的企业文化建设中,要牢固树立以"尊重知识、尊重人才"、"科学技术是第一生产力"的思想观念和价值意识。要紧紧抓住当前和今后我国国有企业正在进行两个根本性转变时期,以党的十五届四中全会和十六大精神为指导,在国有企业结构战略性调整和深化改革中,以"尊重知识,尊重人才""科学技术是第一生产力"为核心,对当前企业文化中的企业价值意识进行重新整合,对企业行为进行调适,以适应知识经济社会企业发展的需要。

2、塑造新时期企业精神的灵魂－－创新。当前我国企业文化中的企业精神存在着"五彩缤纷"、内容涵盖太多,个性不鲜明的状况。在知识经济社会,产品的高技术含量不断增大,产品的更新周期加快缩短,企业对创新的依赖性不断增强。创新是企业生存和发展的唯一源泉,是企业精神的灵魂。因此,要把创新精神作为新时期企业精神塑造的灵魂,背离创新这一精神而没有塑造的其他企业精神,都难以适应知识经济社会。没有强烈创新意识和创新精神的企业,都终将被知识经济社会淘汰。

3、培养诚实守信的企业道德。企业道德是企业文化的重要组成部分。根据知识经济社会文化出现的新特征,应当把诚实守信作为企业道德建设的重点。只有建立起诚实守信的企业道德,企业才能在以知识和智力为资源的知识经济社会,实现资源的共享和保护,树立起良好的企业形象和企业信誉。企业职工只有具有诚实守信的职业道德,才能共享知识和智力资源,发挥出知识和智力这一无形而又主要依靠的资源,实现不断创造的业绩。

4、丰富和发展"网络文化"。知识经济是"网络经济"。随着"信息高速公路"的建立和以高技术为基础的信息网络的不断健全,"网络"与企业的生产经营和管理、与人们的工作、学习、生活息息相关,不可缺少。为了适应"网络经济"社会发展的需要,以企业内部电子多媒体信息网络为基础,向社会开放的网络文化成为了企业文化的重要窗口和重要组成部分。

(作者:三明化工有限责任公司直属机关党委书记)

立足自我 扬起学习的风帆

朱青青

党的十六大报告指出，要“形成全民学习、终身学习的学习型社会，促进人的全面发展。”这是我们全面建设小康社会，开创中国特色的社会主义事业新局面的一个重要奋斗目标。全国妇联八届八次执委会议也明确提出“加强学习，使妇联成为学习型组织，使妇联干部成为学习型干部”的要求。这一与时俱进的决策立意高远，催人奋进。作为工会女职工委员会如何组织引导广大女职工，与时俱进创建女职工学习型组织是当前刻不容缓的一项重要任务。

新的世纪是学习的世纪，新的世纪是创新的世纪。创建学习型女职工组织是一个全新的课题，也是没有现成的模式，需要我们在实践中去思考、去领悟、去创新、去探索。创建学习型组织首先要解决好为什么学、学什么、怎么学的问题。本文仅围绕这一课题，结合福建二建公司女职工工作实际，就立足自我，创建学习型女职工组织作一粗浅的探讨。

一、以更新观念为先导，倡导自我加压、自我超越、自我转换思想，教育女职工增强紧迫感、危机感、责任感，确立终身学习、终身教育、终身培训的新观念

新的世纪，世界政治多极化、经济全球化进程大大加快，科技进步一日千里，知识经济初露端倪，综合国力竞争日趋激烈。要适应这一变化发展的新形势，首先在思想观念上要跟上，要以前瞻的眼光看世界，以发展的眼光看社会，以竞争的眼光审视自已。据专家分析，农业经济时代，只要7—14岁接受教育，就可以应付今后40多年的工作生活需要；工业经济时代，求学时间延长为5—22岁，可以应付一辈子；知识经济时代，应把12年学校教育延伸为80年制的终身教育。在知识经济时代，我们必须活到老，学到老。创建女职工学习型组织要求各级女工委组织首先要以更新的观念为先导，教育广大女职工认清形势，抓住机遇，把握自已，树立终身学习、终身教育、终身接受培训的现代化学习新理念。

“非学无以广才，非学无以明识，非学无以立德”。思想是行为的先导，实践的创新来源于观念的变革。鉴于当前仍有相当部份女职工思想观念陈旧，仍停滞于计划经济体制下的传统思维定式，寄希望于“社会主义优越性”，普遍存在着安于现状，满足于温饱不思进取且心理脆弱等现象。尤其是中年女职工自卑心理更重，担心一旦下岗失业丢饭碗，今后的路怎么走。这种思想障碍不排除，创建学习型组织就无从谈起。一是要教育女职工应当认识到，“改变命运只有靠自已”，要摒弃传统的旧观念，自觉的把思想认识从不合时宜的观念、精神状态束缚中解放出来，跟上时代发展的步伐，立足自我，自已给自已施加压力，以自尊、自信、自立、自强的精神，通过学习充电，超越现在的“我”，实现自已的人生价值。二是要教育女职工增强学习的紧迫感、危机感、责任感，从面对的市场经济竞争中激烈的严峻形势下警醒过来，从内心感到学习已成为迫切需要，感到形势逼人，时不我待，感到“不学习就可能下岗”，“如果今天不努力学习，明天就要学习找工作”。有了这种强烈的危机意识，才会产生学习的内动力。

终身学习是当今社会一种全新的学习理念，是时代发展的潮流。未来的社会是学习型的社会，未来的教育是终身教育。终身学习、终身接受教育、终身接受培训是实现人生的发展的客观需求，是人们获得全面发展与不断完善而采纳的一种新的生活方式。惟有终身学习，方能终身受益，已经为越来越多的人所认可。江泽民同志曾提出“学习并非一朝一夕之事，不可能毕其功于一役，要树立终身学习的观念，养成勤读书勤思考的习惯。”最近，福州总工会、基建工会发出《开展创建学习型组织，争当知识化职工活动》的通知，要求在广大的职工树立终身学习的全新观念，深入开展创建学习型组织活动。各级女工委组织务必把握终身学习这一舆论导向，倡导自我加压，自我超越、自我转换思想，把学习作为实现人生价值的一种需要、一种途径、一种社会责任，变“要我学”为“我要学”。只有真正懂得为什么要学习，才谈得上主动学习，乐于学习、善于学习、抢先学习。

二、以吸纳知识为重点，倡导自我充实、自我提升、自我提高素质，组织女职工学习新理论、新知识、新技能，营造常学习、常换脑、常提高的新环境

21世纪是知识创新的时代，科技进步正在深刻改变着经济社会和社会生活。有资料表明，科技知识在19世纪，是50年翻一倍，而20世纪前叶是10年翻一倍，跨入21世纪，现在是5年甚至不到5年翻一倍。在这瞬息万

变的新时代,任何人不学习就会落伍,不学习就难以生存,难以发展。换一个角度说,一个人的自身素质优劣和竞争力的高低对其生存发展具有决定性意义已越来越凸显出来。如,当前有部份女职工就已经感到自已知识贫乏,技能低下,前途未卜,有一种恐慌和不知所措的感觉。从一定意义上说,创建学习型组织正是满足了女职工这种心理和精神上的迫切需求和欲望。各级女工委要迎合女职工这种迫切需要,倡导自我充实、自我提升、自我提高素质,组织带领女职工迅速投身学习热潮,以提高自我学习、生存、竞争、发展的能力,让自身价值迅速觉醒和强化。

“纸上得来终觉浅,觉知此事要躬行”。基于上述认识,我们要把学习作为提高自身素质的绝好机会,以只争朝夕的精神,不断深化以“六学”为主的读书自学活动,重点从“三个基本”学起,即:基本政治理论、基本科学知识、基本业务技能。

一要学好基本的政治理论和政策法规。“没有正确的政治观点,就等于没有灵魂”。创建学习型组织要把提高思想政治素质放在首位。首先要认真学好“三个代表”理论和十六大精神,用科学理论武装头脑,也为自身的学习打下坚实的基础;其次,要认真学好党的国家的一系列政策和法律法规,不但要遵纪守法,而且还要懂得运用法律维护自身的合法权益。公司女工委先后组织女职工开展《公民道德建设实施纲要》、《全面建设小康社会》、《党的基本知识》等知识竞赛学习活动;同时举办了《工会法》、《妇女权益保障法》、《婚姻法》和《企业改制与政策》等培训班,收到较好效果。

二要学好基本科学知识。新知识浩如烟海,不可能什么都学,要本着缺什么学什么和急用先学的原则,有选择有针对地学习那些与当前工作生活相关的知识。公司两级女工委根据女职工需求和爱好选择安排学习内容,先后举办了 WTO 知识讲座、女职工更年期保健知识、职业女性仪表美容常识等讲座以及计算机操作知识、英语口语和女职工素质教育等培训班。这样,女职工但能广泛了解当前内外流行的新思想、新观念,也获得许多与自已工作生活息息相关的科学知识,学习热情与积极性大大增强。

三要学好基本业务技能。常言道:“薄技在身不愁薪。”时下“知识就是本钱票”,“技能就是身价”,“学习便是途径”。干什么,学什么,立足岗位,提高和充实技能是最现实的选择,针对由于工程搭接等原因造成部份女职工待岗状况,女工委配合行政适时举办岗位技能培训班,上岗先充电,组织应知应会和操作规程的学习,为她们重新上岗作好准备。两级女工委每年定期举行多种形式的岗位技术练兵活动,促进女职工岗位技术技能的提高。公司先后开展了女机电工操作技能赛、电脑文字录入操作赛、材料统计报表及珠算比赛、女职工烹饪比赛,不但促进了女职工学习积极性,而且营造了“常学习、常换脑、常提高”的学习工作环境,做到常学常新、常赛常新,学而不厌,学有创新。

三、以创新学习为目标,倡导自我创造、自我奉献、自我成才达标,带领女职工在工作中学习,在学习中工作,在实践中创新,培养一大批知识型、技能型、创新型的女能手未来的文盲不是不识字,而是不会学习的人。学习型组织强调的“学习”,不同于一般的学习,它应是适应时代发展的一种积极的充满活力的富有创造性的学习模式。因此,创建女职工学习型组织除了朝着“学习型”的目标努力,还必须在“学会学习”上下功夫。学习型组织具有三个显著的特征:一是强调在工作中学习,在学习中工作,即:“工作学习化”、“学习工作化”。学习和工作不可分离,学习本身就是一项工作,一项具有创造性的工作;二是强调个人学习基础上的“组织的学习”,即:团队学习、集体学习、目标一致的学习;三是强调学后必须有“新行为”的学习,即:创造性的学习,追求学以致用,学有成效,学有创新,把知识转化为能力。

“学然后知不足,教然后知因,知不足,然后能自反也;知困,然后能自强也。”在不断学习之后才能发现自已的不足,在实践之后才会感到自已的缺陷,继而在学习中激发强烈的积极性和创造性。创新学习是检验学习型组织成果的重要标志之一,在创建女职工学习型组织的实践过程中,可以从以下三个方面回答怎样学的问题。

第一,立足自我,倡导女职工自学成才、自我达标。贯彻执行《宪法》关于“鼓励自学成才”的规定,是各级女工委的职责,也是创建女职工学习型组织的首要任务。多年来,公司倡导女职工坚持“以我为主,自学为主”,引导组织她们走自学成才之路,一是鼓励女职工“拿文凭”,参加各种职大、电大、函授、成人教育、自学考试等学习,提高文化档次;二是动员女职工“取证书”,参加各级岗位技能脱产培训,获取专业技术职称、岗位合格证书和各工种上岗证;三是在日常工作中学习相关的业务知识和操作技能,学用结合,不断提高自身业务水平和技能。

第二、立足岗位,实行继续教育、岗位培训双向强化。公司制定了职工教育培训条例,采取“送出去”与“请进来”的方法,一手抓教育,一手抓培训。有条件的选送到大、中专院校继续学习深造就,有的送省、市举办的各类培训班脱产培训。同时根据干哪一行,学哪一门的原则,公司邀请有关专家学者上门辅导授课,对各个工种岗位进行全方位轮训。近两年公司先后有 20 多名女职工通过自学获取大专、本科文凭,162 名女职工取得职称或岗位证书。公司女工委还与市基建工会联合举办女职工周末学校,定期举办各类讲座,很受女职工欢迎。

第三、贴近生产，在企业管理创新、技术创新中学习。学习型组织注重在实践中学习，在学习中创新。要注重发挥女职工中蕴藏的积极性、创造性和主观能动性。公司管理人员中，女职工占一定比例，公司女职工委要求她们在积极参与企业贯标工作、全面质量管理和经济技术创新活动中发挥一技之长，占有一席之地，创出新成绩。公司顺利通过ISO9002质量体系认证，创优质工程近百项，发布了17项国优QC成果，其中就有相当一部份由女职工唱主角。实践证明，女职工在经济技术创新活动中功不可没，也培养造成就了一批知识型、技术型、创新型的女能手。“功夫不负有心人”，公司女工委被评为全国工会女职工先进集体。

综上所述，创造女职工学习型组织是一项长期复杂的系统工程，它功在当前，惠及长远，不可能一蹴而就。“锲而不舍，金不可缕“。只要我们持之以恒，常抓不懈，不断在实践中探索创建学习型组织的新方法、新对策、新思想，进一步推动女职工组织学习蔚然成风，创建一个健康积极向上女职工学习型组织的目标就一定能实现。

（作者单位：福建二建建设集团公司）

第十七部分

思想政治
工作热点难点

浅析企业思想政治工作短期行为

杨春杰

所谓企业思想政治工作短期行为就是指开展企业思想政治工作过程中只求一时之得，不考虑长期效果，缺乏战略目标和长远建设，甚至为图眼前利益而不惜抛弃未来利益，短期行为是现代企业存在的一种普遍性通病。也许短期行为有一时之效，人们不易察觉其严重危害，但在改进创新和深入控索新时期思想政治工作之际，把防止和克服短期行为引入我们的视线，有效地加以解决，这对思想政治工作与时俱进、更好地为社会主义市场经济的发展服务具有积极意义。

一、企业思想政治工作短期行为的表现形式

应当承认，在过去一段时间里，企业思想政治工作短期行为的存在，具有一定普遍性，只有程度轻重之别罢了，其主要表现形式大致有以下几种具体形态：

1. 领导政治意识淡薄，缺乏长远规划、整体运筹　对思想政治工作抱任务观点，上级催一催，就抓一抓，沉醉于“讲过了，学过了，任务完成了”，满足于“雨过地皮湿”，至于工作效果怎样，就不去计较了，这种制作表面文章，不求渗透的工作方式，显然与新时期思想政治工作的以实载虚、虚功实做、求真务实的本意大相径庭。

2. 队伍建设“兼职化”　一些企业认为在社会主义市场经济条件下，一切工作都必须以经济建设为中心，忽视思想政治工作的潜能因素，否定了政工干部队伍存在作用，出现了“政工机构”砍、减、转，思想政治工作靠兼职人员做，用企业管理中经济或行政手段代替思想政治工作。表面上看，似乎企业党政工团齐抓共管都在抓思想政治工作，其实把思想政治工作视为了“分外事”，行政领导担心动用财力、物力影响生产。

3. 工作手段导向“金钱化”　过高地突出物质利益作用，靠金钱调动职工的积极性，用经济处罚维系人们遵守纪律的自觉性，以奖罚刺激取代精神鼓励，把职工的思想引入钱眼里，陷入拜金主义泥潭。“干部靠钱管，职工为钱干，一切向钱看”，冲掉了工人阶级的历史使命感，冲掉了职工主人翁意识。

4. 内容安排上缺乏一贯性　习惯于“头痛医头，脚痛医脚”，停留在经济工作表面“敲边鼓、打外围”，看起来也有针对性，也有一时成效，但它有致命缺陷，没有直接深入经济工作“腹地”找准病根，从根本上解决病源，也就是说只治标不治本，一旦气候不良就会旧病复发。

5. 开式上局限于“只施化肥、不沤基肥”　经验一再证明做人的思想工作，一定要从基础抓起，也就是提高人们各方面素质，丰富人们的精神世界，打好根基，才是百年大计，才能在各种情况下经受考验和磨练，即使碰到逆境也能自我调节，任我应变，自我奋起，可有些企业不重视“强基固本”，基础教育玩“虚”的，搞“空”的，以零星的文体活动代替思想政治工作，以读报、念文件代替政治教育，报纸、文件念完政治教育就算完，碰到问题才临时抱佛脚，洒点“化肥”救救急。

二、企业思想政治工作短期行为的产生根源

短期行为与一些同志目光短视、淡化党的领导、削弱思想政治工作有关，人的行为是受思想支配的，思想上的短视必然产生行为上的短期，造成其必然结果的，大致有这样几种因素。

一是小生产意识的潜在影响　由于思想政治工作的本质是群众工作，是以人为本，人是生产力诸多要素中最活跃的、最具潜能的因素，并异常活跃。尤其是在社会意识形态发展与经济水平发展不平衡的市场经济条件下，潜在的数千年小生产意识远远没有消除，以狭隘保守，求“现在惠”、“现到手”为核心内容，盲目性、狂热性的小生产意识，不可避免地影响社会和人们的思想，企业经营中发生的硬拼设备、偷工减料、轻视投入等竭泽而渔的掠夺经营，便是小生产意识的突出表现，思想政治工作中“雨过地皮湿”。“只施化肥，不沤基肥”等做法，何尝不是小生产意识的反应。

二是实践范围的局限性　短期行为的产生与人们所处的地位、环境有一定的关系，有些政工人员由于事业心和责任感不强，受“一切向钱看”的思潮影响，贬低了自身地位和作用，懒于进取，知识平平，生活面窄，全局了解少，工作方式单一化，囿于“安于现状”的小圈子，久而久之，无论从思维观念、价值取向，还是工作方式都逐渐与时代的进展产生落差，而且养成了用自己的小天地看问题作工作的习惯。

三是大气候的影响未消除，忽视精神文明建设和思想政治工作　对思想政治工作为经济建设服务的认识有偏差，认为围绕经济建设开展思想政治工作，只有解决好职工群众在生产、经营、管理分配过程中反映出来的思想问题就行了，认为思想政治工作的服务就是服从经济工

作，离开为经济工作服务，思想政治工作“生命线”的作用就发挥不出来。

四是被短期行为一时之得所迷惑　不可否认思想政治工作短期行为有些时候能产生一定效应，但应该清醒地认识到，这种效应是有限的、短暂的，决不能因短期行为有短期效果，由此得出短期行为合理化的结论。

三、克服企业思想政治工作短期行为之我见

短期行为已经给企业思想政治工作造成了严重的危害，继续发展下去必将导致恶性循环。为此，要采取必要切实可行的措施：

第一，必须确立科学的价值取向　思想政治工作是以人的思想为自己的客体对象的，每个人都需要思想的滋润，心理的调解，感情的抚慰，思想政治工作就是讲求春风化雨，润物细无声，耐心细致，潜移默化的方式，优化人们的心灵，开掘人们的智慧和创造力。思想政治工作这种功能有其自身的规律，它始终是个“变数”，随着社会的变化而不断变化，无止境的提升，还有一个特点就是它不同于一般生产经营管理，它是企业特殊的无形资产，它的作用会产生不同的效益，有时是立时见效的，有时是日后见效的，做人的思想工作，不只是要获得现实的效果，更要注重潜在效果的创造，一些同志存在短期行为，说明他们不懂得人的思想发生、发展的轨迹，不清楚思想政治工作的特殊性，为避免短期行为的发生，我们必须按照思想政治工作的规律，选择正确的价值取向。

思想政治工作的价值取向应分为：一是近期价值取向，就是针对职工在现实生活中反映出来的各种各样的思想认识问题，使用疏导，启发等教育手段，帮助职工们克服陈旧的意识和习惯，纠正在反映客观世界时认识上的误差，实现观念与时代的同步，从而调动职工们从事建设和改革的积极性和创造性。二是远期价值取向，即致力于改善职工们的思想道德素质，现代中国特色的社会主义企业担负着三个文明建设的任务，不但要创造更多更好的物质产品，而且要培育一代又一代的现代新人，企业的主题是广大职工，他们是生产力的主导因素，企业要为社会不断增加有效供给，就需要一支有良好技术业务素质和思想道德素质的职工队伍。因此企业思想政治工作还需立足于造就有理想、有道德、有文化、有纪律的职工队伍思想道德素质的提高和完善，是相互包含的，近期的价值取向要以远期的价值取向为目标并为之服务，远期的价值取向依赖于近期的价值取向量的积累。把近期的和远期的价值取向统一于我们的工作实践中，就能防治工作上的过分倾斜，克服实用主义的短期行为。

第二，必须给企业思想政治工作自主权　随着改革的深化，市场经济的发展，基层企业已成为独立的生产者和经营者，自主经营、自负盈亏、自我约束的机制已形成，企业经济上的自立必然要求与之相适应的思想政治工作的自立，为此，开展思想政治工作，要坚持从长计议，一以贯之，给基层思想政治工作以更多自主权。上级部门对思想政治工作的领导和管理应该作相应的改革和调整，坚持以马克思主义、毛泽东思想、邓小平理论在意识形态领域的指导地位，用“三个代表”重要思想统领社会主义文化建设，不断改进创新企业思想政治工作内容，首先，变“虚”为“实”，变“呆”为“活”，走效益型思想政治工作之路，也就是坚定不移的以发展为主题，以塑造企业共同价值观为目标，以效益为中心，以融合为载体，以教育、激励和沟通为手段，营造求真务实，与时俱进，稳步纳入企业管理升级内容，使企业始终处于管理的状态之中，把开展思想政治工作作为企业管理的硬性任务来完成，做到“三个文明”一肩挑，“三个成果”一起要。

总之，开展企业思想政治工作具体可以分为三种类型：一、围绕经济工作中心贯彻执行党的路线、方针、政策（指令性任务），如当前宣传贯彻党的十六大精神，实践“三个代表”重要思想，树立和落实科学的发展观等，有上级部门统一部署，统一要求，各企业可以从本单位的实际情况出发作出具体的安排，但不得离开中心，各行其是；二、以教育为先导，加强职工队伍建设（指导性任务），即上级部门就一些共同性，基础性的教育，如基本路线、爱国主义、集体主义、革命传统、理想道德和纪律、民主法制，敬业爱岗，四有职工等教育提出要求，但不做时间上的硬性规定，采取适合单位个性的步骤和做法；三、充分发挥“导航”和“服务”功能，直接深入经济工作“腹地”，使思想政治工作更好的融入生活、服务生活、引导生活（调节性任务），即企业针对某种特殊的临时任务而开展思想政治工作。

思想政治工作的具体内容和安排，原则上由企业从实际出发自行确定，上级部门对企业的思想政治工作，主要是加强宏观指导和舆论引导，完善领导体制，抓好基础建设，这样，上级部门就可以有利于抓大事，有利于改进领导作风，企业有了相对的自主权，有了选择余地，就可以变过去只有招架之功，没有还手之力的被动局面，改变只当“消防员”不当“建筑队”的状况，把思想政治工作做得更活、更好。

（作者单位：二十二局五公司宣传部）

正确认识和扎实抓好党的宣传思想工作

杨兴举

中国共产党作为建设中国特色社会主义的执政党，其宣传思想工作，有自己独特的性质、地位和作用，具有丰富的内容和形式。按照党的思想路线的要求，围绕党的建设的总目标和党的理论、路线、纲领、经验，结合实际抓好党的宣传思想工作，是党的宣传思想工作的重要使命。

一、党的宣传思想工作的性质、地位和作用

（一）党的宣传思想工作的性质

党的宣传思想工作的性质主要体现在它的党性、人民性、全局性和先导性几个方面。坚持党的工人阶级先锋队和中国人民、中华民族先锋队性质，坚持马克思主义的世界观、人生观、价值观，坚定共产主义理想和中国特色社会主义信念，坚定对党的信任和对政府的信心，是党的宣传思想工作的党性。坚持全心全意为人民服务，坚持历史唯物主义的群众观点和群众路线，把实现好、维护好、发展好最广大人民的根本利益作为出发点和落脚点，宣传发动群众，以人民呼声为第一信号，以人民愿望为第一选择，以人民满意为第一标准，是党的宣传思想工作的人民性。关系和导向党的建设和党的事业，关系和导向国运兴衰和民族振兴，关系和导向建设中国特色社会主义和全面建设小康社会，是党的宣传思想工作的全局性和先导性。在宣传思想工作中牢牢把握这些性质至关重要。

（二）党的宣传思想工作的地位和作用

党的宣传思想工作在党的全部工作中的前导地位和贯穿作用。毛泽东同志指出，思想政治工作是经济工作和其他一切工作的生命线。党的各项工作，如果没有宣传思想工作的先导作用的发挥，如果没有通过宣传思想工作来帮助党员干部群众提高认识，统一思想，凝聚人心，凝聚力量，各项工作的开展就会困难重重。在党的各项工作开展的过程中，宣传思想工作贯穿于各项工作的全过程，各项工作的开展，随时随地都需要宣传思想工作的支持。

党的宣传思想工作在党的自身建设中的首要地位和基础作用。党的建设，从大的方面讲，主要是思想建设、组织建设、作风建设、制度建设等。宣传思想工作主要承担着党的思想理论建设的重要任务。思想理论建设的水平，直接影响到加强党的执政能力建设、全面推进党的建设新的伟大工程的全局。同时，党的思想理论建设既处于党的组织建设、作风建设、制度建设等各项建设的前沿，又伴随着各项建设的始终。因此宣传思想工作在党的建设中处于首要任务的地位，相对于其他各项党的建设的工作任务而言，又发挥着基础性的作用。

党的宣传思想工作在意识形态领域的核心地位和旗帜作用。意识形态领域的工作，不仅具有鲜明的阶级性，而且涉及面广，情况复杂，对人的思想和行动影响深刻。所以，党强调意识形态领域的工作要坚持马克思主义指导。党的宣传思想工作直接承担着用马克思主义的科学理论武装人的任务，因此，党的宣传思想工作在意识形态领域具有核心地位，发挥着导向意识形态工作的旗帜作用。

二、党的宣传思想工作的内容和形式

党的宣传思想工作，内容十分丰富。从思想建设的角度而言，主要有思想道德、思想理论和思想政治三个方面的内容。在思想道德建设上，要在全体人民中倡导和树立以为人民服务为核心、以集体主义为原则的道德观念，落实爱祖国爱人民爱劳动爱科学爱社会主义的基本道德要求，实践以爱国守法、明礼诚信、团结友善、勤俭自强、敬业奉献的基本道德规范，大力建设社会公德、职业道德、家庭美德，不断形成和巩固建设中国特色社会主义的共同道德基础。在思想理论建设上，要在全体人民特别是党员干部中深入持久地学习和实践党的基本理论，重点学习和实践马列主义、毛泽东思想、邓小平理论和“三个代表”重要思想，坚持以我们正在做的事情为中心，着眼于马克思主义理论的运用，着眼于对实际问题的理论思考，着眼于新的实践和新的发展，全面加强理论学习、研究和宣传工作，形成在实践中解放思想、在解放思想中统一思想的生机蓬勃的思想局面。在思想政治建设上，要以党员干部特别是党的各级各类领导班子为重点，建设一支政治坚定、思想纯洁、组织团结、纪律严明、民主集中的党员领导干部队伍，增强各级领导班子判断形势、驾驭市场经济、应对复杂局面、依法行政和总揽全局的能力，确保党的各级权力掌握在忠于马克思主义的人手中。党的宣传思想工作的形式主要有理论宣传、新闻宣传、文艺宣传、社会宣传等。这些宣传形式，根据宣传内容的变化而变化。理论宣传主要是通过新闻媒介、会议、报告等

载体宣传党的基本理论、基本路线、基本纲领和基本经验;新闻宣传主要是通过对当前发生的经济建设、政治建设、文化建设的宣传,引导人心,形成开展各项工作的良好舆论氛围;文艺宣传主要是通过形象化的、群众喜闻乐见的文学艺术的表现形式,增强宣传内容的感染力;社会宣传主要是依靠社会力量,采取咨询、标语、座谈、新闻发布等形式进行具体工作和活动宣传。党的宣传工作和思想工作之间是辩证统一的关系。总的说,思想是内容、宣传是形式;思想是目的、宣传是手段;宣传工作以思想工作的需要为依据,思想工作以宣传工作的变化为条件。

三、与时俱进,明确宣传思想工作的任务和措施、任务

对内而言,党的宣传思想工作的根本任务,主要是"以科学的理论武装人、以正确的舆论引导人、以高尚的精神塑造人、以优秀的作品鼓舞人",根本目的在于统一思想、凝聚人心,形成推动各项事业健康协调发展的整体合力。对外而言,党的宣传思想工作的重要任务是树立良好形象,增加透明度,提高知名度,创造建设和发展的良好外部环境。

加强、改进和做好党的宣传思想工作,需要根据时代特征和发展要求,结合具体的思想和工作实际,采取长期性的综合性的措施,切实抓好落实。在当前,党的的宣传思想工作必须采取以下措施,不断提高人们的思想素质。

一抓思想武装　按照真学、真懂、真信、真用的要求,重点抓好理论学习的深化、理论宣传的深入、理论研究的见效,用党的基本理论武装全党、教育人民,用党的思想理论建设的最新成果武装头脑、指导实践、推动工作。要坚持不懈抓好宣传教育,营造学习贯彻"三个代表"重要思想的良好氛围;要形成各级党委(党组)中心组理论学习考核制度、创建学习型组织考核制度、干部任职政治理论合格证书考试制度、干部年度述学制度、干部年度理论学习考试制度、理论研究成果资助制度、理论宣讲教育制度、干部理论培训考试考核制度等制度约束体系;要坚持以人为本,不断创新理论工作的形式和方法,更好地激发学习贯彻"三个代表"重要思想的积极性。要特别重视加强群众思想教育,把党的理论、路线、纲领、经验、方针、政策和各项工作的开展切实转化为维护好、实现好、发展好人民利益的办法措施,转化为反映人民愿望、代表人民心声的实际行动。

二抓舆论引导　重点抓好新闻舆论工作、对外宣传工作和形势教育工作,积极正确地引导思想、引导舆论,营造解放思想、实事求是、与时俱进、开拓创新的良好氛围,营造一心一意谋发展、聚精会神搞建设的良好氛围,营造全面建设小康社会、促进改革发展稳定的良好氛围。要加强物质文明、政治文明和精神文明建设成就的宣传,树立良好形象。要加强形势教育,引导人们认清形势,顾全大局,营造改革发展稳定的人文环境。

三抓文化活动　重点抓好精神文明创建活动、文化创作活动和发展文化产业。一要深入开展好各种精神文明创建活动,使活动更加具体、深入,贴近实际、贴近生活、贴近群众,树立道德新风、诚信形象,提高人们的精神文化生活水平,丰富人们的精神世界,增强人们的精神力量。二要加强包括精神文明创建活动阵地、文化体育设施、教育培训基地、新闻出版、广播电视、图书音像、网络传播等载体建设,特别是农村和基层的精神文明载体建设,不断满足人民群众的需要。三要积极落实发展先进文化的要求,大力加强社区文化、村镇文化、企业文化、校园文化、军营文化建设,活跃基层文化,繁荣文艺创作,满足群众多层次的文化生活需求。要结合送文化下乡、送电影下乡,解决农民看书难、看戏难、看电影难等问题。要继续深化文化团体的改革和建设,探索文化产品市场化路子,提高艺术团体的市场竞争力。

四抓改革创新　重点要根据宣传思想工作的地位和作用、形式和内容,不断创新宣传思想工作的领导体制、工作机制。在领导体制上,党委要从领导体制化的角度赋予党委宣传部门按照党委要求统一调动和配置宣传思想工作要素和资源的能力、条件和权力,并要求党委宣传部门承担相应的义务、责任,充分发挥好党委宣传部门的综合职能作用,从而把宣传思想战线的力量统一凝聚和发挥出来。在工作机制上,要建立健全客观准确的调研机制、科学民主的决策机制、快速高效的运行机制、奋发有为的竞争机制、奖惩分明的责任机制、规范有序的督查机制,做到凡事有章可循、凡事有人负责、凡事有据可查、凡事有人监督,确保常规工作有序、重点工作有效、创新工作有为,形成宣传思想工作的旺盛活力与生机。领导体制、工作机制的建设和创新成果,要通过领导制度、工作制度的建立健全确定和规范下来。

五抓队伍建设　宣传思想工作队伍建设要确立道德、知识、能力、业绩导向,遵循宣传思想战线人才成长的规律,建设一支政治强、业务精、作风正、纪律严、工作实的队伍。要使宣传思想工作队伍掌握"三个代表"重要思想观察事物、判断形势、解决问题、推动工作的科学世界观和方法论,善于在纷繁复杂的矛盾中抓住根本,在不断变化的形势中把握方向;进一步加强宣传思想战线领导干部队伍的建设和管理,加大对理论、新闻、文艺、出版、政工等人才的培养力度,营造尊重劳动、尊重知识、尊重人才、尊重创造的良好氛围;坚持在实践中增长见识、增长才干、锻炼人才、锤炼人才、锤炼品格,提高宣传思想工作队伍的整体业务能力。

六抓检查考核　要本着与时俱进的精神,把"三个代表"重要思想贯彻到宣传思想工作的各个领域,体现在宣传思想工作的各个方面、各个环节,同时要以"三个代

表”作为标准,检验宣传思想工作,在围绕中心,服务大局,促进先进生产力的发展中的作用和贡献;检验宣传思想工作在促进思想的解放和统一,增强人们的精神力量,营造全面建设小康社会的良好氛围,大力推进思想道德建设,发展先进文化中的作用和贡献;检验宣传思想工作在反映人民愿望,维护人民利益,促进人的全面发展中的作用和贡献;检验宣传思想工作在促进物质文明、政治文明、精神文明协调发展和推动中国特色社会主义事业中的作用和贡献。

(作者单位:中共毕节地委宣传部)

大型国企青工思想状态分析

邹卡娅

目前,我们深入10多家大型国企,针对当前企业青工的思想状况进行了调研,并通过问圈调查、个别访谈、座谈等形式对一些问题进行了深入了解。通过分析、总结,得出当前大型国企思想状况值得注意的几个问题:

一、对许多社会现象认识偏激

一是经济体制转轨。一些人凭借自身能力、社会关系等快速致富,人们的生活学习条件再也不是原来的同一起点,同一水平,而是存在着一定的差距。看到社会上一些人的暴富,尤其是权钱交易等一些社会腐败现象和衣食住行上的强烈对比,使青工有落差感,认为“当工人没本事,搞技术没出息”,不再安心于本职工作。二是市场经济的双重效应。在一方面带来经济快速发展的同时,不可避免地带来一些消极的东西。社会公德的衰退,个人道德的下降,人际关系的冷漠,个人至上、金钱至上和享乐至上等错误思潮的涌起,使一些鉴别力不强的青工认为这将是长期存在的,从而产生“现在什么都是假的,关键照顾好自己”等极端狭隘的认识。三是社会转型期。对自身价值产生迷惑。几十年来,工人、农民、知识分子是社会主义建设的大军,工人阶级是领导阶级,这是无可置疑的。然而,目前国企发展举步维艰,社会热点已向个体私营经济、新兴社会群体转移,这使青工感到社会地位在下降,对工人阶级是领导阶级、工人是企业的主人的提法产生怀疑,并对如何实现自身价值产生疑惑。

二、对深化国企改革心存疑虑

改制分流、减员增效、所有制结构调整等改革举措,使企业轻装上阵,充满生机与活力,然而对于没有充分思想准备和物质基础的企业青工来说却产生了巨大影响。一是对企业能否真正按“优胜劣汰、择优上岗”的原则深化改革心存疑虑。22%的青工认为“减员增效”的改革方案在实施中随意性很大,没有公平、公正、合理的标准,甚至凭领导的好恶而定,易挫伤职工,尤其是年轻职工的积极性;19%青工认为企业减员不应只减工人,不减(或少减)干部,不能一提下岗减员就拿工人开刀。二是部分青工由于自身技能单一,对下岗后能否适应市场、能否养活自己表示疑虑。一些青年认为缺乏资金和经验,而企业、社会保障、劳动、金融等部门很难给予这方面的支持,即使愿意下岗创业也没有这方面的条件。三是认为目前的改革只不过是一阵风,像历次的机构精简一样,谁先动谁倒霉,好走不如死赖着。

三、对创新创效积极性不高

一是企业激励机制很不完善。干与不干一个样,干好干坏一个样的现象很普遍,干出了成绩是领导的、是大家的,干出了问题却是自己的,作出了再大的贡献自己也拿不了多少。二是过于看重学历、资历、专业等硬件,忽视能力和真才实学。有个特大型国企,在工资改革中管理干部月平均增加300多元,而工人技师却只增加了50多元。三是一些企业目前实行了息工轮休政策,时断时续的生产、停产,上班、息工使青工觉得心理不踏实,只求少出现失误,不想长久之计,更谈不上创新。

四、对企业的忠诚度较低

最近,我们对某国有特大型企业的人才流失情况作了一个调查。2000年以来,该企业共接收各类高校毕业生261人,流失205人,流失率达77.4%,目前还留在企业的人员中,有44%的人有离开的打算,只是条件不成熟,4%的人已经做好了离开的准备。一些掌握了核心技术的专家、掌握了关键客户的营销人员、有研究生以上高学历的技术骨干和有一技之长的工人技师不辞而别。其原因分析如下:

其主观方面,有的青工本身思想素质不高,追求不切实际的物质生活,没有在艰苦条件下创业的精神和勇气;有的经受不住社会不良风气的影响,不愿沉下心来干事业,而热衷于跳槽,唯金钱至上;还有的是因为父母所劝,学友所帮,去寻找更广阔的个人发展空间,其中也不乏有志青年继续读书深造,或是个人独立创事业,实现更高的人生价值。

其客观方面,一是工作满意度不高。对目前所从事工作满意的占47%，不满意的占34%人，谈不上是满意还是不满意的占19%。所从事专业对口的仅占40%。二是基本生活条件欠佳。首先是工资太低。被调查的对象中有40%的人认为薪酬太低了(大多在600～900元)，只能勉强维持个人的基本生活。养家糊口、还就学的贷款等就只能靠做梦了；其次是生活环境比较差。经过前几年的改革，国企基本上没有任何福利可言，衣食住行都很不方便。三是对企业发展前景缺乏信心。有31%的人对企业发展前景缺乏信心，有25%的人认为信息闭塞、个人职业发展空间受到限制。特别是近几年来，国企效益普遍差，他们没有与企业建立感情，也自然不会与工厂同生死、共患难，唯一的选择就是另谋高就。四是人才成长氛围欠和谐。一些单位只管引进，而对引进的人才如何培养和使用没有长远考虑、系统的规划、正确导向，任期自由发展。调查发现：有39%的大学生到厂后，工厂或车间没有就大学生个人成长问题找他们谈过话。还有与同事难于相处，人际关系复杂，和老职工有代沟等也使他们工作不愉快。

总之，青工的思想是很活跃的，但还是有很强的可塑性。只要我们对症下药，讲究方法，投入真情，我们一定能赢得青年，赢得国企的未来。

(作者单位：巴陵石化公司团委)

发展要有新思路　科技进步添活力

——联系企业实际学习党的十六大精神

金益林

新世纪又谱新华章，正当我们走向建设社会主义现代化第三步战略目标的时候，我们党召开了重要的第十六次代表大会。我在学习了党的十六大精神以后，感想颇深。

温州冶炼总厂作为原材料工业国有老企业，曾经有过辉煌，为国家建设、为温州发展作出贡献。由于经济体制转型，原计划经济的一套做法已不适应市场竞争的需要，机制不活、管理落后已制约企业发展，再加上企业社会负担多、历史包袱重，完全处在不公平的竞争状态。大家知道温州民营经济发达，轻工商品主导温州产业，在这样的大环境下，如何使国有企业适应市场，走出一条发展的途径，摆脱困境使企业可持续发展。带着这一问题，我作为企业党政一把手，特别关注党的十六大召开，认真聆听了江泽民同志所作的报告。

十六大报告通篇贯穿了“三个代表”重要思想，体现了与时俱进，开拓创新的精神，我的理解，党的十六大报告紧紧扣住一个关键词——发展，加快发展是十六大报告的主旋律，字里行间都渗透了发展、体现了发展、突出了发展。尤其是报告第四部份“经济建设和经济体制改革”中指出“走新型工业化道路，大力实施科教兴国战略和可持续发展战略”，“必须毫不动摇地巩固和发展公有制经济，发展壮大国有经济”。对国有经济作出精辟的论述，为我们基层干部指明了方向，增强对国有企业发展的信心。当前我们最重要的是要提高思想认识，结合本企业的实际，做到“发展要有新思路”，依靠科技改造传统产业，优化产业结构，提升产品的科技含量，使企业在竞争中立于不败之地。

发展要有新思路，就是要按照十六大提出的要求，立足企业，面向市场，提出新思路。透视本企业现状，我认为温州冶炼总厂的发展前途是光明的，产品优势、人才优势、地理资源优势逐步显示出来，又有几代干部职工的艰苦创业历史。创业难，发展更难，难要创，在创中求发展。企业发展不能一味追求量的扩张，更要注重质的提升。现在制约企业发展的，首先是环保问题。前几任领导曾几次规划企业发展，谋求锌技改建设五万吨规模，但总因环保问题而得不到落实。越来越多的二次渣如果得不到解决，处理不了，那么，不到一年时间渣场也就无法再堆高，就会自然造成企业关闭停产；其次，由于技改投资资金缺乏，锌冶炼生产流程配套设备先天不足，后工序生产能力大于上工序，设备配置资源难以得到充分利用，突出表现为焙烧系统产能“瓶颈”造成电解系统的资源浪费；第三，生产成本高，人力资源配置不合理，特别是电价高(高出同行业平均水平30%左右)，其费用占了加工成本75%，再加上企管费分摊多，下岗职工负担重，企业确实难以承受；第四，企业前几年创办了化工市场和三产开发，用三产收入来弥补二产，现在闲置的土地、厂房还可利用，资源必须进一步调整配置，为企业产业结构调整打好基础。

因此，要找准位置和切入点，加快步伐搞建设谋发展。一是抓紧使挥发窑处理渣试产成功，解决安全、环保问题，开发新的产品氧化锌，使全厂金属总回收达到设计(94%以上)要求，形成全厂从投入到产出无害化，发挥经济效益。二是大胆优化工艺和技术改造，突破现有系统对生产成本的制约，将现行锌冶炼生产规模进行合理配置，利用二次锌资源再生，扩大生产能力，解决“瓶颈”问题，形成年产3万吨生产规模。三是借鉴民营企业管理经验，推行“成本否决，抵押承包”经济承包新方式，使经济技术指标更具先进性，四是要加快改制步伐，进行资产重组，剥离不良资产，处理职工劳动关系，减轻企业负担，使企业轻装上阵，公平参与市场竞争。五是积极开发三产，扩大化工市场，引进更多的经营户，解决温州市区不安全隐患，为社会服务，为企业创收。

温州冶炼总厂之所以能够持续发展，还得得益于科技进步。80年代铅锌火法改湿法到电解锌的喷淋沉铁工艺试验成功，从省重点技改项目“万吨锌”工程建成投产到二期技改成功，扩大了企业规模，电解锌生产能力从建厂初期的年产三百吨扩大到目前的二万吨规模，综合回收能力大大提高，从粗放型生产逐步向高附加值、无污染的现代冶炼工业发展，这一切都有力地证明了“科学技术是第一生产”的英明论断。

党的十六大明确提出企业要走新型工业化道路，这就是要走出一条科技含量高、经济效益好、资源消耗低、环境污染少、人力资源优势得到充分发挥的新型工业化路子。近年来，我厂在科技方面又有了不少的进步。建成挥发窑，有效地处理几十年堆积的锌渣变废为宝，解决了钴渣再生黄药二次利用并成功投产，这不仅解决了生产工艺流程中的技术难题，又给企业持续发展增添了活力，开辟了新的增长点，为企业增加经济效益，同时也发挥了国有企业的优势。

十六大精神鼓舞人心，给国有企业增添活力，带来新的生机，只要我们抓住机遇，切合实际，聚精会神搞建设，一心一意谋发展，不断增强企业竞争力，生产出更多更好的优质产品提供社会，就会发挥出企业应有的社会效益和经济效益，为打造温州轻工城而作出贡献。

（作者：温州冶炼总厂厂长、党委书记）

繁荣图书馆事业　推动文化大省建设

惠德毅　席　涛

为全面贯彻落实党的十六大精神和省委九届二次会议关于全面建设小康社会、率先基本实现社会主义现代化的部署，不断增强广东经济发展活力、创造力和综合竞争力，省委、省政府作出了加快建设文化大省的决定。繁荣图书馆事业，不但是文化大省建设的重要组成部分，而且发挥着十分重要的作用。

一、图书馆事业在文化大省建设中的地位和作用

保存人类文化遗产、开发智力资源、传递科学情报、开展社会教育是图书馆的基本职能。这些职能使图书馆在文化大省建设中有着十分重要的地位，起着十分重要的作用。

（一）图书馆保存文化遗产，为文化大省建设提供文化资源支撑

建设文化大省，必须充分发挥文化的作用和力量。文化是一个民族的根，决定民族的兴衰。文化的力量，深深熔铸在民族的生命力、创造力和凝聚力之中，一个没有文化的民族是没有发展前途的民族。现代经济发展的历史表明，一个地方的文化底蕴越厚，对现代经济发展适应程度越高，其发展的动力越足，竞争力越强，发展后劲越大。

发挥文化的力量和作用，需要图书馆提供资源支撑。人类所创造的一切，无论以什么形态存在，图书馆都收藏有关于它们的文献。波普曾说过，如果机器和工具以及如何使用它们的主观知识都被毁坏了，但是“图书馆以及我们从图书馆中学到的能力”都保存下来了，世界还会重新前进，否则，“我们的文明在几千年内不会重新出现”。这虽然是一种“思想试验”，但是从中我们却足以体会到图书馆厚重的文化内涵和深远的文化意义。近年来，随着区域文化对经济社会影响日益增大，地方文献也越来越为图书馆所重视。许多地方的图书馆将高新技术广泛运用于地方文献信息的收集、加工、处理、贮存和传递等活动之中，大大增强了图书馆收集、加工、传播不同地方、不同内容、不同载体、不同阶段的地方文献的能力。图书馆在保存、整合、提升地方文化，诠释地方历史文物、历史遗址的文化内涵，认识地区社情、提供决策参考、支持科学研究等方面起着越来越重要的作用。

（二）图书馆发挥社会教育职能，提高全民素质

建设文化大省，最本质的是全面提高人的素质。当前，国际竞争、区域竞争的实质是以经济和科技为基础的综合国力的较量，但归根到底是人的素质的较量。十六大报告强调指出：要“形成全民学习、终身学习的学习型

社会，促进人的全面发展”。这就从深度和广度上对学习提出了新的更高的要求，也为全面提高人的素质指明了方向。

营造全民学习、终身学习的学习型社会，提高全民素质，图书馆具有重要作用。学习型社会具有持续（贯穿一生各个阶段）、整体（面向全体社会成员、整合所有教育机构）、全面（促进人的全面发展）的特点。可见，学习型社会是一个复杂的系统。在这个系统中，图书馆“开展社会教育”、“开发智力资源”的基本职能十分重要。图书馆全面系统地收藏人类所创造和积累的各种信息资源，从横向方面讲，几乎包括所有的学科专业知识；从纵向方面讲，包括各种水平、各种深度的读物。因此，它能满足各种专业、各种职业、各种学历、各种文化程度的读者的需要。图书馆的教育不受时间、空间、年龄的限制，这是任何其他教育机构所不能替代的。可见，图书馆的教育特点与学习型社会“持续、整体、全面”的特点是完全一致的。迄今为止，社会上还没有其他任何机构能像图书馆教育如此满足学习型社会的要求。

（三）图书馆作为信息化枢纽，增强文化的渗透力、影响力和辐射力

建设文化大省，必须推进信息化建设。经济社会文化的信息化，图书馆是枢纽。20 世纪 90 年代以来，随着因特网的迅猛发展，高新技术的日益普及，特别是知识经济的兴起，对网上信息的有序组织越来越为世界各国所重视。在这种情况下，数字图书馆应运而生，并逐渐成为各国竞相投入的一个热点，成为评价一个国家信息基础设施的重要标志。1998 年，我国开始启动“中国数字图书馆工程”。数字图书馆的建设，将扩大中文信息资源的利用和中华文化在世界的影响，可以更好地履行公益性图书馆终身教育大课堂的职能，有利于推动我国信息技术的发展并迅速转化为现实生产力。图书馆的信息化、数字化，使图书馆借助高科技手段大大增强了对文化资源的收集、整理和传播能力，在增强文化对经济的渗透力、对人的影响力.对世界文明的辐射力等方面，具有十分重要的意义。

图书馆作为信息枢纽，对文化产业的发展还起着至关重要的作用。近十年以来，信息革命的重点逐渐由“信息手段革命”转向“信息内容革命”。在这个新的阶段中，文化内容的创作和提供是文化竞争尤其是文化产业竞争的关键。而任何文化内容的创作，必须建立在特定民族的文化资源的基础之上。图书馆历来承担着保存和传播人类知识的关键角色。因此，实现内容革命必须以文化遗产数字化为中心环节，而文化遗产的数字化必须从数字图书馆做起。由此可见，如果说图书馆作为“信息技术中心”还是可以为其他机构所代替的话，那么，作为“信息内容中心”，图书馆的地位和作用的确是不可替代的。

二、大力扶持，改革创新，促进图书馆事业的繁荣

从总体上看，当前我省图书馆事业的发展还比较落后，与经济社会的发展要求还不相适应。因此，必须按照文化大省建设的要求，进一步促进图书馆事业的繁荣，为图书馆在文化大省建设中发挥应有的作用创造条件。

（一）加大投入力度，夯实图书馆事业发展的基础

图书馆事业的繁荣，投入是保障。目前，我省的图书馆事业在全国还处于中下水平，仅从人均拥有的公共图书馆数量看，全国平均 47 万人拥有一间公共图书馆，广东平均 69 万人拥有一间公共图书馆，广州平均 63 万人拥有一间公共图书馆。图书馆事业的落后状况与我省经济大省的地位不相适应，与建设文化大省的要求不相适应。我们必须充分认识到，图书馆要产生社会效益，必须保障其经济效益。一个设备落后、馆藏陈旧、人才匮乏的图书馆是很难给社会带来任何效益的。所以，在文化大省的建设过程中，要保障对图书馆事业的投入。财政对图书馆事业的投入要随着经济的发展情况逐年增加，增加幅度不低于同年财政收入增长幅度，切实解决投入总量偏少、比例偏低的问题。要鼓励图书馆面向市场，大力开发信息资源，兴办图书馆产业，为社会提供多层次、多品种的信息产品，以增加图书馆收入。要落实并进一步探索对图书馆事业的捐赠实行减免税收的优惠政策，鼓励社会捐赠图书馆事业。逐渐形成以政府投入为主、图书馆产业服务收入为辅、社会力量共同支持的图书馆事业的投入机制。

（二）加大体制改革力度，增强图书馆事业发展的活力

图书馆事业的繁荣，改革是动力。目前，图书馆体制是以行政隶属关系为基础的，按照图书馆领导系统实行多元管理。公共图书馆、学校图书馆、科研图书馆、工会图书馆、军事图书馆各个系统之间，没有协调关系；系统内部各图书馆的行政隶属关系不同，拨款的渠道也不相同。这种条块分割、部门所有、各自为政的管理体制，缺乏宏观调控能力，形成了一方面文献信息资源总体缺乏、另一方面又重复建设的局面，使文献资源的整体优势难以发挥。改革体制，统一管理，加强协调，有利于资源的整合，有利于资源的共享，也有利于文化大省建设。

（三）建设一支高素质的人才队伍，为图书馆事业发展提供人才保障

图书馆事业的繁荣，关键在人才。目前，高层次人才数量太少，特别是复合型人才匮乏，人才流失现象较为严重。而且，随着文化产业的发展，实力雄厚的大型集团化企业、管理现代化的外资企业，乃至机制灵活的民营企业等文化产业经营单位，也将以高效的运行机制、优越的工

资待遇和广阔的个人发展空间吸引大批高素质人才。如何挖掘图书馆潜力,整合已有的人力资源,迎接激烈的人才争夺战,是图书馆的当务之急。首先,要树立“人才第一资源”的观念,形成尊重人才、尊重知识的良好风气,以环境留人、育人。其次,建立一套公正、平等、竞争、择优的人事运行机制,让真正的人才能够脱颖而出,英雄有用武之地,以事业留人、育人、吸引人。最后,切实改善图书馆工作人员待遇。图书馆之所以难以留住人才,其中一个重要原因是工作人员待遇相对较差。各级政府应从经费和政策上保证图书馆人员的待遇,以待遇留住人、吸引人。最后,加强人力资源的开发和培训,采取灵活多样的培养方式,适应多层次人才的培养需要,不断提高图书馆人才队伍的整体素质,以适应图书馆事业的发展要求,满足建设文化大省的需要。

(四)加快图书馆立法步伐,为图书馆事业发展提供法律保障

图书馆事业的繁荣,立法是保障。多年来,我国图书馆改革始终没有质的突破,图书馆事业发展始终裹足不前,原因当然是多方面的,其重要原因之一就是我国图书馆事业没有走上法治的轨道。目前,虽然我国各地、各部门有一些关于图书馆的条例、规定和管理办法,但是法律效力低、协调性差,不能适应图书馆的发展要求,加快图书馆立法势在必行。尤其重要的是,法律作为变革社会秩序的有力工具,在促进改革方面有着巨大作用。在现阶段,根据图书馆改革的需要,以图书馆改革的原则、方向、目标、要求等为立法导向,用法律的权威性为图书馆改革提供动力,用法律的相对稳定性保证图书馆正确的改革方向,用法律的强制性为图书馆创设改革环境,有利于实现图书馆事业进行系统地、彻底地、深刻地变革。所以,与依法治国的方略相应,与我国加入 WTO 后政府职能转变的要求相适应,加快图书馆事业的立法是解决图书馆发展中一些深层次问题的必然选择。

三、抓住机遇,发挥优势,推动文化大省建设,为图书馆的发展提供了良好的发展机遇。图书馆要抓住这个难得的发展机遇,充分发挥自身优势,在文化大省建设中建功立业

(一)以坚持图书馆的事业性质推动文化大省建设

建设文化大省,要做大做强文化产业。在文化产业的发展过程中,以前许多被作为公共财富的文化将转化为可交易的产品,直接或间接地用来赢利,文化产品的商品属性将更加突出。因而,坚持图书馆的事业方向,坚持图书馆的公益性质,具有特别重要的意义。

1. 克服和抵制文化工具论或文化实用主义

在文化产业的发展过程中,可能出现的不良倾向是:以“钱”眼看文化,单纯把文化产业看成新的经济增长点,单纯打“文化搭台,经济唱戏”的算盘;把文化的巨大作用片面理解为对经济、政治的促进作用,把文化为经济、政治服务片面理解为文化是实现经济、政治目标的手段;看不到文化发展本身就是社会主义建设的一个重要目标,文化发展本身就是人类发展的基本目的。坚持图书馆的事业性质,就是要把满足人民的文化需求作为图书馆的基本目标,就是要把文化发展作为社会主义建设的基本目标,以图书馆的事业性质凸显文化的本性。

2. 克服和抵制对文化建设的社会效益的忽视

文化产业的产业性很容易导致文化产品商品特性的空前凸显,甚至造成商品性独尊的局面,从而忽略文化产品的精神特质,忽视文化发展的社会效益要求。坚持图书馆的事业性质,就是要高扬先进文化的旗帜,清醒处理好社会效益与经济效益的关系,坚持把社会效益放在首位。

3. 克服和避免文化财富的分化

文化财富分化是指在文化产品极度丰富、信息技术高度发达的条件下,社会上一部分人凭借经济上、技术上的优势,能够获得所需的文化产品,而另一部分人由于经济能力或其他条件方面的限制,不能获取他们所需的文化产品。从某种意义上说,文化的分化或者说知识的分化比收入上的分化更为不公,危害更大。坚持图书馆的事业性质,就要始终如一地坚持图书馆“平等服务”原则,无偿地、公平地为人民服务,尤其是为弱势群体服务,以坚持图书馆的事业性质保证文化平等权。

可见,坚持图书馆的事业性质,有助于克服、抵制文化产业发展过程中的一些不良倾向,使文化建设朝着正确的方向发展。从这个意义上说,坚持图书馆的事业性质本身就是对文化大省建设最好的推动。

(二)以社区图书馆发展推动文化大省建设

图书馆对文化大省建设的推动作用,最终要通过对人、对用户的服务体现出来。根据我国、我省经济发展和图书馆发展的实际情况,借鉴国外图书馆发展的一些成功经验,目前我们要特别重视社区图书馆的建设。以社区图书馆为纽带,发挥图书馆的作用。社区图书馆在文化建设的主要功能是:

1. 培育社区文化

培育社区文化是社区图书馆促进社区发展的最主要方式。社区图书馆通过书刊资料外借、提供咨询服务、开展文化活动尤其是精神文明创建活动,以科学知识培养社区成员,以科学精神引导社区成员,以科学思想塑造社区成员,以科学方法武装社区成员,帮助社区成员树立正确的世界观、人生观、价值观,正确处理个人与社会的关系,划清科学与迷信的界限,增强明辨是非的能力,自觉抵制腐朽文化和各种错误思想观点的侵蚀,从而在社区内部形成科学、文明、健康、和谐、向上的文化生活环境。

2. 传递实用信息

在特定的社区中，图书馆不仅是文化中心，同时也是信息交流中心。社区图书馆可以收集、处理、编辑和传递政策信息、技术信息、商品信息、消费信息、证券信息、价格信息、娱乐信息、宗教信息、就业信息、社区活动信息、社区发展与规划以及与社区居民生产生活密切相关的各种实用信息，既可为社区发展规划的制定提供依据，又可满足社区居民的多方面需求，同时有助于提高社区图书馆服务的整体水平，强化社区图书馆的纽带作用。

3. 安排闲暇时间

随着社会的发展，人们的闲暇时间逐渐增加，事实说明，如果我们不以正确的思想文化来武装，就有被错误的思想占领的可能。由于社区图书馆主要分布在居住地点，兼顾为生产和为生活服务，因而可以利用其独特优势引导人们科学安排闲暇时间。社区图书馆通过研究社区居民的闲暇活动和闲暇时间利用结构，延长或适当调整图书馆的开放时间，举办读书活动或者其他受群众喜爱的文化活动，提高居民利用图书馆时间在闲暇时间中的比例，引导居民接受多方面的知识和训练，自觉地追求自我的全面发展。

可见，社区图书馆有贴近群众、贴近生活、贴近实际的优势，针对性强、效率较高，因而是图书馆推动文化大省建设的重要抓手。

（三）以网络为手段推动文化大省建设

1. 充分发挥图书馆在网络环境下的文化整合作用

在网络时代，网络已经成为文化传播的新途径、文化竞争的新阵地。现在发达国家利用其掌握先进的技术优势，将本国的文化传播到世界各地，并且不断地延伸渗透到各个领域，潜移默化地影响着发展中国家的生活方式、消费方式以及人们的社会心理。作为文化集散地的图书馆，一方面要以保护民族文化、地方文化为己任，高度重视利用数字技术整理民族文化遗产，推进本土文化资源上网，建立国家、民族和地方的“文化基因库”，另一方面要积极汲取世界文明成果的精华。通过收集选择、分析评价、浓缩序化等方式，把各种分散的、孤立的，甚至是冲突的文化价值力量整合为一种凝结着人类整体利益和整体价值理想的力量，以实现人类文化遗产、时代文化成果、民族文化精华的有机统一，以丰富的文化资源支持文化内容产业的发展，提高文化产业的竞争力。

2. 充分发挥图书馆在提高读者素质方面的作用

在网络时代，利用计算机技术、通信技术和信息技术高效获取、正确评价、善于利用信息的能力是考察一个国家人力素质和生产力的重要指标。图书馆要以信息教育为基础，让读者知晓信息是如何组织的，如何寻找信息，如何利用信息；培养读者将信息技能应用到专业学科中去，通过连续的、系统的学习和实践使读者掌握受益终生的信息驾驭能力；培养读者确定、评价和有效利用所需信息的能力及将新信息结合到知识体系中的能力，以适应信息社会的需要。同时，信息素养的提高，还可以使读者在任何时候、地点，用任何方式，都可以通过网络接受教育，使网络时代的图书馆成为连接四面八方的学习中心、信息中心和信息资源通道，更加充分地发挥图书馆在终身教育方面的作用。

总之，建设文化大省，图书馆作用重大且任务艰巨。我们要以建设文化大省为契机，牢牢把握先进文化的发展方向，以改革创新的精神做好各项工作，为建设文化大省建功立业。

（作者：广州图书馆馆长）

牢牢把握“一感三性”　做好企业思想政治工作

杨三民

江泽民同志指出：“面对新形势新情况，思想政治工作在继承和发扬优良传统的基础上，必须在内容、形式、方法、手段、机制等方面努力进行创新和改进，特别要在增强时代感，加强主动性、针对性、实效性上下功夫。”这要成为我们今后加强和改进思想政治工作的重点。在开展企业思想政治工作的具体实践中，我们深深体会到只有牢牢抓住加强和改进思想政治工作的重点，努力增强“一感三性”，在继承中创新，在开拓中前进，思想政治工作才能为企业的改革、发展、稳定和做大做强提供强大的精神动力与思想保证。

一、针对新形势，在增强时代感上下功夫

随着改革开放的深入和社会主义市场经济体制的逐步完善，国有企业的体制、机制发生了深刻变化，全方位的经济结构调整与产业升级使国有企业面临着分化、调整、兼并、重组、破产等问题，企业职工也面临着下岗、失业与重新择业的严峻考验，职工的活动方式、思维方式和价值取向受到强烈的震荡和冲击。面对复杂多变的企业发展环境和形势变化，企业思想政治工作要真正发挥作

用,就必须用时代发展的要求审视自己,用创新的观念要求自己,用改革的精神完善自己,紧跟形势,立足实际,积极主动地创新符合时代主题要求的方式方法,更新工作内容。天津石化公司党委面对新形势、新任务,及时确立了以人为本的工作思路,坚持在尊重人、理解人、帮助人、平等对待人,增强工作对象的认同感上下功夫,制定了符合时代特色的《改进和加强思想政治工作实施意见》,着眼于在广大干部职工中大力弘扬和倡导自立、自尊、自重、自强和参与、创新意识,以培育符合时代要求的健全人格为重点,通过运用环境熏陶、宣传渗透,营造启发人、教育人、升华人的良好氛围,使广大干部职工的思想素质有了明显提高。公司党委还根据职工的生活环境、文化水平不尽相同,思想认识、道德观念千差万别的实际情况,结合具体问题,区分层次,关注个性,有的放矢地开展思想政治工作,实现了思想政治工作四个转变。即:由"声势型"向"实效型"转变;由"执行型"向"自主型"转变;由单纯"灌输型"向寓教于乐、寓教于文的"渗透型"转变;由单一"教育型"向多元"综合型"转变。

公司党委注重在增强思想政治工作感召力和渗透力上下功夫,综合运用行政手段、经济手段、思想手段、文化手段,使物质利益和精神激励得到充分结合,注重启发职工的自觉,引导职工的观念,培育职工的文明习惯。把坚持先进性与广泛性、一般号召与典型宣传、正面宣传与反面教育、精神塑造与文化熏陶、硬件建设与软件建设相结合;坚持因人制宜、因地制宜、因时制宜、因事制宜,一把钥匙开一把锁;坚持身教重于言教,既重说,更重干。不断适应科技迅猛发展和企业变化的形势,充分利用现代化信息和网络技术,开辟思想政治工作的新途径,增强了思想政治工作的渗透力。

二、面对新任务,在增强主动性上下功夫

随着社会主义市场经济体制的逐步建立,国有企业生存和运营的环境已经发生了很大的改变,国有企业制度本身也在发生着变化,建立"产权明晰、权责明确、政企分开、管理科学"的现代企业制度,成为国有企业改革发展的方向。在市场经济中,争创最佳的经济效益是企业的第一需要,充分调动广大职工的积极性、主动性、创造性是企业的永恒追求。

面对企业变化带来的新要求,天津石化党委紧紧围绕争创最佳效益这一中心任务,坚持思想政治工作与经济工作高度结合,把思想政治工作贯穿到各项实际工作中去,做到与经济工作同部署、同落实、同检查、同考核、同奖惩。主动站在企业改革、发展的立场、角度思考问题,使思想政治工作成为企业所需要、党员所欢迎、职工所接受,不可或缺的重要组成部分。公司党委在全体党员干部中开展"全国奔小康,我们怎么办"大讨论活动,使二级领导班子和全体干部职工的思想观念进一步解放,企业深化改革、经营发展形势出现了可喜的改观和变化。在深化改革上,公司党政领导班子大胆实践,勇于构思,采取不求拥有,只求发展的工作思路,通过深入细致的思想政治工作疏导,取得了公司所属石油化工厂广大职工的认同,使其整体划转给了蓝星集团,一方面为石化厂带来了新的生存机会,另一方面为天津石化公司减亏脱困提供了帮助。同时,在企业内部改革逐步深入过程中,先后对五个改制分流申报单位开展针对性的思想政治工作,不仅确保了改制分流工作的顺利实施,而且通过改制后的成效,增强了广大职工依靠自己搞好企业的信心。公司通过对检、维修等单位进行专业化重组;收编各二级单位的客运、货运车辆,组建面向市场自负盈亏的客运、货运公司;收编各二级单位摄像人员到公司电视台,强化职能,精干人员;大刀阔斧地进行股份分公司的扁平化机构重组等系列措施的出台,不仅有效地促进了企业发展,而且促进了企业效益的提高。2003 年,全年实现销售收入 180 亿元,确保了安全生产无事故,非计划停车大大减少,各项经济指标全部超额完成,为企业做精做强,奠定了基础,开辟了道路。

公司党委注重思想政治工作面向基层、面向职工。要求各二级单位党组织牢固树立服务意识,切实把职工利益作为办事情、想问题、定政策的"第一出发点";把职工的呼声和意愿作为指导各项工作的"第一信号";把关心和服务职工作为企业的"第一职责";把职工的评价、职工的满意度作为衡量各项工作的"第一尺度"。以职工满意不满意、喜欢不喜欢、接受不接受作为企业思想政治工作的标准。主动帮助职工正确认清形势,增强信心;帮助职工转变观念,增强改革意识;帮助职工解决实际问题,增强凝聚力。通过大量的晓之以理,动之以情,导之以行的工作,努力把思想疙瘩、思想矛盾化解在萌芽状态,从根本上改变职工的求稳心态、依赖心态、怀旧心态和均富心态,充分调动起了广大职工的积极性、主动性、创造性。

三、找准切入点,在增强针对性上下功夫

思想政治工作的针对性,就是要致力于形成企业文明、和谐、向上的整体氛围,增强企业的亲和力、凝聚力,致力于职工素质的整体性提高,积极性、创造性的充分发挥,汇成一种企业的整体优势来增强企业的竞争力。思想政治工作的根本目的在于使广大职工认同企业的价值观,积极主动地投身到企业各项工作中去,充分发挥自己的才能、潜力和创造性,自觉地为实现企业目标而竭尽全力,并且在这一过程中达到全面而自由地发展自己、实现自身价值的境界。天津石化党委在增强思想政治工作针对性上做了如下探索:

1. 抓根本,靠提高经济效益增强思想政治工作的感召力。党委始终把经济工作当作思想政治工作的基础,

以提高企业经济效益，增加职工收入，解决好职工的后顾之忧为中心。所有工作都服从经济利益，有效地增强了思想政治工作的感召力，激发了职工的主人翁责任感和劳动热情，促进了企业的全面振兴。经过公司全体干部职工的共同努力，天津石化已于2003年结束了连续5年的亏损，提前两年实现了扭亏。

2. 抓动向，靠过细工作增强思想政治工作的感染力。企业就是小社会，职工的素质高低不等，修养参差不齐。天津石化党委针对不同层次职工的特点，注重增强工作的敏锐性、预见性，善于分析问题，把握动向，把工作做在思想问题萌发之前。在教育中，提倡运用“三心”和“五必访、五必谈”，即：“细心观察职工的思想动向，真心与职工交朋友，爱心关怀教育职工。”和“职工婚丧嫁娶必访、有病住院必访、夫妻发生矛盾时必访、遇到特殊困难时必访、发生重大思想矛盾时必访，职工工作调整时必谈、职工精神不振时必谈、职工因失误受到批评时必谈、职工之间发生矛盾纠纷时必谈。”公司党委通过深入开展形势任务教育，全面落实各级党组织稳定工作的责任，为企业的改革和发展创造了良好的环境。围绕企业各个阶段的中心任务和改革的重点、难点，通过编发《形势任务教育材料》、在电视台、石化报和局域网开辟专栏，广泛深入地做好各项改革政策的宣传，积极引导广大职工转变观念；针对改革措施的实施，各级党组织坚持做到超前引导、同步开导、善后疏导，耐心细致地讲政策、解疑惑、稳情绪，有效地保证了各项改革措施的平稳实施。

3. 抓载体，靠立体教育增强思想政治工作的凝聚力。针对思想政治工作的对象特点，天津石化党委通过落实“一岗双责”制度，开展“党员责任区”活动、举办业务培训等形式，同职工结对子，做到政治上关心，生活上照顾，工作上支持，行动上影响，引导职工自觉为企业发展分忧解难，为企业振兴出谋献策，有效地增强了企业党组织的凝聚力。

4. 抓重点，靠正面激励增强思想政治工作的鞭策力。天津石化党委坚持以正面激励为主的方针，抓好标杆树榜样，抓好后进促中间。一是实行目标激励。激励全体职工为实现总体目标而齐心协力，奋发进取。二是情感激励。针对职工遇到的各种思想问题和生活问题，主动关心职工疾苦，解决职工的实际困难。三是竞争激励。引入竞争机制，竞争上岗，优胜劣汰，为职工人尽其才提供施展舞台。四是荣誉激励。及时对涌现出的典型，通过各种形式给予表彰奖励。

四、把握着力点，在增强实效性上下功夫

思想政治工作也要讲投入产出、讲效果、讲效益。要增强企业思想政治工作的效果，就要深入了解职工思想状况，切实服务企业生产经营，注重解决企业实际问题，充分体现干部表率作用。天津石化党委结合企业性质与特点，尽力让思想政治工作出效益、出思路、出干劲、保稳定。

出效益。在市场经济条件下，企业生存发展，都是围绕着经济效益而进行的，对上对下、对内对外都是要靠经济实力来说话的。党委让思想政治工作主动适应这种要求，自觉融入渗透到安全生产、经营管理、改革发展的各个环节，为落实企业效益目标提供有力的理论先导、智力支持和思想保证。

出思路。企业领导干部担负着改革发展的重大责任。领导班子的思想观念、思维方式和决策水平决定着企业的命运。因此，公司党委在实践中强化领导班子和领导干部是思想政治工作第一对象的意识，从联系实际，抓好学习入手，有步骤地促进领导班子的思想更新和观念更新，提高超前决策和科学决策的水平，以企业改革和发展的新思路、新举措，促进企业驶上持续健康发展的快车道。

出干劲。职工是企业改革发展的决定力量。为增强思想政治工作的号召力、吸引力、凝聚力、说服力、感染力，焕发出广大职工的忘我工作精神，公司党委改变传统的思想政治工作的方式方法，采取以弘扬企业精神和企业理念为主题的多种形式的爱企教育，使企业的大政方针、奋斗目标辐射到每一个班组和操作岗位，使职工将自身利益与企业利益结合起来，全身心投入到为企业的发展目标而努力拼搏上来。

保稳定。稳定是改革和发展的前提。企业改革的最终目的是为了实现职工的利益，同时改革又势必会触及到一些职工的利益。不同的意见，不同的反映，甚至出现局部的不稳定，是不可避免的。公司党委在确保稳定工作中，建立起可靠的预警机制，及时了解掌握职工思想动态，超前做好教育引导工作，把矛盾化解在萌芽状态。同时把稳定工作纳入思想政治工作考核的重要内容，作为检验思想政治工作成效好坏的重要标准，逐步形成了维护企业稳定的长效机制。

“创新是一个民族进步的灵魂”，“实践没有止境，创新也没有止境”。面对新形势、新任务和新的挑战，特别是当前思想政治工作存在的亟待解决的问题，思想政治工作迫切需要与时俱进，需要从不断变化的实际出发改进创新，积极探索新形势下思想政治工作的规律和方法。只有这样才会使思想政治工作做得更有成效，思想政治工作也才更具有生命力。

（作者：中国石化集团天津石化公司党委副书记）

新形势下国有控股企业思想政治工作的探索和实践

赵林中

富润集团是国有控股的大型工贸企业集团，拥有总资产11亿多元，职工1万余人，由省政府授权委托经营。其核心层企业浙江富润股份有限公司公众股于1997年6月在上海证交所上市。十多年来，公司坚持不懈地开展企业思想政治工作，建设“同心工程”，探索和形成了“领导带动、理想鼓动、以情感动、文化驱动、制度推动、多向互动”的“六动”机制，为企业的不断发展壮大提供了有力的思想保证，两个文明建设取得了丰硕成果。公司先后荣获全国纺织行业先进企业、全国纺织工业双文明建设优秀企业、全国纺织工业思想政治工作优秀企业、浙江省思想政治工作优秀企业、浙江省百强企业、浙江省重点骨干企业称号，获得全国“五一”劳动奖状。公司党委被中共中央组织部、浙江省委命名为全国先进基层党组织、浙江省先进基层党组织。

一、十几年如一日，坚持队伍建设不放手

江泽民同志在视察广东时指出：“要把中国的事情办好，关键取决于我们党”。国有企业改革，怎么改？对那些不适应市场经济的弊端要坚决改掉，但对那些中国企业特有的，如党的领导、依靠职工等政治优势优良传统不能改。要把国有企业搞好，公司认为坚持党的政治领导，关键就是要坚持发挥思想政治工作的优势，并按市场规律探索改进思想政治工作的方法，化精神为物质，促进企业的大步发展。思想政治工作虽然是人与人之间的一种思想、情感的双向交流，但必然有一方处于主导的地位。一般来说，处于主导地位的一方无论是其权位，还是学说、风范都应高于对方，否则就难以服人。为此，公司十分重视思想政治工作的队伍建设，着力帮助党员干部树立开展思想政治工作的意识，提高开展思想政治工作的能力，明确开展思想政治工作的责任。从而形成了由党委统一领导，党政共同负责，党政工团齐抓共管，党员干部广泛参与思想政治工作的整体合力。党委围绕企业的经营方针、发展目标，确定阶段性的思想政治工作的内容和要求，分解.落实、考核到下属和各厂和各公司，以保证企业生产经营任务的完成。思想工作紧紧围绕企业的生产经营来展开，成为公司的一大政治优势和基本做法。

早在80年代末，富润集团的前身诸暨针织厂，以部分固定资产嫁接投资实行中外合资之初，外方曾提出不设党组织的难堪要求，遭到厂领导的严辞拒绝。从那时至今，不但党组织的活动一刻没有停止过，而且还始终参与企业的每一个重大决策，使企业党的政治核心作用得到了充分发挥。

一是形成了班子成员都抓思想政治工作的共识

在富润集团的领导班子中，不要说是党务干部，就是业务干部，都能自觉地把思想政治工作当作一项重要职责来抓。大家在实践中深刻体会到。无论干什么事情，做不做思想政治工作，其效果大不一样。思想政治工作是企业的内在需要，而不是负担。作为集团公司领导班子，把思想政治工作作为打开职工心灵的钥匙，沟通职工心灵的桥梁，做好了，就可以为企业提供发展的动力。在运用传统的思想政治工作教育引导职工的同时，探索、积累了一套市场经济条件下以人为本的思想政治工作的新方式和新方法，使企业的思想政治工作有声有色，更具活力。集团党委书记赵林中就是一位优秀的思想政治工作者。他先后获得全国“五一”劳动奖章、“半月谈”思想政治工作创新奖，被评为全国劳动模范、全国10位全心全意依靠职工办企事业的优秀领导干部、全国优秀党务工作者、浙江省优秀共产党员等，当选为九届、十届全国人大代表。在赵林中同志的影响下，公司各级领导重视抓思想政治工作已成为一种制度固定下来。

思想政治工作既要靠正确的导向，更要靠人格的力量。党委班子艰苦创业、朴素务实的工作作风也增强了开展思想政治工作的说服力。1997年以来，公司就没有配置小汽车，从领导班子到科室干部，外出办事一直坐公交车、出租车。至今，公司领导还和文书、打字员8个人挤在一间办公室。公司党委还要求每个干部在生产、经营、管理活动中勤政廉洁、公道正派，严于律己、率先垂范。吃苦在前，享受在后的优良传统在富润得到了坚持和发扬。每年，公司党委都要组织一次班子成员的民主评议，自觉地把自己置于广大群众的监督之下。对来自群众中直言不讳的批评和中肯意见，党委认真采纳，并对建议者给予奖励。党委还请全体员工给企业主要负责人赵林中开展了一次专题评议。有2000多份40万字的评议材料，成为经营者完善自我的精神食粮。这种敢于“揭短亮丑”和勇于纳谏的做法，不但没有降低企业经营者的威信，反而使职工们感到更可亲、可近、可敬，受到了职工的好评，也得到了上级的肯定。

二是形成了党员干部都做思想政治工作的氛围

由于企业党的组织健全,党的工作十分活跃,每个党员都感到工作有奔头,有荣誉感,受到广大职工的尊重和赞扬。因而极大地提高了党组织在职工中的威信和吸引力,许多职工积极要求入党。至今,全公司党员已由1989年实行中外合资时的16名增加到1450多名,原来的厂党支部也于1992年升格为党委,现有下属总支、支部92个。

这支党员干部队伍分布在集团各个角落、各个岗位,他们工作、生活在职工当中,最熟悉职工,也最了解职工,成为开展思想政治工作的一支基本力量。为充分发挥党员的示范带头作用,公司建立了"党员责任区"、"党员示范岗",党员在各自的"责任区"、"示范岗"内时时作榜样,每逢赶工突击、重活脏活,总是他们冲在前面。同时广泛开展了党员与入党积极分子、非党知识分子、非党先进模范、非党中层干部结对谈心活动,以情换情,以心交心,充分调动党外优秀分子的力量,保证企业目标任务的完成。

公司还好中选优,物色了一批思想作风过硬、文化素质较高、具有一定活动能力的党员,负责车间、班组的日常思想政治工作,并明确了职责,定期进行考核。

二、万余人如一家,建设同心工程不松劲

富润集团现有万余职工,可谓家大业大。但人多不是优势,心齐才有力量。公司党委认为:职工是企业的主人,只要把职工的冷暖挂在心上,企业给他们一份爱,他们会还企业十分情。这样,企业和职工之间、职工和职工之间才会形成一种良好、融洽的合作关系,使大家心往一处想,劲往一处使,共同搞好企业。基于这样的认识,公司始终坚持全心全意依靠工人阶级的方针不动摇,本着尊重人、理解人、关心人的原则,实施了党政同心、干群同心、党群同心的同心工程。

一是在生产经营上依靠职工,注重发挥职工的创造性,一同创造企业的未来

富润集团每一项重大决策都有广泛的群众基础。多年来,公司坚持围绕生产经营和企业改革发展,广泛开展提合理化建议活动。每当一项重大政策出台,党委都要下发合理化建议征求单,几上几下征求职工意见、建议,放手让职工参政议政。广大职工为这份尊重所感动,踊跃献计献策。几年前企业决定上一个投资688万元的技改项目,公司领导按例要最后听听职工们的意见,果真有几名职工用全新思维提出了截然相反的看法。领导及时采纳调整,使企业免遭重大失误和损失。到现在止,这些意见、建议已超过3万余条。对这些汇聚着职工聪明智慧的意见、建议,公司党委十分珍视,每次都要仔细逐条审读,并从中发现了不少"金点子"。获得过国家专利,被公司作为"看家绝活"的绢丝针织单面布织造法,就是公司领导从职工建议中一眼识中,大胆扶植开发出来的。此法推广应用后,绢丝服装一时成为企业的利税支柱产品,建议者钟永平也被提升为织造分厂厂长。公司被评为浙江省合理化建议活动优秀单位。

二是在权益上保障维护职工,注重调动职工的进取心,一同克服企业的困难

从1992年至1997年,公司先后兼并了濒临破产或资不抵债的国营诸暨酒厂、国营诸暨毛纺织厂、诸暨纺织总厂、国营诸暨绢纺织厂、诸暨市商业集团总公司及下属16家公司,承接职工9000余名,债务6亿元。这些都是人心涣散、亏损累累的企业,一次兼并就是一次考验。在兼并每一个企业的时候,公司总要用问卷调查的方法询问职工最关心最希望解决的问题,实实在在的为职工解决一些困难。亏损多年的酒厂在被兼并后,公司考虑到职工收入一直很低,便慎重地作出了调资向该厂职工倾斜的决定。毛纺织厂1600多名职工在兼并前已有很长时间没有报销一分医疗费的情况,公司领导考虑到,虽然资金也很紧张,但既然制度有规定,就是职工的权利、企业的义务,一定得兑现。为此,公司负责人特地抽出两天时间为大家签字。兼并绢纺厂后不久,一位职工在搞第二职业时因车祸身亡,公司在郑重处理其后事的过程中,也进行了反思,适时教育全体干部职工:搞第二职业,虽不可取,但主要原因是原来收入低,生活难以为继。所以企业的效益事关职工的生命,企业经营管理者有责任通过搞好企业、提高职工的收入,使职工真正有个依靠。同时,也希望职工支持厂领导共同把企业办好。公司对职工的满腔真情,使被兼并企业职工消除了"二等职工"的顾虑,也唤起了他们努力进取,进行生产自救的紧迫感。

由于在兼并过程中贯穿了深入细致的思想政治工作,使每次兼并都实现了平稳共渡,没有出现上访、投诉的现象。公司既承担了一个国有企业应该承担的社会责任,同时也使企业规模迅速扩大、债务逐步化解,职工妥善安置。新的观念、机制使原有沉积的物力、人力活了起来,同样的设备、同样的人员,效益却成倍上升。1997年公司股票上市以后、公司认为富润的今天是职工共同创造的,为此专门成立了职工持股会,来维护职工的利益,使职工真正成为政治上的主人翁和产权上的主人。

三是在工作生活上关心职工,注重排除职工的忧难事,一同感受生活的甘苦

为解除职工的后顾之忧,公司专门成立了生活服务部。每逢职工生日,公司都要寄生日卡、送生日蛋糕,并在市电台开办的"富润温馨"专栏为职工生日点歌。公司党委还常年坚持送温暖活动。凡有职工生病住院,都要派人走访慰问。2001年1月,商业线一家困难企业的普通营业员吴君稚患出血性坏死性胰腺炎,病情危急。公司负责人闻讯急忙从外地赶回诸暨,连夜召开党、政、

工、团联席会议，形成了“绝不让国企职工因为经济原因失去生命”的共识。在集团公司的发动下，6000多名员工捐款近30万元。企业领导还多次到医院与院方一起商量救治方案，鼓励病人树立战胜病魔的信心。经过80多天的治疗，倍受集团内外关注的吴君同志终于康复出院。此事被评为绍兴市精神文明“十佳好人好事”。

1996年底，公司总结实施同心工程以来的经验，形成了八章六十条《经常性思想政治工作条例》（简称《六十条》）。《条例》对职工日常工作、生活中可能碰到的各种问题如结婚、生育、医疗、劳保、福利、加班、调动、入伍、立功、辞退及至家庭纠纷等等作出了六十项具体“着皮着肉”的规定，通过访、助、贺、奖、罚等措施，全方位地确定了一整套日常思想政治工作的运行机制，使之规范化、制度化。《六十条》贯穿着以人为本的思想、集中体现了理解人、尊重人、关心人的朴实情感，使职工们由衷地感到企业是他们的家，他们是企业的主人。《经济日报》为此辟专版报道了《六十条》的经验。

三、注重富润特色，培育企业文化不停步

公司在思想政治工作中十分注重企业文化建设，把企业文化建设作为体现思想政治工作时代感的一种抓手，使思想政治工作的内涵更丰富，外延更扩展，形式更生动，增强了思想政治工作转化为物质力量的能力。

一是抓核心，确立“团结爱厂，奋发进取”的企业精神

从富润的实际出发，公司领导班子提炼出了“团结爱厂，奋发进取”的企业精神。几年来，利用各种场合、各种形式，大力进行宣传。在企业碰到困难、面临曲折时，通过弘扬企业精神，鼓舞和振奋士气，号召职工艰苦奋斗，共渡难关。集团下属的各个厂、公司，根据各自的生产经营的实际情况，也提出了自己的精神口号。走进富润在生产现场、经营窗口，随处可见这种言简意赅、极富感染力的企业精神，时时鞭策激励着职工，产生了很好的效果。集团下属的华发精纺呢绒厂在兼并前一等品率只有50%左右，针对质量上不去的现状，该厂提出“人家能，我为什么不能”的口号，在此精神鼓励下，班组刻苦练兵，克服设备陈旧老化等不利因素，一等品率迅速达到90%，令国内同行赞叹。

此外，集团创立之初，党委感到工作的要求更高，肩上的责任更重，便及时提出了“忠诚于党的事业，忠诚于国有资产，忠诚于富润的事业，办事认真，处事公正，经营廉正，艰苦勤奋。谁达不到这些要求，就不配当富润的干部”的富润准则，要求高级职员、党员干部从我做起，现已逐渐成为规范全公司干部职工的一种行为准则。

二是抓阵地，营造“丰富生动，健康向上”的文化氛围

公司十分注重运用宣传舆论工具对职工进行爱国主义、集体主义、社会主义的教育，进行社会公德、职业道德、家庭美德的教育，帮助职工树立正确的世界观、人生观、价值观，树立自强意识、竞争意识、效率意识和创新意识，提高抵御拜金主义、享乐主义、个人主义等腐朽思想侵蚀的能力。企业创办了《富润党建通讯》，作为把握职工思想脉搏，交流思想政治工作体会和经验的阵地；创办了《富润》内部刊物，作为职工吐露心声、陶冶情操的园地；承办了中国针织工业协会会刊《中国针织》杂志，作为职工了解市场信息、感受时代潮流的窗口。为提高公司开展企业文化建设的层次，公司经常性开展生动有趣、丰富多彩、寓教于乐的活动，成立了23个业余协会，活跃了企业的文化气氛。

三是抓典型，倡导“争先创优，乐于奉献”的群体意识

公司注重用职工身边的先进典型激励人、鼓舞人。从1987年以来，坚持每年组织开展劳动竞赛。从1996年开始，每年评选“十大杰出青年”、“十大杰出女性”、“十优共产党员”、“十佳厂长经理”、“十优班组长”、“十佳复退转军人”、“十佳离退休干部职工”和“文明家庭”，召开表彰大会，使条条、块块都有自己学习的榜样，以激励职工的竞争意识和进取精神。公司还把思想政治工作的触角伸向家庭，延伸到八小时以外，每次先进评比和好人好事评选揭晓后，就给当事人的家里发喜报，使职工家庭成员深切感到“富润大家庭”的温暖，一起享受荣誉的喜悦。

在浓郁的企业文化氛围下，职工精神面貌一新，干劲倍增，集团领导班子意识到：象我们这样的万人集团，只要人心齐，精神不倒，就一定能战胜各种困难，无往而不胜。

在实践中，公司领导班子深深地感受到，思想政治工作所产生的效果是实实在在的，给企业带来了极大的生机和活力。连续14年来，公司主要经济指标都以百分比两位数的速度增长。自1986年至今，国有资产扩大了130多倍。2003年实现销售15亿元，利税8500多万元，经济效益在全国同行业中始终处于前茅。这些都与公司开展扎扎实实的思想政治工作是分不开的。只要坚持以“三个代表”重要思想为指导，发挥党组织在企业的政治核心作用，发挥思想政治工作的优势，全心全意依靠职工群众，国有企业是能够搞好的。如果国有企业退出竞争领域，实施改制，思想政治工作方面的优势仍然应继续发挥它的作用的。

（作者单位：富润集团有限公司）

疏通思想化解矛盾做好基层信访工作

刘荣萍

思想政治工作战线的同志们或许都有同感,信访工作历来是我们党和政府密切联系群众的重要渠道和纽带,是贯彻党的群众路线的重要组成部分,是新时期社会主义民主政治建设的一个重要方面。

胡锦涛同志在省部级主要领导干部学习贯彻“三个代表”重要思想专题研讨班上的讲话中指出:“群众利益无小事…对群众生产生活面临的困难和问题,能办的都要满腔热情地去关心,尽心尽力地去办。”信访工作是党密切联系人民群众的重要渠道,帮助群众解决生产生活中的困难和问题是信访工作的根本任务,对人民群众反映的实际问题和困难,反映正当又有条件解决的,都要积极主动地帮助解决,尽心竭力解难事,坚持不懈做好事,让群众真正的感受到党的关怀和温暖。

近年来信访工作的实践表明,面对当前群众信访呈现的大量新情况、新矛盾、新特点,信访工作人员必须从新的实际出发,立足新的实践,把大胆探索的勇气和科学求实的精神统一起来,从工作机制、体制和方法入手,努力探索新形势下做好信访工作的新思路、新方法、新途径。减少和化解各类矛盾,减轻各级领导的工作压力,为改革开放和经济建设创造更加有利的环境,从这一点讲,做好信访工作对维护社会稳定、促进各项工作全面上水平,与时俱进具有不可替代的重要作用。

随着改革进程的日益加快、体制改革的深化、经济结构和利益格局的调整,大量的新情况、新问题层出不穷,群众信访进入了一个“多发期”,在内容类型、手段方法、表现形式、积累程度等方面出现了许多新特点,信访工作面临着严峻的形势和挑战。也可以说当前信访工作进入了一个能够更充分发挥“寒暑表”、“调节器”、“民主窗”作用的“黄金发展期”。而要实现这一目标,就必须不断拓展工作领域,在方式方法上求新求变,开创出新的工作局面。不断加强基层信访工作,加厚整体信访工作的基础,是我们做好信访工作的一条成功经验。实践也充分证明,加强基层信访工作是解决信访问题、减少群众越级上访和提高信访工作整体水平的关键,是新时期信访工作适应新形势、新特点的过硬一招。而其中重要的一个方面就是要求信访工作具体实施人员要满怀对党的事业高度的责任感和对人民群众的无限深情,理顺情绪,化解矛盾,完成我们的信访任务。

结合我们的工作实际,体会最深的就是理顺情绪是做好信访工作,防止矛盾激化的有效途径。我集团公司下属某公司的一位离休干部属“老上访户”,经常在其子陪同下到上级主管部门上访,还给当时的李盛霖市长发了电子邮件,意欲将其子生活困难问题同落实老干部政策问题相提并论(老干部问题早在当年全部按照政策予以解决,并相应解决了当时子女就业问题和住房问题)。开始同他们接触时其子态度十分蛮横,并同上级单位有关领导发生争吵,严重的影响了正常的工作秩序。接到通知后,我们及时赶赴现场,面对其过激的表现,我作为信访工作人员没有顾忌,采取善待老干部的迂回策略,搀扶着老人将其劝出上级单位办公楼,然后配合公司数次向其子宣讲有关政策,严格区分老干部落实政策与照顾子女生活困难的界限,原则问题绝不让步,但同时又以同龄人的身份和自己家类似的经历,苦口婆心对其进行劝解,动之以情,晓之以理,并将情况及时汇报有关领导,反映实际困难,当时正值两节到来之际,集团公司党委书记和总裁亲自与下属公司协调,对老干部一家进行了亲切的慰问,我们加紧配合做工作,使老干部之子终于承认自己的行为和要求有些过分,并将我们视为倾述衷肠可信赖的人,从此再没有到集团或上级单位上访。

化解矛盾就要求信访工作者要开阔思路,提高接访工作技巧,在处理问题时懂得灵活变通,善于使用多种方法,妥善处理各类繁杂问题,不断提高协调各方面关系的能力,最大限度的做好信访接待工作,防患于未然,将矛盾从大化解到小,从小化解到无。面对信访工作错综复杂的局面,作为基层信访工作人员,几乎经常要面对上访者,有时一天要接待两到三人次,一个人要接待5~6个小时,但我们从不回避,凡有上访问题主动请缨,坦诚相待,我们的一个老上访户经常到上级领导办公室“坐镇”,还大喊大叫,影响领导正常办公,很令人头痛,我们将其视为“父亲”把他带回单位端来汤饭边吃边聊,听其倾述心中积压的烦恼,和颜悦色的进行了长达五个多小时的劝解工作,同时及时将情况汇报有关领导,集团公司党委书记十分重视,挤出时间亲自接待该上访者,并同所在公司领导研究相应措施,使其十分感动。连续几次的说服教育工作,在一定程度上化干戈为玉帛,使激烈的矛盾冲突得到了相应的化解——这位上访户一改过去想起来就到上级单位闹一阵的"惯例",将我们视为知心朋友并相互理解,表示支持我们的工作不再上访,在一定程度上缓解了各级领导的压力,保障了经营工作的顺利开展。

信访工作是党和政府的一项重要工作,中央领导同志曾把信访工作形象的概括为体察民意的"寒暑表",执行政策的"调节器"和发扬民主的重要窗口,密切联系群众的重要渠道。我集团下属广告公司一位离休干部已去世一年多,按照政策应予以补发10个月的工资,但由于种种原因这部分钱却迟迟没有到位,使得老干部家属十分难过,无奈之下找到集团,老干部问题应属人事部门负责,但我们没有简单地将问题推出去,而是十分热情地予以接待,及时向主管领导汇报,配合有关部门共同作工作,在家属要求的时间内将问题圆满解决。当公司领导将补发的工资送到这位老干部家里时,其家属感动得热泪盈眶,鞠着躬连声致谢。由此使我们深切的感到,我们为群众解决了他们的实际问题,使他们享受到应该享受到的利益,群众就会感谢我们的党,感谢我们这些公仆,就会支持我们的工作,同时也增强了我们为群众排忧解难的责任感和使命感。

毋庸置疑,目前我国尚处在社会主义初级阶段,信访活动是广大人民群众陈情建言、申述求决、民主监督、参政议政的主要方式。由于我们社会正处于经济深刻变革之中,各类深层次矛盾将会不断显露,群众信访量大的态势仍将持续相当长一段时间。对此,我们应保持清醒的头脑,辩证的看待。既要看到当前群众信访数量的增多是改革进程中不可避免的,属正常现象,也要看到无序的、大规模的集体访、越级访给社会稳定带来的消极影响,不利于改革、发展和稳定;既要看到群众来信来访是对各级党组织和政府的信任,也要看到群众在生产生活中确实还存在一些实际困难,亟待帮助解决,更要正视我们在思想认识和工作中存在的问题和不足;既要善于观察和把握主流,积极面对挑战,把握机遇,坚定必胜信心,又要充分认识信访工作的长期性、艰巨性和复杂性,居安思危,树立忧患意识,切实加强和改进我们的工作。认真贯彻落实胡锦涛同志"七一"重要讲话和党的十六大精神,以"三个代表"重要思想为指导,解放思想、实事求是、开拓创新、扎实工作,确保基层信访渠道畅通,提高理顺情绪,化解矛盾的能力,进一步强化自身综合素质的提高,保护和调动基层信访部门和人员的积极性,开创新时期信访工作的新局面。

(作者单位:天津北方国际集团有限公司)

与时俱进　做好市场经济条件下企业的思想政治工作

杨芳洲

进入市场经济以来,企业思想政治工作发生了一些明显的变化。

一是随着市场经济的发展、企业实行公司制、股份制,内部市场化的改革和职工身份置换,在一个岗位或一个单位的就业终生制正在被打破,就业岗位正在朝多元化、多变化发展,这不仅使企业职工成分日趋复杂,使思想政治工作的对象有了很大的不确定性,而且使一部分职工在工作中出现短期行为,主人翁精神和姿态也受到了影响。

二是市场经济导致人们的需求越来越集中于物质既得利益方面。需要是一种主观要求,往往同现实之间存在一定的矛盾,而且是无止境的,一种需要满足了,新的需要又会产生,向上阶梯一样步步升高。改革形成的利益再分配也助长了人们的这种需求。这都加大了思想教育的难度。

三是随着企业体制和机制的发展变化,专门从事思想政治工作的人员逐渐减少,思想政治工作与生产管理工作互相渗透与结合,人员也趋于一体化。这虽然有利于思想政治工作与经济工作一道去做,但是也存在着经济管理干部对思想政治工作不愿做、不会做、不敢做的问题。

四是在市场竞争中,企业管理者队伍的建设起着决定性的作用。管理者队伍建设得好,企业就大发展,反之,企业就很难在市场竞争中获胜。然而不少情况表明,在企业发展中,许多问题发生于管理者队伍之中,这就是说,企业管理层本身就有大量的思想政治工作,是重要的工作对象。而这一对象群体又具有文化程度高,接触事物多,思想稳定性强,难于说服教育的特点。

五是随着改革的不断深入,人们要接受的新事物越来越多,党和国家为推动改革也不断出台新的政策,这使我们做好思想政治工作丰富了内容,但由于人们的思想往往处于滞后的状态,使思想政治工作任务加重。

针对思想政治工作的这些新变化,我们认为,只有坚持与时俱进的指导思想,致力于因情制宜,改革创新,化陈旧呆板为生动活泼,才能使传统的思想政治工作增添新的活力。

一要加强对职工需要的研究。一个人的行为是由动机决定的,动机是需要引起的,需要是产生人的行为的原动力。因此,解决需要是调动人的积极性的重要方法,是思想政治工作的重要内容。如前所述,由于市场经济的影响,人们的需要越来越集中于物质方面,而且它同现实之间总是存在一定的矛盾,这是思想政治工作不能回避的现实。但是,我们也不能使思想政治工作依赖于解决实际问题。实践证明,有思想问题的人不一定都有实际问题,有实际问题的人也不一定都会产生思想问题。但思想问题可能因实际问题而引起,实际问题也可能因思想问题而被夸大。为了实事求是解决问题,我们把职工的物质需要分为合理需要和不合理的需求。合理需要又分为当前能够解决的需要和一时不能够解决的需要。对当前能够解决的需要,又分为组织帮助解决的需要、靠同志帮助解决的需要和靠自己努力解决的需要,分别研究制定落实解决的措施。对于一时不能解决的合理需要和实际问题,积极创造条件逐步解决并做好解释工作;对于不切实际的过高要求,耐心细致地进行教育,对无理的个人要求,进行有说服力的批评。工作中,注意防止解决实际问题掩盖思想问题,而带来不良后果,防止把实际问题引起的思想波动轻易地视为个人主义,采取简单化的方法堵回去。这样就使思想政治工作运行于比较科学的基础之上。为了更好地解决需求问题,我们加强对激励的作用。如果太多次的刺激,作用就会衰减;奖励过于频繁,刺激作用也会减少;刺激成了习惯之后,就会成为条件反射,一次刺激不到就会抱怨。因此,各种奖励要逐步满足,使职工有所期盼。近几年,经济的发展和社会竞争强化了人们理想、成就和实现自我价值的需要。我们通过各种渠道,积极为员工创造学习提高的机会,每年举办更新知识和统一思想的干部培训。这不仅为员工带来了信心和力量,同时也有效地增强了事业心、责任心和进取心。

二要加强群体远景的引导。群体远景就是职工共同的期望和集体目标。一般来说,企业的发展远景就代表了群体愿景。企业可通过对企业发展前景的宣传,引导职工团结一致向前看,保持良好的精神状态和旺盛的士气。这里要注意几点:(1)要有一个振奋人心又切实可行的奋斗目标,要把大、中、小(国家、企业、个人)和远、中、近(远景、中程、近期)目标结合起来,使不同愿景的职工都能接受。(2)集体目标的建立要同集体成员的利益统一起来,使职工意识到集体每一个目标的实现,都关系到个人的切身利益。(3)各项落实措施和管理制度要有利于集体意识、凝聚力、向心力的形成,有利于关心集体、关心大事的气氛的形成。(4)要善于运用企业发展远景来教育职工,通过正确引导,展望发展前景,使人们对前景树立信心,来克服一时不能够满足需求而造成的心理不平衡的情绪上的不稳定。我们在工作中把实施大集团战略作为教育的主要内容,使人们在工作中每时每刻都把自己与这些目标联系在一起,起到了很好的作用。

三要不断改进思想政治工作活动方式和工作方法。思想政治工作的活动方式和工作方法要随着时代发展而不断改进,不能一成不变,让人有陈旧感。要变旧为新,推陈出新。多年来,我们坚持思想政治工作和精神文明建设一年一个主题活动,年年都有新道道,常抓常新的做法,首创了全员做思想政治工作的大政工格局和思想政治工作同化法,在全国评比中获精神文明建设奖;文明创建活动逐年修改实施办法,进行统一千分制考核评比;企业文化建设方面,采取设计徽志,制作标识、推行安全宣传教育十三法等工作。在日常工作中,我们坚持不断地开展解放思想、更新观念的学习教育活动,经常请专家教授、企业家来矿区作报告,同时结合市场信息开展知识竞赛、技术比武、歌咏比赛、劳动竞赛以及各种兴趣小组活动,把职工群众的业余生活搞得丰富多彩,使职工接受了新知识和理念,开阔了视野,受到精神的陶冶,提高了思想觉悟。此外,我们在工作中把思想政治工作研究与日常工作研究合二为一,从实际需要出发,选定工作内容和研究课题,广泛开展了思想工作研究、稳定工作研究以及实施大集团战略有关问题研究,使思想政治工作化虚为实,变旧为新,在解决实际问题中发挥了重要作用。

四要加强与其它约束性手段的配合运用。这是使思想政治工作由"软"变"硬"的必要手段。现代化大生产条件下,一个部门与另一个部门,一道工序与另一道工序、一个环节和另一个环节,都扣得很紧,连续性很强。为了保障正常的生活、工作秩序,企业制定了各项管理制度,对于少数不遵守纪律的人来说,虽然我们主张说服教育为主,但如果没有约束,光靠思想教育是不能解决所有问题的,需要和认真制定、严格执行各项制度,条例、纪律结合起来。首先以思想教育为前提,讲明道理。其次是要采取一定的约束,在动之以情,晓之以理,明之以义、施之以爱的同时,导之以轨,配合以正确的批评和必要的、恰当的行政措施以及厂规厂纪约束。这样才能养成良好的习惯,形成文明素养。

五要加强对思想政治工作效果的检查。思想政治工作是一项十分重要的工作,应当对其效果进行科学的检验。过去的说法是:检查思想政治工作的效果,是要看人的思想觉悟高不高,但这是看不见摸不着的。还要看学习记录、心得体会如何,开多少次大会,出多少期板报等等,结果助长了不少形式主义。也有的同志提出,思想政治工作的效果如何,就看生产成绩怎么样,这也是不全面的。我们认为,对思想政治工作成果的检验,要体现新时期对思想政治工作的新要求。应当从以下几方面进行检查:一是解放思想更新观念,提高人们对改革的适应能力和承受能力；二是引导职工多做好事，少犯错误，促使后进变先进，先进更先进；三是给人以坚定的信念和精神支柱，做到在困难面前不滑坡；四是调动人们改造客观世界的积极性、主动性和创造性，把内在的潜力挖掘出来，把干劲焕发出来；五是发展社会主义精神文明，抵制各种不良思想、作风和行为，维护社会秩序稳定；六是保证企业和职工正确地贯彻执行党的路线、方针、政策，保证企业生产任务的完成和经济效益的提高。我们把这六个方面作为新时期检查思想政治工作有无效果和效果大小的标准，并把这些标准分解为若干项具体内容进行考核，从而有效地促进了思想政治工作的开展。

（作者：山东枣庄矿业集团公司党办主任）

市场经济呼唤思想道德建设

姜荣华

江泽民同志在党的十六大报告中指出："要建立与社会主义市场经济相适应、与社会主义法律规范相协调、中华民族传统美德相承接的社会主义思想道德体系。"发展社会主义市场经济，不仅要求建立相应的法律法规体系，而且要求建立与之相适应的思想道德体系。只有建立与社会主义市场经济相适应的社会主义思想道德体系，才能保证社会主义市场经济的健康发展，促进整个民族素质的提高。

一、市场经济与思想道德是对立统一的

道德机制的作用是使社会和谐与协调，反映或体现了人与人之间的社会关系，由它所规范的行为一般来说被社会大多数成员所认可。而经济行为的本质在于以少的"投入"来获得更多更大的"产出"，尽管这种"为利"也包括"为社会的利"，但从事经济活动的单位和个人首先关注的是"自己的利"，经济行为主体这种对自身利益的追求应当说是天经地义无可非议的事实，正因为市场经济发展的动力源泉往往倾斜或导向利的追求，以谋取利益为最高价值，所以道德与经济乃是两个非比即彼相互排斥的范畴，经济的发展往往伴随而来的是产生某些道德上的沦丧与衰落现象，但是，在经济与道德关系中也存在着对立统一，相辅相成的关系，那种把经济与道德割裂开来，甚至认为在市场经济迅速发展的同时，社会上的败坏行为和党内的某些腐败作风的滋生蔓延就似乎存在着一定的合理性、必然性，那就错了。马克思主义唯物辩证法认为，对立统一规律是宇宙间的普遍规律：经济与道德本身也是既对立统一的关系，英国著名经济学家弗里德曼关于"人为满足自己，结果反而利人；人如果一心为了利他，结果反而是两边落空"的说法，仔细想来也不无道理。这就是说.要辩证地看待"利已"与"利人"的关系，它们之间是对立统一的，也有相互转化性。在这里，我们可以从市场经济中所讲究的利益导向、公平竞争、优胜劣汰、等价交换、互惠互利等本身原则中体会到经济与道德是密切相关的。因此，经济与道德在理论上不是绝对对立的，而是既对立统一的关系。

共产主义人生观、道德观作为一种社会意识，归根到底是一定社会历史条件和社会关系的产物。在社会生活中，尤其是在市场经济条件下，对于物质利益和金钱的重要作用是必须肯定的，但并不是说就一定"一切向钱看"。事实上，钱只是我们用以发展生产、方便和改善人民生活的手段，它不是至上和万能的。人间有许多比金钱更珍贵的东西，如真挚的爱情、高尚的道德和人格等，都是金钱买不到的。我们搞社会主义市场经济，必将给人们带来一系列现代文明的观念，如竞争观念、时效观念、信息观念、公平观念、平等观念、民主观念、开发观念、创新观念等等。这一系列观念的更新也正是市场经济条件下社会主义精神文明建设与无产阶级道德观念建设的具体体现。规范的社会主义市场经济与以权谋私，非法掠夺、尔虞我诈、不择手段地巧取豪夺等丑恶现象是根本对立的，因此市场经济对思想道德建设的影响作用具有两重性。它的积极作用是主要的、长远的，消极的一面是次要的、暂时的，问题在于我们要能够牢固树立共产主义人生观，道德观和价值观，在于做好工作，抵制和消除它的负影响，使市场经济与思想道德协调发展，互相促进。

经济发展需要有一个良好的社会环境条件，这个条件包括社会的道德状况与社会风气。近年来，随着社会主义市场经济的建立和发展，我国的社会经济发生了翻天覆地的变化，经济发展数值大幅度上升，人们的物质文化生活水平有了极大的改善和提高。但是，我们也还看到了另一方面的情况，即思想道德建设呈现着一种滞后的状态。极端个人主义、利己主义、享乐主义导致意识形态腐败。这就需要在全面建设社会主义市场经济的同时大力抓好思想道德的建设，整肃意识形态，净化污气浊水，为社会主义市场经济发展创造一个良好环境。用社会主义新道德调整人与人之间、个人与社会之间、局部和

全局之间的关系和行为规范。用法制制约在经济活动和社会生活中的个人行为。物质文明和精神文明的建设是相辅相成的、辩证统一的。

二、市场经济呼唤思想道德建设

市场经济是人类共同的文明，社会主义理应利用它来发展自己的经济。市场经济不仅可以促进生产力的发展，促进物质文明程度的提高，而且能激发人们积极向上的进取心，开拓人们的视野和培养现代文明的观念

1. 市场经济的发展，需要思想道德建设积极配合　市场经济是以市场为基本调节手段实现社会资源优化配置的一种经济运作形式。思想道德是调整人与人之间、人与社会之间关系的行为规则。在市场经济条件下，尽管运作主体（经济人）之间存在着激烈的竞争，存在着矛盾和利益上的差异，.但都需要一个良好的社会环境。就市场经济条件下每一个自然人而言，尽管各自的职业、环境、爱好和心理状态不同，但仍存在着共同的愿望和需要。而良好社会环境的创造，不仅需要有严密的法律规范，而且还需要有良好的思想道德风尚。法律总是要人去遵守执行的，如果人们缺乏良好的思想道德情操，不能自觉遵守法律，就会挖空心思钻法律空子，利用法律的某些不完备去做损人利己、图利害人的坏事。纵观腐败犯罪现象，其主体无一不是从其心中的“道德围墙”被其私欲、金钱欲侵蚀坍塌而开始走上触法犯罪道路的。常言道，道德立而奸邪止，道德废而奸邪生。一个社会中如果失去道德的维系，那么恶行甚至铤而走险的罪行就会防不胜防，打不胜打。同时，市场经济要求遵循等价交换原则，既要等价交换就须在交易双方订立合同，究竟靠什么力量来确保交易双方自觉履行合同呢？一般来讲就要靠交易场内各方守信或道德自律来促成，自然绝对离不开法规的限制。但法律只是强制交易各方履约的“硬性力量”，是交易市场中的最后一道“保险岗”，如果交易双方都缺乏良好的思想道德，都不能互相尊重、互惠互利、恪守信誉，那么市场交易就不能顺利进行。所以，市场经济的发展是需要思想道德建设积极配合和有力支持的。

2. 市场经济的二重性，需要加强思想道德建设　与其它事物一样，市场经济也有其二重性，市场经济强化了人们的平等观念，但可能导致以拥有商品的多少，金钱的多寡作为判断人们的价值尺度；市场经济追求利润最大化，可能出现拜金主义，“一切向钱看”和极端利己主义的腐朽风气，导致见利忘义、唯利是图、坑蒙拐骗、损人利己、图利害人等缺德和犯罪行为；市场经济的等价交换劳动使相互服务意识增强了，同时也可能导致权钱交易，“不给好处不办事，给了好处乱办事”等腐败现象，从而丢掉集中体现我党优良作风和民族精神的“全心全意为人民服务”的宗旨和无私奉献的高尚情操；市场经济增强了人们的竞争意识，但也可能导致尔虞我诈、互相欺诈、玩弄诡计等丑恶行径，要避免和遏制市场经济可能产生的负效应，必须加强思想道德建设，充分发挥市场经济的积极作用。

3. 社会道德的现状，要求加强思想道德建设　首先应当肯定，我们的思想道德建设总得来说还是抓得比较得力的，我门的社会风气总得来说也是比较好的. 或者说正朝着更好的方向发展。但是不能否认，在有的地方还存在道德滑坡的问题，这是我们不得不面对的现实。在政府机关、企事业单位、少数人为官无德、腐化堕落，突出的表现是以权谋私、贪污受贿、询私舞弊、执法犯法、敲诈勒索、吃拿卡要等。在生产经营领域，一些系统和个人违反合法经营、公平竞争、信誉第一、顾客至上的基本原则，利用非法手段赢利，具体表现如生产中偷工减料、盗用商标、冒牌仿造、质量低劣、以次充好，流通中走私贩私、逃避关税、营销假货，经营中哄抬物价、牟取暴利、行贿受贿，业务中背信弃义、敲诈行骗等。这些表现既是违法行为也是思想道德问题，严重地损害了国家和人民的利益，干扰和破坏了市场经济的健康发展，污染了社会风气，影响改革、发展、稳定的大局。因此，在加强法制建设的同时，必须加强思想道德建设，保证市场经济健康发展。

三、市场经济必须加强思想道德建设

我国正处于市场经济不断发展、改革开放不断深入、政治经济文化全面深刻变化的历史时期。这就要求我们必须加强思想道德方面的建设，包括提出新的道德规范、道德标准和对我国优良传统道德的继承与发扬。

首先，要牢固树立共产主义人生观和价值观　确立共产主义人生观对于社会的每个成员都是必要的，只有在思想文化领域坚待无产阶级人生观和价值观，才能坚持共产主义、爱国主义、集体主义精神和艰苦奋斗的革命乐观主义精神，才能在改革开放和发展市场经济的大潮中自觉抵制资产阶级的人生观和价值观的影响，才能做到铲除个人主义、拜金主义、享乐主义和一切社会上的败德行为滋生的土壤，才能增强对市场经济所产生负影响的免疫功能，使党内及整个社会风气都好起来，保证社会主义市场经济健康发展。

其次，要树立正确的物质利益观念　从市场经济角度看，在不损害社会和他人利益的前提下，积极追求自身利益的扩大是正常现象，也是不断满足物质文化需要的正当活动。然而，如果为了获得物质利益而采取以权谋私、巧取豪夺、坑蒙拐骗、非法施暴等手段去攫取，那是和社会主义道德准则相违背的，也是违法的。19 世纪法国文豪雨果在其《莎士比亚论》中说：“人有了物质才能生存，人有了理想才谈得上生活”。你要了解生存和生活的不同“动物生存，而人则生活。”这就是说，人要生存就不能没有物质利益，这是需要。但人和动物不同，人不只是为了生存，不只是为满足物欲，而应有更高的人生价值，

更壮丽的生命世界,那才生活得有意义。这便是“生活”的含义。为了“生存”而需要物质利益但为了“生活”就必须有理想。人是为“生活”而存在的,因此必须具有正确的物质利益观。

再次,要提倡诚实守信的态度原则　“信”是中国传统道德规范的重要原则之一。在社会主义市场经济条件下,商品的交换要顺利进行,都必须坚持“守信”的原则,也就是讲信誉守信用、重合同。“无信”、“背信”是市场经济活动中的大忌。,谓“背信弃义”,一旦“背信”就会“弃义”。就失去了最起码的道德标准。因而在市场经济乃至整个社会生活中,人们最崇尚诚实守信,也就是坚持实事求是坦诚待人,在企业运行和商品交换活动中必须讲求货真价实,童叟无欺,这就存在着一个“义”与“仁”问题。“义”与“仁”是相互联系着的重要道德规范。所谓“义”按照墨子的说法就是要“兴天下之利、除天下之害”(《墨子·爱》)。这是一个人做事前所要树立的动机原则,在当前以经济生活为中心的社会里,人们应当把“义”与“利”看成是统一的。只“义”不讲“利”社会就不能发展,排斥正当需要和追求利益是足取的。但是只讲“利”不讲“义”也是不行的。我们讲“义”先应当讲社会主义、讲共产主义人生观、道德观和价值观,应讲究合法利益的社会主义的义利观。

总而言之,在呼唤道德良知回归的今日,我们不应在“道德滑坡”的叹气中无动无衷,也不可在“道德爬坡”的欣喜中听之任之,而应对呼唤给予及时有效的应答——加强道德建设。一方面宣传理论、文化教育,社会舆论等各方面要发挥重要作用,以科学的理论武装人,以正确的舆论引导人,以高尚的精神塑造人,以优秀的作品鼓舞人,引导人们追求高尚的道德情操和健康的审美情趣,倡导正确的竞争意识、消费观念和生活方式:另一方面,我们党员干部要讲政治、讲学习、讲正气,加强自身修养、提高自身综合素质,在工作和生活中起表率作用,弘扬正气、振奋精神,把健康的社会风气和进步的价值观念带入21世纪,使社会主义精神文明在市场经济体制的完善中走向辉煌。

(作者:温州海鹤药业有限公司监事、行政;经济师、政工师)

认真贯彻“三个代表”重要思想和十六大精神,积极开创企业思想政治工作新格局

邵景耀

乐清市政工师协会自1992年成立以来,在市委、市委宣传部、民政局社团办等有关部门的正确领导和支持下,在广大会员的共同努力下,政工干部认真学习“三个代表”和十六大精神,紧紧围绕创建省文明城市和企业的经济建设,积极探索思想政治工作的新思路、新方法新途径,为推动我市两个文明建设、企业现代管理制度和思想政治工作做出了积极的贡献,得到了市委、市委宣传部的肯定,也得到了社会各界的赞同与认可,现在,对市政工师协会几年来的工作做以下简要回顾:

一、协会队伍不断发展壮大,政工干部的自身素质不断提高

1992年协会建立以来,共有会员99人,10年来,政工师协会经过了四次换届,每届理事会都努力做好新会员(尤其是非公企业会员)的发展工作,使政工师队伍得到不断的发展。去年,协会共发展新会员7名。到现在为止,已有会员175人。其中中共党员171名,具有高级政工职称5名,中级政工职称60名,初级政工职称110名。随着政工师队伍的不断壮大,协会按照江泽民同志关于建设高素质干部队伍的要求,狠抓政工人员理论建设和素质建设,引导全体政工干部以邓小平理论、“三个代表”重要思想和党的十六大精神为指针,积极探索、努力创新思想政治工作的新路子,开创非公企业思想政治工作的新格局。我市政工干部大部份在企业中担任一定的领导职务,他们有坚定的理想信念,有较高的理论和政策水平,有相当的组织能力和文字功底。这些同志在企业构筑了一支政治强、思想硬、纪律严、作风正、业务精的政工干部队伍。就是这样一批政治立场坚定,又有一定理论水平的政工干部,在各自的岗位上,兢兢业业、任劳任怨、忠于职守,为大力宣传党的基本路线、方针、政策,开展思想政治工作,促进我市的经济建设和企业的改革、发展、稳定等方面发挥着积极的作用。使企业的思想政治工作充满了生机和活力,使之成为本单位乃至全市企业思想政治工作的骨干和中坚力量,也给我们协会增强了活力和实力,使我们协会工作做的有声有色,逐步走向规范化、制度化的轨道。

二、进一步推进思想理论建设，努力搭建创建平台

政工师协会始终坚持把坚持“三个代表”重要思想，十六大精神做为发展自己的重要源泉。根据市委、市委宣传部的统一部署，围绕国有企业与非公企业的改革发展，协会以创建学习型企业、开展效能革命和争当学习型政工干部为契机，加强对政工干部尤其是非公企业政工干部思想教育、廉政教育和理论培训。

1. 为了纪念乐清市政工师协会成立10周年，在党的十六大胜利闭幕的日子里，协会在广电大厦召开了乐清市政工师协会成立10周年纪念大会暨《乐清政工师文集》首发仪式会上，市委副书记陈进达同志作了《开拓进取、努力创新、担负起历史赋予我们的重大政治使命》的讲话，大会总结和回顾了政工师协会10年来的发展历程，就改革开放的新形势下，加强党的建设，改进思想政治工作，使思想政治工作发展为经济服务，为体制改革服务，为企业的稳定发展服务，使之真正发挥其政治优势等提出了新的工作思路，大会号召各企业尤其是非公企业，要不断加强两个文明建设和思想政治工作，将学习贯彻“三个代表”重要思想和十六大精神不断推向新的高潮。同时，对任期届满的第三届政工师协会进行改选，使协会的组织和工作不断得到充实和完善。

2. 积极探索非公企业党建和思想政治工作、精神文明建设的新路子。协会根据非公企业思想政治工作的现状，就社会主义市场经济条件下，如何利用自身优势，开创非公企业思想政治工作的新局面进行学术交流和研讨。为了探索和吸取民营企业思想政治工作的新路子和新经验，去年11月份，协会在正泰集团举办了一次非公企业思想政治工作和党建工作研讨会。华仪、正泰、德力西、人民、天正等集团的8位政工人员（张恭维、王晓岚、叶逢林、施雷杰、李家琪及柳市、象阳经济事务所），联系非公企业的实际进行了学术交流。他们撰写的交流材料，切合实际，主题突出，观点鲜明，文笔流畅，富有时代感、新意感，具有一定的针对性和说服力。市委宣传部副部长余协献高度评价了8位同志的发言，这些交流论文，经《中国行业思想政治工作年鉴》编辑部审阅后都予以刊用。

3. 市政工师协会定期召开理事会会议，研究制定全年的工作意见，部署、研究学习党的十六大文件和政工人员理论培训计划，积极探索党建、思想政治工作和精神文明建设的新路子，积极配合创建省文明城市活动，深入开展《公民道德建设实施纲要》和“四五”普法教育工作，面向基层，面向企业，努力扩大政工队伍，商讨非公企业思想政治工作和落实职称评定的有关方案，努力加强非公企业政工队伍的建设。

三、认真搞好《政工论坛》刊物的发行和协会的基础工作

作为政工师协会理论体系的产物《政工论坛》，是反映协会工作和政工人员工作成果的刊物，在社会上有一定的影响力。为了办好这本刊物，协会在充分利用理论交流材料的基础上，认真搞好刊物的约稿、编辑和发行工作，同时，将《政工论坛》刊物的封面重新进行设计改版，建立通讯员队伍，提高《政工论坛》刊物的质量和品位。许多政工干部重视课题研究，为刊物提供了许多高质量的文章，去年一共刊出了《政工论坛》4期，刊登了论文6篇。为了使协会工作正常运作，建立了乐清市思想政治工作研究中心，使协会在抓好基础工作的同时，向政工工作的深度和广度延伸，使政工师协会工作的品位和质量不断提高。此外，协会积极做好会费的收取及协会的年审、年会的筹备等日常工作，为创新乐清市的思想政治工作打下了扎实的基础。

四、2004年度工作要点为了进一步深入贯彻落实党的十六大精神和三个代表重要思想

2004年度基层思想政治工作必须按照“三个代表”重要思想的要求，与时俱进，开拓创新，进一步提高思想政治工作的针对性、创造性和实效性，真正把思想政治工作落实到基层。作为基层思想政治工作者，既是先进理论的学习者，又是先进理论的运用实践者，也是先进理论的研究创新者，因此，我们政工人员必须面对新时期、新形势、. 新任务，继续不断探索政工工作的新路子，必须树立创新意识、增强创新勇气、运用创新方法，要把学习贯彻十六大精神引向深入。在实践中，坚持在深入人心上下功夫、在开拓创新上下功夫、在力求实效上下功夫。为了使政工师协会在我市的经济和现代化建设中发挥更大的作用，今年，重点要做好以下几方面工作：

（一）继续抓好十六大精神和“三个代表”的学习贯彻 深入学习贯彻十六大精神和“三个代表”重要思想，是各单位和全国人民当前和今后一个时期的首要任务。因此，在当前和今后一个时期，我们要把运作和学习十六大精神和“三个代表”重要思想作为指导实践、解决问题、推进一切工作的出发点和落脚点，要利用专题教育、知识竞赛、学习体会交流等形式，组织党员、干部、职工开展学习教育和研讨活动，把广大干部、职工的思想统一到党的十六大精神上来。深刻领会十六大的精神实质，以调查研究为抓手，以成果运用为载体，立足现实，服务大局，要把学习贯彻十六大精神和研究解决企业改革和发展的现实问题结合起来，充分发挥思想政治工作的优势作用，使企业改革与发展有新思路、新突破、新局面，各项工作有新举措。

（二）加强和改进思想政治工作内容、方法和活动载体，力求有新的突破 当前，改革和发展的形势喜人也逼

人,有机遇,也有挑战。新形势也带来了许多新问题,企业的干部、职工的思想问题和实际问题也明显增多,新形势也给我们政工工作者带来了压力和动力。因而,我们要不断对思想政治工作的内容、形式和机制进行创新。

1. 在宣传教育内容上,在进行社会主义理想信念远大目标教育的同时,要强化对职工进行企业文化的教育。包括企业目标、企业价值观、企业精神、企业制度、企业形象等教育。

2. 在进行形势任务教育的同时,要强化对职工的社会主义市场经济、法规和竞争意识的教育。引导职工认清形势,正视困难,统一思想,面对现实,树立起市场经济观念,勇敢迎接挑战。3. 进行思想政治教育的同时,要强化干部、职工新知识的培训。不断充实新知识、新技术,切实提高职工的思想道德素质、科学文化知识、劳动技术技能,充分发挥职工的智慧和创新力,从而成为推动企业发展的动力。

在工作方法和载体上:

1. 要坚持不断研究新情况,在针对性上下功夫。根据不同对象,分不同层次,有针对性地做好"解疑释惑"工作。2. 要坚持以人为本,在精神与物质的结合上下功夫。必须要坚持解决思想政治工作与解决实际问题相结合的原则。一定要把教育引导与服务职工结合起来,实事求是地解决问题,在办实事中贯穿讲道理。由"单向型"向"双向型"转变。由"灌输式"向"渗透式"转变。3. 要增加吸引力,在活动载体多样性上下功夫。要大胆地吸引和借鉴一些先进管理经验,在实践中以求实的精神,努力尝试各种既为职工所欢迎,又能达到教育目的富有时代感的新方法、新载体。寓教于企业文化建设和企业管理的各项活动之中,"寓教于管"、"寓教于乐"、"寓教于创"。要求政工人员必须深入基层,抓住企业发展中的热点、难点、焦点问题,摸清职工群众的思想脉搏,深入开展调查,认真组织研讨,以理论性强、应用性强、可推广可操作的研究成果,为企业的思想政治工作服务,为我市的经济发展服务。

(三)大力推进企业文化建设,深化思想政治工作的理论与实践研究　企业文化建设是现代化管理理论、管理思想、管理文化引入企业管理领域,以尊重人在企业的主体地位为中心原则,激发员工的内在活力。因此,我们政工人员在研究和探索思想政治工作的同时,必须要从企业可持续发展,增强企业的核心竞争力的高度来认识、打造、建设企业文化,进一步弄清企业文化的概念、内涵、实质。通过树立新的学习观念,建立多元的学习平台,创建各类学习组织,,着力提高员工的综合素质,把学习作为提升企业竞争力和品牌亲和力的有力手段去抓。同时,要深化思想政治工作理论与实践的研究。一要把握形势发展的趋向,增强课题研究的时代性和现实性,以具有可操作性的成果,为工作实践提供服务;二是积极拓展研究工作的新领域,面对多种经济成分共同发展的新局面,加大"非公企业思想政治工作"的研究力度,探讨新形势下进一步推进非公企业思想政治工作的新举措,寻求解决实际问题的理性答案,为乐清的改革、发展、稳定工作的大局服务;三是多途径推广研究成果。思想政治工作的成效,不仅取决于成果的质量,还体现在成果的推广运用上,为此,要经常性开展成果研讨和交流活动,通过对热点问题的研究和发布,为广大基层思想政治工作者提供服务。

(四)抓好协会的具体工作

1. 为了不断地提高政工人员素质,开拓政工人员视野,增强协会的活力和凝聚力,我们通过走出去、请进来等多种形式,今年计划举办政工人员政治业务培训班 1 ~2 期;组织政工人员外出考察一次。

2. 经常性地举行总结交流活动。在新形势下,为了进一步探讨和提高我市思政工作和精神文明建设工作,不断拓展企业思政工作新领域,今年举办一次企业思政或党建工作经验交流会,使基层单位在实践中形成的工作经验和有效做法得到推广。

3. 认真办好《乐清政工》刊物。为了及时反映我市思政工作成果和协会工作,使之成为基层思想政治工作者的专业工作读物,我们加强和重视刊物的编辑工作,今年计划出刊《乐清政工》4 ~6 期。

4. 做好协会的日常工作。一是认真做好协会工作计划的制订和实施;二是要定期召开理事会议(每季一次),共同商讨协会工作;三是搞好刊物的约稿、编辑和发行工作;四是配合宣传部,搞好政工人员的职评工作;五是做好新会的发展工作;六是做好当前政工干部队伍的调研工作,七是做好会费的收取工作;八是做好协会的年审工作;九是开好一年一度的协会年会等工作。

(五)加强协会的自身建设

各位理事和全体政工人员,要加强理论学习,着力提高自己的文化素质和创新能力,加强信息沟通和工作联系,要根据当前形势发展的需要,不断了解和掌握新情况、新知识,在实际工作中,要重视课题研究,多思考、多观察,不断发现和总结工作实践中的经验和成果,为提升我市政工水平,为我们协会的刊物多提供高质量的文章,让协会工作上一个新台阶,多出新成果。

对增强思想政治工作说服力的几点思考

魏然

当前随着改革的深入，中国的“入世”，“四个多样化”的发展，思想政治工作遭遇更加深刻的挑战。在新的历史条件下怎样才能增强思想政治工作的“说服力”，笔者认为必须把握好以下几个环节。

一、必须增强“说理的说服力”

这是增强思想政治工作“说服力”的前提。一是要把道理讲清。把大道理讲的清楚明白，把深道理讲浅、讲透，适时进行释疑解惑，这不是一件容易的事，需要厚积薄发；还要踏准时代节拍，使群众在理论上的困惑，思想上的疑虑能及时、正面得到满意的解答。二是要把道理讲新。使人耳目一新，与时俱进，精神为之振奋。群众实际上不是不愿听大道理，而不愿听假、大、空的道理。首先，内容要新。适应时代发展的需要，当前就是以十六大的最新理论成果武装群众，坚定群众的“四信”；其次观念要新。不能用老眼光、老办法、老经验看待，解决新形势、新问题、新情况；再次语言要新。要有理论根底，掌握新知识、新词汇、新信息、新概念，并善于将知识转化为说理的能力。三是把道理讲实。紧贴实际、实话实说、实事实办。紧紧围绕和服务于中心工作，调查研究，了解动态，把握脉搏，对热点、难点、焦点问题不回避，不闪烁其词，把解决思想问题和实际问题统一起来。如果道理一大篇，问题不沾边，教育就缺乏底气，道理就不硬，群众是不会买你的帐。四是要有尊重人的诚意。要从思想深处剔除以理压人、以势压人的观念和态度，有的人自以为穷尽了真理，比教育对象高明许多，就颐指气使、夸夸其谈、恃才傲物去训导人，有的人拥有一点权力，自以为比教育对象高尚许多，就居高临下，自命不凡，板着教师爷的面孔、摆着救世主的架子，但强势和强权教育是没有效果的。为此，首先要尊重教育对象，视群众为手足，是朋友，在平等氛围中交流，在潜移默化中教育，这是思想工作的境界和基本要求；其二要改变硬性灌输、简单粗暴、带有“管”和“治”味道的模式。在运用载体上，在营造氛围上，在感染对象上采取新方式、新手段，否则这项工作就真失去了市场和人群；其三要科学而理性地把握人的思想发展脉络，增强针对性。尊重人，基础是准确把握工作对象的追求、愿望、情感和需要，前提是进行深入的调研，关键是有宽广的知识视野，深厚的理论功底和丰富的生活经验作支撑。五是要讲究并致力于讲理方法，讲理艺术。不断把说理的艺术品位提高到语必服人的境界。我们就能极大地增强思想政治工作的说服力，解开现实的、深层次的思想问题。

二、必须增强“人格的说服力”

这是增强思想政治工作“说服力”的根本。人格是人的内在品德与外在尊严的统一，是美德之母，如同影子，伴随人生一起同行。“在教育工作中，一切都应以教育者的人格为依据，因为教育力量只能从人格的活的源泉中产生出来，任何规章制度，任何人为机关，无论想得如何巧妙，都不能代替教育事业中的人格作用”。人格的力量具有巨大的感染力、影响力和辐射力。首先道理高尚是人格“说服力”的源泉。道德由种种原则和价值观组成，给你的生命赋予方向、意义、内涵，构成你的良知，使你明白事理。教育者是人类灵魂的工程师，塑造被教育者的灵魂，必须首先净化自己的灵魂，而道理就是构筑灵魂的材料。无数英烈仰仗着理想与信念，凭借着人格与德性，至今对人们的思想和行为发挥着规范、教化、感染的功能。二是清正廉洁是人格“说服力”的基础。当前人们最痛恨的就是以权谋私，以岗谋利，贪污受贿，吃喝嫖赌，抛弃道德，扔掉人格的腐败行为，可他们还在台上做“说服力”的工作，使得思想政治工作苍白无力，令人生厌。所谓“其身正，不令而行，其身不正，虽令不从；吏不畏吾严而畏吾廉，民不服吾能而服吾公；公则民不敢慢，廉则吏不敢欺；公生明，廉生威。”就是这个道理。三是言行一致是人格“说服力”的体现。教育者并非完人，但应是一切美好的化身和可资仿效的榜样，教育者人格修养好，品德高尚，才受尊敬，有号召力，才信的过。现在往往不是因为教育内容失真，而是教育者教马克思主义，行自由主义；讲集体主义，行个人主义；喊奉献精神，行拜金主义；吹清正廉洁，行贪污受贿等。无论你说的天花乱坠，群众也不买你的帐，而且还会产生逆反心理。当前就是要带头实践“三个代表”重要思想，做知与行、言与行的统一论者，进而将人格的“说服力”转化为思想政治工作的说服力。

三、必须增强“事实的说服力”

这是增强思想政治工作“说服力”的关键所在。增强“事实的说服力”，要求我们的思想政治工作者树立求真务实的形象，深入实际带动群众多做实事好事。毛泽东同志说过："一切群众的实际生活问题，都是我们应当注意的问题，假如我们对这些问题注意了、解决了，满足了群众的需要，我们就真正成了群众生活的组织者，群众就会真正围绕在我们的周围，热烈的拥护我们"。实践已经并将继续证明：只有踏踏实实地把中国自己的事情办好，把单位的事情做好，把改革开放的事业不断推向前进，才能让群众职工实实在在地感受我们党是真正代表先进生产力发展要求，真正代表先进文化前进方向，真正代表中国最广大人民根本利益的先锋队，才能使人民群众实实在在地享受到改革和开放带来的实际利益，进而信服我们党的思想政治工作。也只有这样，我们才能用"事实胜于雄辩"的道理，真正唱响共产党好、社会主义好、改革开放好的时代主旋律，才能以"事实的说服力"增强思想政治工作的说服力。

四、必须增强"典型的说服力"

这是增强思想政治工作"说服力"的有效途径。要注重培养、树立、弘扬体现时代精神和"三个代表"思想的先进典型，用典型教育人、启发人、激励人。是金子就让你发光，有绝活就给你搭设舞台。歌德有句话："不是有水地方都有青蛙，但是有青蛙叫的地方必定有水"。这句话深刻揭示出了环境的巨大影响力。一条战线、一个企业、一个单位都需要有一种以人为本，人人争先的良好氛围，这是一个国家、一个民族、一个单位宝贵的财富。人是生产力诸要素中最活跃的一个。让单位先进人物"香"起来，响起来，就是要在单位中创造出这种人本氛围，善于发挥典型的示范、导向作用，让典型"说话"，我们就能让职工群众从具有"说服力"的活生生的事实和榜样身上受到启迪，认识真理，坚定信念，只有实事求是地树立和宣传先进典型，切合实际地组织比、学、赶、帮、超活动，才是提高思想政治工作"说服力"的有效途径。

五、必须增强"工作的说服力"

这是增强思想政治工作"说服力"的组织保证。要进一步研究新情况，解决新问题，开辟新途径，创造新方法，是增强"说服力"要解决的重要问题。如果内容单调，针对性不强，形式、方法、手段呆板，工作机制不健全，思想政治工作就不可能适应形势，深入人心，发挥作用，显示威力。"四个怎样认识"，是关系党员干部政治信念，更关系广大群众的信心士气，不面对、不正视是不行的。思想政治工作是解疑释惑，提高认识，统一思想，凝聚人心的工作，建设中国特色社会主义的成功实践是最生动最有说服力的教材，我们身边典型和先进是最生动最鲜活的教材。面对日益纷繁复杂的社会生活，要求我们思想政治工作要注重从体制、制度、机制、载体和科学的态度、科学的方法中找寻到增强思想政治工作说服力的钥匙，有所创新、有所发展。

（作者单位：莆田市公路局）

更新观念　不断探索思想政治工作的新方法、新途径

阮敬东

随着改革的逐步深入，国有企业面临战略性改组和内部机制改革，职工将面临身份置换，下岗分流、资产重组、利益调整等改革措施，各种深层次思想及新旧观念发生激烈的碰撞，思想领域中出现了一系列新问题、新矛盾，如何加强思想政治工作，保持企业的稳定、发展和顺利改制，是摆在我们面前首要的课题。我们认为，新形势下必须更新观念，不断探索思想政治工作的新方法、新途径，在增强针对性，强化导向性，加强前瞻性，注重创造性，提高实效性五个方面做好文章。

一、增强针对性，深入调查研究，有的放矢地做好思想政治工作

邓小平同志曾指出："我们说改善党的领导，其中最重要的就是加强思想政治工作。"思想政治工作的对象是人，人的思想是最活跃和复杂的，要想做好人的思想政治工作，必须深入调查研究，切实掌握职工的思想动态。我们认为，在深化改革的新形势下，职工队伍中有思想问题并不可怕，怕的是听不到真实的声音。思想政治工作者只有围绕改革、稳定、发展工作中的热点、难点与焦点问题，有针对性地开展调查，及时了解职工在想什么，盼什么、急什么、忧什么，既要身到，又要心到，情真意切，做职工群众的知心人，透彻了解群众的心思，真切地感受职工群众的情绪，并科学地分析、归纳职工群众的意见，善于集中职工群众的正确意见，作为制订企业决策的依据。对存在的各类思想症结进行因果分析和性质分析，分析产生思想的根源，同时根据不同群体生理、心理特点做出科学的、入情入理的、符合实际的解释和说明，才能做到有的放矢，对症下药，做到一把钥匙开一把锁。否则，千篇一律、漫无边际地做思想政治工作，犹如隔靴搔痒，注定事倍功半，收效甚微。

二、加强前瞻性，未雨绸缪，防微杜渐，防患

于未然

“预则立,不预则废”。企业即将面临转换经营机制的重大考验,在当前特定的环境中,思想政治工作者必须对企业改制的事前、事中、事后职工群众的心理反应作科学的预测和评估,必须前瞻性地概括当前职工存在的思想症结及主要矛盾,及时做好应对措施,才能做到未雨绸缪,知微见著,防微杜渐。要做到见事快、行动早、办事果断、措施有力,及时发现倾向性、苗头性的问题,把问题解决在萌芽状态。如我司针对当前企业在改制前存在的主要思想进行了归纳和分类。一是期望与现实的矛盾。一些干部职工本着早日改制的满腔热忱,认为改制只要买断劳动关系,职工集资重新组合,就可另起炉灶重新挂牌经营,经济收入就会大幅度提高。一旦发现改制的进程并不象自己想象的简单,急燥情绪和失望情绪随之产生。二是个人利益和集体利益的矛盾。一些职工对改革缺乏足够的认识,不能正确对待改革过程中的利益调整,特别是年龄较大的老职工,担心改革会改掉自己的饭碗,怀旧情绪时常作怪,想吃稳定饭、平安饭,抵触情绪较为强烈,对改革改制持消极态度。三是一些职工思想观念陈旧,不能适应市场经济竞争的节奏,不讲工作效率,只求经济收入高;大事做不了,小事又不做;工作稍有不顺就怨天尤人;当一天的和尚,撞一天的钟,得过且过混日子的思想,对改革漠然等待的思想。针对上述的主要矛盾和思想症结,我司多次在有关会议上强调:首先必须确定,随着我国加入WTO,市场竞争必将越来越激烈,搞活经营机制是提高企业核心竞争力的必要手段,也是增强企业活力的必由之路,更是企业持续发展的自身要求。只有通过改制,才能彻底地革除陋习和弊端,才能有效地提高工作效率,才能从根本上维护广大职工的切身利益,才能将每个人的命运和企业的兴衰更紧密地联系在一起。其次必须阐明,改制是一项复杂的系统工程,绝对不能轻率激进,更不能简单、粗糙地随意决策。要充分吸取省内、外改制企业的成功经验和失败的教训,避免走弯路和错路。既要积极、果断、大胆地推进改制步伐,又要健康、有序、稳妥、细致地做好改制前的准备工作,要尽量将改制带来经营工作的负面影响降低到最低限度,要确保经营骨干和各类人才不流失,确保经营工作不停顿。由于做了大量切实有效的思想政治工作,做到了经营和改制工作双不误,公司保持了稳定发展。

三、强化导向性,正面教育,统一认识,言教身传,凝聚人心

俗话说“人心齐,泰山移”。企业要想在日趋激烈的市场竞争中立足脚跟,并得到持续性的发展,就必须搞活经营机制,不断提高企业核心竞争力。要想把职工的思想认识统一到企业的共同目标上来,就必须强化思想政治工作的导向性。强化导向性,首先要按照“三个代表”的要求和十六大精神,坚持对职工进行马列主义、毛泽东思想、邓小平理论的教育和法制教育,使职工坚定理想信念,树立正确的世界观、人生观、价值观。学会用唯物主义辩证法和历史唯物主义观点看待事物,才能在错综复杂的形势下认清是非,明辨真伪,区分善恶;才能立场坚定,旗帜分明,有效地抵制歪理邪说,自觉地做遵纪守法的公民。二是加强集体主义教育,牢固树立“企兴我荣,企衰我耻”的集体荣誉感和责任感。弘扬爱企业、爱岗位的敬业精神,吃苦耐劳的工作态度,勇争第一的拼搏精神,全力奉献企业、奉献社会的思想品德。三是通过多种形式的教育手段,提高职工的竞争意识、效益意识、风险意识、责任意识、道德意识。积极引导职工辩证地看形势,既要看到困难,又要看到成就;既要看到挑战,又要看到是一种机遇;既要看到暂时的影响,又要看到变化和发展的前景。四是要注重领导行为的导向作用。领导干部首先要摆正自己的位置,要勤政、廉政,干净干事;要严于律己,率先垂范;要树立强烈的责任意识,服务企业、服务职工的理念;树立开拓进取的意识,自强不息,永不言败的精神。要模范地遵纪守法,做到言行一致,公正办事,要求职工做的,自己首先要做到,禁止职工做的,自己坚决不做。只有自己言传身教,做职工的思想政治工作才能有说服力。五是要树立职工身边看得见活生生的先进典型以起导向作用,把抽象的说教变成形象的示范。如我司近几年树立了省级优秀党员曹杰同志的先进典型,大力宣扬其爱岗敬业、身先士卒、无私奉献、埋头工作、忘我劳动及连续多年创造显著的经济效益的先进事迹。由于树立的典型贴近群众,很具有感染力和说服力,形成了比学、赶、帮的热潮,真正做到了用先进的思想引导人,用先进的事迹熏陶人,达到净化职工心灵,有效地激发了职工的积极性和创造性。

四、注重创造性,更新观念,讲究艺术,创新载体

随着企业的外部环境和内部环境不断地变化,思想政治工作也必须在思路上、方法上、载体上都有所创新,才能在新形势下从容应对,有所作为。首先要在思想观念上有所创新,就是要不断地解放思想,实事求是,与时俱进,开拓创新。要结合企业思想政治工作面临的有利因素与不利因素,及时准确地把握职工的思想脉搏,研究探讨新对策。要及时总结和完善思想政治工作的新经验,不断拓展思想政治工作新领域。其次是思想政治工作方法必须创新。要讲究做思想政治工作的艺术性,在分析企业思想政治工作面临的新情况、新问题的基础上,实现思想政治工作方法的传统型向现代型方法的转变,变经验型的思想政治工作方法为科学型的工作方法。要将心理学、伦理学、社会学、美学及现代管理学引入思想政治工作领域,努力提高思想政治工作的知识含量。针

对职工思想形成、发展变化的因素具有多样性及各人性格、特点不同，变孤立适用某种具体方法为综合运用多种方法，多角度、多侧面地开展工作。坚持正面教育和严格管理相结合；解决思想问题和解决实际问题相结合；精神激励和物质激励相结合，从而有效地解决思想问题，尽可能调动一切积极因素。三是载体创新，要不断探索和完善生动活泼、群众喜闻乐见的方式，增强思想政治工作的趣味性、渗透性和感染力，寓教于乐，让他们在健康有序的活动中受到教育和启迪。如我司坚持企务公开制度，为了避免企务公开栏的单调枯燥，一方面及时公开职工关心的热点、焦点问题，一方面尽量将公开栏布置得图文并茂，丰富多彩。既有反映祖国伟大成就的宣传图片，又有职工摄影作品；既有形势教育、法制教育的知识，又有职工针对企业管理各抒已见的合理化建议；真正做到了民主管理、民主监督，充分行使主人翁的权利。同时，我们还举办文艺联欢会，组织开展羽毛球、乒乓球、保龄球、棋类等比赛，既增强了职工的体魄，陶冶了情操，又有利于增强企业的凝聚力和向心力。

五、提高实效性，实事实办，好事办好，充分挖掘职工的潜能

江泽民同志在“七一”重要讲话中指出，“要加强有说服力的思想政治工作”。要有说服力，就得用事实来说话。职工群众看的是实际问题能否得到妥善解决，而不是话讲得多响亮。所以，要想提高思想政治工作的实效性，一是我们必须把坚持为崇高理想而奋斗与为广大职工谋利益统一起来，把完成各项工作任务与不断提高职工生活水平密切挂起钩来。在重大原则是非问题上主持公道，在事关群众切身利益的实际问题上保持公道，在事关职工前途（如晋升、提级、奖罚）问题上力求公道，才会令人折服，使人信服。二是必须坚持群众路线，想群众所想，干群众所愿，时刻把职工的冷暖疾苦挂在心上，把职工的事变成自己的事来办。三是必须时刻注意并及时发现职工有何需求，善于用科学的方法激发其追求目标的动机，用正确的思路诱导其行为，充分挖掘其内在的潜能，为满足其自我实现及为企业的整体利益服务。如我司近几年在思想政治工作中作了以下几点有益的探索。一是设置目标激励法，即企业注重两个文明一起抓，围绕经济建设为中心，拓展经营规模，提高经济效益基础上，在创建市级文明单位、创建全国模范职工之家上花大力气，宣扬企业文化和企业精神，树立集体荣誉感，使职工拥有共同一致的企业意志，企业价值观念，使公司目标任务明确，促使职工心往一处想，劲往一处使，形成一种强烈的向心力。二是不失时机地提拔了数名品德优秀、业务能力强、业绩突出、富有改革意识和创新精神的年轻的中层干部进入领导班子，为其本人提供了自我实现施展其才能的条件和场所，体现组织关心人才、尊重人才、培养人才、用好人才的谋略。三是加强了以德治企的措施，结合公司特点制订了《职工道德行为规范》，组织职工开展学习，不断加强法制教育、社会公德、职业道德、家庭美德教育，确立了职工在经营活动和日常工作生活中应当遵守的行为规范和准则，有效地提升了思想境界，增强了道德观念，提高了各方面的素质。四是切实关心职工的物质需求，帮助解决职工工作生活中的实际困难。一方面想方设法改善职工的工作条件和生活环境；另一方面坚持扶贫解困，从小处着眼，从小事做起，实实在在为职工办好事、办实事，多做暖人心、稳人心、得人心的工作。如坚持“四必访”：职工有困难必访，送去救济金，想方设法帮助解决实际困难；逢红白喜事必访，送上组织的关怀；逢职工患病住院必访，送去慰问品以示集体的温暖；职工有思想问题必访，沟通思想，解疑释惑，解开思想症结。力求以情感架起沟通的桥梁，以关爱之心获得理解，以平等民主达成共识，以和气共事凝聚力量，让职工群众从切身利益的小事中领悟某些大道理，增进对集体的亲近感，从而在经营工作中迸发出积极性和创造性。总之，只要我们坚持做好上述“五性”，不断探索新形势下思想政治工作的新思路，新方法、新途径，并不断予以加强、改进和创新，就能在思想政治工作中发挥新的作用，获得新成效。

（作者单位：温州市金属材料总公司）

思想政治工作研究的发展趋势

龚华岗

思想政治工作研究同其他一切学科的研究一样，都有其产生和发展的历史过程。因此，我们完全有可能也有必要，运用马克思主义的发展观，根据研究工作的一般规律，对思想政治工作研究的未来，进行科学的预测和展望，从宏观上把握思想政治工作研究的趋势。未来思想政治工作研究将体现出八大趋势。

一、思想政治工作研究将与管理研究、心理研究、大众传播研究、人文研究、组织行为研究、社会学研究、领导学研究等相结合

思想政治工作从广义的角度看是研究人。具体讲是以人的思想和行为形成、变化、发展的规律为研究对象。然而人是一个复杂的组合概念,从不同角度对人的研究形成不同学科,得出不同的研究结果。社会学角度研究人得出人的社会属性。心理学角度研究人得出人的心理特征。组织行为学、管理学和领导学角度研究人得出人群的组织活动的行为规律等。思想政治工作以人的思想和行为为对象,一定的思想导致一定的行为,这是一般规律,但思想到行为的过渡,或者说行为作为思想的外化,特别是在现代社会绝不是简单的"投影效应"。这种过渡受各种环境和因素的影响,是个极为复杂的过程。因而,人的行为往往是多因一果的。如果只从思想和行为的关系上来推断人的思想行为的规律是远远不够的。如在社会的科技水准大发展,人们的文化水平大提高的今天,也会出现李洪志和法轮功邪教,我们除了从政治上解决法轮功问题外,不得不从社会学角度对法轮功现象作更深的思考。所以,面对越来越趋于复杂的人的行为,思想政治工作必须和研究人的相关学科结合起来,才能更好地把握人的政治思想和行为发展变化的规律。多学科综合研究将成为一种重要的研究趋势。

二、思想政治工作的工作者将具有工作者和研究者双重身份

在传统的思想政治工作年代,一般地讲,思想政治工作者和思想研究者;这两者是分离的。这主要是由两个原因形成的。

原因之一:战争年代和计划经济体制下的思想政治工作总的来讲情况变化较缓慢,人的思想变化幅度也就不大,思想政治工作方针、原则、方法贯彻执行变数较少,适合当时环境的思想政治工作理论框架、体制和方式方法一旦形成,更多的思想政治工作者,主要是操作和执行为主的实践者的身份,客观上并不要求每个思想政治工作者(特别是广大的基层思想政治工作者)理论上具有较深的功底。

原因之二:由于历史原因,我党广大基层的思想政治工作者实践经验丰富,但相当部分人文化水准较低,他们并不具备从理论上开拓思想政治工作的可能性。这种状况从某种意义上讲,也制约了我党思想政治工作对新形势、新情况、新问题的适应和发展。

思想政治工作者和研究者双重身份的特点,在未来思想政治工作中将会更充分地表现出来。随着改革开放和发展社会主义市场经济的深化,思想政治工作面临着从未有过的大变化。原来积累的那套传统的经验、方式方法,甚至部分理论,已经不能很好地适应当今的实践。有变化就要有研究,有大的变化就要有大的研究,这就促使面对新实践的思想政治工作者去寻求思想政治理论力量的支持。这就形成了十一届三中全会以来,以思想政治工作研究会为代表的,思想政治工作基础理论大研究,促进了新时期思想政治工作的大发展。当前、这种研究的主体队伍绝大多数是基层一线的思想政治工作者。思想政治工作者和研究者双重身份的特点,在未来思想政治工作中将会更充分地表现出来。

三、思想政治工作者将向知识化、学者化发展

这种趋势是由三方面因素决定的。一是由思想政治教育者和教育对象知识匹配原理决定的。在思想政治教育过程中教育者或者说教育者队伍的知识层次应与被教育者知识层次相匹配。在战争年代,我们的战士和人民群众总体的文化水准较低,社会的知识化程度也不高,思想政治工作者基本保持知识优势。这种优势是通过培训来完成的,干部、思想政治工作者较群众往往有更多的学习、进修机会。

在改革开放和市场经济体制下,人的知识层次大大提高,出现了思想政治教育者与劳动者队伍知识文化层次不相适应的情况。改革呼唤强有力的思想政治工作,也呼唤着高知识层次的思想政治工作者群体出现。思想政治工作者的知识化趋势有其必然性。

二是有由思想政治工作者是人类灵魂的塑造者的性质决定的。塑造人的灵魂不光是用革命的道理来武装人,而且要帮助人们确立起科学的观念、科学的方法、科学的态度,这是构成人的正确世界观的根本问题。科学总是与知识相连,愚昧则是无知的必然结果。思想政治工作者作为人类灵魂的塑造者,首先应该是一个知识的拥有者,是个博学广识的智者。思想政治工作以提高人的素质为己任,当然要以自己的知识和智慧去启迪人们的心灵,以革命的理论去熏陶人的心灵,以自己的人格去感化人们的心灵。缺乏知识的思想政治工作者,他的人格是不健全的,他的科学观是不牢固的,他的革命理论宣传也将是苍白的。所以一个能适应未来社会变化的、优秀的思想政治工作者,首先应是个知识化的智者。

三是由思想政治工作理论发展的规律决定的。马克思主义思想政治工作学,就其理论形态而言,它的理论是及其深奥的。经过多年的研究努力,思想政治工作学的理论体系框架已经确立,但作为一个科学学科而言,整个理论体系还属初创阶段。正因为如此,给未来的思想政治工作研究留下了充分发展的余地。它如一切新学科的发展一样,还有待在实践中不断完善、发展。改革开放进程中的社会需要强有力的思想政治工作发挥思想整合功能。经济发展、社会进步需要不断完善的思想政治工作的理论形态对思想政治工作的指导,以提高思想政治工作的效率和科学性。这就要求思想政治工作理论大大地

丰富和完善起来，以形成对实践更有力的支持。实现这一切的一个重要前提是思想政治工作队伍的知识化和思想政治工作研究者的学者化。

四、研究手段的综合化、科学化和现代化

思想政治工作研究手段科学化，是指思想政治工作研究最大限度地运用规范合理而又有效的研究手段来开展。传统的思想政治工作研究中，定性研究运用较多，定量研究显得不足，研究手段主要是社会调查和逻辑推理。这是必要的，但也是不够的。研究手段的科学化，是学科研究发展的前提。未来思想政治工作研究更多地将采用社会角色理论，社会互动理论来研究人的角色行为和建立职业道德规范。运用相关效果模型来研究人的行为过程，推理人和人群的行为趋向。运用统计学的方法，通过大量的数理统计正确地分析群众的思想倾向，有侧重地、针对性地给出思想政治工作教育的方案。运用系统科学的方法和黑箱理论来全面分析和把握人的思想和行为，正确判断人的思想的量度变化。通过建立科学的测试方法，对社会思潮作量化分析，以利于建立社会思想政治状况监控体系；确定社会思想波动警戒线和警戒指标，企业员工思想波动警戒线和警戒指标，有利于保持社会的安定和思想的稳定。

思想政治工作研究手段的现代化，还指充分使用现代科学技术手段进行思想政治工作研究。现代科学技术是人类文明的结晶，思想政治工作本质上是一项创造性的工作，这种创新还应表现在思想政治工作研究对现代科学技术成果的运用上。通过信息网络渠道开展思想调查，可以突破调查地域的局限性，提高调查的真实度；通过建立思想政治宣传网络可以大大加快宣传思想工作信息传递的速度和共享度；通过电脑建立人的思想行为模拟模型可以大大加强我们对人的思想和行为规律的了解，使我们对人的思想行为的判断给出定量的分析，也使思想政治工作评估更为准确、恰当。

五、多学科学者加盟思想政治工作研究

人是一个复杂概念，是各种社会关系的总和。人的思想和行为形成离不开客观环境，具有极大的多重性和综合性。人的思想和行为动机的综合特征，决定了从单一的角度去研究人的思想和行为必然具有局限。科学研究的规律告诉我们，一门学科的研究初始阶段，是以单科深入研究的方法为主的，当研究到一定的深度时，为了获得新的突破，则往往会从单科研究走向多学科综合研究。对人的思想和行为的研究也是多角度的。单门学科是无法完整地把握人的思想和行为规律的。学科间的渗透、相融是发展趋势。尤其是处于经济转轨的现阶段，面对人的现代化，人的思想和行为的变化将更为复杂，这一切对思想政治工作提出了更强的适应性的同时，要求思想政治工作研究领域要有各相关学科专家的加盟，消除偏见，通力合作，运用各学科的研究成果将思想政治工作研究推向深入。

六、借鉴国外思想教育经验和教训，实现思想政治工作研究新突破

共产党的思想政治工作，无疑是人类历史上最先进的思想教育，但这并不是说国外的思想教育经验和做法就没有借鉴意义。认为思想政治工作只有我国或社会主义国家才有，资本主义发达国家没有的观点是错误的。因为社会主义的思想工作的先进性，而否定资本主义国家的思想教育对我们社会主义思想政治工作的发展具有借鉴意义，同样也是错误的。

首先，发达资本主义国家要早于我们200年进入市场经济。他们“以人为本”的管理思想、行为科学的研究，心理学的应用等对我们都有借鉴意义。借鉴他们的经验，有利于在未来社会中尽快地发育和完善我国的市场体系。并使人们尽快地确立起正确的市场观念。

其次，发达资本主义国家经济发达，科技先进，人的整体的文化素质比较高。高文化人群对真理的接受和认同则更多地以理性和自我判断的方式开展，教育方式则以启发理性思考为主。借鉴发达国家的经验，对研究我国群众文化素质大提高过程中的思想政治工作方法和思想教育规律是非常有益的。如我们可以借鉴西方卡耐基人际关系理论和技巧来帮助理顺改革进程中的单位和社会人际关系、改进思想政治工作；运用成熟的公共关系中的内公关和外公关理论来协调完善企业内部以及企业与社会之间的相互关系，创造良好的企业生存环境等。

第三，发达资本主义国家随着社会物质文明的高速发展，人们一方面享受着物质文明的成果，同时也不得不面对高度物质文明所带来的一系列负效应。人们在治愈了社会的贫困的同时，却又不得不去研究治理现代“文明病”。在我们迎来我国经济社会大发展的同时，我们也必须以资本主义的“文明病”为前车之鉴，在充分发扬思想政治工作的优势，确保我国经济发展的同时，实现社会文明的大发展和社会的大进步。

七、思想政治工作效果的评估和研究将进一步科学化、量化

改革开放以来，由于种种原因，思想政治工作的作用往往被低估，甚至在一定的场合和部门得不到认同、理解和尊重。这种现象的出现，思想政治工作效果缺乏科学有效的评估手段和评估标准是一个重要原因。

思想政治工作效果评估的科学化是极为重要的。应该承认以往对思想政治工作的效果评估是相当的不成熟和不够科学的。主要表现在三方面。

第一，对思想政治工作效果评估比较多的采用对人的思想下质的定义的方法，缺乏量的标准和量的衡量体系。人的旧思想、旧意识、旧观念的转变和新思想、新意

识、新观念的接受,是一个渐进的量变到质变的过程。对人的思想素质或政治思想水平只采用好、较好、一般、差、等的质的评估方式是不够的。只有引入量的概念,对人的思想评估创建量和质相结合的评估体系,才能使思想政治工作效果的评估更体现科学性。

第二,偏重于以思想为标准的衡量思想政治工作效果的评估尺度。不少思想政治工作者习惯于将灌输的思想意识观念作为评估的尺度,这具有同质测量的特征,是不全面和不科学的。不少思想政治工作者习惯于将灌输的思想意识观念作为评估的尺度。这里有三种情况:1.灌输的思想意识观念是正确的(通常情况下也是这样的)。这种情况下以对象接受了多少这种思想意识观念作为思想政治工作效果评估的标准有其合理性,但人的思想意识具有隐蔽性和多变性的特点,客观上从思想到思想的效果评价体系是很难正确实施的,它具有同质测量的特征,因而缺乏科学性。2.假设在一定的思想政治教育过程中,用于灌输的思想、意识、观念,本身具有不科学性,甚至是完全错误的(这在思想政治工作实践中曾多次出现,危害非浅),这时思想政治工作越有力,对象接受的灌输越多,后果越不堪设想,这里同质测量的弊端和非科学性更是暴露无遗。3.思想政治教育的目的不是在于认识世界,而是在于改造世界,从思想到思想,并没有实现对世界的改造。只有当科学的思想、意识、观念化为人民群众的行动时,改造世界的目的才能实现。所以思想政治工作效果的评估的标准只能存在于改造世界的伟大实践中。

第三:以经济效益或经济指标作为唯一标准的思想政治工作效果评估尺度具有单一性和片面性。经济指标的即时性和思想政治工作效果的潜移默化性,经济效益的一元性和思想政治工作效果的多元性,以及经济效益对经济环境、经济规律的依赖性和思想政治教育对人们认识经济规律的间接性等矛盾,规定了经济效益(在企业)是评估思想政治工作效果的极为重要的标准之一,但决不是全部。邓小平同志在谈到社会主义的标准时,曾明确提出"三个有利"的标准。体现了科学评估方法的多义性标准思想。为了充分发挥思想政治工作在新时期的经济和社会发展中的保障作用,对思想政治工作作出现代化的、多元的、量化的评估,建立科学的量化的思想政治工作评估体系,定会有所突破。

八、思想政治工作与经济、社会的发展高度紧密结合,思想政治工作学作为一门科学,为社会普遍地认同

现代经济的发展,使管理在经历了行为管理、心理管理阶段后,进入了思想管理阶段。思想管理是知识经济,也是智力经济的基本要求。现代管理的核心是对人的管理,起初对人的管理重心主要地表现为对人的心理管理。是根据人的心理规律,提高对人的行为的预测和控制的有效性。人的心理与人的思想有区别又有联系。普列汉诺夫在分析社会结构时把它分为生产力状况、经济关系、政治制度、社会人的心理和思想体系五个层次。可见,人的心理与思想体系虽然都属于社会意识,但人的思想与心理相比,有序程度更高,理性化程度更强,系统化程度更为显著。随着社会的进步,知识在经济发展中作用的提高,人的管理活动将更多的是根据人的思想活动、变化、规律来提高对人的行为的预测、导向和控制。管理的这一特点,决定了思想政治工作在经济管理和社会管理中具有非常独特的功效和作用。经过近几年的努力,思想政治工作在我国社区建设中,已经表现出它的参与功能与独特的作用,这一点将进一步为今后的经济发展和社会发展所证明。

经济和社会管理进入思想管理阶段,为思想政治工作在新形势下的新发展提供了绝好的机遇,同时也对思想政治工作的发展提出了新的难题和挑战。这种挑战,只有具有勇于探索的科学精神才能应对,众多难题也只有通过孜孜不倦的思想政治工作研究才能解开。在挑战和难题的背后,必将是思想政治工作大发展;思想政治工作理论的大发展;思想政治工作研究的大发展,最终导致思想政治工作学科的不断完善和发展。思想政治工作学作为一门科学,也必然为社会所普遍认同。

(作者:上海纺织党校副校长)

把握思想政治工作规律　提高思想政治工作水平

高永雄

全面贯彻"三个代表"的重要思想,加强党的建设,开创新时期思想政治工作的新局面,具有十分重要的现实意义和深远的历史意义。新形势下如何遵循思想政治工作的规律和方法,做到与时俱进,不断提高思想政治工作的艺术水平,借鉴经验,结合实践,笔者谈几点粗浅的认识。

一、思想政治工作是一门科学，做好它，必须了解和掌握其内在的规律

毛泽东同志在《实践论》中指出“人们要想得到工作的胜利即得到预想的结果，一定要使自己的思想合于客观外界的规律性。”由此可见，思想政治工作和其他工作一样，要做好它，不仅要有科学的态度，而且要掌握其内在的规律和方法。1. 把党在新时期的思想政治工作的方针原则与本地区、本单位及具体工作对象结合起来，创造性地开展工作，是做好思想政治工作必须遵循的一条重要规律。党在新时期的思想政治工作方针原则概括起来主要是做到“六个坚持”，即坚持以马克思列宁主义、毛泽东思想、邓小平理论和“三个代表”的重要思想为指导；坚持党的基本路线和基本方针；坚持以经济建设为中心，为全党全国工作大局服务；坚持从实际出发，增强针对性、有效性；坚持教育与管理相结合；坚持解决思想问题与解决实际问题相结合，即在党的领导下依靠全社会共同来做。这六个方面是新形势下思想政治工作在继承优良传统的同时，根据新的情况和特点不断发展并逐步形成的一整套方针原则，这些方针原则，反映了思想政治工作的规律性，是行之有效的，关键是要把这些方针原则与实际情况结合起来，创造性地开展工作，把它落到实处，才能真正发挥思想政治工作的效力。2. 在坚持中发展，在发展中坚持是做好思想政治工作必须遵循的一条基本规律。江泽民同志曾经指出“改革开放以来，我国人民的精神文化生活有了许多新的发展，加强和改进思想政治工作，过去行之有效的好传统、好方法要坚持，更重要的是要适应新情况下不断探索新的方式、方法、手段和机制，要力求做到生动、活泼、群众喜闻乐见、切忌形式主义、教条主义，切忌简单生硬。”在发展社会主义市场经济过程中，经济成分和经济利益的多样化，人们的活动方式、交往方式、思维方式发生了很大变化。这些变化，在促进人的思想观念发生积极变化的同时，也引起一些模糊甚至错误的认识。如一些人理想信念产生动摇，政治意识薄弱，价值取向扭曲；一些人个人主义膨胀，只讲索取、不尽义务，缺乏无私奉献的精神，只讲金钱，不讲信誉；一些人享乐主义严重，艰苦奋斗精神衰退，只图安逸享受，缺乏进取精神；一些人受唯心主义影响，科学思想淡薄，从宗教信仰和封建迷信及伪气功中寻求精神寄托。这些新情况、新问题都亟需引起我们各级各部门的高度重视，应积极探索新形势下加强和改进思想政治工作的新办法、新对策。使思想政治工作在加强的基础上不断改进，在继承的基础上不断创新。

二、思想政治工作是一门科学，做好它，必须在方式方法上不断创新和发展

1. 在方式上着力从以下四个方面下功夫。①把握思想政治工作的重点。思想政治工作的根本任务，就是要用马列主义、毛泽东思想的立场、观点和方法，用邓小平理论和“三个代表”的思想武装全党，教育人民，解决工作中的各种矛盾和问题，作出科学的、有说服力的，符合实际的解释和说明，充分发挥理论在思想政治工作中的基础性作用。②找出思想政治工作的切入点，各级领导干部和从事思想政治工作的同志都应深入到群众中进行调查研究，把群众关心的热点、难点问题作为思想政治工作的切入点，从人民群众最关心，最迫切的问题着手，多做得人心、暖人心、稳人心的工作，把好事办实，实事办好，把解决思想问题与解决实际问题相结合起来，把动员教育与服务群众结合起来，让群众从自身利益的实现、维护、发展中体会到思想政治工作的作用。③发挥领导者人格力量的作用。要使思想政治工作具有真正的说服力，关键是领导者要不断提高自身素质，在实际工作中作出表率，各级领导只有做事公正，身先士卒，勤政廉洁，处处以身作则，才能取信于民，才是最生动、最有说服力的思想政治工作，如果说的是一套，做起来又是另一套，就会造成“台上你讲，台下讲你”，甚至产生难以挽回的负面影响。因此，领导干部应以高尚的人格力量去感召人、去鼓舞人、去带领人，得到群众的支持和信任，才能把思想政治工作做到群众的心坎上。④在工作机制上不断创新。一是在观念上创新。突出思想政治工作的时代感、与时俱进，使思想政治工作在改革和创新中不断体现效果，保持旺盛的活力；二是在对象认识上创新。紧密结合改革、发展中的重要难点调整思想政治工作重点对象，如当前企业要把下岗职工、特困职工、离退休干部职工作为思想政治工作的重点对象，关心他们，理顺情绪，排忧解难。三是在工作运行体制上创新。健全思想政治工作的机构和制度，建立齐抓共管的工作责任制，不断建立完善考评税制，使思想政治工作制度化、规范化。四是在工作手段上创新。要不断更新思想政治工作的手段和载体。加大思想政治工作的科技含量，充分运用现代的媒体。提高思想政治工作的时效性，扩大覆盖面，增加影响力，善于从群众中发现好经验、好典型，及时总结推广，增加思想政治工作的吸引力、感召力。2. 在方法上着力从以下五个方面做文章。①掌握苗头，预测动机，把握思想政治工作的超前性。针对人们的思想行为不断变化，抓住带有倾向性的苗头问题，及时分析变化的现状、原因，提出解决问题的对策，做到未雨绸缪，防微杜渐，把问题解决在萌芽状态。②有的放矢，因人而异，把握思想政治工作的针对性。针对不同的人有不同的思想状况和特点，做到一把钥匙开一把锁，找到突破口，对症下药，不同的问题采用不同的方法解决。③循序渐进，细水长流，把握思想政治工作的渐进性。思想问题是多种因素造成的，人们的认识过程也是渐进性的，应采取循循善诱，耐心说服的方法去逐步求得解决。④内容丰富，形式不一，把握

思想政治工作方式的多样性。除通过用党的基本理论武装,开展党的基本路线方针政策教育外,诸如加强形势、民主法制、爱国主义、社会主义道德等等方面的教育,采取“走出去,请进来”,组织参观学习,举办报告会、座谈会等形式体现思想政治工作的多样性。⑤联系实际,灵活应变,把握思想政治工作的实效性。重视思想政治工作的需要,坚持物质奖励与精神鼓励相结合,说服教育与执行纪律相结合,把思想政治工作的原则融于有效的社会管理之中,形成自律与他律,内在约束与外在要求互相制约的机制。

三、思想政治工作是一门科学,做好它,必须以人为本,不断提高艺术水平

由于人所处的客观环境不同,接受教育的程度不同,决定了人的思想认识、对事物的看法和理解不可能完全一致。当前要把全国人民的思想统一到建设有中国特色社会主义的宏伟目标上来,必须充分调动人的积极性、主动性、创造性,成为推动生产力发展的精神动力,这就必须包含了大量的思想政治工作。由于思想政治工作的对象是人,工作的目的是解疑释惑,提高认识,统一思想,凝聚人心。我们通常听到“人的工作最难做”这句话,做好思想政治工作必须讲究艺术性。1.需动之以情,晓之以理。思想政治工作既是一门科学,也是一门艺术,只有以理服人,以情感人,才能拨动别人的心弦,引起感情上的共鸣。因此,在工作中尽可能做到:①以诚待人,这是动之以情的前提。通过诚心待人,达到以情换情,以心换心,坦诚相见,推心置腹。不能让工作对象感到你在转弯抹角,雾里看花。②关心和热爱人。这是动之以情的基础。没有对工作对象的关爱,架起一座“连心桥”,思想政治工作如同隔靴搔痒,感情不投入,为做而做,流于形式,思想政治工作就达不到预想的效果。③尊重人。这是动之以情的重要条件。受人尊敬是人的基本精神需要,不论工作对象犯了什么样的错误,都必须尊重人格,不能居高临下,用教训、强制的口气出现,要人有说话的机会,针对工作对象存在的思想问题,既严肃指出促其改正又要心平气和地疏导教育。④理解人。这是动之以情的有效途径。理解是思想和感情的沟通,没有理解,就会产生隔膜,我们常说:“以心换心”,管理学上讲换位的思考,工作对象遇到问题和矛盾时,不妨冷静地站到对方位置想一想,如果我是他的话,会怎么想,怎么去做?能得到别人的充分理解是一种积极肯定的感情体验,会给人力量,催人向上。⑤动之以情与晓之以理相结合。开展工作时必须认识到,单纯的情感交流和感化还不能从根本上提高人的觉悟,所以必须把动之以情与晓之以理结合起来,着重提高人的认识,做到入情入理,情理交融,这个理就是马列主义、毛泽东思想、邓小平理论和“三个代表”的重要思想,就是党的方针政策,就是法律、法纪,就是大局、全局。2.不断提高思想政治工作者自身的素质。加强和改进思想政治工作,提高思想政治工作的艺术水平,很关键一条是从事思想工作的同志自身素质和涵养要不断提高,以适应新形势下开展思想政治工作的需要。按照江泽民总书记提出的要求,即政治强、业务精、纪律严、作风正。开展思想政治工作也同老师教学生一样,传授学生“一杯水”,必须自备“一桶水”,这“一桶水”从思想政治工作的角度来说,是资格,是水平,是艺术,是方法。其次,在新形势下,从事思想政治工作者要实现“三个转变”,即要在指导思想上由“自我小循环”向为经济建设服务转变;在活动方式上由习惯于开会、读报纸、作报告向点滴渗透、向一人一事的日常思想工作转变。惟此,思想政治工作才能发挥自己的优势和威力。

总之,开展思想政治工作要注意因地制宜、因人制宜、因事制宜、因时制宜,不同的地区、不同的部门、不同的领域的干部群众所处的环境、承担的任务、碰到的问题不同,其思想活动的特点和要求也会有所不同,我们都应在艺术方法上积极去研究、探索,思想政治工作才能做得有声有色,富有成效。

(作者:福建省龙岩市建设局党组副书记、副局长、调研员)

坚持创新是开创新时期思想政治工作新途径

黄春英

党的十六大报告指出:“创新是一个民族进步的灵魂,是一个国家兴旺发达的不懈动力,也是一个政党永葆生机的源泉。”高度重视思想政治工作,是我们党的优良传统和政治优势。当前我国正处在改革的攻坚阶段和发展的关键时期,社会情况发生了复杂而深刻的变化,经济成分和经济利益多样化、社会生活方式多样化、社会组织形式多样化、就业岗位和就业方式多样化日趋明显,给新时期思想政治工作提出了新课题。如何做好新时期的

思想政治工作,开创新时期思想政治工作的新局面?笔者认为:坚持创新是开创新时期思想政治工作新局面的关键。

一、思想政治工作在经济体制的转变过程中存在滞后性

由于我国经济体制是从计划经济到社会主义市场经济,经历了不断的探索和创新,充满了矛盾和困难。加上西方敌对势力通过各种途径加紧进行思想和文化渗透,使得思想政治工作没能随着经济体制的转变而同步与之相适应,主要表现为:

1、思想政治工作者思想观念上的差距

思想政治工作者是思想政治工作的主体,随着改革的不断深入,思想政治工作部门机构合并,队伍减少,一些从事思想政治工作的同志没有站在为改革开放和社会主义现代化建设提供强有力的精神动力和思想保证的高度来认识思想政治工作的重要性,自己看不起自己,认为思想政治工作可有可无,认为改革就是取消和削弱思想政治工作,有意或无意地认同了"有了包和奖,管他思想不思想"的错误思想。在实际的工作中存在着"硬办法不敢用,轻办法不顶用,老办法不能用,新办法不会用"的被动局面。

2、思想政治工作在内容、机制、形式和方法上存在滞后性

思想政治工作的内容、机制、形式和方法由于计划经济时期的长期影响,在市场经济条件下存在滞后性。新时期思想政治工作的内容要在继承传统,对职工进行系统的共产主义思想教育和日常性的思想政治教育工作的基础上,结合新时期的具体情况,用邓小平理论武装全党、教育干部和人民,广泛进行党的基本路线和基本纲领教育,进行爱国主义、集体主义、社会主义和艰苦创业精神的教育;大力提倡科学精神,加强马克思主义唯物论和无神论教育;加强形势政策、民主法制和维护社会稳定的教育;加强以为人民服务为核心、以集体主义为原则的社会主义道德建设等。还要结合企业的特点,不断拓展更多的具体内容。新时期思想政治工作的机制面临着如何把思想政治工作同经济工作紧密结合起来做,使思想政治工作逐步做到科学化、制度化、量化和责任化的问题。改变过去"搞业务的吃香,做思想政治工作吃亏",思想政治工作干部是"万金油",没有学问而且不愿意做思想政治工作的状况。新时期思想政治工作的形式和方法随着思想政治工作的对象的变化和科学技术的进步同样存在着超越过去"抓学习,听报告,搞活动,讲礼貌"的问题。那些灌输式、训导式、马后炮式的简单粗暴的、高高在上的、生硬的、强制的思想政治工作方法早已经让群众疏而远之,甚至反感了。

二、坚持创新是开创新时期思想政治工作新途径

"创新是一个民族进步的灵魂,是国家兴旺发达的不竭动力。这是人类历史发展的经验已经反复证明的客观真理。"面对科学技术的迅猛发展和综合国力的剧烈竞争,面对世界范围内各种思想文化的相互激荡,我们的思想政治工作不进行创新,仍然沿用计划经济条件下的老一套,面对新时期思想政治工作的新情况和新问题,是不能适应要求的,必须要认识到创新是解决新情况新问题的需要。

我们福州市榕福集团自组建以来,集团党委就非常重视思想政治工作的创新。榕福集团是由福州市三家国有商业企业－蔬菜公司、食品公司、副食品公司组建而成,目的是通过资源的优化整合和深层次改革,使国有商业企业摆脱旧体制和旧机制的束缚,从而增强企业的竞争力,把企业做大做强做优。集团党委认识到,随着集团的组建、改革的深入,企业思想政治工作的外部环境和内部机制都发生了变化,我们必须从企业的实际情况出发,研究变化的工作环境、工作条件和工作对象,研究面临的新情况、新问题、新要求,在思想政治工作的内容、形式、手段、机制等方面进行创新,尤其是思想政治工作的观念要创新,要转变过去"小企业小政工"观念,树立起"大企业大政工"的观念,使思想政治工作真正成为企业一切工作的生命线。为此,集团党委提出了"两个目标一起走,两个任务一起下,两个成果一起要"的工作思路,即把思想政治工作目标纳入企业生产经营总体目标体系,在每年年初时,经济指标和党建工作目标一起签定,两个任务一起下,年终时同时考核,并把政工工作与经济效益挂钩,防止一手软一手硬,建立起经济工作和政工工作"一体化"的工作机制,克服了"两张皮"现象。

在集团组建整合和改革的过程中,我们做了大量的职工思想政治工作,使集团的各项改革举措得以顺利实施,由此也使我们更加充分地认识到思想政治工作的重要性,它不是可有可无的摆设,也不是经济工作的附属物,而是必不可少的"生命线"。观念的转变,促进了思想政治工作自身的发展与创新。因此,创新企业思想政治工作,首先要在观念上创新。

三、创新必须遵循与时俱进的原则

企业思想政治工作无论是在内容上、形式上,还是在手段、机制上的创新,都要坚持与时俱进的原则,否则就不是创新。近年来,集团党委围绕着国企改革和经济建设这一中心任务,紧紧坚持与时俱进的原则,做好职工思想政治工作。

在企业的改革过程中,一些职工曾经疑惑,曾经彷徨,一是当企业改革遇到挫折和困难时打起退堂鼓;二是当企业改革取得一定成绩后,想维持现状,不思进取,有

"小富即安"的思想;三是对企业改革究竟要向何处去,发展前景如何,感到迷惘。这些都是企业改革进程中不可避免地要出现的思想问题,具有普遍性。这些思想问题不解决,必然会阻碍企业的改革与发展。那么,如何解决职工的这些思想问题,促进职工的思想解放和观念的更新呢?

我们认为,要紧紧抓住"与时俱进"这四个字来做职工的思想政治工作,提高"三个认识":一是要认识到不进则退的道理。要让职工认识到,在当前高科技迅猛发展,全球经济一体化的形势下,社会的进步一日千里,企业如果跟不上时代发展的步伐,就像逆水行舟、不进则退,必然要淘汰,这是市场经济的必然结果,我们身边的无数事实都证明了这一真理。因此,我们没有理由停滞不前,只有紧跟时代发展步伐,不断向前。二要认识到"道路是曲折的,前途是光明的"。邓小平同志说"改革就是要走前人没有走过的路",因此前进的道路不可能是一帆风顺的,需要有大无畏的精神和披荆斩棘的闯劲,去闯出一条路来。一些人遇到挫折时,总想退下来,或产生到此为止的想法。这样半途而废,终将前功尽弃。因此,我们也没有退下来的理由,只有鼓起勇气继续前进。三是要认识到改革与发展是永无止境的,今天所取得的成绩,到了明天都将成为历史,因为社会是不断进步的。因此不要面对今天的成绩沾沾自喜,而应该更多地考虑到成绩背后还有什么隐忧,明天企业又将如何上路。总之,在职工的思想政治工作中,要紧紧扣住"与时俱进"这四个字,教育职工在思想上、行动上都要跟上时代发展的步伐,适应社会发展的需要。为此,我们开展了正反两方面的教育:一是以改革开放 20 多年来的辉煌成就教育职工,只有与时俱进,企业才能不断走向辉煌;二是以身边的一些企业为例进行生动形象的教育,有的企业曾经辉煌,但是沉湎过去,不思进取,终致淘汰。有的企业默默无闻,只有几十万起家,但是紧跟时代步伐,不断地开拓进取,取得了辉煌的成就。

通过"与时俱进"的教育,促进了职工思想观念的转变,从而在很大程度上支持和推动了企业改革。同时职工也能以"与时俱进"这四个字来判断我们的各项工作,比如,企业的一项经营决策,一个投资项目是不是符合社会发展的需要,是不是与时代同步,有没有过时,职工都能根据自己的理解作出判断并提出合理化建议。因此,企业思想政治工作创新必须坚持与时俱进的原则。

四、在创新中开创新时期思想政治工作的新局面

面对新时期企业不断出现的新情况、新问题、新矛盾,要求思想政治工作必须不断创新,这不仅是时代的呼唤,也是实践的需要。首先是内容要创新。要根据发展市场经济的需要,加大转换观念、适应市场经济的教育,帮助员工牢固树立社会主义市场经济的新观念,尤其是竞争观念、效益观念、服务观念、危机观念和创新观念,努力教育广大员工按照技术创新、机制创新、管理创新的要求全面改进工作。其次是机制要创新。要把思想政治工作真正作为企业科学管理的重要组成部分,建立健全思想政治工作的岗位责任制和目标责任制,保证企业思想政治工作落到实处。其三是形式要创新。形式是内容的载体,正确使用载体,对于做好思想政治工作至关重要。海尔集团董事长张瑞敏说:"企业的实力根本不在于你本身有多少科技人员,而是你有多大的能力来整合你的人员。"因此,企业要充分利用简报和宣传栏来教育人、引导人、激励人、鼓舞人;充分发挥模范典型的带头作用;利用重大节日、喜庆活动进行社会主义、爱国主义、集体主义教育;加强企业文化建设,培育企业精神,塑造企业形象。其四是方法要创新。要坚持理论联系实际和"言义"与"言利"相结合的原则及疏导的方针,采取感化、示范、预防、群帮及对症下药、循序渐进的方法,增加沟通渠道,及时掌握员工思想动态,及时解答员工问题,理顺情绪,化解矛盾。

总之,思想政治工作是贯彻"以德治国"方略的一个重要内容。我们必须树立时不我待的强烈使命感、紧迫感和责任感,努力创新,开创新时期思想政治工作的新局面。

(作者单位:福建省福州市榕福集团公司)

第十八部分

电力行业思想政治工作

以“三个代表”重要思想为指导 不断探索“以德治企”新途径

钟建秋

近年来，我们在抓好“以德治企”的同时，以“三个代表”重要思想为指导，认真探索“以德治企”的方法和途径，不断提升了企业综合素质，为企业改革、发展、稳定做出了积极贡献。主要体会和做法是抓好“六个结合”，不断提升“以德治企”的水平。

一、抓领导认识与员工教育相结合，形成“以德治企”的氛围

（一）“以德治企”是新形势下企业管理面临的新课题。加强社会主义思想道德建设，是发展先进文化的重要内容和中心环节，也是“三个代表”重要思想的内在要求，在“依法治企”的同时，加强“以德治企”工作，是新形势下企业管理面临的新课题。我们在实践中感受到，抓好员工的思想道德建设，是“以德治企”的基础，也是提升企业素质的需要，良好的职业道德能产生效益，也能提高一个企业的综合竞争力。

（二）加强学习，形成“以德治企”方略的共识。在推进“以德治企”工作中，我们狠抓了各级领导干部的认识，通过认真学习“三个代表”重要思想，学习《公民道德建设实施纲要》，深刻领会江泽民同志“以德治企”方略的思想内涵，党委一班人形成了共识：道德力可以转化为生产力，现代企业只有重视思想道德建设，重视人的因素，企业才有凝聚力和向心力，从而创造出更高的经济效益。由于领导认识到了位，所以无论是党委还是行政，都坚持把道德建设列入重要的议事日程，建立了领导机构，充实了工作班子，制定了道德建设的长远规划和近期工作计划。

（三）职工群众是“以德治企”的主体。为了提高广大员工参与道德建设的积极性，我们通过广泛宣传教育，通过组织职工学《纲要》原文，聘请国防科大知名教授作“爱国守法、敬业奉献”的专题报告，在全局开展“职业道德大家谈”等活动，大力宣传“以德治企”的重大意义；同时，采取多种形式努力营造“人人是德治的对象，个个是德治的基础，人人争当道德模范”的氛围。我们还把职业道德教育作为新入厂员工、用电营销人员、供电所长培训班的必学内容，不断增强了员工职业道德意识。由于我们把抓领导认识与员工教育很好结合起来，因此全局形成了浓郁的“以德治企”氛围。

二、抓职业道德建设与窗口、行风建设的结合，增强职业道德建设的针对性

加强职业道德建设是纠正行业不正之风，促进社会风气进一步好转的重要措施，供电企业由于过去长期处于卖方市场，电力员工“电老大”的思想、“电老虎”的形象是普遍存在的。在职业道德建设中，我们紧密联系行业特点，与抓行业作风建设紧密结合起来，坚持标本兼治，重在建设，特别是突出重点部位，狠抓了窗口单位建设。我局共有城镇营业厅和乡镇供电所100多个，且线长、面广。近些年来，我们在抓窗口建设上，主要从四个方面入手：一是建立用电营销人员备员制度，实行竞聘上岗。在窗口单位的人员配备上，采取公开招聘，严格条件和标准，竞聘上岗，并在全省电力系统率先建立了用电营销人员备员制度，每年实行一定比例的淘汰制，对用电营销人员形成了一定的竞争压力；二是对上岗人员进行强化培训。仅去年下半年以来，我们共举办用电营销人员和营销后备人员学习班、供电所长优质服务学习班7期，培训窗口人员400多人，通过对他们进行包括企业文化知识、职业道德规范，文明礼仪以及职业技能等多方面的培训，大大提高了他们的素质；三是狠抓岗位规范的落实。我们制定下发各种岗位规范，去年，我们出台了《常德电业局员工职业道德规范》、《常德电业局员工职业行为要求》，并汇编成册，下发到各班组学习。对违章人员采取违章就下岗，去年共处理“三乱”事件33件，处理违章违纪人员42人（含农电员）；四是广泛开展窗口竞赛和星级服务员评选活动。我们在开展窗口竞赛和星级服务员评选活动中，每年对评出的先进于以精神与物质奖励，大大提高了窗口建设水平。目前，全局建设了12个对外能较好展示电力形象，对内严格规范管理的电力客户服务中心，建设了一批起点高、形象佳的精品供电所，有60多个供电所达到规范化服务标准。通过窗口建设，基本上做到了站容所貌干净整洁，便民、利民设施齐全，服务承诺公开兑现，服务态度和服务水平明显提高。在去年国、网公司创一流调研中，我局安乡电力局下渔口供电所被评价为“目前所见过的最好一个供电所，不愧为电力行业的闪光点”。

三、抓职业道德建设与企业文化建设的结合，赋予供电企业职业道德新的内涵

一是深刻认识职业道德与企业文化之间的关系，以“德”聚“魂”，以“德”塑“形”。企业文化与职业道德建设同属于意识形态领域，两者之间有着密不可分的联系。职业道德是企业文化的基础和表现，企业文化塑造的价值观对职工的职业道德观念有着深层次的影响，两者结合抓，既可相互渗透，又可相互促进。因此，在推进“以德治企”中，我们狠抓了职业道德建设与企业文化建设的结合，把职业道德建设融入企业文化之中，以“德”聚“魂”，以“德”塑“形”，培育具有常电特色的企业文化。二是把职业道德建设融入企业文化建设立中，提炼企业精神和经营理念。我们提炼出了以优质服务为特色，“用心服务、尽力先行”的工作信条；“以人为本、以诚经营、以质取胜”的企业价值观；“以诚信赢得客户，以服务拓展市场”的经营理念。在员工中广泛开展企业精神和经营理念的征集评奖活动，开展“如何展示常电形象”大讨论等，激发了广大员工对企业的关爱之情，以“爱岗敬业，诚实守信，办事公道，服务群众，奉献社会”为核心的现代职业道德在我局逐步深入人心，全局形成了一个奋发工作、昂扬向上的职业道德风貌。如城区供电局紧紧围绕创诚信典范企业的目标，在前几年组建电力“110”的基础上，去年7月又打造了共产党员服务队这一品牌，共产党员服务队接警热情，出警迅速，抢修质量高，深受广大客户好评，被地方媒体评价为“承诺是金”的单位。三是营造良好舆论氛围，让广大员工自觉用道德规范约束自己的言行。我们加大了公民道德基本规范20个字和企业员工理念手册的宣传与导入，在机关大院的醒目处，各基层窗口单位，都制作和张贴了20字的道德规范和企业经营理念、服务方针，对全局的标志标牌进行了规范统一，每个办公楼门厅都摆放了员工风纪镜等等，通过这些宣传和导入，不仅收到了较好的视觉效果，而且在优美的环境和浓郁的企业文化氛围中，广人员工自觉用道德规范约束自己的言行，不乱扔烟头、纸屑，保持公共场所文明整洁已基本形成习惯。去年6月，中央、省市文明委领导来我局视察后，对我们的工作给予了高度评价，指出：“常德电业局不仅是光明使者，也是文明使者”。

四、抓领导的表率作用与先进人物的引导作用相结合，发挥典型的示范效应

典型示范是思想政治工作的传统方法，它具有一股道德说教不可替代的作用。我们在抓职业道德建设的实践中，注重培育、挖掘和宣传道德建设的典型人物。首先抓领导下部的表率作用，这其中也包括了企业领导者。企业领导既是德治的组织领导者又是具体的实践者，领导干部能否以身作则，能否以良好的道德形象和人格的魅力去影响职工的言行，作用至关重要。近年来，局党委狠抓从严治党，从教育人手，十分重视各级班子的思想、组织和作风建设，涌现出了一批勤廉兼优的领导干部，在职工群众中树立了“团结、廉洁、进取”的良好形象。如局长邹庚来，不仅勤政，而且廉正，在他任局长三年中，主持大小工程100多项，投资近10亿元，但他有权不谋私，严格要求自己，近年来共上交和拒收礼品礼金20多万元，最近被市纪委评为“勤廉兼优领导干部”。其次，抓本单位先进典型的示范作用。在抓领导表率作用的同时，我们大力宣传和选树本行业、本单位涌现出来的先进典型，用活生生的样板激励员工，使员工学有样榜，赶有目标。在典型示范上，我局历来重视选树不同时期、各个岗位、不同层次的先进模范人物，如每年选树“十大双文明标兵”、“十大安全标兵”、“帼国十佳”等，去年开始建立了每两年评选一次局劳模的制度。从建局到现在，分局共选树省部级劳模8个，省公司、市级劳模10多个，还有全国电力系统表彰的优秀工会主席、有团中央表彰的优秀团干部，以及获得全国五一劳动奖状的先进集体等，为了推广和宣传这些典型的先进事迹，我们建上了荣誉室，编辑了《闪光的星座》一书。第三，抓外部先进典型人物对员工的激励作用。去年还广泛开展了向电力行业‘讲三德、做楷模“的典范——李庆长学习的活动，请本省优质服务典型——王郁之作演讲报告，工会、共青团组织先进典型巡回报告团等，通过这些活动使职工感到先进典型可敬、可信、可学，从而起到良好的示范效应。近年来，全局员工中爱岗敬业，在生产经营中无私奉献的先进典型不少，而且见义勇为、拾金不昧的典型也不断涌现，如去年11月，津市电力局职工贺正庆在办完公事返家的时候，在出租车上发现一个装有现金2000多元、港币若干的钱包，最后通过花钱寻失主，多方查找，将物品送到失主手中，被人称为“活雷锋”，还有临澧电力局职工抢救车祸伤者不留名等，都是报上刊登后才知晓。对这些我们都给予了奖励。

五、抓日常教育与机制建设相结合，建立职业道德建设的长效机制

以德治企，职业道德建设不是权宜之计，而是企业的一项长期任务，必须在教育的基础上，加强机制建设，使之制度化、规范化，常抓不懈，持之以恒。在机制建设上，近几年主要抓了以下几个方面：一是建立党政一把手负责的领导机制。局党政一把手较好地体现了换位思考和双向参与，坚持两个文明一起抓，对职业道德建设舍得投入，全局两个文明建设基本上做到了同部署、同考核、同评比表彰，形成了党政工团齐抓共管的格局。二是建立行之有效的运行机制。全局从干部职工的政治学习、思想道德教育、行风建设、企业文化建设、双文明建设等都有一套成型的管理和考核标准，每年进行检查评比，而且奖励兑现。三是建立奖惩严明的激励机制。局设立了双

文明奖励基金，去年还设立了精神文明创新奖，凡在思想政治工作、道德建设、企业文化建设有创新和突出贡献的员工，都给予表彰奖励；对在行风建设中造成重大影响的单位和个人，将给予严肃的党纪政纪处分，运用行政、经济手段调整职工的行为方向。四是建立群众性的广泛参与机制。主要以活动为载体。在全局广泛开展各种劳动竞赛、演讲赛、文体活动等，使职工在参与活动的过程中，受到职业道德教育。五是建立职业道德的监督机制。我们把评价服务人员态度好坏的权力交给客户，由客户投票产生星级营业员，另外，每年通过召开行风监督员座谈会，公布举报电话，开展有奖征求用户意见等活动，广泛听取客户意见，通过加强社会监督，促进行风和服务水平的提高。

六、抓职业道德与文明创建等活动的结合，重“以德治企”的实践性

道德建设重在实践，在“以德治企”中，我们在狠抓职业道德建设的同时，通过开展健康有益、积极向上、生动活泼，为职工群众所接受的弘扬社会公德、家庭美德和文明创建等各种活动，寓教育于活动之中，把员工吸引到道德建设的实践中来。（一）党委组织开展了“情系佤族”募捐活动。今年初，我们从《从参选编》有关报道中了解到，云南边陲的西盟佤族自治县，有一部分佤族儿童和群众的生活极端贫困，为了弘扬中华民族“一方有难，八方支援”的优良传统，在全局干部员工中广泛开展了“情系佤族”募捐活动，短短几天时间，从领导干部到一般员工，从在职员工到离退休人员纷纷捐款、捐物，共募捐78481元、衣物1302件，为佤族人民献上电力员工的一片深情。（二）局工会组织开展了“我爱我家”系列活动。通过精心组织，广大职工热情参与的历时4个月的“我爱我家”才艺展演活动，将常电人爱小家与大家、朝气与活力、激情与才艺、智慧与技艺展现得淋漓尽致，展示了企业文化建设的丰硕成果和现代文明家庭的精神风貌，较好弘扬了家庭美德。（三）局团委在团员青年中开展了“向雷锋学习、树行业新风”实践活动月。各级团组织到敬老院献爱心，为老红军上门修理家用电器，上街进行用电宣传咨询等，丰富多彩的活动不仅使团员青年受到教育，同时在社会上也展示了电力员工的良好形象。（四）组织开展了全局性文明创建活动。涵盖各个方面的文明单位、文明机关、文明小区、文明员工、文明家庭活动的广泛开展，极大地调动了全局员工参与道德实践的热情。

总之，常德电业局实施“以德治企”战略管理，虽然只有一年多，但给企业发展注入了强大的生命力，给企业带来了有形、无形的，经济的和社会的多重效益，特别是对建设“四有”职工队伍，提高企业的知名度、美誉度起了重要作用。2002年以来，我局荣获“全国精神文明建设工作先进单位”、“全国一流供电企业”、“全国五四红旗团委”、“湖南省优秀政研会”，最近，在常德市诚信典范企业评选中，我局经过三轮筛选，从150多家企业中脱颖而出，被市委、市政府命名为首批诚信典范企业。实践证明，道德建设已成为促进企业生产经营的有效手段和思想保障，成为企业生存和发展的重要因素。2002年，全局共完成售电量24.44亿千瓦时，销售收入完成87192万元，实现内部利润1640万元，当年电费回收100%，还收回陈欠电费580万元，实现多项产值37000万元，各项经济技术指标均创历史最好水平。

（作者：常德电业局党委书记）

做好电力企业的思想政治工作

刘瑞红

党的十六大报告指出：“与时俱进，就是党的全部理论和工作要体现时代性，把握规律性，富于创造性。”这一论述揭示了我们党所倡导的与时俱进精神的科学内涵，指明了理论和实践创新的本质要求，对于我们在新形势下，加强和改进思想政治工作，具有重要的指导意义。尤其是随着电力体制改革的深入进行，企业思想政治工作的环境、条件、方式也随之发生了巨大的变化，呈现出新的时代特点。这就要求我们每一位政工人员要在“三个代表”重要思想的指导下，树立与时俱进，开拓创新的思想，不断探索思想政治工作的新思路、新方法、新手段。

一、结合电力企业的思想政治工作要定好位

思想政治工作的目的不单是形势的说教，理论的灌输，而是对内宣传党和国家的基本路线、方针、政策，公司经营管理制度，企业的核心价值观；对外宣传公司的管理经验，取得的成绩，树立企业良好社会形象，同时，在企业的经营中及时发现员工的思想、意识形态中不利于企业、员工成长的问题，通过宣传、引导、帮扶等方式来进行纠正使之沿着正确的方向前进。因此，企业的思想政治工作要紧紧围绕企业的中心工作开展，为企业实现利润最大化，为企业长远发展提供政治保证和精神动力。

二、随着电力企业的转型，做思想政治工作也要转型，即作为政工人员要树立市场意识、经营意识、资本运营意识、服务意识

在思想政治工作中，每开展一项工作都要本着为公司长远发展服务的思想，考虑是否符合时代要求，是否符合公司的经营需要，是否有利于提高效益，只有这样我们的思想政治工作才能有的放矢，富有成效。

三、思想政治工作要制度健全、科学化，工作方法人性化，工作方式多样化，工作效果绩效化，管理层次扁平化

1. 制度健全化、科学化。建立高效协调的组织管理新机制。随着现代化企业新型领导管理制度的建立，企业思想政治工作要改变单一由政工干部做的局面，在确保以党组织为核心的前提下，建立以政工部门为中心，行政管理部门为主要角色，专兼相结合的思想政治工作新机制。

建立超前工作的引导机制。思想政治工作不能只扮演“消防员”的角色。企业思想政治工作要在调查研究、收集信息、科学预测的工作中建立思想动态分析与报告制度，打主动仗，防患于未然，才能收到实效。

建立有效的激励机制。树立典型，激励大家在企业的生存、发展中发挥个人的全部能量。

2. 工作方法人性化。现在大家思考问题更加现实，因此单靠制度的约束，空洞的说教效果不大，且适得其反。要想深入人心，就要了解员工的疾苦，关心的热点，在帮助他们解决困难的同时，因势利导，引导员工正确对待改革，对待利益的再分配；帮助他们树立通过公平、公正的竞争、诚实的劳动来获得合理报酬的思想。

3. 工作方式多样化。现在各种传媒多种多样，如果思想政治工作形式单一，必然会使员工失去兴趣，因此要充分利用电视、报纸、互联网、广播等工具，运用互动式的交流手段来开展宣传、教育、引导工作，必将事半功倍。

4，工作效果绩效化。以前思想政治工作的开展不考虑对企业效益的影响，从而降低了思想政治工作的影响力，造成形式主义滋生。因此开展思想政治工作一定要注重实效，进行绩效考核，这样工作才有力度，才更深入人心。

5. 管理层次扁平化。当今企业对思想政治工作的要求不断提高，政工人员需要不断更新知识，不断地总结、探索新方法、新思路，这需要加强彼此的交流沟通，扁平化的模式增强了政工团队的学习力，增强了思想政治工作的亲和力，提高了思想政治工作的工作效率。

（作者单位：北京京丰热电有限责任公司）

加强制度建设与民主管理　推进企业政治文明建设

潘金华

“发展社会主义民主政治，建设社会主义政治文明，是全面建设小康社会的重要目标”，江泽民同志在党的十六大报告中阐述中国政治建设和政治体制改革时明确提出了这一要求，与此同时，在新修订的党章中也就“建设社会主义政治文明”作出明文规定。将政治文明与物质文明、精神文明相并列，通过党的代表大会、以文件的形式固定下来，在我们党和国家的历史上是首创，更具有深远的意义，作为国有企业和基层党的组织，我们学习贯彻十六大精神必须着眼企业实际，在推进企业政治文明建设的实践中，加强制度建设，增强法制观念，深化民主管理，努力实现物质、精神、政治“三个文明”协调发展。

一、政治文明及其现实意义

所谓“政治文明”就是人类在改造社会中所获得的政治成果的总和，包括了政治思想、政治制度和政治行为三个基本方面。“政治文明”又可称为“制度文明”。党的十六大报告所提出的“社会主义政治文明”的论述可以理解为是在“政治文明”理论基础上的创新，其贡献在于第一次明确的在“政治文明”前冠以“社会主义”这一特定涵义。这是对马克思主义政治学理论的进一步发展。之所以在新时期提出这一新论断，我认为是我们党总结历史、展望未来所作出的正确选择。从这八个字引伸出去理解“社会主义政治文明”提出的理论意义和背景，可以概括为两个层面：

1. 从总结历史看，是“水到渠成”　虽然提出政治文明是近年来的事情，但需要强调的一点是：没有提出政治文明的情况下不等于没有政治文明建设。回头看以往20多年中，我们党虽然没有提出“政治文明”，但已经提出要“发展高度的社会主义民主和完备的社会主义法制”，并且在实际工作中，在改革开放以来我们一直在进行着政治文明建设，如：法律逐步成为社会生活的准绳，农村实行了村委会的“直选”制、干部选拔任用工作实行了制度创新等，这些都说明了“政治文明”精髓已经浸透在整个社会的方方面面。特别是“三个代表”思想中“代表最广大人民的根本利益”给予了政治文明建设更宽阔的视野，“让人民当家作主、让人民群众，享有民主权利”成为其中重要的内容。因此，现在我们明确地举起“政治文明”的旗帜进行社会主义政治文明建设是对过去工作的继承和发展，是从理论上的进一步明确，体现了与时俱进的精神。

2. 从展望未来看，是“提供依据”　十六大重要意义之一是描绘了党和国家发展的宏伟蓝图，全面建设小康社会的总体要求是物质文明、政治文明、精神文明建设整体推进的体现。可以说，“政治文明”论断的提出就如同在“社会主义精神文明”旗帜下进行精神文明建设一样，为今后政治文明建设发展提供了理论依据。十六大另一个重大意义是进一步解决了执政党执政合法性诉求问题。一方面全面建设小康社会目标的提出表明了我们党对执政合法性从过去依据传统的意识形态理论转为发展经济、提高人民生活水平上来，“执政”与“兴国”的紧密结合必须成为和平年代执政党的行动指针。同时，对一个现代国家来说，单以经济发展来诉求执政合法性是不够的，还必须坚持依法治国，建立高度民主、法制健全的国家，实现人民民主的政治文明，从而求得“长治久安”。这其中加强政治文明建设不失为一条解决执政合法性问题的有益途径。

由此看，“政治文明”对国家而言是发展进程中必不可少的部分。那么，小到一个企业，“政治文明”具有什么样的现实意义呢？概括的说，企业的政治文明将为物质文明和精神文明提供政治方向和政治环境，起着规范和保证的作用。加强企业政治文明建设，将为确保企业在新形势下谋求更大发展提供基础保障。应当看到，在我国的国有企业中，近年来为适应市场经济的发展，在追求效率和效益的过程中，民主管理、民主监督、民主决策方面尚存在着力度不够、方法不多等问题，影响了干群关系、企业的凝聚力和职工的主人翁意识都有所淡化，这些都需要纳入政治文明的范畴加以认真的分析和改进。

对电力企业来讲，认识“政治文明”的现实意义还应结合当前形势和企业实际来判断。当前，电力企业的发展面临着新的形势和新的要求。其一，来自贯彻十六大精神所带来的影响表现为：十六大为全党全国人民指明了在新世纪举什么旗、走什么路，实现什么目标，并对经济、政治、文化等发展作出部署，这些战略目标的实施都需要电力发展的有利支撑，它对电力发展提出了新的任务和要求。同时，十六大报告中关于“国有资产管理体制改革、健全现代市场体系、推进垄断行业改革”等阐述将对电力企业本身产生深远的影响，直接带来电力企业经营方式、管理方式和企业性质的变化。其二、电力体制改革的深化带来了新课题、新要求。在改革的条件下，企业将面临着组织形式的变化、工作重点的转移和面对市场监管规则的约束等多方面的压力，使企业发展机遇与挑战并存。其三、就杭州电力而言，作为省会城市的供电企业其电网发展的任务很重，电力建设的难度增加，“创国际一流”的目标有待实现、离现代企业管理的要求还有差距等等。要完成这些繁重艰巨的工作任务、提高企业应对复杂形势的能力，最终落脚点是在“人”这个关键的因素上。因此，充分调动广大职工的积极性、主动性是促进企业发展的必然要求。如何贯彻十六大报告强调国有企业“必须全心全意依靠工人阶级”的方针？“政治文明”为之提供了良好的平台，积极推进企业政治文明建设，将政治文明与物质文明、精神文明一道纳入企业发展的重要内容，同规划、同部署，不断扩大企业内部的民主，是凝聚职工人心、提高企业整体素质的可靠途径。

二、企业政治文明建设的几点想法

十六大报告中指出：发展社会主义民主政治，最根本的是要把坚持党的领导、人民当家作主和依法治国有机统一起来。这三者中，党的领导是根本保证，人民当家作主是本质要求，依法治国是基本方略。因此，国有企业推进政治文明建设应该按照这一要求，进一步加强企业党的建设，突出重点地做好工作。具体来说：正确处理好一组关系，抓好两个重点。

1. 正确理解政治文明与物质文明、精神文明之间的关系　在认识上对政治文明这一概念及其范畴作进一步的梳理、澄清。企业内从事思想政治工作的同志或多或少会有这样的感受，已经习惯将企业的发展概括为“两个文明建设”，特别是习惯将物质文明建设之外的那部分归为精神文明的范畴。而了解了“政治文明”的内涵后，使我们的认识进一步深化，在界定企业发展组成范畴中有了新的思路。“政治文明”与过去常讲的“两个文明”是一个统一协调的整体，其间存在着互动的过程。简单的说，企业政治文明与物质文明之间的关系是，前者以后者为基础，又为后者的发展创造安定团结的政治环境；与精神文明的关系为，两者同属于上层建筑，但存在内在区别，前者为后者提供制度和法律保障，直接影响后者的发展方向和进程。了解了三者的关系，有助于我们更好的认识企业政治文明的地位与作用，政治文明是确保企业民主更加健全、职工安居乐业、生产经营秩序良好的前提保证。

2. 推进企业政治文明建设要抓住两个重点　一是进一步推进企业民主管理，重点抓好厂务公开的深化。在国有企业中实行民主管理，是宪法赋予工人阶级的权力和权利。《中华人民共和国宪法》第16条规定：“国有企业依照法律规定，通过职工代表大会和其他形式，实行民主管理。”当前在建立现代企业制度，改革企业领导体制和管理体制中，有人认为职工民主管理可有可无了，这是一种误解。企业体制改革越深化，越要加强民主管理，民主管理的目的是调动广大职工的积极性、创造性，保障职工在企业的主人翁地位，从而促进企业的改革、发展，增强企业的活力。如何推进企业民主管理？现阶段在落实职工代表大会这一民主管理基本形式的基础上，实行厂务公开是企业内扩大民主、保障职工当家作主的有力手段，也是企业政治文明的重要体现。党的十五大以来，厂务公开工作在我国不少地方和企业逐步推行，取得了一定的成效。去年年初，国家六部委联合发出了《关于做好2002年厂务公开工作的通知》，同年6月，中共中央办公厅、国务院办公厅又联合下发了《关于在国有企业、集体企业及控股企业深入实行厂务公开制度的通知》，并作出具体部署，充分说明了党和国家对这项工作的重视。在我们电力系统内，近几年来也把不断推进厂务公开工作，把其纳入企业民主管理的重要内容，联系我局来看，按照省公司统一部署，自1999年初以来推行厂务公开至今的几年里，厂务公开制度在全局范围内从建立到实施逐步完善，取得了初步的效果。但由于厂务公开是一项新的工作，在实施过程中难免存在不足，突出表现在运作中注重形式的多，注重实效的少，公开内容表层的多，深层的少，公开落实上务虚的多，务实的少。这里面既有如何加强领导的问题，也有机制完善的问题。如何在新时期抓住贯彻十六大精神的契机，切切实实地加大厂务公开的力度和深度，实践中应务必做到四个要：

组织领导要“强”。尤其要避免出现组织领导机构虽然建立，但领导不力的局面。党委要承担领导厂务公开全面执行的责任，着力形成主要领导亲自抓、分管领导重点抓、工会组织具体抓、其他部门配合抓的企业内两级公开体系，创造各方面共同推进企业民主政治建设的局面。

基本程序要“顺”。要严格按照“提出”（依照有关制度提出公开内容，“审查”（领导小组审查预备公开的内容）、“公开”（通过会议、文件、公开栏等形式公开）。“议政”（由工会组织职工群众参政议政）、“整改”（根据意见落实整改措施）五方面整体推进。避免由于操作不规范导致职工参与民主管理和监督的深度广度不够，从而引起职工的误解和不满。

实现形式要“活”。厂务公开主要载体是职工代表大会。要按照有关规定，认真落实职代会的各项职权，尤其要通过实行厂务公开进一步完善职代会民主评议企业领导人员制度，企业业务招待费使用情况、企业领导廉洁自律情况等报告制度，不断充实和丰富职代会的内容，提高职代会的质量和实效。此外，还要充实厂务公开的日常形式，除了公开栏、企业内部信息网络、橱窗等，应根据实际情况不断创新。同时在公开后应注意通过意见箱、接待日等形式，了解职工反映，不断改进工作。

公开内容要“热”。所谓热，就是要公开职工关心的企业热点问题，如涉及体制改革、企业改制、减员增效的有关问题，企业分房方案和分配结果、资金分配方案，干部任用等。热点问题不公开，职工就不会满意，厂务公开的效果就会受到影响。

二是进一步在推进依法治企进程中，重点抓好制度的完善和落实。市场经济是法制经济，置身于这样的环境中，企业要求得生存与发展；就必须牢固树立“依法治企”的观念，进一步加强制度建设，提高企业管理水平，构建“按章办事、遵章守纪、讲求效率”的良好局面。推进依法治企进程不是简单的口号，也不是简单依赖于某个群体的努力、某项举措的推行所能见效的，它是一项复杂系统的工作，涉及观念更新、机制转变等多方面，需要经历一个不断发展，完善的过程。而从政治文明建设的范畴来讨论这个问题，主要应从如何推进企业民主制度建设、完善决策机制、着力解决企业“人治”问题上去思考，着重解决如何为企业发展保驾护航的问题。这里重点谈谈制度建设这项工作。

制度对一个企业来讲很重要，有句话叫：没有规矩不成方圆。企业运作的任何一个环节都少不了制度来规范，对政治文明建设而言，加强制度建设也是基础的工作，将为确保企业实现民主管理营造良好的环境。加强制度建设要领导到位、组织到位、措施到位，其中关键是做好“两个靠：即：一靠完善，二靠落实。

一靠完善。建章立制的过程是一个动态的过程，一个好的制度必定是随着其所要规范的对象变化而不断发展的。比如在完善干部管理工作制度方面，近年来我们根据干部工作的新要求和面临的新形势，建立健全了任用、考核、监督机制。先后修订实施了“局中层干部考核实施细则、中层干部选拔、任用工作条例、职代会民主评议领导干部实施办法”等，推行干部任前公示、干部考核三维测评、干部公开招聘、干部考核末位淘汰等，从制度上保障了干部工作自觉接受群众监督，既提高了干部队伍的素质，也促进了企业的民主管理。在完善决策机制方面，我们逐步健全了党委议事规则、党政联席会议制度、局务会议制度等，基本做到“三重一大”问题集体讨论、集体研究。同时，还不断健全两级领导干部的民主生活会制度，去年以来，根据省公司党组的新要求，对原有的民主生活会制度进行修订，并强化了对基层单位民主生活会的全过程管理，所有局党委委员都根据安排参加相关单位的民主生活会，有效的提高了民主生活会的质量。此外，我们还制订实施了局政工例会制度、基层支部书记例会制度等，通过有效的制度建设，使企业党的建设得到了进一步的加强。

二靠落实。一个企业,没有制度不行,但有了制度不好好执行等于没有制度,制度建设的关键是抓落实。而抓制度落实的关键是确保制度执行过程的规范化,加大对制度执行的监督力度。从我局来看,为确保制度落到实处,我们专门成立了督查组,负责对全局各项工作完成情况、各类制度执行情况的监督检查。同时,为提高制度的可操作性,近年来我们抓住创一流的契机,以企业达标工作为重点,加强了局内各项规章制度的清理、完善工作。此外,我们还找准突破口,突出解决一些难点问题,如将企业内各类会议制度进行整合,制订会议管理制度,切实解决会议多、会议交叉等问题,取得了良好的效果。诚然制度建设是一项长期的艰巨任务,我们的制度建设也只是初步的,还需要在今后的工作中不断发展与创新。总之,新时期我国政治文明建设任重道远。国有电力企业必须以十六大精神为指导,以民主管理和制度建设的不断深化来促进企业政治文明建设,从而形成企业物质、精神、政治"三个文明"协调发展的良好局面!

（作者:杭州市电力局党委书记）

振奋精神　抓住机遇　促进电力企业大发展

熊东川

用十六大精神重新审视电力企业的过去、现在和未来,重新谋划和调整电力企业的改革与发展战略布局,切实做到"发展要有新思路,改革要有新突破,开放要有新局面,各项工作要有新举措。"是摆在我们每一个电业人面前的紧迫首要任务和重大的课题。

在十六大报告对"三个代表"重要思想进行深刻论述中,强调了"必须把发展作为执政兴国的第一要务。"为此,十六大报告提出了我国在21世纪头20年的发展纲领,特别指出,"是一个必须紧紧抓住并且可以大有作为的重要战略机遇期",而且还提出,要提高党的领导水平和执政水平,必须"善于抓住机遇加快发展,不断提高驾驭市场经济的能力"。

对我们电力企业而言,牢牢抓住企业发展的第一要务,就是既要增强紧迫感和忧患意识,更要增强改革求生存的机遇意识,做到"抓住机遇而不可丧失机遇,开拓进取而不可因循守旧"。不失时机促进电力发展。十六大报告把"形成全民学习、终身学习的学习型社会,促进人的全面发展。"作为全面建设小康社会的四大目标之一郑重提出,意义重大。十六大报告还提出"创新是一个民族进步的灵魂,是一个国家兴旺发达的不竭动力,也是一个政党永葆生机的源泉。"因此,要抓住机遇加快发展,电力企业应有效地开展创建"学习创新型企业"的活动。通过组织的学习,实施有效的管理,达到知识共享、运用集体智慧提高组织及员工的创新能力。这样,我们才能达到十六大报告提出的"善于抓住机遇加快发展,不断提高驾驭市场经济的能力"的要求。

要抓住机遇加快发展,必须要认真分析当前我们电力企业存在的困难和矛盾,同时,也要清楚电力发展所具备的实力和优势。笔者认为,当前我们电力企业存在以下困难和矛盾:

1.电力企业市场化改革与电力自然垄断之间的矛盾。电力企业市场化改革取向,是没有疑义的必然选择,但由于电力自然垄断的性质,电力改革成为世界性的难题,欧美电力企业市场化改革有成功的经验,更有失败的教训,致使国家电力改革方案千呼万唤始出台,电力改革步履维艰。这是电力企业最根本的矛盾。

2.电力企业人多与人少的矛盾。当前电力企业一方面人多,要减人增效,另一方面人少,很多重要岗位都缺少高素质的技术和管理人才。由于政策性安置和电力用人的"近亲繁殖"等多方面原因,电力员工从整体上看,素质不高,参差不齐,人才结构不合理,顶尖人才少,高素质的复合型人才更少。而且,存在人才流失的现象,电力职工老龄化比重不断上升,就业压力不断增大。这些成为制约了电力企业的发展重要因素。

3.电力企业谋求发展与企业经营环境制约之间的矛盾。一是当前电力企业经营的法制环境不妙,很多电力企业长期陷于应付地方执法部门,无心谋求企业发展,甚至影响了电力企业的经营管理。二是湖北处于中原腹地,地理环境和地方投资环境,地方经济发展水平和地方经济的开放程度,制约湖北电力企业发展空间比不上东南沿海地区,企业有力用不上,电力企业谋求纵深发展逐渐处于乏力疲软状态,感觉过得去还是维持现状好,长此以往必然成为一潭死水。三是电力企业为地方排忧解难,企业负担过重。

4.市场对企业自主管理创新的要求与电力现行体制机制制约之间的矛盾。市场经济要求企业甚至是企业的每一个员工必须自主管理,富有弹性,迅速反应,果断决策,不断创新,以适应变化的市场。而电力企业金字塔式的组织结构及运作机制，越来越不符合市场经济的要求，制约着电力企业的发展。

5. 改革开放与电力企业文化相对固步自封之间的矛盾。电力企业文化相对固步自封，如少数职工存在行业优越感，小富即安，不思进取，市场意识淡薄等，这些都是由电力企业的行业垄断滋生的产物。

6. 经济全球化和信息化带来的市场、技术瞬息万变与企业学习力和适应力之间的矛盾。电力的发展也具备了自身的实力和优势：

①经济全球化和加入 WTO 的新形势下，电力体制改革取得了重大进展。理论上讲这一大背景为电力企业大发展提供了新的广阔空间，存在诸多现实可能。但如何把可能变为现实，大有文章可做。我们思考问题，部署改革与发展战略，要有世界经济一体化的大背景的广阔视野。加快电力企业市场化改革，使电力的发展尽快地融入世界经济大循环体系中去，不断地创造机遇。

②电力是资金技术密集型的国有大型企业，也是攸关国计民生重要支柱的基础性产业，电力企业的发展已具备了较为雄厚的实力。

③电力信息化建设，具有得天独厚的优势，为企业实现知识共享、知识资本的管理、开发和利用提供了现代化条件。

④部分电力企业已进行了创建学习型企业的探索，学习创新精神逐步深入人心。我们只要咬定青山不放松，牢牢把握好时机，电力企业将具备人才资源战略储备和开发利用的后发优势。

⑤电力企业分工明细，点多、线长、面广，为铸就一批精业务，懂市场的高级管理人才提供了锻炼成长的广阔天地。

⑥优秀的企业传统和悠久的楚文化为湖北电力企业文化建设提供了丰富的文化资源。

正视困难迎接挑战，发挥优势抓住机遇，我们才能掌握改革与发展的主动。为适应电力体制改革的大环境，基层供电企业应立足于自身的实际图发展。要深入开展“电力改革与发展”形势教育，在全员职工的灵魂深处培育市场观念、竞争观念和服务观念，彻底消除员工头脑中的垄断意识及盲目的优越感。通过竞争机制和组织引导，促进职工自觉地学习，不断提高自身素质。“电力改革与发展”形势教育，要与学习十六大精神结合起来，做到统一思想，认清形势，明确任务，振奋精神，奋发图强，以主人翁的姿态，积极投身电力改革与发展的大潮中去。要脚踏实地抓好企业内部管理。通过创一流活动，进一步完善企业科学管理，挖掘企业潜力，提高企业经济效益；通过企业内部严格管理，堵塞漏洞，回避与外部执法部门之间的矛盾，同时，要学法守法用法，用法律和制度来维护电力企业自身利益；要加快信息化建设，提高企业信息化管理和应用水平；随着同网同价的推行，还要切实做好农电体制改革和农村电力市场的开发。

总之，十六大报告科学地作出了本世纪头 20 年是一个重要战略机遇期的重大判断，提出全面建设小康社会的奋斗目标，并从经济、政治、文化等方面勾画出宏伟蓝图，制定了推进各项工作的方针政策。细细体会，确实感到内容深刻，鼓舞人心，催人奋进。我们相信，在十六大精神的指导下，只要我们振奋精神，励精图治，抓住机遇，加快发展，一定能做出无愧于时代的业绩。

（作者单位：湖北省电力公司）

开拓创新新形势下的思想政治工作
——兼谈德力西集团思想政治工作的实践和探索

按照“三个代表”重要思想和党的十六大精神，思想政治工作必须在继承和发扬优良传统的基础上，在内容、形式、方法、手段、机制等方面努力进行创新和改进，增强时代感、针对性、实效性和主动性，才能更好地服务于经济建设，服务于企业深层次改革和发展。思想政治工作是我们党和政府工作的法宝，不仅适用于国有企业、集体企业，也适用于非公有制经济组织。对民营企业而言，思想政治工作如何适应现代企业制度需要，是新形势之下面临的新课题，值得深思。

德力西集团有限公司创业于 1984 年，是一家以输变配电气和工业自动化控制电气为主业，同时涉及地产开发、商贸物流、交通运输、金融服务和环保等产业的同心多元发展的现代企业集团。现有员工 13000 余人，下属公司 70 多家，协作企业 700 多家，生产产品达 300 多个系列 3 万多种规格，在全国 300 多个城市和 40 多个国家与地区设立了销售网点 1000 多家。综合实力位居中国民营企业 500 强第五位。德力西在短短 19 年的时间内创造出经济腾飞的奇迹，被新闻媒体和专家学者誉为“德力西现象”，这不仅取决于公司先进的经营理念和勇于开拓的精神，也与公司坚决拥护党的领导，积极贯彻落实党的重要精神，不断拓新和加强思想政治工作是密切相关的。在新形势下，公司与时俱进努力开拓创新思想政治工作新局面。

一、打造学习型团队，开拓企业思想政治工作新局面面对全球经济一体化和WTO的挑战，如何与时俱进不断开拓企业思想政治工作新局面，打造学习型团队是其关键

当前，全球经济发生着深刻的变化，知识经济、信息经济、网络经济、技术经济、品牌经济等等，无不促使着企业不得不调整产业结构和发展战略。中国企业如果没有与时俱进的开拓精神和放眼全球的战略眼光，最终将会被市场淘汰。打造学习型团队，这是时代对企业提出来的要求，也是企业自身发展的需要。加强学习，不断进取，开拓企业思想政治工作新局面，使思想政治工作顺应时代日新月异的变化，更好地促进企业深层次的改革和发展，这是德力西人顺利开展思想政治工作的金光大道。

“工作学习化，学习工作化”，把全力打造学习型团队作为思想政治工作的切入点，建立和完善了各项培训制度和激励机制。德力西集团在第三次职工代表大会上，作出了《创建学习型组织的决议》，倡导“全体德力西人，掀起学习热潮，把创建学习型组织作为实现德力西十五规划目标的战略措施，深入持久地开展下去”。为此，公司在温州、杭州、上海、新疆等地分别组建了培训基地，形成了“集团总部、事业部、各专业子公司”三级培训管理体系；实行员工职业生涯的“全方位培训服务”，把常规学历教育、专业技能培训、职称考试以及鼓励员工自我发展贯穿到日常工作中去。与此同时，还建立了相应的激励机制，鼓励员工终身学习，如推行职称补贴、学成后按新的学历重新调整工资级别、按聘用合同规定报销不同比例的自学费用等。

通过创建学习型团队，在学习中开展思想政治工作，员工的整体素质得到了很大提高，员工的稳定率和忠诚度也得到极大提高。企业内部调查显示：员工觉得在德力西有发展空间的为92%；认为能充分发挥才干的为84%；对企业产品了解、操作技能不断提高的有97%。这几年，德力西的人员流动率一直保持在5%～6%之间，10年以上工龄的员工约为8%，5～10年工龄的员工占40%以上，这为企业发展提供了重要保障。

二、以企业文化建设为载体，增强思想政治工作的生动性和战斗力

由于企业文化和思想政治工作在工作对象、目标内容和工作方法等诸多方面具有较大程度上的一致性、相融性，二者可实现优势互补，有机融合，因而企业文化在现代企业制度中的应用和发展，就为新形势下加强和改进企业思想政治工作提供了重要契机，并成为企业思想政治工作的有效载体。德力西集团的企业文化建设始终渗透着思想政治工作；也正是借助企业文化这一有效载体，集团开展的思想政治工作犹如春雨润物，育人无声。

思想政治工作与企业文化建设相辅相成，密不可分。集团领导始终坚持“两个文明一起抓”“两手都要硬”的发展战略，在企业文化建设过程中渗透思想政治工作，使思想政治工作富有人情味和战斗力。公司通过制定年度和五年精神文明建设规划，以提升企业文化为着力点，以思想政治工作作为企业精神文明建设的重要手段，以“增强凝聚力，提高向心力，发展生产力”作为精神文明建设的着眼点，以培养“四有”职工作为精神文明建设的根本目标，不断提升企业形象，挖掘、延伸、完善企业文化的内涵，提炼出“德报人类，力创未来”的主题理念，“让品质写出德力西人的尊严”的价值观，“海纳百川，让蛟龙腾飞；千舟竞发，任群英争先”的人才观，制定、推进公司的经营战略。公司为了便于在生产经营中开展思想政治工作，又相继建立了党委、工会、女工委、团委等群众性组织，经常以研讨会、座谈会、联欢会、有奖合理化建议等多种活动与员工进行交流，通过制定《德力西集团有限公司民主生活会制度》、《工资集体协商工作方案》、《全员参保方案》等，保障员工的合法权利，消除员工的后顾之忧，形成了员工与企业一致的价值观，使德力西企业文化深入人心，增强了企业的凝聚力、亲和力和向心力，促进企业健康发展。

由于企业文化建设和思想政治工作双管齐下，全体员工在潜移默化之中受到了教育，陶冶了情操。2003年6月21日，集团营销公司提货处员工李公民、刘盛宾勇擒劫匪倍受众人赞扬，当接受媒体采访时：刘盛宾只是朴实地说道：“虽然我来德力西不久，但是受到德力西企业文化影响很深，作为一名光荣的德力西人，我们不能容忍这种丑恶的现象在眼皮底下发生！”这句话，也是广大德力西人的肺腑之言。关于德力西人扶贫济困、见义勇为的事迹已屡见不鲜。

三、应用现代科技，实现思想政治工作方式和手段的创新

现代社会一系列新理论如管理学、心理学、控制论、信息论、系统论等多学科知识的创立和发展，为企业思想政治工作提供了分析问题和处理问题的新方法，丰富了思想政治工作的内涵。公司领导积极号召企业思想政治工作者不断学习和掌握这些新科学的基本知识，应用其基本原理和分析解决问题的方法，提高思想政治工作的艺术性。

信息网络已日益成为新闻媒体和人们日常生活的重要工具，同时也给企业思想政治工作提供了十分便利的条件。公司运用网络等现代信息手段，构筑企业思想政治工作新的载体。如建立德力西网站，通过这块领地，宣传党的方针政策，交流思想政治工作的经验，传播精神文明建设的成果；又如在网上设立了“德力西论坛”，使每个员工都能进行直接的沟通。这就突破了思想政治工作

的旧有模式，扩大了思想政治工作的覆盖面，形成了思想政治工作无处不在、无时不有的格局。

四、有的放矢，对症下药，分层施教，增强思想政治工作的针对性

德力西集团有限公司的员工来自五湖四海，其年龄层次、文化水平、个人经历、个性气质、家庭环境、个人修养等各个方面具有很大的差异，思想状况和实际接受能力必然存在不同。公司领导坚持从实际出发，结合企业的具体情况，针对职工的不同群体、不同层次开展卓有成效的思想政治工作。董事局主席胡成中指出："上层干部要有事业心，中层干部要有上进心，基层人员要有责任心。"对干部重点抓好以身作则教育；对党员着重抓理想信念、先锋模范作用教育；对先进重点抓好防骄破满教育；对下岗职工在努力帮助他们解决实际问题的同时，重点抓好缓解情绪、顾全大局教育：对离退休职工，则重点抓老有所养、老有所乐和老有所用教育。

五、努力提高政工干部队伍素质，为思想政治工作提供强有力的组织保证

政工干部素质的高低，直接关系到思想政治工作的整体质量和实际效果。思想政治工作是一项政策性、科学性很强的工作，为了做好企业的思想政治工作，公司一方面组织选拔一些文化素质高、思想作风硬、业务能力强，而且懂经营、会管理、有威信的优秀干部充实到政工岗位；另一方面加强对政工干部的业务培训，采取短期培训和中长期进修相结合的办法，对政工干部经常进行知识"充电"，提高其综合素质。在新形势下，政工人员在党委的组织带领下，认真学习贯彻党的十六大精神和"三个代表"重要思想，讲学习、讲政治、讲正气，在各自的岗位上积极发挥先锋模范作用。政工干部队伍在抓好自身建设的同时，根据公司实际情况，采取不同措施组织管理层领导、干部、职工贯彻党的路线、方针、政策，学习政治、业务，引导、监督企业依法经营。

六、领导干部发挥表率作用，用人格的力量影响和带动员工

言传和身教相结合，是我们党思想政治工作的优良传统，也是思想政治工作具有强大生命力的源泉之一。要使思想政治工作具有实效性，一要靠真理本身的力量，二要靠领导者的人格力量。讲道理、作表率，公司领导始终以这"两个轮子"开展思想政治工作，把德力西事业推向辉煌。德力西的发展壮大，关键是拥有一大批德才兼备的领导干部，德力西的创办者——集团董事局主席兼CEO 胡成中就是其中最杰出的代表。正是在胡成中人格魅力的感召下，一大批德才兼备的领导干部团结在以他为首的董事局周围，带领着德力西人一路披荆斩棘取得了一次又一次的成功。2003 年 5 月 6 日下午 1 点，央视播出了题为《德报人类——访胡成中》的专访，讲述了胡成中"修业先修身，修身先修德"的创业故事，在社会各界和集团广大员工之中引起了很大的反响，胡成中的人格魅力感染了每一位德力西人，这本身就是一次生动成功的思想政治工作。

（作者单位：德力西集团）

构筑国际一流供电企业文化力

——绍兴电力局加强企业文化建设的实践与探索

叶向东

近年来，绍兴电力局为建设国际一流供电企业，不断加强具有自身特色的企业文化建设，重点培育现代企业的学习文化、供电企业的服务文化、一流企业的创新文化，努力构筑强劲的文化力，推进企业的跨越式发展。

一、追求终身学习，努力形成现代企业的学习文化

绍兴电力局致力于创建学习型企业，逐步形成一种充满活力的学习气氛，使学习理论、学习技术、提高素质作为企业的一项重要职能和目标。

一是加强领导班子和企业员工的思想政治建设，努力提高思想道德素质。13 年以来，该局坚持党委中心组学习制度，学习邓小平理论和"三个代表"重要思想，九项学习制度执行良好，时间、人员、专题、中心发言"四落实"，每位成员做到"五个一"（即：一本专用笔记本、一次中心发言、一次专题调研、一篇体会文章和一个挂钩联系点），中心组学习已走上制度化、规范化的发展轨道。同时营造了全局干部党员讲学习、讲政治、讲正气的良好氛围，加强了社会公德、职业道德、家庭美德建设，树立"崇尚光明、追求效益、服务社会、臻美自我"企业价值观，形成了一支"敢于拚搏，善打硬仗"的员工队伍。

二是加强企业员工业务技术教育培训,努力提高科学文化素质。首先,重视营造浓厚的学习氛围,树立"终身学习"的观念。制定教培"十五"规划,规范教培制度,调整教培网络,把学习内化为企业的日常行为。其次,从生产实际出发,开展多层次、多渠道的员工技能培训。利用远程电视教室、员工培训基地等设施进行理论和技能培训。再次,继续开展在职成人学历教育,鼓励员工接受更高层次的教育。2002年,全局岗位培训率达到95.4%,上岗培训率达到100%,持证上岗率达到92.7%,累计463人(次)获得大专以上毕业证书,并拥有中高级职称230名。

三是推行育人用人一体化管理,努力提高企业整体素质。实现学习与工作的融合,是学习型组织的基本特点。该局重视第五项修炼和学习型企业的建设,充分发挥企业党校和教培中心的作用:要求50岁以下或大学本科以下的经营管理人员,在五年时间内文化程度上一个层次;全体管理人员熟练掌握计算机操作,适应自动化办公需要;全体员工熟练掌握本岗位业务技术,适应国际一流企业发展需要;进一步强化"培训—考核—使用—待遇"一体化机制,为企业的可持续发展提供一流的人力资源。

二、实施"双可"工程,全力构筑供电企业的服务文化

实施"可靠能源、可信服务"工程,为客户提供优质电能和优质服务是供电企业长期的中心任务,是浙江电力行业的对外服务理念。转变观念,强化服务意识。该局改变"朝南坐"的传统习惯,树立"发展靠市场,服务促营销,效益是中心,客户是上帝"的观念,推出"首问责任制"、大堂"用户日记"、实行"保姆式"服务,开辟"传呼一叫,电工就到"的"绿色通道"等特色服务。

建设电网,坚持第一要务。绍兴电力局大手笔谱写电力发展史上的新篇章,大力度构筑电网建设新的里程碑。5年来,全市新增变电容量比绍兴解放以来48年累计还多8万千伏安,全市用电量年均增长14.42%,全市供电最大负荷年均增长14.66%,跨越发展的绍兴电力为"经济强市、文化名市、旅游大市"提供了强有力的能源支撑。

承诺服务,实施满意工程。1998年起该局全面实行承诺制,形成的团队精神奠定了"基建向生产承诺、检修向运行承诺、全局向社会承诺"运作体系的精神基础。近年来电力"110"和95598客户中心践诺率达100%。近3年来,全局组织了360支7800人的施工队伍,用汗水精心编织全市130万农户的希望之网。各施工队严格自带铺盖、自办伙食等规定,做到不吃农户一餐饭、不拿村委一包烟、不收群众一分钱。通过浙江省城市调查机构的调查,绍兴电力客户满意率已达98.2%。2002年该局被中央文明办和国务院纠风办确定为"全国文明行业示范点"。

绍兴电力服务文化促进了"双可"工程的广泛开展,赢得了广大客户的好评,2002年绍兴全社会用电量达到111.16亿千瓦时,同比增长23.30%,增幅列浙江第一,全市最大供电负荷达158.93万千瓦,同比增长19.95%,为地方经济跨越式发展提供了强大的能源支撑。

三、坚持与时俱进,积极推行一流企业的创新文化企业的生命在于创新

该局在继承和发扬传统的基础上,不断探索机制、管理、科技创新,使创新文化成为企业发展的不竭动力。科技创新是企业创新的重点。一是以SAP软件为核心,成功实施财务(FI/co模块)、设备(PM模块)、物料(MM模块)和项目(PS模块)系统管理,努力打造"数字绍电"。二是在华东率先启用了全国统一的供电服务号码95598。三是开发实施了输电线路地理信息管理系统(GIS),初步实现了输电设备的在线管理。创新文化使该局先后在全国第一个完成了城区"一户一表"制供电,建立了第一个居民用户负荷远方集抄系统,建成了第一个具有故障的自动判别、迅速隔离、快速恢复功能的配网地理信息与电话报修系统,第一个实现用电营业收费系统与五大银行联网,形成了"生产自动化、管理现代化"的生产经营格局。

管理创新是企业创新的关键。该局重点在:①企业内部推行"试岗、离岗、待岗"制度,中层干部中实行"年终挂钩、黄牌警告、末位淘汰"制度,使企业作风"政令畅通、求真务实、顽强拼搏、雷厉风行"得以形成和保持。②探索供电企业安全文化,推行"安全生产综合预控法"。③全面实施变电设备和输电线路状态检修,变电运行推行监控站管理模式,开辟了一条减人增效的新路子。④全局的收发文已进入单轨制运行,基本实现了无纸化办公。同时,在企业党建工作和精神文明建设方面努力实现观念、机制、制度、方法、载体创新。一是观念创新。思想政治建设方面提出了"队伍现代化、对象层次化、机制规范化、管理科学化"。"四化工程"既是该局党的思想建设的实践总结,又是企业党建创新的理性思考,它的实施使企业思想政治工作走上系统化、制度化、规范化的发展轨道。二是机制创新。建立以"两个文明一体化"为主要内容的思想建设机制,以"大政二正"、"一岗两责"为基本内容的组织建设机制,以党风、行风责任制为基本内容的作风建设机制,以党员身边无事故、无违章、无违纪为内容的党员责任区活动机制。三是制度创新。在党委日常管理工作方面,制定了四类36项工作制度,其中关于《保证安全生产的思想政治工作条例》等制度,从创新角度出发不断完善企业党建各项管理工作。四是方法创新。"绍兴电力网上党校"网站,面向全市供电系统各基

层党组织、1200多名党员、3000多名员工，将国家大政方针、政治学习资料、企业大事要事等内容，采用文字、录像、图片、语音形式，改变了过去"一支笔、一张嘴、一块板"的工作状况。现在以"网上党校"为特色的"绍电党委网站"，累计点击次数已超190万人次。五是载体创新。主要体现在："双八项"文明系列创建活动。从1995年开始，制订了《文明建设系列考核评选办法》和《精神文明建设成果奖励实施办法》，设立了专项奖励基金，开展了文明职工等八项细统工程系列创建；设立了社会科学理论研究成果奖等八项精神文明建设成果奖。建立党员活动室。1999年起，党委全面推行了"五有十上墙"党员活动室的做法，促进了党支部建设规范化发展。同时成功举办四届职工文化艺术节。

企业文化建设的最终成果，体现在企业形象的塑造上，良好的企业形象综合的反映企业文化建设的水平。绍兴电力局先后取得了105项荣誉称号，其中国家级、翻省级荣誉称号达49项，首批表彰和全国排列第一有10项。2002年7月15日，被国家电力公司正式命名为全国第一批"国际一流供电企业"。

实践使该局体会到，中国供电企业创建国际一流的格局，将在一定程度上取决"文化力"的较量，服务文化、学习文化、创新文化，是供电企业文化建设的永恒主题。

（作者：全国思想政治工作科学专业委员会特约研究员、绍兴电力局思想政治工作办公室主任）

思想政治工作围绕"第一要务"为企业发展服务

杨天胜

中国国电集团公司确立了"做实、做新、做大、做强"的战略目标，把发展作为集团公司第一要务，这是全面提升集团公司在电力市场中的核心竞争力的重要举措。同时，也给当前企业思想政治工作提出了一个重大研究课题。为此，笔者就思想政治工作如何围绕"第一要务"为企业发展服务，谈几点拙见，共同商榷。

党的十六大报告指出，全面建设小康社会，最根本的是坚持以经济建设为中心，不断解放和发展生产力。集团公司提出的发展战略，正是贯彻落实十六大精神的具体体现。众所周知，发展是增强经济实力的根本途径。发展不仅是经济问题，也是政治问题，关系到集团公司的生存与发展。

实践证明，发展是克服一切困难，解决一切问题的关键。大发展解决大问题，小发展解决小问题，快发展带来大变化，不发展就意味倒退。因此，发展就是硬道理，发展就是振兴企业的第一要务。当前公司正处于改革攻坚、全面发展的重要历史时期，各种矛盾、困难都争相凸现出来，如企业安全生产稳定问题，员工队伍稳定问题，电量问题，市场营销问题，三个文明建设协调发展问题等等。这些问题的最终解决，关键要靠发展。集团公司只有进一步发展了，更强大了，才能拥有竞争市场的主动权，实现"做实、做新、做大、做强"的战略目标也就有了前提和保证，也才能建设出具有集团公司特色的一流企业。

可以说把握住发展，就把握住了建设现代企业的本质，就把握住了员工的根本意愿。因此，企业思想政治工作必须全心全意为发展提供思想保证。结合企业实际，笔者认为，思想政治工作在围绕和服务"第一要务"中，应从以下几方面着力：

一、必须认清新形势、明确新目标、把握新要求

今年是电力工业管理体制引入市场竞争机制的开端，改革将打破束缚发展的桎梏，将给各电力企业带来空前的机遇与挑战，也使思想政治工作面临严峻的考验。形势要求我们，要牢牢把握企业发展的前进方向，用党的全面建设小康社会的宏伟蓝图，集团公司"做实、做新、做大、做强"的战略目标激励职工、鞭策职工，使之树立信心，推动发展。这也是我们思想政治工作的出发点和落脚点。因此，我们必须以十六大精神为指导，认真贯彻落实"三个代表"重要思想，坚持以经济建设为中心不动摇，一心一意谋发展，聚精会神抓建设。要施以教育手段，引导干部职工认清形势，要把发展生产力摆在重要位置，任何时候都不能偏离，要把集团公司的发展战略目标，即"第一要务"的思想贯穿到思想政治工作的全过程中，用发展的观点统一企业上下的思想认识，形成不管东南西北风，咬住发展不放松的共识；要把集团公司的宏观要求与企业微观举措有机结合起来，形成一种促进企业建设与发展的推动力量，成为企业上下开拓奋进的主心骨和精神支柱；要抓住机遇，营造环境，把握集团公司提出的新目标、新要求，用新思维、新方式、新办法，以创新的手段，解决发展中的各种矛盾和问题，形成新认识，开辟新境界，为全面贯彻落实集团公司的"八字方针"，创建一流企业，保好驾，护好航。

二、必须创新机制，维护发展，强化效果

企业讲投入、讲产出，这个投入和产出就是效益。而

企业思想政治工作也要讲投入产出,这个产出就是保证企业安全生产和职工队伍稳定。一是要建立大政工网络。党的十六大报告再次强调,在新的形势下要高度重视思想政治工作,切实加强领导。因此,企业必须坚持“两手抓,两手都要硬”的方针,建立健全思想政治工作“一岗双责”工作机制,为集团公司改革发展稳定提供思想政治保证。这就要求我们企业的党组织,必须要在发挥其政治核心作用上下功夫,形成以党委为核心,以专兼职政工人员为骨干,广大行政干部和党团员为主体,党政工齐抓共管的思想政治工作新格局,用这种多层次、多样化的思想政治工作网络,来确保企业的“长治久安”;二是要大张旗鼓地唱响“发展”这个主旋律。企业党委要坚持思想政治工作“求实、求新、求进”的原则,切实把思想政治工作融入到整个集团公司的经济发展这个“大合唱”中,将上级的精神及时传递到职工中,成为上级政策的消化站,贯彻落实决策任务的加油站,宣传为企业发展做出贡献的先进模范人物事迹的推广站,在企业营造出一切围绕发展,一切为了发展的环境氛围;三是要全心全意在“围绕”上下功夫。企业思想政治工作要发挥稳定人心、凝聚力量的功能,始终把工作“准星”调整到“第一要务”这一目标上来,要把企业改革中的矛盾点作为思想政治工作的着力点,把安全生产的起发点作为思想政治工作的研究点,把生产经营的目标点作为思想政治工作的落脚点,选准切入点,找准突破点,最大限度地凝心聚力,特别要在解决思想问题与实际问题的结合上下功夫,有针对性地做好思想政治工作这篇大文章,做到抓生产经营从思想入手,抓思想从生产经营出发,使思想政治工作与经济生产经营融为一体,同部署、同落实、同检查、同考核;四是要狠抓干部职工的思想教育工作。要始终贯穿理想信念教育这条主线,加强艰苦创业精神的教育,并与实现集团公司的发展目标结合起来,与职工的思想实际结合起来,培养干部职工廉、严、细、实、勤俭、敬业的工作作风。同时通过改革观、大局观、厂情况和爱公司、爱企业、爱岗位教育,进一步转变职工思想观念,使企业进入市场的同时,职工的思想观念也能同时进入市场,建立起成本意识、效益意识,增强员工的负重奋进意识和归属感、责任感;五是要强化思想政治工作队伍自身建设,加大考核奖惩力度。企业要结合实际,有意识培养一支精干、高效、作风硬、业务强的政工队伍,在加强学习教育的同时,采取本位淘汰制,保持思想政治工作队伍的生机与活力。要不断适应新形势、新情况,创新建立和完善思想政治工作制度,使基层思想政治工作有“法”可依,收到实效。

三,必须加强改进,强化结合,探索新路子,提高新水平

随着电力体制改革的不断深入,必然带来干部职工思想上的多样化。这在客观上要求我们思想政治工作必须适应形势的发展,在方式方法上力求多样化,真正为集团公司“做实、做新、做大、做强”,不断探索思想政治工作新路子,提高新水平。因此应把握好以下几个结合:

一要把加强和改进结合起来,体现时代性。思想政治工作要与时俱进是时代的要求,体现前瞻性、超前性,使思想政治工作始终站在时代前列,就必须顺应时代发展,在加强中改进,在改进中增强,把握两者相互依存,相互作用的辩证的关系。只有这样,思想政治工作才能紧扣时代脉搏。现在,我们所开展的精神文明建设和企业文化建设,就是思想政治工作一个很好的载体,通过创建活动和文化建设贯穿思想教育,吸引大家参与,这就是一种改进,一种加强,也充分体现出时代的要求。

二要把集中教育与个别教育结合起来,把握针对性。思想政治工作要求我们,要深入了解和科学把握好干部职工的思想轨迹,不能统而笼之,一般地去抓,要分清哪些是普遍问题,哪些是个别问题,从而抓住重点、难点和热点,有针对性地释疑解惑。当前,企业思想政治工作要在解决干部职工的信仰问题、信任问题、信念问题、信心问题上下功夫,从集团公司成立后的情况来看主要是解决干部职工对集团公司信心问题。这就要求我们要通过集中教育和个别教育,使大课后面有小课,从而增强干部职工对集团公司、对企业、对个人发展前景的信心。

三要把思想政治工作与人本管理结合起来,富于创新性。我们正处在电力体制改革和发展的关键时期,各种思潮接踵而来,给思想政治工作带来了大量新情况、新问题。在新的形势、条件下,强调人本管理,就是对职工进行激励、协调、控制和教育、培训、提升的过程,这就要求思想政治工作要在实现人本管理理念、人本管理机制、人本管理文化三个层面上投注力量、下真功夫,力争把企业办成大学校、大熔炉、大舞台、大家庭,帮助职工完善自我,实现人生价值;强调人本管理,是确定人在管理中的主导地位,旨在调动人的积极性、主动性和创造性,思想政治工作只有抓住人这一对象主体,创新开展工作,将人的潜能的发挥、价值的体现作为其一项战略性任务去抓,并且抓出成效,则思想政治工作才能适应新的形势和新的变化要求。

总之,思想政治工作定要坚持依靠职工办企业的方针,始终坚持群众的观点,走群众路线,集中群众智慧,才能把企业办好。要不断提高全员参与管理企业的意识和能力,维护职工的合法权益,关心职工的工作、学习和生活,让大家真心实意地为集团公司“做实、做新、做大、做强”做贡献。

(作者单位:国电电力大同第二发电厂)

代管县电力企业开展依法治电工作的思考

傅立韵

随着我国电力体制改革的深入和电力工业的持续健康发展，电力投资主体多元化，企业之间经营活动的经济法律关系日益复杂。依法治电已成为电力企业经营者、管理者、员工和电力客户的共识。为适应新形势，电力企业加强法制观念，依法经营、依法管电、依法维护电力企业和客户的合法权益，已是当前需要解决的根本问题，现就代管县电力企业为何要开展依法治电工作谈点思考。

一、电力企业开展依法治电工作的必要性

依法治电来源于依法治国、依法治企，依法治电的"电"并非电的本身，而是指电力市场，即电力市场主体：供电人和用电人。依法治电包含两方面内容，一是电力企业内部，广大电力员工在企业党组织的领导下，依照我国的法律法规，特别是电力法律规章和制度，通过各种途径和形式管理电力的生产建设、营销、用电检查、服务、企业内部事务等，保证各项工作依法进行。二是电力客户及社会人员在从事社会经济活动时要依法用电，依法保护电力企业的合法权益和客户自身的合法权益。从而使电力的生产、建设、销售、服务、管理都能依法进行，逐步实行电力企业经营管理和服务的制度化、法律化。

1. 依法治电是发展电力市场的客观需要。社会主义市场经济是法制经济，电力市场也需要法制来规范和保障。电力企业对电力市场的调控和管理，以及电力的生产、建设、销售、服务等各个环节，都需要法规的引导和规范，这是市场经济的内在要求。电力企业要实现经济体制和经济增长方式的转变，就必须按照社会主义市场经济的一般规则，依法治电，建立适应社会主义市场经济的依法管电、用电秩序。

2. 依法治电是电力企业文明进步的标志。随着社会文明的进步与发展，国家治理方式由人治转变为法治。法治是现代文明的成果，依法治国是现代化国家的基本治国方略。依法治电是现代电力企业加强管理的基本策略。作为在社会主义计划经济的最后堡垒——电力企业，实行依法治电是一次超越传统的计划经济体制下的针对管理机制革命。因此，在实行依法治电的过程中，不可能是一帆风顺的，必定是一条崎岖不平的道路，会遇到许多传统的、陈旧势力的阻挠。但是历史的车轮总是朝前运行的，依法治电是电力企业走向文明、发展、现代化的道路，具有划时代的意义。

3. 依法治电是电力企业稳定发展的重要保障。邓小平同志在南巡讲话中谈到国家和社会的稳定问题时，指出："还是要靠法制，搞法制靠的住些"法令行则国治，法令驰则国乱。一个国家是如此，一个企业也是如此。随着改革开放的深入和经济关系的调整，电力企业与社会经济生活，电力生产建设与电网管理，电力供应与使用，电价与电费，电力设施保护等方面的矛盾出现了许多的新情况和新变化。我们必须根据已经变化了的社会条件，充分发挥法律的调整社会关系方面的重要作用，保障电力企业的稳定和发展。

二、代管县电力企业依法治电的现状

1. 代管县电力体制存在的弊端。代管县电力企业是在原趸售县电力企业的基础上，根据国务院的要求，由省电力企业对趸售县电力企业实行代管。即原县属电力企业的人财物等由省电力公司负责经营管理，负责资产的保值增值。在近三年的实践中，代管县电力企业的管理处于一种计划经济模式下行政管理的状态，省电力公司的管理完全是行政管理，只对代管县的领导班子和安全生产重点进行了管理指导，对代管县的经济效益、职工收入不仅没有积极去管，反而通过不公平的行政手段与县电力企业"争饭吃"。这主要原因就是省电力公司与代管县电力企业缺乏经济纽带，县电力企业盈亏与己无关。出现了职工说的"什么都管，就是吃饭问题不管"的现状。

缺乏有效的监督机制。由于没有经济纽带，代管县电力企业的资金使用、财务管理、工资奖金的发放等一系列问题，都是由县电力企业自行决定，各自为政，省公司没有统一的管理和监督机制。现在对代管县电力企业的监督，仅仅寄希望于企业党组织和职代会，但是党组织负责人与法人代表往往因"哥俩好"，考虑问题的角度和利益关系基本一致，因而很难发挥监督作用，反之，即使关系不融洽也很难发挥这种作用；职代会的监督更是形同虚设。所以，需要建立有效的公司法人治理结构加强监督。

2. 管理不到位。代管县供电企业除了经济效益相对落后、供电地域广阔分散、供电量少等客观原因外，主要还是观念滞后、思想业务素质偏低、法律意识淡薄等原

因，引发了管理手段相对落后，管理水平较差，管理不到位等现象，不能很好履行法律赋予的管电、供电职能。从而造成一些触电伤亡赔偿案件。我县就曾因为工作人员巡线不到位，广播线断落造成触电死亡案件；停电通知不到位造成客户损失赔偿案件；工作粗心搭出线烧坏几十户家用电器赔偿案等等。由于管理不到位，没有及时采取法律手段催缴电费，造成欠费滚雪球越滚越大，成了难解"疙瘩"；由于用电检查工作不到位，或没有很好地使用法律赋予的行政执法手段，造成了一些窃电行为的发生和漫延。供电行业长期的计划经济模式，使供电企业缺乏竞争观念、创新意识、经营理念和危机感，对资产的经营还是和安全、生产、技术管理及企业的日常经营管理工作混为一谈。需要建立有效的法人治理结构对供电企业依法进行经营管理。

3. 电费回收成为代管县电力企业的一大难点。行政干预造成欠费，一些经营亏损企业，把欠电费当作比银行贷款还要方便的"借款"手段，一旦电力企业依法实行停电催费时，就以"工人要吃饭"为名向政府施压，政府领导出于保持稳定为重，又向电力企业领导施压，从而造成巨大欠费，最终难以回收。还有一些企业恶意拖欠电费，逃避债务，利用与政府领导的关系，个别政府领导以发展经济为名给供电企业施压，造成欠费。还有一些企业经营状况严重恶化，有的破产倒闭，难以履行到期债务，严重影响了正常的供用电秩序。

4. 电力设施破坏严重，窃电现象屡禁不止。由于电力企业宣传不力，社会缺乏对电力设施保护的了解，有的当事人在电力设施保护区内野蛮施工作业、违章建房，阻挠电力企业依法清理保护区通道，造成电力设施被破坏并殃及用户。有的犯罪分子把电力设施视为"露天银行"，肆意哄抢、盗窃；有的不法分子通过窃电来降低生产成本，在同一行业中引起不正当竞争，损害了守法生产经营者的利益，并使一些守法企业也产生了不愿意交电费的心理。一些业主法制观念淡薄，不认为窃电是犯罪，有的还包庇纵容，甚至为窃电者跑关系、说情。窃电的手段也越来越专业化、高科技，我省就曾发现一种所谓的"节电器"能使电表倒转。还有一个县出现了偷换电表芯使电表走慢，抄见量减少70%，供电企业损失惨重。破坏、盗窃电力设施，窃电行为，严重侵害了国家和电力企业的利益，严重扰乱了市场秩序。

三、代管县电力企业开展依法治电工作的思考

（一）依法治电在供电企业内部的实施

1. 建立有效的法人治理结构。对于公司法人治理结构，我国的著名经济学家吴敬琏认为，法人治理结构是一种由所有者、董事会和高级执行人员（高级管理人员）三者所组成的一种组织结构。通过这一结构，所有者将自己的资产交由公司董事会托管，公司董事会是公司的经营决策机构，又有对高级管理人员的聘用、奖惩及解雇权，高级管理人员受雇于董事会，组成在董事会领导下的执行机构，在董事会授权范围内经营企业。公司法人治理结构本质上是一种现代企业组织结构制度安排，反映了公司董事会的功能、结构、股东的权利等方面的制度化安排，是一种科学的企业管理模式。代管县供电企业更适合建立国有独资公司形式的法人治理结构，形成董事会、监事会、经理会三足鼎立的状态。建立国有独资公司形式的法人治理结构有利于社会供用电秩序的稳定；有利于供电企业干部员工转变观念，提高管理水平；有利于在供电企业内部形成有效的法人治理结构加强监督。

2. 实行依法管理。依法管理是依法治电的重要内容，法律上的合法性是最直接、最受关注的。首先，供电企业的管理在法律上的合法性来源于《电力法》及其相关的法律规章，法律对供电企业的法律地位和职责权限作出了明确规定，其管理行为必须依据法律，不与法律相抵触。其次供电企业在法律授权范围内行使职权，不得逾越权限，不能侵犯其他市场主体的合法权益。电力市场需要供电企业利用《电力法》、《电力供应与使用条例》《电网调度管理条例》等法律规章来对自身的管电、发电、供电等行为进行管理，规范其市场主体行为。因为，目前供电企业在用电检查、供电合同的履行，售后服务等方面的确还存在一些侵害客户权益的行为。所以，供电企业要加强依法管理，第一，要贯彻好电力法规制度，使之成为每个员工的行为规范，并健全完善供电职工的工作标准和制度，加强监督落实；第二，要严格依法办事，依制度程序办事；第三，要开展厂务公开，及时公开电价政策、办事程序、承诺制度，接受客户监督；第四，要依照《电力供应与使用条例》，维护供用电秩序，加强对电力设备、电力供应与使用、供电合同等业务工作进行管理；要根据《电网调度管理条例》，加强对电网调度的管理，保障电网运行安全和供电企业、发电企业、客户的利益，保证经济建设和人民生活的需要；要根据《供用电监督管理办法》《用电检查管理办法》《供电营业规则》等规章，加强电力供应与使用的监督管理，规范供用电监督管理人员的监督检查行为，建立正常的供用电秩序，保障供用双方的合法权益。第五，要严格执行电业技术设计安装标准，严格执行设备维护检查制度，加强对用户和小学生的安全用电知识的宣传教育，提高供电职工的工作责任心和客户的防范意识，防止和避免人身触电损害赔偿。

（二）依法治电在供电企业外部的实施

1. 依法打击窃电行为。电力企业要加强依法打击窃电，整顿电力市场秩序的力度。电力企业要充分利用现有法律法规，加大宣传力度，在社会上形成强大的反窃电舆论氛围，并加强对用户的守法宣传；加大检查力度，提

高检查人员的查窃电水平，提高现有电能计量装置和检测装备查防窃电的科技含量，定期开展重点排查。同时，要依法规范供需双方的权利和义务，建立法制化的市场秩序。用电检查人员在检查用电行为时，在管电职能尚未移交给政府经济管理部门前，还是以行政执法身份更为有效。要正确审视查处窃电工作的合法性，以合法性保障打击的有效性，从实体和程序两个方面整体上规范查电行为。

2.依法回收电费，打击恶意欠费。供用电双方是具有平等的民事主体地位，供用电关系属民事法律关系范畴，受民事法律法规调整。供电企业应充分利用法律法规保护自身的合法权益，在具备法定条件时，应依法采取要求客户提供电费担保，签订抵押或保证等合同，及时采取供用电合同保全措施、行使撤销权或代位权，申请支付令，直至起诉追费，解除供用电合同等项措施。供电企业应高度重视行使法定权利时所必须具备的法定条件及应同时履行的义务，保证供电质量符合国家标准、提请客户注意免除或限制其责任的合同条款等义务。在依法回收电费的同时，还应注意积极争取各级政府支持，加大"电是商品"的宣传力度，努力提高供电服务质量，善于引导客户自觉交费，健全电费回收考核机制。

3.改善和营造依法治电的外部环境。要着眼于培育依法治电环境的基础工作，着眼于改善和营造依法治电的法治环境。要依据现有的电力法律法规，在管辖区内开展大规模地咨询、宣传、联系等活动。加强与公检法司等部门的联系，取得他们的支持。从窃电的社会危害性、窃电的犯罪性；从交电费的义务和客户的诚信度；从安全用电必要性、违章用电的危险性开展宣传教育，唤起全社会的反窃电、守信用、讲安全的意识，为依法治电奠定广泛而又坚实的群众基础。

在开展依法治电的同时，要开展以德治电。以德治电要求企业生产经营行为必须诚实守信；电力企业对社会、对客户实行承诺服务制，以优良的供电质量，合理的电价和优质的服务来树立企业形象，提高企业信誉和市场占有率。在企业内部，要强调沟通、融洽的团队精神，使干群间形成畅通的沟通联系渠道。对外，电力企业要遵循市场规律，规范市场行为，要从自身做起，以满足客户需求为目标，积极投身电力市场，不断完善自己，提高竞争力。

对发电企业贯彻"党管人才"重要思想的几点浅思

夏守慧

党的十六大报告提出要"尊重劳动、尊重知识、尊重人才、尊重创造"，强调要"造就数以亿计的高素质劳动者、数以千万计的专门人才和一大批拔尖创新人才。"胡锦涛总书记在2002年12月召开的全国组织工作会议上指出，要"促进实施人才强国战略，努力形成广纳群贤、人尽其才、能上能下、充满活力的用人机制，把优秀人才集聚到党和国家的各项事业中来。"中央政治局常委曾庆红也在会上指出："各级党委和组织部门，要按照党管人才的要求，把党的干部和人才工作统筹规划、协调发展的运行机制建立起来，形成党委统一领导，组织部门牵头，有关部门各司其职、密切配合的人才工作新格局。"党管人才，是我党根据新世纪面临的新的时代课题，为巩固和扩大党的执政基础，推进人才强国战略，实现全面建设小康社会的目标而提出的又一重要思想，是一项具有重大现实意义和深远历史意义的重要指导原则，是学习贯彻"三个代表"重要思想的重大举措之一。

一、对"党管人才"重要思想提出背景的思考

从20世纪后半叶开始，世界逐步从传统的工业经济时代步入知识经济时代。知识经济改变了人们传统的资源观念，知识和人才资源已经代替土地、资本、矿藏和能源等成为第一战略资源，社会经济的发展对知识的依赖和对人才的需求越来越大。能否在人才竞争中居于优势关系着一个国家、一个民族在未来社会的生存和发展。对此，江泽民同志曾深刻指出："当今时代，科技进步日新月异，国际竞争日趋激烈。各国之间的竞争，说到底，是人才的竞争，是民族创新能力的竞争。"从世界范围看，近年来围绕人才的竞争愈演愈烈，各国都在积极采取措施加大培养、吸引、使用人才的力度，西方发达国家还凭借其经济和科技优势在全球范围内抢夺人才，人才竞争已成为各国综合国力竞争的聚焦点。从国内形势看，今后5至10年，是我国经济和社会发展的重要时期，做好加入世界贸易组织后的各项应对工作，实现党的十六大确立的全面建设小康社会的宏伟目标，把建设中国特色社会主义事业不断推向前进，人才是关键。从党的历史看，党管干部原则形成于革命年代和社会主义建设初期，是我们党建工作的重要原则之一，其核心思想就是按照党的

纲领、方针、政策吸引各个领域的优秀人才，把他们选拔为党的各级干部，并通过有效的管理、监督、培养和引导，使他们成为党领导革命和社会主义建设的骨干力量。党管干部的原则对于利用有限的人才资源，保证革命的胜利和社会主义建设的顺利推进发挥了决定性的主导作用。进入新时期，支撑党的各项事业的人才的内涵得到了极大的丰富，人才的范围也从过去的党内干部扩展到代表不同经济成分的、处于国民经济各个领域的、不同层次的价值创造者与贡献者，各类人才的干部身份在体制改革的过程中也逐渐淡化。因此，如何培养、吸引和管理好各级各类人才，如何在世界性的人才竞争中取得优势，是我们党在知识经济时代面临的新的历史任务。党管人才正是我们党为适应时代发展要求，在党管干部原则的基础上提出的党建工作的新思路，是党管干部原则的深化和延伸，是对党的建设和党管理国家提出的新要求，体现了党的干部工作与人才工作的有机统一。

二、对企业人才的再认识

人才是人之精华，是人类所有宝贵资本中最宝贵、最有决定意义的资本，是影响社会生产力发展水平，关系到企业兴衰、存亡的重要因素。那么何谓企业人才？对人才定义的实质问题是从古到今人们一直在思考和探讨的问题。查阅《辞海》，指人才为德才兼备的人，有某种特长的人。而人才的分类有多种，因此对具体人才定义的实质也就有不同。我认为，企业人才，应该是指那些具有良好的内在素质，能够在一定的环境与条件下通过不断地取得创造性劳动成果，对社会的进步和企业的发展产生了较大影响的人。

这里，对企业人才的界定明确了四个方面的内容：第一，企业人才的内在素质要高。企业人才内在素质的高有两种情况：一是各项素质都好；二是各项素质中有一两项素质突出，而其余素质一般，如某项技术能手。第二，企业人才的活动离不开一定的自然环境和社会条件，没有条件、没有舞台，人才将无用武之地。第三，企业人才能通过主观能动性的发挥，从事创造性劳动，取得创造性成果。如果说内在素质是一个人成才的内在依据，那么，不断地取得创造性劳动成果就是衡量一个人是否是人才的外在标准。以创造性劳动成果的不断取得作为评价人才的重要标准就可避免以一个人过去的名气、地位、成果和影响来评判人才的弊端，因为，过去所取得的成绩，只能证明这个人过去是人才。有些人在取得成功后，或骄傲自满或害怕从事艰苦的创造性劳动，其现实素质早已大大降低，这些人只能进行重复性劳动，他们已从人才转变为非人才了。第四，企业人才的贡献比企业中一般人要大，其作用是以自己的创造性劳动成果直接用来推动企业的发展和社会的进步。明确了对企业人才认识的这四个方面，就有助于我们在实践中科学地开发人才，准确地发现人才，动态地考察人才，合理地使用人才。

三、发电企业贯彻“党管人才”重要思想应把握的几个问题

1. 转变观念，加强领导

当前，在电力企业的人才问题上重要的是要转变和克服“官本位”的思想观念。由于长期的历史原因，虽然电力体制改革已进入实质性阶段，但“官本位”思想在电力企业中仍然有较大市场，在人才问题上则表现为以行政级别、岗位高低来衡量个人的政治、经济地位及其价值和作用的大小；对人才的选拔任用上还存有论资排辈的评价标准和评价方式。因此，要落实“党管人才”的要求，使企业党组织对人才实施有效管理，利于各类优秀人才的脱颖而出，就应当引导各级组织摒弃“官本位”的错误观念，按照知识、能力的大小及其对企业的贡献程度来评价各类人才的价值和作用，在企业中营造尊重知识、尊重人才、尊重劳动、尊重创造的良好风气。

同时，各级党组织要按照“三个代表”的要求，全面贯彻干部队伍“四化”方针和德才兼备原则，着眼于电力事业的长远发展和企业人才的总体要求，树立发展和服务观念，实施“人才强企”战略，紧紧抓住开发人才、培养人才和用好人才三个环节，着力建设党群思想政治工作人才、经营管理人才和专业技术人才三支队伍，为电力体制改革和企业现代化建设提供坚强的人才保证。由于人才工作涉及到方方面面，无论哪一个部门单独来管都很难做好。因此，应建立人才工作的领导组织，坚持党委统一领导，组织部门牵头抓总、综合协调，宣传、企管、生产、劳资、人事、教育、财务等有关部门各司其职，密切配合，形成合力，共同把“党管人才”的要求落到实处，从而把人才工作做好。

2. 优化环境，创新机制

坚持党管人才，是要加强党对人才工作的宏观管理，作为组织部门并不是要直接具体地去管人才。组织部门既不能“包办”，更不能“代替”相关部门从事具体的人才工作，而应在目标思路、机制环境和改革制度上去管。因此，当前关键要在优化人才发展环境和创新激励考核机制上下功夫，不断优化人才发展的文化环境、政策环境、制度环境和服务环境，建立相应的企业人才库，完善企业人才交流工作，制定以绩效为主的奖励制度和多种形式的分配机制，加大对人才工作的投入，加强“人才资源是第一资源”的宣传，推进干部人事制度改革，努力形成广纳群贤、人尽其才、能上能下、充满活力的用人机制。同时，要加强对人才工作的考核，使人才工作逐步走上科学化、规范化的轨道。

3. 加强培养，提高素质

“重使用、轻培养”的情况在我们电力企业的一些单位中仍有存在，这种短期行为不利于人才的可持续发展。

在人才问题上,我们必须要有长远眼光。对于人才的培养,首先要搞好规划,以人才的全面发展为目标,注重培养的系统性、针对性、有效性,着力培养人才的创新能力;其次应坚持分类培养的原则,根据不同类型人才制定不同的培养目标,采取不同的培养方法;第三,要以岗位和项目促培养,为各类人才提供施展舞台,明职责,压担子,使他们在关键岗位上早开发、早成才,在重点技术攻关项目的实践中出成果。同时,要教育他们树立终身学习的观念,不仅要学业务知识,且要学习政治理论,通过日积月累,经久不辍的努力,不断提高个人的整体素质。

4. 知人善任、人尽其才

开发、培养人才的目的是要用才。用才的关键在于各得其所,各司其职,人尽其才,才尽其用。因此,"善任"很重要,而"知人"是前提。"知人"是组织人事部门及其管理人员的基本职能,是人才使用的第一步,也是关键一环。一个人的好与坏,是否德才兼备,除听本人表白和查看档案材料外,还应看其一贯行为和表现,应坚持走群众路线,广泛听取正反两方面意见,既看"德"又视"才",既看表现又查实绩,既有定性考核,又有定量考核,为让合适的人到合适的位置上做好科学合理的评价。"善任"就是要善于用人所长,并做到"用人不疑,疑人不用"。企业应鼓励并帮助员工完善和实现员工的职业发展道路设想与个人目标,满足员工个人自我发展的需要,引导其个人目标与企业目标相一致,保证员工积极性与创造性的发挥和对企业的忠诚与归属感,从而发挥最大的工作效能,实现企业的目标。

(作者:温州发电有限责任公司政工处长、政工师)

浅谈发电系统公司制企业党组织与公司内各组织的关系问题

夏守慧

随着电力体制改革的进一步深入,公司制企业依法建立科学、规范的公司治理结构后,公司内部除了党组织和原有的职代会、工会、团委等组织外,出现了股东会、董事会和监事会等新的组织机构,原有的厂长及其经营班子也依照《公司法》赋予的权责以新的姿态出现在公司制企业新领导体制和运行机制中。这样,公司党组织相应地处于一种更为复杂的工作环境中。因此,公司党组织能否正确处理与上述各种组织之间的关系,使公司内部各个组织之间协调运行,最大限度地调动公司职工的积极性,凝聚各方面的力量,促进公司的改革和发展,成为公司制企业党组织在新形势下,进一步贯彻与实践"三个代表"重要思想,充分发挥政治核心作用的一个重要课题。

一、明确发电系统公司制企业中各种组织的职责要求和相互关系

发电企业按照现代企业制度改建为公司制后,党组织、群团组织(指工会、职代会、团委、妇委会)和公司治理结构(指股东会、董事会、监事会和总经理)之间往往存在着职责不清、位子不正、协调不力、作用不大的问题,如何明确职责、摆正位子、协调发展、发挥作用是当前需要解决的一个重要问题。

1. 明确发电系统公司制企业党组织同公司治理结构各组织的关系

公司党组织是中国共产党在公司中的基层组织,按照《党章》的规定,在企业中处于政治核心地位,发挥政治核心作用,保证监督党和国家的方针、政策及国家的法律、法规在本公司贯彻落实。公司党组织负责人可通过法定程序进入董事会或监事会,担任相应职务。

公司制企业党组织同公司治理结构各组织的关系,应主要体现在公司党组织对股东会、董事会、监事会和总经理工作上的支持、参与、配合、监督和思想政治工作的领导。支持,就是支持公司治理结构依法行使职权;参与,就是参与公司重大问题的决策;配合,就是配合总经理搞好生产经营和管理;监督,就是协助公司治理结构监督公司依法据章经营和保证公司决策的贯彻执行;领导,就是负责公司的思想政治工作和精神文明建设,以精神文明建设来推动物质文明建设,促进公司经济效益的提高。而作为公司股东会、董事会、监事会和总经理,要取得扎实有效的工作就要紧紧依靠党组织对公司生产经营管理的支持和配合,争取党组织参与公司重大问题的决策,协同党组织开展公司职工思想政治工作和精神文明建设,接受公司党组织的思想政治领导和监督。

2. 发电系统公司制企业党组织同公司群团组织的关系

公司制企业党组织同公司内的工会、职代会、团委、妇委会等群众团体组织的关系,按照《党章》的规定,仍然是党对群团组织的领导、指导和支持的关系。即公司工会、职代会、共青团、妇委会在公司党组织的统一领导

和指导下，同时接受上级工会、共青团、妇联组织的领导，围绕公司生产经营中心，依照各自章程，根据各自的工作特点，扎实开展活动。

3. 发电系统公司制企业群团组织同公司治理结构各组织的关系

前者与后者的关系主要是在公司党组织领导下对治理结构各组织工作的支持、参与、配合和监督上。如工会的厂务公开工作，共青团的“青年文明号”和“青年岗位能手”以及围绕生产的主题活动，职代会的参与企业重大生产经营决策、维护职工合法权益以及对企业内部管理提出意见和建议等，都是工作的重要体现。

温州发电有限责任公司自 2001 年 1 月 18 日改制后，公司党组织与公司内其他各组织在实践中明确职能、各有所司，实行交叉任职、相互渗透的方法，互为支持、协调动作、统一步调、齐心协力，在相互依存、相互制约中发挥作用。按照市场经济规律和建立现代企业制度的要求，形成了较完备的公司领导体制和工作运行机制，为公司的进一步发展奠定了扎实的基础。

二、正确处理与协调公司党组织同公司内各组织关系的几点启示

正确处理同公司各种组织的关系，正确协调公司内各个组织相互间的关系，是发电系统公司制企业党组织发挥政治核心作用的一项重要职责。在实践中，我们得出以下几点启示：

1. 坚持发挥政治核心作用是根本职责　我国企业深化改革，搞公司制改建，建立现代企业制度，这是发展社会化大生产和市场经济的必然要求，是使企业能够真正成为自主经营、自负盈亏、自我约束、自我发展的市场竞争的主体。因而在这样新的形势下，继续坚持企业党组织的政治核心地位，发挥政治核心作用，从理论与实践的结合上，真正把发挥政治核心作用作为公司党组织的根本职责，公司党组织才能够牢牢的把握自己工作的重点，才能够按照党的基本路线的要求，自觉坚持党要管党和从严治党，加强公司党组织领导班子和党员队伍的自身建设，不断提高公司党组织的凝聚力、吸引力和战斗力，才能够担负起参与公司生产经营的决策，领导公司思想政治工作和精神文明建设的重任，从而在公司内各种组织中确立党组织应有的地位，真正发挥党组织的政治优势，有效地协调党组织同其他组织的关系，协调公司内其他组织之间的关系。

2. 坚持保证国有资产保值增值和股东合法权益是首要任务

随着社会主义市场经济的发展，公司内各种组织之间的矛盾，将主要地集中和反映在如何正确对待国家、股东、公司和职工几方面的利益关系。公司党组织应率先示范，在协调处理公司各种组织之间的关系时，坚持保证国有资产保值增值和股东合法权益不受损害这一条原则。这样，公司中各个组织就有了共同的目标和努力方向，就有了共同的语言和工作着力点，同时也就有了团结共事、相互协调、相互促进的驱动力。因此，公司制企业党组织不仅在任何时候、任何情况下都要把保证国有资产保值增值和股东权益作为第一位重要的工作任务，而且应该把公司能否发展，经济效益能否提高，股东投资能否获得优良回报，作为协调、处理公司各组织矛盾的首要原则，作为检验党组织与各种组织关系处理好坏的一个重要尺度，否则，就是公司党组织最大的失职。

3. 坚持维护公司治理结构决策、指挥、监督权威是客观要求

维护公司制企业股东会、董事会、监事会和总经理的决策、指挥、监督权威，是建立现代企业制度组建公司制企业后公司党组织工作适应企业新的领导体制和工作运行机制的客观要求。《公司法》对公司制企业治理结构各组织决策、指挥、监督权力的明确规定，旨在形成公司内部权责分明，团结协作，互相制约的机制。党组织能否充分发挥核心作用，关键一条是看能否确保新的公司运行机制的正常运转，公司的监督职能能否有效顺畅地贯彻执行，公司的监督职能能否有效发挥。因此，公司党组织和广大党群系统工作者应当支持、维护股东会、董事会、监事会、总经理等组织机构在公司中的决策、指挥、监督权威，使其发挥自己应有的作用。

4. 坚持遇事主动协调是工作关键

在市场经济条件下，公司制企业要面对瞬息万变的国内外市场，处理错综复杂的生产经营矛盾，协调国家、集体和公司、职工之间的利益问题。而对这一些问题的解决，公司内部各组织之间难免会出现一些不同的认识、主张，提出一些相悖的措施和办法。可以说其中大量的属于工作产生的意见分歧和矛盾，大都是思想认识问题，是正常现象。但意见分歧和矛盾的发展，有时往往会因协调处理不及时，方法不够妥当或某个负责人的个人原因，而出现不同的结果，给有关组织之间带来误解，形成隔阂，进而给公司的生产经营管理带来消极的影响。因此，公司党组织在日常工作中应增强发现不和谐的敏锐性和解决问题的主动性，见事不迟钝，工作不被动，善于把原则性和灵活性结合起来，在不违背党的原则，不违反国家政策和法令、不损害投资者和广大职工利益的前提下，利用各种途径开展工作，及时主动地疏通、调解，争取使矛盾、纠纷解决在萌芽状态。

5. 坚持依法循章处理矛盾是行事基础

坚持依照国家有关法律、法规、依照本公司的章程，以及依照公司制企业中各个组织的章程来处理组织间的矛盾，对公司制企业党组织来说，是一个新的要求，也是重要的行事基础。公司党组织在加强和改进企业党建工

作中,很重要的一条就是要带头树立依法循章治理公司的观念,带头学法、懂法、用法,逐步做到能够熟练地运用法律来处理公司各组织间的矛盾。特别是在公司内部,当矛盾、纠纷的焦点涉及公司经营发展、对社会产生较大影响,以及事关职工的切身利益,有关组织间的关系已经处于紧张状态时,公司党组织更应依法行事,认真按照《公司法》、《工会法》、《劳动法》、《电力法》等有关法规、章程来处理问题,做到"四个按照":按照法律的准绳,按照法定的途径,按照法定的程序,按照法定的形式,而决不能以言代法。

总之,公司制企业党组织与公司中的股东会、董事会、监事会、总经理和工会、职代会、团委、妇委会等各个组织,并存于一个社会主义企业的统一体内,各自依据有关的法规、章程而建立,履行相应的职责,独立地开展工作,他们相互依存、不可替代,风险共担、利益共享,共同为办好企业而努力奋斗,为电力事业的蓬勃发展做出应有的贡献。

(作者:温州发电有限责任公司政工处长、政工师)

为企业改革发展提供有力保障

陈宏义

湖南省电力公司是一个国有大型电力企业,拥有40多个设计、安装、发电、供电、科研、教育等基层单位,4万余名职工,发电装机容量593万千瓦,年发电量251亿千瓦时,拥有和经营的总资产573亿元,年利税总额约14亿元。多年来,公司坚持以邓小平理论和"三个代表"重要思想为指导,紧紧地围绕"发展、改革、管理、效益"总体工作思路和"创建国内电力一流、争当省内行业一流"发展战略目标,切实加强和改进思想政治工作,为企业改革发展稳定提供了强有力的保障。公司连续四届八年获湖南省文明建设先进系统(行业)称号,同时被评为全国首批精神文明建设工作先进单位和国家电力公司首批双文明省公司,2001年获全国思想政治工作优秀企业称号,2002年获全省"五一"劳动奖状。公司在湖南省委思想政治工作会议上介绍的主要经验是:

第一,各级领导班子成为思想政治工作的坚强集体 各级领导班子始终把思想政治工作作为经济工作和其他一切工作的"生命线",党政一把手既是电力生产经营者、又是思想政治工作的第一责任者,构筑起"一岗两责"的大政工体系,发挥出整体功能。层层把思想政治工作纳入重要工作日程,不断加强业绩考核,实行一票否决制,真正做到了两手抓、两手硬。公司领导班子及其成员以身作则。勤政廉政、团结务实、开拓创新,连年实现资产经营、安全生产、党风廉政建设三项责任制目标,在群众中有较高威信。

第二,建立健全科学有效的思想政治工作运行机制 一是健全制度。制定了和实施了《党建工作若干意见》《思想政治工作条例》《文明建设管理办法暨实施细则》等一系列规章制度。二是规范管理。形成了党委抓党、行政抓长、工作抓班、共青团抓岗的组织领导体系和纵横"四级管理网络",把党支部建在车间、县局一级,配备专、兼职党支部书记。三是充实队伍。政工机构齐全,按不少于职工人数1%配备专职党务干部,并按政策落实待遇。四是加大投入。除按规定(如政工经费为职工工资总额的1.5%)保证思想政治工作所必需的投入之外,还设立了年均1000万元的政工专项奖,全系统建起了新闻文化中心、政工网站等。

第三,围绕企业中心加强和改进思想政治工作 一是加强政治理论教育。制定和执行了《领导干部理论学习制度》,突出抓好党组(委)中心组学习. 公司党校自1994年创办以来,已轮训党员、干部9000余人次,并获湖南省先进基层党校称号。坚持职工政治学习制度,并培训班组骨干3000余人次,还在县级供电个业开展了农村"三个代表"重要思想学教活动。二是开展思想道德教育。以贯彻落实《爱国主义教育实施纲要》和《公民道德建设实施纲要》为主线,坚持开展了"四有""三义""三德""三观"教育,使"优质、方便、规范、真诚"的供电服务方针深入人心。三是以人为本开展"疏导"工作。坚持全心全意依靠职工办企业,针对电力生产建设、经营管理和改革发展稳定中的重点、难点、热点问题,实行厂务公开和民主决策,发挥工会、共青团、政研会的功能,开展职工思想动态分析,深入细致地做好职工思想政治工作。

第四,思想政治工作和精神文明建设融入企业文化建设之中 全面实施企业文化发展战略,大力导入公司CIS和MIS,推行《供电企业职工文明服务行为规范》,开展丰富多彩的企业文化建设活动,启动创建学习型组织工作,广泛深入地开展群众性创建文明单位、文明行业等系列活动,把思想政治工作和精神文明建设融入企业文化建设之中。取得了"强湘电之本,立湘电之道,铸湘电之魂，塑湘电之形”的显著成效。公司本部在连续14年获湖南省文明单位称号的基础上，2002年被评为湖南省文明标兵单位；所属单位100%获市州级、90%获省部级文明〈标兵〉单位和思想政治工作优秀企业称号，9个单位获全国精神文明创建工作先进单位称号，21个单位（含6个县局）成为全国一流电力企业；涌现出60多名全国、省部先进人物等。

让思想政治工作在企业发展中彰显威力

张玉清

走过了近百年风雨历程的吉林供电公司，近年来遇到了从未有过的困惑和挑战。从供电市场上看，电能的丢失、巨额的欠费等使企业经济效益明显下滑，从而使吃惯了“大锅饭”的供电员工产生了巨大的心理反差。主要表现为思想消极，工作被动，精神状态不佳，责任意识淡薄，工作质量不高。如何让思想政治工作在新形势下彰显威力，吉林供电公司党委审时度势，站在企业发展的高度，用全新的思维、全新的视角、全新的理念，提出了“四抓”思想政治工作思路，即，抓引导，有情调节；抓结合，融入渗透；抓制度，无情约束；抓人心，凝聚力量。通过思想政治工作的打造，理顺了员工情绪，凝聚了企业力量，极大地促进了企业中心工作的开展。近两年来，公司在荣获全国五一劳动奖状、保持全国精神文明建设先进单位等称号的基础上，又先后荣获了全国用户满意企业、全国一流供电企业、全国厂务公开工作先进单位等荣誉称号。

一、抓引导，以有情调节促思想转变

发现问题是思想政治工作的前题，解决问题是思想政治工作的最终目的。吉林供电公司党委在深入群众，调查研究，体察民情，了解民意，分析形势之后深深感到，由于企业员工素质结构不一，思想观念参差不齐，专业繁多特点各异，决定了思想政治工作不能搞一个模式，必须针对不同对象，实施不同标准，采取不同措施，开展不同的工作。经过精心设计，一系列思想教育活动相继在公司不同层面铺开。

——开展“忠诚企业”教育活动，引导员工心系企业。调研中我们发现，一部分员工工作责任心不强，缺乏与企业同舟共济，自觉维护企业利益，关心企业发展的主人翁意识。为此，在“忠诚企业”教育活动中，我们精心设计了六项具体内容。

一是组织员工回忆公司的历史、分析公司的现在、展望公司的未来，使员工树立忧患意识，增强做好工作的信心和决心。

二是重温企业的规定和纪律，强调纪律的严肃性和违纪的后果，使员工自觉地用规定和纪律来规范自己的行为。

三是组织学习优秀供电员工李庆长、贺广庭等先进人物事迹，引导员工以先进为榜样，爱岗敬业，遵守职业道德，做好本职工作。

四是查摆自身对企业不忠诚的表现和给企业造成的损害，使员工树立“我的言行就是企业形象”的意识。

五是开展对企业忠诚宣誓活动。以基层党组织为单位，组织员工在催人奋进的局歌声中面向局旗庄严宣誓，以此增强员工的责任意识。

六是组织全员签名活动。全公司干部员工在长50米宽3米、印有“对企业忠心，对岗位尽心，对用户热心，让政府放心”字样的条幅上郑重地签上自己的名字，通过这种特殊的方式，激发员工的爱企情感。

轰轰烈烈的“忠诚企业”教育活动，收到了实实在在的效果，员工们说，此次活动对我们的触动很大，过去是生在福中不知福，总想着企业应该再给我些什么，通过此次教育活动，我们不仅了解了企业的艰难和电力走向市场的新形势，而且感到了作为一名企业员工应尽的一份责任。

目前，忠诚企业宣誓活动已被列为新人公司员工的一项必修课。

——开展“工作作风整顿”活动，树正气刹歪风。针对部分机关干部工作推诿扯皮等问题，公司党委认为，这些问题的实质，就是工作作风问题，其问题在机关，根子在干部，影响在基层，如不及时加以解决，必将严重阻碍公司各项工作的发展进程，影响干部队伍和领导机关的形象，助长形式主义和官僚主义的歪风，事关公司今后的稳定和发展。于是，公司党委利用两个月的时间，重点在公司各级干部、管理人员、机关工作人员中，开展整顿作风活动。

此次活动针对公司干部员工存在的有令不行，有禁不止等突出问题，提出了涉及思想作风、工作作风、学风等九个方面70余个具体问题，让每名干部和管理人员逐一对号入座，进行查摆、自省和整改。同时，组织了一次公司历史上规模最大、内容最广的领导干部和管理人员作风测评活动。测评内容共10大项30小项，涵盖工作作风的各个方面。测评票的印制充分体现员工意愿，采用密封式票、背对背投票，并将测评结果反馈给本人，起到了教育、警示、促进、提高的作用。

通过这次整顿，全公司上下形成了求真务实，埋头苦干的思想作风；深入基层，高效服务的机关作风；雷厉风行，令行禁止的工作作风；艰苦奋斗，廉洁自律的干部作风。通过作风的扭转，带动公司各项工作上新台阶。

——开展遵纪守法教育活动，打造企业发展绿色通道。一把钥匙开一把锁。随着作风整顿的圆满结束，公司将遵纪守法教育列入议事日程，重点解决少数员工道德意识、法律意识淡薄，无视企业规章和法律法规，吃里扒外，为富不仁等现象，净化供电市场环境，打造企业发展“绿色”通道。

随着市场经济的不断深入，个别员工的道德观念发生扭曲，有的见利忘义，损公肥私，在经济利益的驱动下，帮助用户窃电，不仅受到法律的制裁，而且丢掉了企业饭碗。他们的不法行为，极大地败坏了行业风气，既损害了企业利益和员工利益，更给违法者自身带来终生惨痛的教训。为了杜绝类似事件的再次发生，公司党委立即在全公司范围内敲响诚信和守法的警钟。

为了深化活动效果，公司党委设计了有效的载体，组织人员编写了《遵纪守法教育宣讲材料》，将员工违纪事件曝光，深挖犯罪根源，剖析各种危害。通过组织员工学习《刑法》《电力法》等有关法律法规，引导员工学法懂法，自觉遵章守纪。活动期间，公司党委深入各单位进行督导，组织员工座谈讨论，查摆企业和自身存在的问题，畅谈如何遵守职业道德，如何处理好依法办事与经济效益的关系，如何自觉依法经营等等。此项活动，使员工们深受教育和警示，大家表示要倍加珍惜岗位，自觉维护企业的利益。

——启动诚信教育与实践工程，构筑企业诚信品牌。为了培养企业员工诚实守信、爱岗敬业、遵章守纪、依法经营的品质，吉林供电公司在全省电力系统率先提出了创建诚信企业的目标。

通过宣传教育、诚信答题、座谈讨论、查摆问题、践行承诺及举办“诚信在供电”书法、绘画、摄影展等多种形式，丰富活动内容，扩大活动的教育面和影响力。

为了增强活动效果，公司侧重在诚信实践上作文章，比如：在安全生产上，采取“明查”与“暗访”相结合的方式，对整个工作过程进行跟踪摄像，将拍摄结果在公司的安全教育展室进行“公映”。在营销窗口服务上，实行荣誉流动制度和员工服务标志、警示制度。聘请社会下岗劳模暗访监督全公司工作。一年来，这些暗访员共走访用户4540户，发出征求意见卡3226份，客户满意率达98%。

二、抓结合，融入渗透服务中心

思想政治工作主动为生产经营工作提供有效的服务，是我们遵循的一个基本原则。凡是对企业中心工作没有推动作用的活动，我们坚决不搞。近两年来，公司党委设计开展的每一项活动，都是围绕中心，紧扣中心。

2001年9月，公司党委针对企业面临的电难卖，费难收，市场难管，队伍难带这“四难”问题，以攻克企业生产经营中的难点为目标，在全公司范围内开展了“党员先锋工程”活动，号召公司党员在生产经营工作中勇挑重担，在急、难、险、重任务面前冲锋在前。

活动在公司供电、生产、机关三个层次开展。营销系统以“抓降损、促增收”为重点，开展党组织包保高损线路活动，创建党员承包示范台区和党员优质服务示范岗；生产系统以“抓安全、促生产”为重点，开展创建党员示范设备承包区活动，创建党员设备承包示范区；机关综合服务系统，以“抓作风、促服务”为重点，开展转变作风，提高效率，提高文明办公水准活动，创建党员工作作风示范岗（简称“三抓三促”）。

应该说，党员先锋工程是在企业困境中起步，在实践中不断深化的。活动开展以来，共包保高损线路14条，建立党员示范台区56个，党员设备承包示范区41个，党员优质服务示范岗11个，共发现设备隐患及设备缺陷1093件，发现和制止违章92件，检查实抄率22743户，收回陈欠电费近62万元，追补电费和违约金33.1万元。机关设立了61个党员工作作风示范岗，进一步增强了主动服务基层的责任感，带动了机关作风转变。去年131名机关管理人员十项测评均达到良好水平，优秀率达到99%。

通过这项活动，使党员身份亮出来，作用看出来，形象树起来，可谓是思想政治工作的一剂良方。许多员工看到党员们把最艰难的工作任务完成得这么漂亮，都说，“我们没有理由不完成自己的任务”。党员先锋工程活动对公司生产经营工作的促进作用很大，自然而然地受到了员工的欢迎和支持。

常言道：安全不牢，地动山摇。对于供电企业来说，安全生产是事关企业改革与发展和员工切身利益的头等大事，公司党委在设计活动时，始终坚持把这一中心当作重点。

去年9月，公司党委针对部分员工安全意识淡漠的实际，组织开展了以“珍惜生命狠反违章”为主题的安全教育活动。此次活动的一个突出特点是，把员工家属吸纳到活动中来。以基层为单位把员工家属请来，召开“向习惯性违章告别座谈会”，与员工共同座谈习惯性违章的危害，做出决不违章及发生违章甘愿受到严惩的书面承诺，领家属们到生产岗位参观，感受供电企业的工作环境和氛围，向家属们介绍企业的生产经营状况、安全生产形势以及违章所带来的可怕后果等等。家属们深有感触地说："看到供电公司办公环境这么好，真为自己的爱人能工作在这里感到骄傲和自豪，以后我得时时提醒丈夫珍惜这个难得的岗位。"有的说："我的丈夫就是有马虎这个毛病，这回开完会后，在家我监督他，在单位请领导管住他，在安全上可来不得半点马虎。"有的说："原来在家我总收拾他，早上也不给他做饭。现在看丈夫的工作挺辛苦，挺重要，也挺危险，来不得半点马虎。以后不管他干活走得多早，我都得给他做饭，让他暖呼呼地去上班，平平安安地回家来。"有一名员工和家属闹矛盾已经一个月不说话了，通过这次座谈会也和好如初了。这位家属当时表态说："以后我们可不能总吵架了，得让他上班有个好心情，还是安全第一。"

可以说，这次活动的开展，大大增强了员工和家属的安全意识，为安全生产又增添了一道防护墙。

三、抓制度，以无情约束促行为规范

实践中我们感到，思想政治工作要服务于改革、发展、稳定这个大局，离不开有效的硬措施和活机制作保证。即先礼而后兵，把思想政治工作的有情调节与制度的无情约束紧密结合，形成一套完整的思想政治工作体系。

近年来，公司党委与行政密切沟通和配合，认为在加强思想教育和引导的同时，有必要建立一套完整的企业管理机制，其中包括对工作不到位等各种行为的处罚办法。经过酝酿、讨论、暂行和试行，《吉林供电公司员工违纪处罚规定》（以下简称处罚规定）正式出台，有人称之为吉林供电公司的内部立法。近两年，公司加大从严治企力度，利用这部"立法"，严肃查处违章违纪者，以此规范员工行为，净化员工队伍。

《处罚规定》的出台，一方面使思想政治工作有了制度约束作保证，另一方面也使一些企业管理程序简单化。比如在处理人上，过去总是反复多次召开会议，研究讨论不同情况应该给予什么处分。有了这个内容详尽的《处罚规定》以后，一切违章违纪行为均可"对号入座"找到相应的处罚条款，除了记过以上处分需经员工代表联席会讨论通过外，其他处分均不需例会，直接由总经理签字，按规定执行。

据统计，2002 年公司依据《处罚规定》，全年共处罚员工 1453 人次，其中行政免职 3 人，行政降职 1 人，开除 4 人，开除留用 4 人，行政记大过 10 人，行政记过 14 人，行政警告 29 人，通报批评 49 人，经济处罚 146 万余元。

四、抓人心，凝聚力量促企业发展

抓准人心，才能凝聚人心。吉林供电公司的思想政治工作始终贯穿以情感人，以理服人的思想，并以解决群众普遍关心的难点和热点问题作为重点，使之真正深入人心。

一是增加办事的透明度，相信员工、依靠员工。凡涉及企业的重大问题、热点问题和关系到全公司绝大多数员工的事，都要通过职代会或职工代表组长联席会讨论决定。对企业重大决策事项、工资资金分配、报废车辆处理等一切员工关心的内容全部公开，让员工群众看得清楚明白。实行三级民主管理信息卡制度，员工对企业有意见和想法，填写民主管理信息卡便可得到答复。2002 年公司共采纳基层员工民主管理信息卡 69 件；二级单位共处理解决员工民主管理信息卡 129 件；三级班组共处理解决员工民主管理信息卡 157 件，充分体现了员工的民主意志。

二是关心员工，设身处地解决员工生产生活问题。针对员工上下班通勤车紧张状况，公司精简机关工作用车，为员工购买了四辆高档通勤客车；在机关及各生产单位开办小食堂，解决员工午餐问题；建立离退休员工活动室，建设各级员工之家和员工小家，丰富文化生活；为员工配备小灵通电话，方便相互间的沟通……由于注重解决员工生活中存在的实际问题，我们开展的思想政治工作就有力度，员工就愿意接受，思想工作真正起到了凝聚人心的作用。

三是激励员工，为员工提供发展的平台。为了加快公司专业技术人才队伍的建设和培养，鼓励员工钻研技术业务，促进企业的发展，公司决定，每年在全公司 11 个工种评选技术能手、技术尖子活动，被命名期间，每月可享受 100 ~ 200 元奖励津贴，记入本人收入帐户，并作为选拔干部的一项重要依据。有了宽松的个人发展环境和展示能力的平台，更加激发了员工干好工作、多做贡献的热情，企业形成了奋发向上的良好态势，步入了良性发展的快车道。人心齐，泰山移，人心顺，百事兴。行之有效的思想政治工作在企业的改革与发展中彰显威力。近两年来，吉林供电公司已走出低谷，售电量稳步回升，线损率明显下降，经济效益稳步增长，员工队伍空前稳定，精神面貌焕然一新，企业发展后劲十足。

（作者单位：吉林供电公司）

让企业思想政治工作真正落到实处

杨宗壳

思想政治工作是我们党的优良传统和政治优势，是党的工作的重要组成部分，是我国社会主义建设的重要组成部分。几十年来，特别是改革开放以来，企业思想政治工作取得了可喜的成绩，为企业的改革、发展、稳定提供了强有力的思想保证、精神动力和智力支持。

但是，我们必须清醒地看到，面对市场经济，有些同志过于看重物质利益，淡化责任意识，使思想政治工作缺乏生机与活力，形式主义、教条主义、"假、大、空"现象屡屡出现，给思想政治工作造成了负面影响。如何在"三个代表"重要思想的指导下，彻底改变这种状况，让思想政治工作真正落到实处，这正是当前我们思想政治工作者探索的重要课题。下面结合黄石发电股份有限公司的实践，谈谈自己粗浅的认识。

一、提高思想认识增强责任意识

思想政治工作和其他工作一样，是企业管理的重要组成部分，怎样认识企业思想政治工作的地位和作用，如何在"三个代表"重要思想的指导下正确认识、确立思想政治工作在企业各项工作中的地位和作用，不仅是社会主义企业的一条政治原则，也是社会主义企业的一条管理原则。那种把思想政治工作放在"可有可无"的位置上，对思想政治工作"讲起来重要，安排起来次要，忙起来不要"的认识和做法，是十分有害的，也是根本行不通的。搞好企业思想政治工作是为了充分调动职工参与企业改革发展和从事生产经营活动的积极性、主动性、创造性，促进生产力的发展，促进社会的进步。当前，电力企业的市场化进程正在加快，发电企业的生存状态正在面临着巨大的冲击，我们只有义不容辞地担当起思想政治工作的责任，自觉地去做好思想政治工作，企业思想政治工作才能落到实处，企业才能得到长足的发展。

二、加强针对性提高实效性

思想政治工作的根本任务是培养一支有理想、有道德、有文化、有纪律的职工队伍，在继续深化改革过程中职工的经济利益多样化、生活方式多样化的情况下，思想政治工作要针对不同时期、不同情况，在工作内容上要各有侧重，要在针对性上下功夫，要适应形势，面对现实，找准焦点，抓住热点。

1. 根据干部职工的思想实际进行教育引导。做思想政治工作必须首先知道职工心里想什么？认识上有哪些疑惑？思想上有哪些忧虑？去年我公司在深化电力体制改革中，面临着老机组关停、减人增效、鼓励自谋职业，有少数职工存在着把企业困难看得过重，对发展前景信心不足的问题。面对这种情况，我们把形势教育作为一个重点，引导职工正确分析和认识电力体制改革的形势和任务，正确分析和认识企业的发展前景和面临的困难，从整体发展的角度看形势，不断增强搞好企业的信心和决心。很多职工对改革政策不了解，我们就把政策教育作为一项重要任务，原原本本地宣传，如"减人增效"、医疗、社保、住房、剥离社会职能等一系列具体政策，帮助职工了解政策出台的背景，掌握政策精神，提高执行政策的自觉性。

2. 紧紧围绕企业生产经营来展开。生产经营是企业全部工作的中心，服从和服务于这个中心是企业思想政治工作进入主渠道、掌握主动权、唱响主旋律、打好主动仗的关键。思想政治工作只有紧紧围绕这个中心来开展才能受到重视、欢迎和支持。但围绕中心不能被动应付，而要主动融入，既要使思想政治工作进入和融合于中心工作的方方面面，又要贯穿于中心工作的全过程，发挥思想政治工作在疏导情绪、化解矛盾、凝聚人心的独特作用。根据电力市场的发展变化，我们及时引导职工提高认识、转变观念。几年来，我们针对电力市场变化情况，引导职工"四破四立"转变观念，增强了职工的忧患意识和危机感、责任感，同时也促进了企业对市场经济的防范应对。我们开展的"错的是做的？""不合格电量"大讨论，都是思想政治工作围绕经济建设这个中心、服务经济建设这个中心的实践活动，把职工吸引到活动中来，让他们在参与中受到启迪，素质得到提高。很好地促进了企业的改革、发展和稳定。

3. 注重发挥领导干部的示范带头作用。企业领导干部的一言一行对广大职工的思想行为有着直接的影响。做好思想政治工作既靠真理的力量，也要靠人格的力量。各级领导特别是主要领导，要树立强烈的事业心和责任感，相信职工，依靠职工，廉洁自律，努力工作，实现企业的快速发展，以实际行动做出表率，影响职工、带动职工。大量事实表明：广大党员干部以身作则，率先垂范，本身就是最有说服力的思想政治工作，行动是无声的教育，形象是有形的道理，喊破嗓子不如做个样子，让有理想的人讲道理，让有道德的人讲道德，思想政治工作才有说服力、感召力。只要领导干部以身作则，各方面模范带头，就是最有说服力的思想政治工作，就能够在职工中引起思想共鸣，产生强大的凝聚力和向心力。

4. 把思想教育与解决实际问题结合起来。思想政治工作不像企业管理工作那样具体、直观，弄不好容易空对空，从原则到原则，从道理到道理，难以收到实实在在的效果，"群众利益无小事"，解决这个问题最好的办法就是从职工群众最关心的具体问题抓起，把无形的东西融入到办实事的有形载体之中，使群众在得到实际利益的同时，又解开了思想上的疙瘩。深入基层，到群众中去了解职工情绪，为职工办实事，把党的温暖，企业的关心，送到职工群众的心坎上，有效地化解和疏导矛盾，维护企业和职工的稳定。

5. 把思想政治工作与企业管理相融合。企业管理是一种规范性的教育，而思想教育又是一种疏导性的管理，两者互为补充、互为促进。思想政治工作是通过思想的提高来管理人，管理是通过外在的约束的加强来教育人，坚持把正确的思想观念、道德规范渗透到管理制度中，把自律与他律、内在约束与外在约束有机结合，启发职工自我教育、自我提高。而通过规范化管理狠抓制度的落实，又可巩固思想政治工作成果。思想教育与企业管理互相补充、相得益彰，使思想政治工作保持了生命力。

6. 思想政治工作要始终贯穿于群众性的精神文明创建活动之中。精神文明创建活动是群众性的自我教育活动，它把社会主义多方面、多层次的精神道德规范都融于创建活动之中。随着经济的发展和社会的变革，人的社会角色已由单位人向社会人过渡，人的活动时间、空间范围越来越大、越来越宽。因而，要求思想政治工作必须由单位向社区延伸，由八小时内向八小时外延伸，把思想政治工作由以单位为主的封闭型向以单位、社区、家庭"三位一体"的开放型转变。目前我们开展的"文明单位"、"文明班组"、"文明个人"、"文明小区"、"五好家庭"等系列活动就是要从多方面对职工进行道德教育，通过系列创建活动，提高职工的思想认识，陶冶职工的道德情操，加强职工的道德修养，培养一支"四有"职工队伍。群众性的精神文明创建活动是思想政治工作的重要载体，通过系列的创建活动，通过文明社区建设，树立良好的职工队伍形象和企业形象，形成思想政治工作的强大合力。

三、创建新机制管理科学化

思想政治工作是一项系统工程，不仅要研究怎么做的问题，还要解决谁来做的问题，这就要依靠各方面的力量，调动各方面的积极性，形成由党委统一领导、党政工团齐抓共管，以专职政工人员为骨干，职能部门密切合作、职工群众积极参与的思想政治工作新机制。机制建设是新时期思想政治工作的一项重要内容，要严格按照科学的管理思想，进一步健全思想政治工作新机制，完善思想政治工作的管理体系和量化考核体系，将思想政治工作纳入整个企业管理的同步轨道。

1. 建立完善思想政治工作的责任机制。思想政治工作搞得好不好，关键在领导。对各级领导在思想政治工作和精神文明建设中担任的职责作明确规定，一把手要负起本单位第一责任人责任，其他成员也要明确任务，负起责任，做到一级抓一级，一级带一级，分片包干、责任到人，做到思想政治工作与经济工作"一岗两责"、"四同步"（同规划、同布置、同检查、同考核）。我们去年组织制定了各级领导、各个岗位的思想政治工作责任制，并把责任制的落实情况作为考核、任免干部的重要依据。

2. 建立思想政治工作的运行机制。现代化的企业，需要现代化的管理，作为企业管理的一个重要组成部分的思想政治工作，同样需要现代化的运行机制。规范化的思想政治工作，有利于"两手抓，两手都要硬"方针的落实，有利于思想政治工作由"软任务"变为"硬任务"，有利于思想政治工作的可操作性。思想政治工作的运行机制主要包括：制定制度、宣传和实施制度、检查考核、总结表彰和合理处置四个环节。社会在发展，时代在进步，企业也在发生着不断的变革。思想政治工作的运行机制也要不断的创新，要把思想政治工作纳入企业的管理体系，必须充分考虑增强思想政治工作的科技含量，用科学精神武装人们的思想，用现代管理理论和方法，全方位地开展思想政治教育工作；运用先进技术和设备形成工作网络，增强思想政治工作的时代感、时效性和感召力。努力使思想政治工作向系统化、科学化、社会化、法制化的运作轨道前进。建立完善思想政治工作的运行机制是一项系统工程，它不但需要专职思想政治工作者的努力，更需要行政干部的认可。

3. 建立思想政治工作考评机制。建立健全一套比较完善的科学的考评机制是思想政治工作制度化、规范化并形成良好运行状态的重要一环，也是加强和改进思想政治工作的一项具体措施。长期以来，我们对思想政治工作的成效缺乏科学的考核评价，也缺少对这个问题的摸索研究，从而导致有的地方"说起来重要，做起来次要，忙起来不要"的现象，"一阵风"的表面文章和形式主义的东西还比较常见。思想政治工作干与不干，干好与干不好一样的现象也能见到，要真正纠正"一手硬，一手软"，切实地把思想政治工作落到实处，提高思想政治工作的水平就必须解决这个问题。

去年我们在完善各级思想政治责任制的基础上，完善思想政治工作的管理体系和量化考核体系，将思想政治工作纳入整个企业管理工作的同步轨道，象抓安全生产一样，每月都有明确的目标，具体的任务，做到指标量化，责任落实，逐月考核，奖罚分明。这样有利于各单位认清自己的职责，承担起做好思想政治工作的任务，从而扎实地推进思想政治工作。

4. 建立思想政治工作的群众工作机制。建立思想政治工作网络，充分发挥群团组织和基层职工群众的积极性、主动性，齐心协力，共同做好思想政治工作，是我们党的优良传统。思想政治工作具有广泛的群众性，不仅政工部门要做，行政部门也要做。工会、共青团等群众组织也要根据自身的特点，做好自己所联系的那部分职工的工作。在实际工作中，还要重视和调动党团员、班组长、劳动模范、离退休干部和老工人做思想政治工作的积极性，各展其长，形成合力，创造一个大家都关心、支持和参与思想政治工作的生动局面。黄电公司党代表常任制的试行、精神文明建设网络、党风廉政建设责任制网络、大政工网络等各种群众性网络组织的常年活动，丰富了公司思想政治工作的内涵，强化了广大职工的思想政治工作意识，促进了思想政治工作的开展。

目前，我们电力企业正处于改革和发展的关键时期，很多新情况、新问题、新矛盾都摆在企业面前，需要我们去认真的研究和妥善的解决。我们相信，在"三个代表"重要思想指导下，只要企业的广大干部职工和思想政治工作者努力提高做思想政治工作的思想认识，只要我们很好的继承思想政治工作的宝贵财富、发扬优良传统，不断地研究思想政治工作的新情况、新特点，不断地探索新形势下思想政治工作的规律和办法，不断地优化思想政治工作机制，企业的思想政治工作就一定会真正落到实处，就一定会为企业的改革、发展、稳定做出更大的贡献，开创企业思想政治工作的新局面。

（作者单位：湖北华电黄石发电股份有限公司）

新形势下如何做好发电企业思想政治工作的几点思考

莫金伟

面对我国电力体制改革后的新形势，人才竞争和电力市场的竞争势必更加激烈，职工思想领域的矛盾和斗争将更趋错综复杂化。对于发电企业来说，要与时俱进，大力加强和改进思想政治工作，把思想政治工作渗透到各项工作中去，开展形势与任务教育，树立竞争意识、忧患意识和创新意识，及时引导干部职工正确对待和处理电力体制改革中遇到的新情况、新问题，练好内功，以积极主动的态度应对严峻的挑战，已成为众所关注的焦点问题之一。结合自己几年来的工作实践，笔者就如何做好新形势下发电企业职工思想政治工作谈点肤浅的看法。

一、思想政治工作要找准焦点

所谓思想政治工作，说到底就是针对人们思想中的种种疑虑、矛盾，通过适当的方式宣传科学，正确的道理，帮助人们解开思想上的疙瘩，树立正确的世界观、人生观和价值观，以更积极的姿态投入生活、投入工作。因此，发电企业的思想政治工作必须选准切入点，确定思想政治工作的目标和重点，努力使思想政治工作植根于各项工作中，从干部职工的思想实际和工作实际出发，从职工最关心、最迫切的问题入手，有的放矢地开展工作，把解决职工最关心的、与职工切身利益联系最密切的诸如住房问题、工作问题作为解决职工思想问题的钥匙，把职工的思想政治工作作为提高经济效益的推动力和催化剂。目前，我国电力体制进行了实质性的改革，实行厂网分开，竞价上网，还有将按现代企业制度新建的浙江玉环、兰溪、乐清和强蛟等电厂，会对一批优秀的经营管理和生产技术骨干产生吸引力，这样，势必会给我们带来一些冲击，职工的思想上也会产生一些波动，同时也会有一些举动——跳槽，这样，又给我们工作带来了新的难度。对于思想政治工作来说，要有一种时代感和紧迫感，要正确处理好改革、发展与稳定的关系，以保持发电企业的良好发展和创建国际一流火力发电厂，提升发电企业在电力市场竞争中的地位和实力；要不断善于发现、解决在改革过程中出现的这样那样的问题，特别要解决好职工最敏感的分配问题、住房问题和公开、公平、公正的竞聘岗位问题，努力消除因公受伤及病残职工的后顾之忧。另一方面，职工中不同程度地存在着思想观念滞后、精神包袱沉重等问题，这就要充分发挥思想政治工作的作用，做好干部职工的思想工作，引导干部职工认清改革的方向和形势，从而辩证地看待、分析问题。要结合《公民道德建设实施纲要》和《浙江省公民道德规范》以及企业的实际情况，开展诸如"亲情行动"，使职工有一种"企业一家人，家和万事兴"、"一人有难，众人相助"的温暖感觉；也可以通过创建全国精神文明建设先进单位活动，来提升企业的核心竞争力和职工的思想境界；还可以通过评选"最佳职工"活动，发现自己身边的优秀职工，使大家学有榜样，积极进取。实践证明：找准切入点，思想政治工作就会有作为、有地位，就能不断得到丰富和发展。

二、思想政治工作要做扎实

抓思想政治工作,不是简单地在量化比较,看开了多少次会议,发了多少个文件,而要看实质,即看思想政治工作是不是渗透到各项工作中去了。思想政治工作只有与具体的实际工作相结合,互相渗透、互相促进,才有强大的生命力,才能为广大干部职工所接受,才能受到干部职工的拥护和欢迎,才能促进企业生产力的发展。人的思想矛盾和问题,不是无缘无故产生的,在很多情况下,来自本单位的工作和人际关系中的矛盾。做好思想政治工作,化解各种矛盾和情绪,提高人的思想觉悟,理顺各种关系,对本单位的各项工作能起到非常直接的促进作用。所谓思想政治工作的成效,一个直接的重要方面,就是表现在对本单位工作的促进上。要想把本单位的工作做好,就必须做思想政治工作,就能有的放矢。比如:我们每年的评先进、评审专业技术职称等,本来纯属好事,但弄得不好,反而会惹出一大堆矛盾和意见来,产生负面效应。为了解决这个问题,除了要办事公道和程序规范外,很重要的两条是:一是政工部门和技术部门齐抓共管。政工部门要着重抓好思想政治工作的计划、步骤,抓住重点,抓好典型和调查研究,抓好总结经验教训等;技术部门要结合每项具体工作,做好本专业人员的思想工作。二是政工部门和技术部门的工作要抓细抓实。只有认真抓细抓实,结合实际,才能真正发挥思想政治工作的作用。俗话说:磨刀不误砍柴功。思想问题解决了,其他的工作常常能收到事半功倍的效果。只有这样,矛盾才会化解,问题才会减少,事情才能真正办好。所以物质文明建设和精神文明建设不能成为两张皮。要坚持两手抓,两手都要硬。思想政治工作需要我们实实在在地去抓,要抓出成效,要做扎实。

三、思想政治工作要搞灵活

发电企业的特点是系统复杂、自动化程度高,相对技术要求也比较高。特别是生产第一线的同志,他们的工作强度大,工作环境又相对差一点,条件也比科室的同志艰苦,工作时精力需高度集中,并且有的还要三班倒,生活无规律,还要参加各种规程考试、岗位考试、技术比武等等,想要调出运行又非常困难,易导致少数人员心灰意冷。我们要对生产一线的同志进行认真的分析,要充分认识到这部分群体中,毕竟中青年占绝大多数,且中青年职工中大多数人有一股虚心好学,不甘落后,勇于进取,争强好胜的闯劲,他们中大多数人希望得到组织和他人的理解、信任和尊重,这是一种蓬勃向上、不甘落后的积极因素,也是加强思想政治工作的重点。加强思想政治工作,要充分利用这种积极向上的因素鼓励人。一旦这些人把握不准,便会产生一种逆反的心理,你对他施加压力,他也会略施小计,或置之不理,或"以其人之道还其人之身"。如果这样,给我们的工作所带来的负面效应就可想而知了。为此,在工作中,面对这种有较强抵触性"逆向反应",要对症下药,方法要灵活,形式要多样,坚持以正面教育为主,引导他们对"厂兴我荣,厂衰我耻"的认识,把自己的利益和企业的兴衰紧密结合在一起,形成一股巨大的动力来促进企业的发展。同时,要坚持正面启发和灌输,用积极因素克服消极因素,这是思想政治工作行之有效的方法。要充分肯定职工所取得的成绩,不要求全责备;要大力表彰先进人物和先进事迹,弘扬正气,激励职工的自觉性,让他们乐而忘忧,流连于美好、广阔的精神境界而忘返狭隘自私的小圈子。当然,以正面教育为主,也不能忽视批评教育,对那些违章违纪者要严肃查处,决不手软。如果对那些以身拭法的人不敢抓不敢管,正面教育的目的就会落空。与此同时,要把思想政治工作寓于各种文化娱乐活动中,在轻松愉悦的环境和气氛中陶冶情操,提高觉悟。人的思想观念的形成,不仅是抽象思维的过程,也是形象感化的结果。开展各种健康的文化娱乐活动,可以增强人们的参与兴趣,陶冶人的情操,提高人的素质,密切人与人之间的关系,调整人的思想情绪和心理情感,从而增强企业职工的凝聚力和向心力。各种健康的娱乐活动,既易于为人们所接受,又能在不知不觉中培养和引导人的价值取向,对思想政治工作能起到很好的帮助或促进作用。因此,思想政治工作不必处处摆出一副正儿八经的面孔,有时候不妨把形式搞得活一点,乐一点,美一点,轻松一点。

四、思想政治工作要入情理

首先,思想政治工作要达理。大至一个国家,小到一个单位,均是如此。也就是说,思想政治工作是讲道理的,要求讲得让人能够听进去。如果听不进去,再好的道理也可能是白讲。诚然,不管讲什么道理,都必须坚持讲真话,不讲假话,讲真道理,不讲假道理,一就是一,二就是二,不要造假,不要夸大。职工心理有杆秤,只要我们说实话,职工就会信赖,就会肯定我们的成绩。还要从关心职工的学习、工作和生活出发,事事处处为职工着想,在此基础上讲道理,职工才听得进;否则,任你怎么吹,也是瞎子点灯。道理不必非说个透彻不可,关键是实事求是,恰如其分,言必信,行必果。如果言行不一,嘴上一套,做得又是一套,即使巧舌如簧,也没法让人信服,唯真才能入情,唯真才能入理。其次,思想政治工作要通情,富有人情味。思想政治工作,着眼的是整个社会的和谐、进步,但同时也是对每一个人的关爱。无论阐述哪一种道理,都是为了提高人们的认识,解开疙瘩,抚平情绪,这本身就是一种极其富人情味的事情。但如果忽视这一点,就会让人感到思想政治工作似乎都是生硬的、强制的、不得不听的,反而缺乏人情味。为了防止这种扭曲,我们在思想政治工作中,就应该大力提倡尊重人、关心人、爱护人、帮助人。要善于学会换位思考,尽量设身处地地为他人着想，帮助职工解决具体的困难，从实际的思想认识问题出发，有的放矢地讲明道理，解开疙瘩，提高认识，在温暖和煦的气氛中促进人的内心精神的升华。

思想政治工作是一项长期而复杂的工作，不可能一蹴而就，我们应制订长远的规划，树立“十年树木，百年树人”的观念，针对纷繁复杂的新情况、新问题，采取不同的方法，只有这样，才能提高思想政治工作的吸引力、感染力和说服力，真正做到一把钥匙开一把锁，实现思想政治工作促企业发展之目的。使思想政治工作实实在在地成为一种生产力，推动企业的不断发展。

（作者单位：台州发电厂）

虚实结合搞活动 抓好建设促发展

——供电企业公民道德建设的探索与实践

顾双录

社会主义道德建设是发展先进文化的重要内容，《公民道德建设实施纲要》的制定、实施，是我国深化和拓展公民道德建设，逐步形成与社会主义市场经济相适应的社会主义道德体系的重要步骤之一。在如火如荼的公民道德教育活动中，供电企业如何搞好公民道德建设，结合企业的特点和实际，我们进行了积极的探索与实践。

一、营造氛围，形式多样，重视职工道德意识的培养

良好的舆论氛围是公民道德建设的保障。道德的主要特点是以个人的内在自觉性为基础，从而达到对社会规范的认可和个人行为的约束。因此，道德建设应重视对职工道德意识的培养。在供电企业，培养职工的道德意识，就是要结合企业的性质与特点，针对企业道德建设中存在的问题与不足，深刻全面地表达职工的道德要求，以发人深思、生动活泼的形式，在企业中营造恪守“爱国守法、明礼诚信、团结友善、勤俭节约、敬业奉献”基本道德规范的良好氛围。中央《公民道德建设实施纲要》颁布以后，我局积极响应党中央关于开展公民道德教育的号召，立即成立了公民道德教育领导小组和办事机构，在认真研究筹划后，印发了《关于在台州电力系统中开展公民道德教育的实施意见》，及时地为每个职工定购了《公民道德建设实施纲要》和《浙江省公民道德规范》。在此基础上，首先，积极加以引导，切实使大家动起来。结合企业的精神文明创建工作，先后组织开展了“创建文明行业，加强道德建设”宣传周活动，举办了“创文明行业、守职业道德、做文明职工”为主题的全市供电系统大型黑板报展评和公民道德建设图片展，提出了“在单位做文明职工、在社会做文明公民、在家庭做文明成员”的要求，根据台州创全国文明城市的要求和公民道德建设的部署，还专门在市区三个供电局中开展了“遵纪守法讲道德、争做文明台州人”的专题讨论，《台州电力报》还专门设置“道德建设大家谈”专栏，并通过组织专版、撰写专题，宣传道德建设要求和开展活动情况。其次，力求加深理解，真心实意请进来。为切实使每个职工读懂弄通《纲要》，以培训和讲座的形式，先后请了十几位专家或教授，普遍对职工进行了公民道德建设的理论辅导，在此基础上，组织职工进行知识竞赛，并通过座谈讨论，撰写心得，互相交流等形式，加深对公民道德内涵的理解。再次，是推动有效开展，全员参与摆开来。公民道德建设在社会，全体公民是主体，在企业，全体职工是主体，只有让职工直接参与，才能培养起道德意识，才能使各种道德实践活动真正得以落实。为此，我们以“社会公德、职业道德、家庭美德”这三个公民应该遵循的行为准则为主题，组织开展了道德建设大讨论，并结合电力企业的道德要求和工作实际，提出了“道德建设，从我做起”十个问。即：爱国守法——你是否关心国事，遵纪守法？关心企业——你是否为企业的发展积极贡献？敬业爱岗——你是否在本职岗位尽心尽责？勤俭自强——你是否勤俭置业，奋发进取？关心安全——你有无违章作业行为？优质服务——你是否竭诚为客户服务？文明生产——你有无违反文明生产禁令行为？关爱他人——你是否乐于助人，尊老爱幼？家庭和睦——你是否爱家并尽到责任？邻里团结——你是否与邻里和睦相处？通过一系列的活动，形成人人关心道德风尚，个个参与道德建设的良好氛围和引导职工树立符合时代精神的道德意识。

二、典型引路，虚实结合，丰富道德建设的内涵

社会主义公民道德体系的建立要靠多种手段的综合运用。在选择教育途径与方法时，我们力避单调枯燥，脱离实际，力求使每个职工切切实实地感受到道德规范在身边的存在，领悟到“勿以善小而不为”的道理。首先，充分利用先进典型，树立道德建设的行为标竿，用高尚的精神引导人、激励人、塑造人。对照公民道德20个字基本规

范,深入挖掘,大力宣传先进典型,使之成为可亲、可敬、可信、可学的道德楷模。一是在“树”字上做足文章,组织开展了台州电力“十优”职工、台州电力优质服务标兵、优秀共产党员等先进的评选,先后树立一大批先进典型,挖掘了大量的先进事迹,使职工学有榜样、效有楷模;二是在“扬”字上下好功夫,先后组织开展了“宣传先进典型、弘扬企业正气、促进电力发展”的学先进、扬正气、比奉献和写好电力发展“五篇”文章,宣扬“十个”典型人物及“他们在我身边闪光——优秀共产党员先进事迹报告会”等多项活动,通过《台州电力报》等宣传工具,宣传浙江省劳动模范于祖双、省级优秀共产党员金才宝、省供电优质服务标兵王振富等一批遵纪守法爱电力、爱岗敬业讲奉献道德标竿与模范人物,使职工感受到道德无处不在、处处可学。三是在“促”字上加力度,在公民道德建设中,结合创建文明城市和文明行业,积极地与市文明委、《台州晚报》等单位联合开展“电力杯”新人新事展示活动,把台州电力职工的良好道德形象、道德教育的活动成果及电力建设中的新人新事推向社会,让台州电力的道德建设和创建工作始终在社会的关注与督促之中,既有效地完善了企业的形象,又有力地促进了道德建设活动的展开。其次,我们提倡以实际行动加强道德建设,组织开展的“十个一”活动,要求职工切实为道德建设付诸行动,作出奉献,如进行一次无偿献血,为灾区人民募一次捐,结一个帮困对子,搞一次义务劳动等等。其中,台州电业局9位领导就带头每人帮扶一个贫困户,有30多位职工长期与四川贫困地区帮困结对,不少青年团员主动要求扶贫帮困或自找门路帮助困难学生。道德建设无小事、点点滴滴皆为德。这些实实在在的小事,不仅使蕴涵的道德精神得到充分的反映,也极大地丰富公民道德建设的内涵。

三、建好窗口,规范服务,抓住职业道德的根本

职业道德作为《公民道德建设实施纲要》的重要组成部分,是所有从业人员应当具备的最基本的道德修养,是否遵循“爱岗敬业、诚实守信、办事公道、服务群众、奉献社会”的职业道德,不仅可以判别一个从业者是否是一个好的社会建设者,同时也直接影响一个行业的作风和全社会道德水平的提高。

供电企业向来重视行业作风建设,把优质服务视作企业的生命线,显然,职业道德就是灵魂,是根本。因此,我们突出以服务“窗口”为重点,以规范行为为手段,抓好职业道德建设。供电企业是具有公益性质的特殊行业,其职业道德水平,在一定程度上是通过窗口单位和职工的窗口服务来体现的。擦亮“窗口”,首先,我们提出了“人人皆为形象,个个都是窗口”的要求,始终把“政府放心、人民满意、客户高兴”作为“窗口”建设的出发点和落脚点,认真、扎实地做好各项工作。一是加大规范化窗口建设力度。德制于内心,法规于在外。职业道德作为依存于社会道德的道德类型,并在供电服务窗口中体现,就要充分正视存在着与道德相悖的因素和不足,努力去寻求有效的规范途径。按照有关法规和道德要求,建设好规范化供电营业窗口,是一条有效的途径,经过努力,目前台州供电系统9个县级供电局营业厅全部建成城市规范化供电服务窗口,62个农村供电服务窗口达到规范化标准,通过规范化建设和规范化服务,使职业道德得到充分体现。二是,努力提高窗口人员的素质。供电服务窗口从业人员的职业观念、职业态度、职业技能、职业纪律和职业作风,直接关系到电力行业作风的优劣和优质服务水平好坏,关系到企业的发展和进步。因此,必须把具备“专心致志、以事其业”的爱岗敬业、光明磊落的诚实守信、不徇私情的公道办事、一心为民的服务客户、大公无私的奉献精神,作为供电服务窗口每个成员的道德标准。加大对窗口服务人员的培训力度,努力使他们的行为符合道德标准,先后举办农电工业务培训,电费抄收人员业务培训、营业窗口人员优化服务培训等培训班近50期。基本完成了窗口服务人员的轮训,还专门选送部分用电营业厅工作人员赴杭州等地进行礼仪训练,组织开展了供电营业职工文明服务行为规范演示等,有效地促进了窗口服务人员素质的全面提高,保证了职业道德在“窗口”中得到比较真实、完美的体现。三是建立了电力营销客户信息系统,努力实现用电营业闭环和业扩流程的动态监控,使之成为真正意义上的“内转外不转”,为进一步方便客户创造了条件。在此基础上,建立了台州电力客户服务中心,开通了95598客户服务热线,使供电企业为客户服务更为直接、方便、快捷,架起了电力与客户沟通的又一座桥梁。四是加强内外监督力度。对外坚持聘任电力行风监督员制度,目前,台州供电系统共聘请行风监督员319名,并通过召开会议、征求意见、开展活动等形式,加强联系,实施监督。对内建立了“走访用户”和“用户工程抽查随访”等制度,坚持每年对供电服务情况实施检查暗访。其中一次,组织力量利用近一个月的时间,先后抽查了18个服务窗口,走访了36个企事业单位,20个村庄,真实、直接地掌握了供电服务的第一手资料,及时地发现和纠正服务中存在的问题与不足,并根据存在的问题与不足,提出整改意见和措施,努力实现“从人民群众最满意的地方做起,从人民群众最不满意的地方改起”,不断擦亮供电服务窗口,积极营造良好的职业道德环境。

公民道德建设的有益探索,加深了我们对其丰富内涵的理解,公民道德建设的有效实践,促进了企业的健康发展。然而,公民道德建设是一项重要的、艰巨的、长期的工作,必须要以与时俱进的精神,求真务实的态度,通过公民道德建设的不断深化与拓展,努力使台州电力道德建设水平得到新的提高。

(作者单位:台州电业局)

第十九部分

烟草行业及社区思想政治工作

论企业文化建设

——厦烟企业文化建设的体会与思考

张曰冬

在企业工作的20年里，我深深地感悟到企业文化建设对一个企业健康成长的重要性，如果套用一个大道理，那就是：一个没有优秀民族文化的民族，不能自强于世界民族之林；同样，一个没有优秀企业文化的企业也不能自强于市场竞争之中。道理好懂，实践难行。改革开放以来，企业文化的勃兴，表明企业文化的作用力与影响力越来越大，但是真正做起来又不知从哪下手，由哪个部门管理，困惑、误区、模仿、失败，都是企业文化建设中常常要碰到的问题。我们厦烟也不例外，在企业文化建设之路上从未停止过思考；我们的企业文化是什么？我们的企业文化将是什么？我们的企业文化应该是什么？这是我们经常思考的问题。当然，企业文化建设是仁者见仁，智者见智，它既具有丰富的内涵，又呈现出多姿多彩的个性。在这里，我仅就厦烟企业文化建设谈一点个人的体会与思考。

一、企业文化建设的目标——使企业健康发展

我认为谈企业文化，首先是对概念的认识。什么是企业？企业是以市场为向导，以盈利为主要目的，从事商品生产和经营活动的经济组织。什么是文化？文化是人们在改造客观世界同时也改造主观世界的过程中形成的精神财富和物质财富的总和。因此，企业文化也就是一个团队在完成一项事业的过程中所形成的共同所拥有的理想信念、价值观念和行为准则。由于企业文化具有几点很重要的作用；灵魂作用、凝聚作用、约束作用、向导作用、激励作用，因此这也就决定了企业文化其实就是一种以做强做大"事业"为基本内容的企业发展观和经营理念。企业文化建设只能紧紧围绕这一中心，搞好生产经营，搞好服务，不断提高企业经济效益，使企业健康、稳步的持续发展。这是加强企业文化建设重要性和必要性的根本之所在，是企业文化建设的唯一使命。在实践中，我们每干一件事，每搞一次文化理念的宣传，都要想到是否有利于企业持续健康发展，是否有利于员工的精神和物质需要，是否在搞形式主义，是否是实事求是地在塑造我们自己特色的企业文化，对此，不敢有丝毫麻痹。我感觉这当中的每一个过程都是一次严峻的考验，都是一个如履薄冰、"负重"前行的过程。厦烟这几年每年都以两位数的速度增长，就得益于这一指导思想的正确性。事实证明，好高骛远是会耽搁企业发展前程的。做企业，搞企业文化建设，很实际，就是要让企业健康地活下去，并且是越活越好、越活越强大。离开了生存和发展，离开了效益，企业文化便成为无本之木，无源之水，不能落地，不能扎根，徒剩一堆美丽的词藻。

二、企业文化建设的中心——经营理念

品牌形象是企业文化的载体，企业文化的力量，深深熔铸在企业的品牌之中。曾经有人说，中国的品牌是一流的产品、二流的包装、三流的营销、四流的服务。无论这话有多少水份，作为一名领导者都必须清醒地认识到，已经到了品牌革命时代，对于日趋激烈的国内外市场竞争，品牌就是企业的生命线，企业领导者必须高瞻远瞩，具备与时俱进的战略眼光，对于存在于塑造品牌文化中的利弊，企业必须及时果断地扬弃，把职工整体素质逼上去，激活员工的创造力，激励出企业优秀的品牌，使企业具备更强的竞争力。只有这样企业才能在竞争中持续稳步发展并兴盛于市。由此可见，塑造企业文化不能离开品牌谈文化，而是以品牌为载体彰显企业文化，这就是厦烟人的经营理念。

塑造优秀品牌我们首先从产品质量抓起。产品是品牌的实物载体，质量是品牌发展的基础。厦烟视质量为生命，高度重视产品的内在质量与外观质量，一直努力争取人无我有、人有我优、人优我先。近年来厦烟加大质量管理力度，不仅要结果精品，更要追求过程精品。1998年我们导入ISO9002－94版质量认证体系，提高产品的质量控制管理水平；1998年第四车间被评为"全国样板车间"；1999年第一、三车间被评为"全省样板车间"，设备管理达到国家二级管理标准；2001年进行质量管理体系换版——ISO9001－2000版，进一步规范产品设计和开发过程，在行业内首创产品开发过程质量控制的"五书"制度——产品设计和开发建议书、任务书、策划书、鉴定书和批量投产准许书，提高产品质量控制水平。2000年以来，厦烟大力实施四大工程：品牌工程、营销工程、管理工程和服务工程。夯实四大基础：产品基础、市场基础、管理基础和服务基础，不断提高企业产品核心竞争力。目前我们正在进行新厂建设，投资8个亿，力创七个一流：管理一流，工艺一流，产品一流，效益一流，人才一流，设

备一流，环境一流；力戒两个一流：花费一流，享受一流。要求每一位员工树立全面质量管理思想，现场就是市场，做过程精品，工作零缺陷，每一道工序质量零缺陷，从单一追求结果到追求过程与结果的统一。厦烟还特别注重综合技术水平的提高，积极与国内外知名烟草研究机构和烟草公司开展技术合作，1956 年率先与美国雷诺士烟草企业（现为日本烟草）开展合作，提高企业管理、工艺、技术水平。“十五”期间厦烟的发展目标是——向烟草行业同等规模中最具竞争潜力、最有活力的企业行列迈进。总结归纳我们厦烟的这些经营理念，我们是在实践中塑造一种适合行业特色的企业文化，它必定能在促进企业健康发展中起到良好的效果。

三、企业文化建设——人本素质管理

企业只有一流的素质，才能造出一流的产品。近年，我国一些有远见卓识的企业领导者都尝试着从资本管理向“二本论”转变，即资本管理加人本管理。凡是人本企业都有它明显的管理特征，即首先在信任员工的基础上激发员工的创造性和能动性；二是倡导员工进行有效学习，推动整体素质的提高；三是培养有利于员工与企业共同发展的价值观。为此，我们厦烟的经验是以品牌文化建设为契机，带动企业综合素质的全面提高，尤其是人的综合素质的提升。企业每创造、培育一个更高档次的品牌就标志着企业综合素质提高到一个新水平，实现了一次质的飞跃。我们很清楚，企业综合素质不提高，新品牌就不可能被创造出来，即使创造出来了也不可能培育起来。企业界有人形象地把靠吹捧走红的企业品牌比作“螃蟹”，经不起市场和时间的考验，一红就死。所以企业品牌的培育过程必须是一个全面提高企业整体素质的过程。

厦烟决不做一红就死的“螃蟹”。厦烟创建于 1954 年，有近 50 年的发展历史，如果从其前身华康烟厂（解放前的一个私营企业）算起，历史就更长了。厦烟经过近 50 年的发展，特别是厦门成为经济特区以后，厦烟借助改革开放的东风，充分发挥特区的两大优势——区域和政策优势，抓住机遇，发展壮大。今天厦烟的发展水平已处于全国烟草行业先进行列，主要经济指标跃居前 15 名左右，是烟草行业“36 家重点发展企业”之一。这一切得益于企业素质、员工素质的全面提高。在抓员工综合素质提高的过程中，我们在实践中着重抓了以下面几方面：

（一）大抓解放思想，更新陈旧观念　“变”是唯一不变的真理。企业发展，靠老思路、老办法、老套套是不行的，要学习，要变革。“变则通，通则久”。把“变”的思想、“变”的观念植入员工头脑，让他们想别人所不能想，做别人所未能做，培养激情乐观、开拓进取的创业精神。

（二）大抓敬业精神，培养认真习惯　这方面的大道理很多，我们只要求企业员工记住这样一个理念，即不认真工作者就是“小偷”，在输企业的钱（工资）。员工自己干的活要对得起自己的工资，这是最起码的信用关系。企业要培养员工最好的敬业习惯；操作认真的习惯、负责任的习惯、使命感和事业心的习惯。

（三）大抓团队建设，营造真诚氛围　经营企业的领导者就是要做人的工作，就是要把人的积极性调动起来。一个优秀的企业领导者，是不会把眼光仅仅盯在报表的利润增减上，而是要投入更多的精力来调动人的积极性。我们企业倡导团队精神，倡导团队英雄，就是这个道理。每个人都是团队中的一员，发展个人，才能发展团队，进而发展企业。这是必然的因果关系。团队成员之间要坦诚、真诚、零距离。营造团队管理氛围，激活员工思维，发挥员工聪明才智。

（四）大抓机制搞活，注重制度创新　我们相信，从宏观层面讲，我们的企业有我们的国情特色，但从微观上讲，并没有中外企业之别。中外企业机制搞活无非就是解决“源动力”问题，而“源动力”的主要内容无非就是“人 + 机制”。基于这种考虑，从 2000 年开始，厦烟加大、加快改革步伐，大力改革用人、用工、分配机制和考核制度，导入市场经济手段，全面形成岗位靠竞争，收入靠贡献的竞争激励机制和考核约束机制，建立岗位能上能下、收入能高能低、员工能进能出的动态运行机制，确保企业在激烈的市场竞争中更有活力、更灵活、适应性更强。2003 年新厂搬迁后，为保证管理水平有个较大幅度的提升，我们聘请一家国内外知名的管理咨询公司，结合管理流程再造，要求设计出既符合国情、厂情，又代表先进生产力、先进文化发展要求，而且又符合员工利益的崭新的运行机制，全方位、脱胎换骨地搭建企业内部公平竞争舞台，提升我们企业的整体综合素质。

四、企业文化的内核——价值观

所谓价值观就是关于价值的一定信念、倾向、主张和态度的观点。说白了价值观就是你的追求，你要什么你不要什么；你追求什么，你反对什么；你喜欢什么，你不喜欢什么，这就是价值观。价值观是企业文化建设的灵魂，是员工心中的灯塔，是企业文化建设的依靠。任何文化建设都是以某种价值观的倾向为核心，企业文化建设也是不例外。经营思想革新、品牌革命、综合素质的提高都是要以某种价值观为指导的，中外企业概莫能外。

（一）企业领导的价值观　企业领导的价值观是整个企业文化价值观的“航标”。有人说，先改变张瑞敏，再改变海尔，张瑞敏改变了，海尔也就改变了。说的就是这个道理。企业文化不是开会产生的，也不是员工自发产生的，它来源于企业领导者或企业领导层的世界观和方法论。企业领导是榜样，是企业文化的影子，员工是盯着领导的，领导的所作所为传播出去，被员工所接受，影响员工的行为、习惯，这就形成了企业文化。我们在企业经常传播六种文化：责权文化，亲和文化，制度文化，乐观进取文化，廉洁自律文化和艰苦奋斗文化。

(二)员工主体的价值观　员工在企业文化建设中的角色如何定位？是企业的主人还是雇员？传统的说法是，国企员工具有二重性，既是主人也是雇员。无论主人也罢雇员也罢，企业文化总是建立在以员工利益为主体的基础之上的。企业所有的盈利，所创造的价值，无一不是员工辛勤劳动所得。我们要对他们负责，不能对不起他们。员工的福利，员工的发展，员工的自豪感都是企业的财富，同时也是以员工为主体的价值观的必然体现。

(三)团队的价值观　团队员工的共同愿景和价值系统很重要。只有当一个好的价值理念，好的愿景，在员工心中不断强化以后，才能形成这个群体的一致行为，团队的生产力也才能发挥出来。实践中，我们把个人利益与企业整体利益融为一体，把"厂兴我有利，厂衰我有失"、"爱企业，爱产品，爱岗位"、"视厂如家"的理念变成员工个人的自觉行动，做到人人心中有企业，上下左右一条心，拧成一股绳，充分调动员工个人的积极性与创造性，增强团队合力与竞争力。

(四)管理的价值观　从管理的文化梯次看，有科学管理，人本管理与文化管理三个层次。做企业，科学管理是前提、是基础；人本管理是企业发展的方向，没有科学管理就勿谈人本管理；文化管理是企业管理的最高境界，是无声的监督，是无为而治。厦烟对这三个层次的管理价值观在实践中是这样理解的：其一，科技是第一生产力，科学管理也是生产力，员工是先进生产力的代表，这是企业科学管理价值观的基本体现。要使企业兴旺发达，就必须尊重知识，尊重人才，发挥人的聪明才智，依靠人才兴业，依靠科技兴企。其二，抓好企业科学管理的过程同时是改造人的过程，是改造人的习惯系统的过程，也是人本管理的不断提升过程。人本管理就是要关心人、体贴人，一切为了尊重人的责任感服务，一切为了人的发展服务。其三、文化管理最终是表现在制度上、机制上，制度、机制是文化管理价值观的一个很重要的方面。长江、黄河为什么东流到海？因为它有一种机制，是中国地形加河流的机制。我们的企业如何才能像长江、黄河那样，不需要管理就能自然成功呢？同样需要这样一种机制。厦烟目前正在和一家管理公司合作，孜孜以求适合自身的文化管理机制。

(五)思想政治工作的价值观　世界上没有单纯的经济工作，也没有单纯的政治工作。深化企业改革，树立正确的价值观，调动员工积极性，搞生产经营都离不开宣传政治工作。经济发展为社会现代化服务，而思想政治工作则为经济发展开辟道路。这是思想政治工作与经济工作的统一性表现，是思想政治工作的出发点、落脚点和价值所在。尤其在变革的时代，更需要用新的理论武装头脑，与时俱进，坚持正确的舆论导向，加强宣传思想政治工作。任何轻视或忽视思想政治工作的行为都将付出极大的代价。

把正确舆论导向渗透到企业生产经营管理各方面，思想政治工作不仅有为而且有位。总结厦烟的宣传思想政治工作，可以说走出了一条新路子：一是服务一个中心。一切为企业搞好生产经营、提高效益服务。二是坚持两个面向。面向员工、面向市场，"上机台、进市场"。三是实现三个结合；结合生产、经营、管理、改革的全过程；结合员工各个时期、各个阶段的思想动态；结合产品的促销宣传。四是塑造四个形象：企业形象，品牌形象，法人代表形象，员工形象。五是归结到一点就是讲奉献。人生最大的价值在于奉献。市场竞争的最大价值和最终目的也在于奉献。只有为国家、社会、企业多奉献，才能实现自身的价值。

(六)烟草文化的价值观　没有正确的价值观的文化，就是没有价值的文化。考虑烟草文化建设，不能不正确地对待卷烟这一特殊产品的价值。实践中，要把握好四条：一是贡献与需要。烟草行业贡献大，同时又满足了人们的需要。二是有害与引导。吸烟有害健康，短期禁止不了但也不宜提倡，必须引导消费。烟草企业要尽可能生产低焦油健康卷烟以满足消费者需求。三是防止宣传偏向。不论什么宣传媒介都不能宣传吸烟的好处、优雅、风度，更不能把吸烟说得象抽鸦片似的——"飘飘欲仙"。四是要反对把一切疾病嫁祸于烟。有的报刊杂志宣传不客观，把人类一切疾病都归结于吸烟，说什么全国烟草的财税收入抵不上医疗费用开支，"得不偿失"，是很不严肃的。正确的态度应该是，站在社会看烟草，跳出烟草看社会，并坚持好以上四条，就有利于烟草文化的健康发展，有利于引导和推动烟草企业健康发展。

（作者：厦门卷烟厂党委书记）

思想政治工作应处理好几个关系

罗光伟

党的思想政治工作，是经济工作和其它一切工作的生命线。牢牢把握这条“生命线”，必须正确处理思想政治工作与烟草及其他业务工作的关系。思想政治工作与其他业务工作的关系，实际上是属于物质文明建设与精神文明建设、政治文明建设关系的范畴。思想政治工作是做好其他业务工作；业务工作是检验思想政治工作成效的主要尺度，是思想政治工作的落脚点和归宿。两者相辅相成，密不可分。

烟草行业作为国民经济中一个重要的特殊部门，担负着为国家提供更多财政积累的任务，当前又面临着一系列激烈的矛盾和挑战。在实施“大企业、大品牌、大市场”的战略背景，国内烟草面临凭实力重新洗牌、排序的竞争，面临着实现传统烟草向现代烟草、可持续发展烟草的转变。技术的创新，卷烟的市场开拓、对卷烟市场的控制与占有工作、生产管理的改进与完善等等，都是为烟草行业可持续发展打下基础的工作。思想政治工作必须紧紧围绕当前这些工作，找准结合点，实现思想政治工作与烟草及其他业务工作同向、同步、同效，切实克服“两张皮”现象，这实际上是要处理好思想政治工作在精神文明建设内部与其他方面工作的关系。思想政治工作重要通过思想教育去影响、规范人的思想行为，而人的行为规范、道德品质、思想信念，单靠思想教育是不够的，必须与法制建设、纪律制度建设、企业文化的建设结合起来，形成合力才能发挥最好的效果。因此还必须加强民主法制建设、党风廉政建设，建设积极健康的企业文化，大力进行科学唯物论宣传，提高人们的法制观念、廉洁自律观念和文化修养水平。

一、正确处理好加强与改进、继承与创新的关系

思想政治工作的加强和改进，是一个事物的两个方面，是互相联系的整体，加强是改进的基础，没有改进的加强是空洞的。继承传统与开拓创新是一脉相承，不可割裂的两个方面，继承是创新的基础，创新是继承的发展。思想政治工作的创新绝不是对传统思想政治工作的简单否定，而是用马克思主义观点，对传统的思想政治工作做历史的辩证的分析。对实践证明行之有效的，要继承和发扬；对已经不适应的，要加改进和创新。总之，我们要根据变化了的环境、任务、内容，具体情况具体分析，具体问题具体解决，因地制宜，因人制宜，因事制宜，从实际出发，注重实效，创造性地开展工作。

二、正确处理好真理与人格的关系

做思想政治工作，一靠真理的力量，二靠人格的力量。思想政治工作既要靠科学的世界观说服人、教育人，也要靠人格的力量，特别是在改革开放不断深入，广大干部职工群众的科技文化水平日益提高的今天，在党内和社会上的各种观念意识以及腐败现象影响着人们的信仰、信念、信心的今天，人格的力量更为重要。领导干部和做思想政治工作的同志要身体力行，率先垂范，既要“立言”，更要“立行”、“立德”，身教重于言教，把真理的力量和人格的力量有机地结合起来。凡是要求职工做到，党员干部特别是领导干部首先要做到。凡是要求职工做到的，自己首先做到特别是领导干部首先要做到。凡是要求职工不做的，自己首先坚决不做。以自己的实际行动和良好形象影响带动群众，只有这样才能增强思想政治工作的感召力和说服力。

三、正确处理好解决思想问题与解决实际问题的关系

对思想问题应立足于从思想上去解决。但思想问题的产生，又离不开具体的社会环境和社会实践，同许多实际问题密切相连。因此，从一定意义上说，解决实际问题是解决思想问题的基础。在处理这对关系时，要始终坚持把解决思想问题同解决职工工作和生活中的实际问题结合起来。党的思想政治工作从本质上讲是群众工作，是宣传群众、教育群众、引导群众、提高群众思想道德的工作，因此必须坚持走群众路线，牢固树立群众观点，带着对人民群众的深厚感情去作思想政治工作。要把代表和维护群众的根本利益，作为思想政治工作的出发点和落脚点。领导干部要努力成为群众的贴心人，想群众之所想，急群众之所急，把党的政策和关怀送到群众心坎上，对于一时难以解决问题，要向群众说明情况，讲明原因。要切实了解群众的思想动态、利益和要求，掌握群众情绪，研究群众思想观念的变化，在工作中做到既讲道理又办实事，既以理服人又以情感人，在办实事中贯穿思想教育，通过解决现实问题引导群众提高思想境界，在为群众解决问题的进程中体现思想政治工作的威力。

四、正确处理好理论与实践的关系

理论来源于实践，理论最终的目的必须回到实践中

去指导实践。当前,烟草行业基本形成了以各级领导以及政工部门组成的专业性研究队伍,以及一大批关心和支持思想政治工作的干部职工参与的群众性研究队伍。他们从行业的实际出发,立足基层,注重应用,不断研究和解决思想政治工作中的热点和难点问题。广大干部职工把理论知识紧密地结合行业生产经营的实际,解决了行业工作中存在的一些实际问题,有力地促进了生产力的发展。但我们必须清醒地看到,我们的理论研究还存在一些不容忽视的问题:一是一些研究工作缺乏深度,针对性不强,理论与实践严重脱节,没有抓住行业当前思想政治工作存在的关键问题来研究,尤其是就如何解决问题拿不出行之有效的办法。二是缺乏结合行业特点有针对性的将研究成果推广应用,用好的经验、好的成果指导工作不够,停留在组织撰写、评比、汇编成册上,只开花不结果。三是理论研究的基本功还有待提高,归纳提炼能力有待增强,对行业发展前瞻性的研究不够。总之,思想政治工作理论研究的重点、方向、方法同当前行业发展的要求还有许多不适应的地方。

对此,必须着眼至对行业实际工作的指导。这个"实际"就是国内买方市场已经全面形成,国内市场国际化情况下中国烟草要提高总体竞争实力,为在更大范围、更深层次、更广阔领域直接参与国际烟草经济技术的竞争,参与国际烟草高层的品牌竞争。作好准备的"实际",这个"实际"就是行业在深化三项制度改革和减员增效,利益调整,职工大量思想问题不断涌现的实际;这个"实际"就是政治多极化、经济全球、信息网络化对干部职工的思想观念、行为方式和沟通方法产生前所未有的影响的实际;这个"实际"就是全国烟草行业生存空间越来越狭小,要生存就必须做大做强的实际。思想政治工作研究必须着眼于这个"实际"。研究的目的全在于应用,不为应用的研究是无效的研究。研究的成果只有能够指导实践,才是真正有价值的研究。我们的研究要以指导实践为主,要联系基层和干部职工思想实际。要努力做好干部职工日常和关键时期的思想政治工作。要对自己实践中好的经验和作法不断进行回顾、整理、归纳和提炼,从而找出带规律性的东西,拿出研究结果。要把研究的成果拿到基层再实践,并不断地进行充实、完善和提高。我们在加强应用研究的同时,还要做好研究成果的推广应用。只有通过推广应用,才能体现出研究成果的科学价值,这也是检验成果、完善成果、深化研究的重要步骤,是研究工作不可缺少的一部分。

(作者:深圳市烟草专卖局局长)

谈正确处理社区宣传思想工作的几个关系

高维荣

宣传思想工作是一种服务,是社区服务的重要内容之一。随着市场经济的发展与改革的深入,社区更加呼唤这种服务。如何做好社区的宣传思想工作,我们进行了一些探索,认为要处理好以下几个关系:

一、正确处理贴近与创新关系,在贴近中创新,在创新中贴近

宣传思想工作不贴近群众,不贴近生活,就没有生命力。诗书街在宣传思想工作中,坚持贴近群众,贴近生活,贴近实际,通过具体的社会调查,深入到居民群众的日常生活中,了解居民群众的思想状况、生活状况,从实际出发,以贴近生活的方式进行宣传思想工作。去年诗书街对1万多户居民家庭购置电脑、上网等进行了调查,有7000多户家庭没有上网,怎样搭起与群众联系的桥梁呢?党工委以发行量为1万份,基本达到家家户户有1份的《诗书之声》为区域性信息交流工具,主要宣传党的各个时期方针政策、办事程序和居民关心的热点问题,同时,居民亦可以在这里向政府吐心声、拉家常。初刊派发后,为使该报更具吸引力,更贴近群众,我们派发了600多份问卷进行抽样调查,广泛地听取了社区居民的意见和建议,及时准确地了解第一手的资料,从群众中来,到群众中去,使小报扎根于群众之中。

群众的需要是发展的,宣传思想工作如果不创新,就不适合群众,就脱离了群众,成为无水之源、无本之木。所以结合开展社区教育活动,我街因势利导,在诗书街路旁的观绿社区开展了"诗书人家",在有科普基础的温良里社区开展了"科普之家"的家庭评选活动,以两个社区为试点,开展适合本社区的人文、地理环境特点的宣传思想活动。通过这些活动,推进了宣传思想工作的创新,打破了以往围绕一块宣传版、一条横幅、一个会议的宣传思想工作传统手法。

二、正确处理"虚"与"实"的关系,做到虚功实做

虚功实做就是要将宣传思想这个无形的工作作为有形的工作来做,将软指标作为硬指标来做。在前段时间

进行的抗非典爱国卫生运动中，诗书街适时组织了“一个党员带十家”活动，可以说较好地找准了结合点。抗非典是全民关注的焦点问题，为人民健康而战，正是每个党员的作用点，要求每个党员带头宣传，自觉参加行动，正是体现社区党员先进性所在，“一个党员带十家”就是通过党员的作用影响到千家万户。

三、处理好开展活动与长期建设的关系，注重长期建设

开展活动是短期的，而建设是长期的，活动的内容是单方面的、，而建设是全面的。在特定的阶段里，组织一些活动可以增强影响力，可以起到宣传鼓动群众的作用而促进建设，但开展活动必须用长期的建设成果来保证，必须注重长期建设。街道党工委认为宣传思想工作是社区服务、社区建设的重要内容之一，大家有一个“磨刀不误砍柴功”的共识，注重宣传思想工作的长远建设，形成一些好的做法。一是班子有一定的学习氛围。班子中有3人在攻读研究生课程，平时班子学习、思考、讨论一些热点问题的氛围比较浓。二是宣传思想工作的观念比较强烈。近几年做的各项工作：如机构改革、社区居委会的调整，包括社区稳定、计生等等工作，都贯穿了宣传思想工作，继承和发扬我党的这种传统与政治优势。三是舍得投入。在人力上将热爱宣传文化工作、上进心强、工作表现好、能力强的同志放在宣传、文化工作岗位上；在宣传思想工作与文化工作方面，舍得投入，尽管在老城区房屋紧张，但我们仍保证省特级文化站的面积用于文化建设。四是经常召开支部书记会议，研究各阶段宣传思想工作特点，明确任务，提高他们宣传思想工作的能力。由于注重了宣传思想工作的长期建设，大家对宣传思想工作有共识，具备了开展各项活动的组织基础、思想基础。近几年我街开展的宣传思想工作活动丰富多彩，将宣传思想工作贯穿到各项活动中去，取得较好效果。

四、处理好“大”与“小”的关系，大处着眼，小处着手

“大”有两层含义，一是宣传思想工作指导思想原则。二是大宣传的观念。从大处着想，就是始终要将马克思列宁主义、毛泽东思想、邓小平理论与江泽民“三个代表”重要思想作为宣传思想工作主要的内容，在宣传思想工作中始终以此作为指导思想，这是宣传思想工作的原则，大宣传观念就是人人做宣传思想工作，处处有宣传思想工作的氛围。小处着手，就是将宣传工作的指导思想、原则贯彻到具体工作、具体对象。从一个家庭、一件事情、一项工作中着手做好宣传思想工作。现在社会处于转型期，各种矛盾相对较多。从小处着手，就是抓住各个矛盾，进行宣传思想工作。有一个叫麦维海的居民，是我街“不让毒品进我家”的先进典型，过去曾经服过刑，出狱后过去的“粉友”曾威胁过他，他彷徨过、犹豫过。但街道、社区居委会及家庭没有放弃对他的说服教育工作，为其解决就业问题，街道将其安排在联防队，终于使“浪子”回了头。今年二、三月间针对抢购米盐风，我们召开街社区主任会议，对居民进行了宣传教育，及时制止了抢购风，保持了社会的稳定。大处着眼，小处着手，用“大”管“小”，“小”中见“大”，才能脚踏实地，做好宣传思想工作。

（作者单位：广州越秀区诗书街）

从思路创新入手　建立新时期社区建设的长效机制

曾庆红

随着社会主义市场经济体制的逐步确立，城市基层社区不仅已成为城市新的经济增长点、城市各项工作的承接点，也逐步成为了社情民意的集中反映点、社会稳定的保障点；更成为了新时期党建工作、思想政治工作和精神文明建设的重要立足点。但与此同时，我们通过调研也切实感到，随着我国改革开放的深入和城市化进程的不断加快，原来设置的城市基层体制、功能和运行机制已明显不适应发展变化了的新情况、新问题，日趋社区化的城市工作急需在管理理念、管理机制、财力机制、党的建设和共建机制等各方面进一步革新和加强。本文试图从创新工作思路的角度，对如何深化新时期的社区建设提出几点探索性的看法和措施：

一、转变管理理念，切实保证社区组织的自治性质

社区居民委员会的根本性质是党领导下的社区居民实行自我管理、自我教育、自我服务、自我监督的群众性自治组织。强化社区建设，首先就取决于社区组织有没有自主权，取决于我们党政部门的思想观念、工作职能及相关体制能否与时俱进地作出相应改变。如要一味沿用过去的行政命令和行政干预的方法去管理社区，社区的自治作用显然无法发挥，社区体制的变革也将流于形式。所以，要切实保证社区的自治性就必须在管理理念上尽快实现四个转变：一是要改变微观的、具体的管理理念。街道办事处作为政府的派出机构，不宜再直接管理经济、办企业，要早日转变职能，实现政企分开，从繁重具体的经济行为中解脱出来，把更多的时间和精力用于加强社会管理；二是要改变行政命令式、直接的管理理念。要从纵向和行政管理模式向协调、指导、服务的模式转变，真正视社区为居民自治组织，主动围绕社区建设中的一些具体问题，帮助社区排忧解难，寓指导于服务之中，作好协调服务工作；三是要改变由上而下垂直考核的管理理念。对社区建设成效的考核要转变为以居民满意度为主的综合考评，促使社区组织对居民负责，为居民办实事，让居民满意；四是要从根本上改变社区对街道等靠要的依赖思想。社区组织要改变作为街道办事处的延伸和附庸的地位，充分调动广大社区居民参与社区活动的潜在积极性，努力探索大众参与有效方式和途径，为社区居民自我教育、自我服务、自然我管理、自我约束和自我发展提供切实保障，把居民自治真正提上新的水平。

二、改革管理体制，增强社区管理机制的活力

无数事实证明体制顺则事业顺，体制活则事业活。社区建设也是一样。我国城市现行的城区管理体制，是由区、街道、居委会三个层次组成，以行政管理为主。在计划经济时期这一体制确实实现了对城镇居民的超强整合，正所谓“上到国务院，下到居民办，政府工作样样干。”但在原有格局下，居民成了街居组织完成行政任务的简单工作对象，有时街居组织承担的行政任务甚至高达130～150项；街居组织与居民的社会生活也并未融为一体，随着改革开放的深入和城市面上化进程的加快，社区组织工作任务的日益繁重和细化与力量有限的矛盾也日益明显。假定机制不变，就必须大规模的扩大政府的基层力量和职能，这又同转换政府职能、走“大社会、小政府”的路子相悖。因此，社会多元化趋势和单一行政管理模式之间的矛盾已成为我国城市管理体制的基本矛盾。要化解这一矛盾，我们认为关键要抓住两个方面：一是要提升社区组织的社会管理地位。行政化的街居体制要转向社区制，就必须把传统的街居组织由现在的政府的“脚”，变成社区居民的“头”，把作为简单的行政区划和行政设置的街居，转变为具有自我组织性和能动性的“地方化社区”，从而变革其管理和活动的行为方式。二是要强化社区组织相应的管理职能。随着市场经济的发展和“单位体制”的衰落，城市管理体制必然逐步从“条条”管理为主向“块块”管理为主过渡，这就必然强化社区组织协助政府进行社会管理的职责。而且由于社区组织不同于村民委员会，几乎不占有辖区内任何主要资源（包括土地），因此，城市人民政府理应随着经济、社会的发展和社区功能的强化趋势，不断加大对社区建设的投入。要按照属地管理原则，把与社区群众关系密切的事权交给社区，进一步增强社区在区域行政管理，社区服务、精神文明建设、综合治理和经济发展等方面的统筹能力。当然，在积极探索适应社区组织协助政府进行基层管理工作以外，更多的是要通过民主性、自治性原则，把社区的各类社会单位和社会成员组织起来、凝聚起来，依靠大家的力量办好大家的事情，进而发展成为广大社会成员的生活共同体，这也是我国城市基层社会主义民主政治发展的客观要求和重要导向。

三、创新财力机制，促进社区建设的全面发展

以人为本、服务居民是我国城市社区建设的基本原则。新时期的社区建设始终坚持以不断满足社区居民工社会需求，提高居民生活质量和文明程度为宗旨，把服务社区居民作为社区建设的根本出发点和归宿。但目前大多数社区组织因功能弱、财力有限、缺乏服务手段，缺少集教育、文化、生活、娱乐、保障等为一体的社区服务中心和服务网点，在这方面显得力不从心。显然，以往城市街居基层工作经费靠政府扶持下自办经济项目创收的体制，已严重不适应形势的发展，需要运用财政杠杆下伸的办法，通过以下途径逐步探索新的社区财力机制：(1)采取税收增量按比例返还的办法。即以街道为单位，以目前提供税收和财政下拨的经费为基数，将每年新增加的创税部分按比例反还；同时，引导街居组织搞好自办企业改制，使之由过去的依靠自办企业创业创收，转为依靠增加税收获得财政返还上来，从而提高其大力发展个体私营经济和各类社区经济，搞好协税、护税的积极性。这个办法主要着眼于搞好增量，对上级财政也不一定会增加很大压力。(2)采取“条费转块”、事权与财权相统一的办法。在加强社区的综合功能的过程中，将过去在绿化、环卫、治安等方面条条部门的专项收费，相应拨支街居单位，实行“费随事转”。具体实施时可以结合完善“收支两条线”制度、加强预算外资金管理来研究办理。(3)采取各类社会募集资金切块下拨的办法。即将以社会募集形成的来自驻区企事业单位、社会团体和个人支持援助公益事业的资金，根据社区的职责向街居组织切块下拨。运用这些办法完善社区财力机制，是符合市场经济条件下的企业、社会、政府三类组织规范运行趋势的，但也要注意搞好制度的承接和预算。通过这种财力机制的革新，社区组织的工作实力将不断增强，要跳出过去自办社区街居经济的“小圈子”，把经济工作的视野转向整体社区经济的繁荣，以主要精力优化经济发展环境、搞好面向社区群众的各项服务。一是要面向残疾人、优抚对象和生活困难居民等特殊人口群体，为他们提供社会福利服务，努力发挥社区服务的社会保障功能。二是要面向老年人，为他们提供日常生活照顾、医疗保健和精神生活等

方面的服务，以适应人口老龄化的需要。三是要面向普通居民群众，为他们提供便民系列服务。四是要面向辖区内的企事业单位和机关团体，为他们提供后勤保障服务，以适应企业走向市场和机关团体事业单位改革的需要。社区服务产业化的过程式，为形成新的工作机制，尤其应该调整过去对街居工作的考核办法，淡化对自办经济的规模和利润的考核，强化对财政税收的考核；淡化对第二产业的考核，强化对第三产业的考核；弱化对经济指标的考核，强化对社区建设、管理和服务方面的考核。通过考核办法的改进，形成对社区经济工作和整个社区建设的新的合理的激励机制，形成"你办企业我服务，你获利润我得税"的新的区域经济工作格局，从而使社区服务真正成为拓展全面性社区建设的生长点和拉动力。

四、搞活用人机制，不断加强社区党组织和自身队伍建设

社区党的组织和队伍建设水平如何，直接决定了社区建设的整体工作水平。随着群众利益格局的不断变化，基层民主政治建设不断推进，迫切要求社区党组织加强协调、指导和服务，在保护群众参与社区民主建设积极性、保障群众合法权益的同时，更使之坚持正确的政治方向。改革开放的深入，经济类型的多元化、大规模的"民工潮"和公有有制企业改革，以及人口老龄化等问题的出现，使原来主要依托系统和单位的党员管理渠道和方式已明显不适应新的形势，急需利用社区这个新的载体，全面建立覆盖全社会的党的工作网络，增强党的基层工作的影响力和渗透力，力求做到有群众的地方就有党员，有党员的地方就有党的组织，有党组织的地方党的工作就能有效开展。各级组织部门要严格按照《中国共产党章程》和《中共中央组织部关于加强街道党建设工作的意见》的有关规定，结合社区党员的分布情况，及时建立健全社区党的组织，开展党的工作；对那些暂不具备建立党组织条件的，可以采取调整社区党员的分布，推荐党员到这些单位工作，或选派党的建设工作联络员等措施，把党的工作开展起来；根据属地管理原则，凡暂住人口中的党员、无工作单位的社区居民中的党员、学生企业单位中的党员的组织关系，均应转入社区建设的需要，结合在社区党员的职业特点和个人特长，以各种志愿者活动为载体，组织他们在社区建设中发挥示范和引导作用，把党的工作渗透到社区政治、经济、文化、生活等各个领域，让群众看到党员良好的形象，感受到党组织的温暖，达到联系群众、宣传群众、组织群众、团结群众的目的。

在强化了社区党建设的同时，还要注意搞活用人机制，不断加强社区机构的队伍建设。随着经济社会转型时期社区建设的全面兴起，对城市街居干部队伍的年龄结构、文化结构、观念素质、服务协调能力等方面提出了更高的要求。原来由绝大多数离退休人员组成的居委会干部队伍因为年龄大，文化低等问题，已经难以承担新形势下社区建设的重任。同时，居委会干部待遇低、工作条件差等问题，也严重制约社区组织管理职能的发挥。因此党政部门要强化对街道办事处领导干部的配备，依据居委会组织法对其自治性的法律规定，结合换届选举，尊重居民的选择，进行合理调整；要借助当前机构改革在大中专学生来源充足的有利条件，采取面向社会开招聘、民主选举、竞争上岗等途径，提高社区干部待遇、加强社区干部培训、扩大社区干部来源，逐步实行社区工作职业化，努力选择一批年轻有为、素质较高、适应社区建设新要求的干部充实街区的领导班子。有的城区从上级机关或下岗职工中挑选优秀人员，下派到居委会帮助工作，取得较好的效果，要在实践中进一步总结完善，特别是注间处理好行政性与自治性之间的关系。同时，面对社区建设的许多新情况、新问题，各级党政部门要重视加强对社区干部的政治、业条培训，引导他们解放思想、更新观念，不断学习新知识，接受新事物，创造性地开展工作，在建设社会主义新型社区的实践中创出新的路子、新的经验。

五、形成共建机制，整合优势资源建设新型社区

社区建设是一项复杂艰巨的系统工程，涉及新旧体制的更替和方方面面的利益调整，工作覆盖面广、难度大。要使社区真正成为居民的精神家园和生活乐土，就必须调动上下左右、各方面、各层次群众的积极性和主动性，逐步形成区、街、驻社区企事业单位、社区居委会等"多位一体"的共建机制，为新时期社区组织的发展形成可持续发展的长期动力。各级党委、政府要高度重视社区建设，真正把强化社区建设和管理作为城市各项基础工作的总"抓手"，并采取有效措施将社区建设纳入城市工作的总体规划和布局，从管理体制、政策导向、考核办法等多方面，推动街居工作重心向社区建设转移。各有关部门和单位要各司其职、各负其责，制定与本单位相关的社区建设方面的具体措施，相互配合，群策群力，共同做好社区建设工作。区街居各级组织要淡化本位意识，强化大社区观念，积极主动地密切与所有驻区单位和居民的联系，以真实的服务赢得各类社区成员的理解和支持，切实调动大家参与社区建设的积极性，培育各方面同创共建新型社区的意识和氛围。驻区单位也应该打破传统的条块分割的界限，树立"驻于社区、服务社区、同享资源、共建社区"的意识，自觉地把本单位的发展和管理纳入社区建设和管理之中，真正做到"我为社区作贡献、我与社区共发展"即成为社区建设的参与者，又成为社区建设的受益者。新时期社区建设还要充分利用各级民政部门、工会、共青团、妇联、残联以及老龄等组织的大力支持、相互配合，努力形成党委和政府领导、民政部门牵头、有关部门配合、社区居委会主办、社会力量支持、群众广

泛参与共同推进社区建设的整体合力，使新时期的社区真正成为“管理有序、服务完善、环境优美、生活便利、人际关系和谐”的新型现代化文明社区。

（作者：中共萍乡市委副书记）

责任编辑/康援援
封面设计/粘立柱

图书在版编目(CIP)数据

中国行业思想政治工作年鉴. 2003 /《中国行业思想政治工作年鉴》编委会编. —北京：中国档案出版社，2004.11
ISBN 7-80166-502-3

Ⅰ.中…　Ⅱ.中…　Ⅲ.政治工作—中国—2003—年鉴　Ⅳ.D64-54

中国版本图书馆 CIP 数据核字(2004)第 107311 号

《中国行业思想政治工作年鉴》
书名(汉语拼音)
《zhōng guó háng yè sī xiǎng zhèng zhì gōng zuò nián jiàn》
出版/中国档案出版社(北京西城丰盛胡同 21 号)
发行/中国档案出版社
印刷/中国文联印刷厂
规格/787 毫米×1092 毫米　1/16　印张/35　字数 1288 千字
版次/2004 年 12 月第 1 版　2004 年 12 月第 1 印刷
印数/500 册

ISBN 7-80166-502-3

9 787801 665027 >

ISBN 7-80166-502-3
D.1352 定价/300.00 元